"十一五"国家重点图书

1958—1965

中华人民共和国经济档案资料选编

综合卷

中国社会科学院　中央档案馆　编

中国财政经济出版社

图书在版编目（CIP）数据

1958—1965 中华人民共和国经济档案资料选编．综合卷/中国社会科学院，中央档案馆编．—北京：中国财政经济出版社，2011.5

“十一五”国家重点图书

ISBN 978-7-5095-1486-3

Ⅰ．1…　Ⅱ．①中…②中…　Ⅲ．经济-档案资料-中国-1958—1965　Ⅳ．F129.72

中国版本图书馆 CIP 数据核字（2010）第 046279 号

责任编辑：张　铮　　责任校对：杨瑞琦
封面设计：陈　瑶　　版式设计：兰　波

中国财政经济出版社出版
URL：http：//www.cfeph.cn
E-mail：cfeph@cfeph.cn

社址：北京市海淀区阜成路甲 28 号　邮政编码：100142
发行处电话：88190406　财经书店电话：64033436
北京富生印刷厂印刷　各地新华书店经销
787×1092 毫米　16 开　50 印张　1 280 000 字
2011 年 5 月第 1 版　2011 年 5 月北京第 1 次印刷
定价：230.00 元
ISBN 978-7-5095-1486-3/F·1281
（图书出现印装问题，本社负责调换）
本社质量投诉电话：010-88190744

本课题受国家社会科学基金资助

总 序

刘国光

经历了半个多世纪的磨砺和积累，中华人民共和国将在21世纪建成社会主义现代化强国。

在21世纪初叶，面临全球化、现代化潮流中的竞争和挑战，我们必须完善社会主义市场经济体制，提高综合国力和全民族素质，促进经济社会和谐发展。为了实现这个目的，需要实施科学发展观，深化改革。在新的历史发展时期，抚今追昔，具有继往开来的重要意义。中国社会科学院和中央档案馆合作编辑的大型经济学术资料——《中华人民共和国经济档案资料选编》，正是来自这一宗旨。

《1958—1965中华人民共和国经济档案资料选编》所涉及的八年，是中华人民共和国建立初期经济建设的一个重要阶段。从1958年开始，党和国家的工作进入了全面社会主义建设时期。每年在建大中型工程项目由第一个五年计划时期的百位数上升到千位数，还有数以万计的小型项目。在这一阶段史无前例的探索历程中，我国出现了严重的失误，遭遇到前所未有的困境，又在迅速走出困境的同时创造了一系列有效的管理经验，其中一些经验成为20世纪80年代经济体制改革的先河。全面、客观地了解和认识这一历史时期经济建设的丰富内容，对于国史、党史、经济史都具有十分重要的意义。

从1958年开始到1960年底基本结束的三年"大跃进"，是中国共产党领导中国人民试图摆脱苏联高度中央集权、自上而下的行政性计划管理体制，试图通过群众运动来实现经济高速增长的探索。但是，在急于求成的思想指导下，由于不切实际的高指标和不顾成本的大干快上，"大跃进"期间，一方面建成了一批重要工业项目，改善了工业布局，农村工业第一次有了迅猛发展；同时带来严重的比例失调和经济波动，造成了人力、物力的巨大浪费，环境和资源的破坏，农业的严重减产和饥荒。

经过"大跃进"的教训，我们对于以农业为基础、从全局出发处理各方面关系的认识更加深刻了。为了摆脱困境，1960年底，党和国家对调整国民经济取得了一致意见，决定实行"调整、巩固、充实、提高"的八字方针。从1961年开始，我国经济体制和经济运行进入了长达五年的调整时期。其中，1961—1962 年为初步调整阶段，主要是纠正“大跃进”时期的体制偏差，强调经济管理的大权集中到中央、中央局和省（市、自治区）委三级。基本建设投资不再由地方财政包干，改为中央财政专项拨款，严加控制并减少部门、地方、企业的预算外资金。在农村，将原来“一大二公”的人民公社管理体制改变为“三级所有，队为基础”，一些地方实行了“包产到户”。同时，大幅度压缩基本建设，调整农、轻、重关系，加强对农业的支持，精简“大跃进”期间迅速膨胀的国营企业职工和城市人口，关、停、并、转效益差的企业等。从 1961 年下半年起，为活跃商品流通采取了多种措施，在三类物资（包括工业品、手工业品、农副产品）管理方面有所放松，集市贸易有所恢复，对推动城乡物资交流、活跃经济起到积极作用。在工商企业，通过颁行《工业七十条》、《商业四十条》等办法，重新建立起规章制度和秩序。到 1962 年底，国民经济的全面调整取得了明显效果。工业内部的比例关系以及工业与其他经济部门之间的比例关系得到调整。国家财政实现了收支平衡，略有节余。市场供应紧张的情况有所缓和，城乡人民的生活水平略有回升。

经过三年调整，渡过了国民经济最困难的时期。1963 年 9 月，中央工作会议确定再用三年时间，继续实行“八字方针”，作为第二个五年计划到第三个五年计划之间的过渡。到了 1965 年，原定的各项调整任务顺利完成，我国国民经济开始全面好转。这时受国际战争环境紧张的影响，我国形成了国防第一、全国支援三线建设的新局面。

经过正反两个方面的教训，我国经济体制开始形成不同的发展思路：一种思路认为农业经济可以实行“包产到户”形式的生产责任制；国有企业可以采用更多的经济手段来代替行政手段，例如试办托拉斯、推行经济核算、强调利润指标和恢复奖金制度；希望发挥市场调节的拾遗补缺作用，以弥补计划经济的缺陷。这种思路为 1978 年以后的改革开了先河。另一种思路从维护单一公有制和计划经济出发，联系中苏两党的思想和政策分歧，批评上述探索为修正主义。由于两种思路是在反复探索和实践中形成的，其中穿插着大量的调查研究、典型试验，以及开展“工业学大庆”、“农业学大寨”、“全国学习人民解放军”、“干部思想革命化”、农村“四清”、城市“五反”等各种政治运动。随着国内外形势的急速变化，后一种思路在当时占了上风，为此后的“文革”作了铺垫。

抚今追昔，这些探索具有丰富的内涵可供研究。通过阅读这批档案资料选编的内容，可以体会到我国在探索建立社会主义制度过程中所付出的努力和代价。对于这些探索与尝试中的经验教训多一些了解，不仅有助于认识历史，而且对于现实与未来必将有所启迪。

《1958—1965 中华人民共和国经济档案资料选编》是《1949—1952 中华人民共和国经济档案资料选编》和《1953—1957 中华人民共和国经济档案资料选编》的续编。与以往两批资料相比，第三套档案资料涉及的时限更长，内容更加丰富，数量也更多。全套丛书共计 10 卷，约 1 500 万字，是中国社会科学院和中央档案馆通力协作，科研人员与档案管理人员合作，查阅了卷以千计、字以亿计的档案资料，含辛茹苦，历时六载才编辑而成的。这套丛书的出版，为研究中华人民共和国建立初期的经济背景、经济体制变革以及经济运行提供了丰富详尽的学术资料。以往两套资料的出版，已在海内外引起了广泛关注，推动产生了一批有创新见解的国史、党史和经济史的科研成果。本套资料的面世，必将有助于更多富于创见的新成果问世。

在性质与体例上，这套丛书与前两套一样，仍是一部有关中华人民共和国经济史料的大型学术资料系列丛书，兼有资料性和学术性双重意义。一方面，书中正文内容全部采用原始的档案资料，在编辑过程中严格维护文献原意，对重要文献资料力求兼容并蓄，在有限的篇幅中，为读者进一步深入探索提供详尽准确的来源和出处。另一方面，编者对汗牛充栋的文献资料进行去粗取精、去伪存真、由此及彼、由表及里的研究分析，按照生产关系变革、生产力发展、经济体制演变、产业结构变迁、经济运行各个环节等方面分门别类设卷，编排成书；纲目设置原则为历史顺序和经济理论逻辑与经济运行规律相结合，每一卷资料都是一个有机的整体，使读者一目了然，便于比较分析和研究，而不同于一般的文件汇编。它兼有资料性、学术性和科学性。可以说，这套丛书也是一种形式的经济史书，这项工作更是一件具有开拓性、创新性的工作。

这套丛书的编辑和出版，得到了中共中央办公厅、国务院、国家档案局、国家各部委档案部门的热忱支持，并承蒙当年领导我国经济建设的老同志的谆谆指教，在此向他们致以衷心的敬意和谢意。

由于这是一件开拓性的工作，加之档案资料的分散和统计资料的不完备，编辑工作必然有诸多不足和不尽如人意之处，恳请读者提出批评建议，以待再版和续编时改进。

2009 年 12 月

凡例

一、《中华人民共和国经济档案资料选编》是一部大型经济学术资料系列丛书，也是一部工具书。编辑的目的是为经济决策部门、经济工作者和从事经济研究、历史研究以及教学等方面的人员提供比较系统全面的经济档案资料。

二、本丛书按中华人民共和国经济发展的各个历史时期顺序编排。继第一批（1949—1952 年）、第二批（1953—1957 年）档案资料编辑出版之后，第三批为 1958—1965 年的档案资料。全书力求全面系统地收集选录 1958—1965 年我国经济工作中有关生产关系变革、生产力发展、经济管理体制演变以及生产、流通、分配、再生产等经济运行诸环节的主要档案资料，反映该时期我国经济生活各个方面的基本情况。

三、全书按专题立卷，包括综合、工业、农业、商业、财政、金融、固定资产投资、劳动就业与收入分配、交通邮电、外贸共 10 卷。部分卷的内容间或交叉，但从各卷的特点出发，各有侧重。

四、每一批丛书有“总序”，反映该批档案资料编辑的宗旨、目的、意义及其共同点。各卷写有“前言”，概述该卷的基本内容；书后附部分资料索引。

五、各卷的结构大体一致，一般采用纲、目、子目三个层次，按“第 X 部分”、“一、二、三”、“(一)、(二)、(三)”排列，部分纲目设立分子目，按“1、2、3”排列。

六、由于按专题立卷设纲目，并为确保材料精练，增加信息容量，对档案资料分别采用全录、节录、摘录方式处理。凡采用全部或大部分内容者，题目在文前，出处在文后，发文方文后不再重列；凡采用小部分内容节录、摘录者，题目、出处在文后。为便于读者了解档案资料原貌，尽可能整段选编，并对删节之处注明［上略］、［中略］、［下略］。对部分人名、事件资料及已变更的地名，在页下加以简要注释，按页编序码。在每个子目之中，资料一般按时间顺序排列，并照顾事件、逻辑相关联者放在一起，以便查阅。

七、凡属编者加在行文中间的文字，均加［ ］号；凡为遗误字，在该字后面加［?］号；残缺或模糊难辨的字，用□号表示。

八、各种资料标题下的日期以及资料出处的日期一律使用公元，用阿拉伯数字表示，资料中的年代日期和数字，一仍其旧。

九、资料出处置于该件资料之后。为节省文字起见，部分国家机构采用简称（如国家计划委员会、国家经济委员会、国家建设委员会分别简称国家计委、国家经委、国家建委）；中央批转文件的收文方部分省略。部分档案资料出处以数码代之。数字为建立档案资料的部门、单位或资料书的分类编号，括号内为资料书的年号、卷次等。书后附录中有代码索引。

十、各卷附相关“要事年表”。

前 言

武 力

1958—1965年是中华人民共和国历史上经济体制变动最剧烈、经济发展起伏最大，也是经济工作最曲折的一个时期。因此，这个阶段也给我们留下了丰富的档案资料。

一

1956年底我国提前实现了生产资料的社会主义改造，1957年底又胜利完成第一个五年计划。但是来自两个方面的问题，导致了以毛泽东为领导核心的中国共产党开始探索适合中国经济发展的道路和模式：一是"一五"计划虽然取得了预期的成功，但是，急剧的以单一公有制和计划经济为目标的经济体制变革留下了巨大的后遗症，没有表现出预期的优越性；二是1956年苏共二十大揭开了斯大林的问题和苏联的"盖子"，苏联社会主义经济体制和建设中的一些弊病开始暴露出来，这就使得"学习苏联"、将苏联的今天视为中国的明天的中国共产党人开始思考中国如何避免苏联经济体制所存在的弊病，不重走苏联经济建设所走过的弯路，并取得了一系列成果，例如毛泽东的《论十大关系》文章、中共八大通过的"二五"建议和关于经济体制和经济建设的原则和办法，以及1957年毛泽东的《关于正确处理人民内部矛盾问题》文章，等等。但是，1957年国内的"反右"运动和国际上的社会主义阵营追赶和超过资本主义阵营的浪潮，既导致了毛泽东改变了对阶级斗争形势的估计，也改变了八大确定的"稳步前进、综合平衡"的方针。正是在这种背景下，"大跃进"出现了。

应该说，"大跃进"的形成，主要来源于毛泽东和党内在经济建设方面的急于求成思想。在1958年1月的南宁会议和同年3月召开的成都会议上，毛泽东都严厉地批评了所谓的"反'冒进'"问题，并指出反"冒进"的人与右派只有50米的距离了，完全否定了1956年中央政府对经济过热的必要调控，并且规定以后不许再反"冒进"了。这也是"大跃进"失误产生和不能及时纠正的根本原因。

从1958年开始到1960年底基本结束的3年"大跃进"，是中国共产党领导中国人民试图摆脱苏联高度中央集权、自下而上的行政性计划管理体制，试图通过群众运动来实现经济高速增长的探索。它主要包含两个方面的内容：一是剧烈的经济体制变革；二是超过实际能力的经济建设。

从经济体制变革方面看，主要表现在四个方面：(1) 从微观上看，以“一大二公”的农村人民公社取代了原来的农业生产合作社，实行了高度控制的“组织军事化、生活集体化、生产战斗化”，甚至在城市也组织了部分人民公社。在国有企业方面，则实行了仓促的管理体制改革，即将原来由中央所有的企业大部分下放给了地方政府，有些甚至是层层下放。(2) 在宏观上，实行了“两本账”和所谓的“积极平衡”的办法，将许多权力下放给地方政府，实际上削弱了中央的宏观调控能力和打破了综合平衡。(3) 在决策和管理体制上，无限扩大了党领导经济工作的职责和权限，“党委领导、书记挂帅”取代了原有的政府经济职能部门和企业管理层的经营管理。(4) 以“运动群众”的方式（当时称之为“群众运动”），来替代有序的社会经济活动。

从经济建设方面看，“大跃进”则表现为不切实际的高指标和不顾成本的大干快上、“超英赶美”，结果不仅造成人力、物力的巨大浪费、环境和资源的严重破坏，还导致严重的农业减产和饥荒。由于中央政府制定的不切实际的高指标是在政治压力下实施的，因此导致地方党委和基层干部必然采取两种手段来应付：一是也采取同样的政治手段（包括制度）来推行经济建设；二是隐瞒、扭曲信息，采用虚假的手段（当时称为“浮夸风”）来误导上级机关。这两者都集中表现在“大炼钢铁”和农业生产方面。

当然，由于巨大的人力、物力的投入以及政治动员发挥的热情，“大跃进”期间的经济建设也取得了不小成就。第一，建成了一批重要工业项目，生产能力大为提高。由于在“大跃进”期间，中央和地方在各个工业部门投入了大量资金，先后施工的大中型工业项目达到2 200个左右，其中完成和部分完成并投入使用的有1 100个。施工的小型工业项目约9万多个。第二，工业的物质技术基础有了加强，技术水平有了提高。1960年同1957年相比，全民所有制工业企业的固定资产原值由334.6亿元增长到721.8亿元，增长了1.16倍；工业企业的工程技术人员人数由17.5万人增加到40多万人，增加1倍多。第三，工业地区布局有了进一步改善。在工业总产值中，沿海地区工业产值的比重由1957年的67.9%下降到65.3%，而内地则由32.1%上升到34.7%。第四，农村工业第一次有了迅猛的发展。到1960年，社办工业企业总数达到11.7万个，占工业企业总数的46.1%，占集体工业企业总数的74.1%。[①] 虽然这些企业的大部分在调整时期下马，但是毕竟为后来社队企业（乡镇企业）的发展奠定了基础，积累了经验。第五，农业的基本建设和技术改造取得了一定的成效，特别是水利建设。虽然由于当时不能量力而行，半拉子工程很多，有的工程事前对水文地质勘测不够，草率上马，遗留问题很多，但这些工程的大部分经过修改续建，在后来也确实发挥了作用。

二

1959年的庐山会议及其会后在全国掀起的“反右倾”运动，使得本来已经困难重

① 汪海波、董志凯等著：《新中国工业经济史（1958—1965）》，经济管理出版社1995年版，第73~74页。

重的国民经济再次进入了1960年的“继续跃进”。不仅如此，在1958—1959年期间已经被证明是错误政策和办法，如高指标、强迫命令、“一平二调”、钢铁生产的“小土群”、农村人民公社的食堂、城市人民公社等，又都再度盛行，进一步加剧了经济困难，再加上自然灾害，从1960年开始，国民经济陷入全面的危机之中。严峻的局面，特别是严重的饥荒，深深地震撼了中国共产党，1960年底党内很快就国民经济调整取得了一致意见。从1961年开始，我国经济体制和经济运行进入了长达5年的调整时期。

国民经济的调整大致可以分为两个阶段，1961—1962年为初步调整阶段，1963—1965年为继续调整阶段。

在第一阶段，就经济体制来说，主要是纠正“大跃进”时期的体制偏差，回归到中央集权的计划管理模式。1961年1月，中共中央正式作出《关于调整管理体制的若干暂行规定》（以下简称《规定》），强调集中统一，以利克服经济困难。《规定》提出：经济管理的大权应当集中到中央、中央局和省（市、自治区）委三级，最近两三年内，应当更多地集中到中央和中央局。

在农村，将原来“一大二公”的人民公社改变为“三级所有，队为基础”，但是保持了“政社合一”。就生产经营方式来看，1961年许多地方为了度荒而实行了“包产到户”，尤以安徽最突出。但是到了1962年的北戴河中央工作会议和随后召开的八届十中全会上，包产到户则受到毛泽东的严厉批评，随后在全国掀起了一个纠正包产到户的浪潮。包产到户作为一种生产经营责任制被否定了。但是它能够提高农民生产积极性的经验，给党内干部留下了深刻的印象，直到1978年以后，它才在中国广大的农村迅速推广开来。在城市，一方面进行企业治理整顿，通过颁行《工业七十条》、《商业四十条》等办法，重新建立起规章制度和秩序；另一方面，则通过重新集中权力于中央和强调“全国一盘棋”，加强了中央政府的宏观调控能力。“大跃进”期间下放给地方的企业，这个时期也基本上都收回到中央管理。

在经济建设方面，主要是尽快纠正经济建设所出现的严重失误，例如，大幅度压缩基本建设，调整农、轻、重关系，加强对农业的支持，精简“大跃进”期间迅速膨胀的国营企业职工和城市人口，关、停、并、转效益差的企业等。到1962年底，我国国民经济的全面调整取得了决定性的进展，经济形势开始好转。其主要表现在：农业生产扭转了前3年连续下降的状况，开始回升。国家财政扭转了前4年出现大量赤字的被动局面，实现了收支平衡，略有节余。市场供应紧张的情况有所缓和，城乡人民的生活水平略有回升。在工业方面，经过一年多的艰苦奋斗，工业内部的比例关系以及工业与其他经济部门之间的比例关系得到调整，工业生产大踏步后退和退够的目的基本实现。1962年工业总产值850.2亿元，其中，轻工业产值395亿元，重工业产值455亿元；轻工业产值在工业总产值中的比重由上年的42.5%提高到47.2%，重工业的比重相应由57.5%下降到52.8%；农业产值在农、轻、重的产值中所占比重由上年的34.5%提高到38.8%，轻工业由27.8%提高到28.9%，重工业由37.7%下降到32.3%。

三

当国民经济调整任务基本完成，我国度过了因“大跃进”导致的严重经济危机后，社会主义单一公有制和计划经济的弊病又再次凸显出来。中国的经济发展和体制变革实际上再次处在了一个需要选择的十字路口。就经济体制来说，“大跃进”以前存在的两个问题（即宏观计划管理缺乏科学性和灵活性，微观经济缺乏激励和自主性）比以前更严重了。就改革的思路来说，经过正反两个方面的教训，此时已经出现了两种不同的想法：一是以刘少奇、邓小平、陈云、邓子恢等为代表的干部，接受“大跃进”的教训和调整时期的经验，认为农业经济可以实行“包产到户”形式的生产责任制；对于国有企业，则探索采用更多的经济手段来代替行政手段，例如试办托拉斯、推行经济核算、强调利润指标和恢复奖金制度；对于计划与市场的关系，也希望发挥市场调节的拾遗补缺作用，以弥补计划经济的缺陷。但是这些可能对单一公有制和计划经济产生冲击和消解作用的改革方向，遭到了毛泽东的否定，联系到中苏两党的思想和政策分歧，被当作修正主义受到批判。

在计划管理和中央与地方经济关系方面，问题也没有解决。例如，这个时期中央直接管的指标占了各项经济活动的相当大部分。如由国家计委管理的工业产品从215种恢复、增加到400种左右，这些产品的产值占工业总产值的60%左右。此外，中央管理的农、林、牧、渔主要产品有30种左右，产值占农业总产值的70%左右；中央管理的主要零售商品指标有90种左右，其零售额占社会商品零售总额的70%左右；中央管理的进口商品有50种左右，进口额占进口贸易总额的90%左右；中央管理的出口商品有80种左右，其出口额占出口贸易总额的85%左右；中央统一分配的主要生产资料200种左右，主要生活资料10种左右。因此，毛泽东一方面在1963年强烈要求国家计委实行计划改革；另一方面再次提出中央应该权力下放。

在经济建设方面，这个阶段呈现出较好的发展势头。首先，工农业结构得到改善。1960年工业与农业的产值比是4:1，到1965年，这个比例下降到2:1，基本上接近当时我国工农业发展的客观要求。其次，工业体系建设进步很快。这个时期，钢铁工业、机械工业发展较快，钢铁的自给程度达到了95%；能源工业也形成了煤炭、石油、电力三足鼎立的结构，长期依靠进口的石油，经过几年的油田开发建设，基本实现了自给；化学工业除了加快发展化肥、农药等产品外，还通过从西方引进成套设备和技术，建立了自己的石油化学工业；特别是新兴的电子、原子能和航天工业也都在这个时期得到迅速发展，成为国民经济中的重要工业部门。中国从20世纪60年代初开始生产原子能设备，只用两三年时间就于1964年、1965年研制出第一套原子能反应堆和核原料加工设备以及核物理试验设备；此外，国防尖端科技发展也有重大突破。原子弹和导弹的研制成功大大增强了国防能力，打破了美国和苏联对我国的核讹诈。

就积累与消费的关系来看，比例也逐渐趋于正常。“大跃进”时期的积累率，1959年和1960年两年曾经分别达到43.8%和39.6%，积累和消费比例严重失衡。进入调整时期，因为大幅度削减投资，维持消费，积累率分别下降到1961年的19.2%，1962年的10.4%和1963年的17.5%。到调整后期，又把积累提高到1964年的22.2%，1965年的27.1%，大体上使积累和消费的比例符合当时中国的实际情况。到1965年，我国基本实现了财政收支基本平衡，市场稳定，人民生活得到一定的改善。经过5年的经济调整和恢复，人民的生活水平有所提高，但是生活消费品短缺依然严重，人均生活消费品并没有恢复到1957年的水平。

在此期间，国际关系的变化对我国的经济建设也产生了重大影响，中苏关系的交恶、中印边界的武装冲突、蒋介石叫嚣“反攻大陆”、越南战争的升级，都使国家安全受到威胁，加上毛泽东等领导人对爆发战争的可能性估计过于严重，从而使得经济建设刚刚走出“大跃进”造成的困境，刚刚推行农、轻、重的方针，就又转向优先快速发展重工业和国防工业的道路上去，并且由于对战争的估计比50年代还要严重，不仅建设重点过于向内地倾斜，甚至实行了部分企业从沿海向内地的搬迁。例如1963年开始继续实行全面调整时，提出的方针是“解决吃穿用，加强基础工业，兼顾国防和突破尖端”；但是到1964年，就要求全国的经济工作重点转向战备的轨道，在“三线”地区进行大规模的以军事工业为主体的战略后方建设，从而使我国的经济建设又进行了一次战略转轨。

这里应该特别指出，尽管我国在这个时期因苏联停止援助而更加强调“自力更生”，但是仍然想方设法从国外引进先进技术。1962年9月，我国从日本引进了第一套维尼纶设备，开始了我国主要从西方国家引进先进技术设备的时期。1963—1966年，我国先后与日本、美国、法国、意大利、联邦德国、奥地利、瑞典、荷兰等国签订了80多项工程的合同，用汇2.8亿美元。同期，我国还从东欧各国引进成套设备和单项设备，用汇2 200万美元。两者合计3亿多美元。其中，成套设备50多项，用汇2.8亿美元，占用汇总额的92.7%。

正是在经济调整工作取得明显成效、国民经济发展呈现出快速发展势头的背景下，1964年12月，周恩来在三届人大一次会议上的《政府工作报告》中指出：“我国的国民经济，经过一九五八年到一九六〇年的大发展，从一九六一年起，进入了一个调整时期。”“现在，调整国民经济的任务已经基本完成，工农业生产已经全面高涨，整个国民经济已经全面好转，并且将要进入新的发展时期。”第一次明确提出了对后来影响颇大的“四个现代化”目标和任务。

四

如前所述，这个时期不仅经济体制变动剧烈，经济运行大起大落，而且国内外环境复杂多变，经济和社会中矛盾重重，政治斗争和各种运动也是频频不断，这就使得本卷所收的史料不仅范围广，而且数量极为浩繁。由于受出版的字数限制，因此不得不忍痛割爱，舍去许多很有价值的档案和资料（部分保留篇目，以提供线索），尽可能保留精华中的精华，尽可能地录入那些从未公布的档案和资料。因此，在这里，有必要对本卷的编辑设想、原则和办法作一些说明。

第一，从总体框架结构看，由于本卷是综合、计划卷，考虑到这个历史时期经济体制和运行的变动阶段性突出，因此将这个历史时期分为三个阶段分别编辑，即1958—1960年的“大跃进”阶段、1961—1962年的国民经济调整阶段、1963—1965年的国民经济继续调整阶段；然后再按照经济体制和运行的逻辑，建立第二层次的编辑结构。

第二，由于这个时期中央要充分调动地方政府、特别是基层干部和人民群众的积极性，因此从总体上说，经济方针、政策的公开程度与前后两个时期相比，透明程度要高一些。很多基本的、重要的方针政策都在《人民日报》、《红旗》杂志以及地方和专业刊物上刊登出来。因此，受本卷篇幅所限，对于这些重要、但是已经公开的文献，就不再收入，有些则仅提供篇目和出处。但是这并不意味着本卷忽视这些文献的重要性。

第三，国民经济计划的制定和实施情况是本卷的重要内容之一。但是由于计划的多变和计划文献的文字太长，加上计划执行中问题很多，情况复杂，因此这方面的选材就受到篇幅的限制，只能按照以下原则收录：（1）几乎每个计划都只能选用一部分概括性的文字内容；（2）对于已经公开的计划，则只录取篇目和出处；（3）对于地区性、部门性的综合计划，基本上不收录；（4）计划执行情况亦按照上述三个原则处理。

第四，用政治动员和运动的方式来搞经济体制变革和经济建设，是这个时期的突出特点。“大跃进”时期如此，即使在国民经济调整和继续调整时期，也开展了几乎不间断的各种运动，如反对“五风”、农村“四清”、城市“五反”、增产节约、工业学大庆、农业学大寨、全国学习人民解放军，等等。这些运动不仅反映出当时党和政府为保证单一公有制和计划经济体制运行、提高其效益所采取的手段和方法，也从另一个侧面直接或间接地反映出当时经济体制的问题和经济运行情况。本想多收录一些这方面的史料，但是由于受篇幅所限，只能绝大部分割爱，采取只收入篇目的办法，为研究此问题的读者提供一个索引。

第五，由于本卷为综合卷，几乎凡涉及具体问题，包括计划，都会形成与各卷的交叉、重复。因此，为了避免在篇幅非常有限的情况下重复，对应该由各分卷收录的资料就不再收录或者列出篇目，因此，在查阅本卷的有关内容时，最好能够与各分卷对照。

本卷在编辑过程中，始终得到中国社会科学院和中央档案馆领导及有关工作人员的大力支持。其中，王桂玲、朱敏、王秀华、于孟、陈小枚、殷月兰、李小雪、乔咏梅等同志在档案资料的提供、审批和复印等方面付出了艰苦劳动，课题组成员也给予了很大帮助，特别是姜长青、石建国两位同志，在后期编辑过程中，协助我们做了大量工作，在此一并致以衷心的感谢！

分卷主编武力，编辑吴萍。

目录

第一部分

“大跃进”时期的国民经济（1958—1960年）

一、经济方针、政策、方法

二、人民公社情况

三、经济协作区

四、“大跃进”运动

五、经济计划

六、有关经济工作的若干运动与机构变迁

七、社会经济情况反映

一、经济方针、政策、方法

《人民日报》社论：乘风破浪

1958 年 1 月 1 日

第 1～8 页。D220－5455（11）

毛泽东：工作方法六十条（草案）

1958 年 1 月

第 39～59 页。D220－5455（11）

中共中央关于推行种试验田的方法的通知

1958 年 2 月 14 日

见《人民日报》，1958 年 2 月 15 日。

《人民日报》社论：种试验田——又红又专的道路

1958 年 2 月 14 日

见《人民日报》，1958 年 2 月 14 日。

毛泽东：在成都会议上的讲话

1958 年 3 月

见《毛泽东文集》，第 7 卷，人民出版社 1999 年版，第 365～377 页。

中共中央在发展中央工业和发展地方工业同时并举的方针下有关协作和平衡的几项规定

1958 年 4 月 5 日

第 240～243 页。D220－5455（11）

毛泽东：介绍一个合作社

1958 年 4 月 15 日

第 274～276 页。D220－5455（11）

刘少奇：中国共产党中央委员会向第八届全国代表大会第二次会议的工作报告

1958 年 5 月 5 日

第 285～325 页。D220－5455（11）

聂荣臻：全党抓科学技术工作，实现技术革命

1958 年 8 月 2 日

第 372～386 页。D220－5455（11）

中共中央批转陈毅、李富春关于加强对外经济、技术援助工作领导的请示报告

1958 年 10 月 29 日

第 523～527 页。D220－5455（11）

毛泽东：关于社会主义商品生产问题

1958 年 11 月 9 日、10 日

见《毛泽东文集》，第 7 卷，人民出版社 1999 年版，第 434～442 页。

毛泽东：在武昌会议上的讲话

1958 年 11 月 23 日

见《毛泽东文集》，第 7 卷，人民出版社 1999 年版，第 445 ~ 450 页。

毛泽东：一个教训

1958 年 11 月 25 日

见《毛泽东文集》，第 7 卷，人民出版社 1999 年版，第 451 ~ 452 页。

《人民日报》社论：迎接新的更伟大的胜利

1959 年 1 月 1 日

中共中央对山东省委、省 [政] 府关于馆陶县停伙、逃荒问题的检查报告的批语

1959 年 1 月 22 日

第 19 ~ 20 页。D220 – 5455（12）

《人民日报》社论：全国一盘棋

1959 年 2 月 24 日

周恩来：政府工作报告

1959 年 4 月 18 日

第 186 ~ 240 页。D220 – 5455（12）

毛泽东：党内通信

1959 年 4 月 29 日

第 283 ~ 286 页。D220 – 5455（12）

中共中央关于大力紧缩社会购买力和在群众中解释当前经济情况的紧急指示

1959 年 6 月 1 日

第 374 ~ 381 页。D220 – 5455（12）

毛泽东：庐山会议讨论的十八个问题

1959 年 6 月 29 日、7 月 2 日

见《毛泽东文集》，第 8 卷，人民出版社 1999 年版，第 75 ~ 82 页。

毛泽东：庐山会议讨论问题

1959 年 7 月 3 日

第 423 ~ 424 页。D220 – 5455（12）

周恩来关于调整一九五九年国民经济计划主要指标和进一步开展增产节约运动的报告①

1959 年 8 月 26 日

1959 年 8 月 2—16 日举行的中国共产党第八届中央委员会第八次全体会议，根据 1959 年国民经济计划执行的情况和对当前经济形势的分析，提出了调整今年经济指标的意见，并且提出了进一步开展增产节约运动、在今年内提前完成第二个五年计划主要指标的战斗任务。国务院于 8 月 25 日召开了全体会议，一致同意中共八届八中全会对当前经济形势的估计，调整 1959 年国民经济计划主要指标的建议和进一步开展增产节约运动的意见。我现在代表国务院向第二届全国人民代表大会常务委员会作关于调整 1959 年国民经济计划主要指标和进一步开展增产节约运动的报告。

一、1959 年的经济形势

---

① 此件系周恩来 1959 年 8 月 26 日在第二届全国人民代表大会常务委员会第五次会议上的报告。

在1958年伟大跃进的基础上，我们在1959年上半年取得了国民经济继续跃进的胜利。

工业方面：今年上半年的工业总产值完成了729亿元，比去年同期的443亿元增长65%。从最重要的一些工业产品的产量来看，今年上半年的生产量比去年同期增长的百分比为："洋铁"950万吨，增长1.6倍；"洋钢"530万吨，增长66%；原煤1.74亿吨，增长1倍以上；发电184亿度，增长55%；金属切削机床4.5万台，增长1倍多；棉纱414.7万件，增长46%；糖78万吨，增长43%。其他产品的产量，都比去年同期有了不同程度的增长，增长速度低于20%的只是很少几种产品。

农业方面：夏收作物虽然播种面积有所减少，今年春季又遭到严重的自然灾害，但是由于人民公社进行了整顿巩固工作，更好地发展了广大农民的积极性。麦子、杂粮、早稻的总收获量达到了1 390亿斤，比去年夏季特大丰收的1 365亿斤还增加了25亿斤。

运输方面：今年上半年铁路货运量完成了2.47亿吨，比去年同期增长49%；输驳船货运量完成了5 500万吨，比去年同期增长75%；汽车货运量完成了1.4亿吨，比去年同期增长94%。

基本建设方面：今年上半年完成投资额107亿元，比去年同期增长54%。由于基本建设的大规模进行，许多工程部分地或者全部地投入生产，工业生产能力有了很大的增长。

商业方面：今年上半年社会商品零售总额完成了296亿元，比去年同期增长23%。大多数商品的供应量，今年上半年比去年同期都有不同程度的增长。

由此可见，在今年上半年，无论是工业、农业、运输业基本建设和商业，都继续以很高的速度发展。总的看来，我国的经济情况是良好的，成绩是伟大的，是继续跃进的局面。广大人民对于这种形势是满意的，对于我们的光明前途充满着信心。

但是，同绝大多数人民充满信心和干劲的情况相反，有很少数人对于我国社会主义建设的伟大成就无动于衷，他们对于当前的形势表示悲观，甚至力图散布他们的这种极其错误的观点。这种情况，毫无疑问地会泄群众的气，挫伤群众的积极性。为了社会主义事业的利益，我们必须彻底批判这种错误的有害的观点。在这里，我只就这些人议论较多的三个问题加以驳斥。

（一）关于大炼钢铁问题

在鼓足干劲、力争上游、多快好省地建设社会主义的总路线和一套"两条腿走路"的方针的鼓舞下，6亿多人民群众意气风发、热情奔放地投身到社会主义建设的运动中去，这就出现了我国历史上从来没有过的大规模的经济建设的群众运动。几千万人上山采矿挖煤，大炼钢铁，是这个群众运动的一个重要方面。人民群众懂得，经济战线上大规模的轰轰烈烈的群众运动，将保证国民经济的高速度发展，从而较快地改变我国"一穷二白"的面貌。因此，他们在劳动中表现了冲天的干劲，甚至废寝忘食。国内外反动分子说这是"强迫劳动"，"使人丧失自由"，那完全是一种无耻的造谣。帝国主义老爷们才是惯于使人丧失自己的，但是在西方世界，在何年何月出现过几千万人上山去采矿挖煤、大炼钢铁的壮举呢？毫无疑问，在资本主义制度下面，无论过去和将来，都不可能产生这种劳动人民的自觉自愿的生产积极性。我们的社会主义建设的总路线真正代表着全国劳动人民的意志，所以一旦为群众所掌握，就能形成这样伟大无比的力量。这是国内外反动分子所完全不能理解而且也不愿意理解的。

有人认为，在去年大炼钢铁用了很多人力，花了很多的钱，而产品中间有一部分是土铁土钢，因此是"得不偿失"，至多是"得失相当"。我们认为，这种看法是完全错误的。

在1958年，我们生产了1 369万吨生铁（另有四五百万吨不能用来炼钢而可以用来制造简单的农具和工具的生铁，还没有计算在内），比1957年增长1.3倍；生产了钢1 108万吨，比1957年增长1倍多。钢铁方面的小型企业、小型设备、土法生产的群众运动，带动了大型企业、大型设备、洋法生产的群众运动，带动了整个工业战线上的群众运动。以钢为纲，这就出现了工业的大跃进，许多重要的工业产品成倍地以至几倍地增长，1958 年的工业总产值比 1957 年增长了 66%。不仅如此，大炼钢铁的群众运动，还为今后钢铁工业及整个工业的发展创造了条件。去年建立起来的土高炉和小高炉，经过去冬今春合理定点、增加设备和提高技术，许多资源条件适当的地方就建立起小高炉群，大大地提高了生铁的产量和质量。现在开工生产的小高炉（从 6.5 ~ 100 立方米）总容积已达 4.3 万立方米，几乎等于全国大高炉总容积 2.4 万立方米的 2 倍，今年可以生产生铁 1 000 万吨左右。这些小高炉在第二个五年内将总共生产生铁 5 500 万吨左右；从 1963 年开始，将每年生产生铁 1 500 万吨以上。在第五年当中，我们对于小高炉的生产给予一定的补贴，是完全值得的，是有重大意义的。如果我们只采取建设大高炉的办法，在这样短的时间内，由于受着各种条件的限制，即使花同样的乃至更多的投资，也绝不可能在 5 年内生产出这样多的生铁。世界各国的工业发展史表明，有了钢铁就能够有机器，而有了钢铁和机器，也就能够有整个工业以及整个国民经济的迅速发展。因此，对于去年的大炼钢铁的群众运动，和大批小高炉在今后钢铁生产中的伟大意义，决不允许有任何的忽视。

至于说到小高炉生产的质量和煤耗，最近几个月来已经有了极大的进步。到 7 月份，小高炉生铁的合格率已经达到 75% 左右，煤耗率已经降低到 4 吨左右，利用系数（即每一立方米容积在每一昼夜的生产量）已经接近 0.7 吨。这证明钢铁工业的群众运动具有巨大的生命力，并且已经提高到一个新的阶段。可以预料，在今后不长的时期内，小高炉在增加产量、提高质量、降低煤耗等方面将获得更大进步。大炼钢铁运动，还起了“炼人”的作用，使广大群众学到了技术和知识，使广大干部取得了经验。

事实证明，工业方面采取大中小型企业并举、洋土结合的方法，具有布点广、建设快、对原料和材料要求低、供应便利等等优点，这极其有利于我们广泛地勘探资源，合理地分布生产力，充分地利于资源和节约运输力量。当然，在我国工业建设中，必须积极地建设大中型的洋法生产的企业，这是主导方面；但是，决不应该忽视小型的、土法生产洋土结合的企业的建设。我们必须用“两条腿走路”，而不能只用一条腿走路。

根据上面所说的种种事实，我们必须肯定地说，大炼钢铁的群众运动，所得极大，绝不是“得失相当”，更不是“得不偿失”。大炼钢铁是贯彻执行社会主义建设总路线和一套“两条腿走路”方针的一个重要方面。对大炼钢铁的群众运动进行的那些歪曲事实的攻击，实际上就是攻击社会主义建设的总路线和“两条腿走路”的方针。对于这种攻击，我们必须坚决加以驳斥。

（二）人民公社和公共食堂问题

同国民经济大跃进一起出现的，是我国农村在 1958 年实现了公社化。组织人民公社是几亿农民的要求。广大农民为了更快地更有效地摆脱贫困落后的状况，不满足于已有的高级合作社这种组织形式，要求组织规模更大、活动范围更广的公社。还在 1958 年春夏之间，河南省和其他一些省份的好些地方，人民公社这种组织形式就实际上出现了。它一出现，就一呼百应，只经过几个月的时间，我国农村就实现了人民公社化。正是由于人民公社表达了最大多数农民的意志，它对于进一步解放和发展社会生产力具有伟大的作用，即使在它的初期也表现了强大的生命力。大家知道，去年秋、冬两季国民经济特别巨大的跃进，是同农村的人民公社化分不开的。

公社化既然是广大的群众运动，既然是一个崭新的事物，那就不能设想它一开始就完美无缺，一点缺点、一点困难也没有。在公社化运动初期，由于干部和群众都缺乏经验，的确曾经出现过某些管理权力集中过多、分配上某些平均主义和某些浪费的现象。但是，这种缺点，很快就被党中央发觉和纠正了。去年 11 月毛泽东同志在郑州召开的有部分中央领导同志和部分地方领导同志参加的会议上，就讨论了整顿人民公社的问题。随后，在武昌召开的中共八届六中全会上，和今年2月、3月在郑州召开的中央政治局扩大会议上，对于整顿人民公社都作出了一系列重要的决定。各级地方党、政领导机关根据这些决定，从去年冬季起就开展了大规模的整社工作，贯彻执行了分级管理、分级核算、按劳分配、多劳多得的原则，确定了在目前阶段公社的生产资料实行三级所有制，并且规定生产队一级的所有权是基本的，公社一级的所有权是部分的，而生产小队也应该有小部分的所有权。人民公社经过整顿和巩固，它在综合发展农林牧副渔和工农商学兵各项事业、逐步实现农业机械化、增加农民收入和改善农村生活、发展公共食堂和托儿所等集体事业诸方面的优越性，已经越来越显著地发挥出来，今后还将得到更显著的发挥。人民公社现在仍然是集体所有制性质，但是，它在公社一级所有权中已经有一些全民所有制的萌芽。可以预料，人民公社对于将来农村中从集体所有制转变为全民所有制、从社会主义转变为共产主义的过程，将提供良好的组织形式和宝贵的经验。

人民公社的出现，社会化运动的发展，是“好得很”，而绝不是“糟得很”。人民公社是形势发展的必然产物，它的兴起并不“过早”。说人民公社“糟得很”的，只是那些极端仇视我国社会主义事业的帝国主义分子，还有一些是反人民反社会主义的右派分子和其他反动分子。还有一些人，他们口头上赞成社会主义，但是对于有几亿人民积极支持的人民公社运动却这也指责，那也指责，认为办早了，办坏了。我们要问：你们难道就不怕被抛到资产阶级右派的边缘上去吗？

这里，我还要说一说公共食堂问题。广大农村和一些城市街道举办的公共食堂，同样是由群众创办的，许多农村食堂已经有几年的历史，而在去年夏季得到了特别迅速的发展。它适合群众的需要，因此受到了广大群众的欢迎。它尤其受到劳动妇女的热烈欢迎，因为食堂大大地减轻了她们繁重的家务劳动，便于她们同男人一样去参加生产。公共食堂对于老年和小孩还带有集体福利和社会保险的性质。在建立的初期，由于管理经验不够，又遇到丰收年成和大炼钢铁、大办工业的运动，有一些食堂对粮食和副食品安排不当，因而多吃了一些，这是可以理解的。这种缺点，现在已经得到改正。今年夏收以后，各地方采取了粮食分配到户、各人自愿参加、口粮依人定量、节余全部归己等办法，就使大多数食堂巩固起来了。我们认为，对食堂只要采取积极办好、自愿参加的原则，就可以达到便利生产、便利群众的目的，广大劳动群众是会热烈拥护的。因此，夸大公共食堂在初办时的某些缺点，加以指责和反对，甚至不顾群众的愿望而强迫解散，显然是十分错误的。

（三）关于市场问题

今年上半年，大多数重要的商品的供应量比去年同期有很大增加。根据统计数字，供应量增长10%～30%的商品有粮食、煤炭、绸缎、酒、火柴等，增长30%～50%的有棉布、食盐、肥皂、自行车、卷烟等，增长50%直到1倍多的有针织品、毛线、呢绒、胶鞋、金笔、钢笔等，增长不到10%的有食油、纸、煤油、茶叶等。上半年供应量减少的商品不过十来种，即猪肉、牛羊肉、蛋品、水产品、糖、絮棉、皮鞋、电灯泡、手表等。这些商品供应量减少，也并不都是因为生产减少。像肉类、蛋品、水产品、絮棉等供应量减少，是因变农村自己消费的数量大大增加了。消费水平一向比较低的我国农民，在生产大发展以后，一个时期自吃自用多了一些，城市人口是没有多少理由加以指责的。

总的看来，今年上半年属于穿的和多数用的商品，粮食和一部分副食品，供应并不紧张；比较紧张的只是一小部分副食品和少数日用品。而且，有些上半年感到紧张的日用品和副食品，供应的情况6、7月已经有了好转，有些人说什么市场全面紧张，这是故意歪曲事实。有极少数人甚至说解放前什么都能买到，现在什么都买不到。谁都知道这完全不是事实，而是恶意的歪曲。对于占全国人口80%～90%的劳动者来说，事实正好同这些人的说法相反，他们在解放前是要什么没什么，现在凡是必需的都可以买到。说这种话的人，只是表明他们看不到或者不满意劳动人民生活的提高，而仍然留恋旧社会只有极少数人能够享受的那种贵族、官僚、地主、买办、资本家的奢华腐烂的生活。这样的人居心何在，不是非常明白的吗？

我们还应该看到，某些商品供应一时比较紧张，是由于去年生产、基本建设和各项事业都发展得快，因而社会就业面迅速扩大，职工人数增加比较多，使城市购买力增加的特别快。根据计算，去年新增加的职工，除去一部分转业的人员，到今年每月增加购买力4亿多元。这样，今年上半年城市的购买力（包括社会集团购买力在内）达到了143亿元，比去年同期的110亿元增长30%。城市中某些商品特别是副食品在一个时期内供应比较紧张，主要的原因就在这里。

有人怀疑市场某些商品供应紧张是因为出口多了，这更加不合乎事实。今年出口的总额，只比去年增加17.8%。而且，粮食和国内需要的副食品，出口数量并不比去年多，或者只比去年略为增加。例如到今年8月15日为止，我国出口大米的总额不过79.2万吨，出口猪肉的总额不过相当于140万头猪，都不足去年大米产量和去年年底生猪总数的1%。为了加快社会主义建设，用农产品去换回我国需要的物资，是完全必要的。这不仅有利于工业的发展，而且有利于农业的发展。

今年春季有一段很短的时间内，全国不到5%的地方由于去年有灾情，而且没有安排好过日子，收割粮食有些粗糙，在使用上也缺乏计划，吃得多了一些，加上今年春季又有新的灾荒，因此，曾经一度出现过粮食供应不足的状况。但是，这完全是局部的、暂时的现象。在党和政府的大力支援下，这些地区缺粮的问题很快地解决了。像广东省那样受严重水、旱灾害的地方，也胜利地克服了困难。

从上面的分析，可以确定无疑地得出这样的结论：大跃进和人民公社的成就是伟大的，当前的经济形势是有利的，我们的前途是光明的。这就证明，党的社会主义建设的总路线和一套“两条腿走路”的方针，是完全正确的。我们绝不容许反动分子和人民队伍中的右倾机会主义分子利用实际工作中局部的、暂时的、已经纠正了的缺点，来攻击大跃进和人民公社，来动摇和反对建设社会主义的总路线。

必须指出，无论是大跃进或者是公社化，都是广大群众的革命运动。怎样对待群众的革命运动？是充满热情，同群众共呼吸，采取积极支持和积极领导的态度，去鼓舞他们前进呢？还是站在群众运动之外，指手画脚地批评他们，或者站在群众运动的对面，去反对他们呢？这是无产阶级革命者和资产阶级、小资产阶级革命者的根本区别。右倾机会主义分子所以十分错误，正是因为他们对群众运动采取了资产阶级老爷式的态度。

二、调整1959年计划指标

根据今年上半年计划执行中发现的问题，根据去年粮、棉等农业生产数字核实的情况和今年自然灾害很严重的情况，需要对1959年的计划指标进行调整。

首先，如前所说，今年上半年的工业生产是在去年大跃进的基础上继续跃进的，工业总产值完成了729亿元。但是，这个总产值占第二届全国人民代表大会第一次会议所通过的全年计划指标的44%，低于第一个五年计划期间各年上半年完成全年计划的百分比。在第一个五年计划期间，每年上半年工业总产值一般地完成全年计划的47%～48%。同时，去年下半年工业生产发展得特别快，比上半年增长了64%，主要是因为县、社大办工业；现在由于要统一安排劳动力以加强农业战线，县、社工业需要整顿和巩固，而且原料、材料和设备的供应的增长也都有一定的限度，因此，今年下半年的工业生产就不可能用跟去年下半年一样高的速度增长。

从33种主要工业产品来看，今年上半年

完成计划40%以上的有19种，即“洋铁”、电、原煤、原油、木材、纯碱、烧碱、抗菌素、金属切削机床、船舶、联合收割机、机动脱粒机、动力机械、棉纱、棉布、纸、糖、盐、卷烟；完成不到40%的有14种，即“洋钢”、钢材、水泥、硫酸、化肥、发电设备、机车、货车、汽车、拖拉机、造纸设备、制糖设备、棉纺机、食用植物油。这14种产品，由于原料或者材料的供应受着一些限制，在下半年要增产很多，实际上存在着困难。

其次，去年的农业产量，由于我们在大面积丰产和单位面积产量陡然大增的情况下缺乏估算经验，由于秋收的时候没有把劳动力安排好，割、打、收、藏都比较粗糙，还由于对去年4亿亩耕地因受灾而减产的情况估计不足，因此，计算偏高。根据国家统计局最近核实，去年粮食产量为5 000亿斤，比1957年的3 700亿斤增长35%；棉花产量为4 200万担，比1957年的3 280万担增长28%。其他一些农、副产品也有一些估算偏高的情况，这次同样进行了核实。按照核实的产量计算，去年农业总产值为671亿元，比1957年的537亿元增长25%。从去年农业产品产量和产值核实后的增长速度看，虽然原来估产确有偏高的情况，但是并不能动摇去年农业大跃进的事实。去年的农业生产从总产值的增长上看仍然是一个空前的大跃进。

去年的工业产量核实无误，工业总产值仍为1 170亿元，比1957年的704亿元增长66%。这里要说明的是，在去年生产的1 108万吨钢里面，“洋钢”是800万吨，土钢是308万吨；“洋钢”800万吨，比1957年的535万吨增长49.5%。在去年列入统计的1 369万吨生铁里面，“洋铁”是953万吨，土铁是416万吨；“洋铁”比1957年的594万吨增长60%。毫无疑问，这仍然是大跃进的速度。

再次，据最近计算，今年农田受到水旱虫灾的面积已经达到5.1亿亩，占全部耕地面积的近1/3。在受到旱灾的3.2亿亩农田中，约有2亿亩，已经由于几千万人的坚决抗旱而得到程度不同灌溉，从这里也可以看到人民公社的优越性和威力。这几年广大农民兴修的水利工程，对今年抗旱防涝起了很大的作用。现在全国的水利工程，约可灌溉农田10亿亩左右。其中，能够充分得到灌溉效益的有5亿亩，能够部分得到灌溉效益的有3亿多亩，还有约2亿亩在平整土地，修筑沟渠以后，也将得到灌溉效益。如果没有这几年特别是最近两年大修水利的群众运动，今年旱灾的情况必然要严重许多倍。

中共八届八中全会考虑到上述三个方面的情况，建议国务院对今年的计划指标进行一次调整。1959年8月25日国务院全体会议第91次会议一致同意中共中央的建议，并且认为，这是实事求是的态度，对人民负责的态度。

我现在将国务院全体会议第91次会议通过的1959年国民经济计划主要指标的调整方案提请全国人民代表大会常务委员会审核批准。

主要指标的调整情况如下：

工业：钢产量由原定的1 800万吨（包括土钢）调整为1 200万吨（不包括土钢，土钢由各地方自产自用）；原煤产量由原定的3.8亿吨调整为3.35亿吨；其他工业品的产量指标也作了相应的调整。

工业总产值由原定的1 650亿元调整为1 470亿元。

农业：粮食产量由原定的1.05万亿斤调整为5 500亿斤；棉花产量由原定的1亿担调整为4 620万担；其他农产品和畜产品的产量指标也作了相应调整。

农业总产值由原定的1 220亿元调整为738亿元。

基本建设：投资总额由原定的270亿元调整为248亿元；施工的限额以上项目由1 092个调整为788个。这样，一方面可以使现有企业生产所需要的材料得到保证，另一方面可以适当缩短基本建设的战线，使重要项目提早投入生产。

应该指出，指标调整以后，今年计划仍然是一个继续跃进的计划。比特大跃进的1958年，工农业总产值将增长20%。工业总产值将增长25.6%。“洋钢”的产量将增长50%，原煤的产量将增长24%。农业总产值将增长10%，粮食和棉花的产量也都将增长10%。按照社会主义国家经济建设发展的速度和我国第一个五年计划的建设经验来看，应该说，工业每年增产20%以上就是跃进，增产25%以上就是大跃进，增产30%以上就是特大跃进；农业每年增产10%以上就是跃进，增产15%以上就是大跃进，增产20%以上就是特大跃进。我在今年4月18日向第二届人大第一次会议做的政府工作报告中曾经说过：粮食的产量，在农业机器和化学肥料还很少的条件下，即使每年增产10%～20%，就已经算得是跃进了。因此，调整后的1959年工农业生产指标，仍然保持着跃进的速度。

还要指出，今年工业增产25.6%和农业增产10%，是在去年工农业大跃进的基础上出现的，这不同于平常年份。大家都知道，基数大了，每增长1%的数值就扩大了，完成它就需要作更大的努力。

调整后的指标，在群众鼓足干劲、力争上游的条件下，工业生产有可能超额完成；农业生产只要今后不再遇到更严重的自然灾害，也是有可能争取超额完成的。

完成调整后的计划，我们就将在主要工农业产品的产量方面，提前三年实现国务院接受的中国共产党第八届代表大会第一次会议关于第二个五年计划的建议。以四大指标为例，中共八大的建议规定，1962年的钢产量达到1 050万～1 200万吨，原煤产量达到1.9亿～2.1亿吨，粮食产量达到5 000亿斤，棉花产量达到4 800万担；而在今年，洋钢产量将达到1 200万吨，煤产量将达到3.35亿吨，粮食产量将达到5 500亿斤，棉花产量将达到4 620万担，都将达到、超过或者接近中共八大建议的指标。此外，今年达到或者超过中共八大建议指标的主要工业品，还有原木、冶金设备、发电设备、金属切削机床、棉纱、机制纸、原盐等7种。

我们既然用两年时间基本上完成五年计划，也就可能使工农业生产在以后三年内获得进一步的发展，并且腾出手来加强某些薄弱的环节。完全可以预料，在第二个五年计划期间，我国工业和农业的增长速度，都将大大高于第一个五年计划期间所达到的水平。第二个五年计划必然是一个大跃进的五年计划。而我们完成了大跃进的第二个五年计划，也就是有可能使“15年内在主要工业产品产量方面赶上英国水平”的口号，争取在10年左右时间内基本实现；并且使原定在1967年实现的十二年农业发展纲要，可以争取大大提前超额完成。

三、反右倾、鼓干劲，进一步开展增产节约运动

为坚持总路线、保卫大跃进和人民公社的伟大成就，为了争取今后国民经济的继续跃进，必须反对一切右倾情绪、右倾思想和右倾活动。

我们在拟定和执行1959年国民经济计划的过程中，在大跃进的高潮中，曾经发生过一些缺点和错误，主要是生产指标定得高了一些，基本建设的摊子铺得宽了一些，职工人数增加得多了一些，这样就在劳动力的安排、物资的分配、资金的使用、产品质量的提高等方面出现了些问题，使国民经济在个别环节上出现了某些失调现象。它表明我们的计划工作机关和经济工作机关还不善于在国民经济大跃进的情况下做好综合平衡工作。我们必须指出，我们的缺点是在大发展中产生的，主要是缺乏大跃进的经验造成的。这些缺点是在具体执行社会主义建设总路线的实际工作中发生的，而不是总路线本身的缺点。总路线本身就要求我们根据客观的条件，最大限度地发挥主观能动性，遵从客观经济规律，注意各种比例关系。在一年多来的实践中，无论是正面的经验，或者是反面的经验，都证明了社会主义建设总路线和一套“两条腿走路”方针是完全正确的。我们克服了工作中的缺点，它们就将越加显出灿烂的光辉。这些缺点和错误又是局部性的和暂时性的，不过是十个指头和一个指头的问题，而且一经发现，就立即改正。广大干部和广大群众在这个伟大的实践中，受到了深刻的教育，取得了许多宝贵的经验。这是一个重大

的收获。我们认为，既严肃地纠正缺点，又热情地保护广大群众和广大干部的积极性，这是指导群众运动必须遵循的原则。在任何时候，都不应该向群众泼冷水，泄群众的气。

就在纠正实际工作中的某些缺点的过程中，在经济指标落实的过程中，有一些人从资产阶级的立场出发，过低估计以至否定去年大跃进和人民公社的伟大成就，夸大工作中的某些缺点和错误，把局部当成整体，把支流说成主流，并且认为经济指标越低越好。这种思想和情绪，近两个月来已经有所发展。实际上，抱有这种思想的人，他们根本怀疑6亿多人口为改变“一穷二白”状况而掀起的轰轰烈烈的群众运动，怀疑大跃进的人民公社，怀疑社会主义建设总路线和一套“两条腿走路”的方针，甚至怀疑社会主义制度。很明显，如果我们听任这种思想继续存在和发展，而不加以坚决地纠正，那么，我们就会大大地伤害了广大群众的积极性，就不能继续跃进，就不能取得社会主义事业的胜利。这当然只有利于国内外的敌人，而不利于工人、农民和革命知识分子；只有利于资本主义，而不利于社会主义。正因为这是一个关系到6亿多人口的前途的问题，我们必须提出反对右倾的任务，必须同一切实际存在的右倾情绪、右倾思想和右倾活动进行严肃的斗争。

在克服右倾的基础上，在继续放手发动群众、鼓足群众革命干劲的基础上，我们认为，应该再接再厉，把第二届人大第一次会议决定的增产节约运动进一步开展起来。

进一步开展增产节约运动，是全面地超额地完成今年国民经济计划的主要保证。当我们提出这个口号的很短时间内，国民经济的各个战线上已经出现新的局面。在工业战线上，8月上半月的钢的日产量已经提高到3.41万吨（其中，8月13日已经达到3.88万吨），比上半年平均日产量2.9多万吨增长了17%。在农业战线上，抗旱、防洪、防涝、灭虫的斗争已经全面展开。在劳动力的安排上，到7月底止，已经有400多万职工回到农村支援农业生产。在商业战线上，7月份的商品库存比6月份增加了5亿元。在财政方面，1—8月上旬国家预算收多于支20亿元。我们还可以看到，在不少的企业中，已经开展了比数量、比质量、比劳动生产率、比成本、比安全的劳动竞赛，干劲冲天，热气腾腾。工厂中和农村中的许多领导干部，深入现场，踏踏实实地领导生产，并且同群众一起“冲锋陷阵”。一个新的生产高潮已经开始出现。这就证明，经济形势正在继续健康地发展，6亿多人民满怀着信心，我们的前途充满着光明。

为了进一步开展增产节约运动，我们要求：工业、农业、运输业、商业等各个经济部门和其他的部门，都应该毫无例外地开展社会主义竞赛，努力增产，厉行节约。一切企业事业单位都要按质、按量、按品种地和按月、按旬地完成和超额完成国家计划规定的任务。一切公社都要努力战胜自然灾害，合理地使用人力、物力，加强田间管理，做好各项准备工作，争取秋季丰收。各个企业事业单位和各个公社在努力增产的同时，必须注意节约人力、物力和财力，提倡储蓄，使勤俭建国、勤俭办企业事业、勤俭办社、勤俭持家、学会过日子的口号变为每个人的实际行动。各级领导机关，都必须抓紧9月份的工作，以出色的成绩来迎接我们伟大的国庆十周年。

我们坚信，在伟大的中国共产党和伟大的领袖毛泽东同志领导下的6亿多人民，必将在建设社会主义的道路上取得更加辉煌的新的胜利。

JJS50－3（上）

中共中央同意廖鲁言同志关于一九六〇年工业如何支援农业的初步意见的报告

1959年9月17日

中央财经小组并告各省、市、自治区党委：

中央同意廖鲁言同志《关于一九六〇年工业如何支援农业的初步意见的报告》。报告提出的化肥、农药、农业机械（其中的两万台电犁，能否生产这样多，计委需再加平衡计算，以多生产一些为原则。)、排灌机械、农村运输车辆和钢材、水泥等等指标数字，应该列入一九六〇年的计划，能够搞得更多一些则更好。农业机械和排灌机械还应该尽力设法在今年投一部分料，进行生产，以免在明年第一、二季度为了抢使用季节而突击生产。冬修中小型农田水利也要提前拨一部分水泥和钢材。

报告提出的关于农业生产资料供应体制的意见是正确的，商业、农业和有关的工业生产部门都应该按照这个意见分工协作，切实做好农业生产资料的供应工作。

附：廖鲁言同志关于一九六〇年工业如何支援农业的初步意见的报告

1960年6月28日

恩来同志转报中央、主席：

遵照指标，又召集了一机、化工、商业和计委等部门负责同志，对于农业机械部的组织和一九六〇年工业支援农业的方案两个问题，再次作了研究。现将研究结果简报如下：

关于农业机械部的组织问题。

（一）农业机械部是组织领导农业机械制造工业的部门，它的任务是：根据中央逐步实现农业机械化、电气化的方针，规划和组织农业机械制造工业的基本建设，组织农业机械的制造和维修（包括零部件的制造），领导和督促检查各级农业机械工业管理部门的工作，领导和组织农业机械化、电气化的科学研究工作（包括农具改革在内）。

农业机械的分配、农村人民公社使用农业机械的经营管理和技术指导工作，仍由农业部门负责。农业机械（包括零部件）的供应工作，仍由商业部门负责。

（二）农业机械包括：农业耕作机械（拖拉机、耕、耙、播、收等各种机引的农具和畜力的新式农具等等）、排灌机械、杀虫器械、畜牧用的器械、农业用的动力机械、运输机械、农副产品加工机械和农村用的小型发电机等等，还包括这些机械的零部配件的制造。农业机械部的任务是复杂的，繁重的。除了原属中央和地方的主要制造上述各种机械和配件的工厂、修理工厂，由一机部系统划归农业机械部系统管理以外，还须考虑由一机部增拨几个技术相近的大、中型工厂给农业机械部。这样划分之后，原有的工厂之间的协作关系仍然一律维持不变。

化肥设备的制造，仍由一机部管理，不划归农业机械部。

（三）农业机械部所需的工作人员，主要由一机部抽调配备。农业部所属的农业机械局，除了保留对农村公社使用农业机械的经营管理和技术指导业务以外，其余的业务和工作人员也划归农业机械部。再有不足的而又必须配备的少数人员，请中央组织部协助解决。

（四）省级农业机械管理部门，应该以工业厅和农业厅现有的管理农业机械业务的机构和人员为基础，组成一个农业机械局，可以作为工业厅或者农业厅的厅属局，也可以作为省人委的直属局，由各省（市、自治区）自己决定。县的农机具修配厂和农具研究所，应该尽速建立起来，业务归农业机械管理部门领导。

关于一九六〇年工业支援农业的方案，经再次讨论后，对其中意见有些出入的几个问题，取得了一致。

（一）国产化肥的数量，一九六〇年为二百五十万吨，争取三百万吨。其中，氮肥一百二十至一百五十万吨。化工部提出，一九六〇年产合成氨五十万吨；如果加八千吨钢材，扩建大连和吉林两［个］化肥厂，合成氨的产量可增至五十八万吨。有了合成氨，能制多少化肥，取决于两个问题：一是工业用多少合成氨，二是有多少硫酸用来制造化肥。据冶金部供应局长和煤炭部办公厅主任向化工部张珍副部长谈，这两个部一九五九年各需九万吨炸药，共十八万吨炸药，一吨合成氨可制两吨硝铵，一吨硝铵可制一点二五吨炸药，十八万吨炸药共需合成氨七点二万吨。按照这两个部一九六〇年增产的比例，加上其他部门所需的炸药和其他工业用的合成氨，有二十五万吨合成氨可以安排下来。其余二十五万吨到三十三万吨合成氨用来制造化肥，全部按硫铵折算，可产硫铵九十四万吨到一百二十四万吨（一吨合成氨可产硫铵三点七五吨），加上冶金部所产硫铵二十六万吨，共一百二十至一百五十万吨硫铵。

一九六〇年硫酸产量一百四十至一百五十万吨，计委提出，其中百分之五十左右，即七十至七十五万吨，可用来制造化肥。上述一百二十至一百五十万吨硫铵，是按硫铵折合计算的，实际是生产一部分硫铵，一部分硝铵，而生产硝铵并不需要硫酸。生产钙镁磷肥也不要硫酸。七十至七十五万吨硫酸用来制造化肥，与化工部提出的制造硫铵和过磷酸钙所需硫酸的数量大体一致。

因此，一九六〇年生产化肥二百五十万吨，争取三百万吨的安排是比较落实的。问题的关键是增拨八千吨钢材，来扩建大连和吉林两［个］化肥厂。拨出这八千吨钢材，可产一百五十万吨氮肥，不拨只能产一百二十万吨。化工部在这次讨论中，并且表示，这八千吨钢材中，型钢还可自己挤出来，其余的四五千吨钢板钢管，请批准增拨。

（二）一九六〇年生产拖拉机一万标准台，还是一万五千标准台。一机部表示，一万二三千台可靠，努力争取一万五千台，再增加困难很大。问题有三个：第一是洛阳厂是主力，而洛阳厂并未建成，组织成批生产还要做很多工作；第二是原材料供应也有问题，需要相当数量的优质合金钢；第三是今年第四季度能不能开始投料，能够开始投料，明年的产量就可以多一点，否则产量就少些。

（三）两万台电犁，同意安排生产，供各地公社较广泛地进行试验，但是相应需要的钢丝绳和电气材料还要进一步统一平衡。

方案中的其他各点，到会同志都没有意见。

以上报告。请核。

附：廖鲁言关于一九六〇年工业如何支援农业的初步意见

1959 年 6 月 13 日

陈云、富春、震林、子恢同志并报中央财经小组：

工业支援农业研究小组奉命成立后，开了六次会，研究了农业生产的需要，对于农业生产资料制造业的生产能力和主要的原料、材料的需要量，也摸了底，算了账，并讨论了农业生产资料供应的体制问题。兹将一九六〇年工业如何支援农业的初步意见报告如下：

（一）首先增产化学肥料。一九六〇年国产化肥要求达到二百五十万吨，争取三百万吨。

农村积肥、造肥、运肥、施肥用工一般占农业生产用工的百分之四十左右，而积肥的数量仍很不足，肥效也差。多供应一些化学肥料既有利于增产，又有利于解决劳力紧张的矛盾，同时也不需要多少钢铁。

据化工部材料，一九五九年底合成氨的生产设备能力可以达到五十万吨。合成氨的用途分配，应该是工业、农业同时兼顾。一九五九年用于工业的合成氨是十八万吨到二十万吨，大部分是制作炸药，可是制炸药用的硝铵目前已经积压几万吨，建议一九六〇年合成氨的用途，工业、农业各占一半，工业用二十五万吨，用来制造化肥的合成铵也不要少于二十五万吨。

用于农业的二十五万吨合成氨，可生产氮肥（以硫铵为标准）九十四万吨，再加石油部和冶金部生产的硫铵二十六万吨，共可产硫铵一百二十万吨。

化工部计划产磷肥一百三十万吨（不包括地方用小高炉生产的钙镁磷肥）。以上氮肥和磷肥合计是二百五十万吨。

此外，如果今年能增拨八千吨钢材给化工部（在已经计划分配给化工部的钢材以外），就可以多生产八万吨合成氨；如果能增拨一万八千吨钢材，就可以多生产十五万吨合成氨。我们认为，至少解决八千吨钢材，多生产八万吨合成氨，合三十万吨硫铵，这是很合算的，要求中央财经小组和计委、经委无论如何设法解决。这样一九六〇年国产化肥就可以近三百万吨。

建议再进口一百五十万吨化肥（主要是氮

肥），一九六〇年化肥供应量争取达到四百五十万吨，比一九五八年增加百分之五十。

（二）建议一九六〇年生产拖拉机一万到一万五千台和相应的机引农具，生产动力绳索牵引机两万台。

农业机械化，按照主席的指示，四年小解决，七年中解决，十年大解决。一九五八年底全国农业用的拖拉机有四万五千标准台，一九五九年计划增加约一万台，共五万五千标准台。一九六〇年按拖拉机厂的建设进度和设备能力，只能生产一万到一万五千标准台，加上进口的，估计用于农业的也不过一万五千台左右，合计可达七万标准台左右。按这个速度，到一九六二年，全国可能拥有的农业用的拖拉机不过十多万台，机耕面积不过占耕地面积十分之一。这个小解决，看来太小了，因此建议加速拖拉机工厂的建设。

建议一九六〇年生产机引农具三万五千台，联合收割机三千台，动力拖拉机一万五千台，拖车五千到一万台。生产动力绳索牵引机两万台。

有了拖拉机，没有机引农具，拖拉机在田间不起作用。随着拖拉机产量和拥有量的增加，需要有相适应的生产机引农具的专业工厂。

（三）建议一九六〇年拨出二十万吨钢材制造和修配半机械化的新式农具和农产品加工工具。小农具的制造修配也要补助十万吨好铁好钢。

根据主席指示，农业机械化，四年以内小解决，而主要靠改良农具和半机械化。半机械化的新式农具、改良农具和农产品加工工具包括畜力收割机、脱粒机、深耕犁，包括打草机、饲料粉碎机等等畜牧农具，也包括剥麻机、碾米机等等农产品加工工具以及喷雾器等等，品种很多，多数是由地方生产、自产自销的，少数是由一机部统一安排生产、统一调拨供应的。无论是地方生产的或者中央安排生产的，都必须将所需要的钢材等列入国家的材料分配计划。

小农具的制造和修配，一般可以用土铁土钢，但是，还必须补助一部分好铁好钢；否则，像今年这样，锄头镰刀的刃口需要点钢也没有，这无论如何不是长久之计。所以，要求明年拨十万吨好铁好钢，补助小农具（旧式的和改良的）的制造和修配，并且列入国家钢材分配计划。

（四）建议一九六〇年生产农村用的手推车胶轮一千万套（里外胎）和大车用的胶轮二十万套（里外胎），两者都不包括城市需要。

农村运输和由农村到交通线的短途运输十分紧张，许多东西运不出来，这是大家公认的，不必多说，生产手推车胶轮一千万套和大车胶轮二十万套，是缓和运输紧张的必要的一着。

（五）建议一九六〇年生产排灌机械二百万马力（维持一九五九年计划水平）、水泵十五万台、小型水力发电机二十万瓩，并拨水利基建用的钢材八万吨和水泥四十万吨。

我国现有的水利工程，按工程应有的灌溉面积是十亿亩。其中，五亿多亩能够保证发挥灌溉效益，三亿多亩灌溉效益很差，一亿七千万亩还不能发挥效益。因此，今后农田水利工作，除了工程较少的省份以外，就全国范围来讲，主要是搞好现有的工程和改善排灌机具设备，以发挥现有工程效益。改善工程需要钢材和水泥，加强排灌设备需要机具，这都需要工业的支援。

用于农业的排灌动力机，一九五八年实有一百二十万马力，一九五九年原计划生产二百万马力，现在减为一百六十万马力，合计到今年底可以达到二百八十万马力。每马力负担五十亩计，机械灌溉面积可以达到一亿四千万亩。一九六〇年要求生产排灌动力机二百万马力。由于汽油不足，排灌动力机械应该尽量多生产蒸汽机。

农村电站，目前只能根据条件有重点试办。应该积极发展水力站，第一步利用水能做动力直接做工，第二步再考虑发电。建立水利站，设备简单，用的钢材少，收效大，使用成本低，应该推广。一九六〇年，水利站计划增加一百万马力，水电站增加二十万瓩。

水利工程修闸门涵洞需要钢材，一九五八

年和一九五九年各地已经下马的大中型农田水利工程，有的因为材料没有解决停下来了，有的水库坝已修起来没有闸门，没有涵洞，没有溢洪道，汛期到来，将会危险丛生。这个问题，必须解决。一九六〇年水利工程需要钢材八万吨，水泥四十万吨，并且要在今年第四季度能预拨一部分钢材和水泥，赶上冬季施工。

（六）拖拉机、排灌机械等维修所需的钢材约四万吨，也要列入国家分配钢材的计划。

机器和机器拖带的作业机具年年要维修，否则，一面造新的，一面旧有的坏了，不能修配，停着用不上，绝非正常的事，今后一定要把维修用材列入计划。

（七）建议一九六〇年生产农药十七到二十万吨；并拨硫磺粉六万吨供农业用。

一九五九年生产农药十二万吨，到年底生产能力可以达到十九万到二十万吨。一九六〇年化工部计划生产十七万吨到二十万吨；农业部要求生产二十万吨（进口一万多吨在外）。其中：苯制剂十五万五千吨，有机磷制剂八千吨，汞制剂一万六千吨，铜制剂六千吨，其他一万五千吨。另外拨硫磺粉六万吨，供农业杀虫用。

（八）造林、护林、垦殖橡胶等方面需要的化肥、拖拉机、农机具、排灌机械、治虫用的喷雾器、农药等等，在农业生产资料安排中统一考虑。此外，林业部需要护林用的载重汽车三百一十二台，消防汽车一百五十台，灭火机一千二百台，造林机具用的钢材一万三千多吨。

（九）水产部要求一九六〇年生产机帆船一千只到一千五百只和渔轮五十只到一百只。

（十）对于农业生产资料供应体制，需要明确规定。我们认为，在人民公社还没有实现全民所有制以前，原则上应该确定人民公社所需要的各种生产资料不宜由国家调拨，要通过商业系统供应。

附：关于农业生产资料供应
体制问题的意见一份

一九六〇年制造农业机具需用的原料计算表一份［略］

一九六〇年生产农药需要的原料计算表一份［略］

附：关于农业生产资料供应
体制问题的意见

在人民公社化以前，农民和合作社所需要的各种生产资料，除了很少数的几种以外，历来都是由商业部门经营，通过市场供应的。一九五八年秋季实现人民公社化以后，曾经引起了某些混乱和脱节现象，对农业生产带来了某些不利的影响。为了加强工业对农业的支援，更有计划地做好生产资料供应工作，农业生产资料供应体制，应该有个明确的规定。我们的具体意见如下：

（一）在人民公社还没有实现全民所有制以前，供应给人民公社的生产资料，一律通过商业部门，采取买卖的方式供应。

（二）供应人民公社的生产资料大体可分为两大类：第一类属于国家统一分配的物资，例如拖拉机、抽水机、机制的化学肥料和农药、汽油、柴油等等；第二类非国家统一分配的物资，例如小农具、家林牧副渔的各种工具和铁、木、竹材料等等。

（三）第一类物资又分为两种：一是由中央统一分配的；一是地产地销，由地方统一分配的。中央统一分配的物资，由中央一级的农业部门提出要求，计委经委审核批准，商业部门负责订货，工业部门安排生产，然后由商业部门按计划调拨供应；这种物资分到省以后，省级商业部门应该根据省批准的省级农业部门的计划调拨供应。地产地销由地方统一分配的物资，可以比照上述办法，由省级有关部门分别负责办理。

（四）第二类非统一分配的物资，由商业部门为主，会同农业部门，根据历年销售的情况和发展的新要求，以及由于农业技术设备逐年增加而引起的新的需要，制订供应计划，准备货源，通过市场供应。这类东西不能要求准备多少就卖掉多少，不能现进货现销售，应该经常备货，随时供应。

（五）农业生产资料的需要是有季节性的，而生产这些资料则不能临到供应季节才突击生产，这样对于工业生产是不利的，对于农业生产的需要也不能及时供应。农业生产资料的生产应该是常年地正常生产，未到销售季节的产品，应该由商业部门储备，商业部门也可以与人民公社协商，通过合同，提前供应。

（六）国营农牧企业和垦殖企业所需要的农业生产资料，不适用这个办法。

Z144－1－7

中共中央批转江苏省委关于立即纠正把全部农活包到户和包产到户的通知

1959年10月13日

各省、市、区党委，并中央各部委、各党组：

现在将江苏省委《关于立即纠正把全部农活包到户和包产到户的通知》转发给你们。我们认为江苏省委的意见是正确的。江苏省委指出的，把全部或者大部农活包工到户或者包产到户的做法，实际上是在农村中反对社会主义道路、而走资本主义道路的做法，凡有这种意见和活动的地方，都必须彻底地加以揭露和批判。望采取切实有效措施，加以检查纠正。

附：江苏省委的通知

1959年8月22日

各地、市、县委、公社党委并报中央农村工作部：

最近发现有些地方把全部农活都包到户；少数地方在全部农活包到户的同时，还实行了全部或部分农作物（如山芋等）包产到户的办法，或者虽然没有公开提出包产到户，但采取了所谓“定田到户、超产奖励”等实际上是包产到户的做法；还有些地方，甚至提出“土地分到户，耕牛农具回老家”。必须指出，这些做法是错误的，都是右倾思想的表现。不论是把全部农活包到户，或者是各种形式包产到户，它们和田间管理部分农活包到户，是性质完全不同的两回事。田间管理部分农活包到户，这是劳动管理的一种方法。为了加强田间管理，把一部分零星分散的、不容易进行统一安排、不需要组织集体劳动的农活包到户，可以健全责任制，调动积极性，正如在集体化的同时，仍然保留一些社员家庭副业的道理一样，田间管理部分农活包到户，可以补集体劳动之不足，但是，决不能用它来全部代替集体劳动。如果把全部农活都包到户，这就从根本取消了人民公社集体劳动这一基本的劳动形式，退到个体分散劳动的老路。如果把产量也包到户，这就更加错误了，产量包到户，实质上就是从集体退到单干。这些做法，就会使人民公社无法统一安排劳动力组织生产，就会使资本主义思想和行为发展起来。采取这些做法，显然不是广大基本群众的意志，只能是少数富农或富裕中农的要求。这说明了，当前农村中两条道路的斗争还是存在的，防止领导上在这些方面的右倾思想极为必要。为此，省委特作如下通知：

一、凡是发现把全部农活包到户，或者是包产到户的地方，不论形式如何，名目怎样，都应当立即批判，加以纠正。这种做法，既不必试行，更不能推广。

二、生产队组织劳动的基本形式，应当是集体劳动，包工到户的办法可以实行，但只能限于田间管理方面部分零星分散、不容易统一安排、包工到户比集体劳动更加有利的农活，这一部分农活，只占整个生产用工的一小部分，不可能是大部或全部。究竟哪些农活需要包工到户，必须从有利生产、有利巩固集体出发，凡是不应包到户而已经包到户的农活，都应当纠正过来。为了防止群众对这个问题的误解，今后一律不提田间管理包到户，还是提建立全面的生产责任制和“几定”为好。

三、人民公社的劳动管理，是一个重大的原则问题。集体劳动还是分散劳动、“三包”到哪一级等等，这些都是涉及生产关系的重大问题。各级党委必须认真加强这一方面工作的领导。在当前，特别要注意批判和防止右倾思想。

Z992－11

第八次全国计划会议秘书处：第八次全国计划会议简报

1959年10月28日

十月二十七日下午，李富春同志就当前国民经济形势和一九六〇年国民经济计划的方针、任务以及计划方法问题，作了报告。

李富春同志在报告中指出，当前国内经济形势很好。反右倾、鼓干劲以后，全国已经掀起了一个群众性的增产节约运动和生产建设高潮，保证了今年国民经济的继续大跃进。

接着他指出，今年这个大跃进，是经过一个波浪式的曲折的发展过程。在这个曲折的过程中，我们遇到了国内外敌人和党内右倾机会主义分子的进攻。从去年底到今年初定计划时，思想上多少带点主观片面成分，指标定得偏高了一点，在经济生活中又曾一度出现了暂时的局部困难，所以要落实。在落实过程中，右倾机会主义分子，便趁机煽一股阴风，六、七月份出现了一个小小马鞍形。反右倾斗争是不可避免的，迟早总要发生。这是两道路的斗争，是激烈的阶级斗争在党内的反映。这是关系到要不要总路线、大跃进，要不要高速度建设社会主义的斗争，也是关系到中国六亿人民根本问题的斗争。这场斗争是右倾机会主义分子挑起的，结果使我们更清楚地认识了党的总路线，使国民经济继续跃进，避免了“大马鞍形”。反右倾，鼓干劲，轰轰烈烈踏踏实实的群众运动，保证了今年继续大跃进，这是当前形势的主流和本质。在认清主流的情况下，还要加以分析有没有支流问题。一方面，反右倾是否都反透了，干劲是否都鼓起来了，是否还有极少数干部存在抵触情绪？另一方面，在轰轰烈烈的群众运动中，领导方面要考虑在胜利前进中是否还有些问题注意不够，是否有些问题露了头还未引起注意，如劳逸结合、劳动力组织、安全生产、设备维修等等。另外，现在运输、电力、煤炭也比较紧张，应当注意全面安排，特别要注意不要影响工业支援农业、重工业支援轻工业。基本建设方面是否真正抓住了今年收尾工程，而不是忙于为明年上马而铺摊子。诸如此类，都不是主流，合起来也只是一个指头的问题。

总之，领导的责任，要在事物露头时，就开始注意，不要使问题成堆。积成大问题再解决，就有被冷风袭击的危险。注意这些问题，并且及时解决，我们就能够保证继续跃进和群众干劲的持续局面。

在报告的第二部分，李富春同志希望大家来总结两年来大跃进的经验。富春同志提出以下几条基本经验请大家讨论、修改、补充。

第一，坚持政治挂帅、大搞群众运动，加强党对经济工作、计划工作的领导。

在工业企业中，有同志还存在一长制的思想。一长制的思想，从中国的具体情况来说（不涉及外国），实质上是既不要党的领导，又不要群众路綫，靠个人发号施令的思想。

维护党的领导，就是要维护总路线和一套“两条腿走路”的方针。总路线是总结了过去十年的经验，以及过去解放区经济建设的经验和苏联的经验，是马列主义和中国革命实践相结合的正确路线。总路线不能分割。鼓足干劲、力争上游不能同多快好省割裂开来，多快也不能同好省割裂开来。鼓足干劲、力争上游是总路线的灵魂，多快好省是物质基础，也就是人和物相结合。

轰轰烈烈的群众运动，全党全民搞建设，打破了过去少数人冷冷清清搞工业的局面，增加了建设的无比力量。从去年群众运动起来以后，计划工作、生产管理工作就显得落后于群众运动。总结计划工作和管理工作的经验，改善计划工作和管理工作，在计划工作和管理工作方面，如何把群众运动、群众的干劲巩固地持续下去，是很值得研究的一个重要问题。我们提出明年第一季度的生产不低于今年四季度水平的口号，主要也是为了使群众干劲持续下去。安排明年第一季度工作时，既要从今年第四季度出发，也要照顾明年二、三、四季度，明年全年的安排，而不是只看到明年第一季度。

第二，高速度发展和自力更生为主的问题。

两年来大跃进的经验证明，只要认真贯彻执行总路线和一整套“两条腿走路”的方针，我国经济就能够高速度发展，不仅可以高于资本主义国家，也可以高于社会主义国家的现有速度。

这是由于总路线体现了马列主义与中国具体条件相结合的毛泽东思想。我国的具体条件就是：有六亿五千万勤劳勇敢的人民；地大物博，资源丰富；全国人民有迅速改变“一穷二白”的强烈愿望。一九五八年和一九五九年大跃进的速度超过了第一个五年的速度，第二个五年的速度肯定要比第一个五年高。基数大了速度是否就会下降呢？从中国具体情况来看，高速发展可以保持一个相当长的时期，因为：不仅中国农业还未现代化，就是工业也还没有完全现代化，再加上人多、地大物博，国内市场很大，因而潜力是很大的。

高速度发展，解决了自力更生为主、争取外援为辅的问题。自力更生为主，意味着：(1) 国内有广大的市场，特别是有广大的农村市场；(2) 地大物博，资源丰富；(3) 我国工人、农民和革命知识分子有学先进、赶先进的伟大志向，而且开始能够自行设计、自行制造成套设备；(4) 有一条社会主义建设的总路线。

自力更生为主还必须争取外援，这也是“两条腿走路”。必须学习社会主义国家特别是苏联的经验；学习世界各国的先进科学技术；还要发展对外贸易，互通有无，以补自己不足，农业战线、商业战线、财贸战线，要内外兼顾，在可能条件下多挤些东西出口。

第三，有计划、按比例发展的问题。

大跃进以来，国民经济当中几个根本性的比例关系比过去更加改善了。所谓根本性的比例关系，就是工业和农业、轻工业和重工业的比例关系，也就是生产资料生产和消费资料生产的比例关系。以工农业比例关系来说：工业和农业的发展速度，第一个五年是四比一，一九五八年是二点六比一，今年预计二点多些比一。工农业发展速度的差距缩小了，同时，轻工业和重工业的速度差距也缩小了。基本建设方面，一九五八年、一九五九年、一九六〇年农业投资的比例都提高了，轻工业的投资，去年增加了，今年少了一些，明年注意多安排一些。

最近中央提出农、轻、重的安排问题。这就是整个国民经济以农业为基础，工业以钢为纲，农业以粮为纲。只要把农、轻、重的关系安排恰当，把人民生活安排好，就可以放手搞建设，搞重工业，就不会出天下大事，屁股就坐稳了。发展农业、轻工业就是为了发展重工业，搞重工业的同志要树立为农业、轻工业、交通运输业和国防服务的观点。

要注意重工业与交通运输以及重工业内部的比例关系，特别是薄弱环节。薄弱环节如果不安排好，一年年下去，就会拖后腿。目前来看，薄弱环节是交通运输、电力、采掘、化工、石油、有色金属，还有机械工业和设备配套问题。这些薄弱环节，不可能在一两年内克服，要在三五年内争取基本上相适应。

要搞资源综合利用，要使薄弱环节赶上去，必须以中小为主，土法、简易设备为主，才能来得快。这里就有纲举目张，全面安排，重点和一般相结合的问题。重工业的发展，必须注意照顾左邻右舍，从全国全局出发。

农业方面，现在提出搞机械化、电气化、水利化、化肥化“四化”问题，这是十年奋斗目标，争取在十年内打下农业现代化的基础，在三五年内不能齐头并进，要分别不同地区不同情况，必须有先有后，有缓有急，有重点地推行。

第四，贯彻执行大中小同时并举、中央和地方同时并举、洋土并举的方针问题。

根据两年的经验，这是高速度必须遵循的方针。以钢的发展速度来说，没有去年的小土群和今年的小洋群，是不会这样快的。以中小为主，简易为主，但必须要有一定的大型骨干，这样才能促进工农业的现代化。以中小为主，主要意义在于投资少，见效快，材料设备用得少，技术容易掌握，容易积蓄经验和技术力量，也能发挥各地的积极性。明年铁路、交通、煤炭都要大中小并举，要搞以中小为主的运动。大中小结合和土洋结合的安排是应当根据现有的人力、物力、投资和技术力量的可能条件，从全国的观点、全局观点出发，统一安排。大中小结合得好，中央和地方的关系就会搞得更好。条条要注意为地方多安排中小项目，并给地方留有机动，地方也要照顾和帮助骨干。

第五，制订计划有两种方法、两种经验。第一种是第一个五年的四平八稳的方法，搞机械的平衡，慢慢走。这种经验不适合高速度发展，不适合大跃进和群众运动的要求，肯定要改掉。第二种方法是大跃进初期对综合平衡注意不够，对现有生产能力考虑不够，所以生产和基建的指标偏高，结果来了三次落实。

根据这两方面的经验，明年制订计划是否可以采取在充分发挥现有设备生产能力的基础上，加上人们主观能动性，考虑到可能新建的项目，把计划安排得既积极可靠，又留有余地，分两步走，不要一下子满打满算。不要像今年“看落”，明年要“看涨”。既要鼓足群众干劲，又要留有余地，保证群众能够超额完成计划，使大家心情舒畅。做到冷热结合，做实事求是的左派，既不虚夸又不保守。明年的生产安排，特别是基本建设的安排，盘子不要太大，这是今年上半年的经验教训。如果明年第一季度形势好，原材料设备有更多增产，第二季就可以跨出第二步，这样既积极可靠，不泄气，又可让群众超过，不至于犯右倾保守错误。

李富春同志接着谈到一九六〇年国民经济计划如何安排的问题。他提出安排计划要采取分两步走、看涨的办法，请会议认真讨论。

1. 工业生产的安排，以一千八百万吨钢为纲来安排，钢争取超过，多产钢材对全局有利。超产的钢材首先要加强运输、电力等薄弱环节；再有多的再安排其他。

2. 工业支援农业。明年根据最大可能拿出一百一十万吨钢材生产农业机械；化肥明年自产三百万吨，一九六二年可达到一千万吨左右。今年第四季度超产的钢材可多搞一点农产品加工机械和农业机械的投料。

3. 交通运输相当紧张，明年铁路干线、支线和专用线都要修。钢轨有限，这样重轨、轻轨、铁轨、木轨都要搞，火车头、汽车头都要用。要想一切办法增加短途运输的能力，明年根据橡胶资源的最大可能，搞一千万台手推车。

4. 明年计划的中心问题是基本建设问题。基本建设的安排也要分两步走，根据钢材的可能，明年基本建设投资安排三百六十亿元（包括地方自筹二十亿元），各省要求约五百亿元，相差一百四十亿元，根据三大材料和设备的情况，这个要求很难满足。明年基本建设按三百六十亿元的盘子在第一季度先安排继续施工扫尾的，当年投入生产的和少数必须上马的骨干项目，其他二季度再上马。如果二季度情况好，原材料有超产的可能，五、六月还可以再上一些。但是，仍然以中小型项目为主，简易的多搞一些。明年的建设布局应该联系一九六二年来考虑，中央和地方的建设项目要统一考虑，按部归口，并给地方留有机动；明年钢、铁、钢材、水泥、木材、有色金属，按不同行业、不同企业、不同地区实行全额分成。明年计划要上下一本账，地方想搞什么尽可能纳入计划。在财政收入、原材料和设备制造都有多余的情况下，可以多搞一些。各部、各省、市都要亮底，上下交心，不同意见摆出来讨论，共同负责，把计划搞好。

5. 明年外汇很紧张，需要收一百亿元物资，保证出口八十二至八十五亿元才能保证基本上满足进口的需要，各省、市地方外汇要拿一部分买化肥、石油，才能解决问题。必须想办法多搞点出口，才能保证明年继续大跃进。

6. 要发展轻工业，就要求在农业跃进的基础上真正搞多种经营，多搞轻工业原料，使轻工业增长上去，这样就可以把人民生活安排好，轻工业明年主要是原材料问题，要想办法保证轻工业生产有百分之三十的增长速度。在农民收入增加的同时，应当注意市场的安排。

最后，李富春同志要求首先讨论：（1）大跃进的经验；（2）对明年计划的方针、任务和方法的意见，在统一思想统一认识的基础上，研究一九六〇年计划方案。

150－8－54

第八次全国计划会议秘书处：第八次全国计划会议简报

1959年11月6日

十一月六日上午，李富春、薄一波同志召集国务院财经各部党组负责同志和各省、市、自治区党委负责同志，研究一九六〇年计划安排的方针问题。

富春同志首先发言，他指出：根据中央和主席的指示，明年计划第一步必须按一千八百万吨钢来安排，不能安排得更多，要留有余地，将来经过大家努力，鼓足干劲，是一定能超额完成的。

鉴于过去的经验，第二个五年计划确定一千零五十至一千二百万吨钢，十五年赶上英国，十二年“农业发展纲要四十条”，现在都可以大大提前完成，十五年赶上英国改成十年，大家也同意，并没有人批评是右倾机会主义，恰恰在去年确定一千八百万吨到两千万吨钢的指标，一再落实，就很被动。因此，明年首先按一千八百万吨钢安排，过几个月再看，如果情况好，再多安排也不算迟，现在不要太急。

明年计划先按三个杠杠来定。第一，钢按一千八百万吨。第二，基本建设限额以上项目按一千五百个，另外，准备一批预备项目，过几个月，如果材料、设备有余，再上去。限额以上的项目要报中央审批，限额以下的项目也必须报中央备案。第三，职工人数要严加控制，增加人数必须报中央，这次生产、基建和劳动计划要结合起来统一安排。

工业方面，现在说有六个薄弱环节，再加上城市建设、设备配套以及钢铁工业的左邻右舍，这样一说，重工业部门就都成为薄弱环节了。如果承认这些都是薄弱环节，这就向我们提出一个问题，现在安排的基本建设规模是否大了？是否安排得过头了？抑或留有余地？值得很好研究。大家在前进中，是否应该有的走快一些，有的走慢一点；有的以中小为主，以简易为主？这些都要在制订计划过程中，反复考虑，提出讨论，不戴帽子，各抒所见。

现在各部、各地区安排的基本建设规模，限额以上的项目，中央各部是一千八百二十三个，再加上各省、市、自治区提出的八百多个，共计是二千六百多个，全部投资达五百亿元，这显然是大了，是和一千八百万吨钢不相称的。

最近，根据各专业组提出的明年第一季度的安排，投资是八十二亿五千万元，限额以上项目一千五百五十个，限额以下项目的投资只占百分之三十六，工业部门只占百分之二十四点七，钢材不足二十八万吨。因此，无论如何在第一季度即按一千五百个限额以上项目安排是多了。

明年第一季度的基本建设只能在七十万吨钢材内打主意，第一季度基本建设平均完成全年计划的百分之十八就已经很好了，有些部门只能在百分之十五左右。第二季度上到一千五百个项目，然后，准备一批预备项目，看生产的发展情况再上去。安排明年的基本建设项目，可分三步考虑。一千八百万吨钢，只能安排一千五百个，一千九百万吨钢，只能安排一千六七百个，两千万吨钢，只能安排一千八百个左右。要先按一千八百万吨钢来安排，安排当中无论是材料、设备，都不要留缺口。就是安排一千九百万吨的和两千万吨的方案，也都不要留缺口。

对于基本建设项目，各部、各省、市、自治区还要考虑哪些可以化大为小，哪些可以推迟进度，对各部直属项目，哪些必须搞，哪些可以不搞，地方的同志也要提出意见。机械配套项目，安排一百六十一个是否多了，能否利用现有各省、市、自治区的机械厂扩建，尽可能不另起炉灶。要使各部安排的项目和地方安排的项目结合起来。

明年的基本建设投资，是否可以除了铁路按原来的第一方案，即干、支线四千公里，再增加专用线五百公里、小洋群一千公里以外，其他部门都按原来的三百六十亿的方案削减百分之二十？待钢上到一千九百万吨的时候再增加百分之十，上到两千万吨的时候再上去百分之十。这也就是按三百亿、三百三十亿、三百六十亿分三步进行安排。兰新铁路也可以考虑分两步走，第一步先修到乌鲁木齐，第二步再修到国境线。这是计划安排的方针问题，务请大家研究。还有，钢铁比例问题，一千八百万吨钢是否一定要二千八百万吨铁？能否再减少五十至一百万吨？

此外，请各省、市、自治区把底亮一下，有多少自筹资金？有多少材料？还打算安排些什么？一起纳入计划。

关于劳动力、职工人数问题，明年各部门、各地区提出增加四百三十万人，太多，要设法节约劳动力。各省、市、自治区要摸清本地区劳动力的情况。根据基本建设分三步走，职工人数必须加以控制，这样就不会违背中央和主席指示的精神。

总之，现在的问题是，各部各地区都要限制一下，留有余地，然后看涨。关键问题是基本建设，只要基本建设安排好三步走，其他各方面也就好一步、两步、三步走。

一波同志的发言，他同意富春同志讲话的精神。他说，明年计划要肯定按一千八百万吨钢安排，不能再多。干劲不一定完全表现在计划指标数字上；相反的，数字定得过大，不一定干劲就大；应该留有余地，看清楚了再走。他指出，从北戴河会议到庐山会议，这一个时期中，计划工作的经验教训是丰富的、深刻的。把经验教训总结以后，就要认真贯彻执行，决不动摇，决不含糊，真正按照原则办事。接着，一波同志根据这几天工作中遇到的问题，提出几点意见：

第一，定计划要采取“平均先进，留有余地，由‘小’到大，超额完成”的办法，比较顺。一九五八年的计划就是由“小”到大，并没有妨碍大跃进；一九五九年的计划是由肥到瘦，很痛苦。庐山会议以后，大家都有劲，因为定了一个比较适合客观情况的指标，既可靠，又留有余地，一千三百万吨钢，不但可以完成，而且可以超过，大家有奔头。因此，这一条要作为计划工作的经验定下来。

第二，综合平衡和薄弱环节问题。国民经济以农业为基础，工业以钢为纲，农业以粮为纲，方针是正确的，应该肯定。工业交通按照以钢为纲来部署，证明是正确的，以钢为纲可以带动一切。

工业、交能部门要注意内部、外部的综合平衡，这也是一九五九年计划工作的一条教训。定计划的时候，对内部、外部的平衡，要尽可能地考虑周到。比如机械和农业机械，如果只有主机，没有配套，就是不平衡。只安排了拖拉机，不注意安排拖拉机尾巴上的一套东西，到计划定了以后再提出来就不好办了。

薄弱环节还是有的。由于我们经济落后，哪个部门也不强，但是，比较起来有几个部门突出一些。明年，农业应该说是需要特别加强的部门；此外，薄弱环节假使不讲六个的话，至少有三个，那就是路、电、煤，这个看法能否取得一致？现在看来，运输问题很突出，最近，为了修水利需要增产五十万吨水泥，需要的矿渣和煤炭，都没有问题，就是运输成问题，所以“路”的问题要加强。电和煤也是如此。

第三，当年储备或当年预备问题。不论生产和基本建设都要留有余地。国家能否每年在一千多万吨钢材内留百把万吨，作为储备？这种储备，不能平均使用，也不能用于准备再上马一批项目，而是要用于应付计划以外预想不到的“专案”。

最近，农业、水利等方面要求今年再追加钢材五六十万吨，现在可供分配的钢材只有八万八千吨。想不到的事情总是有的，我们要有准备。农业机械部把一九六〇年的一百一十万吨钢材都分配了，还超过八千多吨，这个办法不好，应该留有储备。各部最初的安排少一点好。不然将来发生问题就难解决了。

第四，不论中央和地方，大型和中小型企业都要安排恰当，安排实，不要留有尾巴。如配套和维修等必不可少的东西都要安排够。定计划要一环扣一环，生产方面更要扣死。现在，各部许多问题都依靠地方解决，对这个问题地方要落实。中央各部之间，中央和地方之间，互相衔接的地方要划分清楚。

第五，明年计划按一千八百万吨安排。方针未定以前可以争论，定了以后就要承认指标是积极的、适当的，具体布置工作的时候，不能再多也不能少。执行的时候可以再超过。农业机械化方面，中央既定了“四年小解决、七年中解决、十年大解决”，计划上不应当再来一个“三年小解决、六年中解决、八年大解决”。至于在执行过程中提前完成了，那很好，这完全有可能。

第六，明年计划的中心问题是基本建设。二千六百个限额以上项目要减到一千五百个，这是否适当，没有具体计算过，但是，即使这样，明年还要有四五百个新项目上马，如何上法是一个问题。还有明年招收工人，必要的、非增加不可的，要增加一些，不必要的人增加了就是浪费劳动力，就会降低劳动生产率，这样的跃进不算真本领。

最后，富春同志对今后几天会议的开法，提了意见：各专业组和各省、市、自治区集中研究以下几个问题。（1）明年计划按一千八百、一千九百、两千万吨钢，每一步各如何安排；（2）基本建设项目、规模搞多大？是否投资可按三百亿元、三百三十亿元、三百六十亿元分三步安排；项目按一千五百个、一千六百至一千七百个、一千八百个分三步安排？哪些项目可以化大为小？哪些项目地方有意见可以调整？（3）一千八百吨、一千九百吨和两千万吨钢每一步各留多少余地？（4）如何控制职工人数。

会议的日程：六日、七日、八日三天各地区和各专业组同时酝酿研究；九日、十日、十一日各地区小组向领导小组汇报，专业组继续研究；十二日、十三日讨论计委提出的方案；十四日向中央汇报，争取十五日结束会议。

150－8－58

刘少奇：在《政治经济学（社会主义部分）》读书会上的发言

1959年11月

《政治经济学教科书》从全书来看，还是一本好书，但有缺点。苏联的同志从自己的经验去看别的国家的经验。这一点我们应当警惕。谁把自己的经验看成是普遍的真理，而把别人的经验看成是特殊情况，这样的看法是片面性的。如果把自己的经验看成顶峰，那就不是发展的了。政治经济学也是不断发展的，不断丰富内容的。

一、关于军事共产主义问题

我们在战争时的经济政策没有采取军事共产主义，只有对军队和干部的供给制是军事共产主义。一方面是有苏联经验，一方面是根据我们自己的情况。苏联实行军事共产主义是被迫的，同时估计战争不会很长。我们从游击队开始，准备长期游击战争，这一条有关系。他们在战争中没有提出恢复经济的任务，一切服从战争。我们在战争中提出发展经济的任务。一手抓战争，一手搞生产。主要根据自己的战略方针，不是根据外国的经验。我们的战争，主要看谁能坚持最久，谁就能取得胜利，因此不能采取余粮征收制，只能实行农业税制。供给制不是干不干，两斤半，有平均主义。但两斤半也有人来。农民愿意革命。知识分子想革命的，也愿意接受供给制。后来的供给标准有些差别，是群众赞成的。到北京后的一大套制度，就不对头了，系统化、制度化，所以从供给制变为工资制。这个改变基本上是对的，不可能长期如此。

苏联能不能一面打仗，一面经济建设，可以这样设想，如果党在农村中没有基础，就可能拿不到粮食，城里没有饭吃。农民在战争中是能够谅解余粮征集制的，战争胜利后就不行了。

二、关于过渡时期问题

什么叫过渡时期，什么叫建成社会主义？

教科书认为所有制变化了，技术改造（工业化）完成了，过渡时期就结束了，社会主义就建成了。另一个解释是从社会主义到共产主义也是过渡，是第二个过渡阶段，两个阶段都叫过渡时期，《哥达纲领批判》讲，从资本主义到共产主义都是过渡时期。如果不把社会主义当作过渡阶段，就容易把社会主义定型化（巩固社会主义秩序）。

两次过渡，一次是从资本主义到社会主义，一次是从社会主义到共产主义。在两个过渡之间，有几十年的社会主义时期，这个时期好像不在过渡。从社会主义到共产主义，究竟说一个过渡，还是两个过渡？可以几种说法。从集体所有制到全民所有制，究竟在社会主义时期完成，还是同从按劳分配到按需分配一起过渡？我们可以考虑前一办法，即先完成从集体所有制到全民所有制的过渡，再完成从社会主义到共产主义的过渡。苏联好像倾向后一办法，一次过渡，前一办法到了全民所有制还是社会主义，还要一次过渡。集体所有制的收入达到全民所有制的水平，就可以过渡，早了国家背包袱，迟了他们就不愿意过渡了。

在过渡时期要做几件事：夺取政权，工农业社会主义改造（包括“三大改造”、工业化），建立社会主义经济体系，建成社会主义。过渡时期的工作，是扫清建设社会主义道路，扫清障碍。我们是边改边建，边扫清，边建设。在1957年以前，主要是扫清道路。到1958年提出总路线以后，才大搞社会主义建设。

把社会主义定型化，无冲突论，有形而上学味道。只有一致，没有矛盾。工农知识分子是一致的，生产关系和生产力是一致的，经济基础和上层建筑是一致的，实际不断发生冲突。经济斗争以外，还要强调政治斗争的重要性。

三、关于国家的性质问题

列宁讲十月革命前一天还是资本主义国家，革命胜利后，就是工农国家、社会主义国家。当时尚未没收资本家的财产，而只宣布没收地主的土地。国家性质的主要标志是政权掌握在谁的手里，而不是生产资料的所有制。

事物的质由什么规定？由主要矛盾，主要矛盾的主要方面。所以社会性质，决定于资产阶级与无产阶级的矛盾。如果矛盾主导方面是资产阶级，就是资本主义社会；如果是无产阶级，就是社会主义社会。二月革命后，资产阶级和无产阶级成为主要矛盾，资产阶级是矛盾的主要方面；十月革命以后，无产阶级成为主要方面。中华人民共和国成立以后，主要矛盾不是帝国主义、封建主义与人民，而是无产阶级与资产阶级，无产阶级占主导地位。因此，发生了两种变化，即主要矛盾的变化，矛盾的主要方面的变化。分析事物要分析矛盾，分析社会要分析阶级，才深、才透，才能掌握本质。苏联有二月革命和十月革命两次变化，二月革命改变矛盾的性质，十月革命改变矛盾的主要方面。平常说辨别风向，就是要辨别矛盾的主要方面。不是西风压倒东风，就是东风压倒西风。

和平取得政权是否可能？这是修正主义思想。要粉碎旧的政权，才能建立工人阶级政权。

承认和平过渡在策略上有必要性，资产阶级说我们用暴力，所以他们要用暴力来反共。我们强调愿意和平过渡，如果资产阶级要用暴力，我们也用暴力，不是我们不愿意和平。这是对敌人讲的。和平的可能性要提两个，可能和不可能，直到现在还看不到可能性。将来社会主义包围资本主义，还是两个可能性，西藏就不能和平过渡，必须较量一下。现在提两个可能，在宣传上有利，这是策略，仍要作不能和平过渡的准备。

教科书说，无产阶级专政（409页）的实质是组织群众和教育群众，这不是专政，而是民主。对剥削阶级是专政，对劳动人民是民主，不是专政。把这当做专政的主要作用是不妥当的。列宁说的是社会主义革命中的主要任务。这里把专政和民主、把人民内部矛盾和敌我矛盾混淆了。反革命愈少，专政也愈少，民主也愈大。组织教育群众到共产主义还要，这样说到共产主义社会也要专政了？

四、关于工业化问题

我们在完成“三大改造”以后，为建立社会主义经济体系，还有技术改造问题。我们的办法是先完成所有制的改造，然后再进行技术改造。鼓足干劲和技术改造是密切联系的。鼓足干劲之后，技术改造就是重要的问题了。

社会主义工业化，苏联从重工业开始，一条腿走路，对农业注意不够。我们过去也有这个问题，所以现在提农轻重。过去大家强调重工业，我们也有类似的毛病，迅速纠正可以避免长期性、全面性的比例失调。东欧各兄弟国家就发生这个问题。部分失调容易纠正，以后仍然会有，可以随时调节。长期不能纠正的是工农、重轻比例，生产地区配置不合理，一下子难于纠正。苏联正在纠正这个问题。我们五个并举，比较全面，用“两条腿走路”。多搞农业和轻工业不会妨碍重工业的发展，从长期看还会促进重工业的发展。

列宁讲资本主义农业落后于工业，引起经济危机。美国工业发展快的原因之一是农业发展快。我们不是先农后工、先轻后重，而是工农并举、重轻并举。中国这样多的人搞农业，这是基本问题。马克思讲，看花多少劳动力搞粮食、肉类的生产，能腾出多少劳动力做其他工作。农业“四化”可以腾出很多劳动力搞工业，农业发展了，大搞工业不愁没饭吃，不愁没有劳动力，不愁没有市场。东欧犯的错误，我们也犯过，不要笑别人。

我们的人民公社要发展工业，实行公社工业化，农村工业化和城市园林化相结合。教科书说中国的大中小并举是为解决就业问题不对（468页），但大中小并举，同就业问题也有一点关系。要把6亿多人口展开，都有用武之地，必须大中小并举。一拥而上可能出现一个时期混乱，需要调整，经过调整，就会自然产生规律。将来的大中小同现在的大中小就不同了，要发展。建设中小的企业速度快。要普遍化，就只能利用目前的技术水平，逐步提高；要迅速提高就不能普遍化。从肩挑到车子化，已经是很大的提高。滚珠轴承就是更大的提高。任何国家都曾走过这个道路，因而是普遍规律。

我们社会主义改造完成了，技术改造尚未完成，社会改造走在技术改造前面。实际上苏联1937年的机械化程度还很低。社会改造走在前面，能够促进技术改造。列宁说可以先夺取政权，再提高无产阶级文化程度。农民走在前面，先革命，对工人阶级革命更有帮助。

五、关于农业合作化问题

我们搞土地改革3年，是发动群众、组织群众的过程，有了群众基础，就易于社会主义改造。前面时间长一点，后面时间就短一点。在土地改革中打败了富农，在合作化中富农阻力不大，主要的阻碍是富裕中农的动摇，直到现在还是如此。对付富裕中农的动摇，是严重问题。

列宁说社会主义革命中，无产阶级同贫民联盟，这点很重要。不能联合全部中农，只能联合下中农。第二个联盟是人民民主统一战线，就包括富裕中农和上层小资产阶级，甚至民族资产阶级。问题不在资本家，而在广大的小资产阶级，要用社会主义思想教育改造。农业的社会主义改造，我国合作化的特点，一个是土改后立即搞合作化，一个是逐步过渡，一个是把富裕中农和下中农分开，对富裕中农的生产资料给以代价。苏联十月革命是广大群众运动，合作化也搞群众运动，后来不注意了。合作化、机械化苏联同时进行（实际上也是先完成合作化，后完成机械化），我们先合作化，这对机械化有好处。

苏联农业积累转到国家手里过多，收入的50%交给国家，农庄自己没有积累，不能扩大再生产，实际上一半是全民所有制了，另一方面，农民的收入大约有半数来自家庭副业，这又像是半社会主义。我们让人民公社积累，公社发展了就可以变全民所有制，这样对发展生产有利。苏联1954年的粮食产量还没有超过1913年水平，这样合作化和机械化就没有优越性了。现在有所改正。

六、关于完成社会主义建设问题

从资本主义过渡到社会主义，无非：

（1）夺取政权；（2）没收大工业；（3）发展全民所有制经济；（4）土地改革；（5）农业的合作化，变成单一的社会主义经济。这些都讲得不错，是一般的规律。此外还有社会主义工业化，边改边建，我国也是如此。已经工业化的国家，革命后就不要工业化了。如果农业机械化了，是否还要合作化就不一定，英国可能不需要了。这些国家经济的配置可能也要调整一下。这本书是值得看的，也有一些好东西。

革命是为建设扫清道路，一面扫除、改造，一面建设。扫完以后只有一个任务，就是建设。我们过去8年大部分是做扫除工作，最近两年集中精力来建设。道路扫清，建设差不多了，就叫社会主义建成。

道路扫得怎样，教科书只讲经济战线上的社会主义革命，我们提出还有政治战线和思想战线上的社会主义革命，两类世界观的斗争，在还没有解决。反右派斗争证明这点，匈牙利事件更证明这点。苏联没有提思想革命，所以教科书没有讲。改造资产阶级世界观这个问题还没有解决，这也要扫清，这是思想上的谁战胜谁的问题。斯大林提了在人们意识中消灭资产阶级思想的残余，但没有采取整风运动，不如此社会主义就不巩固。这是一条重要经验。现在捷、德、保、罗等在搞思想工作，越南也在整风。

七、关于经济规律问题

人类运用客观规律的程度，可大可小，决定于对客观规律的认识、掌握和运用它的能力，因此犯错误仍然不能避免，小错误是免不了的，大错误也有犯的可能。妨碍认识规律的东西是否完全不存在了？如主观同客观的矛盾还存在，不能一下子完全认识客观规律。对必然性的认识是逐步的。要熟练地运用经验规律，这里有很多的道理，我们必须兢兢业业地搞。

客观规律是必然的，认识了必然就有自由。实现基本经济规律，大家要求满足需要，没有方法不行，于是大家亮底、算账，只好鼓足干劲，“发展生产、满足需要”，这就成为必然性。群众掌握规律，就成为不可抵挡的趋势，成为必然性。社会主义的客观规律要靠人去实现。

教科书讲苏联的经验都是普遍规律，讲其他国家好像都是特殊的。中国对资本主义和平改造，教科书承认了，但说是由于苏联的存在。对资本主义，我们利用、限制、改造，他们的办法是限制和排挤（419页）。其实列宁就要搞国家资本主义，新经济政策就是利用资本主义的有限发展来恢复国民经济。排挤和改造不同，排挤要破坏生产力。

马列主义是不断发展的，苏联是第一个完成社会主义革命和建设，有一套自己的经验。中国是第二个，相隔几十年，总有一点改进和发展。将来又有新的国家，我们的经验又落后了。决不能把第一个经验当做最完整的经验。比较起来，苏联是老经验，我国是新经验，将来还有更加新的经验。历史是发展的，方法是需要变化的。当然，基本原理可以大体不变，具体方法总是要变化的。

教科书接受新鲜事物不敏感。原因是除老大哥的包袱放不下外，辩证法的水平不高也有关系。苏联多年来受教条主义思想束缚，解放思想非常重要。

八、关于社会主义社会的性质问题

社会主义不是独立的、固定的社会经济形态，它正在向共产主义过渡。基本上与共产主义相同，但还要利用一些资本主义的范畴和规律。

把社会主义当做共产主义低级阶段，不把它当做独立的社会形态，它是共产主义的初级阶段，这样看法是好的。既然是过渡阶段，就既要区别于资本主义，又要区别于共产主义，在本质上与共产主义相同，是共产主义范畴。因为刚从资本主义社会诞生出来，还不能很快脱掉旧社会的痕迹，要充分成熟才能脱掉，不能心急。所以既要说明基本特点（共产主义），又要说明旧社会的痕迹，形式上有许多资本主义东西，本质上是共产主义。因此很复杂，容易迷惑人家，使人家看不清本质。我们是在共产主义未成熟时写社会主义，与马克思写资本论不同，所以有困难。

社会主义社会是还没有完全成熟的，带着旧社会残余（或痕迹）的共产主义社会。所谓旧社会残余，包括资产阶级残余、资本主义思想残余和习惯势力（还有小资产阶级知识分子、富裕中农），此外，还要利用旧社会的一些形式（痕迹），如商品、货币等。社会主义社会的劳动人民还有阶级性的差别（工人、农民、知识分子）。旧社会的斑痕不会很快退出历史舞台的，如货币、价值规律、政党、国家等等。但是，国家、政党等在社会主义制度下发生了变化。为了消灭国家，我们应该强化国家，为了消灭政党而巩固政党，为了消灭货币而利用货币，为了消灭商品而运用商品。

九、关于矛盾问题

要站在运动的前面，站在共产主义的观点来研究社会主义，这样才能真正认识社会主义。过渡时期主要矛盾是两条道路斗争，到建成社会主义以后，两条道路矛盾还存在，但社会生产和社会需要的矛盾逐渐占主要地位。

社会主义社会中，总的矛盾是生产和需要的矛盾，但中间夹杂着阶级矛盾，此外，三个差别没有消灭，还有商品、按劳分配等等，所以在社会主义现阶段的矛盾是错综复杂的。生产和需要之间的矛盾促进生产的发展。

社会主义的基本矛盾，主要是社会生产和社会需要的矛盾，其次是正在成长中的共产主义制度与旧社会的残余之间的矛盾。后一矛盾现在还很激烈，将来逐渐减少，到共产主义时代只有前一种矛盾。生产和需要（包括生产和生活）的矛盾促进社会的发展。基本规律如何表述，最好不要做一个固定的表述方法。提还可以提，讲清道理，不固执字句。

苏联现在承认社会主义社会有非对抗性的矛盾，这是进步。但他们了解的非对抗性矛盾，实际上等于没有矛盾。人民内部矛盾的根本性质是非对抗性的，但矛盾的斗争形式，可以是比较缓和，也可以比较激烈，也有可能采取对抗的形式。从矛盾的性质讲是非对抗性的，从矛盾的斗争形式看，也可能是对抗的。一般说来，对抗性的矛盾采取对抗的形式解决，非对抗性矛盾采取非对抗性的形式解决。但在特殊的情况下，对抗性的矛盾处理得当，也可以采取非对抗的形式解决（如中国工人阶级对民族资产阶级），非对抗性的矛盾处理不当，也可能采取对抗的形式来解决（夫妻之间也会打架，其至闹离婚）。对抗的形式可以转化为非对抗（战争后订和约）的形式，对抗性的矛盾也不是天天采取对抗形式（如英美国的工人阶级与资产阶级）。不能把问题看得很简单。

十、关于所有制问题

生产关系首先一个方面是所有制。两种所有制的关系是一个大问题，需要研究。全民所有制内部、集体所有制内部也有矛盾，也要研究，不要认为全民所有制内部没有问题了，中央与地方之间有没有问题？有的。教科书说，工厂下放是“革命措施”，就是承认全民所有制内部有矛盾，这种矛盾发展到要采取“革命措施”来解决。石景山钢铁厂原投资2.4亿元，建设规模60万吨钢，120万吨铁，5年完成。下放给厂自己管理，还是2.4亿元投资，变成120万吨钢，240万吨铁，时间两年半。这个生产力从哪里来的？原来就有，没有发挥出来。办法无非是调整全民所有制内部矛盾。全民所有制生产资料国有，但归工厂掌握使用。人民公社实行三级所有制，也提高了生产力。将来集体所有制都变全民所有制，是否还要不断调整，是否还要发展？还要，还有。可见在社会主义公有制下，还大有文章，不断调整内部关系就能使生产力更好发展。

所有制的两种形式，是历史条件造成的。走向共产主义不一定要两种所有制，可以走向共产主义以前就变为全面的全民的所有制。认为社会主义社会一定要两种所有制也是机械的。两种所有制的共同性和差别性，从社会性质来说是同一类型的。教科书讲共同性是对的，讲差别性也讲得很好。公有化程度不同，产品分配方式不同（过去低价收购，侵犯了集体所有制，不让合作社多积累，这个缺点影响了集体农庄扩大再生产的积极性），劳动报酬形式不同，管理体制不同。不但有量的差别，还有质的差别，一个是高级，一个是低级。下面一段把两种所有制固定下来了，说是“神圣不可侵犯”把两种所有制长期固定下来，不讲两者间的矛盾，不讲集体所有制过渡到全民所有制，这是错误的。

苏联国民财富中集体农庄只占10%，但又不能过渡，原因是集体农庄积累太少，太少了不能很快发展，很快过渡。对农民不信任，不让他们多积累。“将欲取之，必先与之”。相信群众大多数是要求共产主义的，少数人不赞成，一辩论就解决了。不准集体农庄办工厂，怕他们赚钱多了，不肯把农产品卖给国家。其实集体农庄的财产越大，就越快向全民所有制过渡。

教科书把消费品的个人所有制固定化，甚至把家庭副业也固定下来，说受宪法保护。家庭副业同集体经济之间有矛盾，要逐步缩小家庭副业，扩大集体经济。

十一、关于按劳分配问题

社会主义社会在解决了生产资料所有制问题以后，分配就是一个重要问题。分配适当，就能够调动各阶层人民的积极性。

按劳分配是社会主义的分配原则。物质刺激是必要的，但不能只靠物质刺激。应该强调树立共产主义道德，为社会主义而做好工作。做好了工作，物质就自然跟着来了。首先是“我为人人”，后来是“人人为我”。物质利益和政治思想工作是两个方面，缺一不可。物质刺激不应成为教育群众和宣传的口号。

政治挂帅要目前利益服从长远利益，个人利益服从集体利益，这是社会主义社会客观存在的真理。政治思想教育就是要使群众认识这个客观真理，从而提高觉悟。问题是生产发展的速度要求快一点，而不是慢一点。积累多，发展就快，但当前消费就要少一点。这要依靠劳动人民的觉悟，要依靠政治思想工作。干劲不仅来自物质鼓励，而且来自政治思想教育，来自干部的模范作用，提高群众觉悟水平。

按劳分配问题，资本主义社会基本上是按资分配，但为剥削工人也用物质鼓励，用“按劳分配”的假象来欺骗工人。社会主义社会的按劳分配还有资产阶级法权残余，本质上是变了，是为自己生产而不是为剥削阶级。集体所有制中的资产阶级法权残余比较多一点，级差地租有一部分要归国家，要用国家的帮助来逐渐缩小社与社、队与队之间的差别是对的。缩小工农差别、脑力劳动与体力劳动差别要相当长的时间，不能太急，要产品能够满足需要。首先是集体所有制过渡到全民所有制。现在留一点个人副业还有好处，但不能让它自由发展。消灭两种所有制差别后，还是按劳分配。将来或者缩小高工资与低工资的差别，或者不缩小差别，增加集体福利，逐渐过渡到以按需分配为主。

十二、关于人与人的关系问题

教科书对人与人的关系，只有友好互助一句，实际上这是一个重要问题。社会主义社会人们在劳动中的相互关系，基本上是互助合作，但仍要有领导与被领导，有工程技术人员、熟练工人、普通工人。但应建立平等关系，干部参加劳动，工人参加管理，这些问题是否已经搞得很好，还不一定。经济学要把这作为重点之一。如何使关系融洽，大家心情愉快，干劲十足。其中最主要的是领导与被领导的关系。

领导与被领导的关系，领导的各个环节是重要问题，苏联的所谓两个“革命措施”（工业管理体制下放和拖拉机卖给集体农庄），实际上只是领导的某些环节的变更。至于厂长、车间主任与工人之间的关系，厂长下车间，生产就大大提高，这就关系更大。没有改变所有制，没有改变分配制度，只是改变生产中的互相关系，真正建立平等互助关系，这也是生产关系的改变。

教科书讲社会主义生产关系的特征有三点，最基本的是所有制。人与人的关系只讲了一致，没有讲矛盾，好像只有所有制改变，一切都改变了。公有制只造成平等合作的可能性，要实现同志式的合作，还要做许多工作，还要经过斗争。工人、农民、知识分子之间也有矛盾。教科书讲了一大段一致，好像都没有矛盾了，不需要做工作了。

在我们看来，在所有制解决以后，人们相互关系是最重要的问题。在这方面要做很多工作，才能解决矛盾，真正实现平等合作关系。我们写书要大大发挥这一部分。我们要主动解决这些问题，否则就要闹事。列宁说改变千百万人的习惯势力比打倒资产阶级更困难。

在社会主义社会，没有力图保存腐朽经济关系的阶段，但还有阶级残余，还有保守集团。教科书说没有革命，但又有两项革命措施，自相矛盾。

十三、关于商品交换问题

在社会主义制度下还保留着商品生产，即所谓旧形式新内容问题。这些旧形式已有不同的新内容，它是作为无产阶级建设社会主义的工具。这些旧形式不是一下子便消灭的，什么时候消灭？要看条件。武汉、郑州会议时，有些同志认为商品将要很快地消灭了这种看法是错误的。

社会主义商品的特点。为使用价格（满足需要）生产，价值是由计划规定的。要考虑价值规律的作用，但也不要过分强调。社会主义商品的性质基本上改变了，所以要利用商品和价值规律，是为社会主义服务，利用它，是为消灭它。要把它的积极作用充分发挥，为社会主义服务。

两种所有制和按劳分配，都是商品存在原因。社会分工是商品生产的基础，单有社会分工不能产生商品生产。社会分工产生交换，交换可以是商品，可以不是商品。社会主义商品生产的原因，是两种所有制和按劳分配。全民所有制内部的商品交换，已与两种所有制的商品交换性质不同（在程度上不同），是特殊的商品交换。全民所有制中事实上还有大全民、小全民。全民所有制内部只要还有按劳分配，就还有商品交换。只要有按劳分配存在，哪怕两种所有制的差别消灭了，商品仍会存在，不过商品的性质变了。我以为只要不消灭按劳分配，商品生产就不能取消。

商品的定义有几种说法：存在私有制，存在两种所有制，为交换的就是商品，有使用价值和价值两重性的就是商品。为交换而生产到共产主义还有，那时不是商品交换。许多争论只抓到一面，没有看到另一面，如有人说目前的消费品已经不是商品，有人说到共产主义还有商品。社会主义社会商品的性质已经变化，但有些机能仍起作用。将来还要计算劳动消耗，但生产关系比现在简单，因此不一定要采取现在的迂回曲折办法。将来共产主义大家庭，大家仍有分工，互相交换劳动，但没有等价交换，不同劳动同样满足需要。旧社会的痕迹不会很快消失，但最后还是要消灭的。各人根据片面的理由争论也有好处，可把各人的理由说出来。但必须综合起来，有的理由不是充分的。我们要预见到将来商品怎样消灭，但消灭还是将来很久的事。

社会主义社会商品交换的基本原则是等价交换，分配的基本原则是按劳分配。等价交换和按劳分配，都是资产阶级法权的残余。

十四、向共产主义社会过渡的形式问题

社会主义的全民所有制与共产主义的全民所有制不同，集体所有制过渡到全民所有制，还是社会主义。从社会主义到共产主义，苏联好像主张一次过渡，我们可以两次过渡，先从集体所有制过渡到全民所有制，再过若干年，然后从按劳分配过渡到按需分配，还要几个条件。新生的东西，都要在前一段中做好准备，社会主义时期要为共产主义作准备，准备好一切必要条件，即产品的极大丰富，道德水平（不偷懒），消灭三个差别，消灭资产阶级法权，实行按需分配。从按劳分配到按需分配也是逐步过渡的，将来也不是什么都按需分配，先从重要生活资料开始，吃饭、穿衣、住宅等，其他还可以按劳分配，逐步过渡。国家的对内作用消失，经济职能还是存在，还有上层建筑，还有先进和落后，作为阶级斗争的政治和党是没有了，但政治是经济的集中表现。孙中山先生说“政治是治理众人之事”，那时管理众人的事也是必要的，非阶级斗争的“政治”和“党”可能还要。在社会主义建设中要准备这些条件，特别注意不要造成障碍。如工资差距过大，就有人不赞成过渡到按需分配。

教科书讲了社会主义再生产包括物质资料的再生产，劳动力和干部的再生产，生产关系的再生产，包括政治思想关系。但未讲清走向共产主义的具体道路。只有量变，没有质变。质变就是走向共产主义。生产关系的再生产不但要扩大，而且要提高，不但要量变，而且要质变。所有制要从集体提高到全民，同志关系也要不断改进（领导与被领导关系），分配制度也要变化。

消灭城乡差别，要乡村工业化、城市园林化，教科书不提乡村工业化，也不提城市的改造，好像工业在城市、农业在乡村的情况要继续存在下去。

如何消灭脑力、体力劳动差别，单靠提高文化水平不够，还要采取其他许多措施，如两参、教育与生产劳动相结合等。将来体力劳动与脑力劳动逐渐接近，但体力劳动永远不会消灭，如果大学毕业就不从事体力劳动，生产就不能继续下去。

国家要消亡，社会却不能消亡，要组织生产和分配，国家组织变成社会组织。还可能有先进人民的组织。

过渡到共产主义，总的来讲，到底经过什么道路、采取什么形式，教科书还是没有解决。找到适当的形式很重要。教科书说按人口平均产量超过资本主义最发展的国家，然后才能发展到共产主义，又把全面机械化、自动化、化学化、电气化当作共产主义基础，这样就会搞得很久。只要基本生活资料能包下来，就可以基本上按需分配。标准太高，就把共产主义推迟到遥遥无期。

共产主义两个阶段又可以分为许多小阶段。社会主义社会中有几个小阶段，共产主义社会中也可以分几个小阶段。每一个社会制度的变化，总是有激烈争论的，它的变化影响到某些人的利益，这一部分人就不会自觉地赞成。

广义的共产主义社会包括社会主义社会，现在一般讲共产主义是指高级阶段，是狭义的。从广义讲，社会主义社会中就有共产主义因素，讲因素是指高级阶段的因素，说社会主义社会是不成熟的共产主义社会是广义的。

社会主义是共产主义的低级阶段。除低级阶段外，还可能有中级阶段，如基本上是按需分配了。但还有一点按劳分配的尾巴；城乡、脑体之间的本质性的差别消失了，但还有一些非本质性的差别。以国家为范围的单一的全民所有制实现了，但以世界为范围的全民所有制还没有实现。

人类有历史大约已有50万年到100万年，其中四十九万几千年或九十九万几千年是原始共产主义社会，只有几千年是阶级社会；将来共产主义社会又是几十万年、可能几百万年，不可能再恢复私有制度。其中社会主义，即共产主义的低级阶段，只有几十年，中级阶段可能长一点。

十五、速度、比例关系问题

高速度与按比例是矛盾的，但也是统一的，是矛盾的统一。有人要百废俱兴，什么都需要，结果什么都满足不了。平均分配结果搞不快，搞不好。因此，势必要有轻重缓急，主要次要。抓对了，抓住主要环节，就可以很快地前进了。

社会主义的特点就是计划性，这种计划意味着经常地自觉地保持平衡。资本主义经济也要按比例发展的，但因建立在私有制基础上，不能用计划来调节，只能让价值规律自发调节。社会主义建立在公有制基础上，所以有必要和可能用计划来调节。资产阶级也懂得要比例关系，但不能有计划地调节比例关系。社会主义不但了解要比例关系，而且由于公有制而可以有计划地调节比例关系。

资本家也想搞计划经济，但是他们不可能有真正的计划。我们社会主义搞计划经济当然不可能100%的准确，比例也有摆不准的时候，但我们不是盲目的，而是有计划的，比例不恰当，很快就会得到调整。按比例发展是客观规律，资本主义社会是通过价值规律来自发调节的，经过破坏然后调节；社会主义可以通过计划自觉调节，在比例破坏前就预先调整。计划本身就是主观的，有计划要经过主观努力，社会主义经济产生了用计划来调节比例关系的客观的可能性和必要性。

生产资料和劳动力的按比例分配，在资本主义社会是通过价值规律自发地调节的。在社会主义社会通过计划来调节。计划本身是经过人们主观努力来实现的。如果计划搞得不好，国民经济也可能出现大的失调。

比例同速度有没有矛盾？有矛盾，有统一，是矛盾的统一。比例要抓主要环节，平均分配力量是一种搞法，抓主要环节，分别轻重缓急又是一种搞法。前者慢，后者快。速度同比例的矛盾包括积累同消费的矛盾，长远利益同目前利益的矛盾。有主要环节，又有“两条腿走路”，这样就既高速度，又按比例。

速度与比例有矛盾，要提高速度就要多积累，就要同消费发生矛盾，这样就发生重工业与轻工业、农业之间的矛盾。通过主观努力，矛盾可以得到解决。

过去几年，搞优先发展重工业，这并不错。但工业搞得多了一些，重工业比重也多了一些，失去了合理的比例（不多又为什么下马?），因此现在就要提以农业为基础、发展轻工业、同时搞重工业的方针。比例恰当或者失调，是工业和农业的比重问题、轻重工业的比重问题、生产资料和生活资料的比重问题。看来发展农业是很重要的。工农业发展不平衡，农业落后于工业，是引起经济危机的重要原因之一。因此我们要大力发展农业、轻工业，同时发展重工业。

速度递增还是递减？搞得好可以增，搞得不好就要减，总的来讲递增的可能性是有的。积累愈来愈多，技术进步愈来愈快，再加不断革命，社会关系不断调整，就能递增。还有劳动组织，动员一切积极因素。问题是在做法。农业高速度增产，轻工业、重工业就可以多搞，这就可以高速度，又有比例。速度是可以递增的，但必须搞得好，否则也会递减的。

优先发展重工业总的来讲是规律，一定时期可以农业、轻工业高一点。要技术改进就要优先发展重工业，这点不能动摇，但要照顾其他方面。从中国看来，大力发展农业，是既保证高速度，又保证按比例的最好办法。即使不机械化，农业还有很大潜力，劳动力还没有充分利用，或者利用而不节约。使用改良农具，还有很大潜力。节约不仅是少吃少穿，更重要的是生产中的节约。使用改良农具，还有很大潜力。节约不仅是少吃少穿，更重要的是生产中的节约。将来机械化，就有更大的跃进。

苏联速度递减，客观原因是战争和军备，主观原因是农业落后和生产关系、上层建筑不继续改进，在一定程度上妨碍生产力发展。现在教育人民关心个人利益，事实上个人需要又不可能充分满足，这样人民的积极性就愈来愈低。政策可以是按劳付酬，教育群众应当是不计报酬、忘我劳动的共产主义精神。

能否在10年、20年内保持大跃进的高速度？速度不可能年年递增，也不会年年递减，是波浪式前进。能不能高速度，在于能否创造先进经验。社会主义还只搞了不久，经验不多，还有许多文章好做。积累的比例可以提高，科学技术不断进步，劳动组织不断改善，生产关系和上层建筑不断适应生产力的发展，加上我们国内的条件（土地、人口、资源），速度可以不会下降，第二五年高于第一五年，第三五年不会降低，可能更高。

重工业优先发展是客观规律，重工业发展到一定的水平，重、轻、农的速度就比较接近。现在我国积累增加，技术革命，重工业必然增长较快。

提高劳动生产率，依靠：（1）机器设备增加、改进，技术进步；（2）各种物资的合理配置和充分利用；（3）改进劳动组织和生产管理；（4）提高劳动者的技术、文化水平和熟练程度。在四条上面还要加上一条，即提高工人的政治觉悟。工人觉悟高了，干劲大，可以更合理利用和节约物资，技术熟练程度提高得更快。

鼓足干劲，人的干劲是有个限度的。1个人1天工作8小时，最多10小时，再多了，就不行，单纯增加劳动强度，这是有限度的。但提高技术是无限度的，技术革命和技术革新是无限度的。鼓足干劲之后，技术革新就是重要的问题了。

十六、计划管理和经济核算问题

学完教科书以后，对计划工作、经济核算，要好好研究一下。中央作了几年计划，虽然有许多缺点，但已学到一点经验。不但中央要学，而且地方要学，地方也要学计划和核算。地方、企业都要作经济活动的分析。地方、企业要有创造性，根据自己的要求来计算。统计局应当用各种指标进行比较，各地方、企业互相比较。经济工作要越做越细。不能只注意总产值，不注意成本、劳动生产率，多花了物化劳动和活劳动。纯产值比总产值更接近实际，地方和企业也要计算纯产值。既要政治挂帅，又要计划平衡、经济核算，两面都有。账，两面都要算，所谓经济工作越做越细，就是要加强计算工作，如果以为有政治挂帅，就不要算账，那是错误的。大账、小账都要算。总之，读这本书，对我们的实际工作有帮助。

提高劳动生产率应同节约活劳动和物化劳动联系起来。我们过去讲节约多是讲节衣缩食，这是消极的。从积极方面来讲应是节约劳动力、节约原材料，这样的节约意义更大，今后应更多从这方面来宣传。

十七、关于生产关系与生产力问题

教科书（531页）说的生产力和生产关系的辩证关系基本上是对的，但回避讲生产关系同生产力的矛盾和斗争，好像生产关系会自发地改进。必须说生产关系有时会束缚生产力的发展，人们必须自觉地改变生产关系，来解决这个矛盾。教科书只提相互作用，不提矛盾和斗争。生产关系的改进是经过斗争的，不是自发地、自流地改变的。社会主义社会还有保守势力，改进生产关系还要经过斗争。

生产关系一定要适合生产力的性质，“一定”两字有问题（教科书第三版已取消），可以不适合，不适合就矛盾，就要改革，就要适合。要经过不适合，经过斗争，才达到适合。过一时期又不适合，又要斗争，教科书没有说明这点。上层建筑也是如此，有旧社会的残余、资产阶级思想、习惯势力，要经过不适合，妨碍基础发展，这时就有人起来反对，起来斗争，改变落后部分，每次改革都要经过斗争。

斯大林说生产关系一定要适合生产力的性质，这“性质”两字究竟什么意义？是指生产力的发展水平（手工业生产还是机器生产），生产力的社会化（社会分工）程度，还是生产力的社会性质（社会主义生产力）？马克思、恩格斯、列宁都没有讲过生产力的性质，而讲生产力的发展程度（《政治经济学批判》导言）。在没有弄清楚以前，最好勿用性质两字。

生活方式这个名字是否可用？美国人常宣传“美国生活方式”，我们也可以宣传我们自己的生活方式。美国宣传的是个人主义生活方式，我们提倡的是集体主义生活方式。到将来家庭还会存在，但它不但不是一个生产单位，而且不再成为一个消费单位。所以生活资料是否都要成为“个人财产”，也值得研究（马克思曾说过“生活方式”，但他所说“生活方式”好像就是生产方式。恩格斯讲过共产主义时代的集体生活，但未用生活方式这个名字）。

十八、国家问题

社会主义国家有作为阶级斗争工具的国家，有作为组织人民经济生活的国家。不讲前者是不对的。前者随着阶级消灭而缩小，后者逐渐扩大，国家的性质就起变化。

教科书讲民主集中制不彻底，只限于国家管理（中央与地方），企业中还是一长制，不发扬群众的主动性。

在国家消亡过程中，政治职能越来越少，经济组织职能越来越多。剥削阶级消灭以后，就不存在镇压剥削阶级的问题。所有制改变后，农民变为工人，两个阶级合为一个阶级。这时先进与落后还会有，先进群众的组织可能还要。经济职能越搞越多，逐渐交给人民自己管理，国家变为社会机构，变为人民公社代表大会。对外职能，只要帝国主义存在，就不能消亡。到帝国主义国家的革命胜利以后，就可以无限制地扩大民主，扩大到全民，我们理解的国家就没有了。

国家怎样消亡？

（一）随着剥削阶级残余的消灭，作为阶级斗争重要手段（包括对剥削阶级的强制改造）的专政的职能，也将要消灭。

（二）农业过渡到全民所有制后，农民变为工人，工农两个阶级就要消亡，作为领导工农联盟的国家的职能也就随之消失。

（三）随着工农文化水平的提高，脑力劳动和体力劳动的差别的消失，多数人民都有能力担负经济管理工作，国家组织经济生活的职能也随之消亡，这部分职能由社会来行使。这时国家消亡，社会依然存在，继续发展。

（四）国家对外的职能要保存到世界革命胜利为止，要全世界的国家都完成社会主义革命，国家才能逐步消亡。

政治经济学是党的纲领的理论基础，是党纲的理论性的解释。学习政治经济学有重大意义。

JJS50－3（上）

《人民日报》社论：展望六十年代

1960 年 1 月 1 日

国务院关于加强综合财政计划工作的决定

1960 年 1 月 14 日

第 12～14 页。D220－5455（13）

中共中央对国家科委党组关于一九六〇年科学技术发展计划的报告的批示

1960 年 1 月 16 日

第 17～18 页。D220－5455（13）

中共中央关于加强当前技术革新、技术革命运动领导的批示

1960 年 3 月 18 日

上海局，各协作区委员会，各省委、市委、自治区党委，中央一级各部委、各党组：

全国总工会党组《关于当前技术革新、技术革命情况报告》一件，《经济消息第十期关于技术革命大丰收》一件，共两件，现在发给你们，并请你们发给一切城市党委、工矿党委和农村公社党委，一律予以研究和参考。这是两个重要的总结性文件，请你们予以重视。全总总结的是上海、天津、沈阳、旅大、哈尔滨、太原、重庆等 7 个大城市的经验。这还很不够。武汉、广州、西安、兰州、各省省城、各省中等城市，例如唐山、石家庄、青岛、洛阳、黄石港、株洲、无锡、湛江、萍乡等成百个重要城市都应当迅速作出总结，并且迅速予以推广。县办工业和公社工业也要择要作出总结，推广出去。技术革新和技术革命运动现在已经成为一个伟大的运动，急需总结经验，加强领导，及时解决运动中的问题，使运动引导到正确的科学的全民的轨道上去。这种调查、研究、总结的工作，在今年 3 月、4 月、5 月 3 个月内要基本做完。由中央各部委党组，各级地方党委及各部门党组分头去做，并要开规模较大的现场会议。今年 1 月间，一机部在哈尔滨召开的现场会议，大多数城市未被邀请参加，连武汉、广州这样的大城市也不邀请，致失普遍而迅速推广出去的效果，甚为可惜。今后应请有关部门予以注意，是为至要。

附：全国总工会党组关于当前技术革新技术革命情况的报告

1960 年 3 月 5 日

中央：

最近全总召集了上海、天津、沈阳、旅大、哈尔滨、太原、重庆等 7 个市和辽宁省总工会管生产的同志，座谈了当前以机械化半机械化

为中心的技术革新技术革命运动的发展情况。

从这7个城市的情况看出，在党的领导下，一个以机械化、半机械化为中心的技术革新技术革命已经成为全民性的轰轰烈烈的群众运动。不仅生产工人、技术人员在搞，管理干部、生活服务部门的职工也在搞。工业、交通、基本建设部门的职工在革新，财贸、生活服务行业的职工也在革新。革新的内容既有繁重体力劳动和手工操作的机械化半机械化，也有整个车间整个工厂的全盘改革，全面实现机械化、半机械化。不论哪行哪业哪方面的改革，都是围绕着提高劳动生产率，节约劳动力，保证完成1960年跃进计划这一中心目的而进行的。

技术革新、技术革命的发展是异常迅猛的。上海市在今年头两个月就有12 572项手工劳动实现了机械化半机械化，厂内运输有1 355项实现了机械化，群众提出的革新建议达105万条，已实现33.3万条。太原市在1959年12月初到今年2月10日的两次技术革新战役中，职工群众自已动手制造了13.8万多台（套）大小机具，有52%工种的工人摆脱了手工操作和繁重的体力劳动。机械化、半机械化程度由原来的42.3%上升到60.9%，在70天内上升了18.6%，平均每10天上升2.66%。沈阳市平均每10天上升3%，哈尔滨市平均每10天上升2.25%，天津市平均每10天上升2%，旅大市平均每10天上升1.2%（见附表1）。天津市搬运装卸作业的工人，苦战35天，使搬运装卸作业的机械化、半机械化水平由9%上升到90%。目前全国各大中城市机械化、半机械化的水平，一般在50%左右，如提高到80%算做基本实现机械化半机械化的话，按几个城市的平均上升速度2%推算，只需150天左右，即从现在算起，到7月底左右，全国大中城市有可能基本实现机械化、半机械化。如按沈阳的上升速度3%标准，只需100天左右即有可能基本实现机械化、半机械化。当然这种推算并不十分准确，但它却告诉我们，在我国有可能以极快的速度实现机械化、半机械化。

附表1　各城市机械化、半机械化水平上升概况统计表

单位：%

市　名	起讫日期	原有水平	新达到的水平	平均每10天上升百分比
太　原	1959.12—1960.2.10	42.3	60.9	2.66
天　津	1959.12—1960.1.30	42	54	2.00
旅　大	1959.12—1960.1.30	47.4	54.6	1.2
沈　阳	1960.1—1960.2.10	45	57	3
哈尔滨	1960.1—1960.2.10	51	60	2.25

机械化、半机械化水平的迅速提高，在生产上已经显示了它的巨大威力。这就是提高了劳动生产率，节约了人力，保证了今年1月份的开门红。上海市由于提高了机械化程度，到今年2月25日止，全市已节约了劳动力2 227工人。太原市从1959年12月初到今年2月10日，机械化、半机械化程度上升了18.6%，全市工人的劳动生产率12月份比11月份提高15%，1月份比去年12月提高5.88%，2个月之内劳动生产率提高了22%，按这个速度，平均机械化、半机械化水平上升1%，劳动生产率就相应地提高1.3%，虽然这种用对比的方法推算不是很科学的，因为未把其他因素考虑在内。同时劳动生产率的增长也不一定与机械化、半机械化水平的上升成直线的比例关系，但它至少可以说明提高劳动生产率与机械化、半机械化水平的上升是有内在的必然联系。如果全国所有的大中城市都能像太原市那样，当机械化、半机械化水平由50%上升到80%的时候，劳动生产率就可能相应地提高40%左右。这就可以超额完成今年提高全国工业劳动生产率35%的指标。

由于劳动生产率的提高，在一些城市中已经从原有的生产工人中，节约出大批的人力，用以扩大生产规模，实现增产不增人的要求，或用于支援新建、扩建的单位。太原市到2月初已从工业交通、基建系统节约出3.7万多人，占33万工人的11.4%，旅大市已从工业、交通、基建系统节约出1.8万多人，占25万工人的7.4%。重庆市从工业、交通、基建系统节约出3.2万多人，占35万工人的9.25%。天津市装卸搬运系统从10万工人中节约出2万人，占20%。如果每个城市都能节约出5%～10%的工人，按其平均数7.5%推算，全国工业、交通、基本建设系统的2 650万职工中，大约可能节约出200万人左右。如按各市今年的初步规划推算，节约劳动力的数目将更多。沈阳市今年拟从50万人中节约出10万人，占20%。太原市拟从33万工人中节约出5万人，占16.7%。按最低的规划数字推算，即按节约16.7%推算，全国工业、交通、基建系统可能节约出440万人左右。由此可见，不断地提高机械化、半机械化水平，就可以节约出大量的劳动力，就使我们有可能实现增产不增人或增产还可以减人的奋斗目标。

由于劳动生产率的提高和劳动力潜在能力的进一步发挥，再加上广大职工开展了轰轰烈烈的开门红运动，所以今年1月份的生产任务完成得相当好。各个城市都分别超额3.5%～25%完成了1月份的生产计划，比去年同期分别增长了51%～115%，比去年12月分别提高7.15%～44.6%（见附表2），都做到了开门红，改变了历年来那种年初的生产水平低于上年四季度生产水平的“常规”。为实现全年的跃进计划，奠定了良好的基础。

附表2　各城市完成1月份生产任务情况统计表

单位：%

城市	1月份完成任务	比去年同期增长	比去年12月份增长
天津	103.5	51	
旅大	107.9	86.3	44.6
太原	109.65	83.9	7.15
哈市	125.2	115	32.2
重庆	109.12	69.22	—
沈阳	提前4天	7	8.1 （比去年最高的11月）
上海	超额	54.4	11.8

从基层看，以机械化、半机械化为中心的技术革新技术革命运动的效果，更是十分显著。沈阳市皇姑屯机车车辆厂，今年生产任务增加了64%，而且新产品占很大比重，原来计划需要增加1 800个工人和314台机器，才能完成今年的任务。全厂职工在党委的领导下，大闹技术革新和技术革命，机械化、半机械化水平由去年11月的46.8%，到今年2月9日上升到61.9%，劳动生产率翻了一番，不但不用增添人员和机器，而且可以再承担更多的生产任务。

又如哈尔滨猪鬃厂是一个只有520人的小厂，百年来都是靠手工操作，在党委的领导下，全厂职工在一无材料、二无设备、三无技术力量的条件下，凭借着坚强的革命意志和刻苦钻研的精神，经过88天的苦战，制造出10种机器，使79%的工序机械化，猪鬃年产量由6 000箱提高到1.8万箱。劳动生产率提高了183%，成本降低40%，劳动力节约出240人，占全厂职工的46%，并使全厂从根本上改善了劳动条件。

各市党委根据已有的经验，定出了今年的初步规划，要把今年的工业总产值，分别提高40%～94.5%，劳动生产率分别提高42%～70%（见附表3）。上述情况预示我们，只要我们能够充分发动群众，把以机械化、半机械化为中心的技术革新、技术革命运动，顺利地开展下去，那么，全国工业总产值增长31%的要求肯定会被大大超过。今年将成为我国社会主义建设史上创造奇迹的一年。

附表3　各城市今年工业生产的初步规划

城市	工业总产值（亿元）	比去年增长（%）	劳动生产率增长（%）	成本降低（%）
太　原	35	+94.5	+50	-10—15
旅　大	57	+78	+65	—
哈尔滨	63～65	+54.5	+51.93	—
沈　阳	126	+76.2	+70	-10
重　庆	50	+50	+50	—
天　津	120～127	+30～40	32.6～42	-6.7 （地方企业）

以机械化、半机械化为中心的技术革新、技术革命运动的效果，不只表现在生产上，而且也表现在政治方面。机械化、半机械化水平的提高，对改善劳动条件，减轻劳动强度，保证安全生产，起了重要作用。职工群众从繁重费力的劳动中解放出来。因此，职工群众更加热爱共产党、热爱毛主席，更加坚决拥护和贯彻总路线。天津市的装卸工人，在实现装卸作业机械化之后，写道："昔日抡大锹，汗流一裤腰，今当机器手，干活喜眉梢，肩头除痛皮，从此直起腰，共产党万岁，总路线真好。"又写道："竹板运输机，开动似电梯，货物往上放，自动上车去，垫肩压箱底，肩头除痛皮，从此一身轻，装卸不费力，感谢共产党，感谢毛主席。"

他们不满足已有的成绩，根据不断革命的精神，要把技术革新、技术革命运动推向更高的阶段，要在机械化、半机械化的基础上，向自动化、半自动化方向迈进。到2月15日止的短短的期间内，上海、天津、旅大、太原、哈尔滨、重庆、沈阳等6个城市，就初步搞成了自动化、半自动化车间92个，自动化、半自动化工段23个，生产自动线1 963条，单机自动化7 572台；并争取全年搞成自动化、半自动化工厂67个，自动化、半自动化车间804个，生产自助线11 081条，单机自动化5.052万台（上海除外）。据哈尔滨市初步统计，由于搞成了252条自动生产线，就节省出5 689人，平均每条自动生产线节省出23人。其中，26条自动生产线节省作业面积达6 474平方米（见附表4）。同时，广大职工还要攀登科学技术的高峰，向高大精尖新方向进军，并大搞原材料的综合利用。上海市自今年1月到2月15日，已试制成功新产品2 774件，其中，高级精密产品有547种，上海和哈尔滨电机厂已经制成10万瓩的双水冷发电机；上海沪光科学仪器厂的王林鹤经过371次失败，终于试制成功一种尖端产品——高压电桥。锦州市职工树雄心壮志，自力更生，攀登技术高峰，猛攻高精尖，大搞资源综合利用，到2月8日已制成205种高精尖产品，其中有72种是尖端产品。由于他们采用土法上马，土洋结合，大搞综合利用，"一年计划半年即可完成"。

附表4　　各城市有关自动化半自动化的初步规划和实现情况统计表

城市	自动化半自动化工厂		自动化半自动化车间		自动化生产线		单机自动化	
	规划	已实现	规划	已实现	规划（条）	已实现	规划（台）	已实现
天津	—	—	—	—	1 465（4个区3月底）	338	10 000	771
旅大	17	—	149	4	1 616	156	7 052	—
太原	（到3月底的规划）	—	5	—	300～500	47	2 000～3000	408
哈尔滨	—	—	150（包括工厂）	80	1 000～1 300	319	10 000～15 000	1 019
重庆	—	—	—	—	1 200	415	15 000	2 833
沈阳	50	—	500	8	5 000	301	—	477
上海	—	—	—	—	—	126	—	2 064
合计	67		804	92	11 081	1 963	50 052	7 572

看来，随着机械化、半机械化水平的逐步提高，不少企业正在向大搞自动化、半自动化，大搞原材料的综合利用，向高大精尖新方向发展，这将迅速地改变我国的技术落后面貌，使我们在攀登科学技术高峰方面飞跃前进。

目前以机械化、半机械化，自动化、半自动化为中心的技术革新技术革命运动，正在继续迅速地健康地向前发展着。为保证运动获得更好的效果，根据各地反映，有以下几件事情，需要及早注意解决。

材料问题：要搞机械化、半机械化，自动化、半自动化，无论如何总得用一些材料，解决这个问题不能占用生产材料，主要应该依靠自力更生，节约代用，利用废旧器材，各厂协作，互通有无，挖掘地方企业的潜在生产能力，增产一定数量的材料，但也有些材料如电动机、电气器材等，需要有关主管部门在研究生产和分配器材的时候，作出适当安排。

企业管理问题：生产实现机械化、半机械化，自动化、半自动化，给企业管理带来不少新的课题，如哈尔滨电表仪器厂软轴车间，在实现机械化自动化的过程中，由车间变成工段，又由工段变成只有两个工人的小组。这样，在劳动组织、技术供应、技术设计、机械维修、规章制度等方面，都需要作相应的改革，以适应运动发展的要求。又如大连机床厂热轧齿轮自动生产线每年能生产齿轮15万只，而本厂只需要3万只，这又需要在全国范围内考虑生产的专业化和协作问题。这些问题都说明生产力的飞速发展，必须在生产关系和上层建筑的某些环节上，作出适当的调整。只有如此，才能适应生产力发展的需要，并进一步推动生产力的发展。

工人教育的问题：生产实现机械化、半机械化，自动化、半自动化，工人的劳动强度是减轻或不再做笨重体力劳动了。每个工人要看管、使用、调整和维护一台或多台机器，这就要求工人有更高的文化技术水平。同时，有些人被节约出来，要调到新的工作岗位，去做别的工作，这都需要对工人进行教育，使工人学会新的技术知识，以适应新情况的需要。

附：技术革命运动获得大面积丰收

全国工业、建筑业和交通运输业的技术革新和技术革命，已经遍地开花，初步获得了大面积丰收。

运动大大推动了当前的生产。2月份全国主要工业产品绝大部分超额完成了计划，很多企业提前完成了第一季度计划。新产品和尖端产品成批地涌现出来。据上海市统计，今年以来，已经试制出新产品2 700多种，其中属于高、大、精、尖的占20%。很多地方都突破了一些关键性的问题。吉林省用制糖设备生产硼砂，解决了糖厂淡季停产的问题。梧州港由于实现装卸机械化，使船舶停港时间从5天缩短到1天。过去建筑工程上必须搭起密密层层的脚手架，既费工又费力；最近旅大等地职工创造一种自动升降台代替脚手架，轻巧简便，易装易拆。

机械化程度显著提高，劳动力大量节省。据上海、天津等13个市统计，2月份工业方面的机械化、半机械化程度，已经由年初的50%提高到56%；基本建设方面由32%提高到41%；铁路运输部门的搬运机械化、半机械化程度由20%提高到50%。2月份全国职工的劳动生产率同去年同期比较，工业企业提高1.03倍，建筑安装企业提高1.2倍。天津、沈阳等7个市已经节省劳动力15万人。中小型企业实现机械化、半机械化的效果，更是立竿见影。湖南祁阳煤矿从井下到地面整个生产过程的16道工序实现了“一条龙”的土洋机械化，工效提高9倍，煤产量猛增4倍，生产工人减少1/4。各地工人的劳动强度减轻了，劳动条件改善了，他们把技术革命称为“第二次解放”。

为原料、材料的大量节约开辟了途径。电力系统推广的“环形供电”办法，打破了各用电单位的界线，改变了在一个地区内，一些企业设立专用输电线路和变电所等不合理的现象，是电力系统技术革新的一项重大创举。黑龙江、长沙、济南等地推广这个办法以后，节约了变压器4万千伏安，电线42万米。据水利电力部估算，这项经验在全国推广以后，可以节约变压器150万千伏安、电线1万公里以上，可以多发电10亿度。全国内燃机的制造和使用部门正在大力推广在内燃机内增加气压、在柴油内掺水的先进经验。据估计，如果全国70%的内燃机都采用这个办法，一年内可以节省原油60万吨，占今年石油计划产量的12%。山东省已经建立煤气发生炉7 000座，利用煤气代替煤炭做燃料，节约煤炭30%～40%。全省企业实现煤气化以后，一年就可以节约煤炭180万吨。

职工的精神面貌也在起变化。工人说："人家有的我们也要有，人家没有的我们自己创造。"很多工人日夜奋战，苦思苦索，不计报酬，不怕失败，充分表现了工人阶级的雄心壮志和坚忍不拔的共产主义风格。上海沪光仪器厂的工人，一无实样，二无图纸，2月份试制成功20种新产品，其中6种达到国际水平，6种超过国际水平。工人王林鹤试制高压电桥，做了371次试验，才最后做成。吉林染料厂和哈尔滨量具刃具厂职工提出要"把一厂变成四厂"的战斗口号。长沙汽车电器厂提出，要提前100天完成今年的生产计划。

有关单位的同志认为，技术革新和技术革命运动已经形成全民性的群众运动。从目前进展的情况看来，预计今年上半年大中城市的工业、交通和基本建设部门基本上可以摆脱笨重的体力劳动，到年底基本上可以实现机械化和半机械化。随着机械化和半机械化的实现，自动化和半自动化已经成为必然趋势。今年大企业的自动化程度可以大大提高，可能会出现一批自动化、半自动化的工厂或车间。很多工业产品的质量将达到世界先进水平，尖端技术和尖端产品也将大批出现。

《经济消息》，第10期。Z63－1

毛泽东：坚决制止重刮"共产风"等违法乱纪行为

1960年3月23日

见《毛泽东文集》第8卷，人民出版社1999年版，第163～165页。

中共中央转发聂荣臻同志关于技术革命运动的报告和毛主席的批语

1960年3月26日

各省、市、自治区党委，中央一级各部委、各党组：

现将聂荣臻同志的报告及毛主席的批语，发给你们一阅。

聂荣臻同志给中央的信，对于当前的技术革命运动，作了一个很好的系统的总结，发给同志们研究、参考和仿行。我国工业交通战线、农林牧副渔战线、财政贸易流通战线、文教卫生战线和国防战线的技术革命和文化革命的全国运动，正在猛烈的发展，新人新事层出不穷，务请你们精心观察，随时总结，予以推广。

毛泽东

附：聂荣臻同志来信

1960年3月16日

中央、主席：

此次从广州路经南宁、贵阳、重庆到成都，沿途一片建设景象，庄稼情况亦好（有些地方干旱了一点）。特别是贵阳，到处都在大兴建设，平地起家。据贵州省地质部门勘查，贵州富于煤、铁、铝、汞（已探明煤矿的工业储量三十亿吨、远景储量三千亿吨，铁矿的工业储量近二亿吨、远景储量一百亿吨，铝的远景储量约五十亿吨，汞的工业储量三万吨、远景储量五十万吨），有色及稀有金属也相当丰富，并有压电石英（透明的晶体）等我国目前尚属稀缺的矿床。贵州其实一点也不穷，而是富得很，将来将是我国西南地区的重工业基地。路经重庆、南充、西充等地，农作物生长很好，特别是南充、西充，都是山地，素称贫瘠之地，群众在党的领导下，改良土壤，深耕密植，做了大量工作，现在看来庄稼比平地长得还要好，看来令人兴奋。据省委同志告我，四川小春作物播种面积达五千六百余万亩，生长很好，规定小春粮食收获量为一百三十亿斤，可望超额完成（去年为一百亿斤），小春作物如此丰收，是一件大事情。我看别的地方，对小春作物重视不够，四川这个做法值得推广。

在广州、重庆停留时间较多，因此顺便对这两个城市的工厂技术革命群众作了初步调查，(其他地方未来得及了解)。在两地参观了几个工厂，向干部、工人、技术人员了解了一些问题。觉得这次各地大搞半机械化、机械化、自动化，进展极快（去年十一二月才开始在几个大城市有些苗头，年底开全国科学技术会议时我们提了半机械化、机械化和自动化的问题。自今年一月底中央批发了太原、哈尔滨的经验之后，各地很快就大搞起来了）。运动中创造了许多好经验，也出现了许多新问题（如打破生产中的平衡的问题，调整工厂中生产关系以相适应的问题等等），很有味道。因此，仅就粗略了解，整理了一份简要报告，附上，供参阅。

Z64－6

毛泽东：反对官僚主义，克服“五多五少”

1960 年 3 月 30 日

见《毛泽东文集》，第 8 卷，人民出版社 1999 年版，第 166～168 页。

中共中央关于当前工业交通战线上的十个问题省、市、区党委工业书记会议纪要

1960 年 4 月 24 日

第 355～375 页。D220－5455（13）

中共中央关于抓紧生产小商品的指示

1960 年 5 月 16 日

第 400～401 页。D220－5455（13）

毛泽东：十年总结

1960 年 6 月 18 日

第 418～421 页。D220－5455（13）

中共中央关于压缩食油销量和加强油脂收购的指示

1960 年 9 月 23 日

第 585～588 页。D220－5455（13）

中共中央关于转发湖北省委和福建省委两个文件的重要指示

1960 年 10 月 12 日

各中央局，各省、市、自治区党委，中央各部委、中央国家机关各党组：

湖北省委和福建省委批转的两个文件极好。中央要求省级、地级、县级和公社级的党委，要求生产队的全体干部和下放在农村的全体工作人员，都要极严肃地、认真地研究这两个报告。

从一九五八年冬天以来，中央和毛主席再三再四地指示，必须坚决纠正一平二调的“共产风”。因为这种“共产风”严重地破坏以生产队为基础的公社三级所有制和农业生产力。但是，从湖北沔阳县通海口公社的例子看来，这个问题在不少地方至今没有解决。一平二调的“共产风”，再加上某些浮夸、强迫命令和某些干部特殊化的作风，使干部严重地脱离了农民群众，使这类地区的农业生产和农民的生产积极性受到损害。这种严重情况必须大力改变，绝对不能允许再拖延下去。如沔阳县通海口公社的事实所证明的，一经整顿之后，群众的生产情绪不仅马上扭转，并且出现了生产的高潮。

中央和毛主席几年以来也三令五申，不论什么机关和企业事业单位，都必须力求精简机构，节约人力，合理安排劳动力，反对铺张浪费。但是，福建闽侯县城门公社的材料反映，两年来社办企业、事业的摊子铺得过多、过大，管理机构臃肿，人浮于事，劳动力的浪费非常严重，使农业生产第一线的劳动力由七千七百多人减少为五千一百多人，并且增加了公社不应有的开支。凡是有这种情况的地方，同样地也绝对不能听任自流，而必须及时地加以清理、闽侯县城门公社一经整顿，就从各方面挤出了两千多个劳动力（占整顿前农业生产全部劳动力的百分之四十五），使他们回到了农业生产第一线，被农民群众称为一件大喜事。

纠正一平二调的“共产风”，纠正强迫命令，浮夸和某些干部特殊化的作风，坚持以生产队为基础的公社三级所有制，是彻底调整当前农村中社会主义生产关系的关键问题，是在公社中贯彻实现社会主义按劳动分配原则的关键问题。解决了这类生产关系的关键性问题，就会大大地促进农业生产力的发展。同时，为了农业生产力的发展，必须在各经济部门合理地安排劳动力，必须在农业战线上保持和配备足够的劳动力。须知在当前的条件下，我国还不能立即全面地实现农业机械化，而只能够首先在一些局部的地方逐步实现这种机械化，因此，保证足够的农业劳动力，是保证农业生产力发展的头等要案。

现在中央发给你们的两个文件，一个是关于农村中社会主义生产关系的问题，一个是关于农业生产力的问题。这是相互关联的两个问题。如果不实事求是地、迅速地处理这两个根本问题，就不能够实现党中央所提出的关于以农业为发展国民经济基础的这个基本方针，就会使这个方针变为空谈。反之，如果实事求是地、迅速地处理这两个根本问题，那么，就可能在较短时间内扭转目前农业发展落后于工业发展的状况，并且将同时有利于工业和其他经济部门的继续跃进。

要实事求是地、彻底地解决上述两个根本问题，看来不能够只依靠各级的干部会议，还必须由省、地、县和公社党委下最大的决心，贯彻执行党中央和毛主席历来的指示，并且明确地把党中央和毛主席历来的指示下达到公社的生产队和各经济部门的基层单位，使党的各种政策和方针直接同群众见面，用领导和群众的“两头挤”的方法，用由上而下和由下而上的相结合的方法，才能够如通海口公社和城门公社那样，收到切实的效果。

中央要求各地党委，在接到这个指示后，立即参照通海口公社和城门公社的整顿办法，首先派遣负责的得力的工作组到几个问题最多的公社，进行切实的工作，使自己取得具体的经验，然后继续按照不同公社的不同情况，对上述的两个根本性问题，作全面的彻底的解决。各省的工作如何部署，请尽速报告中央。

Z270-1

毛泽东：彻底纠正“五风”

1960 年 11 月 15 日

见《毛泽东文集》，第 8 卷，人民出版社 1999 年版，第 220~221 页。

李富春：经济工作的十条经验教训

1960 年 11 月 18 日

第 710-721 页。D220-5455（13）

第九次全国计划会议秘书处：第九次全国计划会议简报

1960 年 11 月 24 日

十一月二十三日各地区小组继续讨论三位副总理的报告。现将发言中有关政策思想方面的问题综合简报如下：

一、地质部何长工、建工部刘秀峰、农垦部王震等同志说：三位副总理在报告中都作了自我批评，这种精神对我们教育很大；如果说，今年计划过大、指标过高，首先应当由我们中央各部负责，因为各部提的计划比计委的还大，虽然经过富春同志反复动员，还是下不来。青海高克亭、新疆自治区党委祁果、甘肃省葛士英、宁夏自治区党委马玉槐等同志也都谈到今年计划偏大，主要是大家搞的，省、市提的数字比部还高，富春同志去年再三往下压，还是压不下来，我们大家都应作检讨。

二、在谈到过去对农业重视不够时，何长工同志说：过去我们对主席经常说的“一、二、三”（一盘棋、两条腿走路、三级所有制）贯彻不够，在思想上不牢固；地质工作配合农业搞地下水抓晚了。王震同志说：我是搞农业的，但对农业这个基础认识不足，一九五九年到齐齐哈尔去，看到工厂大跃进很兴奋，地方同志反映说劳动力不够，就从国营农场调了一万人给市里去搞工业。西南局经委李斌同志和贵州省张海峰同志说：过去把农村不仅看做是粮食仓库，而且也看成是劳动力仓库，过多地动用了农业上的力量，实际贯彻的不是工业支援农业，而是农业支援工业。

三、对明年计划如何才能贯彻农、轻、重的方针，大家都很关切。在安排的具体方法上，青海省高克亭同志说：我们明年首先抓农业，要全心全意把农业搞上去；这次会议上一不争项目，二不争投资，给多少，算多少。湖南计委徐羽同志说：贯彻农、轻、重的方针，要注意三个问题：（1）重工业的生产建设指标要控制，因为农业和轻工业从整体来看，应当放在首要地位，但从具体问题上看，往往比不上重工业重要，如果不注意控制，最后还是要被挤掉的；（2）各项事业（包括文教）不能安排太多，以免挤了农业需要的劳动力；（3）物资分配要把农业和轻工业列为重点，一项一项地具体安排。广东省计委曾定石同志认为，贯彻以农业为基础的思想，要注意抓七个问题：（1）抓计划干部的思想，树立以农业为基础的观点；（2）抓劳动力的全面安排；（3）抓小农具和改良农具的制造，农业机械要先安排维修配套，后安排制造；（4）抓化肥、农药的制造，这方面的计划要落实；（5）要抓手推车和木帆船的维修和补充；（6）要抓物资供应，特别是钢材、木材、煤炭；（7）要抓迫切的基本建设。河北省计委兰凯民同志说：以农业为基础，计划体制就要以块块为主，因为农业主要在块块。明年计划如果仍按条条安排，就同以农业为基础的方针有矛盾。在物资分配上，应当按照农、轻、重的顺序，首先满足农业需要，其次是轻工市场，剩下来的再搞重工业。山西计委李进军同志说：现在两个元帅不能并行，该应明确粮食是元帅，钢铁是副帅，这样就好安排了。

四、对经济建设的经验总结，提出以下三点看法：

1. 关于多快好省和高速度按比例问题。华北局计委朱理治同志说：总路线最主要的精神是又多又快又好又省地建设社会主义，高速度是多快好省的统一。多快好省四者是统一的，又是互相制约的。在一定时期一定条件下，应当有所侧重，当前主要是侧重好省。

华北局文教办公室朱节同志认为：总路线的实质是高速度，高速度是主导方面，如果侧重好省，就容易模糊总路线的实质。

内蒙古自治区刘景平同志在谈到高速度和按比例的关系时说：今年四季度钢的速度上去了，挤了农业和轻工业，明年劳动力、原材料和投资要照顾农业，要使农业加快速度赶上去，这样在调整工农比例关系之后，钢的速度、工业的速度就要下来。

中南局计委王全国同志认为：在富春同志总结的十条经验中，中心的一条是大跃进和按比例相结合的发展规律，是综合平衡的问题，第一是工农业的比例关系，第二是轻重工业的比例关系，第三是积累和消费的比例关系，第四是采掘工业和加工工业的比例关系。这些，值得我们很好地研究和体会。

2. 关于生产的均衡性。江苏省委许家屯同志说：生产建设都要注意均衡发展。明年生产建设的安排应当避免今年季度之间很不均衡的情况。他说今年初是“空城计”，年中是“追韩信”，年终是“九更天”。明年上半年要少搞些基本建设，首先保证生产，上半年应力争完成全年计划的百分之四十至五十，年底争取超额完成计划。

3. 关于管理制度问题。华北朱理治同志认为国民经济管理必须有一套制度。主要是计划管理制度、经济核算制度、责任制度、生产指挥制度。

五、关于“全国一盘棋”、“上下内外一本账”的问题。上海马天水同志提到，在强调“全国一盘棋”的前提下注意发挥地方正确的积极性和鼓励发展必要的合法的协作。他说：积极性有两种，一种是破坏“全国一盘棋”

的积极性，计划内还完不成却去搞计划外，这种积极性应该限制；另一种是正确的积极性，搞计划外真正是为了千方百计地弥补计划内的缺口，这种积极性不应受到限制。湖北省计委李飞同志说：积极性有三种，一种是盲目的积极性，如搞楼、馆、常、所等；另一种是被迫的积极性，主要是补中央各部下达计划的缺口；再一种是正当的积极性，主要是指地方必办的事业，如湖北的煤，从全国来看，煤层变化大、投资高、不合算；但是从地方上来看，就非搞不可。这三种积极性要区别对待。

150 – 9 – 52

二、人民公社情况

（一）农村人民公社

中共中央关于把小型的农业合作社适当地合并为大社的意见

1958年3月20日成都会议通过，
同年4月8日政治局会议批准

第209～210页。D220－5455（11）

中共中央关于合作社社员的自留地和家庭副业收入在社员总收入中应占比例的意见

1958年3月21日成都会议通过，
同年4月8日政治局会议批准

第211～212页。D220－5455（11）

《红旗》杂志社论：迎接人民公社化的高潮

1958年第7期

中共中央农村工作部：目前各地并社工作的动态

1958年8月14日

一、目前全国各地并社工作的情况是：多数地方正在酝酿、规划个别试点；少数地方，如辽宁已初步合并结束，河南、北京市郊区正在全面进行。

辽宁全省由原来的九千二百七十二个社，合并为一千四百六十一个社。基本上是一乡一社，少数是一乡二社、三社或四社。平均每社两千户左右。最大的八千多户。全省一千户以下的社还有六百个左右，有些地方，还要再进一步合并。

河南并社工作于七月正式开始。全省计划由原来的三万八千二百八十六社合并为二千七百多社，平均每社四千户上下。目前已合并好的占规划社数的百分之六一以上，八月可全部结束。

北京部分区已合并结束。多数正在合并。全郊区计划由原来的一千六百八十社，合并为二百一十八社，平均每社一千六百户。最大的是顺义区，全区三十多万人口，合并为八个社，平均每社九千五百户。

江苏原计划乡乡试办国营农场，淮阴专区已有较多的发展。现正试办人民公社，全省已试办七十多个。正在试办的二百三十多个。

四川初步计划将原有十七万七千二百九十五个社合并为六万三千三百九十二社，平均每社二百二十户。在平地地区和人口集中的地区每县试办一个一乡一社的人民公社。同时在郫县普遍地试办一乡一社的人民公社。

二、运动的发展表明：小社适当并大，以适应农村经济、文化建设事业的全面跃进，已成为广大农村干部和群众的迫切要求。无论是山区、平原，并社工作都得到了广大群众的热烈拥护和支持。群众认为是："多年的盼望实现了"，是"冬天送炭，夏天送扇子"。

各地并社工作，都进行了较充分的酝酿准备，政治挂帅，采取了鸣放、辩论的方法，紧密结合当前生产进行的。在并社过程中，采取了"上动下不动"的办法，上面搭架子，建立机构，统一规划部署工作，处理各种问题；

下面一套生产组织、管理办法，暂时不动，照常进行生产，同时，提出了具体的要求，发动社员献计献策，搞好生产，迎接并社。这样，并社工作不但没有影响生产，而且直接地推动了生产和农村其他各项工作。一些已合并的大社，在各方面都初步地显示出比原来的小社有更多更大的优越性。对于今冬明春的生产大跃进和各项建设事业的发展，提供了空前未有的有利条件。河南商城两万多户的超英公社，在“总路线照耀前，全社人民拼命干，苦战一年半，万斤（粮）三化（电气化、机械化、工业化）要实现，超英越美赶苏联，名扬世界震动天”的雄伟口号下，提出十天大搞六千厂运动，抽调干部二千五百人，社员一万七千人，在并社过程中的十天内，办起了钢铁、机械、水泥、肥料等大小工厂四千五百三十个，投入生产的三千二百五十个，出产新产品六十五种。遂平九千多户的卫星社，在并社后，抽出大批劳力绿化荒山，七天内造林五万五千二百四十六亩，等于原来九个小社六年来造林总和的两倍多。这些都是原来小社不敢设想、一时难于办到的，有了大社立即变成了现实。已并起来的一些大社的规划，一九五九年的收入，都将比一九五八年的收入增加三五倍至十倍不等。社办工业有大发展，社员的文化、物质生活也有大提高，机械化都可能大大提前实现。这种生产关系的新的大调整，必将加快社会主义建设的速度，加速向共产主义的过渡。

并社中的政治思想上的斗争是难免的。运动中也碰到少数以富裕中农为代表的资本主义思想的抵抗和不满；地、富、反、坏分子也趁机进行造谣破坏。先进的和保守思想的斗争也是存在的。因之，充分地走群众路线，充分地鸣放辩论仍然是必须坚持的工作方法。

三、小社并大，带来了一系列的新的问题。有一些是带有方针性的问题。对于这些问题，在实际工作中反映出若干不同的做法，也有一些争论。主要的是：

第一，并社的形式问题：中心的问题是并社引起的向共产主义过渡的问题。因而也就产生了向共产主义过渡采取什么样的形式的问题。即把现有的社转变为国营农场呢？还是并成为公社，还是仍然叫做合作社。目前大体有三种不同的情形：一是仍然为集体所有制的大社，群众说是“小集体变成大集体”。对于这种合作组织，多数地方按地名叫××公社，也有的叫共产主义公社。最近各地根据主席在山东视察的讲话，多数改叫为人民公社。目前多数趋向于这种人民公社。二是改变集体所有制，转为全民所有制的合作农场，有的叫国营农场。前些时候在江苏、辽宁等地都试办了一些。

至于在辽宁、北京郊区试办以国营农场为基础，吸收周围农业社参加的国营农场，对现有农场与农民都有利，没有多少争论。部分城市郊区和一些国营农场已在试办。

第二，并社的规模和步骤问题：是一乡一社呢？还是一乡数社？是一次并成呢？还是分成两次并？除了上述各省并社规划外，大体上有两种意见。一般多趋向于目前还是一乡一社，条件好的，生产上有需要的，也可以更大一些；条件差的，也可以小一些。有些同志觉得目前农村机械化、电气化尚未大量发展，因而主张先并成一乡一社，而后看看再说。另有一种主张，基本上一次并成万户左右的大社，以便更加有效地发展生产和各项基本建设事业，避免一并再并，不利生产。

第三，关于社员生产资料的公有化程度问题：在并社过程中较普遍的牵涉到社员生产资料，以至于部分生活资料的公有化的问题。多数地方随着并社把零散林木、果树、苇塘、自留地、散牲畜，以及铁木、瓦工等生产工具转为集体所有；有的是作价归社，有的是无偿归社，也有的宣布“苦战三年之后再议”。对于原来入社的生产资料的多余价款的偿还问题，基本上也是按照上述三种办法处理的。个别地方也有把社员的部分生活资料也转为公有的，如缝纫机、自行车、房屋、多余的家具、生活用具，等等。

第四，关于合并后的大社的性质问题，也有若干不同的看法。一种意见，认为这就是共产主义了。在一部分基层干部中，有些人认为：一切生产资料归公，加上一部分生活资料归公，有了工资制，就是共产主义。第二种意见，并社后生产是大大的发展了，共产主义因素也大大增多了，但还不是共产主义性质的，是共产主义的萌芽或雏形。第三种意见，不承认这种合作社比原来的小社所引起的某些性质上的变化，仅仅认为是规模的扩大。目前一般多倾向于第二种意见。

第五，县以下农村基层组织的体制问题：并社之后，较普遍地注意了农村基层组织机构的调整问题。这里包括政社合一的问题，信贷社、供销社、手工业社和公社的合一问题，也包括农村邮电、银行等企业和公社的合一问题。一般多趋向于由人民公社统一起来（主管业务部门有些不同的意见）。除乡政权特有的专政职能之外，其他工、农、商、学、兵、信贷、银行、邮电等各行业，都由公社统率起来，成为公社的一个组成部分，使人民公社真正成为社会的一个基层单位。具体合并办法，各地都在摸索创造。

Z917－2

中共中央关于在农村建立人民公社问题的决战

1958年8月29日

第446～450页。D220－5455（11）

《人民日报》社论：高举人民公社的红旗前进

1958年9月3日

《人民日报》社论：从“卫星”公社的简章谈如何办公社

1958年9月4日

河南省一九五八年工作概况［节录］

1958年10月16日

一、人民公社

我省农村和城市已于8月底实现了人民公社化。农村有1 270个人民公社，平均每社8 086户，入社农户占全省总农户的99.996%。以县为单位已建成县联社80个，全省绝大部分公社都实行了供给制，据1 251个公社统计，实行粮食供给制的300个，伙食供给制的685个，生活供给制的266个。9个省辖市已建成人民公社470个，参加公社人数，占总人口的96.7%。以街道居民为主的公社72个，以厂矿、企业为主的公社229个，以学校为主的公社138个，以机关、团体为主的公社31个。随着公社的建立，社员群众的集体生活和文化福利事业有很大发展，全省共建立公共食堂269 462个，入食堂的人占全省总人口的99.88%，农村托儿所176 294个，托儿2 096 242人，幼儿园73 011个，入园幼儿1 883 860人，幸福院25 774个，入院老年人413 000人。社办各种红专学校98 264所，参加学生2 433 821人，社办中学11 723所，入学学生512 600多人，普及了中小学教育。据88个县（市）不完全统计，共组织民兵13 018 517人，组成民兵师94个。

我们对巩固提高人民公社抓了如下工作：

（1）开展两条道路斗争，提高共产主义思想觉悟。人民公社化后，两条道路的斗争，主要表现在：残存的资本主义思想和社会主义、共产主义思想之间的斗争。贫农、下中农为早日建成社会主义和过渡到共产主义而欢欣鼓舞，但是一部分富裕中农仍留恋私有，抵触集体所有制和全民所有制。如七里营人民公社康庄青年生产队队长是富裕中农，因公社调整了他5间房子，大为不满，躺倒不干。商丘县有些富裕中农在翻地时白天翻得深，夜晚翻得浅，有人监督翻得深，没人监督翻得浅。新乡县大召营人民公社，富裕中农叫他的孩子到处宣传公共食堂不好，终日喊叫肚子饿。地、富、反、坏和右派分子造谣说：“美国兵在福建登陆了”，“人民公社实行共产共妻”，“生活供给制，实行三人穿两条裤子”，“托儿所将孩子集中后，都要运往苏联”。开封和商丘最近发现敌人在食堂下毒的事件。根据阶级斗争发展的新情况，必须对广大社员进行共产主义教育，对有资本主义思想和行为的人进行了辩论。对有破坏活动的地、富、反、坏、右等分子组织了社办劳动生产教养队，进行严格的管制与改造。

（2）正确的处理积累和消费。全省今年农业总收入可达1 006 000万元。根据苦战3年的精神，确定社员消费部分约占总收入的30%，社员消费达301 800万元，比去年提高27.65%。积累部分约占总收入的70%，各项扣除达704 200万元，比去年提高264.04%。

人民公社扣除中各个项目所占的比重，据典型社的调查推算，今年上缴利润（包括公粮、税收和按照国家规定的上缴利润）60 360万元，占总收入的6%，占扣除总数的8.57%，比去年提高77.74%；当年生产费181 080万元，占总收入的18%，占扣除总数的25.71%，比去年提高47.29%；扩大基本建设的资金417 490万元，占总收入41.5%，占扣除总数39.29%，比去年提高1 417.5%；各种事业资金40 240万元，占总收入4%，占扣除总数的5.72%，比去年提高524.06%；行政管理费用5 030万元，占总收入0.5%，占扣除总数0.71%，比去年提高95.02%。

公社内对各项公共资金的使用，据新乡七里营、小冀和修武县人民公社的调查，用在机械化、电气化、购买牲畜、改良农具、水利建设等方面，占本项资金的41.77%，社办工业占32.32%，交通运输修建仓库占18.01%，公共食堂、科学研究机关、文教卫生和社员住宅等方面占7.9%。

社员分配，今年估算每人每年可分得80多元。①粮食供给制的比重一般占社员应分数的50%左右；②伙食供给制的比重一般占社员应分数的60%左右；③生活供给制比重一般占社员应分总数的80%左右。社员的工资一般全年每人平均可分得20元。

（3）加强生活集体化。我省生活集体化是在今年春季随着工农业生产全面大跃进的形势开始发展起来，在紧张的夏季生产运动中，已较普遍地建立了食堂、托儿所、幼儿园、幸福院等组织，特别是到人民公社建立后，有进一步的改进和发展。从家务劳动中解放出来的妇女劳动力，大约有600多万人。各级党委对生活福利事业，一般都很重视，建立了民主管理制度，各级建立了专门管理机构，配备了大批骨干，清洗了坏分子，因而巩固了生活集体化。许多地方总结了生活集体化的经验，召开现场会议，推广先进经验，树立先进旗帜。打算在今冬明春整顿人民公社中，通过进行共产主义教育，有计划地对生活集体化的各种组织进行一次整顿。

（4）加强劳动管理，改善劳动组织。劳动组织普遍实行了组织军事化、行动战斗化、生活集体化，建立了班、排、连、营、团的组织，并且组织了突击队、专业队，在生产上运用大兵团作战。目前全省整、半劳力已组成108个师，1 270个团，24 056个营，133 753个连。不少地方还根据作业项目的不同，分别组成耕畜专业队，积肥专业队，粮食、薯类、烟叶专业队，这些组织同时与学习文化结合、与武装结合，既是劳动组织，又是文化、民兵组织，基本上做到了亦工、亦农、亦商、亦兵、亦学。

在组织形式上，大体有三种：①以生产单位组成班、排、连、营、团。②基本上按生产单位组织，另抽一部分青壮年组成专业连营（同时亦是基干民兵）。③打乱原生产组织，以大队为单位按年龄、性别组织，不固定耕作区，哪里有任务往哪里调。目前多数是采用一、三两种办法。执行结果以第三种为最好，并可做到专业化，适应大规模的生产。

（5）实行供给制的情况。实行供给制是广大干部的迫切要求。据修武县调查，积极拥护的占76.5%，基本上拥护的占21.5%，有抵触思想的占2%。

实行供给制，应本着减少干部等级，缩小级差；既要减少干部和群众之间供给标准的距离，又应该承认有一定的差别（这种差别只有在生产不断发展中才能逐步解决）；既要有一个统一标准，又要有一定的机动性和灵活性的原则。

已经实行供给制的有修武县，10月份实行的有遂平县、中牟县、新郑县、新乡县和新乡地直机关。郑州国棉一厂、郑州机械厂和焦作矿务局亦正在进行试验。争取11月份在全省实行。

几个县实行供给制分两种情况：

修武县干部和群众实行统一的供给制度。分10级，每月一级津贴15元，十级津贴0.2元。国家工作人员平均较实行工资制减少30%左右。

中牟、遂平等县国家工作人员单独实行一种标准。如中牟分5级，每月一级20元，五级6元。

（6）县级组织形式和组织机构情况：

组织形式：全省108县。4个县（新乡、修武、泌阳、遂平）已经调整，10个县正在调整，30个县制订了方案，69个县尚未制订方案。

调整情况，大体分为以下三种：

第一种：县联社和公社党委的一些部门，如工业部、财贸部、农村工作部等和社务委员会的有关部门统一起来。党委的办公室、组织部、宣传部加强（如遂平县）。

第二种：县联社和公社党委仍然建立各个部门，如社务委员会建立农业部、工业部、财贸部，党委亦建立相应的部门（如修武）。

第三种：政、社、党合署办公，一套机构，一套人马（如中牟）。

上述三种，第一种好处多，有利于加强党的统一领导，贯彻执行党的决议，并且可以大大精简机构，节省干部。仅遂平县可节余干部269名，我们准备在全省实行。第三种办法必然会削弱党的领导，不宜采用。

组织机构设置：

甲、联社（公社）：

（一）党的组织：联社和公社设常委会和书记处。联社和公社党委下设办公室、组织部、宣传部、监委会、党校、报社等机构。

群众团体：县共青团即公社共青团，县以下工会取消。县妇联可暂保留名义，干部有计划地转向生活福利工作。工商联撤销，政协暂可保留。

（二）行政组织：在管理委员会下，一般设：办公室、计划委员会、基本建设委员会、科学工作委员会、工业交通部、农林水利部、政法部、财政贸易部（或财粮部、商业部）、生活福利部、文教卫生部、人民武装部、人事劳动部。

乙、基层人民公社（乡）的组织机构设置一般是：

（一）社党委会设常委，下设：组织部、宣传部、监委会、办公室。大队设总支（支部）小队设支部（小组）。

（二）社管委会下设：办公室、计划委员会、科学工作委员会、工业交通部、农林水利部、财贸部、内政部、人民武装部、人事劳动部、生活福利部、文教卫生部。

（三）团的组织随同党的组织建立。

此外，准备适当合并一部分县（市），几个省辖市除郑州市外，均交地委代管，撤销现在的开封地委，西部几个县交郑州市，东部几个县交商丘地委，驻开封，称开封地委。

[下略]

Z292－1

中共黑龙江省委对王震、张林池、胡立教同志关于密山、合江农垦局所属国营农场建立人民公社以及建立人民公社以后的体制等问题的请示报告的批示

1958年10月17日

合江、牡丹江地委，农业局党委，并报中央：

省委同意王震、张林池、胡立教三同志关于密山、合江农垦局所属国营农场建立人民公社及建社后体制等问题的报告。

密山、合江两农垦局所属各国营农场，几年来在开垦荒地、生产粮食、为农垦事业培养

干部积累经验等方面取得很大成绩。随着社会主义建设新形势的发展，全省实现人民公社化后，国营农场成立农林牧副渔全面发展，工农商学兵互相结合，政社合一的人民公社也是必然趋势。国营农场是全民所有制的、有机械化的生产工具，大批技术干部，它比集体所有制的人民公社，有更多的优越条件，建成人民公社后一定会显示更大的优越性，今后应继续起示范作用。在建立人民公社和改变体制中应注意以下几个问题：

一、县与县、场与场合并建成人民公社时要注意做好干部和群众的思想教育工作，深入地进行共产主义教育，克服资产阶级本位主义和个人主义思想，通过鸣放辩论明确建立人民公社的意义，批判各种错误思想，以增强团结，鼓足干劲，推动生产，更大跃进。

二、建成人民公社后应马上做好生产规划，狠狠地抓住水、肥、土、种、密和田间管理等增产根本措施，力争在明年生产大跃进中起带头示范作用，充分显示全民所有制人民公社的优越性。

三、这些公社的性质应是以全民所有制为主的。在分配形式上，可以根据各单位具体条件具体确定，但应研究逐步试行供给制。

四、有关地、县委必须加强领导。地委不必设立农垦工作部，可从农垦局抽调部分干部充实农村工作部把农垦工作管起来。关于干部安排和县委名单，由地委提出方案，按干部管理权限审批确定。

附：王震、张林池、胡立教关于密山、合江农垦局所属国营农场建立人民公社以及建立人民公社以后的体制等问题的请示报告

1958 年 9 月 23 日

欧阳钦同志并省委：

根据中央关于在农村建立人民公社的指示和一系列农业建设指示的文件，根据省委第九次全会文件的精神及欧阳钦同志关于在密山、合江农垦局所属国营农场中实行工农商学兵相结合，农林牧副渔综合经营，在苦战几年中，使其社会组织、政治经济和文化生活在建设社会主义的时期内就成为共产主义社会基层组织的典型的指示，我们座谈研究了密山、合江农垦局所属国营农场建立人民公社以及建立人民公社以后的体制、一九五九年的生产规划、劳动力补充和物资供应等问题。现在将我们对这些问题的意见报告如下：

一、在黑龙江全省农村实现人民公社化高潮的形势下，国营农场也应该成立人民公社。这种公社是全民所有制和拥有现代农业机器的。现在各农场都有几万公顷耕地，是完全在荒地上建立起来的，也有些农场有插花的农业社（人民公社），这些社在群众要求加入农场的情况下，可以合并为全民所有制的大人民公社。

在农场成立人民公社以后，我们对于密山农垦局和合江农垦局的体制问题有以下建议：

第一，密山铁道兵农垦局的名义仍保存。各农场成立人民公社，并以虎林全县、饶河全县、密山、宝清两县的一部分（即现在农垦局所属国营农场所在地），合并成立县联社，县委、县人委设在虎林，密山农垦局也迁到虎林，联社党委就是县委，也是农垦局党委，联社管理委员会就是县人委，也是农垦局的办事机构。联社受牡丹江地委领导。

第二，合江农垦局准备在佳木斯留精干的机构并以抚远、同江和富锦东部国营农场，成立县人民公社联社，党政社统一，其他各县农场均为人民公社，但在目前还同时挂国营农场牌子，还归农垦局企业核算的生产单位。原属密山农垦局的八五五农场划归合江农垦局，属宝清县。

第三，为了便利牡丹江、合江地委的领导，建议在牡丹江、合江地委成立农垦工作部。密山农垦局局长王景坤同志参加牡丹江地委书记处工作，任虎林县委第一书记兼地委农垦工作部部长，合江农垦局局长黄家景同志可为合江地委农垦工作部部长。牡丹江、合江地委农垦工作部可从农场调几名工作人员组成之。如果没有必要，也可以不成立地委农垦工

作部，但可以从农场调几名工作人员在地委农村工作部工作。

第四，密山、合江农垦局在一两年内还保持为农垦部的直属企业，实行双重领导。但在上述组织形式下，党政企业合一了，地委、县委抓起来了，生产建设计划必须完全纳入地委、省委的领导和计划之内。根据省委对于全省方针任务的指示和地委的安排，农垦部检查督促，完成基建任务并作为工作重点来抓，以便取得经验，帮助西南边疆的移民和开发工作。同时，在农垦部工作重点移到西南时，密山、合江农垦局即全部移交地方管理。

二、密山农垦局到今年底耕地面积可达到六百万亩，合江农垦局达到三百万亩（均不包括将合并的农村人民公社在内）。一九五九年计划以六百万亩（密山四百万亩、合江两百万亩）种植小麦、大豆等主要作物，保证粮食亩产五百斤，争取八百斤到一千斤，大豆保证亩产三百斤，争取五百斤。其他三百万亩耕地由于是今年新开垦的，需种牧草、饲料作土壤改良，因此，明年不计算播种面积。今年冬季到明年，密山局采伐木材三百万立方米，争取今冬明夏运出两百万立方米，合江局采伐五十万至一百万立方米。明年在这两个垦区再开荒各十几万公顷，因为今年冬季密山局大搞水利，动工的中小型水库一百六十三座，土石方总量达到三千五百万至五千万立方米，因此，明年开垦的是平原地区的沼泽化草原，都是最肥沃的能灌溉的黑钙土，开垦出来就可以高产，以后就可以将目前种植的山坡地、岗地改为林地。此外，还搞一些钢铁、煤、煤炼油等小型工业。

三、以密山、合江垦区各农场现在所具有的生产规模，今年开荒的地明年要种下去，所以明年迫切需要补充劳动力。现在密山垦区有劳动力十三万人，合江垦区有三万多人，明年除了职工家属来农场可能增加一部分劳动力外，还需要各补充五万人左右。因此，明年从山东移黑龙江青年中需拨交密山、合江垦区八万至十万人。农场劳动力服从地委的统一安排，在农闲时间承包修建铁路、采矿等工程。密山、合江垦区的拖拉机都已够用，今后油料、农机具、发电、木材加工、化肥、小高炉、草炭炼油、油母页岩和煤成堆干馏炼油等设备均由该两农垦局提出计划，纳入地委、省的计划内供应。

四、密山、合江垦区转业军人很多，都有各兵种的骨干，有三十个总场已成立预备师，以储备预备兵员，实现组织军事化，行动战斗化，生活集体化。

以上妥否，请示。

Z897－1

河南部分基层党员干部对农业大跃进人民公社和供给制等问题的看法

1958年10月21日

河南省委初级党校9月间组织学员（县、市以下的基层党员干部）学习了北戴河中央政治局扩大会议文件和毛主席的讲话，在学习过程中暴露了对以下问题有着错误看法：

怀疑农业大跃进

对总路线和今年农业丰产有怀疑。看到个别乡社产量不高，即否定整个农业的丰产。邓×说：“鼓足干劲容易出主观主义，如要求粮食产量指标很高，实际真达不到。我乡每亩实产160斤，到县批成240斤。”孙××说：“我乡每亩实产230斤，经过反右倾搞成360斤，这不是实事求是，今后不能这样干。”陈××说：“我县的小麦，说每亩230斤，我看土质那样坏，咋着也不能那么多，特别是报上登的稻子亩产5万斤，玉米亩产3万斤，咋能收那么多？”杨××、胡××说：“省委宣布今年每人吃粮500斤，我看嵩县办不到，这又是领导上给下边的空话，给下边同志造困难，如今年夏季叫我县吃160斤，结果没吃够，是吹大话。”

认为人民公社冒进了

刘××说：“现在办公社是否有些早呢？不如搞几个试点，取得经验后，再全面铺开。”

有的说："河南公社没有重点建。即一哄而起，是否与中央指示精神有矛盾？"陈××说："建立人民公社需要三个条件：（1）共产主义觉悟高；（2）半机械化；（3）经济基础好。我县没有一个拖拉机，办公社够条件吗？"

对人民公社抵触不满

李××说："对实现公社化，取消私有财产，是不大妥当的。我家新盖的几座瓦房也叫搬出来喂猪了，果园也归了公社。不定早晚回家，连个住处也没有了。这样我很不满意。"王××说："过去省吃俭用帮助家庭治买了一所房子，这一搞可真完了。"

赵××说："入公社我拥护，就是家里有几棵树不能入，老父亲年纪大了，那些树是留给他准备材料的（意思是做棺材用）。"代××说："我原来计划在两三年内把家庭房子修理好，并且已买了4 000多斤草修理了3间啦，计划今年再盖一所，砖也已买好啦，并打算每年喂三头猪，卖两头，春节杀一头。打算的很美，一听说建立人民公社，思想就斗争，想着才修好的房子，花了100多元是否还能住呢？新房子也盖不成了，买的砖瓦社里又叫投资了，好房子看起来住的时候也不会长了，一切都算完了。"陈××（乡党委书记）说："入社我很拥护，就怕办大食堂搞不好，父母亲老了受罪，不如小伙方便。"王××给爱人写信说："粮食不要入社，磨成面叫小孩吃了。"单××说："入公社办公共食堂，我最反对啦，在家时我那个工作点就没搞，特别是回家看到公共食堂搞得不好，就发牢骚，不吃食堂里的饭，回家做好饭吃。"有的同志说："小家庭安置好，一入公社生活就不方便了。"有的说；"入了社在一块吃饭，想吃啥也不能。"史××说："我的生活高，每月吃20多元，顿顿得吃一两个菜，入了社是否还有那样方便？不能吃啥买啥啥时吃啥时做，太不自由了。"更严重的是郭××（七里营人民公社党委副书记），他公然提出："人民公社好，就是吃不饱。"吃饭时用手敲着自己的牙说："萌芽！萌芽！"对人民公社抱有严重的抵触情绪。

《宣教动态》。128（463）

《人民日报》社论：办好公共食堂

1958年10月25日

中央农村工作部：全国农村人民公社发展概况（资料）

1958年11月8日

（一）根据十月间分区召开的农业协作会议的统计：全国农村人民公社共有二万六千五百七十六个，入社农户一亿二千六百九十二万户，占全国总农户的百分之九十九点一。尚未入社的单干户一百多万户。人民公社的平均规模四千七百五十五户。较大的是广东、上海和北京郊区，平均在万户以上。其次是河北、辽宁、山东、江苏、安徽、浙江、福建、河南，平均七八千户。湖南、广西五六千户。其他各省，除贵州、新疆在两千户以下外，都在两千户以上，或者三四千户。

甘、青、蒙、新四省的牧业区，人民公社化运动也有了较快的发展。已建成人民公社二百五十七个，入社牧民十六万三千多户，占牧民总户数的百分之四十四点三。预计今冬明春可以基本上实现公社化。

各地在公社化过程中，对于残存的生产资料私有制，一般采取生产资料归公（有的地方是作价记账，有的地方是无代价入社），生活资料不动。房屋一般仍归私有，但公社可以调整借用。对于原来农业社所有的公共财产，一般都转为公社所有。这些问题的处理一般都比较顺利。在运动初期，各地也曾经程度不同的出现过杀鸡、宰猪等某些波动现象，但是时间只有几天，一经深入宣传，讲明政策，这种现象就停止了。公社化运动进一步促进了农业生产高潮的新高涨，同时使大批劳力有可能转移到钢铁战线上去，保证了钢铁元帅迅速升帐。

（二）农村生活集体化，家务劳动社会

化，亦工，亦农，亦兵，劳武结合，教育和劳动结合的新的劳动制度，在农业生产大跃进的过程中，即有了发展，农村公社化更促进了这个发展。据不完全的统计，全国农村已举办公共食堂二百六十五万多个，参加食堂吃饭的人数一般占农村人口的百分之七十、八十至九十。儿童、妇女、老年人的福利事业也广泛发展起来。农村已建立托儿所和幼儿园四百七十五万多个。幸福院十万多个。妇产院、缝纫组、鞋子加工厂等等，也有了一定的发展。这标志着农村人民生活方式的重大变革，进一步解放了农村劳动力，彻底地解放了妇女。据华东、华北和东北各省、区不完全的统计，解放妇女劳力达六千多万个，使他们从家务劳动中解放出来。在各项集体福利事业办得较好的地方，更明显地表现出对于巩固和提高人民公社的巨大作用。但是目前这些集体福利事业办得较好的尚属少数，多数办得不够好、不很巩固，有些尚带有临时性质，有待进一步加强领导，认真总结经验，积极地加以改进和提高。

（三）农村人民武装已经较普遍地组织起来。据河北、辽宁、甘肃、江苏、广西、贵州等二十个省、市、区不完全统计，已组成民兵师一千零五十二个，民兵团二万四千五百二十五个。组织起来的普通民兵六千九百零七点七二万人。基干民兵四千九百零五点七一万人。这些民兵武装组织和生产组织密切结合，亦农，亦工，亦兵。一般以公社为单位组成团（社），下设营（大队）、连（生产队），一方面是生产组织，一方面又是民兵组织。其中，青壮年又组成为基干民兵，同时，又是生产上的突击力量。这种劳武结合的组织，对于加强人民群众的组织性、纪律性，保证农业战线、钢铁战线上和其他各项生产任务的完成，起着巨大的作用。但是一般都认为，组织军事化，行动战斗化，必须与管理民主化相结合。在加强组织性、纪律性的同时，必须强调发扬民主，充分地走群众路线，防止可能产生的“形式化、简单化和命令化”。

（四）据各省、市、自治区的初步预计，一九五八年农村人民公社的总收入可能达到一千一百五十亿元，比一九五七年的农村总收入增加约一倍，除副业（特别是家庭副业）有些减少以外，其他收入都有显著的增加。在总收入中可分配部分约一千亿元，计公共积累（包括公积金、公益金、储备粮和税收或上缴任务）可能达到三百多亿元，占百分之三十强，比去年增加四五倍；生产费用占百分之二十五，二百五十亿元；分给社员部分可能达到四百至四百五十亿元，占百分之四十到四十五，平均每人约八十元左右，比一九五七年增加百分之二十，一般都超过了当地富裕中农的收入水平。以省为单位计算，平均每人收入，多的可达百元以上（新疆、福建、浙江），少的六十元左右（内蒙、河南、宁夏），一般是八十元左右。

当前值得注意的问题是：除了一部分经济作物较多的地区以外，现金收入较少，积累下来的主要是实物，在一些薯类较多的地区，更加明显，而国家的收购也有一定的限度，在三百多亿元的公共积累中，税收或者上缴任务约七十亿元，公社存的余粮，主要薯类，约占两百亿元，因而出现了一些公社现金开支有困难。这是一个新问题，需要积极研究解决。

（五）农村实现公社化之后，分配制度起了一个新的重大的变革。比较普遍地推行了或者准备推行“吃饭不要钱”的供给制和按劳取酬的工资制相结合的分配制度。实行“吃饭不要钱”的，供给部分和工资部分所占的比例，大体是一半一半，或者供给部分稍大于工资部分。也有少数公社除了“吃饭不要钱”之外，还实行了所谓“几包”的基本供给制。还有更少数的公社，仍然采取原来农业社按劳动日计酬制，或者实行全面工资制。

工资报酬一般是根据劳动态度、技术高低和劳力强弱，来评定等级。等级之间保持一定的差额，最高工资与最低工资有的为一比二或三，有的为一比四。

（六）对于一九五八年的分配工作，多数省区认为由公社统一分配好处多，便于统一调配劳动力，大搞基本建设和秋收冬种；便于扩大公共积累和举办各项集体福利事业；便于发扬集体主义，克服本位主义，减少按原来小社分配所引起的一些麻烦。但是，也有不少省已经宣布以公社为单位统一扣留，以原来小社为单位分配。对于因改变分配制度和实行统一分配之后的少数减收社和减收户（一般占百分之五至百分之十，个别多的在百分之二十），各地正在研究办法，在分配中加以照顾。

（七）人民公社是一件新的工作，公社化的发展又异常迅速，从干部到群众，思想上的准备都不够充分；公社化之后，又忙于大办钢铁，对于公社还没有来得及系统地加以整顿，转公社所引起的各种经济问题和其他具体问题一般没有来得及处理，真正处理了的只有少数公社。各地都准备在今年从思想上、组织上、生产上和集体生活上，来加以整顿，巩固提高人民公社，保证一九五九年农业生产更大的跃进。

Z346－5

河北省委关于农村人民公社问题向中央的报告

1958 年 11 月 28 日

我省农村在今年 9 月上旬实现了人民公社化。共建成公社 953 个，入社农户占总农户的 99.95%。当时正值大秋农忙季节，只是搭起了社的架子，未解决具体问题。到 9 月下半月，在农业丰收已成定局的情况下，我们一方面抓紧大搞钢铁、秋收、深翻地、种麦，一方面从改革公社的分配制度、组织群众的集体生活和加强群众的共产主义教育三方面进行巩固公社的工作。现就这些方面的问题报告如下：

一、关于农村人民公社的分配制度

根据当前工农业生产大发展的需要和今年农业大丰收的条件，我们确定在全省农村公社中普遍实行半供给半工资的分配制度。在 9 月间，先在 143 个社做了试点，证明这个新的分配制度比以前的按劳动日计工付酬的分配制度有更大的优越性，80%～90% 的社员拥护，更能激发群众生产积极性。现在全省各公社正在推行，至晚到今年 12 月可以全部实行。

由于半供给半工资制是个新的分配制度，在实行中是有不同思想斗争的。在试点中，各地曾提出四种分配办法让群众鸣放辩论：一是原来的按劳动日计工付酬办法；二是基本生活需要全部供给；三是完全工资制；四是半供给半工资制（就是伙食供给加工资）。鸣放的结果，多数群众认为第一种办法在生产大协作的新形势下实际已经行不通了；第二种办法现在条件还不够，热情拥护实行半供给半工资制；只有少数人愿意实行全工资制。赞成实行半供给半工资的，多是贫农、下中农和人口多劳力少或劳力中常的户。他们说："只要能吃饱肚子，不再为缺粮发愁，指到哪里干到哪里。"主张实行全工资制的，多是一些劳力多、人口少的户，特别是一部分富裕中农，反对实行吃饭不要钱。他们感到背黑锅，不合算，有的则散布："现在是军不军，民不民，穷不穷，富不富，这叫什么世道？"这种在分配制度上的两种主张，实质是反映了共产主义和个人主义两种思想在进行斗争。例如，在平泉县下店村群众讨论的时候，中农王××（11 口人，6 个劳动力）说："吃饭不要钱，这纯粹是让我背黑锅，让他们吃现成饭。"当时社员王×就跟他讲道理说："驴粪蛋还有发烧的时候，日头不能总在你一家门口红，强的会变弱，弱的会变强，你养人家小，人家养你老，这正是合情合理，你劳力多，保险不闹天灾人祸吗？"这样就把他说服了。各地经过辩论，使群众受到一次实际的共产主义思想教育，政治觉悟进一步提高。有的说："这样一闹，资本主义就连根烂掉了。"

现在全省人民公社的分配制度，实际只有两种形式：

1. 全部供给制。只有徐水一县试行。实行的范围包括全县的农民、工人和干部。供给的范围包括：吃饭、穿衣、鞋袜、毛巾、肥皂、治病、津贴、看戏、看电影、洗澡、理发、结婚和生育补助、埋葬费等。全县每人全年平均生活消费75元，其中，干部平均203元，工人平均167元，农民平均72元。实行全部供给制后，大多数社员生活水平提高，少数的下降。据该县商庄村55户的调查：增加收入的占33%强，和过去大体相等的占47%，减少收入的占20%。徐水县实行全部供给制，已经暴露出了许多问题。（1）目前农业生产还不丰富，公社家底还很薄，如果对社员生活消费包的过多，势必要影响公共积累，甚至造成亏欠。徐水公社对社员包治病以后，不少社员纷纷要求到保定去治病，医药费开支激增。（2）工业品的增长赶不上消费的需要。如全县72万人口，去年实销毛巾30多万条，今年按供给标准每人每年两条，共需144万条，比去年增加3倍多。显然这和工农业生产的发展速度是不相适应的。所以我们感到：目前在工、农业产品还不富足的情况下，不宜全面推行全部供给制。

2. 半供给半工资制。除徐水县外，全省农村公社都实行这种分配制度。由于各地生产的发展不平衡，又出现了三种情况：一是高产地区的公社供给范围较大一些。如遵化县建明人民公社，采取了供给吃饭、穿衣、治病、理发、洗澡、娱乐等“六包”的办法，供给部分占消费总额的69.28%，工资部分占30.42%，每人平均全年消费指标91.41元。二是一般地区的公社只实行吃饭不要钱（包括普通菜），伙食供给部分一般的占社员消费总额60%左右，工资部分占40%左右。三是个别连年遭灾和低产地区（如天津专区有这样的村庄约10%左右），在供给伙食以后，就没有工资可发，甚至连伙食也包不起来。我们也坚持实行供给伙食的办法。因为无论怎样总是要叫群众吃饱饭的，必须吃饱肚子才能争取明年生产更大跃进，从全省情况看，我们已有条件解决这个问题。解决的办法有四：（1）从其他公社的共产主义建设基金中抽出一部分给以补助；（2）开展副业生产，发展多种经济，从生产中解决一部分；（3）国家发给一部分救济粮、款；（4）发扬互助友爱，由余粮社借给一部分吃粮。这样，即使少发些工资社员也满意。

原来有些县的公社计划实行工资制，现在都改实行半供给半工资制了。

在实行新的分配制度中，要注意到消费与积累的问题。根据今年的收成情况，我们本着既要能保障扩大再生产，又要能适当提高社员生活水平的原则，就全省农村群众收入核算，公社扣留约占总收入的60%左右，社员消费约占40%左右，每人平均消费水平在75元左右，如加上个人家庭收入，则还略多一些。由于各个地区生产发展不平衡，这个消费和积累的比例也有所不同。（1）粮食高产区和产棉区，社员消费和公社扣留的比例大体三七开，每人平均收入为80元左右。如魏县（产棉区）就是这样，每人都达到了当地富裕中农的生活收入水平。在消费总额中，口粮按每人商品粮400斤，折款40元，柴菜金全年15元，伙食部分共需55元，占社员消费总额的68.8%，工资收入部分每人平均25元，占31.2%。（2）山区今年虽然比去年成倍的增产，但是由于原来生产基数低，所以社员消费部分占的比重还是较大，社员生活水平仍然不高。一般的公社积累和消费各占一半左右，社员生活水平仍在50元左右。如贫瘠山区平泉县南五十家子公社，扣留部分占总收入42.8%，社员消费部分占57.8%，每人平均收入为44.85元。每人吃粮按500斤计，每斤6分，折款30元，柴菜不打钱，油盐每人全年按1.5元计算，伙食部分共需31.5元，占消费总额70%；工资收入部分每人全年平均13.35元，占消费部分的30%。（3）由于郊区和水稻区社员生活水平较高，一般的公社每人平均一百二三十元。如天津市小站人民公社，扣留部分占83%，只用17%作为社员消费，每人一年还平均111元。其中，伙食供给部分折72元，占64.9%；工资收入部分全社每人平均39元，占35.1%。

从上述情况看，各地在秋收分配中都贯彻了多扣少分的精神，以便扩大公共积累，提前实现农业机械化、电气化，加强社会主义建设；同时社员的生活比过去有显著的改善。

二、关于群众的集体生活问题

随着全省人民公社化的实现，促进了群众集体生活的迅速发展，到10月下旬统计，全省已建成食堂235 000多个，参加食堂的人数达3 482万多人，占农村总人口的95.5%；建立起托儿所213 217个，幼儿园101 633个，入托儿童440多万，占全部儿童的59.56%；建立起幸福院13 599个，入院老人近13万。这样，就使农民由几千年来的个体生活走向了集体化的道路，这是一个历史性的社会大变革。因而如何把这些集体食堂、托儿所、幼儿园、幸福院切实办好，已成为群众生活中的一件重大事情。对于巩固人民公社有重大意义。

公共食堂，已经为广大群众所拥护，特别是妇女和单身汉更加热爱食堂。有的妇女说："要社会主义就得要食堂。"有的单身汉说："过去一天两顿饭，一顿热来一顿凉，如今社里有食堂，光棍就像有了娘，三顿热饭吃得饱，干起活来更劲壮。"但是，由于初办食堂，经验不足，也存有不少问题亟待解决：(1) 有的食堂规模过大，由四五百人到千人以上。由于厨房的设备和做饭技术都不相适应，以致饭菜做得不好和发生吃饭排队拥挤现象，有的社员居住分散，来往打饭吃饭，反倒耽误工夫。根据有些办得好的食堂的经验，目前食堂的规模以100人左右为宜，大体相当一个连的样子。多着不要超过200人。食堂过大的，应适当划小。(2) 要让社员吃得饱、吃得热、吃得好、睡得暖，这是社员们最关心的事情，也是巩固食堂的一个重要问题。解决吃热饭的办法：宁津县不少公社已做好草蒲囤、小棉褥等保温设备，并适当增加些热汤、稀饭；万全县孔家庄公社盘了连锅炕，让老人、小孩坐在热炕上吃饭；还有的公社把厨房和饭厅搞成通火墙取暖。解决社员睡热炕的办法：张北县采取留出一定时间，让社员自己打柴烧；平山县营盘村是组织了20多名劳力上山打柴，统一分给社员；平泉县采取把5%的硬秸柴草分给社员，烧炕取暖。我们考虑：在北部居住分散的严寒地区，实在不能解决时，也可以按班、排建立小食堂。(3) 实行伙食供给制以后较普遍的发生浪费现象。有的社员说："不容易熬的吃饭不掏钱，可解开裤腰带吃吧。"很多社吃粮都不过秤，结果一月一人吃粮五六十斤。有的社糟蹋粮食和山药的现象也很严重。我们已注意到这个问题，今年我省农业虽然丰收，但在粮食总产量中有一半以上是红薯，如不注意节约，或是红薯发生霉烂，就会给明年的吃粮造成亏空。因此，社内用粮仍须有个定额，社对食堂可实行包干供应的办法，大体每人一年用粮可增到400～450斤，认真贯彻吃饱吃好节约的精神。

关于办好托儿所和幼儿园问题，我们考虑：在目前农村设备条件不好的情况下，规模不宜过大，可根据着村庄的大小、居住的分散集中情况设立，使小孩来往不宜太远，开始可多办日托，少办全托，夜晚使孩子仍回家住宿。单办幼儿食堂是可以的，如果父母愿意和孩子在一起吃饭也是可以的，不要强求形式一致。对有婴儿的妇女，在生产劳动中要加以照顾，使她们的劳动场所不宜过远，以便于哺乳婴儿。有计划地普遍培训保育人员，提高保育人员的服务思想和管理水平，严格制止责骂和体罚孩子的现象。并强调搞好托儿所幼儿园的卫生治疗工作，预防病疾传染，保障幼儿健康。

关于办好幸福院的问题。从已建立的幸福院的范围来看有三种形式：一种是以县为单位建立烈属养老院。如南宫县养老院就是这样，已收容了无依靠的、残老病弱的烈军属和重残荣军39名。第二种是以公社为单位或几个村成立一个幸福院，把应入院的老人集中在一起生活。第三种是以自然村为单位建立的幸福院，入院的老人仍在本村、本家居住，或适当集中一些居住。概括入院的老人的要求有二：一是愿意自由参加点轻微劳动，以保持身子结实活便；二是愿意常见到乡里本家的孩子和年轻人。据此，我们考虑幸福院的设置范围不宜过大，第一种可以重点设立；第二种目前不宜举办；应以第三种为主，基本上以自然村为单位设立。入幸福院的对象，目前应限止在孤老五保户、烈属和残废军人的范围，即便对这些人也要听其自愿，如愿单独生活的应允许。至于有子女供养的老人，目前主要还是和子女生活在一起。如果幸福院的条件好，有子女的老人，本人够条件又自愿入院当然可以。总之，对入院的老人，不仅对他们的衣食住等物质生活照顾好，并且使他们精神愉快，可以自愿地参加一些轻微劳动，不让有任何的强制。

关于合理地安排社员的劳动和休息问题，现在全省人民公社都已开始实行双12制（劳动和文化学习12小时，睡眠8小时，吃饭、走路4小时）。实行这个制度，证明比昼夜突击不休息能够提高劳动效率。如平泉县超美人民公社，组织800多人深翻地，深翻1.5尺，开始每天每人翻5分，鏖战几天以后，即降到4分或3分；改实行双12制后，每人提高到翻6分。但是对执行双12制，有些基层干部还有抵触情绪。他们认为任务大，劳动12个小时完不成。这些思想问题需要进一步解决。同时各级领导上在提出工作任务要求时，必须要周密计划核算，统一合理安排，注意到给群众以休息时间，这样，才能真正实现双12制。

为管理好群众的集体生活，我们强调加强党的领导，从省到乡到社到队，要划分一条群众生活战线，各级都要有党的书记出马挂帅，专责领导这项工作，各级并设立群众生活办公室，作为专职的工作机构。各级党组织要定期研究一次群众生活问题，发现问题，及时解决，并把各个食堂、托儿所、幼儿园、幸福院分类排队，像过去整社一样进行整顿巩固工作，限期消灭第三类，使三类赶上二类，二类赶上一类，一类更加搞好。在这方面也要开展竞赛，拔掉白旗，插起红旗，组织现场参观，交流经验。在各个单位中，都要派入党员和积极分子做骨干。所有的乡社干部，一律到群众食堂中去吃饭，不再单独起伙，使乡、社干部都能亲身体验群众生活，以便把群众生活管理好。我们感到这是巩固人民公社和密切党群关系的一项重大问题。

三、关于加强群众的共产主义思想教育，从政治上、思想上巩固人民公社问题

随着全省人民公社化的实现，我们在10月间即作了具体布置，现在共产主义教育运动正向深入普遍发展，同时，我们已确定结合着对群众的思想教育，从搞好生产入手，大力整顿与巩固公社的工作。情况嗣后另报。

Z346-4

中共中央批准谭震林、廖鲁言关于农业生产和农村人民公社的主要情况问题和意见的报告

1958年12月7日

第585~593页。D220-5455（11）

关于人民公社若干问题的决议 中国共产党第八届中央委员会第六次全体会议通过

1958年12月10日

第598~623页。D220-5455（11）

中共中央、国务院关于适应人民公社化的形势，改进农村财政贸易管理体制的决定

1958年12月20日

第665~674页。D220-5455（11）

中共北京市委农村工作部、宣传部：北京农村对《关于人民公社若干问题的决议》的反映

1958年12月23日

（一）广大社员和干部认为决议的发表是一件大喜事。丰台区红旗公社有些生产队在听广播、读报时，秩序极为安静，听完后普遍兴高采烈，喜笑颜开。普遍反映“方向明确了，

办法清楚了”，“决议是公社的指路明灯”，“决议把社员心里的话都说出来了”，“党体贴人民实在周到，连妇女的例假都想到了”。很多社员表示要再加一把劲搞好生产，报答党和毛主席。

（二）反映最强烈的是以下几个问题：

1. 分配问题：认为决议中提出的分配办法，“适合群众口味，能刺激积极性”，“实行按需分配得一步步地来，不能没学走就先跑”。对一般要使90%的户增加收入、其余不减少收入的规定很满意，说“这回能解决问题，不用再担心了”。有部分干部对这条信心不大，觉得如果实行吃饭不要钱，就很难达到这个要求。

2. 财产问题：认为小型生产工具还是归社员个人好，这样社员使用方便，容易保管。过去归社，很多农具都使坏了也没人心疼。社员对房屋归私有极为拥护。有的社员已找干部要回被占用的房子；有的社员房子原已谈妥让出来办医院，现在坚决不让了。

干部对房屋归私有顾虑较大。最近建立食堂、托儿所占房很多，有些社对社员房屋进行了调整，现在很怕社员要房，问题不好解决。鸡、鸭、兔等小牲畜允许个人饲养，干部和社员都说好，既有利国家，又有利个人。朝阳区和平社副站长赵××说：“如果早规定这一条，杀猪、宰羊、卖小鸡的就少了。”对投资等归还个人，反映是“放心了”，“共产党说到哪儿就做到哪儿”。

3. 劳动时间问题：对一般情况下8小时劳动，2小时学习，普遍拥护，觉得“党不仅关心人的身体，而且关心人的进步”，很多社员表示一定要好好学习。对将来实行6小时劳动兴趣特别大。有的说：“过去老提苦战，什么时候是个头呢？现在知道了现在苦战就是为将来劳动时间短、轻松愉快，我想通了。”

（三）有少数干部产生畏难情绪，觉得“变化太突然”，“过去讲十八包，社员的房子、树木、牲畜等都归公有，现在都变了”。昌平区小汤山公社一个大队长说：“可别向社员宣布房屋私有！”一个副社长说：“过去说投资不还，社员交社的东西也没有记账，这样一来非乱不可！”

个别干部埋怨情绪很大。朝阳区十八里店生产队长看完决议后说：“怎么办，过去的错误是谁造成的？都是上级布置下来的！现在又往回改，我们怎么工作？”

《宣教动态》。167

中共中央批转北京市郊区人民公社社员有十五个不满的反映

1958年12月28日

各省、市、自治区党委：

北京市郊区人民公社社员有十五个不满，这是带有普遍性的现象，特转发各地，望在整社工作中加以注意。

其中社员第一个不满，认为大协作打乱了原来的生产计划。这一点是有道理的。今年各种作物的收获工作都做得不够完善，特别是棉花和花生损失不少，希望各地认真抓一下棉花和花生的收获和收购工作，保证收购任务的完成。

其中社员第五个不满，认为公共食堂粮食定量不加限制是不好的。这一点确实是一件大事，粮食浪费不少，而且把许多副食品都自己吃掉了，影响市场和出口供应和现金收入，有些食堂还派人到外面去出高价收购副食品，这种做法应当立即制止，并应适当规定公共食堂的伙食标准，不要弄得吃得很好，但工资发不出、或者发得很少。

其他各项不满基本上都是正确的，是必须注意纠正的缺点。

附：北京郊区社员有十五不满

北京市顺义区第一书记崔旭东同志最近到人民公社当了一个星期的普通社员，发现社员有十五个不满：

一、对大协作不满，什么工作都要大协作。协作抽走劳动力，打乱了他们的生产计划。

二、对有些干部不参加劳动生产不满。

三、对公社向社员要东西（如砖、瓦、木料等）太多不满。

四、对常常苦战几昼夜不满。

五、对食堂粮食定量不加限制不满（实行吃饭不要钱以后，有的人以前每月吃二十七斤，现在吃八十斤）。

六、对干部作风生硬、不民主不满。

七、对少数干部贪污腐化不满。

八、对劳动力流入城市，影响农业生产不满。

九、对丰产田指标过高不满。

十、对今年水利建设任务太重，影响农业增产的其他措施不能实现不满。

十一、对不搞副业生产不满。

十二、对城里有些单位到农村用高价购买物品不满。

十三、对今年谷子种得少，牲口草不够用不满。

十四、对猪集中饲养，死亡率高不满。

十五、对没有时间积肥不满。

Z915 – 2

中共上海市委关于执行关于农村人民公社若干具体问题的处理办法的通知

1959 年 1 月 21 日

为了正确地贯彻执行八届六中全会《关于人民公社若干问题的决议》，市委根据上海农村人民公社中所存在的若干具体问题，制订了一个处理办法，望各级党委密切结合整社工作，认真加以执行。在执行中如果遇到新的问题，由各县委研究提出意见，报送市委统一解决。

附：中共上海市委关于农村人民公社若干具体问题的处理办法

1959 年 1 月 20 日

一、房屋问题

农村人民公社建立后，因为生产或生活需要，借用社员房屋、建筑材料等问题，应该按以下原则处理：

（一）公社必须执行社员房屋永远归社员所有的政策。公社已经借用的社员房屋，公社应妥善保护；如需要修理的，由公社负责。

（二）社员因公社借用房屋而迁居的，公社应妥善安排。迁居后居住条件和原居住条件相差很大而社员有意见的，公社应设法调整；公社如调整有困难的，说明情况，应耐心进行说服教育。社员迁居后的房屋需要修理的，公社应负责修理。

（三）公社过去因生产或生活需要而迁并的村庄，迁并后社员居住条件和原居住条件相差很大，公社也应按第二条办法处理。

（四）社员有需要而又愿意自建房屋的，公社应积极鼓励他们兴建，并应纳入公社规划，给以必要的宅基土地。

（五）国家因城市建设、兴修水利、建筑道路等需要而拆迁社员的房屋，应给予社员补偿费用，归社员所有，但应该教育社员将此款存入银行，用于建筑房屋，决不能作为公社收入。社员因拆迁房屋尚未安置的，公社应设法安置。今后因国家需要拆迁社员房屋时，应采取原拆原迁的办法，征地单位和公社均不得动用拆下的建筑材料。

（六）公社使用社员的木料、砖瓦、地板等材料，公社应合理折价，分期归还。

（七）随着生产的发展和公社收入的增加，公社应当根据需要，适当兴建一些经济实用的房屋，举办公共事业。

（八）公社今后应尽量少用或不用社员房屋。如确因需要而借用社员房屋时，必须商得原主同意，并须经县委批准，方得使用。

二、锅的问题

在全民炼钢铁运动中，为了支援钢铁元帅升帐，各人民公社曾动员社员拿出了一些锅子。为了今后社员生活上的方便，各人民公社应保证社员每户至少有一口锅。如果社员没有锅子，公社应发给他们一口锅。公社今后绝对不准动用社员的锅。

三、饲养家畜家禽问题

（一）猪、鸡、鸭等生产应实行“集体饲养为主、社员个人饲养为辅”的原则。公社对社员饲养家畜家禽，应当在饲料和劳动时间等方面，加以统一安排，并帮助解决在饲养方面所遇到的困难。对于社员饲养家畜家禽的粪便，公社应采取合理价格收买。

（二）社员饲养家畜家禽所需的饲料，由公社供应，饲料价格应按照国家牌价。社员饲养的家畜家禽，不得自由买卖，由国家按照规定价格统一收购，收入归社员所有。

（三）公社对已经集中起来饲养的社员的家畜家禽，应当饲养好，不再退还社员饲养；如果过去折价少了的公社应该合理折价还足，如公社确有困难，不能马上一齐还清，可分期归还。

（四）虽已折价入社，但仍由社员饲养的家畜家禽，可以取消折价，归社员个人饲养。

（五）宅前宅后的小河小浜内的鱼，归公共食堂饲养。其中如有社员饲养的，公共食堂应合理作价归还。

四、实物投资问题

社员为兴办公社工业而拿出的金、银、铜、铁、锡等实物，由废品公司统一收购后，记在社员个人名下，归社员个人所有。如果已经记在集体名下的，应查清账目，分别记在社员个人名下。

五、家具问题

（一）公社因办集体福利事业等需要而借用社员的桌子、凳子等家具，应很好保护，不应损坏。

（二）随着生产的发展和人民生活水平的提高，公社应添置一些家具，不要再向社员借用。

六、棉花、布、被单等问题

公社借用社员的棉花、棉纱、棉被、布、被单、粮食等东西，如能够归还实物的，应该归还实物；不能归还实物的，应该合理折价，一次归还；如确有困难，可以分期归还。

七、脚踏车、收音机、缝纫机等问题

（一）脚踏车，收音机是生活资料，归社员个人所有。脚踏车已经折价归社的，不再退还社员；尚未折价归社的，公社不要折价入社。公社借用社员的脚踏车，应给予合理的补偿费或修理费。

（二）社员家庭自用的缝纫机属生活资料，归社员个人所有；公社已经借用的，应归还社员。公社社员对外经营缝纫业务的缝纫机属生产资料，应合理折价归社。

八、零星的树木、竹园问题

宅前宅后零星的树木和竹园仍归社员所有；其他的树木和竹园，应合理折价归公社所有。宅前宅后河边路边的零星土地，由生产队统一规划、分配给社员使用，种植瓜果蔬菜等供给社员自食和喂养家禽家畜之用，但不得出卖。

九、单干户入社问题

（一）单干户参加公社时应缴纳股份基金，如确有困难，可以缓交或分期交。

（二）单干户的奶牛是生产资料，入社后应合理折价归社，分期付款归还。

十、平整土地中的坟墓拆迁问题

为了发展生产，必须逐步拆迁坟墓，平整土地。但由于拆迁坟墓涉及社会影响较大，因此，必须根据以下几点办法进行：

（一）拆迁坟墓应充分向群众进行思想工作，特别是对坟主的思想工作。这个工作不能限期限刻，或企图在一个冬天就解决好。任何简单草率都是不对的。

（二）拆迁有主的坟墓，一定要事先征得墓主同意，不得勉强。如墓主不同意，应该耐心等待。

（三）今后拆迁坟墓时的棺木、砖石及其棺内的财宝，人民公社应坚决不动分毫。对于无主古墓中掘挖出来的古董和财宝，应该交给国家。

（四）棺墓起地后，应采取边迁边葬的办法，立即迁到新墓葬好。无主坟墓可以就地深埋。棺木及棺骨不得搁置路旁。已经起地的棺墓，应该在春节前葬好。

（五）新建的公墓应经过选择，吸收老年人的意见，并有计划植树，进行绿化。新公墓埋葬不能太密。一个地区坟墓迁完后，可在新公墓进行公祭。

Z112－3

中共中央关于在人民公社推行合同制和建立准确的统计工作的指示

1959年1月22日

在整社工作中，应当把推行合同制和建立

准确的统计这两项工作列入议程内，一般是放在整社后期进行。合同制是一个新的工作，需要事前进行很好的宣传教育，首先使干部认识这个工作的重要性，认识这是促进发展商品性生产增加公社现金收入的重要条件，也是使集体所有制向全民所有制过渡的必须条件，是体现社会主义计划经济所必需的。

请各地考虑是否可以规定，每个人民公社每二十人应卖给国家一头猪，毛重一百五十斤，净肉一百斤。如果可以，应通过什么方法保证，如何分期分批交货，交通不便路远山区是否一样，均请加以考虑，希望在最近能把你们意见报告中央，力求改变目前供应城市和保证出口的被动局面。

Z772－1

《人民日报》社论：人民日报要建立和健全生产责任制

1959 年 2 月 17 日

中共山西省委关于整顿和巩固人民公社的决议[①]［节录］

1959 年 1 月中共山西省委第十一次全体会议通过，2 月 27 日修改印发

根据党的八届六中全会关于人民公社若干问题的决议，我省从一九五八年十二月中旬开始进行整顿和巩固人民公社的工作。现在，一个大规模的整社运动已经展开了。我们的任务，不但要在一九五九年四月底以前使全省所有的人民公社经过这次整社运动，走上健全发展的轨道，而且要经过这次整社运动，在全省范围内促进农业、工业和其他一切社会主义建设事业的新的高涨，为一九五九年更大更好更全面地跃进创造有利的条件，做出良好的开端。为了达到以上两个方面的目的，要求我们善于把党的八届六中全会的决议同我省的具体实践结合起来，具体地正确地处理人民公社化所带来的生产、分配、生活、经营管理、组织制度等一系列的新问题。为此，特作如下的决议：

一

［中略］

二

整社工作必须从生产入手而又落足于生产。在整社过程中，必须选择适当时机，集中地进行一次生产建设大辩论。通过辩论，分析和估计一九五九年的生产形势，全面地确定一九五九年农业和工业可能达到的跃进指标，找出如何进行农林牧副渔全线大革命和如何实现公社工业化的途径，以便正确地贯彻执行“工农业同时并举，自给性生产和商品性生产同时并举”的方针，并且正确地安排今年的生产和制订较为长期的生产规划。

全省所有人民公社必须经过这次整社，动员广大社员为成倍地增长粮食、棉花、油料、麻皮的产量而斗争，为成倍地增长公社工业的产值而斗争。为此，在农业方面，必须继续执行基本农田制度，逐步地缩减耕地面积，逐步地改变浅耕粗作、广种薄收为精耕细作、少种多收，逐步地实行耕作园田化。必须进一步地广泛地开展工具改革和技术革命的群众运动。一九五九年，确定全省的基本农田为四千二百万亩，继续种植农作物的非基本农田为六百万亩，休闲地和种植牧草、树木的退耕地，为一千余万亩。对于四千二百万亩基本农田，必须更好更全面地按照农业增产的“八字”宪法，因地制宜、因时制宜地采取切实的措施。在四千二百万亩基本农田中，要选择条件较好的一千六百万亩耕地实现初步园田化。初步园田化的农田，要求做到粮食作物的亩产量达到一千五百斤至两千斤，棉花的亩产量达到三百斤至四百斤（皮棉），油料的亩产量达到八百斤至

① 毛泽东于 1959 年 2 月 28 日在郑州批示如下：即刻印发各同志。

这是一个好文件，值得一读，借作参考。这里印的，斩头去尾，第一节、第六节、第七节略去了，中间二、三、四、五段，是精华。着重地读第三、第四、第五节，是讲得很好的。

一千斤，麻皮的亩产量达到五百斤至八百斤。对于种植农作物的非基本农田的单位亩产量，应当力求超过或者不低于常年的产量。基本农田和非基本农田的各种农作物的种植比例，要适当地加以调整。就是说，要适当地减少一些薯类和玉米的种植比例，相应地增加一些谷子、小麦、水稻和棉、麻、油料以及其他经济作物的种植比例。必须破除谷子、小麦是低产作物的迷信。必须以粮食为纲实现农林牧副渔的全线大革命。要力争在苦战三年期间内，粮食生产按全省人口平均计算，每人年占有的粮食达到两千斤至三千斤。要使林牧副渔四业的生产总值，经过几年的努力，逐步地赶上或者超过农业的生产总值。一九五九年，林、牧、副、渔四业的生产总值，要求达到公社生产总值的五分之一。这就必须在这次整社中，认真地总结发展林牧副渔的经验，并且分别地找出如同农业的“八字”宪法的增产规律。

人民公社的工业生产要和农业的发展密切结合。公社工业首要的任务，要为发展农业和实现农业的机械化、电气化服务，同时也要为满足社员日常生活需要服务，要为国家的大工业和社会主义的市场需要服务。为此，每个公社都必须建立和发展农具和农业机械、建筑材料、农产品加工和综合利用、农药和土化肥、缝纫制鞋等五个方面的工业。同时各个公社还应当根据不同的资源条件，因地制宜地发展采矿、冶金、电力、制糖、造酒、造纸、陶瓷，以及其他的轻重工业。公社工业必须根据公社的投资能力、技术设备、劳动力等条件，逐步地沿着由小到大、由少到多、由土到洋、土洋结合的发展道路来兴办。在今后若干年内，要使公社工业的产值赶上或者超过农业生产的产值。在一九五九年，要使公社工业的产值达到公社总产值的五分之一。在这次整社中，对于公社工业要进行一次整顿工作。对于已经办起来并且有条件办好的工厂，要根据公社的通盘规划，适当地进行合并，改变过于分散和零碎的状况。对于具备资源条件，而又需要举办的工厂，虽然现在还没有办起来，也要创造条件积极兴办。对于那些已经办起来、但当地缺乏资源条件、不能正常生产的工厂，要改办其他有条件办好的工厂。县联社可以向各个基层公社筹集资金，举办规模较大、设备较好、需要集中经营的工矿企业，作为公社工业的骨干。在整顿公社工业的过程中，要教育干部和社员使他们懂得，当公社工业所需要的原材料和生产出来的产品同国家大工业和社会主义市场发生矛盾的时候，公社工业应当服从国家大工业和社会主义市场的需要。

无论公社的农业和工业，都必须大大发展商品性的生产，以满足社会的需要和增加公社的现金收入。要求每个人民公社在今年第一季度内，工业和副业生产的纯收入，按人口平均计算，每人达到十元以上。公社的商品性生产，必须纳入国家计划的轨道，并且要在县联社的统一规划下去进行，以免产、供、销失调。公社出售的产品，必须按照国家的规定，严格遵守统购统销政策和市场管理。必须广泛地实行合同制度。

三

如何实行工资制和供给制相结合的分配制度，是这次整社中必须解决的一个迫切问题。六中全会的决议指出：人民公社为了迅速地发展生产，在从总收入中扣除生产费用、管理费用和缴纳税款以后，应当适当地提高积累的比例。但是在生产发展的基础上，同时应当使收入中用于社员个人消费和集体消费的部分逐年有所增加，使人民的生活逐年有所改善。这就是处理分配问题必须遵循的基本原则。

根据上述原则，各个人民公社首先要合理地确定工资部分和供给部分的比例关系。这种比例关系，由于各个人民公社的生产发展水平不同，因而必然是会有差别的。生产水平较高的，工资部分所占的比例要较大些。反之，生产水平较低的，供给部分所占的比例要较大些。就我省目前大多数人民公社的生产水平来看，供给部分所占的比例不宜过大，一般工资部分和供给部分的比例以各占百分之五十左右为宜。今后随着生产的发展，应当使工资部分的增长比供给部分的增长更快些。供给范围在最近几年内，一般以限于伙食供给为宜，而不要急于扩大到其他方面去。否则就不能较快地增长工资部分。

工资部分采取什么办法来分配，这是社员最关心的问题。根据目前各地人民公社已有的初步经验，以下两种办法都是可行的。第一种办法是实行评工记分的劳动日基本报酬制。实行这个办法，首先要按照每个社员劳动能力的强弱、技术的高低、由群众评定出每人每月必须做到的基本劳动日数。然后，根据总劳动日数和预计的可靠的工资总额计算出每一个劳动日的工资额。这样，就可以计算出每人每月应得的基本工资。但是，在日常劳动中，必须按照一定的定额，实行评工记分，按月结算每人每月实际得到的劳动日数。对于超过基本劳动日数的人，按照超过部分适当地加计劳动日。对于没有达到基本劳动日数的人，按照不足部分适当地扣减劳动日。而后，按照每月每人实得的劳动日发给工资。在发工资的时候，要从工资总额中，抽出一定的比例，作为奖励基金。为了更好地鼓励群众的劳动积极性，公社对管理区和生产队实行超产奖励制。

第二种办法是实行死级活评的等级工资制。实行这个办法，首先要按照每个社员劳动能力的强弱、技术的高低、劳动态度的好坏三个条件，采取自报公议、三榜定案的办法评定出各人的工资级别。工资的等级一般以六级至八级为宜。每个人的工资级别确定之后，实行考勤制度。对于无故缺勤者，应当照数扣减工资。同时，实行考绩制度。即按照小段作业，严格登记每人劳动的实绩，并且按月进行评比。每月在工资总额中，抽出一定的比例，作为奖励工资，奖励先进的积极的社员。每人每月所得到的奖励工资，最高可以达到基本工资的百分之三十。在每月评比中，对于劳动成绩特别坏的，可以适当扣减工资。扣减的数量最多不要超过基本工资的百分之三十。为了鼓励社员的劳动积极性，应当按季或者每半年经过群众评议、领导批准调整一次工资级别。同时，公社对于管理区和生产队也要实行超产奖励制。

不论采取上述哪一种工资制，对于公社所办的工业企业中技术工人的工资，应当保持他们原来的工资制度和工资水平，不要和农业劳动者实行统一的工资制度。但是，对于这些工业企业里的亦工亦农的劳动者，可以和农业劳动者实行统一的工资制度。

不论采取上述哪一种工资制，在管理区与管理区之间，由于原来的生产发展水平不同，应当允许有不同的工资标准。允许这种差别的存在，而不过早地勉强地消灭这种差别，正是为了有计划地从发展生产中消灭这种差别。人民公社在发展生产和提取公共积累的比例这两个方面，应当给落后的管理区以适当的照顾。但是，如果一下在工资标准上拉平，就会使生产水平较高的管理区不能保证百分之九十以上的社员增加收入，就会相对地减少公社的公共积累的数量，就会使落后的管理区不注意经济核算。所以，暂时地保持这种差别，才有利于迅速增长公社的公共积累，并且可以推动落后的管理区迅速发展生产。而公社的公共积累增长得越快，落后的管理区的生产发展得越快，这种差别也就消失得越快。然而，还应当指出，即使在这种差别消失之后，各个管理区之间，以至各个生产队之间，由于经营管理得好坏和生产努力程度的不同，而造成社员实际所得工资的差别，必然会长期地存在下去。

必须指出：实行上述的新的分配制度，是一项重大的社会变革。为了做好这项工作，必须充分地走群众路线，必须采取大鸣大放大辩论的方法，使干部和社员正确地认识实行这一制度的重大意义。必须使他们弄清楚生产和分配、积累和消费以及国家、公社和社员之间的正确关系。必须批判只顾公社利益而不顾国家利益或者只顾个人利益而不顾公社利益的本位主义和个人主义思想。树立集体主义思想和顾全局、识大体的共产主义风格（毛注：这里应当加一句：又应当批判只顾国家和公社大集体、而不顾生产队小集体和社员个人（全国共有几亿人口之多），公社积累过多、社员分配过少，社办县办工业过多因而抽去人力过多、使生产队人力过少，妨碍农业任务完成等“左”倾冒险主义思想。必须承认，目前实际上还是基本的队有制，部分的社有制）。既要批判片面地强调物质鼓励而害怕共产主义因素增长的右倾思想，又要批判忽视物质鼓励的作用而急于否定按劳分配原则的平均主义思想。只有把政治挂帅和必要的物质鼓励结合起来，才能使新的分配制度收到促进生产发展的最大效果。

四

在这次整社中，必须像抓生产一样抓生活。必须使所有干部都懂得：发展生产的根本目的，就是为着不断地提高人民的物质、文化生活水平。越是大跃进，就越需要关心群众的生活；越是关心群众的生活，群众的干劲就越大。因此，在这次整社中，公社的各级负责干部必须深入社员群众，登门访问，听取社员对生活方面的意见。对于社员所提出的意见，凡属合理而又能办到的，应当迅速办理；凡属不合理或者虽属合理但暂时难于办到的，应当耐心地向社员把道理说清楚。而且在平时公社的各级党组织和各级行政组织，应当注意把生活问题列入议事日程，并且必须指定一个领导干部，分工负责掌管生活方面的工作。目前，在生活问题中，主要的是要根据大集体和小自由相结合的原则，发动群众充分地讨论如何办好公共食堂、托儿所、幼儿园和敬老院。

公共食堂的举办，应当以生产队为单位，实行一堂多灶制，每灶吃饭的人数以百人左右为宜。食堂一般应当是常年的。但是，有的人在冬季愿意结合家庭取暖自己做饭，有的病人、产妇要求回家做饭，都是应当允许的。公社对各个食堂实行定额包干制。每个食堂都应当根据农忙和农闲的不同季节，制订伙食计划，实行计划用粮，保证每一个参加食堂的人，都能够吃得又饱、又好、又省、又卫生。但是，在农闲时期应当尽可能吃得节省些，以便在农忙时期保证每个参加劳动的人都能有足够的营养。食堂应当根据各个公社的生产水平来确定每人每月的伙食标准。一般以三元至四元为宜，最高不超过五元。食堂要经营好菜园并且可以自做豆腐、粉条、酱醋，要养猪、养鸡、鸭等，以便改进食堂的伙食。食堂的饭菜要多样化，并且要建立小卖部，以适应各种人的需要。对少数民族和群众过年过节的习惯，食堂要给以照顾。食堂要有饭厅，但也允许社员打饭回家吃。食堂要有简易的保暖和防腐设备。食堂要实行民主管理。每个食堂都要建立伙食委员会，并且要按月结算和公布账目。食堂工作人员应当选择政治上可靠，热心于食堂事业的人担任。

托儿所和幼儿园要做到把小孩抚养好、教育好，保证幼儿身心健康发育。托儿所和幼儿园应当以自然村为单位来设置，规模不宜太大，在目前情况下，托儿所和幼儿园一般只宜实行日托。托儿所和幼儿园的工作人员，要选择政治上可靠热心于儿童保教事业的人担任，并且要有计划地进行训练，使他们具有一定的保教知识。对托儿所和幼儿园的儿童要经常进行健康检查，特别要注意防止传染病的发生和蔓延。当传染病流行的时候可以暂时分散回家。

敬老院应当以管理区为单位统一规划和设置。敬老院必须根据自愿的原则，吸收无依无靠的老人入院。敬老院要单独建立伙食单位，饭菜应当适合他们的需要和口味，并且要组织他们参加力所能及的轻微劳动和适合他们兴趣的社会活动。

五

在这次整社中，必须按照民主集中制的原则，建立和健全人民公社的组织机构和经营管理制度。

经过这次整社，必须把人民公社的社员代表大会（即乡人民代表大会）制度建立起来。社员代表大会是公社的最高权力机关，每季必须召开一次。公社管理委会员（即乡人民委员会），由社员代表大会选举产生。管理委员会视工作需要可以设立农业部、工业交通部、财政贸易部、文教卫生部、生活福利部、政法部、劳动部、武装部、计划委员会、科学技术委员会和办公室（较小的公社，上述机构，可以适当合并）。可以接受管理委员会的委托管理公社直接领导的工厂、矿场、林场、牧场、果园、商店、银行、粮食管理所、学校、医院等。每个人民公社下设的管理区，为了便于经营管理，范围不宜过大，一般应当以原来的高级农业生产合作社为单位来建立。经济条件大体相同和距离较近的合作社，可以由二三个单位（不宜过多）合并建立为一个管理区。管理区应当建立管理区委员会，管理区可以召开社员代表（即公社代表大会的代表）会议。管理区的社员代表会议，可以研究和决定本管理区的重大问题。但在公社管理委员会的决议和计划以外的问题，必须经过公社管理委员会批准后才能付诸实行。生产队是组织劳动的基本单位。生产队的规模，一般以一百个左右的劳动力为适宜。生产队在组织生产和基本建设，管理财务和生活福利等方面要有一定的权力，但不能影响公社和管理区计划的执行。生产队为了加强集体领导，应当以队长为核心建立队务委员会。

每个人民公社都应当建立民兵组织。民兵组织和生产组织的领导机构和领导人员，原则上应当是两套。各级民兵组织的指挥人员应当参加同级管理机构作为成员之一，受同级管理机构和上级民兵指挥机关的双重领导。

人民公社的各级机构，必须精干有力，而不能庞大臃肿。人民公社的管理人员中，由国家发给薪金和补贴的人数，全省每个公社平均不得超过二十人。每个人民公社由公社给以补贴的管理人员，他们全年所得补贴费的总额，不得超过全社工资总额的百分之一。提出以上两条限制的目的，一方面是为了使每个公社注意精简机构和人员；另一方面是为了促使公社所有管理人员积极参加劳动。他们在劳动中，应当和其他社员一样取得同样的劳动报酬。

人民公社应当以加强计划管理为中心建立和健全各方面的管理工作。公社的生产计划要服从国家统一的计划，同时又要充分发挥自己的特点和主动精神。公社在工业生产方面，凡是为国家大工业服务和为社会主义市场服务的产品，应当在国家计划控制下进行生产，凡为本社生产和社员生活需要服务的产品，则由公社按照需要制订计划，报县、市批准。在农业生产方面，几种主要的粮食作物（如小麦、谷子、玉米、大豆、稻谷等），重要的工业原料作物（如棉花、油料、烟叶、麻类）以及为市场服务的蔬菜等，都应当根据国家计划来规定种植面积和产量指标。其他杂粮和次要的工业原料作物，可以由公社自己计划，报县、市批准。公社的工农业基本建设的主要项目应当受国家计划的控制，次要项目由公社自己规划，报县、市批准。为了加强计划管理，人民公社应当有比较长期的远景规划，作为公社建设的奋斗目标。公社计划管理的中心，在于做好年度生产计划。年度计划应当包括种植计划、产量计划、投资计划、劳动力使用计划、出售农产品计划等五个方面。为了保证实现年度计划，公社对管理区（直属厂、场）、管理区对生产队（厂、场）要实行“五定一奖”制。就是根据生产计划，把各个生产单位的生产任务、劳动力、生产工具（包括畜力）、劳动对象、生产费用等定下来，超额完成者给予奖励，因经营管理不善而没有完成者，给予适当处罚。同时公社、管理区，各个生产部门和生产单位，还要按照年度计划切实地制订出季节的和分段的计划。

围绕着计划管理必须加强劳动管理工作。公社在劳动力的使用上，必须根据工农业并举，农林牧副渔全面发展的方针，对工业、农业（毛注：农业应放在第一位，要占有最大部分劳动力，在没机械化以前应当如此）、交通运输和服务事业所需要的劳动力，作统一的安排，规定适当的比例。在一九五九年，我省用于农业方面的劳动力，一般应当占到农村现有劳动力的百分之八十五左右（毛注：很对），而且要保证有一定数量的强壮劳动力。其余百分之十五左右的劳动力，用于工业和交通运输方面。县、市向公社抽调劳动力，必须根据各个公社的条件进行统一规划，避免乱抽乱调。社员参加公社以外的义务劳动的时间，要有适当的控制。每个社员全年参加义务劳动的时间以不超过十五天为限。无论在农业劳动和工业劳动中，都必须建立严格的生产责任制。在进行大型的农田基本建设和特殊紧急而又需要集中使用劳动力的时候，可以采取大协作、大兵团作战的形式。但必须制订施工计划、劳动组织计划和后勤工作计划，以使有秩序地进行工作，防止盲目地大调动和浪费劳动力的现象发生。公社的生产组织，应当把专业经营和综合经营适当地结合起来。农业、工业、林业、牧业、渔业、果树园艺等，都应当有专业队伍。但每个专业队伍在不影响专业的前提下，同时应当兼营一些别的生产。一切生产劳动必须有劳有逸，有节奏地进行。既要有紧张的劳动，又要有必要的休息、娱乐和足够的睡眠时间。一年中，男劳动力除了三十五个假日外，应有三百三十个工作日。女劳动力除了三十五个假日和月经期休息三十六天外，应有二百九十四个工作日。为了有秩序地进行生产劳动和提高劳动效率，必须加强政治挂帅，开展红旗竞赛，定期进行评比奖励，并且要十分注意教育社员自觉地遵守劳动纪律。

围绕着计划管理，还必须加强财务管理工作。首先要做好清财核资工作。清财核资应当采取由公社财务部门和群众运动相结合的方法，随清、随结、随公布。在清财结账的基础上，制定新的财务制度。公社财务管理应当实行“统一领导、两级核算、三级管理”的制度。公社为统一的综合核算单位，管理区和公社直属的企业、事业单位为内部核算单位，分别进行经济核算，盈亏由公社统一负责。管理区对所属生产队和企业单位实行“收入上缴、超额提奖、支出包干”的办法。公社分设在管理区的商业和银行组织，不由管理区核算，而由公社一级的商业和银行组织统一进行核算。在现金管理方面，公社和各个管理区、各个企业、事业单位之间，所有现金往来都应当经过银行统一收付。各个经济核算单位的现金收入应当限期上缴，但可以按照公社规定留下必要的备用金。在粮食管理方面，要设立专门机构，并且要建立一套严格的管理制度和责任制度。口粮、种子、饲料、社内储备的粮食和代为国家保管的粮食，应当分别设库，不能混淆。公社必须实行财务公开，各个经济核算单位都必须按期清财结账，一年至少要向社员公布两次账目。

在人民公社的各项经营管理工作中，必须强调管理民主化。必须实行勤俭办社的方针。每个公社的生产资料的购置和基本建设的投资，应当主要依靠本社的公共积累，而不要靠借债过活。每个公社的行政管理费，全年不得超过总收入的千分之四（毛注：这就对了，行政人员服务人员就有了限制，不致浪费了）。为此，一切生产建设事业的开支，必须精打细算，厉行节约。必须严格控制非生产性的开支，防止和反对因为丰收而发生铺张浪费现象。（毛注：这是大事，有关积累，不可等闲视之。）

六

［下略］

Z 46－2

郑州会议记录

1959 年 2 月 27 日至 3 月 5 日
中共中央政治局扩大会议

第 123～138 页。D220－5455（12）

毛泽东：党内通信

1959 年 3 月 15 日

第 148～150 页。D220－5455（12）

毛泽东：党内通信

1959 年 3 月 17 日

第 157～159 页。D220－5455（12）

中共上海市委关于工人、干部正确处理在乡家属参加人民公社后有关劳动、分配等问题的通知

1959 年 3 月 20 日

去年夏季以来，在我国农村掀起了伟大的

人民公社运动。城市广大工人群众和干部对农村人民公社的普遍建立，表示了热烈的拥护，并且纷纷以实际行动从各方面加以支持，从而在新的情况下，进一步改善了城乡关系和巩固了工农联盟。党的八届六中全会《关于人民公社若干问题的决议》中，规定公社对于工人、干部在乡家属劳动的分配，要采取同其他社员一视同仁的办法，给他们享受他们应该得到的待遇；对工人和干部从城市寄钱回去，公社也［应］教育其他社员不要去斤斤计较。在这种情况下，工人和干部就应该更积极地鼓励在乡家属参加劳动生产和人民公社的活动，正确处理同公社之间有关分配上的各项问题。为此，市委特作如下通知，望各级党的组织在工人和干部中进行宣传教育，认真贯彻下去。

（一）居住在城市的工人和干部应该鼓励在乡家属积极参加公社的劳动生产或其他各方面的工作，并且作出优秀的成绩。对有劳动力而尚未参加劳动的家属，更要向他们进行教育，使他们懂得劳动光荣的道理和建设祖国的责任，从而自觉地参加劳动生产，参加公社的各项建设工作。

（二）工人和干部，过去寄钱给在乡家属的，在人民公社建立以后，仍然应该照常寄钱回去。工人和干部的在乡家属，如果没有劳动力或丧失了劳动力的，工人和干部应该寄钱回去，负担他们的全部生活费用。如果家属参加劳动，但收入不能负担全部在乡人口生活的，也应该根据家属参加劳动的具体情况，按照合理分担的原则，寄钱回去负担一部分家属的生活费用。决不要因为人民公社实行了部分供给制，就少寄或不寄钱回去。如果工人和干部经济确实困难，无力完全负担应该负担的在乡家属的生活费用时，可以向公社提出，经过群众评议，由公社给以适当照顾。

（三）工人和干部在乡家属参加劳动生产之后，有了自己的收入和供给，再加上城市寄回去的钱，他们中间有一部分人的生活可能比其他社员富裕一些。对于这种情况，工人和干部应该教育自己的家属，要勤俭持家，不要铺张浪费。

（四）《关于人民公社若干问题的决议》中规定了人民公社不要勉强工人和干部家属向公社投资，或者捐献。有些工人和干部及他们的家属为了更好支援人民公社发展工农业生产，自愿将多余的一部分钱投入公社的信托部作为储蓄或投资，增加公社的周转资金，用于公社的建设事业，这样做是好的，对培养勤俭建国勤俭持家的思想、加强工农关系和对公社的发展都是有益的。但是必须完全贯彻自愿的原则，如果他们不愿投资的，则决不要有丝毫的勉强。

（五）工人和干部在回乡探亲时，要多多关心人民公社的生产事业和集体福利事业，积极参加公社的活动，要与农民兄弟相互鼓励，相互学习，结合城乡具体情况，进行社会主义、共产主义和工农联盟的宣传教育。工人和干部在技术、业务上有专长的，也要同农民和公社干部交流技术、业务经验，多给他们一些具体的帮助，以有利于工农联盟的进一步巩固和促进公社工农业生产和集体福利事业的发展。

Z112－4

毛泽东：介绍桐城县的经验

1959 年 3 月 23 日

第 160～161 页。D220－5455（12）

关于人民公社的十八个问题

中共中央政治局 1959 年 4 月上海会议纪要

第 162～182 页。D220－5455（12）

中共中央批转湖北、河北、广东省委关于人民公社和农村工作情况的报告

1959 年 5 月 10 日

第 295～310 页。D220－5455（12）

中共中央关于农村人民公社分配工作的指示

1959 年 5 月 15 日

第 388～392 页。D220－5455（13）

中共中央对算账和召开社代表大会等问题的指示

1959 年 5 月 25 日

第 352 ~ 353 页。D220 – 5455（12）

中共中央关于社员私养家禽、家畜和自留地等四个问题的指示

1959 年 6 月 11 日

第 382 ~ 384 页。D220 – 5455（12）

中共河南省委关于农村人民公社整社算账工作的报告

1959 年 6 月 22 日

中央并各地、市、县委：

我省整社算账工作已经在麦收前基本上胜利结束，这是人民公社发展进程中具有历史意义的一次群众运动。通过算账，落实了公社的管理体制，进一步体现了等价交换、按劳分配的政策，改进了干部作风，更加密切了党和群众的联系，在全省范围内呈现了人人心情舒畅、生动活泼的新局面，掀起了农业生产新高潮。

一

今年 3 月，省、县和公社分别召开了干部会议，坚决贯彻执行了中央郑州会议精神，集中解决了人民公社的管理体制问题。4 月初，根据主席和中央上海会议关于“旧账一般要算”的指示，各级党委第一书记都亲自动手，立即进行了算账试点。当第一批公社的算账运动开展起来以后，省委总结了重点经验，分析了当时的情况，认为算账是广大群众的迫切要求，及早算清旧账，对于调动广大群众的积极性、促进生产高潮有决定性作用。因此，决心抓紧时机，集中力量，以生产为中心，以算账为纲，全面开展算账工作。省、地两级领导同志和大批干部深入县、社，加强领导，力争在麦收以前完成算账任务。

算账工作的方法步骤，首先是重点试验，面上准备。在重点算账同时，面上宣传政策，登记账目，清查物资，发动群众提意见。其次，分批集中到县，在县委直接领导下开好公社党代表大会，在会上统一干部的思想认识，贯彻政策，算清国家、公社、生产队之间的账目，整顿干部思想作风，帮助犯有错误的干部主动下楼，使他们一身轻松，取得领导算账的资格，然后回乡召开社员代表大会或社员大会，贯彻公社党代表大会精神，深入发动群众，放手发扬民主，大鸣大放，进一步清算账目和解决干部的思想作风问题，进行选举，建立各种新的制度。在整个算账过程中，始终贯彻了算账与生产相结合，加强领导与放手发动群众相结合，算清经济账与解决干部思想作风问题相结合，边清算边兑现，边鸣边放整改，会内会外，人来人往，上来下去密切结合，特别是各地召开几千人的以至万人以上的兑现大会，对群众情绪鼓舞很大，形成了一个热热闹闹的群众性的算账运动。

整个算账运动发展是健康的，迅速的。全面算账高潮只有一个月的时间，在夏收夏种大忙到来以前，基本上结束了算账工作，使全盘工作取得了主动。

二

算清账目是这次运动的核心。主要是算国家、公社、基本核算单位、社员之间的无偿调拨账，公社、生产队 1958 年的收入与分配账。生产队以下的基层干部和群众的意见，一般首先集中在无偿调拨账上，这时，县和公社必须尽快地打通干部思想，彻底算清账目，并且立即认真兑现，取信于群众。与此同时，国家与公社之间的贸易、信贷、财政账也要算清。1958 年的收入、分配账比较复杂难算，也是群众最关心的一笔账。去年公社化以后，把社员的上半年的工分“一风吹”了，群众有意见，要求坚决清算，对此，基层干部顾虑抵触最多，他们怕麻烦，想马虎了事。原高级社部分干部在转公社时手脚不清，浑水摸鱼，回避

算这笔账，可是不算清这笔账，就难于挽救干部和消除群众的怨气，因而这是算账是否深入彻底的关键。算账始终要专门小组与群众运动相结合，要抓好查实账目、合理作价、认真兑现几个主要环节。事实证明，账目虽然错综复杂，但是只要领导决心大，真正依靠群众，算清并不困难。算清账目群众得到了很大的实际利益，补偿了由于无偿调拨所给群众造成的经济损失。据全省统计，国家欠公社款19 733万元，已退12 148万元，占61.8%，公社欠生产队29 090万元，已退11 165万元，占38.6%；生产队欠社员27 211万元，已退61 059万元，占22.6%。得款户约占总户数的80%左右。全省农村人口每人平均1.35元。现存的实物也已大部分退给生产队和社员，据19个县不完全统计，应退牲口38 007头，已退96.5%；应退农具856 245件，已退81.2%；应退家具1 538 124件，已退77.5%；应退家禽1 194 114只，已退52%；占用社员房屋882 906间，已退67.5%。算账和兑现不仅使群众得到了经济利益，更重要的是，使他们相信了党的政策，算回了群众的“心”。通过算账，澄清家底，全面地检查了1958年的分配政策，同时，也是对公社经营管理和财务管理的一次大检查大总结。另外，国家对公社扶持账也必须算。从许昌、开封、信阳等35个县算账的结果来看，公社欠国家25 559万元，国家欠公社8 692万元，相抵之后，公社尚欠国家16 807万元，平均每个公社欠国家几十万元，这说明国家对公社扶持很大。公社欠国家钱的项目主要是：公社贷款、国家预付定金、赊销商品等。1958年农业生产大丰收，公社收入大大增加，为什么还会负债？主要原因是：基本建设投资过大，大办钢铁赔款没有全部补偿（全省共赔1.5亿元，补偿6 000余万元）；公社多种经营开展的不好，现金收入少；有的公社依靠贷款发工资，损失和铺张浪费比较严重。群众对公社家当不清，管家不严，盲目开支的状况十分担心，他们说：“当年不收，当年穷，领导不好年年穷。”总之，经验证明：只有通过算账才能进一步贯彻人民公社分级核算、分级管理的体制；才能彻底改变“一平二调三收款”的“共产风”；才能体现了按劳分配，等价交换的社会主义经济政策；才能使干部懂得价值规律的作用，实行经济核算，贯彻勤俭办社的方针。这对于巩固人民公社有极为重大的意义。

这次算账，不仅算清了经济方面的账目，同时也解决了干部思想作风上的问题，取得了经济、政治两方面的收获。经济方面所发生的问题，是和干部的思想作风分不开的；不解决好干部的思想作风问题，账目是算不清的。算账运动把干部的思想作风翻了一个底。全省参加运动的党员、干部共1 222 735人，据统计共揭发出犯有各种错误的党员、干部约408 690人，占参加运动党员、干部总数的33.42%。其中属于贪污的68 975人，占参加运动党员、干部总数的5.64%，贪污的数量是二三十元，百元以上是少数。属于超支、挪用、占小便宜的176 637人，占14.45%，铺张浪费的24 597人，占0.5%；强迫命令的60 145人，占0.49%；违法乱纪的41 508人，占0.34%；揭露出少数混入党内和干部队伍的反革命分子、阶级异已分子和各种坏分子3 654人，占0.03%；其他33 174人。经过初步排队，需要受处分的20 035人，约占党员、干部总数的1.64%，占犯错误党员、干部总数的4.89%；需要受刑事处分的870人，占党员、干部总数的0.07%，占犯错误的党员、干部总数的0.213%。上述情况表明，我们的基层干部队伍是良好的、纯洁的，95%以上的干部是好的。就是犯有各种错误的干部，其原因也需要作具体分析，除了有一些是坏分子为非作歹，有一些干部本身思想不够健康外，也与我们领导上布置任务要求过高过急以及与一些制度不健全不合理有关。他们虽然犯了一些错误，但是也为群众办了许多好事，他们绝大多数是属于好人犯错误的性质。为此，既必须坚决发动群众整顿干部的思想作风，又必须坚决保护绝大多数干部过关。在算账中，各级党委集中领导，自上而下逐级帮助，开好党代表大会、干部会、社员代表大会和社员会，向干部和群众反复讲解整社算账的意义，交代政策，做好思想工作。在此基础上，由内而外，自上而下地开展和风细雨的批评与自我批评，领导带头，逐级检查，分担领导上应承担的责任，表扬好的干部，组织对错误检查好的干部进行示范，启发自觉交代，号召他们主动下楼，同时发动群众，上下结合，造成账目势在必算、思想作风势在必整的声势，促使干部检查。对犯错误干部不追不逼，所犯错误材料要查实，界限要划清，只要检查交代，从宽处理，除个别错误严重，情节恶劣者外，一般放在运动后期处理。事实证明，只要这样做，绝大多数干部都能认识、交代自己的错误，他们大会检讨，登门道歉，主动退出贪污多占的款、物，积极参加劳动，作风有了显著转变。伊阳县城关公社井沟大队社员张××，被支书蔡×打过一次，罚跪半天，怀恨在心，不理支书，这次支书道歉，第一次不照头，第二次待理不理，第三次又去道歉，感动的张××流出了眼泪，连忙搬凳子让座说："过去的事不要提了，一说满天乌云都散了。"支书走时，一直送到村外，社员见干部登门道歉，负荆认罪，也主动检讨自己。洛宁县陈吴公社王照大队队长张×到被捆过的社员杨××家道歉，杨××也检讨说："国有国法，家有家法，我在钢铁战线上不服从领导，偷跑回来，是我的不对，我也有错。"干部群众互相检讨，情绪十分融洽。由于他们给群众办了很多好事，现在又认真承认了错误，转变了作风，群众很快就谅解了他们，化怨气为和气。有的干部给群众退东西，群众说："俺不是要你的钱，是要你的心"；"只要你改好了，还是我们的好干部"。从而又获得了群众的信任，在选举中绝大多数干部仍连选连任。洛阳、信阳两个地区163个公社，原有党委委员2 874人，连选连任的占94.7%。整社算账，整顿了干部思想作风，教育了全体干部和广大群众，挽救了一大批干部，大大改善了干部和群众的关系。这次整顿干部思想作风，既严肃认真，又和风细雨，干部群众满意，人人心情舒畅，确实是一次极为深刻的思想教育运动，又是一次全民性的整风运动。

在整社算账中，还揭露出各种坏分子3 654人，占参加运动党员、干部总数的0.3%。其中有的是混入党内和干部队伍中的反革命分子、阶级异己分子，有的是蜕化变质分了，有的是一贯严重违法乱纪分子。他们窃取了公社的重要职务，利用我们工作中的缺点，趁去年刮"共产风"之机，假借"军事化"、"反瞒产"、"拔白旗"等名义，假装积极、借机报复，为非作歹，残害人命，严重地打击了群众的积极性，给党的事业造成了极大的危害。这些坏分子虽然是极少数，但对党的事业危害极大。在这次算账运动中，我们对这些坏分子，采取了放手发动群众、彻底揭露、坚决清除的方针。对其中罪恶严重和首要分子予以刑事处分，对胁从分子和罪恶较轻的，只要低头认罪，则从宽处理。凡是这样做的，就纯洁了党的组织和干部的队伍，教育了领导干部，发动了群众，改变了落后面貌，出现了新的局面。这是整社算账运动中，又一方面的重大收获。

经过整社算账，整个农村已经发生了极为深刻的变化，呈现了蓬蓬勃勃的新气象。广大干部情绪高涨，积极参加劳动，和群众同甘共苦，遇事和群众商量。息县、光山两县28 000个社队干部，已经和群众同吃、同住、同劳动的23 247人，占82.7%。濮阳县群众反映："俺社干部过去是一吵二蹦三瞪眼，现在是一说二笑三商量。"密县超化公社生产小队长以上干部，原来有70%以上吃小锅饭，在生产中当"指挥官"，对群众是"一顶帽子"（落后）、"两种武器"（辩论和体罚），现在都与群众同锅吃饭，劳动在先。群众的怨气消除了，思想疙瘩解开了，合理化建议多起来了，监督干部的事例越来越多了，人人论社事，个个管生产，干部和群众管理公社的责任心积极性大大提高。许多生产队的干部，过去工作不主动，等上级布置任务，决定问题，现在是多方筹划，积极经营，干着这，想着那，怕一点考虑不到就受损失，觉得脑子不够用了。群众说：算账算出了"三清一股劲"，即账目算清、干部手脚洗清、群众心里清，一股劲搞生产。整个算账运动，以生产为中心，结合生产，推动生产。算账中退还了大批牲畜、农具等生产资料和现款，直接投入生产。劳动组织得到调整，80%的劳动力参加了农业生产。实行了包工包产，评工记分，按劳付酬，生产责任制进一步加强，定额管理普遍推行，因而群众生产情绪普遍高涨，出勤率达到了90%～95%，基本上消减了无故缺勤。劳动生产率一般提高了20%～30%，农活质量大大提高。今年大秋作物比往年种得早、种得好，管理细致，生长良好。新乡县七里营大队的棉花，麦收前已普遍锄了四遍，比去年多锄一两遍。夏收普遍做到了细收细打，颗粒还仓。夏种进展很快，播种适时，绝大部分地区做到了种早、种好、种足。这便为秋季大丰收奠定了基础。许多地方经过算账以后出现了“五多”：干部参加生产多；社员存款多；购买农具多；家畜家禽发展多；开垦小片荒地多。多种经营也活跃起来了，某些已停顿的手工业、副业生产，都已恢复起来，社、队的收入大大增加，生产和生活中的某些失调现象，开始扭转。事实证明，算账不但不影响生产，而且大大促进了生产高潮的发展。

三

从全省来说，整社算账运动胜利结束了，当前的问题是，如何巩固和扩大整社成果，结合生产进一步解决遗留问题。一是全省尚有20%到25%左右的公社，算账还没有完全结束，工作比较粗糙；二是在已经结束算账的公社中，有的账算得不够彻底，有的没有和群众见面，没有认真兑现，多数公社对犯错误干部还没有处理；三是在组织建设工作方面，新的规章制度大多还没有建立，部分公社党委会和管理委员会也还没有进行选举。这些问题，都需要今后结合生产，继续加以解决。

为了巩固和扩大整社算账的成果，促进新的生产高潮，省委认为，各级党委都必须根据中央最近连续发出的几个重要指示，以争取秋季全面大丰收为中心，切实做好夏收分配和夏粮征购工作，安排好社员生活，并且要从各方面活跃农村经济。对于整社算账的遗留问题，也必须分别情况，采取措施，有效地加以解决。第一，各级党委都要确定一位书记和常委，并且组织一定力量，继续抓算账工作，特别是算账没有结束的单位，应当组织专门小组，经常掌握算账工作，一定要把整社算账搞到底，善始善终。第二，对于20%～25%左右的公社，账目还没有完全算清，工作量较大，则应在夏收夏种以后继续进行，务求于秋收前完成。第三，对于算账已经结束和基本结束单位的遗留问题，如对犯错误干部的处理、选举和制度建设等，凡是能够结合当前生产进行的，就应当抓紧进行，力争早日精彩结束。

同时，整社算账结束之后，还必须在干部和群众中，加强政治思想工作。应当自上而下地发动群众，总结整社算账工作，进行公社优越性的教育，进行爱国爱社，增产节约和民主集中制的教育，表扬好的干部，树立先进旗帜，建立和健全新制度和新的工作秩序。从而，进一步调动一切积极因素，更有力地促进夏秋两季的生产高潮。

Z152－5

中国科学院经济研究所：农村食堂究竟有无优越性

1959年5月23日

中国科学院经济研究所河北昌黎县工作组最近对该县果乡人民公社公共食堂问题作了调查研究，提出了他们的看法，现摘登如下：

食堂化并没有解放妇女劳动力

一般说来，食堂成立前后，真正参加农业劳动的妇女人数基本上没有发生变化。过去出勤的，现在仍然出勤；过去不出勤的，现在仍然干她自己的事。以施各庄为例，第一生产小队妇女整半劳力15名，成立食堂以后，出勤没有任何变化。第二生产小队妇女整半劳力69名，食堂成立后，情况也是一样。泰印庄现在出勤的18名妇女没有一名是在食堂化以前不出勤的。原来在家里带孩子做饭的老年妇女，现在不做饭了，只带孩子。她们本来就不能参加田间劳动，现在仍然如此。

其次，从妇女劳动时间上来说，食堂成立前后变化也不大。这个地区妇女出勤时间，不论过去还是现在，都比男社员要短。因为他们早饭前不上班。这一点并不由于食堂的成立而有所改变。食堂成立以前，她们清早起床以后，三件大事：做饭、喂猪、带小孩。早起，把一天的饭都做出来，叫做“一天一冒烟”。饭或粥做好以后放在锅里，中午下地回来，加把柴热一下就行了。有时连晚饭也带出来了；不然就下班以后回家做晚饭。更多的户是家里有不能参加田间劳动的老年人在家里做饭。总之，做饭在一个农妇一天的生活中，所占的时间是很少的，对她们参加生产影响不大。现在有了食堂，看来可以着重解决妇女早晨出勤的问题了。事实并不如此。农村妇女结了婚，一般都有三四个孩子。早晨照顾孩子的问题并不是食堂所能解决的。从而，不解决农村儿童的全托，单靠食堂化是不能彻底解决妇女出勤问题的。而农村儿童的全托，目前谈来何易！

做饭这件事由原来的分散劳动集中起来成为集体劳动。这就引起了做饭方法上、燃料上、条件上的一系列变化。需要集中的厨房、饭厅和大型的锅、灶。原来是做两三斤米，甚至斤把米的劳动，现在变成了几十斤、几百斤米的劳动；本来挑一担水可以全家吃一天，现在挑几十担水才够做一顿饭。因此，原来一个老年人就可以做的，或者一个妇女附带就可以做的事情，现在不得不占用一批强劳力固定下来做。就果乡公社目前情况看，大约每45 ~ 70人需要一名炊事员。

因此，我们认为，从妇女劳动力的解放这一点来说，有相当一部分食堂没有起到其应有的作用。

浪费粮食

第一，忙闲不分。今年，粮食问题是相当紧张的。究其原因，除去根本上的生产水平一点而外，还有很多。其中之一是去年食堂成立以后，尽量吃饱吃好，但其中有浪费现象。这个地区农民吃粮从来都是遵循这样的原则：农忙吃干，农闲吃稀；主要劳力吃干，不参加田间劳动的人吃稀。食堂成立以后，则来了一个无冬无春，不分老少，一律平等，大家一样。去年冬天，放开肚皮吃，而且吃干的。春耕了，粮食发生了问题。

第二，光吃粮食。过去没有超产粮的地区，除去按照前述原则自己安排吃粮以外，还要找部分野菜、青菜来做代食品。而食堂就不能用野菜来当粮食，即使可以，也没有那么多人去挖野菜。食堂全部要用真正的粮食。

第三，节约问题。在食堂集体吃饭，比起从食堂往回打饭要节约。比起分户吃也要节约。但就目前情况来看，主要是口粮定量不够的问题。把粮食按照定量分发到户的话，其浪费是不可能超出这个定量的。一般说来，农民是真正知道爱惜粮食的人。

第四，责任转移。过去粮食分到户，够不够由自己负责。现在粮食归食堂掌握，社员吃不饱就要找食堂，找领导。

影响社员不能养猪积肥

肥料问题是农业增产的关键。一口猪4亩肥（每亩按5 000斤计算），而且是肥效很大的圈肥。食堂化以后，粮食加工集体化，糠、麸也归了食堂；做饭、吃饭集体化，泔水也没有了。社员要养猪只有靠那干巴巴的120斤以白薯干为主的饲料，是不可能把猪养好的。因此，在食堂化以后，社员私养猪只大大减少。过去很少农户不养猪，现在养猪的户是个别的。集体养猪又由于缺乏足够的经验，养不好，育肥率低，死亡率高。

烧柴紧张

食堂化以前，社员们主要依靠老年人、小孩或者自己农闲时间上山捡柴火做饭，很少用煤。这样，不但省煤，而且烧柴火又积下了草木灰当肥料。食堂化以后，情况恰恰相反。既不能积肥，又加深了煤炭供应的紧张程度。尤其是冬季，社员家里不做饭也得烧炕，燃料双方支出，很不合算。烧煤也增加了社员生活费用。

占用房屋设备增加社员负担

食堂占用了社员不少房屋和家具，有些还没有给予合理的报酬。要付房租，又要增加食堂开支，增加社员的生活负担。

只有大集体，得不到小自由

有些干部片面强调生活集体化，不管社员住家离食堂多远，不管天寒地冻，也不管年老体弱、有病、小孩，一律都到食堂吃饭，不准把粮食打回去自己做。很多社员对此不满。

再者，群众的口味爱好不一，食堂也很难做到大家满意。少量粮食粗粮细做比较简单，几百人的伙食细做起来所花人力和时间就很多了。群众反映成立食堂以后吃不到想吃的东西，吃不到可口的东西，食堂做什么就得吃什么，只有大集体，得不到小自由。

缺乏管理食堂经验

搞食堂经验不足，未能从小到大地逐步实现食堂化，从而出现了一些管理上的缺点。以梁各庄管理区为例，24个公共食堂有一半从来没有公布过账目。有的把现金饭票混在一起，账目不清；有的虚报人口，多领粮食。对此，社员们是有意见的。更有个别干部压制民主，不准对食堂提意见。当然，关于管理水平的问题，一方面是个别现象，一方面是初期不可避免的问题，不能把它看做是食堂所固有的缺点。但是这也一定程度地影响群众生产积极性。

认为解散食堂，化整为零，可以解决许多矛盾

从上述情况看，有些地区的食堂化是存在不少问题的。要解决这些问题的关键是考虑生产小队的具体条件，不可强求一致。我们认为可以不搞经常性的公共食堂，化整为零，把粮食按照定量分到户里去。这样做并不影响供给制的实行。因为，这只不过是把“伙食”供给制变成“粮食”供给制罢了。但却同时可以解决一系列的矛盾：粮食问题、燃料问题（在实行了包工包产以后，社员可以自己去找茅柴来解决了）、养猪问题、灰肥问题、取暖问题等等。同时，它也不影响妇女劳动力的出勤；或者说，影响很小。

即使一些单身汉或劳力多人口少的户需要有人帮他们解决做饭问题，或者农忙时需要延长劳动时间，要求搞农忙食堂，也可以搞。但最好以互助的形式出现，用小食堂代替大食堂，化大为小，一般一个食堂不超过十户或一个生产小队为宜。这样才便于以女劳力代替男劳力，以弱劳力代替强劳力；才可以不添置过多的设备，使用过多的煤炭；同时，因为占用吃饭时间少，也才更有利于生产活动。

最后，要强调一下自愿原则。现在很多群众参加食堂，是“化”进来的。相当多的生产小队长和更多的群众对食堂有意见，但是不敢讲，怕挨“辩论”。在这种情况下，我们认为还是不大办为妙。只有按照群众的意见办事才能人人满意，个个心情舒畅，从而发挥群众更大的生产积极性。

当然，有的地区或小队真正可以解放劳动力，可以很好地解决上述问题，并且群众愿意的话，仍然可以而且应当继续大搞食堂。

总之，要做到因地制宜，因时制宜，群众满意，有利于生产。

《宣教动态》。36（541）

中办秘书厅党委办公室编印：
秘书厅学习简报

1959年7月9日

近两周来，我厅多数单位在学习“六一”指示中的自由议论的空气，较前大为活跃。在议论中谈到的最突出的问题是关于人民公社问题，其次是关于去年大跃进和全民大炼钢铁等问题。7月8日下午，各小组继续议论时，把大家过去谈过的论点进行了归纳，党委办公室根据各小组归纳的论点加以综合整理，把几个主要论点明确地提出来印发各单位，目的是为了供大家准备深入讨论时作参考，以便通过不同论点的自由争论求得正确的认识。

（一）关于人民公社问题

1. 建立人民公社的条件不成熟，有的地方的农民根本没有确立公社的要求，人民公社比起高级社来也没有什么显著的优越性，看不出建立人民公社的必要性。

2. 从生产关系适应生产力性质的规律来看，人民公社所有制与我国目前生产力水平不太适应，所以现在又退到以生产大队为基本核算单位。北戴河会议关于人民公社的决议中，对我国目前生产力水平和群众思想觉悟的估计，看来是有些太高了。

3. 人民公社实行供给制和工资制相结合的分配制度，不适应我国目前生产力的发展水平和群众的觉悟程度，吃饭不要钱也不符合按劳付酬的分配原则。

4. 人民公社的发展太急太猛了，没有经过充分试点工作就全面铺开，所以发生了很多问题，这样做不符合我们党“一切经过试验”的传统。

5. 人民公社是群众运动搞起来的，还不能说太快了，问题是政策没有跟上去，有的有了正确政策，但在执行中发生了偏差。

（二）关于1958年大跃进和全民大炼钢铁

1. “全民炼钢”的口号是不对的，“小土群”可以不搞，1 070万吨钢的指标也可以不提。要算政治账，但也应算经济账，全民大炼钢铁得不偿失，赔的钱可以买很多好钢，经济效果不好，也会使政治影响不好。

2. 1 070万吨钢的指标是领导上主观主义的规定的，硬要叫下面完成，所以产生了不少缺点，这同领导上的官僚主义有关。

3. “以钢为纲”的口号有问题，只有钢满足不了经济生活多方面的需要。五个并举成了百废俱兴，两条腿走路成了多条腿走路（有的认为这一套方针执行中发生的问题，主要是因为安排得不好）。

F114

江西省中级党校学员对人民公社的各种看法①

1959年7月27日

本刊讯　江西省委中级党校学员在学习中，经过思想动员，消除顾虑后，开展了大鸣大放大辩论，鸣放辩论中，将近有半数的学员（包括中级干部在内），对目前工作中的各项问题，提出不同的看法。他们是来自全省各地区、各个工作战线的干部，因此在一定程度上说来，这些不同看法，是一部分党内外干部思想认识问题的比较集中的反映，现将他们对公社化的主要论点汇集如下。

（一）认为人民公社没有优越性

（1）人民公社的出现并不是生产力发展的要求，只是将高级社套上公社的名称。高级社的生产关系仍然适应生产力的发展，在现阶段还有它的作用：

甲、去年高级社正是发展得津津有味的时候，不搞公社，1958年的大跃进成绩会更大。

乙、目前我们的生产力很低，怎能说已与生产关系不相适应了呢？

丙、生产关系有相对的稳定性，不能因为一九五八年的生产有所发展，就急于去改变生产关系。

丁、去年粮食、钢铁的丰收，不应该完全归于公社的成绩。粮食大部分时间是在高级社搞的，钢铁是全民运动，是通过行政手段取得的，不组织公社也可以办到。

戊、从分配制度看，高级社是按劳取酬，今年公社也还是坚持这个原则，说明它仍然有利于生产力的发展。

己、如果说人民公社这种生产关系比高级社的生产关系更适合，那么为什么公社化后，还出现了许多问题。

庚、人民公社并不比高级社优越，公社根

① 毛泽东于1959年7月27日批示将该文印发庐山会议各同志。

本就是可有可无的东西。

辛、目前的人民公社跟高级社几乎一样，不知是谁想出来的新名堂，似乎要与众不同（苏联也没有），出风头，好像要赶到“世界的前头”。

（2）人民公社不是客观必然的产物，而是根据上级指示自上而下从主观愿望出发搞的，是人为的产物。

（3）公社优越性从理论上说好像有些认识，但从当前的实际上又如何去观察它的优越性呢？“什么像初升的太阳”，“什么无比的优越性”，“什么亚洲地平线上的强大生命力”，就是体会不到。

（4）人民公社并不受群众欢迎，以前农民常言“农业社真正好”，目前则很少听农民说“公社很好”，群众参加人民公社是被迫参加的。

（5）人民公社的缺点大于优点：

甲、建立公社影响了生产，给生产带来了很大的破坏，如森林遭到破坏，农具、生产无人管理，劳力大批外流等。

乙、建立公社后群众生产积极性不高，劳动的情况犹如“空摆连环阵，灯光满天红，不见人劳动，只听战鼓声”。

丙、公社化后出现了杀鸡、杀猪，“一平、二调、三收款”，瞒产私分等现象。

丁、不建立公社，粮食和副食品等物资供应就不会这样紧张。

戊、人民公社化后农民生活并没有改善，吃不饱，没油吃，无零钱花。群众反映：“共产党把好事办成坏事。”

（6）不一定只有人民公社才能使国家对内职能逐渐缩小，高级社也能向共产主义过渡。

（7）人民公社不一定优越，因为各人民民主国家不向我们学习，也不打算采用这种形式。

（二）人民公社化运动是否太快了？

（1）人民公社的建立太快了，公社是一个“早产儿”；

甲、公社化发展速度是脱离客观实际的，几个月实现全国公社化是主观、急躁冒进的结果。

乙、普遍搭架子快了，没有经过试点，逐步推行，是不符合事物由低到高、由小到大、由点到面的发展规律的。

丙、群众没有思想准备，“人民群众的觉悟还没有达到成立公社的水平”，“敲锣打鼓是‘共产’先锋分子搞的，是形式主义”，“没有贯彻自愿原则，是一哄而起的”。

丁、组织准备不够，当时还没有一套管理公社的规章制度。

戊、毛主席说一句“还是人民公社好”，许多干部就像得了什么神丹，马上在全国农村创办“公社”，不管有没有条件，“先上马再谈”。

己、公社的出现并不是什么“万事俱备（指建社条件），只欠东风”（指公社），而是“火烧战船”（指成立公社把高级社的生产关系搞掉了），一扫而光（指“一平二调三收款”）。公社化运动的情况犹如“大雾满江（指刮“共产风”），万箭齐发（指“共产风”带来的过分集中），十万狼牙（指农贷10亿元），一去不返”。

（2）人民公社的建立并不快：

甲、所有制由小到大是符合生产发展的规律的。

乙、1958年全面大跃进，原高级社是不适合生产力的发展；公社化给生产带来了许多好处，如修水利、炼钢铁。

丙、几年来农民集体主义觉悟有了提高，加上去年大跃进和共产主义教育，政治条件已经成熟。

丁、适合国家工业化的需要，对农林牧副渔的发展有好处。

戊、公社化后出现的问题，其原因不是建社早，而是因时间短，一搭架子就大办钢铁，有些问题来不及处理；建社工作粗糙，思想发动不充分；某些干部执行政策有偏差，否定按劳分配，加之账目不清，引起群众误解。这样一个创举性运动，没有经验，发生一些问题是难免的。

（3）人民公社的出现是适时的，不快，但全国公社化是快了，应该分阶段发展。因为我们是一个政治、经济发展不平衡的国家。

（三）对中央关于人民公社的两个决议的认识

（1）中共中央关于在农村建立人民公社的决议，提出在农村中普遍发展人民公社是“心血来潮”。

（2）《人民公社若干问题的决议》有“左”倾情绪，人民公社的广泛建立，是“左”倾思想的复活。

（3）决议中没有提出小集体到大集体的转变是错误的，决议中提出公社要统一计算盈亏也是错误的。

（4）把全民所有制的国营农场并到人民公社的做法不当，理由是：

甲、是所有制的倒退，因为公社是集体所有制。

乙、是方向性的错误。

丙、农场同志的工资减少了，不满意。

（5）中央决议对所有制是抱着试试看的态度，结果给下面的干部造成很大困难。

（6）《人民公社若干问题的决议》中指出的在社会主义社会就可以把两种所有制转变为单一的全民所有制，值得研究。

甲、社会主义社会生产力的发展水平比共产主义低，因而所有制的改变是要以生产力的发展来决定的。

乙、社会主义与共产主义虽然是同一的社会经济形态，但二者毕竟还有质的区别，如果在社会主义社会就变成单一的全民所有制，就会把两个不同质的阶段混淆起来。

丙、根据马列主义原理，社会主义社会有两种所有制，而共产主义社会才是单一的全民所有制。

（7）现在强调等价交换是倒退，对生产不利。

（8）人民公社若干问题决议中提出的“三化”，“是一句迷惑群众的假话”，实行“三化”，只有集中，没有民主，只有纪律，没有自由，什么民主、自由、心情舒畅、生动活泼的话，只是说得好听，并无实际内容。它与“三化”是势不两立的，不可能同时存在。

（9）目前出现的问题是带有全国性的，这就说明中央决议有毛病。

（四）“共产风”从何而来？

（1）“共产风”是从上面刮下来的，中央、省、地委应负责任：

甲、中央决议中明确提出“公社分级核算，盈亏由公社统一负责”，这就否认了由小集体到大集体需要一个过程。上面提出以公社为单位核算，所以下面那样搞是有根据的。

乙、中央决议提出先搭架子，就促使下面搞大集体，忽视了发动群众，助长了急躁情绪。

丙、武汉会议时说中国实现共产主义比苏联容易，比苏联快，因此，“共产风”越刮越大。

丁、中央曾经提出把工资制全部取消改为供给制。

（2）中央、省委在指导上是正确的、及时的，主要是执行中的问题，应由下面干部负责：

甲、中央在《关于在农村建立人民公社的决议》中明确指出：先搭架子，上动下不动。

乙、中央指出要防止强迫命令，进行试点，然后逐步推广。

丙、中央曾经指出在处理若干经济问题时，要承认差别，不要算细账，找平补齐，而下边干部没有按这些政策执行，因而出了偏差。

丁、中央、省委一再强调实行工资制和供给制相结合的按劳分配制度，而下面盲目地搞十包、十几包，认为包得越多越好。

（3）中央、省委有错，下面也有错。

甲、风是上面刮的，但到下面就越刮越大了，产生了“左”的倾向。

乙、中央的方针、政策有缺点，在建立公社时，没有强调当前社会性质；另一方面干部在执行中忽冷忽热，盲目急躁，对中央指示没有很好研究贯彻，对当时社会性质弄不清楚。因此，是两方面造成的。

丙、下上都要负责，究竟谁负主要责任，要看具体情况而定。

（4）“共产风”是难免的，既不能怪中

央、省委，也不能怪下面干部，因为这是一个新问题。

（五）对人民公社生产方针和分配制度的看法

（1）关于公社的生产方针问题。

甲、关于实行工农业生产同时并举的生产方针。目前实行工农业生产同时并举的方针为时过早，是行不通的。理由是：会影响农业（五业）生产；没有原料，没有技术设备，在某些情况下，易造成劳民伤财；产品、销路、技术、运输有困难，领导力量照顾不过来；不实行这一方针，并不会推迟农业机械化的时间。

公社生产方针应以农业生产为主，把工业放在从属地位。理由是：粮食问题紧张，而且在最近几年也不能很快解决；工业原料的供应不能满足工业生产的需要；副食品不能满足生活需要。要改变这些情况，必须以发展农业为主。

乙、关于自给性生产和商品性生产同时并举的方针。公社化后商品生产不应扩大，应该逐步缩小。理由：商品生产到共产主义将被消灭，共产主义的基层单位——人民公社的诞生，是商品生产消亡的起点；全民所有制的实现是消灭商品生产的决定条件，向全民所有制过渡的过程，就是商品生产消灭的过程；公社分配制度中的部分供给制，使一些产品脱离了商品范畴，今后供给部分将逐渐扩大，商品生产就必然逐渐缩小以至消灭。

（2）关于分配制度问题。

甲、工资制与供给制相结合的分配制度提的过早了，不够合理，结果使农民大失所望，应该取消。

乙、现在全面实行伙食供给制过早了一些。

丙、社员收入应增加，分给社员的部分应该是占整个总收入的60%～70%，如果按50%～60%的比例分配，就不能保证90%以上的社员增加收入。造成社员对公社的怀疑。

（3）公共食堂问题。

甲、公共食堂不是共产主义因素，现在不要，将来也不要。

乙、公共食堂害多利少，增加人民内部矛盾，群众不满，饮食不便。

丙、食堂有三大坏处：排队；抢；浪费粮食，又浪费钱。

（六）对巩固与建设人民公社方针的认识

（1）实行三级所有制是使人民公社倒退，使它又退回到了原高级社。

（2）实行三级所有制，是为了纠偏，如果不是过去错误，为什么郑州、上海会议专门强调这个问题。

（3）实行三级所有制，进一步说明了过去公社是搞快了，不是照顾国际影响，公社的牌子都要摘掉。

（4）公社实行权力下放、队为基础后，经济核算、生产计划、公益金、公积金差不多全部是由生产队决定处理，公社实质上是个无权的空架子，就没有优越性了。

（5）权力下放，容易产生资本主义经营思想。

（6）公社应该搞二级所有制，搞三级缩小了集体所有制的范围（原来只有高级社所有制，没有生产队所有制），助长了社员的资本主义思想，延长了集体所有制向全民所有制过渡的时间。

（7）由小集体过渡到大集体，三四年的时间太短了。

甲、穷富队经济力量不平衡，单靠国家支持不可能，要靠自己努力时间就更长了。

乙、人民的觉悟还没有这么高。

丙、苏联现在是全面开展共产主义建设时期了，可是现在并不是单一的全民所有制。

Z157－2

国家统计局：农村人民公社算账退款情况的调查报告

1959年7月15日

今年5月以来，各地农村人民公社根据中央的指示，先后清算了建社以来的旧账。最近我们曾到河南安阳县安丰公社、太康县城关公社、符草楼公社、广东新会县环城公社、辽宁锦西县卫星公社、吉林怀德县怀德公社了解了算账退款情况，这些公社的算账工作现已结束，并进行退补款项等具体工作，兹将我们此次了解的情况，综合报告如下：

一

上述公社对此次算账工作都进行得比较严肃认真，国家对公社、公社对大队、大队对社员都进行了相互退补实物和现金的工作，不能退还的实物，也都折价抵付。各公社算账退款的情况大体上可以分做三种类型。

第一种类型是：国家退给公社的大于公社退给大队的，而公社退给大队的又大于大队退给社员的，因此，国家投放了一部分货币，集体和个人均得到一定数量的货币。如河南太康县国家退给公社 76 万元，公社退给大队 54.8 万元，而大队退给社员为 45.4 万元，公社和大队集体所得共 30.6 万元。

第二种类型是：国家退给公社的少于公社退给社员的，退款结果增加了社员的收入，而国家和集体都需要退出部分货币。如辽宁锦西县卫星公社国家退给公社仅 4.1 万元，而大队退给社员的现金达 32.5 万元，即公社和大队尚需净退回社员 28.4 万元。

第三种类型是：国家退款很少或者没有退款，大队反而要退款给公社，大队还需要退款给社员，因此，主要退款者为大队，这种类型多属于经济条件比较差的公社，如广东新会县环城公社，国家退给公社仅 1 万多元，大队向公社超支 61.6 万元，而大队又需退给社员 16.6 万元。

上述三种类型算账退款的结果，社员或多或少都得到了一定的现金收入。从三种不同的退款情况来看，除第三类退款大部分系由调整 1958 年公社的收益分配比例以解决退款来源或预支 1959 年的收入来抵付退款外，第一、二两类公社退款主要依靠国家财政上支付，属于这两种类型的公社，据各地反映不在少数。因此算账结果，显然增加了国家投放和扩大了农村市场货币流通量。

据调查，在此次算账中，公社从国家得到的退款主要是炼钢补助费、民工工资、多征的农业税代金等；公社退还给大队的款项，主要是调整过去穷富队之间向公社的上交款，退还向富队多收部分，以及退还向大队多收的公积金、公益金等。

算账结果调整了 1958 年收益分配的比例，调整的趋向是：增加了公社的总收入和纯收入，减少公共积累，增加社员收入。如辽宁锦西县卫星公社收益分配调整后，总收入和纯收入均增加了 14.6 万元，生产费用减少 0.6 万元；纯收入的分配，公共积累减少达 17.9 万元，而分配给社员相应增加了 32.5 万元。但个别的如广东新会县环城公社的情况则相反，总收入减少 39.5 万元，纯收入减少达 43.0 万元（公社还有一部分其他支出增加了 3.5 万元），由于纯收入减少较多，因而公共积累和社员收入均有所减少，公共积累减少 14.5 万元，分配给社员减少 28.5 万元。各公社分配给社员部分每人平均收入数如下：

单位：元

	1957 年	1958 年	
		调整前	调整后
河南安阳县安丰公社	86.3	—	103.6
辽宁锦西县卫星公社	42.0	34.9	44.7
吉林怀德县怀德公社	29.9	28.7	32.6
广东新会县环城公社	66.8	73.5	66.4
河南太康县城关公社	—	—	36.0
河南太康县符草楼公社	—	—	25.5

二

根据我们调查的几个公社退给社员的现金，平均每个社员可以得到退款 3.16 元，现已分得 3.06 元。但是各公社退款情况相差悬殊，因之，算账退款后对某些地区的市场商品供应将会增加较大的压力。如河南安阳县安丰公社一般社员户均可分得现金 90 元左右，最少的户也可分得 20 元以上。

上述应退的款，一般均在 5 月下旬左右发放下去。据调查，目前社员领取现款后，首先需要购买幼畜、幼禽、饲料，如小猪、小鸡、小农具及自留地所需要的种子等，这些商品可以向大队或公社购买，对市场影响不大。有些商品尤其是生活资料，如针织品、胶鞋、糖、肥皂、电池、低级烟、白酒等都需要向市场上购买。社员得到现金后，如果买不到适令商品即转向高档商品，买不到夏季商品即买秋季才需要的绒衣裤等，本社商业部门买不到即到县城或城市购买。河南安阳县的安丰公社5月下旬该社商业部门的生活资料日平均销售量1 967元，较5月中旬增加了908元，即增加85.7%以上，5月20日该商业部门的商品库存总值仅有49.4万元，但该社5月份内已退给社员现金即达132万元。由此可见，农村人民公社算账退款后势必冲击市场上某些供不应求的商品，鉴于目前市场商品供应还未根本缓和下来，因此各地人民公社应退还社员的现金最好缓发、少发或分期发还，以免加重市场压力。

附表1　　公社算账退款的典型调查情况　　单位：元

	河南安阳县安丰人民公社	吉林怀德县怀德人民公社	辽宁锦西县卫星人民公社	广东新会县环城人民公社	山东长清县万德人民公社大刘庄生产大队	河南太康县
国家退给公社	—	164 000	41 000	—	—	760 000
公社退给大队	1 732 000	—	—	（1）61.6	（1）5 750	548 000
大队退给社员：应退	—	180 000	325 000	—	26 242	—
实退	1 320 000	107 000	110 000	166 000	1 806	454 000
平均每人分得款：应得	30.3	4.0	9.3	4.2	16.7	0.72
实得	30.3	2.3	3.1	4.2	1.1	0.72

注：（1）号代表大队欠公社款。

附表2　　1958年收益分配的典型调查情况　　单位：元

	河南安阳县安丰人民公社			吉林怀德县怀德人民公社			辽宁锦西县卫星人民公社			广东新会县环城人民公社		
	1958年	1957年	1958年为1957年%	1958年	1957年	1958年为1957年%	1958年	1957年	1958年为1957年%	1958年	1957年	1958年为1957年%
总支出	589.2	412.0	143.0	372.8	267.5	139.3	297.7	248.2	119.9	731.4	617.1	118.5
生产费用	159.9	91.6	174.6	129.5	103.6	125.0	100.2	74.8	133.9	274.1	188.1	145.7
管理费用	2.7	1.8	150.0	3.1	1.3	238.5	2.8	2.2	128.5	5.2	2.6	200.0
上缴税收	43.8	38.4	114.1	68.2	18.3	377.1	28.1	22.9	122.7	75.3	72.8	103.4
纯收入	382.8	280.2	136.6	172.0	144.3	119.2	166.6	148.3	112.3	349.9	341.6	102.4
公共积累	86.0	34.7	247.6	22.6	7.5	301.3	18.3	9.2	198.1	84.8	74.7	113.5
公积金	68.8	26.1	225.3	19.6	5.9	332.2	15.3	7.2	212.8	77.1	68.3	112.9
公益金	17.2	8.6	204.6	3.0	1.6	187.5	3.0	2.0	145.9	7.7	6.4	120.3
分配给社员	296.8	245.5	120.9	149.4	136.8	109.2	148.3	139.1	106.3	265.1	266.9	99.3
其　他	—	—	—	—	—	—	—	—	—	26.9	12.0	224.1

157－3－88

中共中央转发湖南省委整社试点经验的批语

1959年10月15日

第628～631页。D220－5455（12）

中共中央批转广东省委关于当前人民公社工作中几个问题的指示

1960年3月5日

第32～42页。D220－5455（13）

甘肃省委分析甘肃农村公社工作中的问题

1960年3月22日

甘肃省委为了贯彻执行中央对广东省委《关于当前人民公社中几个问题的指示》和贵州省委《关于目前农村公共食堂情况的报告》批示的精神，决定最近分区分片召开六级干部会议。省委认为，广东和贵州所提出的问题，在甘肃都存在，而比较突出的是：

第一，分配问题。现在百分之九十以上的基本核算单位已经结束了分配，百分之七十以上是做得好的，但还有少数社队至今没有做好分配工作。

第二，食堂问题。现在在食堂吃饭的占农村人口的百分之五十八，有许多食堂是办得很好的，但目前各级党委抓得少，食堂工作进展不快，有很多食堂还不巩固，有少数办得很不好。

第三，干部作风问题。二月初，省委发了一个紧急通知，要各地注意克服工作中的新的"平调"、强迫命令和浮夸现象。经过一个多月的工作，干部作风的改进取得了显著的成效，但还不够。缺乏经济核算观念、不讲究经济效果的现象，破坏财政制度、讲排场、乱用钱的现象，务表面、图形式、不注意工作实效的现象，瞒上欺下、弄虚作假现象，乱下命令、随便打人的现象等等，虽然情况不同，程度有别，但还有相当数量存在。

第四，纠正公社工作中的右倾错误。去年六、七月，×××等同志大刮歪风，对全省影响很大，清除这种影响要费很大气力。这个问题，在反右倾斗争中，在整社运动中都注意不够。现在揭发出来的事实，确切证明，有三个县完全烂了，通渭、陇西、和政，都是全区的右倾机会主义路线，又加上严重的违法乱纪，大量重用反坏分子。他们实行四级、五级核算，"牲口各拉各，土地跟人走"，公社实际上拆散了。还有几个县，在县、社两级干部中有一部分人严重右倾，在他们主管工作的一部分社、队，进行了一系列的右倾活动，造成严重混乱，情况和通渭、陇西相差不多。另外，有一些社、队工作中，犯了一些个别的右倾错误，如口粮按小队分配，自留地多划了一些，社员个人副业搞多了一些。这个问题必须彻底解决，不能马虎过去。

对上述问题，省委都提出了相应的解决办法和措施。关于纠正公社工作中的右倾错误，除已经对烂了的三个县委进行改组，发动群众清算右倾机会主义外，省委提出，对于有些县，一部分人的严重右倾和一部分社、队的严重混乱，必须把问题扯开，经过必要的批判和斗争，加以解决。只要问题不是十分严重，可以不戴帽子，但是错误性质一定要谈清楚，工作岗位不相宜的要调整。把问题拖下去或不了了之，坏事必然继续发展，使工作遭受更大损失。至于个别性质的右倾错误，经过教育，认识清楚，改正过来也就行了。

《宣教动态》。16（620）

中共中央关于加强农村人民公社财务工作的指示

1960年7月4日

第427~437页。D220-5455（13）

中共中央关于农村人民公社当前政策问题的紧急指示信

1960年11月3日

第660~676页。D220-5455（13）

中共中央转发甘肃省委关于贯彻中央紧急指示信的第四次报告的重要批示

1960年11月28日

第729~741页。D220-5455（13）

中共中央对湖南省委《关于改变基本核算单位规模的请示》的复示

1960 年 12 月 21 日

附：湖南省委关于改变基本核算单位规模的请示

1960 年 12 月 13 日

第 783～785 页。D220－5455（13）

中共中央同意贵州省委关于农村人民公社各级干部由群众民主选举产生的意见

1960 年 12 月 24 日

西南局并贵州省委：

十二月十二日电悉。

同意你们在整风整社结束后的农村人民公社的各级干部一律由群众民主选举产生的意见。

附：中共贵州省委关于农村人民公社各级干部由群众民主选举的请示

1960 年 12 月 12 日

西南局并中央：

为了更好地实现群众对干部的监督，克服干部的“五风”，增强干部的群众观念，密切与群众的联系，我们意见，公社、生产队和生产小队的干部，一律由群众选举产生。并且形成制度，每年选举一次。我们计划在明年二、三月间，农村整风、整社基本结束时，普遍举行一次选举。

是否妥当，请指示。

Z48－2

（二）城市人民公社

河南省委书记关于城市人民公社情况的报告

1958 年 11 月 1 日

我们于 10 月 25 日，召开了有郑、洛、开、新、焦、安等 6 个市负责城市人民公社工作的市委委员一人和重点公社党委书记一人参加的座谈会，历时两天，会议汇报了城市人民公社的情况，交流了经验。兹将座谈会中反映的情况和主要问题，简报如下：

一

我省各城市于今年 8 月底基本实现了人民公社化后，各地紧密结合当前钢铁生产和深翻土地以及其他各项工作，大力进行了整顿。据上述 6 个市截至目前统计，建立人民公社 457 个，参加公社的人数 2 101 407 人，占 6 市总人口的 98.8%；公社的规模，平均 4 598 人，大者两三万人，小者一两百人，其中 5 000 人以下者占 2/3 左右（如果按 4 口之家，则是千户左右的社）；公社的类型大体有五种：以厂矿企业为主建立起来的 221 个，以大专学校或较大的中等学校为主建立起来的 112 个，以机关团体为主建立起来的 36 个，以街道为主建立起来的 48 个，以郊区农业人口为主建立起来的 30 个，其他 10 个，城市人民公社在短短两个多月的时间内，已经在生产、生活的实践中显示出它无比的优越性和强大的生命力，由于公社化的结果，上述 6 市初步统计，解放出男女整半劳动力 378 981 人，已安排生产者占 87.7%，不仅有力地支援了国营厂矿、企业和基本建设，在一定程度上缓和了城市劳动力的紧张局面，而且使城市中民办工业蓬蓬勃勃地发展起来。据 6 市不完全统计，新建和扩建各种小型工厂（店、组）8 061 个。特别突出的是在当前大办钢铁生产和深翻土地中，如果没有城市人民公社化，调动这样多的劳动力，使钢铁生产和深翻土地获得这样巨大的成绩，是根本不可能的。随着生产发展的需要，普遍举办了公共食堂、托儿所、幼儿园、幸福院，使分散个体的城市居民和职工家属，生活走向集体化，家务劳动社会化。据6市统计，建立公共食堂5 530个，就餐人数达应就餐人数的83%；4市统计（缺安、焦）建立托儿所、幼儿园5 688个，入托儿童达应入托儿童人数的67.5%；6市不完全统计，建立幸福院189个，理发室、澡堂103个，由于生活的集体化，对节约劳力，节约粮食，节约用煤，便利生产，便利学习，提高劳动生产率，支援工农业生产大跃进，都起着十分显著的作用。开封市还建立了儿童劳动小学，收容改造那些为学校开除、家庭确实无法管教和流荡街头、无家可归、严重危害社会治安的童偷，获得家长和群众的赞扬。上述事实，有力地回答了那些认为“人民公社适合于农村，不适合于城市”的错误谬论。

现在，城市人民公社已经发展到一个新的阶段，提出了许多新的问题，需要进一步加以解决，以便使城市公社化运动向着更高的阶段发展。首先，是城市人民公社的规模需要进一步扩大。目前分别以机关、厂矿、学校、街道为主建立起来的人民公社，一是规模太小，不能体现一“大”二“公”的特点，充分显示人民公社的优越性；二是性质单纯，不能形成包括工、农、商、学、兵五位一体社会基本单位。其次，是分配问题。现在农村已经普遍实行了半供给制加工资制的分配制度，国家机关、厂矿、企业、学校也在进行酝酿，城市中为它们供养的人口和其他城市居民也势必随着跟上去，这是大势所趋。伴随着上述两个问题，城市人民公社本身，还提出了其他一系列新的问题，需要加以解决。这是人民公社化运动本身发展的必然结果，也是与全国连续大跃进的形势有关的。

如何解决这些问题呢？一个总的指导思想，是办好人民公社，大力发展生产，加速社会主义建设，加速向共产主义过渡，逐步消灭工农差别、城乡差别、体力劳动和脑力劳动的差别，以及消灭资产阶级的法权残余，把资产阶级遗留下来的城市残余，彻底改造成社会主义和共产主义的城市。这是解决上述一切问题的总出发点。

（一）城市人民公社的规模问题。大家一致认为：现有城市人民公社的规模太小，需要进一步扩大，以便在统一调配劳力、使用资金、发展生产、举办福利事业等方面，更充分地显示人民公社的优越性。据各地初步规划，上述6市将由现在的457个小公社，合并为24个大型人民公社（郑5、开5、洛5、新3、焦3、安3）有的还准备以市为单位成立联社。合并后公社的规模，每社平均87 500多人，最大者达30万人，最小者也在3万人以上。这样做的结果，每个公社建成以后，将分别有的以若干国营厂矿、企业为中心，有的以若干国家机关、团体为中心，有的以若干学校为中心，吸收它们的职工家属和附近的城市居民、郊区农民、学校、医院、商店、服务性行业等参加，组成包括工、农、商、学、兵五位一体的社会基层组织，以街道为主组成的公社是分解的趋势。看来，各地城市人民由小到大的合并，是当前我省城市人民公社化运动发展的一个必然趋势。

为了适应生产发展的需要，为了适应“组织军事化、生活集体化、行动战斗化”的要求，对城市的居住分布下决心进行一次全面的大调整，使城市的布局更加合理，已经成为当前一项刻不容缓的任务。城市为什么需要调整房屋？第一，过去以商业为中心形成的旧城市，消费人口密集，居住条件也很坏，布局极不合理，需要以生产为中心，加以彻底改造；第二，很多新市区的建筑没有按照生产单位为中心加以统一安排，多是边建边有迫切需要房屋的职工迁入，形成了职工住宿上的严重分散和混乱现象，有的职工要跑十几里去上班，有的一个集体宿舍里住着不同车间、不同工种、不同班次的工人，互相干扰，影响生产，影响学习，影响政治思想教育；第三，街道上被抚养人口多（郑州市西太康路被抚养人口占75%左右），他们家庭居住两地，不仅增加开支，而且分散精力，影响生产，增加城市交通的紧张；第四，街道上生产门路较少，且不稳定，妇女劳动力占80%以上，男劳动力中地、富、反、坏、右占很大比重，骨干弱，资金少，技术条件差，生产发展有很大的限制；第五，有些农户住在城市，需要跑到十几里以外的地方去种地，往返影响生产，地种不好。对资产阶级遗留下来的旧城市如何进行改造：第一，各机关、厂矿、企业、学校，从现有职工住房中挤一挤，或拆旧房、发动职工义务劳动盖些简易的房子，把自己的家属搬走，据郑州市西一街等4个自然街712户的初步调查，这样可以解决1/3到1/2；第二，对工厂、学校统一进行规划，实行工厂与学校合并，或学校与工厂合并，机关、工厂、学校都适当分配一部分土地，使每个人都能亦工、亦农、亦学，全面发展；第三，商业服务业应随着生产转移，必须保留者留一部分，可以取消者取消（如熟食业除保留少数供给流动人口外，可以全部和公共食堂合并），可以代替者代替（如烟酒零售可附设在公共食堂）；第四，农户迁往耕地附近，另立新居；地、富、反、坏、右五类分子适当集中起来，去搞农业生产；第五，需要继续留在原地或暂时无法移迁的户，分别按片集中居住，将腾出来的土地进行合理规划，种植粮食、蔬菜或树木、花草，使城市园林化。但是，现在有些同志对调整房屋、改造旧城市的重大意义认识不足，怕麻烦，不敢插手，畏缩不前，甚至有的同志由于存在着严重的资产阶级城市观点，对调整房屋则抱抵触、反对态度。因此，必须在广干部、职工和城市居民中，开展大鸣大放大辩论，进行共产主义思想教育，扫除各种思想障碍。当然困难是会有的，如有些市民留恋原来的住房、被迁入家属的单位房子困难等，但是只要领导有决心，依靠群众，做好充分准备，有步骤地去做，这些困难是可以克服的。目前，准备从郑州市重点做起，创造经验。

（二）城市人民公社的体制、机构问题。在目前城市人民公社规模较小的情况下，市的区一级组织仍然需要保留；街道办事处和居民委员会则可与公社的生产大队、生产队合并。如果公社的规模并大以后，市的区一级组织将为大型的人民公社所代替，实行政社合一，由市直接领导几个大型人民公社。

在一个公社内，一般可采取三级制，即公社管理委员会、生产大队（或管理区）和生产队（厂、场）。根据集中领导、分散管理的原则，在公社刚刚建立的情况下，下层骨干弱，领导经验不足，各方面工作还没有完全走向轨道，生产大队和生产队不宜太大，公社领导机构的干部不宜集中过多，切实加强基层，充分发挥生产大队经营管理的积极性。公社委员会各部（条条）与生产大队（块块）应适当分工，密切协作，生产大队不是独立核算单位，是一级“虚”的组织，它的主要任务是根据社委会的计划部署，加强督促检查，做好政治思想工作，深入解决一些具体问题，管好食堂、托儿所与生活福利组织，协助社委会更好地实现领导。生产大队的规模，根据生产的需要、自然区域、照顾到包括工农商学兵等条件适当划分，一个单位或几个单位均可。

公社的组织机构：一般在管理委员会下设工业交通部、农业部、财粮贸部、福利部、文教卫生部、劳动武装部、政法公安部、计划委员会、科学工作委员会、办公室等组织，分管各个方面的工作。公社内建立党的委员会，党的委员会的各部，设立组织部、宣传部、统战部和监察委员会。还要建立团委会。不管组织机构如何设置，必须坚持一条原则：党的领导只能加强，不能削弱。

公社与国营厂矿、企业、学校的关系问题：公社既是一个社会基层组织和政权基层组织，一切国营厂矿、企业、学校等单位必须参加当地人民公社，并实现党的统一领导，这是肯定的。但是，它们与公社的关系是一个比较复杂的问题。其所以复杂，最根本的问题是两种所有制的问题——集体所有制和全民所有制。城市街道集体所有制成分比重较大，但就整个城市来说，全民所有制的成分则是主要的，因此，在城市由集体所有制过渡到全民所有制应当比农村快一些。在没有全部过渡为全民所有制以前，国营厂矿、企业与人民公社在经济上建立两本账，按照国家计划，完成既定的生产经营任务。但是，像食堂、托儿所、幸福院、澡堂、理发室、缝纫厂、制鞋厂等福利事业，和生产、劳动、教育、卫生、民政、保卫、武装等一切能够与公社统一起来的事情，均可交人民公社办理。将来可考虑逐步合并为一本账。

城市中的地方国营工业、手工业、运输业、文化、教育等企、事业，应全部下放给公社，统一经营管理，商业、财政、粮食等，实行“两放、三统，一包”的办法。是否保留少数几个全市性较大的企、事业单位（如百货商店、批发门市部等），还可以考虑。当前的主要问题，是各系统不敢将上述企、事业全部下放给公社，有的只下放行政领导权，不下放人权、财权，担心公社领导不了，这是不相信群众的表现。当然，在下放以后，公社仍必须坚决执行国家统一计划，保证完成各项任务，同时，原系统上级仍然应当继续加强对这些企、事业的业务指导，积极帮助公社把这些企、事业办好。

（三）供给制问题。目前供给制已成为干部、群众舆论的中心。农村实行供给制以后，城市也势在必行。但是由于城市人员复杂，生活水平悬殊较大，街道市民生产基础差，实行供给制比农村要复杂得多。看来，城市供给制不能在某几个单位单独实行，必须在全市统一实行，而且供给制部分包得不宜太多，一般以实行伙食供给制为宜，工资部分多发一点。目前可在少数重点公社开始试行。在试行中，要进行周密地调查研究，算大账，算细账，本着多数人的收入水平不变、少数工资高的干部适当降低、部分工资较低的略有上升的原则，同时制订几种方案，交群众反复讨论，摸清各种人的思想动态，进行共产主义思想教育，开展大鸣大放、大辩论，有计划、有准备、有步骤实行半供给制加工资制。

焦作中站煤矿人民公社，由于生产基础较好，已从10月份开始实行了半供给制加工资制。他们经过计算公社的总收入，扣除上缴利润和公共积累等，确定了对吃、穿、住、生、病、死等实行供给制，并根据劳动强度、生产技术、工作条件、原来工资水平等不同情况，分别确定了生活供给标准和工资标准。供给制部分，如伙食分三类：井下矿工16元，地面职工12元，市民、农民7.2元；工资分13级，最高者27元，最低者2元。这样，一方面体现了共产主义的精神，尽量缩小差别，另一方面也照顾了现实情况，保留一定的差别。执行的结果，除少数高工资的人员略有下降（西井西采区是工资最高的地方，有16%的人下降，平均下降2元），一部分原来工资较低的学徒工和街道市民、郊区农民生活略有上升，其余绝大多数职工不升不降，因而绝大多数人积极拥护，生产情绪高涨。对个别暂时不愿改供给制的工程技术人员和老工人，允许其保留工资制。

在未实行供给制以前，必须采取其他办法，解决好公社内的分配问题。开始，不少公社提出苦战，不取报酬，但是不能长久坚持。目前各地执行的分配办法，大体有四种：（1）基本工资加奖励制，这种办法适用于生产、收入较稳定者；（2）按件计工，或按劳动日计工，这种办法适用于生产收入较不稳定者；（3）包工包产，定额积累，这种办法适用于流动性较大，不易计算产值者；（4）尚未规定出一套办法的，暂时借支。但是，不论哪一种办法，一般都注意了适当照顾社员的生活，积极扩大公共积累；从工资总额中抽出一定比例，作为奖励金发给社员。

（四）几个有关政策性的问题。资本家参加公社，定息不取消，帽子不摘，但需经群众讨论通过，方可成为公社社员。经过群众讨论的好处是可以提高群众的阶级警惕性，有利于对资本家的改造，防止资本家翘尾巴。小业主参加公社问题，则是另外一回事情。可以允许其放弃分红，同其他劳动人民一样待遇。个别资本家的左派可以当公社社员代表和委员，但不能做大社的社长、副社长。

城市私人出租的房屋，按照国家政策进行改造。

对尚未改造好的地、富、反、坏、右，不宜留在工厂，应适当集中起来去搞农业生产，由群众监督改造。

（五）各个人民公社都应该根据加速社会主义建设、加速向共产主义过渡的精神，根据本社当前的情况和发展前途，制定出一个工、农、商、学、兵全面发展的远景规划，作为全体社员的奋斗目标。通过讨论、制定规划，开展大鸣大放、大辩论，提高群众的共产主义思想觉悟，调动群众的生产积极性。并且要制订出实现远景规划的短期计划和具体措施。

二

各地在举办城市人民公社中，不论在组织集体生产、集体生活方面，都获得了很大的成绩，并初步取得一些经验。但是，也提出了一些新的问题，需要加以解决。以便进一步巩固提高人民公社。

（一）不断深入进行共产主义思想教育，开展两种思想、两条道路的斗争，是巩固人民公社的一条重要经验。当前在小社并大社、推行供给制、生活集体化等方面，两种思想、两条道路的斗争仍然是很尖锐的。有些生产条件较好、积累较多的公社，抵触合并，或隐蔽资金、转移财产，表现出严重的本位主义；有些干部、职工听到准备实行供给制，取存款，买手表，买洋车，买收音机，甚至有的将私人的洋车卖掉，等着骑公家的洋车，有的连冬衣也不做了，等着公家发棉衣；一少部分干部甚至包括某些相当负责的干部，对人民公社抱消极冷漠的态度，有的不让家属参加劳动，有的不到公共食堂吃饭，有的孩子不送托儿所；有些社员对工作挑拣，不服从分配等等。因此，必须结合当前工作，进行共产主义思想教育，依靠群众，开展大鸣大放、大辩论，树立共产主义思想，克服资产阶级个人主义、本位主义，从政治思想上巩固人民公社。

对敌人的破坏活动，必须继续提高警惕。最近各地仍不断发现地、富、反、坏、右分子制造谣言，贴反动标语，盗窃公共财物，破坏生产。洛阳市中秋节月饼内发现有毒，白马寺中毒50多人，死4人，因此，必须加强治安保卫和民兵工作，随时打击敌人的破坏活动。开封市最近对1 500名炊事员、会计、保育员进行了审查，清除了地主15名，富农3名，反革命分子28名，坏分子50名，右派分子8名，历史不纯分子37名，其他反社会主义分子5名，共计146名，占将近10%，纯洁了食堂、托儿所和财会部门，对巩固人民公社作用很大。

（二）搞好生产，是巩固人民公社的一个重要环节。事实证明：哪个公社生产搞得好，哪里群众情绪就高涨，食堂、托儿所就很快组织起来；反之，哪里生产搞得不好，群众情绪就冷落，公共食堂、托儿所也组织不起来。在组织生产中，有以下几个问题值得注意：(1) 根据当地劳力多少、技术条件、原料来源和产品销路，发动群众多方面寻找生产门路，制定出生产规划，迅速把生产搞起来；(2) 城市公社的生产方针，应当明确为国营厂矿、企业和基本建设服务，为城市人民生活服务，多举办些投资少、收益快的加工、修配、小型制造和服务性的事业，大量种植蔬菜，饲养猪、鸡、鸭、蜂、鱼、奶羊、奶牛等，保证副食供应；（3）现在已经建立起来的许多小型工厂（店、组），一般规模小，骨干弱，不便领导，需要分别加以整顿，有些可以成为某些国营厂、矿的卫星工厂，有些性质相同的可以适当合并；（4）公社的生产应当逐步纳入国家计划，产、供、销问题需要有关方面协助解决，予以大力支持，某些商业、计划部门借口公社的生产尚未列入国家计划，因而对可能帮助解决的一些问题也不积极设法帮助解决，应当严格加以批判；（5）对于城市中轻视农业生产的现象，必须坚决地加以扭转，号召党团员、干部带头，充分利用城市的各种有利条件，切实把农业生产搞好。

（三）食堂和托儿所问题。在组织好生产的同时，必须加强领导，切实办好公共食堂、托儿所、幼儿园等福利事业。事实证明：哪里食堂、托儿所办得好，群众集体生活组织得好，劳动出勤率就高，就会进一步促进生产；相反，哪里食堂、托儿所办得不好，则会影响生产。现在各地都已出现了一批确实办得很好的食堂和托儿所，食堂做到了吃得饱、吃得好，花钱少，随到随吃；托儿所做到了收费少、孩子照顾得好，有日托，有全托，方便生产，群众非常满意。办好食堂、托儿所的主要经验是：（1）选派一定数量的党、团员、积极分子到里边去工作，清除地、富、反、坏、右各种不纯分子，加强管理，有些地方采取了现场会议、业余训练班、师傅带徒弟、互教互学等方法，培养和训练了食堂、托儿所的管理人员、会计、保育员，效果很好；（2）发动群众，依靠群众，因陋就简，由小到大，由低到高，食堂、托儿所需要的房子、用具，一切都依靠群众自己来解决；（3）从生产出发，为生产服务，简化手续，方便群众，食堂对老人、小孩、病号、孕妇适当照顾，托儿所尽量扩大全托，以满足各种人的不同需要；（4）加强财务管理，杜绝贪污浪费，定期公布账目，发扬群众监督。但是，也有少数食堂、托儿所因缺乏领导骨干，或缺乏管理经验，办得还不够好，需要进一步加以改善。目前冬季即将到来，公共食堂当前最大的问题是缺乏餐厅；现在各地正采取调整房子、食堂适当分小、轮班开饭、挖窑洞、盖简易餐厅等办法加以解决。

（四）随着公社化运动的发展，群众共产主义思想觉悟的提高，一个群众性的学习文化、学习技术的高潮已经开始出现。各地入学儿童普遍增加，建立起很多业余学校、红专学校、专业学校等，学生在过去勤工俭学的基础上发展半工半读，群众在生产中学习技术、钻研技术、科学研究活动日益增多，这些都是非常可喜的现象。但是，从领导来看，还远远落后于群众的要求，必须改变这种状况，加强对群众文化、技术学习的领导，以加速文化革命和技术革命的进程。

（五）加强党对人民公社的领导。各级党委一般都应有专人分工负责此项工作，定期集体讨论、研究；选派一定数量的骨干，充实公社的领导机构；教育干部，善于依靠人民公社。通过人民公社去进行工作，在各种工作中去巩固提高人民公社。郑州市还组织了三个由负责干部率领的工作组，深入重点，创造、总结经验。但是，从当前整个城市人民公社的情况来看，经营管理还极缺乏经验，急需深入下去，加强基层工作，总结群众的创造，帮助公社调整好劳动组织、做好计划、财务管理、建立起一些必要的制度，使人民公社的经营管理逐步走向正规。

Z292 – 3

劳动部党组关于在城市建立人民公社的试点工作给少奇同志并中央的报告①

1959 年 3 月 4 日

少奇同志并中央：

我们在去秋根据您的谈话指示精神，派了一个工作组到唐山市，在当地党委的领导下，进行了城市建立人民公社的试点工作。现将工作组《关于在唐山市建立人民公社试点工作的报告》送上，请阅示。

附：劳动部唐山市工作组关于在唐山市建立人民公社试点工作的报告

1959 年 2 月 25 日

根据党组的决定，我们于 1958 年 9 月至 11 月间，在唐山市党委领导下，结合整顿劳动工资工作进行了城市建立人民公社的试点工作。兹将这一段试点工作的情况和问题报告

① 题目为编者所加。

如下：

唐山市（不包括最近划给该市的丰润、滦县2个县）有市区、郊区、东矿区等3个行政区，人口82万多（其中，职工22.6万多人，农民23.3万多人，市民36.1万多人）。它是一个工业城市，有不少大、中型的厂矿企业，如开滦煤矿、启新水泥厂、机车车辆厂、钢厂、钢铁厂、华新纱厂、耐火材料厂等，而多数企业又与农村毗连，这就给建立工农商学兵相结合的人民公社提供了有利条件。

我们在唐山市试办了三种类型的人民公社：一种是以学校为主包括农村的唐山铁道学院人民公社；一种是以街道居民为主组成的红旗人民公社；再一种是以大、中型厂矿企业为主包括农村、街道的开平人民公社和唐山发电厂人民公社。

唐山铁道学院人民公社，是由唐山铁道学院和太平庄、石家庄两个农业社组成的。全社有1 001户，8 306人（其中，铁道学院教职员和学生4 021人），土地1 673亩。组织这个人民公社，太平庄、石家庄的农民特别高兴，他们认为与铁道学院结合起来，是攀了一家“富亲戚”，今后有了铁道学院的支援，农业生产将会得到迅速的发展。铁道学院认为，与农业社结合起来，便于实现勤工俭学，贯彻教育与生产劳动相结合的教育方针，有利于知识分子与劳动人民的进一步密切联系。但是，这个公社只有农业，没有工矿企业，而两个农业社的土地不多，人口又少，经济基础比较薄弱，因此从家务劳动中解放出来的铁道学院职工的家属和街道妇女工作时断时续，影响了公共食堂、托儿所、幼儿园的巩固和发展。看来，以学校为主的人民公社，由于生产基础薄弱，要作为一个独立的社会基层单位是有困难的。

红旗人民公社是以乔屯、西山路两个街道办事处的居民为主组成的。全社有10 298户，56 000人。这个公社的成立，促进了民办工业的发展，推动了公共食堂、托儿所和幼儿园等集体福利事业的发展，使大批家庭妇女能够从繁琐的家务劳动中解放出来参加生产建设。但是由于它没有与大、中型工业和农业生产结合在一起，因而在发展上也受到了一定的限制。

开平人民公社是由开滦马家沟煤矿、马家沟耐火材料厂、欢套乡、后屯乡、开平镇、马路街道办事处和市立十一中学等单位组成的。全社有10 583户（其中，农业户2 674户，工兼农户3 639户，非农业户4 280户），53 181人（其中，国营厂矿职工6 000多人），土地67 119亩，园田810亩。唐山发电厂人民公社是由唐山发电厂、付家屯乡、市区雷庄子街道办事处组成的。全社有5 276户（其中，农业户3 464户，非农业户1 812户），26 429人（其中电厂职工1 490人，农业人口17 668人，非农业人口8 761人），土地37 623亩。这种以大、中型工矿企业为中心的包括农村、街道的工农商学兵五位一体的人民公社，不仅有利于工农业之间的协作支援，而且便于把学校、街道的活动与工农业生产密切结合起来，对促进工农商学兵各项事业的迅速发展，能起巨大作用。以开平人民公社为例，就能充分地说明这个问题。

开平人民公社是在1958年9月16日成立的。这个公社成立以后，使得工农关系更加密切了，过去是一般的协作关系，现在变为一家人了。过去有很多不易解决的问题，现在都得到了解决。例如，马家沟耐火材料厂有一部分合同工人是来自附近农村的，去年8、9月间农业劳动力相当紧张，各农业社都想从工厂里往回抽人，因而引起了部分工人的情绪不够稳定，工厂对此很有意见。公社成立以后，各农业社表示：既然都在一个公社了，更应当发扬共产主义协作精神；因而不但没有往回抽工人，而且还调出了一部分人支援工业生产。过去欢套乡支援厂矿的大车，因农业生产需要抽回了10多辆，公社成立以后，乡里的同志表示：不能因为往回抽大车影响工厂生产，今后“要车给车，要啥给啥”。耐火材料厂因任务增加，粉碎车间赶不上生产需要，公社干部知道以后，立刻从农村抽调了10套牲口和砌轴，帮助轧料，对该厂完成9月份生产任务起了很大作用。在钢铁任务紧张的时候，社内的十一中学每天派400余名学生去耐火材料厂参加劳动，有力地支援了该厂完成了生产任务。有些学生还因而成了“炉长”、“炉前工”。还有厂矿所需要的一些建筑材料，如稻草、木料等，也得到了农村的及时供应。在农业生产方面，从公社成立以后，也获得了两个国营厂矿在技术、设备上的许多帮助。例如，欢套乡修建的小型水电站，就是马家沟耐火材料厂派技术工人帮助安装和修建的。工人们为了帮助农村修建电站有时牺牲礼拜天的休息时间，使农民很受感动。马家沟煤矿和耐火材料厂为了加速实现农业水利化，借给农村钻井机械，帮助修理钻井工具、加工木板等，还派出技术工人帮助农村打机井，经常帮助修理农具等。当公社成立的时候，正处在秋收、种麦的农忙季节，农村劳力、畜力都很紧张，马家沟耐火材料厂派出10辆卡车用了几个晚上时间帮助运送肥料；中学学生、机关干部和从街道上解放出来的大批家庭妇女劳动力，也都积极地从各方面帮助农民进行秋收、种麦工作。由于各方面的大力支援和农民生产积极性的提高，公社的种麦任务在短短的10多天内即超额完成了，而且肥料足、翻得深，为1959年的小麦大丰收打下了良好的基础。由此可见，以大、中型厂矿企业为主，包括农村、街道的工农商学兵五位一体的人民公社，比其他类型公社具有更大的优越性，是城市建立人民公社的一种比较理想的组织形式。

在唐山建立人民公社的试点工作中，有以下几点体会，提出来供领导上参考：

（一）在城市建立人民公社，是否与生产发生矛盾、影响生产呢？有些人对这个问题是有怀疑的。从表面上看，在去年9、10月间生产任务特别是钢铁生产任务十分紧张的情况下，抽出一定力量来搞公社化运动，似乎分散了领导力量，与发展生产有矛盾。但是事实并非如此，这是由于唐山市能把建立公社与发展生产紧密地结合起来，把建立公社的过程，作为发动群众大搞生产运动的过程。因此公社是建立起来了，生产也搞好了，矛盾就迎刃而解。

（二）以厂矿为主，包括农村、街道的人民公社，存在着两种所有制，即全民所有制与集体所有制，在工农之间也存在着一定的差别。唐山市目前对上述问题的处理，是实行统一领导、“建立两本账”、分别核算、分别计酬的原则，对国营企业的全民所有制与管理权限未加变动，但在生产规划、劳动力安排、工农商学兵的相互结合、相互支援方面，则强调了由公社统一领导。这对于促进工农业生产的发展，有着重大的意义。

工农之间的差别，主要表现在两个方面：一是工资报酬不一致；二是物质生活的供给标准有差别，这两方面都是工人高于农民。如开滦煤矿、电厂职工的月平均工资均在70元以上，而一个劳动力强的农民每月收入不到30元。在生活供给标准方面，如粮、油、肉、布等，城市与乡村、工人与农民也不一样。公社成立初期，有些农民反映：“工人们吃的是猪肉、白面，农民吃的是白薯、稀饭。”他们认为，既然都是公社的社员，生活就不应当有啥区别。还有些农民认为，工人的工资应当交给公社，由公社根据劳动力强弱分别给他们记工分。有些工人则害怕加入公社会降低他们的工资，并且顾虑老婆去参加工作，没有人做饭、带孩子，饭吃不好，孩子生病等等。

针对上述情况，我们首先向工人和农民阐明了政策界限，宣传了目前国营工厂与农业社在工资待遇上分别计酬的必要性；批判了某些农民中的绝对平均主义思想。其次，在解决工人与农民的工资待遇问题上，采取了如下措施：第一，在开平人民公社对农民和社办工业的工人（他们也是农民）实行了统一的工资制与供给制相结合的分配制度，工资标准分为5个等级，最高的11元，最低的3元。对有技术的或劳动强度较大、劳动条件较差的某些工种的工人，除评级时加以照顾外，另有技术、伙食、鞋袜等项津贴。第二，对唐山市新建的一些地方国营厂矿如钢铁厂、炼焦厂、采石厂、铁矿等单位的3万多合同工人，实行了工资、奖励加供给的新厂新人新制度，即按月发给工人本人一定数量的工资，供给工人本人伙食和工人家属的生活费用。工资标准分为五个等级，一级为7元，五级为15元，月平均工资为10至11元左右，每个工人的伙食标准为12元左右；在家属供养方面，由企业按每人每月平均10元（每个工人按平均赡养家属2人，每人伙食费4元、福利费1元计算）的标准，拨交工人家属所在的人民公社，作为工人家属的生活福利费用。这样，使得工人的待遇仅略高于农民，保持了工农之间的合理差别，既避免了平均主义，又防止了高低悬殊，绝大多数工人农民都拥护这个办法。至于老企业的工人，则没有加以改动。在生活供给标准上，公社采取多养猪（开平公社养了1万头猪）、多种小麦、多种菜、多发展副业的办法，以期尽快地改善农民的生活，逐步消除工人和农民在主副食品供应标准上的差别。另外，在某些集体福利和文化娱乐等方面，也尽量让工人社员和农民社员享受同等待遇（如农民社员的医疗费用由公社供给一半，工厂的电影队经常下乡放映等）。这样，就可以使工农生活水平逐步接近起来，并将随着生产的发展，在提高工农群众生活水平的基础上，逐步消灭工农之间、城乡之间的差别。

（三）关于人民公社对待资产阶级和资产阶级知识分子的政策界限，唐山市是这样确定的：第一，资产阶级和资产阶级知识分子在其自愿的原则下，可以加入人民公社。未被剥夺政治权利的资产阶级右派分子，一般也可以加入人民公社作为正式社员，但必须对他们进行监督改造；至今还不老实、群众意见还很大的右派分子，则应经过一段考察、改造以后，再吸收为社员或作为预备社员。为了不致过多地牵动资产阶级和资产阶级知识分子的生活方式，在他们参加公社后，愿意参加集体生活者欢迎，不愿意参加的也不勉强。对其家属参加劳动生产的问题，也采取自愿原则。对资本家享受的定息，暂时一律不动。他们的多余房屋愿出租者，按对私人资本主义的改造政策办理，自愿借出或献出者欢迎，不愿的也不动员。由于对上述政策的宣传贯彻，因此，使得那些对生活集体化和工资待遇等方面存在种种顾虑和抵触情绪的资产阶级尤其是资产阶级知识分子（如铁道学院的一些教授），目前都有了好转，有很多人要求加入人民公社。

（四）根据唐山市的试点经验，在中等以上城市建立人民公社，其规模应当要大，包括的范围应当要广，这样才便于促进工农商学兵各项事业的相互协作与全面的发展，有利于逐步消灭工农之间、城乡之间、脑力劳动与体力劳动之间的差别。最近唐山市委提议撤销区级建制，在原市区、郊区、东矿区3个区的范围内建立5个人民公社，市上成立联社，实行政社合一。每个公社包括有厂矿、农村、街道和学校。人口最多的公社为22万多人，少者为13万多人。他们准备在西山人民公社进行试点。这个公社包括开滦唐山煤矿、唐山机车厂、唐山陶瓷厂、铁道学院和6个办事处与3个乡，全社人口22.6万多人，耕地面积103.195亩。他们计划在公社的统一领导下，在农村，建立生产大队，在城市街道成立生产服务社。同时在一个公社内划分几个协作区，由工厂与一片农村、一片街道发生直接联系，开展相互间的支援协作。我们认为，唐山市这个意见是比较好的，一则符合“一大二公”的精神；二则可以减少层次，减少机构，节省干部，便于统一领导，便于工农商学兵各方面的相互结合与通力协作，更大地发挥公社的优越性。

唐山市的公社试点工作，目前尚在继续进行，虽然已经取得了一些经验，但还不够成熟，同时还有很多问题需要进一步研究解决。如大厂矿与公社的领导关系问题；商业和中小型工业的下放问题；进一步解放家庭妇女与调整劳动组织和统一规划、统一安排劳动力问题；如何办好食堂、托儿所问题等，对这些问题，我们已和市委领导上交换过意见，希望市委继续加强对人民公社的领导，根据中央八届六中全会《关于人民公社若干问题的决议》的精神和唐山市各公社的具体情况，及时予以解决，争取在城市公社化方面先行一步。

Z1064－1

中华全国总工会党组关于城市人民公社试点情况和若干初步经验的反映

1959 年 2 月 23 日

中央：

关于在城市中建立人民公社的问题，自从中央北戴河会议后，全国各地一般都进行了一些试验或准备工作。全总曾派了几个工作组到各地了解了这方面的情况。最近，在全总第四次党组扩大会议期间，又召集各地到会的有关这方面工作的 20 多位同志开了座谈会，交流了各地试点工作的情况和经验，并且根据八届六中全会决议的精神，对试点工作中的一些问题交换了意见。现在把我们所了解的一些试点工作的情况、问题和若干初步经验汇报如下，以供参考。

一

城市中人民公社的出现不是偶然的，它也是我国经济和政治发展的产物。经过整风运动和反右派斗争，提高了广大群众的政治觉悟。在社会主义建设总路线的鼓舞下，1958 年全国人民掀起了社会主义建设大跃进和全党全民办工业的热潮，城市、农村都出现了劳动力紧张的情况，工业和农业、学校和生产部门以及厂矿企业之间都要求进一步加强协作；同时，城市广大妇女也要求摆脱琐碎的家庭事务，参加社会劳动，参加社会主义建设。随着妇女参加社会劳动，人们的生活就必须社会化。这种形势，要求用新的形式来组织人们的生产和生活。从 1958 年 6 月起就先后出现了天津鸿顺里的“社会主义大院”、河南郑州纺织机械厂的“家属共产主义公社”、北京石景山的“家属生产服务社”、沈阳北关东横街的“红旗公社”等。这些实际上都带有城市人民公社的萌芽性质。

在全国农村人民公社运动高潮的影响下，河南的郑州、洛阳、焦作，东北的四平、阜新、鹤岗，河北的石家庄、邯郸，陕西的咸阳，山西的阳泉以及湖北的沙市等城市都普遍的建立了人民公社，沈阳、天津、哈尔滨、齐齐哈尔等城市的若干企业和一部分街道也建立起一些人民公社，其他城市也进行了一些酝酿，有的并建立了少数人民公社进行试点。

从各地试点的初步经验中，已经可以看出在城市中建立人民公社的优越性：第一，大量的解放了劳动力，促进了生产的发展。据初步统计，在一些建立了人民公社的城市和地方，原来尚未参加生产的劳动力，已经有 60% ~ 80% 的人解放出来了。郑州从 5.4 万多劳动力中，解放出 4 万多，沈阳解放出约 22 万人。这些新解放出来的劳动力（绝大多数是妇女）分别参加了大工厂、商店、集体福利事业和服务部门的工作，并且创办了许多卫星工厂和小型工业；同时，还通过“以女代男”、“以弱代强”的办法，进行了一些劳动力的调整。这样不仅缓和了劳动力的紧张情况，而且也直接推动了生产的发展。第二，促进了工农商学兵的相互结合，在人力、物力方面相互支持，发扬了共产主义的协作精神，进一步巩固了工农联盟。第三，创办了大量的公共食堂、托儿所、幼儿园、缝纫组、洗衣房、鞋厂等等，使得几千年来屈服在琐碎的家庭事务中的妇女得到了进一步的解放；同时，由于妇女（主要是职工家属）就业，家庭收入一般增加了 20% ~30%，因而进一步改善了群众生活。第四，在人民公社化运动中，城市各个阶层特别是职工及其家属一般都受到了深刻的共产主义教育，人们的思想面貌起了重大变化，劳动光荣和集体主义思想大大发扬了。妇女参加社会劳动后，不仅社会地位提高了，而且有条件参与政治生活和文化学习、技术学习。夫妇之间、婆媳之间、邻里之间的纠纷减少了，社会风尚出现了新气象。

从各地试点的初步情况看来，城市人民公社的试点工作中，虽然还有很多问题尚待解决，但是，随着它工作内容的充实、经验的丰富，其作用必将日益显示出来。

二

在城市中建立人民公社是一个新问题，许多问题需要在继续试点过程中进行试验和研究，根据各地试点情况，我们感到目前在城市建社，有以下一些问题和初步经验。

第一，如何“以适合城市特点的形式”建立人民公社。

城市是历史上形成的政治经济文化中心，情况比农村复杂得多。解放后10年来虽然经过很大改造，取得了伟大成绩，但是许多地方还没有彻底改变旧城市的畸形状态，工业分布还不尽合理，还存在着不少有劳动能力而尚未从事生产或就业不足的消费人口；除全民所有制的经济占主要形式外，还有其他经济成分，各个机关、学校和企业的隶属关系也不同；职工的劳动条件、熟练程度、生活水平差别较大；安排就业比农村困难；阶级关系复杂，资产阶级思想影响也较深。同时，城市又有大、中、小和新、老的区别；有些城市产品比较单纯（如鹤岗、阜新），多数城市则比较复杂；有些城市的布局比较合理，有些城市工业、商业、机关、学校又分别各集中于一个地区；有些城市工厂和宿舍大都连接在一起，有些城市工厂和宿舍距离很远；等等。因此，在城市建立人民公社必须从城市的具体特点出发，在步骤上要稳妥，在做法上也不能强求一致。但是就总的情况看，城市是工人阶级集中的地方，全民所有制占有绝对优势，而且这些全民所有制的企业都已经按照社会主义的原则高度组织化了。因此我们认为在城市建立人民公社，必须在党的统一领导下，采取以工人阶级为骨干、以全民所有制为主体、以发展生产为中心的方针。

目前在城市进行试点的人民公社大体有以下几种类型：有些是以厂矿为中心，有些是按街道建立的，也有以机关或学校为主的，这也反映了城市的复杂情况。一般在工业区都以厂矿为中心建社，而在一些旧市区，则多是按街道建立的。从试点的初步情况看，各种类型的公社在不同程度上都显示了它的优越性。但是，比较起来，我们认为以厂矿为中心，结合部分农村、街道、机关、学校的类型比较好（也有尚未包括农村的，如沈阳的齐虹人民公社）。这种类型的人民公社，便于实现工农业的互相支援；便于促进教育和生产劳动相结合；便于实现大企业和小企业之间的分工协作；便于组织群众生活；特别是便于发挥工人阶级在公社中的骨干作用。因此，在有条件的地方，应尽可能以厂矿为中心建立人民公社。

目前城市建立的人民公社，有些是一市一社（如四平、鹤岗），有些是一区一社，有些在开始时则建立了许多小社。从城市内部错综复杂的情况，特别是从集中统一的特点来看，一个城市实际上是“一盘棋”，因此，城市人民公社的建立，必须进行全面规划，合理安排，既要照顾各个城市的具体情况和现有基础，又要注意城市改造和发展的要求。有些城市虽已按区建立了公社，但有些工作实际上还是由市统一管理。根据城市集中统一的特点看来，有些城市可能发展成为一市一社，有些则可以是一个联社。但在开始时先建立规模较小的公社，进行试点，比较稳妥。郑州市建立的公社，原来规模大都比较小，后来感到小社有某些局限性，遂以“二七”区为基础，建立了包括有工业区、商业区、文教区、农业区共有20万人口的“七一”人民公社；由于经验不足，一度忽视了小社的作用，影响了各个企业办社的积极性，现在又确定加强小社的工作。哈尔滨香坊人民公社原来是以国营轴承厂为主的公社，后来扩大为包括21个国营和地方国营工厂、11万人口的公社；在并社后，由于撤销了原来的街道办事处，工作感到不好抓，又确定在社内以一个大厂或几个小厂联合为中心，划分12个生产作业区。经验证明：小社有它的优越性，如厂社关系密切、便于领导生产和组织生活、容易调动各单位办社的积极性、一般也适合目前群众的觉悟水平。但是，在有了条件的地方，以区为基础建立联社性质的大社也是必要的，因为它可以在较大范围内组织协作，便于统一调整和安排劳动力，以及解决其他小社不能解决的问题。同时，也便于体现工农商学兵相结合和政社合一。就现有经验看来，大社要有小社做基础，大社和小社应当结合起来。公社在初建时，一般是先搭起架子，有些地方没有农业的，也不必强求"五位一体"，随着工作的发展和内容的充实，小社将逐渐发展成为工农商学兵相结合和政社合一的大社或联社。看来，要经过许多工作和步骤，才能使城市人民公社逐步发展成为生产、交换、分配和人民生活福利的统一组织者。

这些经验说明：在城市建立人民公社要采取全面规划，统筹安排，先易后难，由小到大，大小结合的做法。这实际上也是一个由低到高的发展过程。看来这种做法是积极而又稳妥的。

城市人民公社的体制如何解决好，这也是一个很复杂的问题。在以厂矿为中心的这类公社中，也有各种不同的情况：有些公社是以一个厂矿为中心。如过去的郑州纺织机械厂人民公社，厂党委就是公社党委，厂长兼公社社长，公社的职能科，除了农业、财贸外，多由工厂的有关科兼任；有些公社内包括几个隶属系统不同的大厂，如沈阳以毛织厂等为核心的齐虹人民公社，它建立了公社党委，统一领导社内各单位的党委或支部。毛织厂党委书记兼任公社党委书记，另设副书记分工领导公社的日常工作；再如焦作中站煤矿人民公社，它在矿党委和区委的基础上合并组成公社党委，设有几个书记分管煤矿、财贸、农业等方面的工作。由于各个公社的具体情况不同和这方面经验还不够，在体制问题上，目前还不可能强求一致，需要在试点中继续进行研究。但是从初步实践的一些经验中看来，以下几点做法是比较好的：（1）在一个公社内，首先要实现党委的统一领导。（2）大厂矿的党委书记、厂长最好是兼任公社的党委书记、社长，以便统一全局，但又要注意不能因此而削弱了他们对大厂矿的实际领导，又必须有较强的副手协助日常社的工作。（3）除大厂矿外，有些小单位最好逐步下放给公社管理。这样，才能使公社在上级党委的集中领导下，充分发挥它的积极性、主动性，从而充分发挥公社的作用。

第二，以全民所有制为主体，全面发展生产。

城市人民公社的经济基础，一般主要是全民所有制的企业。在以厂矿为中心的公社，必须把搞好国营厂矿的生产作为首要任务，并以国营工业为基础，带动社办工业和郊区农业，促进生产的全面发展。

社办工业的一般特点是规模小、投资少、设备简陋、技术简单，一般是集体所有制（有些基本上是全民所有制），它和全民所有制的国营工业在性质上还是有区别的。因此，在经济上应当是"两本账"（分别核算，各负盈亏）。有些社办工业，由于利用了国家的某种资源，利润很高，在适当条件下应该转为全民所有制的企业。有些卫星工厂和大工厂关系十分密切，必要时可以并入大厂；但一般社办工业不要轻易并入国营企业，同时社办工业也不能完全依赖国营企业。社办工业应当在国营工业的带动下，彼此建立密切的分工协作关系。社办工业要在生产和生活服务以及劳动力等方面支援国营企业，国营工业又要在原料、设备、技术力量（例如帮助它机械化）等方面积极扶植和提高社办工业的生产力，逐步增加社办工业的全民所有制成分，以便创造条件使之逐步转变为全民所有制。

社办工业的经营方针，首先应该为国营工厂服务，例如为国营工厂生产某些原材料，加工半成品和利用国营工厂的废料、下脚料进行生产。其次，要为农业服务（如生产化肥、修造农具）和为社会生活服务（如缝纫工厂、食品加工厂等）。沈阳齐虹人民公社有17个社办工厂，其中有7个是为大工厂加工的，原料供应、产品销售均由毛织厂包下来；6个是利用大厂废料进行生产的；4个是为社会生产和生活服务的，月产值达7万余元。其他公社社办工业的情况也与此相仿。这些社办工业的兴办，不仅增加了社会财富，而且帮助满足了城市生产与人民生活上的某些需要，其中绝大多数是有发展前途的。但是，也有少数因创办时有盲目性，在原料、技术和销路等方面存在一些困难，生产不够稳定。在运动初期，这种缺点是难免的，但是在发展过程中，对这些社办工业需要及时加以整顿，并坚持贯彻因地制宜、因陋就简、土洋结合、逐步提高的原则，加强经营管理，提高生产效率，降低成本，增加收入，使生产不断向前发展。

人民公社建立后，工业和农业的关系更加密切了。农业可以在副食品、劳动力等方面支援工业，有些郊区公社的小型工业，还可以在砖、瓦、沙、石等方面支援大工业建设。大工业可以在技术设备、肥料以及组织少量的义务劳动等方面支援农业，这样，就可以加速农业的技术改造，促进农业的增产，密切工农关系，因而也会大大增强农业直接对国营大厂的支援力量。这样，在全民所有制大工业的带动下，也将促进郊区农业由集体所有制向全民所有制过渡。

在城市还有为数不多的合作小组、合作商店和个体经济性质的小摊贩。公社成立后，合作组、店的资产将转为公社所有（组员、店员的股金将由公社偿还），使之在国营商业的领导下，发挥积极作用。至于对小摊贩，目前主要是结合城市商业点的合理布置，进一步组织起来加强领导，而不宜急于改变其分散的经营方式。

第三，关于生活、分配方面的问题。

在建立人民公社过程中，既要抓生产，又要抓生活。在组织家属参加生产的同时，必须大力办好公共食堂、托儿所、幼儿园、洗衣房、缝纫组等集体福利和服务事业。如不解决好这些问题，就很难使职工安心生产。

在举办集体福利事业方面，各地试点中都取得了一些经验：（1）必须为生产服务。公共食堂、托儿所的规模（大、中、小结合）和地点的选择要尽可能有利生产、便利群众。有些工厂在调整宿舍以后，把食堂、托儿所下放给车间管理，就进一步改善了食堂、托儿所和群众的关系。群众把办好食堂、托儿所看成是自己的事情，车间干部上班领导生产，下班关心生活，使生产和生活紧紧地结合起来。（2）贯彻“大集体，小自由”的原则。儿童入托和社员入食堂都要自愿。努力办好食堂、托儿所，用事实解除群众的顾虑，吸引他们参加集体生活。食堂要有大锅饭，又要有小卖部或小食堂。对老人、病人、孕妇、小孩的需要以及民族习惯、地方习惯等都要适当照顾，对于收入多、要求高的也要照顾。举办托儿所，可以有日托、整托等形式，接送儿童也要使群众感到方便。（3）领导与群众相结合，厂办和群众自办相结合。要提倡白手起家，因陋就简，依靠群众克服困难；同时，公社对一些必不可少的设备，也要设法解决。在现行的工资制度下，托儿所可以向儿童父母收一些费用。如果有些职工确有困难，可以免收或减收。对食堂和托儿所要加强领导，严格选择工作人员，经常注意思想教育，及时总结交流经验，使之不断地巩固和提高。

为了办好人民公社的集体福利事业，许多厂矿从企业奖励基金、福利费和工会经费节余部门等项经费中适当拿出一部分钱交给公社，这不仅对公社这方面的工作是一种支持，而且对大厂矿本身的工作也是有利的。但是国营工厂和社办工厂职工的福利待遇上的差别还是必要的，不应强求一致。

目前人民公社举办的集体福利和服务事业，虽然解决了妇女参加社会劳动的许多困难，但还不能完全代替妇女的家务劳动，同时，他们一般又都缺乏文化技术知识，因此，对社办工业、集体生活福利和服务事业中初参加劳动的这些妇女，在劳动时间上，应该适当予以照顾。天津等地试行的6小时工作、2小时学习的制度，或7小时工作、1小时学习的制度，据反映效果较好，看来，这种办法在一定时期内是有意义的。

为了解决人民公社内部的分配问题，不少试点单位对工矿企业实行半工资半供给制作了测算和研究。根据石景山发电厂、天津灰堆纸厂、郑州纺织机械厂等单位测算的结果表明：在工资总额不变的条件下，实行职工及其家属的吃饭供给制，供给部分一般要占工资总额的45%～50%，这样职工的收入增减幅度则较大。目前在厂矿企业中，采取这种分配办法是有困难的，但是对现行工资制度作些必要的改进则是很必要的。今后在实行工资制为主的条件下，逐步地适当增加某些供给制部分（如粮食供给制），也是可以考虑或者选择若干重点加以试验的（据我们在上述几个工厂初步调查，如实行职工及其供养家属的粮食供给制。其费用约占现行工资总额的20%～30%。其中职工本人粮食费用约占10%～15%）。

各地的社办工业，一般是根据既照顾公社积累、又照顾社员生活的原则，来解决积累和分配的关系的。一般是收入较多的多积累，开始收入不多的，少积累，首先照顾新职工的最低生活，才能巩固他们的劳动热情。在一个公社范围内，各种社办工业和公共福利事业（食堂、托儿所等），有些是采取分别核算、统一分配的办法，有些虽然分别进行核算和分配，但由公社加以调整，使各类人员的收入大体平衡，这对发展生产、稳定劳动力和加强团结是有利的。工资水平一般每人每月为15元至25元，即能够保证最低生活需要，也比较适合目前社办工业的生产水平。有些社办工业，原是过去的小工厂，一般应该维持原来的工资水平，如果劳动生产率有较大的提高，原来工资水平又很低的，在统一掌握下可以进行适当调整，但一般不应高于同类地方国营企业。工资形式有月固定工资制、供给伙食另加津贴、计件工资制等几种。这些做法目前都有它一定的群众基础，也不可能强求一致。

第四，加强党的领导和政治思想教育。

在城市中建立人民公社，是一次深刻的社会改革。因此，它必然在各个阶层中引起不同的反映，根据各地试点情况看来，工人及其家属和其他基本群众（约占70%）是热烈拥护和迫切要求建立人民公社的。还有一部分认识不清和生活较富裕的人（约占20%），表现不同程度的犹豫，他们顾虑“吃饭不随便”、“缝缝洗洗怎么办”、“老人孩子由谁管”等等。这些顾虑一般是有一定道理的，不应该认为这都是落后或资产阶级思想作祟，只要加强教育和帮助他们解决好这些方面的问题，解除了顾虑，他们绝大多数是会赞成公社的。还有一些资本家和资产阶级知识分子以及有严重资产阶级思想的人，对建立人民公社是有很大抵触情绪的，他们“怕不自由”、“怕共产”、“怕劳动”等等。对这些人需要等待，不入社也可，不必勉强。此外，还有少数反革命分子和坏分子乘机造谣破坏。这说明，在城市中建立人民公社，一方面存在着先进思想和落后思想的斗争；一方面也必然有尖锐的阶级斗争。

正因为如此，各地在试点工作中，加强了党的领导，强调政治挂帅，深入地进行了政治思想教育工作。对敌对性的言论坚决予以驳斥，对少数有破坏行为的坏分子和反革命分子坚决给予打击，而对那些一时认识不清和觉悟不高的人，则应该加强正面教育，耐心等待。经过一系列的深入的思想教育工作，群众的共产主义觉悟提高，积极地参加了公社的建立和巩固工作。实践证明，这是搞好人民公社工作的前提和根本保证。

三

在城市建立人民公社的试点中，各地工会组织在党委的统一领导下，一般都积极地参加了这一工作。有些以厂矿为中心的人民公社，最初就是由工会组织家属生产入手逐步发展起来的。在建社的过程中，工会对职工及其家属和其他社员进行了人民公社好的宣传和共产主义教育；动员了大批职工家属到国营企业或社办工厂工作，积极参与组织人民公社的生产、生活等各方面的工作。

人民公社建立后，工会如何适应新的形势更好地进行工作，这是需要在实践中继续研究和解决的问题。目前城市中在进行人民公社试点的地方的工会组织，有一些是在实际工作中已完全把搞好人民公社看做是自己崇高的任务，在某些机构和工作上，首先是在文化教育和福利方面，已把工会和公社密切结合起来了，并丰富了工作内容，进一步发挥了党的助手作用；也有的是在公社初建时期，一方面主要抓厂内职工群众的生产、教育等工作。同时，又派出干部去积极参加建立公社的工作；也有的是将大部分干部派去专门负责公社的生活福利部、文教部的工作了。这些做法，在今后的实践中可以继续进行试验和加以研究总结。

从这个时期城市人民公社试点的一些初步经验看来，在建立了人民公社的厂矿企业中，工会工作必然随着也发生了和将继续发生很大变化。工会不仅要组织和教育职工群众积极参与人民公社的各项活动，而且要在党委统一领导下，面向全体社员进行工作。实际上人民公社的很多工作是和工会工作紧紧结合在一起进行的；也只有结合起来，才便于统一组织公社的生产、生活和对社员的教育。工会主动的积极进行公社工作，就在更大范围内联系了群众，发挥了党的助手作用，同时也便于发挥工人在人民公社中的骨干作用。因此，工会必须把搞好人民公社工作作为自己崇高的任务。

四

全总在1959年的工作安排中，准备用一定的力量继续认真研究这方面的问题。我们最近除已派了两个工作组到河北、山东去协助省工会研究关于县以下企业由公社代替工会的问题和确定以煤矿工会为主派人下去继续研究以煤矿为中心建立人民公社的试点经验外，并决定上半年再以全总干校的力量为主，组织60多个干部，分别到东北、河南、河北等省，根据地方党委的统一安排去参与和共同研究几个城市中若干人民公社的试点工作；并围绕着目前以更大的生产跃进为中心的群众运动，对在城市中建立人民公社的情况和有关方针政策性的经验，以及在建立了人民公社的厂矿企业中如何进行工会工作等问题，进行一些调查研究。

Z1064－2

对城市人民公社的一些看法

1960年3月8日

3月5日，北京市的一部分经济理论工作者、国务院有关部门、全总、妇联及北京市、河北省的一些同志，座谈了城市人民公社问题。

大家都认为，建立城市人民公社有伟大的历史意义和作用，是农村人民公社化运动后的又一次新的社会革命，是加速会主义建设、向共产主义前进的又一重要里程碑。从1958年开始试办城市公社以来，北京、河北、河南、东北等许多省市的大中城市建立的公社，不仅经受住了考验、站住了脚跟，并且表现了极大的优越性。现在看来，城市人民公社是集体生产（集体劳动）和集体生活的组织者。城市人民公社化实现以后，不但建立了社会主义生产方式，也就可以形成完整的社会主义生活方式。

一、城市人民公社对工业化具有重要意义

城市人民公社所组织的街道工业生产，北京市去年总产值是1.2亿元，现在每月达5 000万元，超过任何一个区的地方国营企业的产值；河北省去年城市公社的工业产值达4.4亿元，今年计划20亿元，接近1952年全省国营工业的产值。许多公社工业，不仅为国营大工业服务，成了国营工业的附属车间，而且有效地利用了大工业的边材废料，生产了许多大工厂不生产的小商品，满足了人民生活的需要。同时，城市公社化最重要的结果之一，是可以彻底解放妇女劳动力，投入社会生产，半劳力也有了用武之地，这就支援了工业建设（据了解，仅穿鞋一项，全国人民每年约需鞋15亿双，光纳鞋底就需要810万劳动力，组织农村和城市人民公社对这项劳动实行机械化后，只要大约100万劳动力就够了，即解放约

700万个劳动力）；可以节省所有城市居民在生活上所耗费的时间，而节省时间就意味着增加财富。因此公社工业已成为加速我国工业化的一个重要力量。

二、城市人民公社是彻底完成城市的社会主义革命、消灭资本主义残余的重要组织形式

将城市闲散居民组织起来并大搞生产、大办集体生活福利事业后，就可以彻底变消费城市为生产城市；可以对居民进行共产主义思想教育、文化技术教育，改造资产阶级家属，消灭城市死角，彻底完成政治思想上的社会主义革命。许多同志都认为，过去城市的生产是社会化的，而生活却在很大程度上还保留着旧社会个体家庭的生活方式，公社化后在人们的生活方式、思想习惯上引起了一场深刻的革命，这就从根本上解决了社会化生产与个体消费生活的矛盾，对促进生产和上层建筑的发展有极大的作用。妇联、全总的同志反映，凡组织了公社的地方，居民特别是职工家属、街道妇女的精神面貌很快发生了巨大的变化，许多劳动妇女的共产主义风格生长很快，就是资产阶级家属中，也出现了一些积极分子。因此，城市人民公社，正如党的八届六中全会所指出的，已经“成为改造旧城市和建设新城市的工具”。

三、城市人民公社不仅使生产，也使交换、分配和消费发生了新的变化

最近一个时期以来，商业工作出现了新面貌，也可以说，商业已经发生了质的变化，由做买卖的机构变成了组织集体生活和集体劳动的助手。组织了公社的地区，粮、煤、油和副食品等大宗的基本生活资料固然可以统一的更有计划地供应，就是群众所需要的其他“自由选购”的商品，也可以更有计划地分配。由于居民组织程度的提高，他们的特殊需要，商业部门也掌握得更清楚了，并且送货上门。这样，不但节省了时间（据说石家庄大兴区公社现在每天买东西的人减少了七八千人次，每人以1小时计算，每天即节约七八小时），减少甚至完全消灭了排队现象，也合理地分配了消费品。群众对此十分满意，他们称赞商业部门和公社服务组织成了“生产的后勤部”、“群众生活的当家人”、“经济户籍警”。同时现在有些商业机构开始实行某些免费服务的措施（如根据需要，送开水上门不取送水费）。这种交换事实上已经开始突破了商品买卖、等价交换的原则，带有共产主义按需分配的萌芽了。有些同志认为，城市人民公社带来的这些新的变化，对过渡到共产主义具有极大的意义，按列宁的说法，对产品生产和分配的统计监督，不仅是建设社会主义，也是过渡到共产主义的手段。

总之，大家都认为城市人民公社和农村人民公社一样，具有伟大的历史意义，是加速社会主义建设和过渡到共产主义的最好组织形式，是全世界独一无二的马克思主义创造。

四、城市人民公社是全民所有制，还是集体所有制性质？

座谈中，有的同志认为，城市人民公社实质上是全民所有制性质，因为：（1）城市人民公社工业中的生产资料不是由个体所有的生产资料转化而来，而一般都是白手起家，大都是从国营工业取得原料、设备、资金，群众一般都以“无产者”身份入社，不像农民那样以拥有生产资料的具有劳动者私有者两重身份的人入社；（2）城市人民公社一开始同城市基层政权机构和国营企业融合在一起，公社工业的产品虽不像国营企业产品那样由国家调拨，但也不是自由买卖，大部分给国营企业加工，为国营企业服务，或为公社成员消费服务，满足公社成员的需要。（3）公社企业的收入，除了付工资以外，盈余不是采取分红的形式分给社员，而是用于积累和发展公共福利；分配一般都采取工资制而且是低工资，不是多产多分。因此，虽然目前不应宣传城市人民公社是全民所有制，但不能说它是集体所有制性质，它只不过是一种新型的、还不成熟的全民所有制经济制度。有的同志认为，城市公社虽然有许多全民所有制因素，但是，（1）产品不由

国家调拨；（2）利润不上缴国家；（3）工资不统一，因此还是集体所有制。还有同志认为，在群众中不要说城市人民公社是全民所有制，也不说是集体所有制，社员也不说是工人阶级，而称之为街道生产的一员或劳动者，否则容易在工资福利方面被动。为了便于将来过渡到全民所有制，目前必须大力提高公社成员的文化技术水平，大力进行共产主义教育，从这两方面使他们逐渐工人阶级化。

五、城市人民公社是以生产为中心，还是以组织生活为中心？

关于公社应以生产为中心的方针，有的同志认为应理解为公社主要是组织城市居民的生活，进行教育，解放劳动力，从这方面为生产服务，而不是去搞新工厂。目前街道工业的作用确实很大，组织公社也要从生产入手，但从长远看，生产对城市公社不是主要的，它的产值再大，也超不过国营企业，而且现在街道工业大都是为国营企业中还没有机械化的部分服务，而将来国营工业都是要高度机械化的。有的同志不同意这种观点，认为组织生活、进行教育无疑非常重要，但应以组织生产为中心，现在有的街道公社因规模小，未包括大工业，因此组织生活的作用比组织生产的作用大，但将来肯定是要发展的；现在街道工业的生产水平低，但将来肯定会逐步提高，不能认为大工业高度机械化后街道工业就会失去作用，因土洋并举是永远都需要的。还有的同志认为将来城市人民公社总是以国营大企业的中心组织起来，并把许多大企业包括在它的内部，由它来管理，因此次不能以为城市人民公社以组织生活为中心，但就目前情况来说，组织人民生活问题确很重要，只有把生活组织得好，才能把劳动力大量解放出来，发展生产。

六、城市人民公社化过程中的阶级斗争是尖锐的还是缓和的？

大家认为，城市公社化是一场深刻的社会革命，它要彻底消灭资本主义残余，彻底改变人民的生活方式，改变人们的精神面貌，必然充满了阶级斗争。城市十分复杂，不但五类分子、资产阶级分子、资产阶级知识分子会进行抵抗，职工家属会有许多抵触，就是职工、干部中的少数生活比较富裕而共产主义觉悟不高的人，也可能有抵触。因此，应该积极地批判资产阶级思想，对群众、干部进行共产主义教育。但也有同志认为，城市与农村不同，农村两条道路的斗争很尖锐，而城市条件不一样，城市妇女包括资产阶级妇女，未入公社前思想问题很多，但参加公社生产后进步很快，共产主义风格的生长比农村妇女快得多。她们觉得即使实行了按劳分配，但是男女之间的不平等还没有取消，因之她们不满足于社会主义，迫切要求共产主义。许多同志都不同意这种观点。

七、城市人民公社向政治经济学提出了新课题

一些同志提出，目前城市人民公社中还有一些需要解决的问题，如组织形式问题，公社与各方面的关系问题，城市规划、住宅建筑设计如何适应公社化的形势，等等，都需要在实践中进一步研究和解决。

经济理论工作者尤其应该积极地研究城市人民公社。生活集体化、家务劳动社会化，以及最好、最节约地使用活劳动和物化劳动，是社会主义比资本主义最重要的优越性。实践证明，人民公社既能很好地组织集体生活和使家务劳动社会化，也能最好地发挥活劳动与物化劳动的作用。这就向政治经济学提出了新的课题。资产阶级的政治经济学不可能研究这些问题，过去的马克思主义政治经济学也不把这些问题、特别是不把解决社会化的生产和个体生活方式的矛盾当做研究对象，因此中国的经济学家，就特别应该通过城乡人民公社和我国社会主义建设的具体实践，深入地研究这些问题，发展马克思主义政治经济学。

《宣教动态》。14（618）

中共中央关于城市人民公社问题的批示

1960年3月9日

第59～79页。D220－5455（13）

城市劳动人民对人民公社化运动的态度

1960 年 4 月 5 日

据吉林、黑龙江等省的调查分析材料，在大办城市人民公社运动中，各个城市的广大职工群众及其家属和其他劳动人民的态度，大致上有三类。

第一类，对建立人民公社欢欣鼓舞，积极地拥护。这部分人占 85% 左右。他们多是干部、工人，特别是老工人、双职工和新参加劳动的妇女。这类人爱党、爱毛主席，相信党的政策主张，一贯认为听党的话、听毛主席的话就是幸福。他们觉悟高，看得远，对建立人民公社表现出饱满的政治热情。如抚顺发电厂的党委书记，下班后帮助公社修房子，成立食堂、托儿所。旅大市西岗区区长主动腾出一间房子办托儿所，在自己家办食堂，爱人做饭，群众十分感动。职工们普遍表现出奔放的热情，支援公社的建立。有的工人下班后组成千人宣传队，到街头宣传人民公社好。许多地方开展了“为公社办几件好事”的运动。据天津、唐山、石家庄、张家口等市的不完全统计，在十几天之内就为公社办了 97 万多件好事。广大劳动妇女更为积极，视公社为命根子，热烈颂扬党和毛主席。她们迫切要求建立公社，参加劳动。有的说，“现在咱也当上了工人阶级”，有的说，“过去咱们找工作谁要你！是党和毛主席解放了咱”。天津市一个新参加工作的妇女说：“过去是柴米油盐孩子抱，又缝衣服又补袄，国家大事不知道，又生气来又烦恼；现在是参加工作把生产搞，孩子入托有人抱。下班回来进食堂，饭菜可口热又香，端起碗来细思量，党的恩情胜爹娘。”天津有的工人说：“晴空万里日更红，男女老少喜盈盈，万世千秋生活好，欢呼公社遍地生。”这部分人和广大职工是运动中的主流，是建社的基本力量。

第二类是认识不清，动摇不定，等待观望的。约占 10% ~15%。他们多半是收入较多，生活较富裕，政治热情较差一些的人。他们对个人“小家庭”恋恋不舍，举止动摇不定。他们怕公社化以后，现款、收音机、缝纫机等等归公；怕降低收入，取消劳保待遇；怕入食堂、孩子入托儿所“拆散”了家庭，不能团圆。如武汉市有个女工，在入食堂前，全家吃了一顿团圆饭，饭后大哭了一场。有些人是过不惯集体生活，留恋小锅、小灶，怕吃饭不方便，粮食不够吃。有的人说，什么公社不公社的，大家干活吃饭就得了。此外，有的人收入少，人口多，怕吃食堂、孩子入托后入不抵出，表现不够积极。以上这部分人对运动的发展多少有些阻力。这些人随着运动的深入发展，经过大力进行宣传教育，反复交代政策，以及对个别户的困难采取适当措施解决后，有许多人已逐渐提高觉悟，提高认识，很快投入到运动中来。

第三类是受资产阶级思想影响较深，思想上抵触较大或反对的人，约占 3% ~5%。他们劳动观点较差，沉溺于旧的生活方式，对自己家属参加劳动、参加食堂吃饭、送小孩到托儿所不满，有抵触情绪。有的为了自己的“舒适”、“方便”，百般阻挠爱人参加劳动，甚至加以殴打。个别妇女也有贪逸恶劳，不愿参加生产，挑工作，讲报酬的。他们不相信食堂、托儿所能办好，说：“大锅饭不能长久，托儿所弄的哭的哭，闹的闹不能办好。”武汉市一女工说：“把我打到地狱里，也不把孩子送到托儿所。”

《宣教动态》。18（622）

人民日报和新华社
关于城市人民公社宣传的意见

1960 年 4 月

一、采取积极而又慎重的精神，逐步地有计划地进行宣传。目前着重介绍一些典型，规模由小而大，发稿量目前要少而精，以后再逐步增加发稿数量。整个宣传分三个步骤：第一步，首先介绍几个办得较好的各种典型公社，主要介绍以街道居民为主和以大工厂企业为中心的公社（以机关学校为主的公社数量较少，可放后一步）；第二步，介绍少数已经公社化的先进城市，先介绍中小城市，后介绍大城市；第三步，报道各省的城市公社化的综合新闻，在报道时注意说清每一公社发展的过程和各个发展阶段的具体背景。对于公社成绩的报道要有意识地留一手，有十分成绩只报七八分。

二、在宣传内容上，着重宣传城市人民公社发展生产的情况和经验，对于城市人民公社在组织城市人民经济文化生活、解放妇女劳动力、彻底改造社会生活、迅速改变城市面貌等方面的巨大作用，也作适当的宣传。

三、对那些正在组织人民公社过程中的城市，目前只介绍他们大办街道工业、大办郊区农业、大办公共福利事业、大办公共食堂、广泛组织居民经济生活等方面的情况，不加城市人民公社的字样。

四、在宣传中应注意贯彻中央的政策，如对公社和街道工业的兴办，应强调自力更生，不去讲国营工厂如何支援；对福利事业应强调量力而行，首先要搞好生产；对公共食堂，在宣传积极办好的同时要反映自愿参加；在讲社员收入时，强调由少到多，逐步增加，不要宣传过高的收入。

五、对中央尚未正式确定的一些原则性问题，宣传中要注意控制，如对三种不同类型的公社，目前可作客观报道，暂不要肯定哪种形式好，哪种形式不好；对于公社所有制的性质问题，公社内部的分配和积累的做法问题，政社合一的问题，城市人民公社是不是工、农、商、学、兵五位一体的问题，社员的条件问题，民主人士、资本家的家属是否参加公社等等，暂时都不去提及。

六、目前以新闻报道为主，着重介绍情况，暂不作很多评论。发表评论时，对一些尚需探讨的政策性和理论性问题，暂不论述。在新闻报道上，新华社对国外宣传要比对国内宣传更加慎重。《内部参考》则应充分地多方面地反映各地情况和问题。

《宣教动态》。18（622）

三、经济协作区

（一）经济协作区概况

中共中央关于召开地区性的协作会议的决定

1958 年 2 月 6 日

一、为着更加多、快、好、省地建设社会主义和配合国民经济计划的进行，全国需要划分为七个协作地区，由有关省、市、自治区党委举行定期性的和不定期性的会议。通过这种会议，可以使各省、市、自治区互通情报，交流经验，互相协作，彼此支援，调节矛盾，互相评比，以便在中央方针政策和统一规划的领导下，促进社会主义建设事业的共同发展。

二、全国七个协作地区分列如下，每区指定一位省、市委书记为会议召集人：

1. 辽宁、吉林、黑龙江、东蒙为东北协作区，以欧阳钦同志为会议召集人；

2. 北京、天津、河北、山东、山西、内蒙古、河南为华北协作区，以林铁同志为会议召集人；

3. 上海、江苏、浙江、安徽、福建、山东、江西为华东协作区，以柯庆施同志为会议召集人；

4. 广东、广西、湖南、福建、江西为华南协作区，以陶铸同志为会议召集人；

5. 湖北、湖南、江西、河南、安徽为华中协作区，以王任重同志为会议召集人；

6. 云南、贵州、四川、西藏、陕西为西南协作区，以李井泉同志为会议召集人；

7. 陕西、甘肃、青海、新疆、宁夏为西北协作区，以张德生同志为会议召集人。

有些省、自治区划分在几个协作区内，这种省、区可以按照经济关系密切的程度，以参加一个协作区为主。东蒙古主要参加东北区，山东主要参加华东或者华北区，福建、江西、安徽主要参加华东区，湖南、河南主要参加华中区，陕西主要参加西北区。

三、各区的协作会议每年至少召开四次，还可以按照需要召开一些省际会议或者由各省专业部门参加的专业会议。各区协作会议可以在本区内的各省轮流召开。

四、为了便于进行协作和交流经验起见，全国各市委，如北京、上海、哈尔滨、沈阳、天津、广州、武汉、成都、西安九个市委可以轮流召开各大城市会议。

五、为了便于情况的沟通和问题的解决，各区的协作会议和各大城市会议，在有必要的时候可以邀请党中央有关部门、国务院有关部门和其他中央有关部门同志参加，人数不宜过多。

Z44－1958（1）

李先念同志在华中区协作会议上的讲话（记录稿）

1958 年 4 月 7 日

我讲两点意见：

（一）这次会议开得很好。协作的好处很

多，可以弥补中央各部的不足。我国这样大的国家，中央各部门很不容易平衡。计划不讲平衡是不行的。但是怎样平衡？是落后赶先进的平衡；还是先进等着落后的平衡。1956年，我们反冒进，犯了错误。就是要先进的不要走快了，等着落后的赶上了以后再“平衡”。过去对于平衡要求太细，大小事情都要拿到北京去平衡，实际上是管不了那么多的。那时候北京经常住着几千人开物资平衡会，薄一波同志那里非常繁忙，但是有好多问题不容易解决。当然北京也可以做些平衡工作，帮助各省解决些困难。

我们国家生产的形势，是产量一年年增加，品种一年年多样，以后平衡的意义就更大。武汉在华中区是个大城市，再过两三年，武汉的工业生产会有很大的发展，各省的工业生产也会有发展。不平衡的情况还会存在，这就需要开这样的会议来协作。看来，这样的协作会议的生命力是很强的。什么经济都是讲计划的，资本主义也讲平衡，不过他们平衡的性质和我们的不同。美国福特公司有三四百个工厂为它服务。过去我们总是想办“全能”工厂，而不注意协作。

在这次会议上，各省对于农业方面的协作讲起来都有一套经验，今后要把各种经验加以总结提高。在商业方面的协作，如某些物价的调整，也可以经过商量提出意见。

中央规定的协作任务，我们这次会议没有全部涉及。这样的协作会议，可以谈实的，也可以谈虚的。但是我们谈实的多，谈虚的少，我们的经验不多，今后，还要好好地开几次这样的会议。

以后可以以协作区为中心，召集几个省的同志来谈经验和情况。

中央经济小组，打算一年开两次协作会，由各协作区所在的省计划委员会负责人参加。这样只有七八个人就可以反复地交换意见。

（二）中央在这次会议上对各省帮助不多，只是把大家提出的问题作了些情况的说明。可能大家都把希望寄托在15号的中央物资平衡会议，大家对下一次会议希望也不要太大。可能在下一次会议上，中央要对你们打主意，搞工农业高潮。要想办法来解决物资问题，怎样解决呢？我看各省要有自己的打算。我的意见是第一清理仓库，军火工业也可以清。清仓是会清出些名堂来的。1956年我们的物资也是紧张，清仓以后，发现库存有180万吨钢，但是在未清之前，总理要调230吨钢调不动。这次清仓清出来的物资，你不用的我用，你现在不用将来要用的，我借。例如武钢的竹节钢很多，现在没有用，别的单位就可以用起来，保证他们要用的时候就还，不妨碍重点工程的建设。

大家回去以后，加把劲组织生产。工业方面中央已经有所布置。在农业上竹、木问题也可以解决。过去总是反映竹子、木材没有了，棕片剥光了。现在看来资源是有的，就是没有开采出来。

想尽一切办法来解决生产高潮中所需要的原材料。如果所有的办法都想到了，实在没有办法，那就只好推迟一点。这就是多、快、好、省的办法。

主席说过1958年粮食增产后留粮要增加，希望每个省能库存10亿粮食，有所有权，又有使用权。这样就是有一年发生灾荒也不要紧。以后丰年不加任务，各省合作社多积存一点。

银行存款跃进得太狠了，我认为存款要有一定的限度，不要存得过多，要使大家有零用钱。

Z764－7

中共中央关于经济协作的几项具体规定

1958年8月28日

为了进一步加强经济协作的计划性和组织性，特作如下规定：

一、所有列入国家计划的协作任务，必须由协作双方具体订立合同，严格执行，保证按时完成。

二、各地区、各部门、各企业之间现有的协作关系必须继续保持，某些协作关系需要改变的时候，必须进行协商，双方同意后，再加改变，不得单方面废除。

三、凡是超过省、市、自治区界限而未列入计划的经济协作，包括技术力量的支援和培训，必须统一归口，由有关省、市、自治区党委互相协商解决，并报有关的中央机关备案。各专区、县、乡、社和企业单位不得直接向其他省、市、自治区的机关、事业单位和企业单位提出协作要求，以免影响正常计划的执行。

Z44－1958（1）

赵尔陆同志对区域协作问题、建议设立六个中央局及六个区域经济计划委员会给毛泽东的信①

1959年5月17日

主席：

各经济协作区的作用，如何从组织上予以加强起来，这是亟待解决的一个问题。

自执行发展中央工业与地方工业同时并举的方针之后，在实现中央与地方经济管理新体制之后，地方办工业、群众办工业的积极性，广泛地被调动起来。生产力的解决，大有万马奔腾，一日千里之势。多快好省的建设总路线的贯彻，可以说思想上得到了解决。但目前的问题是：如何使各省市工业的发展，更能符合于整个国民经济的计划性，避免或减少盲目性，更好地适应多快好省的总要求。

比如说，在一个经济协作区内，哪些产品如何协作完成？哪些项目可以分头来建设？哪些项目只可集中于某一省或某几省建设？哪些项目在某些地方的现有基础上加以扩建就行？哪些项目各省在建设上有先后之分或规模大小之别等。这些问题，都必须从全国和本区的发展远景、实际需要和可能出发，适当安排项目，合理地使用人力与物力，才能既快且省；或投入生产之后，才能适应配合，协作成套。否则，人力物力分散，建设项目重复或缺漏，某些外部条件如材料、设备等不能更好供应，就可能产生欲快反慢、投资效果不能迅速发挥和充分发挥的现象。目前在工业生产上，亦有类似顾此失彼的情况出现。

但这些问题的解决，单靠省或中央各部是不容易处理好的，而目前各经济协作区的协作会议的形式，也比较困难来担负这一任务。因此，我有这样一个想法，是否可以考虑在各区成立党的中央局或中央分局，或别的组织形式，以统一和加强对各区的经济领导，综合规划各区的建设远景、重大方针政策的掌握和生产的组织及地区的全面协作平衡等。在政权方面可不设置相应的组织机构，但要设置一个强的区域经济计划委员会，是中央局的办事机关。不论从目前的工作需要或是从将来发展趋势来看，设置起这样一个机构，似乎有必要的。

中国这样大的一个国家，逐步地形成几个（我想以六个为适当）较为完整的经济区域，在一九六二年，至迟一九六五年前，把各区的工业体系完整地建设起来，是很必要的。

可能由于我的思想很不对头，还没有很好地解放出来，才产生了这样的胡思乱想。因为主席号召大家要敢想敢说，所以我就把脑子里最近以来所经常想，而又没有想好的意见，大胆地向主席讲出来。

Z756－4

李富春主任在各协作区办公厅主任座谈会上的讲话（纪要）

1959年6月10日

主席说："我就不相信，无产阶级取得政权以后不能取到副食品，如果结论真是这样的话，那就请蒋介石回来。"

现在手工业情况与副食品一样紧张，生活不方便、修理、服务，产品减了1万多个品

① 毛泽东批示：将此件印发各政治局委员、书记处书记、各省市自治区党委书记。

种，其中手工业有四五千种修理业收缩了，桌子上的锁坏了要把桌子抬去修理，像人进医院一样。不仅饮食业减少了，缝衣、理发都减少了。要恢复与发展手工业，必须恢复手工业管理机构，中央要在轻工部下边设手工业管理总局，省、市、区在轻工业厅（局）下面设立手工业管理局，专、县也要有相应的手工业管理机构，以利于手工业的发展。

要恢复与发展手工业，必须解决以下几个问题：

（一）手工业需要多样性。因为农业需要它，工业需要它，人民生活和出口也都需要它，因此手工业的产品是复杂的、多样性的。同时手工业生产过程、生产方式也是多样性、复杂性，有的是机械化生产，有的半机械化生产，有的将来也还是手工业。过去对多样性、复杂性认识和注意不够，用简单办法处理。一个是提高，一个是合并处理。这样做实际上等于取消或至少是减少了手工业。提高包括两方面：一是所有制，个体的没有了，合作社集体的也几乎没有了，几乎全是全民所有制了。二是向高、新、大发展。许多手工业和专、县、公社办的地方工业合并了，甚至把服务性的手工业也合并过去了。必须认识多样性，要从生产、所有制方面都要注意多样性，要区别对待：能全民所有制的就全民所有制，能集体所有制的就搞合作社，少数的逐步采取个人所有制的。全民所有制为领导，需根据不同对象加以安排。生产也是如此，哪些适于机械化、半机械化，手工业都要区别对待。

（二）原来手工业工人要归队。要立刻认识这些手工业工人有的比现代工人还难培养，必须坚决归队。

（三）必须和调整地方工业结合起来。专、县、公社、市的区办的地方工业都要踏步整理。地方工业与农业有矛盾，争劳动力、争运输力的，都要坚决缩下来；凡地方工业与手工业争原料、劳动力、运输力的，也要坚决收缩下来。山西太原郊区有5个人民公社合搞两座小高炉，每天出25吨铁，但最多时到过11 000人，现在还有每天660人、70辆大车，公社天天要这70辆大车。与农业、手工业发生矛盾的，要坚决的退下来。

（四）建立专业机构。轻工业部下恢复手工业管理总局，省、市、区在轻工业厅（局）下边建立手工业管理局，专、县也要建立相应的机构。不仅手工业工人要归队，原来的干部也要归队，并且要打通思想，不要认为手工业比大工业低一等，这是整个国民经济中不可缺少的重要组成部分。

为了解决副食品问题和手工业问题，中央已决定6月18日在上海召开会议，有51个大中城市的同志参加。这关系全国广大人民的生活问题。

关于1959年计划问题：

1. 落实问题：什么叫落实？这个问题不讲清楚就容易发生片面性。有的煤炭局是说落到1 000万吨算落实了，但过几天又说落到800万吨。认为落得愈低就是愈加落实了。因此我们要研究人们的心理状况。小平同志说过：工业与农业在方法上基本上是一致的，都是党的领导、发动群众、群众路线、民主与集中相结合等。但工农业生产是有区别的，特别是农业在农业机械化之前，一个农业生产队有相当的独立性，可以独立作战，但近代化的工业特别是大工业生产，必须是协同作战，互相不能离开。在这样的情况下，落实有两层：一是工业企业基层单位的落实；二是国家省、市、自治区的指标落实。现在落实有三种情况：一是还不甘心，不愿落实还想搞上去，现在看来，非落实不可；二是认为愈低愈落实；三是落实要有个界限，有个杠杠，要有可靠阵地，然后前进。究竟什么是可靠阵地呢？在基层企业单位来说，就是要根据现有的生产能力、分配的材料、可能的潜力，再加具体措施，加起来落实。国家省市自治区就是要有领导、有计划、有组织、有秩序的，从综合平衡，生产协调来落实。计划和打仗一样，要有统一指挥。进攻要有统一指挥，退却也要有统一指挥，不能无组织、无计划、无领导的退却，这是因为工业特别是现代大工业都是互相联系着的。必须有组织、有领导、有计划的落实。否则就不堪设想，那就发生另外的偏向，各找各的出路。

还要明确落实目的。落实是为退到可靠阵地，是为使大家更心情舒畅、鼓足干劲、继续前进，不是落实后可以睡大觉。这是积极落实的方针。这个认识要一致，否则就不好办事。同时还要认识落实的结果，是要做到国民经济各方面基本上是平衡的，可以基本上不出大乱子，没有大的失调。但也不可能设想，经过落实就可以样样摆得都很平衡了，有些东西现在还未落实，如煤炭还差几百万吨，木材还差几百万立方米，橡胶也只有 8.5 万吨，这些方面也还都有问题。但是否从最低需要来落实呢？如橡胶只有 8.5 万吨，其他工业是否都相应地减下来？不能这样办。如这样办，就是在计划上没有认可人的主观能动性，看不到计划中的积极措施了。落实时要注意，落实只能起积极作用，也是积极的方针，且不可因落实而泄气，如东北的煤炭、还有鞍钢的钢和钢材都要落得很多，钢要落到 480 万吨，比去年还不如，落得马宾思想抬头。这是要值得注意的。

2. 这次不是全面修改计划。这一点主席也同意。就是按现有的钢材、煤炭等这样多材料，各省、市、自治区努力干，鼓足干劲，能搞多少就搞多少，要这样讲清楚。要大家继续努力奋斗，年终算账。因此各省安排时要充分注意，既要照顾到与工农群众的关系，市场和出口的需要。又能适当照顾到今年和明年。现在就看我们巧干了。主席说“巧妇难为无米之炊”，“丑妇有米也做不好”。因此要我们巧干。

3. 基本建设项目。今年就搞这样多的项目了，要甘心，如西北的小高炉不能再搞了。特别是计划外的高炉、转炉的配套，土机床的制造必须坚决停止。不要再继续扩大矛盾。归根到底钢铁还是钢材问题，必须是钢材才能进行基本建设和制造。今年 1—5 月与去年同期比较，铁增长 170%，钢增长 67%，但钢材只增长 29%。因此鞍钢的钢和钢材无论如何不能再退，否则影响全局。另外，钢材还有个品种问题，我们不能靠小钢材搞工业化。

一年来在思想方法上，特别是在计划工作方法上应取得什么教训？

我只是“抛砖引玉”地提出几条，请大家考虑。

第一，计划的安排，必须经过综合平衡。苏联的这一条经验是对的——综合平衡是计划工作的基本方法。去年计委整风时有人对这一点动摇过，提出平衡法是不是计划工作的基本方法。事实上，只有经过综合平衡，才能充分体现有计划按比例的规律。

一个工业行业的内部，要有综合平衡。这一年来，如果说在钢铁方面吃了亏，就是在钢铁本身，没有经过综合平衡，只是计算计算高炉、转炉就代表钢铁的能力。没有看到矿山、矿石、洗选矿、洗煤、炼焦、耐火材料非金属矿以及其他一系列的原材料问题。

机械工业，这一行业一年来的教训是什么呢？就是只计算主机能力，忽视了配套，修理厂也搞制造，大家都忙于升级，维修跟不上生产的需要。这一切矛盾一天一天暴露出来了。

所以，在工业内部，各个行业之间、各个行业的内部的综合平衡问题没有注意，至少是注意得不多。

我们在生产上单打一，今天心血来潮了，布置了化工设备的生产，大搞高压合成筒。接着又来了个水压机高潮，一个省 1 000 吨水压机不行，要搞 2 000 吨的，2 000 吨的不行，还要搞 6 000 吨的。这一高潮一直到今年第一季度订货会议，还要搞 27 套水压机。以后又大搞土机床、简易机床，总想一个人民公社有几个机床就什么问题都解决了。后来又搞轧钢机、洗煤设备“六保户”，其实六保户只保了一个洗煤设备，矿山机械根本没有落实。以后又搞一个钢铁大战。这样单打一的结果本来可以多做点事情，反而做少了。

基建方面，就是扩大战线、分散力量，没照顾到工业与工业之间的关系，没照顾到原材料工业与加工工业的关系，原材料不易搞，加工工业是容易搞的，结果大家都想搞加工工业，加工工业搞得愈多，原材料愈紧张，这样不仅力量分散，反而会更加不平衡。

农业，也有综合平衡的问题。昨天主席重点谈的是这个问题。农业包括农林牧副渔，这是综合的，要统一安排，但我们看重了农，而农又是多种多样，我们还是看重了粮食、棉花，对油料、麻类也安排得不够。农林牧副渔未有综合平衡，农业本身也没有综合平衡。

工农业与交通运输之间的综合平衡，我们看重了铁路，对短途运输注意不够，特别是公社化之后还未意识到。农业劳动力一紧张，短途运输也就更加紧张。短途运输想寄托于汽车解决问题，但有汽车，汽油又解决不了，轮胎也不够。

工业中还有重轻工业之间的平衡问题。昨天看到今年计划生产资料与生活资料的比例关系还有问题，已在修改、调整。

生活资料不要与市场购买力、劳动工资进行平衡。过去几年对增加职工还是注意的，但1958年注意不够，一年增加了2 000万人。

出口与进口、出口与国内的需要之间也有综合平衡。去年外贸是大出大进。总之，不认真进行全面综合平衡，其结果就会打破有计划按比例的发展规律。

从这个意义上来了解落实，必须从可能与需要来进行安排，否则就不是在落实的基础上促进，而是促退。

物资分配也是要综合平衡的，但我们现在不是平衡，而是单打一，只喊钢材。

第二，集中力量问题。我们几次讲集中力量保证重点，但实际上今年还是分散力量，结果就到处防御，到处被动，不是打有准备的仗，而是打无准备的仗。力量分散就等于没有计划。没有重点就是没有政策。对多快好省要有统一的了解。搞明年计划，一定要贯彻集中力量，保证重点，保证"全国一盘棋"，这还是一个很重要的问题。重点，各个行业有各个行业的重点，农业有农业的重点，农林牧副渔又各有重点，都有关键性的问题。

第三，留有余地问题。过去的计划不是留有余地，而是绷得很紧。留有余地，大家都能超额完成就心情舒畅了。明年计划，要留有余地，叫大家超额完成。当然超额完成不是盲目地超额完成。对明年的计划要考虑在整个计划中要注意调整、衔接，注意薄弱环节。第二个五年钢搞得再多，石油、化工上不去，农业机械化还是达不到，交通也愈困难，有多少汽车还是不行。有色金属与黑色金属要有比例地发展，黑色金属发展愈快，两者愈不平衡，结果还是要退下来。因此明年的安排要注意留有余地的安排。

第四，集中与民主的统一。体制下放完全对，应该的。规章制度要改变，需要，完全需要。但是有些过了头。拿计划体制来说，基本建设程序限额以上的项目批准权限没有了，只有项目，没有规模、进度，究竟搞多少？何时完成，都没有。要能发挥积极性，又要集中。限额以下的项目究竟有多少，恐怕大区也没有完全掌握。

工厂下放，有的是全国性的厂子，面向全国的，全国材料供应生产的，生产的产品也是销售全国的，结果也下放了，部下放到省还不算，有的省下放到市或专署，甚至有的一直下放到县。当然，下放之后仍然可以照顾全国的，如下放到上海的某些厂子，但生产上要列入国家统一计划。

财政节余下放，这也是过头了。几十亿没有了。各省财政节余都是赔到炼铁上去了，县社办的工业投资哪里来的？

因此，计划必须是集中与民主相结合，计划也要有机动，但要在计划内机动，不能在计划外机动，否则就等于无政府。现在是厂子层层下放，结果就是在任务上层层加码。这个问题国家计委没底，各省、市、自治区计委恐怕也无底。

第五，物资分配的制度问题。现在的物资分配供应办法不行。应国家统一分配的就要统一分配，如"三材"都由主管部去分配会有问题，在分配方法上，去年以来，有甩袖子的味道，你说集中多了，好，都给你。

一个商业网，很好了，结果把全民所有制

和集体有所制合并了，这样一来，实际是集体所有制共全民所有制的产。有的煤矿和农村人民公社搞到一起，有的国营农场下放到公社，这都是“刮共产风”刮来的，现在要刮回来。

第六，计划速度问题。我们过去的一年，计划有毛病，但有三点好处：（1）证明了党的多快好省的建设社会主义的总路线是正确的，确实能够跃进。农业虽然不是翻一番，增长20%～30%，这也了不起了。工业增长20%多，也了不起，这就会跃进，是能够大跃进的，把虚夸丢掉还是大跃进的。（2）办工业、全民办工业、全党办工业，因而全党全民取得了经验。去年以前各省市委第一书记都是抓农业的。现在对搞工业也开始取得了一点经验。（3）更进一步地提高了思想方法和工作方法。经过这一年的经验，多少对克服主观主义、官僚主义有好处，今后可以用比较正确的方法执行党的政策路线。这是最好的经验，这是最伟大的。成绩伟大，毛病不少。还有一个好处，就是究竟可以跃进多大，如果不经过这一年的经验，什么叫大跃进，可以跃进到什么程度，也很难取得一致认识的。而现在大家不仅知道了可以跃进，同时大体上知道了可以跃进到多少的程度。这是去年一年的经验的结果。主席说：现在看来我们的经验还是很不够的。现在还是捉摸。要认真积累经验。苏联有40年的经验，有两方面的经验，好的经验是主导的。要认真学习苏联。苏联弯路的经验也要学。陈毅同志最近到山西太原曾邀苏联专家开过座谈会，将我们的紧张情况向他们讲了，说明了是暂时的，是可以克服的。苏联专家表示：这种情况是可以理解的，这条路子在苏联也走过。总之，我们不要因计划有缺点而泄气，要积累经验。

工业增长速度，每年增长25%左右就是大跃进。将来工业愈发展，这个速度还要下降。

明年搞多少？1962年搞多少？主席曾经问过。我说这还很难说，可能是1 700万～1 800万吨，主席说就要1 800万吨，不再多要了。至于1962年还要看石油、化工等条件，可能在2 500万～3 000万吨的中间。

主席指示，计委要把这个问题好好搞搞。原定6月的中央全会已改到7、8月再开了，届时要计委拿出一个1960年计划大纲出来。是否请各大区都搞一个提纲送来？

（三）大协作区办公厅的工作问题

1. 大协作区及办公厅不能取消，要死心、要安心、要努力。协作区要开会的，今年上半年是自顾不暇，是特殊情况，好转后会不同的。要从发展中来看。不能拿目前情况来衡量协作区的工作。

2. 大协作区办公厅的同志要有意识认清目前形势，积累资料，以大区的经济发展为主体，以综合平衡的方法，进行调查研究。以计划为中心，以长期计划为中心，一个大区工业与农业、工业与工业各方面的关系有什么问题都搞清楚，提出一个具体意见，工业布局如何搞？农业如何搞？煤炭如何搞？首先整理积累资料。这样就可上下通气，提出意见，上下说的要一致。

3. 今后计委要领导你们，双重领导。请拓夫同志和大家搞几条协作区办公厅的任务出来，将来还可送中央、主席过目。

4. 在省里最好不兼实职。但要钻进去。凡是书记处的会和常委的会讨论重大经济问题时都要参加。

5. 大协作区办公厅想法子不要拆散，这是很宝贵的。计委所缺干部可以将去年下放到省的干部抽回来，只要不是右派全可抽回，他们既了解情况、又有了经验，比到学校厂子、部里去调更好些。这也叫归队。

6. 大区要注意全面一点，工农商交都要抓，因此大区的人不要调走，并且各个方面还应当再多搞几个人，进一步加强。

150－7－91

中共中央转发李富春同志关于开好各大区协作会议的几点意见

1955年7月4日

各大协作区委员会并告中央部委参加协作

区会议的各负责同志：

兹将李富春同志的意见转给你们，作为你们在讨论中的参考。

附：李富春同志关于开好各大区协作会议的几点意见

1958 年 7 月 2 日

根据华东协作区计委主任会议的情况，对如何开好各大区协作会议，特提出以下几点意见：

一、在安排一九五九年和第二个五年工业的生产和建设时，似应贯彻以钢铁和机械制造为纲带动其他工业发展的方针，在行业之间、地区之间和各行各业建设的进度和步骤上，分别轻重缓急，进行排队。同时，由于钢铁和机械指标的迅速增长，必须对有关方面的配合，特别是电力、煤炭、有色金属的增产的可能和交通运输的安排，进行详细的研究。

二、为了保证明年工业生产和建设高速度地发展，各大协作区势必需要对今年下半年的生产和调出任务作适当的调整，特别在机械制造方面抓紧冶金设备、发电设备和重型机床的生产。但在安排下半年的增产任务时，应该保证完成原来已经安排的大区之间的重要协作任务。同时，从全国范围来看，华东区在今、明两年内上海的工业基础将主要地帮助华东其他工业较落后的省的发展，从明年下半年起即可逐步拿出力量，特别后三年可拿出较大力量支援其他大协作区。而东北区由于目前已经是一个比较完整的工业体系，因此考虑除保证本区必要的发展和适当的调整外，目前即应拿出较大的力量（制造设备的力量和技术力量）支援除华北、华东以外其他协作区的发展。华北区工业的发展，根据现有基础来看，所需的设备，应主要的依靠自己的力量解决。其他大协作区，除了某些重要设备，必须依靠东北等协作区帮助外，对明年生产指标和建设规模的安排，应根据本区现有的条件，尽量挖掘潜力，不能过多地依靠外区的协作。同时，从第二个五年看，是否以东北的力量，主要的支援西北和中南的建设，华东的力量主要支援华南和西南的建设。在各大协作区的会议结束后，有关的大区再开一次会议，研究互相的协作任务。这样才能使可能性成为现实，使指标和措施结合起来。如果各大协作区的任务和分工，大体采取这样一种安排，从整个五年看，可能速度更快一些。

三、根据目前情况，一九六二年的指标还需要进一步研究，特别是要看看一九五八年的结果和一九五九年的安排，因此此次各大协作区会议应着重对今年下半年和明年的生产指标和建设规模进行仔细的综合研究，并提出可靠的措施。

四、由于农业生产的大跃进，必然推动工业的发展，因此工业建设的部署，在分别轻重缓急的条件下，适当地注意与农业有关的生产资料和生活资料的发展，不能挤得太多。

工业建设必须贯彻大中小并举，以中小型为主的方针。

五、今年下半年和明年的交通运输都很紧张，必须充分利用各种运输工具，必须将铁路、公路、航运结合考虑（包括群众办的简易铁路和公路），不能只依靠增建铁路。

六、各大协作区在研究工业的生产指标和建设规模时，应对技术力量、劳动力和财政的可能作初步计算，以便八月份全国统筹安排时进一步研究考虑。

七、开会的方法，既要充分考虑群众的积极性，又需要从全局出发，进行必要的综合研究，把矛盾和困难全部摆出来以后，以便积极地千方百计地求得解决，对一九五九年年度计划更重要。

以上意见，请考虑，是否可转发各大区协作会议供参考。

Z44－1958（1）

中共中央关于将华中、华南协作区合并为中南协作区的决定

1959 年 12 月 16 日

各协作区，各省、市、区党委并中央各部委：

为了适应工作的需要，中央决定将原有的华中协作区和华南协作区合并为中南协作区，协作区委员会由陶铸同志为主任，王任重同志为副主任。合并后的机构和人员安排，由中南协作区议定后报中央批准。

Z44－1959（6）

国家经委关于各协作区讨论一九五九年度计划和第二个五年计划的情况简报（第1号）

1958年8月11日

国家计委、经委已派了几位副主任于上星期分别去各协作区参加讨论1959年度计划和第二个五年计划的会议。我们现将各协作区讨论的情况，编印成简报。华北协作区初步讨论的情况如下：

（一）在韩哲一同志传达了国家计委、经委对1959年度计划和第二个五年计划的安排意见以后，各省、市分组进行了讨论，提出以下几点意见：

1. 在第二个五年内要建立各协作区的工业体系，7个区是否同时并进？可安排个次序，如东北先支援基础较好的华北、华中，然后共同支援西南、西北。

2. 财政分成一年一变，实际上又恢复了老办法，甚至比过去更集中，不易发挥地方积极性。大包干，这次还是以条条为主，中央安排的确保项目太多，地方没有机动的余地了。

3. 河北省同意大包干办法。山西省认为，大的项目由中央办可以快，小的分散由地方搞更快，不必实行大包干办法。

4. 河北省认为这次比较强调合理布局，这样，河北省投资少，工业不好安排，影响工农业比例关系，工业不能有力地支援农业。地质和林业的投资，为什么北京市和河北省一样？

5. 各地都在跃进，旧的协作关系打乱了，很多单位不执行合同，怎么办？

（二）8月10日华北协作区委员会开会讨论，同意中央安排的方针，认为第二个五年主要是基本上建成各协作区比较完整的工业体系，各省如何安排，要服从总的目标。会议商定不再增加投资，预备进一步研究内部如何安排。

会议讨论总的趋势是：生产指标要求降低，财政收入上不去。规定华北财政收入为88亿元，大致可以收入76亿～78亿元，相差10亿～12亿元。

铜完不成8万吨，拟减1万吨；另增加1万吨铝。山西省原分配生产4万吨铜，只能完成2万吨（包括中条山铜矿在内）。

内蒙森林采伐完不成500万立方米，最多只能完成400万立方米。主要是缺少12万劳动力和2亿元投资，同时铁路铺轨里程也太少。

Z779－2

国家经委关于各协作区讨论一九五九年度计划和第二个五年计划的情况简报（第8号）

1958年8月12日

华北协作区会议11日进行大会汇报，并将主要问题简报如下：

（一）对华北区今后建设方针的意见

河北省对经委汇报提纲关于华北区的提法有些意见，认为应当把“争取支援其他地区”改为“基本上自给自足，并在两三年内补足缺门，建成比较完整的工业体系”。

山西省和天津市都认为第二个五年的方针应当是争取速度与合理布局兼顾，如果布局和速度发生矛盾的时候，则服从速度。

（二）对财政收支安排的意见

财政收入要求1958年减少5.4亿元，1959年减少11.87亿元。财政支出1959年要求增加35.5亿元，其中基建投资增加27.2亿元。

（三）对财政体制的意见

大家认为实行包干是对的，不过，布局变化、投资改变后，容易造成同地方的固定收入不相适应。因此，要求明确下列三点：

1. 明确包干范围，收支数字计算得准确一些；

2. 收支总盘子要保证新增能力、生产指标及速度，地方以统一进行调剂；

3. 自筹资金不列入预算。

此外，财政体制改变后，省、市同自治区有何区别，省、自治区对专县应该如何交代，也要求明确一下。

（四）对基建投资的意见

会议提出华北区在1960年以前要求完成农业机械化，因此，基本建设投资占全国的比重要求增加到20%。

Z779－7

国家计委党组：各协作区计委主任会议的情况简报

1958年7月3日

上海市委转富春同志、大连市委转一波同志、甘肃省委转拓夫同志、四川省委转国家经委孙志远同志、山西省委转韩哲一同志、湖北省委转国家计委王光伟同志、广东省委转国家计委柴树藩同志，并报中央书记处、中央经济小组：

各协作区的计委主任会议，到7月2日止，华北、华东和华中3区已先后结束，其他各区仍在继续进行，现将我们初步了解到的会议情况简报如下：

（一）主要生产指标，到7月2日晚为止，初步汇总起来的数字如下：

钢　单位：万吨

	1959年	1962年
总计	3 342～3 542	14 811～15 361
华北	600	2 000
东北	1 100～1 300	3 000～3 500
华东	600	3 941
华中	400	2 100
华南	124	1 000
西南	360	1 670～1 720
西北	158	1 100

煤　单位：万吨

	1959年	1962年
总计	28 972	129 090～136 850
华北	10 810	26 400
东北	（未报）	27 000～34 000
华东	6 000	21 000
华中	4 700	25 000
华南	772	4 340
西南	4 780	14 890～15 650
西北	1 910	10 460

电　单位：亿度

	1959年	1962年
总计	488	4 837～5 137
华北	105	738
东北	（未报）	1 200～1 500
华东	166	981
华中	84	860
华南	23.4	232
西南	78	495
西北	31.6	331

原油　单位：万吨

	1959年	1962年
总计	609～619	4 780～4 832
华北	76	900
东北	（缺）	（缺）
华东	68	942
华中	（未报）	135
华南	15	90
西南	334～344	1 313～1 365
西北	116	1 400

机床　单位：万台

	1959年	1962年
总计	26.1～26.6	102.7～104.7
华北	5.29	21.6
东北	（未报）	22
华东	13.95	29.2～30.2
华中	4	16
华南	0.9	3.1
西南	1.6～2.1	9.35～10.35
西北	0.34	1.5

铜 单位：万吨

	1959 年	1962 年
总计	40.42	164.7
华北	16	42
东北	（缺）	（缺）
华东	6.52	36.2
华中	5	20
华南	（缺）	（缺）
西南	9	38
西北	3.9	28.5

铝 单位：万吨

	1959 年	1962 年
总计	14.5	225.5
华北	5	37.5
东北	（缺）	（缺）
华东	2.5	48
华中	4	100
华南	（缺）	（缺）
西南	3	40
西北	（缺）	（缺）

棉纱 单位：万件

	1959 年	1962 年
总计	816.9	2 294 ~2 304
华北	190	492
东北	（缺）	（缺）
华东	440	976
华中	143	650
广东	5.5	26
西南	38.4	150 ~160
西北	（缺）	（缺）

粮食 单位：亿斤

	1959 年	1962 年
总计	7 251 ~7 599	12 598 ~13 043
华北	846	1 360
东北	（缺）	（缺）
华东	2 293	4 715
华中	1 680 ~1 880	2 700
华南	672 ~720	976 ~1 120
西南	1 170 ~1 220	1 780 ~2 020
西北	590 ~640	1 067 ~1 128

棉花 单位：万担

	1959 年	1962 年
总计	8 166 ~8 263	16 765 ~17 175
华北	2 037	3 460
东北	（缺）	（缺）
华东	2 592	5 318
华中	2 310	4 300
广西	3.8	720
西南	341.5 ~343.5	677 ~762
西北	882 ~977	2 290 ~2 615

（二）会议中反映出来的主要问题是：钢铁工业跃进得很快，但设备、电力、交通不能满足需要，劳动力也感到不足（特别是西北和东北地区）。在设备方面，主要是冶金设备、发电设备、大型工作母机和水压机的生产不能满足需要。如发电设备，华中明年需要安装 200 万瓩，但资源只有 100 万瓩，华南明年需要安装 110 万瓩，但按水电部的分配方案，明年只能安装 25 万瓩，华东各省明年要求安装 360 万瓩，但水电部的分配方案明年只能安装 200 万瓩。从全国来看，初步估计，明年约可生产发电设备 900 万瓩，减去当年不能安装的加上进口的发电设备之后，明年约可安装 700 万瓩，如何分配，需要作进一步研究。

（三）经济不发达的地区希望东北、华东和华北大力给以支援，但除了华中提出要求华东供应 3 台 3 000 吨的水压机和华南希望华中供应原煤和焦炭以外，其他方面还没有提出具体要求。如何具体组织大区之间的协作和配合，拟请各区注意研究。

（四）明年计划的安排问题，初步汇总，仅 6 个协作区（缺东北）明年就要求基建投资约 635 亿元。其中，华北 137 亿元，华东 80 亿 ~110 亿元，华中 120 亿元，华南 64 亿元，西南 92.5 亿元，西北 112 亿元。从财政上看，是不可能的。如华北区反映，明年需要投资 137 亿元，但财政收入（除关、盐税和中央未下放企业的利润以外的全部收入）只有70亿元。华中区也反映基建投资大，财政收入小，如何安排，各区正在研究。

（五）华中提出，在第二个五年内即开始三峡工程的建设，1960年开始施工，最终装机容量3 000万瓩，希有关方面加以研究。

以上数字及问题，均系电话联系反映，可能不确切、不完整，仅供参考。

Z768 - 13

（二）经济协作区的“二五”计划

中共中央关于由各经济协作区、各省市委召集会议讨论第二个五年计划的通知

1958年6月15日

各大协作区委员会，各省（市）委，自治区党委：

中央最近初步听取了中央各部委关于第二个五年计划轮廓的汇报，现中央决定由计委、经委、财政部和中央各工业部门共同组织七个工作组，到各大协作区与各协作区及各省市委，交换第二个五年计划的意见，以便中央根据各大协作区、各省市委的意见，再进一步讨论第二个五年计划。为此，请各大协作区，各省市委安排下列两个会议：

（一）在六月二十三日到六月三十日由各协作区召集各省市计委主任会议，将国家计委、经委和中央各部所布置的重点建设和各省市委布置的重点建设，先行交换意见，提出问题。还要注意提出分年度特别是一九五九年度的分省、市的建设项目和进度。

（二）七月一日到七月五日再请各协作区召集协作委员会议，讨论对协作区重点安排的意见，以及一九五九年年度计划。

（三）关于会议的时间与地点有何意见望电告。

Z44 - 1958（1）

国家经委关于各协作区讨论1959年度计划和第二个五年计划的情况简报（第13号）

1958年8月13日

华北协作区会议已于12日结束，兹将会议讨论情况简报如下：

（一）财政收入：会议提出1959年应当保证83亿元，争取达到88亿元（财政部提出的指标），上缴数8亿元不变，约占收入的10%。但是，从算账的结果来看，收入还达不到80亿元，因此，对于计划所列83亿元感到很吃力。

（二）基本建设投资：经过研究，在64亿元的基础上还需要增加4亿~5亿元。要求增加投资的主要内容是：

1. 河北省水利建设有12个大水库，业经中央批准，今年要上马，这样，明年水利投资需4亿元以上，还缺2亿元左右。

2. 山西省有三条铁路支线没有列入计划（太原—古交线、孝义—介休线、中条山铜矿—同蒲路），共138公里。

3. 内蒙的森林工业缺2亿元投资。

4. 包钢尚需增加6 000万元（已列2.9亿元，需要3.5亿元），否则，轧钢厂在1960年上半年不能投入生产。

（三）生产指标：铜只能达到7万吨（比

中央安排数少1万吨），内蒙的木材最多只能达到400万立方米（比中央安排数少150万立方米），因此，华北区的工业总产值将有所降低。

Z779－14

西北协作区委员会关于第二个五年计划和一九五九年计划建议方案的报告

1958年7月15日

西北协作区委员会于7月2日到7月15日召开了第一次会议，着重讨论了本区各省、自治区提出的1959年计划和第二个五年计划的建议方案。

委员会反复研究了西北地区工业建设的各种条件，认为，西北地处战略后方，工业资源丰富，第一个五年计划的工业建设为第二个五年计划打下了一定的基础，去冬以来的农业大跃进，又为工业建设创造了有利的条件；特别是我们有党的总路线，有4 000万勤劳的人民，在党中央领导下，只要5个省、自治区充分发挥共产主义的协作精神，加上全国特别是东北协作区的帮助，上下左右拧成一股劲，就可以克服任何困难，争取在第二个五年计划期内把西北建成一个基本上完整的工业体系是完全可能的。

会议期间，开始提出了1962年产钢1 400万吨的方案，其中1959年投资就需要120亿元。考虑到全国平衡会有困难，因此，又提出了1962年产钢1 100万吨或稍多一些的方案，其他主要指标相应的是：生铁1 450万～1 690万吨，铜31万吨，铝35万吨，原油1 800万吨（或稍多一些），煤1亿吨；发电量385亿度，5年内新建铁路14 557公里。这样1959年的投资可以降到85亿元。

1962年的指标仅仅是一个初步的规划，当前主要的还是1959年计划的安排。因此，在会议上特别着重地讨论了1959年的计划指标和措施。具体的意见是：钢210万吨，生铁320万吨，铜5万吨，铝5万吨，原油325万吨，煤2 000万吨，发电37.7亿度，装机容量107万瓩，纱锭74万枚，新建铁路铺轨2 561公里。

从上述指标可以看出，西北地区工业建设的重点，除冶金、机械外，石油工业也是重点之一。这样在工业的布局上，按照各个省、自治区现有的资源条件和具体特点，大体确定：陕、甘两省着重发展冶金和机械工业；青海、新疆着重发展石油工业；宁夏着重发展煤炭工业。各省、自治区都应按照自己的资源情况，积极发展有色及稀有金属工业，各舒所长，互补所短。这种大协作对于在西北地区迅速建成一个基本上完整的工业体系是必要的。

实现上述指标的主要措施是：

第一，坚持大中小相结合，土洋并举。当前要突击建设小型厂矿，遍地开花，同时也要抓紧中、大型厂矿的筹建工作，做到边建设、边生产，力争投资少、见效快。

第二，设备制造问题。西北地区现有机床（包括军工在内）约2万台，但因缺乏重型机床，不能生产大型设备。这次会议期间，召集了机械协作会议，根据现有设备和生产条件，初步安排了今冬及明年的制造任务。经过调整，积极努力，大体可以解决所需的小型设备和少数中型设备。为了充分发挥现有机床的生产潜力，提高设备制造能力，今年必须动手新建和扩建一批工厂，尚需增加投资1.1亿元，并增加设备4 000余台，其中最迫切需要的是大型机床和锻压设备（约200台），特别是3 000台水压机，要求把我区列入第一批分配名单，争取明年尽早投入生产。

第三，铁路建设问题。第二个五年计划期间铁路运输显得特别紧张，初步估算1962年的货运量可能达到2.5亿吨上下，现有铁路2 400公里，而且只是一条东西干线，显然不能满足需要。明年新建的铁路至少有1 500公里主要是为克拉玛依、柴达木的油田服务的，为了解决冶金工业所需的大量矿石和煤炭的运输，也必须修建一些干线和支线，原有线路也必须进行技术改造。1959 年新线建设需要开工3 830公里，干线铺轨 2 561 公里，支线和专用线铺轨 820 公里。我们计划从今冬起即动员民工和劳改队修路，并准备在明年下半年轧制一部分轻型钢轨，用于运量较小的支线和专用线，以加快建设速度和节约投资。鉴于石油运量很大，单靠铁路是运不出去的，因此建议石油部及早进行输油管的规划和建设。

第四，劳动力问题。从全区来看，劳动力是紧张的。我们将努力通过改善劳动组织，提倡和推广技术革新，积极提高劳动效率，以及部分地区提早实现农业机械化等办法来解决，1959 年全协作区平衡之后仍缺劳动力 30 万人，请中央安排移民来解决。目前迫切需要的是技术人员和技术工人，我们已向中央有关部门提出了要求，希望能给予帮助。

第五，物资供应和投资问题。1959 年生产和基本建设所需的主要材料和大型设备都需要国家统一调拨。特别是钢材和木材，除本区生产和节约、代用等办法解决外，大部分需要调进。1959 年需要投资 85 亿元。其中军事工业、石油和铁道即占 30 亿元，比重很大。1959 年地方预算收入，除去正常支出，能够用之于基本建设投资的为数很少，收支相抵，差额较大。除了加强群众集资和开展增产节约运动、扩大资金积累外，投资差额需在全国范围内统一调剂。

Z778 - 13

国家经委关于各协作区讨论一九五九年度计划和第二个五年计划的情况简报（第 2 号）

1958 年 8 月 11 日

东北协作区在宋劭文同志作了传达以后，各省先分别进行讨论，预备在 11 日下午举行协作区会议。各省在讨论中初步提出如下意见：

（一）对于中央对东北建设的方针，各省都表示同意。但是个别同志反映：辽宁省第一个五年的投资占全国第一位，现在是倒数第六位，弯子是否弄大了？（按我们现在安排的投资分配方案，辽宁省的投资占全国第三位）

（二）对于大包干，感到责任大，没有油水，地方机动小了。今年黑龙江省的机动投资约有 1. 5 亿元，辽宁省还多一些，吉林省也有 1 亿元左右，到明年则没有多少了。这样，可能会影响地方的积极性。

（三）在财政上，收入打不上去，投资压不下来。收入比中央安排的少 18 亿元（辽宁省少 10 亿元，黑龙江省少 5 亿元，吉林省少 3 亿元），投资比中央安排的多 20 亿元左右（辽宁省多 10 亿元，黑龙江省多 4 亿元，吉林省多 5 亿元）。

（四）在财政体制上有两个问题。

1. 中央企业的收入归中央，但是投资由地方包，是否改变一下，收入、投资都归地方？

2. 规定结余归地方，但是比例一年一变，结余没了，是否按这次定的比例，几年不变？

（五）对生产指标和基建项目的意见。

1. 工业总产值，除了黑龙江省比这次国家安排的相差不多以外，吉林省少 10 亿元，辽宁省也少了。

铜、铝：三省铜的生产指标比国家安排的少 1/3，铝少 1/4。

木材：黑龙江省的木材产量比国家安排的少 400 万立方米，而且还要增加 800 公里森林铁路的投资，否则产量还要少。

钢铁的生产指标比国家安排的多一些。

2. 粮食的生产指标：黑龙江省意见为 260 亿～280 亿斤，比国家安排的少 80 亿～100 亿斤。吉林省也认为要完成国家安排的指标有困难，要求增加水利投资，否则指标也得下。

3. 在基本建设项目方面，辽宁省提出：金州重机厂是否要恢复？要恢复还得相应地搞水库等等，要增加投资。

（六）对区内外关系的意见。

1. 吉林省位处两大省之间，今后电力、地质等需要建局，考虑省内平衡；要求冶金部下放矿山（如通化铁矿）。

2. 辽宁省提出，支援调拨任务要早些决定，否则，各省纷纷要求，难以应付。

Z779－3

国家经委关于各协作区讨论一九五九年度计划和第二个五年计划的情况简报（第5号）

1958年8月11日

东北协作区11日上午按省分组进行讨论，下午大会发言（吉林、黑龙江省）。兹将会议反映的情况简报如下：

（一）财政收入问题

1959年吉林省的收入将比中央规定的指标少2亿，支出多3.5亿元；黑龙江省的收入比中央的指标少4亿，支出（包括森路铁路）多3.5亿元。为此，要求把中央在东北的直属企业的收入划给地方。

（二）对主要指标的意见

1. 钢铁：黑龙江要求1959年钢的产量由80万吨增加到100万吨；生铁由100万吨增加到150万吨。理由是：有资源；黑龙江是东北的后方；机械制造能力大。

2. 铜：吉林要求减少5 000吨，黑龙江要求减少2 000吨。原因是：土法炼铜所需的劳动力不易解决，矿石供应也有困难。

3. 铝：黑龙江要求减少5 000吨，主要是电力不足。

4. 木材：吉林提出要完成700万立方米，尚需增加投资1.8亿元；黑龙江认为即使修通北黑线和嫩岭线，明年也只能生产1 700万立方米。

（三）几个具体问题

1. 吉林省要求增建矿山机械厂及综合机床厂各1个。

2. 吉林省考虑到基建投资的不足，提出拟将哈达山水库的投资由4 000万元减为1 000万元，挤出3 000万元来调剂使用。

3. 据各省反映，缺电都很多，转请水电部进一步研究解决。

Z779－6

国家经委关于各协作区讨论一九五九年度计划和第二个五间计划的情况简报（第6号）

1958年8月11日

兹将西北协作区11日讨论的情况简报如下：

（一）煤炭：1959年大约需要调进200万吨。炼焦煤的矿井建设规模按照经委2 000万吨计算，投资除由内部调整4 000万元外，尚不足1亿元。

1960年要保证350万吨钢的产量，还差煤1 000万吨。为此，协作委员会意见：1959年的矿井建设规模最好扩大为3 000万吨，这样，投资尚差2亿元，本区内部无法调剂，拟提交北戴河会议研究解决。

（二）机械设备：为了保证1959年产钢140万吨的要求，明年需要新增生产能力220万吨。冶金设备除经委规定自行制造3 100吨外，尚需外区支援45 000吨；矿山设备本区生产1万吨，尚需外区支援3万吨；发电设备自行制造22万瓩（其中军工生产9万瓩），尚需外区支援78万瓩，以保证安装75万瓩。

（三）铜、铝：1959年的产量指标已初步肯定下来。铜：生产4万吨，自用和外调各2万吨；铝：生产3万吨，自用和外调各1.5万吨。

（四）木材：1959年全区的需要量（不包括军工、国防）至少为625万立方米，生产指标150万立方米可以完成，但估计有50万立方米运不出来。

（五）铁路专用线：全区共要求修建720公里。协作委员会意见：急需解决4条运煤线共达330公里（其中，陕西50公里，甘肃120公里，青海140公里，宁夏20公里）。

Z779－7

国家经委关于各协作区讨论一九五九年度计划和第二个五年计划的情况简报（第10号）

1958年8月13日

兹将西北协作区12日反映的情况简报如下：

（一）基本建设投资经过会议讨论同意按照中央的分配数字先定下来，因为1959年的财政收入任务经过努力会有超过。对于财政支出的安排总的认为打得很紧，不仅基本建设投资是如此，就是行政费、事业费、流动资金等也都相当紧，准备由地方自力更生从多方面采取措施克服困难。

（二）协作区委员会一致拥护地方包干制，但是认为：应该参考原来财政体制的计算方法，对少数民族地区继续给予照顾。

（三）新疆提出：根据工业基础等条件来考虑，1959年新疆的钢铁建设规模应当比青海大。但是，目前中央安排的情况是钢的建设规模和青海一样，铁的建设规模反而低于青海。协作区委员会认为这个问题应当加以考虑。

Z779－11

国家经委关于各协作区讨论一九五九年度计划和第二个五年计划的情况简报（第11号）

1958年8月13日

东北协作区会议已于12日下午结束，兹将电话联系情况简报如下：

（一）会议同意中央的安排，各项指标正在进一步计算和安排中。财政收支指标经过初步计算，总收入比中央安排数少16亿元，支出比中央安排数多了7亿～17亿元。

（二）会议经过讨论，最后提出下列几点意见：

1. 生产指标还有潜力，要求各省对重要产品指标必须切实加以保证。

2. 明年的农业生产指标，按照比今年预计增长50%左右定下来。

3. 工业布局贯彻执行大中小结合的方针，重点发展东北的西北部。

4. 财政体制拥护包干制。但是在保证重点的同时，要给省里留个余地，不要完全包死。

5. 森林铁路希望多修一些，以保证木材的外运。

6. 希望计委、经委及早把重要物资、设备的调拨计划确定下来，否则，东北地区对支援外区的任务难以排队。

Z779－12

国家经委关于各协作区讨论一九五九年度计划和第二个五年计划的情况简报（第14号）

1958年8月13日

华南协作区会议也已经结束，兹将会议情况简报如下：

（一）关于建立完整的工业体系问题

会议反映：按照我们安排的1959年计划方案来看，华南区形成完整的体系不够。尤其是机械工业，把骨干厂削掉了（例如广州内燃机厂、广西通用机械厂）；农业元帅也得不到工业上应有的支持（拖拉机、汽车制造厂也被削掉了）。原来有22个项目，现在砍掉了一半。他们要求今年已经上马的项目必须保留（如韶关重型机床厂等）。刘建勋同志提出：希望以后把5年以内的底子交代一下，明年砍掉了这些项目，今后还准备建设些什么？

（二）关于建设布局和投资比重问题

广西省的同志提出：沿海与内地并举的方针很正确，但是，在执行过程中还贯彻不够，工业仍旧较多地放在原有基础较强的地方。会议认为：中央在投资分配的比例关系上，对华南照顾不够。华南占全国投资比重如果8%不可能的话，7.5%也好，但是，现在只有6.5%

（包括铁路、交通、邮电在内）。对于华南投资的具体意见有两个方案：第一方案是32亿元（除收支相抵外，要求中央另外补助2亿元）；第二方案是30亿元，收支平衡（财政收入为38亿元，行政支出8亿元）。

（三）关于"大包干"制问题，陶铸和刘建勋同志都十分赞成，但是有些同志还有不同的看法，认为这样做法，收支两头都扣得很死。

（四）陶铸同志提出：在北戴河会议上希望把协作问题列入议程。

Z779－15

第八次全国计划会议秘书处：第八次全国计划会议简报（第50期）

1959年11月17日

华南区座谈第二个五年计划的情况

华南区于十一月十六日座谈第二个五年计划的初步设想，着重谈了以下几个问题：

一、华南的经济地位

华南人口占全国人口的百分之九左右，粮食产量占全国粮食总产量的百分之九左右，财政收入在全国财政总收入中也有较大的比重。但是工业总产值仅占全国工业总产值的百分之五左右（广西基础更薄弱），现在在全国产量中的比重，钢占百分之零点三，煤电各占百分之二点五，这个比重太低了，同华南地区整个经济的发展不相适应。根据华南地区的需要和资源条件，过去华南协作会议曾设想华南地区工业占全国的比重，大体安排在百分之六至八较合适。按照这次计委初步设想的框子，华南地区一九六二年钢产量可以达到一百万吨左右，煤二千五百万吨左右，电六十至七十亿度左右。华南原有的工业基础比较薄弱，第一个五年建设的很少，因此第二个五年的建设速度应该加快一些。如果全国工业增长速度，一九六二年比一九五九年翻一番多，那么华南将要翻一番半。

二、工业布局问题

在座谈中大家都同意第二个五年计划的设想中提出的工业分布原则。从华南地区来说，有资源，有需要；在全国支援下，逐步建立一个适应华南特点的工业体系。根据华南煤、铁、锰、硫铁矿、有色金属、水力资源和热带经济作物丰富等条件，应该着重发展轻工业（如糖、纸、盐）、化学工业（如酸碱、化肥合成纤维等）和有色金属，更好地、更多地支援全国。但是在第二个五年内还必须先搞钢铁、煤、电等基本工业，为今后的发展创造条件。

广州是华南地区最大的工商业城市，应该逐步建设成为广东和华南地区的工业中心，加强必要的基本工业的建设，并补充一些薄弱部门（如机电工业），有条件的产品则应当向高、精方向发展。

在第二个五年计划期间应该加快柳州和着手韶关两个新的工业基地的建设。柳州钢铁厂原设计规模钢八十万吨，现在铁路和焦煤问题都已解决，希望建设速度加快一些。韶关钢铁厂原设计规模钢、铁各一百万吨，要求第二个五年内建成一百五十吨平炉一座，六百二十立方米高炉一座，六十孔焦炉一座；一九六二年铁的生产能力可达三十万吨，钢的生产能力可达十八万吨，一九六二年可产钢十至十五万吨。为了配合柳州钢铁厂、韶关钢铁厂的建设，要求贵州和湖南的焦煤基地的建设能相应跟上。铁路交通方面，要求第二个五年内建成韶关至柳州的铁路干线。

150－8－61

李富春同志在华东协作区计委主任会议上发言记录

1958年6月24日

关于第二个五年计划的编制工作，我现在提一些初步的意见，供华东各省市的计委同志研究第二个五年计划时考虑和参考。采取什么方针、什么步骤、什么指标，使我们的计划真正能贯彻党的建设总路线，安排得更恰当，更合理。这是我今天要讲的基本精神。

一、目前全国的情况和第二个五年计划的任务

经过南宁会议、成都会议和八大二次会议，批判了过去的右倾保守思想，根据毛主席的思想确定了党的总路线。在党的总路线的照耀下，全国人民干劲冲天，今年全国工农业生产的大跃进已成定局，党的总路线从实践中证明是伟大的，正确的。如果我们经过今年的努力，总路线就可以扎下一个深固的根了。

今年全国粮食总产量将比去年增加一千亿斤左右，超过了第一个五年增产的总和，而且还可能超过一千亿斤。今年的夏收粮食大致可增产三百五十亿斤左右。今年的工业总产值将比去年增长百分之四十五至五十，增长速度比第一个五年的任何一年都要高得多。基本建设投资，包括预算内、预算外、地方自筹和最近追加的共约二百五十亿元，等于第一个五年计划期内投资总和的一半（第一个五年为五百亿元）。在这样的干劲下，我们再接再厉，苦战三年，就完全可能改变我国的面貌。以钢铁为代表的几种主要工业产品的产量，不用三年就可以赶上和超过英国。钢明年全国至少可生产二千五百万吨以上，而英国去年只生产二千二百万吨，今年将不到两千万吨，所以我们明年就可以超过英国了。煤炭明年也可以远远超过英国。发电量虽稍慢点，但三年后也可以超过英国。农业方面，全国农业发展纲要有可能在三年内基本实现。我国人民的生活，在苦战三年期间，将有适当的改善；三年后，随着工农业生产的大跃进，人民的生活在丰富的物质基础上，将得到较大的改善。

群众力量发动起来以后，党的正确的路线被群众掌握了，群众的力量和智慧是无穷无尽的，我们对群众的力量要有足够的估计。

现在来看，今年的农业高潮是在二月开始的，工业高潮在四月开始，在这五六个月中间，全党动员起来了，群众动员起来了。在这几个月中情况变化得快，工作进展得快，因此取得经验也快。如生产指标，早晚“市价”不同，一跃再跃。我们的思想如何适应这种形势，跟上这种形势，随时总结经验，推进工作，这点，现在更为重要。所以，要打破常规，适应群众的干劲，根据新的情况，修改原来的计划。如果我们定一个框框，机械地照框框办事，一定要犯错误。

从上述的情况和趋势来考虑，第二个五年计划的任务是：提前实现全国农业发展纲要；建成基本上完整的工业体系，也就是要完成国家工业化，五年内超过英国，十年内赶上美国；大大推进技术革命和文化革命，为在十年内赶上世界上最先进的科学技术水平打下基础。

为了实现这个总任务，更好地贯彻党的总路线，真正达到多快好省，对第二个五年计划怎样安排，怎样部署，采取什么方法，都是应当从群众的实干基础上来很好研究和考虑的。我们要从五年、十年来进行安排，来想问题，而不只是今年、明年。

二、安排问题

根据政治局扩大会议的精神，要真正做到多快好省，五年内超过英国，必须贯彻重点带一般、重点与一般结合，点带面、点面结合的方针。在技术政策上，洋办法土办法同时并举，土洋结合。

什么是重点？毛主席提出，关键是三个，一个是粮食，一个是钢铁，还有一个是机械设备。必须用粮食带动棉花和油料作物、带动农副业，用钢铁和机械设备带动其他工业。在农业方面以粮食为纲带动其他，工业方面以钢铁和机械设备为纲带动其他。小平同志根据主席的思想提出：三个元帅两个先锋，三个元帅就是粮食、钢铁和机械设备，二个先锋是电和交通运输。在三四个月以前，我们是一鼓作气地搞化肥，现在看来，首先还是搞“元帅”，没有钢铁，没有机械设备，别的就难以搞得多快好省。当然，我不是说，别的不搞了，化肥不要了，而是应首先顾及重点，顾及“元帅”，以钢铁、机械设备来带动化工、有色金属等工业。

这样就发生一个问题，工业各部门、行业

之间，行业内部之间就有轻重缓急、你先我后之分，因此，安排也必须分别轻重缓急、先后次序进行。比如过一个关，进一个门，是排好队、有次序地进得快呢？还是一哄而上往里挤的快呢？我看还是排好队有次序进得快。所以从整个国民经济说要有轻重缓急，各行各业之间要排队，有先有后，有重点。行业内部之间也要分先后次序，排队。例如机械设备方面，首先应搞成套设备，即冶金设备、电站设备和相应的矿山设备、炼油化工设备、机床等。以电来说，电很紧张，更得排队，哪些应该优先用电，哪些可以迟一些、少一些，只有这样，才能顺利过关，才能多快好省。

从地区来说，有几个问题。第一，中央和地方的问题。在体制下放后，我想中央和地方的概念应有所改变。凡带有全国性的重点企业，由中央各部，各协作区、各省、市（自治区）共同协力安排，最后由中央决定；地方性的，就地取材，就地生产；满足地方需要的企业，由省、市（自治区）和专、县安排，最后经省、市（自治区）党委批准。是否这样，可以讨论。只有明确这点，大家才能思想一致，步骤一致，共同办好事业。第二，先进地区与落后地区的问题。总的原则是，既要充分利用和发挥现有工业基地和工业基础较好的地区的作用，又要照顾到落后地区，把新建项目尽可能多安排一些到落后地区，使落后地区逐步克服落后状况。同时，先进地区要帮助落后地区。为此，在时间上就要安排得适当。从五年来说，由于先进地区原来基础好、力量大，所以建设起来快，生产也增长得快，培养技术力量也快，帮助落后地区也就更有力量。因此，在头一两年内，在先进地区可考虑充分发挥先进地区的作用，尽快地把力量培养起来，然后在后三年，就能够以更多的力量支援和帮助落后地区，落后地区在后三年就可以搞得更多、上去得更快，到了第二个五年末，其结果是大家都达到了目的，都完成了任务。而华东大协作区就是首先充分发挥上海和各省现有的力量，带动工业比较落后的省迈步前进。

在时间的安排上，除了有先进地区和落后地区的问题以外，还有重点与非重点的问题。在头一两年内，必须着重发展重点工业，突破重点，适当地照顾一般。即头一两年保证三个“元帅”和两个“先锋”，适当地照顾其他，则后三年非重点工业就可以多搞了。这样做，只不过是行业之间、地区之间排个队，以便分别轻重先后，顺利的前进。

华东地区得天独厚，有上海。全国有三个地区，即华东、东北、华北的工业基础较好。从华东来说，如何利用上海力量；从全国来说，如何利用华东、东北的力量，是部署第二个五年计划时值得很好研究的问题。从力量上来说，是人力、物力、财力如何合理安排的问题，如何使有基础的地区更多的生长新的力量。多搞点原材料、设备，多搞点积累。抓紧时间，培养力量，把人力、物力、财力运用得更好，这样能更好地安排五年计划，便于贯彻多快好省。利用上海工厂培养技术力量快还是另起炉灶快？利用现有力量培养技术力量好还是另起炉灶培养技术力量好？当然是利用现有力量能多快好省，更能培养新生力量。因此人力、物力、财力的运用也要分别先后、轻重。总之，上述几方面只说明一个问题，我们的安排必须有轻重缓急，先后次序，不然老子耽搁了，儿子也耽搁了，孙子也耽搁了。

三、部署问题，主要讲工业、交通的部署

（一）凡是全国性的建设项目，由中央各部、各大协作区、各省、市、自治区共同协商安排，最后由中央决定；地方性的一般的建设项目，由省、市、自治区同专区、县协商安排，最后由省、市、自治区自己决定。投资的分配也按这样来定。投资包括预算之内、预算之外和自筹资金。这样既可照顾全国统一安排，又能发挥协作区的积极性。在计划上实行条条和块块的双轨制，而重点是块块。

（二）在重点与一般相结合的原则下，头两三年着重搞工业生产资料和农业，以保证重要建设项目的完成和农业发展纲要的实现，同时适当发展轻工业；在后两年，根据农业原料和生产资料增长的情况，可多搞些轻工业和其他。国家和群众的力量结合起来使用，许多事业要充分发动群众，利用群众的人力、物力、财力去办，特别是农业、水利，这一方面又可发挥群众的积极性，一方面使国家资金能保证重点建设项目。

（三）大、中、小结合问题。除了有些重要产品必须建设大型企业以外，一般应以中小型为主。中小型投资少，收效快。当前情况首先解决有无和多少问题，过两三年后，设备有了，电力有了，投资有了，我们再来搞些现代化的企业，解决高级的问题。所以要土洋办法结合，因陋就简地搞起来。建设项目要集中力量来搞，不要把几十个项目同时进行，把投资、建设力量都分散了，都不能提前开工，使资金、力量都积压了，看起来一下子开工几十个似乎快，但结果是慢。第一个五年计划经验的一条就是工业贪大贪新，建设时间慢，我们要接受这个教训。

（四）在工业建设的布局方面：

1. 各大区在第二个五年计划建成基本上完整的工业体系，有的可以完成完整的工业体系，如华北、东北、华东、中南，有的基本上可完成，如西北、西南、华南。

2. 各大协作区一方面分别轻重缓急，重点带一般；另一方面根据各大协作区具体条件，如原料供应、销售情况，自行安排。各大协作区基本相同，各有特点。

3. 农业机械，除大型拖拉机、卡车由中央安排外，其他都由各省、市、自治区自行安排。

4. 轻重工业在分清轻重缓急后，要适当配合，男女劳动力要适当配合。要互相搭配，三万、五万、八万纺纱厂锭子要搭配插进去。不要重复第一个五年计划的错误。轻工业除了某些重要的产品由中央统一安排外，其他由各省、市根据具体情况安排。规模由小到大，设备自己解决。纺织、糖、纸各省提出指标都相当高，糖各省、市共提出到一九六二年生产一千一百万吨至一千二百万吨，现在生产一百多万吨，利润十四亿，按一千一百万吨算要一百五十四亿元。但生产多了，价格必须调整，实际利润不会那样多。我不是泼冷水，把情况说一说。靠糖来积累那么多资金是靠不住的，不要以现在的账算利润。联系到工人生活的改善，一是提高工人工资；二是降低物价，提高工人实际工资；三是二者结合，又提高工资又降低物价。怎样为好，可以研究。总之，第二个五年计划末有那么多粮食、那么多油、那么多糖、那么多猪、那么多布，改善生活有物质基础了，只是用什么形式表现出来。

5. 工业企业的布置要适当分散，避免过分集中，可以综合利用资源的企业，可以适当集中。

6. 现有的大城市应适当建立卫星城市，新建的工业城市，应按先建企业和为生产服务的公用事业（交通、电力）然后再搞市政建设。

四、指标问题

在大跃进的形势中，早晚“市价”不同，我们的指标由中央各部提出的，向中央作了汇报，只是初步的，供大家讨论研究，问题不在指标大小，而在于如何认真在行动中贯彻执行党的总路线和体现毛主席思想。

钢：一九六二年全国生产六千万吨，可能还低，经过各省讨论后，还要修改提高。

电：一九六二年生产二千二百亿度至二千四百亿度，要安装五千万至五千五百万瓩发电机。

石油：一九六二年生产三千八百万吨，包括煤炼油。

煤：六亿五千万至七亿吨。

化肥：四千万至四千五百万吨。

水泥：六个五百万吨。

木材：一亿三千万立方米至一亿五千万立方米。

棉纱：一千五百万至一千七百万件，每人平均二十三公尺棉布。

糖：六百万至七百万吨。

投资约三千亿元，包括自筹资金。国家的

预算为四千亿元。这是大账，小账还没有算清。

这些指标只是初步的，都是可以讨论的，特别是钢的指标提高后，相应的指标也需要提高。建设项目怎么安排？初步安排限额以上项目有五千个以上，重大的有八百个。所谓重大项目是：

电：二十万瓩以上。

煤：三百万吨以上。

煤炼油：二十五万吨以上。

人造石油：三十万吨以上。

钢：三十万吨以上。

尼龙：一万吨以上。

化肥：年生产合成氨五万吨以上。

水泥：四十五万吨以上。

机械：投资三千万元以上。

地区分布方面：

华东：一百六十三个。

华北：一百四十九个。

西北：一百一十八个。

西南：一百一十一个。

东北：一百零二个。

华南：五十三个。

华中：一百零四个。

这些项目建成后，基本上完成了工业体系。

五、最后，方法问题和当前应解决的问题

（一）必须以自力更生为主，依靠自己，外援只是辅助。外贸今年订了很多次要的货，连兄弟国家仓库中的电驴子也要来了，本来很可以自己生产的，现在都要了，给人家的印象是你们中国大跃进，什么都要，如果今年要，明年又不要了，会影响人家的安排，因为他们是计划经济，要注意，免得造成错觉。卡车今年定了很多，都是各省提出的，明年又不要了，各省、市计划委员会要注意这个问题，不要把外汇随便使用掉。

（二）群众路线，土洋并举，洋办法、土办法都来，发动群众，走群众路线，从找资源探矿开始要依靠群众，要搞小铜矿、小水泥厂、小煤矿、小化肥厂等。

今年明年如何想法突破重点，首先是原材料、钢铁、铜、铝、酸碱、木材。还是采取以上办法解决。有小铜矿就开。河北明年用土办法生产六万吨钢，华东工业的综合指标中，生产铜的指标偏低。要想尽办法依靠群众，搞小型铜矿。

其次搞机械设备，要搞重要的成套设备，如冶金设备、电站设备、炼油设备、化工设备，首先是冶金设备，各省市还要有计划地搞农业机械设备。电要排队。铁路，铁道部的意见，省内部的支线由省负责，中央给钢轨，是否行得通？如能行得通，可多修一点。

技术力量，今年各省、市根据实际情况招点技工，要及早培养技工。劳动力要安排，整个劳动力在技术改革还没有解决前是紧张的，各省、市要全面安排。少奇同志的意见，要找个别中小型城市搞典型研究，全面安排。可以用半劳动力的就用半劳动力，把全劳动力抽出来；可以用女劳动力的就用女劳动力，把男劳动力抽出来；使各得其所，收入有所增加，又没有失业的。各省、市考虑一下。今年、明年一个是钢材问题，一个是电的问题，一个是机械设备制造问题，都要排个队如何突破？如何使明年的关能过好？第二个五年计划能否跃进，第一关是一九五八年下半年，第二关是一九五九年。关最难过的有三个：一是原材料、钢材、铜、铝，二是机械，三是交通运输。所以要排个队，能不用的不用，能少用的少用。这样就联系到各省、市的原来工业建设的安排要重新调整。今年要保证钢铁翻一翻，要生产一千零六十万吨。总之，摆情况，摆问题，摸措施，想办法，来过难关。有指标必须要有措施，问题在什么地方，困难在什么地方，我们想什么办法克服。今年还有半年时间，我们不要耽搁，争取一天好一天，要利用今年半年明年一年来过这个关。

最后，我传达一下主席最近指示的一段话："自力更生为主，争取外援为辅，破除迷信，独立自主地干工业，干农业，干技术革命和文化革命，打倒奴隶思想，埋葬教条主义，认真学习外国的好经验，也一定研究外国的坏经验，引以为戒，这就是我们的路线。”

Z768－21

国家经委关于各协作区讨论一九五九年度计划和第二个五年计划的情况简报（第3号）

1958年8月11日

兹将华东协作区讨论的初步意见简报如下：

（一）按国家计委、经委初步安排的1959年基本建设投资分配方案，华东区的工业总产值将由720亿元下降为640亿元左右，减少80亿元左右；财政收入将由190多亿元下降为170多亿元，减少20亿元左右，要完成上缴88亿元的任务有困难。他们初步计算结果，需要投资85亿元（比现在分配的数字增加15亿元），才能保证原定的工业总产值和财政上缴任务。

（二）1959年华东区分配到的投资为70亿元，占分区投资总额的21%，比1958年按同样口径计算的投资比重反而降低了（我们正在搜集材料研究这个问题）。

（三）感到河北、广东、辽宁省的投资多了一些，山东、江苏省的投资相形之下是少了一点。

Z779－4

国家经委关于各协作区讨论一九五九年度计划和第二个五年计划的情况简报（第4号）

1958年8月11日

叶林同志于8月4日即去华南协作区，8月7日晚上来电话反映了如下几个情况：

（一）按我们初步安排的1959年基本建设投资分配方案，华南协作区为23亿元，要上缴5亿~7亿元。陶铸同志表示华南应当争取收支平衡。

（二）广东省计委的同志表示，按华南23亿元的方案，广东省只有14亿元，困难很大，不好安排。主要是：

1. 三个“元帅”的位置摆不妥当，使粮食生产缺乏保证；使机械没有骨头（指没有重型、矿山机械厂）；使钢铁成了个跛子。三个“先行”（交通、煤、电）有两个（交通、煤）不先行。对于电的安排，他们还比较满意。

2. 这个方案没有考虑华南的地区特点，如造船和轻工有发展条件。

广东省计委表示，这个方案暴露了一个矛盾，这就是新制度（以地区为主、双轨制）和老方法（以条条为主进行安排）的矛盾。

（三）广东省计委表示，现在分配给华南协作区的投资为23亿元，仅广东一省就要投资23亿元（如不包括茂名石油和海南铁矿也要20亿元）。

叶林同志和陶铸同志于8月9日由广州去南宁，定10日到11日开协作区会议进行讨论。

Z779－5

第八次全国计划会议秘书处：第八次全国计划会议简报（第53期）

1959年11月19日

华东协作区座谈第二个五年计划的情况

十一月十七日，华东以协作区为单位座谈了第二个五年计划问题，简报如下：

华东地区各省市座谈了国家计委提出的一九六二年主要指标设想的意见。会上发言的有江西、山东、福建、浙江四省。在座谈中，大家谈了以下几个带有全区性的问题：

一、华东区第二个五年计划的发展速度问题

华东同志认为：华东地区第二个五年计划的发展速度应当不低于全国平均的发展速度。国家计委设想的主要指标低了一些，例如钢，一九六二年安排华东区生产五百二十五万吨，华东区各省市初步要求七百一十五至七百八十五万吨；今后三年的煤炭工业的新井建设规模，国家计委列的华东比重占全国的百分之二十五，华东区认为目前华东工业产值占全国百分之三十五以上，煤炭产量只占百分之十五多，很不适应，为了使煤炭生产逐步适应工业生产需要，根据地质资源条件，今后三年新井建设规模应为一亿五千万吨以上，农业指标（包括粮、棉、猪）也都低了一点。

二、关于沿海与内地的关系问题

华东同志认为：沿海与内地的关系也就是老基地与新基地的关系，要发展内地就必须充分利用老基地的技术和资源力量，这样老基地有必要在近期内先走一步，以便更好地支援内地的建设和促进工业合理分布的早日实现。因此建议在第二个五年计划说明中增加一条沿海和内地的关系问题。

三、关于华东区钢铁基地的提法问题

华东地区的同志认为："以上海、马鞍山钢铁基地为中心"的提法还不够。建议包括新喻二期工程和山东钢铁基地的建设在内。

四、铁路建设问题

除了已经安排的铁路建设项目外，要求增列杭州经长兴到芜湖和贵溪经景德镇到芜湖线。

关于铁路建设中的支线、专用线与干线的关系问题，认为干线和支线、专用线都要兼顾，今后铁道部门应当注意支线、专用线的建设，以便充分发挥现有的和新建的厂矿的作用。

五、对生产和基建指标的意见

福建省是江南的木材基地，对木材运输希望在一九六二年指标设想中列出来。对毛竹的培植和采伐，也希望提出明确的设想指标来。浙江省希望把衢州、温州发展成为化学工业基地。江西省要求建设柘林、万安的水电站和丰城的电力枢纽站；为了适应有色金属工业的发展，要求建设重型机械厂和硫酸厂。山东省要求把水利建设列作重点，将王旺庄、滦口南四湖、微山湖等水利工程列入第二个五年计划。

此外，华东的同志还提到，在国家计委的参考材料中，对农业和水产问题写得不够，对现有企业的技术改造和提高劳动生产率的问题注意得差，希望适当补充内容。

150－8－62

国家经委关于各协作区讨论一九五九年度计划和第二个五年计划的情况简报（第7号）

1958年8月12日

华中协作区会议在6日开始，10日已经结束。兹将电话联系情况先简报如下：

（一）会议期间，听了周光春同志传达中央的精神以后，大家对中央的方针政策一致表示拥护。各省根据中央的1959年计划草案意见结合本地区实际情况，对各项主要指标进行了初步研究，总的认为经过努力是可以完成的。

（二）各协作区所提工业生产主要指标，大部分超过中央数。例如，钢为490万吨，较中央数增加145万吨；铁为1 030万吨，较中央数增加430万吨；发电量为71.1亿度，较中央数增加25.1亿度。其他一些机械设备大部分有所增加。较中央数减少的有石油、锌、棉纺锭等产品。

（三）根据生产的安排，基本建设投资还要求增加8亿元。

Z779－8

国家经委关于各协作区讨论一九五九年度计划和第二个五年计划的情况简报（第12号）

1958年8月13日

兹再将华中协作区会议的情况简报如下：

（一）会议一致拥护中央提出的"大包干"的办法，认为这是体制上的重大变革，将进一步促进我国社会主义事业大跃进。全区财政收入60.2亿元，支出67亿元，中央补助7亿元，三省的同志都认为这是中央对华中区的照顾，表示一定要完成国家规定的收入指标，并且争取多收。三省中只有湖南省提出两本账，第一本账为16亿元（比中央规定的少2亿元），第二本账为18亿元。

在地方大包干之后，有如下几个要求：

1. 中央抓紧统一平衡、调度，要求有主要原材料和设备的分配计划；

2. 在平衡材料和设备的时候，要求考虑到计划外投资的需要；

3. 中央直属企业的超收部分，地方要求提成；

4. 超计划的原材料和设备，要求由协作区分配。

（二）在基本建设的布局上，会议一致同意分散布点的原则，认为这不仅从国防和共产主义的远景来看是十分需要，而且是完全符合多快好省的要求的。分散布点后，可以减少原材料的运输，同时，各地方都有一点工业，大家的积极性就更加提高。

（三）关于基本建设投资，由于各省原来设想的规模较大，所以感到较难安排。在投资分配上，湖南感到少一些，特别是机械工业的投资，比河南、湖北省少得多。但各省表示一定要根据中央的精神进行调整和安排。在讨论中，各省要求再增加一些项目，主要是增加机械工业项目，增加铁路（要求再增加790多公里）；有许多项目要求提前建设进度，突出的是电站，一般都要求在1959年或1960年建成，目的是为了解决项目相互之间的衔接问题。例如，湖南柘溪水电站原进度是1961年建成，如果不提前进度，则铝厂用电就无法供应。

Z779-13

第八次全国计划会议简报（第51期）

1959年11月17日

华中协作区座谈第二个五年计划情况

11月16、17日华中协作区座谈第二个五年计划的主要情况如下（这些意见尚未经过协作区委员会和三省省委审查）：

一、华中地区的特点

1. 资源状况。华中三省就现有的地质资料来看，地下矿藏除镍、铬尚未发现外，其他各种矿藏都很丰富。还有些较偏僻的地区，地质工作做得还不多，例如湖北省的襄凡、宜昌以西、恩施地区，湖南省的湘西自治州、辰溪、石门以西地区，河南省的桐柏山、伏牛山西部一带，矿藏很多，而地质工作还做得不好。

铁矿湖北最多，河南、湖南也不少。煤矿河南最多，据初步预测，藏量有5 400亿吨，其中500米以上的约有1 300亿吨，300米以上（C_2级以上）的有160亿吨；湖南煤的资源也很多，焦煤藏量丰富；湖北省就已做得很少的地质工作来看，煤炭资源也是很有前途的。

有色金属：铜、铝、铅、锌三省都有。铜，湖北最多；铝，河南最多；铅锌，湖南最多。

稀有金属三省都有，湖南较多。

化学矿如硫铁矿、磷矿、雄黄矿都很丰富。

其他如石膏、芒硝、盐，两湖都有。

地上资源，除橡胶、剑麻、海产外，农林牧副渔的产品都很丰富。

华中三省河川纵横，水利资源丰富，湖北、河南横跨江、淮、河、澧，地处长江、黄河中游，湖南有湘、资、沅、澧四大水系。

全区有1.2亿人口，劳动力资源也很雄厚。

2. 交通和国防条件。华中水陆交通便利，武汉过去就是九省通衢，长江大桥架通后，南北东西四通八达。华中地区与全国五个大区衔接，因此不论是其他地区支援华中，或者华中支援其他地区都非常方便。特别是华中区地处中原，没有国境线，都是“二线”或“三线”地区。无论从经济意义和国防意义来说，都可以考虑作为全国的重点发展地区之一。

3. 目前经济状况。解放以后，华中地区经济上有了很大的发展，也初步地建立了一些工业基础。但是，从全国来看，华中三省还是比较落后的，特别是工业基础很薄弱。华中人口占全国的17%，粮食占25%，棉花占28%，但是1959年底预计三省工业产值只占全国工业总产值的9.5%，不论是原材料工业还是加工工业，缺门都很多。

因此，建议华中三省的发展速度似应高于全国平均的发展速度，这对于全国的经济建设和国防建设都是必要的。

二、华中地区第二个五年的任务

1. 大力发展农业。提前实现“农业发展纲要四十条”，基本上实现水利化，保收面积达到80%（保收的标准是能抗100天不下雨的旱灾，24小时内降雨300毫米不受涝灾）。机耕面积达到20%左右，在大中城市郊区，各电站和高压线附近地区实现电气化。本区生产的化学肥料达到每亩耕地施用量为10公斤左右，农药做到自给。

2. 工业建设结合第三个五年计划考虑，要求在1967年以前基本上建立起协作区的比较完整的工业体系，把现在的机械工业及其他行业的缺门补起来。围绕着几个大水电站的建设，建立电石、化肥、酸碱等基本化学工业。随着农业和化学工业的发展，相应地发展轻工业，增加消费品的供应。此外，要发展人造石油的生产，加强天然油的勘探，大力解决交通、电力、煤炭及其他薄弱环节。

3. 逐步实现国民经济各部门的技术改造，实现机械化和半机械化，要求第二个五年工农业总产值的增长中，有75%依靠劳动生产率的提高，有25%依靠人数的增加来解决。

三、华中地区第二个五年计划各项主要经济指标的初步设想

1. 1962年华中地区工业总产值将达到384亿元，5年增长6.3倍，占全国工业总产值的11.2%。

1962年主要工业产品产量如下：

钢	490万吨	合成橡胶	2.35万吨
铁	670万吨	水泥	500万吨
钢材	300万吨	木材	640万~670万立方米
煤炭	8 800万吨	棉纱	200万件
发电量	144亿~152亿度	纸	40万吨
电解铜	3万吨	糖	11.2万吨
电解铝	18万~19万吨	卷烟	157万箱
铅	6万吨	重型机械	22万~25万吨
锌	9.6万吨	机床	1.35万台
硫酸	116万吨	发电设备	55万瓩
烧碱	12.4万吨	拖拉机	7.58万台
纯碱	22万吨	联合收割机	0.8万~1.2万台
电石	15万吨	机动脱粒机	4万台
化肥	250万吨	动力机械	75万马力

2. 1962年农副业总产值将达到298亿~327亿，后3年每年平均递增21%~28%。

1962年主要农业产品产量如下：

粮食（不包括大豆）	1 650亿~1 890亿斤	烤烟	660万担
棉花	2 400万~2 500万担	茶叶	86万~96.2万担
油料	5 200万~5 500万担	猪	1.35亿~1.6亿头

3. 1962年华中地区基本建设投资达到100亿元，占全国投资总额的17%。主要基本建设项目的安排情况，另外单独整理资料。

此外，华中地区的同志在座谈中，还提到以下几个问题：

1. 依靠农产品做原料的工业布局问题。农产品加工工业今后应该就原料产区和消费地区建厂，如纺织工业在保证外调棉花的原则下，新增的纱锭应尽量放在产棉区。同样，武汉也不能再摆烟厂。这样，可以刺激原料产区的生产积极性。

2. 工业布局问题。工业布局一定要分散，不能过分集中在大城市。在第二个五年计划

内，湖北准备发展鄂西地区，湖南希望发展湘西地区，河南打算发展南阳、平顶山地区。湖北省还准备在第二个五年内发展8个新的工业城市。

3. 湘西五强溪水电站在第二个五年内要开始建设，这个电站对开发湘西和苗族自治州等地区的矿产资源，保证三峡施工和宜都工业区的发展都有好处，并且还可大大减少沅江洪峰对洞庭湖的威胁。电站建设规模300万瓩，投资5亿元，淹没损失很小，这次设想方案中没有提到，建议计委考虑。

4. 建议有关部门，对铁路的铁轨、机车车辆规定几种型号（不要太复杂），以便于全国统一调度使用。

5. 华中各省都产杜仲（皮可以制胶，据说比天然胶的弹性还好，而且3年即可长成），希望考虑发展，以解决我国橡胶不足的困难。

150－8－62

国家经委关于各协作区讨论一九五九年度计划和第二个五年计划的情况简报（第9号）

1958年8月12日

西南协作区会议从9日下午开始，由刘岱峰同志传达中央指示，10日各省讨论1959年计划的安排意见，11日下午贵州、四川省汇报对中央安排指标的意见，12日云南省继续进行汇报。兹将各省汇报情况简报如下：

（一）各省初步安排的1959年主要产品产量指标，一般都比中央安排数有所增加。例如钢（仅为云南、贵州两省数，缺四川省）为130万吨，较中央安排数增加35万吨；全区煤炭产量为5 130万吨，较中央安排数增加1 230万吨；木材为760万立方米，较中央安排数增加70万立方米。

（二）对基本建设投资的意见。云南省要求增加投资3.9亿元，达到17.58亿元（不包括铁道、交通、邮电）；贵州省要求增加投资3亿元，达到16.96亿元（包括铁道、交通、邮电），除自筹1亿元外，要求中央增拨2亿元。云南、贵州两省要求增加的投资主要是用在冶金、机械、电力等方面。四川省对分配的投资总额没有意见，但是项目有所调整，主要是增加了炼油、炼油设备和汽轮机厂等项目，消减了化工厂。

Z779－10

第八次全国计划会议简报（第52期）

1959年11月19日

西南座谈第二个五年计划的情况

西南协作区于十一月十六、十七日座谈了第二个五年计划，讨论了以下几个主要问题：

一、西南区在第二个五年计划期内发展速度问题

第一个五年计划期间，国家对西南地区投资小，重点建设项目很少，占全国比重很小。大家认为第一个五年国家集中力量建设东北、西北和华北部分地区是完全正确的，当时西南地区交通不便、资源不清，建设条件尚未具备，少搞一些是对的。

去年北戴河会议时，中央提出加强西南、西北战略大后方的建设问题，西南的同志十分拥护。经过第一个五年的建设和最近两年的大跃进，建设条件已经充分具备了。因此，把西南建设速度加快一点是完全需要的，也是完全可能的，是符合国家战略部署要求的。

第一，从全国的布局来说，西南处于国家后方战略基地的重要地位，在帝国主义存在条件下，加快西南地区的建设是十分必要的。

第二，西南地区资源丰富，有发展工业的良好基础，矿产资源现在已摸得比较清，黑色、有色、稀有金属、煤炭、石油、天然气、森林、水力资源和化工、轻工原料，应有尽有，不但数量很多，而且品种齐全。同时农产品丰富，粮食产量占全国的五分之一，人口占全国的六分之一，劳动力不成问题。因此西南地区不仅有加速建成一个完整的工业体系的必要，

而且也具备了充分的条件。

第三，在中央的关怀下，经过第一个五年的建设和两年的大跃进，西南地区为加快工业的发展打下了十分良好的基础。因此从现在起，就应当加快西南的建设速度。目前西南的困难是铁路和电站建设没有跟上去。只要国家计委在计划安排上下决心解决，是完全可以解决的。

根据以上看法，国家计委在《一九六二年主要指标的设想》中，虽然提出了西南问题，但从全国战略部署上，应当合理地加快西南的建设速度，却提得不够，具体指标安排得也稍低了些，同国家对西南的战略要求不完全适应。

二、西昌钢铁厂的建设问题

西南三省共同建设西昌，西昌钢铁厂搞起来了，川、云、贵也都带动了。西昌钢铁基地的条件比较优越，西昌地区矿产资源十分丰富、齐全。仅西昌一地，目前已探明的铁矿储量就有十七亿二千万吨，远景储量达四十亿吨；铜矿储量约有二百至三百万吨，品位也很高；镍的储量有五万吨；铅、锌远景储量达两百万吨；煤炭，已探明的储量（包括川云边区）即有十亿余吨，完全够用；木材、水泥等建筑材料，都可就地解决。尤其突出的是：煤铁共生，而且量多质好，有条件将来生产成本比别的企业要降低得多一些。此外，农产品丰富；劳动力即或不足，在四川省内调配，也很容易。因此，建议加快西昌钢铁工业基地的建设。关键问题是加快成（都）、昆（明）铁路的建设，要求成昆路至迟在一九六一年底通车到西昌。

三、关于西南三省工业发展的初步设想

在第二个五计划期内，加速建立以协作区为中心的工业体系，根据全国和西南协作区的总的要求以及各省的自然条件，四川省着重发展钢铁、机械、化工、石油等工业部门；云南省着重加速以铜为中心的有色金属工业的建设，并抓紧建设钢铁工业；贵州省着重建设以铝、钢、煤为特点的工业基地。同时，三个省都必须相应地发展轻工业。目前，进一步发展西南地区工业的关键在于加强交通、电力、煤炭等薄弱环节，希望国家在安排计划时加以照顾。

四、铁路建设问题

西南第二个五年内要修建的大干线，除《一九六二年主要指标的设想》中已列者外，还要求考虑：

1. 滇黔铁路路基一九六〇年能够修成，并尽早铺轨至六枝，在国家钢轨不足的情况下，可于一九六一年上半年铺轨至威宁。

2. 湘黔铁路一九六一年通车完全可能，明年湖南境内铺轨一百二十公里。

3. 川黔铁路一九六〇年通车。

4. 昆明至下关（滇缅线）一九六二年修通；昆明—墨江一九六一年通车，墨江—打洛一九六二年至一九六三年通车。

除上述主要干线外，贵州还打算修建：贵阳—白色、遵义—泸州、遵义—古洞、遵义—务川大汞矿等支线和凯里—三江森林铁路。云南还打算修建：昆明—昆阳、恩洪—八大河、曲靖—恩洪、安丰营—鱼子甸、扬武—开远、宜良—沪西等线。四川还打算修建：重庆—达县、綦江—南川、成都—雅安、石棉—沙湾、泸州—荣昌、江油—平屋、重庆—南充等线。

此外，西南地区天然气的利用问题，建议作一个专门的规划，明年开始在重庆地区进行试验性的重点建设。

150－8－62

第八次全国计划会议简报（第54期）

1959年11月18日

东北协作区座谈第二个五年计划的情况

十一月十七日下午，东北协作区座谈了第二个五年计划。认为国家计委印发的《一九六二年主要指标的设想》，将提前五年完成主要工业产品超过或赶上英国和“农业纲要四十条”两个主要任务，是令人兴奋的。座谈中就东北地区的情况提出了一些意见，主要的有以下几点：

一、关于农业和轻工业问题

八中全会已经确定东北的农业机械化要先走一步，而国家计委的设想中没有提到这一点，建议加以补充。关于农业“四化”也希望加以规划。目前东北地区水利和化学肥料都跟不上农业发展的需要，因此今后必须大力加强。

各省一致赞同加强东北地区的轻工业（包括纺织工业）。吉林省提出除了发展以农产品为原料的轻工业之外，还要发展以化工产品为原料的轻工业，以加快轻工业的发展速度。

二、关于工业布局问题

建议进一步明确指出对于业已基本上建成的比较完整的工业体系的地区，今后支援外区和发展国民经济的任务。东北地区现在已经基本上建成比较完整的工业体系。因此如何充分发挥这个基地的作用来支援全国的建设是十分重要的。东北地区的同志一致认为：要更好地发挥东北支援全国的作用，首先还必须进一步加强东北地区的工业建设。根据东北地区现有的工业基础，吉林要进一步发展，黑龙江要继续发展，辽宁要适当发展。第二个五年内，吉林和黑龙江都需要建立中小型钢铁工业基地，辽宁要积极进行对原有企业的技术改造，充分挖掘潜力，加强路、电等薄弱环节，机械工业需要增加高、大、精、尖产品和配套的生产能力。

三、交通运输问题

铁路运输是东北目前最薄弱的一环，今后随着工业的发展，支援全国的任务更要加重，进关物资日益增加，而且多数是钢铁、煤炭、木材、重型设备等笨重物资，因此，运输力量必须加强，如不注意解决，不仅影响东北地区的建设，而且也影响全国的建设。解决东北地区的运输问题，主要是使东北拥有三条铁道干线，并解决一条运河、四个港口以及短途运输问题。三条干线：除已建成的京沈线外，还要将哈尔滨经通化到安东的铁路线和齐齐哈尔经白城子到通辽的铁路线分别联成干线。四个港口：主要是加强和改建安东、大连、营口、葫芦岛四个港口。一条运河：要求松辽运河在第二个五年内动手修建。此外，吉林要求在一九六一至一九六二年修通桦甸到龙王庙、长春到前郭旗的两条铁路支线。黑龙江要求早日完成大小兴安岭的森林铁路和北安—安达、北安—黑河的铁路建设。

四、对几个具体生产指标和基建项目的意见

辽宁省的同志认为，东北地区一九六二年钢产量九百三十五万吨的指标偏低，单以炼钢能力计算，预计辽宁一个省一九六二年即可达九百万吨以上，但必须具有下列条件：（1）每年新建煤井不少于一千万吨；（2）第二个五年的后两年发电设备装机容量每年增加七十至八十万瓩。

黑龙江设想将东北电网扩大到嫩江、牡丹江等地区；并且考虑过松辽地区的石油开发问题。

吉林要求在一九六二年以前建成通化钢铁厂、长春特殊钢厂、华甸页岩油厂、大黑山钼矿，并且加紧建设通化煤矿，开始开发珲春煤矿，要求省内需要的农业机械、中小矿山设备和化工设备等能够自给。这同辽宁、黑龙江现有的机械工业并不发生矛盾。

此外，东北地区的同志还提到：一九六二年主要指标的设想中，对城市建设、科学、文教卫生、劳动工资、技术改革等方面没有提到，建议补充这些内容。有些问题虽然提到了，但感到提得不够，如对农业的发展指标应当再补充些，对石油气的综合利用应适当强调。据辽宁省估计，若将现有石油气利用起来每年可以生产橡胶三万多吨。

150 - 8 - 62

第八次全国计划会议简报（第60期）

1959年11月23日

西北协作区座谈第二个五年计划情况

11月16—18日，西北协作区座谈了第二个五年计划问题，简报如下：

一、关于工农业生产问题

西北区1962年主要工农业产品产量指标，初步设想如下：

钢	155万~167万吨	煤	5 550万~6 450万吨
原油	1 019万~1 091万吨	重型设备	24.6万~26.6万吨
发电设备	12.5万~14.5万瓩	发电量	97.5亿~101.5亿度
铜	3.8万吨	化肥	190万~204万吨
棉纱	117.3万~124万件	粮食	615亿~621亿斤
棉花	907万~958万担	猪	2 850万~3 400万头

钢铁工业：酒泉钢铁厂拟在1962年建成大高炉（1 513立方米）2座，1962年生产生铁120万吨，建成炼钢车间1个，炼钢能力达到100万吨，1962年产钢50万~80万吨。同时，地方钢铁厂生产钢100万吨左右。

煤炭工业：初步估算，陕西的煤炭稍有富裕，甘肃煤炭不足，可以由青海、宁夏、新疆支援。西北地区煤炭资源丰富，品种也较全，基本上可以满足本区的需要。

石油工业：西北1962年的原油产量设想为1 000万吨，如果输油管建设得快一些，还可以多产几百万吨。其中玉门油矿，因老油田每年递减率约30%，新油田尚待努力寻找，所以产量增长较少，初步考虑1962年生产原油150万~200万吨。克拉玛依油田现已探明A+B级储油面积280平方公里，可采储量1.3亿吨，按5%左右的开采率计算，现有储量足以保证年产原油600万吨以上。由于运输条件的限制，石油部考虑1962年克拉玛依生产原油550万~600万吨是合适的。青海石油资源远景很有希望，冷湖地区已探明A+B级储油面积12平方公里，可采储量约1 000万吨。石油部初步设想1962年生产原油150万~200万吨，青海省初步设想为200万~250万吨，只要进一步加强勘探工作和输油设施，完成这个指标是可能的。

为解决西北的原油运输问题，需要在第二个五年内逐段铺设下列油管：克拉玛依—玉门1 350公里；冷湖—玉门410公里；玉门—兰州713公里；武威—干塘240公里。要求1960年铺设克拉玛依—石河子190公里；冷湖—当金山140公里。

二、交通运输问题

西北地区的交通运输，特别是铁路建设是国民经济中的重要一环。除国家在第二个五年计划中已经安排的兰新、兰青、中卫至太原等线外，西北的同志认为在第二个五年内还应当修建中卫到宝鸡铁路线，以充分利用陇海线宝鸡以东的复线，解决宝鸡至兰州间的运输薄弱环节；同时要加紧对旧线的技术改造，以提高线路的通过能力。

陕西省希望第二个五年内修建金堆城—西安和阳平关—安康的铁路新线。前者为开采金堆城的钼矿；后者为建设石泉水电站和开发秦岭以南地区。西安—包头线也希望在修到东胜以后，继续前进修到神木，最好修到榆林。西安—汉口线，希望两端同时修，第二个五年从西安修到商县。

甘肃省希望兰州到重庆线在第二个五年内修建北段，以解决白龙江流域的森林开发问题。

三、关于基本建设和工业布局问题

西北地区1953—1959年基本建设投资共计100多亿元，估计第二个五年后3年的投资会大大超过前7年投资的总和。过去7年的投资主要用于石油、铁路和西安、兰州两大工业城市的建设，咸阳、兴平、宝鸡、酒泉、玉门、乌鲁木齐等中小城市的工业也有了很大的发展。但总起来说，农、轻、重各方面都还是比较落后的。如何根据西北地区的特点和国家投资的可能，合理地利用资源，多快好省地进行建设，须在会后组织力量抓紧进行调查研究和规划工作，一方面安排第二个五年的建设项目，同时也为第三个五年的建设做好准备。

陕西省初步考虑，西安市的人口要适当控制，但从现有的工厂布点上看，架子撒得很大，尚有很多空子需要补缺。今后某些必须摆在西安的厂子还可以考虑摆一些，而1960—1962年的骨干企业应当考虑摆开些，如西安—侯马线上的蒲城、韩城，中卫—太原线上的三边、绥德等地，就需要马上着手进行资源和建设条件的调查工作，以便将来研究这些地区工业建设的布局。

甘肃省提出，拟在第二个五年期间做好乌金峡水电站建设的准备工作，以便第三个五年大规模施工。乌金峡水电站（规模100万瓩）的建设条件好，交通便利，几乎没有淹没损失，机组和刘家峡水电站相同，可以利用刘家峡的设计图纸，而且可以和刘家峡的施工头尾衔接起来。煤炭建设将以华亭煤矿（储量约10亿吨）作为建设重点。甘肃的机械工业还是短腿，今后应当发展矿山机械、发电设备和汽车制造工业。并且考虑以兰州炼油厂和兰州化工厂为基础，积极发展地方化学工业。

新疆自治区资源十分丰富，拟建设7个工业基地。目前是积极准备阶段，首先解决粮食和铁路问题，准备迎接将来的大发展。在工业布局上，拟以克拉玛依、吐鲁番、南疆的库车为基地发展石油工业；以乌鲁木齐、哈密为基地发展冶金工业；以乌鲁木齐、哈密、石河子、伊宁为基地发展煤炭工业；以阿尔泰、喀什为基地发展稀有金属和有色金属工业；以喀什、阿克苏、伊犁为基地发展棉、毛纺织工业，并且结合煤炭和石油资源发展化学工业。

关于西北地区农业的“四化”和工业支援农业问题，须另作研究和规划。

150－8－63

第八次全国计划会议简报（第61期）

1959年11月23日

华北协作区座谈第二个五年计划情况

11月16、20、21日3天，华北协作区各省、市、自治区先后就华北地区1962年工农业生产主要指标和该地区在第二个五年后3年内发展国民经济的几个方针性问题进行了讨论，在讨论中各省、市、自治区并提出了若干具体要求。会议情况简报如下：

一、关于1962年华北地区工农业生产主要指标的意见

粮食	800亿斤	钢	800万吨
棉花	1 800万担	钢材	600万吨
原煤	15 000万吨	木材	635万～835万立方米
生铁	1 100万吨	水泥	450万～610万吨

二、关于第二个五年计划华北地区发展国民经济的几个方针性问题的意见

在后3年内，华北地区总的发展方针，将是在现有水平的基础上，进一步利用华北地区的丰富资源和有利条件，大力发展农业和畜牧业；根据各地的资源特点，相应地发展轻工业；积极发展以钢铁和煤炭工业为中心的重工业，努力提高钢铁工业的技术水平，提高钢铁产品的质量，大力增加优质钢、各种合金钢和稀缺品种的钢材的生产；加强交通运输部门的工作，改变目前运输落后于生产的状况；积极进行煤炭、木材和海水三大资源的综合利用的研究试验工作，培养技术力量和积累经验，为第三个五年化学工业的大发展准备条件；有计划地进行北京、天津两大城市现有工业的技术改造，使其逐步向高、精方向发展。同时，在今后的经济建设中，要充分考虑国防的需要，把经济建设和国防建设密切地结合起来。

（一）农业和畜牧业方面，后3年内要解决以下几个主要问题：

第一，积极增产粮食。经过3年的努力，到1963年，拟做到华北地区的粮食生产可以满足本地区的需要，根本改变南粮北调的历史局面。

第二，大力发展内蒙的畜牧业。积极建立牧区的饲料基地，逐步实现畜牧业生产机械化，拟于3年之内基本解决内蒙牧区全部牧民的定居问题。

第三，加速实现北京市农业机械化。提早完成北京地区的农业机械化，对国内和国外都

将有很大影响，而且由于北京市全部可机耕土地只有530万亩，全部实现耕作机械化只需再增加拖拉机4 500台（现有800台）。

（二）钢铁工业方面，今后3年内在积极建设3大钢厂（包钢、太钢、石钢）的同时，抓紧进行12个中小型钢铁联合企业的建设和对现有小洋群的整顿、巩固和提高。到1962年底，华北地区钢的生产能力将达到1 000万吨左右。北京、太原、呼和浩特3个特殊钢厂都将建成，天津市在增添电炉以后也可以生产特殊钢。届时，8大品种的钢材在华北地区都可以生产。为了适应钢铁冶炼工业发展的需要，今后3年还必须大力进行矿山建设，1962年底华北地区矿山采掘能力可能达到4 500万吨左右。

山西省岚县铁矿，现已初步探明远景储量达30亿吨，今年底可交 C_2 级储量16亿吨（其中，可供开采设计的 $B+C_1$ 级储量6亿吨），平均品位在38%左右，并在矿区40公里以内，有丰富的主焦煤、肥煤、瘦煤、萤石、石灰石等资源。岚县距太原只有125公里，条件十分优越，现在国家已将这个矿山的开发列入计划，建议国家在第三个五年计划期间，在该地再建设一个大型的钢铁联合企业。

（三）煤炭工业方面，后3年将在充分挖掘现有矿井潜力的基础上，继续大力进行建井工作。华北地区今后钢铁工业发展很快，煤的需要量逐年增多。就全国来说，今后几年煤的供应可能仍然是紧张的，而华北地区的煤炭资源又很丰富，因此，必须大力发展。华北地区后3年煤炭产量平均每年增长16%左右，而生铁产量平均每年增长40%左右。如按照国家计委设想中的建井规模安排，估计1963年华北地区煤炭产量平均每年增长可能下降到10%左右。这样，在第三个五年计划期间，煤炭的生产将不能适应钢铁工业发展的需要，因此，建议适当增加今后3年华北地区煤炭工业的建井规模。

今后3年内，华北地区煤炭工业需要解决以下几个问题：

第一，包钢煤炭基地的建设，必须在后3年内完成。

第二，建议开发河北省玉田煤矿，以解决北京钢铁工业需要的焦煤供应问题。

第三，建议开发河北省蔚县煤矿，以解决河北省民用煤的供应问题。

第四，建议开发山西省朔县煤田，以便将来接替大同矿供应全国各地用煤，而大同矿生产的煤将来主要作煤炼油用。

第五，逐步提高煤矿开采的机械化水平，并在煤矿生产中积极进行技术改革，提高劳动生产率，以解决劳动力的紧张问题。

（四）化学工业方面，今后3年内除大力发展化肥、酸碱和合成橡胶等化工产品的生产外，并将按照各省、市、自治区的不同特点，有重点地、有计划地积极进行关于煤炭、木材和海水资源综合利用的科学研究、试点和其他准备工作，为华北地区在第三个五年内大力发展化学工业积极准备条件。

（五）轻工业方面，后3年将适当加强山西、内蒙轻工业的建设（山西生活资料产值只占工业产值的24%，要求到1962年能提高到30%左右）。今后3年内，根据各地的资源特点和技术基础，山西将主要发展棉纺等农产品加工工业，内蒙将主要发展畜产品加工工业（毛纺、乳制品和皮革工业等），北京、天津宜多发展轻化学工业，多生产一些比较高级的日用品。在安排轻工业建设中，要注意正确解决新旧企业的关系问题，在原料供应上，应在保证国家外调任务的条件下，根据资源条件发展本省、市、自治区的轻工业。就华北地区来说，应当首先保证北京、天津原有企业原料的供应，然后再建立新的企业。但北京、天津今后如再扩建、新建需要由外地供应原料的轻工业厂的时候，必须在事先就原料供应问题与有关省、自治区取得协议。

三、各省、市、自治区提出的几个主要具体要求

北京市：

1. 北京—天津运河建设问题。这条运河

决定北京整个水系的安排，要求在第二个五年内开工建设。

2. 铁路建设：北京—原平和北京—古冶线要求后三年尽快建设。

河北省：

1. 扩建天津新港造船厂，要求能制造5 000～7 000吨位、修理1万吨位的轮船，同时，扩建新河船厂，主要从事修理。

2. 目前天津枢纽站来往货物很多，通过能力不足，建议有关部门及早考虑枢纽站的改建问题。

3. 铁路建设：要求在后3年内，修建北京—原平、保定—商丘、集宁—商都—赤峰、承德（或密云）—丰守等4条线。

山西省：

1. 黄河龙门水电站和河津、洪洞两个火电站的建设，要求列入后3年的建设项目。

2. 铁路建设：要求第二个五年内通车的有：太原—岚县、晋城—侯马、朔县—萨拉齐、北京—原平等线路。

内蒙古自治区：

1. 考虑到纯牧区建设的特殊要求，建议国家今后分别安排农业与畜牧业的建设投资和材料，以免农业把畜牧业挤掉。

2. 包钢厂区至住宅区交通问题需要解决。包钢厂区离宿舍区有12里之远，现尚无交通工具。请有关方面考虑帮助解决。

3. 铁路建设：第二个五年内要求通车的铁路有：京包复线、朱日和—阿尔山、莫尔道嘎—阿尔山；并将集宁机务段改为机车车辆修配厂。

150－8－64

四、"大跃进"运动

（一）"大跃进"的情况

中央五人经济小组关于目前经济形势和任务的指示①

1958 年 3 月 1 日

一、目前形势和我们的任务

从 1955—1957 年这 3 年的情况来看，我们所经历的是高、低、更高的形势。正如主席所说是个"马鞍"形。1955 年下半年至 1956 年上半年出现了生产和建设高潮；1956 年下半年至 1957 年上半年低下去了；1957 年下半年，特别是到了今年又出现生产和建设的大跃进。经过这样的反复以后，主席总结提出了多快好省的建设路线。

在 1956 年取得社会主义三大改造基本胜利的基础上，经过 1957 年全民性的整风，反右派斗争，反对保守，反对浪费，打掉官气、暮气、阔气、骄气、娇气，又在政治战线上和思想战线上取得了伟大胜利，形势大变了，各方面都在突飞猛进，一日千里。例如安徽省原来计划搞 4 亿土方的小型水利工程，后来修改为 8 亿、10 亿、16 亿立方米，现在搞到 24 亿立方米。如果我们赶不上形势的发展，就会落后，就会变成促退派。

新形势，向我们提出了许多新任务。例如，在农业方面，群众兴办许多小型水利工程，需要大量的排水灌溉机械，我们必须千方百计解决这个问题。黄敬同志在的时候，决定今年的排水灌溉机械按 70 万马力生产，按 50 万马力分配；在南宁会议上确定按 100 万马力生产，80 万马力分配；但是这仍然远不能满足需要，因此，现在决定按 150 万马力生产，按 130 万马力分配（按：最近确定的生产量为 230 万马力）。生产排水灌溉机械所需要的钢板有四方四计：（1）第一机械工业部首先要千方百计的把可能使用的钢板都使用上；（2）如果仍然不足，则由冶金工业部增加生产；（3）如果还不够，国家可以增加分配量；（4）最后仍然不够，可以动用一点国家储备。但是第一机械工业部要注意，不重复 1956 年的缺点，嘴上喊叫库空如洗；实际仓库里还有不少材料，而造成人为的紧张现象。现在，我们大家都应当鼓足干劲，力争上游，支持大跃进，用实际行动来拥护中央的路线。

主席提出要在几年内，使地方工业产值赶上当地农业产值，地方同志劲头满高，东北提出要在 5 年内实现机械化。今年地方工业产值一般的增长幅度都在 40% ~ 50%，有的甚至更高。地方生产了，商业部就要收购，就是积压一些也不怕。不增加人，不增加工资，物资增加了，有什么不好。对外贸易部也要收购一些出口物资。大家应当从各方面来支持高潮，这是当前最重要的问题，不这样做就要犯错误。

① 此件系薄一波同志在 1958 年 2 月 22 日的财经各部党组书记、副书记会上传达的中央五人经济小组指示的讲话，后经国家经委办公厅整理印发，供司局长以上同志参考。

主席说“五年看三年，三年看头年”，“一年看春季”。我们财经部门的基本任务就是如何搞好1958年，1958年只能搞好，不能搞坏，以便打下一个良好的基础，保证党的路线的顺利执行。

地方对搞化学肥料厂很积极，现在不仅一个省要求搞一个，而且专区和大的县都要搞一个。地方同志对搞小钢铁厂的积极性也很高，我们必须大力支持。

1958年基本建设规模已经到了150亿元，还可能更大一些，到了5、6月间，也可能会发生因为没有材料而停工的现象，但是如果出现了这种现象也不要叫，没有材料就停一两个月的工，材料生产出来了再干有什么不好，一两个月停工总比一年不干要好些吧！根据我的了解，对待目前的高潮有三种人：第一种人——绝大多数的人是采取积极态度，促进高潮；第二种人——极少数的人，是口头上拥护高潮，实际上不相信，采取看我们的“笑话”的态度，可以肯定这种人的看法是错误的，一定要失败；第三种人——也是极少数的人，是积极支持高潮的劲头不够，遇事就往经委推，诸如我同意你们干，就看经委批准不批准等等，这也是不对的。我们要求财经各部要研究形势，掌握形势，以积极的态度对待高潮，支持高潮。

二、经济部门整风问题

中央批评经济部门对整风抓得不够紧，只抓了机关，没有抓所属企业是不对的。事实证明，只要领导抓住整风这一环，就可以推动生产高潮。今天决定每一个部都要抓一两个工厂、企业，下去呆上五六天，发现问题，总结经验，写出材料，好的典型经验应该送中央。

三、向中央和主席报告问题

财经各部部长、各委员会主任都要亲自动手（或者动口）向中央和主席写报告，报告要写的简短、生动，观点要明确，要把问题说清楚，要少堆材料，要写突出的问题，不要写综合报告。报告写好后，经党组讨论、书记签署送主席。各部部长每年还应该向主席汇报一两项工作，汇报之前，要把材料准备好。最近，各部要准备向政治局汇报的材料，第一次主要是汇报一般的情况，去的时候可以带上两三个人。

JJS50－5（上）

国家经委党组关于一九五八年度计划第二本账的报告

1958年3月7日

各地方、各部门送来的第一本账，也就是中央的第二本账，我们已经汇总起来，并且做了初步的平衡工作。这本账，比2月上旬全国人民代表大会通过的计划高了很多：工业总产值增加157亿元，农业总产值增加66亿元。这确是一本多快好省的账，它反映了我国国民经济大发展、大跃进的新形势。从这本账看，南宁会议的反对保守、多快好省、力争上游的精神，已经在我国经济生活中起了巨大的促进作用，我国的解放了的生产力，像原子核分裂一样，产生了巨大的能量，我国的经济形势已经发生极大的变化。我们的民族确实大有希望。

跃进最快的是农业战线。1958年全国将扩大灌溉面积近2.6亿亩，超过解放以前我们的祖先几千年来开拓的灌溉面积。2月底为止，已经完成1.8亿多亩。这是一个极其重要的情况。因为水利这一关过去了，只要再过好排水灌溉机械这一关，过好肥料这一关，今年农业的增产就有了很大的把握。在排水灌溉机械方面，第一本账计划生产59万马力，第二本账增加到270万马力，其中约有100万马力，可以在6月底以前分配到农村，对今年农业增产将发挥巨大的作用。在肥料方面，虽然今年化学肥料的供应量还只能有250万吨，但是，因为各地大量地养猪积肥和采取其他各种办法增加肥料，也是会收到很大成效的。各地方对于农业的大跃进，充满了信心。地方提出的粮食产量指标，达到4 316亿斤，比中央的第一本账增加396亿斤；比去年的产量增加616

亿斤，这大体相当于第一个五年计划期间增产的总和。棉花产量指标，达到 4 093 万担，比中央的第一本账增加 593 万担，比大丰收的去年的产量增加 813 万担。这样，今年粮食增产的速度将是 16.6%，棉花增产的速度将是 24.8%。这是我国历史上前所未有的速度。

接着农业生产高潮，一个比 1956 年规模更为壮阔的新的工业生产高潮，也已经迅速形成。现在的工业总产值指标是 904 亿元，比去年实际完成的产值 680 亿元增加 224 亿元，增长速度是 33%。这也是我国历史上前所未有的速度。

主要工业产品的产量指标如下列：

	第二本账	第二本账比第一本账增加	第二本账比 1957 年产量增加数
生铁	800 万吨	67 万吨	210 万吨
钢	700 万吨	75 万吨	176 万吨
原煤	16 737 万吨	1 665 万吨	3 875 万吨
发电量	246 亿度	21 亿度	56 亿度
原油	166 万吨	11 万吨	22 万吨
氮肥	99 万吨	9 万吨	32 万吨
排水灌溉机械	270 万马力	211 万马力	
水泥	1 010 万吨	244 万吨	341 万吨
木材	3 095 万立方米	247 万立方米	493 万立方米
棉纱	560 万件	40 万件	99 万件

这里要特别提到的是地方工业突飞猛进的发展。主席关于尽快地使地方工业总产值超过当地农业总产值的号召，把全国各地方发展工业的积极性一下子提起来了。现在看，各地方的干劲比中央各部门还要足一些，特别是甘肃、陕西、云南、贵州、湖南、安徽、河南 7 个省，都计划把今年的工业总产值比去年提高 50%以上。在上述的比第一本账增加的 157 亿元工业总产值中，地方增加的是 107 亿元，这样，今年地方工业的增长速度，将达到 37%以上；中央工业的增长速度，经过几次提高，也达到 28%左右。但是，中央工业的潜在力量并不是已经挖尽，还应当再努一把力，向地方看齐。

工农业生产大跃进的局面，促使交通运输部门也必须有一个跃进。在交通运输各部中间，铁道部做得比较及时，也比较好。现在铁路货运量的第二本账，比第一本账增加 3 000 万吨，达到 3.4 亿吨。同时，铁道系统已经开展了声势浩大的日产百万吨公里运动，并且决定精简 1 万多员工。通过这些措施，今年就可以降低运输成本 12.5%，增产节约 2.5 亿元。考虑到生产和建设的指标都在不断地提高，因此，除了铁路的货运量指标应当进一步地提高以外，公路和水运的货运量指标，也应当尽可能地提高。

按照第二本账计算，今年的国家预算收入将可以达到 372 亿元，比第一本账增加 40 亿元。此外，中央各部和地方还有相当数量的自有资金。在深入开展反浪费、反保守运动以后，进一步增加财政收入的可能性，还是很大的。

今年的基本建设投资，原定 145 亿元。我们在编制第二本账的时候，从财政收入增加的 40 亿元以及中央各部和地方自有资金中，拿出 30 亿元，增加基本建设投资。这样，今年全国基本建设的投资总数就将增加为 175 亿元，比去年增长 42%。这笔新增加的投资，是一下子加上去好呢？还是先少加后多加好呢？或者还是像往年那样，边走边看，等到"八月十五"再往上加好呢？我们认为采取头一种做法，才能够适应建设大发展的需要。当然，就是这样做了，到今年秋季，在生产大发展、财政收入有更多增加的基础上，基本建设投资还应当有进一步的增加。

在这新增加的 30 亿元基本建设投资中间，准备以六成分给地方，以四成分给中央各部。这样，地方将得到 18 亿元，这对于地方建设事业的大发展，是一个有力的保证。

新增加的投资，准备主要用来发展农田水

利建设，发展钢铁、有色金属、煤炭、石油、电力、化学肥料、机械制造工业和铁路的建设。同时，尽先保证那些已经开工的重点工程和在一两年内就能够竣工的新建工程，得到必需的投资。对于新上马的重大建设项目，也将适当安排。

今年经济建设的特色，是遍地开花。县县办工厂，乡乡办工厂，规模之大，声势之壮，前所未有。过去地方办工业，障碍重重，发展很慢。自从主席提出正确处理社会主义建设时期的十大关系以后，这种情况开始有所改变，而真正冲破那些束缚地方工业发展的思想障碍，却是在主席肯定了1956年大跃进的成绩，批判了反“冒进”的错误，重新强调多快好省的建设方针，特别是在提出地方工业总产值要超过当地农业总产值的号召以后。从山西省的沁县来看，现在就已经建立起来82个小型工厂，在5年内要发展到201个，形成全县的农村工业网，实现农业水利化、化肥化、电气化和半机械化，做到“机器到处响，工厂遍城乡”。这里，就找到了多快好省的社会主义工业化的具体道路。这条道路，就是中央办大工业，省办省的工业，专区办专区的工业，县办县的工业，乡办乡的工业。这就叫做正确处理中央同地方的关系，大型建设项目同中、小型建设项目的关系。主席关于花三成力量搞中央的大工业，花七成力量搞地方的中、小型工业的指示，有特别重要的意义。因为这个指示一举而解放了办地方工业和办中、小型工业的积极性，而我国有180多个专区，两千多个县，遍地开花，基数很大，工业化的速度就可以大大地加快。完全可以预期，在全国贯彻执行主席的这个指示以后，我国工业每年增长的速度将不是百分之几或者百分之十几，而是20%～30%。

现在，我们正在组织中央各部作各种小型企业的标准设计，供地方采用。可以设想，在那些资源条件具备的县份，不用几年，完全有可能至少建设一个小的煤矿、一个小的化学肥料厂、一个小的煤炼油厂、一个小的炼铁厂、一个小的水泥厂和一个小的电站，以及为当地农副业加工的各种小工厂和为以上各种企业服务的机械联合修造厂。到那时候，在我国广阔的土地上，工业点将不再是寥若晨星，而是满天星斗了。

我国是一个大国，一个省就等于人家一个国，甚至一个专区就比欧洲的一个小国大，一旦把各省、各专区和各县举办工业的积极性通通调动起来，万马齐奔，又有中央大型工业的协助和国家的统一规划、调整，我国工业化的速度没有理由不比欧洲各国快得多。

纵观当前的经济形势以后，可以肯定地说，只要我们贯彻执行主席所指示的方针，继续发扬革命干劲，我国社会主义工业化的速度就可能比苏联更快一些。我们就可以掌握时机，在比15年更短的时间内赶过英国。

现在摆在我们面前的已经不是能不能大发展、大跃进的问题，而是怎样更加有力地来组织实现的问题了。在这方面，大家最关心的是物资有没有保证。我们认为是有保证的，即使有某些困难，也是完全有办法克服的。

为了克服物资供应中的某些困难，各个生产单位和基本建设单位，都应当千方百计地增加生产，清理库存和节约使用；各省、市、自治区和各经济协作区应当加强协作，统一调剂；对外贸易部门应当积极组织某些必需物资的进口。除了上面这些措施以外，在必要的时候，还可以动用一些国家储备。这样，某些物资不足的困难，是能够解决的。

几年来的经验证明：每当人们感到物资多一点的时候，恰恰就是反映生产和建设都松了劲的时候。1955年和1957年就是这样。实际上，只要生产和建设的劲头一上来，物资就不是多了，而是少了。反之，每当人们感到物资少一点的时候，也就是反映生产和建设大跃进的时候。在这种情况下，只要鼓起群众的干劲，努力增产节约，不足的物资就能够很快地多起来。1956年是这样，今年也将是这样。那种一碰到物资略有多余，就叫喊物资积压，要泻肚子；那种一碰到物资略有不足，就叫喊困难，就叫喊“冒进”，实际上都会放慢建设速度。对于这两种叫喊，都应当硬着头皮顶住。因为作这种叫喊的人，往往只看到物的作用，而没有看到人的作用；只看到静止的东西，而没有看到发展的东西。人们的思想，必须适应变化着的客观形势，凡是经过努力可以做到的事情，就必须千方百计地把它做到。

物资有了着落，有些同志还担心某些工业产品会不会积压。总的来说，我国工业产品是不足的，这是基本的方面。只要生产部门经常地注意增加品种和提高质量，销路是不成问题的。在国民经济大发展、大跃进的形势下，更是如此。少数产品，在一个短时间内，也可能出现多余的现象，我们认为，国家可以把这些产品收购起来，积极组织推销。至于销路确实不好的产品，应当着重改变品种和改进质量，打开销路。

这里还要附带说明一下，各地方、各部门在报纸上公布的数字，有的比这个第二本账还要高一些，经过群众讨论以后，还会更高一些。这些数字，可以作为各地方和广大群众奋斗的目标，不列入国家计划。

1958 年度国民经济计划第二本账简表

项　目	计算单位	1957 年完成	1958 年计划			
			第一本账	第一本账为1957 年的%	第二本账	第二本账为1957 年的%
（一）工农业总产值	亿元	1 328.6	1 435.7	108.1	1 658.2	124.8
（二）工业：						
工业和手工业总产值	亿元	679.6	747.4	110.0	903.8	133.0
在总产值中：工业	亿元	581.8	643.7	110.5	771.7	132.6
手工业	亿元	97.8	103.7	106.3	132.1	135.2
在总产值中：中央	亿元	310.9	348.1	112.0	397.7	127.9
地方	亿元	368.7	399.3	108.2	506.1	137.3
主要的产品产量：						
发电量	亿度	190.3	224.5	118.0	246.0	129.3
原煤	万吨	12 861.8	15 072.4	117.2	16 737.4	130.1
生铁	万吨	590.4	732.6	124.1	800.1	135.5
钢	万吨	524.4	624.8	119.2	700.0	133.5
商品钢材	万吨	426.0	482.0	113.1	541.1	127.0
木材	万立方米	2 602.3	2 847.7	109.4	3 095.1	118.9
水泥	万吨	668.9	765.6	114.5	1 010.0	151.0
金属切削机床	台	25 171.0	27 022.0	107.4	50 000.0	198.6
交流发电机	万瓩	29.9	62.0	207.6	77.0	257.5
交流电动机	万瓩	136.8	251.2	183.7	340.0	248.5
变压器	万千伏安	401.1	576.9	143.8	700.0	174.5
载重汽车	辆	7 500.0	13 000.0	173.3	21 100.0	281.3
排灌机械	万马力		59.0		270.0	
氮肥	万吨	67.8	90.6	133.7	99.5	146.8

续表

项　目	计算单位	1957 年完成	1958 年计划			
			第一本账	第一本账为1957 年的%	第二本账	第二本账为1957 年的%
棉纱	万件	461.5	520.0	112.7	560.0	121.3
机制纸	万吨	89.0	104.2	117.1	120.5	135.3
原盐	万吨	806.8	820.0	101.6	1 002.4	124.2
（三）农业：						
农业和农副业总产值	亿元	649.0	688.3	106.1	754.4	116.2
主要的产品产量：						
粮食	亿斤	3 700.0	3 920.0	105.9	4 316.0	116.6
棉花	万担	3 280.0	3 500.0	106.7	4 093.0	124.8
猪	万头	12 777.0	15 000.0	117.4	19 515.0	152.7
增加农田灌溉面积	万亩	4 458.0	9 221.0	206.8	25 986.0	582.9
（四）基本建设：						
投资总额	亿元	123.7	145.7	117.8	175.0	141.5
（五）铁路运输：						
货运量	万吨	27 417.0	31 000.0	113.1	34 000.0	124.0
货物周转量	亿吨公里	1 346.0	1 525.0	113.2	1 648.0	122.4
（六）对外贸易：						
进出口贸易总额	亿元	101.3	110.0	108.6	117.6	116.1
出口总额	亿元	53.0	60.0	113.2	65.0	122.6
进口总额	亿元	48.3	50.0	103.5	52.6	108.9
（七）国家财政收入	亿元	308.0	332.0	107.7	372.0	120.7

注：在“1957 年完成”栏内，工业和手工业总产值的数字是实际完成的数字，其余的都还是预计完成的数字。

162－10－27

财政部党组关于一九五八年国家预算第二本账的简要报告

1958 年 3 月 8 日

1958 年国家预算的第二本账，初步估算是 369 亿元。这本账比全国人民代表大会通过的预算 332 亿元增加了 37 亿元。这个增加的部分，按收入项目来看，企业收入增加 24.5 亿元，各项税收增加 11.8 亿元，公债收入增加 0.7 亿元；按中央收入和地方收入来看，中央增加 24 亿元，地方增加 13 亿元。1958 年国家预算的第二本账，同 1957 年国家预算的数字比较，增加 61 亿元（第一本账增加 24 亿元，第二本账又增加 37 亿元），增长近 20%。这个增长速度较之大跃进的 1956 年增长 15.8% 的速度，还要高些，它反映了我国国民经济大跃进大发展的新形势，也反映了我国在社会主义建设中以更高的速度积累建设资金的充分可能性。

1958 年国家预算的第二本账比国家经济委员会估算的 372 亿元，少 3 亿元。这是因为目前还有些省市没有报来材料，只能估算；有些省市的材料虽然报来了，但报来的时间不一，数字还在变动；而且我们和经委在具体计算方法上也有一些出入，需要继续详细核对和计算。

关于第二本账的支出，同意经委初步提出的增加基本建设投资 30 亿元的数字（包括中央各部和地方用自有资金安排的部分在内）。同时，由于生产规模和基本建设规模将进一步扩大，农产品收购将进一步增加，商业部门的库存也可能有相当的增加，所有这些，都需要增加若干流动资金。这一点也应当在安排支出的时候加以注意。

国家财政的跃进，是以工农业生产的跃进为基础的，1953 年是生产建设跃进的一年，预算收入比上年增加 40 亿元；1956 年也是一个跃进年，预算收入又增加 40 亿元。1958 年跃进的劲头更足，规模更大，而且，生产和预算的基数比 1953 年和 1956 年也大得多，预算收入按这次提出的第二本账将增加 61 亿元。这个数字经过努力是可能实现的。足见各方面鼓足干劲，积极起来，生产越发展，财政就越充裕，“发展经济，保障供给”这个真理是永远也不会过时的。

今年经济和财政大跃进中有一个明显的特点，就是各个地方都能够尽量根据当地的可能，挖掘潜力，组织收入，自己筹措资金，很少向中央要钱。这次提出增加的 157 亿元工业产值中，中央工业增加的部分占 1/3，地方工业增加的部分占 2/3。而且中央工业成本降低的比例也低于地方工业成本降低的比例，中央工业的成本比第一本账降低 2.3%，地方工业的成本比第一本账降低 4% ~5%。这说明中央各部门的劲头固然很大；地方的劲头更大，增加生产节约支出的积极性更高。从目前的情况看，今年在财政管理方面，日子会过得比较顺当。这是同今年开始实行新的财政体制有一定关系的。地方可以自己做主，统筹收支，地方的主动性和积极性就进一步发挥起来了，不需要再像往年那样事事要求追加预算了。

从各地区跃进的情况，可以看出，富区固然可以跃进，经济不大发达的地区，同样可以跃进，有时候还可以带头跃进。比如甘、陕、云、贵等省尽管经济基础比较弱些，条件较差，但它们的工业产值都计划比上年提高 50% 以上。足见事在人为。

这个报告里所说的国家预算的第二本账，还是初步数字。许多数字暂时只能按全国的经济指标加以估算，并没有分省数字。正式的 1958 年国家预算第二本账，要等到经济指标最后确定下来和各地方材料报齐以后，才能正式编制。

附：1958 年国家预算收入第二本账估算表

单位：亿元

预算科目	1957 年预计执行数	1958 年预算收入第一本账	1958 年预算收入第二本账		
			金额	比第一本账增加数	为 1957 年预计执行数的%
一、各项税收额	154.39	165.37	177.17	11.80	114.7
其中：工商税收入	113.05	123.90	134.80	10.90	119.3
关税收入	5.79	5.50	6.04	0.54	104.3
农业税收入	29.31	29.97	30.33	0.36	103.5
二、企业及事业收入额	144.26	158.11	182.65	24.54	126.6

续表

预算科目	1957年预计执行数	1958年预算收入第一本账	1958年预算收入第二本账		
			金　额	比第一本账增加数	为1957年预计执行数的%
中央企业及事业收入	118.50	127.72	142.81	15.09	120.5
其中：工业收入	48.16	54.03	62.20	8.17	129.2
农、林、水、气象收入	4.45	4.67	5.51	0.84	123.8
铁、交、邮、民航收入	19.59	20.62	23.68	3.06	120.9
粮、商、外贸、银行等收入	42.89	45.72	48.43	2.71	112.9
地方企业及事业收入	25.76	30.39	39.84	9.45	154.7
三、债务收入类	6.73	6.30	7.00	0.70	104.0
其中：国内公债收入	6.59	6.30	7.00	0.70	106.2
四、其他收入类	2.83	2.20	2.20		77.7
收入合计	308.21	331.98	369.02	37.04	119.7
企业利润留成数	9.49	10.98	13.12	2.14	138.3
总计	317.70	342.96	382.14	39.18	120.3

162－10－27

中央经济小组会议简报（第3号）

1958年5月14日

讨论企业下放：关于企业下放问题。各部门应该积极地贯彻执行中央关于下放企业的决定，已经决定的迅速下放，还没有决定的迅速决定下放，以便各地方及时地进行全面的安排和规划。

1. 属于纺织、食品、轻工各部和财、粮、贸各部所管的企业，已经决定下放给地方的，应该在今年六月份，同地方办好企业的交接工作。至于财、粮、贸系统下放的企业，应当划归地方的哪一个部门领导和管理，由各地方党委自已决定。

2. 属于重工业、交通运输业和其他各部的企业，各部门应当根据成都会议的精神，除开一些主要的、特殊的以及“试验田”性质的企业，仍然留归中央部继续管理以外，其余企业尽可能下放给地方管理。各部门应当同各地方进一步协商，及早提出方案，由一波同志主持讨论后，报告中央书记处决定。

Z760－3

薄一波在国家经委党组扩大会上的讲话①［节录］

1958年6月20日

在这次会上，除由各局汇报了对经委今后应该如何工作和组织机构调整的意见，并作了关于经委组织结构改变和调整的决定以外，薄一波同志还作了如下指示：

经过整风和对总路线的学习（18天），大家学到了不少东西，也对党组提了不少意见。这对提高大家的思想和改进工作，大有好处。

一、经委成立两年来，由于党的领导和全体同志的努力，做了不少工作，成绩是主要的。党组领导方面有没有缺点呢？有。主要是：

（一）党组在一个时期内，对政治思想工

① 此件系国家经委办公厅1958年6月20日［58］经办字第957号文件。

作抓得不够。例如，这两天大家发言很热烈，思想解放了，有很大进步，但是改正毛病有困难，一谈“实”意见就多，一谈“虚”，话就少了。这不是说谈具体问题不对，而是多了些。具体多，政治少，党组有责任，要检查，要改进，政治思想工作要抓紧，要提高大家的水平。最近有补课之势，总想要把这个问题抓起来。过去做得不够，现在已有改正，今后要继续改正。党委要党组挂帅，有道理。党组过去对人的工作注意不够，今后党委要抓，党组也要抓，党组已经有了自觉性，事实已经走到前面。例如这一次对八大二次会议文件的学习，国家机关党委并没有布置，党组就抓起来了，并且学习得比较好，解决了不少问题。这也说明问题不在于谁挂帅，而在于重视不重视思想工作，思想问题不解决，就是有一位副主任兼党委书记，也不行，政治思想工作，也不一定搞好。

（二）反“冒进”。中央指出在一个时期、一个问题上，犯了方针性的错误，这个错误与经委的关系如何？经委和党组在反“冒进”问题上负什么责任？我在八大二次会议的发言中已经作了检讨，说反“冒进”有我一份，主要反映了材料的紧张问题。从经委和经委党组来说，大家都不属于反“冒进”这一派，不是促退派，是促进派，这是肯定的。在工业生产上，我们是促进的，总想多搞一些，各局想多搞，党组没有不同意的。在基建上，我们也是积极的，没有消极过，我们原来提的盘子是145亿元，被打到111亿元，111亿元还是我听错了，不然就是100亿元了。在平衡问题上，也是积极的，有了材料先搞什么，先满足什么是明确的，物资分配局的同志们也是想多搞建设和生产，所以市场就向我们斗争。我们是促进派，这可以不必辩论。但是我们也有缺点，就是没有插红旗，没有反对反“冒进”和反对的不够，没有硬着头皮顶住。

（三）党组有些领导同志，在作风方面和联系群众等方面有缺点，有点官气，没有更多地抽出时间来和同志们接近（孙志远同志说：我在作风上也有缺点，有时发急，不耐烦，以后要逐渐改正）。我们接受大家的批评，以后改正。

二、总路线。在这次总路线的学习中作了五个报告，但还不够，今后要继续学习。今天想讲两个问题：

（一）我们国家的总路线和其他兄弟国家的提法不一样，“鼓足干劲、力争上游、多快好省”的建设社会主义总路线的中心问题是农民问题。我们不能不考虑到5亿农民的问题，不考虑就要犯错误。革命路线正确与否的分析，在于农民问题：建设路线，同样如此。三个并举就是为了调动5亿农民的积极性。今后无论在搞工业、文化、教育和办报纸等各方面都要注意到农民问题。不管干什么，都必须注意到农民问题。

（二）走群众路线，反映群众的东西就是辩证唯物论。毛主席常说：人们脑子里不产生任何东西，北京不产生任何东西，东西都在群众中间。

三、形势。三个并举的实行，情况大变。今年粮食产量将达到4700亿斤，工业生产增长速度是55%以上，基本建设投资将达到265亿元，估计可以完成240亿~250亿元，形势很好。农业高潮来得早，去年党的三中全会以后就有了准备，真正的高潮是在今年1月出现的。工业的高潮是在南宁会议以后开始出现的，成都会议后，在今年4月份出现了真正的高潮，以后一个月会比一个月高。这标志着破除了教条，破除了迷信。主席在成都会议讲了破除迷信问题，在八大二次会上讲了两次破除迷信，怕不怕洋人问题。不破除迷信，就不能敢想敢说，不能敢想敢说，就不能创造发明，所以这一点很重要。农业已经创造了奇迹，一亩产麦1 000、2 000、3 000、4 000斤。工业也如此，土洋并举，苏联可能弄错了，说我国今年生产2 000万吨生铁，在莫斯科轰动一时（可能是把生产能力当成了今年计划达到的产量）。今年后半年，会比前半年快，是肯定的。1962年钢产量计划达到6 000万吨，1959

年是2 500万吨，除电力外，明年钢、铁、煤炭、化肥都可以接近和超过英国，电到1960年也可以超过英国。工业的任务就是要“苦战三年，改变面貌”，这几年紧张是肯定的，以后还要紧张，非这样办不行。现在有一天不看报、不接触实际，就落后了，就有掉队的危险。

[下略]

附：薄一波：当前国内形势

1958年9月6日

从去年三中全会到现在，一年的时间，国内阶级斗争形式、阶级关系对比起了很大变化，表现在几亿农民心情舒畅了，搞起了大跃进，这是整风反右派斗争的结果。过去不是这样，毛主席说，是党官、政党、军官、民官、工官、商官、教官，总起来说是官气较多，政治较少。经整风，大多数人整好了，和群众打成了一片，自觉的以普通劳动者的姿态出现了。过去有官气，和国民党差不多，但也不完全一样，群众知道你们是共产党，不过，其中有部分人做事和国民党一样，一看样子就叫人不舒服，革命虽胜利了，但群众感到有些事情变化不大，农民群众不知道为什么前途奋斗，有的工人为五大件奋斗，就是为个人奋斗，为共产主义牺牲生命他不干。你拿国民党的作风对待群众，群众也就拿国民党的作风对待你，就调动不起来一切中间、落后的人民，加班要加班费，8小时卖给你，剩下的16小时是我的，毛主席总结说：进城后共产党多少有些忘本，刚进城的时候不坏，和群众打成一片，群众喜欢，热情高涨，但慢慢就冷下来了，我们那个《兄妹开荒》也不好看了，要看梅兰芳的《宇宙峰》，即是依靠群众，走群众路线和群众打成一片，以普通劳动者姿态出现没有了，出现搞等级制，搞工资、穿呢子制服、刮胡子，看穿的不整齐就是游击作风，结果什么都分开了，衣服、椅子、汽车等都分开了，等级制度森严，正像王实味说我们的“一分三十二，十分九等”。这样搞了4年多，1956年长闹等级高潮，1957年上半年还有这种风气，所以就在5月1日开始了整风，不整就不行了。武汉有一个例子，有些人说你们那是农村作风、游击习气，进了城就应该正规化，毛主席说，这是资产阶级或受了资产阶级影响的人说的。1957年下半年经整风反右斗争后，事情才开始转变了，群众说老八路又回来了，好像那几年没有了八路，好像不搞革命了，只有那个化，这个化，而没有革命化了。1957年开始整风，批评“五气”，反右斗争，群众落后阶层起来了，批评了工人为五大件奋斗是不对的，农民也同样，搞起了试验田，就在去年冬天掀起了热潮，天虽冷，照例搞水利运动，这就是因为群众知道了为谁劳动了。

为什么过去有这段历史呢？毛主席说：一是进城后受了资产阶级的影响，资产阶级把我们压倒了。二是受了无产阶级正规化的影响，搬了苏联老大哥的经验。现在经过批评就好了，搞成了很好的潮流，情况大有改变：今年粮食可能达到8 000亿斤，比去年3 700亿斤增长1倍多；棉花今年可达7 000万担，比去年3 300万担增长1倍多；全国增长了五六倍，油料增长了50%～60%，农业方面除麻外统统增长很多。工业方面钢可能达1 100万吨，1956年第八次党代表大会，周总理建议第二个五年（到1962年）钢产量达到1 050万～1 200万吨，如果今年达到1 100万吨，那么一年就超过了，显然那时定的是保守了。“农业纲要四十条”原定到1967年完成，现在经过1956—1958年，3年就基本完成了，加上明年就是超额完成，是10年计划，4年完成，科学12年规划四五年也可以完成。

明年计划初步定了，粮食1.5万亿斤，考虑搞的太多不行，不好保管。钢2 200万吨，甚至搞到2 700万～3 000万吨，西德是2 800万吨，英国不到2 000万吨，可以超过。明年除电力、卡车、轮胎赶不上外，统统可以超过英国。这是没有考虑到的，是工人、农民鼓起的热情，国内资产阶级也起了变化，至于以普通劳动者姿态出现，在资产阶级说来是较严重的问题，不能那样快。现在是形势逼人，就是多数人造成声势、大鸣长放压迫你，张××也算是个对立面，他说共产党“好大喜功，鄙视过去，迷信将来”。毛主席说，我们就是好大喜功，这句话是说汉武帝的，是要制服于他，现在历史学家就要把这句话反过来，是好的。我们也当然要鄙视过去，迷信将来的社会。工人、农民也来压你，你做得不好，他就来压你，如1955年在统购粮食中有些缺点，便是“人人谈统购，家家说粮食”；加上富农反对统购统销，就有30%的人叫苦，反映出干部也叫，他们说农民苦，其实不是农民苦，是他们粮食多了，他们用各种办法吵闹。之后，就下决心搞合作化，也有人反对合作化，有人说合作化平地可以搞，山地不可以搞，老地区可以搞，南方不可以搞之类的话。农业合作化以后，影响了工商界，在1956年敲锣打鼓接受改造普遍公私合营了，到1956年下半年形成了高潮。1956年国内又出现了反冒进，“农业纲要四十条”不行了，多快多省也不行了。国际出现了斯大林事件、内涵事件，帝国主义发起了反苏反共事件，国内没有料到会形成个马鞍形，一整风，乌云过去了，转到了有利方面，工人、农民、文教界、工商界等都整风了，进行改造，但也有些人钻到棺材里也不改，如章××骨头烧成灰也不改，因此，说资产阶级已经不存在了，已经消灭了是不对的，好似吃了鸦片烟上了瘾是不好禁的。形势逼人解决了一部分问题，但还要以事实说服人，如搞出了长江大桥；钢今年1 100万吨，明年2 500 ~3 000万吨，后年5 000万吨；粮食今年7 000亿~8 000亿斤，明年1.5万亿斤等，这些事实可以说服人。也有人讲，苦战三年苦得很，龙云说毛主席很厉害，苦战三年，如修万里长城要死人的。是不是要死人，要有病，人变瘦呢？毛主席说：很可能有，那是极个别的，绝大部分是不死人、不生病、不变瘦，相反是干劲大，搞公共食堂、缝纫组，搞人民公社、搞万户社，徐水县搞成一个社，准备搞共产主义，共32万人，男4.5万人，按军事组织，提出口号是组织军事化、行动战斗化、生活集体化、纪律化，是创造奇迹。

文化技术界也有很大进步，学生将教师的军。上海农业研究所的一个教授能从一种植物中提取一种东西制成治疗高血压病的药，但他保密，不传授给学生，在他下面工作的一个研究员很气愤，便苦战几昼夜结果发明出来了，也不叫他知道。农业大学教授蔡×搞试验田种麦子，总之赶不上农民种的产量，后来他浇了一种药，结果都搞死了。现在是许多大学教授不能教学了，有好多大学教授都到农村去了。有16个学生苦战了多少天，把90部著作编成了文学史。这样，老年人也不得不进步了，但也不是所有的青年都是好的。总的形势是很厉害的，古语说“长江后浪推前浪，世上新人赶旧人”，“比如积薪，后来居上”。

下面讲讲人民公社问题。

人民公社问题是一件大事情，下去时可以看看，人民公社是群众自发搞起来的，南京、成都会议都没有谈到，会上我们要提倡不断革命论、破除迷信、解放思想，敢想、敢说、敢做。世上有许多东西是先有了历史上的东西，然后把它总结起来，加以提高，马克思也是这样，是群众之间有了自发的因素，他把它们总结起来了。人民公社是在农业合作化的基础上自发的搞起来的，我们的责任就是要把它系统化。加以总结、提高。

人民公社的特点是：一大、二公、三社。

所谓大，就是地大物博，人口众多，万户社，万人社，可收综合工效，地多人多，农林牧副渔可以同时搞，当然过去也有，但没有现在规模大，工农商业兵也可以搞。主席说，大可了不起呀，社大，过去办不了的事情现在可以办了。人多事众。“公”就是公社比合作社更社会化了，把资本主义残余去掉，如去掉了自留地，自有牲畜，搞起公共食堂、托儿所、缝纫组、洗衣组，妇女劳动力解放了，许多过去发工资只发给一个人，发给家长，现在发给每一个人，结果青年男女十分高兴，过去向爸爸、妈妈要钱，破除了资本主义法权观念，这些青年男女作为人民公社成员，直接向人民公社领受任务和工资，公的特点大大提高了。现在中国有70万个合作社，单位太多了，不好指挥，现在要组织万户社，万人社，河南已搞到2.5万人社，河北出现万户社。主席说我看万户社，万人社最好，当然可多可少。搞这种公社时间很短，估计把公社章程公布，道理讲清，只要一秋一冬就差多了，加上明年一扫尾，就大公社化了，这是质的变化，马林科夫在19次党代表大会说苏联过去有24万个合并为5万多个，认为这是很大进步。我们这样搞不过一两万个社，人民公社今天看起来必然是社会主义性质，不是共产主义，还是按劳付酬，但共产主义因素加多了，所有制提高了一点，接近公社所有制。徐水县发明“三化”，口号很好，我们国家不仅产业军大，就是农民军也大，组织起来不得了，可以休息，可以办工厂，也可以办大中小学校，可以扫除文盲，粮食生产量很大。三化口号好处甚多，这个口号的提出首先发生在北方不奇怪，因为群众经过了战争的锻炼。有人说：一讲到军事就好像没有民主，其实不然。我们的经验恰恰相反，民主还是发生在军队里，军队的三大民主，军事民主、经济民主、政治民主，军民一致、上下一致、官兵一致，在战斗期间互相帮助，八路军、新四军本身就是民主的东西。在军队里官长压迫士兵是不名誉的事情，并且是违反纪律的。一进城没有了，在实行向共产主义过渡时，人们意识形态有很大的影响。“三反”“五反”在家作了检讨，供给制可以让民众同甘共苦，井冈山是分伙食尾子，抗战每人才发5元，又锻炼了我们，党政军民都一起实行供给制，军事化，战斗化，在抗日战争期间享受供给制的有两三百万人，解放战争期间有四五百万人，这是走向共产主义在思想意识方面的有利条件。苏联也实行过军事共产主义，但和我们不同，他们是余粮征集制。进城以后，这种作风没有了。这有两组来源：一是从老大哥那里学来的；一是资本主义的影响，土生土长的。现在这个路子走的还不远，用革命方法改过来还可以。不久前革委开会讨论了这些问题，反对了教条主义，取消等级制，恢复过去红军的制度，看不出谁是官长、士兵，而且师长、团长、营长、连长每年到连队当1个月士兵，尝尝当兵味道，你管士兵11个月，士兵管你1个月。干部参加劳动，除开年老有病之外，一律参加劳动，每人每年最低劳动1个月。粮食多了，就储备一年或几年，吃饭不要钱。大公社建立后，要把房子改造过来，要园林化，不管城市、乡村要盖成像中山公园、颐和园一样。中国刚刚开始建设就要考虑这些合理布局问题。农村现在每人3亩地，几年后预产量提高了，一个人有1亩地就够了，到那时拿出1/3土地造绿化，1/3种粮食，1/3作为休闲地，1亩地等于现在八九十亩，用那样多地干什么。这样设想看行不，行。德国街道林荫道造得好，有次序，我们为什么不可以那样？要规划好。康有为去杭州游玩曾提词说“如此园林，四周游遍，尚未常见”，主席说杭州湖并不好。我们要好好安排，后年开始全国大规模的房屋改造，如果搞到1.5万亿斤粮食，那时就要开始这个工作，今年6 000亿~7 000亿斤行不行，明年翻一番，达到1.5万亿斤。现在河北、河南都没有绿化，就是宅旁稀稀拉拉，那几棵树，不算绿化，农林牧三者互相影响，人类少不了动植物。

人民公社很重要，要好好研究，现在公布了一个公社的社章，这是好事情，是他们的宪法。

会上提出：什么时候过渡到共产主义？有人认为第三个五年计划就可以开始过渡。主席说，加一个五年计划，从第四个五年计划开始过渡。但明年是决战性的一年。明年争取3 000万吨钢，2 500万吨是死钢，这是一场大战，24个小时不能休息，没有休整，因为机器是不休息的。今年还有4个月，8月21日开始抓生产，抓得晚了些，热心于搞计划，这实际是将我们大家的军，那时到年底还有133天，19个星期，现在又过了10天。主席说，是否搞得到1 100万吨钢，我是观潮派，搞不到可能题目出错了。钢扎实不扎实，今年要抓生产，抓钢铁，要大大努力，明年钢达到2 700万~3 000万吨，后年5 000万吨，1963年到1亿吨，接近美国。7亿人口是否搞7亿吨钢，3.5万亿斤粮食，钢的品种要增加。有人说，实行供给制会搞平均主义，出懒汉，非搞工资刺激不可，主席说共产主义懒汉甚少，我们过了21年供给制生活并没有出懒汉。我们搞军民一致、官兵一致、上下一致，经济、军事、政治三大民主，与苏联不同。但进城以后有人说这是不能刺激积极性的，我们是靠发薪水搞二万五千里、土地革命、抗日战争的？为什么把资产阶级的法权说得神乎其神。党政军民300万人过过供给制生活，到解放战争时有400万人过过这种生活，结果把日本帝国主义，蒋介石和美帝国主义打垮了。将、校、尉如何，未经考验。党官、政官、军官、教官，官那么多，一定要出官僚主义，官气多，正气少。整风以后把争等级待遇之风打下去了，将校制准备废除，但不能一下子废除。1957年下半年整风以后恢复了农村作风、游击习气，这是资产阶级这样叫的，这是正规的马克思、列宁主义正派作风。在军队中军民一致、上下一致、官兵一致中断了几年，现在又恢复了，老百姓说：老八路又回来了。陈伯达同志的《马恩论军事》一书中谈到：世界上很多新东西从军队中来的，工资制从军队中来的，军事共产主义从军队里来的，群众从八年抗日、三年解放战争锻炼出来，群众自己带粮食，不要工资，打仗要死人，但并没有懒人。我们的办法是政治挂帅、阶级斗争，我们外边有帝国主义侵略，内部同自然界作斗争，这个伟大目标为大多数人奋斗。越不给钱创造越多，计件制不好，供给制出懒汉不对。党政军民一年劳动1个月，搬到乡下去。人民公社搞军事化，搞武装部，5 000万基干民兵，是无产阶级军事化，有民主，有纪律，用说服的方法，不是用压服的方法。

关于工业问题。北戴河会议工农兵学商都有，重点是讨论问题。讨论1959年计划，第二个五年计划，全党办工业，第一书记抓工业。过去偏向农业是对的，5亿农民，不偏不行。搞工业无非是搞炼钢，办法是第一书记睡到炉旁，不出铁不走。除了东北一手抓农业、一手抓工业外，其他各省要搞工业。明年是决定性的一年。三大元帅，有了钢铁，有了机械就什么都有了，同粮食一起封为三个元帅是对的。要抓紧，抓得不紧不算抓。以后考工业，看工业抓得紧不紧，有六条纪律。如果工业搞得不好要执行纪律，凡不能完成工业任务，要受警告、记过、撤职留任、撤职、留党察看和开除党籍的处分。这种精神处罚是不可以少的。这亦是一个指头和九个指头的问题。九个指头靠马克思主义，靠说服，只有少数是要惩罚，这叫做马克思加秦始皇。有重点办工业，骨干和枝叶相结合。

JJS50－3（上）

李锐关于大跃进中电力供应情况向毛泽东的报告①

1958年7月7日

这次来上海参加了华东区协作委员会部署1959年计划的会议。会议是由柯老与富春同志主持的。会议安排明年华东生产钢600万吨（今年计划产190万吨），以此为中心带动重点工业和一般工业的加快发展。这是一个力争上游的好计划，大大突破了过去“上游”的界限，对全国贯彻总路线有着深远的意义。会议有个决定草稿，特寄上供一阅。我在会议中管电力小组的工作，同六省一市的有关同志一起工作了半个月，接触到一些情况与问题，特报告如下：

一、600万吨钢的指标首先推动机械工业加速前进。钢铁一马当先，电力、煤炭、有色金属等重点工业必须并肩跟上，其他工业也要相应发展，于是形成一齐向机械工业要设备的局面。看来，钢铁的增长比较容易办到，这是由于采矿、炼焦、炼铁、炼钢可以分散经营，

① 题目为编者所加。

可以多用土办法，冶金设备如高炉、炼钢炉、轧钢机等，在华东地区有上海的基础，也比较好解决，但因此而推动起来的机械工业全面上涨，其困难就多一些。机械工业品种十分复杂，特别是重型设备目前难以平衡。我感觉整个机械工业的增长把握不如钢铁大。如发电设备制造工业就已透露出这种困难的情况。

原来布置华东明年生产186万瓩的发电设备，现在虽已尽力提高到350万瓩，仍远不能满足需要，根据华东的需要来推算，明年全国共需生产发电设备约900万瓩（英国最高年产量为400万瓩，苏联约750万瓩，美国1 370万瓩），相当今年的10倍。全国现有发电设备的生产能力为330万瓩，其余570万瓩的生产任务要靠明年新建企业生产出来。同时除主要的发电设备外，还有变压器、电缆、开关、仪表和电动机等用电设备，品种很多，配套复杂，其产量都要比今年增加5倍到七八倍不等，特别是钢毛品产量不够，就会直接影响到它们的产量。

二、电与一切工业有关。为了保证钢铁、机械、煤炭、有色金属和其他工业的相应上涨，大家都感觉电最为紧张。预计明年华东需要145亿度电，按鼓足干劲计算，华东明年大体只能生产123亿度，尚差20亿度左右，明年全国钢的产量按2 500万～3 000万吨水平计算，相应的发电量需要600亿～650亿度。1958年全国已有发电设备约600万瓩，发电量可能达到280亿度。按明年生产900万瓩，加上国外进口，可争取装上750万瓩投入运行（水利电力部最近向中央汇报为明年装机500万瓩），这1 350万瓩估计最高发出电量为500亿～550亿度。这样，明年全国缺电约在100亿度。今年下半年在工业全面跃进的形势下，电力将严重不足，明年情况必更加紧张，因此必须想尽一切办法使电力工业赶上全国跃进的形势。

三、从电的角度出发，也要求工业的发展必须有轻重缓急，很好排队。这一点，柯老和富春同志都再三强调，这次会议各省对工业的安排普遍有齐头并进的趋势，多想使各项工业全面发展。这个要求目前是难办到的。

另一方面，除钢铁、煤炭、机械等重点外，一般工业的用电量没有一定的保证，给得太少，也会出现国民经济失调，收入很少，反转来又影响重点工业的建设，上面提到的1959年华东电量供求的20亿度差额，使各省市对工业排队发生许多困难，各用电部门分电时也不免你碰我挤，所以问题是必须坚决排队，坚决分轻重缓急；电的分配也只有像分配基础投资一样：分省包干。

四、电的紧张情况短期内还难以改变，对大量耗电的工业，目前就不能不加以适当的约束，例如用电很多的化学肥料和某些化学工业，近期似不宜过多发展，铜和铝是必须加速发展的，但两者用电都很大，土铜用电则少，铜、铝又可互相代用，因此目前只要能多产土铜，也可暂时少产铝。这在工业部署上是一个需要加以注意的问题。

五、在解决电的问题上，感觉各省自力更生的精神还不够。一方面，过去水利电力部管得多、下靠上的思想还未完全转变过来；另一方面，也因为在某些环节上（例如设备制造）遇到较多的困难。电的紧张情况已开始促使大家注意抓紧发电设备的制造，但是除上海外，各省由于基础差、困难多，干劲虽不小，信心却不大，富春同志着重谈到，大家不要只想抽“伸手牌”香烟。

六、大家都全面跃进，一切都感不足，多少之争，在所难免，即令情况如此，还是需要多强调互相协作和照顾整体精神，华东地区，福建、浙江、江西三省水力资源较多，应多发展水电，江苏、山东两省只有多发展火电，安徽水电也不很多，上海则需外区多送电来，江南电网是一个水火结合的整体，电力的产销难以截然划分省界。因此，这次会议的决定（草稿）上有这样一条：“全区重大的电站及电网的建设、电力的分配，今后应逐步实现统一规划与安排。”

七、华东明年产600万吨钢，是华东有其特殊有利条件。其他各区除东北、华北外，一般缺乏创造设备的能力，如果都按照这个标准安排，似值得考虑，富春同志说，在各大区中，华东有条件先行一些，以钢为纲，关于第二个五年的规划我只想到电的问题，如果1962年钢的水平从6 000万吨升至1亿吨，则电力的安排现在想来确实是难以赶上的。

八、其他一些零碎感想：这次还碰到喜大，而又未深究其所以的案例。有些事情需要也可以“霸蛮”，但有些“霸蛮”也无济于事。

大家确实都是鼓足了24分干劲，但是在计划上很少听见“留有余地”。

柯老与富春同志都强调将一切矛盾、困难摊开来，但不易摊开，人们还是不大愿意多听困难之言，困难之言有时也使人难以启口，至少先给自己戴顶“中游”帽子，才好开讲。

本位主义问题似乎需要提起注意了。

这些意见是半夜写来。片面之处定多。

Z778－6

中共中央批转建筑工程部党组关于南通、上海现场会议情况的报告

1958年8月16日

兹将建筑工程部党组关于南通、上海现场会议情况的报告，发给你们参考。

建筑工程中的“两参一改”和开展技术革新运动的方向是正确的，可供各行各业试验推行。

建筑施工的工具改革，半机械化和机械化必须采取依靠群众因地因工制宜，土洋结合，高低结合，自力更生的方法前进。这样比较适合我国具体情况，才能更好地贯彻执行多快好省的方针，也才能防止那种不顾实际，不依靠群众而盲目地追求建筑企业的“机械化，工业化”以及“基地化”等等的偏向。

附：建筑工程部党组关于南通、上海现场会议情况的报告［节录］

1958年8月6日

中央、主席：

为了贯彻执行党的八大二次会议的精神和社会主义建设的总路线，我部和全国建筑工会从六月二日到十六日，先后在南通、上海召开了全国建筑业现场会议，对于学习南通公司经验、实行“两参一改”和开展技术革新运动等问题，交流了经验，进行了讨论。兹将这两个会议解决的问题报告如下：

南通建筑公司的经验，我们已于四月份向中央作了报告。这个公司的基本经验，就是在党的坚强领导下，坚持政治挂帅，充分依靠群众，贯彻执行了勤俭办企业的方针；并且敢于大破大立，大改规章制度。这次南通会议，主要是通过现场介绍和参观，进一步推广了这些经验。同时，还交流了干部参加劳动、工人参加管理，改革业务管理和规章制度，即所谓“两参一改”的经验。

从四月份以来，各地建筑企业为了学习庆华工具厂和南通建筑公司“两参一改”的经验，都做了不少工作。经过初步学习，许多企业的管理工作发生了重大的变化，扭转了过去偏重于依靠少数的管理干部、庞大的管理机构和繁杂的规章制度来管理企业的思想；使大家明确地认识到只有依靠群众，才能办好企业这样一个最根本的道理。实行“两参一改”，干部工人化，工人干部化，系统地调整了企业的生产关系，改善了领导者和被领导者、干部和工人、工人和工人之间的关系。这不仅有利于减少和解决人民内部的矛盾问题，逐渐减少脑力劳动和体力劳动的差别；而且大大地提高了工人群众的主人翁思想和生产积极性，解放了生产力，使生产不断提高。同时，可以大大地精简机构，减少管理人员。因此，我们提出，在大力普遍实行“两参一改”的基础上，今年劳动生产率要提高百分之三十至五十，降低成本一般企业要突破百分之二十，部分企业要争取达到百分之三十以上。根据会议上的分析，这些指标是完全可能实现的。担负富拉尔基重型机器厂建设工程的我部直属公司，降低成本已经达到百分之三十以上，可见大有可为。建筑企业干部和工人的比例，我们提出要

从原来百分之十五左右降低到百分之八至六。云南三公司、南京二公司已降到百分之八，青岛已降到百分之七点七。现在，南通、山东等地造价十万元左右的工程，都没有脱产干部，完全交由工人自己管理。富拉尔基一个两万多平方米的车间，只有一个工长是脱产干部，下分瓦工、钢筋混凝土工、木工等三个工队，所有这三方面工程都由他们包干负责，大大地减少了辅助用工，发展了技术上的“多面手”。

目前工人参加基层管理的办法不一，但基本是两种。一种是北京等地实行的队组全面负责制，即把工期、质量和人工、材料（事先扣除节约部分），以及一部分临时设施费用都交由队组负责，实行包干办法。另一种是东北及其他地区所实行的按比例奖励的办法，即把工期、质量、人工、材料（也是事先扣除节约部分）都交队组负责，但根据完成任务的情况，按照一定的比例，给予奖励。现在看来，后者较好，前者容易助长工人的经济主义思想。这次会上，我们提出应当继续摸索、研究，不必过早地否定哪一种办法，但是无论采用哪种办法，都必须以有利于提高工人的共产主义觉悟，防止滋长本位主义和全面实现多快好省的方针为原则。

上海现场会议，交流了各地技术革新的经验，参观了建筑技术革新展览会和一些建筑工地，并且讨论了建筑业如何实现半机械化、机械化等问题。

在党的八大二次会议以后，建筑业中一个声势浩大的以改良和创造工具、机械为中心的技术革新高潮迅速形成，在现场会议期间，根据上海、天津等八个城市极不完全的统计，仅四、五两个月，职工群众提出的技术革新的建议就有四万五千多条，改良和创造的新工具、新机械就有三千一百多件。天津、上海等地的建筑工人，首先向地面运输和垂直运输上大量肩挑人抬这个最落后的环节，进行了猛烈的冲击。采取集中力量、一鼓作气的办法，苦战了几个日夜，就放下了扁担，一举而消灭了几千年来肩挑人抬的现象。工人们把扁担捆在一起，贴上封条，表示和它们永远告别。并且高兴地唱着：“思想解放搞创造，千年扁担今朝撂，党的领导真英明，扁担下肩大家笑。”“万丈高楼扁担挑，压在肩上似火烧，一块砖瓦一滴汗，压的好汉罗锅腰！扁担挑来扁担挑，千百年来扔不掉。春雷一声百花开，技术革命展开了，你出主意我献计，千年扁担才丢掉。”放下扁担以后，全部采用了各种各样的平板车、小推车、单轨车、双轨车、木轨车、竹轨车和各种各样的手摇的、电动的垂直运输工具，实现了地面运输车子化，垂直运输半机械化和“土”机械化。

随着放扁担运动的开展，各种各样的改良工具，土造机械，有些是现代化的机械，每天都在增加。［中略］工人创造的占百分之七十六，技术员创造的占百分之九，工程师创造的占百分之三，工人和技术人员共同创造的占百分之四，其他人员创造的占百分之八。这些工具、机械的共同特点是：制造简单，操作容易，价钱便宜，效能很高。有的已经是现代化机械，还有的达到了国际水平。徐州市王才贵创造的砌砖铺灰器，四人一组（只需一个技工）操作，每天可砌砖二万四千块，比过去平均提高效率四倍。吉林市姜祥泽创造的木工万能工作台，能做十五种活，效率提高五倍到二十倍，而价钱只要六十七元。上海四公司工程师沈采义创造的在高空进行预加应力钢筋张拉的手揿千斤顶，只重三公斤，张拉能力达十五吨，比英国货不但好得多，而且便宜得多。山西省刘振民创造的水阻电焊机，只要一个半截铁桶、几根钢筋和几块木材就可以做成，焊接效能和普通电焊机一样，每台成本只要十二元，而普通电焊机则要两千多元。打夯机已有十几种，有木制的脚踏的，也有铁制的电动的。如北京市魏新夫创造的电动三用打夯机，以及上海、天津的电动打夯机等。

鉴于这些情况，我们在上海现场会议上提出：在两个月内全部放下扁担（不包括建筑合作社和建筑组），半年内普遍采用改良工具，并且积极准备条件，依靠自力更生，采取土洋结合的办法，向半机械化、机械化前进。同时提出：一九五九年建筑工人的劳动生产率要比一九五七年提高百分之百，即每一工人的年产值由四千元到六千元，提高到八千元至一万多元。会后，各地建筑单位都投入了紧张的放扁担运动。经过二十天左右的苦干，现在已经全部放下扁担的有北京、上海、河北（包括天津）、山东、江苏、浙江、甘肃、河南、吉林等二十三个省市，其余省市的主要公司也已放下了扁担。看来，两个月内全部放下扁担，消灭肩挑人抬，是可以提前实现的。目前技术革新运动正在继续深入，蓬勃发展。仅陕西省建筑职工在六月份一个月内就提出技术革新的建议一百零五万条。四川省提出“人人有建议，个个有革新”的口号以后，百分之七十到八十的小组，每个人都提了技术革新建议，出现许多“满堂红小组”。最近，河南省提出了在“八一”以前全部使用改良工具，国庆节前在全省范围内实现半机械化、机械化。四川省也在建筑业技术革新积极分子大会上发出号召：七月份全省放下扁担，消灭肩挑人抬，并且开展一个声势浩大的百万件合理化建议运动。重庆、成都在一两个月内全部采用改良工具，一般专县在两三个月内全部使用改良工具，三个月到半年内除个别工种的部分工序外，基本上实现机械化、半机械化，做到各企业都有自办工厂。现在看来，各地的劲头都很大，今年后半年做到全部采用改良工具，也是可以办到的。

关于如何实现半机械化、机械化问题，最近这个时期建筑业技术革新运动所取得的成绩和经验，给了我们很大的启发。我们认为，只要坚决地依靠群众，土洋结合，高低结合，自办工厂，自造机械，走自力更生的道路，就可以多快好省地实现“中国式”的机械化。

建筑工程上使用的一般机械设备，如打夯机、搅拌机、振荡器、轻型吊车、一般运输工具和电焊机、点焊机等，都可以由建筑企业自己制造。如上海第四建筑公司的一个小型木工厂，原来只有一台破旧的带锯，想买一套机械设备，但是要花两三万元。于是他们自己动手，只花了七百元就制出十八种机器，实行了整个生产过程的机械化。

现在，许多地方的建筑企业，都在自己动手，炼铁炼钢、制造机械、生产材料，力求自给。武汉市第二工程公司正在举办九个工厂，钢铁厂年产一万吨，高炉、贝氏炉、鼓风机、轧钢机都已有了着落，预计九月一日出铁，十月一日出钢。机械制造厂，现有五部车床，机修工人和铁匠共四十余人，计划发展到一百五十人。今年下半年就可生产马达、变压器、缆索式起重机、塔式起重机等。他们的水泥厂，今年可生产一千五百吨，明年省里拨一套设备后可生产十万吨。此外，还有石灰厂、炼焦厂、钉丝厂、水电零件制配厂、废料加工厂等，均可于今年十月一日前投入生产。中南一公司正在建设的钢厂，年产一万五千吨到两万吨，水泥厂年产四万吨。包头工程局的小高炉已经建成，开始出铁。南京建工局，正在将铁工厂扩建为机械制造厂，年产中小型机械五百台；并将各公司机电修配力量组织起来，建立电机制配厂，生产马达、变压器、鼓风机等；并且已经建成了铸钢铸铁车间，能生产中碳钢。正在建设的还有水泥厂、油毡厂、砖瓦厂、耐火材料厂等，争取在一两年内使建筑材料，包括各种规格的钢筋，达到自给自足。北京市各建筑公司也都在炼钢炼铁，制造机械。第六公司用土法制成了四百号、五百号的高标号水泥。市建工局计划修建若干个水泥窑，日产量争取达到一千吨。还有粘土膨胀砖、蛭石板、泡沫菱苦土等轻质材料，现在已经制造成功，最近还在试制玻璃丝混凝土、耐火砖等材料。西南一公司利用废钢废铁，已经铸造了许多工具、机器和马达。天津市要求各建筑公司都要建立钢铁厂、机械厂、水泥厂和混凝土构件预制厂，他们的口号是“多建小小工厂”。其他许多地方的情况，也都大体相同。

为了实现建筑业的技术革命，适应建筑任务大量增长的需要，我们正抓紧进行建筑机械生产的规划和具体组织工作，以便统一安排，分头发展。今后一般中小型机械，由建筑企业自己制造，并且力求自给自足。建筑工程部和省市建筑部门可以生产一些大中型机械；但重点工程上所需要的特大的起重机械，仍需由机械工业部门来制造，或者进口一小部分。只要采取这些办法，依靠自力更生，同时把国家力量和建筑企业的力量、群众的力量结合起来，建筑业所需要的机械，就能够得到解决。

以上报告是否妥当，请予指示。

Z792－5

薄一波同志在中央北戴河省、市、自治区党委工业书记会议上传达毛主席的指示

1958 年 8 月 28 日

下面有一件事情传达一下。

昨天晚上陈云同志向主席汇报了咱们工业书记会议的简单情况。当汇报到在这个会议上，我们也作了自我批评。中央有四个经济机关，计划委员会，经济委员会，财经小组，还有各个工业部门，都没有抓生产，这是我们的过错，就是没有抓生产。讲到这个地方的时候，主席说了，首先，中央应该自我批评，我这个主席也应该自我批评。我这个主席就没有抓生产，就不对，陈云同志旁边插了一句，张平化还是那个同志讲了，总是希望有那么一天，主席也要抓一抓工业，这一次我们大家很兴奋很高兴，主席就来了，这就是批评，说我过去没有抓，还不是来了。(笑声)

这一件事情主席让陈云同志一定要明天到会议上把这个意见讲一讲。中央，我（主席自己）应该自我批评，过去没有抓生产，让陈云同志自己来讲，刚才陈云同志让我附带地把这一件事情说一下，主席有这么一个意思，说中央、我（主席自己）没有抓生产。当然，我们都会了解这个意思了，中心问题还是陈云同志说得对，还是我们这些经济机关（计委、经委、财经小组和中央各个工业部门）没有抓生产。最主要的我看是经委，因为经委过去他有这一份责任的，没有抓生产。这确实在过去是一个过错，好在主席把这个一指出来。我们就来抓了，这次是传达主席的这个指示。

Z262－4

王鹤寿同志在中央北戴河省、市、自治区党委工业书记会议上的讲话

1958 年 8 月 29 日

我先作一下检讨，今年一千一百万吨钢到八月底可能只有四百多万吨，后面四个月，数目还很大。正如主席和中央所讲的，如果不抓紧，就有完不成的危险，现在形势很紧张。我们冶金部首先是我负有责任的。当然上半年计划比较小，下半年的计划就增长上去。现在看起来七月份、八月份生产不大很好，其原因一波同志已经讲了。冶金部在争取一千一百万吨钢上也有很多的毛病。

第一，我们没有政治挂帅。我们冶金部和我们工业书记还没有很好地挂上钩。怎么样使各个省委和我们联系起来，来共同怎么样把一千一百万吨完成，冶金部和工业书记，认识的，谈过了，但是其中很多省份我们还没有做。在七、八月份以前，特别是冶金部直属的一些企业有很多群众发动得还很不够。这个我们也没有很好地抓，没有很好的注意这个问题。

第二，我们有放松生产的情况，在这个时期，拿冶金部来讲，我们主要力量放在搞计划，生产注意得少了，我们也看出了有一些生产，厂矿有一种倾向，就是在这个大跃进的时期，没有想办法在生产上大跃进，而就是想把自己扩建。跃进有几个方面，第一个在基本建设上要跃进，另外在生产上也要跃进。但是有一些厂矿没有注意怎么样来组织生产、组织群众的干劲，把生产搞好。这一方面没有注意，仅仅注意到扩建的跃进。这个，我们没有及时地提醒直属的厂矿来改变这种情况。因此，在上半年有的厂子好，有些厂子就不大很好。八月份以前，我们冶金部虽然组织了很多现场会议、现场促进会，到现在为止，连基本建设大

概组织了六十个现场促进会，其中大多数是生产方面的，但是生产促进会当中确实我们也看出了很多先进经验。这些先进经验我们没有很好地大力宣传，大张旗鼓地宣传，大力推广。现场促进会开了很多，而且也总结了一些经验，在上半年许多厂子也出现了过去没有的奇迹和新的纪录，但是推广不好。而这些选进经验在全国甚至和其他国家比较起来都是有很重要的意义的。但是，我们没有很好地大力宣传，推广不够。比如上半年，拿钢铁来说，出现了很多的好的东西。比如突出的耐火材料，重庆的一个钢厂就把过去我们一直遵守的苏联给我们的经验完全打破了，烧砖的时间从九十小时、六十小时现在已经缩短到十小时左右。这就使得我们耐火材料厂的产量大几倍，而这个是出于解放思想，冲破了过去的旧规矩。炼铁，本溪、太原出现了不少的新成绩，过去一立方米的高炉出一吨三四，现在一立方米的容积可出到将近两吨铁。这在世界各国都是很少的，据我们所知道的苏联还没有的。这个成绩在上半年陆续就出现了，可是我们没有很好地推广。炼钢也创造出很好的成绩。比如上海利用不十分现代化的平炉，一平方米就出十二吨钢，现在超过十二吨。但是我们现在平均才七吨多。这个东西我们组织了现场会议，但是，组织了现场会议以后没有检查，或者是检查不够。没有想各种方法把它这个经验推广到全国。我们算了算，如果把它这个经验推广到全国，全国只要达到它这个指标，不要说超过（本来应该超过，很多炉子比它条件好，应该超过），我们今后四个月仅仅现有的炉子就可以增加一百多万吨钢，这是完全可能的。总之，不管是选矿也好，洗煤也好，都有很多很好地先进经验，但是我们没有很好地检查、督促，只作了一般的现场促进会，没有起到它应有的作用，到现在为止，产量应该比现在多或者更多。现在没有这样多，我们是有责任的。

再一点，我们检查也不够，比如五月地方冶金会议订设备，由于各种原因，设备厂里很久没有部署好，我们未及时地反映。后来知道了就向经委反映，经委就向中央反映，中央就发了一个指示，类似这样事情我们反映很慢。厂里的困难我们没有很好地去帮助解决。在生产上我们没有千方百计，就是电话会议也没有用。

我们有很多厂子没有完成任务，就是最大的厂子鞍钢也没有完成计划。我们才着急了，所以向中央反映了这个情况。反映之后，中央、主席看了就睡不着觉，就发了一个指示，并且在这次北戴河会议就首先讨论了这个问题。假使我们把这个情况反映得更早一点，或者更及时一点，中央也许会采取更早、更及时的办法，所以我的发言，首先是在生产离跃进计划还很远，我们应该作检查，我们不能完全怪厂子。

其次我讲一千一百万吨。主席讲必须完成，少一吨就是失败。现在看有很多困难，有没有完成的条件，能不能完成，我们说能够完成。有困难，但是能够完成的。搞好了还可以超过。我们有充分的条件完成。

首先是主席、中央的指示。北戴河会议头一天主席就找了各省的同志谈了这个问题，提出我们必须完成这一千一百万吨，要抓。有了主席指示，中央讲要抓工业，首先保证一千一百万吨钢的完成，中央有了这样一个决心、指示，再加上我们上半年的经验，我想这个是最大的力量。主席讲了，中央讲了，今年必突破这一关，把一千一百万吨完成，这个就是最大的力量。我们完成今年的计划最主要的条件已经具备。全党办冶金，全党办钢铁，中央的政策，大、中、小并举，再加上现在我们必须要完成一千一百万吨的指示。群众的干劲，各县遍地开花搞钢铁，这个劲头就更足了，假定没有半年来的企业下放，群众发动起来，那么今年我们要达到一千一百万吨钢是不可设想的。中央提出的全党办工业、全党搞钢铁、企业下放，这样一来，各方面的积极性就起来了。企业下放了以后，虽然产生了那么些现象，但是企业下放与全民办钢铁对于我们完成一千一百万吨钢，这个作用是不可低估的。这个就是我们完成一千一百万吨钢的最基本的条件。

土炉子在今年完成一千一百万吨钢的任务当中有决定性的作用。因为它要生产六七百万吨铁。半土半洋的生产两百来万吨，过去的洋炉子生产七八百万吨。我们明年就需要逐渐地把土炉子改变成半土半洋的，就是比较新一点的生产方法。但是今年从冶金部起，各个省还要注意土炉子，使土炉子能够正常生产，我们铁就有了保证，铁有了保证之后，一千一百万吨钢问题就比较好办了。

另外，现代化的炉子要抓紧，已经有了先进经验，这些先进经验怎么推广到全国，如果这个推广到全国，那么，我们今年的钢铁任务就更有保证。

今年的铁是严重的不足，如果全国能够逐渐达到太原、本溪的指标，那我们就可以增加几十万吨。四个月如果能够早一点提高到太原、本溪这个程度，增加百八万吨也是可能的。平炉如果我们逐渐能够达到上海这个指标，就是现有的平炉增加几十万吨也是可能的。所以，洋炉子、土炉子这些都需要。我们冶金部本身希望各个省、市、地方抓两头，同时半土半洋的积极地建设，因为这两头是大的，一个是八百万吨，一个是六七百万吨，这两头只要抓住了，我们铁就有保证，铁能够保证的话，我们钢的计划也就有了保证。

另外现有的钢铁厂要推广三槽出钢，推广上海的经验，这样一千一百万吨钢的任务就会更有保证。

我们今年可以完成一千一百万吨，还有一个条件，各个部门现在用全力帮助我们搞冶金。今天以前已经用全力，甚至妨害了本身的工作来帮助我们完成一千一百万吨。机械部门把很多的其他订货都推了，用了各种办法来帮助。你说要什么吧？你说要什么我就给你造，尽先造。铁道说你没有运输计划，与钢铁有关的我就运。煤炭说很多焦炭不够，焦炭不够就挤。各个兄弟部门，大力帮助我们钢铁来完成一千一百万吨，那就使得我们力量大了。

现在不是企业下放之前，不是仅仅冶金工业部来办钢铁了，现在不是一个冶金部了，而是几十个冶金部了。每个省几乎都有一个冶金部，这样我们就完全有条件、有信心完成一千一百万吨，而且力争超过。

所以说虽然是有困难，但是完成一千一百万吨钢的条件是有的。我们应该有这个信心，特别是主席提出来以后，中央开了电话会议以后，各地方的情况就更进一步了。本来这两个月以来，各个地方的群众干劲就已经很足了，现在情况又有大的进步。前天东北的辽宁开了全省的电话会议，来号召布置全省为五百万吨的钢铁任务而奋斗。这样我们有什么理由说不能完成呢？所以条件是有的，首先是中央、主席抓了这件事情，而且必须要完成一千一百万吨，一吨也不能少。这个精神这个指示，全党抓工业，首先要把钢铁完成，有了这样的指示，再加上各个省市的措施，条件是有的。过去不敢设想一年就翻一番，现在群众起来以后，过去我们认为没有矿，现在到处都是矿，过去我们的地质队伍到处找，说这儿不行那儿也不行，现在到处都是矿，河南讲，二分之一以上的县都有矿，有的三分之二以上的县都有矿。所以路子也宽了，现在搞群众路线，矿藏资源就丰富得很，当然有大有小，好坏不一。

我们一定要注意交流经验。

冶金部总是想尽一切办法来解决大家的困难。

第三，有几个比较突出的问题，提出来供大家参考。

一是现在一个突出的问题就是铁，我们前天研究，如果九月份钢不能增长一百万吨以上的话，还剩三个月，那我们就更吃力了。九月份钢最好能够生产一百二十万吨，最低限度要一百一十万吨，生产一百一十万吨或一百二十万吨的话，那我们到第四季度，我们还要生产五百万或者稍微多一点。假定九月份还不能够生产到一百万吨，压到第四季度的任务就大了，就五百多万吨了，那个问题就更吃力了。所以，希望我们大家共同努力，各个省市的同志来共同争取九月份生产一百二十万吨。争取生产一百二十万吨钢的关键是铁，铁现在的关键是土炉子，因为洋炉子九月份只生产八十多万吨，洋炉子就是利用系数再提高，顶多只能生产七八十万吨，生产一百二十万吨钢，再加上铸钢，没有一百三四十万吨铁很难保证，而洋炉子只能生产七八十万吨，所以很多的要土炉子和半土半洋的。而土炉子有很多不正常，一百个炉子中间没有三十个正常生产。现在，各省能够把已经典型的好炉子的经验快点推广，希望九月份能够把铁上去，铁上去，钢就上去了。所以，现在重要的问题是铁。土炉子也要生产六七十万吨或者更多一点，否则很多钢厂吃不饱。

二是一方面土炉子是我们今年的决定关键。我们的成败，土炉子有举足轻重之局势。因为它生产六七百万吨，所以我们要抓土炉子。但是，另外一方面，我们希望各省市尽量地把半土半洋的炉子扩大，因为半土半洋的生产比较容易正常。在今年一时建立不了那么多，因为还要些设备，起码要些鼓风机、电，今年完全靠它还是不行的。主要的还要靠土炉子。但是，为了使我们铁有保证，希望各省市能够把半土半洋的炉子多建一些，使得它的比例加大。它的比例越加大，那么我们就越有保证，特别是对明年。小一点半土半洋的，用的鼓风机各省、市自己都会做的，现在一机部在积极地做，数量增加了，而且把交货的时间都提前了，这个还不行，各个省、市小一点的鼓风机还是要自己做一点，增加半土半洋的比重。明年我们要尽可能地缩小土炉子，因为土炉子费的劳动力太多，如果我们不把土炉子缩小，劳动力不能腾出来，各省市的农业将来还要大搞，铜铝还要大搞，没有劳动力不行，所以我们希望明年尽量地把土炉子缩小，增加半土半洋的。

三是希望各省再注意一下矿山问题。现在才开始，这个问题还不大。各个省也反映了，也有困难，特别是运输、背棉花还容易，背矿石那个东西是不大好背的，又重又不好背，挑也不好挑。特别是明年半土半洋的炉子增加了以后，矿石怎么样供应？希望工业书记交代一下冶金局的同志现在开始就注意研究一下矿有什么问题，特别是要为明年准备。今年土炉子到处挖一挖，困难是有的，但是还可以对付，而明年这个问题还会产生的。

四是现在我们头疼的是铁，但是很快就来了炼钢的问题。炼钢各个省搞小转炉，比较集中一点，但是炼钢很多是用土铁炼，炼钢的技术，比土炉子还麻烦一点，不神秘，但是也不那么简单，因此，从冶金部起就要开始注意到炼钢的问题，特别是用土铁炼，这个问题就更麻烦一点，土铁炼钢我们还是没有经验的，希望各省派几个人到上海、唐山或鞍山学一学。

五是为了保证一千一百万吨钢，而现在各个地方生铁上涨的速度不一样。参差不齐，因此九、十月份为了保证钢的上涨，铁的调度可能就有很多不合理的，希望各省市的同志谅解。当然，我们尽可能地合理调度。

六是希望各个省市钢铁抗旱，收废钢能够多搞一些，鞍山九月份铁不够，但是还想从鞍钢再调出几万吨铁。鞍铝工作量也很大。四十万吨铜，我估计需要矿一亿吨以上。今年我们搞一千七百万吨生铁，要多少矿石呢？才要四五千万吨，而明年搞钢的矿石不会少于一亿吨。如果就百分之一来算，就要八千万吨矿石。回收率从采矿、选矿、冶炼综合起来只有百分之五十。而铜的品位没有多少，都是百分之一的，甚至于大部分没有百分之一，大部分只有千分之七、千分之八，如果是这样，那我们的矿石要一亿多吨。铝也是这样。铝我们的生产能力只有七八万吨，明年要搞到三十万吨，而且每个省都搞，所以这个工作量很大。如果不过一千一百万吨钢的关，明年冶金方面也好，其他的也好，那压力就太大，半土半洋的炉子加大为什么呢？也是想办法腾出一些劳动力来。总之，明年七十万吨铜、铝的任务，它的艰难不会亚于明年搞三千万吨钢更轻一点。这次会议就很难讨论了，我只是想提一下。我们工业书记很难马上搞这个东西。现在省委的同志首先指定人，开始做准备工作。明年我们要搞七十万吨铜、铝，建设规模最低要搞一百五十万吨，才能保证明年出七十万吨铜、铝。有的今年下半年就要开始建设，希望最低限度在十一月、十二月工业书记能够抓一抓，最好能在十月份开始抓。否则，明年七十万吨铜、铝就有危险。

Z264－4

薄一波同志在北戴河工业书记会议上的总结发言

1958 年 8 月 31 日

一、关于会议的简要总结

在这次会议期间，我们听了毛主席的报告，富春同志在会议上也作了报告，陈云同志也作了发言。会议对中央提出的方针、任务都一致拥护，并且坚决地保证完成一千一百五十万吨钢的任务。

会议在中央和毛主席直接指导下，决定今年钢的生产，要在去年五百三十五万吨的基础上翻一番，即达到一千零七十万吨。我们的口号是：为钢的产量翻一番而奋斗，为实现一千零七十万吨钢的指示而奋斗！

会议对于完成以一千零七十万吨钢为骨干的工业生产跃进计划，一致认为：在党中央和毛主席亲自抓生产，各省、市、自治区党委第一书记挂帅，全党动员，全民动员，大抓钢铁和大抓机械的条件下，一定能够完成和超额完成。

昨天下午，主要的产钢铁区的工业书记都向主席当面作了保证。我们认为党中央和主席的指示，工业书记的保证，加上依靠群众的积极性和创造性，就是无比的力量，任何困难都一定能够克服，以钢为纲的工业生产跃进计划，一定能够完成和超额完成。

会上，华东的同志提出：华东所担负的制造设备的任务，一台也不短少，一天也不推迟，而且在分配的时候，先别人，后自己。这是共产主义精神的充分体现，这种精神，也就是我们这次会议的精神。

大家在会议上都作了自我批评。其实，过去一个时期放松了对于工业生产的领导，经委要负很大的责任。经委是管经济工作的，而经济工作的首要任务就是生产。但是，我们在过去一个短时期内，却把过多的精力放在计划工作上，特别是放在基本建设的投资计划上。今年六月十九日提出，钢的生产要在去年五百三十五万吨的基础上翻一番，即钢的生产计划要进到一千零七十万吨，但是，经委对于同它相联系的生产部门（机械制造、煤炭、电力、运输等部门），没有及时地进行综合安排，把这一生产任务切实地抓起来。五月的冶金设备制造会议是一个促进生产的会议，但是经委对它也抓得不够紧。同时，这样的会议，没有省市委的负责同志参加，也是一个缺点。

今年上半年的工业生产计划完成的情况，跟去年同期相比较虽然有很大的增长，但是，距离跃进计划还很远。经委如果能够早一个月突出地反映这种情况，并且立即转过来一手抓计划、一手抓生产，情况就会比较好些。我们的认识落后于客观实际，抓了计划而没有确实抓生产。如果不是主席及时的提示，就会误事。当然，中央各有关部门也有责任，但是首先而且负主要责任的是经委。我们应当检讨，我们应当从中吸取教训。

二、今年的工业生产跃进计划任务

这次会议，一致同意今年的工业生产跃进计划，钢铁和机械生产的主要任务如下：钢一千一百五十万吨（对外宣布为一千零七十万吨）；生铁一千七百万吨；冶金设备三十五万吨；发电设备九十万瓩；机床八万台。这是总的任务。为了完成这个任务，在会议上，冶金工业部，第一机械工业部已经同各省、市、自治区商定各自负担的任务，并且印发给各位同志。今后检查、评比都以这次会议所定的指标为准。这些指标只许超过，不能降低。

只有实现上述指标，我们的工业生产战线才算是真正地跨过了跃进的第一大关，才能为明年工业生产和基本建设的更大的跃进打下可靠的物质基础。实现这些指标，政治、经济的意义都是极大的。

当前首要任务是抓紧九月份和十月份的工业生产，并且全盘布置今后四个月的工业生产。如果把九月至十二月的生产任务作为一百，要求各省、市、自治区和中央各部、各企业在九月份至少要完成百分之二十，即九月份要努力完成生铁二百万吨，钢一百二十万吨；十月份完成生铁二百八十万吨，钢一百六十万吨；十一月份完成生铁三百二十万吨，钢二百万吨；十二月份完成生铁三百五十万吨，钢二百二十万吨。

为了完成九、十月份钢铁的生产任务，各省、市、自治区九、十两个月份所生产的生铁，除供应机械工厂铸件所必需的生铁以外，应当尽可能地全部调拨给钢厂炼钢，以便争取时间，更快地增产钢。农村和其他方面需用的生铁，等十一、十二两个月份生铁的产量增长上来以后，再行拨用。如果不能及时地大量地调给钢厂以生铁，钢的产量在九、十两个月份就增长不上来；如果钢的产量在九、十两个月份增长不上来，那么即使十一、十二两个月份的产量大大增长上来，也将不可能完成全年生产钢一千一百五十万吨的任务，其后果是相当严重的。今年钢铁产量的完成，关键就在于九、十两个月。

鉴于这种情况，必须抓紧生铁的生产，特别是小高炉和土高炉生铁的生产。关于小高炉和土高炉的重要性，在陈云同志的发言中和我的讲话中都讲过了。主席指示对土高炉要有信心，不能泄气。即使在一百个土高炉中，只有一个出铁，那就很好，就算是插上红旗，其余九十九个都应当向它学习。何况我们现在已经有很多的土高炉出铁，最近一两天报纸介绍了不少成功经验，这次会议上也介绍了湖南邵阳、河北抚宁的经验，大家应当重视，迅予推广。

三、关于排队问题

会议对于机械设备制造、主要原材料、电力、运输的排队原则，一致同意。即首先满足冶金设备和冶金工业增产的需要；其次满足制造发电设备的需要；再次满足制造主要机床的需要；然后才是其他。关于机械制造排队的具体方案，由第一机械工业部提出报中央财经小组审批，关于主要材料分配排队的具体方案，由经委提出报中央财经小组审批；关于电力调度、运输力量排队的具体方案，由水利电力部和铁道部、交通部分别提出，报中央财经小组审批。

排队会把某些产品的投料推迟一些，会遭到某些反对，但必须顶住。无论中央各部布置的或地方布置的任务，经过排队以后，都纳入统一计划之内，计划以外的自发性的要材料、要设备的活动，应当一律停止。

各部门、各地方对于所属的供销机构，要进行整顿，加强教育和督促检查，主要是提高共产主义自觉性，只有对于那些屡教不改、违法乱纪的，才绳之以纪律。

完成今年上述指标以后的超额部分，实行分成。但是，分成所得，也应当纳入地方的分配计划。

“以物易物”的做法，造成紧张心理，发展本位主义，形成更大的浪费，妨碍跃进计划的实现，应当坚决制止。各省、市、自治区党委应当像北京市委那样，作出决定，制止这种行为。

四、关于生产协作和合同问题

协作生产是在资本主义社会里就存在的，但是，它在社会主义和共产主义生产中将更加计划化、组织化。它是社会主义和共产主义生产的一个不可缺少的条件。我们这次会议在毛泽东思想的照耀下，充分体现了我为人人、人人为我并且是先别人后自己的共产主义精神，给工业的生产协作带来了新的因素，这是搞好生产协作的基本保证。

合同是协作的一种表现形式。对待合同，必须有严肃性。单方面废止合同是不能容许的，是违背共产主义的道德的。

当然，根据排队的结果，原来订的合同，有的将提前执行，有的将维持原议，有的将推迟执行，有的将要废止。同时，根据这次会议所布置的任务，还要增加一批新的合同。但是，不管哪种情形，订立或者废止合同，都应当由双方取得协议。属于省内、协作区内的，由省和协作区自行解决；属于协作区之间的，由有关协作区协商解决；不能解决的，属于专业方面的，由中央主管部解决，属于几个部门之间的，由经委解决。

五、务实小组所解决的几个具体问题

1. 五月冶金会议布置的冶金设备需要钢材十三点五万吨，六月已经分配，但尚有不少企业没有拿到（数量约达五万吨）。冶金工业部保证在九月份内从九月一日开始陆续全部拨齐。

2. 各省、市、自治区所自行布置的制造冶金设备所需要的材料，由各省、市自治区自行调剂解决，其中品种确有困难，无法调整者，由冶金工业部解决。

3. 为完成一千一百五十万吨钢所需要的生铁调拨计划已由冶金工业部提出具体方案，请即遵照执行。

4. 其他原材料如锰铁、矽铁和耐火材料、炸药等，都由各地自行安排解决；如有的省、市、自治区确实无法解决者，由冶金工业部和第一机械工业部（炸药、雷管等）共同负责解决。

5. 炼铁所需焦炭用煤，除华南由煤炭工业部调给八十万吨，甘肃由煤炭工业部调剂一部分外，其他各省、市、自治区，由各大协作区在区内调剂解决。

6. 根据统计局的材料，今年六月末全国库存钢材约有两百万吨左右，相当于今年上半年消费量的百分之七十五，在这方面，潜力很大，要求各有关省、市、自治区清查一次，适当压缩库存，做好品种调剂工作，从速投料生产。

7. 这次会议，各部和地区商定的事项，写成了下列几个文件，已经印发或者即将印发给到会的同志，请即按此执行。

甲、关于五月冶金设备制造会议文件的补充通知；

乙、冶金工业部关于九月至十二月份省市的钢和铁的生产计划表；

丙、冶金工业部关于生铁分配的规定；

丁、冶金工业部、第一机械工业部关于增产鼓风机的决定；

戊、第一机械工业部关于九月至十二月份省市的冶金设备、发电设备、机床生产计划表；

己、一九五八年煤炭生产和分配计划表。

六、交通运输问题

加速车船周转；清理站场、码头；书记负责，把装卸工作切实检查一次。

挖掘潜力。汽车可以开三班。尽量利用城市的电车、公共汽车在夜间运输物资。

征用机关的专用汽车，必要时，甚至民用、军用飞机，也可以征用。

组织运输协作委员会，一周开会一次，解决有关的问题。

七、检查、评比

按照确定的任务，各企业每日检查一次，按周评比，各省、市、自治区和各部除逐日了解情况以外，每周总结一次，每月进行评比。在检查生产中，随时发现问题，随时解决。

电话会议、现场会议、四级会议都要开。不作长篇报告，解决问题要明确。在评比中，要总结推广先进经验。

经委将按期公布评比的结果。从八月三十一日起算，主席指示今年要抓十九次，前次电话会议是第一次，这次会议算是第二次，九月九日再开一次电话检查会议，主要检查工业书记会议上所布置任务的执行情况。

为了便于督促检查和领导，各省、市、自治区根据需要由有关领导同志负责成立钢铁铜铝、机械、电力、运输、物资调拨及其他必要的办公室，专司其事。中央各工业部，也可以考虑成立必要的办公室。主席指示：要成立指挥部，要组织几千人的检查团，方法可以是题诗一首，扬长而去，也可以开现场会议交流经验，也可以坐下来解决具体问题，等等。

党中央决定一年要抓四次工业生产，这只是第一次，今年抓得少了。主席指示，十一月十五日召开政治局扩大会议的时候，同这一次会议一样，同时召开工业书记会议，再抓一次工业生产。

八、紧急行动起来，为完成以一千一百五十万吨钢为纲的工业生产跃进计划而斗争

今年只剩四个月了，时间刻不容缓，一分一秒钟都不能空放过。这就要求全党、全民紧急行动起来，紧抓钢铁、紧抓机械、紧抓工业生产的跃进计划。根据主席的指示，抓就要抓紧，不能松垮垮地抓，并且一定要坚持到底。

中央和地方都要政治挂帅，统一意志、统一目标、统一行动，加强团结，同心同德，在党的一元化的领导之下，坚决贯彻执行群众路线，依靠群众完成跃进计划。要牢牢记住主席的指示：党官、工官、政官、学官都要去掉官气，和群众打成一片，参加劳动，同甘共苦。主席昨天要我再向大家讲讲“农村作风、游击习气”的问题。这两句话，是资产阶级和苏联正规化批评我们的话。实际上我们这一套发动群众，依靠群众，和群众打成一片，同劳动，共甘苦，才是正规的马克思列宁主义作风。我们就是要搞轰轰烈烈的群众运动，这么大的事情不搞运动怎么行?！要组织办公室、指挥部，要组织几千人的检查团，要评比，等等，办工业和办农业一样，不能由少数人冷冷清清地去办，必须由全党由广大群众去办。

主席讲，要破除迷信。美国算不了什么。用不了一二十年，苏联可以变为两个美国，我们可以变为四个美国。问题就在于我们要加倍努力，苦战三年，再苦战几年，那时，我们就可以赶上美国。再往前走，我们就可以超过它。

最后我再重复一次，今年只剩下四个月了，必须抓紧这四个月的关键，又在于九、十两个月。

Z266－1

李富春同志在各省、市、自治区计划会议上的总结发言（摘要）

1958年10月30日

一、两个革命运动

北戴河会议以后两个月的时间内，我国的经济形势又发生了很大的变化，出现了发展国民经济的空前未有的有利形势。在这期间，在全国范围内蓬蓬勃勃地发展了两个革命运动：一个是在农业大跃进的基础上开展起来的人民公社化运动，一个是全党全民办钢铁的运动。这两个运动都有伟大的革命意义。

人民公社化运动，第一，在所有制方面，在农村中彻底消灭了生产资料私人所有制的残余，把社会主义的集体所有制提高了一步。公社目前的所有制，是否可以这样说，它已经包含着全民所有制的内容，这种所有制同现代工业企业的全民所有制还有区别，例如鞍钢，(1) 它是为全民服务的；(2) 工人创造的劳动价值大部分贡献给国家，因此，如果说像鞍钢一类的企业是一种大全民所有制，人民公社则是一种小全民所有制；或者把人民公社的所有制同过去农业合作社的所有制相区别，前者是大集体所有制，后者则是小集体所有制。第二，在生产方面，给工农业生产带来了极大的好处，主要是：可以实行以粮食为中心的农业多种经营；可以实行以农业为主的工农业并举；可以在统一安排劳动力的情况下支援城市工业。总之，可以使农林牧副渔全面发展，工农商学兵互相结合，促进生产力的高速度发展。第三，在分配方面，目前人民公社正在搞工资制和供给制相结合的新分配制度。吃饭不要钱，生活集体化，这包含有共产主义因素，这是个方向，当然，还有许多制度要经过试验以后才能成熟。

全党全民办钢铁的运动，冲破了少数人冷冷清清办工业的局面和老一套的“正规化”方法。它的伟大意义，绝不止于保证今年钢产量翻一番，进一步摸清了煤铁资源，更重要的在

于把全党全民都动员起来，打破了办工业的迷信，摧毁了陈旧的规章制度。广大的农民都起来炼钢炼铁，这是世界上的创举，这样就进一步为亦工亦农、为消灭城乡差别、工农差别开辟了道路。城市中的机关、学校、居民也都来搞钢铁，炼了钢又炼了人，培养了人们的集体主义精神。在实践中，我们进一步认识了工业的内部矛盾，积累了经验，开始掌握了工业发展的一些规律。

两个革命运动，促进了我国社会主义建设的更加高涨，促进了全党全民的共产主义精神更加发扬。

在农业更大跃进和已基本过关的情况下，当前国民经济中的主要矛盾，是农业更要求工业的迅速发展，是以钢铁、机械为中心的基本工业大大落后于需要。什么是基本工业？主要是指原材料工业，燃料和动力工业，以及同它们有关的机器制造工业和运输机械制造工业。原材料是指钢铁、铜、铝、木材、水泥、基本化学（主要是酸、碱、人造橡胶）等。燃料、动力是煤、电、油。机器制造方面主要是冶金设备、矿山设备、发电设备、化工设备、机床和运输设备。所谓工业过关，就是首先要过这些基本工业的关。苦战三年，除了解决农业问题以外，就是要基本上解决以钢铁和机械为中心的基本工业落后的矛盾。为了基本工业过关，首先要抓钢铁这一环节。钢铁元帅一升帐，虽然暂时要挤掉一些东西，但是更重要的是逼得各方面想办法跟上去，把各方面都带动起来，这是主要的。今年的情况就是这样。纲举目张，以钢为纲，就可以带动其他。

二、一九五九年要有更大的跃进

苦战三年，明年是有决定意义的一年。在明年必须使工业和农业比今年有更大的跃进。工业方面的中心任务，是要为生产钢三千万吨（土钢在外）而奋斗，使钢产量跃居世界第三位。应当抓住这个中心，即以钢为纲，把全盘工作提起来。在农业方面，要保证粮棉翻一番，以至超过。

三千万吨钢多了还是少了？从需要说，不算多；从可能说，不算少。可以先定这个框子，安排明年的生产和建设。在一年之内使钢产量翻两番，这在世界上是一件了不起的事。要生产三千万吨钢，必须使各个方面都配合上来，这是一件艰巨的紧张的任务。

应当学会以重点带动一般的方法。重点突出和全面安排是对立的统一。保证生产三千万吨钢，这就是明年的重点。但对重点也要具体分析。目前在炼钢炼铁的问题大体解决的情况下，要求把制造中小高炉、转炉的工作坚决暂时停下来，抓住轧钢和矿山设备，同时，抓住与钢铁有关的机械、煤、电和运输等等。围绕钢铁有许多环节，整个国民经济也有许多方面，要全面安排，又要一个一个地抓。一个运动完了再接一个运动，解决了一个问题再解决一个问题，把力量集中使用，这是一个重要的方法。

明年在保证基本工业更大跃进的下面，还要适当照顾轻工业，主要是纺织和造纸。

北戴河会议提出的明年计划方案基本不变，略作调整，主要是提高了一些基本工业和铁路建设的指标。

煤由三亿八千万吨提高到五亿四千万吨。

发电量由五百二十亿度提高到六百四十亿度。

铝由三十万吨提高到四十到四十五万吨。

新建铁路由一万公里提高到一万二千公里。

农业指标，按照农业部提出的意见进行调整，即粮食由八千亿斤到一万亿斤提高到一万五千亿斤到二万亿斤；棉花由八千万担到一亿担提高到一亿五千万担到两亿担。

为了保证明年工业生产计划的实现，在基本建设的安排上，第一，要排好队，保证重点；第二，化大为小，明年主要是多搞中小企业；第三，骨干项目也要分期建设；第四，因陋就简，土洋结合；第五，对每一个建设单位也要具体分析，注意“重中有轻、轻中有重”；第六，新建项目应尽量分散到沿交通线的中小城市。

工厂应当综合化。凡是资源、条件许可的企业，应当积极利用现有的设备和技术力量，进行多种多样的综合生产，防止片面的专业化。

为了解决主要设备的配套和配件问题，有些工厂明年要归队，至少要抽出相当一部分力量搞原来自己做的事情，有些配件厂已升级不能归队的，要重新安排小厂搞配件的生产。如果不注意配套和配件的生产，就要吃大亏。

关于工业的分布，在“全国一盘棋”的情况下，各大区应当根据自己的资源、劳动力和交通等具体特点来安排工业体系的建设；应当作出长远规划，在整个协作区的规划下面考虑各省、市、自治区的发展。东北地区是全国第一个工业基地，明年它的首要任务是支援全国，并且保证本区的农业翻身；必须一手抓工业，一手抓农业。在抓工业中，主要是发挥现有企业的潜力，大搞群众运动，而不是在明年再建设新的工业基地和更多的新企业。边疆地区的工业建设，除国家计划已规定的项目外，应当根据资源、技术水平、劳动力和交通等条件，量力而行。中央已经确定调给边疆的劳动力，各地方应当保证完成；对于边疆各省、自治区的生产任务和建设项目，各方面应给予大力支援。

为了保证明年农业的继续发展，必须认真地实行“八字宪法”（水、肥、土、种、密、害、工、管），搞大面积的卫星，并且注意油料、麻类等经济作物，发展多种经营。农业所需要的生产资料，明年大部分只能靠公社用发展小土群的办法来加以解决，不能等待大工业的支援。为了保证基本工业过关，这样做是必要的。

铁路，主要是加强原有干线，建设必要的新干线，再是建设主要厂矿的支线。地方大搞土铁路，钢轨不足，搞铸铁轨、铸钢轨。

三、大搞群众运动

保证工业过关，实现明年工业的生产建设任务，最根本的方法就是大搞群众运动。

根据我们这一阶段的经验，搞群众运动，一方面要搞小、土、群，一方面还要搞大、洋、群，这是两条腿。现在我们懂得了用两条腿走路，但是还没有完全学会两条腿走路，走得还不够好。

小、土、群，在钢铁运动中已经收到了很大的效果。已经看得很清楚，依靠它就可以加快速度，克服薄弱环节。工业的小、土、群运动，是一个试办、普及、巩固和提高的过程。开始是试办，行之有效就加以普及，在普及的基础上加以调整、巩固和提高。目前钢铁战线上的“小土群”运动已经基本上普及，各地应当根据资源、运输、劳动力和技术等条件，进行必要的调整，建立土洋结合的，包括炼焦、采矿、炼铁、炼钢、轧钢的中小钢铁企业，以便改进劳动组织，提高技术水平和产品的质量，以及降低产品的成本。在其他工业方面，“小土群”运动还刚刚开始或者还没有开始，明年必须在煤炭、石油、发电、水泥、基本化学、机械制造和轻工业等方面加以推广和普及。小、土、群不是临时的措施，而是保证工业高速发展的一个重要方法。在我国工业化未完成以前，这个方法必须实行。

“小土群”运动在开展的时期发生一些缺点和毛病，是不可免的，是十个指头中间不到一个指头的问题。应当分清主流和支流。我们每个人都应当置身于运动之中，而不是站在运动之外指手画脚。对“小土群”的意义不要估计小了。

“大洋群”的运动，也已经开始发展起来，但是，还不深、不透、不广。有些同志，特别是有些企业领导干部，还没有完全从自上而下的行政命令、陈旧的规章制度、陈旧的技术定额标准中解放出来，还有迷信，还不敢革命，因此还必须大力地推动这一个运动。根据已有的经验，“大洋群”运动必须贯彻执行在党的统一领导下的“四大”（大鸣、大放、大字报、大辩论）、“两参”（干部经常参加劳动，工人全面参加管理）、“一改”（改革规章制度）、“三结合”（干部、工人和技术人员三者结合），这些也可以归纳为五个字，即交（向群众交代方针、任务、计划的底）、大（四大）、参（两参)、改(一改)、结(三结合)。这些不仅适用于现代化大企业，而且适用于小型企业。

任何设备本身都有巨大的潜在力量，这是客观存在，问题在于人去发挥。搞群众运动，设备潜力就可以大大发挥。长春汽车厂设计能力是年产三万辆，经过发动群众以后，明年生产能力可以达到十五万辆。鞍钢无缝钢管厂经过发动群众以后，今年产量就可以超过原设计能力一点四倍，明年则将超过四倍。这是两个鲜明的例子。我们有些做计划工作的同志和企业的领导同志，总是见物不见人，看不到群众的力量，看不到人的主观能动作用，只算物账，不算人账，只算死账，不算活账，这是必须纠正的。

小土群和大洋群相结合，这是实现我国工业化的必经之路。采取这个方针，可以创造出一套崭新的适合我国情况的生产方法和生产技术。这是普遍真理和中国具体情况相结合的马克思主义的方针。这是我国技术革命的方向。

在工业发展中，要不要大搞群众运动，是两种方法和两条路线的斗争，即依靠少数人冷冷清清地办工业，还是依靠多数人轰轰烈烈地办工业？是多快好省，还是少慢差费？是马克思主义，还是教条主义？坚持群众运动，就是坚持依靠多数人轰轰烈烈地办工业，坚持多快好省，坚持马克思主义。

四、抓紧今冬明春

抓紧今冬明春，不失时机，对超额完成今年计划和实现明年计划都有重要意义。

在工业方面，主要是抓三项工作。

1. 超额完成今年生产一千零七十万吨钢的任务。现在看，数量问题不大，主要是质量问题。因此，必须抓紧十八个重点企业的生产，各省应该把好铁好钢调给他们；应当抓紧各省已建成的炼洋铁、洋钢的小高炉和转炉，迅速掌握技术，充分发挥生产能力；充分发挥现有的轧钢能力，多出钢材。必须发扬协作精神，充分保证重点企业的生产。

2. 在保证明年生产三千万吨钢、四千五百万吨铁的情况下，应当把高炉和转炉炉体的制造暂时停下来，抽出力量和原材料搞高炉和转炉的配套，搞轧钢机和半机械化的选矿设备，使钢铁元帅顶盔贯甲地升帐。同时，要集中力量生产成套的发电设备和运输设备，以及机械工业本身所需要的大型机床。冶金设备和发电设备的配套问题很大，应当引起严重注意。

3. 认真地把明年的基本建设项目排好队。分别轻重缓急，坚决保证重点项目先上马、早上马。如果发生次要项目挤掉重点项目的情况，应该坚决加以调整。

五、计划方法也要革命

在目前大跃进的形势下，旧的教条主义的计划思想和计划方法更加显得落后，必须来个革命，即彻底改变见物不见人、扣定额、算死账、搞绝对平衡的方法。计划干部要走出办公室，到群众运动中去，真正接触活的实际，接触群众。计划是要平衡的，但是只能是大体的平衡，积极的平衡，活的平衡。现在大搞钢铁，以钢铁带头，这样有的事情就要推后，有的事情就要暂时被挤下来，这是客观实际。计划工作的任务就是要确定哪些东西先上去，哪些东西后上去，在什么时候上去。今天把甲排上队，明天乙跟上来，后天再让丙上去。一个运动接着一个运动的波浪式前进。现在看来，适应于客观形势，我们的年度计划主要只能定个方针，提出奋斗目标和主要生产指标的框框，然后通过一年抓四次季度计划进行具体安排。所谓按比例的发展，是从五年或年度来说的，不是按月按季时时刻刻都能按比例地平衡发展。按季按月都要按比例，必然是齐头并进，而不是保证重点，带动其他；而且比例不是死的，要服从于一定的目的和任务。物资的调拨，也必须如此，集中力量，解决问题，而不是化整为零，分散使用。关于计划方法革命的问题，请各地方好好研究。

要保证明年计划的完成，必须全国各地区在统一计划下，有统一的奋斗目标，统一的奋斗任务和统一的步骤，全力以赴，分散力量是不行的。

150－7－71

（二）关于“大跃进”的一些看法

浙江一些公社党委书记对去年大跃进与当前一些方针政策的不同看法

1959 年 1 月 7 日

八届六中全会公报与《关于人民公社若干问题的决议》公布以后，浙江省委立即集中全省公社党委书记以上和省级机关处长以上干部进行认真的学习。学习中，在一些问题上，仍然存在不同的看法和争论，现将其中对 1958 年成绩的估计和对当前若干方针政策的不同看法摘要如下：

一、对 1958 年成就的估计

1. 1958 年是小跃进。理由：（1）1958 年是小丰收，因为跃进指标是几千斤，实际产量只有八九百斤。（2）钢铁的数量听来不少，但质量太低。

2. 1958 年是片面的跃进。理由：（1）在炼钢问题上，炼人的成绩大，炼钢的成绩不显著。（2）粮食是丰收了，钞票没有丰收。

3. 1958 年的工作对照 1957 年可算是大跃进了，但和缺点联系起来看，偏差很大，还不够理直气壮。

4. 虚报浮夸是 1958 年反保守的副作用。

二、对方针政策的一些看法

1. 几个并举归纳为两条腿走路不确切。因为：（1）并举是同时的意思，两条腿走路，则有先有后，有先有后就不能叫并举。（2）几个并举并列，并统统叫两条腿走路，这样就没有重点了。

2. 城市人民公社应快快办，慢一点办是没有道理的。因为：（1）城市是政治、经济、文化的中心，而且工人阶级和贫民热烈要求办公社；（2）三大改造后城市情况并不复杂；（3）在城市中全民所有制已居于主要地位了；（4）政权掌握在我们手中，对资产阶级及其知识分子不是等待的问题，而是改造的问题；（5）不能叫资本家和知识分子把我们拖下水，太迁就了他们，不合兴无灭资的原则。

3. 工农业并举实际上很难行通。因为：（1）劳动力不够支配，若把农业劳动力调到工业上去，就不能算是工农业并举；（2）公社财力有限，又搞农业、又搞工业，什么都难搞好；（3）一手抓工业，一手抓农业，领导精力也照顾不过来；（4）工农业并举在时间上也有矛盾，说农忙搞农业，农闲搞工业，实际上农闲是没有的，而炉子生了火又不能因农忙停下来；（5）公社搞钢铁是“劳民伤财”，花钱多，花工多，而炼出的铁数量少，质量低，收入少，不合算。这是“用九牛二虎之力，收鸡毛蒜皮的效”。

4. 分配问题。（1）规定“在人民公社的社员收入中，按劳分配的工资部分，在长时期内必须占有重要地位，在一段时间内并将占有主要地位”。这是否妥当？这不是与逐步增长共产主义的因素相矛盾吗？（2）要求一般地要使 90% 以上的社员收入比上年有所增加，其余社员的收入比上年也不致减少，很难实现。（3）外地寄来的钱不给公社而给家属，这是不合理的，这仍然有贫有富，应按具体情况分别处理。（4）农村中工资部分最高与最低的差额为 4 倍或多一点，这还太小，应当是 6 ~7 倍。（5）几包已经实行了好几个月，现在要改也不好改了。

《宣教动态》。3（508）

天津一些同志对一九五八年大跃进的看法

1959 年 6 月 20 日

天津市各区党员干部讨论目前经济形势中，

对一九五八年大跃进的看法，多数党员干部认识明确，部分人抱有怀疑、甚至否定的态度。

一概否定去年大跃进。主要论点是：工业上全民炼钢是得不偿失，农业上粮食不够吃，市场出现了解放十年来未有的紧张，党的威信不如过去高了。有的说："去年大跃进是破坏了社会主义经济有计划按比例发展的规律，成了盲目发展，是冒进了。"

工业跃进了，农业没跃进。"工农业没有并举"，埋怨国家"重视工业，轻视农业"。他们的论点是：去年基建发展很快，工业产值增长很多，有目共睹。农业没大跃进理由有三：一缺粮；二副食品供应紧张；三有些工业原料不够。

政治跃进了，经济上没跃进。特别对"以钢为纲"的方针，作了错误结论。有的党员干部说："去年大跃进，政治影响很好，可是经济损失很大，集中表现在炼钢上。""炼钢算政治账可以，炼钢又炼了人，完成一千零七十万吨世界影响也很好，但算经济账就不行了。有四大害处：第一，影响了秋收；第二，影响了工业生产；第三，砸了水车、锅，炼出钢来不能用，还得赔农民锅；第四，国家赔了二十三亿。总之是劳民伤财，很不合算，给生产、生活带来很大困难，弄得全面紧张。"

生产上跃进了，生活上倒退了。理由：过去吃细粮，现在吃粗粮，鱼虾也没有了，过去有钱能买东西，现在有钱也无处花了。有些人说：目前某些商品价格比过去高了，"没有按质论价"，"是高价政策!"

人民公社"走得太快了"，带来了副作用。有的说："现在看来农村人民公社没有像中央提的那么好了。"有的说："苏联革命成功四十年了，还是集体农庄，我们一下子就是人民公社，太快了。"有的认为，"我们对农民的觉悟估计过高了，公社组织得太快了，忽视了农村的现实条件"，"主观愿望超过了客观实际，结果，带来了副作用"。

Z157－5

一九五八年大跃进的幅度究竟有多大?

1959年7月15日

国家统计局最近根据落实以后的统计数字，重新计算了去年的国民收入。统计局初步计算的结果是：去年工业总产值原报告比前年增长66%，落实后为增长52%；农业总产值原报告增长64%，落实后为增长20%。这样，去年的国民收入，比前年增长33%，除去各种损失以后，还增长30%。同第一个五年计划时期每年平均增长10%比较，去年仍然是空前的大跃进。

重算以后的去年国民收入是1 200多亿元。其中，积累基金430多亿元，比前年增加90%；消费基金780多亿元，比前年增加90%。积累在国民收入中所占比例，从第一个五年的23%提高到35.8%。按人口平均计算，去年每人平均消费基金110元，比前年增加7.3%。在去年每人平均消费基金中，职工降低了0.8%，农民提高了10%。

在积累基金中，国家的积累约占80%，农村人民公社的积累约占20%。在国家积累中，固定资产积累375亿元，流动资金积累61亿元。流动资金积累所占的比例，1957年为31%，去年下降到15.5%，因而物资供应和市场供应方面就感到有些紧张。在农村人民公社的积累中，固定资产的积累97亿元（主要是水利工程和造林等）。流动资金的积累比前年还减少了5亿元。公社和农民手中的粮食、猪、鸡、鸭等都比前年减少了，因此就产生了今年春天的供应紧张局面。

统计局的同志说，以上数字仍带有很大的估算成分。去年的粮食、棉花等产量究竟有多少，秋收和炼土铁、土钢中的损失究竟有多少，还需要多收集材料，作进一步的研究。

《宣教动态》。57（562）

我国工业劳动生产率和苏联、美国的比较

1959 年 7 月 15 日

一、我国工业劳动生产率远远落后于苏联和美国

从 1957 年 7 种主要产品的实物劳动生产率来看，每一生产工人每年平均产量，我国、苏联、美国比较如下：

单 位		中 国	苏 联	美 国	苏联、美国为中国的倍数	
生铁	（吨）	623.4	2 509	2 980	4	4.78
钢	（吨）	455.5	1 146	1 730	2.52	3.8
钢	（热加料平炉钢）			2 710		5.9
煤炭	（吨）	256.8	466.8	2 230	1.82	8.68
发电量	（万度）	32.5	129.1	283	3.97	8.7
原油	（吨）	60.0	1 095.4	2 880	18.25	48
水泥	（吨）	410.0	645	1 500	1.5	3.75
棉纱	（公斤）	7 348		6 740		

注：

（1）表列生铁、钢、水泥、棉纱四项，系指中央工业部门所属企业的生产工人的劳动生产率。如果包括地方工业在内，我国的工业劳动生产率比苏联和美国还低得多。

（2）美国发电量为 1955 年数字。

上表反映出，我国工人的劳动生产率除棉纺工人外，其他都远远落后于苏联和美国。如炼铁工人的劳动生产率苏联比我国大 3 倍，美国比我国大 3.78 倍。炼钢工人的劳动生产率，苏联比我国大 1.52 倍，美国比我国大 2.8 倍；如按热加料平炉炼钢工人的劳动生产率计算，美国比我国大 4.9 倍。采煤工人的劳动生产率苏联比我国大 82%，美国比我国大 7.68 倍。电力工人的劳动生产率苏联比我国大 2.97 倍，美国比我国大 7.7 倍。开采原油的工人的劳动生产率苏联比我国大 17.25 倍，美国比我国大 47 倍。制造水泥的工人的劳动生产率苏联比我国大半倍，美国比我国大 2.75 倍。

二、我国工业劳动生产率的增长速度大于苏联和美国

在第一个五年计划期间，除了一九五七年以外，我国工业劳动生产率的提高速度，都大于苏联和美国。

虽然苏联现时的工业劳动生产率大约比美国低一半，但是，苏联工业劳动生产率的增长速度却大大高于美国。我国过去工业生产的技术水平比较低，所以随着技术革新和技术革命的开展，劳动生产率的增长也比较快。但是，1957 年工业劳动生产率却是下降的，其原因除了由于 1957 年的工业生产指标定得偏低以外，主要是受了 1956 年工人增加过多的影响，1956 年工业生产工人较 1955 年增加 20%，并且都是 1956 年下半年增加的。1958 年新增工人更多，因此 1958 年的劳动生产率，总的计算，比 1957 年又有所降低。

单位：%

同前一年比较	中国	苏联	美国
1953	13.9	6.7	3.3
1954	8.7	7.0	2.1
1955	10.6	8.0	5.9
1956	18.5	7.0	1.4
1957	-1.0	6.8	2.5

《宣教动态》。57（562）

一工厂党委书记妄谈大跃进

1959年7月27日

上海榆林区上海农业药械厂党委书记樊××曾在该区区委扩大会议及讨论当前市场供应问题的干部会议上作了发言，下面是他的发言的内容摘要。

对大跃进的缺点笼统讲九个指头与一个指头的关系是教条

去年是大跃进，但是也有缺点，在某些地方还很严重。工业方面某些是虚假的，也有质量问题，但产值是可靠的。农村问题比城市严重，既然是7 500亿斤，为什么会这样紧张？到底去年增多少，家底多少？如粮食“60%可靠，70%可能”，我现在怀疑。总的讲成绩是主要的，缺点是严重的。如去年的炼钢数量很大，但是不能用，这是事实。去年大跃进的计划8月份才提出来，已过了8个月，计划的落实就有问题，叫全面大跃进也有问题。去年的生产跃进与人民公社无关系，因人民公社建立时已成定局。

目前农村群众不太相信我们的话，有些人讲：“经（共产党的话）是好听，但念（执行）得不好。”厂里工人同志反映：“东西也买不到，共产党怎么搞的。”对大跃进中的缺点笼统地讲九个指头与一个指头的关系这是教条，应该具体分析。有的是九个指头与一个指头的问题，有的十个指头都烂掉了。

人民从来没有像现在这样怨声载道

人民公社太快了，应该先搞点，训练干部，取得经验再推广。北戴河会议发展人民公社，这个问题还是自上而下去发动群众的。是否慢一些，先搞些经验再搞好呢？关于人民公社问题，这是一个实际问题，也是一个理论问题，我认为还是慢一些，稳重一些好。

农村公社化是有问题的，在一个工厂亦搞不好，何况农村这么大。如经济核算原来是公社核算的，现在改为三级核算，如经过试验就不会产生这些问题了。自留地问题，中央现在恢复自留地，过去取消自留地这是缺点。做这样的工作先训练干部进行试点不更好吗？

人民在政治上思想上反映着要不要公社。人民从来没有像现在这样怨声载道。缺点不可避免是对的，但我们考虑问题时应该避免。如果去年以生产队为单位，可能不会像现在这样。我同意斯大林在十七次党代表大会的总结。我们的公社是退回到了高级社。

不能说人民生活普遍提高

对市委宣传部发的宣传提纲中讲到“人民生活普遍提高”，感到说服力不强，工人去年没有增加工资，相反把不合理的奖励取消了，如计件工资的改变就是一个例子。“农民的生活普遍有提高”，说服力不大，报纸上登的解决不了问题，现在要饭的人多了，这个怎样解释？有的地方不是灾区，要饭的人也很多。

《宣教动态》。(565)

少数部队干部认为大跃进中的缺点不是一个指头问题

1959年7月27日

部队干部在讨论中央“六一”紧急指示时，有少数人虽然承认一九五八年大跃进，大丰收，成绩是主要的，但又认为“国家经济生活是这样紧张，说缺点是一个指头，是不能令人信服的”。他们认为缺点与成绩的比例，应该是三七开、四六开，或者是二八开，因为一九五八年大跃进，造成了国民经济生活紧张，影响了人民生活；全民炼钢运动基本上不合算，是“劳民伤财”，“得不偿失”；地方干部普遍虚夸，造成了粮食大紧张，还饿死了人；公社化运动中刮共产风，使农副业减了产。

对缺点产生的原因，部分同志仍然埋怨地方干部，认为主要是他们虚夸造成的。谈起来总是怨气不消，怀疑上级有意袒护他们，主张狠狠整一整，撤换一部分，“以平民愤”。

有少数干部还进而怀疑党的方针政策，怀疑中央的领导。如说："去年是中央和地方各级领导干部下去检查工作最多的一年，这叫人如何理解?""既然不是一个省的问题，中央就要负责任。"

《宣教动态》。(565)

农村领导工作中的问题

1959 年 7 月 27 日

河北省委最近批转了邯郸地委、省委邯郸地区工作组关于改进县以下领导的意见向省委的报告。

县以上领导机关对基层"手伸得太长"，干涉过多

这份报告认为，县以上领导当前存在的主要问题：一是布置任务过死过急过紧，有的也要求过高；有些事情则是干涉过多，即不应该管的事情也管了，如指示公社和生产队今天干这，明天干那，也可说是"手伸得长了"。这样一来，就使公社和生产队在生产的领导上，经常处于被动地位，不能主动地计划和安排工作，即便有了安排，也往往为上级临时的"指示"所打乱。对这种状况，公社、生产队的同志迫切要求改变。一是开电话会议多，要统计表报多，发指示通报多，设临时办公室多。据大名县委的统计，从 4 月 15 日到 5 月 15 日 1 个月中，省和专区召开到县的电话会议就有 43 次，专区召开的电话会议有时还要挂到公社；同时期县召开公社的电话会议有 21 次，有些则要挂到管理区。就县来说，平均每天有两次电话会议；而电话会议的内容，有些是重复的，可以不开的。据涉县县委的统计，省、专发到县的统计表报（县委也增加了一些）共有 192 种，2 882 个项目，1.2 万多个指标，内分一次性调查、日报、三日报、五日报、周报、旬报、月报、季报、半年报、年报，每天平均县向专区要报告几十个项目，100 多个指标；还有些临时性表报，要得急，不少是今天通知，明天就得报上去。对这样多的表报，下级普遍叫苦，已成为县、公社、生产队的一项重大负担。又据大名县委的统计，从 4 月 15 日到 5 月 15 日 1 个月中，省、专区发到县委县人委的文件共 165 件，每天平均 5 件多，县委、县人委发到人民公社的文件 186 件，每天平均 6 件多，再加上上级来的各种定期的刊物，那就更多了。这样多的文件，县里主要领导干部能够看十分之一二也就很不错了；而且许多文件质量低，内容重复，不发是完全可以的。专区、县临时办公室多也是个很大问题，各县差不多都有十几个到二十多个临时办公室，专区有 22 个办公室。这些办公室大部是和省里对口的。由于临时办公室多，势必要抽调各部门的人员，不可避免地就削弱了各个部门的工作。根据各个办公室所负责的工作任务看，除了少数有必要继续存在外，大部分可以合并到主管部门或撤销。

县和公社领导有把党降为经济组织的倾向

从县和公社的领导看，主要还存在这样几个问题：（1）在实行政治挂帅、书记动手这一领导方法的时候，却放松了推动行政业务部门利用它的组织和系统去进行工作，结果党委可以不管的事情，也集中到党委来了，增加了党委的事务，同时削弱了各部门的作用。这种现象显然是不正常的。（2）公社党委会、公社管理委员会的领导制度还很不健全，甚至有的还存在某种程度的混乱现象，特别值得注意的不少地方把党、社合一了，有把党降为经济组织的倾向；公社、管理区的工作还不深入，对生产队的领导还不具体有力，"机关化"的作风亟待克服。（3）在发动群众运动的时候，不少地方还偏于简单的行政方法，忽略了细致深入的群众路线的方法，加以任务大，时间紧，这样就难免发生一些强迫命令。基层干部的强迫命令作风，整社开始后虽有很大克服，但仍然是一个不容忽视的问题。

《宣教动态》。(565)

五、经济计划

（一）第二个五年计划及长期计划设想

国家计委党组关于第二个五年计划和十五年远景计划的汇报

1956 年 4 月

第三部分
第二个五年计划和十五年远景计划的基本任务、主要指标和平衡情况

一、对第二个五年计划和十五年远景计划的基本任务的说明

根据在 15 年左右实现国家在过渡时期总任务的要求和第一个五年计划预计完成的情况，第二个五年计划的基本任务是否可以这样提：继续进行以重工业为中心的经济建设，建立我国社会主义工业化的巩固基础，加速进行工业的技术改造，推进农业和交通运输业的技术改造，进一步发展工农业生产和增强国防力量；除个别的边疆少数民族地区以外，完成对农业、手工业和资本主义工商业的社会主义改造；进一步提高劳动人民的物质生活和文化生活的水平。

对第二个五年计划的基本任务，我们作以下两方面的说明：

（一）在社会主义工业化方面

第一个五年计划超额完成以后，整个工业还不能成为独立的完整的体系，工业技术还比较落后，因此必须继续进行以重工业为中心的建设。建设的方针是：

第一，继续扩大冶金、机器制造、燃料和电力这些主导工业部门的基础（不仅要进行新建和重大改建，而且要充分利用原有企业），大力克服石油工业和化学工业的落后状况，开辟高级合金钢、稀有金属、有机合成化学、重型和精密的机器等工业领域，特别是和平利用原子能的领域，以便到 1962 年使我国的工业能够建立在由现代技术装备起来的巩固的基础上。

第二，在整个重工业的发展中，使主要的国防工业得到优先的发展；同时，使机器制造工业也得到较快的发展，能够于 1962 年以后在相当大的程度上（例如 70% 左右）满足国民经济各部门的设备的需要，首先是满足工业部门的需要，基本上完成工业的技术改造，并且为农业、运输业、建筑业和手工业的技术改造建立基础。

第三，建成以鞍山钢铁联合企业为中心的东北工业基地，基本上建成以包头、武汉的钢铁联合企业为中心的内蒙、中南的工业基地，在每个基地中，各类工业又互相联系地组成相对独立的一套工业。同时，在西北（酒泉或安西）和西南（会理或西昌），开始两个大钢铁联合企业的建设以及其他钢铁厂的建设。围绕着上述的钢铁联合企业和黄河、汉江、长江上游的大水电站，在西南、西北、中南、华北各省建设若干工业城市，准备在第三个五年计划期内和以后把这些工业城市逐步地扩大为工业区或工业基地。

第四，在重工业和农业发展的基础上，扩大轻工业的生产，进一步满足人民生活的需要和增加国家的积累。

（二）在人民生活的提高方面

初步计算：5年内职工平均工资（按货币计算）将增长35%左右，农民的收入也将增长35%左右，同时消灭失业现象。从总的说，到1962年大多数人可以足衣足食了。

15年远景计划的任务就是要完成国家在过渡时期的总任务。在第二个五年建设的基础上，经过第三个五年计划的实施，就要基本上完成国家的社会主义工业化，建成社会主义社会。

按照我国社会主义建设和社会主义改造的规模和速度看来，只要在今后10～12年内不发生战争，到1967年完成国家在过渡时期的总任务是完全可能的，而且还有可能提前完成。

据初步规划，到1967年，我国将建成以鞍山、包头、武汉、酒泉（或安西）、会理（或西昌）、湖南、太原、石景山、重庆（大渡口）、贵州等钢铁联合企业和黄河、长江流域的若干大水电站为中心的，由其他各类工业配合的若干个大工业基地，这些工业基地将联系起来成为一个独立的完整的工业体系；我国国民经济技术改造所需要的机器设备和国防现代化所需要的装备基本上都可以独立制造，而制造这些机器设备和国防装备所需的原材料——钢材、有色金属、化学产品等等，在品种上和数量上大体都能够由国内的生产来解决。

由于重工业和机器制造业的迅速发展，为国民经济其他各部门的技术改造创立了物质基础，因此，到1967年，在农业中将使用约75万标准台的拖拉机和相应的农业机器，机耕面积可占当时全国耕地20.2亿亩的70%，可以说基本上实现了农业的机械化（说基本上实现，是因为机械化还没有包括各种农业作业）。在交通运输业中，将拥有电气机车630台以上、内燃机车200台以上和蒸汽机车7 400台左右，轮驳船约480万载重吨，运输汽车约24万辆，民航飞机约2 300架；全国合计，将有80%左右的货运量通过现代化的运输工具来实现（其余的货运量仍利用木帆船和兽力车）。在建筑业中，土方工程、构件运输、结构安装等主要作业的机械化程度将分别达到70%、80%、90%左右（还有一些水利、筑路、造林等工程和零星民用工程的施工要利用大量的手工劳动）。在手工业中，大部分可以转化为半机械化或机械化。

我们认为，我国社会主义工业化最主要的标志，就是在现代技术的基础上建立一个独立的完整的工业体系，保证国民经济的技术改造，保证不断扩大再生产，并且保证国防的巩固。从这个标志看，我国在1967年是可以基本上实现社会主义工业化的。至于工业在工农业总产值中比重的大小，是工业化的次要的标志，要视各国的具体情况而定。由于我国人口众多，农业和消费资料必须保有一定的比重，到1967年，按1952年的不变价格计算，现代工业在工农业总产值（约5 317.7亿元）中的比重将达到67%左右（全部工业在工农业总产值中的比重则达到70%左右），甲类工业在工业总产值中的比重也将达到60%左右。

二、第二个五年计划和十五年远景计划的主要指标

（一）工业

最近计委拟定的主要工业产品的产量列表如下：

	1952年实际	1957年预计	1962年	1967年	1967年比1952年增长（倍）
发电量（亿度）	78.3	176	550	1 200	14.3
原煤（万吨）	6 353	12 571	24 500	40 000	5.3
原油（万吨）	43.6	210	800	2 000	44.9
生铁（万吨）	190	573	1 420	2 640	12.9

续表

	1952 年实际	1957 年预计	1962 年	1967 年	1967 年比 1952 年增长（倍）
钢（万吨）	135	605	1 500	3 000	21.2
钢材（万吨）	111	458	1 100	2 150	18.4
铜（万吨）	2.95	7.5	14	25	7.5
铝（万吨）	—	2.9	15	30	—
钨精矿（万吨）	2.23	3.8	6	8	2.6
钼精矿（万吨）	0.3	0.59	0.7	2.5	7.3
锡（万吨）	1.42	3.25	5	7	3.9
化学肥料（万吨）	19.4	105	600	1 200	60.9
人造橡胶（万吨）	—	0.1	6	20	—
火力发电设备（万瓩）	—	27.5	127	210	—
水力发电设备（万瓩）	0.67	15.1	112	340	506.5
冶金设备（万吨）	—	1.3	9.9	20	—
金属切削机床（万台）	1.4	3.5	7.6	12	7.7
拖拉机（万标准台）	—	0.032	7.9	17	—
机车（台）	20	240	1 020	1 260	62
汽车（万辆）	—	1	10.5	22.3	—
民用船舶（万排水量吨）	2.15	20	47.7	126.95	58
水泥（万吨）	286	750	1 550	2 800	8.8
原木（万立方米）	1 002	2 400	3 700	4 410	3.4
棉纱（万件）	361.8	570.3	1 250	1 900	4.3
棉布（亿米）	38.3	64.3	140.3	209.9	4.5
（万匹）	11 163	18 860	38 347	57 395	
机制纸（万吨）	37.2	76.8	180	320	7.6
糖（万吨）	45.1	126.5	300	500	10.1

据初步计算的各个五年计划期末的工业总产值，包括手工业的产值在内将达到：1957年为783.8亿元，1962年为1 960.5亿元，1967年为3 756.8亿元。1967年比1952年的343.3亿元将增长9.9倍，15年内每年平均递增17.3%（1962年比1952年增长4.7倍，十年内平均每年递增19%）。各个五年计划每年平均增长的速度依次为：18.0%，20.1%，13.9%（第三个五年计划还只是初步估算，增长速度可能偏低）。

上述工业总产值中个体手工业和手工业生产合作社的产值：1957年为134.4亿元，1962年为228.5亿元，1967年为388.6亿元；各个五年计划每年平均增长的速度依次为12.9%，11.2%，11.2%。

把工业总产值中的个体手工业和手工业生产合作社的产值扣除，现代工业和工场手工业的增长速度要更快一些，即15年内增长11.5倍，每年平均增长18.3%；各个五年计划的每年平均增长速度依次为19.2%、21.7%、14.2%。

（二）农业

关于农业的主要产品的产量，在第二部分的第四页中已经提到，就不再讲了。

第一个五年预计开荒9千万亩，1957年全国耕地面积将达到17.1亿亩，其中灌溉的面积约占46%，即7.9亿亩；第二个五年计划开荒1.2亿亩，1962年全国耕地面积将达到

18.3 亿亩，其中灌溉的面积将近占 70%，即 12.9 亿亩；第三个五年计划开荒 1.9 亿亩，1967 年全国耕地面积将达到 20.2 亿亩，其中灌溉的面积约占 78.5%，即 15.9 亿亩。

由于复种指数的增长，1962 年的播种面积将达到 28.7 亿亩，复种指数为 157%；1967 年的播种面积将达到近 32 亿亩，复种指数为 158.4%（1952 年的播种面积为 21.2 亿亩，1957 年的播种面积预计为 24.8 亿亩）。

牲畜的数量，由于粮食产量的增长，可以达到如下的指标：

	1952 年实绩	1957 年预计	1962 年	1967 年	1967 年比 1952 年增长（倍）
牛（万头）	5 660	7 690	10 770	14 755	1.6
马和骡（万头）	777	1 090	1 599	2 339	2
绵羊（万头）	3 688	7 000	12 880	20 610	4.6
山羊（万头）	2 490	4 652	8 000	12 320	3.9
猪（万头）	8 977	16 400	30 000	50 000	4.5

据初步计算，各个五年计划的农业、畜牧业和副业、林业达到的总产值：1957 年为 676.6 亿元，1962 年为 1 036.8 亿元，1967 年为 1 560.9 亿元。1967 年比 1952 年的 484 亿元增长 2.2 倍，十五年内每年平均递增 8.1%。各个五年计划每年平均增长速度依次为：6.9%、8.9%、8.5%。

为了使农业在 1962 年达到上述的生产水平，在第二个五年计划期内，除了实现农业的社会主义合作化、由合作社采取有效的增产措施以扩大生产以外，国家将在水利等方面进行大规模的建设，在技术方面给农业以巨大的支援，在气象方面加强气象台站及研究机耕的建设，以防止并尽可能减轻自然灾害对农业侵袭所造成的损失。初步计算，第二个五年内国家对农业各部门的基本建设投资将为 188 亿元左右（比第一个五年预计的 49.1 亿元增长 2.8 倍以上）；到 1962 年使机器拖拉机站达到 2 040 个，使用的拖拉机 16 万标准台（不包括国营机械化农场、畜牧场、劳改农场、华南垦殖局、军垦农场等使用的拖拉机 3.5 万台），机耕面积为 3.8 亿亩，占可机耕地面积的 28.8% 左右。

把上述的工业（包括手工业）和农业（包括畜牧业、副业）的总产值合计，工农业总产值将达到：1957 年为 1 460.4 亿元，1962 年为 2 997.3 亿元，1967 年为 5 317.7 亿元。1967 年比 1952 年的 827.2 亿元增长 5.4 倍，15 年内平均每年递增 13.2%（1962 年比 1952 年增长 2.6 倍，10 年内平均每年递增 13.7%）。各个五年计划的每年平均增长速度依次为：12.0%、15.5%、12.1%。

初步计算，15 年内工业（包括手工业）同农业（包括畜牧业、副业）之间的比重变化如下：

单位：%

	1952 年	1957 年	1962 年	1967 年
工业	41.5	53.7	65.4	70.6
农业	58.5	46.3	34.6	29.4

（为比较正确地反映实际情况，国家统计局正在考虑调整工农业总产值的不变价格，将来拟以 1957 年价格为计算标准，调整后，工业比重可能要降低一些）

初步计算，15 年内现代工业产值在工农业总产值中的比重变化如下：1952 年为 26.7%，1957 年为 40.1%，1962 年约为 59.2%，1967 年约为 67.1%。

至 1962 年，在工业和农业中，除个别的地区外，社会主义成分将成为唯一的经济成分。

（三）运输业

货物周转量（单位：亿吨公里，已将沿海和远洋的货物周转量折算为吨公里）：

	1952年实际	1957年预计	1962年	1967年	1967年比1952年增长（倍）
合计	772	1 713	3 504	6 368	7.3
铁路	602	1 220	2 500	4 100	5.8
内河	76	225	390	710	8.4
其中：轮驳船	36	173	355	675	17.8
沿海（包括地方）	50	121	174	237	3.7
远洋	24	85	324	1 114	45.4
公路	20	62	115	205	9.3
其中：汽车	6.8	42	92	186	26.4
航空	—	—	0.4	2.3	—

（四）国内商业

主要消费品的供应量，商业部已经向中央汇报，其中有些品种的供应量还要作进一步的研究，现将我们初步意见列表。主要消费品的供应量如下：

	1952年实际	1957年预计	1962年计划	1967年估计	1967年比1952年增长（倍）
粮食（亿斤）	525	730	878	968	0.8
食用植物油（万吨）	77.8	129	207.6	272.2	2.5
肉类（万吨）	267.6	500.8	807.9	1 743.8	5.5
其中：猪肉（万吨）	239.6	460.7	704.3	1 482.7	5.2
水产品（万吨）	161.4	283.3	522.7	861.9	4.4
食糖（万吨）	47.1	120	280	469	9
食盐（万吨）	297.8	401.3	462	515	0.7
酒类（万吨）	65.2	98	160	280	3.3
卷烟（万箱）	246.5	513	793	994	3
棉布（万米）	370 113	600 944	1 259 312	1 797 308	3.9
（万匹）	10 119	16 430	34 430	49 139	3.9
针织品（万件纱）	34.1	77	160	330	8.7
呢绒（万米）	370.2	705	3 946	17 355	45.9
丝织品（万米）	1 272	3 711	40 000	112 289	87.3
胶鞋（万双）	5 977	10 150	15 000	20 000	2.3
皮鞋（万双）	—	—	20 000	45 000	—
纸张（万吨）	49	87	116.4	149.8	2.1
其中：机制纸（万吨）	25.9	52	56.4	59.8	1.3
肥皂（亿块）	8.35	22	71.7	178.3	20.4
自行车（万辆）	31	105	225.4	370.4	11
缝纫机（万架）	13.7	50	124	222	15.2
收音机（万架）	1.9	45	170	300	157
自来水笔（万支）	2 738.7	6 200	8 168	14 498	4.3
煤油（万吨）	19.3	51	74	83	3.3
煤炭（万吨）	2 522	5 592	8 723	11 340	3.5

初步计算的全社会商品零售总额，1957年将达到505亿元（比1952年增长83%，每年平均增长12.8%）；1962年将达到919亿元（比1957年增长82%，每年平均增长12.7%）；1967年将达到1 611亿元（比1962年增长75%，每年平均增长12%）。

（五）劳动、成本和工资

第二个五年内，国民经济各部门的工人和职员将增加约1 000万人左右，到1962年将达到3 254万人左右（注），其中，工业部门达到1 000万人，农业、林业、水利和气象部门达到172万人，运输和邮电部门达到191万人，基本建设部门达到348万人，商业部门达到613万人，金融部门达到57万人，文化、教育和保健部门达到600万人，城市公用事业部门达到38万人，国家机关和人民团体达到235万人。①

第二个五年内，工业生产的劳动生产率将提高76.2%，平均每年提高12%，到1962年每个工人生产的产值将达到24 590元（1952年为6 977元，1957年将达到13 956元）；基本建设（不包括水利部的直属部分）的劳动生产率将提高84.2%，到1962年每个建筑安装工人的工作量将达到8 996元（1952年为2 493元，1957年将达到4 885元）。

第二个五年内，中央8个工业部的工业生产成本将降低32.2%（第一个五年预计降低28.6%），地方工业生产成本将降低28%左右，铁道部和交通部的运输成本将降低21.2%（第一个五年预计降低28.1%），商业部和粮食部的商业流通费将降低17.7%（第一个五年预计降低25.9%）。

第二个五年内，工资总额将增加94.3%，工人和职员的平均工资初步拟定将增长35%左右，到1962年平均每个职工的工资将达到877元（1952年包括私营在内为486元，1957年将达到651.2元）。

（六）教育

各级学校的在校学生数：

	1952年实际	1957年预计	1962年	1967年	1967年比1952年增长（倍）
高等学校（万人）	19.1	53.0	132.1	194.0	9.2
其中：工科	6.7	19.4	49.0	76.1	10.4
师范	3.2	14.3	35.2	53.1	15.8
中等专业学校（万人）	63.5	114.7	251.2	312.4	3.9
其中：工科	11.1	40.5	92.6	119.2	9.7
师范	34.5	32.6	59.3	75.8	1.2
普通高中（万人）	26	110.8	343.1	721.2	26.7
普通初中（万人）	223	550.0	1 510.3	3 304.5	13.8

150－6－83

苏联国家计划委员会对中华人民共和国发展国民经济的第二个五年计划（1958—1962年）指示草案的意见［节录］

1956年9月8日

苏联国家计划委员会研究了中华人民共和国国家计划委员会编制的中华人民共和国发展国民经济的第二个五年计划指示（轮廓草案）之后，认为草案中所规定的发展全国国民经济的方针和主要途径基本上是正确的。

同时认为必须指出，在我们看来，所拟定的工业发展速度，特别是机器制造业的发展速度是偏高的，而整个计划草案是很紧张的。

① 第二个五年劳动人数计划的范围扩大了，因此1957年人数比较第一部分中第一个五年计划预计完成数字有所不同。

还应当指出，为了实现所规定的工业发展指标，在培养大量熟练干部方面，在供给新建工厂以生产效率很高的、在技术上完善的设备以及金属方面，都存在着困难。

并且应当指出，指示草案还没有保证国民经济各部门发展之间的必要的比例关系，同时计划的各个主要部分还没有做到有充分的根据。工业中的采掘部门和加工部门的发展显得不平衡，因此，在第二个五年计划期间进行国家工业化的规划，缺乏必需的原料资源的保证。

鉴于第一个五年计划预计的超额完成具有重大的政治意义，在第二个五年计划草案中似不宜采取过高的工业发展速度，而可以在各个年度计划中发掘和动用新的资源，从而超额完成第二个五年计划。

关于计划草案的各个部分，我们认为可提出以下的一些意见：

一、关于矿产原料基地和地质勘探工作

在几种主要矿产的地质储量方面，第二个五年计划草案的根据已比第一个五年计划充分得多了。然而，对第二个五年内新建企业的某些产品（煤、铜、铝、铅、水银、水泥）的生产计划，却还没能保证必要的原料储量。例如，准备在大渡口、西北、贵州和昆明建设的钢铁厂，在青海省和株洲建设的铅锌联合企业，沈阳炼铜厂和其他一些项目，都还没有原料储量的保证。许多煤井的建设，还没有井田的保证。因此，在第二个五年内应大力加强在已经被发现的矿产地的勘探工作，使查明的储量达到 $A+B+C_1$ 级，并保证使其中 A+B 级的储量占必要的比重。

此外，还必须略为增加一些稀缺矿产和富矿的普查和勘探工作量，特别是在那些对矿物原料进行工业开采最为有利的地区。要特别注意勘探储量大的天然气。

考虑到必须补充进行上述工作、地质干部的不足以及技术力量和财政力量的限制，并考虑到在矿物储量较少的情形下保证企业正常生产的可能性，可把下列矿物5年内的储量增长任务稍微减少一些：铁矿，原计划规定为75年，可减少为50年；锡，可把33年减为20年；铜和铅，可把33～52年减为25～30年。

二、关于动力

指示草案中规定的电力生产水平和增长速度，同国民经济的需要基本上是相适应的。

但应再研究一下增加某些工业部门（有色冶金业、化学工业、机器制造业）降低单位产品耗电量的任务，这样就可把发电量略为降低一些。

在电力系统按计划进行扩充和耗电量大的生产部门迅速发展的情况下，可以预料到，电力消耗的增长要比发电能力平衡核算表中所列的均衡一些。有鉴于此，同时也考虑到降低发电量的可能，最高电力总负荷量应予以相应地降低，这样就可以使电站的预计新增能力从890万瓩减少到800万瓩，也即降低10%。在这种情况下，第二个五年计划期末的设备容量将为1 260万瓩，而设备容量的年利用时间将为4 800小时。

为了提高经济效果、采用新技术和加快电站的建设速度起见，最好能提高大型发电机组（5万～10万瓩）在新增动力设备总能力中所占的比重，并规定准备工程，以保证第三个五年计划期初能在东北和华中电力系统动用高参数的大型发电机组。

关于第三个五年计划期内电站的准备工程问题，需要仔细加以研究，因为根据初步资料来看，所规定的准备工程还不能保证第三个五年计划前两年新增能力的动用任务。1962年新增能力为220万瓩，而拟定的准备工程则至多能保证1963年和1964年动用200万瓩的新增能力。

计算表中所列水力发电站单位预算造价每瓩为1 100～1 200元，而火力发电站的造价每瓩约为1 000元，因此，我们认为水力发电站的基建投资有些偏低，必须重新加以审查。

三、关于煤炭工业

在编制煤炭地质勘探工作的五年计划和年度计划时，最好对担负新煤田准备工作任务的地区的分配再进行一次审查。其中应修改和减少华北地区新煤田的准备工作，因为预定在该地区建立的后备煤田为数过多；同时应增加西南、中南、西北等地区的任务，因为上述地区连最低限度的已勘探的后备煤田都没有保证建立。希望在目前即着手加强上述地区的勘探工作，因为拟在第二个五年计划期间建设新煤井的许多矿床，现在只是进行了普查工作，而勘探工作尚未开始。

由于洗焦煤因选煤厂的能力不足而不能保证1957—1960年计划的炼焦量，为了增加炼焦用洗煤的资源，必须审查能否缩短新选煤厂的建设期限，必须禁止煤气发生器使用洗煤，并研究能否开采不经选洗就可利用的、灰分为9% ~10%的炼焦煤。

四、关于石油工业

考虑到在国民经济中生产和使用石油的最大经济效果，考虑到对石油产品不断增长的需要以及增加原油开采量的实际可能，我们认为应建议把1962年的原油（不包括焦油）开采量由指示草案规定的510万吨增加为700万吨，为此必须把开采钻探量由415万米提高到500万米。此外，还可以把勘查钻探量由草案规定的785万米减少到600万米。同时，还应把每钻进1米的工业储量增长任务稍微降低一些，把它确定为40 ~45吨，这样，即便勘查钻探量减少，也能保证建立可供可开采35 ~40年的石油储量。

在建议增加石油开采量的同时，还必须把原油加工量由计划草案的560万吨增加到750万吨，这点要靠加强现有炼油厂和加紧动用新增能力的办法来实现。

考虑到在国民经济中使用煤气的重大意义和重大的经济价值，必须把石油沟1962年的天然气产量自原计划的48 800万立方米增加到76 000万立方米，办法就是把从储量中采集天然气的定额（采气率）增加到每年4%左右，应为这种采气率是最合理的。此外，还应考虑在油矿中收集油田气并送至轻质汽油回收厂进行加工，利用轻质汽油回收厂的液体煤气作为生产有机合成产品的原料。

鉴于第二个五年计划期间石油和天然气的产量有限，在设计新炼油厂时应规定采用包括重油渣焦化过程的深度炼油法，规定天然气的提炼。还希望规定某些大炼油厂（兰州、洛阳）内把炼油厂的煤气进行化学加工，提炼合成橡胶、聚乙烯树脂、乙醇及异丙基苯。

五、关于黑色冶金

应该使钢材和钢的生产在五年计划的各个年度内更好地配合起来，应研究在钢的生产方面减少生铁消耗的可能性，并注意增加废金属的回收。必须修正机器制造业和建筑业的钢材消耗定额，估计有可能把这些定额降低一些。

在建设轧板企业是最好利用1 700厘米的轧板机，而不用2 500厘米的轧板机。

建议研究西北钢铁厂钢板生产的专业化问题，使该厂年产80万 ~100万吨冷轧钢板，并使鞍山钢铁公司的钢板年产量由原定的40万 ~50万吨增加到90万吨。

鉴于第二个五年计划规定的转炉钢产量很低，而且，还由于贝式炉车间的建设费大大低于平炉车间的建设费。在进行钢铁工厂的第二期建设时，最好规定更广泛地采用氧化鼓风法来生产转炉钢。

六、关于有色冶金

考虑到有可能增加含铜废料和废铜的回收和收购量，最好能再考虑是否可以用再生原料来增加铜的生产。此外，应注意更广泛地采用铜的代用品，首先在电缆制品、枪弹和弹壳的生产中采用铜的代用品，并应组织专业化工厂生产标准黄铜和青铜，这就可以减少不能回收的损失和更充分地在配料中采用废黄铜、废青铜，这样来减少铜和锌的消耗。

由于规定动用的青海铅联合企业的第一期工程缺乏矿产储量的保证，关于该联合企业的设计能力和施工期限，须待地质资料获得后再行决定。最好也再研究一下增加地方工业企业铅的生产问题，同时亦应修正锌的生产计划。内蒙三河选矿厂、新疆和西南铅锌联合企业的建设期限和规模，最好在地质工作完成后再研究，个旧铅冶炼厂的建设期限和规模，最好在从云南的综合砂锡矿提取铅的工艺过程确定之后再考虑。

由于选矿和精炼时锡和钨的损失很大，最好研究一下由小型企业生产含25%左右锡、20%～30%左右三氧化钨的中矿，然后在专业化工厂中把中矿加以精炼的问题。

最好研究一下增加杨家杖子钼矿联合企业钼精矿的生产问题，以达到年产8 000吨，同时，考虑到该地区钼矿产地的远景，最好再研究一下进一步扩大杨家杖子钼矿联合企业的能力问题。

考虑到吉林省大黑山钼矿的远景及其开发的有利条件，应尽快确定矿产储量，并研究是否可以使该企业的能力增加到年产1万吨的问题，1961年第一期动用5 000吨，1962年全部动用。云南和陕西钼矿的建设问题应在矿产储量肯定后再研究。

考虑到山东铝氧厂扩建后铝氧将有多余和有可能增加对抚顺厂的供电量，最好将该厂的能力提高到年产铝8.5万～9万吨。还可以依靠更充分地加重设备负荷和利用废铝再增加铝的资源，此外，也可以降低钛铁生产用铝和钢脱氧用铝的消耗定额。

至于建立钛的生产，应当考虑，这需要很大一笔投资。因此，钛的生产量应只限于满足专门技术的需要。应当指出，美国的钛产量每年一共只有7 000吨。钛厂的能力最好在弄清军事部门对钛的需要量后再确定。此外，由于钛的生产与镁的生产有着密切的联系，最好在一个厂内同时生产这两种金属。

因为缺乏肯定的镍矿石储量，并且还没有制定从大冶铁矿矿石中提炼钴的工艺规程，关于镍、钴厂的建设规模与建设期限问题应在取得勘探资料和制定工艺规程之后再考虑。其次，钴的生产最好放在大冶炼铜厂里，不必建设单独的企业。

考虑到新疆稀有金属和稀土金属公司所拟生产的大多数元素都还没有有关原料基地的资料，关于工厂类型和工厂的生产规模问题，应在预先搜集了编制初步设计所需的资料之后再作决定。成都硬质合金厂的建厂问题，最好在核对这类制品的需要量之后，再予考虑。

最好放弃建设河南粉、箔、铝热合金厂。可以将箔的生产放在适当的重、轻金属加工企业中，将粉、铝热合金的生产放在一个生产这类金属的工厂内。

七、关于机器制造业

对中华人民共和国的工业所提出的在未来几个五年计划时期，基本上以国产设备来供应国民经济的任务，原则上是正确的。但第二个五年计划规定的机器制造业产品产量和金属加工量的增长速度有些偏高，如果考虑到在社会主义体系各国间对某些机器和设备的生产有可能实行更大规模的专业化和协作，那么这一个增长速度就更加偏高了。

在确定机器制造业第二个五年计划期内的发展方向时，最好首先发展冶金设备、化工设备、石油工业设备、专用机床，特种机床、联动机床以及锻压设备的生产。此外，应该特别注意发展大型钢铸件和重型锻件的生产。

对所规定试制的重型机床和锻压设备的型号数量，需稍加缩减。这样，第二个五年内就不必再拨款建设第二重型机床厂和武汉机床厂超重型机床车间。同时，在计划草案中最好规定建设仪表工业所需的机床制造厂。

与此同时，应该考虑建设专业化企业，以生产水力设备、机床、锻压设备和铸造机用零件和附件的问题。

鉴于社会主义体系各国内汽轮机和水轮机的生产能力尚未充分利用，最好将新汽轮机厂的建设，推迟到第三个五年计划。是否需要建设湖北水轮发电机厂的问题，应该在编制第三个五年计划时，结合水力发电站的建设远景进行考虑。燃汽轮机厂，最好推迟到燃气轮机的结构最后确定时再进行建设。

发电机的生产应同涡轮机的生产相适应。应将发电设备的生产和进口同发电站能力五年内分年动用的任务密切配合，并应考虑结转储备。

电力变压器的需要量计算表中的变压系数有些偏高（5.3，苏联为4.5），并且没有计算小型动力工程的新增能力对变压器的需要量，因此，在编制第二个五年计划草案时，必须修正电力变压器的需要量。

鉴于蒸汽机车和货车的计划产量超过中国铁路对这些产品的需要量，最好将生产计划稍加缩减，并且重新考虑新车辆厂的建设期限。

拟建的干线和工矿电机车厂的能力及动用期限，应该与第三个五年铁路电气化计划相结合，并考虑进口电机车的可能性。

鉴于化工设备和炼油设备的需要量有些偏高，同时要注意由社会主义体系国家供应这些设备，可能有很大困难。必须进一步修正该种设备的需要量计算表，同时，为了实行专业化和更合理地利用生产能力，我们认为，最好能修正拟建的石油设备和化工设备厂的产品方案。

关于建设轿车厂和大型汽车厂的问题，我们认为最好在第三个五年再加以考虑，因为这些汽车的需要是可以靠进口得到满足。

对拟建的康拜因发动机厂，最好将康拜因发动机改为同样适用于康拜因和拖拉机的40～60马力的柴油机。

八、关于化学工业

化学工业的基本发展方向是正确的。同时，必须特别注意保证化学工业的原料基础，寻求增产各种矿物肥料的新的可能性，以及建立有机合成工业。

为了减少硫酸的需要量，应研究一下五年计划规定的利用合成氨扩大硫酸铵的生产是否合理以及关于更广泛地发展混合肥料生产的问题。

最好研究一下是否可能增加合成氨生产中使用煤气原料的比重，特别是比固体燃料更经济的焦炉煤气的比重。

鉴于在焦化厂中建立焦炉煤气脱硫车间在经济上更为有利，建议取消包头氮肥厂中用焦炉煤气生产硫酸的车间。

为了增加磷肥资源，必须检查一下用加工含磷铁矿的方法，或用在普通铁矿石中加进含磷原料的方法，在中国发展含磷冶炼矿渣（托玛斯矿渣）生产的可能性。

最好也研究一下用电升华法组织磷的生产，并取得热法磷酸的问题。

由于中国没有钾肥的生产，应该加速进行明矾石综合利用的工作，以取得氮钾混合肥料以及制铝工业用的铝矾土。

在第二个五年计划期间，应当规定建设炭黑工厂，其能力应充分满足橡胶工业对炭黑的需要。炭黑工厂的原料来源应根根石油及煤炭加工工业的资源确定。同时应当规定促进剂，防老剂及橡胶工业用其他化工产品的生产。

中国可从石油加工取得煤气资源，为了更合理地利用它们，最好考虑在兰州炼油厂组织合成乙醇、聚氯乙烯和异丙基苯的生产，同时也考虑用丁烷及丁烯生产丁二烯的问题。

最好在兰州化工厂内能利用从炼油厂中得到的合成乙醇及丁烷、丁烯组织人造橡胶的生产。

鉴于在国民经济中有广泛使用氯丁二烯橡胶的远景，应该研究在吉林电极厂是否可能增加该种产品的生产，因而也就必须同时扩大氯及碳化钙的生产。

因为利用炭化钙生产丁苯橡胶是不经济的，应该取消中南有机合成厂（湖北省）中的橡胶生产。

由于中国硼的储藏量很大，最好研究如何更迅速地发展硼酸和硼的生产的问题。

九、关于农业

发展农业的第二个五年计划草案，特别是增加单位面积产量的计划草案是紧张的。为了保证单位面积产量的巨大增长，除指示草案中所规定的扩大灌溉面积和增加施肥量之外，最好再制定改进农业技术以增加单位面积产量的措施（例如，推广良种、杂交和先进的耕作方法等）。

鉴于羊毛生产水平很低，而国内很多地区具有发展饲羊业的巨大可能性，应该考虑更迅速地增加绵羊总头数的问题，以及用发展细毛和半细毛绵羊饲养业的办法来提高绵羊产毛量的问题。

尽管农产品的产量有很大的增长，但农业居民的就业问题还不可能完全得到解决。由于农村中有劳动能力的居民的大量增加（一部今居民将转入工业生产），同对，由于实行机械化会节省出一部分劳动力，在农业中就可能出现劳动力的某些过剩现象。

我们认为最好仔细研究一下各省的劳动力平衡表和农业中劳动力的利用问题，并将各省农业居民的就业问题和它们的农业发展计划配合起来。

根据农业产量和农业中劳动力的计划增长速度，劳动生产率的提高稍低于计划草案中规定的农民实际收入的增长。我们认为，这就意味着要从国家的总收入中拨出一部分来完成增加农民实际收入的任务，而这样就会减少既定的用于国家工业化的财政拨款。

十、关于运输和邮电

指示草案中所规定的铁路新建任务很大，但没有必要的物质保证，因此应当再研究一下，第二个五年内个别铁路线的建设在经济上是否合理。

为了综合发展各种运输业和合理利用运输工具，有必要在第二个五年内规定铁路水路货物联运任务和尽可能地提高国内水运的货物周转量。

最好研究一下在第二个五年期间进行建设作为北京—乌兰巴托—莫斯科电缆干线的组成部分的北京—二连电缆通讯线路的问题。

十一、关于物资平衡表

物资平衡表中的许多重要产品，特别是钢材、铜、铝，原木和石油产品，在第二个五年内虽然进口量很大，仍然十分缺乏。例如，在平衡表中规定进口铜15万吨，但仍不足11.4万吨。这样，5年内铜的不足数和进口数共为26.4万吨，即占总需要量的34%左右；铝不足19万吨左右，为5年内总需要量的32%左右；原木的不足数和进口数量为2 500万立方米左右，达5年内总需要量的13%左右；1962年轻质石油产品进口量约为250万吨，为1962年需要量的30%左右。钢材的进口量也很大，5年内为430万吨，1962年矿物性肥料进口量为20万吨，农药及其他产品进口量也很大。

计划规定的铜、钢材、石油产品、矿物肥料和农药的进口量未必是现实的。在进一步研究第二个五年计划的工作过程中，有必要修正这些产品的平衡表。

十二、关于基本建设投资

计划草案中拟定的投资额偏高，缺乏充分的根据。某些基本建设项目尚未准备好原料基地。工程量在物力和财力方面得不到充分的保证，特别是在第二个五年计划的前几年更是如此。此外，在实现规定的投资额时，某些工业部门，特别是机器制造业，可能会在以高效率的设备来装备新厂方面遇到严重的困难。

我们认为应该进一步考虑下列问题：将基本建设投资额稍加削减，使5年内各个年度的投资额分配得更为均衡，用稍为削减机械制造业的投资以增加工业原料部门的投资的办法来在各工业部门间进行部分投资的调整。

十三、关于国民收入、财政计划和成本等问题

第二个五年国民收入的计算没有充分依靠历年的报表资料，因此第二个五年计划中国民收入的计划数字还是估计的。我们认为，第二个5年内国民收入总额有些偏高，这主要是由于用分配法计算工业的国民收入所致。

在国民收入分配计算表中，规定积累的比重从1957年的22% ~23%增加到1962年的26% ~27%。如果把军事装备充分考虑在内，则国民收入中积累的比重就会更高。我们认为，积累的比重这样增长是非常紧张的，如果考虑到这种增长的出发点是第一个5年所已经达到的高度积累水平，其紧张就显得更为突出了。国民收入中积累的比重如果增加到上述程度，则五年计划草案内所规定的工农业劳动生产率的增长未必能保证居民生活水平提高到拟定的指标。因此，希望对国民收入总额及其分配于积累和消费的计算重新加以检查。

财政计划中收入较支出没有必要的超出额，而且收入偏高，因此计划草案中所规定的

各项拨款是否有可能实现是值得怀疑的，特别是五年计划的前几年更是如此。

许多工业部门（重工业、轻工业、纺织工业和石油工业）的利润是根据总产值的增长来确定的，没有充分考虑到产品生产的人力和物力消耗。比较正确的做法是按商品产值和所拟定的成本降低指标来计算利润。

由于按总产值计算的货物税金额是很不准确的，因而希望按照主要产品的销售量来修正这些计算资料。

财政计划的支出部分中没有规定增拨人民银行用于增加国民经济贷款的信贷资金的指标。

有很多收入和支出指标都没有列入财政计划，这样就很难对财政计划进行分析。因而希望在编制财政计划时考虑全部收支，并按5年中各个年度来考虑。

5年降低工业产品成本的任务规定为30%，这一指标是可疑的，因为这里所规定的降低成本主要是靠降低原材料、燃料和电力的消耗量来取得的。

十四、关于居民货币收支平衡表

在居民货币收支平衡表中，居民由国家和合作社所获得的收入是与他们在农民市场上出售产品所得的收入表现在一起的。同样，居民在国营和合作社营商业中以及在农民市场上购买商品的支出也是以总数计算的。

用这种方法编制居民货币收支平衡表，不可能确定国营和合作社营商业必要的商品流通额，因而也不可能确定应由国家供应保证零售商品流通的商品需要量。

因此，应当再补充计算居民货币收支平衡表，把居民由国家和合作社获得的收入以及向国营和合作社营商业购买商品的支出单独列出。此外，应当对农民货币收入再加以核对，使这些计算资料与计划草案中所拟定的国家对农产品的采购额相适应。

在五年计划的核算表中，逐年审核5年内特别是前几年（由于前几年基本建设工作量很大）对居民货币收入的商品供应情况是十分重要的。经验证明，计划零售商品流通额的商品保证计算表中所包括的商品种类最好多于草案中所规定的种类。

附苏联能够援助建设的企业初步清单。清单中所列的设计工作完成期限和设备供应期限都是大约的期限，尚待双方谈判确定。[下略]

150－6－31

中共中央同意计委党组关于编制第二个五年计划草案的程序安排的意见

1956年10月29日

中央同意国家计划委员会党组关于编制第二个五年计划草案的程序的安排意见。现将国家计委党组的报告转发［给］你们，请按此安排第二个五年计划草案的编制工作；有关编制第二个五年计划草案的具体问题，请随时同国家计划委员会党组取得联系。

附：国家计委党组关于编制第二个五年计划草案日程安排的报告

1956年10月9日

根据党的第八次全国代表大会已经通过的《关于第二个五年计划的建议》和《党中央委员会的政治报告》中提出明年编制第二个五年计划的任务，计委拟对编制第二个五年计划草案的工作部署，作如下安排：

一、今年十月计委协同各部，着重研究第二个五年计划和提请苏新国家援助的项目表；总结第一个五年计划期间的计划方法表格。十一至十二月计委除留部分干部处理日常工作外，拟组织大批干部下去了解各省市和重要企业对第二个五年的要求和第一个五年计划执行情况，为明年第一季度拟定分部、分省、市、自治区的第二个五年计划控制数字草案和计划方法表格做好准备。

二、上述草案和方法表格拟在明年第一季度编好并召开各部、各省市、自治区计划会议讨论研究后，提请国务院批准下达。

三、明年四至六月的三个月时间，各部、各省市、自治区和一部分重要企业，根据国务院下达的控制数字，编制第二个五年计划草案。我们拟在这一段时间，继续派出一批干部到厂矿企业和各地区进行检查，并帮助他们编制计划草案。

四、明年七至十月间，我们对各部、各地方的第二个五年计划草案进行综合平衡，编制全国的第二个五年计划草案，报送国务院和中央审查。

上述安排，如中央同意，可否通知各部、各省市、自治区，以便他们及早进行本部门、本省市编制第二个五年计划草案的准备工作。

150－6－117

国家计委党组关于第二个五年计划初步汇总的情况和需要研究的几个问题

1958 年 3 月 15 日

最近，我们在各省市的初步规划和各部最近（3 月 10 日以前）向中央报告中所提的指标的基础上稍加调整以后，估算了第二个五年计划中若干主要指标的两本账，每本账都有一个幅度。现在把这两本账的估算情况和我们粗略研究以后感到的几个问题说明如下：

（一）各项主要指标

1. 农业生产：初步汇总调整后的 1962 年农业及其副业总产值，必成数为 1 056 亿～1 096亿元，期成数为 1 240 亿～1 306 亿元，比 1957 年预计增长 61%～68% 和 90%～100%，每年平均增长 10%～10.9%和 13.6%～14.8%。主要农产品的增长情况如下：

粮食：必成数 5 800 亿～6 200 亿斤，比 1957 年增长 57%～68%，每年平均增长 9.4%～10.9%。

期成数 6 800 亿～7 200 亿斤，比 1957 年增长 84%～95%，每年平均增长 12.9%～14.2%。

棉花：必成数 5 800 万～6 200 万担，比 1957 年增长 77%～89%，每年平均增长 12.1%～13.6%。

期成数 6 800 万～7 200 万担，比 1957 年增长 107%～119%，每年平均增长 15.7%～17%。

猪：必成数 3 亿～3.5 亿头，比 1957 年增长 135%～174%；每年平均增长 18.6%～22.3%。

期成数 4.2 亿～5 亿头，比 1957 年增长 229%～291%，每年平均增长 26.9%～31.4%。

按照《全国农业发展纲要（草案）》所规定的要求，根据农村工作部的计算，1967 年的粮食产量应该达到 7 500 亿斤左右，棉花产量应该达到 7 200 万担左右，猪应该达到 3.9 亿头左右（按全国 1.3 亿农户，每户平均 3 头计算）。如果实现上述指标，则粮食产量可提前 2 年或 4 年完成，棉花产量可提前 2 年或 5 年完成，猪的头数可提前 3 年或 6 年完成。

同第一个五年比较，第二个五年的增长速度要快得多。以粮、棉为例，粮食：1957 年比 1952 年预计增产 613 亿斤，每年平均增产 123 亿斤，每年递增 3.7%；第二个五年按照必成数 5 800 亿斤计算，即增产 2 100 亿斤，每年平均增产 420 亿斤，每年递增 9.4%。棉花：1957 年比 1952 年预计增产 673 万担，每年平均增产 134.6 万担，每年递增 4.7%；第二个五年按照必成数 5 800 万担计算，即增产 2 520 万担，每年平均增产 504 万担，每年递增 12.1%。

上述指标是可能实现的，但在措施上还需要研究。

根据各省、市最近公布的或送来的第二个五年规划材料，汇总起来，1962 年的粮食为 7 340 亿斤，棉花为 8 989 万担，猪为 4.2 亿头。除猪的头数低于上述的期成数外，其余都比上述的期成数高。

按照 1962 年产粮 5 800 亿斤来计算，人吃粮食的定额，可以比 1957 年提高 9%（由 495 斤提高到 540 斤）；猪的饲料定额可以提高 50%～66%（由 120 斤左右提高到 180～200 斤）；国家储备粮食 5 年累计可能增加 500

亿～800亿斤，大约可以供应城市居民7个月口粮的需要，如加上粮食部的库存周转粮（450亿斤）大约可供1年左右食用；农民的储备，5年累计可能增加1 500亿～3 650亿斤，达到1 700亿～3 800亿斤，可以供应农民4～9个月的口粮，这样，粮食情况将有显著的改变。

棉花生产，按照第一本账的最低数1962年生产皮棉5 800万担来计算，棉布的消费量水平可以提高到36尺，比1957年增加92%。猪肉的供应，按照第一本账的最低数1962年生产3亿头计算，在保证当年出口100万吨猪肉的条件下，消费水平还可以提高到25斤，比1957年增长130%。

2. 工业生产：初步汇总调整后的1962年工业总产值（包括手工业），必成数为1 923亿～1 987亿元，期成数为2 271亿～2 337亿元，比1957年增长167%～176%和216%～225%，每年平均增长21.7%～22.5%和25.9%～26.6%。这一速度比第一个五年计划的每年平均增长18%（也包括手工业）要快。

在第二个五年中，地方工业的发展速度将比中央工业快得多。根据各省市的材料来计算，地方工业的每年平均增长速度已经达到35.5%～36.2%（分省市的情况详见本委“各省市工农业生产计划跃进情况”的第二号简报）。考虑到某些省市的增长速度中还有一些不可比的因素（如1962年的产值中包括了下放企业的产值，而1957年的基数又未作相应的调整），我们初步估算，地方工业的发展速度为：必成数24.8%～25.6%，期成数29.7%～30.5%；中央工业的发展速度为：必成数17.3%～18.1%，期成数20.1%～20.7%。按照上述速度推算，1962年的地方工业产值（已把北京、天津、上海3个市的产值扣除，并加上了中央下放企业的产值）大约可以达到1 077亿～1 412亿元，而当年全国农业及其副业的产值大约为1 056亿～1 306亿元（包括京、津、沪3市的农业产值在内）。这样，地方工业的比重就将超过农业。

第二个五年内各项主要工业产品的增长速度也将是很快的，详见附件1，这里从略。

3. 财政收入的轮廓估算，财政部提出为2 200亿～2 500亿元，经财金局试算和我们估计，可能在2 250亿～2 600亿元之间（必成数为2 250亿～2 350亿元，期成数为2 500亿～2 600亿元）。大跃进之后，不仅冲破了旧财政体制，且已冲破了新财政体制。因此，这个数字已与各省、各部自筹资金部分对不上口径了。在上述收入数字中，包括了一部分自筹资金，但又有很大部分包括不进去。从投资要求上说，基建投资的必成数要求达到1 152亿～1 197亿元，相应的财政收入要达到2 250亿～2 350亿元；期成数要求达到1 372亿～1 422亿元，相应的财政收入要达到2 500亿～2 600亿元。

在上述投资中，经济部门的投资为：必成数1 110亿～1 140亿元，期成数1 310亿～1 360亿元，各部门第一、第二两个五年计划的投资的分配比例如下（百分比）：

部门	第一个五年	第二个五年	
		必成数	期成数
经济部门合计	100	100	100
工业部门	62.5	63.6～64	63.4～64
农业水利部门	8.9	10.9～10.5	11.4～11
交通运输部门	21.2	17.3～17.5	17.6～17.3
商粮贸易部门	3.9	2.3～2.2	2.3～2.6
城市公用事业	3.2	1.8～1.9	1.9～1.8
原子能和平利用	0.3	4.0～3.9	3.4～3.3

上述投资数中，未包括地方和企业自筹投资以及农业社、手工业生产合作社的基本建设投资，这一部分投资估计约有400亿元左右，其中农业社投资估计可达300亿元左右，如果把这一部分投资包括进去，则分部门的投资比重就会有很大的变化，估计农业投资的比重将比现在估计的高得多。

（二）几个问题

1. 农业生产的发展水平对整个第二个五

年计划的安排影响很大，各项农产品的生产指标究竟定为多少，应该作进一步的研究，特别是保证增产的各种措施，应该分别不同地区作深入的研究。对于农业增产的计算方法，也要做进一步的研究。

2. 在工农业的关系方面，随着农业生产的发展和农业生产合作社公共积累的增加，农业对工业的要求将愈来愈大、愈急。初步估算，第二个五年农业生产合作社的公积金五年合计约有330亿~390亿元，其中用于购买各种农业机械、农具、运输工具、其他机械设备和建筑材料等生产资料的，估计约有260亿~300亿元，加上农业生产费用中用于购买化学肥料、农药等生产资料的部分约240亿~300亿元，两者合计共约500亿~600亿元，这对工业生产提供了巨大的要求，如何满足这一要求，在下一步研究第二个五年工业生产特别是地方工业的生产时，应当作为一个重要任务来进行。

3. 在生产资料和生活资料的关系方面，由于农业生产的大跃进，一方面带动了轻工业的迅速发展，使整个生活资料的生产，一定会有比第一个五年快得多的增长速度（初步估算第一个五年增长36.5%，第二个五年将增长63%~86%）；另一方面，农业的大跃进，又对生产资料的生产提出了大量而迫切的需要。这样，如果其他因素不变（例如，生活资料的价格不变），就有可能出现生活资料有余而生产资料不足的新情况。

4. 在生产资料内容，按照附表中的生产指标来平衡，各项工业之间的比例关系大体上是适应的，但仍然有些缺口，其中比较突出的缺口是钢铁工业的生产不能适应需要。根据机械工业的生产水平、基本建设的需要以及其他有关指标来计算，1962年大约还缺钢材200万~160万吨和210万~180万吨。按每吨钢材需要1.3吨钢来计算，1962年大约缺钢200万~270万吨。上述的平衡情况，虽然是很粗略的计算，有些可变因素也没有摸清楚，有些核算定额各方面还有不同意见，但金属材料不足的紧张状况则是比较明显的。缓和这种紧张状况的措施，一方面要研究可否再适当提高一些钢铁生产的水平；另一方面还要研究通过对外贸易来扩大国际协作，即适当降低一点设备自给率，增加一些机械设备的进口。

其他生产资料，如煤炭、石油、铜、铝、木材、水泥等的平衡情况，也是紧张的，特别是铜、木材和石油的缺口还相当大（各项产品的平衡数字见附件3［略］）。保证铜的平衡的措施，除了再提高一些生产水平外，必须使铜线和铝线的比例由1957年的75:25提高到1962年的40:60以上；保证木材平衡的措施是要保证以水泥和金属代用木材750万~850万立方米；保证石油的平衡措施，除了四路出击、大力发展生产外，还要求进口原油及其炼成品500万吨左右，这是一个很艰巨的任务。

5. 在交通运输方面，由于工农业生产的大跃进，必然要引起各地区之间的原有经济联系的变化。如何发展运输线网，特别是铁路干线和支线的建设，如何保证上述的经济联系，还需要进一步研究。在这次汇总中，有这样几条线路还可以研究是否要建设，例如，横贯内蒙的线路（多伦—阿尔山），从广西直接通到云南（南宁—昆明），以及从广东曲江到江西南昌或者福建龙岩的线路，连接山西、河北、山东的从山西潞安经邯郸到济南的线路等等。

6. 在基本建设方面，资金的问题看来不大，重要的问题还是资源的勘察（煤、钢铁、有色，特别是石油的资源都还有些问题）、技术力量的培养和设备的制造、供应问题，必须迅速采取更积极的措施赶上去。此外，在一些重大项目的安排上，如渤海造船厂、第二汽车厂的建设问题等，这次还来不及仔细研究，将在下一阶段的工作中，抓紧进行研究（重大项目的名称和建设规模见附件2［略］）。

这次安排的工业部门投资中，中央部比重约占67%~61%，地方约占33%~39%，中央与地方之比，约为2.05~1.6:1，地方的投资比重是否低了一些，尚须作进一步研究和调整。

7. 在人民生活的安排方面，由于生活资

料的增长速度比原来考虑的要快，因此，以前设想的平均工资增加15%，恐怕低了一些，在进一步研究后可能要有所提高；农民的总收入，原来设想提高30%左右（平均收入提高17%左右），现在按必成数初步估算，可能提高到40%左右（平均收入提高到30%左右）。根据农村工作部的初步估算，第二个五年农民平均收入增长30%，就可达到富裕中农生活水平。

8. 从上面提到的几个问题中可以看出，在第二个五年内，生活资料比较充裕，而生产资料则比较紧张，对外贸易在调节国民经济各部门之间的比例关系上，将要起愈来愈重要的作用。工农业生产的大跃进，要求对外贸易的大跃进，要求加强同各兄弟国家的经济协作。在这样的形势下，外贸部已经提出了第二个五年内出口总额470亿~500亿元（比第一个五年增加102%~115%），1962年出口129亿~139亿元（比1957年增加144%~162%）的规划方案，在下一阶段的工作中，我们也准备对这问题作一专门的研究。

9. 农业一跃进，消费资料就会比较充裕。这样在分配方面会提出许多新的问题。应该继续研究粮食生产与饲料生产的比例，使畜牧业有较大的发展；研究自然灾害可能发生的变化与储备的必要数量；研究出口更多的消费品换回更多的生产资料的可能性；研究工资水平与若干商品的价格水平；研究如何在商业上使计划性与灵活性相结合，做到活跃物资交流、合理地分配商品、促进工农业生产的发展。

10. 上述第二个五年计划的指标，是根据各部和各省、市的材料初步汇总调整而成的。这些指标同比较确切的措施的结合还很不够，为了使第二个五年计划的指标既积极又可靠，必须进一步研究和拟定实现计划的具体措施。这是今后研究和制定第二个五年计划的一个极为重要的课题。

（三）这次方案拟定以后，我们又听说中央提出了两项新的任务：（1）要求5年之内完成农业的机械化；（2）要求在4年之内完成第二个五年工业计划。对于这两个新的问题，我们还没有来得及研究，估计在研究以后，各项指标、措施一定会有相当大的变动。这些研究工作，我们准备在下一阶段的工作中，结合上面提到的那些问题来系统地进行。

附件1：第二个五年主要工业产品产量

产品名称	1957年预计	1962年必成数		1962年期成数	
		产　量	比1957年增长倍数	产　量	比1957年增长倍数
发电量	193亿度	700亿~750亿度	2.6~2.9	850亿~900亿度	3.4~3.6
原煤（不包括手工业）	12 403万吨	30 000万~32 000万吨	1.4~1.6	34 000万~36 000万吨	1.7~1.9
原油	146万吨	600万~650万吨	3.1~3.5	800万~850万吨	4.5~4.8
钢	534万吨	1 500万~1 600万吨	1.8~2	1 700万~1 800万吨	2.2~2.4
铜	48 665吨	13万~14万吨	1.7~1.9	145 000~150 000吨	2~2.1
铝	28 750吨	15万~16万吨	4.2~4.6	17万~18万吨	4.9~5.3
化学肥料	80万吨	1 200万~1 400万吨	14~16.5	2 000万~2 500万吨	23.9~30.2
其中：氮肥	68万吨	900万~1 000万吨	12.2~13.7	1 600万~2 000万吨	22.4~28.3
化学纤维	191吨	13万~15万吨	679.5~784.3	20万~23万吨	1 046.1~1 204.2
其中：人造纤维	191吨	9万~10万吨	470.2~522.6	13万~15万吨	679.6~784.3
合成纤维	—	4万~5万吨	—	7万~8万吨	—

续表

产品名称	1957 年预计	1962 年必成数		1962 年期成数	
		产　量	比 1957 年增长倍数	产　量	比 1957 年增长倍数
塑料	13 420 吨	14 万～16 万吨	9.4～10.9	20 万～22 万吨	13.9～15.4
发电设备	20 万瓩	320 万～340 万瓩	15.2～16.3	380 万～400 万瓩	18.3～19.3
冶金及炼焦设备	6 168 吨	70 000～75 000 吨	10.3～11.2	80 000～85 000 吨	12～12.8
金属切削机床	2 799 台	65 000～70 000 台	1.3～1.5	80 000～85 000 台	1.9～2
干线机车	167 台	800～850 台	3.8～4.1	850～900 台	4.1～4.4
汽车	7 514 辆	9 万～10 万辆	11～12.3	11 万～12 万辆	13.6～15
拖拉机	—	10 万～12 万标准台	—	14 万～15 万标准台	—
水泥	686 万吨	1 600 万～1 700 万吨	1.3～1.5	1 800 万～1 900 万吨	1.6～1.8
原木	2 726 万立方米	5 000 万～5 500 万立方米	0.8～1	6 000 万～6 200 万立方米	1.2～1.3
机制纸	91 万吨	340 万～350 万吨	2.7～2.8	380 万～400 万吨	3.2～3.4
棉纱	465 万件	1 000 万～1 100 万件	1.1～1.4	1 200 万～1 300 万件	1.6～1.8
棉布	50 亿米	105 亿～115 亿米	1.1～1.3	125 亿～135 亿米	1.5～1.7
糖	86 万吨	400 万～500 万吨	3.7～4.8	600 万～700 万吨	6～7.1
食用植物油	145 万吨	350 万～400 万吨	1.4～1.8	450 万～500 万吨	2.1～2.4
盐	828 万吨	1 600 万～1 700 万吨	0.9～1.1	1 900 万～2 000 万吨	1.3～1.4
卷烟	446 万箱	600 万～650 万箱	0.3～0.5	700 万～750 万箱	0.6～0.7

150－6－120

国家计委党组、国家经委党组汇报提纲

1958 年 7 月 28 日

现在把国家计委党组和国家经委党组最近研究明年计划和第二个五年计划的一些主要想法，向政治局作汇报。

（一）一九五八年的经济形势很好，国民经济全面高涨。农业的大跃进推动了工业的大跃进，从而出现了国民经济的全面跃进。预计今年粮食产量可达六千亿斤，棉花产量可达五千万担；钢产量可达一千一百万吨，煤产量可达二亿一千多万吨；六十四种有色金属的生产技术可能全部掌握；冶金设备可生产十万吨，发电设备可生产九十万瓩。机床可生产七万七千多台；发电量可达二百八十亿度。今年农业生产将增长百分之五十以上，工业生产将增长百分之六十左右，基本建设将增长百分之七十五左右（详见附表［略］）这是世界历史上从来没有过的发展速度。这种速度不仅将鼓起全国人民更大的干劲，而且将震动全世界。我国经济有了今年这样的跃进，生活资料的供应就有了保障，生产资料的供应情况也将大为改善，再加上技术革命和文化革命的发展，这就为明年及以后年份国民经济的继续高速度发展造成了极有利的条件。今后在发展中还会有困难，但是比起前几年，形势已经大大不同。

今年生产、建设的大跃进，证明了党的总路线完全正确；证明了财经工作必须政治挂帅，解放思想，破除迷信，克服教条主义和经验主义；证明了充分调动各地方和广大群众的积极性，实现工农业并举、中央和地方并举、大中小并举是迅速发展经济、文化的正确道路；同时也证明了党的路线和方针一旦被群众所掌握，各方面的关系摆得恰当，人的主观能动性得到发挥，就能够发生出人们想不到的无穷尽的力量。

（二）七月上旬各大协作区讨论明年计划和第二个五年计划的会议，从总的说来，贯彻执行了党的总路线的精神，提出的指标都很积极（见附表［略］），同时贯彻执行了中央关于抓住重点的指示，方向是明确的。通过这次会议，使我们更多地了解了各地区的情况，使全国计划的安排可以比较切合各地区的实际。

在这期间，中央各专业部门也提出了自己的计划指标。我们对于各大协作区和中央各专业部门提出的指标进行了初步的综合研究，从全局考虑，感到有一些指标定得高了一些，有不少重要的“缺口”难以解决；有些地区和有些部门由于时间短促，对综合平衡和具体措施研究得不够。在设备的制造和需要、原材料和电力的生产和供应、交通运输和劳动力的安排以及财政的收入和支出等方面，都还要从全国出发，进一步综合研究。拿财政来说，各大区计算明年的收入只有六百七十亿元，支出却需要九百一十亿元到九百三十六亿元，相差二百四十亿元以上；特别是原材料和设备的生产也不是一下子可以赶上去适应于需要的。因此，我们认为各大区提出的指标，需要作适当的调整。

（三）根据各大协作区会议所反映出来的问题和主席、中央的指示，有几个方针性的问题，需要进一步地研究确定。

第一，关于第二个五年建设的安排问题。我们认为必须利用目前有利的时机，首先鼓足干劲，苦战三年，争取时间，做到我们经过努力而能做到的事情。在保证尽快地发展粮食、钢铁、机器制造以及电力、交通运输的前提下，不仅使我国的生产力有一个跃进，建立起基本上完整的工业体系和现代化的农业基础；并且使我国在现代技术上也有一个跃进，突破“尖端”，建立起比较先进的技术基础。这种做法，从政治上、经济上看来都很有必要。具体目标是，在一九六〇年，粮食产量达到平均每人一千五百斤，钢产量达到四千五百万吨到五千万吨，做到原材料和机器设备的自给，并且基本上掌握导弹和原子能的生产技术。达到这样的目标，或战或和，以后或多或少，我们都很主动。把第二个五年的建设作这样的安排，还因为有许多未知的因素一时难以预料。前三年我们可以边建边看，把情况和问题摸清；以后再安排后两年或者三年的计划，就较有把握。

第二，关于工业布局问题。充分利用沿海工业基地和积极建设内地工业，这两方面应该同时并举、略有重点，既要争取高速度，又要合理布局。东北地区在第二个五年内，应该很好地注意发展农业，工业方面除了适当补足“缺门”，扩建若干项建设快、收效快的工业，壮大自己的力量，以便更有力地支援全国和适当发展本区的西北部以外，不宜再进行更多的建设，而应该大力帮助其他地区、主要是西北和华中两地区的建设。华东地区的上海，需要扩建几项工业来壮大自己的力量，以便建设本区内工业落后的省份，同时积极帮助其他地区、主要是西南和华南两地区的建设。华北地区除某些特殊缺门需要他区协助外，一般也应该争取支援其他地区。这样做，目的在于求得在第二个五年内，各大协作区都能够建成比较完整的工业体系。

我国的工业建设，必须遍地开花，建立起全国的、各大协作区的和各省（自治区）的后方，同时使企业建设在大中小型相结合的条件下适当分散布置，不要过分集中。这种做法，不仅从国防要求看来是必要的，而且从将来实现社会主义——共产主义，均衡地分布生产力，为消灭城乡界限、工农界限、体力劳动和脑力劳动的界限创造条件等等方面说来，也是必要的。

在多布点、适当分散的原则下，企业建设除了安排一些必需的大企业外，应该多安排中小型企业；有些大企业应该采取分期建设的方法，逐步扩大。

在第二个五年内，应该首先建立起以大区为范围的工业体系，以后逐步地建设各省的工业体系，由于各大协作区的具体条件有所不同，在建立工业体系的过程中，不能要求同样的水平；在大区之间，也应该有所分工，加强协作。

为了适应上述工业布局的需要，在第二个五年内，新建铁路必须首先保证兰新、成昆、内昆、湘黔、青藏等主要干线的建设。

第三，关于重点带动一般问题。在经济建设上必须抓住重点——三个“元帅”和两个“先行”，同时保证重大项目的建设。这些是整个国民经济的纲，纲举目张，其他方面也就被带动起来了。绝不能不分轻重缓急，齐头并进。这种做法，从短时间看，某些部门的建设速度好像显得慢些，但是把前三年和后两年联系起来看，只要重点突破了，国民经济各部门的发展速度都将是很快的。

另一方面，抓住了重点，对其他方面也必须作适当的安排。在重工业和农业迅速增产的情况下，必须注意轻重工业的关系，对轻工业产品的数量和品种，应该有必需的足够的安排，以适应于人民生活改善的需要，并且有利于国民经济的协调发展。抓住了冶金设备、发电设备和重型机床的生产，对农业机械、农村运输机械等也应该作适当的安排。发电机的生产应该注意配套的问题。

第四，关于加强商业工作问题。工农业生产特别是农业生产的跃进，在流通范围内正在引起重大的变化。农业社出售农、副业产品的数量将大量增加，同时迫切要求生产资料的大量供应和生活资料的充足供应，商品流通额将会增长得很快，因此，加强商品流转环节，协作各个方面，组织农业生产资料和轻工业品的生产和供应，进一步密切城乡、工农关系，就越来越重要了。

由于粮食大量增加，必须适当地增加对农民的分配，使农民的生活有较多的改善，以鼓舞他们更大的生产热忱。同时，有必要让农业社和农民家庭储存一定数量的粮食，以免过多地增加国家收购的任务。

粮食、棉花大量增产后，在今年秋后可以依据情况适当增加食品（主要是粮食加工品）和棉布的供应；食油和肉类暂时还有困难，应该大力组织生产，加强收购；蔬菜的生产，无论城乡都要注意安排。

商业工作在支持工业生产方面有很大成绩，但是最近有放松购销工作的现象。商业部门举办一些加工性质的和为流通服务的工业是必要的，但是主要任务是做好购销工作，这是商业部门促进生产发展的主要任务。

第五，关于体制问题。为了进一步调动各方面的积极性，必须在计划、财政和基本建设的管理体制方面实行彻底的改革。我们考虑财权彻底下放，计划工作和基本建设管理采取在中央统一规划下以地方为主的体制。

各地区在保证实现国家计划规定的生产指标、新增生产能力、重要建设项目的条件下，财政收入、基本建设投资、流动资金和经常费支出，统一由各省、市、自治区筹划，由大区调整。中央所必需的国防、行政、文教和经济等建设经费，从各省、市、自治区抽调。各地区贫富不均的问题，可以每年商定调剂方案加以解决。

在计划和基本建设的管理体制方面，除了国防工业和原子能工业等少数行业以外，不论是中央各部直接管理的企业或者是地方管理的企业，全部都由地方根据中央的规定负责进行统一规划。在中央提出的建设项目中分为两类：一类是必须确保的项目，一类是建议性的项目。必须确保的项目，地方应该按中央的规定的建设规模和进度来安排建设；建议性的项目，地方可以根据当地的情况自行调整。

为了首先保证完成全国的主要经济任务，并且合理安排生产、建设，重要设备和主要原材料必须由中央统一调配。

各地区基本建设的规模，应该根据各个地区的人口、资源、工业基础、农业产量、财政收入和国家对该地区的建设部署等情况，同时估计到本地区、本省市的需要，中央企业可能调给各地方的产品（如钢材和重要设备）和必须调出的产品（如山西的煤和河北的棉花等）等因素来加以安排。这样，财政收入划分几年不变的办法就要改变，而应该一年确定一次。

关于增强国防力量的问题，将根据中央军委决定的方案进行安排。

（四）一九五九年计划的各项指标（草案）请参阅附表［略］。现在把几个主要方面的安排意见说明一下。

第一，明年钢的生产指标定为二千七百万吨，争取达到三千万吨是必要的，也是可能的。这样到一九六〇年就可以生产钢四千五百万吨到五千万吨。

明年安排二千七百万吨钢，与之相配合的一些部门要跟上去，可能有一定的困难。如机械工业的生产，以产值计算将比今年增长一点六倍，有的产品约有三分之一以上、有的产品约有二分之一左右的任务要靠新建，扩建项目投入生产来完成。特别是重型设备要生产二百一十万吨，其中冶金设备三十四万多吨，比今年增长约两倍半；发电设备要生产九百万瓩，比今年增长九倍；金属切削机床要生产三十万台（其中十吨以上的九千台），比今年增长三倍，任务是很重的。有色金属，铜要生产四十万吨到四十五万吨，比今年增长约二点八倍，采取“土洋结合”的办法，需要增加两三百万采矿工人；铝要生产三十万吨到三十五万吨（还应该尽可能多生产些），比今年增长六倍，同电力的供应有矛盾。各个用电行业共计需电五百七十五亿度，而明年新、旧发电设备（原有六百万瓩，新装八百万瓩），合计只能发电五百二十亿度，不足五十五亿度。要解决上述的矛盾，各有关部门是会感到相当紧张的。但是，我们认为，只要充分依靠群众，积极采取各种措施，加强统一规划，开展技术革命，这些薄弱环节是基本上可以消除的。即使个别部门在短时间内跟不上去也无关大局。这比压低钢的生产指标而迁就薄弱环节要好得多。

第二，明年基本建设投资安排为四百八十亿元（不包括企业利润提成和地方自筹资金中的基本建设投资），比今年增长一倍多。这样的建设规模，在明年可以新增加的生产能力主要有：钢两千万吨，铜、铝各六十万吨左右，煤一亿多吨，天然油八百多万吨，棉纺锭三百多万枚。

实现这样的建设规模，有没有可能呢？只要依靠群众的力量，注意原材料和设备的生产，是可以有保证的。从现在计算出的财政收入看，大体上是平衡的。考虑到明年生产的不断跃进，现在安排的生产指标在执行过程中还有可能超过，实现预算内的收入是有保证的。因此，按四百八十亿元安排是没有危险的。四百八十亿元的方案是初步的方案，根据各大协作区讨论的意见和明年生产跃进的情况，还可能拟定第二本账。

基本建设的跃进是在农业大发展和生活资料有充分保证的条件下进行的，建设和生活的关系是可以协调的，比例失调的现象是不会出现的。

第三，明年粮食安排为八千亿斤到九千亿斤，棉花安排为七千万担到八千万担，猪安排为五亿头。这样，明年全国平均每人将占有：粮食一千二百斤到一千四百斤，棉花十二斤，猪肉四十斤到五十斤。轻工业生产的增长速度安排为百分之四十五左右，棉纱安排为九百万件。明年商品供应是充足的，库存可以增加将近一百亿元，市场可以进一步稳定，人民生活特别是农民的生活将有一定的改善。到后年，粮食、布匹和食油都可以考虑取消计划供应的办法。

在粮食大量增产的情况下，应该注意安排粮食种植面积和经济作物种植面积的比例。在经济作物的种植面积中，明年应该多安排一些油料作物。

第四，铁路货运量安排为六亿五千万吨，比今年增长百分之七十五左右；交通部直属水路运输企业的货运量安排为五千三百万吨，比今年增长百分之六十以上。明年的运输情况将比今年更为紧张。

新建铁路安排为一万零一百公里，同时修建复线三千七百余公里，改建铁路一千一百多公里；增加机车两千七百台，货车八万五千辆。新建铁路，主要是保证兰新、兰青、青藏、内昆、成昆、滇黔、湘黔、川豫等战略和经济干线的建设，同时也适当安排了一些通往新的工业基地的支线。

为了解决运输需要和能力不足之间的矛盾，应该充分注意主要干线的复线和桥梁的建设，综合考虑各种运输工具的利用，大力开展水陆联运，加强协作，并且注意运输的均衡性。

第五，工业的生产、建设方面，需要增加大量劳动力，只是钢铁、铜、煤、石油、化工、森工、水泥等几个行业就需要增加一千多万人。交通运输及其他各项事业的发展，也需要增加大量的劳动力。农业方面，明年为了改良土壤，基本上实现水利化，也将出现劳动力紧张的局面。劳动力的紧张使我们有可能把一切可以利用的劳动力都利用起来，并且可以逐步地克服企业和合作社中各种浪费劳动力的现象，对社会生产是有利的。各省市应该对城乡劳动力进行全面规划和统一安排，继续挖掘企业的劳动潜力，进一步改善劳动组织，加快技术改造，大大提高劳动生产率。同时，应该充分利用农业社的力量和组织城市各种劳动力，进行工业、农业生产。这样，可以把明年职工人数控制在三千二百万人左右，即比今年增加五百万人左右。

今后五个月的工作对于实现明年的计划指标极关紧要。各个方面都必须抓紧这一段时间，争取超额完成今年第二本账的指标，并且为明年的生产、建设做好准备工作。首先是原材料工业和机械工业，应该力争进一步超产；同时抓紧已经动工和即将动工的基本建设项目，保证这些项目能够按期或者提早投入生产；对于计划在明年开工建设的项目，也应该抓紧在今年下半年做好开工前的各项准备工作，以便尽早动工。在农业方面，也应该充分做好各项准备工作，在今冬明春开展更大规模的水利建设、深翻土地、积肥和改良农具运动。

应该使各方面的领导工作赶上迅速发展的群众运动，使具体措施适应于不断提高的指标，目前特别要注意加强生产管理，改善劳动组织，抓紧技术革命，用共产主义的精神组织协作，推广先进经验，充分注意人的作用，大大地发挥各方面的潜在力量，以保证生产的发展和基本建设的节约。

（五）一九六二年的主要经济指标（草案）请参阅附表［略］。这个是以八千万吨钢为纲安排的，在进一步研究第二个五年计划的时候，应该考虑以七千万吨钢和以八千万吨钢为基数的两个方案。当然，有了前三年的跃进，同时由于农业、工业和其他事业的技术革命将进一步开展，在摸清情况以后，根据需要，也可以设想一九六二年的钢铁量超过八千万吨。

粮食按平均每人需要一千五百斤到二千斤计算，一九六二年生产一万三千亿斤到一万五千亿斤。在进一步考虑这个指标的时候，必须考虑到两种情况：一种情况是由于粮食大量增产后，人民的需要会发生变化，某些高产作物如玉米、薯类的比重可能降低；另一种情况是由于各种牲畜的大量增殖，饲料的需要将发生变化，也会影响粮食的生产。在这些情况还没有摸清以前，可以暂按上述指标来考虑。

150－7－108

国家计委党组关于第二个五年后三年补充计划实际安排的报告要点

1960 年 5 月 29 日

4 月中至 5 月初，我们同二十几个部的党组书记、六大协作区委员会副主任共同研究了第二个五年后 3 年的补充计划，曾向书记处汇报并得到指示，最后拟定了 3 年补充计划草案。这是一个党内实际安排的方案，另外，我们拟了一个按实际安排指标一般打八折或九折的、准备提交党代表大会讨论后公布的方案。在这同时，根据书记处指示，又初步设想了 1965 年的几个主要指标和各大区的布局情况。现在把实际安排的方案报告如下。

一、安排的总方针

当前总的形势极好。农村和城市将陆续进行“三反”运动，生产建设的管理和生活安排进一步抓紧、抓实，群众的政治热情和生产热情将进一步高昂，技术革新和技术革命正向更广更深的方向发展；两年多来，我们积累了各方面的有益的经验。据此，我们安排 3 年补充计划的总方针是：

1. 以冲天的干劲和必要的物质技术基础相结合，力争我国经济面貌“三年小变，五年中变，十年大变”。1962 年产钢 3 600 万吨到 3 800万吨，产粮 6 600 亿～7 000 亿斤；执行结果争取达到 4 000 吨钢，赶上并超过英国，以至西德。为1965年争取达到钢6 000万～6 500万吨、粮8 000亿～9 000亿斤（每人1 050～1 180斤）而奋斗；为1969年生产1亿吨钢和每人1 500斤粮食、完成四个现代化而奋斗。

2. 适应形势的发展，争取时间，合理布局。1965年前后，基本建成全国的经济体系。在此基础上，1963年初步建成东北、华东、华北、中南各大协作区的经济体系，1965年前后初步建成西南、西北两个大协作区的经济体系。全国支援并加速建成西南、西北的战略大后方。坚持中小为主的方针，坚持多布点、适应分散配置的要求，以利于基本上建成一个“打不烂”的经济体系。

3. 安排的着重点：大力发展农业，全面支援农业。大力发展原料、材料和燃料、动力工业。以铁路为中心，迅速加强运输业。以××为主，突破尖端国防。

4. 留有余地，留有机动。抓新因素，抓新创造，力争超过。在生产、分配、基建规模上，都留了必要的余地，给各地方、各部门留了相当的机动，尽可能安排了国家储备。总之，要取得更多的回旋余地。对技术革新和技术革命运动、多种经营、综合利用、小土群和小洋群的大发展、管理体制的进一步改变等，计划安排中有了一些体现，但还不够；通过今后实践，通过各大协作区、各省市因地制宜的具体安排，它们必将发挥更大的作用，有利于持续跃进，并为第三个五年开辟发展的远景。

二、安排的总盘子

后3年补充计划，是以3 600万～3 800万吨钢和6 600亿～7 000亿斤粮食为纲来安排的。

1. 继续保持跃进，以至大跃进的发展速度。

1962年工农业总产值为5 450亿元，比1959年增长117.6%，3年平均的增长速度为29.6%。其中，工业总产值为4 250亿元，比1959年增长151%，平均增长速度35.9%；净产值为1 550亿元，平均增长速度38%。

农业总产值为1 200亿元，比1959年增长48%，平均增长速度14%；净产值为820亿元，平均增长速度10.5%。

2. 1962年我国主要工业品的生产水平同预计英国1962年可能达到的水平的比较：

	中 国	英 国
钢	3 600万～3 800万吨	2 400万～2 600万吨
生铁	4 800万吨	1 550万吨
铜	23万吨	—
铝	55万～60万吨	—
煤	68 000万吨	20 000万吨
电	1 450亿度	1 420亿度
原油	1 500万～1 600万吨	15.6万吨
重型设备	200万吨	—
发电设备	750万～800万瓩	590万瓩
机床	18万台	6.5万台
机车	2 600台	—
货车	5万辆	—
汽车	18万辆	170万辆
其中：载重汽车	15万辆	40万辆
船舶	45万载重吨	180万载重吨
拖拉机	16万台	21.4万台
化学肥料	950万～1 100万吨	410万吨
合成橡胶	25万吨	—
合成纤维	2万～3万吨	—
人造纤维	6万吨	—
水泥	3 600万吨	1 400万吨
棉纱	950万～1 000万件	150.2万件
糖	250万吨	66.1万吨
纸	450万吨	400万吨

3. 是否可靠？根据如何？今年第二本账产钢2 040万吨，执行的结果，有可能达到2 100万吨以至2 200万吨。按2 100万吨计算，后两年平均每年增加750万吨～850万吨，略高于今年的绝对增加量（713万吨）。从生产能力上计算，预计1960年底的设备能力在补充前后左右以后，到1962年可以产钢3 000万吨左右。其中：

平炉：3 460平方米，平均利用系数按10计算（1959年第四季度为7.54，1960年第一季度为7.63，冶金部今年的奋斗目标为9），可产钢1 260万吨；

电炉：64万千伏安，平均利用系数按20计算（1959年第四季度为16.2，1960年第一季度为14.9，冶金部今年的奋斗目标为26），可产钢460万吨；

转炉：2 400吨，平均利用系数按15计算（1959年第四季度为10.7，1960年第一季度为8.58，冶金部今年的奋斗目标为20），可产钢1 300万吨。

上述计算表明，1962年产钢3 600万吨～3 800万吨，80%左右的产量可依靠原有设备的能力加以适当的技术改造以后来完成。由于广大职工经过训练，掌握了技术，许多行之有效的冶炼革新成果将积极推广，因此，上述指标也是完全可以达到的。

主要的问题还在两头：按同样办法计算，矿石开采量的25%～30%和钢材生产量的25%～30%，都要依靠1961—1962年，而主要是1961年的新增能力来完成；选矿方面依靠后两年新增能力的比重还要更大一些。这些，在计划中都注意了安排，如果抓紧矿山的建设和轧钢机的制造，又能推行有些轧钢机以中代大、以小代中的技术革命成果，则两头是可以赶上的。

此外，钢材品种虽有改善，但还不能适应需要。例如，钢板，一般应达到钢材产量的25%～30%，但1962年只能达到20%；钢管，一般应达到8%～10%，但1962年只能达到5%；优质钢材，一般应达到10%～15%，但1962年只能达到10%。这就需要加速今后3年中25个特殊钢厂和有些大中型钢铁厂的建设。因此，完成3 600万～3 800万吨钢的任务，虽然留了余地，但也还不是轻而易举的。

机械设备，除重型的、精密的和配套的产品尚需加强外，一般能力，可以满足。汽车、拖拉机已作了安排。

石油、铜、铝、合成橡胶、化学纤维、化学肥料等几种产品，依靠新增能力的比重都在60%，甚至80%以上，任务很重，计划中已作了积极的安排，要用极大的努力来实现。1960年已着重安排了天然石油，而有色金属和化工则着重安排了小洋群。

4. 财政收入。按生产指标计算，3年合计的财政收入为2 850亿元，收入的估算是积极的，也是留有余地的。因为，今年国家计划的第二本账是780亿元，比去年增加200亿元，如果后两年每年也增加200亿元，3年合计将为2 940亿元。但考虑到：农业生产还不稳定，赚钱多的产品（如纱布、卷烟、糖）上得不快；公社工业的产值增长得很快，但国家只能收点税，无利润；军事工业增长得快，但几乎无利润，并需增加装备购置的支出，因此，打2 850亿元是比较适当的。

5. 基本建设投资。3年合计，国家预算内的投资为1 410亿元，相当于财政收入的49.5%，略高于近两年来的比例（1958年为48.1%，1959年为46.2%，1960年安排为49%）。

基本建设的盘子，除考虑了财政收入的因素外，主要是根据钢材的资源情况来确定的。按1962年生产3 600万～3 800万吨钢，而分配则按3 600万吨计算，3年合计可生产钢材5 520万吨（为调剂品种，后两年的出材率分别按65%～66%计算），加上国外进口250万吨，全部钢材资源约为5 770万吨。在分配上，给各地方和各部门留下机动、分成447万吨，国家储备100万吨和当年准备180万吨，共为280万吨，两项合计，共727万吨，占3年全部钢材资源的12.6%，再扣除出口和援外117万吨；余下的4 926万吨，按照历年的比例，以65%用于生产，以35%用于基本建设，则基建用钢材为1 736万吨，大致可以保证国家预算内投资1 410亿元的需要。

留的机动和储备等都不算多，因此，基本建设的盘子，是不宜再扩大了；但再少了也不能适应以3 600万吨钢为纲的各方面的安排，不能适应工、农、交、国防、科学、文教各方面的安排。

6. 安排总盘子的最突出的矛盾，还是基本建设。原来距离很大，现在1 410亿元基建投资的方案，跟各地区、各部门的要求还有一定距离。缩短这个距离的办法，不是依靠增加国家预算内的投资，因为增加投资，就要增加钢材，而增加钢材，反过来又要求扩大建设规模。其结果是不但不能留有余地、留有机动，相反的要弄得各方面紧张，大家感到无活动余地。中心的问题是如何更好地贯彻执行总路线，也就是要明确干劲向哪里鼓、上游向哪里争。根据两年来大跃进的经验，要做到更多、更快、更好、更省，就必须从认识上和做法上坚持执行以下几条方针：

(1) 大中小结合，以中小为主，大搞小洋群和小土群。这是一件具有战略意义的大事，是一条长期的方针。小、土本身也是不断发展的，小的概念也是不断变化的，小可以变大、超大；土可以赶洋、超洋。必须有计划地发展小洋群和小土群企业，大的项目应当缩小规模、分期建设，必须打破迷信大洋、轻视土洋结合的小型企业的观点。

(2) 基本建设的安排，必须有重点，不能齐头并进；要排纵队，不能排横队。首先要加快原料材料工业、燃料动力工业和交通运输业的发展；特别要加强矿石的采选能力，钢材的轧制能力，发展铜、铝和有色金属的生产，积极增产化工原料，改善煤炭的地区布局，建设新的电站，加速开发新的油田，使这些关系全局的工业部门尽可能比其他方面多做一些。

(3) 把技术革新和技术革命的有效成果反映到计划中来。这次，经过各部讨论，确定了165个重大革新项目，都是效果大、见效快、用钱省、材料和设备比较容易解决的。各部已经下达了限期推广的一批命令。像超声波、管道化、煤气化，都是生产技术上了不起的大革命。今后，还会出现更多的新技术、新工艺、新产品，会更多地节省活劳动与物化劳动，使老企业成倍地提高效率，使新企业的建设大大地节省厂房、设备、人力和投资，加快进度。

(4) 多种经营、综合利用。这是发挥各方面积极性，物尽其用，人尽其才的多快好省的办法。要根据各个企业的具体情况，发展资源的综合利用，组织各种形式的联合企业。这次计划中，因经验不多，先安排了一部分，今后要大力发展。

(5) 勤俭建国，艰苦奋斗。努力推行技术革新的成果，在保证质量的原则下，降低基本建设的工程造价；要改革基建的设计，努力少占土地，少占好地。减少一切可以缓办、不办的非生产性的建设，像展览馆、宾馆、大礼堂、办公楼等。但关系广大群众的集体福利事业，如住宅、食堂、托儿所、诊疗所等，都要随着公社化和生产的发展，进行必要的建设。

(6) 由各省市、各大协作区、各部门统筹安排各地区、各部门用自筹资金和机动钢材进行的基本建设。计划中留出了447万吨钢材作为机动和分成，其中，各省市418万吨，各部29万吨。这笔钢材，估计有40%将用于基本建设，可相应的安排200亿元到250亿元自筹资金的基本建设；如果钢产量达到3 800万吨，地方和各部的机动钢材还可增加80万吨左右，这是一支不小的力量，必须同国家计划结合起来进行全面的安排。在安排基建中一定要成套地安排，才能发挥新增能力的作用，如搞钢铁，就要相应地搞小矿山、小煤矿、地方铁路、小电站等；搞加工工业，就要相应地搞原材料工业，并且经过自下而上的逐级平衡，最后纳入国家计划。只有这样做，才能更好地发挥各地方、各部门的积极性。

三、地区布局

为适应形势的需要，争取时间，解决布局问题。这次计划的安排，着重在全国各地区现有的经济基础上，在加速必需的大型骨干企业建设的条件下，通过中小为主，大搞小洋群的道路，达到多布点，打基础，补缺门，准备条件，以便在一九六五年基本建立起全国的经济体系的同时，先后建立起各大区的经济体系。各大协作区应该根据本地区的经济基础、资源情况和自然条件，加速克服自己的薄弱环节，加速发展具有特殊优越条件的某些工农业产品，以便在全国统一调度下相互支援。为此，我们考虑了一方面要充分发挥并继续加强原有工业基地的作用，另一方面又必须动员全国的力量，支援西南、西北加速建成大后方的战略要求。

分区的情况和计划的部署，大致如下：

（一）东北地区

1962年可以生产钢1 000万~1 040万吨，煤1.4亿吨，重型设备62万吨，粮食541亿~565亿斤（每人平均930斤左右）。今后3年的主要任务是大力发展农业和轻工业，首先是加快农业的技术改造，加快松辽油田的建设，加强铁路运输和厂矿内部运输。为了发展轻工业，要通过煤炭、石油、木材等资源的综合利用，积极开辟轻工业的原料来源。为了加强重工业内部薄弱环节的建设，要提高机械工业的配套能力，发展高级的和精密的产品。为了改善地区内部的工业布局，要在西满、北满缺少工业而又具备资源、交通等条件的地方，尽快地发展一批小洋群企业，以便部署西北满的后方。

（二）华东、华北、中南地区

1962年主要生产水平如下：

华东，钢750万~800万吨，煤1.2亿吨，重型设备47万吨，粮食1 994亿~2 135亿斤（每人平均970斤左右）。

华北，钢700万~760万吨，煤1.55亿吨，重型设备44.8万吨，粮食585亿~622亿斤（每人平均730斤左右）。

中南，钢600万~620万吨，煤1.04亿吨，重型设备23万吨，粮食1 732亿~1 859亿斤（每人平均950斤左右）。

这三个地区的任务是要加强钢铁工业、煤炭工业和重型机械制造工业的建设，积极发展农业和适当发展轻工业。充分利用上海、天津的工业基础和技术力量，发展高、精、尖、新的产品。华东和中南还要加强江南煤田的建设。华北要利用当地各种资源发展化学工业的"小洋群"，初步完成海河的根治工程，发展内蒙古的畜牧业，争取粮食基本自给。中南要大力发展有色金属，加速发展两广的天然橡胶。

（三）西南、西北地区

1962年达到的生产水平如下：

西南，钢400万~420万吨，煤1.12亿吨，重型设备9.6万吨，粮食1 271亿~1 334亿斤（每人平均1 080斤左右）。

西北，钢150万~160万吨，煤4 900万吨，重型设备13.5万吨，粮食477亿~485亿斤（每人平均980斤左右）。

今后3年的首要任务是完成川黔、湘黔、滇黔、成昆、兰新，并基本完成兰青、青藏等铁路干线的建设。要加快酒泉和西昌这两小钢铁基地的建设；积极发展以煤、铁、运输为中心的"小洋群"企业；大力发展有色金属工业。西北地区还要积极发展农业和畜牧业，在南疆和河西走廊一带加速发展新的棉花基地。

在每个大区的内部，应在分散配置的基础上，建立起自己一定的后方基地，并积极援助基础薄弱的省份的建设。

各大区提出的指标一般比我们初步安排的要高，我们认为，定得高一点，也是可以的，问题是在于采取什么办法来实现这个较高一些的指标。我们认为，主要的办法应当是：第一，通过技术革新和技术革命运动，充分发挥原有企业的潜力来增产，用同样的资金、材料建设得更快更好。第二，利用自筹资金和机动分成的材料，每年有计划地发展一批新的小洋群和小土群。第三，发挥各个企业和人民公社的积极性，采取自力更生的办法来发展多种经营。总之，不可能依靠国家增拨基本建设投资的办法来解决，不能把所有的要求以及所有的积极性和潜力都打入国家计划。

四、重工业、交通的基本建设

后3年补充计划的中心问题是基本建设。基本建设安排得是否妥当，对于保证后3年的国民经济任务，对于第三个五年计划的持续跃进和基本上建成我国"打不烂"的经济体系都有决定的意义。后3年基本建设的安排，以原料、材料、燃料动力工业和交通运输为重点；在具体部署上，各行业除安排必要的骨干项目外，都应以建设中小型企业为主，打开局面，争取到1965年各大区基本上建立起不同水平、各具特点的经济体系。

钢铁工业：3年投资115亿元。续建和新建大型钢铁企业17个，中型钢铁厂56个，特殊钢厂25个。这些项目的规模总共为4 900万吨（包括1959年原有的生产能力），可以在1965年以前陆续建成。

此外，钢铁小洋群1500个，建设规模共约2 500万吨左右，也可以在1965年以前建成。这就可以保证1965年生产钢6 000万～6 500万吨（上述建设规模均不包括其他各部的能力）。

钢铁工业分大区的安排是：

华北区：以包头、太原、石景山三大钢铁厂为中心，建设大中型厂15个，“小洋群”204个，建设规模为1 395万吨。

东北区：以鞍山、本溪两大钢铁厂为中心，建设大中型厂9个，“小洋群”104个，建设规模为1 110万吨。

华东区：以上海、马鞍山、济南、新喻四大钢铁厂为中心，建设大中型厂19个，“小洋群”304个，建设规模为1 525万吨。

中南区：以武汉、平顶山、湘潭三大钢铁厂为中心，建设大中型厂19个，“小洋群”320个，建设规模为1 360万吨。

西南区：以重庆、西昌、安顺三大钢铁厂为中心，建设大中型厂22个，“小洋群”270个，建设规模为1 205万吨。

西北区：以酒泉、汉中两大钢铁厂为中心，建设大中型厂14个，“小洋群”190个，建设规模为805万吨。

安排中一个主要的问题是各地区要求建设的大中型钢铁厂数量多，规模大。我们认为，现在安排的建设规模，从材料供应、设备制造能力和技术力量上看，已经不小，在3年内新建的大型厂不宜太多，中型钢铁厂也要集中力量首先完成第一期建设工程，以利于争取时间，建立基点，培养力量，为今后必要的继续扩建开辟道路。

有色金属工业：3年投资68亿元。主要是加强铜、铝、镍的建设，力争1962年铜、铝产量达到钢产量的2.3%～2.5%左右。抓紧西南、西北两大协作区有色金属工业体系的建设。对稀有金属，要采取大家动手、“合理密植”和生产企业、科学研究机关、高等学校三结合的方针，迅速攻破尖端，使某些迫切需要的稀有金属能够进入工业性和半工业性生产，以保证国防尖端工业原材料的需要。

3年内安排铜的建设规模38万吨，铝105万吨，镍6万吨。到1965年，每个大区都将具有常用有色金属的生产基地，都有一二十个大中型有色金属企业和星罗棋布的“小洋群”企业，基本形成各具特点的有色金属工业体系。

3年内，铜的建设任务比较艰巨，保证完成计划的关键是多布点，多搞一些“小洋群”。

化学工业：3年投资57亿元。除化肥和基本化学原料外，着重安排了合成橡胶和合成纤维的建设。合成橡胶建设规模45.46万吨，大中型厂43个，小型厂71个；合成纤维建设规模6.35万吨（人造纤维在外），大中型厂11个，小型厂224个。

煤炭工业：3年投资81亿元。主要是加速建设华东、中南、西北、西南的煤炭基地，争取各大协作区分别在三五年内做到煤炭基本自给。

3年内新开工矿井规模3.4亿吨，新增矿井能力为2.73亿吨，3年内各大区新增能力如下：华北区5 000万吨，东北区3 000万吨，华东区7 000万吨，中南区5 000万吨，西南区4 300万吨，西北区3 000万吨。煤炭工业建设规模的安排同各地区的要求还是有距离的，拟在年度计划中进行必要的调整，并希望地方尽可能挤一些自筹资金来安排一些小型煤矿。

电力工业：3年投资154亿元。电站的建设，要贯彻执行火主水从的方针。3年装机容量2 412万瓩，其中，火电1 672万瓩，水电740万瓩（不包括农村小型电站200万瓩左右）。

分大区的3年装机容量和到1962年底的发电设备拥有量如下：

单位：万瓩

	3年新增装机容量	1962年底的拥有量
全国合计	2 412	3 366
华北区	379	536
东北区	410	743
华东区	540	767
中南区	485	590
西南区	358	433
西北区	240	297

水电站的安排，还没有完全满足各地区的要求，1961年和1962年新上马的大型水电站我们安排了湖南五强溪、云南金沙江、贵州乌江渡、青海龙羊峡等9个，这些项目陆续建成后，将对这些地区的电力供应起重大作用。其余像长江三峡、四川富林、福建汀江等项目，准备在第三个五年计划中考虑。

石油工业：3年投资50亿元。建设重点是东北松辽油田以及西北克拉玛依和柴达木油田，并在西南开始进行建设，在华东、华北和中南等地区广泛进行油田普查和勘探，为第三个五年进一步大发展打下基础。同时积极建设小型人造油厂和开发西南的天然气。3年石油钻井进尺900万米；建设天然油炼厂19个，规模1 635万吨；大型人造油厂7个，规模409万吨；中小型人造油厂1 896个，规模219万吨；输油、输气管三条，约1 500公里。

石油工业建设中的问题有二：一是兰州到玉门的输油管线，由于钢管的限制，要到第三个五年初期才能建成；二是东北输油管的选线问题，现在初步确定的方案是由松辽油区经张家口、北京到保定。

机械工业：3年投资共108亿元，其中，专业机械部门共78亿元（一机部48亿元，农机部30亿元），其他部门的机械工业投资约30亿元。重点是增加大型设备和精密设备的生产能力，并注意补充必要的配套项目。

3年内限额以上建设项目211个，其中，重型设备制造厂55个，建设规模132万吨；机床厂19个，建设规模2.7万台，每省至少各有1个项目；电站设备制造厂共12套，除东北、中南各1套和华东4套外，其他大区各有2套；汽车制造厂除长春汽车厂外，新建、续建9个厂，即：湖南汽车公司（规模第一期3万辆），山西汽车厂（规模1 000辆），南京汽车厂（规模3万辆），济南汽车厂（规模5 000辆），西南汽车公司（规模3万辆），綦江汽车厂（规模3 000辆），新疆汽车制造公司（规模3万辆），北京汽车厂（规模5 000辆），西北汽车公司（规模3万辆）。每个大区都有一个或两个汽车厂。

机械工业的安排中，主要是大的重机厂的部署问题。原来设想每个大区都建设一个安装6 000吨以上水压机的重机厂，中南准备建设在宜都，华东准备建设在马鞍山或江西，现在考虑到华东准备在上海安装1.2万吨的水压机，因此安徽重机厂第二个五年内先安排3 000吨的水压机；中南由于三峡暂不上马，因此，湖北重机厂也先安排一台3 000吨的，到第三个五年计划再考虑扩大。

交通运输建设：3年投资共288亿元，其中铁路建设215亿元。

在铁路建设上，必须加速新线的建设，但旧线仍将负担80%左右的运量，因而仍须大力加强旧线，实行新旧线并举的方针。后3年铁路铺轨总里程共29 120公里，其中，新建干、支线18 537公里，复线4 583公里，专用线6 000公里。到第二个五年末，我国铁路的通车里程将达5.1万公里。为了节省钢材，在轨型上，还必须实行轻轨和重轨并举的方针。

在布局上，新建干线以西南、西北为重点，在其他各区也修建一部分联络线和省内干线。在西北区，建成兰新线和基本建成兰青线；在西南区，建成湘黔、川黔、滇黔、成昆等重要干线，川豫线则争取在1963年完成，从而形成西南地区铁路网的骨干；并将青藏线修进西藏，到达黑河，把西藏同全国连接起来。新建支线着重保证煤炭、冶金、森工等部门的需要。

安排新线建设，要贯彻土洋并举的方针。依靠地方的力量，大修小土和小洋铁路，以适应地方中小企业遍地开花与支援农业的要求，初步设想，3年内共修3.5万公里以上。需要各省、市加以安排。

在加强旧线方面，3 年内要将各大区之间的一些重要干线和一些煤铁运输干线修成复线，使复线里程占全部铁路通车里程的 1/5。在一部分高坡缺水的线路上，采用内燃机车和电力机车。3 年内共增加机车 3 700 台，货车 10.5 万辆。

在交通建设方面，除积极增加车班以保证运输需要外，在水运方面，应着重建设沿海及长江主要港口；完成京杭运河第一期工程；结合水利建设整治开发一些重要航道，并积极发展修船造船工业。在公路方面，重点建设西南及西北地区干线，相应发展汽车修配及筑路机械工业。

交通运输三年建设计划中，还存在如下几个主要问题：

在铁路方面，（1）川豫线是将来联结西南、华中、华东的一条重要战略干线，因达县以北有长达 10 余公里的隧道，工程艰巨，1962 年只能修到四川达县。（2）东北进关的第三条铁路线，东北要求修白城子—赤峰—承德线（南线），华北要求修从集二线上的朱日和—锡林浩特—五岔沟线（北线），我们现在拟采取白城子—张家口线（中线）。中线方案是军委提出的。这个方案在目前可以适当兼顾各方面的要求，至于究竟以修建哪条线路合适，还可进一步研究。（3）东北要求北安到黑河线，这次未列入计划，拟在年度计划中考虑。（4）支线和专用线还有缺口，各方面要求支线 118 条，1.05 万公里，只安排了 67 条，6 397公里，只能满足 60% 左右；建议铁道部在多种经营增产的钢材中，再多安排一些支线。后两年的专用线安排得也不够充分，建议大力推广专用线共用的先进经验和增修地方铁路解决，同时在年度计划中要设法补充安排一部分。

在交通方面，军委要求 3 年修建国防公路 1 万公里，国家预算内投资中只安排了 4 000 公里，其余部分在年度计划中有可能时再适当安排一些，此事还需与军委作进一步研究。

根据上述安排，3 年内限额以上项目共有 2 951 个，其中，华北区 421 个，东北区 300 个，华东区 503 个，中南区 461 个，西南区 323 个，西北区 306 个，不分地区 637 个。

基本建设投资共 1 410 亿元，除去铁路、尖端国防的投资和其他部门不能分地区的投资合计 450 亿元外，分地区的投资为 960 亿元，安排的结果是：华北区 166.8 亿元，占 17.4%；东北区 127.4 亿元，占 13.3%；华东区 203.8 亿元，占 21.2%；中南区 195.8 亿元，占 20.4%；西南区 142.5 亿元，占 14.8%；西北区 123.7 亿元，占 12.9%。

各大区的投资，同今年 2、3 月间各协作区开会时我们按 1 600 亿元盘子设想的数字相比较，绝对数字都有一定的增加，但在各地区的比例上，华北、华东、中南有所下降，西南、西北、东北有所提高。西南、西北主要是根据争取时间，加强后方建设和调剂穷富的要求，因而比例略有提高。东北则是由于加速开发松辽石油的需要。因而，其他三个大区投资比例相应下降一些，这是合理的。同时，各大区估计地方用于基本建设的自筹资金，共约 180 亿元。如加上这笔投资，则华东、中南的投资比例将会有所提高，西北、西南的投资比例将有所下降。

五、国防工业（口头汇报）

六、农业问题

“农业是国民经济的基础”，越来越体会得深刻，加快它的发展速度，比工业难得多。今后几年，必须使粮食尽快过关，把国民经济的持续跃进建立在稳固的基础上。1962 年要努力争取达到：粮食 6 600 亿 ~7 000 亿斤；棉花 6 000 万担；猪年末存栏 4 亿 ~4.5 亿头。

在大力增产粮食的同时，要积极发展油料、糖料和其他经济作物。1962 年生产油料 1.3 亿 ~1.5 亿担。

关于增产的措施，这里只着重提出以下三点：

1. 工业支援农业。大力加强工业对农业的支援，完成农业机械化“四年小解决”的任务。同时，要大搞以半机械化和改良农具为主的农业技术改造的群众运动，积极推广行之有效的改良农具、运输工具和农副产品加工机械。

3年内，农业机械的投资共30亿元，中央直接安排的骨干项目共59个，其中，拖拉机制造厂19个，规模32.68标准台；除了北京、贵州、青海、陕西已经安排其他农业机械厂、浙江和福建已经由地方自筹资金各安排一个手扶拖拉机厂以外，其余每省都有1个规模不同的拖拉机厂。

联合收割机厂5个（北京、安徽、河南、陕西、吉林各1个），规模4万台。

动力机械厂13个（江苏2个，上海、江西、吉林、黑龙江、山东、广西、甘肃、河北、内蒙、四川、云南各1个），规模480万马力，加上地方自筹，共约900万马力。

小型发电设备厂5个（贵州、云南、广西、湖南、福建各1个），规模100万瓩，加上地方自筹，共约125万瓩。

畜牧机械厂2个（青海、内蒙各1个）。

此外，内燃机配件厂、机引农具厂也都作了相应的安排。

按照上述安排，到1962年，各种主要农业机械的拥有量将达到如下水平：拖拉机30万标准台（1959年拥有5.9万台。1960年增加3.2万台，1961年增加7万台，1962年增加14万台），耕作机械化比重提高到25%左右；联合收割机2.8万台，加上其他的收割机械，小麦收割机械化的比重可以达到30%左右；排灌机械1 200万马力，机械排灌的比重提高到80%左右；载重汽车7.6万辆；农村电站容量200万瓩左右。3年内，化肥厂的投资共16.5亿元，建设大中小型的化肥厂共1 021个（其中，大型15个），建设规模为各种化肥840万吨，加上原有的生产能力，1962年底化肥的生产能力将达到1 300万吨，其中，华北180万吨，东北175万吨，华东370万吨，中南220万吨，西南175万吨，西北180万吨。

按照上述安排，1962年可以生产各种化肥950万~1 100万吨，加上预计进口的化肥（拟进口200万吨，当年可动用100万吨），当年可以供应的化肥约为1 050万~1 200万吨。

3年内，国家直接用于农业机械和农具制造的钢材，将达到600万吨（1960年计划110万吨，1961年预计200万吨，1962年预计290万吨）。

所有工、商、财、贸、文教、卫生等部门都应当无例外地、多方面地支援农业的发展，在全国范围内掀起一个以工业为主、各行各业支援农业的群众运动。一切国营企业都要有计划地同人民公社挂钩，帮助公社建立农具修配厂，发展社办工业，培养技术力量。

2. 水利建设。水利建设是一项保证农业增产的根本措施。应当遵照主席指示的在冬春时期按“三三制”安排劳动力的原则，继续开展水利运动。3年合计的水利建设投资，计划为100亿元。建设的重点是冀、鲁、豫、苏北、皖北等水旱灾害比较严重，而粮食作物和经济作物又比较集中的地区。在建设的部署上，要作长期打算。3年内，着重提高和改善现有的水利工程，充分发挥效益，少上新项目（三峡工程1962年前暂不上马）。引汉济黄、济淮和苏北抽水引江两处南水北调工程，已经列入计划，应积极进行建设。在北方地面水源不足的地区，要充分利用地下水，多打机井。3年内，计划增加灌溉面积1.3亿亩，改善灌溉面积3.2亿亩。

3. 在农业安排上要注意的几个问题：第一，要做好劳动力的全面安排，注意生活安排，注意劳逸结合。第二，要贯彻执行高产多收和多种多收同时并举的方针。3年内计划开荒2.5亿亩。第三，加强农垦建设。农垦部的主要任务是直接经营全国性的商品作物基地，包括粮食、橡胶、棉花、大豆、畜产品等大型国营农场；其次是开发边疆。一般的地方国营农场应由地方负责安排，统一归农业部负责规划。

七、其他几个方面的安排

1. 轻工业：为了满足人民生活的需要，保证市场供应，必须千方百计地扩大来自农业和重工业的原料资源，加快轻工业的发展。要积极推广天然气、煤炭、木材、蔗渣等资源的综合利用，大搞中小型合成橡胶厂、合成纤维厂和人造纤维厂，开发山区，大力发展油茶、核桃等木本油料，积极推广石蜡制肥皂，节约食用植物油。轻工业的建设，必须以中小型为主，并由地方统筹安排。

根据原料资源的可能（按棉花生产指标的九折计算），1962 年计划生产棉纱 950 万～1 000 万件，比 1959 年增长 12.6%～18.5%；棉布 82 亿米～86 亿米，比 1959 年增长 8.3%～13.6%；食用植物油 320 万吨，比 1959 年增长 113.8%；糖 250 万吨，比 1959 年增长 127.7%。此外，计划生产合成纤维 2 万～3 万吨（从耐牢的质量上说，可按 1∶5 计算，抵 200 万～300 万担棉花）、人造纤维 6 万吨（按 1∶1 计算，可抵 120 万担棉花，相当于 33 万件纱或 4 亿米布），比 1959 年增长 10.3 倍；利用野生纤维生产布匹 10 亿米（大致可代替 300 万担棉花），利用棉秆皮混纺麻袋 1.4 亿条。

由于需要补充棉花的储备和棉布的库存，1962 年棉布的每人平均消费量大体上仍然维持 1960 年的水平（即按生产 780 万件纱计算，每人 21 尺）。食用植物油和糖的增长速度都很高，任务比较艰巨，但必须达到上述生产水平，才能实现八大一次会议建议的 1962 年生产糖 240 万～250 万吨、食用植物油 310 万～320 万吨的指标。

2. 国内外贸易：保证城乡人民的需要，兼顾内销和出口，这仍是一件重大而艰巨的任务。根据职工工资和农民收入的增长情况计算，1962 年社会购买力将达到 1 000 亿元，比 1959 年的 638 亿元增加 362 亿元，3 年平均每年增长 16.2%，其中，购买生产资料的部分约为 230 亿元，3 年平均每年增长 41.2%；购买消费资料的部分约为 770 亿元，3 年平均每年增长 11.4%。商品供应的总额大体上还能平衡，但有些主要品种如粮、油、布还比较紧，内外销矛盾要适当安排。

商业部门应当因地制宜地、适时地组织农业生产资料的供应，做好农副产品和野生原料的采购工作，多方挖掘新的货源，如内蒙、青海、东北的天然碱，各种农畜产品资源的综合利用等，积极参与组织城乡人民公社经济生活的工作，办好各种生活服务事业。

1962 年国家粮食储备力争达到 350 亿斤（不包括粮食部的周转库存），农村粮食储备争取达到 200 亿斤。

对外贸易除了保证传统商品的出口外，要逐步扩大工业品在出口贸易中的比重，要指定一些工厂专门生产出口的机械设备和其他工业品，以保证符合国外市场（主要是亚非市场）所需的规格、质量。还应当建立和扩大供出口的农副产品的生产基地。

应当保证商业贸易部门按节约原则，进行必要的基本建设，如油库、仓库等。

3. 科学研究、干部培养和文教事业：结合技术革新、技术革命运动的发展，积极发展科学研究事业，加速科学技术人才的培养，要特别注意加速工农骨干的成长，逐步建立起一支强大的、又红又专的技术队伍。1962 年我国科学技术干部将由 1959 年的 280 万人（包括中医中药人员 73 万人），发展到 500 万人左右，其中，工程技术人员由 1959 年的 120 万～250 万人左右，农业技术人员由 1959 年的 18.9 万人增加到 50 万人左右，从事自然科学的研究技术人员由 1959 年的 5.5 万人增加到 20 万人左右。广泛开展生产单位、高等院校和科学研究机构三结合，逐步建立起全国的科学研究网。争取提前实现科学技术发展远景规划。

在统一规划、分级管理的原则下，实行国家办学同事业、企业单位和公社办学同时并举的方针。逐步开展群众性的教学改革运动。3 年内，要求基本上完成扫除青壮年文盲和普及小学教育，有计划地发展普通中学和中等专业教育，大力发展高等教育和业余教育。1962 年全日制和半日制高等学校的在校学生将达到 140 万人左右，全日制普通中学的在校学生将达到 1 550 万人左右，全日制和半日制中等专业学校的在校学生将达到 230 万人左右。

学生来源，应在各级党委领导下由有关部门综合平衡，统筹安排。进一步调整科系专业的设置，兼顾国家建设的当前需要与长远的需要。

4. 劳动工资：在技术革新、技术革命运动中，大大提高劳动生产率。3年内总的奋斗目标是争取一人顶两人，效率翻一番，要求全社会劳动生产率提高80%左右，其中，工业提高1倍左右，农业提高60%左右，基本建设提高95%左右，铁路运输提高1.1倍。

城乡劳动力应当工农兼顾，全面安排。3年内全社会自然增加劳动力约为2 000万人，其中，城市600万人，农村1 400万人。3年内国营企业及城乡文教部门职工大约新增加1 600万人，达到6 200万人。新增职工，首先由城市中从大力提高劳动生产率来解决，力争少从农村中动员。新增加的职工主要用于新建企业单位，原有企业应当力争做到增产不增人，重点厂矿应当输送一部分干部和熟练工人支援新建企业。

农村劳动力，应认真按照中央指示，以农业为主，全面安排。在冀、鲁、豫等地少人多的专区，应以公社为单位，几户抽一户，成批地移民支援边疆的开发，后3年一定要完成250万~300万个劳动力的移民任务。

3年内职工的工资总额将增加43%左右，用于职工的集体福利支出总额将增加70%左右；除新增职工外，原有职工因为必要的升级和适当的奖励，平均工资每年增长5%左右，农村人民公社社员的平均收入每年将增加10%左右。

5. 成本。在不断提高劳动生产率和节约原材料、燃料的基础上，努力降低成本。3年平均的成本降低率，要求工业部门达到9.5%，交通部门达到12.5%，商业部门达到5.5%，建工部直属的建筑安装企业达到15%；争取3年降低成本总额达到280亿元左右。

6. 国家储备。1962年国家储备的主要物资要求达到：钢材100万吨（1965年达到400万吨），铜10万~12万吨（1965年达到18万~20万吨），铝10万吨（1965年达到28万吨），镍1.1万吨（1965年达到3万吨），粮食350亿斤（1965年达到750亿斤），棉花300万担（1965年达到800万担）。

八、保证计划完成的几个问题

为了保证3年补充计划的实现，有以下几个问题值得我们注意：

1. 要抓技术革新和技术革命运动。技术革新和技术革命运动，发展得很快，万紫千红，潜力无穷。它是一个长期的踏实的群众运动，是贯彻执行总路线的一个极其重要的内容。领导上要注意：（1）抓运动发展的趋势，抓新的苗头，把运动引导到全民的、科学的、正确的道路上来，继续前进；（2）从四化为主发展到新技术、新工艺、新产品，以至其他；（3）抓重点推广，如超声波、管道化、煤气化，以及其他新的、重大的、具有广泛性的革新项目，注意巩固一批、推广一批、提高一批；（4）抓产品设计、工厂设计，务必要收经济技术的效果；（5）运动总是波浪式地发展的，总是不平衡的，要一浪赶一浪地前进，要使落后环节不断赶上先进；（6）要注意保密。

2. 进一步改进经济管理体制。为了充分发挥地方的积极性，为了促进各大协作区经济体系的建立，必须进一步改善经济管理和物资分配体制。

（1）发展趋势必然是进一步做到由条条为主转到块块为主，实行在中央统一规划下、条块结合而以块块为主的管理体制。

（2）在计划体制上，实行条条和块块分别包干的办法，把投资、材料和任务分别下达给条条和块块；中央必要的直属企业，由条条包干，地方企业由块块包干。除了国家计划安排的重大项目以外，其余项目作为建议项目，在保证完成国家计划任务的条件下，具体安排可以由块块机动调整，然后报中央综合平衡，制订国家计划。

（3）块块为主，基本的是以省、市、自治区为基础；但当前的任务是首先完成以各大协作区为单位的经济体系，要以协作区为主。因此，要加强大协作区，要考虑建立相应的指导机构和业务机构。

（4）中央各部主管的企业中，除了一些必要的重大骨干企业以外，其余可进一步下放给地方管理。中央各部的机构将适当缩小，逐步改变成为三种类型：

第一种是：企业主要是由条条管理，全面负责本行业的规划，如铁道、二机等部。

第二种是：管一些必要的全国性的重大骨干企业，同时进行本行业的全面规划，加强对地方的督促检查、技术指导和总结经验，如冶金、机械、煤炭、化工等部。

第三种是：基本上不管理企业，或者完全不管理企业，主要是进行全面规划，督促检查，技术指导，总结经验，如轻工、纺织等部。

(5) 进一步改进体制、下放企业、以块块为主，必须在中央统一规划下，发展协作，差额调拨，调剂有无，调剂贫富，特别要加强老区对新区、老企业对新企业的支援。

为了争取三五年内各大区基本建立起经济体系，特别是为了加强战略后方的建设，经济比较发达的地区要积极支援经济还不很发达的地区，例如东北、华东支援西南、西北等；老的骨干企业要积极支援新建的骨干企业，例如鞍钢支援酒钢，富拉尔基重机厂支援德阳重机厂等。要从技术力量、管理干部、非标准设备等方面成套地全力地支援。老厂不要一个劲儿的在原地无限制的扩大，必须到外地建立“子厂”。各行各业如何支援，由中央各部协同地方定出具体规划，并且会同有关方面具体组织地区与地区之间、企业与企业之间的大协作。

3. 要进一步加强党的领导，改善领导作风。加强党的领导，首先是要更好地贯彻总路线与一套两条腿走路的方针，这方面是有很多的发展的，有丰富的新经验。在抓生产的同时，抓生活、抓劳逸结合；在抓数量的同时，抓质量、抓安全。

今年要在城乡开展群众性的“三反”运动，要采取整风的办法，肃清资产阶级的影响。要贯彻党的群众路线。坚持和发展“两参一改三结合”的办法，继续改善干部和人民群众的相互关系，防止和反对脱离实际，脱离群众的官僚主义。提倡踏踏实实、埋头苦干，提倡深入下层、具体领导、具体组织，防止和反对华而不实的形式主义和浮夸作风。要坚持艰苦奋斗的优良传统，防止和反对铺张浪费，反对“五多”。

要把搞好今年的“三反”运动看做是从根本上改进干部作风的起点，看做是每两三年整一次风的具体而有力的措施，看做是不断解决生产关系和生产力之间的矛盾、上层建筑和经济基础之间的矛盾、以利多快好省地建设社会主义的关键。

我们工作作风上的缺点是一个指头的问题。正视这方面的问题，并且认真加以克服，就能够使我们更好地前进，赢得更大的胜利。

Z80－1

地质部党组关于第二个五年矿产资源规划的报告

1958 年 3 月 11 日

我国在解放前没有进行过正规的地质勘探工作。解放后，在经济恢复时期，地质情况不明，地质工作远远落后于工业发展的需要，极大地影响了工业建设的进行。在第一个五年初期，党中央提出了地质工作大发展的方针，促使地质工作有了飞跃的发展。现在全国地质队伍已达二十三万人，为解放前的三百倍；从事地质工作的大专地质技术人员已达四千人，为解放前的二十倍；在校的大专地质专业学生已达一万四千人；全国共有钻机四千台。第一个五年计划期间，国家从事业费支出的地质勘探费用共十六亿元；岩心钻探共钻进九百八十四万公尺；国家规定勘探十九种矿产，实际共勘探了四十九种，其中有三种矿产（铬、水泥石灰岩、油页岩）没有完成计划，其他均已超额完成计划。在许多地区，还进行了放射性检查工作，提供了一些有价值的放射性元素产地。已经探明的矿产储量，基本上保证了第二个五年建设的需要。其中各种主要矿产的储量，多已居于世界各国的前列，证明了我国是一个矿产资源十分丰富的国家。但同时在矿产资源的保证方面，也存在着不少问题，在规划第二个五年的工作时，必须认真地予以解决。

（一）预计第一个五年各种主要矿产储量的增长情况及第二个五年的初步规则。

1. 黑色金属方面：

铁矿，第一个五年预计探明储量四十七亿吨，居世界第三位。考虑到少数产地，因某些条件的限制，短时间尚不能充分利用，但最少仍可保证设计年产二千万吨规模的钢铁企业所需之储量。在一九六二年前即开始建设的钢铁厂，计有三大（鞍山、武汉、包头，各为一百五十万至四百一十万吨）、七中（本溪、石景山、太原、宣化、马鞍山、湘潭、大渡口，各为五十万至一百四十万吨）、十九小，除对其中二中（湘潭、大渡口）、五小保证较差，争取在第二个五年内补足外；其他各厂均可完全保证。这样则全国除黑龙江、吉林、陕西、青海、西藏五省（自治区）外，其余各省均已有了或基本上有了建设钢铁厂的矿产资源。此外，在广东（连平和海南岛石碌）、四川攀枝花、甘肃镜铁山等地区，已探明的储量，均各在三亿到四亿吨，为第三、第四个五年期间开始新建的钢铁厂准备好了矿物原料基地。

第二个五年计划探明铁矿储量四十八亿吨，到一九六二年累计储量可达九十五亿吨，减去可能因条件限制不能充分利用的部分，仍可保证钢铁企业建设规模达到四千万吨以上。按钢铁企业从设计、建设到全部投入生产最多八年计，钢铁的生产水平到一九七二年赶上英国达到四千万吨，铁矿资源已有了充分保证。

根据国家计委规划，第三个五年期间，大、中、小钢铁厂将达到四十七个，其中八大（鞍山、本溪、包头、武汉、马鞍山、湖北长阳、西北与西南，各为一百五十万至五百五十万吨）、八中（石景山、太原、宣化、山东、贵州、新疆、湘潭与大渡口，各为五十万至一百四十万吨）所需储量，都可得到保证；三十一小（均为五十万吨以下）所需储量，除西藏地区两厂外，其他各厂也基本上都可以保证。这样则到一九六二年底，全国除西藏外，其余各省均已有了建设一个到四个钢铁厂的矿产资源。

锰矿，第一个五年预计探明储量八千二百万吨，居世界第二位，可全部满足第二、第三个五年冶炼生铁的需要。第二个五年计划探明储量九千万吨，尽量争取多找冶炼锰铁合金所需之富矿。

2. 有色金属方面：

铜矿，第一个五年预计探明储量六百二十四万吨，居世界第六位，可保证十八万五千吨炼铜厂的建设规模。

第二个五年计划探明铜矿储量六百八十万吨，一九六二年累计储量可达一千三百零四万吨，可保证三十八万吨炼铜厂的建设规模。还将在全国范围内积极寻找质量好、交通方便的矿床，争取为迅速建立一批中、小型炼铜厂提供矿物原料基地。

铅矿，第一个五年预计探明储量三百三十一万吨，居世界第二位，可保证九万四千吨炼铅厂的建设规模。

第二个五年计划探明铅矿储量五百四十万吨，到一九六二年累计储量可达八百七十一万吨，可保证二十五万吨炼铅厂的建设规模。还将在全国范围内积极寻找新产地，为建立一批中、小型炼铅厂提供矿物原料基地。

锡矿，第一个五年预计探明储量一百一十九万吨，居世界首位，可保证年产精锡三万六千吨的建设规模。

第二个五年计划探明锡矿储量九十万吨，一九六二年累计储量可达二百零九万吨，可保证年产精锡六万三千吨的建设规模。

钨矿，第一个五年预计探明储量五十八万吨。居世界第二位，可保证年产钨精矿四万三千吨的建设规模。

第二个五年计划探明钨矿储量七十万吨，一九六二年累计储量可达一百二十八万吨，可保证年产钨精矿九万五千吨的建设规模。

钼矿，第一个五年预计探明储量九十四万吨，居世界第一位。比一九六二年计划达到年产钼精矿一万九千五百吨建设规模实际需要的储量还要多四倍。

第二个五年计划探明钼矿储量一百零五万

吨，一九六二年累计储量可达一百九十九万吨，可保证年产钼精矿二十一万吨的建设规模。现在计委初步规划一九六七年还仅达二万九千吨的规模。如果考虑扩大建设规模，不但可以补充我国镍、铬资源的不足，还可以大量出口，供给社会主义阵营各国。

3. 煤矿方面：

第一个五年预计达到储量四百四十二亿吨（包括生产矿山探明储量在内），居世界第六位。其中可供建井储量三百八十四亿吨，可保证年产四亿二千万吨的建井规模，比一九五七年底的实际建井规模多百分之九十，基本上满足包头、鞍山、武汉、太原、石景山、重庆、马鞍山等钢铁厂所需各种炼焦煤，并为一些中、小型钢铁厂准备了炼焦煤储量。但西北钢铁厂所需炼焦煤尚无保证，武汉厂所需瘦煤也还不足，西南厂及湖南厂还缺少瓦斯煤产地，特别是东南沿海各省的炼焦煤、动力煤及民用煤都极缺乏。

第二个五年计划探明煤的储量三百四十亿吨，一九六二年累计储量可达七百八十二亿吨，最少可保证八亿五千万吨的建井规模。

第二个五年除重点解决西北钢铁厂炼焦用煤外，为了改变目前煤炭在地区分布上的不平衡以及充分满足地方对中、小型煤矿建设的需要，将特别注意在缺煤少煤地区，如广东、广西、湖北、福建等省进行工作，争取使这些地区到一九六二年能在民用煤方面基本上自给自足。

4. 化工原料方面：

磷矿，第一个五年预计探明储量三亿吨，居世界第六位。比一九六二年计划达到年产磷肥四百万吨建设规模所需储量还超过一倍半。从地区来看，对南京、武汉、昆明、贵州和四川等五个磷肥厂（各年产磷肥四十万吨），均已有了充分保证，其中以武汉、昆明、贵州三处矿床远景大而矿石质量高，建设规模都可充分扩大；对年产十万至二十万吨磷肥的湖南、陕西两厂，均可提供足够的储量。唯对广东湛江、太原、郑州等厂（各年产十万吨）还不能保证。

第二个五年计划探明磷矿储量三亿吨，一九六二年累计储量可达六亿吨，可以保证年产一千八百万吨磷肥厂的建设规模，并争取解决磷矿地区分布不平衡问题，大力为西北、华北和东北地区寻找磷矿资源。实现这个计划后，可以为七亿亩缺磷土壤的耕地，每亩施磷肥二十五公斤，准备足够的矿产资源。

黄铁矿，第一个五年预计探明储量六千七百万吨，可保证一百五十四万吨硫酸厂的建设规模。黄铁矿的地区分布不平衡，西北过多，而华北、东北及西南则极感缺乏。

第二个五年计划探明黄铁矿储量二亿二千万吨，一九六二年累计储量可达二亿八千七百万吨，可保证六百六十五万吨硫酸厂的建设规模。

5. 建筑材料方面：

水泥石灰岩，第一个五年预计探明储量七亿吨，可保证一千二百万吨水泥厂的建设规模。

第二个五年计划探明水泥石灰岩储量十八亿吨，一九六二年累计储量可达二十五亿吨，可保证四千一百万吨水泥厂的建设规模。

6. 石油方面：

石油，经过第一个五年的石油普查工作，发现了新疆、青海、四川、江苏、贵州、广西及华北、东北等有希望的含油远景地区，共找到可能储油构造五百四十个，并在新疆克拉玛依、玉门鸦儿峡、四川龙女寺、柴达木的油砂山、冷湖、马海等构造上，均探到了具有工业价值的油流，但石油地质工作还远赶不上工业建设的需要。我国幅员广大，从地质条件推断，很有希望找到相当规模的石油产区，最近在苏北平原已发现了分布广泛的油苗及气苗。因此，第二个五年期间除在西北、西南地区继续工作外，还将大力加强苏北、华北与东北三大平原的工作。对于这些平原地区的石油普查和勘探，将以顽强的干劲，投入充分的深钻工作量，运用地球物理探测等新技术方法，将原计划三年完成的工作于一年内完成，务期迅速查明这些地区的含油远景，以改变石油资源不足的现状。

油页岩，为了迅速解决我国石油缺乏的问题，还必须加紧勘探人造石油的矿产资源。

第一个五年预计探明油页岩储量六十九亿四千万吨，可保证六百万吨炼油厂的建设规模。

第二个五年计划探明油页岩储量二十一亿吨，一九六二年累计储量可达九十亿吨，可保证八百万吨炼油厂的建设规模或一九六七年五百万吨原油的生产水平，仍然不能满足国家的急需。但如按一九六七年生产人造石油五百万吨计算，届时将年采油页岩一亿四千多万吨，即比一九五七年全国煤的开采量还大，是否有问题，还待与工业部门进一步研究。为避免油页岩开采量过大，原油不足部分，建议勘探炼油煤及天然气以代替油页岩。

7. 投资及工作量：

在第二个五年期内，粗略估算，岩心钻探约需钻进三千七百万米，平均年增长百分之三十，地质勘探投资约需四十三亿元，平均年增长百分之二十一；基本建设投资八亿元，平均每年投资额，相当于一九五七年的水平。第二个五年期间钻探工作的效率较第一个五年有较大的提高（百分之六十二），成本也有所下降（百分之三十六）。但探明每种矿产所需要的工作量及费用，则一般的较第一个五年稍多些，这是因为第一个五年所勘探的多系大型的、露出地表和埋藏较浅的矿床，因而投入的工作量较少；而第二个五年所勘探的矿床，则多系埋藏较深和勘探比较困难的矿床，中、小型矿床的比重，也较第一个五年大为增加，因而投入的工作量要多；苏联几个五年的经验证明，这种情况是正常的。

（二）在矿产资源保证上最突出的几个问题

1. 对中、小型尤其是小型企业所需要的矿产资源，还远不能满足。自中央提出了大、中、小型企业相结合的建设方针，特别是在主席提出了地方工业产值争取在五年、七年、十年内超过当地的农业产值以后，各省、县在发展地方中、小型工业上的积极性，已空前提高，对矿产资源的保证方面，已提出愈来愈多的要求，全国将有数以千计的黑色、有色、燃料和非金属中小型建设项目，亟待我们提供矿物原料基地。而我们过去则主要是集中力量搞大矿，对中、小型特别是小型矿床，则很少注意。

2. 国家急需的镍、铬、铍、锂、钽、铌、锆、云母、石棉、压电石英（水晶）、钾、硼等矿产，在储量上的保证程度很差，或者基本没有保证。在第二个五年期间，虽然计划探明镍矿二十万吨，铬矿二百万吨，均较第一个五年预计探明的储量增加了十四倍左右，但仍然仅能满足国家需要的百分之二十五到三十。特别是随着我国工业的猛烈发展、世界科学技术的飞跃前进，在今后五年、十年内对上述各种矿产的需要量，将是几倍甚至几十倍的增加，而这些方面的工作却正是我们最薄弱的环节。

3. 部分储量保证较好的矿种，矿石质量较贫，或者地区分布不平衡。如铁矿百分之八十以上是需要选矿的贫矿石，能直接入炉的富矿很少；锰矿不仅品位低，冶炼锰铁合金所需之富锰矿，还不能全部保证，而且在地区分布上，南方多而北方少；磷、硫、煤的地区分布也不平衡，煤多集中于北方，磷多集中于南方，磷和硫的产地多配合不上；某些大型铜矿储量虽多，但品位较低，且开采面小，限制了建设规模。

4. 地质测量落后于普查，普查落后于勘探。现在尚无全国百万分之一的地质图和各种矿产有希望地区的二十万分之一的地质图，因而不能更合理、更有科学根据地规划和开展矿产普查工作。由于普查工作不够，又影响到若干地区勘探后备产地的严重不足。近两年来虽然地质部用了百分之六十以上的大专技术力量从事地质测量及普查工作，也未能根本扭转普查测量与勘探不相适应的情况。

现在我们正面临着全国工农业生产大跃进的新形势，为发展工农业服务并为工业建设“尖兵”的地质工作更必须大跃进。为了实现这个大跃进，必须很快注意解决上述几个突出问题，才能更进一步地改善资源保证情况，更好地满足工农业建设的需要。

（三）解决当前地质工作若干突出问题的关键

地质技术力量不足和分配使用上的不合理，是影响当前地质工作大跃进的根本原因。今后必须在矿产资源方面保证中、小型企业能够遍地开花；认真地加强国家急需矿种的普查与勘探；大力寻找富矿并克服某些矿种的地区分布不平衡现象；逐步扭转普查测量落后于勘探的情况。而解决这些问题的关键，则在于合理地使用全国现有的地质技术力量。为此我们认为：

1. 首先应迅速实现中央关于《地质工作体制的意见》（已有专题报告报中央），改变现在冶金、煤炭、地质三部在各省分设三套地质机构，实行三个“条条”到底的情况。将各部现在各省的地质分局（或称勘探公司）及其所属普查勘探队（生产矿山的地质工作除外），很快合并于当地省地质局。这样则省委对地质工作的领导，可以得到进一步加强；各级地质管理机构可以大大精简；现有地质技术力量可以合理调整与充分利用；关系着工业建设速度的矿产资源规划工作，可以统一地进行。这是促使目前地质工作大跃进，保证矿产资源满足工农业建设需要的决定因素。

2. 充分利用各大学在校的地质专业高年级学生及教师，给他们担任一定的地质任务。这样不仅可以解决当前地质力量不足的困难，而且是贯彻勤工俭学方针，使学校逐步走向大部或全部自给的重要措施。这种做法将促使理论与实际、教学与生产、脑力劳动与体力劳动、知识分子与工农更好地结合。

3. 克服在使用地质干部方面的右倾保守思想，纠正对地质干部不注意培养教育、不敢放手使用的现象，大力挖掘现有地质干部的潜力，也是当前解决地质力量不足的一个重要途径。

4. 继续争取技术上的外援。几年来，虽然我们已经培养出一批技术水平较高的中国地质专家，但还远不能满足工业发展的需要；特别是今后五年内将勘探五十种以上的矿种，其中有许多为国家急需而我国地质人员还不会作的矿种；农业发展对水文地质工作的要求更急，而水文地质人员则更为缺乏；为此，在第二个五年期间，还必须从苏联或其他兄弟国家，聘请足够的矿产地质和水文地质专家帮助工作。

由于中央提出的苦战三年、力争上游、十五年赶上英国的伟大号召，由于各地党委的大力促进，一种朝气勃勃的革命干劲，正在地质部门广大职工群众中开始形成。我们相信通过反保守运动的深入开展，大力挖掘技术干部的潜力，更合理地使用全国现有技术力量，更加兢兢业业地努力工作，就一定能够更快地促成地质工作的大发展、大跃进，争取今后五年在地质生产战线上的大丰收，进一步满足国家建设对矿产资源日益增长的需要。

Z782 – 9

国家技术委员会党组：工业交通技术十年发展规划纲要（草案）

1958 年 3 月 18 日

序言（暂缺）

纲　要

（一）调动工业交通技术的一切力量，全面支援农业，加速农业机械化、水利化、化学化和电气化的过程。调动农业，发展工业，实现技术革命，全面提高社会生产力。

（二）模仿和创造相结合。凡是外国、外地已经成功了的技术，应当经过调查、选择，积极采用，不必从头摸索；在学习和采用别人的技术中，要根据自己的条件，边学边改，大胆创造，不断发展；适应本国、本地特有的资源、需要和自然条件，发展新的技术。

（三）发展“基础技术”（一般工业技术）和发展“尖端技术”（核子、喷气技术、电子）相结合。基础扶植尖端，尖端带动基础。十年内，在集中主要力量发展基础技术的同时，积极发展尖端技术，相互促进，全面提高。

（四）研究和生产密切结合。研究为生产服务，从生产实践中总结经验提高理论水平。

（五）大胆试制新产品、试验新技术。一切经过试制和试验，鼓励先进，带动落后，造成社会风气。

（六）改良老工具，创造新工具，实现工具上的革命。改善老方法，创造新方法，实现生产方法上的革命。改进老材料，创造新材料，实现材料上的革命。

（七）多种多样地发展工业产品。国家建设和人民生活所需要的主要产品，应当在5~10年内，在数量上和品种上，做到基本上完全自给。大力发展新产品，同时注意改进现有产品的质量。既注意发展保证国家建设需要的重大产品，也注意发展6亿人民在生产上和生活上最需要的产品。在着重发展适合国内需要的产品的同时，也注意发展适应国际市场和更多换取外汇的出口产品。

（八）采取资源综合利用政策。凡是能够综合利用的资源都要综合利用。首先抓以下各项资源的综合利用：煤炭及其他可燃矿物，多金属共生矿物，木材，水能，海水，农业副产品，工业的废液、废气和废料。各地还可根据当地资源情况选择综合利用的项目。每一项资源的综合利用，都应当由一个主要部门为主，有关部门配合，制定统一规划，互相协作，配合进行。

（九）装备政策。国民经济各部门都要不断地提高机械化的水平。一切工业部门和交通运输部门都要注意不断改进现有装备，提高设备效能，有条件地发展生产过程的自动化；农业争取在10年内基本上完成机械化；建筑、筑路和人力搬运，要发动群众，就地取材，创造机械化、半机械化或“土机械”的办法，以减轻体力劳动。

在设备制造上要注意发展产品的系列性和多方面使用的适应性，以及供应的成套性。一切部门都要尽可能采用国内制造的设备，争取在10年内达到完全自给。

一切机械制造部门和企业，都应当从设计和加工工艺方面来降低加工量和减低设备重量，并需定出各自的奋斗指标。

（十）电力政策。利用各地区的一切可以利用的动能发电，逐步实现全国电气化。

根据各地不同条件，积极地研究和开发水、火、风、生物和太阳的能源，建成各种类型的电力网。要充分利用我国水力资源丰富的优越条件，大力发展水电，并注意综合利用。为了加速发展水电，对中小型的水电站及其装备，要作出各种不同的标准设计。注意大、中、小电力网的联结和电力的合理分配，使电能得到充分利用。

（十一）调查和勘探资源。统一安排地质普查和勘探力量，发动群众找矿报矿。扩大已经开采的重要矿产的工业储量，3年到5年内找到可供工业开采的镍、铬等稀缺资源。

（十二）发展黑色冶金工业技术。提高矿石回收率和降低贫化率。扩大配煤范围，两三年内做到区域配煤，发展劣质煤炼焦技术。在两三年内使炼铁炉和炼钢炉的全国平均利用系数达到世界最高水平。结合资源条件发展多种炼铁方法。大力发展转炉炼钢和连续注锭，氧气炼钢的比重在十年内达到　　%［原文如此］。在5~10年内建立起我国的合金钢系统，发展高强度钢材和经济型钢。在5~7年内使高温合金、金属陶瓷和精密合金的技术达到世界水平。

（十三）发展有色金属工业技术。争取在5年内把品种增加到64种。综合利用多金属共生矿，发展分离提取技术，有用矿物的回收率在5~7年内达到世界水平。

（十四）发展煤炭工业技术。发展露天采矿和水力采煤，在5年内煤的回采率达到　　%［原文如此］。在3年内做到煤炭的分级、分类供应。改进选煤，使精选煤回收率达到　　%［原文如此］。

（十五）实行煤炭综合利用政策。注意工业燃料、民用燃料、动力燃料和化工原料等四个方面的密切结合，大力发展化肥及其他化学工业，发展煤炼油工业，充分供应农业机械化、水利化所需要的动力燃料。在主要煤炭基地和交通沿线建立煤的加工厂（低温干馏厂），生产煤气、焦油和焦炭（半焦），并根据需要分别建立大、中、小型的冶金—化工、炼油—化工、炼油—电站—化工等联合企业或综合企业；有条件的大中城市，普遍建立煤气—化工联合企业。有条件的省（自治区）、市均须制定本地区煤炭综合利用的规划方案。

（十六）发展石油工业技术。10年左右基本上查清天然油、油母页岩、炼油煤和天然气的资源。大力发展人造石油。5年内使天然石油开采的平均油收率达到5%以上，使炼油的透明油收率达到70%以上，人造油的采油率到达85%以上。炼油厂的废气要逐步做到全部利用。

（十七）发展建筑材料工业技术。

（十八）发展化学工业技术。

（十九）发展交通运输技术。争取在10年内，铁路、公路、水运和乡村道路能互相配合，构成全国交通运输网，达到四通八达，货物流畅。

用简易工具代替人力运输；改进畜力运输工具，提高载重量，综合利用汽车和拖拉机，使用挂车，提高货运量；改善和发展公路，提高运输效率。

沟通河流，发展水路运输。

改进蒸汽机车，提高索引能力，并在有条件的地区，逐步实行铁路电气化。

相应地发展海洋运输。

（二十）发展通讯技术。年内建成全国的通讯网及广播网。在通讯系统中加强协作，提高设备利用率，并逐步采用多路通讯。积极研究和发展不用电源的收音机，提前建成农村的广播系统。

（二十一）发展无线电电子技术。

（二十二）发展纺织工业技术。通过改装和调整设备，采用新的技术和方法，争取在5年内把现有厂房面积每个平方米的产纱率提高20%～30%。扩大利用杂纤维的种类和数量，增加杂纤维在纺织原料中的比重，争取在5年内由现在的2.5%增加到5%以上。迅速解决利用棉籽绒、甘蔗渣、马尾松、芦苇、竹子、麦草制造粘胶纤维的生产技术，促进人造纤维工业的发展。发展混纺交织技术，增加针织品的比重。

（二十三）发展木材的综合利用和节约木材。在采区尽可能地发展靠山制材、就地加工。多运成材，少调原木，利用边材、废材、木屑发展人造木板及化学工业。运出的原木，要尽可能地提高利用率，边皮、碎木、刨花、锯末等都需利用，争取在3～5年内把利用率提高到90%。坑木、枕木、椿木、电杆和建筑用材，都要作防腐处理，逐步做到不经防腐不得使用。

（二十四）发展水产技术。凡是可以利用的河流、湖泊、水库、池塘、稻田、盐田和浅海，都要发展水产养殖，并推广丰产经验。掌握鱼群生活规律和移植技术，改进渔船动力、采用耕式渔网、改良防腐办法。

（二十五）综合利用海水。到1962年盐卤的利用率要达到80%以上。两三年内解决从盐卤中提取金属镁和碘、溴元素的生产技术，一两年完成提取以钾、镁为主的各种混合肥料的生产试验。

（二十六）发展造纸工业技术。提高草类制浆及抄纸技术，到1962年草浆比重要达到80%以上。发展工业用纸及代替木材和金属的纸张。纸浆废液在两三年内全部回收利用。

（二十七）发展日用品工业技术。5年内做到各种产品应有尽有，产品要做到价廉、适用、物美，产品的质量分别在两三年内达到世界水平。

（二十八）发展食品工业技术。推广先进经验提高制糖、制酒、榨油等工业的产品收获率和盐田单位面积的产量。利用野生油料，开辟新油源。利用农业副产品和造纸厂废液制造酒精和牲畜饲料。在5年内做到不用粮食制造酒精、酱油和浆料。

（二十九）县以上各级党委和中央各工业交通部门要抓工业布局的规划，在1958年内作出一个轮廓规划。工业布局应当有县（自治县）的、专区（自治州）的、省（自治区）的、经济区的和全国的，也应当有各个工业系统的，两者要相互结合。工业布局中要贯彻执行工农业结合及寓工于农的方针，要根据动力资源、工业资源、劳动力资源、市场需要、现有工业基础、国防条件、交通运输条件、协作条件等来规划。要求从1958年起，在十年到十五年内逐渐形成合理的经济区划。

（三十）县以上的各级党委和企业以上的各级部门要抓技术发展规划。要求在1958年内拟定各县（自治县）、专区（自治州）、省（市、自治区）、各企业、各研究机构和中央各部门的十年的规划和年度规划。长期规划是短期规划的方向，短期规划是实施长期规划的措施，长期规划与短期规划相结合。

（三十一）抓科学技术研究工作。县县设立研究所，厂厂附设试验室。县的研究工作，一般的可以以调查资源、改良工具、化学试验为主；厂的研究工作，一般的可以以发展产品、改进质量、节约材料和改进生产方法为主。各行业急需的和空白的研究部门，在第二个五年内要予补充或兴办。地方在开展研究工作中，要注意地区的特点，要有地区性。

（三十二）中央有关部门和各省（市、自治区）都要抓标准化工作。制定出各行业中小型工厂的建厂标准设计和成套设备的标准设计，适应地方工业发展的需要。争取在3～5年内逐步制定工业、农业、林业和畜牧业的重要产品的标准。

（三十三）抓计量工作。在全国范围内逐步建立各种和各级计量基准，建立和加强全国的检定网。由各省（市、自治区）根据当地条件，有计划、有步骤地推行国际米突制，逐步统一我国的度量衡制度。

（三十四）县以上的各级党委和企业以上的工业经济部门，都要抓发明创造和合理化建议工作。鼓励各种创造性的活动，奖励先进，帮助落后。凡是有利于社会主义建设的技术成就，应当积极交流和推广。

（三十五）县以上的各级党委和工厂以上工业交通部门，各研究机构、设计机构和工业技术学校，都要抓科学技术资料和情报工作。要求在今明两年内以“块块”为主，“条条”为辅，建立各级的科学技术资料和情报中心。

（三十六）广泛开展技术协作。一切工厂、研究机构和学校，在发展生产和发展技术上，应当彼此帮助，相互支持。中央（工业）帮地方（工业），沿海帮内地，本省帮邻省，城镇帮农村，先进帮落后，大小互助，新老互助，生产者和使用者互助。县以上的各级党委和企业以上的工业经济部门都要把协作任务纳入规划，“块块”为主，“条条”为辅，制定办法，组织协作。

（三十七）大力开展国际科学技术合作工作。采用多种形式和社会主义各国首先是苏联交流技术经验，有选择地学习他们的技术，努力取得他们的帮助。广泛吸取世界各国的技术成就，根据我国的需要和条件，解决我们的技术问题。

（三十八）充分利用现有工业基础。要做到：小厂做大活，老设备制造好产品。对于提高产品产量、改进质量、节约原材料、降低成本和安全生产的关键性薄弱环节，尽先实行技术改造。采取增加关键设备带动老设备、增加车间带动全厂的办法，充分发挥现有企业的作用。

（三十九）中央各工业部门要用70%或者更多一些的力量帮助地方工业。

（四十）高中毕业学生，先当一年到两年工人，然后才能投考工科大学。学校中生产实习的时间要占总课程的 %到 %［原文如此］。

（四十一）积极从生产中培养技术干部，增大这方面的比重，逐步达到50%以上。

（四十二）一切工厂都应当加强培养试验研究人员和产品设计人员的工作，机械制造工厂的产品设计人员，在5年以内要达到职工总数的5%以上。

（四十三）普及技术教育。把科学技术普及组织的基层活动，伸展到一切生产单位中去。

（四十四）各级领导干部学科学，学技术，又红又专，争取在3~5年内成为内行。

Z801-1

（二）年度计划

国务院关于编制一九五八年度国民经济计划草案的指示

1957年10月1日

（一）在伟大的整风运动和增产节约运动的基础上，1957年度国民经济计划的执行情况基本上是良好的。从现在预计的情况来看，1957年的农业生产可能是一个中上年成，粮食、棉花的产量都将有所增加；工业生产，按总产值计算，将有可能超过计划3.5%以上；基本建设的工作量预计可以完成计划；运输计划也将超额完成；在物资供应方面，除了少数特种钢材以及木材，仍然不能满足需要以外，其他物资，在生产同需要之间，已可基本获得平衡，少数物资（生铁、大型钢材）还略有积蓄。供应市场的商品，除了棉布、煤炭等仍然比较紧张以外，其他已经趋于缓和。同时，信贷收支是平衡的，财政收支还稍有结余。1957年度计划的完成，就胜利地完成了第一个五年计划，并且为1958年度国民经济的进一步发展创造了有利的条件。

同时，应该指出：在我国国民经济发展中，在各经济部门相互之间，也暴露出一些比较突出的问题。第一是农业生产在第一个五年计划期间虽然已经有了相当的发展，但是仍然落后于国民经济其他部门，特别是工业发展和人民生活改善的需要，人民消费水平的提高，不能不受到一定的限制。第二是原材料、燃料、化学工业生产的发展速度虽然很快，但是也仍然不能满足机械工业、交通运输业特别是农业的需要。第三是在增加新的产品、发掘新的原料资源、积极使用代用品方面，还落后于我国经济发展的要求。第四是增产节约的潜力还很大，勤俭建国的方针还需要继续大力贯彻执行。

1958年是我国发展国民经济的第二个五年计划的第一年。1958年度国民经济计划的编制，必须根据第一个五年计划执行中所取得的经验和党的第八次全国代表大会关于发展国民经济的第二个五年计划的建议的原则，针对国民经济发展中存在的突出问题，瞻前顾后，统筹兼顾，适当安排。因此，编制1958年度计划的方针应该是：在优先发展重工业的基础上，贯彻执行发展工业和发展农业同时并举的方针，增加对于发展农林水利事业的投资，增加能够促进农业生产的工业部门的投资，以加速农业的发展；积极地发展原材料工业和燃料工业，特别是发展某些特殊品种的和供应不足的原材料工业；继续贯彻执行大、中、小型企业相结合和充分利用小工业、手工业的方针，增加产品品种，提高产品质量，进一步降低成本；注意使交通运输业特别是铁路运输业的发展，适应于工农业生产发展和基本建设增长的需要；加强对外贸易对于国内生产和市场的调剂作用；人民生活的改善和文教卫生事业的发展，必须同经济的发展水平相适应，农民的购买力在增产的基础上将有一定的增长，职工的工资标准不变，但是，随着职工人数的增加和部分职工的定级、转正，工资总额也有一定的增加，文教卫生事业应该在提高质量的基础上稳步地发展。同时，应该继续开展增产节约运动，节约军政费用，节约企业、事业的管理费用，进一步压缩社会集团的购买力，进一步降低非生产性建设的标准和投资，进一步贯彻执行勤俭建国、勤俭办企业、勤俭办事业、勤俭办合作社、勤俭持家的方针。

（二）想尽一切办法，促进农业增产，是编制1958年度国民经济计划的主要任务之一。首先是提高单位面积产量。其次是扩大耕地面积，开垦荒地。兴修水利、增施肥料、推广行之有效的技术措施，是提高单位面积产量的三个基本条件。在水利建设上，应该是防洪、排涝、灌溉、水土保持、发电相结合，根据不同地区的不同情况，有不同的重点措施。目前应该用较大的力量进行灌溉和排涝工作，并须贯彻执行全面规划、上下游兼顾、因地制宜、社办公助、少花钱、多得利的方针。在工程规模上，应该是大、中、小型相结合，而以中、小型为主，特别是小型工程。对于那些经过设计，确实可以在当年或者次年收到显著效益的工程，应该首先举办。同时，要注意改善现有的水利设施，加强管理和养护工作，以发挥它对于增产和抗灾的作用。增加化学工业的投资，积极增产化学肥料，对于今后我国农业的发展，将起重大的作用；同时，应该着重指出：在相当长的时期内，农家积肥仍然是我国农业肥料的主要来源。因此，必须在今冬明春开展一个广大群众性的适合当地具体条件的兴修小型水利和积肥运动，以保证农业增产。根据农业发展的需要，生产适合于各地具体需要的农业机械，特别是农业动力机械，对于解决目前农村耕畜不足和农忙时人力不足的困难，对于提高单位面积产量和扩大耕地面积，都有重大的意义，应该继续有计划地进行。推广优良品种，防治病害、虫害，就当地耕作习惯改善田间管理，也应该继续积极地进行。同时，所有农业生产合作社都应该适当增加公共积累，以扩大再生产。1958年全国粮食产量要求达到3 960亿斤，全国棉花（皮棉）产量要求达到3 250万担，植棉面积维持9 000万亩，以适当保证人民的吃、穿需要。此外，要求各省、市、自治区切实纠正各部门在基本建设中占用土地过多的浪费现象。继续加强水土保持、造林、发展畜牧业等工作。继续扶助山区人民发展生产，加强山区建设和牧区建设的工作，扭转山区人口外流的现象。1958年国家对于发展农林水利事业的投资将有较多的增加。必须把国家对农业的投资、事业费、贷款同农业生产合作社自己的投资结合起来，全面规划，合理使用，才能充分发挥投资的经济效果。同时，大力节约农林水利的事业经费，改用于农业生产投资，也是很重要的。

（三）1958年的工业生产，必须有进一步的增长。对于供应不足的产品，如原煤、汽油、柴油、无缝钢管、接缝钢管、镀锌钢管、薄钢板、镀锌钢板、化学肥料、铜、木材、盐、硫酸、纯碱等，必须切实努力增加产量，节约使用，并业采取有效的措施使用代用品。对于能够增加出口的矿产品，如石棉、云母、硼砂、黄金、钨精矿、钼精矿、锡、汞、钴等，应该力求增产，并且尽可能在国内经过加工，以增加外汇、减轻农产品出口的压力。对于机械工业的生产，应该统筹规划，适当安排。安排的原则是：在使用和制造两方相结合的条件下，使国防工业和民用工业相结合、事业化和协作相结合、制造和修理相结合、地方管理的企业和中央管理的企业相结合，以便合理地使用现有的机械工业的生产能力。这样，不仅可以更多地制造国内建设所需要的各种设备，尽量减少设备的进口；而且可以适当地减少机械工业的建设项目，节约建设投资。但是，对于某些暂时不需要的或者有积压的产品，则应该适当地限制其生产，并且尽快地改制社会需要的新产品。对于新产品的试制，对于单个产品和小批产品的生产，都应该采取积极的态度。在纺织工业方面，应该努力增加棉花的收购量，并且发掘各种纤维原料资源，以增加产量，适当地满足人民的需要。一切工业部门都必须想尽各种办法，增加新种类产品，提高质量，改善劳动组织，提高劳动生产率，降低成本。1958年全国工业总产值要求比1957年预计增长8%以上，各部和各省、市、自治区在确定工业生产发展速度的时候，应该挖掘各方面的潜在力量，批判各种保守思想，根据生产能力、原材料的来源和产品销路等可能的条件，提出积极的而不是保守的指标。

（四）交通运输事业，随着工农业生产和基本建设的发展，应该有相应的发展。铁路的某些干线区段和新工业区的运输任务比较紧张，长江和海南岛港口的运输任务也比较繁重，必须通过改进经营管理工作和加强必要的基本建设，适当地予以解决。应该认真总结煤炭、木材、粮食等主要物资分区产销平衡合理运输的经验，继续加强产、运、销相结合的制度。在铁路建设方面，应该继续贯彻执行建设新的铁路同改造原有铁路并重的方针。由于木材供应不足，应该积极解决用水泥轨枕代替枕木的问题。在地方交通运输方面，除了适当地增加一些汽车和船舶以外，应该继续组织民间运输工具，发挥民间运输力量的潜力，以适应当地的需要。为了开发山区经济，可以根据当地经济的发展情况，分别轻重缓急，逐步修建一些适合于当地具体条件的山区道路。

（五）1958 年的基本建设投资总额，初步定为 116 亿元。分配给中央各部 91.55 亿元，比 1957 年计划增长 1.6%；分配给地方 23.41 亿元，比 1957 年计划增长 12.3%；保留了待分配数 1.04 亿元。从目前国家的财力、物力的可能来看，这个指标是比较适当的。根据我国经济发展的需要，1958 年基本建设投资的分配，一方面，适当地增加了对于农林水利建设的投资，增加了化学工业、煤炭工业、电力工业、冶金工业、森林工业以及铁路建设的投资；另一方面，适当地减少了对于机械工业、棉纺织工业等部门的投资。在投资的使用上，应该进一步贯彻执行勤俭建国的方针，充分发挥投资的经济效果。一切建设事业必须适合我国的具体条件，企业的建设规模，要求大、中、小型相结合，以中、小型为主，并且尽可能争取做到自行设计和使用本国自己制造的设备。企业的机械化程度，应该分别不同企业有不同的要求。组织企业之间的协作，避免重复建设辅助车间和修理工厂。降低过高的设计标准和定额，适当地修改现有的设计。削减不必要的工程和不必要的设备。严格审核限额以下的工程。节约建设用地。加速工程进度，争取每个建设项目都能按期竣工，投入生产。进一步压缩非生产性建设的投资比重。1958 年对于办公楼、礼堂、招待所、疗养院、展览馆等一般都不再建设；宿舍、商店、合作社、银行等，除了新工业区十分必需者以外，也应该不建或者尽量少建。在建筑安装工作方面，必须提高质量，降低造价。

（六）同经济的发展相适应，人民生活将有一定的改善。1958 年职工的工资总额，在工资标准不变的条件下，由于职工人数有计划的增加和部分职工的定级、转正，将比 1957 年预计增长 4%。农民的购买力，在增产的基础上也将比 1957 年增长 6.4%。1958 年的社会购买力，根据初步计算，将达到 498 亿元左右，比 1957 年将增加 24.8 亿元左右。但是，商品供应额同社会购买力比较，还有一些差额。因此，1958 年商品的供应情况，特别是棉布、粮食、煤炭的供应情况，仍将比较紧张。为此，各地必须加强棉花的收购工作，力争完成 1957—1958 年度收购棉花 2 300 万担到 2 400 万担的任务，并且积极地组织回收棉籽短绒，以增加棉布的生产和供应。同时，有关生产部门应该努力增加煤炭、木材、纸张、胶鞋、自行车和没有列入国家计划的供不应求的小商品的生产，这是平衡社会购买力的积极办法。此外，还必须严格地节约粮食、煤炭和工业用布；必须进一步节约军政费用，特别是企业、事业单位的管理费用，以压缩社会集团的购买力。

（七）适应国内经济发展的需要，必须进一步加强对外贸易的工作。1958 年进出口贸易总额初步安排为 93.9 亿元，其中出口总额安排为 52.9 亿元，维持 1957 年的水平；进口总额安排为 41 亿元，低于 1957 年的水平。必须争取多出口一部分可能出口的矿产品、钢铁产品、机械产品和若干有传统的出口习惯的零星商品，以代替一部分农产品和农产加工品的出口。在进口方面，要积极地进口国内缺乏的五金材料、橡胶、石油、化学肥料、棉花等物资，适当地压缩机器设备的进口，以更加适应国内工农业生产和消费的需要。各省、市、自治区在完成国家计划出口的产品以外，还应该继续努力挖掘出口物资的潜力，以增加外汇收入。

（八）文教卫生和科学研究事业，应该在巩固和提高质量的基础上稳步地发展。我国普通教育的任务，应该是培养忠实于社会主义事业的、有相当文化水平的、身体健康的体力劳动者，并且有计划地为培养专门人材打好普通知识的基础。1958 年度计划安排高等学校招生 10.97 万人，应该着重调整专业，提高教学质量，一般的不再建设新的学校和不再迁校。中等专业学校招生计划控制在 10.6 万人以内，农业、经济、法律三科将停止招生，工科主要是招收具有初中毕业程度、并有两三年工龄的工人入学，农科将着重轮训农业生产合作社的行政干部和技术干部。高级和初级中学的计划招生人数比 1957 年都将略有增加，新建的初级中学应该尽可能接近农村，并适当地增加农业课程。小学将有较多的发展，计划招生 2 100 万人，在国家财政拨款的范围内，贯彻执行勤俭办学的方针，并且提倡群众办学，以便尽可能地多招收一些学生，逐步减少学龄儿童不能入学的人数。在卫生事业方面，应该着重整顿巩固，充实和提高医疗力量，特别是充分发挥中医的力量。1958 年医院病床比 1957 年增加 9 820 张，主要是照顾新兴工矿区、少数民族地区和某些沿海城市的需要。在文化和科学研究事业方面，应该继续贯彻执行百花齐放、百家争鸣的方针，并且进一步发挥全体人员的积极性，充分地利用已有的设备，依靠现有的人力、物力，办更多的事情。

（九）继续开展增产节约运动，继续贯彻执行勤俭建国的方针，这是编好 1958 年度国民经济计划的关键。第一，必须努力增产。各个工厂和矿山，各个农业生产合作社和手工业生产合作社，都要通过整风和社会主义教育运动，提高工业劳动群众的社会主义觉悟，克服消极因素，发扬积极因素，加强生产领导，挖掘潜在力量，努力提高生产指标，争取超过计划控制数字。特别是对于粮食、棉花和工业原材料的增产，必须从各方面采取具体措施，保证实现。第二，在基本建设方面，各部门、各地方在编制计划的时候，应该严格执行党的勤俭建国的方针和有关的各项具体政策，坚决纠正各种浪费现象。在总结过去建设经验的基础上，制订 1958 年节约基本建设投资的具体方案，在投资计划控制数字以内，地方争取节约投资 3% 至 5%，中央部门争取节约 7% 至 10%。这些节省下来的投资，仍由各部和各省、市、自治区自己掌握，使用到最急需的建设事业上去。这样就可以拿同样数量的钱，办更多的事情。第三，在各经济部门，都要努力提高劳动生产率，降低成本，加速资金周转。要求工业部门 1958 年提高劳动生产率 3% 到 4%，降低成本 4% 到 5%，以便为国家节约更多的资金。第四，各部门都应该节约使用原材料和燃料，对于某些供应不足的特殊钢材、铜、木材、煤炭、石油等产品，则更应该大力节约和使用代用品。要求各企业在生产经营方面节约用煤 3% 到 5%。第五，全国各机关、学校、企业和事业单位，应该通过整风运动，认真精简机构，减少非生产人员。各部门精简下来的人员，应该充实基层生产单位或者到农村参加农副业生产；如果地方上需要，也可以抽调一部分人员加强基层机构或者中、小学校。此项工作，除了国务院直属的各部门由国务院全面规划以外，中央直辖的企业和事业单位，凡是在地方上的，都应该通过当地党委统一安排，并通知中央的主管部门。同时，各部门、各地方必须严格控制劳动计划，不从社会上自由招收职工，并且加强各部门、各地区间劳动力的调配工作。第六，一切军政机关、文教部门、人民团体都要进一步厉行节约，节约军政费用，节约事业费的开支，节约办公费用。上述各点，要求各单位通过整风和社会主义教育运动，在总结经验、纠正缺点的基础上，作出更好的成绩来。

（十）鉴于以往几年的年度计划编制得晚，下达得迟，变动较多，在经济工作的安排上造成某些困难。要改变这种情况，必须提前编制和下达年度计划。为此，国务院要求各部和各省、市、自治区在接到这一指示以后，立即抓紧时间编好1958年度计划草案，报送国务院，并抄送国家经济委员会和国家计划委员会，由国家经济委员会进行审查和综合平衡后，于1957年12月初向国务院提出1958年度国民经济计划草案，以便经国务院审议，并提请第一届全国人民代表大会第五次会议或者全国人民代表大会常务委员会讨论通过后下达执行。对于1958年的基本建设工作，各部和各省、市、自治区即可按照1958年度计划控制数字规定的建设规模和建设项目，着手进行准备。各部和各省、市、自治区在编制计划草案的过程中，如果遇到疑难问题，可以随时同国家经济委员会和国家计划委员会商酌；遇有重大问题，可以直接报告国务院，以便及时解决。

150－6－54

薄一波：关于一九五八年度国民经济计划（草案）的报告

1958年2月3日

第95～139页。D220－5455（11）。

国家经委党组关于一九五八年度计划第二本账的报告

1958年3月7日

各地方、各部门送来的第一本账，也就是中央的第二本账，我们已经汇总起来，并且做了初步的平衡工作。这本账，比2月上旬全国人民代表大会通过的计划高了很多：工业总产值增加157亿元，农业总产值增加66亿元。这确是一本多快好省的账，它反映了我国国民经济大发展、大跃进的新形势。从这本账看，南宁会议的反对保守、多快好省、力争上游的精神，已经在我国经济生活中起了巨大的促进作用，我国解放了的生产力，像原子核分裂一样，产生了巨大的能量，我国的经济形势已经发生极大的变化。我国的民族确实大有希望。

跃进最快的是农业战线。1958年全国将扩大灌溉面积近2.6亿亩，超过解放以前我们的祖先几千年来开拓的灌溉面积。2月底为止，已经完成1.8亿多万亩。这是一个极其重要的情况。因为水利这一关过去了，只要再过好排水灌溉机械这一关，过好肥料这一关，今年农业的增产就有了很大的把握。在排水灌溉机械方面，第一本账计划生产59万马力，第二本账增加到270万马力，其中约有100万马力，可以在6月底以前分配到农村，对今年农业增产将发挥巨大的作用。在肥料方面，虽然今年化学肥料的供应量还只能有250万吨，但是，因为各地大量地养猪积肥，和采取其他各种办法增加肥料，也是会收到很大成效的。各地方对于农业的大进，充满了信心。地方提出的粮食产量指标，达到4 316亿斤，比中央的第一本账增加396亿斤；比去年的产量增加616亿斤，这大体相当于第一个五年计划期间增产的总和。棉花产量指标，达到4 093万担，比中央的第一本账增加593万担，比大丰收的去年的产量增加813万担。这样，今年粮食增产的速度将是16.6%，棉花增产的速度将是24.8%，这是我国历史上前所未有的速度。

接着农业生产高潮，一个比1956年规模更为壮阔的工业生产高潮，也已经迅速形成。现在的工业总产值指标是904亿元，比去年实际完成的产值680亿元增加224亿元，增长速度是33%。这也是我国历史上前所未有的速度。

主要工业产品的产量指标如下列：

	第二本账	第二本账比第一本账增　加	第二本账比1957年产量增加数
生　铁	800万吨	67万吨	210万吨
钢	700万吨	75万吨	176万吨
原　煤	16 737万吨	1 665万吨	3 875万吨
发电量	246亿度	21亿度	56亿度
原　油	166万吨	11万吨	22万吨
氮　肥	99万吨	9万吨	32万吨
排水灌溉机械	270万马力	211万马力	
水　泥	1 010万吨	244万吨	341万吨
木　材	3 095万立方米	247万立方米	439万立方米
棉　纱	560万件	40万件	99万件

这里要特别提到的是地方工业突飞猛进的发展。主席关于尽快地使地方工业总产值超过当地农业总产值的号召，把全国各地方发展工业的积极性一下子提起来了。现在看，各地方的干劲比中央各部门还要足一些，特别是甘肃、陕西、云南、贵州、湖南、安徽、河南7个省，都计划把今年的工业总产值比去年提高50%以上。在上述的比第一本账增加的157亿元工业总产值中，地方增加的是107亿元，这样，今年地方工业的增长速度，将达到37%以上；中央工业的增长速度，经过几次提高，也达到28%左右。但是，中央工业的潜在力量并不是已经挖尽，还应当再努一把力，向地方看齐。

工农业生产大跃进的局面，促使交通运输部门也必须有一个跃进。在交通运输各部中间，铁道部做得比较及时，也比较好。现在铁路货运量的第二本账，比第一本账增加3 000万吨，达到3.4亿吨。同时，铁道系统已经开展了声势浩大的日产百万吨公里运动，并且决定精简1万多员工。通过这些措施，今年就可以降低运输成本20.5%，增产节约2.5亿元。考虑到生产和建设的指标都在不断地提高，因此，除了铁路的货运量指标应当进一步地提高以外，公路和水运的货运量指标，也应当尽可能地提高。

按照第二本账计算，今年的国家预算收入将可以达到372亿元，比第一本账增加40亿元。此外，中央各部和地方还有相当数量的自有资金。在深入开展反浪费、反保守运动以后，进一步增加财政收入的可能性，还是很大的。

今年的基本建设投资，原定145亿元。我们在编制第二本账的时候，从财政收入增加的40亿元以及中央各部和地方自有资金中，拿出30亿元，增加基本建设投资。这样，今年全国基本建设的投资总数就将增加为175亿元，比去年增长42%。这笔新增加的投资，是一下子加上去好呢？还是先少加后多加好呢？或者还是像往年那样，边走边看，等到“八月十五”再往上加好呢？我们认为采取第一种做法，才能够适应建设大发展的需要。当然，就是这样做了，到今年秋季，在生产大发展、财政收入有更多增加的基础上，基本建设投资还应当有进一步的增加。

在这新增加的30亿元基本建设投资中间，准备以六成分给地方，以四成分给中央各部。这样，地方将得到18亿元，这对于地方建设事业的大发展，是一个有力的保证。

新增加的投资，准备主要用来发展农田水利建设，发展钢铁、有色金属、煤炭、石油、电力、化学肥料、机械制造工业和铁路的建设。同时，尽先保证那些已经开工的重点工程和在一两年内就能够竣工的新建工程，得到必需的投资。对于新上马的重大建设项目，也将适当安排。

今年经济建设的特色，是遍地开花。县县办工厂，乡乡办工厂，规模之大，声势之壮，前所未有。过去地方办工业，障碍重重，发展很慢。自从主席提出正确处理社会主义建设时期的十大关系以后，这种情况开始有所改变，而真正冲破那些束缚地方工业发展的思想障碍，却是在主席肯定了1956年大跃进的成绩，批判了反“冒进”的错误，重新强调多快好省的建设方针，特别是在提出地方工业总产值要赶过当地农业总产值的号召以后。从山西省的沁县来看，现在就已经建立起来82个小型工厂，在5年内要发展到201个，形成全县的农村工业网，实现农业水利化、化肥化、电气化和半机械化，做到“机器到处响，工厂遍城乡”。这里，就找到了多快好省的社会主义工业化的具体道路。这条道路，就是中央办大工业、省办省的工业、专区办专区的工业、县办县的工业、乡办乡的工业。这就叫做正确处理中央同地方的关系，大型建设项目同中、小型建设项目的关系。主席关于“花三成力量搞中央的大工业，花七成力量搞地方的中、小型工业”的指示，有特别重要的意义。因为这个指示一举而解放了办地方工业和办中、小型工业的积极性，而我国有180多个专区，2 000多个县，遍地开花，基数很大，工业化的速度就可以大大地加快。完全可以预期，在全国贯彻执行主席的这个指示以后，我国工业每年增长的速度将不是百分之几或者百分之十几，而是20%、30%。

现在，我们正在组织中央各部作各种小型企业的标准设计，供地方采用。可以设想，在那些资源条件具备的县分，不用几年，完全有可能至少建设一个小的煤矿，一个小的化学肥料厂，一个小的煤炼油厂，一个小的炼铁厂，一个小的水泥厂和一个小的电站，以及为当地农副业加工的各种小工厂和为以上各种企业服务的机械联合修造厂。到那时候，在我国广阔的土地上，工业点将不再是寥若晨星，而是满天星斗了。

我国是一个大国，一个省就等于人家一个国，甚至一个专区就比欧洲的一个小国大，一旦把各省、各专区和各县举办工业的积极性通统调动起来，万马齐奔，又有中央大型工业的协助和国家的统一规划、调整，我国工业化的速度没有理由不比欧洲各国快得多。

纵观当前的经济形势以后，可以肯定地说，只要我们贯彻执行主席所指示的方针，继续发扬革命干劲，我国社会主义工业化的速度就可能比苏联更快一些。我们就可以掌握时机，在比15年更短的时间内赶超英国。

现在摆在我们面前的已经不是能不能大发展、大跃进的问题，而是怎样更加有力地来组织实现的问题了。在这方面，大家最开心的是物资有没有保证。我们认为是有保证的，即使有某些困难，也是完全有办法克服的。

为了克服物资供应中的某些困难，各个生产单位和基本建设单位，都应当千方百计地增加生产，清理库存和节约使用；各省、市、自治区和各经济协作区应当加强协作，统一调剂；对外贸易部门应当积极组织某些必需物资的进口。除了上面这些措施以外，在必要的时候，还可以动用一些国家储备。这样，某些物资不足的困难，是能够解决的。

几年来的经验证明：每当人们感到物资多一点的时候，恰恰就是反映生产和建设都松了劲的时候。1955年和1957年就是这样。实际上，只要生产和建设的劲头一上来，物资就不是多了，而是少了。反之，每当人们感到物资少一点的时候，也就是反映生产和建设大跃进的时候。在这种情况下，只要鼓起群众的干劲，努力增产节约，不足的物资就能够很快地多起来。1956年是这样，今年也将是这样。那种一碰到物资略有多余，就叫喊物资积压，要泻肚子；那种一碰到物资略有不足，就叫喊困难，就叫喊“冒进”，实际上都会放慢建设速度。对于这两种叫喊，都应当硬着头皮顶住。因为作这种叫喊的人，往往只看到物的作用，而没有看到人的作用；只看到静止的东西，而没有看到发展的东西。人们的思想，必须适应变化着的客观形势，凡是经过努力可以做到的事情，就必须千方百计地把它做到。

物资有了着落，有些同志还担心某些工业产品会不会积压。总的来说，我国工业产品是不足的，这是基本的方面。只要生产部门经常地注意增加品种和提高质量，销路是不成问题的。在国民经济大发展、大跃进的形势下，更是如此。少数产品，在一个短时间内，也可能出现多余的现象，我们认为，国家可以把这些产品收购起来，积极组织推销。至于销路确实不好的产品，应当着重改变品种和改进质量，打开销路。

这里还要附带说明一下，各地方、各部门在报纸上公布的数字，有的比这个第二本账还要高一些，经过群众讨论以后，还会更高一些。这些数字，可以作为各地方和广大群众奋　斗的目标，不列入国家计划。

1958年度国民经济计划第二本账简表

项　目	计算单位	1957年完成	1958年计划			
			第一本账	第一本账为1957年的%	第二本账	第二本账为1957年的%
（一）工农业总产值	亿元	1 328.6	1 435.7	108.1	1 658.2	124.8
（二）工业						
工业和手工业总产值	亿元	679.6	747.4	110.0	903.8	133.0
在总产值中：工业	亿元	581.8	643.7	110.5	771.7	132.6
手工业	亿元	97.8	103.7	106.3	132.1	135.2
在总产值中：中央	亿元	310.9	348.1	112.0	397.7	127.9
地方	亿元	368.7	399.3	108.2	506.1	137.3
主要的产品产量：						
发电量	亿度	190.3	224.5	118.0	246.0	129.3
原煤	万吨	12 861.8	15 072.4	117.2	16 737.4	130.1
生铁	万吨	590.4	732.6	124.1	800.1	135.5
钢	万吨	524.4	624.8	119.2	700.0	133.5
商品钢材	万吨	426.0	482.0	113.1	541.1	127.0
木材	万立方米	2 602.3	2 847.7	109.4	3 095.1	118.9
水泥	万吨	668.9	765.6	114.5	1 010.0	151.0
金属切削机床	台	25 171.0	27 022.0	107.4	50 000.0	198.6
交流发电机	万瓦	29.9	62.0	207.6	77.0	257.5
交流电动机	万瓦	136.8	251.2	183.7	340.0	248.5
变压器	万千伏安	401.1	576.9	143.8	700.0	174.5
载重汽车	辆	7 500.0	13 000.0	173.3	21 100.0	281.3
排灌机械	万马力		59.0		270.0	
氮肥	万吨	67.8	90.6	133.7	99.5	146.8
棉纱	万件	461.5	520.0	112.7	560.0	121.3
机制纸	万吨	89.0	104.2	117.1	120.5	135.3
原盐	万吨	806.8	820.0	101.6	1 002.4	124.2
（三）农业						
农业和农副业总产值	亿元	649.0	688.3	106.1	754.4	116.2
主要的产品产量：						
粮食	亿斤	3 700.0	3 920.0	105.9	4 316.0	116.6
棉花	万担	3 280.0	3 500.0	106.7	4 093.0	124.8
猪	万头	12 777.0	15 000.0	117.4	19 515.0	152.7
增加农田灌溉面积	万亩	4 458.0	9 221.0	206.8	25 986.0	582.9
（四）基本建设						

续表

项目	计算单位	1957年完成	1958年计划			
			第一本账	第一本账为1957年的%	第二本账	第二本账为1957年的%
投资总额	亿元	123.7	145.7	117.8	175.0	141.5
（五）铁路运输						
货运量	万吨	27 417.0	31 000.0	113.1	34 000.0	124.0
货物周转量	亿吨公里	1 346.0	1 525.0	113.2	1 648.0	122.4
（六）对外贸易						
进出口贸易总额	亿元	101.3	110.0	108.6	117.6	116.1
出口总额	亿元	53.0	60.0	113.2	65.0	122.6
进口总额	亿元	48.3	50.0	103.5	52.6	108.9
（七）国家财政收入	亿元	308.0	332.0	107.7	372.0	120.7

注：在"1957年完成"栏内，工业和手工业总产值的数字是实际完成的数字，其余的都还是预计完成的数字。

162－10－29

中共中央批转国家经委党组对一九五八年第二本账的报告

1958年5月6日

第326－333页。D220－5455（11）

中共中央转发国家计划委员会党组关于编制一九五九年计划的程序和时间的报告

1958年9月18日

各省、自治区党委、直属市委、国务院各财经部门党组：

中央同意国家计委党组关于《编制一九五九年度计划草案的程序和时间》的报告。现将该报告转发各地、各有关部委，请你们立即着手照此执行。

附：国家计委党组关于编制一九五九年计划的程序和时间

1958年9月15日

根据中央政治局最近在北戴河举行的扩大会议的决定，各省、自治区、直辖市应当在今年9月底以前编制出本省、自治区、直辖市的1959年度计划草案，经各协作区综合平衡以后报送中央；中央有关各部、委和国家计委应当在今年11月上旬编制出全国的1959年度国民经济计划草案，报送中央审查。为了执行中央的上述决定，我们要求各地方、各部门根据北戴河会议决定的1959年计划的安排方案，立即着手编制计划。现在我们对编制计划的程序和时间，提出如下的意见，请中央审定后，批转各地、各部门执行。

（一）各省、自治区、直辖市负责综合编制本地区内全部企业、事业单位（包括中央管理的和地方管理的企业、事业单位）的计划草案，在今年10月10日以前报送各协作区，同时抄送中央有关各部、委和国家计委。在各省、自治区、直辖市范围内的计划编制办法，请各省、自治区、直辖市自行规定。

请各协作区协助各省、自治区、直辖市编制计划草案。进行地区的综合平衡，提出审查意见。并且在10月25日以前，把审查意见报送中央，并且抄送中央有关各部、委和国家计委。

中央各部、委除了在各地方编制计划草案的过程中协助地方进行平衡和安排以外，在各地方的计划草案报来以后，应当综合编制本部主管行业的主要产品的生产、主要产品品种的安排和调拨、重大建设项目和新增生产能力计划。

国家计委协同各部、委在11月上旬综合编制出全国的1959年度国民经济计划草案，报送中央。

（二）鉴于各地方编制计划的时间较紧，如果一次报送全套计划有困难的时候，可分两批报送。第一批包括工业总产值计划，工业产品产量计划、农业生产计划、基本建设投资额计划、建设规模计划、重大建设项目表、物资平衡和调拨表、综合财政收支平衡表。这些应当按照上述规定时间报送。其他计划，各省、自治区、直辖市可在10月15日以前报送，各协作区的审查意见在10月25日以前报送。

（三）编制1959年计划所用的表格已经作了某些修改，计划表格已由1958年的116张简化为32张，即将另行印发；其他工作可以参照国家经委已经颁发的《1959年度国民经济计划编制办法（草案）》的规定办理。

国家计委将在9月间派出一批同志分赴各地了解情况和协助各地编制计划。

150－7－109

农业部：一九五八年的农业生产情况和一九五九年的计划

1958年11月20日

一、1958年的农业生产情况

1. 粮食：根据10月间分区召开的农业协作会议预计，1958年粮食总产量8 500亿斤，比1957年的3 700亿斤增加1.3倍。其中，稻谷总产量3 500亿斤，比1957年的1 735亿斤增加1倍；小麦800亿斤，比1957年的473亿斤增加70%；薯类2 200亿斤，比1957年的438亿斤增加4倍多；杂粮2 000亿斤，比1957年的1 054亿斤增加90%。全国平均每人可有粮食1 300斤（1957年是573斤）。打个折扣，7 500亿斤是可靠的，每人平均约1 100多斤。

各种粮食作物的产量，从夏到秋是步步登高的。冬种夏收的粮食（冬麦、冬薯、蚕豌豆等）比1957年增产70%，春播夏收的粮食（早稻和春麦）比1957年增产110%，秋收的粮食比1957年增产150%。稻谷的亩产量比较，早稻每亩平均产量596斤，中稻840斤左右，晚稻预计也在800斤以上。

除西藏外，27个省区市，已经有19个省区市的粮食亩产量达到农业发展纲要（修正草案）所规定的1967年的指标，占70%。2 118个县（旗、市），已经达到农业发展纲要指标的有1 558个县（旗、市），占73.6%。

1958年的农业大跃进，不仅表现在许多原来的粮食高产区，也表现在许多原来耕作比较粗放的低产地区和一向被认为农业生产落后的某些少数民族地区，例如，陕西榆林专区、山西雁北地区和石楼县、河北张北县、山东菏泽、聊城专区、广东高要专区，以及四川凉山彝族自治州、云南怒江傈僳族自治州、湖南湘西苗族自治州的古丈县等等，都是具体的例证。

粮食作物（不包括薯类），按播种面积计算，亩产千斤以上的，初步统计有1.6亿亩，约占粮食作物播种面积（不包括薯类）的10%。

在1958年的粮食总产量中，薯类折粮占26.4%；部分省区，例如，山东、福建、河北等省，超过40%。明年必须缩减薯类的播种面积，过分集中的地方更要少种。

2. 棉花总产量预计可达到8 000万担皮棉，比1957年的3 280万担增加1.5倍；平均亩产皮棉90斤，比1957年的38斤提高1.4倍。亩产百斤以上、200斤以下的有272个县，3 850万亩；亩产200斤以上、300斤以下的有47个县，1 085万亩；亩产300斤以上的有17个县，227万亩；三宗合计，共336个县，5 162万亩，占棉田面积的57%。此外，亩产千斤皮棉以上的高产“卫星”，已报的有75处，1 175亩。过去被称为“低产棉区”的鄂北、豫南、皖北和江苏的徐淮地区，今年棉花亩产量都扶摇直上，翻了几番，达到了甚至超过了高产区的水平。例如，徐淮地区的泗阳县过去一般亩产皮棉仅10斤左右，1958年大闹技术革命，在20万亩棉田上，获得了平均亩产皮棉250斤的成绩，比1957年增产6倍多，比1955年以前的亩产提高了20多倍。

另一方面，全国还有1 100多万亩棉田，亩产皮棉60斤以下，占棉田面积的30%，还没有达到农业发展纲要原定的指标。

3. 大豆总产量预计将达到260亿斤，比1957年的201亿斤增加约30%。油菜籽总产量2 769万担，比1957年的1 770万担增加56%。花生总产量1.2684亿担，比1957年的5 142万担增加近1倍半。芝麻总产量1 188万担，比1951年的625万担增加19%。

4. 其他各种经济作物，总产量都比1957年增加。黄洋麻836万担，比1957年的602万担增加39%。苎麻156万担，比1957年的105万担增加19%。烤烟1 987万担，比1957年的512万担增加近3倍。甘蔗4.5407亿担，比1957年的2.785亿担增加1.8倍。甜菜1.6亿担左右，比1957年的3 000万担增加4倍多。茶叶302万担，比1957年的223万担增加35%。家蚕茧168万担，比1957年的136万担增加24%。柞蚕茧146万担，比1957年的89万担增加64%。

5. 牲畜：大家畜预计将达到9 045.7万头，比1957年的8 382.2万头增加7.9%。绵山羊合计1.2915亿头，比1957年的9 858.2万头增加30%。猪2.5亿头左右，比1957年的1.4亿头增加近1倍。

二、关于1959年农业生产计划的意见

充分运用1958年农业生产大跃进的经验和全国农业已经实现人民公社化这个新的有利条件，组织1959年农业生产的更大跃进和全面跃进，是全党全民的一项战斗任务。

对于1959年农业生产计划指标，提议做如下的安排：

1. 粮食：要求在今年的基础上再翻一番，总产量达到1.5万亿斤（公布的数字可以是1万亿斤，或1.1万亿斤），每人平均2 000斤。已经接近2 000斤的地区，总产量增加的比例可以小一点，而多种经济作物；还不到1 000斤或者1 000左右的地区，增加的比例要大一点，也要发展经济作物。

在粮食品种的安排方面，必须减少薯类的播种面积，提高稻、麦、杂粮所占的比重。为调剂群众生活所必需的小杂粮，也要很好安排，增加面积和产量。

2. 棉花：保证收获面积1亿亩，总产量要求达到1.5亿担皮棉（公布的数字可以是1亿担，或者1.2亿担）。按全国人口平均，每人有皮棉20斤。

3. 油料：按照1958年秋收油料作物的预计产量和1959年春油菜的计划产量，加上棉籽榨油等，1959年可产食油600万吨，每人平均近20斤。1960年争取达到1 000万吨，每人平均30斤；各省所提出的1959年油料作物的播种面积和产量计划，比这个要求高得多，可靠性如何，还要进一步核算。

4. 麻类：黄洋麻和苎麻总产量3 800万担到4 000万担，比1958年增加近3倍。其中：黄洋麻3 400万担左右，苎麻400多万担。其他麻类，由各省区根据自己的需要安排，不列入国家计划。

5. 糖料：按照各省区提出的计划，1959年甘蔗产量将达到14亿担，甜菜4亿到5亿担，两者合计比1958年增加2倍，共可产糖600多万吨，每人平均20斤左右。1959年达到这样多，请计委考虑平衡。

6. 烤烟：按照各省区提出的计划，烤烟产量将达到4 000万担，比1958年增加1倍。是否需要这样多，值得考虑。

7. 茶叶产量将达到578万担，比1958年增加19%。

8. 家蚕茧产量将达到500多万担，比1958年增加2倍。柞蚕茧产量将达到600万担左右，比1958年增加3倍。

9. 畜牧：大家畜计划达到1.02亿多头，比1958年增长30%。绵山羊达到1.9亿头，比1958年增加40%，可靠性如何，还要进一步核算。猪的发展计划，各省市区提出的数字很大，我们认为除年底存栏数以外，还要把屠宰率和上市量列入计划，要求1959年的屠宰率不低于1958年年底存栏数（2.5亿头左右）的60%，即1.5亿头。

10. 为了既保证粮食产量的大增加，又保证经济作物、副业生产、多种经营和社办工业的大发展，要求1959年全国总计，粮食（不包括大豆）在农村人民公社的总产值中只占1/3或者40%，经济作物、副业生产和社办工业等占60%。建议各省、市、区按此精神，制定自己的计划。

为了实现上述各项增产指标，争取在1959年农业生产上的更大跃进，除了充分运用和进一步发扬1958年生产运动中所创造的丰富经验，继续实行政治挂帅、思想解放、党委领导和群众路线的工作方法，贯彻执行“水、肥、土、种、密、保、工、管”八字宪法，开展冬季的水利、积肥、深翻、田间管理和工具改革运动以外，应该积极开展大面积的高额丰产田运动。要求各种作物都要有10%以上的播种面积是高额丰产田，并且及早做好准备，千方百计，保证实现。当然，对于90%的大田也是不能放松的。也必须加强管理，保证全面增产。

大面积高额丰产田运动，是推行“少种、高产、多收”的方针、逐步实现主席所指示的土地利用“三三制”的第一个步骤。改变过去的“浅耕粗作、广种薄收”，真正做到“深耕细作，少种多收”，从而改变我国“5亿人口搞饭吃”的这种局面，腾出大批的劳动力来发展工业、交通和其他各项建设事业，根本改变我国的贫弱面貌，真正富强起来。但是，贯彻执行土地利用“三三制”，应该是有步骤的。1959年是第一年，1959年的夏收、早稻和其他早春播种的作物是第一季，播种面积则只能少减，不宜多减。第一季和第一年到手了，1959年的大面积高额丰产运动成功了，1.5万亿斤粮食的计划实现了，1959年的夏秋播种和1960年就可以有更大的自由了。头一步跨得过大，是危险的。粮食问题还没有完全过关，1959年仍须再跃进。同时，由于南方北方、山区平原、人多人少，田多田少、田好田坏以及复种指数高低的不同，在贯彻执行“三三制”的时候，也必须采取不同的步骤和做法，希望各省、市、区根据自己的情况定出规划。

1958年农业大跃进，胜利空前。但是，农业生产的各个部门并没有完全过关，油料和麻类供应还很紧张，蚕丝和茶叶还没有恢复到历史最高水平，畜牧业还是一个薄弱部门。因此，在保证1959年粮食产量翻一番的同时，必须大力增加可供交换的经济作物的生产和畜牧业、渔业、林业和其他副业产品，扩大多种经营，发展社办工业。这对于发展工业生产、提高人民生活、扩大社会主义积累、增加出口、便利公社资金周转、巩固和发展人民公社都有着极大意义。

附表1　　**1958年农作物产量预计**

单位：面积：万市亩
亩产：市斤
总产：粮食：大豆：亿斤　经济作物：油料作物：万市担

	1957年			1958年预计			1958年总产量比1957年增加	
	面积	亩产	总产量	面积	亩产	总产量	绝对数	%
粮食作物合计	181 327	204	3 700	132 503	477～480	8 701～8 768	5 001～5 068	135～137
稻谷	48 362	359	1 735	40 020	737～744	3 616～3 650	1 881～1 915	108～110
小麦	41 313	114	473	40 350	198	800	327	69
薯类	15 742	279	438	25 123	913～921	2 294～2 315	1 856～1 877	424～429
杂粮	75 910	139	1 054	68 005	293～295	1 991～2 003	937～949	89～90
其中：								
玉米	22 415	191	429	24 245	385	934	505	118
谷子	12 565	136	171	10 203	316	323	152	89

续表

	1957 年			1958 年预计			1958 年总产量比 1957 年增加	
	面积	亩产	总产量	面积	亩产	总产量	绝对数	%
高　粱	9 951	154	153	6 083	354 ~ 356	215 ~ 217	62 ~ 64	41 ~ 42
大　豆	19 122	105	201	14 149	184 ~ 186	260 ~ 263	59 ~ 62	29 ~ 31
技术作物合计	21 691							
其中：								
棉　花	8 663	38	3 280	8 514	101	8 586 ~ 8 606	5 306 ~ 5 326	162
黄洋麻	214	282	602	266	315	836	234	39
苎　麻	121	87	105	166	94	156	51	49
烤　烟	533	96	512	554	359	1 987	1 476	288
花　生	3 812	135	5 142	3 645	347	12 641	7 499	146
芝　麻	1 413	44	625	1 168	102	1 189	564	90
油菜籽	3 462	51	1 770	3 793	73	2 760	999	56
甘　蔗	400	5 198	20 785	502	9 054	45 408	24 650	118
甜　菜	239	1 256	3 002	473	3 285 ~ 3 454	15 552 ~ 16 352	12 550 ~ 13 550	418 ~ 445
茶　叶	×		223	×		302	79	55
家蚕茧	×		136	×		168	32	24
榨菜茧	×		89	×		146	57	64

附表 2　**1958 年各种家畜头数预计**　单位：万头

	1957 年实际	1958 年预计	1958 年比 1957 年增加	
			绝对数	%
大家畜合计	8 382. 2	9 045. 7	663. 5	7. 9
黄牛	5 048. 5	5 486. 7	438. 2	8. 7
水牛	1 312. 7	1 388. 3	75. 6	5. 8
马	730. 2	789. 2	59. 0	8. 1
骡	167. 9	186. 2	18. 3	10. 9
驴	1 086. 4	1 152. 2	65. 8	6. 1
骆驼	36. 5	43. 1	6. 6	18. 1
山绵羊合计	9 858. 2	12 915. 1	3 056. 9	31. 0
山羊	4 514. 7	6 169. 7	1 655. 0	36. 7
绵羊	5 343. 5	6 745. 4	1 401. 9	26. 2
猪	14 589. 5	27 462. 7 ~ 27 662. 7	12 873. 2 ~ 13 073. 2	88. 2 ~ 89. 6

Z346 - 12

八届六中全会小组会会议情况简报（第 8 号）

1958 年 12 月 7 日

十二月六日，各小组普遍讨论了《关于一九五九年国民经济计划的决议（草案）》，一致认为两千万吨钢的指标是适宜的，是一个跃进的计划。各小组对文件草案提出了不少修改意见，有些是属于个别指标的修改，有些是问题的提法，有些是文字修改。

东北小组下午讨论了《关于一九五九年国民经济计划的决议（草案）》，首先由薄一波同志对文件的基本精神和内容及主席所作的几处重要修改作了说明。在对于《关于一九五九年国民经济计划的决议（草案）》的讨论中，大家都认为这个文件写得很好，提出的意见有以下几点：

一、有些同志提出：决议草案第四页在论述“经济发展的速度必须建立在客观可能性的基础上”这一问题的一段内，以今年生产一千零七十万吨钢的情况为例，似乎是说这个任务的提出没有建立在客观可能性的基础上，不大好，因此，可否不举这个例子，或者在举这个例子的时候说明完成这个任务是有客观的可能的，只是引起了其他方面的过分紧张。另一方面，也有些同志认为决议的写法是适当的，一千零七十万吨钢的问题本身就包含着既可能又太紧张这两个方面，我们正是从这里得到了文件中所提的经验教训的，因此可以不改。

对提这一段，还有的同志提出，可以不提九百万吨洋钢两百万吨土钢这个问题，因为土钢也可以轧成钢材。

二、有的同志提出，在论述明年任务的时候还应加上逐步加强国防建设的意思或字样。

三、有些同志提出，文件中对于群众的发明创造，对于技术革命提的分量不够，可以考虑在第三页大搞群众运动一段或者在十八页最后几行讲放手发动群众一段内加上这方面的内容。

四、有的同志提出，在第一部分讲两条腿走路是国民经济速度发展的必由之路这段经验的地方，加上“这是我党的创造”这一个意思。

五、关于文字和数字的修改意见：

1. 有的同志提出：七页第二段第四行“正在建设的二十四个中型钢厂的炼钢能力”改为“机械厂和正在建设的中型钢厂的炼钢能力”；第八页第三行“六百八十万吨”改为“五百二十万吨”。

2. 有的同志提出：第八页倒数第三行“这两项的增长速度都小于一九五八年的增长速度”一语可以删去，改用另外一种说法来说明可能性。

3. 有的同志提出：十七页第八行“我们的国家不能较快地过关”一语，国家过关语意欠妥，可改为“我们的国家不能迅速地改变面貌”或其他说法。

4. 有的同志提出：十七页末行“反对在破除迷信的名义下”，“名义下”三字不大好，望改一下。

5. 有的同志提出：十七页第二段第五行“对于那些企图利用我们调整指标的机会”一语可以删去，因为你不调整指标怀疑派也会怀疑。

华北小组上午看文件。下午，讨论《关于一九五九年国民经济计划的决议（草案）》。首先，由林铁同志说明了两千万吨钢的指标，研究、确定的过程。讨论中，大家对以钢为纲、又要按比例发展的方针、规律，谈了许多体会，一致同意这个指标。认为搞两千万吨，是一个不小的跃进，不能说这个指标是保守的。由于两千万吨要的是洋钢、好钢，因此，就要有好铁。做到“好”，还需要很大的努力。

讨论中，提出如下意见：

一、有的同志提出，钢和铁的比例：铁的指标小了些。因为除了炼钢用铁外，还需要许多铸造铁。

二、有的同志提出，明年第一季安排的钢铁生产指标，不要太高。全年四个季度，应是先低后高。因为第一季要上好钢、好铁和轧钢、矿山等设备，是不大可能的。

三、九页七、八行“工人农民的实际收入在一九五九年都应有适当的增加……需要设法补足。”一句，最好去掉。因为，有了前面一句“人民生活需要逐步有所改善。”也就够了。

四、有的同志提出：决议草案作为“国民经济计划”的决议，除工、农业指标外，其他方面，如教育、技术人才的培养等等，也应该谈到。

五、对于分析今年工农业生产大跃进和明年大跃进的条件中，应考虑把国际条件也提高一下。例如，“以苏联为首的社会主义国家的援助”，这样，公开发表，似更好些。

六、明年指标草案中规定河北产一百三十万吨钢，却要轧一百一十万吨钢材。按百分之七十的成材率，（今年的成材率，还远远达不到百分之七十）一百三十万吨钢，只能轧九十一万吨材。为了求是、落实，应把一百一十万吨钢材任务改为九十一万吨。

华南小组上午分头阅读文件，下午开小组会，讨论《一九五九年国民经济计划的决议（草案）》。在讨论中，结合几个月来全党全民大搞工业运动的经验体会进行了对照分析，一致认为：这个文件写得比较全面明确、符合客观实际。对文件的补充修改，提出了以下具体意见：

一、有些同志认为，“政治挂帅，书记亲自动手”，是一九五八年大办工业的群众运动取得伟大胜利的关键之一，提议在第三页第二段补充这个意见。

二、有的同志认为，文件十三页第二段已指出，目前，由于各地区的经济发展很不平衡，经济基础较好的和经济基础薄弱的地区之间，在生产、建设的安排和物资分配方面存在一定程度的矛盾。这是事实，在这种情况下，应该在“全国一盘棋”的原则下，考虑到全国范围内的合理安排，并首先保证重点。但是，在上述前提下，是否补充几句，说明对那些十分薄弱的地区的建设，给予适当的照顾，以便取得起码条件，来共同跃进。

三、对第一页“财政收入，第一个五年计划期间共增加一百三十二亿元”一句，认为说得不够明确，可以理解为整个五年所增加的数字，也可以理解为五年之中逐年递增的数字的总和，“一百三十二亿元”到底根据什么口径统计的，希望确切地表达出来。

华中小组下午初步讨论了《关于一九五九年国民经济计划的决议（草案）》，有如下几点意见：

一、以钢为纲的方针，在决议第三页第二行“证明了党在目前时期提出的以钢为纲、全面跃进的方针是完全正确的。”第四页倒数第四行“以钢为纲，既要求突出重点，也要求全面安排。”是指整个国民经济。第三页第六行“以钢为纲来安排整个工业建设”，第六页第九行“在工业中以钢为纲和在工业中发展群众运动的方针”；是指工业内部。这两个意思虽不矛盾，但在文字上要写明确。

二、在机械工业方面，有的同志提出：一九五九年计划生产重型设备一百五十五吨是不够的，按各方面的需要是二百多万吨。机床十三万台也是不够的，按各省最近提的要求计算是六十多万台。

三、第十一页倒数第十行在“汽车”、“船舶”之间加上“挂车”，这是目前解决运输紧张的一种重要工具。

四、建议在第一页倒数第一行“接近于第一个五年投资总额四百九十二亿元的一半。”之后加一句“科学文化教育也有了很大的发展”。在第三部分讲的“摆在我们面前的具体困难”中加上第六个具体困难：教育与劳动相结合的问题。

西南小组初步讨论了《关于一九五九年国民经济计划的决议（草案）》。大家认为草案写得很好，只在文字上提了一些意见：

一、第三页末行：“一九五八年的大跃进还给了我们另一方面的经验……”起，直到第五页倒数第三行止。这两段提出的两个问题（经济发展速度必须建立在客观可能性的基础上和遵守有计划、按比例发展的原则）是对的。但原文写法容易给人一种感觉：好像我们一九五八年没有执行这两条原则似的。建议从新组织一下：把这两条经验与前面三条平行，不要提为“另一方面的经验”；在写这两条时，先肯定我们执行了这个原则，然后再说执行中有缺点。

二、建议在第五页倒数第三行后再写一条基本经验，在领导生产的同时，必须关心人民生活。

三、第一页第六行：“工农业总产值……一九五八年比一九五七年增长了百分之八十以上。”在富春、先念、一波三同志给□□中央的报告中说的是增长“百分之七十左右”，究竟哪个数字对，请核对一下。

四、第二页第七行：“我国一九五八年的发展速度在许多方面是世界上空前未有的。”有同志建议为照顾苏联可否删去“世界上”及“在许多方面”等字。

五、建议在第二页头段末尾加一句：“大大增强了全世界人民保卫和平的信心。”

六、第四页倒数第三行："此外，很多知识分子参加炼钢炼铁当然同时还起了'炼人'的作用"。建议改为："……参加了炼钢炼铁。这种群众性的炼钢炼铁运动，同时还起了'炼人'的作用"。

七、第八页倒数第六行："……轻工业基本建设的发展也给了相当的注意"，建议改为："……也给了比一九五八年较多的注意。"

八、第九页第八行："……需要设法补足。"建议改为："需要设法弥补。"

九、第十一页第九行：关于铁路建设的方针问题，草案说："主要是加强原有干线……其次才是建设必要的新线和支线"。建议改为："主要是加强原有干线，建立有战略意义的新线……"。

十、第十三页第十行："大量利用当地的土材料和创造施工的土机具。"建议把两个"土"字删去，"创造"改"制造"。

十一、第十四页倒数第八行到第五行："改变浅耕粗作，广种薄收为深耕细作，少种多收，是……的一项主要措施，是……'农业八字宪法'的集中表现"。建议改为："……的基本方针，而……'农业八字宪法'又是保证实现上述方针的基本措施。"

十二、第十五页第一行："使农业生产基本'过关'"，建议改为："使这几种作物的产生基本'过关'"。

十三、第十六页第二行："而第一季度的困难更大"，建议改为："而第一季度的工作更为艰巨"。

十四、第十七页第八行："我们的国家不能较快地过关"，建议改为："我们的国家不能较快地改变面貌。"

十五、第十八页倒数第八行："轻工业方面继续发展"。有同志建议，在轻工之后再加"建筑材料"四字。

十六、第十八页倒数第三行："在一九五九年尤其需要放手发动群众"，建议改为："在一九五九年需要继续放手发动群众"。

十七、建议在第十九页第三行："坚持群众路线的工作方法，"后加一句："关心群众生活"。

十八、第十九页第五行："……全国人民的统一的努力。"建议改为："……全国人民的一致努力"。

十九、第八页倒数第四行、五行："粮食产量达到一亿零五百万斤"，应为"粮食产量达到一万零五百亿斤"。

第十页第一行："一九五九年生产二千万吨钢"，应统一改为"一九五九年生产一千八百万吨到二千万吨钢"。

二十、第十八页第七、八行："为一九五九年钢、铁、铜、铝、机床、发电设备等产品的产量赶上或超过英国而奋斗"，建议对所列项目还须分别加以斟酌，确能赶上的才列上去。

Z359－8

八届六中全会小组会会议情况简报（第9号）

1958年12月8日

十二月七日，东北、西北、华中、西南、华北等小组都开了会，讨论《关于一九五九年国民经济计划的决议（草案）》，华中小组已讨论完毕。西北和华北小组还讨论了《关于改进农村财政贸易管理体制的决定（草案）》。东北小组提出：东北区明年投资比北戴河会议的方案下降百分之三十六，但有些指标反而增加，希望考虑解决。

十二月六日的会议上，西北小组希望在调整明年基本建设和投资时，照顾西北地区的困难。

（一）东北小组下午讨论了关于一九五九年计划安排问题，提出了如下的问题：

1. 大家在谈到一九五九年计划时，一致认为这次的安排是积极的又是稳妥可靠的，完全拥护。但东北三省感到在执行中，计划项目的安排和投资、材料供应上还有矛盾。这次会议确定的全国任务指标比北戴河会议所规定的指标降了百分之三十六，投资也随着降了百分之三十六，但东北各省任务减得很少，有的不但未减，而且还有增加，但投资和全国一样减少百分之三十六，因此大家感到明年困难很大。如按这次会议规定，东北在二十四项主要产品中，十项比北戴河会议方案增加了指标，而这些项目又都是重要的项目，如电机、煤炭等。其中辽宁明年的任务指标，有些比北戴河会议规定的指标增加了很多（钢增加三十万吨，铁二百万吨，煤一千四百万吨，发电设备装机增加五、六十万瓩……），但投资却减少七亿多。因此，大家希望在安排投资上要考虑到生产任务增减的具体情况，否则会给生产任务大的单位增加一些不易克服的困难。

会议上反映：有的项目虽然已经安排上去，并且也上了马，但因材料供应不上，也不得不停止下来。如吉林的龙王庙水库已经上马，并有一万多共青团员在修铁路，但闻这次安排把烟筒山到桦甸的铁路削掉了，修水库的水泥亦无着落。这些问题不解决，只有停下来。

2. 大家在发言中也谈到轻工业与重工业，工业与农业，煤、铁、木材内用和外调等矛盾。由于东北电力不足的影响，不少轻工业工厂已经停止生产。其中辽宁工业用电缺少三分之一，据一千多个轻工业工厂的调查，其中已有两百多个停止生产。这样势必影响今后轻工业品的供应。东北的煤、铁、木材要大量外调，但又与内用发生矛盾。这些都希望在安排明年计划时予以考虑。

3. 关于物资管理与分配体制问题：大家讨论中认为，物资管理、分配以地方为主是对的，但在目前物资不足的情况下，一些主要物资还是由中央有关部门掌握较好，可以更好地权衡轻重缓急，全面照顾。而地方由于物资机构尚不健全，一下子接收过来，也难于应付。因此物资管理权限下放，只能逐步实行。

有的同志提出，富春、先念、一波同志在报告中，提到物资材料分配上，非生产部门的需要放在最后供应。不知军需材料（如建筑、维修等）是否也排在最后，要求加以说明。有的同志认为不必写上，因为军需材料向来都是尽先供应的。

4. 在讨论中有人提到，西安的农业书记会议文件，有些问题的提法和要求与这次会议精神，不完全一致，如有哪些修改之处，请加以明确。

（二）西北小组下午着重讨论对《关于一九五九年国民经济计划的决议（草案）》修改的意见：

1. 有的同志建议在第一部分强调说一下今年的工农业生产大跃进的成绩证明了党的建设社会主义的总路线是完全正确的这个意思。

2. 有的同志建议在第一部分办工业必须大搞群众运动一段，把部队参加了炼钢炼铁加进去。

3. 有的同志建议：第九页倒数第三行“摆在我们面前的具体困难是什么呢？有哪些关键问题需要特别抓紧解决呢？”其中“具体困难是什么呢”可以去掉。

4. 有的同志建议把第四部分第一段最后“它的指标比一九五八年八月拟议的一般要低得多，因为不作这种调整，就缺少实现的客观可能性”一句删掉。

5. 有的同志认为整个文件没有提到技术革命，建议在第四部分第三段中加上开展技术革命的意思。

6. 有的同志建议增加几句话讲讲地质工作。

对于《改进农村财贸体制的决定（草案）》，”有的同志建议将第八页第八行“而是要继续在商品流通当中发挥它的积极作用”中的“在商品流通当中”七字删掉，因为价值、价格、货币和信贷不仅在商品流通当中有作用，在商品生产和交换当中也有作用。

（三）华中小组上午阅读文件，下午开小组会，结束了对《关于一九五九年国民经济计划决议（草案）》的讨论。会上，提出了以下意见：

1. 建议在决议第三节中工业战线方面加进“培养技术人才”问题，以适应今后工业发展大量需要技术人员的要求。

2. “决议（草案）”中第十三页九行“尽

可能简化设计程序”一句之后，应再强调一下设计工作程序可以简化，但必须做到认真、细心去进行设计，以免因简化了设计程序而带来设计上的粗糙现象。

3. “决议（草案）”中第三节三项头段最后建议增添“货源集中”问题，把货源集中当成人民公社任务安排，不然，只靠增加运输工具也不能完全解决运输的紧张状态。

第五项关于各地区的建设部署和协作问题中，提议在建立新的协作关系的同时，旧的协作关系不应立即停止，要使新旧关系有一个衔接过程，促其逐步改变，做到既合理又节约，否则，会因为协作关系的突然改变带来某些损失。

4. “决议（草案）”写得很好，真正地总结了经验，指标也经过了反复的考虑，结果大家一致感到是又稳妥又积极，对一些问题体会很深切，有很大启发力量，大家提到这样两个问题：

（1）有的同志谈到一九五八年以钢为纲的方针非常正确，取得了异常巨大的成绩，在社会主义国家中我国找到了一条利用群众路线的办法发展工业的新道路。但是，大办钢铁以来，也出现了国民经济各部门之间的某些失调现象，致使有些人又回顾到一九五六年出现的“马鞍形”，中央各部也感到元帅升帐以来有苦有乐，所以大家都想搞运动，都讲第一书记挂帅。这样一来，其结果必然是压力太大，处于过分紧张的状态，相应的也带来各种物资供应不上，长久下去，群众会反对我们。大家一致认为：我们不是“唯条件论”，但是必须注意和考虑到客观条件，因为我们是唯物主义者。

（2）主席告诫我们，“头脑要冷又要热”，大家感到主席这一段话放在决议中非常必要。有的同志谈到热和冷也有真假之分，比如小资产阶级的狂热就是假热，“观潮派”就是假冷。只有具备马列主义的头脑，对问题进行科学分析才会得出真冷和真热的成果，并且会持久下去。

（四）西南小组上午阅读文件，下午讨论中共中央、国务院《关于适应人民公社化的形势改进农村财政贸易管理体制的决定（草案）》。有以下两点意见：

1. 建议在七页五行“财贸工作面临着许多新的问题和新的任务”后面加“在这种情况下，”一句。紧接着“在财贸工作人员当中，产生了一些模糊的观点”这句话，没有具体写究竟有哪些模糊观点，建议用一两句话概述一下在那些问题上有模糊观点。

2. 六页八行“采取差额包干的办法”一句，因是业务部门的专用熟语，看起来不好懂，建议加几句话说明一下。

（五）华北小组上午一部分同志参加武昌会议，一部分同志阅读文件。下午四时召开小组会，讨论了以下几件事情：

1. 本小组在六中全会发言的为乌兰夫同志；杨秀峰同志准备作自由发言。

2. 关于主席辞退中华人民共和国主席职务的问题，大家同意在全会上作个决定。

3. 大家同意《农村财政贸易管理体制的决定（草案）》。

十二月六日小组会情况补报

（一）西北小组下午的小组会上，许多同志谈到以两千万吨钢为纲安排明年计划，是在总结这一时期建设经验的基础上，有根据和按比例提出的，既积极又可靠。但各省、市、自治区基建和投资的安排有困难，西北地区则困难更多一些。因为西北地区工业基础薄弱，钢铁、机械元帅没有升帐，需要发展机械来改变这种状况。但是，由于钢材指标由一千五百四十万吨减为一千四百零六万吨，钢材的分配，首先是解决生产上的需要，然后才解决基建的需要，所以，就影响基建的发展。同时，西北地区的石油、石油机械、有色金属、军工、铁路等等占了基建和投资中的很大部分，这些项目和投资很难削减，即使削减也将很少，这样就势必削掉地方基建项目，而地方基建项目有许多又是为上述基建和工业服务的，所以不能削减。北戴河会议西北安排了六百多个项目，目前已经开工的就有三百六十多个，占百分之六十以上。其中有些属于结尾工程，今年年底就可以完工。因此，在调整基建和投资时，要求中央照顾到这些情况。

此外，还有这样几条意见：

1. 拥护全国“一盘棋”，中央各部门和地方一个计划。

2. 基建投资不能按比例削减，应该按基建项目来计算投资。

3. 材料调拨的原则按中央的决定，除先国家后地方外，还要先外区后本区这一条。

4. 经济落后地区主要应该自力更生，克服困难，但是先进地区也应该积极支援落后地区。

5. 各种设备要完成配套。

6. 各省（区）、协作区之间关于供应原材料和设备等的合同、协议等，必须保持信用和实现，不能一风吹。

（二）华东小组下午，小组会讨论了《关于一九五九年国民经济计划的决议（草案）》的第一、第二、第三部分。提出修改和补充意见如下：

1. 第二页二行，“人民群众的共产主义觉悟大大提高”。建议加上“社会主义觉悟”，即“人民群众的社会主义觉悟和共产主义觉悟大大提高”。

2. 第二页七行，“我国在一九五八年的发展速度……”，建议在“的”字的前面加上“国民经济”四个字，即“我国在一九五八年国民经济的发展速度……”

3. 第三页十行，“也证明了办工业必须大搞群众运动的方针是完全正确的”后面，应该把党的领导问题加进去。在写法上有两种意见：一是在十一行中：“一九五八年由于”的后面，加上“政治挂帅”四个字，即：“一九五八年由于政治挂帅，开展了全党全民大办工业……”；二是把十二行中“在各级党委领导下”这句话提到十一行中去，即：“一九五八年由于在各级党委领导之下，开展了全党全民大办工业……”

4. 第三页倒数五行，“……而且对农村和普通城市居民”的“普通”二字去掉。

5. 第八页倒数四行：“一亿零五百万斤”应改成“一万零五百亿斤”。

6. 第八页倒数二、三行，“这两项的增长速度都小于一九五八年的增长速度，因而是完全有可能实现的”这句话，大家认为写得不完全，从文字上看，会使人有这样的感觉：即因为增长速度降低了，才有可能实现；如果不降低就不可能实现。建议应该把一九五九年粮棉的增长速度为什么要小于一九五八年的增长速度的理由，在这里交代清楚。为此，有些同志提议：把第十四页的第三段“……这是为了可以腾出必要的劳动力用在其他方面，以利于整个农业和整个国民经济的合理发展”一段提到这个地方写。而第十四页这段话可以不要，即从第十四页的七、八、九行到十行的句号为止，都不要。在十四页十行“粮食的产量要在一九五九年……”的前面，加上“一九五九年要增产三千亿斤粮食和三千三百万担棉花”作为这一段的开头。

7. 第九页七、八行，“如果在一九五八年降低了的，需要设法补足”一句话可以不要。因为一九五八年有些工人农民实际收入降低了的原因很复杂，有的可以补足，有的则很难补足。如果把这句话写上去，在执行上，有的是有些困难的。另外，这个文件主要是讲一九五九年的问题，而一九五八年的问题不必在这里提（可在另外的文件中讲一讲），即是提上这么一句也说不清楚，倒不如不提好。

8. 第九页五、六行，“需要相应地积极发展国内外贸易和科学文教卫生事业”。大家意见：国内外贸易和科学文教卫生事业，要分几句写，不要写成一句；在科学文教卫生事业的后面，要把“相应地培养干部、开展技术革命和文化革命”的意思加进去。

9. 第九页十一行，“……总是要比计划的推测和计算……”的“推测”一词用得不当，有的同志提出：“推测”和“计算”两个词都不要，可改成“……总是要比计划复杂得多”就可以了。

10. 关于煤炭问题，在第十页第一个问题中只是提了几句，写得不突出。大家认为，煤炭问题是工业发展中的一个薄弱环节，应该把它特别强调一下，好像交通运输电力一样专写一条。同时要强调在江南地区也要大大发展煤炭工业（江南的煤炭资源也很丰富）。

11. 关于运煤运矿石等铁路支线要强调出认为文件上对这一问题提得不够。

12. 大家意见：第十四页四行“在农业战线方面”的后面，应把“在全党全民大办工业的同时，要抓紧农业生产，不能放松农业”的意思加进去。

13. 第十二页十一行，可改为：发展轻工业所需要的机械设备，除纺织、造纸由国家适当安排以外，其他要依靠地方设法解决。

14. 文件中关于土洋结合的问题，有的地方作为方针提出，有的地方作为办法提出，有的地方说土洋并举，有的地方说土洋结合。建议在提法上应该统一起来。

Z359－9

中共中央关于一九五九年度国民经济计划的决议

1958年12月10日

中国共产党第八届中央委员会第六次全体会议通过。

第624～646页。D220－5455（11）

中共中央批转国家计划委员会党组关于一九五九年国民经济发展计划几个重要问题的说明

1959年2月15日

中央批准国家计划委员会党组根据六中全会决议，并且经过最近省、市委第一书记会议讨论后所拟定的1959年度国民经济计划。现将国家计划委员会党组《关于1959年度国民经济发展计划几个重要问题的说明》及其附件发［给］给你们，作为党内安排本年度各方面工作的依据。至于对外公布的各项计划指标，将待人代会举行会议时另行拟定。

中央认为，这个计划是在1958年大跃进的基础上更大、更好、更全面的一个跃进计划，是比较全面地体现了党的总路线和“五个并举”的方针；只要全党全民继续鼓足干劲，采取积极措施，千方百计地克服困难，这个计划是能够完成和超额完成的。

这个计划，虽然注意了各经济部门之间的衔接和配合，但是在实践过程中一定还会出现一些新的问题，需要我们随时注意调整。

各级党委应该在“全国一盘棋”的方针下，切实地部署各项工作，充分地发动群众，立即掀起一个生产和建设的新高潮，为实现1959年的国民经济计划而奋斗。

附：国家计划委员会党组关于一九五九年国民经济发展计划几个重要问题的说明

1959年2月6日

武昌会议（1958年11月28日至12月10日）以后，国家计划委员会和中央财经各部、委共同对1959年计划草案进行了多次的研究。随后，在中央财经小组会议上，又进行了讨论。大家认为：必须确保党的六中全会公报所公布的钢、煤、粮、棉四大指标的完成，特别要确保2 000万吨钢的任务的完成并力争超过，使国民经济在1959年能够继续有一个大的跃进；同时，为了使国民经济各部门在跃进中保持适当的比例，有必要对某些生产、建设指标进行调整，使计划建立在既积极又可靠的基础上。我们在武昌会议后提出的有关生产、建设指标的调整方案，经过这次1959年1月26日至2月2日有省、市、自治区第一书记参加的会议的讨论，又进行了一些修改。现在我们把修改的情况和意见提请中央审查批准，把计划确定下来。

关于1959年的农业、轻工业、商业和劳动方面的安排意见，已经另有文件说明。这里着重说明重工业生产和建设中的一些问题。

一、如何保证钢产量跃进到2 000万吨的问题党的六中全会决定今年的钢产量达到2 000万吨，是必须力争完成和超额完成的。从需要方面说，有了2 000万吨钢和相应的钢材，才能适应1958年已经展开的社会主义建设大跃进的局势，既可以保证今年国民经济的全面跃进，又可以为1960年新的跃进打下基础。我们从安排钢铁工业的生产、建设中体会到，在苦战3年期间，今年确是有决定意义的一年。从可能方面说，去年炼铁炼钢能力已经大大增加，到年底炼铁能力达到了2 100万吨到2 500万吨，炼钢能力达到了2 100万吨。现在的薄弱环节是在采矿、洗煤、炼焦、轧钢、运输等方面。只要全党努力，依靠群众，并且把工作安排得当，千方百计地消除薄弱环节，今年生产2 000万吨钢的任务是可以完成的。

为了使钢产量跃进到2 000万吨，首先要解决的是采矿问题。生产2 000万吨钢，加上铸铁和周转的需要，要相应地生产2 700万吨铁，也就需要开采出9 000万吨以上的矿石。现有的大型矿山的采矿能力是5 000万吨，加以适当扩建后，可以把产量提高到6 800万吨到7 000万吨，还不足2 000多万吨。这就要求各省、市、自治区：第一，努力扩大已经开始生产的50多个中、小型矿山的开采量，保证采出1 000万吨以至更多的矿石；第二，适当改进“小土群”采矿的方法，再开采1 000万吨矿石。各部门、各地方在安排所属机械厂的生产任务的时候，应当保证完成采矿设备的制造任务，并且注意安排选矿设备的制造任务，以满足大型矿山和50多个中、小型矿山的扩建需要；各省、市、自治区在安排劳动力的时候，应当把采矿的需要计算在内；各地方自己安排的小土炉的生产，不能挤掉国家统一安排生产的矿石。

其次要解决的是洗煤和炼焦的问题。生产2 000万吨钢和2 700万吨铁，相应地需要4 000万吨焦炭，也就需要6 400万吨洗煤。我们现有的机械化洗煤设备每年可以洗煤2 000多万吨，机械化炼焦炉的生产能力是900万吨。解决洗煤能力和炼焦能力不足的问题，已经作了布置。办法是：在洗煤方面，第一，充分利用现有洗煤厂的能力，生产洗煤2 370万吨；第二，使续建的八个机械化洗煤厂和四十几处简易洗煤厂迅速建成投入生产，生产洗煤880多万吨；第三，新建简易洗煤厂，处理原煤能力为8 000万吨，争取今年生产洗煤1 400万吨左右。此外，为了适应目前急需，安排了一部分依靠土法生产的洗煤，但是要逐步用简易洗煤来代替土法洗煤。在炼焦方面，第一，发挥现有设备潜力和使新建机械化炼焦厂及时投入生产，力争生产焦炭1 500万吨以上；第二，采取突击的办法，建设相当数量的半机械化的炼焦厂，争取生产焦炭1 500万吨；第三，用提高土法炼焦的办法，生产焦炭1 000万吨。有了好焦炭才能够炼好铁，因此，解决洗煤、炼焦问题，不但是完成今年钢铁生产指标的重要保证，而且是提高钢铁质量的重要保证。洗煤、炼焦的关键在设备，第一机械工业部必须首先安排洗煤设备、炼焦设备的生产，抓紧时机，立即制造，保证及时供应。

再次要解决的是运输问题。按照这次拟定的生产、建设指标计算，铁路运输量约有6.2亿吨，其中煤炭和铁矿石的运输量约占一半左右，而铁路运输能力约有5.7亿吨。需要的运输量大而运力不足，这是一个必须解决的问题。现在看只靠增加机车、车辆还不足以解决这个矛盾，还必须采取以下办法：第一，在煤炭产地建设洗煤厂，并且提高煤炭的质量和降低煤炭的消耗定额，这样全年可以减少运输量2 000万吨。第二，在缺煤的长江以南地区抓紧煤炭基地的建设，暂时适当地减少铁的生产任务，以减少不合理的长途运输，缩短货车的周转时间，减少放送空车的现象，这样全年可以增加运输力1 000万吨以上。第三，加强运输组织工作，挖掘运输潜力，从铁道部的工程车、技术专用车和检修车中挤出2 000辆作为货车，这样可以增加运输力1 200万吨。实现以上措施，就可以避免运输方面异常紧张的状况，保证各项生产、建设任务的完成。

上面所说的1959年的运输总量，还没有

包括煤、铁、钢等矿山基地和其他工矿企业新建专用线的运输量。武昌会议时，拟定新建专用线1 000公里，现在计划新建2 000公里，但是，仍然不能完全满足需要。各部门、各地方在安排专用线的建设项目的时候，应当分别轻重缓急，首先保证煤、铁和其他重点生产建设的迫切需要。

为了减轻运输和洗煤、炼焦及劳动力方面的过重负担，同时考虑到适当减少铁的生产，仍然可以保证生产2 000万吨钢和铸造的需要，因此，我们把今年铁的生产指标从武昌会议拟定的2 900万吨降低为2 715万吨。在减少的185万吨铁的生产任务中，华东减少80万吨，华南减少40万吨，西北减少25万吨，华中减少20万吨，西南减少10万吨，华北减少10万吨。钢和钢材的分区数字，也作了相应的调整。我们认为适当调整钢铁工业和煤炭工业的布局，特别是减少长江以南的生铁任务和加强建设华东、华南的煤炭基地，是今年必须采取的措施。这不仅对缓和当前运输紧张状况有重要意义，而且对长江以南地区今后钢铁工业的发展也有重要意义。

在解决采矿、选矿、洗煤、炼焦、运输这些重要问题以后，在钢铁工业本身还必须解决轧钢的问题。今年钢材的生产任务是1 400万吨，而原有轧钢设备在采取措施（主要是换装和增加大型电动机）以后，可以生产900万吨，其余500万吨必须依靠新增能力来生产。为此，第一，在去年布置生产的261套中、小型轧钢机（生产能力共600万吨），必须在第一季度内全部交货，争取迅速安装好，在今年生产钢材300万吨。第二，在今年第一季度布置生产的98套大、中型轧钢机，也必须争取提前制造，迅速安装好，加上从国外进口的轧钢机，在今年生产钢材200万吨；这98套大、中型轧钢机，对于完成钢材数量特别是品种的任务具有极重大的作用，机器制造部门必须把制造这些轧钢机当成目前一项重要任务，切实督促检查，并且注意配套问题。同时，基本建设部门必须注意轧钢机安装的进度和质量，生产部门必须及早做好生产准备工作。除了上述261套中、小型轧钢机以外，各省、市、自治区不要再布置小型轧钢机的生产，以避免占用更多的钢材和设备制造能力，而有利于集中力量制造98套大、中型的轧钢机。

上面所说的各项措施，我们在第一季度工作中已经作了安排，但是仍然需要各省、市、自治区党委和中央有关部门认真抓紧，严格检查，以保证今年钢铁生产任务的完成。

二、对某些生产、建设指标进行调整的问题

武昌会议确定的以2 000万吨钢为纲的计划方案，因为时间比较仓促，计算和研究不够，在生产、建设指标的具体安排上是有缺点的，是不全面的，主要是纲与目之间、目与目之间有一些不完全适应的情况。总起来看，是基本建设的规模过大了一些，某些重点建设过重了一些，项目布局过宽了一些，以及某些机械产品的指标过高了一些。按照当时的基本建设方案计算，重工业和交通运输业方面几个主要行业的建设规模（按照设计能力计算的年产量）是：铁4 100万吨，钢3 900万吨，重型设备168万吨，发电设备2 100万瓩左右，铁路铺轨1.65万公里，等等。要实现这样规模的建设任务，各部门所需要的投资实际上不是360亿元，而是480多亿元。在建设项目的具体安排上，对于五个“并举”的方针和“全国一盘棋”的精神体现得不够。同时，当时按照基本建设的需要所拟定的许多主要机械产品（如重型设备、机车、货车、发电设备等）的生产指标，由于要靠当年新增生产能力来完成的比重很大，事实上是有困难的。这样的基本建设规模和机械产品的生产指标，又同今年原材料供应的可能存在着矛盾。因此，我们认为在确保生产2 000万吨钢的前提下，应当对某些生产、建设指标，首先是重工业部门的某些指标进行适当的调整。经过这次省、市、自治区党委第一书记会议讨论后，对生产、建设指标又作了必要的修改。修改的结果，请参阅附表。这里只说明调整的主要情况。

（一）在基本建设方面

第一，主要是适当地减少了机械、电力、铁路、冶金和“尖端”工业等部门的投资，增加了煤炭、化工、轻工、纺织、交通、商业、文教等部门的投资，并且补列了城市建设的投资。在重工业内部，主要是增加了某些原材料工业的投资，适当减少了某些加工工业的投资。其中，机械工业减少11亿元，电力工业减少7亿元，铁路减少6亿元，冶金工业减少3亿元，“尖端”工业减少5亿元；煤炭工业增加9亿元，化学工业增加3亿元，轻工业增加8亿元，纺织工业增加5亿元，交通增加1.1亿元，商业增加8 000万元；文教增加5.8亿元；城市建设增列4亿元。其他部门的投资也都稍有调整。这样，全部投资为363.3亿元。经过上述调整，比武昌会议时计算的较为落实了。在全部投资中，中央部门的为191.6亿元，地方的为171.7亿元。我们认为这样调整以后，在重轻工业之间、原材料工业和加工工业之间、重工业各部门之间以及其他有关部门之间的比例关系，更合理了一些。轻工业投资的增加，对于缓和市场供应紧张的状况是会起作用的。

这里要说明，地方交通运输除主要港口的建设以外，公路和水运都没有单列投资，请各地方在自筹资金中安排解决；个别自筹资金比较少而交通又不方便的省、自治区所需要的投资，已经列入计划。各地方自筹资金的使用，应当首先用于地方交通，以及城市建设、市场需要和配合重点建设所必需的中、小型项目。

第二，在投资和项目调整以后，某些重工业部门的建设规模也有一些变动，绝大多数是缩小的。例如，重型、矿山机器厂的建设规模由原定的168万吨减为121万吨；发电设备制造的建设规模由原定的2 100万瓩左右减为1 240万瓩；铁路的建设规模由原定铺轨1.65万公里减为1.48万公里，主要是推迟了兰新线、成昆线、内昆线、平顶山到襄樊线的建设。这样调整以后，仍然可以基本上保证今年生产指标的实现，保证明年生产的继续跃进。拿重型设备的制造能力来说，1959年可以完成142万吨的制造任务，到今年年底可以达到170万吨左右，可以保证每年增加1 000万吨钢和相应的煤炭、石油、化工等部门对重型设备的需要。又如煤矿，现有矿井的生产能力加上1959年新增的生产能力，再加上“小土群”采煤的能力，1959年可以生产4亿吨原煤，1960年可以生产5.5亿吨原煤。

第三，为了充分发挥原有工业基地的潜力，并且适当缓和某些地区运输和电力过分紧张的状况，我们根据各地资源、交通等条件和经济特点，对于新建项目的地区布局，也进行了一些调整。如前所说，在长江以南地区将开辟一些新的煤炭基地，在东北地区将加快电站的建设。这样调整以后，虽然有一些省份和个别协作区的建设项目减少了，从局部看是发展慢了一点，但是，从总的看是更合理了，更有利于各地区今后的发展。

基本建设项目经过调整以后，现在拟定的限额以上的项目共1 562个。这些项目的投资占全部投资的65%。在1 562个项目中，工业项目有1 305个，农林水利项目有28个，交通运输和邮电项目有211个，其他部门的项目有18个。现在安排的限额以上的工业建设项目中，冶金工业有134个，除了钢铁企业以外，还相应地安排了铁矿和炼焦的建设；机械工业有260个，机械工业项目的安排，注意了解决设备配套的需要；电力工业有241个，注意安排了重点生产建设的电力供应，也注意安排了20万瓩以下的电站；化学工业有177个，多数是为了克服酸、碱、氨和其他化工原料等薄弱环节而建设的；轻工业有210个，主要是纺织、造纸、盐和糖的建设项目，绝大多数是地方建设项目。

经过调整以后，在全部限额以上的1 562个建设项目中，属于中央部门建设的是506个，属于地方建设的是1 056个。这样安排，使得中央工业和地方工业之间、大型企业和中小型企业之间的关系也更加合理了一些。在这次调整中，我们推迟了一些大型工程的建设进度，如四川西昌和湖北宜都的两个钢铁联合企业、安徽马鞍山和湖北宜都的两个重型机械厂、四川德阳水电设备制造厂、北京重型电工机械厂、陕西锅炉厂、宁夏银川综合电工厂、广西柳州车辆厂、芜湖长江大桥等项目，今年都暂不上马。

在武昌会议期间，各省、市、自治区统计的1958年施工的项目共有1 639个。这些项目，除已经建成的以外，大部分列入了1959年的基本建设计划，大约有400个项目左右（其中工业企业大约有300个项目左右）没有列在今年的限额以上的项目以内。这400个项目的情况是：有些缩小了规模，变为限额以下的项目，仍然继续建设；有些已经部分建成，不再续建也可以进行生产；有些刚开始土方工程，停下来问题不大；还有少数项目已经完成了部分工程，暂时停建后，只要妥善处理，或者明年继续施工，或者把厂房改做其他用途，也不致有很大的损失。因此，这些项目在缩小规模、推迟进度或减掉以后，并不影响今年主要生产指标的完成，而且将有利于必需建设的项目加快进度。

从上面所说的情况看来，这次对基本建设的投资和项目的调整，是基本上符合五个“并举”的方针和“全国一盘棋”的精神的。

基本建设项目经过这次会议确定以后，凡是由地方建设的项目，各省、市、自治区认为有必要调整时可以自行调整，并报中央有关部门备案。但是应当：第一，不影响国家计划所规定的新增生产能力；第二，不增加由国家统一分配的材料和设备；第三，保证完成计划规定的生产任务。凡是中央各部建设的项目，地方应当尽力保证完成；如果需要调整这些项目投资的时候，应当事先同中央有关部门商量。由于今年生产的全部材料和设备已经作了分配，今后再不要另加专案建设项目。

（二）在生产方面

重工业各部门由于基本建设指标的调整，生产指标也有了相应的变动。基本的情况是：某些加工工业的指标降低的幅度比较大；原材料工业的指标，除铜、铝以外，降低的幅度比较小，或者没有降低。我们认为这样做是合理的。这是因为目前我国多数原材料的供应确实比较紧张，而且这是一个在短时间内难以完全解决的问题；只要原材料工业能够比较快地增长上去，一般的加工工业的生产能力要赶上去是并不很困难的。同时，在武昌会议拟定的方案中，对于加工工业的生产指标和建设规模，也确实安排得大了一些，同原材料生产的情况有某些不相适应的地方。

生产指标调整的详细情况见附表。几种主要产品的生产指标的调整情况如下：

第一，铜、铝的生产指标，由原定的40万吨减为28万吨。减少的原因是：第一，矿铜和铝依靠新增能力所生产的数量太大，矿铜和铝生产所需要的设备也供应不上；第二，杂铜收购的数量比原来预计的要少；第三，由于劳动力的紧张，“小土群”的炼铜不能多搞；第四，发电设备的制造任务减少。这样调整以后，铜、铝还有一些缺口，需要争取多进口一些来解决。

第二，重型设备的生产指标，由原定的155万吨减为142万吨。

第三，考虑到原材料供应和设备能力的可能条件，同时由于有关部门生产指标的降低，电的需要量也相应减少，因此，发电设备的生产指标已由原拟的900万瓩减为600万瓩。今年生产的发电设备加上进口的和去年结转的发电设备，预计共可安装600万到650万瓩。这样，今年的电力供应在多数地区是基本上有保证的。

第四，重新考虑了农业需要的生产资料的生产指标，我们安排了排灌设备300万马力，动力脱粒机2万台，谷物联合收割机2 000台，拖拉机7 000台（另外进口8 000多台），机引农具6万台，马拉收割机1万部，双轮双铧犁20万部，化学肥料230万吨。电犁准备经过试验定型以后，再布置成批生产。鉴于可能发生春旱，第一季度应当尽量多生产一些排灌设备。

第五，交通运输工具的生产指标，根据需要和可能的条件重新进行了安排。由于今年计划生产钢轨125万吨，铁路铺轨里程相应地削减为1.48万公里。在此情况下，机车的生产由原定的2 100台减为1 000台，加上进口的机车1 000台，可以基本上满足需要；货车的生产由原定的7.5万辆减为5.5万辆，在发挥原有货车潜力的条件下，可以大体上满足6亿吨运量的需要；汽车因燃料和轮胎的供应有限制，今年拟生产3万辆，另生产拖车2万辆，同时，增加汽车配件的生产，以便使现在因缺乏配件而不能运转的许多汽车参加运输。

（三）在物资分配方面

第一，生产需要的钢材，根据生产指标的变化，我们把主要机械产品用的钢材从原列的410万吨中减少了86万吨，把一般机械、配套、市场、维修用的钢材增加了60万吨左右。

第二，基本建设需要的钢材，从原列的565万吨中减少了33万吨。根据基本建设投资的变化，我们适当减少了铁路、重工业部门的基本建设所用的钢材，同时适当增加了轻工、纺织的基本建设所用的钢材。

第三，武昌会议所拟定的方案中没有考虑增加库存的需要，是一个缺点。这次调整中增加了钢材库存80万吨，增加了在制品30万吨，合计110万吨。这对于全年周转来说将有很大的好处。

第四，武昌会议时分配给地方用于自筹资金的基本建设的钢材有40万吨，由于地方有一部分项目已经列入国家计划，因此用于地方自筹资金的钢材减少为20万吨。

经过上述调整，我们认为比原来的钢材分配方案是较为合理了。但是，今年钢材和其他原材料的供应仍然是很紧张的，特别是在时间上和品种上还不能适应各地方、各部门的生产和建设的要求。除生产部门大力增产，并且尽可能增加适合需要的品种以外，使用部门应当厉行节约，规定节约指标，保证节约5%，争取节约10%。同时，对材料的分配应当按季度分别轻重缓急，进行排队，适当集中使用，避免力量分散。特别在前两个季度，应当首先保证生产原材料的设备所需要的钢材。钢材的使用，在基本建设和生产发生矛盾的时候，应当首先满足必要的生产的需要；在基本建设中，为今年生产的部分和为明年生产的部分发生矛盾的时候，应当首先满足为今年生产的部分的需要；在生产中，加工工业和原材料工业发生矛盾的时候，应当首先满足必要的原材料工业生产的需要。

经过调整以后，1959年工农业总产值将比1958年增长47%，其中，工业增长50%，农业增长44%；基本建设投资额将比1958年增长64%；财政收入将可能达到602亿元，比1958年增长34%。由此看来，1959年计划依然是一个大跃进的计划。

我们认为，经过这次调整，生产、建设同材料供应的矛盾，生产、建设同运输的矛盾，轻工业生产同市场需要的矛盾，以及劳动力分配方面的工业和农业的矛盾，是缩小了，只要安排得好，就可以做到大体上的平衡。当然，这个调整方案也还存在着一些薄弱环节，主要是铜、铝、石油、化工产品、电力和运输能力还感到很紧张，必须在执行计划的过程中，努力采取有效的措施，从增产和节约两方面来消除这些薄弱环节。这个调整方案也还可能存在着一些缺点，可能有一些应当调整而没有加以调整的地方，或者应当安排而没有加以安排的事情，请各地方、各部门提出意见，以便在安排季度计划的时候加以调整。

三、保证计划实现的问题

1959年以2 000万吨钢为纲的工业发展计划，只要全党全民继续鼓足革命干劲，集中力量，经过努力，是能够实现的。最根本的保证是因为我们既有一条能够调动一切积极因素的社会主义建设总路线，又有1958年大跃进的物质基础和在这个跃进中所取得的丰富经验。当然，要实现这样的计划，困难还是不少的。我们的工作还是很紧张的，在苦战3年期间，不可能设想我们的工作不紧张；在大跃进中间，也不可能设想我们不会遇到许多困难。我们的经验也还是不够的。问题在于我们要防止异常紧张和比例严重失调的现象的发生，这就需要重视困难，具体分析困难产生的原因，千方百计地找到克服困难的办法，采取及时的有力的措施，一个一个地加以克服。

现在看来，今年计划的制订和执行的主要问题，就是要按照党中央关于“全国一盘棋”的精神，把全国的经济活动纳入国家统一计划之内。“全国一盘棋”是实现全国统一计划，是贯彻执行党的“五个并举”的方针的最主要的措施。“全国一盘棋”就是把“条条”和“块块”的力量集中起来，在党中央统一领导下，统一意志，分工负责，全党全民发挥最大的积极性，共同为全局的胜利、全国计划的实现而奋斗。因此，凡是全国计划规定的生产指标和建设项目，各地方和各部门都应当全力保证完成和争取超额完成；凡是全国计划规定的物资调拨任务，各地方和各部门都应当按期地如数地完成；凡是同全国计划有关的协作任务，各地方和各部门都应当发扬共产主义精神，保证实现。如果不这样，就会分散力量，使原材料、燃料和动力、设备及运输力量不能合理地用在最迫切需要的方面，不能发挥最大的效果，甚至有可能打乱整个建设部署，影响国家计划的实现。正因为我们要继续大跃进，物资的供应比较紧张，要在跃进中不断调整各方面的关系，所以在当前一定的时期内，必须强调集中领导。不仅中央要集中指挥得多一点，各省、市、自治区也要集中指挥得多一点，其目的在于把各方面的积极性迅速纳入“全国一盘棋”的轨道，更有利于今后国民经济的高速度发展。

由于今年的生产、建设任务比较繁重，抓紧第一季度的工作十分重要。从1月份前20天的情况看，计划完成得并不好，生产不够正常，调度也不够灵活，这就更加要求我们不要失去时机，立即把生产工作和建设工作安排好，并且具体地及时地解决一个产品、一个企业、一个建设单位所发生的问题。最近几天来，生产情况已经开始好转，只要我们继续抓紧，情况是会进一步好转的。

总之，我们要使国民经济在今年能够继续跃进和跃进得更好，除了把计划安排得更加切合实际以外，必须加强党的领导，继续贯彻执行总路线和“两条腿走路”的整套方针，实行政治挂帅，走群众路线，在所有的经济部门大力开展技术革命，在一切企业中全面推广“两参一改”、“三结合”的办法，掀起一个新的生产、建设高潮。同时，必须把经济工作越做越细，充分揭露事物发展中的矛盾，分析产生矛盾的原因，寻找解决矛盾的正确方法，真正多快好省地加速我国社会主义建设。我们坚信，今年的计划，经过全党全民的努力，是可以完成和超额完成的。

附表1　　1959年国民经济计划主要指标

项　目	1957年实际完成	1958年预计完成	1959年计划			
			武昌会议方案	比1958年增长速度（%）	调整方案	比1958年增长速度（%）
（一）工业产品产量						
钢	535万吨	1 118万吨（包括土钢）	2 000万吨	79	2 000万吨	79
钢材	436万吨	619万吨	1 400万吨	126	1 400万吨	126
生铁	593万吨	1 327万吨（包括土铁）	2 900万吨	118	2 700万吨	103
工业用焦炭（包括简易炼焦和土焦）	830万吨	2 183万吨	—	—	4 000万吨	83
铁矿石①	1 917万吨	10 000万吨	—	—	9 000万吨	—

续表

项 目	1957年实际完成	1958年预计完成	1959年计划			
			武昌会议方案	比1958年增长速度（%）	调整方案	比1958年增长速度（%）
铜	5.6万吨	7万吨	18万吨	157	14万吨	100
铝	2.9万吨	4.9万吨	22万吨	350	14万吨	185
发电量	193亿度	275亿度	535亿度	94	495亿度	80
煤炭（包括小土群）	13 100万吨	27 000万吨	42 300万吨	57	40 000万吨	48
洗煤（不包括小土群）	707.7万吨	1 195万吨	—	—	4 300万吨	260
原油（不包括土法炼油）	146万吨	224万吨	420万吨	87	380万吨	70
水泥（不包括土制水泥）	686万吨	930万吨	1 800万吨	94	1 400万吨	51
木材	2 787万立方米	3 500万立方米	5 500万立方米	57	5 000万立方米	43
硫酸	63万吨	75万吨	220万吨	193	190万吨	153
浓硝酸	3.9万吨	4.3万吨	—	—	9.5万吨	121
纯碱	51万吨	66万吨	140万吨	112	120万吨	82
烧碱	20万吨	26万吨	60万吨	130	50万吨	92
硝酸铵	10万吨	26万吨	55万吨	112	50万吨	92
化学肥料	63万吨	92万吨	250万吨	172	230万吨	150
化学农药	—	7.6万吨	—	—	17万吨	123
电石	6.8万吨	10.4万吨	—	—	23万吨	121
塑料	1.4万吨	1.8万吨	—	—	6.5万吨	261
染料	3.4万吨	3.4万吨	—	—	4.5万吨	32
抗菌素	34.6吨	145吨	—	—	550吨	279
合成橡胶	—	32吨	5万吨	1 560倍	2万吨	624倍
轮胎	88万套	176万套	—	—	250万套	42
发电设备（成套）生产	20万瓩	90万瓩	902万瓩	902	600万瓩	566
安装②	—	180万瓩	835万瓩	364	600万瓩	234
重型设备	24万吨	54万吨	155万吨	187	142万吨	163
金属切削机床（包括简易机床）	2.8万台	9万台	13万台	45	13万台	45
工业用轴承	1 060万套	3 100万套	8 270万套	167	7 350万套	137
机车	167台	341台	2 100台	516	1 000台	193
客车	454辆	967辆	1 000辆	4	1 000辆	4
货车	7 300辆	11 500辆	75 000辆	550	55 000辆	378
汽车	7 500辆	17 100辆	65 150辆	281	30 000辆	75
拖车	—	—	—	—	20 000辆	—
民用船舶	5.4万载重量吨	8.6万载重量吨	30万载重量吨	249	25万载重量吨	190
拖拉机	1台	1 321台	10 100台	665	7 000台	430
机引农具	22 000具	23 000具	—	—	60 000具	161
谷物联合收割机	124台	545台	—	—	2 000台	268
机动脱粒机	1 813台	740台	—	—	20 000台	26倍
动力机械	69万马力	233万马力	650万马力	179	500万马力	115

注：

①铁矿石生产中，1958年正规的矿山产量约4 000万吨左右，群众土法开采约6 000万吨左右；1959年正规的大矿山和中小型矿山的产量为8 000万吨左右，群众土法开采为1 000万吨左右。

②1959年发电设备除国内生产600万瓩以外，另有国外进口160万瓩，1958年结转在1959年安装的40万瓩。

续表

项　目	1957 年实际完成	1958 年预计完成	1959 年计划			
			武昌会议方案	比 1958 年增长速度（%）	调整方案	比 1958 年增长速度（%）
其中：农业用	—	—	300 万马力	—	300 万马力	—
工业用	—	—	350 万马力	—	200 万马力	—
棉纺织设备（成套）	48 万锭	101 万锭	620 万锭	629	500 万锭	395
造纸设备	0.71 万吨	1.5 万吨	5.5 万吨	265	5.5 万吨	265
制糖设备	0.92 万吨	1.5 万吨	—	—	5 万吨	233
印刷设备	0.14 万吨	0.32 万吨	—	—	0.7 万吨	119
棉纱	465 万件	692 万件	1 100 万件	59	1 000 万件	44
棉布	50.5 亿米	64.5 亿米	—	—	86.5 亿米	34
纸（包括土纸）	122 万吨	157 万吨	300 万吨	91	250 万吨	59
糖	86.4 万吨	90 万吨	220 万吨	142	200 万吨	122
食用植物油	110 万吨	134 万吨	—	—	250 万吨	87
原盐	828 万吨	1 022 万吨	1 500 万吨	47	1 387 万吨	36
卷烟	446 万箱	470 万箱	530 万箱	13	530 万箱	13
（二）农业产品产量						
粮食	3 700 亿斤	7 500 亿斤	10 500 亿斤	38	10 500 ~ 13 000 亿斤	40% ~73
棉花	3 280 万担	6 700 万担	10 000 万担	46	10 000 ~ 12 000 万担	49% ~79
猪	14 589.5 万头	20 000 万头	—	—	40 000 万头	100
（三）工农业总产值	1 258 亿元	2 126 亿元	—	—	3 130 亿元	47
（1）工业总产值	721 亿元	1 200 亿元	2 000 亿元	67	1 800 亿元	50
其中：生产资料	330 亿元	700 亿元	—	—	1 100 亿元	57
消费资料	391 亿元	500 亿元	—	—	700 亿元	40
其中：金属加工	83 亿元	190 亿元	—	—	410 亿元	116
其中：人民公社工业和手工业	133 亿元	220 亿元	—	—	300 亿元	36
（2）农业总产值	537 亿元	926 亿元	—	—	1 330 亿元	44
（四）交通运输						
铁路货运量	2.7 亿吨	3.8 亿吨	6.5 ~7 亿吨	71 ~84	6 亿吨	58
交通部直属企业货运量	2 156 万吨	2 827 万吨	—	—	4 063 万吨	44
（五）社会购买力	461 亿元	543 亿元	—	—	700 亿元	29
（六）进出口贸易总额	105 亿元	128 亿元	—	—	142 亿元	11
出口贸易总额	55 亿元	67 亿元	—	—	79 亿元	19
进口贸易总额	50 亿元	61 亿元	—	—	63 亿元	3
（七）学生招生数						
高等学校招生数	10.55 万人	33.5 万人	—	—	31 万人	-8
中等专业学校招生数	12.31 万人	90 万人	—	—	80 万人	-11
高中招生数	32.2 万人	56.2 万人	—	—	70 万人	25
（八）基本建设投资	126 亿元	219 亿元	360 亿元	64	363.3 亿元	66
（九）地质钻探进尺	336 万米	655 万米	1 200 万米	83	1 000 万米	53
（十）财政收入	310 亿元	450 亿元	620 亿元	38	602 亿元	34

附表 2 **1959 年农业主要指标**

项 目	1957 年实际完成	1958 年预计完成		1959 年计划		
		播种面积	总产量	播种面积	总产量	1959 年比 1958 年增长速度（%）
总耕地面积	16.8 亿亩	16.3 亿亩	—	15 亿亩	—	—
总播种面积	23.6 亿亩	23.2 亿亩	—	21.4 亿亩	—	—
粮食作物	3 700 亿斤	18 亿亩	7 500 亿斤	16 亿亩	10 500 亿～13 000 亿斤	40～73
稻谷	1 736 亿斤	4.8 亿亩	3.000 亿斤	4.8 亿亩	5 280 亿～5 835 亿斤	76～95
小麦	473 亿斤	4.0 亿亩	749 亿斤	4.0 亿亩	1 600 亿～2 120 亿斤	114～183
薯类	438 亿斤	2.4 亿亩	1 882 亿斤	1.4 亿亩	1 590 亿～1 965 亿斤	－16～4
杂粮	1 053 亿斤	6.8 亿亩	1 869 亿斤	5.8 亿亩	2 030 亿～3 080 亿斤	9～65
大豆	201 亿斤	1.4 亿亩	254 亿斤	1.4 亿亩	420 亿斤	65
棉花	3 280 万担	8 276 万亩	6 700 万担	10 000 万亩	10 000 万～12 000 万担	49～79
黄洋麻	602 万担	175 万亩	683 万担	420 万亩	1 890 万～2 016 万担	177～195
苎麻	105 万担	155 万亩	155 万担	500 万亩	250 万～300 万担	61～94
大麻	257 万担	—	—	558 万亩	781 万～886 万担	
青麻	198 万担	—	—	435 万亩	653 万～746 万担	
烤烟	512 万担	542 万亩	1 526 万担	553 万亩	1 935 万～2 100 万担	27～38
甘蔗	20 785 万担	478 万亩	43 153 万担	700 万亩	70 000 万～87 120 万担	62～102
甜菜	3 002 万担	458 万亩	9 454 万担	700 万亩	21 000 万～26 190 万担	122～177
花生	5 142 万担	3 560 万亩	10 891 万担	5 337 万亩	22 635 万～26 682 万担	108～145
芝麻	625 万担	1 118 万亩	1 241 万担	1 937 万亩	3 200 万～3 393 万担	158～173
油菜籽	1 775 万担	3 552 万亩	2 537 万担	4 680 万亩	6 510 万～7 850 万担	157～209
蔬菜				7 373 万亩		
茶	223 万担		283 万担		400 万～455 万担	41～61
家蚕茧	136 万担		161 万担		250 万～300 万担	55～86
柞蚕茧	89 万担		121 万担		220 万～250 万担	82～107
大家畜	8 382 万头		8 543 万头		9 400 万头	10
羊	9 858 万头		11 180 万头		14 000 万头	25
猪（年末存栏数）	14 590 万头		20 000 万头		40 000 万头	100
当年屠宰	—		—		14 000 万头	—
造材总面积	6 532 万亩	46 000 万亩		35 000～40 000 万亩		—
增加灌溉面积	4 300 万亩	48 000 万亩		20 000 万亩		—

附表 3 **1959 年基本建设投资额** 单位：亿元，%

部门	武昌会议拟议方案		调整方案		部门	武昌会议拟议方案		调整方案	
	投资额	比重	投资额	比重		投资额	比重	投资额	比重
全国总计	360	100	363.3	100	农业	1.25		1	
工业部门合计	246	68.3	245.4	67.6	农垦	3		3.5	
冶金工业	49		46		林业	1.25		1	
机械工业	45		34		水利	16.15		16	
电力工业	57		50		气象	0.15		0.2	
煤炭工业	19.1		28		运输邮电部门合计	78.3	21.8	73.93	20.3
石油工业	15.6		15		铁道	66		60	
化学工业	17		20		交通	9.8		10.93	
森林工业	5		5.5		邮电	2.5		3	
建筑材料工业	5.7		5.7		商业粮食物资储备部门合计	3.7	1	4.57	1.3
建恐企业	0.5		1		文教卫生部门合计	3.7	1	9.5	2.6
地质	1.6		1.5		其中：中国科学院	—		2.65	
纺织工业	5		10		城市建设	—	—	4	1.1
轻工业	5		13		首都国庆节工程	3	0.8	3	0.8
水产	0.6		0.7		其他部门	1	0.3	1.2	0.3
第二机械工业	19.9		15		待分配数	2.5	0.7		
农林水利部门合计	21.8	6.1	21.7	6					

附表 4 **1959 年钢材按用途分配表** 单位：万吨

项目	1958 年预计	1959 年计划		备注
		武昌会议方案	调整方案	
可供分配的钢材资源总数	800	1 500	1 500	
一、国内生产	580	1 400	1 400	
二、国外进口	120	100	100	
三、动用国家储备及企业库存	100			
钢材分配总数	800（注1）	1 500	1 500	
一、分配给生产用的	515	835	817	
（1）生产机械设备用	265	601	513.7	
1. 主要机械产品	115	410	323.7	
2. 一般机械产品	120	191	160（注2）	
其中：通用机械及配套（注3）			70	
非标准设备			30	
3. 增加在制品	30		30	
（2）企业维修及其他生产	230	191.6	273.3	

注：

1. 1958 年生产和基本建设消费量基本上是根据统计部门电话报告的数字预计的；生产消费量中的主要机械产品消费量是根据预计产品产量用 1958 年预计定额计算出来的。

2. 表列“一般机械产品”的调整方案（160 万吨）比武昌会议的方案（191 万吨）少 31 万吨，是由于这次将机引家具、制糖设备等四个产品的用量调在“主要机械产品”的用量中，以及将轻工产品和汽车配件等调在“企业维修及其他生产”用量中。如果按照武昌会议方案的口径，这两项（“一般机械产品”和“企业维修及其他生产用”）用料，实际上是比武昌会议方案增加 61 万吨。

3. 包括锻压设备、铸造机械、木工机械、泵、风机、空压机、制氧机、冷冻设备、橡胶机械、工业用工具、仪器仪表、电讯设备及其他主要配套等用料。

续表

项　　目	1958年预计	1959年计划		备　　注
		武昌会议方案	调整方案	
其中：市场加工（注4）			90	4. 除分配90万吨钢材外，另由冶金部直属企业供应废次钢材10万吨。这些钢材用于铁丝、元钉、五金工具、汽车拖拉机配件、大车、力车配件、喷雾器、棉花加工机械、烟麻工具、日用百货、医疗器械、石油包装、文化生活用品和体育用品等用料。
轻工产品及食品包装（注5）			25	5. 包括自行车、手推车、缝纫机、衡器、钟表及搪瓷制品、食品包装等用料。
工矿企业经营维修			90	
特殊需要（注6）			10	6. 其中国防部4万吨、二机部3万吨、科学院1.7万吨。
（3）军事工业生产用	20	42.4	30	
二、分配给基本建设用的	265	565	532	
（1）国家投资的基本建设（注7）		504	487	7. 投资总额363.3亿元，其中有8亿元（森林工业0.5亿，农垦0.5亿，文教3亿，铁道4亿）只进行土木建筑工程，不分配钢材。
1. 工矿企业及事业单位建设（注8）		306	316	8. 投资303.3亿元，扣除不分配钢材的4亿元外，其余是按每亿元平均消耗钢材1.056万吨计算的。
2. 铁路建设（注9）		198	171	9. 铁路铺轨里程按14 800公里计算（其中包括专用线2 000公里在内）。
（2）军事工程（注10）		9	12	10. 包括由国防费开支的建设用料。
（3）地质勘探（注11）		12	10	11. 由事业费开支的地质勘探用料。
（4）其他建设（注12）			3	12. 包括渤海造船厂、哈尔滨锅炉厂、西藏、云南化肥厂等单位的用料。
（5）自筹资金的基本建设		40	20	13. 1958年年初库存253.4万吨，1958年年末库存180万吨（统计部门电话报告数字为165万吨，估计漏报15万吨左右），年末较年初净亏73.4万吨。
三、出口及援外用	20	20	26	
四、补充库存（注13）			80	1959年年末库存较年初180万吨增加80万吨，共260万吨，为1959年国内计划消费量的19.4%，相当于70天的平均日消费量。
五、预备数		80	45	

Z44－1959（2）

李富春：关于一九五九年国民经济计划草案的报告

1959年4月21日

第241～261页。D220－5455（12）

中共中央关于调整一九五九年主要物资分配和基本建设计划的紧急指示

1959年6月13日

各省、市、自治区党委，各部、委党组：

中央批准国家计划委员会党组关于一九五九年主要物资分配和基本建设计划调整方案的报告，现在发给你们，望立即抓紧时间，依靠群众，本着鼓足干劲、力争上游、多快好省地建设社会主义的总路线和实事求是的精神，根据这个方案安排和组织今年下半年的生产和基本建设工作。

上海会议以后两个多月以来，由于钢材和其他一些重要原料、材料的生产指标和分配计划仍然偏高，有些重要的原料、材料不能按时、按量、按质、按品种分配，以至许多单位的生产和基本建设不能摆脱缺原料、等材料、无法正常工作的被动局面。最近国家计划委员会和有关部、委，在中央财经小组指导下，根据一月到五月实际的生产情况，根据现有的和可能新增加的生产能力，以及其他的条件，重新计算了今年钢材和一些其他主要物资的产量。按照这次计算的产量，加上现在可靠的进口量，今年全年可供分配的钢材资源为九百零二万吨，比上海会议时计算的少了二百九十三万吨。中央认为，把钢材和其他主要物资的分配方案放在比较落实的基础上，并且根据物资分配方案，把基本建设计划加以调整，这是完全必要的措施。这样将有利于各部门、各地区有秩序地安排工作，有利于各部门、各地区更好地发挥主动性、积极性。中央要求各个部门和各个地区在保证完成物资调出计划和不增加调入物资的条件下，在不增加基本建设项目和投资、并且减少职工总数的条件下，在首先保证完成国家计划内的生产和基建项目的条件下，积极发掘潜力，努力增产节约，保证一九五九年的国民经济继续跃进。

中央认为，全国的基本建设项目，无论属于中央或地方，无论在限额以上或以下，都必须立即毫不迟疑地按照国家计划委员会党组报告中所提出的各项原则，加以削减，以便缩短战线，集中力量完成和提前完成那些最重要的基建项目。凡是应当停建缓建的，要坚决地及时地停建缓建。凡是应当保留的，包括限额以下的项目，都必须纳入国家计划。过去几个月中由于对基建项目控制不严，收缩不力，已经造成国民经济各方面的损失和被动。现在已经是六月，必须认清形势，当机立断，否则必然严重地影响全年的工业生产，影响全年的农业生产，影响全国的市场供应，也影响真正重要的基建项目的建设进度。这方面的任务，除直接属于中央的建设项目由中央有关部门负责外，其余一律由各省、市、自治区党委负责。现在各地施工的限额以下项目数以万计，各省、市、自治区必须认真检查，统筹安排，迅速削减，并且由省、地、县三级党委分别负责加以执行。此外，鉴于材料紧张，基建预备费十八亿元必须严格控制，不得轻易动用。

在工业生产方面，由于原来所定的一些指标偏高和物资分配计划的修改，也不能不作某些相应的实事求是的调整。但是在这一方面，态度必须是完全积极的，并且必须分别不同情况，采取不同步骤。有些企业的指标，原来就是比较符合实际情况的，这些企业的任务，主要是加强实现指标的各种具体措施，保证原定指标的超额完成。也有少数企业的指标，不是定得过高，而是订得过低，这些企业的指标落实工作，就不是把指标再降低，而是根据可能的条件，适当调高。至于指标定得偏高的企业，生产指标，应该迅速地调低落实，在进行指标落实的时候，也要防止两种偏向：一种是该落而不肯下落的偏向；另一种是落得过火，或者不按计划、不按比例地下落的偏向。在地方中小型工业企业生产的调整工作中，还应当注意使这些企业不要同现代化的大企业争原料、材料、燃料，不要同农业争劳动力、短途运输力和燃料，注意使这些企业的生产尽量为市场的迫切需要服务。如果这些企业的工人原来是现在迫切需要的维修工人、配件制造工人、日用百货制造工人和手工业工人，除了绝对不能离开现在工作岗位的以外，应当有计划地动员他们赶快归队。总之，工业生产指标的调整工作，必须按照各个地区、各个部门、各个企业的具体条件实事求是地进行，反对千篇一律。明知做不到而又勉强去做，致使产品质量不合格，浪费人力物力财力，生产安全无保证，职工再努力也不能完成计划，是不对的；但是，经过努力可以实现国家计划的要求，而不千方百计地努力加强各种组织措施，也是不对的。决不应当把指标落实和留有余地错误地理解为把指标压得愈小愈好，理解为不鼓足干劲、不积极采取措施就能够完成任务。相反，只要不在国家分配计划以外向国家再要求增加物资，并且坚决执行中央关于压缩社会购买力、减少职工的指示，各地方、各企业在实现国家规定的生产和建设计划方面，完全可以而且应当充分发挥自己的增产节约、技术革新的积极性和创造性。任何松劲情绪都是完全错误的，绝对不允许的。

在物资分配计划和各企业生产计划调整以后，虽然一部分产品产量将达不到人代会通过的指标，但是必须指出：只要全国工业战线鼓足干劲，在保证质量的前提下，充分合理地利用现有的原料、材料、燃料，我们的工业发展速度将仍然很高，仍然是一个伟大的跃进。以钢为例，去年生产的好钢约为八百多万吨，比前年的五百三十五万吨增加二百六十多万吨，增长速度约为百分之五十；今年即使只生产与九百万吨钢材的指标相适应的一千三百万吨好钢，就比去年增加约五百万吨，增长速度将达到百分之六十以上。这种增长速度无疑是一个特大跃进的速度。

今年一月到五月的生产、建设情况总的是好的，但是由于工业计划几次变动，材料供应又不落实，因此，人心思定，生产思常，这是目前广大群众的心情，也完全符合于经济建设的客观需要。现在把基建战线缩短，材料分配和工业生产的指标落实，同时压缩社会购买力，改善市场状况，必将有利于工业生产和整个国民经济的发展、有利于鼓舞群众的生产热情。许多企业在指标修改以后，由于政治工作和组织措施抓得紧，产品的数量和质量都不断提高，生产计划超额完成，群众情绪大大好转，就是证明。群众现在迫切要求知道当前生产和整个经济生活的真实情况，各级领导机关应当充分满足群众的这个要求，以便同广大群众一起，来设法解决当前生产和建设中的各种问题。所有的工厂、矿山、运输企业和基本建设单位，都应当迅速向职工群众说明真相，正确地说明当前的有利形势和当前的暂时困难，坚持鼓足干劲、力争上游、多快好省地建设社会主义的总路线，实事求是地确定本单位保证完成的生产指标和争取完成的生产指标，动员全体职工团结一致、和衷共济，实行苦干、实干、巧干，在现有的原料、材料、燃料、设备的条件下，努力挖掘潜在力量，克服一切困难，保证完成和超额完成自己的计划。

中央同意国家计划委员会党组的建议，即分配给各省、市、自治区的六种主要产品的指标，必须保证完成，并且应当力争超过。凡超额生产的部分，中央直属企业按中央七成地方三成分配，地方企业按中央三成地方七成分配。中央分配给各地的物资应当按时分配；万一有了延误，仍按原分配计划顺延到下月或下年分配，不予改变。地方分成所得的原料、材料，应当首先用于生产设备的维修和市场急需物资的生产方面。

在指标落实以后，中央各部门和各地方党委必须加强组织领导，切实帮助各企业及时解决问题。各部门、各地方要特别注意抓紧那些重点企业，因为这些重点企业不仅产品数量大，质量好，而且潜力大，在国民经济中的作用也大。各企业都应当在充分发动群众的基础上，迅速整顿经营管理，建立和健全必要的规章制度，普遍实行经济核算，提高产品质量，注意设备的维护检修，注意必要的配件、备件的安排，注意安全措施，改善劳动组织，坚决减少企业中的多余人员，力争多快好省地完成今年的任务。

努力提高产品质量，增加产品品种和数量，这在当前经济工作中有特别重大的意义。目前许多产品质量下降、品种减少的现象，还没有完全改变，这种情况仍然是工业生产战线上的最严重问题。所有企业，都必须立即恢复或建立质量的检查制和责任制。对产品质量的好坏，各单位必须说真话，切不可把不合格的产品说成是合格的产品，贻害国家和人民。忽视质量，这是对于目前已很紧张的原料、材料、燃料、运输力、劳动力的最大浪费，是对于整个国民经济的严重危害，这种情况必须迅速地坚决地克服。

以上各点，望迅速认真讨论执行。

附发：国家计划委员会党组关于一九五九年主要物资分配和基本建设计划调整方案的报告、主要物资分配的调整方案、基本建设项目的调整方案、一九五九年工业生产和交通运输主要指标的预计完成数。

附：国家计划委员会党组关于一九五九年主要物资分配和基本建设计划调整方案的报告

1959年6月8日

上海会议所决定的钢材、煤炭、铜、铝、木材、水泥等六种主要物资一九五九年的分配计划，以及同这些物资有直接关系的一九五九年的基本建设计划，根据最近两个多月的实践，由于这些物资的生产不可能达到上海会议所要求的水平，必须加以调整。现在根据中央指示，对一九五九年主要原料、材料、燃料生产的实际可能作了反复的讨论和计算，在这个基础上提出了一九五九年六种主要物资分配和基本建设计划的调整方案，请中央审查批准。

为什么许多工业产品达不到上海会议所要求的水平呢？这里需要作一点简单的说明。

今年以来，我国国民经济的发展速度一般仍然是很高的。根据初步统计，今年一月到五月，生铁的产量达到七百八十万吨，比去年同期增长了一点七倍；钢的产量达到四百三十二万吨，比去年同期增长了百分之六十六；钢材的产量达到二百九十五万吨，比去年同期增长了百分之二十九；煤的产量达到一亿五千万吨，比去年同期增长了百分之一百一十。其他工业产品的产量如电力、原油、机床、棉纱、糖、食盐、卷烟等，也都有很大的增长（详见附表三［略］）。工业总产值按可比口径估算为六百三十一亿元，比去年同期增长了百分之七十七，其中生活资料产值增长了百分之五十九。国家预算内的基本建设投资额约计完成七十二亿元，比去年同期增长了一倍左右。全国货物运输总量达到八亿八千二百万亿吨，比去年同期增长了百分之五十七左右；其中铁路货物运输量二亿零三百万吨，比去年同期增长了百分之五十二。农作物的产量虽然受到播种面积减少和自然灾害的影响，夏收预计仍可相当于去年夏季特大丰收的实际产量，或者还可能有所超过。今年一月到五月，全国商品零售总额为二百四十五亿元，比去年同期增长了百分之二十三。上述情况表明，我国人民群众的革命干劲仍然很足，整个局势仍然是跃进的局势。这是没有疑问的。

但是问题是许多工业产品的产量虽然比去年同期有了很大的增长，却没有完成原定的计划指标。例如，钢的产量，第一季度只完成原定计划的百分之六十六，四月份只完成原定计划的百分之八十二；钢材的产量，第一季度只完成原定计划的百分之七十六，四月份只完成原定计划的百分之八十四。由于钢材的生产计划没有完成，就使钢材的分配计划有不少部分落空。第一季度原计划分配钢材二百三十三万吨，实际生产和进口的只有一百七十一万吨，有六十二万吨要拖到第二季度供应。第二季度计划分配钢材二百三十七万吨，预计只能生产和进口二百零二万吨。除去还第一季度的欠账六十二万吨外，有九十七万吨要拖到第三季度供应。其他物资如木材、水泥、煤炭、化工产品、石油等的分配也有类似情况。同时，轻工业原料如棉花、油料、烤烟等的供应情况也不够好。物资分配计划不能完全兑现，加上有些产品质量较差、品种不全，就使许多工业部门的生产不能按原定计划进行，使一些企业陷于半停工甚至停工的状态；使一些基本建设工程陷于半建半停的状态，欲进不能，欲退不甘；使市场的供应也发生困难。许多部门、许多工厂和基本建设单位，都迫切希望把今年本单位确实可以分配到的钢材和其他材料的数量，赶快定下来，使生产和建设赶快正常起来，这样他们才好在一个可靠的基础上精打细算地、踏踏实实地安排今年的生产、建设工作；并且在这个基础上发挥主动性和积极性，千方百计地争取今年调整后的计划的完成和超额完成。这种要求，是正当的，应当迅速加以解决。

现在已经看得很清楚：许多工业产品的生产计划和物资分配计划所以完成得不好，主要原因是原来的生产指标定得偏高，超过了客观的可能。因此，必须按照生产的客观可能，对原定的物资分配计划进行必要的调整，使它能够确实实现，这样才能保证全国的生产、建设的正常进行。

最近，我们根据一至五月份的生产实绩和六至十二月份的生产预计，重新计算了今年的钢材和其他主要材料的可供分配的物质资源。计算的结果，今年比较落实的可供分配的钢材资源是九百零二万吨（国内生产预计为九百万吨，扣除其中以大材轧成小材重复计算的五十万吨，可供分配的是八百五十万吨；加上目前已经定到的进口钢材五十二万吨)。这个数量，比上海会议安排的方案一千一百九十五万吨(包括扣除重复计算的钢材和加上进口的钢材)，减少了二百九十三万吨。其他主要材料、燃料的预计可供分配的资源是：煤炭三亿四千万吨，木材三千五百一十一万立方米（国内生产预计为三千八百万立方米，折合合用的“等内材”为三千五百万立方米，加上进口十一万立方米)，水泥九百八十万零八千吨（国内生产预计为一千一百万吨，扣除地方自产自用的一百三十二万六千吨，加上进口十三万四千吨)，也都比原来计划分配的数量减少了很多。原来的分配指标定得过高，是因为当时我们对国内的生产能力估计得过高了，对国内物资出口换得国外物资进口的可能也估计得过高了。这说明我们在计划工作中有严重的主观片面性。这是一个重大的教训。

原来的计划已经偏高，再加上生产任务和基本建设任务层层加码，这就使材料不足的情况更显得紧张了。

为了使计划落实，有必要把今年的钢材和其他主要材料、燃料的分配计划，根据上述可供分配的物质资源进行重新安排。在安排的时候，为了力求合理地使用这些物资力量，并且使目前国民经济发展中已经出现的某些失调现象得到适当的调整，我们采取了以下几个原则：

1. 贯彻执行中央工农业并举、轻重工业并举的方针，尽可能地安排好重工业、轻工业、农业之间应有的比例关系，注意解决纺织工业、轻工业和其他市场物资的迫切需要，同时照顾到农业上的某些需要，使工业和农业、重工业和轻工业、现代工业和手工业、生产和运输、积累和消费能够逐步获得比较协调的发展。

2. 在工业生产和基本建设两者之间，首先照顾生产和维修的需要，以便从材料的供应上保证生产的正常进行；然后照顾必要的基本建设的需要，尽量使生产和基本建设、今年和明年能够有所兼顾。

3. 在工业生产用料中，首先满足经营、维修和配件、备品制造的需要，照顾机械的配套的需要，然后照顾必要的主机制造的需要。

4. 在安排基本建设材料的时候，既要适当满足重点部门的需要，又要不使重点部门占用的材料过多，以免妨碍一般部门的必要发展。

5. 必须保证出口和援外的需要。

6. 尽可能做到留有余地，适当地补充一些库存。

根据上述分配原则，今年拟分配给基本建设用的钢材为二百五十万吨（上海会议方案为三百八十万吨)，木材七百八十六万立方米，水泥七百一十九万八千吨。有多少米，只能做多少饭。材料既然只有这么多，基本建设的投资和基本建设项目就必须作相应的调整。我们建议把基本建设的投资由原定的二百八十亿元调整为二百四十亿元（其中留预备费十八亿元)，主要是减少了工业部门的投资（减少四十五亿元)，而酌量增加了农业、林业、地方交通的投资，因为增加这些投资有利于国民经济的协调发展，而且用的材料很少。

对于基本建设项目的调整，我们采取的原则是：(1) 优先保证那些担负今年生产任务的项目的建设；(2) 适当照顾为增加明年生产所必需的重点工程和薄弱部门的建设；(3) 尽可能地利用已经盖起来的厂房，稍加设备，使其迅速投入生产。根据这些原则，拟将今年施工的限额以上的项目，由原定的一千零九十二个缩减为七百八十八个。其中，属于中央各部的项目是三百六十二个，属于地方的项目是四百二十六个。对于中央各部的建设项目，今后原则上一律不再变动。对于地方的建设项目，各省、市、自治区党委可以根据具体情况进行适当调整。但是调整的幅度不宜过大，调整的意见应当报告中央。至于限额以下的建设项目，一律由各省、市、自治区党委统一负责调整。各省、市、自治区在调整地方建设项目的时候（包括中央各部安排的和各省、市、自治区自己安排的)，对于那些产品供应全国需要的建设项目，应当首先予以保证；如果必需调整的时候，应当取得中央主管部门的同意。对于中央和省、市、自治区计划外的项目，凡是同农业争劳动力、争短途运输力、争燃料的项目，以及同现代工业在原料、材料、燃料的供应上有很大矛盾的项目，都应当坚决地停下来；对于在计划内的，应当由中央和省、市、自治区统筹兼顾，合理调整。地方的基本建设规模，应当按分配到的基本建设材料办事，不要把生产维修和市场用的材料挪用于基本建设。计划外的高炉和转炉应当暂行停止配套，简易机床应当暂行停止生产。为了节省建筑材料，应当尽可能地实行“鹊巢鸠占”的办法，充分利用已经建好的厂房，不要把已经建好的房子空在那里，另外又去新建厂房。实行这个办法，今年就可能节约一些材料，多做一些事情。基本建设项目经过这次调整以后，情况肯定会好转，但是有些项目由于材料和设备不能如期到达，仍有可能推迟建设进度，这种情况仍然要估计到。

在缩短基本建设战线的时候，应当做好政治思想工作，妥善地处理遣散的人员。干部、技术人员和技术工人应当归队，一般工人应当尽可能地支援农业战线和必要的采掘部门。

基本建设战线缩短以后，就有可能使建设力量更集中地、更有效地使用，就可以把大批来自农村的劳动力送回农村，而有利于缓和目前国民经济某些环节的紧张情况，特别是缓和运输和市场方面的紧张局面。同时，也就有可能使各级领导以更多的力量去抓当前的生产，把生产搞得更好，只有生产搞好了，才能把基本建设搞好。

按照调整后的基本建设计划，某些材料的供应还是相当紧的，特别是木材数量不足，钢材品种不全。为了弥补钢材品种不全，我们准备再争取从国外进口二十万吨最迫切需要的钢材（约值六千万美元）。今年橡胶资源比去年减少，而工业、农业、运输和市场对于橡胶的需要都大大增加，准备再争取进口一万至二万吨橡胶（约值大米八千万斤至一亿六千万斤）。

钢材和其他原材料分配数量减少以后，基本建设规模缩减以后，某些生产指标也需要进行相应的调整。我们认为，现在不需要修改全国的工业生产计划。各省、市、自治区可以根据当地具体情况和鼓足干劲、力争上游的原则，统筹安排各地的生产指标。如果各地安排的指标同中央各部的要求有冲突，则应当商得中央有关部门的同意。生产指标应当落实，所谓落实，就是根据可能的原料、材料、燃料，已有的设备能力，加上可靠的措施和群众的干劲，所能达到的指标。落实应当在省、市、自治区统筹安排下有领导有计划有组织地进行，不能单纯由一个个企业孤立地去搞，更不能认为落得愈低愈好。各地区、各部门在国家分配的原料、材料、燃料的指标下，在保证如质、如量、如期地完成调出计划和不增加物资调入的情况下，应当鼓足干劲，想尽一切办法挖掘潜力，增产节约，特别要想尽一切办法增加原料、材料、燃料的生产，努力提高产品的质量，节约原料、材料、燃料的消耗。总之，凡是经过努力能够做到的、能够多做一些的，我们就应当尽量做到，尽量多做。我们现在以年产一千三百万吨好钢和九百万吨钢材为基数，并且根据其他各部门今年头五个月生产和基建的完成情况，试算出一个工业生产和交通运输主要指标的预计完成数（见附件三［略］），供给各省、市、自治区和各部安排生产指标时参考；这些参考指标应当分别下达，而不要以全部数字下达。表中所列各省、市、自治区六种主要物资的预计完成数，则是必须完成的数字，各地应当努力超额完成。凡是超额生产的部分，中央企业按中央七成地方三成分成，地方企业按地方七成中央三成分成。中央分配给各地的物资，应当做到按时分配。万一没有做到，那么也应当顺延到下月或下年仍按原计划分配，而不应当改变分配计划。

以上报告，是否妥当，请批示。

Z44－1959（2）

中共中央关于抓紧传达《中共中央关于调整一九五九年主要物资分配和基本建设计划的紧急指示》的通知

1959年7月7日

六月十三日《中共中央关于调整一九五九

年主要物资分配和基本建设计划的紧急指示》已经下达了二十多天。但据国家经委的初步检查，截至七月二日下午为止，连在全国各重点工业企业中都还有百分之七十以上的企业领导干部，没有看到中央这个文件，或者没有听到过正式的传达，这是十分不应该有的现象。请你们立即严肃地加以检查。凡未向各工业企业作过传达的地方，至迟必须在七月十五日以前，认真地作一次传达并且结合各自的情况，加以讨论，贯彻执行中央指示的精神，作出具体部署，不要再迁延时日，坐失时机。

Z44－1959（2）

中共中央转发国家经委党组关于一百八十一个重点企业传达《中共中央关于调整一九五九年主要物资分配和基本建设计划的紧急指示》情况的报告

1959 年 7 月 12 日

各省、市、自治区党委，国务院工业、交通各部党组：

本月 7 日中央已经发出通知，要求各地和各部门迅速传达中央关于调整 1959 年主要物资分配和基本建设计划的紧急指示。现在再将本月 3 日国家经委党组所写的关于传达上述文件情况的报告，发给你们一阅。

附：国家经委党组的报告

1959 年 7 月 3 日

中央书记处：

在 7 月 1 日、2 日两天内，我们同 181 个重点企业的生产特派员普遍地进行了一次电话联系，主要是了解 6 月 13 日中央关于调整 1959 年主要物资分配和基本建设计划的紧急指示的传达讨论情况和企业如何贯彻执行问题。截至 7 月 2 日下午 5：30 止，在 181 个重点企业中，已有 168 个重点企业的领导同志（包括党委书记、副书记，厂长、副厂长）和我们通了电话。总的情况是：已经看到 6 月 13 日中央紧急指示的有 33 个单位，已经听过传达报告的有 14 个单位，以上两项合计有 47 个单位，占 168 个重点企业的 28%。没有看到文件或没有听到正式传达的有 121 个单位，占 168 个重点企业的 72%。

看过中央文件的有石景山钢铁公司经理、京西矿务局副局长、辽宁石油一厂厂长、上海汽轮机厂副厂长；听过地方党委传达的有甘肃省 9 个重点企业的领导同志；听过中央业务部门在电话会议上简要传达的有冶金、煤炭、一机等 3 个部的直属厂矿。在看过中央文件和听过传达报告的重点企业中，少数企业如武钢、山西经纬纺织机械厂和天津纺管局等已经进行了讨论。

有些单位虽然还未看到中央文件或未听到正式传达报告，但是，在国家计委党组讨论调整指标前后，已将生产指标作了一些调整。属于这一类情况的有冶金、煤炭等基层企业单位。

根据这次检查的情况，我们认为中央的紧急指示已发出 20 天了，但是全国 168 个重点企业中还有 72% 的企业负责人未看到文件或未听到传达，这个情况是严重的。因此，我们建议中央发一通知，请各地党委和各工业部门党组在 7 月 15 日以前将中央 6 月 13 日的紧急指示向全国各工业企业作一次认真的传达，并且根据各自的情况，作出具体的部署，以便各企业按照中央指示和有关上级管理机关的部署，迅速做好计划的调整落实工作。6 月 13 日中央紧急指示的传达讨论情况和企业计划调整落实的情况，各地方、各工业部门要在 7 月 20 日前向中央作一次专门的报告。

Z44－1959（2）

国家计委党组、国家统计局党组关于一九五九年国民经济计划执行情况的报告

1959 年 12 月 31 日

中央、主席：

1959 年我国人民在党中央和毛主席的领导下，沿着总路线指引的光辉道路，发挥了冲

天的干劲，使我国国民经济在1958年大跃进的基础上又取得了新的伟大胜利，并且积累了丰富的经验。

现在把1959年计划执行情况报告如下：

一、1959年是我国国民经济继续大跃进的一年

1959年工农业总产值预计完成2 481亿元，比1958年的1 841亿元增长34.8，比1949年的466亿元增长4倍以上。

工业总产值为1 670亿元，比1958年的1 170亿元增长42.7%，比1949年的140亿元增长11倍；工业的净产值为591.2亿元，比1958年的409.6亿元增长44.3%；钢产量为1 380万吨（其中小洋群有200万吨），比1950年的800万吨“洋钢”增长72.5%；钢材990万吨，比1958年的722.8万吨增长37%；生铁2 240万吨（其中小洋群约占一半的产量），比1958年的1 369万吨增长63.6%；煤产量3.7亿吨，比1958年的2.7亿吨增长37%；机床10万台，比1958年的5万台增长1倍；拖拉机5 000台（15马力标准台），比1958年的1 100台增长354.5%；棉纱845万件，比1958年的610万件增长38.5%，1959年工业增长速度，有些省超过了1958年（例如福建、湖北、新疆）。

农业总产值811亿元（包括人民公社中基层核算单位的工业产值），比1958年的671亿元增长21%，比1949年的326亿元增长1.2倍。粮食产量5 400亿斤，比1958年增长400亿斤即增长8%；棉花产量4 900万担，比1958年增加700万担，即增长17%；猪的头数达到1.8亿头，比1958年增加2 000万头，增长12.5%。

现代运输工具（包括铁路、轮船、汽车、和航空运输）的货运量为10亿吨，比1958年的6.3亿吨增长58.9%。

基本建设投资额完成315亿元，比1958年的267亿元增长18%，其中，国家预算内投资250亿元，超过计划248亿元，增长0.8%。

社会商品零售额630亿元，比1958年的548亿元增长15%，超过计划2.4%。

高等学校在校学生数81万人，比1958年的66万人增长22.7%；中等专业学校在校学生数152.8万人，比1958年的147万人增长4%。高等学校招生数27.1万人，超过计划8.4%；中等专业学校招生数70.2万人，超过计划0.3%。

1959年预计全国科学技术人员达到209.5万人，比1952年的49万人增长了3倍以上。

1959年底职工人数为4 232.3万人，比1958年底4 532.3万人减少了300万人。原有职工的平均工资为665元，比1958年增加了28元，即工资增长4.4%。如包括今年年底发的跃进奖金约7亿元，则每个职工平均工资为688元，比1958年增加30元，即工资增长了4.6%。

上述情况表明，1959年是继续大跃进的一年。

经过1958年和1959年的连续大跃进，八大建议的第二个五年计划的钢、煤、电、冶金设备、发电设备、机床、原木、棉纱、盐、粮食、棉花计划指标已经超额完成。

根据中央和主席“藏一点”的指示，我们建议对外少公布一些，建议工业总产值公布1 600亿元，比1958年增长36.8%，钢公布1 315万吨，比1958年增长64.4%，农业总产值公布780亿元，比1958年增长16.2%，粮食公布5 400亿斤，比1958年增长8%，棉花公布4 800万担，比1958年增长14.3%。这样公布，比较主动，而且就是少公布一点，“藏一点”也还是大跃进。附上我们拟的一个公报草稿，请审查。

二、1958年和1959年的实践，进一步证明我国国民经济既能以大跃进的速度发展，又能按比例的发展

在1959年工农业生产继续大跃进的基础上，农、轻、重之间的比例关系更加协调了。从工农业的发展速度的比例来看，1959年农业虽然遭受了数十年来未有的严重的自然灾害，受灾面积达6.5亿亩左右，但是，粮食不

但没有减产，而且增长了400亿斤，农业生产总值仍然达到21%的大跃进增长速度。工业、农业发展速度的比例为2.04∶1，比1958年2.64∶1的比例缩小，比第一个五年的4∶1的比例，则有显著改善。

再从重、轻工业发展速度的比例来看：第一个五年为2∶1，1958年为3∶1，1959年则缩小为1.33∶1。

从中国现在的实际情况出发，1959年不仅比例更加协调，而且在国民经济中的一些薄弱部门，有了较快的发展。例如，发电量增长53%；原油增长63%；铜增长62%；货车增长82%。这样不仅保证了1959年的全面大跃进，而且有利于今后更好的跃进。这就有力的说明，党的总路线是完全合乎客观规律的，它是一条马克思列宁主义的正确路线，是马列主义的普遍真理和我国建设的具体实践相结合的产物，是在我国具体条件下，社会主义政治经济学的新发展。

在坚决贯彻两条腿走路也就是几个并举方针的条件下，高速度和按比例是能够统一的。只要国民经济的各个方面都是以跃进的速度发展，互相之间的比例关系是能够在发展当中求得协调的。

对国民经济的比例关系要分主要和次要，基本的和非基本的。只要基本的比例是协调的，某些次要方面暂时的紧张现象，是可以依靠群众，通过群众的努力，通过积极平衡，通过不断克服薄弱环节来争取平衡的。在计划执行中出现一些暂时的、个别方面的紧张，是跃进当中难以完全避免的。这种紧张，不仅不会妨碍跃进，反而可以鼓舞群众的干劲和千方百计克服困难的雄心壮志，从而促进更大的跃进，而右倾机会主义分子却就是看不到这一点，死抱着见物不见人的机械平衡论的观点。

国民经济中的基本比例关系是生产资料和消费资料的比例关系，具体地说，就是工业和农业、轻工和重工的比例关系，以及生活和建设（即消费和积累）的比例关系。大跃进以来，国民经济中的基本比例关系如前所述不是失调而是更加协调了。

中央提出，以农业为基础，工业为主导，工业以钢为纲，农业以粮为纲，畜牧业把猪提高到首位，为安排国民经济的基本比例关系指出了更加明确而具体的方向，这不仅有巨大的经济意义，而且有巨大的政治意义，是马列主义理论的进一步发展。只要把农业和工业、轻工和重工的关系安排好，把人民的生活安排好，就可以放手搞建设，就可以保证国民经济持续不断地跃进。

三、庐山会议对1959年的继续大跃进起了决定性的作用

庐山会议已经被证明是一个有重大历史意义的会议。在庐山会议上，击败了右倾机会主义者对党的猖狂进攻以后，在经济战线上，出现了一个蓬蓬勃勃的新局面。工业总产值不断上升：8月比7月增长14%，9月比8月增长27%，10月比9月增长24%，11月比10月增长16.5%。劳动生产率不断提高：全国工业企业的工人劳动生产率，8月比7月提高15.5%，9月比8月提高28.7%，10月比9月提高11.4%，11月比10月提高40%。许多部门的原材料消耗不断降低，例如全国中小高炉每吨铁的耗焦量，10月份比7月份降低了22.3%；产品质量显著提高，全国生铁的合格率，10月份已达到89%，11月份和12月份还继续有所提高，比第一季度59%的情况大大改善。

群众的干劲始终是生产力的决定因素，大搞群众运动，就能够把生产力大大推向前进。由于在1959年第四季度深入开展了群众运动，在物质技术基础基本相同的条件下，钢的日产水平达到5.5万吨左右，铁的日产水平达到8.4万吨左右，比6、7月份增长60%到70%。1959年全国职工提出合理化建议和发明创造约4 000万件，其中已实施的约有1 800万件，涌现出先进生产者和先进工作者360万人。

经验证明群众运动不仅只是适用于农业部门和工业部门，而且适用于一切经济部门和一切工作部门，1959年一年的实践，特别是

1959年第四季度群众运动的高潮，更加证明了在一切部门都必须大搞群众运动，只要坚持群众路线，群众运动搞起来了，生产和工作就立时出现了新的局面。

大搞群众运动，不可能设想一点缺点也没有。新东西的出现一定是逐步发展，逐步完善的，右倾机会主义分子攻击和夸大群众运动中的某些缺点，其目的是根本不要群众运动，是企图把社会主义建设的速度退下来。

大搞技术革新和技术革命，提高劳动生产率，是群众运动的主要内容。提高劳动生产率，不仅可以克服劳动力不足的困难，更主要的是可以保证更多、更快、更持久地提高生产，克服某些原料材料和设备不够的困难。1959年的职工人数，不仅没有增加，反而比1958年减少了300万人，这就证明，只要努力大搞技术革命，加强企业管理，人少也可以多办事。1959年内小土群逐渐过渡为小洋群，许多企业增加了半机械化和机械化设备，已经为进一步提高劳动生产率提供了有利条件。不断地提高劳动生产率，将成为今后愈来愈重要的任务。

提高劳动生产率的主要途径，就是依靠群众，发扬敢想敢说敢做的共产主义风格，贯彻执行党中央提出的技术革命、文化革命的指示，在全国各个经济战线上开展技术革新运动。目前看来，开展群众性的工具改革运动，推广先进生产技术经验，根据当前的物质、技术条件，在原有装备基础上提高技术操作水平，是最现实的，最有效的提高劳动生产率的办法。

从长远看，应当大力提高科学技术水平，培养一支强大的技术队伍和一支强大的理论队伍，为群众性的技术革新运动提供有力的支援，为今后8年基本上实现我国工业、农业、科学文化和国防的现代化做好准备。

四、计划指标落实是完全正确的

1959年经济建设的辉煌成就，是经过了一个曲折的发展过程；是在两条路线的斗争中，粉碎了右倾机会主义分子向党的猖狂进攻，克服了前进中的困难，坚持了党的鼓足干劲，力争上游，多快好省地建设社会主义的总路线而取得的。

在制定1959年计划指标的时候，由于对大跃进经验不足，计划指标定得偏高了一些，基本建设战线拉长了一些。今年1—5月份的生产情况，虽然生产逐月上升，但是，不少企业还是完不成国家计划，因此，职工的心情不舒畅，工作被动。党中央及时提出调整计划指标和落实，把偏高的指标落实到既积极、又可靠的基础上，以便站稳阵地，鼓足干劲，更好地前进，事实证明，这是完全正确和必要的。

在计划指标落实的过程中，右倾机会主义分子乘机煽起一股阴风，少数干部中存在着的右倾情绪、右倾思想，也就随着滋长起来，使得6、7月的生产逐月下降，出现了一个“小小马鞍形”。在这一段时期，右倾机会主义分子不仅散布了右倾思想，而且展开了右倾活动，向党的社会主义建设总路线发动了猖狂的进攻。他们百般地污蔑1958年的大跃进和人民公社化的成就，硬说什么大跃进造成了国民经济比例关系的严重失调，特别是造成工农关系的紧张；重工业的发展挤了轻工业，挤了一切，市场供应紧张，几年还不能恢复；人民公社化搞快了、搞糟了等等。他们反对党对经济计划工作的领导，反对在经济工作中大搞群众运动，反对“小土群”、“小洋群”和一系列“两条腿走路”的建设方针。他们认为1959年的经济形势糟得很，认为不能继续大跃进，认为1 300万吨钢完不成，3.4亿吨煤也完不成，这也不行，那也不行。这是两条路线、两条道路的斗争，是激烈的阶级斗争在党内的反映。这是关系到要不要总路线、要不要大跃进、要不要人民公社、要不要高速度建设社会主义的斗争，也就是要不要把6.5亿人民的积极性调动起来以共产主义的雄心大志把我国建设成为社会主义伟大强国的问题。这是关系到我国6亿多人民最根本利益的问题。右倾机会主义分子挑起了这场斗争，在铁的事实面前，遭到了可耻的完全的失败。现在坏事变成了好事，经过这样一个反复，不仅避免了“大马鞍形”，而且使全党干部和广大人民群众，对党的总路线的认识更加清楚，更加深刻，对今后的继续大跃进更有信心和决心。

反右倾、鼓干劲、不仅在经济战线上取得了巨大的成就，更重要的是全国广大干部和人民群众大大提高了政治思想觉悟，更加紧密地团结在党中央和毛主席的周围，总路线、大跃进和人民公社三个万岁的旗帜在广大人民群众的思想上更巩固地扎下了根，这就为今后更正确地贯彻执行总路线，坚持政治挂帅，坚持群众运动，从而为今后年度持续的、更好的跃进，奠定了巩固的政治思想基础。

五、“留有余地”和“看涨”是保证持续跃进的好方法

1959年的经验证明，“留有余地”和“看涨”是计划性和积极性的辩证的统一，是适应大跃进的较好的计划方法。

在我国编制计划的方法中，第一个五年基本上是采取四平八稳的方法，搞机械平衡，这种方法不符合大跃进和群众运动的要求。1959年开始制订计划时，由于对大跃进中的如何搞综合平衡没有经验，考虑不周，因此提出的指标偏高，造成工作被动，结果需要在执行中落实。

两年大跃进的经验证明，制订计划时，必须“留有余地”、“留有机动”，在生产上“看涨”，基本建设分“两步走”。因为在大跃进中，有些情况，我们事先不可能看得很准，就有必要使计划具有适当的灵活性，适应于形势的发展，当年初编制计划时先按第一步平衡和安排，在执行过程中随着条件的改进，再安排第二步，以保证国民经济既能大跃进又能比较协调的发展。

“留有余地”就便于群众鼓足干劲去超额完成计划。使群众能够始终保持饱满的革命情绪。计划留有余地就能够保证看涨。

“留有动机”就是在财政和物资分配上保留必要的后备力量，这样既可以解决在计划执行过程中出现的某些难以预料到的问题，又可以使地方上因地制宜处理一些必需解决的问题，推动国民经济比较协调地跃进，有利于计划的超额完成。

在财政和物资的分配上留有动机，是一个积极的方针。在具体安排时，由于某些物资的生产跟不上需要，因而存在一些缺口是完全正常的而且是允许的，否则计划的安排只能向薄弱环节看齐，只能走机械平衡的老路。计划的积极性和可靠性的结合，必须建立在发挥人的干劲和必要的物质技术条件相结合的基础上。几年来的经验证明，在安排计划时，某些生产资料的分配，缺口过大是不对的，但比需要相差5%左右，只要采取措施是可以解决的。这样，还可以鼓舞群众去更深入地开展增产节约运动，进一步挖掘潜力。

1959年国民经济的大跃进，经验是丰富的，我们建议各地都要认真加以总结，使今后的建设工作和计划工作更好地沿着总路线的方向前进。

150－7－92

中共中央关于一九六〇年国民经济计划的批示

1960年1月30日

各省、市、自治区党委，各部委党组：

今年1月份中央召开的上海会议，已经正式批准了1960年国民经济计划。现在将国家计划委员会党组《关于1960年国民经济计划的报告》及其三个附件《1960年国民经济计划分部、分省、市、自治区指标》、《1960年基本建设限额以上项目表》和《1960年主要物资和设备的平衡、分配和调拨计划》，发给你们，望即照此安排工作。

中央同意国家计划委员会党组报告中所提的安排计划的精神和“看涨、两步走”的做法。这个计划是1960年国民经济计划的第一步安排。中央已指示国家计委党组准备根据形势的发展，另考虑第二步的安排。

根据今年1月份的计划执行情况来看，生

产、基本建设以及其他方面的发展形势都很好，这是个良好的开端。希望各地区、各部门在执行计划过程中，本着鼓足干劲、力争上游、多快好省地建设社会主义的总路线的精神和两条腿走路的方针，坚持政治挂帅，坚持群众路线，开展以技术革新、技术革命为中心的增产节约运动，保证超额完成国家计划，力争我国的国民经济在1960年获得更好、更大、更全面的跃进。

附：国家计划委员会党组关于一九六〇年国民经济计划的报告

1959年12月30日

庐山会议以后，我们同有关部、委一起，研究了1960年的主要经济指标。尔后根据中央和主席的指示，在11月召开了全国计划会议，讨论和拟定了1960年国民经济计划草案。现在把1959年国民经济计划的完成情况和1960年国民经济计划草案的主要内容报告如下。

一

1959年是我国国民经济继续大跃进的一年。在这一年里，无论哪一个部门，哪一个地区，社会主义建设事业都有了巨大的发展。根据现在的初步统计，1959年钢产量达到1 387万吨，比1958年的800万吨增加587万吨；煤产量达到3.69亿吨，比1958年的2.7亿吨增加9 900万吨。工业总产值达到1 689亿元，增长速度为44%。粮食产量达到5 401亿斤，比1958年的5 000亿斤增加401亿斤；棉花产量达到4 724万担，比1958年的4 200万担增加524万担。农业总产值达到811亿元，增长速度为21%。工业农业总产值合计达到2 500亿元，增长速度为36%。基本建设、交通运输、商业、文化教育事业和财政收入，都超额完成了原定的计划指标。整个国民经济的形势是很好的。

党的八届八中全会关于反右倾、鼓干劲的号召和在这个号召下开展起来的轰轰烈烈的群众增产节约运动，对于1959年国民经济继续大跃进的实现起了决定性的作用。从8月开始，国民经济的各个战线上扭转了在一个短时间内所出现的小小马鞍形的局面，形成了很健康、很协调的蓬勃发展的新形势，使生产一月高于一月地上升。不仅如此，这个运动还为1960年的继续跃进，提供了政治的思想的有利条件，也提供了物质的技术的有利条件。

由于人们鼓足了干劲，使原有企业进一步发挥生产潜力，使新建企业提前投入生产，1959年第四季度主要工业产品的平均日产量，达到如下的水平：生铁8.2万吨，钢5.39万吨，钢材3.62万吨，煤124.5万吨，发电量1.41亿度，原油1.26万吨，水泥4.15万吨，棉纱2.69万件，纸7 600吨。许多工业产品和基本建设工程的质量有了显著的提高。当前群众性的技术革新和技术革命运动也正在健康地向前发展。同时，人民公社已经进一步走上了健全发展的道路，对于发展生产将越来越显示它的优越性。

1958年和1959年伟大的实践，证明了只要高举毛泽东思想的旗帜，我们就一定能够不断地取得社会主义建设的巨大胜利，使我国国民经济保持全面的跃进局面。高举毛泽东思想的旗帜，就是要求我们在各项工作中，坚决地深入地全面地持久地执行党的社会主义建设总路线，有主导地执行“两条腿走路”的方针，认真地实行政治挂帅，以及在各个战线上开展轰轰烈烈的群众运动。

二

1960年发展国民经济的任务，总的说来是：更好地贯彻执行党的鼓足干劲、力争上游、多快好省地建设社会主义的总路线，更好地贯彻执行党的发展工业和发展农业同时并举的根本方针，在1958年和1959年连续大跃进的基础上，争取国民经济的继续跃进。为了实现这个任务，1960年国民经济计划的安排，应当进一步地确定以农业为基础，按照优先发展重工业和迅速发展农业互相结合的原则，更好地处理农业、轻工业、重工业各部门之间的关系，并且有计划有步骤地加强运输业、动力工业、采掘工业等薄弱部门，创造以后年份更好的全面跃进的条件。

进一步确定以农业为基础的方针，是毛主席的庐山会议期间提出来的。对我们的整个计划工作说来，这是一个突出的新问题。多年来的经验一再证明：我们的农业更快地发展了，我们的一切经济工作就更好办了，不但轻工业更好办，而且重工业也更好办。加快农业的发展，这是高速度地、按比例地发展我们社会主义经济的中心环节。1960年国民经济计划的新内容，就是根据毛主席的指示，掌握这个中心环节，来推动国民经济各部门的前进。

1960年国民经济计划的要点如下：

第一，进一步巩固人民公社，积极地推进农业的技术改造，提高农业的劳动生产率。根据10年内基本上实现农业机械化的要求和有关水利化、电气化的要求，1960年保证以110万吨钢材用于农业，并且在其他方面加强工业对农业的支援。

第二，继续以粮为纲，发展农业。在保证粮食增产的条件下，实行粮食作物和经济作物同时并举，实行农、林、牧、副、渔同时并举，促进农业的全面发展。在畜牧业的发展中，必须把猪放在首要地位，开展一个大规模的群众性的养猪运动。争取粮食产量比1959年增加600亿斤，争取棉花产量比1959年增加776万担，争取猪的年末存栏数比1959年增加1.2亿头，争取农业总产值比1959年增长16%左右。

第三，在争取农业全面地、迅速地发展的基础上，努力从多方面扩大轻工业原料的来源，加快轻工业的发展，争取轻工业总产值比1959年增长22%，以保证各种轻工业品有比较充足的供应。

第四，继续以钢为纲，优先发展重工业。重工业各部门应当充分发挥原有企业的潜在力量，提高中小企业的技术水平和产品质量，并且适当进行新的建设。1960年的钢产量安排为1 840万吨。争取重工业总产值比1959年增长28%左右。

重工业在发展中，应当努力加强动力的建设，加强有色金属、化学、石油、木材等部门的建设，使各部门相互间的关系更加协调。

第五，努力改变运输落后于生产的状况，首先加强铁路和港口的建设。努力提高现代运输设备的技术水平，适当地改造民间的运输工具。争取各种现代运输工具的货运量比1959年增长43%，民间运输工具的货运量也将比1959年增长20%。

第六，基本建设的安排，要更好地体现几个“同时并举”的方针。除了继续注意工业投资的安排以外，要注意提高水利、农业和林业投资的比重；除了继续注意中央各部管理的大型项目的建设以外，要注意增加由地方管理的中小型项目的建设，注意增加城市公用事业、学校校舍、职工宿舍的建设，并且使地方在投资安排上有较多的机动性。在项目的安排上，要注意地区的合理分布，继续执行合理利用沿海老工业基地和积极建设落后地区新工业基地相结合的方针，并且注意适当分散，以适应国防的要求。

1960年的基本建设投资，初步拟定为345亿元（包括地方自筹的投资20亿元在内），限额以上续建和新建项目安排为1 613个。

第七，大力加强商品的收购工作，保证社会商品零售总额增长14%，出口物资总额增长13%，争取国内市场的供应情况在上半年得到更根本好转，争取国家建设所需要的重要物资及时进口。

第八，在国民经济的各个战线上，进一步地开展群众性的技术革新运动和技术革命运动，鼓励工农群众和技术人员创造发明的积极性，继续推广有效的先进经验，努力节约劳动力，提高劳动生产率，提高产品质量，增加品种，降低成本，改善企业管理和劳动组织。除了新建企业以外，原有企业应当争取在不增加新工人的条件下实现生产的继续跃进。在农村，应当统一地安排劳动力，合理地改善劳动组织。

根据上述要点进行安排，1960年工农业总产值将比1959年增长22%，其中工业总产值将增长26%。

在1960年计划实现的基础上，我们预计，到1962年，即第二个五年计划完成的时候，我国的钢产量有可能达到3 000万吨左右，提前实现在主要工业产品产量方面赶上英国的任务；粮食产量有可能达到7 500亿斤至8 000亿斤，提前实现全国农业发展纲要的要求。

三

在下面，我们就重工业、重工业支援农业、农业、轻工业、交通运输业、国内市场、对外贸易、劳动工资、文教卫生事业和城市建设、财政十个方面来分别地说明1960年计划指标的安排情况。

（一）重工业

1960年的重工业总产值计划为1 280亿元，比1959年增长28%。

为了进一步扩大重工业的基础，加强薄弱部门，更有力地支援农业、运输业、轻工业和国防的建设，1960年积极发展钢铁、铜铝、酸碱、水泥、木材、合成橡胶等原料材料工业的生产。计划规定，生铁的产量达到2 800万吨，增长26%；钢1 840万吨，增长33%；钢材1 330万吨，增长36%；矿产铜9万吨，增长1倍以上；铝15.3万吨，增长117%；硫酸180万吨至190万吨，增长70%至79%；水泥1 600万吨，增长30%；木材4 810万立方米，增长13%；合成橡胶1.2万吨至1.6万吨，增长47倍至56倍。同时，将更多地发展电力、煤炭、石油等燃料动力工业的生产，计划规定，发电量达到555亿度至580亿度，增长32%至38%；煤炭4.25亿吨，增长15%；原油525万吨，增长40%。

在重工业生产的安排中，尽可能提高了农业所需要的生产资料的增长速度，如拖拉机、机引农具、机动脱粒机等都将增产两倍以上，化学肥料将增产一点四倍至一点五五倍。同时，注意提高了运输设备的增长速度，如机车、货车、客车、载重汽车等都将增产15%以上，轮驳船也将增产40%左右。轻工业所需要的设备，根据实际的需要作了必要的安排。

1960年重工业生产计划，重视了品种的增加和质量的提高。如：钢铁工业将逐步消灭小高炉生铁和转炉钢的三级品，提高优质钢和合金钢的比重，并且增加钢轨、钢板、钢管和优质钢材的产量。煤炭工业将更多地增产主焦煤，降低煤炭的灰分。机械工业将增加大型的和精密的产品的生产。各个重工业部门和企业，在组织生产中，应当又抓数量，又抓品种和质量，争取在品种上和质量上也继续跃进。

1960年重工业基本建设的投资安排为172.6亿元，限额以上建设项目安排为900个左右。各部门的建设情况如下：

钢铁工业。投资24亿元，其中冶金工业部直属企业13.8亿元，地方企业10.2亿元。限额以上项目共73个。建设的重点是：继续建设鞍钢、武钢、包钢三大钢铁基地和太原、石景山、马鞍山、重庆、湘潭五个中型钢铁厂；继续建设分布在各省、市、区的27个钢铁厂（其中江西、安徽、山东等省的钢铁厂，将来都可以建成为比较大的钢铁基地）；开始建设酒泉钢铁基地，并且为西昌钢铁基地的建设进行准备工作。在建设中，将首先加强矿山、轧钢和辅助设施的建设。为了比较充分地发挥上海钢铁基地的作用，1960年将积极建设安徽、江西、山东的炼铁基地。同时，对于各地方的“小洋群”钢铁企业，将大力进行技术改造。

有色金属工业。投资14亿元，其中冶金工业部直属企业8.75亿元，地方企业3.25亿元。限额以上建设项目50个。主要是继续进行甘肃白银厂、山西中条山、云南东川产铜基地的建设，并且开始进行江西德兴铜矿的建设；继续进行河南郑州、贵州贵阳、山东张店、辽宁抚顺四大产铝基地的建设。同时，积极地建设地方中小型的有色金属企业，发展有色金属的“小洋群”和“小土群”。其他有色金属，如铅、锌、镍、钼、锡等，以及稀有金属，也将进一步扩大建设。

电力工业。投资34亿元，其中，水利电力部直属企业9.54亿元，地方企业24.46亿元。限额以上建设项目192个，其中火力电站115个，水力电站49个，输变电工程28个。除抓紧进行东北、华北、华东等地大型火电站的建设和甘肃、福建、湖北、河南、浙江、广东等地大型水电站的建设以外，将大力发展中小型火电站和水电站的建设。1960年安装的发电设备第一步安排为410万瓩。

煤炭工业。投资22亿元，其中煤炭工业部直属企业14.5亿元，地方企业7.95亿元。限额以上建设项目81个。在计划中，除了继续建设东北、华北两地区的煤矿以外，着重地安排了华东、西南、西北等地区的新煤矿基地的建设，争取在三五年内解决煤炭的地区合理分布问题。

石油工业。投资9.6亿元，其中石油工业部直属企业7.64亿元，地方企业1.96亿元。限额以上建设项目17个。建设的重点是：继续进行新疆、玉门、青海、四川等地区天然油田的建设和勘探，加强松辽、华东、宁夏、贵州等地区天然油田的勘探工作；继续进行茂名页岩油公司、兰州炼油厂、抚顺石油二厂的建设。为了迅速地增加原油的产量。1960年将建设32个年产1万吨的中型人造油厂，500个左右年产原油3 000吨以下的土洋结合的小型人造油厂，这些中小型人造油厂的生产能力，在1960年将达到91万吨，等于1959年原有人造油厂的全部生产能力。

民用机械工业。投资17.75亿元，其中第一机械工业部直属企业4.05亿元，农业机械部直属企业1.54亿元，地方企业12.16亿元。限额以上建设项目203个。机械工业的建设，除农业机械以外，主要是增加铸造和锻压的能力，增加大型和精密设备的制造能力，同时注意配套项目的建设。安排的重要项目有：武汉重型机床厂、上海重机厂、德阳重机厂、太原重机厂、兰州石油化工机械厂、武汉铸锻中心厂、德阳水电设备制造厂、北京轴承厂、沈阳高压开关厂等等。在机械工业的建设中，照顾到生产力的合理分布和各地区的具体需要，尽可能安排了各省、自治区所需要的机械工厂的项目。同时，注意安排了中小型企业的建设。

1960年机械工业的建设中，对农业机械的建设作了适当安排。这方面的限额以上建设项目有55个，主要的有：洛阳拖拉机厂（二期）、天津拖拉机厂、南昌拖拉机厂、长春拖拉机厂、北京农业机械厂、开封农业机械厂、石家庄农业机械厂、西安农业机械厂等。农业机械限额以下项目的建设投资，约占全部投资的48%，这些建设项目统由地方安排，以便使产品适合于当地的具体需要。在项目的安排中，还注意了配套项目和修配网的建设。

化学工业。投资13.6亿元，其中化学工业部直属企业3.37亿元，地方企业10.23亿元。限额以上建设项目67个。建设的重点是化肥、酸、碱和合成橡胶。其中，化肥建设投资约占全部化学工业投资的45%。1960年除了继续建设吉林、大连、太原、石家庄、兰州、开封、淮南、济南、广州、金堂、云南化学肥料厂以外，还将在南昌、柳州、都匀、兴平等地建设140多个中小型的化学肥料厂。积极发展合成橡胶，1960年大中小项目一共有35个。

建筑材料工业和森林工业。投资14亿元，其中建筑工程部直属企业2.91亿元，森林工业部直属企业3 900万元，地方企业10.7万元。限额以上建设项目129个，其中，水泥厂26个，玻璃厂17个，陶瓷厂3个，木材采伐和木材加工企业49个。建筑材料工业除了加强水泥、玻璃、陶瓷工业的建设外，将积极进行非金属矿的建设。森林工业除了继续开发东北和内蒙林区以外，将开发四川、福建、广东、贵州等地的新林区。同时，积极发展以人造板为主的木材综合利用，增加锯材的生产能力。

按照上述重工业基本建设的安排，1960

年主要重工业部门新增的生产能力将为：钢350万吨至400万吨，钢材370万吨至520万吨，矿产铜6万至7万吨，电解铝15万吨左右，原煤8 000万吨左右，发电设备装机410万至459万瓩，原油炼制125万吨，重型机械制造能力28万吨左右，发电设备制造能力160万瓩左右，合成氨36万吨左右，水泥400万吨左右。这些重工业的新建设，对于1960年的继续跃进，将起重要的作用，特别对于保证1961年和1962年的继续跃进，也将是一个极其重要的力量。

（二）重工业支援农业

在1959年，我国农业生产使用机器耕作的面积为1.7亿亩左右，约占耕地总面积的6.7%；用机械排灌的面积为1.49亿亩，约占可用机械提水灌溉面积7亿亩的21%；供应化肥258万吨，平均每亩播种面积使用2市斤多一点。到1959年底，我国农业拥有拖拉机5.9万标准台，排灌机械337.9万马力，载重汽车约8 000辆，联合收割机约5 000台，农村小型水电站20万瓩，渔轮和机帆船的动力约20万马力，农业用飞机40架。这几年农业机械和化肥的供应量虽然不断地增加，对于农业生产的发展起了作用，但是从总的看，我国农业还基本上处在使用手工工具和畜力工具的阶段。

为了推进农业的技术改造，进一步发挥人民公社的优越性，保证农业生产的继续跃进，并且把工农联盟提到一个新的阶段，计划草案规定1960年用于制造农业机械和农业工具的生铁为60万吨（县、社供应的生铁在外），钢材为110万吨。为农业直接提供的产品，主要有：拖拉机2.4万台（另进口1.5万台，合计3.9万台），供应农业的为3.16万台，联合收割机2 000台，排灌机械250万马力，载重汽车7 500辆，化肥320万~340万吨（另进口180万吨），农药20万吨。除了上列各种农业机械以外，半机械化的农具和工具、小农具将有更多的增加（在农村运输方面将增加手推车1 000万辆）。

大略计算，1960年农业方面将增加机械动力500多万马力，相当于2 000万个强壮劳动力。在这一年，机耕面积将共达到1亿亩以上，机械排灌面积将共达到2亿亩以上，平均每亩播种面积将使用化肥4市斤。

无论是农业机械，或者是化肥，在使用时应当有重点。同时，应当充分发挥各级地方工业和社办工业的力量，采取洋土结合的办法，从多方面推进农业的技术改造。

1960年供应农业的生产资料总值可能达到105亿元左右，比1959年增长约40%。根据初步计算，人民公社的积累和生产费用中可以购买生产资料的资金在80亿元以上，加上国家的投资15亿元和增加农贷5亿元，再加上地方自筹资金的调整，资金问题是可以解决的。

随着农业技术改造的加速进行，需要及时着手解决农业机械修配站的建立、技术人才的培养、新式农业机械的试验研究等一系列的问题，希望农业部和农业机械部进行规划。

关于农业的技术改造，毛主席曾经指示："农业的根本出路在于机械化，要有十年时间。四年以内小解决，七年以内中解决，十年以内大解决。今年、明年、后年、大后年这四年内，主要依靠改良农具，半机械化农具。"各地方在安排农业机械化的时候，应当根据毛主席的指示和当地的具体情况，分别轻重缓急，确定哪些先解决，哪些后解决，并且很快地定出十年规划，以便积极地有步骤地进行本地区的农业技术改造。

（三）农业

1960年生要农产品的指标拟定为：

粮食，播种面积17.5亿亩，比1959年增加1.1亿亩；总产量达到6 000亿斤（平均亩产量343斤），比1959年增长11%。

棉花，播种面积9 000万亩，比1959年增加650万亩；总产量达到5 500万担（平均亩产量61斤），比1959年增长16%。

油料，其中，花生总产量达到1.07亿担至1.17亿担，比1959年增长75%至92%；油菜籽总产量达到4 000至4 100万担，比1959年增长89%至93%。

猪，年末存栏数为3亿头，比1959年增长67%。

各地方在安排农业生产的时候，应当在以粮为纲、全面发展农、林、牧、副、渔的方针下，切实注意：（1）首先保证粮食的增产，并且掌握主粮、杂粮和饲料的适当比例。（2）在保证粮食增产的同时，使经济作物获得较快的发展。棉花、油料、烟叶、麻类、糖料等主要经济作物应当有较多的增产，茶叶、蚕茧、药材、果品等也应当积极发展，蔬菜的生产仍然应当继续抓紧。（3）大力发展以养猪为中心的畜牧业，认真解决牲畜的饲料、饲草问题，特别注意玉米的生产；并且建立和健全对牲畜的繁殖、饲养、使用的责任制度和奖励办法。（4）积极组织劳动力，充分利用农闲时间，发展各类副业和土特产品的生产。（5）提高农产品的商品率，加强农产品的商品基地的建设，争取在这些地方先一步实现农业的技术改造。

主席最近提出，我们要走种植业和畜牧业并重的道路，把畜牧业放在同种植业同等的地位，而在畜牧业的发展中又必须把养猪放在首要地位，这是有重大意义的。实践证明，粪肥是最好的有机肥料。一头猪就是一个小型的有机化肥工厂，这种化肥厂到处都可以办，谁都可以办。抓住了养猪问题，也就从根本上抓住了多快好省地解决我国肥料问题的关键。畜牧业大量发展起来，猪大量地增加起来，也就解决了肉食的供应，并且增加了轻工业的原料来源。在1960年，必须根据主席的指示，开展一个大规模的养猪运动，逐渐做到一人一猪，一亩一猪，同时积极发展牛、羊、驴、骡、马、鸡、鸭、鹅、兔等家畜和家禽的饲养。

1960年农业、水利和林业部门的基本建设投资安排为39.34亿元，比1959年增长64%。其中，水利为29.7亿元（第二步达到33亿元），农业为3.6亿元，农垦为4.24亿元，林业为1.6亿元，气象为2 000万元。

农业的基本建设，以水利为纲。计划要求在1960年改善灌溉面积2.5亿亩，扩大灌溉面积6 000万亩以上，增加治涝面积6 000万亩以上，造林2.6亿亩，增加控制水土流失面积10万至15万平方公里。为了实现这些要求，1960年按照“蓄、小、群”为主和大、中、小型相结合的方针，除兴修大型水库60座以外，将兴修大量的中小型水库。三门峡、丹江口、青铜峡、岳城镇4个大型水利工程都将进行大规模施工。

农业的基本建设，还将增加农业机械，扩大国营农牧场的垦荒面积和橡胶的垦殖面积。

（四）轻工业

根据原料供应的可能，1960年轻工业生产的指标拟定为：

棉纱，900万件，增长7%。

棉布，77亿米，增长3%。

纸，291万吨，增长37%。

糖，170万吨，增长50%。

盐，1 570万吨，增长42%。

水产品，580万吨，增长16%。

卷烟，650万箱，增长18%。

轻工业增产的关键仍然在于扩大原料来源，这就需要农业部门、重工业部门和商业部门多方面同时努力。1960年，农业方面应当保证完成经济作物的播种面积，保证为经济作物调配较多的化肥和农药，以争取增产更多的轻工业原料；还应当组织一定数量的劳动力，采集野生植物，收集一切可以利用的轻工业原料，如棉秆皮、烟秆皮、野生油料等等。重工业方面应当加强基本化学工业的建设，加强煤炭、木材的综合利用，增产轻工业所需要的原料；应当生产一些小型的加工野生植物和棉秆皮的机械，供应人民公社的需要。在分配化工原料、钢材、木材、煤炭和电力的时候，应当尽可能地照顾轻工业的需要，并且增拨一些废次材料。商业方面应当加强对农副产品的收购工作和杂铜、废品、废料的回收工作。此外应当分配一定数量的外汇，进口国内缺少而又必需的轻工业原料。

轻工业部门除了提高产品质量、增加产品品种以外，应当千方百计地节约原料、材料，提高出品率，特别是提高植物油和糖的出品率；加强农业原料的综合利用，推广甘蔗渣造纸、棉籽剥绒、米糠榨油等措施。

1960年纺织、轻工、水产3个部门的投资安排为14.7亿元，其中90%以上由地方安排。限额以上建设项目共227个，其中，纺织105个，造纸40个，制糖23个，制盐20个，制油一个，水产10个。

1960年新建棉纺锭240万枚，这一规模相等于第一个五年计划期间建设的总数。

在轻工业的新建设中，尽量照顾了重工业比较多、轻工业比较少而又有条件发展的地区，如在东北各省、山西、新疆、安徽、山东安排了较多的纺织项目和轻工业项目。同时，在技术条件和轻工业基础较好的上海、天津、北京等大城市，安排了一些制造轻工业原料的项目，以及某些生产高级产品和精密产品的项目。

（五）交通运输业

1960年各种现代运输工具的货运量计划达到14.43亿吨，比1959年增长43%。其中，铁路货运量7.2亿吨，增长32%；汽车货运量5.4亿吨，增长59%；轮驳船货运量1.78亿吨，增长45%；飞机货运量3.1万吨，增长19%。运输的增长速度，较高于工农业生产和基本建设的增长速度。

1958年和1959年交通运输业获得了连续的大跃进，但是仍然赶不上工农业生产、基本建设、商品流转这些方面的需要。目前交通运输业已经成为国民经济中一个比较突出的薄弱环节。为了改变这种状况，我们必须从1960年开始，努力加强交通运输的建设，使交通运输业发展得更快一些和更多一些。

1960年运输和邮电部门的投资安排为63.1亿元，等于第一个五年投资总额的70%。其中，铁道部门45亿元，交通部门15.7亿元，邮电部门2.4亿元。

铁路建设。在安排中，执行了建设新线和加强旧线同时并举，建设干线和建设支线、专用线同时并举，建设重轨铁路和建设轻轨铁路同时并举，建设现代化铁路和建设简易铁路同时并举的方针。计划规定建设干线1 946公里，支线2 170公里，复线1 223公里，改建铁路421公里，专用线2 000公里，小洋铁路1 045公里。以上共计8 810公里，比1959年的3 500公里增加1.5倍。此外，各地方还将根据需要和可能修建土铁路。

1960年计划建设的铁路干线，主要有：

1. 内昆线，在四川境内铺轨到横江，在云南境内铺轨到威宁，共236公里。此线南段同滇黔线接轨。

2. 当新线，铺轨573公里，通车到乌鲁木齐，使克拉玛依石油外运获得更加方便的条件。

3. 成昆线，在四川境内铺轨154公里，保证峨眉一带的木材、石棉等物资的外运，并为通车到西昌做好准备。

4. 川黔线，由贵阳铺轨到遵义150公里。

5. 滇黔线，由贵阳铺轨到六枝120公里。

6. 湘黔线，在湖南境内由娄底铺轨至坪口140公里，在贵州境内由都匀铺轨21公里。

7. 甘塘—武威线，全长177公里，全线通车，以解决兰新线乌鞘岭段通过能力不足问题。

8. 兰青线，由西宁铺轨到海晏，138公里。

9. 詹店—东观线，在山西境内铺轨160公里到大横庄，以解决长治地区煤炭运输问题。

10. 侯马—西安线，在陕西境内铺轨60公里到澄城，以解决澄城一带的煤炭运输问题。

1960年计划建设的铁路支线中，为钢铁工业服务的有九条，共382公里；为煤炭工业服务的有18条，共725公里；为森林采伐服务的有5条，共524公里；为有色金属工业服务的有两条，共137公里；为水利和电力工业服务的有五条，共219公里。

1960年将新造机车800台，货车3.2万辆，客车1 000辆。

公路建设。1960年将新建公路6 500公里，改建公路1.9万公里，并且修建必要的桥梁2.5万米。新建公路，主要在云南、四川、贵州、江西、陕西、甘肃、新疆境内。

1960年的公路运输，计划增加汽车1.05万辆，挂车2万辆。

水路建设。1960年继续建设北京到杭州的运河，争取苏北段年底通航，同时，进行上海、天津、广州、秦皇岛、汉口等16个主要港口的建设，增加必要的装卸设备。1960年计划增加轮船和驳船共20万吨，并且增加10万马力动力机用来改造木帆船。1960年新增加通航里程8 000公里以上。

民航建设。增加飞机52架，继续进行昆明、成都、南宁、兰州等重点机场的建设。大力开展为农业服务的专业航空。增加农业用飞机100架。

邮电建设。1960年建设的重点是京汉电缆工程和京沈微波电讯工程，同时，继续加强干线的通讯建设，重点改造山西、山东等八个省市的长途电话线路。全年架设铜线1.3万余对公里，增加自动电话4.8万余门。

交通运输各个部门，除了抓紧基本建设工作以外，应当进一步加强运输的组织调度工作，推广铁路、公路、港口和工矿企业之间的大协作，挖掘运输设备的潜在力量，充分利用民间的运输工具，尽可能地适应工农业生产、基本建设和商品流转的需要。

（六）国内市场

初步估算，1960年的社会购买力约为725亿元，比1959年增长14%左右。其中：农村增加约65亿元，增长19%，主要是公社出售农副产品收入、公社工业收入和农民劳务收入都有增加。城市增加约22亿元，比今年增长7%，主要是工资基金增加20亿元。

按照农业和轻工业的生产情况，1960年全部商品的供应量有可能达到700亿元以上，可以同社会购买力大体相适应。市场供应的状况，在1960年上半年就可能得到更根本的改善。

1960年主要商品供应的情况如下：

吃的方面，将有所增加，其中主要副食品供应总值将增长21%左右，猪肉、蛋品、家禽、水产等商品的供应量将增加较多。粮食由于1959年零售量过大，拟适当压缩，减少销售量70亿斤。

穿的方面，棉布的产量有所增加，但是由于要补充库存，平均每人仍供应24尺。针织品的供应量略有增加。

用的方面，主要商品供应总值将比1959年增长41%左右，多数日用工业品可以满足社会需要。

1960年农业生产资料总值将达到105亿元，比1959年约增长29%。

1960年的商业工作，要保证完成和争取超额完成各种商品的收购任务；大力地组织农村用生产资料和日用消费品的供应，做到供应及时，适合需要；妥善地安排城市中副食品和日用工业品的供应，争取更多地满足需要。

鉴于1960年社会购买力的增加部分主要在农村，地方工业企业和手工业在安排生产的时候，应当注意多安排适合农业生产和农民生活需要的产品。

（七）对外贸易

为了保证1960年各项经济指标的完成，必须在自力更生为主、争取外援为辅的方针下，尽可能争取多进口国家建设所需要的物资。

1960年国家需要的外汇共为90.08亿元，其中，成套设备、军事订货、尖端技术订货等为26.4亿元，五金、石油、橡胶、化肥、机械和一般物资为42.5亿元，偿还货款和对外援助为11亿元。在进口物资的安排上，按照发展国民经济的要求，继续贯彻执行了保证重点、辅助一般的原则。1960年从苏联进口的成套设备119项，东欧的50多项。

1960年外汇的使用，拟分两步安排，第一步用汇86.08亿元，第二步用汇4亿元。

适应上述外汇的需要，1960年对外贸易方面的收购总额安排为105亿元。在出口物资的安排上，采取了下列的原则：对于国内生产建设的重要原料、材料和同人民生活关系重大的物资，适当限量出口；对于同国内生产建设和人民生活有关的一般物资，尽可能多挤出一些出口；对于同国内生产建设和人民生活关系不大的物资，尽先供应出口。

为了使出口物资供应和产品规格质量更有保证，应当建立出口农副产品和矿产品的生产基地，并且实行出口商品专厂生产的办法。

（八）劳动工资

1959年底全国职工总数达到4 415.8万人，比1958年底的4 532.3万人减少116.5万人。1960年计划增加职工160万人，来源是：高等学校、中等专业学校和技工学校的毕业生46万人，退役的技术兵种军人10万人，从社会上招收104万人。1960年必须继续严格地控制职工人数的增加。

1960年新增加的职工中，工业部门为85万人，主要是补充新投入生产的企业，补充采掘、森工部门和增加学徒的需要；运输邮电部门为15万人，主要是配备新建铁路、新增汽车和轮船所需要的人员；基本建设部门为5万人，主要是增加地质勘探、勘察设计所需要的技术人员；农业、林业、水利、气象部门为15万人，主要是增加国营农场为扩大经济作物和畜产品生产所需要的人员；商业和城市公用事业增加8万人，主要是增加饮食业、服务业和城市交通的服务人员；文教卫生部门为30万人，主要是补充教育、科学研究和卫生事业所需要的人员。国家机关和人民团体一律不增加人员。

保证1960年生产建设规模的扩大，主要是依靠开展技术革新和技术革命的群众运动，提高劳动生产率。计划规定，工业部门的劳动生产率提高30%以上，基本建设部门建筑安装的劳动生产率提高22%，铁路运输部门的劳动生产率提高26%。

1960年，要求在原有企业中抽调10%左右的人员支援新建企业，并且抽调和培训必要数量的技术工人支援农业。

计划规定，1960年职工平均工资增长6%左右，工资总额增加20亿元。增加的工资，主要用于职工升级和奖励，工资标准基本不动。

在工资工作上，应当注意政治思想工作和物质奖励相结合，以政治思想工作为主，物质奖励为辅。在工资形式上，应当以计时工资为主，计件工资和奖励为辅。

（九）文教卫生事业和城市建设

在教育事业方面，1960年各类学校的招生数拟定为：高等学校30万人，在校学生增长17%；中等专业学校78万人，在校学生增长37%；高中90万人，在校学生增长40%；初中400至450万人，在校学生增长29%至36%；农业职业中学300万至350万人左右，在校学生增长134%至157%。此外，技工学校招生25万人。

1960年，入学儿童达到全国学龄儿童的95%以上，力争到1962年在全国范围内普及小学教育。

在发展全日制、半日制学校的同时，1960年将大力发展业余教育。1960年各类业余学校的在学人数拟定为：业余高等学校48万至58万人；业余高中300万至400万人；业余初中1 500万至2 000万人；业余初等学校6 500万人至7 000万人；扫除文盲人数3 000万至4 000万人。

为了实现上述任务，应当在加强领导、全面规划的条件下，采取多种多样的办学形式，充分调动社会上各个方面的办学的积极性和力量。在发展教育事业中，必须继续加强党的领导，坚持教育为无产阶级政治服务、教育和生产劳动相结合的方针，坚持普及和提高相结合的方针。

在文化事业方面，1960年计划摄制电影故事片80部，发展城乡放映单位4 250个，各种出版物总印张达到143亿印张左右，有线广播站增加7 000个，电视台增加5个。一切文化事业同样必须贯彻执行普及和提高相结合的方针。

在卫生事业方面，1960年继续开展以除四害、讲卫生、消灭主要疾病为中心的群众性爱国卫生运动，基本治好现有患血吸虫病、钩虫病、丝虫病和疟疾等主要疾病的病人，并且采取有效措施，预防新的病人出现，同时积极防治各种传染病。大力加强以县医院为中心的农村医疗预防工作，积极支援农业生产。1960年计划发展病床3.8万至4.57万张，发展简易病床4万至8万张。

1960年文教卫生部门的基本建设投资安排为11.27亿元，比1959年增长66%，其中教育方面的投资增长将近1倍。

在城市建设方面，1960年的重点是解决城市供水问题，并且适当解决城市的交通问题。基本建设投资初步安排8亿元，比1959年增长86%。限额以上项目共66个，其中供水项目35个；全国各城市将新增加供水能力每天700万吨。

1960年城市建设投资的安排，尽量照顾了工业多而城市建设方面存在的问题又较严重的地区，如东北三省、河北、北京、上海等。

（十）财政

按照工农业生产指标计算，一九六〇年国家预算收入为701亿元左右，比今年的575亿元增长22%；国家预算收入以外的资金约有115亿元。财政收入的增加，主要是由于企业收入的扩大。1960年将继续执行稳定物价、稳定人民负担的政策，物价基本不动，个别调整；农业税继续保持33亿元的水平；并且不拟发行全国性公债，建议地方也不发行公债。

1960年要求工业企业在提高劳动生产率30%以上的基础上降低成本8.5%，中央交通运输企业降低成本7.8%，商业企业降低流转费6.5%，以增加国家的财政收入。

在1960年国家预算支出701亿元中，基本建设拨款为335.14亿元（包括为下年备料的10亿元），占48%；经济建设事业费为57.3亿元，占8.2%；社会文教事业费54.5亿元，占7.8%。这些方面，都比1959年增长20%以上。1960年的国防费支出和行政管理费支出，大体上相等于1959年的金额。

为了保证农业生产的迅速发展和人民公社的巩固，一九六〇年除了提高农业投资比重以外，在财政上将采取三个重要措施：（1）农林水利的事业费支出规定为20.73亿元，增长60%以上；（2）国家对人民公社投资15亿元，增长50%；（3）人民银行对人民公社增加贷款10亿元（其中，农贷增加5亿元，公社工业贷款增加5亿元），以前各年发放的农贷余额33.5亿元，仍由人民公社继续使用。

为了保证工农业生产继续跃进的需要，1960年将增拨一部分企业流动资金和银行信贷资金。

为了辅助小型土法钢铁企业和炼铜企业，1960年在财政上将继续贴补这类企业18.5亿元（1959年为25.6亿元）。这一项补贴，已经在财政收入内扣除。

为了增强国家物资后备力量，1960年国家物资储备支出规定为8亿元（1959年为6亿元），总预备费规定为51.91亿元。

四

1958年和1959年连续的大跃进，开辟了我国国民经济高速度发展的新局面。两年来的伟大实践，创造了非常丰富的经验，其中有许多是社会主义各国建设史上所没有的新经验。在总结这些丰富经验的基础上所拟定的1960年国民经济计划，是高速度发展的计划，是保证我国国民经济在两年连续大跃进以后能够继续跃进的计划，同时又是留有余地的、能够在工作上掌握主动的计划。我们在编制1960年计划草案的过程中，遵照毛主席关于“在战略上要藐视困难，在战术上要重视困难”、“头脑要热又要冷”的指示，采取“逐步看涨”的办法安排生产指标，采取“分两步走”的办法安排基本建设指标，并且反复地进行了综合平衡，避免了指标定得过高的缺点。现在看来，这个计划，经过广大群众的努力，一定能够超额完成。各地方和各部门在执行计划的过程中，可以按照当时当地的具体条件，按照全国一盘棋的要求，适当地提高生产指标，争取全面地超额完成各项任务。

全面地超额完成1960年计划任务的主要保证，是进一步加强党的领导，坚持政治挂帅。我们一定要在所有的企业单位和事业单位中，在所有部门和所有地方，把反右倾斗争进行到底，彻底地揭发和批判资产阶级思想，树立社会主义、共产主义思想。这一次反右倾斗争是政治上思想上社会主义革命的继续，做得好，不仅对于实现1960年国民经济的继续跃进是一个最有力的保证，而且对于以后年份的持久跃进也将起重要的保证作用。

在1960年，应当在反右倾斗争取得胜利的基础上，把目前工业、农业、交通运输业、商业、文化教育各个战线上增产节约的群众运动更加广泛地更加深入地开展起来，做到开门红，月月红，使生产和基建稳步上升，并且使增产节约运动同技术革新和技术革命密切地结合。事实很明显，革新技术的可能性是无穷无尽的，使劳动热情同革新技术相结合，就可以愈来愈多地发挥人和物的潜在力量，使生产不断跃进。在技术落后的中小企业和技术比较落后的老企业中，固然应当广泛地进行技术革新和技术革命，就是在大型现代化的新建企业中，也有可能和必要进行技术革新和技术革命。今后我国经济的高速度发展，应当依靠两个来源：一个是进行基本建设，增加新的生产能力；另一个是在原有的企业中，在一切国民经济部门中，进行技术革新和技术革命，挖掘潜力，大大地提高劳动生产率。在技术发展方面，也应当采取抓两头带中间的方法，一手抓技术先进的企业，一手抓技术落后的企业；一手抓尖端的技术，一手抓简易的技术，来促进我国技术水平的普遍提高。军委提出，在国防工业的建设上，一方面可以减少常规武器的生产，另一方面必须争取时间，尽快地掌握尖端的科学技术，这是完全正确的。为了这个目的，我们应当在坚持实事求是、一切经过试验的原则下，继续放手发动群众，破除迷信，解放思想，发扬敢想敢做的精神。

国际和国内的形势，都要求我们依据自力更生为主、争取外援为辅的方针，尽可能加快我国的社会主义建设。两年来的事实证明这是完全可能的。我们应当努力争取在第二个五年的后3年，都以继续大跃进的速度发展国民经济，以便在第三个五年计划时期内，在我国基本上建成一个完整的经济体系，从而大大地加强我国经济的国防的实力。这对于提早把我国建成为一个具有高度发展的现代工业、现代农业和现代科学文化的社会主义国家，对于增强社会主义阵营的力量，制止帝国主义的侵略战争，都有十分重大的意义。根据上述的基本要求，我们准备在1960年上半年以大部分时间，在中央领导下，协同各部门与各协作区，具体安排今后3年的建设计划，并且拟制1963—1967年期间全国的以及各行业、各协作区的发展规划，报请中央审查。

关于1960年计划指标的安排，杭州会议以后，各省、市、自治区党委和大协作区都进行了讨论，意见基本上是一致的。有个别调整的地方，拟与各大协作区和各省、市、自治区具体商量。经过1960年第一季度的努力，在4、5月份可以再进行一次调整和安排。以上意见是否适当，请审查和指示。

Z44－1960（1）

国家计委党组、国家经委党组、国家基本建设委员会党组关于拟定一九六〇年计划第二本账的报告

1960年3月24日

中央、主席：

今年第一季度的经济形势，比以往任何一年都好。据国家统计局初步预计，第一季度的工业总产值将达到650亿元，占全年计划第一本账的2 120亿元的30.6%，这是过去年份从来没有过的。在过去10年间，第一季度的工业总产值只占全年的20%或者稍多一些；几种最主要的工业品的产量，今年第一季度完成全年计划的比重也都很高，如：钢将达到445

万吨，占24.2%；生铁将达到717万吨，占25.6%；钢材将达到342万吨，占25.7%；煤炭将达到1.17亿吨，占27.5%；发电量将达到143亿度，占25%左右。运输的情况也好，铁路货运量将达到1.7亿吨，占全年计划的23.5%。基本建设，过去几年第一季度一般只完成全年工作量的12%左右，最高的也不过16%，今年将完成21.7%。

当前经济战线上的一个突出的情况是，技术革新和技术革命的运动已经广泛地开展起来，成为一个伟大的群众运动，我国人民征服落后技术的伟大进军，已经在全国范围内开始发动起来了。这个运动，对生产建设将越来越发挥巨大的作用。

从第一季度的情况看来，在今年1月上海会议决定的1960年计划的指标，肯定可以大大超额完成。我们考虑到第一季度国民经济的各个方面进展都很快，有可能也有必要及早拟定今年计划的第二本账，以便各部门、各地方早一点安排工作。

在第一季度中，感到比较紧张的是运输和电力，特别是运输，直接影响钢铁的产量。随着技术革新和技术革命运动的迅速发展，国民经济各部门生产建设的迅速增长，今后运输和电力的紧张情况还可能更加突出。这就要求我们及早安排，使运输、电力和主要原料、材料能够适应国民经济各方面的需要。

我们根据上述情况，会同有关部门研究了今年计划第二本账的指标。这本账是以2 040万吨钢为纲来安排的。主要指标如下：

钢，2 040万吨，比原计划1 840万吨增加200万吨，比1959年的1 387万吨增加653万吨；

生铁，3 100万吨，比原计划2 823万吨增加277万吨；

钢材，1 508万吨，比原计划1 330万吨增加178万吨；

煤炭，4.62亿吨，比原计划4.2535亿吨增加3 665万吨；

发电量，640亿度，比原计划555亿度到580亿度增加60亿度到85亿度；

铜，13万吨，比原计划12万吨增加1万吨；

铝，17万吨，比原计划15.342万吨增加1.658万吨；

木材，5 220万立方米，比原计划4 810万立方米增加410万立方米；

水泥，1 800万吨到1 900万吨，比原计划1 621万吨增加179万吨到279万吨；

机车，1 100台，比原计划800台增加300台；

货车，3.9万辆，比原计划3.2万辆增加7 000辆；

铁路货运量，7.6亿吨，比原计划7.2亿吨增加4 000万吨。

根据第二本账主要产品的产量计算，1960年的工业总产值将达到2 500亿元，比原计划的2 120亿元增加380亿元，增长速度将由25.2%提高到47.6%（1959年比1958年的增长速度为45%，1958年比1957年的增长速度为66%）。

我们研究了完成上述指标的可能性，并且初步进行了综合平衡工作，认为这本账是一定能够实现的。只要鼓足干劲、抓紧工作、互相配合、挖掘潜力，也是能够超额完成的。钢的产量，今年能够争取达到2 100万吨，经过全党全民艰巨的努力，也有可能达到2 200万吨，这就是说，一年之内增产700多万吨到800多万吨，创造一个新的纪录。今年钢的产量如果能够达到2 200万吨，明后两年再努力争取各增加800万吨，1962年的产量就可以达到3 800万吨，经过更大的努力，争取达到4 000万吨，也是有可能的。有了这样的基础，我们就可以比较有把握地在60年代里争取钢产量达到1亿吨。从这方面看，1960年确实是极其重要的一年。

第二本账的安排，主要是钢材和投资的分配问题。第二本账，钢材的产量是1 508万吨，可供分配的钢材是1 320万吨，比原计划的1 200万吨增加120万吨。现在各部门要求增加的钢材大约400万吨，很难满足。我们考虑，在分配上应当首先保证重点部门的需要，同时，适当照顾必需弥补的缺口。具体说来是：

（1）加强运输和电力这两个薄弱环节，增拨钢材39.5万吨。这样，在运输方面，可以增产机车300台，货车7 000辆，汽车6 000辆，以及增建一些十分必需的厂矿专用铁路。此外，增拨生铁50万吨，建设矿山土铁路，以解决矿区运输的急需。在电力方面，可以争取多安装电站100万瓩以上，全部安装数争取达到500万瓩以上。

（2）保证尖端和国防建设的需要，增拨钢材24.3万吨。

（3）加强原料材料和燃料工业部门的建设，增拨钢材26.5万吨。主要是保证：加快东北大油田的勘探和建设，合成橡胶中、小型企业的建设，华南天然橡胶垦殖农场的建设，“小洋群”钢铁企业和有色金属企业的建设，小型水泥厂的建设，以及加强煤炭生产、运输的薄弱环节。

（4）照顾必需弥补的缺口和其他需要，增拨钢材21.7万吨。主要是：加快农业机械厂的建设，增产农副产品的加工机械，增建高等学校的校舍，进行资源的综合利用，增产日用工业品，建设北京地下铁道，以及归侨和援外的需要。

按照上述分配方案，还不能满足各部门的需要，特别是铁路、电力、冶金等部门的要求。主要的解决方法还是增产节约。冶金部门应当尽可能多增产钢材；所有的使用部门都应当努力节约代用，并且要善于调剂使用，把有限的材料用到最迫切、最关紧要的方面去。

既然生产上有第二本账，财政上也必然会有第二本账。初步计算，今年第二本账的财政收入将达到780亿元左右，比原计划的701亿元增加79亿元。至于最近财贸书记会议安排的财政预算什么时候修改为宜，请五办考虑。我们考虑，国家预算内的基本建设投资可以由原定的325亿元增加到382亿元，即增加57亿元（各部门要求增加投资大约125亿元）。这次新增加的限额以上的基本建设项目有57个（尖端和国防建设的新增项目不在此数之内），原有项目中加快建设进度的有261个。在新增加的项目中，电力25个，化工8个，煤炭3个，农业机械3个，铁道13个，交通2个，其他3个。我们认为除了这次安排的限额以上的项目以外，一般的不要再安排新的大项目。各地方、各部门可以根据需要和可能，有计划地发展一批“小洋群”企业，包括钢铁、有色、煤炭、电力、石油、化肥、合成橡胶、酸碱、水泥以及铁路等各行各业的“小洋群”企业。

由于拟定第二本账，就有一个财政收入和原材料的分成问题。我们的意见，财政收入中地方分成的比例，可以不变，但是在这次安排的基本建设投资57亿元中，属于地方项目的投资，主要应当由地方分成的资金来解决，原料材料的分成，上半年按第一本账为基数来计算地方超额分成，下半年按第二本账为基数来计算，以钢材为例，上半年以1 840万吨钢作为计算地方超额分成的基数，下半年则以2 040万吨钢作为基数。这样，在第二本账增加的可供分配的钢材120万吨中，由中央分配的大约为90万吨，归地方分成的大约为30万吨。采取这样分成的办法，是因为这次安排的项目中，极大多数属于中央管理的重点建设项目；同时，一些地方急需的项目，在安排中也归了口。为了保证重点建设的需要，按现在的分成办法，由中央分配的钢材还差22万吨，如果再减少由中央分配的钢材，实际上也有困难。中央分配数中所短少的22万吨钢材，我们准备从国家掌握的预备数和储备数中解决。这样，由国家掌握的预备数只有8万吨，当年增加的国家储备数也只有5万吨了。因此，我们建议以后尽可能不要再列“专案”。即使钢的生产达到2 100万到2 200万吨，所增产的钢材，也将主要用于运输、电力、冶金等方面，难以再分配到其他方面。采取上述钢材的分成办法，钢产量达到2 040万吨的时候，全年由地方分成的钢材大约有五六十万吨，但是，由于实际上钢产量将超额完成，因此，地方还可以多分得相当数量的钢材。地方分成的钢材，也应当主要地用于运输、动力、原料、材料等方面。

要全面地、超额地完成今年计划的第二本账，必须经过紧张的努力，要经常防止和克服松劲情绪。第二季度是生产、建设、运输的大好季节，各地方、各部门都应当抓住有利形势，抓紧组织工作，及时地解决关键性的问题，在第一季度已经取得的成就的基础上，争取更大的胜利。

上述意见，请中央审查批示。如果中央原则上同意，我们当即据此进行具体安排。

Z55 - 2

国家统计局：一九六〇年国民经济计划执行情况

1962 年 3 月 26 日

1960 年我国的重工业生产继续增长；轻工业生产略有减少；农业生产则比上年下降。

1960 年全国工业总产值达到 1 650 亿元，比 1959 年增长 11.2%，比 1957 年增长 1.3 倍。其中，生产资料产值 1 100 亿元，比 1959 年增长 25.9%，比 1957 年增长 2.3 倍；消费资料产值 550 亿元，比 1959 年下降 9.8%，比 1957 年增长 47.1%。

1960 年主要重工业产品产量一般都比 1959 年有大的增长：钢达到 1 845 万吨，增长 38.2%；生铁达到 2 700 万吨，增长 31.7%；原煤达到 3.92 亿吨，增长 12.7%；发电量达到 594 亿度，增长 43.1%；原油达到 520 万吨，增长 40.5%；铝锭达到 12 万吨，增长 70.5%；化学肥料达到 207 万吨，增长 55.3%；发电设备达到 226 万瓩，增长 5.1%；金属切削机床达到 9 万台，增长 28.6%；原木达到 4 129 万立方米，增长 0.2%；水泥达到 1 565万吨，增长 27.5%。

1960 年在钢铁、原煤等产品产量中，设备比较简易的小型企业的产量占着相当大的比重。如在生铁产量和钢产量中，机械化、半机械化的大中型钢铁厂的生铁产量为 1 582 万吨，钢产量为 1 720 万吨，设备比较简易的小型企业的生铁产量为 1 118 万吨，钢产量为 125 万吨；在原煤产量中，机械化、半机械化大中型煤矿的产量为 2.65 亿吨，设备比较简易的小型煤矿的产量为 1.27 亿吨。由于小型企业的产量增大，占用了过多的劳动力，在钢铁冶炼中消耗的煤炭较多，成本较高，钢铁和煤炭的质量也比 1959 年有所下降。

1960 年主要工业产品的品种比 1959 年有不同程度的增加，钢的品种增加了 100 种左右，钢材的品种增加了 800 多种，机床的品种增加了 80 多种，轴承的品种增加了 200 多种。由于工业生产技术水平的提高和品种的增加，我国设备和材料的自给率有了进一步提高。

1960 年的轻工业生产，特别是以农产品为原料的轻工业产品，由于农业原料减产的影响，一般的都比 1959 年减产了。棉纱产量为 602.5 万件，下降 27%；棉布为 54.5 亿米，下降 27.3%；食用植物油为 102 万吨，下降 30.1%；糖为 43.9 万吨，下降 61.2%；只有盐为 1 287 万吨，增长 16.6%；机制纸为 180 万吨，增长 5.9%。

1960 年由于某些工业生产的继续增长，工业总产值和主要重工业产品达到的水平，与第二个五年计划建设规定的 1962 年指标比较，已经大大超过。计划要求 5 年内工业总产值增长 1 倍左右，实际到 1960 年已经增长了 1.3 倍。计划规定的 11 种重工业产品的 1962 年的产量指标，1960 年达到的有 10 种，其中原油、水泥、铝锭三项产品是在这一年新达到的，而其余发电量、原煤、钢、冶金设备、发电设备、金属切削机床、原木七种产品产量在 1959 年就已经达到，这一年进一步超过了；只有化学肥料没有达到 1962 年产量指标 300 ~ 320 万吨的水平。第二个五年计划建议规定的棉纱、棉布、盐、食用植物油、糖、机制纸 6

种轻工业产品，1959年已经有棉纱、棉布、盐、机制纸4种产品达到了建议规定的1962年指标；1960年棉纱、棉布的产量比上年下降，低于建议规定的1962年指标，而盐和机制纸则如上所说进一步超过了。

但是，1960年由于计划指标偏高，当年的工业生产计划大部分没有完成，工业总产值只完成计划78.6%。有些企业追求数量，忽视质量，影响了设备的及时检修，甚至损坏了部分的设备。

农业生产在1959年遭受严重的自然灾害之后，1960年又遭受了更大的干旱、台风和洪涝等灾害，全国有9亿多亩即占总耕地面积一半以上的农田受到不同程度的灾害，其中有3.7亿多万亩，因受重灾严重减产，部分农田完全没有收成；加之许多地区农村工作中发生过缺点和错误；因此，这一年全国农业生产下降很多。

1960年重工业的发展，同农业的生产水平不相适应，因而进一步扩大了农轻重比例关系不协调的现象，必须进行全面调整。

1960年国家预算内投资297亿元，完成计划内投资325亿元的91.4%；自筹资金投资87亿元，完成计划规定的60亿元的145%。这一年全部和部分建成投入生产的大中型项目有754个。由于新建企业的投入生产，加强了我国国民经济的物质技术基础。

1960年国家对农、林、水利、气象部门的预算内投资达到36.8亿元，比上年增长了53.3%。国家在财政信贷方面给予农民的支援共达49亿元，同时适当减轻了农业税负担。3年来，依靠人民公社的伟大力量和国家的支援，进行了很大的农田水利建设，从而一定程度上减轻了严重自然灾害所造成的损失。

1960年地质勘探工作有了进一步的开展，发现了更多的矿产资源。到1960年底，已探明的储量同1957年比较：铁矿石增长了81%；煤矿增长了1倍；铜矿增长了89%；铝矿增长了1.7倍；石油增长了10倍以上。机械岩心钻探工作量3年累计，比第一个五年计划期间五年合计数增加了1.7倍。

1960年的基本建设工作在取得很大成就的同时，战线拉得过长，特别是计划外投资增多，力量分散，不能确保重点工程的建设，投资效果不好。施工的大中型（即限额以上）项目共达1 874个，比计划施工项目1 720个多154个，而实际完成和部分完工投入生产的项目只有754个；计划要求煤炭、电力、冶金、机械、化学、森工、建材、纺织、轻工九个部门在1960年投入生产的项目有760个，实际只有529个，比计划少231个。因此，基本建设必须缩短战线，进行大幅度的调整。

1960年全国各种现代化运输工具共完成货运量12.32亿吨，比1960年增长22.2%，完成年计划的86.2%；其中铁路货运量增长24%，完成年计划的93.3%。这一年由于运输任务的增加，特别是计划外救灾运输新任务的增加，超过了运力，许多干线和短途运输都比较紧张，短途运输过多地占用了农村的劳动力和运输工具。

1960年由于农业和轻工业减产，商品零售额没有完成计划，全年社会商品零售额共计697亿元，虽然比1959年增长了9.2%，但只完成当年计划的96%。同时由于城市人口和职工人数增加过多，市场供应开始出现紧张的现象。

1960年全日制高等学校招生数达到32万人，比上年增加17.2%，在校学生达到96.2万人，比第二个五年计划建议中规定的1962年指标还超过11万多人；高级中学招生数达到67.8万人，初级中学招生数达到364.7万人，小学招生数达到2 494万人，都比上年同期有不同程度的增长。科学研究队伍进一步壮大，许多研究领域取得了新的成就。文学艺术、卫生、体育事业都继续有所发展。但是，文教科学事业的发展规模过大，与当前的经济水平不相适应，同时有些单位仍然存在着追求数量、忽视质量的现象。

附表1 工农业总产值 单位：亿元

	1957 年	1959 年	1960 年	1960 年	
				为 1959 年%	为 1957 年%
工农业总产值	1 241	1 959	2 060	105. 2	166. 0
工业总产值	704	1 484	1 650	111. 2	234. 4
生产资料产值	330	874	1 100	125. 9	333. 3
消费资料产值	374	610	550	90. 2	147. 1
农业总产值	537	475	410	86. 3	76. 4

注：1959 年各地上报的工业总产值数，有不合理的重复计算部分，表列数字已经扣除；这一年的农业总产值也已按核实的农产量数字重新进行了计算。

附表2 主要工业产品产量

	单位	1957 年	1959 年	1960 年	1960 年		1960 年计划	1960 年实际数完成计划%	第二个五年计划建议的 1962 年指标
					为 1959 年%	为 1957 年%			
钢	万吨	535	1 335	1 845	138. 2	344. 9	1 840	100. 3	1 050 ~ 1 200
生　铁	万吨	594	2 050	2 700	131. 7	454. 5	2 750	98. 2	
原　煤	万吨	13 000	34 780	39 200	112. 7	301. 5	42 500	92. 2	19 000 ~ 21 000
发电量	亿度	193	415	594	143. 1	307. 8	555 ~ 580	107. 0 ~ 102. 4	400 ~ 430
原　油	万吨	146	370	520	140. 5	356. 2	520	100	500 ~ 600
铝　锭	万吨	2. 92	7. 04	12	170. 5	411. 0			10 ~ 12
水　泥	万吨	686	1 227	1 565	127. 5	228. 1	1 600	97. 8	1 250 ~ 1 450
原　木	万立方米	2 787	4 120	4 129	100. 2	148. 2	4 700	87. 9	3 100 ~ 3 400
硫　酸	万吨	63. 2	106	133	125. 5	210. 4	150	88. 7	
化学肥料	万吨	63. 1	133. 3	207	155. 3	328. 1	280	73. 9	300 ~ 320
发电设备	万瓩	19. 8	215	226	105. 1	11. 4 倍	330	68. 5	140 ~ 150
金属切削机床	万台	2. 8	7	9	128. 6	321. 4	9	100	6 ~ 6. 5
机　车	台	167	510	804	157. 6	481. 4	800	100. 5	
货　车	辆	7 300	20 080	26 080	129. 9	357. 3	32 000	81. 5	
载重汽车	辆	7 278	16 539	13 791	83. 4	189. 5	27 000	51. 1	
拖拉机	标准台	—	5 700	24 870	436. 3	—	22 000	113. 0	
动力机械	万马力	69	350	425	121. 4	615. 9	410	103. 7	
棉　纱	万件	456	825	602. 5	73. 0	129. 6	900	66. 9	800 ~ 900
棉　布	亿米	50. 5	75	54. 5	72. 7	107. 9	76	71. 7	72. 9 ~ 80. 6
机制纸	万吨	91	170	180	105. 9	197. 8	—	—	150 ~ 160
食用植物油	万吨	110	146	102	69. 9	92. 7	170	60. 0	310 ~ 320
糖	万吨	86. 4	113	43. 9	38. 8	50. 8	130	33. 8	240 ~ 250
盐	万吨	827. 7	1 104	1 287	116. 6	155. 5	1 400	91. 9	1 000 ~ 1 100
卷　烟	万箱	446	549. 9	449	81. 7	100. 7	600	74. 8	

注：1960 年冶金设备的产量，超过 1962 年的产量指标 3 万 ~4 万吨很多，但由于其中有一部分比较简单的设备尚未核实剔除，故表中未列入这个产品产量。

附表 3 交通运输货运量

单位：亿吨

	1957 年	1959 年	1960 年	1960 年		1960 年计划	1960 年实际数完成计划%
				为 1959 年%	为 1957 年%		
现代化运输工具货物运输量	4.12	10.08	12.32	122.2	299.0	14.3	86.2
铁　路	2.74	5.42	6.72	124.0	245.3	7.2	93.3
汽　车	0.84	3.43	4.1	119.5	488.1	5.4	75.9
轮驳船	0.54	1.23	1.5	122.0	277.8	1.7	88.2

附表 4 基本建设投资计划完成情况

单位：亿元

主管部门名称	1960 投资计划	1960 年实际完成		完成年计划%
		投资总额	其中：国家预算内	
全国总计	325.00	384.07	297.13	91.4
中央	163.50	154.06	142.22	87.0
地方	161.50	230.01	154.91	95.9
在总计中：工业部门	189.43	229.47	186.49	98.4
农、林、水利、气象部门	39.10	48.32	36.81	94.1
运输、邮电部门	68.10	59.51	51.09	75.0
商业、粮食、外贸部门	4.33	10.73	4.38	101.2
科学研究和文教卫生	11.27	10.83	8.59	76.2
城市建设和首都改建	9.00	9.12	6.34	70.4

附表 5 社会商品零售总额

单位：亿元

	1957 年	1959 年	1960 年	1960 年	
				为 1959 年%	为 1957 年%
社会商品零售总额	474.2	638.0	697	109.2	147.0
消费资料零售额	441.6	556.5	595	106.9	134.7
农业生产资料零售额	32.6	81.5	102	125.2	312.9

157－3－101

李富春关于一九六〇年国民经济计划草案的报告

1960 年 3 月 30 日

第 151～191 页。D220－5455（13）

中共中央同意国家计委、经委、建委党组关于一九六〇年工业生产、交通运输、基本建设计划第二本账安排的报告

1960 年 5 月 30 日

第 406～414 页。D220－5455（13）

中共中央批转国家计委党组关于一九六一年国民经济计划控制数字的报告

1960 年 9 月 30 日

第 608～625 页。D220－5455（13）

（三）有关计划的问题和改进方法

中共中央、国务院关于改进计划管理体制的规定

1958 年 9 月 24 日国务院全体会议第 84 次会议通过
1958 年 9 月 24 日发布

第 505 ~ 509 页。D220 - 5455（11）

国家计委有关部门讨论改进计划工作和计划方法问题

1958 年 11 月 29 日

会上提出的主要问题和意见如下：

一、计划工作如何反映有计划按比例的客观规律？

1. 需要与可能怎样结合？过去对物的可能想得多些，对人的可能想得少些；现在似乎对人的因素考虑得多些，对物的因素考虑得少些。

无论考虑需要和可能，都应从基层着手，而我们到基层出差，调查研究的时间很少。

2. 怎样对待计划中的缺口，过去总觉得有缺口不行，实际上有缺口，对于执行计划中发现的缺口，如何发动群众弥补，想得少些。

处理情况：

3. 斯大林只注意了平衡和比例，总怕失调，没有把高速度放在第一位。当然也不能把平衡法当作教条主义完全反掉。也不应当把平衡法同群众路线对立起来，平衡法也并不排斥群众路线。

4. 说团结是相对的，不团结是绝对的，但团结是重要的；同样，平衡是相对的，不平衡是绝对的，但平衡也应该是重要的。机械地见物不见人的平衡要不得，但不能因此而不敢讲平衡。明明知道有缺口，不敢讲就起不好助手作用。

二、计划体制问题。

统一计划分级管理是计划工作的一个根本性问题，但在具体做法上有许多未解决的问题。

统一计划，就安全，是否一草一木都要统一进来？分级管理，地方如何管，各部和计委如何管？现已实现了人民公社化，人民公社是否也算是一级计划单位？

现在存在的问题是：

部属企业的计划不送给地方，就是已经下放了的企业，产品生产计划大部还由中央安排，地方感到无法分级管。

体制下放后，发生了订货迟缓的现象，原因是部里不抓了。各部的销售机构撤销了，订货无门。东北一个绝缘材料厂，全国各地都去订货，它说我只能先满足东北的需要。

双轨制——以块块为主的条块结合，现在大多是条条安排，块块怎么办？发生这一情况的根本原因是我们的经济还不发达，不平衡。如武汉还未形成一个工业体系，如以块块为主，它不能独立地安排，许多东西要靠上海等地的支持，要靠中央支持，靠条条解决问题还是不可避免。

另一方面，条条的安排看来挺好，但到块块就行不通，例如部认为甘肃应多搞石油，但省委认为用一吨钢一根钉都要从外地调进，不搞钢铁，工业就翻不了身。但从全国的需要来看，应多搞石油。有一个生产航空汽油的厂子，由于电的任务紧，就把油厂的马达给搬走了。兰州炼油厂第二期任务可以动工，已拨去了钢材，但被省里调到别处用了，第二期任务今年不能上马。

三、两本账问题。

实际做的时候，形成了多本账，是否各级

都要两本账?

两本账是有好处的，可以留给地方一些机动余地。

四、人民公社化以后，以及企业实行多种经营后，对计划工作提出哪些问题?

企业多种经营，教育与生产结合，在计划中如何反映?

从公社的生产来看，不列入计划的东西，就排不上队，离开计划很难办。但是事情不同国家联系起来也很难办。

计划工作应当反映公社化以后的实际情况。农村城市化，公社工业化，如何反映在计划工作中?将来公社的产品分为三大类:(1)自给;(2)国家调出;(3)商品交换。国家由社里往外调，就要把国家的东西往社里调。这在计划上就要很好研究。要很好研究国家计划同公社计划如何结合。

五、在计划工作中如何体现群众路线?

有人说，计划工作的基本方法是群众路线，但具体如何做?还未搞清楚。

计划工作的范围那么大，样样都要走群众路线不大容易;因此，群众路线可否间接走，可否间接和群众见面;可以把指标拿下去讨论，然后拿上来。

彻底走群众路线，就要打破计划工作的神秘观点，计划中的一套方法、表格就不要搞得令人难懂。

怎样政治挂帅?这次计划会议上，省计委对每个指标的变动都是请示省委的。

六、计划程序、方法、表格和指标体系问题。

计划如何表现?怎样使计划表格、指标体系和计算单位又反映实际又简单明了?

过去认为指标太多，平衡太多，有时又嫌指标少。到底是多是少?

农业方面的麻、糖料，畜牧方面的猪当然重要，但马、牛、羊也很要紧，现在反映没有计划就不能发展。过去七大指标少了一些。

橡胶、药材的指标也都应注意。

猪的指标，只是头数不反映实际，应考虑有屠宰率或出肉斤数的指标。

计划表格，应当肯定，没有表格数字是不行的，今后经济越发展，没有必要的表格和数字是不行的。

计划程序，是先下去后上来，还是先上来后下去?似应当先从群众中来，由地方编，然后到群众中去。

年度计划为何一年抓四次，为何只弄个框框?四次是否就是季度计划?如果是季度计划，是我们搞呢，还是经委?

重大项目如果体现大中小并举，把中小型的项目也列入重大项目，就太多了。但从整个产量来看，如水泥，东风窑出600万吨，重大项目可产400万吨，中小型也很重要，但不能列入重大项目。从整个投资来看，重大项目占了72%，只给地方的中小型留28%，地方就缺原材料和投资。而中央的重大项目不一定符合所在地的地方需要，虽然上面提出保证重点带动一般，但是到了地方，往往先一般后重点。因为一般项目收效快。

从“全国一盘棋”的长远需要来看，虽然都是些跨年项目，但是对保证以后的高速度确实重要。因此重大项目是从全国从长远需要来考虑的。同时，只要是重大，又是少数的，到了地方，也是容易保证的。

为了解决现存的矛盾，可以分为正式项目和预备项目。

150-6-13

国家计委讨论计划工作计划方法问题①

1958年12月1日

宋平同志发言(大意):大跃进和公社化以后，在计划理论、计划方法和计划体制等方面都暴露出一些问题，需要很好研究。现在感

① 会议由计委副主任宋平主持，参加者有一机、化工、电力、冶金、煤炭各部计划司，劳动部，财政部，统计局，经济研究所，朱理治、曹言行、武珂珮，计委年度综合、重工等局。

到和形势不相适应。请大家谈谈在实际工作中碰到的问题。

水利电力部雷树萱同志发言：李副总理在计划会议报告中所讲的计划方法问题，人家都同意，但具体如何搞，还拿不出办法。做计划工作的同志，现在不敢算账，怕犯“机械平衡论”，在电力部门还有一个“负荷平衡论”。第一个五年负荷虽然也紧张，但不像今年万马奔腾。现在无所谓平衡，反正就是那么多机器，如何分配，以不吵架为标准，或者吵到不能吵了为止。听到钢上涨，就紧张一番，算一算，问一机部要机器，分完了就完了。从早到晚就是要机器。总的方面计划工作不能像过去那样做，但具体应该如何办？出版社过去编印的计划工作书本，用不上了。现在一天到晚算这么几笔账。总产值计算问题在我们这里不突出，只管个大数，几百亿度，一度电多少钱。过去批评数字挂帅，现在没有什么算的了，总之是缺电。今天一本账，明天一本账，对不起来。总的有个概念，据此分机器，最后可能还是平均主义。

部里对各地区调度不灵。东北缺电，干着急。连发电列车也调不动，进了那个省就出不来。如果硬要调，关系就搞得很紧张。好在有个北戴河决议，谁也不敢动，以不变应不变。

这半年，天天跟着冶金部跑。过去忙了一段，现在搞劳动补课（上十三陵）、政治学习补课，没事儿的读书（社会主义经济问题）。不知道到底怎么搞，如何着手？有苦恼。

投资放下去了，各省自己调整，有的把钱拿去搞水泥。过去，计划是算得过细过死，但心里有底。现在不同，缺多少料，何时发电，临了到处问。要来的数字可靠到什么程度，说不清。具体的抓不住，大数字还是向部里要。投资下放了，物资下放了，一般项目不管了，做具体工作的觉得越来越空。有些同志在一起吹，中央部到底干什么，如何工作法？一开会，就是要东西，没有别的事。大家说这是过渡，如何过渡呢？

年年此时该订货的都订了。现在着急。有的一季度要发电，但机器在哪里，什么机器（中压还是高压）？都不知道。计划老在变，设计定不下来。明年一季度到底生产多少机器，现在还不知道（据说从180万瓩减为130万瓩）。放是放了，但有些该抓的没有抓，很空，有问题很着急。我们理解在大跃进中不可避免多变的情况，但如何使它衔接好呢？

长期计划、年度计划两起人马，最近混在一起了。考虑不能分，因为近半年来长期计划没有事做，机构精简没人少了，放在一起力量大，对搞突击任务有好处。两部合并后，水利计划没人抓（水利的事情不多，分完钱就是了解情况），现在专门分一批人搞水电。

总之，半年来新问题多，但办法少。

煤炭工业部闫植三同志发言：情况差不多。应该以块块为主，条条为辅，但计划困难，计划搞出来了，执行上随时变。上半年以钢为纲，煤不跟上不行，计划打乱了，怎么检查计划？1958年是三本账，可能有四五本账，“小土群”搞了许多，是没有计划搞出来的。现在调煤调不出来，3万、2万吨也调不出来。今年究竟是3亿吨还是2.7亿吨（目前达到2.3亿吨）？定不下。问题是运不出来。

以块块为主，块块订了计划，数字他们承认（计划会议5.45亿吨，汉口会议4亿多吨），但都调不出煤，有的还要求给煤。块块跟条条怎么结合起来？

搞计划的同志在家的老翻电报，12月份安排不下来，明年又如何安排？要煤的催订合同，出煤的拿不出来，你问的话，回答是以块块为主。洗煤厂的基建项目，很多没有建设，不能衔接。搞矿产设备的东西完全搞炼钢去了。再谈几个实际问题：

“小土群”的产量如何计算法？有的按筐筐，有的按块块，计算方法各种各样。

按照什么定额编计划？一季和一季的情况不一样。“小土群”是逼出来的。不应当放“卫星”的也放了，如鹤岗（有300多万吨运不出来）。平均先进定额跟谁呢？

年度定个框框，按季度调整，检查计划用什么衡量？（插话：抚顺放了一个12.1万吨的“卫星”，第二天降为3.2万吨，正常日产量为4万多吨）

劳动生产率更不能计算，每次放“卫星”都组织了上千万人。产值也有很多出入，华南10月份产2 280万吨，计划是3 000多万吨，“卫星”没有算数。怎么搞计划？有了计划，如何检查、衡量？

统计和电话调度会议的数字不一样。基本建设的情况更难掌握，能开工的究竟多少，新增能力到底多少，说不清。有的还不报投资。权力下放后，有些新区没有建立统计，在计划会议上，有些厅、局长也不掌握情况。

有些矿自己搞钢铁，有的搞水泥，抚顺矿还搞玩具，特别是公社化以后（如鹤岗、鸡西、阳泉……），工农商学兵都有，劳动力流动大，产品、产值等如何划分、归口和计算？

什么算第一类项目、重大项目，计委是否规定一个东西？有些部弄不清，地方也弄不清。能否以调给国家多少煤为准？重大项目如何抓法？

煤，主要是供应钢铁、电力、铁路、化学几个部门，究竟产多少，能调动多少，由块块安排有时候不该安排的给安排了。这是个大问题。

化工部计划司发言：体制问题，从全国来说解决了，以块块为主的双轨制，机构（如协作区）也已奠定。但怎样与条条相结合？这个问题是从一个工业部门看很重要，从地区讲不重要。举几个例子。硼砂这个产品，关系尖端科学技术，在社会主义阵营中，我国是主要产地，我们认为这应该是重大的确保项目，但省里不需要，不予重视，辽宁省把这个矿下放给县（一般工厂都下放给专、市），县表示没有力量搞。又如纯碱很缺，现在只有大连、永利两个厂生产，但河北省认为自用有多，其他任务很重，不大同意多搞；永利厂用于扩建的2 000多万投资，给拿走了。省对支援各地的项目，不大从全国出发。再如强力人造丝的生产，全国只有一个项目（在保定），民主德国派来一批专家协助建厂，但省把它下放给市，人和水泥都被用去炼钢。所以，条块如何结合，在做法上还有些问题。另一点是如何实现全国一本账、一盘棋的问题。首先是情况掌握不起来。基层机构不健全，有些地方的化工厅（局）刚成立，有的还没有建立。企业层层下放，省里也掌握不了情况。“小土群”更难掌握，省也不知道搞了多少。现在缺少经常的联系制度和办法，月报没有了，有的季报也没有了，年报统计局不统一布置了。目前就靠电话会议掌握情况，或者跑一跑。经委规定化工产品5天一汇报，但只有几种产品。此外，在行业划分上也不够清楚，橡胶加工、塑料有的放在轻工业，西药之中有国药，林业加工和化工有时也难以区分。这就很难把全国的专业计划抓起来。

在计划方法方面，有以下几个问题。第一，怎样建立活的、动的平衡，方法还少。现在还是根据数字作表面的平衡（如供、产、销），没有考虑发展，但是，老在变化也有问题。第二，如何按比例发展？如化工中的橡胶、医药同其他产品的内在联系如何，怎样订比例关系？过去，常为橡胶、医药投资少而吵架，最后虽定下来，但说不出一个道理。第三，计划怎样体现中央的方针？如大中小并举，现在单搞重大项目，中、小特别是小的没有体现。两条腿走路也不好体现，土法多少，洋法多少，体现不出，只能带上一笔总数（小土群），但不能分项目，地方上认为不全面。第四，如何提高计划质量，主要是加强经济研究工作，过去忙于编、改计划，忙于开会，做得不够。工作老被动，都是中央或部长提出干什么，然后跟着跑，没有预见性。如何能够冷静下来考虑一些问题呢？第五，化学工业有它的特点，行业复杂，品种太多，又是原料部门，又是加工部门，同各方面都有联系，计划如何体现这么多东西？如何选择更重要的产品，又体现出化工产品的全面性？

怎样向综合性方向发展？钢铁部门办化

工、机械，化工部门搞发电、机械和炼钢，这在省、市好安排，但工业部门应如何安排？我们希望冶金部制造硫酸，他们有废气可利用，又是用户（结合需要），搞这个很经济，但计划上不好体现。

希望国家统计局把正规的经常的统计制度抓起来，特别是化工方面。希望经常布置工作、指导工作，协助各工业部门把机构、制度建立起来。没有统计，计划就容易产生主观主义。现在搞季度计划，不了解上一季情况，如何编制？

第一机械工业部蔡大烈同志发言：体制下放后，感到部没有拿出一套相应的办法，特别是长期和近期如何结合的问题。现在，计划部门像门市部、茶馆一样，来访者排队，问题解决不了，很多厂下放了，讲了不算数。

1. 机械产品很多，如何分级管理？企业下放后，还是感到产品多，印成一本一本的，是否要管这么多？如水泵，几十万台，很多种类，各部都有专用的；农田排灌要不要管，既不调入也不调出。准备搞个分类目录。是否只管要调出调入的，自用的都不管。

2. 统配产品，原来管几百种，现在只管19种，其他由省、市自己掌握，有问题。如风动工具，只有沈阳一厂，现在不管了，但各方面都需要，各地都找去了，省、市管不下，要厂管，厂更加搞不清楚，打电话来说分不清重、轻点。由几百种到19种，中间应如何过渡？

3. 计划编制上的问题，一是基础差，情况掌握少，又没有定期的制度。省、市究竟有多大能力、多少材料，不清楚。口径也不一致，如仪表，有的把医疗划归轻工，有的划归化工。企业层层下放，省也掌握不全。

4. 变化多，账本多，我们自己都搞不清楚以哪本为准。每次编计划都得写个说明（注明供什么会议用的），都得搞对照表。有人说，虚不多，实也就是搞数字。

5. 关于比例关系。汉口会议上指标降了，机械也降了，同志们说，要上都上，要下都下，但比例未动。炉子下来，机床要不要下？应该有上有下。机床下来了，明年还是紧张。交通紧张，汽车还是下来了。应该有所区别。

6. 季度计划时间短，还要不要中央管？如果只管大数字，实际管不了。有人说，年度计划像远景计划。

7. 机械可否分一分？既然机车制造、纺织机械可以分，其他的也可以考虑。

8. 基建项目如何排队，如何掌握？中央到底掌握什么，是否就是重大项目？

9. 全国需要的产品，所需材料由地方分配，这对发挥块块的积极性有影响。如，各省对印刷机械的需要很大，《人民日报》明年也要翻一番，现在只有北京、人民两厂制造，北京市说，只要承担两台无缝轧机就可以接受订货，但材料排不上队。现在，很多厂只愿意接受“元帅”产品。又如，螺钉厂全国只有沈阳一处，各地都去订货，但辽宁不同意扩建，认为自用有余，同时明年要发展农业排灌，考虑改做柴油机。螺钉厂有自筹资金，但无材料。这种厂各地都应该有，目前无条件，可以集中生产，但条、块有矛盾。这些问题如何从体制上解决？

10. 生产能力下放了，材料下放了，但需要没有下放，都集中于一机部。是否应该先由各省机械厅平衡，不能解决的报大区，中央只管调出调入。例如，石油方面搞小型成堆干馏，各地所需风机数字由石油部集中交一机部，我们不了解情况，分下去不一定对口径，为什么省石油部门不向机械厅（局）要，而向石油部要？又如，在计划会议上，上海接受3 000吨橡胶机械很勉强，但华东有了13 000吨橡胶任务，所需机械也排上了。

11. 关于组织机构，一种意见认为计划工作力量应该集中（各局集中到部）。现在，局不能直接对地方，要盖部的戳戳，但计划司人少，而一个局有十多人；另地方来人要跑局和司，也不方便。长期、年度合并后，绝大部分人搞年度计划去了。现在还是按行业分工，未按长期、年度分工，感到力量有些分散。部长要求按块块分工，但行业太多，没有条条的专业统一规划，似有问题。

冶金部蔡永绵同志发言：

1. 大跃进形势下，如何掌握各地的情况，是一大问题。原来很理想，体制下放后，今后只掌握几个框框，但实际上不能满足领导要求。如最近要全国不同规格的高炉、转炉数字和建设地点，只有通过打长途电话了解。十多个人挂电话，一直问到县里。这样做也不一定准确。明年重点企业估计约60个，如一个一个经常这样做，不是办法。大家提出一个问题，权力下放，报表取消，情况如何反映？

2. 平均先进定额不能适应工作了。如高炉利用系数，本溪达到2.7，不扩建（原有4座高炉）可使产量加1倍。又如焦炉结焦时间，过去为16小时，现在东北几厂只要3个小时。

3. 统一计划、分级管理的原则，具体到工业部，主要是统一安排指标，搞全国平衡。但调拨很困难。我们安排1959年计划，考虑把河北的矿石调给山西，河北不同意。

4. 搞计划要走群众路线，要多征求意见。但省、市提出的方案有时和中央方针有出入。如计划会议期间，各省提出产钢3 600万吨，结果不行，只能参考。如何听取省、市意见，没有解决。

5. "小土群"、"小洋群"明年能否纳入计划？有两个问题：（1）"小土群"是否需要纳入国家计划，如由省、市管，如何结合？（2）有的东西很难分洋、土，6立方米高炉，有热风，不一定出洋铁，土炉也可出洋铁。

6. 消极平衡要反对，但总的平衡还要抓，完全离开平衡不行。如四季度要增加钢材，但无轧机。

7. 现在算指标没有底，2 500万吨、3 000万吨都可以，主要看新增设备，设备多就多，设备少就少。希望计委多抓，多方面平衡。

8. 近几个月，投入很大力量算能力，到底今年有多少，但算不清。厂矿、设计院、部和一机部的定额不一样，相差很多。如一机部计算今年新增炼铁能力3 000万吨，但实际没有。

化工部计划司补充发言：

1. 现在，尖端部门和军工部门都是按条条安排，所需化工产品要我们全部解决。我们只管15种产品，但提出几百种，无法安排，请他们去省、市，他们不干，认为无保证。我们也无法保证，要钱没钱，材料也没有。

2. 现在，价值法则的作用体现得大了些。列入计划的产品130多种，完不成产值就完不成计划。锦西化工厂想窍门，用很多力量搞刺激素、Sd、奈乙酸，单纯追求产值，辽宁省搞农业翻身运动，对他们有影响。另，化工方面不好确定分级管理原则，产品不能折算。

150－6－13

薄一波：作计划要留有余地，生产指标要落到实处

1959年5月30日

第368～373页。D220－5455（12）

周恩来：订计划要瞻前顾后留有余地①

1960年7月21日

方才与几个主要部门的同志谈了一下，更觉得为力争完成2 040万吨钢的指标，必须确保计划内的质量、品种和炼焦煤、生铁、钢材的分配数字，并且必须使钢的前后左右能够协同前进，不要造成寅吃卯粮、毫无余地、左支右绌、前后脱节的形势。为防止这一情况出现，既要保重点厂矿地区，又要瞻前顾后，为明后两年和第三个五年计划留有余地，打下新的基础。关于缩短战线，方才在会上已谈过，待回来后再谈文教和内外贸问题。

以上想法，请你酌定。

JJS50－3（上）

① 此件系周恩来1960年7月21日致国务院副总理兼国家计划委员会主任李富春的信。

国家计委关于我国国民经济计划方法的谈话要点

1960 年 12 月 29 日

我国的计划工作是在中华人民共和国建立以后，经过三年的国民经济恢复工作，到一九五三年才正式开始实行的。通过第一个五年计划的执行，不论在社会主义革命或社会主义建设方面都取得了伟大的成就，在计划工作方面也积累了初步的经验。一九五八年春，中共中央和毛泽东主席根据马克思列宁主义关于社会主义建设的学说和中国的实际情况，提出了鼓足干劲、力争上游、多快好省地建设社会主义的总路线和一整套“两条腿走路”的方针。在总路线的鼓舞下，全国人民斗志昂扬、意气风发，我国国民经济出现了历史上空前未有的大跃进局面。我国的计划工作也进入了一个新的时期，即要求国民经济计划能够充分反映我国六亿五千万人民对于迅速改变“一穷二白”的状况，把我国建设成为一个强大的社会主义国家的雄心壮志，更好地反映自力更生、发奋图强、埋头苦干、勤俭建国、增产节约的精神，更好地贯彻执行国民经济的发展以农业为基础、以工业为主导的方针，调动一切积极因素，使生产建设得到高速度发展。这个时期，虽然还只有短短的三年，但已经取得了西方国家经过数十年才能取得的伟大成就。

上面讲的是我国的计划工作发展的一个简单过程。现将我国国民经济计划包括的内容和指标体系、制订国民经济计划的主要根据、国民经济计划的编制程序和计划机构等情况简要介绍如下，供参考。

一、我国国民经济计划包括的内容和指标体系

我国编制的国民经济计划，主要有长期计划（如五年计划）和年度计划。长期计划和年度计划均由国家批准。此外，还有季度计划和月份计划。季度计划，一般由各主管机关（中央部、管理局和省市的厅局等）批准；月份计划，一般由基层单位自行掌握。编制季度或月份计划的，主要是工业、交通和基建部门；农业，则根据生产季节进行安排。

长期计划同短期计划是相互结合的。长期计划一般只是根据国家在一定时期的政治经济任务，概略地规定国民经济的发展远景和主要指标的发展规划；短期计划则是保证实现长期计划所规定的任务而制定的具体的执行计划。

从经济部门划分，我国的国民经济计划包括：工业、农业、运输和邮电、商业、文教卫生、基本建设、地质勘探、劳动工资、成本（流通费），综合财政和物资供应等计划。

工业计划，一般由工业产品产量、新产品试制和工业产值等指标组成。

农业计划，一般由农作物产量、播种面积、牲畜头数、开垦荒地、造林面积、新增灌溉面积和农业产值等指标组成。

运输和邮电计划，一般由各种运输工具的货物运输量、铁路建设的铺轨里程、邮电业务量等指标组成。

商业计划，一般由工农业产品的购进、销售、调拨、社会商品零售额等指标组成。

文教卫生计划，一般由各级学校的招生、毕业生人数、医院床位以及文化、电影、出版等事业指标组成。

基本建设计划，一般由基本建设投资额，建设规模，新增生产能力，房屋建筑面积，大中小建设项目等指标组成。

地质勘探计划，一般由地质勘探工作量和矿产储量的增长等指标组成。

劳动工资计划，一般由职工总数、新增职工人数、工资总额、平均工资、劳动生产率和全社会劳动力平衡分配等指标组成。

成本（流通费）计划，一般由工业企业、国营农场、运输企业、建筑安装企业的总成本、单位成本和成本降低额以及商品流通费和流通费降低额等指标组成。

综合财政计划，一般由各项资金的来源和运用等指标组成。

物资分配计划，一般由各种物资的需要量

和分配量以及单位产品的物资消耗定额等指标组成。

国民经济计划指标，不是固定不变的。根据经济建设事业的发展和国家在各个时期的方针、任务以及适应各地区各部门的具体要求，每年都要作适当的修订和补充。

国民经济各部门是一个有机的整体，为了使各部门的发展既能够高速度、又能够按比例地跃进，各级计划、经济部门在编制计划过程中，必须进行各种综合平衡工作。例如，主要产品的需要和资源的平衡、社会购买力和商品供应的平衡、社会劳动资源和分配的平衡、财政收支的平衡等等。通过上述各种平衡工作，研究和解决主要工农业产品的生产、运输、供应、销售、调拨之间的相互关系，工业原料作物同轻工产品之间的相互关系，商品供应同购买力之间的相互关系，资金来源、施工力量、建筑材料、机电设备同基本建设之间相互关系等等。

对于上述国民经济计划指标，我国是实行“统一计划、分级管理”的原则。对于国计民生具有重大影响，需要在全国范围内进行综合平衡和统一安排的计划指标，由中央管理；其他指标，在国家统一计划和全国一盘棋的前提下，由地方负责分级管理。

二、我国编制国民经济计划的主要根据

1. 中共中央和国家建设社会主义的总路线、各个时期的政治经济任务，以及各项方针政策。

中共中央和国家根据发展国民经济各个时期的具体情况而制定的路线、方针、政策，是我国编制国民经济计划的最重要的根据。在目前为了进一步发挥人民群众的积极性，为了在不太长的时间内把我国建设成为一个具有高度发展的现代工业、现代农业和现代科学文化的伟大的社会主义国家，中共中央提出了：“鼓足干劲、力争上游、多快好省地建设社会主义”的总路线，和一整套“两条腿走路”的方针，这就是：国民经济的发展，要以农业为基础、以工业为主导，把优先发展重工业和迅速发展农业相结合起来的方针；在工业方面，发展重工业和发展轻工业同时并举；发展大型工业和发展中小型工业同时并举、土法生产和洋法生产同时并举的方针；在农业方面，以粮为纲、多种经营、种植业和畜牧业同时并举的方针，等等。我国的长期计划和年度计划，就是根据上述路线、方针制定的。正确地贯彻执行党和国家的路线、方针，是我国国民经济能够全面的持续跃进的根本保证。

2. 制订计划时的政治经济形势和上一个年度计划的执行情况。

要正确地制订计划，必须周密地分析当时当地的政治经济形势和物质技术条件。为此，必须对国民经济发展中的有利条件和可能出现的困难，作全面的分析，以便据以确定各项事业的发展速度和具体方针，必须总结上一个年度国民经济计划的执行情况，科学地预计国民经济各方面达到的发展水平和新的计划年度中能够挖掘的潜力。必须全面地计算国家能掌握的地质资源、资金来源、技术力量、劳动力、机器设备、原料、材料以及其他的物质技术条件，作为拟定具体指标的依据。

为了更好地编制计划和检查计划的执行情况，各级政府、国民经济各部门直到基层企业，都建立了统计机构和专职（或兼职）的统计人员，进行统计工作。

3. 人民群众所创造的经验。

要正确地制订计划，单靠领导机关和领导干部的经验是不够的。人民群众是历史的创造者，是生产力最活跃的因素。在编制国民经济计划时，必须充分估计人民群众在社会主义建设中的伟大作用，重视他们在技术革新和技术革命运动中所创造的成绩和经验，并且把这些经验运用到国民经济计划的制订和执行中去，使国家制订的计划更能发挥其组织和动员群众的作用。

三、我国国民经济计划的编制程序

为了使国民经济计划既能体现中共中央和国家的方针政策，又能充分反映人民群众的积极性和创造性，我国国民经济计划的编制程序，是采取自上而下和自下而上相结合的方法。即：

1. 自上而下颁发编制国民经济计划的指示（控制数字）。指示内容主要包括：对于当前政治经济形势的分析，计划年度的基本任务和发展方针，各项主要指标的初步安排，以及有关重大的协作平衡问题。编制国民经济计划的指示，由国家计划委员会协同各部起草，经中共中央和国务院批准颁发。

2. 自下而上编制国民经济计划草案。根据编制国民经济计划的指示，从下而上地编制计划草案。

各省、市、自治区计委会同主管厅局，根据专县和基层单位的计划草案或有关资料，经过综合平衡，编制本地区的计划草案报送国务院，抄送国家计委和中央各有关部。

中央各部根据各地区的计划草案和本部直属企业的计划草案，经过综合平衡，编制本部主管行业的生产、事业和基本建设等计划草案。

在编制计划草案的过程中，各地区应当对当地所有的企业（包括中央直接管理的企业和地方管理的企业）进行全面规划；中央各部应当对本部门主管的行业（包括直属企业和地方所管的同类企业）进行全面规划。在中共中央和国务院的集中领导下，使专业部门的全面规划同地区的全面规划密切结合。

国家计划委员会根据各地区和各部的计划草案，经过全面的综合平衡，提出全国的国民经济计划草案，并组织全国性的计划会议研究讨论，然后报送中共中央和国务院审查。

3. 自上而下下达正式计划。国家计划机关综合编制的国民经济计划，经中共中央、国务院审查和全国人民代表大会批准后，下达各部、各省、市、自治区执行。

基层单位的各项计划，分别由中央各部和各省、市、自治区负责下达。基层单位接到国家计划后，应当发动职工讨论，制订具体措施，保证国家计划的完成和超额完成。

编制和下达国民经济计划，只是计划工作的开始。为了更好地组织计划的实现，各级管理部门和计划部门必须经常检查国家计划的执行情况，及时发现问题，采取有效措施，总结先进经验，推广新的技术，保证国家计划的胜利完成。遇有必要时，对于某些计划指标还应当根据实际执行情况作必要的修改（包括增加、减少任务）。

150－8－101

六、有关经济工作的若干运动与机构变迁

（一）有关经济工作的若干运动

1. 1958 年

中共中央转发四川省委关于农村整风运动情况的简报

1958 年 1 月 3 日

上海局、各省、市、自治区党委，中央各部委、国家机关和人民团体各党组：

四川省委对当前农村整风运动的情况做了较全面的检查，现将他们的简报发给你们参考。

目前整风的重点应该抓基层。请各地抓紧农村整风运动，争取春耕前完成三类社和三类队整顿任务，对一、二类社的整顿则视力量而定。

简报中提到对四类分子中有的人戴反社会主义帽子问题，一般还是以不采取这种办法为好。

附：关于四川省农村整风运动的情况向中央办公厅的简报

1957 年 12 月 19 日

我省农村的整风运动已形成高潮。到 12 月上旬止，在 191 756 个农业社中，已经结束整风运动的占总社数的 14.8%（主要是试点社和进度比较快的社），正在展开鸣放、辩论和整改的占 73.1%。还没有开始的占 12.1%。没有进行的社，大体在本月月底都可陆续展开。全省多数专区能在明年 1 月底基本结束，只有少数县的部分乡，要到明年 2 月才能结束。

根据中央三中全会的精神，为了彻底地进行鸣放和整改，在 11 月份，我省有八个专区又由地委召开了四级干部会议，有三个专区由县委再次召开了四级干部会议，有三个专区延长了当时正召开的四级干部会议的时间，分别进行了整风补课工作。这对地、县、区、乡、社整风向深入发展是起了很大作用的。在各地干部会议上，90% 以上的干部都讲了心里话，内容也比较广泛，揭发的问题也比较突出。除了鸣放和争辩农业合作化、统购统销以及工农关系等问题外，对于几年来执行党的路线、方针、政策的情况，对于干部的思想组织状况和领导上的三个主义，也都作了检查。对党内的各种不良思想倾向如右倾保守思想和资产阶级个人主义等，都作了有力的批判，并且清查了党内的右派分子。

在各地四级干部会议上，又交流和总结了农村整风的试点经验，同时部署了今后的工作。在乡、社整风的步骤上，先以乡为单位集中队长以上的干部鸣放、争辩，再在社内展开鸣放、争辩；70% 至 80% 的社（主要是一类社和大部分二类社），在鸣放后先抓紧整改，然后再展开争辩，20% ~30% 的社（主要是三类社和小部分二类社），在鸣放后先辩论再整改。各地都是首先整顿三类社。在整风中还注

意讨论《全国农业发展纲要（修正草案）》，抓紧领导开展以兴修水利、进行水土保持、改良土壤和积肥为主的冬季生产运动。

通过农村这次大辩论，农村里出现了不少新气象。第一，更坚定了群众走社会主义道路的决心和勇气，过去闹退社的现在不退了，未入社的也要求入社。这在原来的三类社中表现更为明显。第二，整顿了合作社的组织，加强了原来的贫雇农和下中农的领导优势，改进了经营管理等。整顿了农村的党组织，改善了干群关系。农村里的反动分子继续被暴露出来。在部分三类社中，查出了漏网的反革命分子、反动组织，有的还查出了武器。第三，有力地推动了生产。各地的小春生长一般比去年好。全省约有1 000多万人参加了兴修水利、改良土壤、保持水土和积肥的运动。已经开工和完工的水利工程，达到1958年水田增灌计划的70%。据遂宁地委反映，经过整风的三类社，有80%赶上了一类社的生产进度。这些情况证明，经过整风的合作社普遍提高了质量。估计已经完成整改的三类社中，大约有80%～90%转为二类社或一类社。

根据各地的报告和12月13日省委召开的电话会议上反映，当前运动中还存在一些问题。这些问题和省委的解决意见是：

1. 必须继续克服鸣放和辩论不够深透的缺点，要抓住做好三类社和三类队的工作。据遂宁专区对6个县的1 987个社的检查，约有7.1%的社辩不深透。其原因：干部有右倾思想，或是对三类社、三类队抓得不够紧。经过这次整风的检验，在整风前全省的三类社约占总社数的20%，三类队在一、二类社中约占10%。对于这部分社，应当加强领导力量，先辩论后整改；在不影响生产时，三类队也可以先整改后辩论。

2. 要防止出偏差，认真贯彻执行政策。部分乡划分四类分子多了一些，或者在辩论中采取简单粗糙的做法。如阆中、安岳、高县等县有些乡社所划出的四类分子高达10%，甚至19%，而其中的贫农、下中农或党团员占了比较大的比例；部分社采取了打人、罚跪、乱扣帽子和剥衣服、浇冷水等做法。省委最近又告各地注意掌握划分四类分子的标准和比例数字。许多材料证明，农村中坚决反对社会主义的分子一般的占总农户的1.5%～2%，加上地主、富农中坚决反对我们的（约占总农户的1%）共占总农户的2%～3%（平均占2%左右）；有严重不满的分子约占总农户的7%～8%（平均占8%左右）。省委已经指示各地要很好进行调查研究排队。为了防止简单粗糙的做法，还要规定几条纪律，如只准动口、不准动手、不许破坏生产、不准破坏公共财物、不准乱分社的公积金和储备粮等。

3. 对四类分子在斗争、批判和处理上，要掌握阶级路线和策略。

（1）指名斗争的应当限于2%左右的四类分子，而且在批判、斗争后承认错误的，就不要戴反社会主义分子的帽子。部分地区的干部过多的提名斗争是不够策略的。

（2）对于反对我们的约占农户7%～8%左右有严重不满的分子，不一定要提名批判，但是对其反动思想应当在辩论中给以驳斥。

（3）对待犯错误的干部和党员的处理上，不要处分过多；对于贫雇农出身的四类分子中能够及时悔悟又愿意改正错误的党员不一定要开除党籍，可以留党察看，以便再根据转变情况进行处理。

4. 要下决心做好整改工作。目前部分社对于合作社的经营管理和干部作风等方面，鸣放整改均做得不够，只是抓住了辩论大是大非。原因是有的干部怕“惹火烧身”，或认为一、二类社的经营管理问题不大，忽视整改，或认为整改是社干的事。据蓬溪县的调查，整改工作做得差的约占总社数的8.4%。所以，各地在整改中要继续鸣放争辩，把制订生产计划，经营管理和干部作风等问题的鸣放、辩论和整改都抓起来。

5. 在整改中，必须解决干部和农民对于农业生产的一些思想问题，巩固农民的生产热情。据内江地委反映，不少社对生产问题鸣放和辩论不足，这可能使那种被哄起来的生产热情难以持久。所以还要把生产技术、双季稻和农业社的基本建设等方面的问题，结合讨论农业发展纲要，认真地鸣放和争辩清楚，批判生产上的右倾保守思想；并且把整风和生产很好地结合起来，在领导力量、劳动力、时间上都要进一步做好安排。

此外，在鸣放中地、富、反革命分子及坏分子乘机煽动、闹事的现象在部分地区已有发生：突出的是南充专区西充县，全县在开展农村鸣放以来，共发生闹事事件1 661起，其中在100人以上的占72%。这些事件中，以槐树乡、中和乡的比较严重。槐树乡兵痞×××、反动迷信职业者×××，组织以"俱乐部"为名的反动组织，当农业社开展鸣放后，他们到各地进行联络、造谣，并且在3个县的11个乡交界场、镇贴反动标语。我们派了副县长和3个干部前往逮捕首犯，反动分子曾将他们的手枪夺去，捆缚毒打，还煽动落后分子要到区上抓区委书记，捣毁电话总机。后经积极分子群众赶来，才将反动分子赶走，释放了被捆打的干部。中和乡以伪排长刘××和地主刘××为首，组织暗杀集团。这个组织以要求增加口粮、布和猪肉为口号，煽动了四五百人到区乡哄闹，沿途呼反动口号。这个事件也被群众力量压下去了。全县闹事中，共杀伤、捆打干部58人，私下分去合作社粮食14万多斤、红苕8万多斤、棉花2 000多斤，并且整死耕牛、打烂农具，煽动近3 000户农民（占总农户2.7%）退社。闹事事件的支持者，70%以上是地主、富农、反动军官、反动党团员、伪乡保人员、反动会道门以及社会渣滓。对于闹事问题，省委已在电话会议上指示各地，要加以警惕，特别是在反革命未受到彻底打击的地区，要很好注意，但是也不要害怕闹事；对于闹事比较严重的地区，地、县委要加强领导，很好发动群众，孤立反革命和坏分子；经过工作使群众明了真相后，把现行犯首恶分子及时逮捕起来妥善处理；在其他地区，一般的就不要扩大逮捕数，也不要急于处理（西充县闹事详情书面报告已另送中央）。

省委要求各地切实加强领导，深入了解情况做好工作，特别是做好12月的工作，这是整风运动和对反社会主义分子的斗争是否能取得最大的成绩的一个关键。一定要争取少出乱子，保证运动的健康完成。

Z44－1958（5）

中共中央关于开展
反浪费反保守运动的指示

1958年3月3日

第201～205页。D220－5455（11）

中共中央关于整风问题的指示

1958年4月2日

第231～233页。D220－5455（11）

中共中央批转国家计委党组
关于清理各部门规章制度的报告

1958年7月13日

国务院各部、委、办、局、行党组并抄各省、市、自治区党委：

中央基本上同意国家计委党组6月23日的报告。

各部门规章制度中的教条主义和繁琐的倾向，不仅财经部门有，其他部门也有；自去冬今春群众建设社会主义的干劲鼓起以后，更显出这些陈规旧章已经不能适应目前情况的要求。中央认为：为了贯彻执行多快好省的建设总路线，进一步促进生产力的发展，激发群众的积极性和创造性，在整风后期有必要发动群众，对规章制度进行专题鸣放。对于一般性的规章制度，必须在鸣放的基础上，进行彻底的整改；但是对于有关生产技术方面的规章制度，则应慎重对待，有些性质比较容易鉴别的，可以马上修改；有些性质比较复杂的，则应仔细研究，不宜贸然修改。总之，要力求在短期内把各种规章制度清理完毕；少数牵涉面较广或需慎重处理的，亦应在年内基本上清理完毕。

各省、市、自治区党委如对各部规章制度有意见的，也应告有关部研究修改。

附：国家计委党组关于清理各部门规章制度的报告

1958年6月23日

中央：

现在把我们所了解的规章制度的情况以及关于规章制度的整改意见，报告如下：

根据水利电力部、化工部、煤炭部、建筑工程部、第一机械部、铁道部、教育部、人民银行、统计局和计委等10个单位的规章制度统计，共有5 670种，其中有少数是以国务院名义颁发或经过中共中央和国务院批准颁发的，大部分是各部、局和部属局颁发的。这些规章制度的主要内容，是基本建设、业务管理、生产技术、财务管理、劳动工资和计划、统计等方面的。在建设初期，有些规章制度曾起了一定的积极作用。但因未结合或未完全结合我国实际情况，以致或多或少束缚生产力应有的发展，妨碍了多快好省的建设总路线的贯彻执行。

这些规章制度中存在的主要问题是：

第一，不适当地强调了集中统一，对下级限制过多，束缚了手脚。如财政部和专业部都规定了专款专用制度，企业无权作适当调整；化工部规定企业的生产计划超过2%或3%时，须经部同意，否则不予销售；国家计委在1953—1955年，规定下达的各项指标，一律不准增减，计划不能修改，要修改只能在每年八九月一次。

第二，报表多，指标多，要报送的部门也多。如国家统计局颁发的各种报表有423张（尚不包括与业务部门联合颁发的），5 220个指标，国家计委在1956年以前规定的年度计划报表，各省市、自治区和中央各部要编报的分别有七八十张至一百一二十张，有的工厂要分向31个单位填送243种报表。

第三，机械搬用外国的比例和管理制度。如冶金部的炼焦配煤比例是采用乌克兰的办法，因要求较高，增加了勘探炼焦煤的困难；前国家建委规定的初步设计工作量很大，较大厂矿的初步设计往往达一两百万字；规定基本建设的管理分为甲、乙方，各设一套技术人员、相互抵消力量。

铁道部不结合我国气候条件一律规定站场设计，都要有卸雪地点。

第四，不切合我国情况规定了过高的建设标准和过多的备用设备。如前国家建委对城市建设中的每人居住面积，规定为6平方米（现仅3.5平方米）；前电力部规定发电厂设置了一些不必要的备用锅炉和给水泵，按照厂区布置的规定，厂地利用系数也只有30%～40%；科学院规定的地震等级和公安部规定的防空标准，往往不分企业的性质和大小，一律机械执行。

第五，不适当地强调安全。如煤炭部几年来一直单纯强调安全，要生产服从于安全，把生产和安全对立起来；前国家建委规定的防火标准中，贮气罐要与厂房距离100米，卫生部规定在氮肥厂防护地区的1公里以内，不得放置任何东西，但我国并无这些标准作依据而建成的南京化肥厂，几十年来从未发生过爆炸。

第六，工资等级和标准不完全符合实际需要，劳保福利和奖励的项目繁多，缺乏从6亿人民出发的精神。如劳动部草拟以国务院名义颁发的企业干部职务工资制度，把科长干部不适当地分为三类（技术干部为第一类，计划、劳动、人事等干部为第二类，总务、福利等干部为第三类）；地质人员野外津贴过多，上下悬殊大；有些部门的福利名目繁多，毛巾、肥皂、理发、洗澡等样样有，甚至毛巾和肥皂还用不完。

第七，内容繁琐且不合理。如建筑工程部、前国家建委和各部、各省规定的工程预算定额，数以万计，成为设计单位编制预算时的繁重负担；财政部规定的折旧办法，不利于对新建企业和超龄使用的设备；专业部的国外订货因投资被削减而造成超额订货时，尚缺乏一个肯定的处理办法；规定建筑企业上缴的2.5%利润。实际上是在建筑造价上照加，一方面以预算的形式向财政部门领取，一方面又以利润的形式缴回财政部门，徒增领缴手续。

第八，技术定额保守。如煤炭部规定的掘进定额，每个工日为1.4立方米，焦作矿实际已达到2.9立方米；铁道部新线设计定额为每人每年半公里，现已达到2.25公里。

第九，有些部门对人严，对己宽，各搞一套，相互给对方带上“紧箍咒”。如铁道部在路局与货主的权利、义务的规定中，权利是路局多，货主少，义务则是货主多，路局少。

这些规章制度的繁多和不合理现象，给工作带来了许多不良后果。有些同志的思想钻进了牛角尖，甚至出现了一些“专门吃教条主义饭的人”，因而助长了不独立思考的现象。有些较负责的干部也被繁琐的规章制度和报表拖了进去，因而就减少了接触新鲜事物、接触群众的机会，束缚了生产力的发展，限制了地方和群众积极性的发挥，还助长了部分职工的经济主义思想。同时，也是国家机关和企业机构臃肿庞大、效率不高的根源。总之，过去的那些陈规旧章，对于促进思想解放和贯彻执行多快好省的建设总路线都是不利的。

根据各部反映，在整风运动的“双反”阶段中，群众对规章制度曾有不少大字报提出了尖锐批评。有些部以展览会的形式，集中地加以揭发，并成立了规章制度小组负责处理这些问题。有些部还派人至基层了解情况、收集材料，或与基层单位共同进行了一些修改工作。

为了进一步掀起一个对规章制度的整改热潮，富春同志在召集各部负责同志的规章制度座谈会上，曾布置各部长在部属机关内，动员群众进行一次为时几天的专题鸣放，做到又破又立。同时，要求各部在动员时，应反复说明这是为了纠正以往学习苏联经验时的缺点，也是为了今后能更有效地学习苏联经验，以防止产生不重视苏联经验的另一偏向。也要各部对苏联专家说明产生这些缺点的责任在于我们自己，解除他们可能产生的某些怀疑和误解；介绍我国的建设方针、路线和最近的跃进形势，使他们的工作与我们党的方针、路线和当前形势结合起来，以更好地发挥他们的作用。

在座谈会上，富春同志除对某些具体问题已提出了一些意见和安排外，对一般性的和较重要的问题，也初步提出了如下意见：

第一，对于群众揭发出来的问题，必须认真对待，妥善处理。处理的原则是必须使规章制度服务于多快好省的建设总路线，必须适应体制下放的变化，符合全国大跃进的形势。凡属劳动管理、工作程序的规章制度，应根据新的情况，大力整改，分别简化或废除；至于基本建设项目的报批内容、程序等中央在成都会议已有决定的，照决定执行。凡属财务制度、经济手续的规章制度，应大力简化。凡属技术规程性质的规章制度，在修改时要慎重，有的不需要试验鉴定即可修改的即修改，有的要经过研究试验和鉴定后，再作修改、推广。

第二，在处理过程中，对于仍应保存或暂时保存的，要对群众讲清理由。对于应修改、简化、废除或需要增加的，要组织力量积极研究处理办法，其中属于部、局自订颁发的，仍由部局自行决定处理；属于报经中央或国务院批准颁发的，应提出意见报请批准机关处理；属于几个部相互关系的，由主管部邀同有关部会商处理。至于牵涉到群众物质利益如职工福利、津贴等，显属不合理的，在职工自觉的基础上，可以个别而分散地先在基层单位废止。

第三，其他重要问题的处理意见。

1. 某些不合理的工资标准、劳保福利和各种共同性的安全规程等，拟请劳动部为主会同全总及其他有关部门，加以研究、总结，并在今年冬季提出修正方案，报中央和国务院审查定案后，从明年起施行。属于各部自订的安全规程，由各部研究、总结、修改后，报劳动部备案。同时，应肯定原有老企业的工资福利制度不在省以下各级举办的小企业中实行，另由地方自订适合于当地情况的新办法，或者由劳动部订出一个比较概括而带有灵活性的章程，另由地方自订施行细则。

2. 现行企业干部的职务工资制度，已证明不符合我国情况，而且影响面比较广泛，拟请劳动部会同全总及其他有关部门尽速研究后，专案报请国务院处理。

3. 管理建筑工程分为甲、乙方的制度，在今后建筑体制下放后，宜于改为在省的统一领导下，把筹建单位和建筑单位统一组织在一个以甲方为主的管理组织中。这个统一的管理组织在不违反部所确定的原则下，秉承省的意图进行工作。至于工程质量问题，当然仍由建筑单位负责。

4. 折旧办法宜按不同性质的企业重新规定。一般原则是：在主厂房未完全完工以前，部分车间投入生产的，应只把投入生产的部分计算折旧；主厂房未完工而附属车间已完工投入生产的，可以不计算折旧；全部投入生产后达到设计生产能力需要一定时间的，折旧率应由小而大地逐渐达到正常规定；折旧完毕仍可使用的，不再计算折旧；设备不满使用年限而报废的，则应提足折旧。

5. 专业部向国外订购的设备。应由专业部结合年度投资计划，向外贸部、财政部提出订货单。在投资计划以内的，由专业部对外贸部负责；专业部订货后因投资被削减致部分订货成为超计划的，其款项由财政部或国家储备局负责支付。

6. 建筑企业 2.5% 的上缴利润，拟予取消。

7. 对企业防空建筑物的规定宜予适当修改。属于防御原子炸弹的工程，除重工业中的大型企业可以另议外，其余企业拟不予考虑。属于防御普通炸弹的工程，则拟一律不予考虑。

以上各项处理意见，如中央同意，请批各部门研究、执行。

Z44－1958（5）

中共中央关于今冬明春在农村中普遍开展社会主义和共产主义教育运动的指示

1958 年 8 月 29 日

（一）近十个月来农业生产高潮一浪高过一浪的形势，夏季大丰收和即将取得的秋季更大的丰收，已充分证明加强党的领导和政治挂帅，是做好一切工作，完成一切任务的基本保证。五亿农民在全民整风和反右派斗争，在农村社会主义教育运动，在总路线宣传教育运动等基础上所发展起来的政治觉悟愈来愈高。斤斤计较个人得失的个人主义或只顾本队、本社、本乡、本县的本位主义，已经大大削弱了；城乡协作，工农业协作，大公无私，互相支援的可歌可颂的共产主义行动，已经大大发展了。这是我国社会主义建设事业中最可珍贵的精神力量和物质基础。为着及时地总结经验，发扬共产主义精神，保证一九五九年夏季和全年全面的更大丰收；为着就农业社的收入如何分配问题和是否建立人民公社问题进行鸣放辩论，今冬明春在农村中进行一次广泛的社会主义和共产主义的教育运动，是必要的。

（二）这个运动的内容应当是：总结和宣传一年来农业生产大丰收的成绩，具体生动地宣传党的社会主义建设总路线的伟大胜利，宣传正确处理人民内部矛盾的胜利，总结和宣传从去年冬季以来的农田基本建设、水、肥、土、种、密和田间管理等各项农业增产措施的经验，总结一年来共产主义大协作的经验，以及在生产和生活方面加强组织性和纪律性的经验，广泛宣传这些成功的经验，同时也要宣传工业、文教和其他各项社会主义建设事业的空前大跃进，宣传丰衣足食的规划，宣传社会主义和共产主义的光明幸福的前景。

在这个运动中，要充分发扬“拔白旗、插红旗”的共产主义风格，以无数大增产的实例，来大讲特讲社会主义制度的优越性，更加坚定广大农民走社会主义道路的决心和信心，彻底批判一部分富裕农民残存的资本主义自发倾向，在人们的思想上继续破除个人主义、本位主义，大立共产主义。并且，引导群众回忆三年来“马鞍形”的历史教训，彻底批判“靠天吃饭”的“条件论”和“照着前人脚印走路”的“习惯论”，大破右倾保守、甘居下游的思想，大立鼓足干劲、力争上游的思想，使“观潮派”和“秋后算账派”不仅在大丰收的事实面前哑口无言，而且在思想上彻底破产。应该把一切“白旗”以至“灰旗”统统拔掉，把红旗普遍插起来，使社会主义建设总路线更加深入人心。

（三）农业社的收入如何合理分配？如何由农业社转为人民公社？是当前农村中人人关心的两大问题。在农村中进行社会主义和共产主义教育的时候，应该发动所有的农民，就这两个问题展开鸣放辩论，并且引导农民用社会主义和共产主义精神来解决这两个问题。

今年的农业生产大发展，农业社的收入大增加，社员的个人收入一般也应该略有增加，但是不宜增加过多，主要是增加社的公共积累。公共积累要有一部分用来发展集体的文化、福利事业，但是，首先应该用于农业和社办工业的基本建设，扩大再生产，加速建设社会主义。社的公共积累，除了用来发展本社的生产事业和福利事业以外，还应该有一部分交由县以上的机关统筹举办地方性的和全民性的生产事业和福利事业。应该通过鸣放辩论，发扬社会主义和共产主义的精神，反对个人主义、本位主义等资产阶级思想。

工农商学兵合一、乡社合一的人民公社，是现阶段建设社会主义的最好的一种组织形式，也将是未来的共产主义社会的基层单位。应该通过鸣放辩论，使广大农民充分了解人民公社比原有的农业社具有更伟大的优越性，自觉自愿地把农业社转为人民公社，并且用社会主义和共产主义的精神，来解决与转为人民公社有关的各种经济问题，反对个人主义和本位主义。

（四）在广泛宣传大跃进、大丰收、大胜利，群情兴奋，干劲冲天的局面中，结合进行党员团员的整风工作和整社工作，扩大农业社和生产队的规模，提高经营管理水平，坚持干部种试验田、同社员一起劳动、参加生产领导生产的制度，广泛吸收社员参加社务管理，特别是田间作业管理，在办社工作中更加发扬群众路线的传统作风。大大表扬跃进中涌现出来的成批的又红又专的社会主义积极分子，把其中的优秀人物选拔到各个领导岗位上来，组成一支坚强的社会主义建设的骨干队伍，并且吸收其中的先进部分到党内来，增加党的新鲜血液。至于个别地方，少数乡社，整风反右不彻底，“五气”还没有扫除，则必须认真整顿，对屡教不改和有严重右倾保守思想还居于领导地位的，必须坚决撤换，保证全面大跃进。这样做，比孤立地整风整社，更符合客观的实际情况，也更有利于鼓足干劲、力争上游，充分发挥运动的积极作用。

（五）运动自始至终都应该按照正确处理人民内部矛盾的原则，充分发扬民主，采取大鸣、大放、大辩论、大字报、现场会、展览会等等形式，做到真正从思想上解决问题，使这个运动真正成为广大群众的自我教育运动。应该在广大农民群众的思想解放、觉悟提高、干劲更足的基础上，在一九五八年大丰收的基础上，制订出一九五九年农业生产更大跃进，特别是夏季更大丰收的增产计划，以及水、肥、土、种、密、工具改良、田间管理等项增产措施的实施计划，制定出比较长期的包括“工、农、商、学、兵”、“农、林、牧、副、渔”的全面的远景规划。通过这一切，掀起一个比一九五七年冬季以来更大的冬季生产高潮，争取一九五九年夏季更大的丰收，争取一九五九年全年粮、棉、油全面跃进，加速我国的社会主义建设。

Z44－1958（4）

2. 1959 年

新华社：四川省委两次召开电话会议要求各地市委确立积极的领导思想加强工业战线上的政治思想教育工作[①]

1959 年 1 月 20 日

四川省委 1 月 12 日、19 日两次召开电话会议，要求各地市委确立“一开头就抓紧、自始至终抓紧”的领导思想，结合六中全会精神的传达、讨论，进一步加强工业战线上的政治思想教育工作和组织工作，克服一部分领导干部中存在的松劲情绪，以扭转当前钢和钢材产量下降的情况。

1 月份前 20 天，四川省生铁生产任务完成较好，但是钢和钢材的产量较去年 12 月份的水平下降很多。据 1—18 日的统计，钢和钢材只分别完成月计划的 41.4% 和 51.1%。生铁调运情况也不好。其原因除钢厂中修、生产上出事故及机关、学校的小转炉停产等以外，主要是一部分领导干部有松劲情绪，放松了对生产的具体领导和企业的管理工作。据重庆、成都等地的汇报，产生松劲情绪是和对去年的成绩和今年的跃进形势认识不足分不开的。有些企业领导干部对去年大跃进成绩和缺点，不是把它看成九个指头与不到一个指头的关系，而是把缺点看得多了一些。对今年的任务，一种人是盲目乐观，认为不需要流一身汗就可以完成，有的是时间；另一种人则把困难的一面估计过大，对完成计划缺乏信心和决心。据了解，由于存在这些错误的看法，过年后有些钢铁厂的领导干部很少下车间。为了保证今年以钢铁生产任务为中心的整个工业计划的完满完成，中共四川省委在 12 日的电话会议上要求各地市委很好地总结，运用 1958 年领导工业生产的经验，在最近做好以下几项工作：

1. 把全年一季度和 1 月份的计划指标向群众宣布，认真发动群众，进行讨论，抓生产关键，订出切实可行的措施，进一步保证计划的完成。

2. 进一步加强和健全各级党委的钢铁生产办公室和钢铁运输指挥部的工作。为了及时了解和研究当前工业生产的情况、问题。省委确定今后每周召开一次有各地、市委工业书记参加的电话会议。各地、市委除工业书记全力负责以外，第一书记也要抽出一定时间抓钢铁生产。机关、学校和工厂建的小转炉，凡生产正常、质量合乎规格的，都应继续生产，以保证钢铁产量计划的完成。土高炉生产要力争第一季度过质量关和成本关。

3. 为了保证重庆、成都等地重点钢铁厂生铁的供应，生铁调运工作应该抓紧，要求根据省的统一计划，按时、按量、按质地完成。

4. 从矿区撤回一部分炼铁劳动力（一季度撤回 200 万人，留下 300 万人左右）加强农业。

5. 结合六中全会精神的传达、讨论，进一步加强政治思想工作和组织工作。

在 19 日的电话会议上，省委进一步检查了各地克服松劲思想的情况。各地根据省委“一开头就要抓紧”的指示，加强了钢铁生产的领导，因而情况开始好转。但钢和钢材产量上升较慢。省委要求各地再接再厉，鼓足干劲，抓紧时间力争完成 1 月份生产任务。当前钢铁生产的主要问题是，如何尽一切力量保证出好钢、好铁。而保证出好钢的关键，又是提高生铁的质量和数量。为此，省委要求，全省已投入生产的洋高炉立即开展一个提高利用系

---

① 1959 年 1 月 25 日毛泽东批示：此件极好，应当仿行。请印发到会各同志。

数的运动，按投入生产的先后，分别定出指标，努力提高产量。同时，也要动员土高炉的炼铁队伍提高技术水平，开展一个提高生铁质量的运动，多产灰口铁。交通部门则应抓紧生铁的短途运输，加强调运工作，否则春节前后有供应不上的危险。

由于各地从矿区抽了不少人回公社，煤的生产受到一定影响。省委在电话会议上指出：各地领导部门对一些大煤矿的生产，要作出严格的要求；所有煤矿都要提高采掘能力，既要增加产量，也要提高质量。同时，要千方百计组织短途运输，把有些山区积存的一部分煤运出来，以保证炼铁炼钢和民用的需要。

关于保证完成钢材任务的问题，省委认为关键是轧钢机的配套与安装，但轧钢又感电力不足，因此要求各地着重增加中小型发电设备。

Z24－11

中共中央关于坚决贯彻执行各级干部参加体力劳动的决定的通知

1959年2月12日

自从中央发布关于各级领导人员参加体力劳动的指示和下放干部进行劳动锻炼的指示以后，全国各级党的组织，都积极认真地执行了这两个指示。1958年9月25日中共中央和国务院又作了《关于各级干部参加体力劳动的决定》。这个决定进一步推动了干部参加体力劳动的工作。许多党的组织都根据中央的这一决定，更有计划地、分批分期地组织了干部参加体力劳动，使之成为经常的制度。

一年多来的实践证明，干部参加体力劳动是发扬我们党联系群众和艰苦奋斗的优良传统的重大措施，是贯彻执行党的干部工作路线的一项重要制度。由于干部参加了体力劳动，大大地提高了广大劳动群众的革命积极性，有效地改变了干部的思想面貌和机关工作的某些脱离实际、脱离群众的官僚主义作风，及时地发现和解决了生产和工作中的问题，加强了对工农业生产的具体领导。同时，干部参加体力劳动还有其更为深远的意义。它为消灭脑力劳动和体力劳动的差别，加速建成社会主义，并逐步过渡到共产主义社会创造条件。

现在，中央再次要求全国必须贯彻执行关于干部参加体力劳动的决定，并且作如下的规定：

一、必须继续贯彻执行中央关于下放干部进行劳动锻炼的指示。凡是没有经过劳动锻炼、缺乏基层工作经验而又有条件参加体力劳动的干部，特别是青年知识分子干部必须继续分批下放进行劳动锻炼。这些干部下放的主要方向是农村的人民公社。下放的主要目的是改造思想，改善作风。下放的时间以一年左右为宜。

二、各机关、企业、事业单位的全体干部，除了年老有病不能参加体力劳动的以外，每人每年必须用至少1个月的时间参加体力劳动。人民公社的干部要有1/3左右时间参加体力劳动；大队的主要干部要以1/2的时间参加体力劳动；大队以下的干部基本上应当和社员一样，经常参加体力劳动。

三、县级以上机关干部和企业事业单位的领导干部，每年应该一次或几次离开工作岗位，和工农群众一起参加短期的体力劳动。参加劳动的场所，除了农村外，也可以根据各部门的特点，分别到工矿企业、交通运输、财贸等系统的基层生产单位参加体力劳动。参加劳动方式，可以多种多样，如仿照“将军当兵”的办法，深入基层参加一定时间的体力劳动；根据工农业生产的需要，参加义务劳动；领导干部下去检查工作的时候，也可以参加体力劳动；为了指导业务、领导生产的需要，应当搞好本行业的试验田（但应该采取干部和工农群众相结合的办法）等等。工矿、基建、交通运输等企业单位的干部，可以采取“两参”（干部参加劳动，工人参加管理）、跟班劳动等形式，在本单位参加体力劳动。在领导干部参加以上各种体力劳动的时候，一方面应该以普通劳动者的姿态出现，与群众打成一片，通过劳动实践，锻炼思想意识，改进作风；另一方面应该根据党的中心任务，深入地进行调查研究，总结经验，帮助基层干部加强领导，改进工作。

四、各级党委和各单位必须对干部参加体力劳动作出全面的规划和妥善的安排，并责成有关部门负责管理、检查、督促、建立必要的制度，以便使中央关于干部参加体力劳动的决定，长期贯彻执行下去，成为巩固的制度。

Z44－1959（6）

毛泽东：关于如何对待革命的群众运动

1959 年 8 月 15 日

第 504～506 页。D220－5455（12）

中国共产党八届八中全会关于开展增产节约运动的决议

1959 年 8 月 16 日

第 514～523 页。D220－5455（12）

中共中央关于立即在工厂、矿山、企业、公社中深入讨论提前和超额完成今年生产计划问题，开展增产节约运动的通知

1959 年 8 月 24 日

各省、市、自治区党委：

党的八届八中全会的公报和关于开展增产节约运动的决议，将于 8 月 26 日起陆续在电台广播和在报纸上发表（公报 26 日在电台广播，27 日见报。决议 27 日广播，28 日见报）。在公报和决议发表后，应当立即在全国范围内掀起一个响应党的号召，拥护党的八中全会，为提前和超额完成今年的国民经济计划指标而奋斗的全民增产节约运动的高潮，为两年基本完成第二个五年计划的主要指标而奋斗。各人民公社、工厂、矿山、交通、贸易等企业、国家机关都应当举行群众大会，反右倾，鼓干劲，讨论如何提前和超额完成本单位今年生产计划的问题。八中全会公报和决议中公布的是我们的“第一本账”。在布置实际生产的时候，我们的目标是要完成和超额完成“第二本账”（例如以钢来说，对外宣布的是 1 200 万吨，内部仍然是 1 300 万吨；又以煤来说，对外宣布是 3. 35 亿吨，对内仍是 3. 4 亿吨，这是第二本账）。“第一本账”的指标必须提前和超额完成，“第二本账”的指标是我们实际的奋斗指标，也必须努力完成和提前、超额完成。工厂、矿山、企业都应当根据实际的可能，提出超额完成计划的具体数字，或者提早完成计划的具体日期，经过群众大会通过，作为本单位的奋斗目标。各人民公社都应当提出战胜灾害、力争丰收和增产节约的奋斗目标。这种计划指标应当是确有把握的，经过努力肯定可以做得到的。这类指标应当登报，以便互相鼓励、互相竞赛，形成高潮。各人民公社、工厂、矿山、企业的党委，还应当订出另一种计划，即是尚无很大把握，但估计真正鼓足干劲、采取有效措施也可能完成的计划，这种计划由党委自己内部掌握，并且实事求是地具体化为月计划、旬计划，变成群众奋斗的目标，并且努力把它完成和超额完成，但在完成前不要登报。

各项生产特别是工业和交通，相互之间都有密切的联系。因此，要求有关单位、有关省市，都本着同心同德，相互支援，首先保证对别人的支援，来全面完成和超额完成全年的生产任务。

各高等学校和中等学校，亦应召集全体师生员工大会，反右倾，鼓干劲，努力完成自己的教学任务、劳动任务和开展科学技术研究工作。

人民公社、工厂、矿山、企业和学校的群众大会，统一由该单位的党委和行政机关、群众团体一次召集，不要各个系统都去分头召集群众开会，以免会议过多和使群众重复地听同

一报告（各团体可以各种形式作动员号召工作，但要注意不使群众会议过多）。

在人民解放军中进行增产节约运动和讨论八中全会公报的办法，由总政另行规定通知。

报纸上，应当大力报道和宣传各地各公社各厂矿提前和超额完成今年计划的增产节约运动。报纸应当把这一宣传做得有声有色，更好地起到反右倾、鼓干劲的作用。

以下一些口号可供报纸和群众宣传中使用：

1. 鼓足干劲、力争上游、多快好省地建设社会主义！

2. 大跃进万岁！

3. 人民公社万岁！

4. 为在今年内完成和接近完成第二个五年计划的主要指标而奋勇前进！

5. 为争取在10年左右的时期内在主要工业产品产量方面赶上英国而奋勇前进！

6. 为大大提前完成和超额完成12年"全国农业发展纲要四十条"而奋勇前进！

7. 为超额完成1 200万吨好钢的生产任务而奋斗！

8. 为超额完成3.35亿吨煤的生产任务而奋斗！

9. 战胜灾害，为完成和超额完成今年粮棉的增产计划而奋斗！

10. 反右倾，鼓干劲，实现今年的继续跃进！

11. 用增产节约的成绩迎接建国10周年！

12. 用完成和超额完成生产计划迎接国庆十周年！

13. 伟大的中华人民共和国万岁！

14. 奋勇跃进的伟大的中国人民万岁！

15. 伟大的中国共产党万岁！

16. 中国人民的伟大领袖毛主席万岁！

150－7－87

全国人民代表大会常务委员会：关于调整一九五九年国民经济计划主要指标和开展增产节约运动的决议

1959年8月26日通过

第536～538页。D220－5455（12）

3. 1960年

中共中央批转中央财贸工作部关于在财贸基层单位中进行整风和总路线教育的报告

1960年1月26日

上海局，各省、市、自治区党委：

中央基本同意中央财贸部《关于在财贸基层单位中进行整风和总路线教育的报告》。望各地在布置整风和总路线教育工作中，注意加强对财贸战线的领导。务必做到使每个财贸基层单位都能受到一次教育，不要漏掉一个单位。

附：中央财政贸易工作部关于在财贸基层单位中进行整风和总路线教育向中央的报告

1960年1月9日

中央：

各地财贸部门基层反右整风和社会主义建设总路线教育运动正在逐步展开。财贸部门基层单位分布很广，同生产和城乡人民生活有着直接的联系；去年以来曾经出现了各种右倾思想和右倾言行，因此，认真地做好这次反右整风和总路线教育运动，是十分重要的。我们认为在运动中应该注意如下几个问题。中央认为可行时，请批转各省市。

一、财贸部门基层干部和职工中有各种程度不同的右倾思想的人占百分之三十左右，其中比较严重的约占三分之一。他们利用财贸工作在去年大跃进中暂时出现的某些困难，散布各种不满和埋怨情绪，对于党的总路线、对于党和人民所做出的伟大事业进行攻击和毁谤，从而否定党在财贸方面的各项基本政策，否定人民公社、群众运动和党的领导。曾经一度引起一部分干部和职工群众的思想混乱，使工作遭受了一定的损失。因此，这次反右整风和总路线教育运动，必须以党的社会主义建设总路线为纲，结合党的领导问题、人民公社问题、大跃进和群众运动问题、财贸工作中的政策问题，在干部和职工中进行广泛的、深入的、系统的教育，提高思想觉悟，划清社会主义和资本主义两条道路的界线，树立和巩固无产阶级的立场观点。在运动过程中，要注意把党组织内部的反右整风和职工群众中的总路线教育密切结合起来，既要进行好党内的反右整风，又要进行好职工群众中的总路线教育。用摆事实、讲道理、和风细雨的方法，批判各种错误思想，治病救人，争取和团结一切可能争取和团结的人，使社会主义思想昌盛，资产阶级和富裕中农的思想市场缩得小而又小。

二、这次反右整风和总路线教育运动，应当着重解决党组织内部、特别是党委会（或支部委员会）中存在的问题，即着重检查和批判党委会成员和党员干部中的右倾思想——资本主义和富裕中农思想，加强对于干部和党员的教育。通过这次反右整风使全体党员和干部得到锻炼和提高，党组织得到巩固和加强。在反右整风后期以及在反右整风结束以后的一个时期内，将那些党组织还比较薄弱的，加强起来；将那些党的委员会还未建立或者还未健全起来的，建立和健全起来；使党组织能够形成一个又红又专的强有力的集体的领导核心，能够成为一个坚强的战斗堡垒。在反右整风运动中，还应该注意纯洁、壮大党组织的工作，注意帮助那些工作做得好的支部和党员继续作出优异的成绩来；注意改变那些落后支部的状况，使它们各方面的工作都能够切实有所改进。这种落后支部约占支部总数的十分之一的样子。

三、财贸部门基层企业中有六百多万职工。去年以来，老职工的人数有所减少，新参加工作的职工有显著的增加。新职工中一部分是城乡居民和青年学生，一部分是小商贩。在职工群众中，迫切需要在这次运动中系统地深入地进行一次社会主义建设总路线教育。城乡财贸基层企业中一般都有一些资产阶级分子和小业主，他们中间不少的人还保持着资本主义思想，有少数人讲过一些坏话，甚至还有一些违法行为。对于这些人应当进行正面教育，贯彻和风细雨和自我教育的精神，使他们在学习中进一步划清两条道路的界线。对他们不进行群众性的反右倾斗争，不号召开展交心运动，以免减弱党内和一般职工群众中的工作。

四、在这次运动中，注意改进财贸部门基层单位（商店、粮管所、银行营业所等）的经营管理、经济核算等方面的工作。改进和建立切合实际的规章制度，合理调度和分配各项资金、物资和商品；加速资金周转和商品流通，降低成本，减少费用和损耗。合理地安排和组织劳动力，注意劳逸结合和技术革新，充分发挥人的作用和人的积极性。继续加强干部和职工中的政治观点、生产观点和群众观点的教育。继续巩固和发展“两参一改”或“三参一改”的民主管理制度。通过反右整风和总路线教育运动，使基层企业各方面的业务、经济工作能够得到进一步的提高和发展。

五、为了使这次反右整风和总路线教育运动进行得更深更透，应当注意把财贸部门的反右整风和总路线教育同农村人民公社的整社、工矿企业职工的社会主义教育密切结合起来，组织财贸干部和职工分别到人民公社和有关工矿企业，听取农民、工人的意见和批评，检查自己工作中的错误和缺点；同时用财贸工作方面的事实，具体说明总路线的正确，以收互相启发、互相教育之效。财贸部门的反右整风和总路线教育，不同人民公社、工矿企业的整风和社会主义教育密切地结合起来，是不能够取得更好的成就的。

六、这次基层反右整风和总路线教育运动，必须解决好两条道路的斗争问题，解决好立社会主义思想、破资本主义思想，立无产阶级世界观、破资产阶级世界观的问题，其他方面的问题都应该围绕这个问题去进行。有些地方在进行反右整风和总路线教育中，纠缠于某些个人的生活细节问题，纠缠于处理老弱职工和地富反坏等人的问题，这样就容易分散精力，冲淡应该解决的主要问题。对于运动中间揭发出来的某些坏人坏事，除了用来作为反面教材，教育广大干部和职工群众以外，具体处理一般应当留在运动后期或者结束以后进行。对于反革命分子应当另案办理，不要放在反右整风和总路线教育运动中一起处理。个别地方在批判和辩论中，采取粗暴的斗争办法，甚至有罚跪、打人等现象，也必须注意纠正和防止。应当抓紧春节以后财贸工作比较不是过分紧张的这个时期，一面把反右整风和总路线教育搞好，一面做好各项经济工作。把反右整风和总路线教育运动一气呵成，既不要滑过去一个单位和一个人，也不要把时间拖得太长。

Z44－1960（1）

中共中央对太原市委关于开展以机械化和半机械化为中心的技术革新和技术革命运动的决议的批示

1960年1月30日

第19～20页。D220－5455（13）

中共中央批转鞍山市委关于工业战线上的技术革新和技术革命运动开展情况的报告

1960年3月22日

第109～124页。D220－5455（13）

中共中央批转上海市委关于工业战线技术革新、技术革命运动的情况报告

1960年4月10日

第217～237页。D220－5455（13）

中共中央批转广东省委关于“五多”情况的检查报告

1960年4月28日

各省市区党委，中央一级各部委、各党组：

广东省委关于“五多”情况的检查报告很好，值得好好读读。现在发给你们。

这个报告又一次用惊人的事实告诉我们，会议（包括电话会、广播会等）和文件、表报已经“多得成了灾”，使“干部几乎完全被淹没在会议的大海里”，使“县和公社干部连只看标题的时间都没有”，“被文件压得透不过气来”。如果不迅速将“五多”现象，加以克服，而任其蔓延，将会使更多的干部更严重地被淹没在会议、文件的大海里，而无法深入下层，接触实际，好好指导工作。

关于这个问题，今年3月30日中央转发山东省委批转历城县委报告的时候，曾郑重地作过指示，告诉同志们官僚主义的严重存在，必须用扫帚扫一次。现在很多地方和部门已经认真地做了，有些单位似乎还没有。现在会议和文件既已多得成了灾，还是请同志们都“发发善心”，挤出时间，抖起精神，把粗制滥造、量多质低的会议文件好好过过滤，加以改进、提高，把那些劳民伤财、却不能解决问题的会议和文件，加以剔除，把“五多”现象，首先是会议多、文件多的现象，加以扫除，把官僚主义、文牍主义的恶习，加以扫除。这是当前迫切需要解决的一个重要问题，请你们在最近一两个月内把检查和整顿情形报告中央。

附：广东省委关于“五多”情况的检查报告

1960 年 4 月 12 日

中央、主席：

一、4 月 6 日，省委召开了有广州市委和省直各单位负责人参加的常委扩大会议，初步学习和讨论了中央关于开展反对贪污、反对浪费、反对官僚主义的指示。关于反对贪污、浪费、命令主义及共产风、浮夸风问题，省委已根据中央指示，布置各县在四级干部会议上坚决贯彻执行。这次常委扩大会议主要是揭露省级机关中存在的官僚主义现象。会后还派人直接到广州市的中区、佛山市和南海县 3 个点进行了调查和了解。仅仅是初步接触，就使各级党委大吃一惊。几年来由于形势很好，我们常常容易忽略工作中的官僚主义，没有坚持执行中央和主席关于“要经常洗脸扫地”的指示，不断提醒各级党委注意这个问题。现在可以看到，我们的工作中又积下了不少官僚主义的灰尘了。这种官僚主义的灰尘，使我们过去的工作蒙受到损失，使大跃进成就的光辉为之减色。如果现在不立下决心，来一个大扫除，今年和今后的持续跃进就势必要遭受严重的损害。因此，省委和各级党委都一致认为，中央的指示十分英明、十分正确、十分及时，必须从现在开始就着手加以解决。

二、以“五多”为主要表现形式的官僚主义，在广东主要表现为：会议多；文件多；机构多；因而事务多；蹲在上面多。其中最突出的是会议多。

会议多到什么程度呢？省级机关召开的会议现在一时还统计不清。但是，从县市反映的情况可以看到，会议已经多到成灾的地步，我们的干部几乎完全被淹没在会议的大海里。据南海县委的初步检查，从 1 月至 3 月，县级各单位干部到省里开会 114 次，到地委、专署开会 275 次，县里召开的有大队以上干部参加的会议 252 次。合计 641 次。平均每天要开 7 个会，其中由县自己主持的就有 3 个。会期少则两三天，长则 10 天以上。公社党委书记一般要用 1/3 以至一半的时间来开会，有时，9 个党委书记全部在外开会，还应付不来。佛山市的情况更严重。这个市在第一季度共开了 1 088次会议，其中全市范围的会议 82 次。另外出席省的会议 59 次，地、专的会议 143 次，市委第一书记参加全国、省、地、市召开的大型会议时间有 26 天，另外 10 天搞接待工作；市委书记兼郊委第一书记开会时间占了 61 天（包括在外地参观 25 天）；市商业局一个副局长光参加省、专两级会议就去了 52 天，还不算本市本局的会议。广州市的会议也很多，据市委的初步检查，仅第一季度召开的常委会议就有 35 次，现在看来有 18 次是可以不开，可以合并开或开专业会议的。区和基层的会议就更多了，负责干部一般每天都要开一至几个会。有一个时候，基层干部中流行着一句口号：“时刻准备着开会”，尖锐地反映了会议多的严重性。不仅一般会议多，电话会议也特别多，经常排队，线路常常为之阻塞。有时还从早晨开到夜晚，从夜晚开到天明，全部排满。据今年第一季度不完全的统计，省级各单位召开的全省性的电话会议就有 94 次，共占用 263 小时。南海县级机关在同时期内也向下开了 93 次。这还不算地、专一级召开的。电话会议多数都冗长而又不解决问题，有的只起到传达文件的作用。广州市居住集中，本来完全可以把各区干部召集到市委开会。但是也常常采用电话会议的形式。区里设备差，会前要接线、试播、试听，闹上半天，有时线路出了毛病，反而听不清、听不到，效果很坏。利用广播电台召开广播大会，是会议多的又一特色。第一季度全省举办了 15 次，广州市委和各区区委举办了 9 次。而南海县委也利用有线广播，办了 7 次。为了增加广播效果，有时还把一些参加广播大会的人从各地请到电台播音室，发言前后布置鼓掌。但是广东方言复杂，平时开全省性的群众代表大会都至少要用四种方言翻译，这种广播大会效果到底如何，就可想而知了。会议多的严重恶果是使许多干部疲于奔命，无法深入工作中去认真进行总结，因而会议质量大大降低，起不到指导工作的作用。一些推广典型经验的现场会议，事先没有总结，没有准备；一些检查工作布置工作的会议，事先也没有检查，工作中存在的严重问题看不到。最典型的例子是去年11月间召开的甘蔗现场会议，仅根据几个高产区的产量来估算全省的甘蔗生产，认为至少可以榨糖40万吨左右，但是不到一个月，各地就纷纷报告无蔗可榨，实际上去年的甘蔗只榨糖20万吨。这对我们的官僚主义真是一个很大的讽刺和鞭笞。

文件多。多到县与公社的干部连只看标题的时间都没有，他们被文件压得透不过气来，就只好采取形式主义来应付上面的官僚主义。收到文件，除非看不可的之外，都放在一堆。事实上，谁要是把发来的文件全部看一遍，就不要想再干别的事了。据省委办公厅和各部委不完全统计：第一季度共发出文件（包括来往文件）3 154件，平均每天35件；此外，只据省委9个部委的统计，还出版内部发行的期刊、简报等21种，发行份数共达11.5万多份。第一季度省委办公厅共排印、打印文件850多万字，比3卷《资本论》、2卷《列宁文选》、16卷《斯大林全集》和3卷《毛泽东选集》的总字数还要多出30万。这还不算省人委系统的。而省人委各单位发的文件肯定要多得多。上面滥发文件，下面就必然泛滥成灾。据南海县委统计：第一季度省、地专机关发给他们的文件共3 876件，县各机关向下发的文件有907种，表报341种。佛山市统计第一季度市委和市人委各部门（缺四个单位数字）发出文件共计3 290件。严重的情况是：文件多而且长，质量又不高，一般号召多，干部不愿看。南海县盐步公社的一个党委书记反映：中央文件很好看，既简练，又明确；省委的文件还可以，最难看的是县的文件。

文件多还与会议多有直接的关系。有些部门在开会的时候，并不是积极地总结自己的经验，而是到处拼凑，因此拼命印发参考资料。仅据省教育工作会议、省委交通部召开的地、市委交通部长会议、运输工作会议、工业开门红会议、省委组织部召开的组工会议第五次会议统计，就印发了文件13.151万份，64.8425万字（还不包括打字部分），其中最突出的是省委交通部召开的地、市委交通部长会议，参加这次会议的人数各地只有20多人，连省有关单位干部在内也只有32人，却印发了33种文件，6.767万份、平均每人2 115份，字数在20万以上，用纸24令，平均每人3/4令。各地干部多次反映：每次开会都要带皮箱来装文件，认为是很重的负担。

机构多。特别是各种临时办公室之多，已达到惊人的地步。省委各个战线临时性的办公室统计即共有106个，南海县西樵公社一级，也有20个办公室。而且样样要“书记挂帅”。有的书记挂上十多个帅，到外面去开会，一个接一个，回来连传达的时间都没有，能抽个机会在电话会议上说一声“这件工作我挂帅了，党委很重视，大家要完成任务”，这就算是有交代的了。最奇怪的是，有些办公室机构的人员设置，竟比工作对象还要多。如今年选调飞行员，全省才230人，分配到80个县市，平均每县市不到3个人，但都要成立办公室，每个办公室5个干部，就要400多人。宝安县只选1名，南海县只选2名，但是都无例外地要成立一个办公室，并且被指定必须到省参加准备工作会议的办公室干部，就有办公室主任、政治审查组长、党员医生3人。

这样的结果，势必使得干部蹲在机关多、事务多。近来县委、公社都一再要求增加干部编制，特别要求增加书记名额，应付开会任务。无怪乎南海县干部反映：公社、大队干部“能抓起一条竹仔到田里去跑一下，就算是工作深入的了”。

由于“五多”，造成了几方面的紧张。一是交通阻塞，行旅紧张。前一段各个城镇的汽车票，一般已经卖完5天以后的，广州市通往各地的也不例外。有时会期紧急，人数又多，包车包船接送，常常使一般旅客搁在半途，进退不得。二是住宿地方紧张。广州是轻易找不到旅店住宿的，各个小城镇特别是中途站在会议期间就更为紧张。有时连会议代表都没有地方住，就得要一些学校停课，腾出地方来让开会的人住宿。三是副食品供应紧张。佛山市委统计从2月1日至3月24日，仅供应会议及参观就用鱼16.2万斤，蛋品980斤，南乳107缸。佛山宾馆的一个小餐厅，一个多月来为各种会议办了酒席共385席，金额1.3万多元。佛山市商业局算了一笔账：全市人口14.5万人，每月供应塘鱼、猪肉折款7.3万元，而同期会议供应塘鱼、猪肉则达11.7万元。人为地造成的紧张气氛确实使工作上增加了许多困难。

三、鉴于"五多"特别是会议多的严重危害，省委决定首先控制会议、减少会议、改善会议。确定今后省里召开的各种会议，要分别由书记处、战线审查批准。会议范围、参加人数、会期，都要严加控制。并立即将4、5月份已经通知召开的会议进行排队，能砍掉的砍掉，能推迟的推迟，能合并的合并，能缩小范围的缩小范围，能缩短时间的缩短时间。会议一定要充分准备，认真开好，坚决不开无准备的会。电话会议必须严格控制，各厅、局一般不得召开。广播大会更不能多开，大体上一年间非开不可的动员性的广播大会，有那么几次就可以了。

省委常委会议后，各部委、各厅局正在分别进一步作深入检查、揭露，拟定克服的办法。省委也正在进一步研究和拟定防止和克服"五多"的具体措施和办法。

Z44－1960（1）

中共中央关于在农村中开展"三反"运动的指示

1960年5月15日

第378～383页。D220－5455（13）

中共中央批转中央监察委员会关于农村"三反"运动中几个具体政策问题的意见

1960年8月10日

各省、市、区党委：

中央监委关于农村"三反"运动中几个具体政策问题的意见向中央的报告转发你们。这个报告中所提出的几个具体问题的处理政策，希望各地党委根据当地的具体情况研究执行。监委所提的意见，都是正确的，并且可以作为全国范围内大体统一的标准，但是各地在具体执行中，应当研究当地具体情况灵活运用。农村"三反"的时间由各省市区党委自行安排，但必须反透、贯彻到底。凡是现在还没有动手的，一般以放在秋收后进行为好。总之，不论城市和乡村，都要以整风工作不误工业和农业生产为原则。"三反"内容上，应增加反对浪费劳动力、反对在劳动力安排工作中的国民党作风，即是利用职权把自己的亲属从农业生产战线上，调往到其他战线的营私舞弊行为。

附：中央监委关于农村"三反"运动中几个具体政策问题的意见向中央的报告

1960年7月20日

中央监委从7月14日起，召开了十一个省市委监委副书记座谈会，在会议上，各地汇报了农村"三反"运动的情况，着重讨论研究了农村"三反"运动中几个具体政策问题。现将会议讨论的有关这方面的意见，报告如下：

（一）关于计算贪污的时间问题。中央《关于在农村中开展"三反"运动的指示》中规定："计算的时间，除了少数严重的大贪污犯以外，一般的从1959年算起，而不要从人民公社成立以后算起。"广东、广西、湖北等地提出，农村干部的贪污，要从成立人民公社时算起，理由是：农村人民公社成立时，由于组织变动，不少干部乘机贪污，如果这一段时间的贪污不算，群众会有意见，比较不好说服。有些省市虽然规定了从1959年算起，但是在工作中遇到了许多实际问题，不好解决，又作了不少补充规定。同时，1959

年上半年农村整社算账中，部分地区只算了“一平二调”的账，没有算个人贪污的账；或者算了个人贪污的账，没有认真退赃。因此，对于计算贪污的时间，一律从1958年当地成立人民公社时算起。关于贪污计算时间的规定，只由领导上掌握，作为定案处理的依据，不要向群众宣布，群众的揭发检举，不受时间的限制。除少数大贪污犯以外，1958年以前贪污的财物，在定案处理时可以不计算，但赃款、赃物则要退还。这样做的好处是，既能满足群众的合理要求，改进干部和群众的关系，也有利于教育干部，使他们认识到贪污是可耻的，贪污的财物必须退出，是不能马虎了事的。从1958年成立人民公社时算起，是否会扩大处分面？据到会各地同志所掌握的材料，这样计算受处分的人是会多一些的，但是仍然可以控制在参加运动干部总数的3%以下。这里主要的问题在于领导上注意掌握，只要贪污的人认真检讨，承认错误，退出赃款、赃物，可以做到少处分人，也能够取得群众的谅解。

（二）关于计算贪污、确定大贪污犯和对犯错误的人的处分问题。不少省、市根据中央指示精神，结合本地区情况，作了一些具体规定。多数地方规定贪污两三百元即以贪污论处，但也有的地方的规定低于此数；大多数地方规定贪污1 000元以上的划为大贪污犯，有的地方则定为500元以上。各地根据具体情况，规定上有某些不同是可以的。但是，我们认为，计算贪污一般以执行中央规定的两三百元为宜，贪污1 000元以上者，即确定为大贪污犯，不要过高或过低，以免在处理上失之偏宽或偏严。对于贪污两三百元以下的，一般不给处分、不戴贪污帽子。但是，应该严肃地进行批评教育，必须退出赃款、赃物。有的贪污虽不满两三百元，但情节严重、手段恶劣、态度很坏的，如贪污千斤以上粮食、克扣救济粮款、贪污治病药品食品等，造成严重后果的，应该进行严肃处理。对于贪污两三百元以上至千元以下的，必须坚决进行斗争，给予必要的处分；其中个别情节特别严重、民愤很大的，需要给予刑事处分；但自动坦白，退出赃款，工作一贯表现较好，群众谅解的，也可以给以较轻处分或不给处分。凡贪污千元以上的，应定为大贪污犯，给予刑事处分，是党员的应该开除党籍。其中个别自动坦白，退出赃款、赃物或检举别人有功的，可以从轻处分。

（三）有的地方提出。农村基层财贸单位的脱产人员的贪污，在处理上应该严于农村不脱产的干部。贪污一两百元以上的戴贪污帽子，给予纪律处分；计算贪污的时间，从1952年“三反”后或公私合营时算起。会议上多数同志认为，农村基层财贸单位脱产人员的“三反”，是在公社党委领导下，同农村其他基层干部一起进行的，计算贪污的时间或戴贪污帽子的标准，应该统一按照中央关于农村“三反”运动指示的原则执行，我们同意这个意见。

（四）关于退还赃款、赃物问题。据了解，有些地方对于赃款、赃物必退必赔的原则执行不坚决，马虎从事；也有一些地方，在处理退赔问题上出现急躁情绪，不考虑实际情况，硬追硬逼，甚至强迫变卖家产；还有的地方将退出的赃款、赃物，不管是公共的财产还是个人的财产，随退随分，全部分给群众。这些做法都是同中央指示精神不符的。我们意见，对于赃款、赃物必须严格执行中央的规定：“不论什么人，不论贪污、多占、挪用的数量大小，都必退必赔，一时退不起的，可以分期退回，对贪污数量大或贪污行为恶劣的人还可以用强制劳动的办法补偿。”凡是当时能退的，必须迅速退出；一时不能退的，必须让贪污的人订出退赃计划，专册登记，确定人检查督促。退出的赃款、赃物，应该分别加以处理：属于国家的，归还国库；属于集体的，归还集体；贪污克扣社员工资、口粮，或向社员敲诈勒索的，退还本人；归还集体的财物中，应该分配给社员的，必须分配给社员。

（五）关于对犯官僚主义错误的干部的处理问题。湖北、湖南、江西、辽宁等省委提出，对于犯有官僚主义错误的同志，主要是进行批评教育，提高政治思想水平，增强党性，改进工作作风，一般不给处分；但是对于其中极少数严重不负责任，丧失职守，因而造成严重恶果的，应该追究责任，给予撤销职务或其他处分。我们认为这个意见是正确的，对于极少数犯有严重官僚主义错误的干部，给以适当的处分是必要的。

（六）对犯有严重铺张浪费错误的干部的处理问题。辽宁、江苏、新疆等省区党委提出，对于犯有严重铺张浪费错误而造成重大损失的干部，应该追究责任，必要时应给以适当的纪律处分。我们认为这个意见是对的。从各地“三反”运动中揭发出的材料看，铺张浪费的情况是相当严重的，它不仅在经济上造成的损失比贪污要严重得多，而且严重地违反党的艰苦朴素的优良传统，腐蚀干部，破坏党的勤俭建国的方针，是一种资产阶级思想在党内的反映，对于社会主义建设，有极大的破坏性。因此，对于犯有这种错误的人，一般应着重教育，不给处分；但是对于极少数品质恶劣，大吃大喝，大肆挥霍公款公物，特别是不顾群众死活，大肆铺张浪费，给国家和群众造成严重损害的，应该给予应得的纪律处分。

（七）关于对犯错误的人的处分控制面问题。中央《关于在农村中开展“三反”运动的指示》中规定，对于犯错误的人，“处分面一般不宜太宽，大体上以控制在3%以下为宜，其中受撤销职务和开除党籍处分的，应控制在1%以下”。对此，有些地方理解不一致。我们的理解是，“3%”是指受处分的干部占参加运动干部的总数，而不是占犯错误干部的总数；“1%”是指党员被开除党籍的和非党干部被撤销职务两项合计占参加运动干部的总数，而不是党员受撤销党内职务、留党察看、开除党籍三大处分的和非党干部受撤职处分的占参加运动干部的总数。我们认为，上述“3%”和“1%”是大体上的控制面，执行时应当从实际情况出发，不能太机械。控制面的掌握，应当以县为单位，不要以公社为单位。同时，这两个控制面，都不包括运动中揭发出来的地、富、反、坏分子在内。在运动中揭发出来的地、富、反、坏分子，不管有多少，都要从党内和干部队伍中清除出去，不受处分面的控制比例的限制。

（八）关于农村“三反”运动中是否搞瞒产私分的问题。有少数省、区党委提出，要在“三反”运动后期，用一定的时间，发动干部和群众自报瞒产私分。关于这一问题，应该执行中央“瞒产私分的行为不在‘三反’运动范围内清算”的规定。鉴于近年来各地搞反瞒产运动的教训，我们还考虑，不仅不在“三反”运动中搞反瞒产私分，今后也不要再在群众中搞反瞒产运动，因为一搞运动就极易搞乱，对群众生产、生活危害很大。

（九）关于组织处理工作。目前在这方面存在的问题是，有的地方对处理工作抓得不紧，运动结束了，工作组走了，还没有进行组织处理；有的不认真核实材料和履行批准手续，草率处理。我们意见，进行组织处理工作一定要认真细致，材料必须经过查对核实，错误性质要定得准，贪污与其他错误的界限要划清。组织处理工作一般应放在“三反”运动后期进行，不要过早处理，但是也不能拖得太久，运动结束时还不作处理。应该由领导“三反”运动办公室、工作组负责到底，不留尾巴，处分党员必须按照规定履行批准手续，防止不经集体讨论、个人决定处分的现象发生。

Z44－1960（1）

中共中央关于开展以保粮、保钢为中心的增产节约运动的指示

1960年8月14日

第527～536页。D220－5455（13）

中共中央对国家经委党组《关于以保钢为中心的增产节约的紧急措施的报告》的批示

1960年9月18日

第581～584页。D220－5455（13）

中共中央关于彻底纠正五风问题的指示

1960年11月15日

第693～694页。D220－5455（13）

（二）机构变迁

中共中央关于在各省、自治区和专区建立科学研究机构和地质队伍的意见

1958年3月21日成都会议通过
4月2日政治局会议同意

为了适应工农业生产大跃进和实行技术革命的要求，各省、自治区和专区必须加强科学研究工作和地质勘探工作。会议认为可以采取如下办法：

一、各省、自治区根据需要，可设立中国科学院分院，并在专区设立科学研究所。但是设置与否和何时设置，由各省、自治区根据本地情况，自行决定。省、自治区在决定设置科学院分院以后，应当报告中国科学院，并且在筹备过程中同它保持联系。

二、各省、自治区的科学分院的建立，可以用当地已有的各种科学研究机构和中国科学院在各省、自治区的科学研究机构为基础，并与当地的高等学校、工矿企业合作。同样，各专区的科学研究所，可以用当地的农业技术研究推广机构为基础，并与当地的高等学校和工矿企业合作。省、自治区和专区的科学研究机构都应该首先把同当地工农业有密切关系的技术研究工作建立起来，然后逐步求得健全。这些研究机构应该认真总结和提高群众在工农业生产中的发明创造，成为帮助群众发展技术革命的顾问机关。

三、各科学分院由中国科学院和省、自治区实行双重领导。原属中国科学院的担负全国性任务的研究机构，以中国科学院的领导为主，担负地方性任务的研究机构，以地方的领导为主。

四、各省、自治区要迅速地发展自己的地质工作力量。并且逐步培养各专区的地质工作力量。地质部、煤炭部、冶金部、石油部在各省的地质机构，应该给予地方一些帮助，作为骨干。地质院校应该接受代省、自治区培养学生的任务。

五、各省、自治区和专区在建立科学研究机构和地质队伍的时候，所需要的人员编制应该由省、自治区在原有的编制中调剂解决。

六、在将来，县也应当有自己的小型的科学研究机构。在目前，如果某些有条件的县有兴趣设立这种机构，省委和地委应当加以考虑。

Z44－1958（6）

中共中央关于工会组织问题的意见

1958年3月22日成都会议通过
4月2日政治局会议同意

为了便利工作、精简机构，更好地发挥工会组织在社会主义建设中的积极作用，各级工会组织应该以由同级党委领导为主，同时接受上级工会的领导。各省、市、自治区工会联合会可以考虑改为省、市、自治区总工会。产业工会的组织也应该作适当的调整：有的可以保留；有的可以适当合并；有的可以保留名义，实际上成为各级工会的一个部门；有的可以取消。

建议全国总工会党组根据具体情况和工作需要加以研究，提出具体措施，报中央审批。

Z44－1958（6）

中共中央批转中国科学技术协会党组关于中国科协第一次全国代表大会的报告

1958年10月20日

各省、市、自治区党委，西藏、宁夏工委，中央各部委，国家机关和人民团体党组，人民日报，新华社：

中国科协党组关于中国科协第一次全国代表大会的报告转发给你们。大会的三个决议由科协下达。

中国科协是党动员广大科学技术工作者和广大人民群众进行技术革命和文化革命、建设社会主义和共产主义的一个工具和助手。各级党委都应加强对它的领导。科协全国代表大会所作的三个决议，中央认为是必要的。其中关于响应党中央号召提前5年实现12年科学技术规划而奋斗的决议，及关于开展建国十周年科学技术献礼运动和准备召开全国科学技术发明创造积极分子代表会议的决议，是推动当前技术革命群众运动的两项重要措施，希各级党委督促其实行。各有关方面应利用这两个决议发动本部门的科学技术人员，共同把技术革命群众运动推向新的高潮。

附：关于中国科协第一次全国代表大会的报告

1958年9月30日

中央科学小组并报中央：

科联、科普全国代表大会9月18日到25日，开了8天正式会议，在正式会议前开了4天半的预备会，参加大会的有28个省、市、自治区的代表，和42个全国性自然科学专门学会的代表，共计1 084人。其中，工人农民出身的“土专家”157人，有成就的青年科学技术人员88人，比较有代表性的老专家437人，从事科学技术工作的干部402人。大会通过决议将科联、科普两团体合并，成立了中华人民共和国科学技术协会（简称中国科协），并以这次大会作为中国科协的第一次全国代表大会，大会选出了149人组成的全国委员会，并由委员会选出了主席、副主席和主席团委员，以及书记处书记。

这次大会是成功的。主要是明确了两个基本问题：一是科学技术工作的道路问题；二是中国科协的方针任务问题。整个大会过程中贯彻了兴无灭资的精神，进行了两条道路的斗争。在预备会议期间，组织了大鸣大放、大争大辩，出了很多大字报，比较深入地批判了资产阶级科学技术人员把自然科学专门学会据为少数人私有的思想，同时也说服了许多同志要求彻底取消专门学会的思想。始终贯彻了团结和斗争相结合的精神，思想斗争是激烈的，但结果是认识提高了，团结加强了。黑龙江代表团的土、洋专家一直有争论，在会后互相握手，表示回去要订互取合同。上海代表团交大副校长程孝刚一直不同意土专家当代表，会后表示自己认识错误了。聂荣臻同志的报告，对大会起了主要的指导作用，陈毅同志和薄一波同志的报告对大会的代表都有很大的启发。

大会作出了三个重要的决议：（1）关于建立中华人民共和国科学技术协会的决议；（2）关于响应党中央号召为提前5年实现12年科学技术规划而斗争的决议；（3）关于开展建国10周年科学技术献礼运动和准备召开全国科学技术发明创造积极分子代表会议的决议。这些决议对大会代表们起了很大的鼓舞作用，各省市代表团大都在会上提出了贯彻实行这些决议的初步保证措施。有些省市代表团并提出了友谊竞赛的计划，由于会议贯彻了不断革命的精神，情绪越来越热烈。代表们对大会是很满意的。大会的缺点主要是思想准备不足，而是在会议过程中逐步提高的。

各省、市、自治区代表团要求中央把大会所作的这三个决议转发各省、市、自治区党委，以便各地好按此布置有关的工作。这三个决议的基本原则都是中央决定过的。其中，关于建立中华人民共和国科学技术协会的决议，是根据中央批准的科联、科普合并的原则作出的；关于响应党中央号召为提前5年实现12年科学技术规划而斗争的决议，则是根据北戴河中央政治局扩大会议的决议提出的；关于开展建国十周年科学技术献礼运动和准备召开全国科学技术发明创造积极分子代表会议，是经过中央单独批准过的。后两个决议是开展轰轰烈烈的技术革命群众运动的两项重要措施。这三个决议的执行，都必须各级党委领导，才能贯彻。

Z44－1958（6）

中共中央关于成立中央基本建设委员会、计划委员会、经济委员会的决定

1958年9月19日

上海局，各省、市、自治区党委，西藏、宁夏工委，国家机关各党组，党中央各部委，人民团体各党组，军委各部门：

党中央决定成立基本建设委员会，计划委员会和经济委员会（管工业生产）。兹将上述各委负责人通知如下：

基本建设委员会

主　任　陈　云

副主任　宋劭文　刘岱峰　柴树藩

计划委员会

主　任　李富春

副主任　贾拓夫　韩哲一　安志文　王光伟　刘明夫　宋　平　朱理治

经济委员会

主　任　薄一波

副主任　孙志远　谷　牧　郭洪涛　王新三　叶　林　薛暮桥

Z44－1958（6）

中共中央关于将第一商业部和第二商业部合并为商业部的通知

1958年8月6日

各省、自治区、直辖市党委，西藏、宁夏工委，并国务院各部党组：

中央决定将第一第二两商业部合并为中央商业部，并由程子华同志为商业部部长。特此通知。

Z44－1958（6）

中央财经小组会议简报（第10号）

1958年8月27日

关于成立党的基本建设工作委员会问题

一、根据主席的指示，国家计划、工业生产、基本建设应当分开成为三个独立的工作机构。财经小组讨论了这个意见。一致同意。认为今后基本建设规模宏大，领导工业生产工作量也很大，经济计划机关已很难兼管，必须分别成立三个专门组织。原来的计委主管国家的年度计划和长远计划，原来的经委主管工业生产，另成立基本建设工作委员会主管基本建设，同意主席指示由陈云同志负责。

二、新成立的基本建设工作委员会所需人员配备，由计委、经委和中央工业工作部，另行具体安排。

三、三个委员会的具体分工及相互联系，初步议了一下，俟北戴河会议结束后，详细规定。

Z760－10

中共中央批转中央军委关于改组国防部航空工业委员会为国防部国防科学技术委员会的报告

1958年10月16日

上海局，各省、市、自治区党委，中央各部委，国家机关各有关党组，各有关高等院校党委，军委各部门：

中央同意军委1958年9月25日关于改组国防部航空工业委员会为国防部国防科学技术委员会的报告，现发给你们。

我国国防科学技术研究工作已经有了一个良好的开端，并且已经掌握了部分尖端技术。

为了适应形势的发展，目前急需把研究设计、试制和使用三方面密切结合起来，以便通过使用不断地得到改进。国防科学技术的发展，不仅对加强国防具有重大意义，同时对于整个科学技术的发展也有推动作用。为此，各级党委应当给予重视，加强领导，组织协作，以使我国国防科学技术尽快地赶上世界先进水平。

附：中央军委关于改组国防部航空工业委员会为国防科学技术委员会的报告

1958 年 9 月 25 日

总理并报主席、中央：

随着全国大跃进形势的发展，国防科学技术研究工作已广泛地展开，不仅军内各军兵种、院校和研究机构在大力进行国防尖端技术和常规武器的研究；科学院所属各所，各有关高等院、校，各工业部所属有关的研究机构和工厂也都展开了这方面的研究工作。国防科学技术的研究已经掀起了一个高潮，并且获得了一定的成就，但是也出现了一些问题：有些相同的项目，几个单位都在设计和试制；各研究机构之间相互通情报交流经验不够；试制赶不上设计；设计、试制和使用单位之间缺乏必要的联系等。为了适应这一形势的发展，充分发挥各方面的积极因素，统一组织力量，把研究设计、试制和使用三方面紧密结合起来，加强国防科学技术研究工作的组织领导、规划协调（包括各方面的年度计划安排），并进行监督检查，建议把原国防部航空工业委员会的工作范围加以扩大，改为国防部国防科学技术委员会，在军委（国防部）、中央科学小组（国务院科委）领导下进行工作。

国防部国防科学技术委员会的领导成员，建议：以聂荣臻同志任主任，陈赓同志任副主任；委员：万毅、王静、王鹤寿、刘亚楼、刘居英、肖劲光、陈士榘、陈赓、陈锡联、安东、宋任穷、李强、罗舜初、赵尔陆、范慕韩、许光达、张爱萍、张劲夫、黄克诚、彭涛、钱学森、韩光、聂荣臻：安东任秘书长，张震寰任副秘书长。

以上报告如中央同意，请批转中央有关工业部门。

Z44－1958（6）

中共中央关于成立中央运输指挥部的通知

1958 年 11 月 2 日

为了保证国家生产建设特别保证钢铁、煤炭、机械等基本工业生产建设对运输的需要，中央决定成立中央运输指挥部，在国家经济委员会领导下，负责对全国运输工作进行统一组织、统一指挥、统一调整运输任务，并且对全国交通部门进行督促检查。中央运输指挥部由薄一波、吕正操、王首道、郭洪涛、韩哲一、张霖之、吕东、刘秀峰、牛佩琮、陈国栋十同志组成之，并决定薄一波同志任总指挥，吕正操、王首道两同志任副总指挥。在指挥部下成立办公室；由郭洪涛同志兼任办公室主任。中央运输指挥部只进行上述运输工作中的重大调整和统一指挥工作；经常的交通运输工作，仍由铁道部、交通部负责，其职权不变。

Z44－1958（6）

中共中央批转聂荣臻同志关于科委与技委合并问题的报告

1958 年 11 月 12 日

聂荣臻同志并告上海局，各省、市、区党委，党中央各部委，中央国家机关各部门党组（党委）中央一级各人民团体党组，总政治部：

中央同意聂荣臻同志关于科委与技委合并问题向中央的报告。科委与技委合并后，科委原有的委员会组织形式，可不再保留。

附：聂荣臻同志关于科委与技委合并的问题向中央的报告

1958 年 10 月 7 日

中央：

关于科委与技委合并的问题，我已分别和两委的主要领导同志交换过意见，大家一致同意，在本月三日我与韩光同志已向书记处作了口头汇报，并得书记处同意。现将合并后的任务、工作做法和内部组织机构报告如下：

两委合并后，改称中华人民共和国科学技术委员会。其任务，除科委原来掌管的哲学、社会科学部分（包括全部干部）由中央宣传部直接领导外，原则上仍按照科委和技委原有的各项任务进行工作。至于与计划委员会和经济委员会相交叉的部分工作，待摸索一个时期以后再与两委商量解决。

为了有效地开展科学技术工作，科学技术委员会将依靠中国科学院、国务院各部、各地方、各专业小组进行工作，并与建委、计委、经委等密切配合。为此：

1. 国务院有关各部的相应的科学技术职能机构（各工业交通部门现在都有技术司之类的机构），在科学技术工作上受科学技术委员会指导。

2. 各省市、自治区的科学工作委员会（或科学技术委员会）是当地人民委员会的组成部分，受当地党委和人委的领导，受科学技术委员会指导。

3. 科委和技委原有的专业组和专题组是组织协调科学技术工作的有效组织形式，应继续使用，并拟适当地加强和调整。

4. 科学技术委员会应和建委、计委、经委等密切配合，分工协作。在日常工作中应有固定的联系，互相指派党组的成员参加党组会议，互相指派有关同志参加有关会议。

科学技术委员会的内部组织机构，基本上也以两委原有的组织机构为基础。人员编制按精简原则，不超过现有人数，对性质相同的机构则予以合并。初步确定暂设以下的厅局，以后根据工作需要，再作适当调整。

1. 综合计划局——兼管基础科学理论。

2. 地方科学技术局。

3. 一局——管国防和尖端科学技术。

4. 二局——管冶金、化工、石油、建材（包括建筑）等原材料工业的科学技术。

5. 三局——管机械、仪表、交通运输等的科学技术。

6. 四局——管动力、水利等的科学技术。

7. 五局——管农、林、渔、牧、医药卫生等的科学技术。

8. 六局——管轻工、纺织、食品等的科学技术。

9. 七局——管资源考察、地质、煤炭、海洋、气象等的科学技术以及资源的综合利用。

10. 标准局。

11. 发明创造局。

12. 工作条件局——管科学技术情报，图书资料，化学试剂，仪器，经费及其他工作条件问题。

13. 国际合作局——该局现设在对外贸易部，是否交由科学技术委员会直接领导，另议。

14. 专家局——即科学技术干部局，原系国务院专家局，已交科委直接领导。现拟仍保持专家局名义，必要时可用专家局名义单独对外。

15. 国家计量局——附设有计量研究所。

16. 办公厅。

科学技术委员会的副主任人选，建议以韩光（常务副主任）、刘西尧、张有萱、范长江、武衡等五人充任。党组成员的名单，待与有关方面商量后另报。原科委有一百名委员，两委合并后是否还要这样委员会的组织形式，请中央决定。如要，则需另外改组，名单将与各方商定后报国务院批准公布。如不要，则可以采取召集有关专业组负责人的会议的形式，也可以起到团结科学家和协调各方面工作的作用。上述意见，请予批示。

Z44－1958（6）

中共中央转发全国总工会党组关于县一级工会组织处理的意见

1958 年 12 月 11 日

各省、市、自治区党委：

中央同意全国总工会党组一九五八年十二月四日关于县一级工会组织处理的意见，现将此件转发你们，望依照办理。

附：全总党组关于县级工会处理的意见

1958年12月4日

中央：

人民公社在我国农村已普遍建立起来，县和县属工会工作将逐渐被公社工作所代替。从总的趋势看，县级工会将首先随着人民公社的更加健全、更加完善而自然消亡。

由于各个县的经济条件不同，工会工作的情况也不同。又由于人民公社初建，不少职工群众对公社的认识还不甚清楚。因此，目前各方面对工会问题的看法也不一致。最近我们和山东、河南、湖北、四川省工会交换了意见，认为：县和县属工会是逐步以人民公社的工作代替。在公社的工作尚未代替工会工作以前，不能采用简单取消的办法。因此，对这一问题，必须分别情况慎重处理。

第一，有些县原来没有或只有很少的工矿企业，工会在职工群众中工作不多，现在公社已经可以代替它工作，工会即可自然消亡。

第二，有些县原来工矿企业较多，有些县的范围扩大之后工矿有所增加，或者上级下放了一些工矿企业交县管理，工会在职工群众中有一定影响，公社工作还需要一个时期才能健全。在这种情况下，工会应在党委领导下，积极地做好人民公社的工作，工会干部要把健全人民公社的工作作为自己的崇高任务，以便条件成熟，由人民公社逐步代替工会工作。至于一般非生产部门，如财贸、文教、卫生系统的工作人员，目前即可按照公社组织对他们进行组织和教育工作，这些部门的工会组织，即可以自然的消亡。

第三，县联社和公社新建立的工矿企业，不宜再建立工会组织，一开始就应该用公社去进行群众工作。至于工业生产与农业生产仍然是有差别的，公社如何在党委统一领导下，根据工业生产的特点和要求，做好厂矿社员的生产、生活和思想政治工作，由省、自治区党委根据具体情况研究解决。

从总的趋势看，工会消亡首先是从县和县属工会开始，但是县和县属工会和城市大企业的职工是有联系的，目前对这一问题又缺乏经验，因此，工作上必须谨慎细致，认真地做好干部和职工群众的思想教育工作，使他们在思想上不感到突然，而是使工会自然而然的消失。具体步骤和做法，由各省、自治区党委根据本地情况确定。

由于工会问题涉及国际影响，这些变化一律不登报也不对外宣传。

现在有些省已取消了不少县工会组织，由于方法简单，遇到问题不少，认识很不一致。如果这个思想不迅速澄清，工作将受影响。

Z44－1958（6）

中共中央关于重新建立手工业管理机构的指示

1959年6月12日

各省、市、自治区党委，国务院轻工业部党组：

手工业是我国国民经济中不可缺少的一个重要组成部分，农业、工业、人民生活和出口物资都需要它，因此，必须注意恢复和发展手工业。

要使手工业生产能得到合理的安排，并促进其发展，就必须有专门的管理机构负责进行工作，因此，中央决定在国务院轻工业部之下，重新建立全国手工业管理总局（和手工业合作总社合并成立），在各省、市、自治区人民委员会工业厅之下建立手工业管理局，在各专署和县人民委员会之下也相应地建立管理手工业的专门机构。有经验的管理手工业的干部，必须归队，以加强手工业管理机构的骨干，望即执行。

Z44－1959（6）

国家基本建设委员会关于国家基本建设委员会组织机构、干部调配情况的报告

1959 年 9 月

中央书记处：

国家基本建设委员会总的任务是：根据国家批准的国民经济计划，负责组织以工业交通为中心的基本建设计划的实现，加强基本建设项目的管理，组织成套设备的供应采取一切有效措施，保证多快好省地完成国家的基本建设任务。

根据一年来工作的实践，从当前看来，建委主要有以下五项具体任务：

1. 抓基本建设项目的进度，尤其要抓重点项目和国民经济中的薄弱环节项目的建设进度。

2. 管理基本建设的成套供应工作。

3. 管理有关基本建设用的钢材、木材和水泥的调剂工作。从保证基本建设计划完成着眼，基建材料的调剂工作由建委负责管理是有好处的。

4. 管理设计工作。管理设计组织，组织设计审批和总结设计工作经验。

5. 管理建筑安装工作。主要检查建筑安装力量和工程质量。

目前建委现有人数很少，远远不能适应工作需要，到八月底止，全委共有干部一百四十七人，分设十二个局（厅），有些局只有七八人，人数较多的局也不超过二十余名干部。有些局虽然名义上成立了，但是由于没有干部，只好采取局兼局的办法，实行一套人马负责两个机构的工作（如综合局兼华东地区局）。由于干部不足在工作中往往顾此失彼，管了专业部门的工作，就顾不了地区的工作，管了地区的工作，就顾不了专业部门的工作。有些工作由于我委没有人做，只好采取“借兵打仗”的办法，临时从各部借一些干部来做，如我委设备成套办公室的工作就是靠各部派来的同志做的。有些局（如设计施工局）因为干部实在太少，工作一直无法开展。

根据上述情况，对建委的组织机构和干部配备问题提出如下意见：

第一，组织机构需要进一步调整。撤销燃料局，设立煤炭石油局、水利电力局。撤销设计施工局，分设立设计局和建筑安装局。增设非工业基建局、建筑材料局、建筑经济局。这样全委将设立十八个局（厅），并拟配备四百名干部（详见组织机构编制表［略］）。

第二，干部配备问题需要迅速解决，建议：（1）今年年初中央工业、交通工作部通知调的六十三名干部，到目前为止，已来的只有三十一名，已经确定今后续续来的还有十名，其余二十二名干部还未确定，尚希继续催促。（2）原国家建设委员会撤销时有六百一十名干部，当时已分配到各部、各省市自治区了，这些干部对于基本建设工作比较熟悉，同时我委现在还需承担老建委的一部分工作，因此建议在这些干部中调回一百一十五名给我们，这对开展我委的工作是有利的。（3）现属建筑工程部的建筑经济局的工作是带有综合性的，它原来就是前建委的一个局，因此我们建议把这个局连干部与任务一并划归我们领导。（4）为了管理基建材料，需从原来国家计划委员会、经济委员会下放各省、市、自治区熟悉材料工作的干部中调回给我们十五名。并且拟请各有关部再从该系统内抽调干部九十五名。

以上意见是否有当，请予批示。

Z814－6

国家计划委员会一九五三年至一九五九年工作任务、组织机构演变情况

1959 年 11 月 6 日

1953 年：

为适应国家有计划的大规模的进行社会主义建设的需要。1952 年 11 月 15 日中央人民政府委员会第十九次会议通过决议成立中央人民政府国家计划委员会。并任命高岗为国家计划委员会主席，邓子恢副主席。陈云、彭德怀、

林彪、邓小平、饶漱石、薄一波、彭真、李富春、习仲勋、黄克诚、刘澜涛、张玺、安志文、马洪、薛暮桥等十五人为委员。秘书长：马洪（兼）。副秘书长：王光伟。国家计委于1952年12月5日开始正式办公。到1953年5月共成立了17个工作部门。主要的工作是编制长期和年度国民经济计划。内部机构如下表：

1953年5月计委组织机构表

主　席1人
副主席1人
委　员15人
正副秘书长各1人

办　公　厅	主任：王光伟（兼）	副主任：梅　行　韩增胜
国民经济综合计划局	局长：杨英杰	副局长：闵一帆　范若一
重工业计划局	局长：柴树藩	副局长：董　晨
燃料工业计划局	局长：王新兰	副局长：余建亭
第一机械工业计划局	局长：张有萱	副局长：沈　鸿
第二机械工业计划局	局长：孙　泱	副局长：范慕韩
交通运输计划局	局长：叶　林	
轻工业计划局	局长：胡　明	副局长：吕克白
地方工业计划局	局长：宋乃德	
农林水利计划局	局长：顾大川	副局长：王耕今
贸易合作计划局	局长：刘明夫	
文教卫生计划局	局长：邵荃麟（未到职）	副局长：向叔保　高云屏
劳动工资计划局	局长：宋　平	副局长：庄启东
城市建设计划局	局长：李　斌	
成本物价计划局	局长：骆耕漠	
财政金融计划局	局长：倪　伟	
私营企业处	处长：勇龙桂	

根据1953年5月15日政务院《关于中央人民政府所属财经部门的工作的通知》。成立了中财委各办公厅由计委兼管中财委第一办公厅（工）的工作，即领导中央各工业部门的工业。因此于1953年5月成立了工业生产办公室，作为处理中财委（工）日常工作的办公机构。其主要任务是协助各工业计划局处理各工业部门请示的日常生产行政工作，反映生产中的情况，以及不属于各工业设计局的日常事务。

原中财委的物资分配局也于5月划归计委领导，作为计委的一个所属机构。

1953年10月成立了工业生产综合局，取消了工业生产办公室，其工作职责由工业生产综合局代替。

由于第一个五年计划中的建设项目基本确定，基本建设工作量和对外技术合作工作日益增加。于1953年10月又增设了基本建设综合计划局、设计工作计划局、技术合作事务局、基本建设办公室。

1953年9月中央任命李富春、贾拓夫为计委副主席。

到1953年12月计委有主席1人。副主席2人，委员7人，13个工作部门。

1953 年 12 月计委组织机构表

	——办　公　厅	——主任：王光伟（兼）	副主任：梅　行、韩增胜　吕克白
	——国民经济综合计划局	——局长：杨英杰（兼）	副局长：闵一帆、范若一
	——工业生产综合计划局	——局长：余建亭	副局长：霍　然
主　席	——重工业计划局	——局长：宋养初	副局长：董　晨
高　岗	——第一机械工业计划局	——局长：张有萱	副局长：沈　鸿
副主席	——第二机械工业计划局	——局长：孙　泱	副局长：范慕韩
李富春	——燃料工业计划局	——局长：王新兰	副局长：董　铣
贾拓夫	——轻工业计划局	——局长：胡　明	副局长：田星云
委　员	——地方工业计划局	——局长：宋乃德	副局长：何幼琦
张　玺	——财政金融计划局	——局长：倪　伟	
安志文	——成本物价计划局	——局长：骆耕漠（兼）	
马　洪	——交通运输计划局	——局长：叶　林	
薛暮桥	——劳动工资计划局	——局长：宋　平	副局长：庄启东
韩哲一	——农林水利计划局	——局长：顾大川	副局长：王耕今
杨英杰	——文教卫生计划局	——局长：刘皑风	副局长：向叔保、高云屏
骆耕漠	——贸易合作计划局	——局长：刘明夫	
秘书长	——私营企业处	——处长：勇龙桂	副处长：吴传启
马　洪	——物资分配计划局	——局长：韩哲一（兼）	副局长：王逄原、李更新
副秘书长	——基本建设综合计划局	——局长：李　斌	副局长：白　扬
王光伟	——设计工作计划局	——局长：柴树藩	副局长：田大□、闵沛霖　罗　维
	——城市规划局	——局长：曹言行	副局长：王央公
	——技术合作事物局	——局长：孙力余	副局长：管寒涛
	——基本建设办公室	——主任：吕克白（兼）	副主任：金熙英

1954 年：

根据 1954 年 2 月 1 日中共中央《关于建立与充实各级计划机构的指示》中规定："中央人民政府所属各国民经济部门和文教部门及其所属各级计划机构的主要任务是：根据党和国家的总的路线、方针、政策和统一的计划，根据直属主管上级的指示，按照准确的统计资料和先进的技术经济定额，发掘潜力，正确地编制年度的（包括季度计划，基层企业单位还应编制每月的计划）和长期的生产计划、基本建设计划、事业、财务及其他方面的计划；经常检查计划的执行情况，发现问题，及时向上级提出关于计划执行情况的报告和保证完成计划措施的建议。"

1954 年 2 月停止高岗和马洪的工作。国家计委主席的工作由副主席李富春代替。秘书长由张玺同志兼（一个短时期）。

1954 年 9 月中央人民政府委员会第三十四次会议通过任命梁膺庸、狄景襄、刘星 3 人为计委委员，但不久即调离。

1954 年 9 月 21 日第一届全国人民代表大会第一次会议通过（1954 年 9 月 28 日中华人民共和国主席公布）的国务院组织条例规定：任命李富春为国家计委主任；成立了国家建设委员会。将原计委的基本建设综合计划局、城市建设计划局、设计工作计划局、技术合作事务局和基本建设办公室等 5 个机构划归建委。中财委（工）的工作也分别交给了国务院第三、四办公室；取消了私营企业计划处，其工作合并到地方工业计划局。

由于物资分配工作、对外贸易工作量的增加和各大行政区撤销后，面对下级计划机关，工作范围的扩大，故于 1954 年 11 月将原物资分配局划分为：物资分配综合计划局、重工业产品分配计划局、燃料工业产品分配计划局、机电产品分配计划局4个机构。将原贸易合作计划局的对外贸易处和物资分配局的进出口处划出，成立了对外贸易计划局，原贸易合作局的其他任务由新成立的商业计划局管理。

于1954年10月又新增设了主任办公室，并将原办公厅的编译处扩大成立了研究编辑室，这样到1954年底计委有主任1人，副主任7人，委员12人和24个内部机构，共有干部1 616人。

国家计划委员会组织机构表

1954年12月止

主任

李富春

副主任

张　玺

薛暮桥

彭　涛

顾卓新

韩哲一

杨英杰

骆耕漠

委员

王光伟

王新兰

王逢原

宋　平

宋养初

胡　明

倪　伟

柴树藩

张有萱

叶　林

刘明夫

顾大川

秘书长

王光霞（兼）

主任办公室	主任：吴俊扬，	副主任：吕忠铎
办公厅	主任：方知达	副主任：梅行、韩增胜、常　明
国民经济综合计划局	局长：杨英杰（兼）	副局长：廖季立、陈　先
重工业计划局	局长：宋养初（兼）	副局长：董　晨
燃料工业计划局	局长：王新三（兼）	副局长：董　铣
机械工业计划局	局长：张有萱（兼）	副局长：沈　鸿、王光中、景　林
第二机械工业计划局	局长：范慕韩	
轻工业计划局	局长：胡　明（兼）	副局长：邝启常
地方工业计划局	局长：闵一帆	副局长：何幼琦、勇龙桂
工业生产综合计划局	局长：余建亭	副局长：门晋如
基本建设综合计划局	局长：吕克白	副局长：傅毅刚
农林水利计划局	局长：顾大川（兼）	副局长：王耕今、孙德山、夏尚志
商业计划局	局长：刘明夫（兼）	副局长：王燕群、臧晓真
对外贸易计划局	局长：刘明夫（兼）	副局长：李子直、王　迪
交通运输计划局	局长：叶　林（兼）	副局长：钟　毅、史　堪
劳动工资计划局	局长：宋　平（兼）	副局长：庄启东、张北华
成本物价计划局	局长：范若一，	副局长：沈海清
财政金融计划局	局长：倪　伟（兼）	副局长：陈锡章
物资分配综合计划局	局长：王逢原（兼）	副局长：方　明
燃料电力分配计划局	局长：田星云	
重工产品分配计划局	局长：李更新	副局长：余啸谷
机电设备分配计划局	局长：李思敬	
文教卫生计划局	副局长代理局长：高云屏	副局长：向叔保、叶　锋
研究编辑室	主任：孙泱	副主任：梅　行、黄韦文

1955年：

根据1955年12月17日国务院批准的《国家计划委员会暂行工作条例》第一条规定："国家计划委员会是国务院在国民经济计划工作方面的职能机构"，在国务院领导下进行以下主要工作：

（1）根据国家过渡时期总任务和国务院的指示，在国务院各部、各委员会和各省、自治区、直辖市编制的国民经济计划草案的基础上，按照需要与可能和积极平衡的原则，综合编制长期的和年度的国民经济发展计划草案。

（2）审查国务院各部、各委员会和各省、自治区、直辖市的国民经济计划草案，并向国务院提出审查意见。

（3）检查各部门、各地区计划执行情况，并向国务院提出保证完成计划的各种措施的建议。

（4）编制主要生产资料的分配计划草案和国家物资储备计划草案，报请国务院批准。

（5）编制长期的和年度的综合财政计划草案，审查财政部的年度国家预算，各国民经济部门财务计划、国家银行季度信贷计划和现金计划，并向国务院提出审查意见。

（6）拟定编制国民经济计划的计划方法、计划表格和计划审批程序以及有关编制计划的各种规定。

（7）研究国民经济计划中的重大问题并及时提出建议，办理国务院交办的有关国民经济计划工作方面的事项。

另外还代国务院审批限额以上的设计计划任务书。

1955 年上半年国家物资储备局由中央财政部划归计委领导。

根据中央关于精简机构紧缩编制的指示，计委的机构作了调整。于1955 年11 月将原物资分配综合计划局、燃料电力产品分配计划局、重工业产品分配计划局 3 个机构合并改为物资分配综合计划局；取消了地方工业计划局，其工作分别由有关各工业计划局和基本建设综合计划局担任；另外为了年度计划和长远计划平行作业，集中力量研究一些国民经济长远的重大问题，将国民经济综合计划局的长期计划处划出，在这个基础上成立了国民经济长期计划局。

1955 年 12 月中央任命王光伟为副主任。

到 12 月底计委有主任 1 人，副主任 8 人，委员 11 人，24 个工作部门，共有干部 1534 人（储备局除外）

国家计划委员会组织机构表

1955 年 12 月

主任：
李富春

副主任：
张　玺
薛暮桥
彭　涛
顾卓新
韩哲一
杨英杰
骆耕漠
王光伟

委员：
王新兰
王逢原
宋　平
宋养初
胡　明
倪　伟
柴树藩
张有萱
叶　林
刘明夫
顾大川

主任办公室：	主任：吴俊扬	副主任：吕忠铎
办公厅：	主任：方知达	副主任：梅　行、韩增胜、常　明、高凤岐
国民经济综合计划局：	局长：叶　林（兼）	副局长：廖季立
国民经济长期计划局：	局长：王新三（兼）	副局长：陈　先
工业生产综合计划局：	局长：余建亭	副局长：门晋如、勇龙桂
基本建设综合计划局：	局长：吕克白	副局长：何幼琦　傅毅刚
重工业计划局：	局长：宋养初（兼）	副局长：董　晨
燃料工业计划局：	局长：闵一帆	副局长：董　铣
第一机械工业计划局：	局长：王光中	副局长：景　林
第二机械工业计划局：	局长：范慕韩	
轻工业计划局：	局长：胡　明（兼）	副局长：邝启常
农林水利计划局：	局长：王耕今	副局长：孙德山、夏尚志
交通运输计划局：	局长：钟　毅	副局长：史　堪
商业计划局：	局长：刘明夫（兼）	副局长：王燕群、臧晓真
对外贸易计划局：	局长：刘明夫（兼）	副局长：李子直、王　迪
劳动工资计划局：	局长：宋　平（兼）	副局长：庄启东
成本物价计划局：	局长：范若一	副局长：沈海清
财政金融计划局：	局长：陈锡章	
物资分配综合计划局：	局长：李更新	副局长：余啸谷
机电设备分配计划局：	局长：李思敬	副局长：方　明
干部培养与分配计划局：	局长：张北华	副局长：张佛健
文教卫生计划局：	局长：高云屏	副局长：叶　锋
研究编辑室：	主任：孙　泱	副主任：黄韦文　梅　行
物资储备局：	局长：罗　青	副局长：刘生标

1956年：

根据全国人民代表大会常务委员会1956年5月22日第四十次会议通过的《关于调整国务院所属组织机构的决议》，原计委分开成立了国家计划委员会和国家经济委员会两个委，从1956年6月份正式分开办公。年度计划、物资分配、物资储备工作交由国家经委负责，计委专管长期计划工作。

两委分开后计委的工作任务是：

1. 在国务院各部、委，各省、自治区、直辖市编制的国民经济五年及长远计划草案的基础上，综合编制发展国民经济五年及长远计划草案，经国务院审查提交全国人民代表大会决定。

2. 根据国务院的指示，审查各部、各省、自治区、直辖市的国民经济五年及长远计划草案；并向国务院提出审查意见。

3. 检查各部门、各地区计划执行情况，并向国务院提出完成计划的措施和建议。

4. 编制主要生产资料和逐步编制消费资料平衡表，劳动资源平衡表及长期的综合财政计划草案。

5. 拟定编制国民经济五年计划的计划方法、计划表格以及编制五年计划的各种规定。

6. 研究国民经济计划中的重大问题，并及时提出建议，办理国务院交办的有关国民经济五年计划工作方面的事项。

7. 限额以上基本建设计划任务书的审批。

计、经委分开后经过三四个月的建立和健全，到10月份，计委有主任1人，副主任10人，委员6人和21个工作部门。

国家计划委员会组织机构表

1956年10月

主　任：
李富春

副主任：
张　玺
薛暮桥
顾卓新
杨英杰
骆耕漠
王光伟
倪　伟
宋　平
柴树藩
刘明夫

委　员：
宋养初
孙　泱
余建亭
吴俊扬
范慕韩
高云屏

主任办公室	主任：吕忠铎	副主任：梅行、欧希哲
办公厅	主任：高风岐	副主任：姚真、孟希同、崔西山
国民经济综合计划局：	局长：吴俊扬（兼）	副局长：陈先、贺文涛　张兴富
基本建设综合计划局：	局长：傅毅刚	副局长：高如松、霍波
重工业计划局：	局长：余建亭（兼）	副局长：张恩璞
燃料工业计划局：	局长：童先	副局长：路云、呼育之
第一机械工业计划局：	局长：王光中	副局长：景林、张静轩、陆斐文
第二机械工业计划局：	局长：范慕韩（兼）	副局长：鲁平
三局：	局长：孙泱（兼）	副局长：黄韦文、张松涛
轻工业计划局：	局长：沈海青	副局长：王巩
农林水利计划局：	局长：孙德山	副局长：余松若、李隐之
交通运输计划局：	局长：钟毅	副局长：张雁翔
地质计划局：	局长：（缺）	副局长：欧阳炎
地方计划局：	局长：何幼琦	
文教卫生和干部培养计划局：	局长：高云屏（兼）	副局长：杨化、舒若
劳动工资计划局：	局长：张佛健	副局长：杨震
财政成本计划局：	局长：陈锡章	
商业计划局：	局长：（缺）	副局长：臧晓真
对外贸易计划局：	局长：（缺）	副局长：王迪
世界经济研究局：	局长：勇龙桂	
计划经济编辑部（处）	主任：梁山	副主任：仇启华

1957 年：

组织机构和工作任务均没有什么变动。

1958 年：

根据 1958 年 2 月 21 日全国人民代表大会第一届第五次会议通过《关于调整国务院所属组织机构的决定》，撤销了国家建设委员会。有关设计审核、区城规划、城市建设的部分工作，划归计委管理。

建委的区域规划局和城市建设局合并，划归计委，成立了区域规划局；

本委的第一机械工业计划局和第二机械工业计划局合并成立了机械工业计划局；

对外贸易计划局、商业计划局合并成立了内外贸易计划局。

另外新成立了 6 个地区组；

经委的地质计划局也划归计委合并到计委的地质计划局。计委又增加了副主任，贾拓夫、王世太、安志文、刘星。至此计委有主任 1 人，副主任 12 人，委员 6 人和内部组织机构 24 个。

国家计划委员会组织机构表

1958 年 4 月

主任
李富春

副主任
贾拓夫
张玺
王世太
顾卓新
薛幕桥
杨英杰
1958 年 4 月（离委）
安志文
王光伟
刘星
倪伟
宋平
刘明夫

委员
宋养初
吴俊扬
余建亭
范慕韩
高云屏
曹言行

主任办公室	主任：吕忠铎	副主任：梅行、欧希哲
办公厅	主任：高凤岐	副主任：姚真、孟希同、崔西山
国民经济综合计划局	局长：吴俊扬（兼）	副局长：陈先、贺文涛
基本建设综合计划局	局长：傅毅刚	副局长：高如松、霍波
重工业计划局	局长：余建亭（兼）	副局长：薛葆鼎
燃料动力工业计划局	局长：董铣	副局长：路云、呼育之
机械工业计划局	局长：范慕韩（兼）	副局长：景林
轻工业计划局	局长：沈海清	副局长：王巩
三局	局长：黄韦文	副局长：张松涛
交通运输计划局	局长：钟毅	副局长：张雁翔
区域规划局	局长：曹言行（兼）	副局长：吴光裕、孙茂甲、金熙瑛 翟颖
地质计划局		副局长：欧阳炎
财政成本计划局	局长：陈锡章	
劳动工资计划局	局长：张佛健	副局长：杨震
文教卫生计划局	局长：高云屏	副局长：杨化、舒若
农林水利计划局	局长：孙德山	副局长：余松若
世界经济研究局	局长：勇龙桂	
内外贸易计划局	局长：刘明夫	副局长、王迪、藏晓真
华北地区组	组长：宋平	副组长：武可枫
东北地区组	组长：倪伟	副组长：王光中
华东地区组	组长：顾卓新	副组长：勇龙桂
中南地区组	组长：王光伟	副组长：何幼琦
西南地区组	组长：刘星	副组长：刘乐哉
西北地区组	组长：王世太	副组长：杨树生
计划与经济经编辑部（处）	主任：梁山	副主任：仇启华

根据中央1958年9月19日决定，年度计划物资分配、物资储备工作由经委划归计委，经委的各工业计划和交通计划局划归计委，和计委各工业计划和交通计划局合并。

本委内外贸易计划局分开成立了对外经济局和商业计划局，地质计划局合并到重工业计划局，区域规划局合并到了基本建设综合计划局。由于成立了7个协作区办公厅，本委取消了6个地区组，根据本委1958年7月25日向总理的报告，并经总理同意，将世界经济研究局划归中国科学院经济研究所，在业务上受科学院和国家计委的双重领导。

到1958年10月计委共有主任1人，副主任8人（张玺副主任因病长期休息），委员8人，22个工作部门。

机构变动后本委的工作任务和1955年同。

国家计委组织机构表

1958年10月

	主任办公室：	秘　书：梅　行，欧希哲	
主　任：	办公厅：	主　任：高凤岐	副主任：孟希可，崔西山
李富春	国民经济年度综合计划局：	局　长：廖季立	副局长：武河枫　杨　沛
副主任：	国民经济长期计划局：	局　长：吴俊扬	副局长：陈　先，吕忠铎
贾拓夫	基本建设综合计划局：	局　长：曹言行	副局长：付毅刚　金熙瑛　霍颖
顾卓新	重工业计划局：	局　长：余建亭	副局长：薛葆鼎，汪家宝，欧阳炎
韩哲一	燃料工业计划局：	局　长：董　铣	副局长：路　云
朱理治	机械工业计划局：	局　长：范慕韩	副局长：景　林
安志文	轻工纺织计划局：	局　长：沈海清	副局长：史芳亭
王光伟	交通运输计划局：	局　长：钟　毅	副局长：张雁翔
宋　平	农林水利计划局：	局　长：王耕今	副局长：孙德山，余松岩，刘雪尘
刘明夫	劳动工资计划局：	副局长：庄启东、张佛健	
委　员：	财政成本计划局：	副局长：赵　帛、李周群	
宋养初	商业计划局：	局　长：王燕群	副局长：臧晓真
高云屏	对外经济局：	副局长：王　迪、胡春圃、鲁　平	
吴俊扬	文教干部计划局：	局　长：叶　锋	副局长：舒　若
廖季立	三局：	局　长：黄韦文	副局长：张松涛
曹言行	物资分配综合计划局：	局　长：王沛云	副局长：门作民
余建亭	冶金产品分配计划局：	局　长：余啸谷	副局长：吴贵祥
范慕韩	机电产品分配计划局：	局　长：余啸谷（兼）	
王耕今	物资储备局：	局　长：刘生标	副局长：张久光，鲁禹道
	计划经济编辑部（处）	副主任：仇启华	

1959年：

从去年9月机构、任务变动以后到现在基本上没有什么变动，仅将机电产品分配计划局于今年3月合并到机械工业计划局，仍叫机械工业计划局。计划经济编辑部合到国家统计局，《计划经济》改为《计划与统计》。其他机构和1958年底相同。

1959年8月25日第91次国务院全体会议通过计委的领导同志是：

主　任：李富春

副主任：贾拓夫

顾卓新

韩哲一

朱理治

安志文

王光伟

宋　平
刘明夫
宋养初
委　员：王耕今
刘生标
余建亭
吴俊扬
范慕韩
高云屏
曹言行
廖季立

150－7－2

中共中央关于日用品工业划归财贸口领导的通知

1959 年 12 月 22 日

为了便于日用品工业产、供、销的统一安排，中央决定将日用品工业划归财贸办公室领导。请你们考虑是否也可以将日用品工业划归财贸口领导。现将《关于日用品工业的统一领导和分工管理问题的规定（草稿）》发给各地研究，并请在明年一月份内提出修改意见。

附：关于日用品工业的统一领导和分工管理问题的规定（草稿）

1959 年 11 月 30 日

一、日用品工业的生产指标、基本建设、生产设备、原材料供应以及产品分配等计划，由计委统一负责，经过计委综合平衡，纳入全国计划（草案）。轻工业部（包括手工业总社）和纺织工业部送给计委的计划，财贸办公室应事先进行研究，计委根据财贸办公室研究的意见，综合平衡以后，统一安排计划。两部在向计委送计划时，应用时送财贸办公室、经委、建委及财贸、工业各有关部各一份。

二、日用品工业的生产管理和工业原材料供应工作，由经委负责。经委除了负责安排中央统一管理的 120 种主要日用工业品的生产和工业原材料供应工作以外，对于 120 种以外的其他日用工业品的工业原材料供应也要负责安排。日用品工业所需的农业原料，由农业部门负责安排生产，由商业部门负责组织收购和供应。

三、财贸办公室根据市场需要情况，着重管理日用品工业产、供、销结合方面的工作，特别要抓紧 120 种以外的小商品的安排。商业部门应组织好小商品的生产，做好一切日用工业品的收购和供应等工作，保证市场供应。

四、为了全面安排日用工业品的生产和供应，使所有日用工业品的产、供、销工作都有专管部门负责，应该迅速编制全国性的日用工业品的产品目录、商品目录和原材料供应目录，划分哪些品种由中央负责管理，哪些品种由地方负责管理；在中央管理的品种中，还要划分哪些品种是归哪一个部门负责管理。产品目录以计委、经委为主，商品目录和原材料供应目录以商业部为主，会同有关部门共同编制。在编制过程中，应该把地方的意见吸收进来。上述三种目录的编制工作，要求在本年年底以前完成。

商业部在编制原材料供应目录的时候，可以吸收有关部门组成一个办公机构，由有关工业部门提出需要供应的原材料目录，商业部负责汇总编制总目录。

五、农村人民公社办的工业，有关劳动力的安排、工资管理和来自当地农业的原材料供应等工作，由农业部门负责；有关技术指导、基本建设、生产设备供应和财务管理等工作由轻工业部门负责；有关生产的品种、数量、通过市场供应的原材料和产品的推销，由商业部门通过合同的形式进行管理。为了便于领导，县级和县级以上，由农、工、商等有关部门组织联合办公室，负责社办工业的领导。城市等街道办的工业，由轻工业部负责管理。社办工业和街道办工业中的纺织工业，由纺织工业部门统一管理，统计工作，由国家统计局负责。

六、日用工业品的出厂价格，由财贸办公室统一管理；成本计划仍由计委负责管理。

七、财贸办公室内部应该成立一个专管日用品工业的小组。所需人员，由轻工业部、纺织工业部、商业部等有关部门抽调。

八、各省、市、自治区应根据这一规定，对日用品工业的领导和分工管理问题作相应的调整。

Z44－1959（6）

七、社会经济情况反映

（一）1958 年社会经济情况

李先念同志关于工农业产品交换问题的调查研究

1958 年 1 月 14 日

最近我们对战前、解放以来和第二个五年计划期间农民的负担总情况粗略地算了几笔账，现分述如下：

一、以战前 1936 年为基期，来比较战前同解放后农民负担的情况

1936 年全国农副业总产值为 365 亿元。其中农民占有部分为 292 亿元。当时农民的负担主要由三个部分组成，第一部分是各项税收，共折合人民币23.44亿元。其中，田赋和附加为5.7亿元。农村摊派为15.84亿元。其他捐税为1.9亿元。第二部分是地租共计 600 亿斤原粮，折合人民币38.8亿元。第三部分是高利贷，根据当时的调查材料推算，共约13.5亿元。以上三个部分总计为75.74亿元。占当时农副业总产值农民部分的25.94%。只多不会少。

解放后 1950—1957 年农副业总产值 8 年共为 3 392.33 亿元。农民的负担总数为289.57亿元，其中农业税为243.27亿元，农村其他各项税收为46.3亿元，农民的负担总数只占总产值的8.53%。另外，以 1936 年的价格水平为基期，由于抗日战争期间和解放战争期间剪刀差的扩大，在 1950 年，这一年剪刀差比 1936 年扩大了45.3%。虽然 8 年来逐年缩小，但是 1957 年仍然比 1936 年扩大13.6%（如以战前 1930—1936 年的 7 年平均价格为基期，即只扩大2.9%；如以 1933 年为基期，则缩小4.9%）把上述物价变动的因素也计算在内，8 年来农民由于剪刀差的扩大而增加的货币支出是 147.9 亿元。加上 8 年来农民所缴纳的农业税和其他各项税收289.57亿元，两项合计，解放后 8 年来农民的总负担额是 43.47 亿元。占总产值也不过是12.89%。每年平均只有 54.6 亿元。列表如下：

解放后历年同 1936 年农民总负担比较表

单位：亿元

时　　间	总产值	农民直接负担总数	直接负担占总产值%	同 1936 年物价水平比较农民增加货币支出数	实际负担数（负担数和增加的货币支出数合计）	实际负担数占总产值%
1936 年	292.00	75.74	25.94			25.94
1950—1957 年 8 年合计	3 392.33	289.57	8.53	147.9	437.47	12.89
其中，1953—1957 年 5 年合计	2 334.99	183.78	7.90	113.7	301.48	12.91
1957 年	515.10	37.54	7.30	18.1	55.64	10.80

从上表可以看出，我国农民在解放后的实际负担水平比战前降低了很多。

二、以解放初期 1950 年的物价为基期，来分析解放后我国农民总负担的变化情况

1950 年全国农副业总产值为 309 亿元，农民的负担为28.54亿元，其中农业税为22.93亿元，农村其他各项税收为5.61亿元。农民的负担总额占农副业总产值的9.24%。

1951—1957 年，农副业总产值 7 年共计为3 164.94亿元。农民负担为261.03亿元，其中农业税为 220.36 亿元，农村其他税收为40.67亿元，农民负担总数占农副业总产值的8.24%。

1951 年以来我国工农业产品的剪刀差已经逐年缩小，1957 年全国工农业品剪刀差约比 1950 年缩小23.3%。以 1950 年的价格为基期，7 年来由于物价的变化，农民共增加收入128.9亿元。从农民的负担总数261.03亿元中扣除这个数字，那么 7 年来农民实际负担总数只有132.13亿元，占总产值的4.14%。平均每年只负担18.8亿元。列表如下：

1951 年以后各年同 1950 年农民负担比较表

单位：亿元

时　间	总产值	农民直接负担总数	农民直接负担占总产值	同 1950 年物价水平比较农民增加收入数	实际负担数（负担总数减去收入总数）	实际负担数占总产值%
1950 年	309.00	28.54	9.24			9.24
1951—1957 年 7 年合计	3 164.94	261.03	8.24	128.9	132.13	4.14
其中，1953—1957 年 5 年合计	2334.99	183.78	7.90	108.2	75.58	3.23
1957 年	515.10	37.54	7.30	30.4	7.14	1.39

从上表可以看出，1950 年以来我国农民的直接负担占总产值的比例是逐渐下降的。如果除去农民在物价方面增加收入的部分，那么农民的实际负担总数占农副业总产值的比例就更小了。例如，1957 年农民实际负担只占农副业总产值的1.39%。

三、以 1952 年的价格水平为基期，来看第一个五年计划期间农民总负担的变化情况

1952 年全国农副业总产值为410.24亿元，农民负担总数为36.95亿元，其中农业税为30.66亿元，农村其他税收为6.29亿元，农民负担总数占农副业总产值的9.04%。

第一年五年计划期间，全国农副业总产值为2 334.99亿元，农民负担总数为183.78亿元，其中农业税和附加为158.97亿元，农村其他各项税收为24.8亿元，农民负担总数占农副业总产值的7.90%，由于 1952 年以来工农业品剪刀差继续缩小，预计 1957 年工农业品剪刀差比 1952 年缩小17.2%。以 1952 年的价格水平为基期，第一个五年计划期间农民由于物价的变化净增加收入30.5亿元。从农民的负担总数183.78亿元中扣除这一部分，这样，第一个五年计划期间农民的实际负担总数只有103.28亿元，这个数字只占总产值的4.42%。列表如下：

第一个五年计划期间同 1952 年农民负担比较表

单位：亿元

时　间	总产值	农民负担总数	农民负担数占总产值%	同 1952 年物价水平比较增加收入数	实际负担数（负担总数减去收入数）	实际负担数占总产值%
1952 年	410.24	36.94	9.01			9.01
1953—1957 年 5 年合计	2 334.99	183.78	7.90	80.5	103.28	4.42
其中，1957 年	515.10	37.54	7.30	25.4	12.14	2.35

从上表可以看出，第一个五年计划期间农民的直接负担水平比1952年降低了一些。如果将农民因物价变动增加收入这一因素计算在内，那么农民的实际负担就更小了。例如1957年农民的实际负担只占农副业总产值的2.35%。

四、将第一个五年计划期间同第二个五年计划期间农民负担加以比较。其情况如下：

第一个五年计划期间农民的负担（不计价格变动的因素，下同）占农副业总产值的7.90%。第二个五年计划期间农副业的总产值根据财政部按每年递增4.8%计算，5年共计2 970.93亿元。在这个期间，农民的各项负担总数预计为190.6亿~196.35亿元，其中农业税和附加为172.7亿~177.95亿元，农村其他税收为18.4亿元。农民的负担总数占农副业总产值的6.4%~6.6%，比第一个五年计划期间的负担总额占农副业总产值的比例7.9%降低了。另外，根据计委的初步材料，第二个五年计划期间农副业的总产值按每年递增6.6%计算，5年共为3 127.23亿元。农民的负担总额按照财政部的数字不变，这样农民的负担总额只占农副业总产值的6.09%~6.28%，这个比例数字比第一个五年计划期间农民负担占农副业总产值的比例数7.9%更小了。

五、第一个五年计划期间同第二个五个计划期间农民的积累、消费情况的比较

（一）关于农业社积累的情况

1956年农业社公积金占农业社农副业总产值的比例为1.85%，1957年为3.22%，两年平均为2.55%。在农业合作化初期公积金占农副业总产值的比例这样小是适当的。

根据财政部的材料，第二个五年计划期间预计农业社的公积金总额为143.51亿元，占农副业总产值的4.83%。按照计委初步计算的农副业总产值计算，则只有4.58%。

（二）关于农民消费的情况

第一个五年计划期间农民消费总额为1 624.56亿元，占总产值的69.57%，1962年比1957年增长24.7%，平均每年递增4.5%；平均每人每年的消费额为62.4元。

第二个五年计划期间的消费总额按照财政部的材料为2 027.76亿~2 033.51亿元，占总产值的68.25%~68.45%，1962年比1957年增长25.1%~25.4%，平均每年递增4.6%。

从以上材料可以看出，第二个五年计划期间农民的生活水平比第一个五年计划期间将有所改善，农民个人的消费水平增长速度比第一个五年计划期间可能略有增加。

另外，根据计委的材料，农副业总产值为3 127.23亿元，按照财政部提出的农民负担总额和农业社的公积金总额计算。那么农民的消费总额为2 152.23亿~2 157.98亿元，1962年比1957年农民消费总额将增长37.93%~38.25%，平均每年递增6.6%~6.7%，每人每年平均的消费额为74.67~74.87元。这个增长的速度比财政部提出的速度快一些。这就是说：在第二个五年计划期间如果实现农副业生产每年递增6.6%的速度，那么，农民的生活将会有较大的改善。但是农民消费总额每年递增的速度（6.6%~6.7%），就超过了农副业每年递增的（6.6%）。

另外，根据计委初步计算，1957主要消费品的供应量为226.81亿元。1962年将比1957年增长30.66%，平均每年递增5.5%，这样，第二个五年计划期间消费水平每年递增的速度（6.6%~6.7%）就超过主要消费品可供应量的增长速（5.5%）。

根据第二个五年计划期间物资供应的可能来看，财政部提出消费总额中每年度递增4.6%是比较稳妥的。如果第二个五年计划期间实现计委初步提出的农副业总产值3 127.23亿元的计划数字，按照财政部提出的消费总额每年递增4.6%计算，这样，农民消费总额就大约多增加124.47亿元。

看来，可以考虑从农民消费总额中，再适当拿出一些来增加农业社的积累。另外也可以看出再提高农产品的收购价格是很值得考虑的一个问题。

以1950年价格为基础，物价变动对农民货币收支的影响　　金额单位：亿元

年度	出售农副产品增加收入	购买工业品增加支出	购买农产品增加支出	因工业剪刀差价缩小增加收益	因全部价格变动所得税收益
合计	310.1	98.2	83	211.9	128.9
其中：1951	19.1	9.2	2.6	9.9	7.3
1952	27.7	9.7	4.6	18	13.4
5年合计	263.3	79.3	75.8	184	108.2
1953	41.8	10.4	11.4	31.4	20
1954	48.5	14.7	13.4	33.8	20.4
1955	49.1	17.2	14.8	31.9	17.1
1956	55	18	16.7	37	20.3
1957	68.9	19	19.5	49.9	30.4

注：以1950年为基期：农产品采购价格指数为145%，工业品零售价格指数为111.7。

以1936年价格为基础，物价变动对农民货币收支的影响　　单位：亿元

年别	农民出售农产品				农民买工业品				农民买农产品				农民净增支出
	总产值	指数	按1936计算的总值	增加收入	总产值	指数	按1936计算的总值	增加支出	总产值	指数	按1936计算的总值	增加支出	
8年合计				734.3				711.8				170.4	147.9
其中：1950	83.3	183.9	45.3	38	71	267.5	26.5	44.5	24.9	139.8	17.8	7.1	13.6
1951	116.4	213	54.6	61.8	99	292.5	33.8	65.2	34.8	156.4	22.3	12.5	15.9
1952	156.1	212.8	73.4	82.7	110.3	286	38.6	71.7	41.4	161.3	25.7	15.7	4.7
5年合计				551.8				530.4				135.1	113.7
1953	170.4	228.9	74.4	96	137.5	276.8	49.2	87.8	54.5	176.8	30.8	23.7	15.5
1954	180.6	233.5	77.3	103.3	156.9	281.5	55.7	101.2	50.9	190	26.8	24.1	22
1955	188.9	231.8	81.5	107	161.9	284.9	56.7	104.9	55.5	190.7	29.1	26.4	23.9
1956	195.5	238.8	81.9	113.6	184.5	282.1	65.5	119	59.3	194.5	30.5	28.8	34.2
1957	219	250.2	87.5	131.5	181.2	284.3	63.7	117.5	63.7	201.4	31.6	32.1	18.1

以抗战前7年价格平均为基础物价变动对农民收支的影响　　单位：亿元

年别	出售农副产品增加收入	购买工业品增加支出	购买农产品增加支出	因工业剪刀差价加大增加支出	因物价上涨增加支出
8年合计	785.2	709.4	188.8	-75.8	113
其中：1950	42	44.3	8.6	2.3	10.9
1951	66.6	65	14.5	-1.6	12.9
1952	89.2	21.5	17.9	-17.7	0.2
5年合计	587.4	528.6	147.8	-58.8※	89
1953	102.6	87.5	26.3	-15.1	11.2
1954	110.1	100.8	26.1	-9.3	17.1
1955	114.6	104.5	28.9	-10.1	18.8
1956	120.9	118.7	31.4	-2.2	29.2
1957	139.2	117.1	34.8	-22.1	12.7

注：※因农产品提价，使农民得到的收益大于工业品销价增加数目的原因是：农民买工业品所花的钱不多，而卖出农产品的数量则较大。

本位主义与分散主义加深了当前钢铁生产中的矛盾

1958 年 9 月 1 日

据国家统计局反映，8 月份全国预计生产生铁 80 万吨，钢 70 万吨。与 7 月份比较，生铁只增产了 7 万吨，钢只增产了 11 万吨。生铁较 7 月份增长 10%，钢增长 19%。1—8 月份累计，全国生铁产量为 515 万吨。钢 442 万吨，都达到第二本账的 62%。若按照今年确保完成生铁 1 500 万吨，钢 1 100 万吨的任务检查，只分别达到 34% 和 40%。尚有 985 万吨生铁、658 万吨钢的生产任务要在今年最后 4 个月内完成。今后 4 个月每月生产生铁 246 吨、钢 165 万吨，才能保证完成全年任务。

现在存在的问题是：（1）全国 16 个重点钢铁企业的生产情况不好；（2）地方新建工业的生产情况 8 月份没有很大好转；（3）由于原料供应紧张，影响了生产。

值得注意的是，在原材料供应紧张的情况下，目前出现了本位主义与分散主义现象。例如，在生铁、铁矿石、焦炭不足的情况下，有些部门、地区在协作方面不够融洽，出现“以货易货，自带粮票”的现象，有货则互相交换，无货则早已签订的合同也不履行。如天津市目前急需铁矿石，曾与宣化铁矿协议以各种机械设备（价值 73 万元）交换铁矿石 3 万吨（价值 50 万元），后因宣化附加要求天津未予满足，宣化就停止供应铁矿石。又如江苏省利国铁矿所产平炉矿石，该矿除按第一本账全年拨给冶金部 44 万吨以外，其余均在当地用做炼铁，不愿调给外区，浪费了宝贵的资源。

冶金与其他设备制造供应上也有这个问题，如冶金会议布置上海市承制中板轧机 3 套，除自留 1 套外，调给天津、山西各 1 套。近据天津反映，上海除自留 1 套外，将调给本协作区浙江、安徽各 1 套，使天津、山西需要落空。又如先后共规定辽宁省承制外调轧钢机 33 套，该省仅接受 15 套的任务，但为本省自制的轧钢机却多达 24 套。据目前省、市自行安排的任务看，炼铁设备较国家计划的第二本账增加 16 倍，炼钢设备增加 5 倍，轧钢设备增加 11 倍，发电机增加 40%，电动机增加 30%，变压器增加 20%，远远超过了冶金会议布置的任务。如上海市原布置生产轧钢机 19 套，现地方已追加到 31 套；四川省原布置生产轧钢机 8 套，现地方追加到 26 套。这样，就出现了一方面纷纷要求削减国家任务，一方面又大大增加地方任务的不合理现象，使矛盾更加突出，不能集中力量首先保证完成国家任务。

有关部门认为，目前急需扭转这种分散主义和本位主义现象。

《宣教动态》。104（439）

上海、山西讨论郑州会议传达情况

1958 年 11 月 19 日

一、上海市

上海市一部分负责同志在讨论郑州会议文件时，谈到了以下几方面问题：

（一）关于社会主义建成以后的社会性质问题，有几种看法：

1. 社会主义建成，百分之百的过渡到全面全民所有制，就已经是共产主义社会了；

2. 社会主义建成，是开始向共产主义过渡，开始建设共产主义，还不能说就是共产主义社会；

3. 社会主义现阶段向完成社会主义全面全民所有制过渡，还是资本主义向社会主义过渡，是属于社会主义革命的性质；

4. 既不是社会主义，也不是共产主义，是向共产主义过渡。

（二）关于社会主义全民所有制和共产主义全民所有制的区别问题。

有的认为两者区别的主要标志是分配关系，在社会主义建成阶段，分配关系是“各取所需”和“各取所值”的混合；过渡到共产主义全民所有制以后，就是全面的“各取所需”。

有的不同意这种看法，认为共产主义所有制的主要特点是：产品全面调拨，生产全面计划，加上政权消亡和实现分配关系上的各取所需。

个别同志认为生活资料（如钢笔、大衣）也要实现全民所有制，个人只有使用权，没有所有权。多数同志不同意这种说法。

有的同志认为要逐步实现全世界范围内的全民所有制。

（三）城市人民公社问题。

1. 有的同志认为，目前农村人民公社生产力落后，分配先进，城市工厂生产力先进，分配落后，城市搞人民公社，要在分配上赶上去。

2. 对资产阶级分子参加公社问题有几种不同看法：有的认为定息取消以后才能入社，有的认为不取消也可以入社，并要适当给予照顾，有的认为应当和普通社员一样参加劳动，不应给予特殊照顾。有的提出资产阶级分子可以作为候补社员。

3. 公私合营企业能否参加公社？入社后属于什么性质？

（四）大集体、小自由问题。

有些同志提出共产主义社会中，生产劳动的集体化程度越来越高，个人生活、个性发展、文化娱乐生活方面小自由越来越多，两者的辩证关系。

有的同志认为“生活集体化”口号不明确，容易被误解，以改为“家务劳动集体化”为好。

有的同志认为，目前强调全托、小学生住宿、生活集体化、搞得过急过快，与郑州会议决议精神不符合。

二、山西省

（一）听了传达后，在高级干部中明确了以下问题：（1）过去对社会主义和共产主义的界限认识不清，因此对供给制、资产阶级法权等问题看法混乱，认为很快就可以消灭资产阶级法权，强调实行供给制。（2）对商品生产、价值法则、货币的作用，也搞清楚了，认识到自给性的生产和商品生产要同时发展。（3）以钢为纲也清楚了，人民公社也应当如此，工农业并举。

（二）关于两个过渡的区别有三种看法：（1）实现社会主义全民所有制以后，还有商品生产，共产主义全民所有制没有商品生产，只搞产品交换。（2）主要区别是分配制度，社会主义全民所有制的分配制度的“按劳取酬”，共产主义是“各取所需”。（3）社会主义全民所有制为国家所有，共产主义全民所有制为全民所有。

另外，有的同志问：苏联目前还是两种所有制，是否算建成社会主义？

三、安徽讨论《论苏联社会主义经济问题》

在安徽省委最近召开的地、市委书记和各部委负责干部会议上，热烈讨论了斯大林的《论苏联社会主义经济问题》。采取了事先不发郑州会议文件，让大家各抒已见，边说边谈的做法。讨论中，大家一致认为斯大林这本书基本上是正确的，对我们有很大启发。但是也有一些地方，说得比较模糊，甚至是错误的。主要感到强调物质刺激作用，不强调政治挂帅和群众路线；只谈基础，不谈上层建筑。有如下一些具体意见：

（一）关于经济法则的性质问题，认为书中强调它的客观性质，用以反对主观主义是正确的，但是在下列问题上值得商榷：

1. 斯大林强调了科学法则与政府法令的区别，没有指出两者之间的联系，特别是在说到政府的法令是依据人们的意志创造出来，它“只有法律上的效力”，而没有指出应该根据客观法则来创造制定政府的法令，这是不够全面的。

2. 有人提出斯大林关于“在天文、地质及其他某些类似的过程中，人们即使已经认识了它们的发展法则，也确实无力去影响它们”的说法是不正确的，虽然今天还不能够影响它们，但是不能说，在将来我们也一定不能影响它们。也有人认为斯大林的说法是正确的。

3. 斯大林在强调经济法则客观性质的时候，没有强调人的主观能动作用，同时在讲到认识法则的问题上，也根本没有提到实践对认识法则的重要意义。

（二）关于商品生产。多数人认为斯大林关于这个问题的说法是正确的，我国目前应该扩大商品流通，而在一切生产资料都归全民所有时，也就是集体所有制为全民所有制代替以是，商品生产才能消失（指国内而言）。也有人认为目前应该缩小商品流通，因为人民公社建立以后，许多公社的基本生活资料，都可以逐步自给；国家调拨部分，也逐渐加大，因而产品中商品部分就应减少。在这些人中有种害怕扩大商品流通的倾向。另一种意见，认为就是实现社会主义全民所有制以后，商品生产仍然存在。货币也会存在。

（三）其他问题。

1. 斯大林提出过渡到共产主义的三个先决条件，基本上是正确的，但没有提到人们的共产主义觉悟，是一个缺陷。

2. 书中关于需要两个过渡问题观点模糊，没有涉及。

3. 对于从集体农庄所有制过渡到社会主义全民所有制，斯大林没有能够指出明确的步骤和适当的方法，至于他所说的，用产品交换制来代替商品流通，就能实现全民所有制，给人的印象也很模糊。

4. 书中对社会主义基本经济规律所下的定义，只强调了技术的作用，而没有提到人的作用，这是见物不见人的表现。

5. 斯大林不主张把农业机器出卖给集体农庄是不相信甚至害怕群众的表现，没有看到把农业机器卖给集体农庄，是增加了集体农庄全民所有制的成分。

6. 斯大林主张政治经济学教科书详细叙述集体农庄庄员个人有多少乳牛和家畜，这时苏联已建国三十多年，还主张保留小私有尾巴，是不妥当的，实际上是把资产阶级法权凝固化了。

四、一些农村干部、团员和群众是怎样理解共产主义的

广东省委检查团的一个工作组为了了解农民对共产主义社会的看法，和番禺县沙湾乡西村的一些干部、团员、妇女、老年人、青年人进行了座谈和个别交谈。谈话要点如下：

（一）什么是共产主义？

1. 共产主义社会生产品很丰富，要什么就有什么。

2. 共产主义是机器代人忙，没有人剥削人，生活比现在好得多。

3. 共产主义是实行“三八制”，即八小时工作，八小时学习，八小时休息。（妇女）

4. 共产主义社会有电动自行车、自来水，坐车上工下工。

5. 共产主义是有饭吃、有烟抽、有休息。（老人）

6. 共产主义是有休息、有文娱。（青年）

（二）共产主义的分配制度怎样？

1. 对“各取所需”大都没听说过，不了解。

2. 有的认为“各取所需”，仍要按工作量多少而定。工作少，就不能要求多。有的认为“各取所需”要有限制，不然的话，什么东西都被拿到家里去，那就不得了。

3. 共产主义社会仍要发工资，而且是工资比现在多得多，可能要多几百倍。

4. 在共产主义社会中，吃的，大家一样；技术高的，多发一点工资。（妇女）

（三）共产主义的生活怎样？

1. 到了共产主义社会，出入有汽车坐（“的的的”），有电影看，住集体宿舍，像工人住宿一样。吃得饱，穿得暖。有两套衣服可换，上工穿工作服。

2. 到了共产主义社会，天天有时间休息，吃饱饭逛街、看戏。收工后到托儿所接小孩回家。（妇女）

3. 到了共产主义社会，有汽车、洋房、自来水、沙发床。

4. 到了共产主义社会，妇女穿裙子上工。

（四）共产主义还有没有家庭？

1. 有的认为将来住集体宿舍仍是有家庭的。（女团员）

2. 有的认为将来可以不要家庭，老头子进幸福院，小孩进幼儿园，剩下两公婆进集体宿舍住。

（五）实现共产主义要不要高度的文化水平？各人希望文化水平提高到什么程度？

1. 有的认为共产主义不要一定要求人人文化很高，因有些人无论怎样学，学得多久，都是学不来，不能提高很多。

2. 有的认为有初中文化程度就满足了，读大学是小孩的事情。

3. 有的认为有小学程度，能看看信，就满足了（妇女）。

4. 有的认为年纪大了，入学学习，特别是进大学，是别人的事情，自己想都不敢想。

（六）现在的社会是社会主义还是共产主义？

1. 有的肯定说现在是共产主义。

2. 有的认为现在仍是社会主义，只有一点共产主义，或是共产主义的萌芽，例如吃饭。

五、有人谈目前有哪些共产主义因素

在东北地区宣传教育工作座谈会上，有些同志对共产主义萌芽、因素的理解问题提出了一些看法。哈尔滨市委宣传部副部长丁哲民同志提出十二条作为当前出现的共产主义萌芽、因素：（1）群众积极大办人民公社；（2）取消计件工资、奖金、加班费等不合理的工资制度；（3）“两参一改”；（4）实行供给制；（5）半工半读；（6）十五元（如无人卖饭等）；（7）协作；（8）忘我劳动；（9）敢想敢干的共产主义风格；（10）共产主义道德品质的成长（如窃盗减少等）；（11）组织军事化、行动战斗化、生活集体化：（12）全民学习理论高潮的形成。

有些同志提出，到底哪些是共产主义因素、哪些不是，如供给制本身是否就是共产主义萌芽，还是说供给制包含着共产主义，“十五元”是否就是共产主义因素都还值得研究。有的同志说：萌芽和因素要有个原则管着，不然就是什么都是了。

六、对“消灭家庭”的一些看法

东北地区宣传教育工作座谈会上对“消灭家庭”的理解和认识上，有下列一些意见：有些同志说，家庭是私有制度的产物，它必然随着阶级和私有制度的消亡而消亡。但是这是自然消亡的过程，不能用行政命令。

有些同志说，消灭家庭是消灭封建主义的家庭和资本主义的家庭，消灭家长制，消灭作为经济单位、消费单位和教育单位的家庭，而不应是消灭父子、夫妇关系。

有的同志说：消灭家庭指的是旧家庭，消灭旧家庭，是否还建立新家庭呢？消灭旧的而又不建立新的，会是一种什么状态呢？共产主义是否就是无家庭呢？有的同志不同意这种意见，认为：家庭概念是必然要消灭的，但也不能说“要建立新家庭”。

有的同志说：为什么非要把“家庭”二字取消呢？难道把它取消了，叫做什么“夫妻父子小组”，或者叫做“夫妇关系”才算革命吗？其实，只要把它的概念改变一下，旧瓶装新醋，也就可以了。有的同志说：若是连“家庭”二字也取消了，那不是成了“高级对偶制”了吗？

有的同志说：家庭包括母爱问题，母爱也十分重要，小孩总是吃母亲奶的。有的同志说，人若是过三十岁，就很想小孩子。有的同志说，家庭取消、父子分离后，可以用文娱来代替。

有的同志说：老年人很喜欢同自家青年人在一起，活泼有朝气，都住在幸福院内，净是老头，不一定好。

有的同志提出，在目前情况下，家庭是否还有积极作用？

有的同志反映：搞生活集体化在思想上斗争是很尖锐的，如有的资产阶级知识分子向我们说：你们要消灭家庭了，这就是“妻离子散”、“失去天伦之乐”、“破坏了家庭幸福”。

有的同志反映：安东前旧人民公社在搞集

体化、军事化中，把小炕扒了，砌成大炕，男女老少分开睡觉，另有小房间，轮班过礼拜六。这种办法引起群众不满（现已改正）。

许多同志反映，消灭家庭的问题已经在群众中引起很多混乱思想。有的同志说：现在提出消灭家庭这个口号根本是不对的，不能这样向群众进行宣传。有的同志不同意这种意见说：宣传是应该的，但不能急于进行，应是随着生产的发展，分配关系的变化，逐步进行。有的说现在可搞家务劳动和教育的社会化，从正面来宣传，但不要讲“消灭家庭”，这样群众易接受。有的说：可在干部中讲清楚这个问题，但不要在群众中进行。

《宣教动态》。143（478）

山东、甘肃讨论郑州会议传达情况

1958年11月22日

一、山东省

省委于11月13日召开了各市委、地委第一书记、省委常委和各部委负责同志会议，传达了郑州会议精神，结合学习斯大林《论苏联社会主义经济问题》等几本书，兹将座谈中所提的问题简报如下：

（一）关于社会主义与共产主义要不要有一个界线的问题

在座谈中有两种意见。

第一种意见，也是绝大多数同志的意见，认为需要有一个界线：理由是：

1. 社会主义和共产主义的界线不是要不要的问题，而是客观存在。这是由社会生产发展水平决定的。在马列主义理论中已明确指出，共产主义有低级阶段（社会主义）和高级阶段。

2. 划界线从实际工作上讲，它起到了里程碑的作用，有一个最近的目标和最高的目标。并且有人主张，对社会主义和共产主义能分别定出具体的奋斗目标若干条更好，就会使人头脑清醒，心中有数。一方面，不致满足已有成就，看不到更远大的目标；另一方面也不至于不顾经济发展的条件超过客观可能，造成困难。这两个阶段，各有各的任务，不能混同，而且，宣布我国处于什么阶段，在国际上也有意义。

3. 从当前干部、群众的思想情况来讲，有不少人对什么是社会主义、什么是共产主义还不明确。如有人认为，成立人民公社，吃饭不要钱，实行供给制，就是共产主义；有的县提出苦战两年，过渡到共产主义。这样就有可能随意解释共产主义，造成混乱，影响群众的生产建设积极性。因此，必须要有一个界线，明确规定建成社会主义社会的标志和共产主义社会的标志，以便进一步调动广大干部和群众的积极性，为建设社会主义社会和为过渡到共产主义准备条件而努力。

4. 有个界线、标志，并不是机械地划条线，把两个阶段截然分开。在新民主主义阶段，必须积极提高社会主义因素，同样，在社会主义建设阶段，也必须增加共产主义因素。并不否定界线和标志，有共产主义因素和建成共产主义社会是两回事。斯大林把两个阶段划得太死，不是积极地发展共产主义因素。巩固“按劳取酬”原则，缺乏政治挂帅，忽视了农民群众的积极性，只停留在社会主义阶段，因而限制了向共产主义过渡。

5. 有的同志认为，除了划界线、规定标志，作为奋斗目标以外，还要制定出如何达到这个目标的若干条具体纲领。

第二种意见是少数几个同志的意见，他们认为社会主义和共产主义不需要划界线，其理由是：

1. 社会主义包括全民所有制和集体所有制。就所有制来讲，社会主义已基本实现，现在的问题是把集体所有制逐步过渡到全民所有制。也就是向共产主义过渡，社会主义全民所有制和共产主义全民所有制中间，不应再划条线。

2. 所有制解决了，就是生产建设问题，在社会主义建设中又包含共产主义因素，不能分出前一段搞社会主义，后一段搞共产主义。

所以，这条线是没有意义的，而且，各地发展不平衡，也不容易划分。

3. 从中央现在对工农业所提的指标要求和人民公社所有制、分配问题来看，已经超出了社会主义。特别是从工农业生产大跃进和农业发展纲要四十条已经超额完成的情况来看，不像过去想象的那样困难，划个界线没有什么现实意义。

4. 社会主义就是共产主义低级阶段。可以随着生产发展顺流而下，自然而然地过渡到共产主义社会，不需要划界线。

（二）关于社会主义的现阶段要不要商品生产

在座谈中也有两种不同意见。绝大多数同志认为，需要发展商品生产，理由是：

1. 现在全民所有制与集体所有制同时存在，国家只有对全民所有制的产品进行调拨，而对集体所有制的产品仍然要通过商品形式进行交换。

2. 我们现在的产品还很不丰富，在品种上，数量上，还都不能完全满足社会需要，有的需要这个，有的需要那个，就需要交换；同时在集体所有制仍然存在的情况下，采取等价交换的办法，可以更好地刺激生产积极性。因此，在目前不是取消商品生产的问题，而是扩大商品生产的问题。

3. 在分配原则上，目前还是按劳取酬，还存在工资制，在这样的情况下，不能取消商品。总之，大家认为，在产品不是极大丰富，同时在集体所有制和工资制存在的情况下，不能取消商品和商品生产，既然有商品就需要有货币，不过，在社会主义制度下的商品和商品生产与资本主义制度下的商品和商品生产有根本不同。资本主义是利用它赚钱，剥削雇佣劳动，为资本家服务，我们则是利用它为社会服务，为改善和提高人民的生活水平服务。大家还认为应该积极创造条件，逐步过渡到全面的全民所有制，极大地提高产品产量和品种，逐步增加国家对产品的调拨比例，人民公社实行工农业并举，实现工业化，建立自己的经济体系，并实行供给制，这样可以逐步缩小商品的比例，以至将来取消商品。

另一种意见：少数同志认为，社会主义不需要商品和商品生产。理由是：目前生产资料基本上由国家调拨，生活资料的主要部分，如粮食、布类很快就要实行供给制，吃饭穿衣不要钱，工资制度也很快就要取消，再加上工农业生产大跃进、人民公社实行工农业并举等等，商品的作用就不大了，就可以很快地取消商品和商品生产。

（三）关于人民公社问题

1. 农村人民公社的体制问题：有五种意见：第一种意见是：一县数社，县有联社。好处是既能发挥下面的积极性，又便于统一领导和计划管理。缺点是不便于统一组织生产，调配人力物力。第二种意思是：一县一社。好处是便于统一安排生产、调配人力物力、全面规划等，但不能很好发挥下面积极性，且不易管理。另外，人民公社实行政社合一，以县的范围作为基层单位、基层政权组织，不够妥当。第三种意见是：小县一社，大县数社，应根据生产发展需要决定。第四种意见，根据需要还可以一个专区或数县成立一个公社。第五种意见，有个别同志提出，一县数社，县不必联社。经过座谈，绝大多数同志同意第一种意见。对于一县一社的形式也可以试行，不同意第三、四、五种意见。

2. 关于城市人民公社问题：大家认为，应当采取积极态度。但城市情况复杂，问题较多，影响较大，可以放慢些。应该全面规划，积极准备，做法上，有条件、容易办的先办，可以先进行试办。城市人民公社的组织问题，大家认为，不能以行政区划组织公社，应以几个较大的生产单位为主，吸收周围商、学、农和街道居民参加。这样便于统一安排劳动力，组织生产。

3. 国家机关和学校办人民公社的问题：大家认为，机关是管理单位。县机关的性质是全县人民公社选举出来的领导机关。因此，机关办食堂、托儿所等是必要的，但不能单独成立公社。学校也不是生产单位，其主要任务是学习。因此，学校只能是公社的组成部分，而不宜于单独组织公社。

（四）关于家庭问题

大家一致意见，不能消灭家庭，只是消灭传统的家长制。目前有些地区提出消灭家庭，夫妇分居，阻力很大，顾虑很多，但为完成突击任务，短期分居是可以的。对于幸福院，孤独老人感觉好，有儿女的还不是都感到幸福，有些人还有顾虑。大家认为，不要强制所有的老人都进幸福院。

（五）几个具体问题

1. 各个地区进入共产主义的时间是否可以有先有后。有的同志提出，一个县是否能单独建成共产主义，对此问题看法不一，绝大多数人认为，一个县，一个地区，具体工作可以先行一步，但单独建成共产主义不可能。个别人认为，一个县可能进入共产主义。

2. 有的同志提出，社会主义的全面全民所有制和共产主义的全面全民所有制有什么区别。有的同志认为，就所有制来讲，两者都是一样的。不过后者内容更为丰富，是建立在物资极大丰富的基础上的。

3. 关于资产阶级分子能不能参加人民公社的问题，有的同志认为，小资本家可以参加，大资本家不可以参加公社。有的同志认为，资本家既然属于人民范畴，他要参加又不能拒绝，但资本家的帽子要戴，他们参加了公社，更有利于改造。如果他们不参加，应由其自便。

二、甘肃省

甘肃省委开了省常委扩大会议，讨论了关于共产主义和社会主义向共产主义过渡的问题。会议结束时学习了郑州会议的两个文件。会上确定了1958—1962年5年全省的奋斗目标（工农业发展指标和基本生活资料预计达到的水平）。

关于是否要划线的问题，大家一致认为应该有条线，过渡时期中，从小的集体所有制到全民所有制，客观上存在一条线，这是个法则。虽然都没有了剥削制度，但社会主义社会仍然有三个差别，有资产阶级法权残余存在，生产水平比较低，仍是按劳付酬。商品交换等等。大家认为，划线有三个好处：（1）划条线奋斗目标明确了，更有利于发挥社会主义积极性，可以多、快、好、省地进行建设，有人认为苏联1936年就宣布进入社会主义，但因为没有一条线，不够明确，影响建设速度。

（2）中国革命现阶段的特点的是社会主义制度，但有共产主义因素或萌芽。有了一条线，可以更好地贯彻党的政策，减少混乱，否则，今天办了明天的事，或今天的事推到明天，有条线可以因势利导，有区别的、逐渐地扩大共产主义的成分。

（3）承认现阶段存在差别，才能更好地消灭差别，如果思想上不明确，想一步登天，忽视商品经济，会产生“平（平均主义）、推（推翻一切）、搬（生搬硬套）、急（以为现在即是共产主义）”等现象。

《宣教动态》。145（480）

北京“一市民”反映人民生活比去年下降

1958年12月5日

最近一个署名“一市民”的人给北京市委书记万里写信说：现在仅“吃”一项，真是遇到了空前未有的困难，今年人民的生活水平比去年下降了。现将该信摘登如下：

现在人民生活已经受到极大限制，仅以“吃”一项而论，真是遇到空前未有的困难。目前买不到白菜，白薯多半已腐烂，花十斤的钱，落不到五斤可以吃的。油少得可怜，肉买一点点要至少站四五个小时的队，而且质量低得惊人——这是你们高级干部所想象不到的。你们吃的当然都是上品。其他如买点粉条、麻酱……根本没有。为买发面的碱，我跑了十几家店，也没有买到。每餐只能吃点咸菜了。

在粮食上也窘死人。儿童定量数年于兹，不予增加，七八岁、十多岁的孩子食量极大，与大人无异，甚而超过大人，但每月只领到十七八斤粮食，再三哀求不与增长，无奈只有买熟食以补不足。一个白薯馅的包子五分钱，早餐一个孩子就要吃三个，一个月三个孩子就要搭配十多元的熟食，还要起早站队，浪费许多时光。一个小干部的收入是微少可怜的，哪里经得起如此折腾？

今年我们的生活水平大大降低了，交通费、房租津贴……早已取消，时至今日烤火费也杳无音讯，比起去年来，今年每个月至少减掉十几元的收入。而物价却在无形中上涨不少，我不必列举，您会很清楚的。

穷干、苦干、大跃进我们拥护，但是政府也要保障人民一定的生活水平啊！而今生活水平不但未见提高，反而在种种美名“经过整风反右以后，觉悟大大提高”……硬把人民生活压下许多，这是为什么？就令人费解了。

《宣教动态》。161

（二）1959 年社会经济情况

贵州省委对农村形势的分析

1959 年 3 月 5 日

据贵州省委分析，农村大跃进的形势已经形成。当前以积肥造肥为中心的备耕和田间管理运动进行得轰轰烈烈，规模超过了去年。全省 550 个人民公社经过两个多月的整顿，已经基本上巩固下来，整社的第一阶段已经结束，现在正在巩固的道路上继续前进。虽然个别地区发现有一小撮地、富、反、坏纠合少数富裕中农进行骚乱，但已及时解决，人民公社仍然屹立不动。全省还没有发现一个人民公社垮台，即使今后可能有个别的垮台，它仍然会重新建立起来。很多材料说明，如果富裕中农说人民公社一个“不好”，贫农、下中农就会马上拿出 10 个好、20 个好来答复他。由此可见，富裕中农处于比较孤立的地位。我们工作中的缺点，如强迫命令、虚报浮夸、城市供应有些紧张、劳动力有些浪费等，有的已经纠正，有的正在解决，干部和群众的关系已经较前密切了。这一些情况均表明农村形势是一个好形势。但是农村中也确有值得注意的问题。地、富、反、坏分子目前一般采取观望态度，个别边沿地区已发现他们的破坏活动；富裕中农虽然不满，但不如 1957 年大鸣大放时那样明目张胆地放肆攻击合作化和社会主义。富裕中农大约有 20% ~30% 的人，他们对公共食堂的生活不习惯，对人民公社借用他们多余的家具、房屋未办手续等等不满，加上失去了较好的自留地和家庭副业，时有怨言，因而出工生产就不积极。贫农、下中农平均每天出工生产 8 小时，他们才达 5、6 小时。同时，在粮食问题上，富裕中农同贫农、下中农也有比较尖锐的斗争。贫农、下中农认为去年粮食大增产，只要有计划地节约用粮，不仅吃得饱，还比过去吃得好；而富裕中农则叫嚣粮食少，想方设法瞒产、藏粮，“积攒私房”。事情也确乎是这样，全省好多地方都发现在深翻土地、上山积肥中搞出大批的粮食。查实以后证明，这些粮食的隐匿者多半是富裕中农和一部分基层干部。这些情况说明，农村中社会主义和资本主义两条道路的斗争仍然是存在的。但也必须看到，这次整社鸣放，他们不敢反对人民公社，他们一般的是发牢骚、出出怨气，并不伤害大体，不致使人民公社垮台。因此，贵州省委认为在处理方法上，分清矛盾性质，不采取 1957 年在农村阶级斗争激烈的形势下的办法。对地、富、反、坏分子除某些应抓的抓起来以外，不能老是采取“集训”的一条办法，应将他们编入强有力的生产队加以管制，实行劳动改造。对于富裕中农，应采取团结的方法，不能采取粗暴手段。对待富裕中农，在政策上规定：第一，依靠贫农、下中农，向富裕中农进行说服教育，对他们散布的不满情绪，政治上必须给以适当答复，说明社会主义和共产主义的美好前景，用美好的前景和现在已经实现了的东西，逐步代替他们的私有观念，不采取压服斗争的办法，这样有理有利有节。第二，公社借用的房屋、农具、锅灶等，采用给他们记账，对他们的财产不实行剥夺，说明再过三四年由人民公社归还、折价偿还或以新的替换（如房屋）；第三，搞好按劳计酬的分配政策，贯彻大集体小自由，适当给予他们一些照顾，引导他们积极生产，团结他们对生产有利，也可避免为地、富、反、坏等所操纵。这些对待富裕中农的政策，只在干部中传达贯彻，不在报纸、刊物上公开宣传。

《宣教动态》. 18（523）

几个生产队支部书记对郑州会议的反映

1959年3月9日

下面是河南省委六级干部会议上，洛阳地区几个支部书记对郑州会议的看法：

一、洛宁县上戈公社摇沟生产队支书李××

我来开会，一坐下，县委杨书记就问我："按公社呢，还是按县、区、生产队分配好呢？"我就说："按高级社分配好。公社统一分配问题大。"会上，党委书记就和我争论："你为什么同意按高级社？"我说："你乱调东西我们都消极了。"他们都和我争论，我害怕了，这不是说倒退话吗？我不再发言了。第二天地委书记传达主席指示，我又大胆了，我还是主张按高级社分配。我说公社乱调粮食，对群众影响不好，你越调我越隐瞒。我一个队长就瞒300斤。过去白菜上交不给钱，我们队里就偷偷把白菜卖给水库上，群众说："反正有多少钱，公社也要拿走。"把年轻劳动力都调走了，我们队总共有200个劳动力，调80个还都是强的，弄的生产开不了台。生产呢？口头上说跃进，实际上不跃进。指标叫报多少，就报多少。猪也不养了，比起高级社时干劲是松了。群众反映："干不干两块半，三顿饭。"我们高级社时买的4个汽灯、4个收音机、1部留声机、1部幻灯机都调给公社了，甚至将我们高级社的奖品都调跑了。群众说："咱们队越搞越不像样了。"算一算总有七八调。干部、劳力、粮食、猪、菜、娱乐用品都不给钱。可是我们用几块钱，都得到公社批条子，还批不下来。

去年刮的"共产"风，也好也不好，太急了，慢慢地刮就好了，苹果也刮跑了，老人的棺材板也拉跑了。这种风再刮就不好了。因此，我坚持意见按高级社分配。主席像坐在我们队里一样，讲得真好。如果群众知道了主席的话，生产一定会干起来，肯定高兴，只有那些懒家伙才不高兴。

二、灵宝县大王乡董家管理区南朝生产队支书曹××

大王是灵宝最富的社，我队是大王社最富的队（原来的高级社，叫明星社）。公社平均亩产170斤棉花，我队亩产平均303斤多。1958年我队社员普遍喊叫吃亏了，1957年我队亩产棉花90斤，各种扣除只占40%，社员分配占60%，一个劳动日合1.20元，社员平均每人每年124.60元；1958年若按1957年的分配办法分配，每口人就可分到330元。1958年转公社后，实行"拉平"，还给了我们一点照顾才分113元（全乡拉平每人111元）。收入减少了2/3。粮食我们收了120万斤，吃不完，余粮调出去是对的，群众不满意的是不给钱，只开条子，群众提了很多意见，公社才答应奖励8 000元，实际上不但没有给，到春节又调了3万斤麦子，24头猪，还是只开个条子，不给钱。我们队公粮、统购粮都超额完成了，我们有余帮助别人是应该的，但公社把所有仓库都封起来，我们一点也不当家了，我们收的麦子吃不完，但是病号、产妇一点也吃不上，要吃还得请示公社批，往往批不下来。最近，别的队完不成调猪任务，又把我们队30头猪调跑了。原来我队有600头猪，现在还有460头，猪死了100多头，没人好好地喂了。

三、卢氏县五里川公社五里川生产小队支

书金××

我来思想很被动，拐不过弯子，听了主席指示，主席这些话过去也想说就是不敢说，“共产”风我看刮得好，就是刮得太猛了一点，主席讲得对，就是不该“拉平”，主席讲的话和我们那里一样样。

公社宣布房屋无代价的归社有，公社说叫谁住谁就住，公家要住你就腾。我队羊也归了公社，卖了，公社得钱社员没得。公社又宣布猪不准私有，一律过秤，归社养，群众都不喂了，公社喂得不好，死了不少。我们一个队每月给8元钱，够用不够用，他就不管，叫做包干。上边叫发展多种经营，我队有个砖瓦窑，社员不愿干，反正收益也是平均分，猪、牲口、土地都想让出去，不愿多种多喂，因为多少都是一样。

实际上各队都有粮食，就是找不着粮食，各队都有菜，就是找不到菜，都瞒起来了。后来动员群众拿出来给钱，群众真拿出来了，又不给钱。春节又动员，社员不拿，真拿出现钱，一过秤就给钱，群众就都拿出来了。

公社乱调劳力，按规定调25%，现在已经调了30%了，还在调，闹的干农业的人也不安心，不调就受批评。

四、嵩县寺庄公社生产队支书王××

毛主席指示跟下边情况真对，只要按照毛主席指示办，群众生产积极性一定会提高。

毛主席说的和俺社的情况一样。社里拿群众木板不给群众钱，赶群众的猪也不给钱，猪比过去减少了，和店村224户，现在只有120头猪。鸡子也减少了2/3。俺队去年种17亩白菜，收了十几万斤，公社叫拨给别村4万斤，群众一个钱也没见。群众反映说：“公社一个钱不给，咱算吃大亏了。”所以再调时，就光给坏的不给好的。我队瞒粮2万斤，瞒花生1 030斤，社调花生，队不愿给，我们说做种子，可是我们都吃了，也浪费不少。我们是生产重点队，但积极性不高，下地干活人不少，效率不高。因为什么这样呢，主要是平均分配，显不出高低。

五、伊阳蔡店公社蔡店管理区支书××

毛主席说的和下去看的一样。公社有“大和泥”思想，我队有24口猪，社里调走连条子都不开。二队有3匹马，2匹怀了孕，社里调出搞协作，光有人使，没有人喂，把2匹马娃子使掉了。我队生产粉条很多，往年卖钱，今年都吃了，怕公社调，因为公社无代价的调，我们瞒产5万斤，5万斤柿子也不收了。

我看这次会议开得还不晚，不然的话1959年大丰收就受损失。我们生产队的群众批评我是“二蛋”（注：傻瓜的意思），他们说：“你一天搞跃进，也没多吃一点粮，崔店队生产不好，人家也吃500斤。”

我们公社6个管理区，经济上三个不平衡，群众都愿意按原来的高级社分配。

《宣教动态》。21（526）

正确向群众传达郑州会议精神

1959年4月15日

江苏省委最近发出《关于正确向群众传达郑州会议精神的通知》。通知说，各县的四级干部会议结束之后，正在向群众宣传。在宣传中，发现有些生产大队和生产队的干部不能正确解释郑州会议的精神，他们照搬照套，断章取义，甚至信口开河。如有的把“物资劳动，等价交换”说成是“今后所有物资，都要用劳动来交换，一律不准买卖”；把“三级独算”说成是“鸡、鸭、鹅都要归集体饲养，社员不得私养”等等。还有的人开会回去根本拒绝宣传郑州会议精神。社员询问县里开会情况，干部回答说：“千条万条，生产第一条。”有些干部对一起到县里开会的社员代表说：“县里讲的话，回去我不讲的，你也不准讲。”所有这些，已经在群众中引起了很不好的影响。为了避免这些缺点，有的要重新补课。省委作了如下规定：

一、县、社党委书记和其他主要领导干部必须亲自动手，采取召开县、社广播大会、分片群众大会等办法，直接向群众作传达报告。

然后，再组织生产大队、生产队的干部和积极分子，每人包若干户，送上门，跟下田，向群众进行宣传解释，做到家喻户晓、人人皆知。

二、县委应根据郑州会议的精神，结合当地情况，规定若干简单明了、通俗易懂的条文，例如讲清楚几条，规定几条，兑现几条，等等。向群众传达这些条文，除口头讲解外，还可以写成大字报，在公共食堂中张贴。

三、传达后，采取座谈会、小组会、田头会，大字报等多种多样的形式，组织群众充分地鸣放讨论。领导上要支持群众的鸣放，宣布言者无罪，不戴帽子，不准打击报复。

四、各地都要切实进行一次检查，凡是发现传达郑州会议精神走了样，或者不深透的地方，必须抓紧时间，认真补课，务使郑州会议精神能够迅速、正确地贯彻到群众中，成为推动当前生产的动力。

《宣教动态》。27（532）

农业部一些司局长对毛主席批评中层干部的反映

1959年5月5日

农业部党组最近召开扩大会议，座谈七中全会精神，会上有几个党员司局长谈了对毛主席3月29日所写的《党内通信》的体会和感想。他们反映：初听到自己是切不可深信的人物时，大吃一惊，心情沉重，但往深一想，则感到主席讲的非常深刻，恰中时弊，教育意义很大。

粮食油料局副局长马××说，不用说敢把皇帝拉下马，就连过去老上级批评我的那股“刚愎自用”的劲儿，现在也没有了。去年我和中央办公厅一个同志下乡考察小麦密植问题，谈到小麦卫星田的事，我说亩产3 000斤的没见过，2 000斤也不太容易，产1 000斤也还得有两把技术；对亩产8 585斤的赛什克春小麦，最初大都估产4 000斤左右，我当时认为长好了也只能打2 500斤。那位同志说：“你这个人很好，就是有点保守。”我想，在一起不到几天，人家就看出我保守，自己也太天真，在高产高潮中有点不识“时务”。以后，看到寿张县有虚报产量的情况，我就给刘副部长写了一个报告，写好了一想，此事不妙，万一部长向寿张追问，人家不承认，岂不麻烦，因此就把写好的报告撕毁了。后来我只把寿张虚报产量的情况向局长汇报了，我想往不往上反映在他，这样自己可以“留有余地”。这种个人主义的“风格”，由于不是全心全意为人民服务，当然就不能上情下达和下情上达了。像我这样的人，很需要夹攻一下，来个上吐下泻，使头脑清醒一点，多做些有利于社会主义建设的事。

办公厅副主任张××说，去年我下去视察工作时，见到有些地方产量指标过高，曾将亲自算过的细账，向当地领导干部提出过，但人家都以“发扬敢想敢干的精神”为理由，将我的意见驳回。我回部后很长一段时间，总是检查自己说话是否不合适？是否多事？是不是吹毛求疵？我想，过去我在战场上，出生入死，从未畏惧、忧虑过，现在反而百般顾虑，怕这怕那，确实有失共产党员风度！

农田水利局局长屈×说，去年水利工程的土石方任务，10月份是1 200亿方，11月份是1 900亿方，自己的情绪是越多越好，并把这种片面感觉和主观愿望作为依据，向部长汇报。对主席和中央历次指示压缩水利任务的指示，总是不能愉快接受、坚决执行。这样当然做不好部长的助手。主席所说的“对于这些人的话，切忌不可过分相信”，是完全符合实际情况的。

宣传局副局长吴×说：去年到麻城、徐水，看到棉花、红薯、白菜的实际产量和报道距离太大，但不敢讲，怕人家说是“找岔子”、“泄气”、“泼冷水”。

《宣教动态》。30（535）

国家经委向中央的报告 河北省工农业生产关系很紧张

经委华北工作组电话汇报纪要

1959年5月8日

叶林同志（经委副主任）说，河北省生

产委员会、计划委员会和华北协作区的同志座谈了一波同志的报告（指五月七日晚上电话会议上的报告），并且已经向河北省委作了汇报，省委表示完全同意，认为讲出了他们心里的话，感到心情舒畅了。

叶林同志又说，目前河北省的工农业生产关系很紧张，具体表现在劳动力、运输和煤炭的分配上。以运输来说，百分之八十的汽车、马车用于钢铁。四月份钢铁用煤七十万吨，运了三十六万吨，完成约百分之五十；农村民用煤二十五万五千吨，运了一万六千吨，只完成约百分之六。他们原来的设想是：钢铁（工业）用煤第一，排灌用煤第二，民用煤第三。现因天旱，同时民用煤又很紧张，为了照顾急需，不得不暂时改变为排灌第一，民用第二，钢铁（工业）第三。地委的同志认为，农业尚未过关，很难以更多的力量来搞工业。这说明：工业的发展必须与农业的发展相适应。

据告，吴砚农同志（河北省委管工业的书记）也曾谈过，目前河北省的煤炭很紧张，分配不够，而部里又不能帮助解决。

河北省在去年大炼钢铁运动中，小农具毁了很多，现在很缺乏，但是在材料分配上又难以照顾。

（以上两个问题：（1）煤；（2）材料，已请煤炭部和计委王光伟副主任给以解决。薄一波注）

华北工作组拟在河北省再摸六七天，然后去山西省。

Z775－2

几封对市场供应不满的匿名信

1959年5月23日

最近有些地方都接到一些对市场供应不满的匿名信，有的内容反动，现选择三封刊登如下：

（一）

《北京日报》编辑同志转北京市商业局：

现在正是青菜大量上市的季节，可是市场上现在连菠菜、小白菜、小萝卜也不好买（要排很长的队），我很怀疑在你们部门里是否有破坏分子在制造人为紧张，至少是你们这些局长老爷们拿上工资饱食终日无所用心的不好好的研究市场供应问题，你们应该知道你们担负了每一个人民的委托，自由市场取消以后你们这些人的任何一点点的马虎就会给人民造成巨大的不便和国家物质上的巨大的浪费，现在鲜鱼成了烂鱼的现象还常见，我诚恳地提醒你们小心群众打破你们的大门，打掉你们的门牙。

西城区一个普通市民（摘自北京市委办公厅《简报》）

（二）

沈阳市委最近接到一封未署名的给沈阳市委书记的匿名信，内以“猪肉有感诗”为题写了三首诗，说：“去年五月有肉吃，今年五一做和尚！真是一年不如一年了，这岂是社会主义社会化？党中央政策为人民，沈阳市政策为官僚！商业局长早应换，顾情面人民遭殃！任何人到过外埠，都说副食比沈阳好！为什么你们干的这样坏，这岂是党中央爱护人民的愿望！”又说：“为了繁殖，母猪不死，公猪可以杀的，一只公猪可以配很多母猪，多养公猪没有用。”“海中黄鱼讯早到，沈阳黄鱼却不到。”

（摘自辽宁省委宣传部《思想动态》）

（三）

最近有人以“南昌市人民”的名义，匿名上书毛主席，信的内容主要是对某些副食品的供应紧张情况和由此而产生的黑市抬价现象不满，摘登如下：

从一九五九年开始，全国各项事业都在更全面的跃进，可是在人民生活方面反而大大的显得下降得不像话，市场上什么东西也买不到，生活资料没有来源，几乎绝迹。我们还是过春节时吃过猪肉一直到现在没有见到一点肉面，其他鸡、鱼、蛋类是不用说，连同大小馆子都是卖些粗劣的素菜，可以说全市都是吃着长斋。就是一般平常的蔬菜也不容易购买，每日早上一般群众都是争先恐后花上三四小时买菜，多数还会落空。这样情景恐怕有史以来是没有的。

另外有些物价特涨起来（如鸡蛋近两毛一个还买不到，已涨上三倍），其他物件也是随着上涨一两倍，现在一元人民币无形贬值，使一般靠工作生活的人苦不堪言。

（摘自江西省委宣传部《思想动态》）
《宣教动态》。36（541）

李先念关于当前财贸工作的情况和意见

1959 年 3 月

毛主席在郑州会议上的指示传达到广大农村以后，根据最近几天的反映，农民奔走相告，喜形于色，生产积极性空前高涨。有些农副产品，如棉花、油茶、竹木、柴炭等的收购情况在不少地方已经开始好转，生产队和社员个人已经开始主动地把自己存有的农副产品拿出来卖给国家；许多生产队正在进一步扩大副业生产，主动同商业部门建立联系，订立出卖农副产品、购进农业生产资料的合同。这是一个十分有利的形势。可以预料，在经过一段时间以后，我们从去年冬季以来所面临的农产品采购、副食品供应和出口物资不足的困难，将会逐步走向缓和。但是，由于过去几个月来农副产品的收购任务完成得不好，目前我们在国内市场供应和出口方面还存在着严重的困难。必须全党动手，克服困难，闯过这一关。现在，让我们分别说明一下当前财贸工作方面的情况、问题，并且提出一些意见。

一、关于市场供应和出口问题

首先说一说目前市场供应和出口方面的情况。

（一）在粮食方面

本年度（从 1958 年 7 月 1 日到 1959 年 6 月 30 日）截至 3 月 15 日为止，共收购 976 亿斤，完成年度计划 1 159 亿斤的 84%，比上年度同期实绩 810 亿斤多收 165 亿斤。在同一时期，国内销售 639 亿斤，比上年同期实绩 496 亿斤多销 143 亿斤。其中，城市多销 77 亿斤，农村多销 66 亿斤。城乡销量都增加得很多。在同一时期，对外出口粮食 40.6 亿斤，比上年同期增加 14.5 亿斤。3 月 15 日粮食库存只有 612 亿斤，比去年同期减少了 25 亿斤。按照上述粮食收支数字计算，3 月 15 日库存应当比上年同期多 7 亿斤，实际上反而减少了 25 亿斤，相差 32 亿斤。这是因为销售中还有些未报账的，收购中还有点虚假数，现在正在清查中。

目前粮食工作中存在着以下几个问题：

1. 收购完成情况不平衡。如果按照 1958 年 4 月武汉粮食会议所确定的全国收购计划 880 亿斤来检查，各省、市、自治区都完成和超额完成了计划。如果按照 1958 年 12 月各省、市、自治区自报的收购计划 1 159 亿斤来检查，全部完成收购任务的只有湖南、河南、吉林、黑龙江、浙江、江苏、四川、北京、上海 9 个省市；完成 90% 以上的有甘肃、辽宁、天津 3 个省市；完成 90% 以下 80% 以上的有江西、山西、贵州、湖北、新疆、内蒙 6 个省区；完成 80% 以下 60% 以上的有山东、陕西、青海、安徽、广东、福建、山西、河北、云南 9 个省区（种植冬小麦较多的省区，照例在 5、6 月份还要收购一部分新小麦，到 6 月底粮食年度结束时，把这一部分新小麦加进去，其中若干省区还是可以完成收购计划的）。按照 880 亿斤的收购计划，销售计划是 746 亿斤，按照 1 159 亿斤的收购计划，销售计划是 950 亿斤左右；从目前实际情况看，销售数字可能达到 950 亿斤以上。所以，我们认为应当按照 1 159 亿斤的计划来检查收购完成情况。

2. 库存主粮减少。本年 3 月 15 日库存粮食种类与去年同期比较，大米减少 63 亿斤，小麦减少 11 亿斤，大豆减少 13 亿斤。增加的是杂粮和薯类，杂粮增加 44 亿斤，薯类增加 17 亿斤。这种情况已经严重地影响到目前城市细粮供应和出口细粮的需要。

3. 调拨计划完成得不好。我们不仅要注意全国各地的收购情况，更重要的，还必须注意掌握各余粮省区的调出完成情况。本年度各余粮省的调出计划是228亿斤，从去年7月1日到今年3月25日为止共调出115亿斤，只占全年调出计划的55%，而过去几年3月底以前调出的粮食一般已经达到160亿斤上下，一般占全年调出计划的70%左右。分地区来看：调拨计划完成好的有河南、江苏、广东、吉林、黑龙江、浙江、宁夏、甘肃；粮食能够外调但因运输力量不足而影响调出的有四川、贵州、湖南、江西；因为粮食收购不太好、运输力也不足而调拨较差的有湖北和内蒙。由于调拨计划完成得不好，影响了城市供应和地区调剂。目前京、津、沪3市大米库存很少，存在着脱销的危险（上海市区库存大米只够供应10天左右）。

（二）在棉花方面

本年度（1958年9月1日至1959年8月31日）按产量规定的收购计划是5 500万担，截至3月25日止，实际收购数为3 740万担左右（其中已过秤的有3 538万担，估计未过秤的有200万担左右），比上一年度同期实际收购数2 687万担增加了约1 000万担。现在看来收购5 550万担是办不到了，但是至少要收购3 900万担到4 100万担，才能纺纱850万件到900万件。为了保证每人24尺布，保证150万件纱的针棉织品，需要在今年9月以后提前动用几百万担新棉。同时，中央已经决定把絮棉和其他民用棉，从原计划的535万担减到460万担，把工业用布和公共用布从7 000万匹减到5 000万匹，以保证纺织用棉和民用布的需要。

（三）在油脂方面

本年度（1958年7月1日至1959年6月30日）按产量规定的油脂收购计划是34.6亿斤（油料折油），截至3月15日，收购17.3亿斤（库存籽棉中尚未轧出的棉籽未计算在内），仅占计划的50%，比去年同期收购数字还少1.7亿斤。

截至今年3月15日，油脂销售16.3亿斤，比去年同期多销2.3亿斤。由于这个时期油脂统销工作没有放松，情况暂时还比较稳定。但是油脂调拨计划完成得最不好。今年上半年余油省区计划调出数5.54亿斤，截至3月15日止，完成0.95亿斤，只相当于计划数的17%，这种情况已经影响到出口任务的完成，同时还会影响城市的供应。

油脂库存今年3月15日为11.5亿斤，比去年同期库存数减少1.3亿斤。京、津、沪油脂库存只够个把月销售的数量。

现在看来，全国至少要收购28亿斤到30亿斤油，即在目前已收购17.3亿斤的基础上，还要再收购10.3亿斤到12.3亿斤；同时余油省区要调出7.22亿斤食油，只有这样才能够保证国内市场的供应和出口的需要。油脂收购是目前农产品收购中一个最突出的问题。

在1958年粮食、棉花和油料的收购工作中，有一条重要的经验教训，这就是在农产品收获的季节必须抓紧时机，进行收购，必须抓得紧、抓得狠、抓得实。1958年有些省做到了这一点，收购工作就完成或者超额完成了任务；另一方面，也有不少省没有做到这一点，收购任务就完成得不好，而且拖长了时间，使工作陷于被动。同样是农业大丰收，同样是大办钢铁，但是，收购工作中两种不同的工作方法，得到了不同的结果。这一条经验教训是非常深刻的。

（四）在日用工业品和石油方面

1月份布置的14种日用工业品生产（食糖、胶鞋、火柴、肥皂、暖水瓶、机制纸、青霉素、油质青霉素、链霉素、电灯泡、搪瓷面盆、搪瓷口杯、铅笔、电池），经过最近时期的工作，大部分产品的生产有所增加。检查起来，能够完成或者接近完成一季度生产计划的，计有铅笔、暖水瓶、搪瓷面盆、青霉素、油质青霉素、链霉素、搪瓷口杯、胶鞋八种。生产计划能完成50%到80%的，计有火柴、纸张、电池、灯泡4种。生产计划完成不到50%的，计有肥皂、食糖两种。除了上述14

种产品以外，还有玻璃制品、陶瓷制品、民用五金、车具配件、铁锅、自行车等商品，也仍然供应不足。

一季度日用工业品的生产计划虽然完成得比较好，但是，拿生产同需要相比较，仍然是供不应求的。目前如果不狠狠地抓紧日用工业品的生产，在淡季储备一部分日用工业品，到秋收以后，在农民购买力大大增加的时候，就有可能出现一部分日用工业品脱销的情况，就会影响那时的农产品收购和市场的稳定。

日用工业品生产不足的主要原因是原材料（包括包装材料）不足。日用工业品的原料，包括纺织工业的原料，有80%左右是农副产品（即使不算纺织工业，也有55%是农副产品）。有20%左右来自工矿企业，这一部分原料所占的比重虽然不大，但是很重要，缺少这些东西，许多日用工业品就造不出来。目前这两方面的原料和材料，都有若干品种比较缺乏。解决原材料的生产、收购和供应问题，是增加日用工业品生产的关键。

关于石油问题，根据计算，1959年全年石油需要量是586万吨（不包括军委、民航和一机部直接进口自行分配的61万吨），目前根据货源情况，全年供应只安排了405.7万吨，相差180.3万吨。今后除了尽一切可能增加石油生产以外，还要依靠各地区和各部门千方百计地节约用油，利用代用品。

（五）在副食品方面

目前蔬菜供应情况在南方地区已经好转；北方地区估计到4月中旬以后也可以开始好转。最近各地除了抓紧当前的蔬菜生产以外，正着手准备在即将到来的蔬菜旺季，扩大加工、储存，尽可能“以旺补淡”，做到全年正常供应。

为了增加养猪的头数，为了把现有的猪养大养肥，今年春节以后，许多地方规定，3个月内农村基本不杀猪，城市少吃，以发展生产，增加肥料，保证出口；关于出口猪肉的质量，有的地方要求7月以前达到一、二、三级，8月以后达到一级、二级（脂肪层厚5厘米以上的为一级肉，每吨2 149卢布；脂肪层3～5厘米的为二级肉，每吨1 857卢布；脂肪层1.5～3厘米的为三级肉，每吨1 674卢布，脂肪层1～1.5厘米的为四级肉，每吨1 427卢布）。这些都是好办法，希望大家结合本地区的实际情况加以推广。最近许多地方反映猪的头数有所减少。看来猪肉供应情况的好转，还需要付出很大的努力。

（六）在对外贸易方面

中央确定的今年对外贸易的全年计划是：收购100亿元，出口79亿元，进口63.2亿元（其中有10亿元是外贸部门负责供应的内销商品如丝绸、畜产品等；可供出口的是90亿元，按外汇牌价折合为79亿元）。

截至3月15日，第一季度计划完成的情况是：进口82%；出口59%；收购47%。收购和出口计划完成得很不好，形成进口大，出口小，收购更小的“倒宝塔”。

从第一季度几种出口商品的收购情况来看：

	一季度出口供应计划	到3月15日完成数	3月15日完成数占季度计划的%
大米	50万吨	8.66万吨	17
食用油	10万吨	2.1万吨	21
猪肉	2.67万吨	0.95万吨	35
硼砂	3 000吨	893吨	29
煤	55.45万吨	26.711吨	48

第一季度收购计划完成得不好，已经严重地影响到出口合同的按期执行，对外失信。兄弟国家对此已经几次提出意见。去年对兄弟国家欠交约4亿元的货物，至今仍有将近2亿元未能交货。去年同资本主义国家签订的出口合同，除双方已同意撤销的4 785件（其中，由对方提出经我方同意撤销的约占80%）以外，尚有2 678件合同，现在还没有交货。这种情况将影响到全年出口计划的完成，影响外汇的平衡，从而影响铜、铝、镍、钢材、橡胶、肥田粉、化工原料等许多重点物资的进口，在一定程度上对钢、煤、粮、棉四大指标的实现也有些不利的影响。这种情况也会给兄弟国家带

来一些困难；会不利于同民族主义国家的关系的加强；会给帝国主义以造谣诬蔑的借口。

以上是关于目前市场和出口方面的概略情况。这些情况说明，虽然在若干方面比起今年1月省市委书记会议的时候有了好转，但是，困难还是不少的。在今年1月中央曾经指出：要力争在第一、二季度把市场的商品供应基本上调整好，某些在第二季度还不能调整好的商品，也应当力争尽快地调整好，保证好好地过个国庆10周年。为了实现这个指示，须要依靠各省、市、自治区党委和各级党委的一致努力，坚决地克服困难，闯过这一关。现在提出以下几点意见：

1. 坚决地保证农村粮食局势的稳定，保证城市供应，保证按计划出口，这是当前粮食工作的基本要求。为了实现这个要求，必须一方面争取再收购一部分粮食，另一方面抓紧粮食统销工作，从购和销两方面努力，采取“两头凑”的办法。在收购工作方面，凡是没有完成收购任务的地区，应当根据实际的可能，在充分做好政治思想工作的基础上，继续抓紧收购工作，使国家能够多掌握一些粮食。在已经完成收购任务的地区，应当宣布停止粮食征购工作。但是，如果生产队和社员个人自愿卖粮，也应当把它收起来，“来者不拒”。目前离小麦的收获季节已经不远，必须及早安排，做好准备，以便趁热打铁，抓紧收购。在销售方面，应当认真地把农村的吃粮计划安排好。在合理控制消费水平的原则下，粮食多的地区，计划可以打得稍微宽裕一些，粮食少的地区，应当打得紧一些。必须从现在起一直到新粮下来，把吃粮问题安排好，以稳定农民的情绪，鼓舞农民的生产积极性。在城市，应当适当压缩消费数量。要求各地把城市粮食销售量从1月份51亿斤的水平上，压低10%。压低以后全国每月城市供应46亿斤左右，这样仍然比去年同期每月城市供应35亿斤的水平高30%。在口粮品种的调剂上，不能要求过高。今天仍然应当实行“有啥吃啥”的原则。为了保证城市供应和出口任务，凡是有调出任务的省区，应当尽一切努力保证调出任务的完成。目前大城市库存十分薄弱，出口计划完成很差，为了防止一时调运不及，发生脱销和对外失信的情况，我们认为，某些粮食库存较多、交通比较方便的省区，即令已经完成了差额调拨任务，中央在紧急需要的条件下，仍然可以从那里临时调出一部分粮食，支援城市和出口。将来在新粮上市以后再行补还。我们对于粮食工作，历来坚持“及时收购”、“以丰补歉”、“先吃自己的，后吃国家的”、“先吃少一点，后吃多一点，消费水平不能超过生产水平”等等原则，收到了很好的效果。在今后一个时期内，比如说，在10年以内实行上述原则，还是有重要作用的。根据过去多年的经验，粮食问题经常是我们同农民之间发生争论的中心问题。因为粮食不是普通的商品，它是人人需要、天天需要的东西。只要有可能，农民总是要想尽办法自己多储存粮食的（当然，在一定条件下，农民自己储存一部分粮食也是合理的）。我国是一个人口众多的大国，每人多消费一点，就是一个大数字；每人节约一点，也是一个大数字。今后农业生产虽然肯定会继续跃进，但是粮食消费仍然应当采取瞻前顾后、细水长流的办法，仍然应当坚持统购统销制度，搞得稳当一点，并且尽可能地逐步地把粮食储备搞起来。

2. 坚决保证收购3 900万担到4 100万担棉花，保证收购28亿斤到30亿斤食油（余油省区要调出7.22亿斤食油），尽力加强副食品、土产品和废品的收购，这是当前经济工作中的重要任务。为了完成这些任务，应当抓紧各地传达毛主席指示以后群众情绪空前高涨的有利时机，乘风破浪，发动群众，开展一个农副产品收购运动，把当前时期一切可以收购的农副产品尽量收购起来。“机不可失，时不再来。”这个运动应当以收购棉花和油料为主，要动员生产队和社员把现有的应当出售的棉花、油料和其他农副产品卖给国家。国家在收购农副产品的时候，应当一手交钱、一手交货，一律付现款。在当前这个时期，不论公社、生产队和社员个人是否欠国家的钱，一律不扣欠款。生产队和社员个人出卖农副产品所得的价款，应当归队和个人所有。这样做对于解除生产队和社员出售农产品的顾虑，推动收购工作是很必要的。在收购工作中，应当把突击收购和经常收购结合起来，广泛推行购销合同制度，促进和组织公社、生产队在搞好农业生产的条件下，积极开展多种经营，大量增产和出售各种农副产品。各地要注意收购桐油、柏油等工业用油和各种野生油料；要注意收购各种废品，做到废品不废、无用变有用、一用变多用、物尽其用。在做好收购工作的同时，还要尽可能地做好农业生产资料的供应工作，以促进粮食、棉花和其他农作物的增产。此外，农副产品的加工工作和剥取棉籽短绒、剥取棉秆皮的工作，也需要抓紧进行。

3. 力争日用工业品的生产和供应，在第二季度基本好转；除了适当满足当前需要以外，还要储备一部分，准备供应秋后旺季的需要。为了达到这个要求，必须在全国一盘棋的原则下，全面安排日用工业品和出口商品的原材料，认真做到层层落实、专料专用。不要把国家分配给生产日用工业品和出口商品的原材料挪用于其他方面。在目前原材料供应不足的情况下，建议各地首先保证先进厂的生产（例如肥皂生产，应当首先保证那些能提炼甘油的先进厂的生产），以便使有限的原材料发挥最大的效果。为了解决当前包装材料不足的困难，必须在安排产品生产计划的时候，相应地安排产品包装用料计划；还应当尽量节约使用、扩大回收、整理修补，充分发挥包装材料的使用效率。

4. 抓紧对外贸易工作，保证第二季度供应出口商品计划的实现，打下完成全年计划的基础。为了实现这个要求，必须贯彻执行中央3月18日的指示，在“全国一盘棋”的方针和统筹安排的原则下，在中央批准的对外贸易计划范围内，对于出口商品，应当安排在先、生产在先、原材料和包装材料供应在先、收购在先、安排运输力量在先。在当前一个时期内，这样做是完全必要的。我们认为，在内外贸易的关系上，既要保证国内市场上关乎国计民生的重要物资的供应，保证市场物价的稳定；又要保证按计划出口，换回国内急需的物资，以加速社会主义建设。这就是说，我们要在计划经济的基础上，实行国内贸易与国外贸易同时并举的方针。关于货源的分配，早在1954年7月，中央就曾经指出：“除了粮食、油料等物资特殊规定限量出口外，其他物资在今后一个相当长的时期内的一般方针，应当是国内市场的销售服从出口的需要。有些商品如肉类，应该压缩市场的销售，保证出口；有些商品如水果、茶叶和各种小土产，应该尽先出口，多余的再供应国内市场的销售。”这些原则在今天仍然是适用的，只是在具体商品的分配上要根据实际情况的发展而有所不同。当前供应出口的物资中，须要特别注意大米问题。今年大米出口计划是200万吨（去年出口实绩是142.3万吨）。上半年原定出口100万吨，现在已改为85万吨。各省、市、自治区供应出口大米的任务也已经作了调整。调整后的上半年的任务，应当保证完成。上半年任务减少的省市，减少的大米应当在下半年补足。大米以外的其他出口商品，一季度没有完成供应计划的，应当按照不同情况，分别在第二季度和下半年内补足。

5. 切实做好物资的运输工作，保证工农业生产和商品流转的正常进行。当前虽然长途运输也有不少问题，也须要大力加强，但是特别突出的是短途运输即从产地到车站码头的运输问题。解决这个问题，目前主要是依靠人民公社和生产队的力量，主要是依靠畜力和人力车辆。公社和生产队必须适当地安排劳动力和运输工具，使经常从事运输的劳动力在公社整个劳动力中占一个合理的比例。为了解决当前粮食调运的困难，建议抽调必要数量的汽车，专门从事粮食的运输。

今年全年的市场情况从大局来说是很好的，目前的困难确实不少，但是，只要大家从以上五个方面一致努力，这些困难是可以逐步克服的。毛主席经常告诉我们：在战略上要藐视困难；在战术上要重视困难。目前要特别强调在战术上重视困难，强调具体问题的切实解决，抓紧、抓狠、抓实。这是我们解决当前市场问题的重要关键。

今年的市场形势，存在着许多有利因素。首先，1958 农业获得了大丰收，工业生产也有了很大的跃进。目前粮、棉、油的收购虽然还没有完成计划，但是同上年度比较起来，除了油料收购有所减少以外，粮食和棉花都比上年度收得多。粮、棉、油是稳定市场的主要力量（根据 1958 年的材料，粮棉油销售总值为 182 亿元，占生活消费品销售总值 476 亿元的 38.3%）。人民公社特别是生产队手里所掌握的粮食比过去多，这也是稳定粮食局势的一个重要因素。其次，自从 1958 年底以来，党中央和各地党委就着重注意了市场问题，抓紧了发展副食品生产、开展多种经营、安排轻工业生产、加强市场管理和商品计划供应等一系列的问题，作出了相应的决定，并且在实际执行中收到了效果。特别重要的，是毛主席在郑州会议上的指示，正确地解决了当前生产关系中存在的问题，使生产关系同生产力相适应，从而大大地提高了广大农民群众的生产积极性，为今年更大、更好、更全面地跃进打下了基础。完全可以肯定，今后农业生产将会更加迅速地发展，农副产品将会更多地增加，从而加速工业生产和整个国民经济的发展。这样就可以为市场供应和对外出口奠定良好的物质基础。今年秋季丰收以后，一方面是农村的购买力更加提高，对工业品的需要量更加增大；但是，更重要的一面是国家可以掌握更多的工业原料，就可以更多更快地发展轻工业生产，为增加商品供应、稳定市场提供了极为有利的条件。根据以上的分析，可以清楚地看出，当前的困难只是暂时的，再经过一段时间，目前这种困难的局面就可以基本上得到改变。

我们要求各级党委进一步加强对财贸工作的领导。当前特别要组织全体财贸干部深入学习郑州会议上毛主席指示的精神，认清形势，解放思想，克服去年冬季以来相当普遍存在的畏难情绪，鼓起更大的干劲。在这个基础上，在全体财贸工作人员中，开展一个更加广泛、更加踏实深入的红旗运动，胜利地完成当前财贸工作的艰巨任务。

二、关于财政金融问题

（一）1958 年的财政情况

1958 年国家预算执行结果，总的说来是很好的。

根据财政部统计，收入 463 亿元，扣除土铁亏损（中央预算拿出 12 亿元）、跃进奖金和某些虚假因素，实际收入在 440 亿元左右（对外拟公布 420 亿元），比上年增长 41%。支出 415 亿元，比上年增长 36.5%。其中基本建设支出 225 亿元，比上年增长 81%（不包括用地方附加、自筹收入和企业留成收入等预算外资金举办的基本建设部分）。收支相抵，结余 25 亿元，其中地方结余 13 亿元（这是账面数字，实际可能没有这么多）。

1958 年国家预算获得的成就，是出乎人们意料之外的。不论收入和支出，都大大突破了原来的设想（原预算 332 亿元，成都会议二本账 376 亿元，北戴河会议预计数字 420 亿元），不论收支规模和增长速度，都远远超过了以往任何一年。1958 年财政收入的巨大增长，主要依靠国营企业收入的增加。这一年财政收入比上年共增加 130 亿元，其中国营企业增加的税收和利润有 118 亿元。1958 年我们并没有加重农民的负担。农业税包括地方附加在内仍然大体上维持了上年的水平，农村的工商业税只略有增加（1957 年是 13.6 亿元，1958 年包括下放企业的工商税增加到 23.5 亿元，增加 9.9 亿元），农民负担在农副业总产值中所占的比例是大大减少的（1957 年是 9.4%，1958 年下降为 6.9%）。1958 年我们并没有提高物价，没有过多地增加货币发行。市场商品零售价格指数全年平均比 1957 年还降低 0.9%；市场货币流通量，1958 年底比 1957 年同期只增加 15 亿元，由于生产增长，商品流转扩大，增加这些货币发行是完全必要的。国家财政是国民经济的综合反映，很显然，1958年财政收支的巨大增长，是工农业生产高速度发展和整个国民经济全面跃进的结果，是加强党的领导、政治挂帅、贯彻执行群众路线、大力发展生产、繁荣经济的结果。1958年的经验更进一步证明，“发展经济，保障供给”这一条真理是永远也不会过时的。

1958年在国家资金的运用上，有一个比较突出的问题，这就是商业部门和工业部门增加的贷款中，有相当大的部分没有增加商品物资库存。按照规定，商业贷款和工业贷款是作流动资金使用的，应当是商业收购商品，工业购买原料，钱出去，货回来，货出去，钱回来，保持经常的周转。一般说增加多少流动资金，大体上增加多少商品物资库存。根据中央关于清理资金和清理库存的指示，初步清查，1958年商业部门和工业部门增加的贷款，除了用于增加必要的在途资金和结算资金以外，增加了贷款而没有增加库存的资金约有80亿元。这80亿元资金大体上有五个去向：

（1）抽出商业资金办工业使用了16亿元。

（2）商业部门自己办工业使用了5亿元。

（3）商业部门赊销商品和预付货款占用了25亿元（包括预购定金未收回的部分5.8亿元）。

（4）用于其他方面的商业资金14亿元（用途还未查清，估计其中大部分用于基建）。

以上4笔共64亿元，这是商业贷款方面的。

（5）工业用流动资金进行基本建设的有十多亿元，主要是地方工业贷款。

以上（1）、（2）、（4）、（5）4笔全部或大部办了基本建设，第（3）笔中也有一部分办了基本建设。总计在80亿元中，用于基本建设的约在50亿元左右。当然，这50亿元中，也有一部分因为买不到材料和设备，从商业部门或工业部门拿出来，还依旧存在银行里；也有一部分垫支了土铁亏损。

抽用企业流动资金进行了基本建设，兴办若干规模小、收效快的企业，对于增加社会产品，发展边远地区的工业生产是起了作用的，对于增产某些急需物资，保证市场供应也有好处；但是从开始建设到增加产品，需要经过一段时间。把一部分企业流动资金用于商品赊销和预付货款，对于支援人民公社也起了一定的作用，而且欠款和货物是可以收回的；但是也需要经过一段时间。在一定的时间内，用于基本建设的每一文钱，都增加了社会购买力，赊销商品和预附货款，也是把钱拿出去，增加社会购买力。一般讲，国家用多少资金进行基本建设，增加固定资产，用多少资金作为流动资金，用于生产周转和商品流转的需要，应当由国家通盘考虑，有计划地加以分配。基本建设由财政拨款，流动资金由银行贷款，这是国家资金管理上的分工。一定范围一定数量的赊销和预付，也是可以的，但是也应当由国家统一安排。在国家计划以外，把企业的流动资金搞了基本建设、作了赊销预付，不仅要影响生产周转和商品流转的正常进行，而且这样做，实际上等于在财政收支以外，通过商业和工业信贷的渠道，把一部分资金使用出去。这种做法不能不在我们的经济生活上引来这样一些影响：第一，使财政、商业等各方面产生一系列虚假现象，账面上财政有结余，实际上这些结余已经通过另外的渠道开支出去了，账面上商业和工业贷款增加很多，实际上商业和工业的库存并没有增加那么多；第二，影响国家统一的基本建设计划和物资分配计划，不利于保证重点建设；第三，冲击市场物资，助长人为的紧张；第四，不利于企业和人民公社的经济核算。毫无疑问，这种做法是不大好的，是不符合计划经济的原则的。1958年尽管财政账面上有结余，但许多方面感到物资紧张，一个重要的原因就在这里。1958年上半年物资供应缓和，下半年突然感到物资紧张，一个重要的原因也在这里。当然，在大跃进中，大家没有经验，这种情况也是不可避免的。

1958年财政信贷资金的使用情况，给我们提供了另一方面的经验，这就是基本建设资金和流动资金必须分别管理，分别使用，“桥归桥，路归路”。关于1958年已经抽用流动资金进行基本建设的，我们意见，还没有花出去存在银行里的钱，应当还回来；已经花出去的，应当作为1958年的财政开支，在财政上报销，一年报销不了的，分年报销。这样做了，账面上的财政结余就没有多少了，这样也才能反映出1958年财政的真实情况。对于商业部门赊销了商品或者预付了货款的钱，也仍然按中央有关清理资金的指示办理，即是能够归还的归还，归还有困难的分期分批归还。

（二）1959年的预算安排

1959年预算指标，现在还在编制。初步计算，收入530亿元到540亿元，比1958年的440亿元大约增长21%到23%。支出530亿元到540亿元，比1958年的415亿元大约增长28%到30%。由于今年支援农村人民公社和补助土铁亏损，国家预算还要拿出一部分钱。原来安排的各项收支数字，还要用增收减支的办法作一些小的调整。

安排1959年预算，是根据了以下三条原则的：

（1）基本上不加重农民负担。农业税大体稳定在1958年的水平上，不要层层加码。

（2）保证市场物价的稳定。稳定物体是顺利进行社会主义建设的重要条件，不能用提高物体的办法来平衡预算。

（3）大搞增产节约，大抓生产成本，大大提高劳动生产率，这是增加收入保证国家建设资金需要的根本办法。

增产节约，勤俭建国，是我们进行社会主义建设的长远方针。用最少的劳动力和最少的生产消耗，完成最大的生产成果，这是社会主义企业经营管理的重要原则。只有这条办法是最可靠的办法，也只有这条办法具有最大的潜力。1958年广大职工群众苦战一年，在这方面取得了很大的成绩，从大中企业看，生产成本是降低的，劳动生产率是提高的；但是由于不少地方和部门增加职工过多，劳动力的使用存在着严重浪费现象，为数众多的县办企业刚刚开办，设备差，技术低，再加上其他一些原因，所以整个看来，全国工业生产的成本还是提高了，劳动生产率降低了。这方面的潜力是大的，1959年应当在这方面多下工夫。去年在大破大立中，发动群众把若干机械繁琐的、不适用的和已经过时了的规章制度加以废除，是完全必要的。但是看来也还有必要建立一些新的规章制度，有必要恢复一些已经废除但稍作改动仍然有用的规章制度。管这样大的事，管这样复杂的财政经济工作，总是离不开必要的规章制度的。

在1959年支出中，遵照主席的指示，安排了支援农村人民公社的支出10亿元，用来帮助穷苦社、穷苦队发展生产，这是有重大意义的。今后若干年内也还要这样做。应当说到，解决公社和生产队资金的需要，除了国家财政必要的支援以外，主要是依靠自己本身的积累，“事物发展的根本原因，不在事物的外部，而在事物的内部”，公社和生产队，特别是穷苦的公社和生产队，更需要依靠自己的双手，发奋图强，自力更生。经过自己的艰苦努力，再加上国家的支援，无疑是会很快发展巩固起来的。公社和生产队应当大抓农副业生产，大搞多种经营，努力筹措资金。公社和生产队应当坚持勤俭办社的方针，根据本身的特点，有计划地合理地使用资金。人民公社和生产队在一定时期内，还是以经营农业为主，农业生产有很大的季节性，农业也在更大程度上受着自然条件的影响，而且本年支出中很大的部分要依靠上年秋季的农业收入，因此我们想，公社和生产队的生产计划可以打得积极一些，但支出计划却要放在充分可靠的基础上。这就是说，公社和生产队的支出一般只能根据上年转过来的收入和当年收入中切实可以使用的部分来安排，而不能主要根据当年尚待实现的生产计划来安排。在各项支出中，生产费用要首先保证，消费性支出要适当控制，基本建设投资要量力而行。人民公社的收支，应当注意这样的原则：尽可能不要“寅吃卯粮”、“后收先支”，更不能“小收大支”、“虚收实支”。公社财务也可以采取两本账的办法，等到收入确有把握，再调整支出，以免发生灾害或其他问题的时候，收支脱节影响正常的生产和社员生活。

（三）银行工作的几个问题

1958年银行信贷工作也是有成绩的。这一年，配合工农业生产的跃进，银行发放了大量的贷款，同1957年比较，工业贷款增加51.4亿元，农业贷款增加5.8亿元，商业贷款增加131.6亿元。这些贷款的发放，有力地支持了生产的发展和商品流转的扩大。

但是去冬今春，银行在收回农业贷款当中，工作上是有毛病的。有些不应收的农贷收了，有些应当向张三收的农贷向李四收了。郑州会议上主席提出了批评以后，银行进行了检查。发生这些问题的原因有两个：第一，有些地区去年在收购农产品的过程中，采用了放“收贷卫星”的方式收回农贷，有些县和乡曾经在一个短时期内把到期和未到期的各种农贷全部收回，成为“无贷县”、“无贷乡”，甚至银行还代其他部门扣回各种欠款。第二，去年有些地方在改革规章制度中，错误地把在国营企业实行的“存贷合一”办法，推广到农业方面。过去，每一个经济单位都在银行开有存款和贷款两个账户，一个单位往往同时在银行有存款，也有贷款。实行存贷合一，就是将存款账户和贷款账户合而为一，一个有贷款的单位，往银行存款，就作为归还贷款；需要钱向银行取款，就作为从银行贷款。由于账户处理上的这种改变，公社一有钱存入银行，就自然地作为归还了贷款，不管什么贷款，不管是否到期。这样也一度收回了一部分不应收回的农贷。对这个问题，银行党组已经有检讨送来。在这方面我是负有一定责任的。去年一个时期，我对公社的资金状况，也估计得乐观了一些，对收回农贷当中可能发生什么问题考虑和防止不够；去年大跃进当中，我对银行的具体工作也注意不够，插手不多，工作不细致。关于如何纠正收回农贷当中发生的问题，3月初已经同地方同志议定了以下这样四条：

第一，对公社的农业贷款，取消存贷合一办法，存款和贷款仍然分开。

第二，不应该收而收了的，要退还，或者另外放款加以照顾。

第三，今后到期应该收的贷款还是要收，有借有还，有困难的可以分期分批还。

第四，农贷还没有放出的部分，要有计划地合理地及时发放。除了省级可以保留少量机动指标以外，不要层层留机动。农业贷款指标只用于农业生产，同工业贷款和商业贷款之间不要调剂。

现在各地正在按照上述办法，对农业贷款进行检查清理和组织发放。特别是六级干部会议上传达了郑州会议的精神，过去发生的问题已经开始得到纠正。

除了收回农贷工作中的错误以外，银行工作中还有这样两个问题值得检查：一个是关于“推行实物存款”的问题；一个是关于在发放工资当中搭配储蓄存单的问题。所谓实物存款，是发动群众把各种实物折价存入银行，然后由银行贷给农业社投入生产。这种办法容易产生强迫命令，造成现金存放上的虚假混乱现象，不应该办（1958年8、9月后已经制止了）。在发放工资中搭配储蓄存单的做法，是一种简单生硬的做法，已经引起群众的不满，应当坚决改正（1958年12月初已经通知制止了）。

银行是一个重要的综合性的经济机构，是国民经济各部门的信用中心、现金出纳和转账结算的中心，为了很好地发挥它应有的作用，应当恢复、建立和健全必要的规章制度，以便银行能够在不同地区、不同部门和不同季节之间统一调剂调度资金。在这方面应当更加执行全国一盘棋的原则，在这方面应当更加注意集中管理。根据这个原则和最近时期的情况，已经下放到人民公社的银行营业所，应该收回来不再下放。具体办法另有文件，请讨论。

从最近时期的情况看，特别是考虑到公社生产关系改变以后的情况，看来不仅农村的银行机构需要收回，农村商业、粮食、财政等其他财贸方面的管理体制，也有必要作不同程度的改变。现在我们正在协同有关部门，收集各地同志的意见，研究作必要的修改。看来，这个问题上我们也性急了一些。

Z68－2

一个“普通农民”给毛主席的信

1959年6月5日

新华社浙江分社记者张××注：写这封信给毛主席的“普通农民”，其真实名字叫卞××，是新登公社人人叫好的一个生产队长；就是跟县委和省农村工作部的同志谈起来，也都说这个同志最实事求是、最有群众观点。但卞××这两年所受的待遇，却不是很顺当的。他原是浙江省第一届人代大会代表，去年下半年改选时，县里就没有提他的名，原因是“右倾保守”。他现在是桐庐县青何生产队队长，永昌大队总支委员。最近县里看到他去年工作出色，并不是右倾保守的人，所以又当选上了县党代大会代表。

卞××在去年的“右倾保守”的表现是：

（一）反对县委提出的“放开肚皮吃饭，不计定量”的口号。他们的生产队一直把粮食扣得很紧，每天两稀一干，因此至今粮食并不紧张。但在去年秋天，他们却时刻受到县里、公社和别队的奚落。

（二）反对县里和乡里提出办人多的大食堂。卞××非常拥护办食堂，但主张办小食堂，以自然村为单位，二三十户、四五十户都可以，方便农民，也方便生产。县、乡却指定他们要办500多人的食堂，远路的人要走5里路来吃饭。他坚决不这样干。

（三）对去年的晚稻，县、乡叫各队要普遍移秧并垢，他和群众商量后，对这指示采取敷衍的态度，只并了5亩，损失在全县最小。

（四）反对过分密植。去年栽的晚稻，县委号召每亩田都要密到5寸×2寸，他认为那样做不但劳力不足，而且要减产，因此插的都是5×5、5×6（那里是山区，天冷，日照较短），结果产量为全县之冠。去年不少地方晚稻减产，他那里却增产，变缺粮社为余粮社。去年征购任务14.8万多斤，实际完成了22.4万多斤。

伟大的毛主席：

我是一个普通农民，自学习了您给五级干部“关于农业方面的六个问题的指示”以后，心里感到非常愉快。无论干活和做工作，都觉得一点也不吃力了。

可是事出意外，这一班死爱吹牛的同志，这种一吹二压三许愿的作风照常没有改变。弄得我们基层干部工作更加吃力难干。究竟为什么？我完全莫名其妙，因此我特将当前农村里的工作情况向您汇报，要求您再作一次正确的指示。具体情况如下：

（一）关于包产一定要落实的问题，广大农民无不拥护。但是县委一级的同志，不知为什么，硬要加油添醋。我们公社里去年的水稻平均实际亩产不到500斤，他们硬把不可以避免的损失数字也一定要加上去计算，另外还加上一些实在没有瞒产漏报的数字，这样就把去年的基础产量提高到800多斤。对今年的包产，硬把农民用尽24分干劲也办不到的措施也硬要加上去，如果那一个基层干部说一声办不到，他也不分析情况，就批评是新的右倾保守思想。因此去年只有500斤的基础产量，今年“三包”没有1 000斤就不行。

（二）关于多种问题，在我们公社开党代大会时，县委书记对我们公社的基本情况是完全了解的。可是也不管是否可能，群众中能否办得到，他在大会上就强调多种番薯。每人非种2 500～3 000株不可。关于种番薯能增产农民是知道的，为了要多吃粮食，农民也都愿多种番薯。但是根据我们公社的情况，全社连耕山在内不到12万亩耕地面积，其中有水田8万来亩，耕山和旱地上还得种一部分其他不可缺少的油料及一些经济作物，这样来看，种番薯的面积就很少了。如果我们每人平均种上3 000株番薯的话，我们全社有8万余人，每亩地顶多只能种3 000株番薯。这样全社需要添6万~7万亩土地才能达到这个要求。在会议结束时，把这一要求作为党代大会的决议通过了。因此这个决议一贯彻到群众中，就议论纷纷，并讽刺基层干部说，“今年连屋顶上床底下都可种番薯了”，弄得我们哑口难言。

（三）关于人民生活问题，办农忙食堂是每一个人的要求，可是因为粮食不足，食堂实在无法巩固。这里的人民普通一般每天须用成品粮1斤以上，今年自3月起，大部分的地区每天每人平均供应不到1斤毛粮，甚至有的地区每人每天只有半斤。因为粮食不足，已经影响生产，今年有好多生产计划不能完成，有一些工作也无法开展。社员们为了多掺一部分野菜野草，好多吃一点，都自已煮饭（因有些东西大锅搞不好吃），因而大部分食堂都散了。我们的县委书记明知这个情况，他不说一句良话［原文如此］，反而在党代大会上说，食堂问题不是技术问题，也不是思想问题，而是两条道路问题；并且不管三七二十一，限至几天内全部恢复起来。我想这样一个指示有80%的地区是办不到的，20%的地区也只能勉强的形式一下（他们把食堂烧好的东西拿回再去掺上野菜等重新烧一次），这也没什么好处。

（四）关于讲真话问题。今年桐庐县的大、小麦产量平均每亩不会超过200斤（这是我的估计），可是县委为了鼓足农民的生产干劲，硬分析每亩平均单产有270多斤，同时又怕群众知道这个计策，叫各乡各生产队的支部书记不要向群众讲单产，只讲总产。我想广大人民不是傻瓜，至少也会算一算，这种假话怎样骗得了农民呢？我认为这样骗，不但不会起到一个鼓动作用，相反的会起到一个消极作用（农民怕多购）。我认为农民在党的培养教育下，大多数愿意勤劳节约，只要领导肯与他们讲真心话，都肯刻苦耐劳去完成一切工作任务的。如果用说大话假话去哄骗，相反的会造成他们不节约（认为粮多可以多吃），或者以后对你不信任。

（五）关于领导工作的方法问题。光求形式不求实际，如果有一个新问题要贯彻的话，也不管交通时间是否可能，一来就是几点钟到会。会议通过不管农民是否办得到，就号召来一个几天突击，一定要连夜搞。我想农业生产，除了抢救洪旱灾害以外（其余当然还有一个赶季节），一般都是经常性的工作，一个农民只要能起早摸夜，像现在5、6月的时期，每天除吃饭休息外，起码有12~13小时的劳动时间，这样搞有什么不好呢？为什么一定要连夜搞呢？我认为除了抢救工作以外，一般都不必夜里搞，反正人的劳动力是有一定限量的。

以上几个问题，党群关系已造成很紧张，特别通过您的六条指示，领导作风照常不改，群众对党的政策更加怀疑，对干部更不信任。我是一个共产党员，看到这样的情况，为了想了解党的政策，想使我们的党在农村里取得更大的威信，和群众关系更加密切，因此，将目前农村的情况向您作一汇报，请求您再来一个明确的指示，我们今后的工作究竟怎样进行才对。但我要说明自己还有严重的个人得失思想，因此不具姓名的向您汇报，问题是为了怕当地领导批评报复。同时要求派一位干部到农地里来深入地了解一下，情况是否真实，这是我们农民最大的愿望和要求。

浙江省桐庐县新登公社普通农民谨启

Z152-2

国家计委党组转报曹言行同志对辽宁省工农业关系的一些情况报告

1959年6月15日

主席、中央：

现将国家计委曹言行同志对辽宁省工农业关系的一些情况的报告送阅。原文如下：

农业的发展落后于工业的发展和人民需求的增长已成为辽宁省经济生活中一个突出的矛盾。9年来（1949至1958年），辽宁省的工业约增长了14倍，而农业只增长了1.2倍（根据去年上报的数字）。1958年的工农业比重，工业已达80.76%，农业下降为12.4%。1952

年以来，城镇人口增长了107%，轻工业生产增长了113%，但农副业生产中的商品部分只增长了34%，其不适应是十分显然的。

农业发展较慢（商品部分增长更慢）的结果是：

第一，粮食不能自给，副食品供应异常紧张。以往几年由外省调入的粮食，随丰歉之不同，每年平均在一百一二十万吨到一百七八十万吨之间，1958年为166万吨（折合原粮），占全省商品粮食一半多，大约相当于现有900万城镇人口的全部用粮。自春节以来，几个大城市市场的猪肉供应已完全停止。蔬菜至今还没有过关。

第二，影响轻工业的发展。9年来，辽宁省的重工业增长了22倍，轻工业只增长了5.6倍，而且大约50%左右的轻工业所需的原料来自外省。1958年的轻重工业比重，重工业已达80%，轻工业为20%。目前，轻工业品市场供应严重不足。由于轻工业原料大约有80%来自农业，所以农业落后不仅影响轻工业的发展，而且现有的轻工业设备也不能充分利用。1958年使用农副业原料的轻工业设备的利用率仅为51.8%，1958年计划（落实以前的）也仅及71.7%。几个主要行业的设备利用率情况如下：

	1957年		1958年		1959年	
	设备利用率%	原料自给率%	设备利用率%	原料自给率%	设备利用率%	原料自给率%
用农副产品的轻工业	—	—	51.8	47.5	71.7	50.9
其中：棉纱	89.5	55.2	69.8	26.7	95	45.8
棉布	74.5	—	71.6	1	65	—
毛织品	76.9	11.2	92.9	13.2	96.1	—
柞蚕绸	100	100	53.9	53.8	46	46
麻袋	71.2	0	76.4	0	28.3	—
食用植物油	59.7	59.7	47.1	47.1	73.1	73.1
面粉	63.5	4.9	44.7	4.9	39.7	2.1
机制纸	47.8		49.6		73.4	
皮鞋	61	23.6	56.6	22.7	61.3	14.7

第三，由于农业劳动力不足，已难以继续大量向工业提供劳动力，从而影响整个工业的发展。例如，对解决今明年旅大市工业供水有决定作用的龙头山水库，钱已给了，就因为没有劳动力，搞不起来。

农业落后的原因，主要在于工业发展很快，城市人口大量增加，对农业压力很大，而建立在落后技术基础上的农业，劳动力感到严重不足。9年来，全省城乡人口增加了33%，其中城镇人口增加了176%，农村人口只增加了2%。1958年的城乡人口比重，城镇人口占37.3%，农村人口占62.7%。城镇人口比重之高，大于任何一省。农业劳动力不但不见增加，反有减少。据统计，1952年以来由农村向城市输送劳动力157万人，农村劳动力从数字上看虽然增加了64万人，但由于农村各种事业的发展，直接从事农业的劳动力却减少了83万人。更由于调走的多是青壮年，使得劳动力的质量大大降低。耕畜没有增加，农业机械很少，这样的农业劳动队伍自然难以同飞速发展的工业相适应。辽宁工业发达，人民购买力较高，历年城乡人口购买力均比全国平均数大1倍左右。1958年以来，全国的主副食品和轻工业品供应紧张，对辽宁的支援相对减少，更加剧了这种紧张局势。

辽宁是我国最大的一个重工业基地，在工农业和轻重工业的比重上自然不能要求同全国各地区一样。在农副产品和轻工业品上大力支援辽宁也是全国人民义不容辞的义务。但目前全国各地区的农副业和轻工业产品并非十分富足，有些农产品还不适于远途调运，再加花色品种各有要求，所以在全国大力支援的同时，采取必要的措施，使辽宁省的工农业关系逐步协调起来，确是一个甚为迫切的问题。

根本解决的办法是逐步实现农业机械化、电气化，把农业建立在现代技术的基础上。在全国农业机械化的发展规划中，尽量使辽宁比其他地区提早实现，恐怕是必要的。从辽宁的工业水平来说，在完成支援全国的任务之外，组织现有工业支援农业的发展，是没有问题的。问题在于原材料的分配。如果从明年开始，国家每年能分配给一定数量的原材料，分期逐步实现初步的机械化、电气化是可能的。另外，在每年分配农具、化肥、农药等农业生产资料以及分配水利建设投资时，似乎对辽宁应多注意一些。

另一方面，辽宁农业的彻底翻身总还需要一段时间，在没有翻身以前，应适当控制城乡人口的比重；使之大体稳定在现有的水平上，即城镇人口不超过40%，农村人口不少于60%。工业企业大规模的新建、扩建应适当加以控制，就整个工业而言，似应以增产不增人为限度。

Z773－32

国家经委向中央转达叶飞同志谈福建省工农业生产中的问题的报告

1959年6月

主席、中央：

兹将谷牧同志（经委副主任）从福建写回来的一封信，送上，请阅。这是叶飞同志请他转达给中央的。其中一些具体问题，我们将转知有关部门帮助解决。

国家经委党组

一波同志并报柯老：

29日叶飞同志约我去泉州见了一次面（省委正在那里召开地委书记会议），他们谈到了福建省工、农业生产方面的许多重要情况，有些意见嘱我一定要转达给你们及中央有关同志。现将省委谈话记录整理，简报如下，请审阅。

谷　牧

6月2日

一、当前农村情况不大好，省委正在全力进行扭转。

今年福建省钢、煤、粮、棉四大指标总的形势是：生铁可以完成，钢也有办法，煤即使有些困难，但有木材顶上，问题不大；福建没有植棉任务，最大的问题是粮食指标。

去年全省粮食总产量说是177亿斤，实际没有那么多，今年福建省粮食指标为265亿斤，但是，按生产队上报的数字仅为106亿斤，这次地委书记扩大会上，地、县委书记承认数也只有130亿斤，比去年公布数还低40多亿斤，经过会上一场争论后，最后方定下150亿斤。还加上用“谁种谁收、不计负担”等办法，鼓励群众开荒、套种、广种薄收的在内，顶多能达到去年177亿斤的数字。

为什么搞成这样一个局面？有这样几个原因：

一是技术改革出了一些毛病。福建省从来没有种粳稻的习惯，而粳稻种子又是从朝鲜、日本引进来的，在中国栽培时间并不很长，同福建的气候不适应，今年省里一下子推广了60万亩，占全省早稻面积700多万亩的将近1/10。由于生长情况不好，已犁掉两三万亩，其余虽没犁掉，但每亩产量看来只有两三百斤，比本地种（籼稻）要低一半。还吃了一个“直播”的苦头。今年省委开始提出直播与插秧对半开，后来感到直播没有经验，不做硬性规定，但是，结果仍直播了136万亩。看来直播不会比插秧强。以上两项，就在去掉100万亩。

二是肥料问题。早稻的肥料，下面报每亩有1 000担，我们开始就不相信，打了个折扣，算是500担，但是从水稻的生长情况看来，每亩至多七八十担。农家肥料减少，不能怪谁，这是去年刮“共产风”的结果。一是农民积极性受了影响，二是农村养猪头数大大减少，集体养猪管得不好，死的死，瘦的瘦，不像个样子。1957年农村是一片兴旺景象，家家户户养猪，全省约430万头，现在减少到只有100多万头。没有猪就没有肥，问题严重就在这里。化肥也比去年减少很多，谭震林同志要求南方早稻达到800斤，看来至多是四五百斤。

三是农村粮食紧张，一天才吃半斤大米，体力不支。农民为了坚持劳动，真正做到“起早贪黑”，慢慢地干，干一会，歇一会，否则，支持不下去。全省5个专区中，3个山区专区粮食没有问题，沿海2个专区，人口占全省大半，粮食问题比较严重。

四是干部情绪受到压抑，有些基层干部躺倒了，地委一级表现出没有信心。我们如果看不到农村情况，还是糊里糊涂的，那就更糟糕了。不了解农村实际情况，那是官僚主义，但是明明知道不妙，却又粉饰太平，不讲真话，这就是品质问题。省委在4月底方认清了这种形势，认为非大力扭转不可，这次开地委书记会议，就是部署夏收、夏种、夏征，回去后下决心像去年搞钢铁那样来扭转农村的局面。

看来，办法还是有的，“东方不亮西方亮”，早稻不行还有晚稻、地瓜。鸡鸭恢复得也会快，猪不行，恐怕总得一两年才恢复得过来。这次省委已下决心脱裤子干，在农忙期间，尽量让农民吃饱。吃不饱，光政治挂帅是不行的，尽最大努力，一定要搞到去年177亿斤的数字。

二、省委第二季度工作部署，在主席指示未下达以前，基本上已那样做了。目前被动的不是工业，而是农业被动、农村被动。要扭转目前形势；必须从农业、农村入手，只要农业上来，市场缓和了，工业就会迅速上来。目前搞农业就是为了搞工业。省委决定5、6、7月集中力量抓农业，这一仗打不好，错过了时间，那今年就完了。打好了农业这一仗，到7月份以后，才逐步转向抓工业。当然。现在工业战线也要保持一定力量，而不是只搞农业不搞工业。比如炼铁战线上的3.8万人就要固定下来，农业再紧也不从这里抽走了。

工业的盘子是：生铁保证完成12万吨，省内安排按15万吨，外调4万吨的任务保证完成，钢3万吨的指标也不修改，7月份以后就可以上去。

三、几个具体问题：

（一）糖厂建设问题。今年已种了41万亩甘蔗，亩产1万斤左右，现有榨糖设备不够，糖厂必须建设。不能像今年春天那样，甘蔗处理不了，来个“全民吃甘蔗”。去年全省甘蔗吃了20%，还吃不完，农民骂得凶，要糖厂赔偿损失。今年我们同上海订了协议，为我们制2套2 000吨的糖厂设备，广州还有1套，也是2 000吨的，自已造4套500吨的（其中1套是给江西做的），希望转告上海同志，一定帮个忙，把制糖设备造好，我们自已干的4套，材料也有问题，请中央照顾一下，拨一点材料就解决问题。

（二）化肥厂不要砍，再苦，也要搞下去，农业不是那么易搞的，南方同北方不同，没有肥料庄稼是长不好的。

（三）木材问题。三个意见，一是生产指标的确定要同运输能力相适应，上海会议定390万立方米，算运输能力怎样也运不出，砍那么多下来有什么好处？目前木材运不完，有些已烂了。据说林业部也明知生产那么多运不出，但是，国家总指标定了只好往下分摊，同时指标高了也好向计委争材料、设备，所以定了个不落实的计划，以后最好先定外调任务，生产任务同省商量再定。二是上海天天催我们多给点木材，我们很为难。木材我们有，就是没有车皮，林业部把每天车皮都安排好，我们不能减哪里增哪里。上海如果要多一些，可考虑自已派船来运，只要有船只来，我们保证装上。三是福建林业基地建设问题。福建条件很好，应作为方针定下来，目前林区运输问题很大，全靠人拉，如不武装我们，明年还是300万立方米，一点也不增加了。我们的要求就是搞些轻便铁路、钢丝绳之类，要求并不高。林区建设要同整个山区的建设问题联系起来考虑，山区地方大、人口少，而外调的物资如木材、粮食、煤、土纸、松香等都出产于山区，即使生产出了，也运不出来，山区交通问题要解决，搞轻便铁道就是一举两得的办法。其次还要增加一些运输工具。

Z775 -7

罗瑞卿关于湖南情况的报告

1959 年 6 月 26 日

总理并报主席、中央：

现将我们在湖南考察生铁生产期间顺便了解的一些农村和城市情况，报告如下：

（一）粮食问题

根据同地委和县委的接触，以及我们沿途所见，早稻禾苗多数生长良好。全省近日暴雨，少数稻田受灾，但省委估计，影响不大。如果没有特大灾害，看来早稻丰收已成定局。

由于去年粮食空前大丰收，加以省委对粮食工作抓得比较紧，也抓得比较早，当前农村情况很稳定，不存在粮食紧张的问题。口粮都有安排，在早稻收割前每人每月平均有 40 斤左右的口粮（折谷），少数最少的也有 35 斤。

（二）油茶

湖南山区、丘陵地区很多。在丘陵区，种植了不少的油茶。衡阳专区有 360 万亩，常德专区有 138 万亩，攸县有 25 万亩。茶陵县种植最多，现有 41.9 万亩，今年还计划播种 20 万亩，全县平均每人有 1.5 亩。种植油茶较多的地区，不仅可以外调大量茶油（例如，常德专区外调 1 000 万斤，衡阳专区外调 1 360 万斤），本地食油供应情况也相当良好。自 6 月 15 日在非产油区停销食油后，常德专区因为有油没有停销，茶陵县只有 5 万人暂时吃不上油，占全县人口的 12%。其余 88% 人口都还可以继续吃到油。

据各地同志反映，发展油茶的好处极大，归纳起来主要有以下几个：

1. 不占耕田面积，不像油菜、芝麻、花生等油料作物要同粮食争地。同时，油茶还绿化了山区，有利于水土保持。

2. 占用劳动力比其他油料作物少，一般在春节前后种植，与其他农作物的种植季节矛盾不大。种植以后，管理上也不需费很大劲。

3. 油饼是上等肥料，茶籽壳还可以做农药或制成碳酸钾、活性炭。茶树老了，又是很好的木材。

4. 油茶可与松树间作，松林中也可种油茶，松树成材后砍了松树，就成茶山。茶山中也可间作杂粮、生姜等作物。生姜也是很好经济作物，大量出口，同油茶间作后，生姜即可上山。

总之，发展油茶的经济意义是很大的。种植油茶也有缺点，即是 4 年以后才有收成，收效似乎不快，但权衡利弊，这个缺点是微不足道的。目前农村劳动力较紧，要一下子发展得很多，当然有困难。但很好的安排劳力，是可以逐步发展的。个别专区已经提出 1 亩稻田要有 1 头猪、1 亩油茶作为肥料基础的办法是好的，省委已考虑在条件具备的时候逐步这样做。我们建议省、专和一切有条件发展油茶的县，都应制定一个具体规划，大力扩大油茶面积。据我们的想法，应当提出“向山上要油”的口号，并争取在几年内或 10 年左右实现一部分。在我国南方的闽、浙、苏、皖、湘、鄂、赣、两广以及云、贵、川等地，似乎均可有计划地发展油茶，如同在我国北方山地，应当有计划地发展核桃、花椒一样。“农业发展纲要四十条”也有远山种植用材林，近山种植经济林的规定。故建议中央农业和林业部门很好抓一下这个问题。

此外，油桐和棕树在南方地区也有很好的发展条件，经济意义也很大，因而应当引起同样的注意。

（三）人民公社

就我们所接触到的情况看，经过整社运动，人民公社已经巩固下来。目前，湖南广大农民群众不仅吃得饱，一般也是吃得好的，群众亲身体验到了人民公社的优越性。除粮食供应比较充裕外，鱼肉也吃得不少。据衡阳地委谈：衡阳专区 600 万人，现有存栏猪 186 万头，计划全年共发展 316 万头，平均两人一头，全年除外调外，区内自销和农村自宰预计为 93 万头，按人平均今年将要吃到 11.1 斤猪肉，大大超过了北方某些城市居民的吃肉数量。此外，全区平均每人今年还可以吃到 10 斤左右的鱼。我们在常德专区时，正值端午节，沿途所见，一片节日欢乐景象。许多公社杀猪，吃粽子，改善生活。汉寿全县 40 多万人，过节中杀了 4 000 头猪，县城附近的护城生产大队，平均每人吃了 0.5 斤肉，1 斤鱼，发了 2 斤糯米，喝雄黄油，还放了半天假。

我们在湖南走了 5 个专区的一些地方，从人民的衣着上看（青年妇女极大多数都穿的花衣服），也会自然地感觉到人民的生活确实有所改善。

据各地、县委汇报和接触到的生产队干部、社员反映，当前群众生产情绪一般都很高，主席的指示信给了全体农民以巨大鼓舞，群众十分拥护，干部作风也有进一步改善。但也有少数群众尚存在某些疑虑，他们担心“秋后再集中”，担心“三包一奖”（超产奖励）到秋后变成“三包一讲”（讲空话），有些群众还不愿私养猪。

关于食堂问题，据常德地委和桃源、汉寿等县县委反映，不会垮。湖南食堂一般是几户、十几户，最多 20 来户设 1 个（现在还有极少数大食堂，正在分散）。据几个地、县委估计，拥护食堂的，约占 40% ~50%（多是老贫农、下中农，特别是青年妇女和单身汉），无所谓的约占 30% ~40%，不愿意吃食堂的约占 10% ~20%。

公社发工资的情况：经济作物、副业和社办工业较多的，发工资的情况也好；只种粮食的，工资较少。1—5 月的工资，一般都发下去了，少的几块钱，多的有 40 ~60 元的（攸县）。

社办工业的情况。常德专区 4 929 个工业企业单位，职工 16.4 万人，其中社办的有 4 461个，9.5 万人。常德地委意见，社办工业的工人固定下来比较好。就我们听到和见到的，社办工业一般都不亏本。如攸县酒埠江公社办的小型钢铁联合企业，土法炼铁、炼钢，小土轧机轧钢，手工制洋钉、制造农具，对农业生产起了很好的支援作用，每月盈利万余元。但也有经营不善，成本高，用人过多（各地已压缩了一部分支援农业），随意抬高产品价格的现象。

（四）湖区负担问题

常德地委反映，从 1952 年查田定产以来，常德地区滨湖八县（南县、华容、安乡、沅江、汉寿、益阳、常德）的农业税负担一直过重。主席提出，国家税金占农副业收入 5% 到 7% 为宜，而滨湖 8 县 1957 年占 18.6%，农业税占农业收入 19.2%（去年占 16.1%，算法上也可能口径不统一，但是湖区负担较山区、丘陵区为重则是肯定的）。湖区负担过重的主要原因有三：

1. 查田过严，定产偏高。1952 年查田定产时，把水沟、田塍、低洼田等很多不应计税的面积计算成耕地面积，如常德县康家吉有 3 830亩低洼田，当时是乘船丈量的，七年来没有收过粮食。另外，近几年来，兴修水利、公路、工厂等占用一部分土地（常德县即有 4 万亩，全县查田时有 163 万亩耕地，现在只有 134.6 万亩），但未从计税面积中减去。1952 年定产时，滨湖八县平均每亩定产 496 斤，但事实上过去每年都有 5 个县达不到定产数字，去年农业空前大丰收，南县、华容、沅江 3 县实产量仍低于定产数字。

2. 税率定得偏高。中央规定税率为常年定产的 15.5%，湖南全省定为 16.01%，而滨湖 8 县去年达到 20.76%，南县、华容、沅江 3 县高达 26% 以上。税率高的原因，主要是湖区人少地多，每人平均产量较多，过去执行累进税制，以每人所得粮食为累进基数，负担比较集中，去年税制改革，但实际上仍是在累进税制的税额基础上求得的税率，因而税额基本没动。

3. 滨湖地区以产粮为主，在目前条件下增产幅度不大，经济作物特别是小品种较少，农民收入增长不快。

由于负担过重，不仅削弱了扩大再生产的力量，而且欠了国家的债。几年来，湖区人民对国家的负债总额已达8 860万元，平均每人欠国家债款23.45元，无力偿还，越欠越多。

常德地委已将这个问题向省委作了报告，我们对这个问题没有仔细研究，但觉得这是一个值得重视的问题，听说省委准备根据实际情况作合理的调整。

（五）大小厂关系

湖南钢铁、煤炭、有色金属、机械各业，大中小企业都有。大小厂之间的关系，有两个问题值得注意：

1. 大厂矿要主动帮助小厂矿。大厂矿设备条件与技术力量比较雄厚，在许多方面能够帮助小厂矿，以大带小，共求发展。不少大厂矿已经在这样做，例如，衡阳冶金机修厂帮助衡阳矽钢片厂做轧辊，二八二厂帮助邵东铁厂做蒸汽机汽缸套子，水口山矿务局帮助柏坊铜矿建设（柏坊铜矿储金属铜4万吨，平均品位10%，高的20%，且有其他稀有金属，现在土法生产，浪费很大。划归水口山领导后要注意建设，此事我们当另外提出一个建议），等等。但一般做得还不够主动、不够及时、也不够畅快，需要加强对大厂大矿干部的政治思想工作，发扬共产主义风格，多帮助，少扯皮。

2. 大厂矿要学习小厂矿的朝气和干劲。小厂矿在许多方面要向大厂矿学习，但是现在需要更加强调大厂矿向小厂矿学习。我们的印象是：一般大厂矿由于家业大，国家对他们的照顾多，不像小厂小矿那样克勤克俭，因陋就简，千方百计想办法，克服困难。论干劲和朝气，我们的印象是大厂不如小厂，条件好的厂不如条件不好的厂。

我们感到，有必要在大厂矿立即开展一个大规模的增产节约运动，充分发动群众，大鸣大放，揭露各个环节上的浪费现象，挖掘企业中的生产潜力。

（六）条条块块关系

省委反映，目前以条条为主的一盘棋，有的方面管得细了一些，也紧了一些，省里缺乏回旋余地，不容易更好地调整条条之间的关系，更好地、更全面地保证完成中央规定的任务。

我们也看到一些类似现象。例如小型有色金属矿山需要的一部分锅驼机，湖南不少小机械厂都能做，但是，据说机械工业部门根据平衡不能接受订货，冶金工业部门只能把它放在衡阳矿山机械厂做，一方面占用了这个大厂制造大设备的能力，另一方面当地小机械厂没有活干。又如湘潭二八二厂（由兵工部分转民用）机器设备相当好（有大小机床1 500台左右），能做不少东西，但几乎有一半左右的制造能力闲着，正在制造的产品也主要是工作母机，而省里急需的某些配套设备却没有解决。中央所属厂矿之间和中央与地方厂矿之间，本来有些问题和材料需要在当地调整也可以调整的，但因“一竿子插到底”的限制，地方党委无法去调整。

此外，有些大厂，至今任务不定，而且经常变动，衡阳矿山机械厂，在20天内，生产任务变了7次。这样不仅无法建立正常生产秩序，而且有极其严重的半成品积压。据我们知道的，衡阳矿山机械厂积压3 500吨，湘潭四四八电机厂也有相当严重的积压。

这方面的关系，无疑是复杂的，我们了解得不够全面，而且又不在行。只反映以上情况供有关部门研究。

（七）市场

没有作专门了解，总的印象是，湖南市场状况基本上是稳定的，小五金、小百货较缺。

据常德地委汇报，今年1—5月全区商品供应总值1.3048万元，比去年同期增加80.2%。主要商品增长幅度：棉布87%，香烟50.15%，肥皂83.18%，胶鞋75.54%。较紧张的商品：糖、汽油、煤油、小五金等。

另据衡阳地委汇报，今年1—5月全区商品供应总值1.2667万元，比去年同期增加76.8%。主要商品增长幅度：棉布79.3%，香烟13.32%，胶鞋97.6%。较去年同期减少的是糖，减少13.4%。

以上只是一些情况和问题的反映，可能不少是片面的、不准确的，仅供中央审阅参考。

Z768－7

中共中央批转中央组织部关于一部分公社党委的领导方法和干部作风方面的情况简报

1959年7月12日

各省、市、自治区党委，并中央各部委，团中央：

现在把中央组织部关于一部分公社党委的领导方法和干部作风方面的情况简报发给你们，请阅。

这种实际把“党社合一”、把党降为群众经济组织的倾向和虚报浮夸、命令主义的作风，是对党的事业极为有害的倾向和作风，必须根据党是阶级组织最高形式的原则和党的传统的实事求是、群众路线的精神，系统地加以检查，迅速地加以纠正。

附：中央组织部关于一部分公社党委的领导方法和干部作风方面的情况简报

1959年7月9日

最近我们派6个工作组到河北、山西、浙江、湖南、贵州、甘肃6个省，着重到13个公社，了解了公社党的组织领导的情况，同时听取了我部常驻徐水、长葛县参加基层工作同志的汇报，现将所了解的一些情况，简报如下：

半年来，经过贯彻八届六中全会、郑州会议、上海会议的决议和精神，公社党委的领导方法有很大改善，干部的民主作风有很大改进，虚夸作风大大减少，党群关系更加密切，群众的生产情绪大大提高。绝大多数的基层干部都是勤勤恳恳积极工作的。农村总的形势是好的。但是，目前有不少公社党委的领导方法和干部作风还存在着比较严重的问题。这些问题，虽然是一个指头与九个指头的关系，也应该引起重视。

一、公社党委习惯于一揽子的领导方法，不注意发挥各种组织的作用。

1. 有些公社根本没有建立管委会，不少公社虽然建立了管委会，但是没有经常工作，形同虚设。徐水全县的16个公社，都是只有正副主任，没有建立管委会。汾阳县30个公社，有20个公社只有正副主任、部长，没有建立管委会。就是有管委会，也长期不开会，有的公社连谁是管委会委员也不知道，本人也不清楚自己是管委会委员。贵州长顺县长寨、广顺两个公社在最近改选管委会的时候，连上届管委会的名单也找不到了，大家也记不起来了。有的地方对选举公社管委会极不重视，认为管委会是“破铜烂铁，无足轻重”。

不论县人委的部门、基层干部和群众，事事都找公社党委，有些地方的群众，只知道有党委书记，不知道有社主任。公社党委会实际变成了管委会。这样，就使得公社党委整天忙于行政事务，很少了解研究下情，很少进行政治思想工作。

2. 不注意发挥支部和党员的作用。不少支部往往用党内外一揽子会议代替支部的活动。许多支部书记不管支部工作，有的连党员人数和小组长是谁都不知道。山西汾阳县万年青公社27个支部书记，在讨论支部工作的时候，有24人说不上支部的情况和存在的问题。有个支部书记自己说是“党不管党”。许多支部的组织生活不够正常，除布置生产、中心工作外，在党员中很少检查思想和开展批评与自我批评，党课教育陷于停顿，党员只知道起带头作用，不知道怎样联系群众、怎样进行活动。有的党员反映，支部对他们是“一不管，二不问，三不听，四批评”。

由于党委不重视支部工作，致使党的组织存在着混乱现象。天水市吕二沟公社，有的右派分子指挥支部工作。长葛县洧川公社，有的非党干部开除党员党籍，不少支部叫非党人员管理党员统计、收缴党费、保存党内秘密文件，有的支部还让非党干部转党员关系。

3. 许多公社不注意发挥团的作用。有些

公社不运用团的组织进行工作，以青年突击队和青年红旗队等形式代替了团的组织。有些地方团的组织一年不开一次团的会议，不收团费，团员也不知道应把团费交给谁。

公社党委不注意发挥各种组织的作用，“只使用个人，不使用组织；只使用零件，不使用机器”，大权独揽，小事都管。这样，实际上是党社合一，使得公社党委陷于忙乱被动，党的领导和政治思想工作大大削弱，公社的各种经济工作也不能越做越细。

二、公社党委集体领导和分工负责相结合的制度，执行得不好。

有些公社党委的集体领导很不健全，长期不召开党委会议，往往用干部会议代替党委会议。有的公社的党委员会实际上没有建立，有的连委员是谁也不知道。霸县厂二里公社，县委决定原乡党委委员都是公社党委委员，共49人，但是公社党委书记和副书记却决定委员会成员27人，既未上报县委，也未向下宣布，大家谁也不知道谁是党委委员。汾阳县峪道河公社党委，只有书记，没有委员。

有些公社党委对许多重大问题，不经过集体讨论，往往由书记自作决定，或者书记和个别人商量商量就决定了。不少基层干部错误地认为“书记的权力高于常委会”。有些公社党委不适当地强调书记挂帅，书记凌驾于党委之上，事无巨细都找书记，致使书记整天忙于行政事务。长葛县有的公社，找党委书记谈话要排队，书记下乡不敢走大街，睡觉倒锁门。长顺县广顺公社，公社党委召开总支书记会议，仅半天时间，就有18个人找总支书记批条子、盖章。

有些公社党委的领导不全面，往往抓了突击运动，忽略了经常工作，抓了中心任务，忽略了部门工作，抓了农业，忽略了其他，不能对各项工作作全面安排。干部反映是“狗熊掰棒子，抓这个，丢那个”。不少公社把绝大多数干部都派到下边做中心工作，长期分片包干，致使部门工作无人管理。分片包干变成分兵把口，层层坐镇，包办一切。公社干部到生产大队和生产队，不论布置工作、主持会议、向上汇报等都一手包办，致使基层干部有的依赖，有的不满。有的基层干部反映：“工作组一来，我们好比水牛掉在井里，有劲使不上。”

有些公社把分工变成分家。干部反映，书记是块块，副书记是条条，一个将军，一个令，使下边无所适从。

三、不注意走群众路线，缺乏实事求是的作风。

1. 贯彻政策、决议不能因地制宜，不能把对上级负责与对群众负责结合起来，上面布置什么就干什么。群众反映干部的工作方法是“照本念经”、“生搬硬套”、“吃小米，拉小米”、“机械化”。例如贵州长顺县硬性规定全县在5月底收完小麦，摆簑公社因麦子未熟，收割进度慢，几次被县委点名批评，公社就照样批评下面。这个公社的茅山管理区总支书记反映了实际情况后受了批评，第二天就强迫群众割了30亩青麦子。贵州平坝县马场公社在一次电话会议上要求全社从第二天起全部劳力出动收油菜，90%的劳力打田，这种布置本身是自相矛盾的，但下面还是照样转达。

徐水漕河公社党委在今年3月给一个生产队布置任务种500亩红薯，但只有100亩空地了，该生产队请求党委怎么办，党委的答复是“坚决完成任务”。

2. 许多干部对于一些重大问题的解决不同群众商量，不敢把党的政策同群众见面。不少地方迷信“高指标”的现象没有完全消除，包产指标没有落实。浙江萧山县城南公社去年亩产780斤，今年计划指标讨论了七八次没有落实，最后经过公社党代表大会讨论，计划亩产1 190斤，包产指标是每亩912斤，其中早稻650斤，晚稻500斤。但是按上级分配的任务，早稻应按亩产1 000斤计征，晚稻应按亩产900斤计征，由于上下要求的产量太悬殊，因此县委就不敢承认公社通过的产量指标，也不敢把征购任务向下面宣布。帅大姐在湖南浏阳县路过北圣公社的沪渚生产队时，有一青年拦住车子向帅大姐反映："希望上级多下来了解群众的意见，不要只听干部的话。""去年水稻插得过密，2×2寸，3×4寸，最稀的3×6寸，平均亩产只有300多斤，有的只有100斤左右。我们这样好的田，只收这一点谷子，真是伤心！今年上级规定按3×5寸、3×6寸的规格插早稻，我们插了4×8寸，干部说我们是右派分子。要不是看到毛主席的信，我还不敢说呢……"北圣公社党委书记也提到有的群众反映："共产党别的事走群众路线，就是密植不走群众路线。"不少地方都不敢把积极办好和自愿参加食堂的问题以及恢复自留地的政策向群众宣布。

3. 不少基层干部习惯于行政命令，用压服，甚至惩办的办法来进行工作。山西汾阳县万年青公社大相管理区支部，订了一套惩办的办法，并且依靠这些来推动工作。例如：

（1）每个队员每天劳动一定要服从指挥，如有不服从者，一律以纪律处罚之。

（2）每个队员如有私事出门，一律要向队长请假，如不请假，以扣口粮、罚工处理。粮食每天1斤，工10分。

（3）我队建立托儿所一个，望有孩子的赶快参加，如不参加，对因此影响劳动者，一律以纪律处理。

（4）社内或队内开会时，每个队员必须按时到会，迟到者罚工3分。在会上有什么意见，应该当面提出，如在背后乱说乱道按纪律处分之。

（5）每个队员在劳动时，只能老老实实地干，如有人乱说乱道，晚上招来办公室，大家处理。

诸如此类，还有十几条规定。这个管理区根据这些规定，自3—5月共处罚群众72人，占社员总数的11.8%，共罚款80元，扣粮27斤，扣工分668个。在6月份定的生产奖惩办法中，又提出："锄好1亩地，奖人民币1角，否则除返工外，还要罚1毛钱。"村治安员说："拿社员的罚款来奖励社员，这是从群众中来，到群众中去。"最近这个管理区的治安组还公布了一封《告众社员书》，全文如下：

"我社五类分子学校就要开课了，希望每个社员不论在什么工作上都能鼓足干劲，争取劳动模范美名，如有调皮捣蛋的人、不服从领导的人，我们一定收到学校里来改造，我校希望你们不要入此校才好。入不入此校，由你们本人吧。"

这个管理区的群众说："在我们这里，只能说生产好，多打粮；不能谈国事，不能说干部好坏，不能提不同意见。""这真不自由！"问题严重的是，公社党委还把这个支部的做法当做好的经验加以推广。据我们了解，这个支部的干部还是比较好的，他们之所以采取这种做法，主要是思想认识问题，经过提出意见后，他们已经认识到这种办法不好，正在改正。

长葛县和尚桥公社宗寨生产队支部书记赵宪章对党忠诚，工作好，敢于向错误倾向作斗争。去年下半年毛主席曾参观过他的试验田，同他谈过话。去冬种小麦时，公社党委派人监督他每亩下100斤种子，他私下煮熟了80斤，实际只种了20斤，结果这块田真的丰收了，亩产500多斤。今年5月在公社代表大会上，他列举了很多事实，批评公社领导上的虚夸和强迫命令作风。公社党委对他极不满意，以不爱开会为借口，说他"不服从领导"，要撤他的职，并且要把支部中拥护他的干部全都撤掉。经省委组织部的同志制止，虽然没有撤职，但是却把他的党委委员选掉了。

这种不良作风，使得干部上下级之间、干部和群众之间的关系极不正常，下情不能上达。有的干部反映："见官三分灾，不如早躲开。"有的群众说："千斤鼻子压住四两嘴巴，有话说不出来。"

4. 有些干部还缺乏实事求是的作风。六中全会以来，虚夸作风已经大大减少，但是由于有些干部没有认真总结去年的经验教训，对于虚夸作风的危害性，认识不足，因此，虚夸作风在有些地方仍然存在。同时，在批判了虚夸作风以后，有的地方也出现了瞒产少报的现象。

全国养猪红旗山东寿张县石门宋公社（原属阳谷县）虚报养猪数字的情况十分严重。该社1956年12月实有猪5 863头，虚报为1.4873万头；1958年6月实有5 370头，报为2.1万头；1958年10月实有1.0322万头，报为23.196万头。郑州会议精神传达以后，虚报数字虽然压缩了一些，但是在今年3月底还夸报有猪6.125万头，5月中旬省、地委去检查时，开始谎报为2.8万头，最后经查实，只有6 256头。

河北易县县委在今年春天要梁各庄公社完成植树580万株、绿化18万亩的任务。这个公社算了一下账，如果把全公社能够植树的男女社员和儿童都发动起来，不干别的，光植树造林，也得120天才能完成任务，实际上做不到。但是县里要一天一报，公社没有办法，只得假报数字。

山西汾阳县峪道河公社前些日子进行小麦估产，公社干部向参加估产的老农说："要实事求是，估低了可没有好处！"管理区干部背后又向老农说："要实事求是，估高了可没有好处！"口头上都是实事求是，实际上都不实事求是。

四、上述公社党委存在的问题，很多是和县委的领导有直接关系。有些县委领导上存在的问题和公社有类似的地方。突出的问题是，县委只注意抓生产，不注意政治思想工作和党的基层组织工作；不注意根据本地区的情况，把上级的决议具体化；对下边布置任务时要求过死、过高、过急；对公社具体帮助少、调查研究少、深入检查少；会议、文件和表报过多。现在看来，要改进公社党的组织领导，就必须首先改进县委的领导。

上述这些问题，我们都向有关党委作了汇报。我们听到的各省，都很重视这些问题，并且正在研究改进。同时我们在各地也了解到不少好的经验，也准备加以总结。

Z44－1959（6）

党内外干部对修改四大指标的反应

1959年8月25日

党的八届八中全会公报和开展增产节约运动的决议向党内外干部传达后，广大干部热烈表示拥护，对修改四大指标反应尤为强烈。

（一）认为修改四大指标的做法是必要的和正确的，这一行动充分体现了我党对人民负责和实事求是的精神；修改后的指标仍然是跃进的指标，既鼓足干劲，又实事求是，既先进又落实。许多干部认为，指标落实了，更能调动群众的积极性，群众心情舒畅，信心更大，干劲更足。有些人听了传达后，开始感到惊讶，如说："刚来听报告，心想这回一定把指标提高了；听了以后，心里有点难受，虽然指标不低，但总觉得不解气。"讨论后，认识到完成修改后的指标还是提前三年完成第二个五年计划，扭转了"不舒服"的情绪，变得十分兴奋，表示坚决完成今年指标，提前三年完成第二个五年计划。

（二）有些同志从道理上认识到修订指标是正确的，但是感情上还有些"惋惜"。有的说："原来考虑再过几年咱们的钢产量就是世界第三位了，这一下子又得再加上好几年。""粮食统计数差这么大，当时怎么统计的呢？照这样公布出去不大体面。"有人担心四大指标向群众公布后会产生消极情绪，因而不同意发表公报，主张在党内传达、吸取教训就行了。有的干部对公布修改指标有"五怕"：（1）怕帝国主义利用这一机会造谣诬蔑攻击我们；（2）怕社会主义国家会不了解我们；（3）怕右倾保守分子和观潮派出来泼冷水；（4）怕影响党在国内外的威信；（5）怕一再修改指标，有损国家指标的严肃性。

（三）有些人听到党内有右倾机会主义分子感到出乎意料，个别人心情紧张。北京清河制呢厂的一个车间主任说："听说党内还有右倾机会主义分子，并借大跃进的缺点攻击大跃进，攻击总路线，这真是没有想到的事情。过去认为总路线人人拥护，只不过是有人有点松劲情绪而已，这回一听传达报告，才知道问题严重。”有的党员猜测中央有同志犯了错误，如说：“我怀疑可能有人犯了错误，因为中央提出反对右倾机会主义是有的放矢的。”

（四）少数人对修改指标有错误的看法。广东省人民委员会轻工业厅一个团员在讨论指标时发表谬论说：“党在历史上犯过三次路线错误，这次，在建设中又来一次大教训，这是路线错误，而不是一个指头与九个指头的问题。”水产厅一个技术干部说：“毛主席在历史上没有犯过路线错误，现在犯了路线错误了。”有一个教师说：“六中全会提出的指标，七中全会修改，八中全会又修改，是否六中全会被胜利冲昏了头脑？”此外，个别严重右倾分子则利用这个机会，为自己的右倾论点辩护。有的说：“现在指标降低了，证明去年有问题，公社化太快了，不是出于群众的自觉要求，大搞钢铁得不偿失。”

《宣教动态》。66（571）

对昌黎县农村公共食堂的重新调查

1959年10月21日

中国科学院经济研究所的同志，最近对昌黎县农村人民公社的公共食堂重新作了一次调查。调查报告指出，在今年5月间，研究所派往昌黎搞“试验田”的几个同志，以工作组的名义写出《关于农村公共食堂的几个问题》一文中的观点是完全错误的。（按：本刊第36期曾经摘要刊载了这个报告，标题是“农村公共食堂究竟有无优越性”）这次重新调查证明，有许多事实同他们上次调查的完全相反。

食堂能否解决妇女劳动力？报告说，农村公共食堂成立以后，参加农业劳动的妇女人数，不是“没有发生多大变化”，而是有了很大变化。根据果乡、渤海、大蒲河3个公社的部分食堂的材料，成立食堂以后，各生产队新解放出来的妇女劳动力（不包括成立食堂前参加劳动的妇女）最多的占妇女劳动力总数的43.6%，最少的也有19.5%。梁各庄生产队共有妇女劳动力280名，食堂成立以后，经常出勤的由70人增加到190人，完全不出勤的由60人减少到15人。即使扣除食堂占用的一部分劳动力，还有很大一部分劳动力被解放出来，投入了农业生产劳动或者其他劳动。渤海公社水沿庄生产队，今年7月食堂解散以后，就有16人因回家做饭而不能出勤。更重要的是公共食堂能节省社员的大量的家务劳动时间，保证社员按时上工，增加生产劳动时间。例如渤海管理区北队182户，集体做饭比分户做饭一天能节约40多个劳动力，占这个队全部劳动的1/5以上。食堂也节约了单身汉的做饭时间和一般男劳动力参加家务劳动的时间，使他们能够把全部时间用在生产上。

在食堂吃饭是否有浪费？事实是去年昌黎县的农业生产在天气非常干旱的情况下获得了大丰收，冬季多吃了一些粮，春夏季的消费定量就稍有降低；而且，当时正值青黄不接季节，再加少数食堂管理不善，所以一度出现粮食紧张现象。这并不能说是由于成立食堂的缘故。实际情况是食堂比分户吃饭要节约开支，以宋庄生产队为例，分户做饭每人每月平均开支5.06元，食堂吃饭每人每月平均开支4.55元。

成立食堂是否影响养猪积肥？在公社化初期，由于集体养猪的经验不足，又遇冬季寒冷，猪的死亡率较高，猪的总数曾经一度下降，或多或少地影响到肥料来源。但是，自从中央关于公社体制和自留地指示先后下达和提出家畜、家禽公养和私养并举的方针以后，猪的头数迅速上升。例如，果乡公社的生猪由年初的1.1万头增长到目前的1.7万头，但这个时期果乡食堂并没有什么变化。说明食堂的成立并不会影响养猪积肥。

食堂是否增加了燃料的消耗？根据调查，不论是烧煤还是烧柴，食堂都比分户做饭节省。在农村中有些人有这样的看法：柴是自己拣来的，不要花钱；现在成立食堂以后，烧煤要花钱买，因此认为食堂燃料消耗增加，其实这种看法很不科学，因此拣柴也是消耗一定的劳动时间。

关于食堂借用社员的房屋、家具问题。事实是：多数都是社员自愿借给集体使用的。公社体制改变以后，有少数社员要求退还借用的房屋，但这不是普遍现象。绝大部分社员看到食堂能够减轻他们繁重的家务劳动，保证他们吃饱吃好，都乐于把房屋和家具借给食堂使用。

调查报告说，从这3个公社的调查看，70%以上的社员，尤其是妇女社员都拥护食堂。有些社员对食堂有意见，也大都是管理方面的一些问题。这些问题随着管理经验的积累也正在逐步解决中。研究所参加上次调查的同志，由于存在严重的右倾思想，把一些同食堂无关的问题强加在食堂上面，并夸大了草创时期一些难免的缺点。

《宣教动态》1959，85（590）

河南新乡等地实行"包产到户"的危害

1959年11月6日

据河南省委召开的三级干部会议揭发，凡是实行了"包工、包产到户"的错误做法的地方，所造成的危害都很大。据新乡地区22个县揭发的材料统计，实行包工包产到户的公社175个，占总社数的72.9%；大队2 342个，占大队总数的37%；生产队1.2957万个，占生产队总数的29.3%。实行包工包产到户后，因有些户包了地无力耕种和地、富破坏等，荒芜土地52万余亩；为适应包产到户，牲口分散喂养而死亡1.8679万头；因包工到户分散生产，垮掉食堂4 034个；因分散生产而搞投机商业的1.3658万人，雇短工的2 217人；因包工包产到户，食堂散伙，生产生活困难，引起干群、家庭纠纷等而造成自杀者73人。如安阳县一个50多岁的老汉，包8亩地，因无力耕种，受干部批评而自杀；泌阳县有一户因包产到户，食堂散伙，女人在家做饭困难，受男人打骂而投井自杀。实行包工包产到户后，助长了一部分反社会主义富裕中农的反动气焰，清丰县韩村公社韩村大队有12户富裕中农包产到户后组织了一个专业组，提出"五不要"，即不要干部领导、不要干部家属、不要党团员、不要贫农下中农、不要无劳力户；"三还家"，即土地、牲口、农具还家。信阳专区平舆县有些队的地主、富农、富裕中农竟将牲口、农具、大车全部要回去了。富裕中农拍手称快，高兴地说："一年集中，两年分散，三年回到单干。"有的说："包得好，正对我们的心，用不着干部管了。"伊川县明皋人民公社实行包工包产到户后，部分富裕中农反社会主义气焰嚣张，公然提出牲畜、农具、林木退还原户，恢复单干，说："有了地，有了房，好比孩子见了娘。"贫农、下中农和党员干部、积极分子则普遍反映"这种做法是回到了老路"，普遍反对这种做法。

《宣教动态》9。

（三）1960年社会经济情况

国家计委臧晓真副局长汇报参加商业支援农业和公社编计划两个现场会议的情况

1960年7月13日

商业局臧晓真副局长在4—6月间，先后参加了商业部召开的全国商业支援农业技术改造巡回现场会议和东北协作区在旅大召开的人民公社计划工作现场会议。党组很关心这方面的工作，指定臧晓真同志提出详细的书面报告，并作简要口头汇报。纪要如下：

（一）商业支援农业情况

全国商业支援农业技术改造巡回现场会

议，是在黑龙江依安县、山东文登县、河北交河县、河南郾城县、湖北随县、湖南衡山县、江西省萍乡县7个现场召开的。广泛交流了经验。7个地区商业支援农业的工作各有特点：依安县主要是工商协作，武装农村，促进农业机械化；文登县主要是大搞煤气化和燃料开源节流；交河县主要是大力支援社办工业，利用土铁土钢，“以铸代锻，铸件闷钢”和服务到“方”；郾城县主要是利用土铁土钢制作农业机具和土铁丝、土洋钉；随县主要是支援水利化，大搞水能综合利用和工具改革；衡山县主要是支援工具改革并配套成龙和组织人民经济生活；萍乡县主要是支援社办工业大搞“十二土”（土铁、土钢、土化肥、土农药、土水泥、土滚珠轴承、土炸药……）。从这7个县的经验来看，商业支援农业主要是以下七个方面：

1. 千方百计支援农业机械化，积极地协同有关部门建立起一套完整的农业机具供应网、机具配件供应和修配网、技术传授网、油料储存供应网，大力支援田间耕作、农田排灌、交通运输、农副产品加工、畜牧饲养以及炊事、生活用具、机具配套成龙，提高劳动生产率。

2. 千方百计支援水利化，积极组织供应高工效的水利建设工具和器材，消除肩挑、人抬；进一步加强水能的综合利用，使水能广泛地为农业生产、工业生产和人民生活服务。大力支援“井、库双保险”。

3. 千方百计支援电气化，帮助公社大搞土电机、土设备，广泛利用水、火、风、气，因地制宜地建设各种类型的发电站（各地在搞“献铜”运动，对杂铜收购有一定影响）。

4. 千方百计支援社办工业，积极组织供应原材料、设备、图纸，并派人驻厂参与规划、生产、试制革新和经营管理。依安县商业部门帮助社办工业装备了10大设备（车床、钻床、吊炼、电焊机、锯、烘炉、弹簧锤、动力机、压力机、砂轮），河北省规划在今年内使社办工业装备16大件（即在依安县10大件的基础上再增加轧条机、拔丝机、制钉机、接头机、夹板锤和闷钢炉）。应进一步加强土铁生产，有条件的地区应推广鲁山县大搞“小铁联”的经验。

5. 积极帮助公社开展多种经营，大搞商品基地（推广十大养、十大种、十大加工等）。在农产原料和野生植物原料产地迅速建立农副产品加工体系。积极帮助穷队赶富队。大力发展三土（1—5月已利用土钢、土铁50余万吨，生产土化肥7 000余万吨，土农药200余万吨，以及土化工原料等）。

6. 进一步改进生产资料供应工作，调整商业机构，合理分配商品，要求营业员学懂农业机具性能和修配技术，使商业部门做到管供应、使用、修配等各个环节。

7. 积极组织好人民生活，一手抓生产，一手抓生活。如湖南衡山县大浦公社以公共食堂为中心组织了“一坊”（即制作酱、醋、小菜的作坊）、“二部”（即小卖部和俱乐部）、“三代”（即代办婚丧、邮电和储蓄）、“四组”（即缝补、美化家庭、敬老托儿、加工修理）、“五场”（即养猪、渔、鸡鸭场和种菜场）、“六室”（即农具、农药、肥料保管室，粮、油、菜储藏室，燃料室，理发室，洗澡室，卫生保健室）。适应“大兵团作战”生产方式，组织“随军服务站”，武清县入孔闸水利工地“钢铁九姑娘”的服务事迹，博得大会一致称赞。

（二）农村人民公社计划工作情况

东北协作区在旅大召开了农村人民公社计划工作的取经献宝大会，介绍了金县的经验。根据他们的经验，农村人民公社编制计划的方法，应当贯彻以农业为基础、农工商为重点的方针。工作发展一般经过“三个阶段”（即第一段搞资料，第二段编年度计划，第三段编长期计划）。编制计划的方法是：“三编”（即基层编、部门编、计委编）、“四大”（大鸣、大放、大字报、大辩论）、“十结合”（即上下、左右、指标和措施、需要和可能、政治和经济、干部和群众、远和近、年度和长期、冷和热、计划和统计相结合）、“一研定”（即经党委审查确定后上报下达）。公社党委着重抓政策、思想和措施。

以金县的情况来看，他们编制了农业计划、工业计划、交通运输计划、劳动计划、畜牧业计划、商业计划。以大队计划为基础。他们的农业计划与“三包”相结合，是以省的第一本账为包产指标，以省的第二本账为社的计划指标。计划的表现形式生动活泼，采用图表化、诗歌化、计划上墙等方法，群众称道：“生产指标墙上表，天天见面忘不了，奋斗方向记得牢，一年结果早知道。”

计划检查与评比相结合，通过进度统计，随时掌握情况。他们的具体做法是：结合党的中心工作进行“四查”（全面检查、重点检查、专业检查、专项检查）、“十比”（比任务、数量、质量、进度、干劲、政策、作风、学习等）。

150－8－26

河北农村当前两条道路斗争的一些情况

1960年7月28日

据反映，当前河北农村中资本主义与社会主义两条道路的斗争相当复杂，主要表现之一是有人大搞商业投机活动，扰乱社会主义市场，破坏国家价格政策，发展资本主义自发势力。具体表现有以下几个方面：

一、某些旧商贩，又搞起投机贩运活动。据石家庄市8个县统计，第一季度查获的投机违法案件达5 239起，其中，211人贩运粮食8 784斤，粮票267斤；71人贩卖棉布4 179尺，布票776尺；82人贩卖油料1 286斤。涿县今年1—5月份，查获投机贩运案3 245起，贩运的物资有胶轮大车、牲畜、粮食、砂糖、糕点、蔬菜等20多种，总值达16.82万元。

二、奸商拉拢村干部或村干部勾结奸商，搞投机倒把、套购国家物资等非法活动。奸商×××拉拢生产队党支部书记×××、生产队长×××等盗用公款8 000元，贩运洗车头、锅驼机，从中获利2 200元。东朱村支书×××、队长×××等主要干部，勾结奸商用公款贩卖牲畜、大车、粉面、红枣等，获利1.2万元。

三、某些生产队，特别是富裕中农较多或富裕中农掌权的生产队，以搞副业为名，搞商业投机，发展资本主义经济。生产队支书×××（富裕中农）等8名干部和6名转农商贩，以生产队搞副业的名义大肆进行商业投机。从1958年到现在，他们先后到北京、天津等地套购几十种物资，进货额达4.3749万元，销售额5.602万元，获利1.2271万元。任丘县4、5月份查获的投机贩运分子1 012个，有68%的是生产队允许的。迁安县罗山村100户富裕中农就有25户走私贩运。

四、在资本主义自发势力的影响下，少数农民以出买自产产品为名，变相经商。如社员×××先后买猪9只、羊2只，杀后以自产为名高价出售，每斤1.60~3.00元。

五、某些不法分子，假造证件，冒充国家干部或以支援农业为借口，到处招摇撞骗套购国家物资。保定市坏分子×××、奸商张××等互相勾结，冒充公社和水库干部，以要求支援水利建设为名，从去年11月到今年1月先后骗购清苑县生产资料经理部、保定市生产资料批发站、废品站和徐水县胶轮厂等单位的锅驼机、柴油机、小车外带等，转手高价出售。仅锅驼机一项就牟取暴利8 012元。

当前农村两条道路的斗争，还表现在粮食、食堂等方面：（1）某些生产队的干部，本位主义思想严重，在夏粮征购中，对征购政策抵触，个别的甚至瞒产私分、偷盗公粮。石家庄市在麦收期间发现私分案件九起，共分小麦12 580斤。（2）少数资本主义思想严重的富裕中农，不满征购政策，攻击公共食堂，甚至煽动群众闹事、破坏生产。据邢台县正招、赵泗水、葛村、官庄、曹庄5个村的调查，1 700名富裕中农中有350人资本主义思想严重，有破坏言行。他们有的经常散布食堂不自由、吃不饱等言论，企图搞垮食堂，恢复“百户炊烟，分户吃饭”。如有两个食堂房子漏了，社员提意见要求修理，富裕中农说：“别太积极了，去年食堂就是麦收时散的伙，今年也不保险，看看再说吧!”有的还利用工作岗位，破坏生产。有13名富裕中农锅驼机手为了阻挠种植计划，在抗旱播种的紧要关头，借口机器出了事故，把他们掌握的7台机器全部停了下来，影响了播种进度。还有的消极怠工，不参加生产，故意到外地讨饭。有少数地区还出现了富裕中农带头闹请愿。安国县大程委生产队5月初有50多名社员到公社要粮闹事，其中72%是富裕中农。唐山市市区富裕中农×××还拉拢40多名社员向公社要粮，并预谋打死干部，抢劫粮库。

据分析，资本主义商业投机活动所以如此猖狂，主要原因是：

第一，社会主义改造胜利完成后，相当一部分非劳动人民当上了职员、工人、社员甚至干部。他们虽在组织上参加了社会主义集体组织，但是，他们好逸恶劳、唯利是图、投机取巧的资产阶级思想并没有得到改造，一有机会，就从事非法活动。

第二，由于某些物资供应不足，加上市场管理工作还有漏洞，使资本主义商业投机势力有机可乘，有些旧商人说：“现在比过去任何时候，做买卖赚钱的机会都多!”

第三，某些基层干部思想觉悟不高，经不住资本主义思想的冲击，当了资产阶级的俘虏。他们直接或间接地参与了投机活动，这就助长了资本主义投机活动的发展。

《宣教动态》。(57)

中共中央监委机关干部讨论右倾是不是过渡时期党内的主要危险

1960年3月22日

中央监委机关在整风反右的第三阶段，曾经对右倾是否过渡时期党内的主要危险的问题，展开热烈的讨论。

在讨论中，大多数同志认为，右倾是过渡时期党内的主要危险。因为过渡时期我国内部的主要矛盾，是无产阶级同资产阶级、社会主义道路同资本主义道路的斗争。这种斗争必然要反映到我们党内来。因此，对党来讲，右倾机会主义和右倾思想，就成了在过渡时期的主要危险。全国解放以来，我们党经历的一系列斗争，都证明了这一论断是符合客观规律的。在国际共产主义运动中，这一论断也已经为以南斯拉夫共产主义者联盟为代表的现代修正主义的猖狂活动所完全证明。

讨论中有人提出，右倾是过渡时期党内的主要危险的提法会产生副作用，会使人忽视可能发生的“左”倾错误。但是大家认为，这种提法并不是说右倾是唯一的危险，并不排斥要注意在某些问题上可能发生暂时的局部的“左”的倾向，甚至暂时成为主要危险；更不是说对“左”倾错误可以不管、不去纠正，所以不会发生副作用。有人认为过渡时期不会出现“左”倾，因而应该一直反右倾。这也是不对的。这是思想方法的绝对化。我们不能为他们有这种错误看法，就对右倾是过渡时期的主要危险的问题发生动摇。

《宣教动态》。16(620)

李富春在中共中央华北局第一次会议上的讲话

1960年11月1日

一、国内形势

国内形势总的说是好的。第一，国民经济情况，工业不管怎样仍然是跃进局面，今年工业约可增长20%以上。钢产量去年为1 370万吨，今年增加500万吨左右，可以达到1 800万~1 900万吨。工业还是跃进的。第二，农业在连续两年灾荒的条件下，按照计划少收30%多。今年计划基数高了，就是减少30%多，也比阿尔巴尼亚的情况好。阿尔巴尼亚减少了61%。在几十年所未有的大旱的条件下，能把局面维持下来，没有人民公社的力量，没有国家和人民民主专政的力量，度过这样大的灾荒是不容易的。如果在旧社会就会是多少人家破人亡、流离失所。我们有了人民公社，把旱灾减少下来了；有了人民民主专政的政权，把局面维持下来了。所以总的说，形势是好的。第三，我们讲九个指头与一个指头的问题，已经讲了三年。缺点总是会有的，永远会有一个指头的问题。但是，我们过去对一个指头的认识的局部的、概念的。今年在大旱的条件下，更加暴露了一个指头的问题，使我们认识更加深刻具体了。因此，使我们对政策的认识和贯彻，比过去大大进了一步。这一点是好事情，使我们摸到了底。有了这个底，更有利于贯彻党的政策，把一个指头的问题逐渐加以克服。有了这一点，头脑更清醒了，做事情更好做了，在困难面前有信心，知道困难何在、困难的来源，以及如何克服困难，这就好办了。第四，由于以上三点，大家了解了情况，全党就更能团结一致，团结在毛主席的周围，取得反对修正主义的胜利，克服我们建设工作中的困难。所以，形势是好的，无论在政治上、思想上、经济上总的形势都是好的。

一个指头的问题。从全国范围来说，困难和缺点是一个指头和九个指头的问题。从局部来说，某些地区、某个工作范围、某个厂矿企业情况、某个农村情况，必须作具体分析。根据不同经济、不同地区、不同情况，有些地方可能不只是一个指头的问题，可能是两个、三个指头的问题；有的地方还可能没有一个指头的问题。这要靠我们摸清情况，具体分析，进行工作。大家知道，山东的问题比较严重，缺粮者有 1 700 万人占全省人口 1/3。男女得浮肿等病的有几百万人。这是严重的。河南信阳专区也是严重的，与山东相类似。生活没安排好，粮食不够，牲畜死亡连续发生，这些地区不只是一个指头的问题。有的地区公社没有刮“共产风”，或者刮了“共产风”迅速得到了纠正，生产、生活搞得很好，这些地方就没有一个指头的问题。内蒙、山西安排得比较好，死人不多，河北也不多。所以，全国是一个指头的问题，各地要作具体分析。“共产风”全国各地都有，15% ~20% 的地方比较严重。

经过 1958 年的郑州会议，1959 年 1 月的郑州会议、毛主席的六项指示和上海会议的十八项规定，为什么还没有刹住，主要原因是：第一，发展社营经济，没有体会到要靠公社的公积金，要靠自己的努力，而是靠共队的产，调队的东西来扩大公社经济。现在更清楚了，主席讲：将来不是要社共队的产，而是要队共社的产，大队、小队所有制还是不变，改变基本队所有制，要靠公社自己努力来发展社营经济。对这一条过去体会不够。所以，发展公社经济就共队的产，首先是调劳动力。劳动力问题是生产力问题，也是生产关系问题。劳动力归大队、小队所有，还是归公社所有，这是生产关系问题。劳动力是生产力的第一要素，这是生产力问题。第二，去年大办水利，刮了“共产风”。要大办水利，不能不大兵团作战，不能不集中劳力、工具，损失队的土地，甚至不能不搞资金、原料和材料。

城市中有没有“共产风”？是值得研究的一个问题。现在不研究，今年不研究，明年还要研究。有的地、县一级两头抓，既共公社之产，也共国家之产。贵州有的地、县甚至把国家给贫队的贷款也给扣起来了，想尽一切办法搞自筹资金。企业利润提成国家有规定，但是，各级（包括省市和中央各部）还要从企业利润中再提多少给省、地和中央各部，企业没办法就把四项措施费打到成本里去。这是不是变相的“共产风”？厂社挂钩是我们提倡的，但有几点内容，厂把国家的生产资料给社，社把国家统购的生活资料给厂，这是不是变相的“共产风”？有的提出厂和县挂钩，也不行。没有国家计划，各单位直接交换，根本谈不上计划。生产、材料没有计划，不是个别问题，个别问题好办，成为普遍现象就不好办了。另外，各省市、北京和中央各部门都修建了很多漂亮的房子，都是我们开会办公用的，欠了老百姓的账，从严格的意义上讲是老百姓的产。拆了老百姓的房子，我们住的很阔气，老百姓没有住的。盖房子占了土地，特别是老菜地，一亩老菜地等于四五亩地。所以，“一平二调”的风，不要以为只有农村才有。城市占用农村劳动力，占用农村土地，设计部门又极不爱惜土地，似乎是圈子愈大愈阔气，占用土地愈多愈好，必须注意这个问题，从思想上、政策上、领导上都要注意。这是政策观点。搞社会主义建设，拼命干是好的，很可贵。但是政策观点不够，对处理人民内部矛盾、生产力和生产关系问题、上层建筑为经济基础服务等政策问题不注意。所以，“共产风”不仅农村有，城市中的问题也会提出来的，至少是变相的“一平二调”。问题提不出来，思想没有准备，习以为常就不好了。建筑工程部城市建设设计院搞的天津城市规划，要在市中心拆50万平方米的房子。我真恼火了，我已经责成建筑工程部的负责同志进行检查。北京城市规划局的权力可大了，非盖12层以上大楼不可，每平方米造价非200～300元不可，北京市长、副市长都不知道，它为什么有这么大的权力？民航局大楼从3 000平方米增加到6 000平方米，又增加到3万平方米。这些问题在领导干部中是值得提出并引起警惕的。

一个指头的问题为什么产生？为什么中央一再指示纠正，还没有彻底纠正？原因何在？现在看得比较明显了。因为，一个指头的问题更加暴露了，摆在了我们面前，不得不想。有的地方问题非常严重，不能轻看。总的说是好的，有的地方是严重的。一个指头烂下去，会影响十个指头都疼。应当总结经验教训，克服一个指头的问题。究竟原因何在？怎么来的？为什么没引起重视？为什么一个指头的问题还存在有的地方甚至很严重？客观原因是连续两年的灾荒，不仅影响农村，而且，影响城市，影响整个国民经济。从主观上说，总括起来，主要原因是：

（一）思想上的片面性。在总路线的照耀下，全党一鼓作气，奋勇前进，鼓足干劲，完全是好的、需要的、可贵的。今后还必须这样。不如此不能把总路线的旗帜举起来，要举得更高更好。但是，这中间带来了片面性，社会主义建设事业贪得多了一些、搞急了一些。由于贪多搞急一些，多快好省没有很好的结合，有些地方超过了能力的限度。如去年大办水利，心是好的，想把事情搞得更快更好，但是超过了力所及的限度。这种积极性不仅是干部，也包括群众在内，9 000万人搞水利是件大事情，扩了100多天。从总的方面看，这是一种片面性。从局部的炼钢来说，片面性也还没有解决。炼钢有一系列的问题，如采矿、选矿、烧结、洗煤、炼焦、到冶炼和轧钢等。两三年来，我们搞钢铁主要是搞了高炉和转炉。高炉和转炉是比较容易搞的，工作量只占10%，时间也是如此。1 513立方米的大高炉，按照现在的水平，3个月就可以搞起来。高炉、转炉虽多，只是冶炼，是钢铁的加工部分。铁矿建设的很少，我国的铁矿多是贫矿，烧秸又缺乏砖。高炉、转炉搞上去，都是大肚子，要原料。高炉愈多，铁矿建设距离愈远。包钢一、二号高炉都搞起来了，铁矿还没有完全搞好，炼焦煤本地还没有解决。现在酒钢又在搞，又是个大肚子。中间突破，先抓大肚子，不是办法。如果铁矿有多的、焦煤有多的，多搞上些高炉和转炉是可以的。华北各省市区提出明年的钢铁指标要降低，我很同意。目前的问题是铁和煤的距离拉长了。从局部说这也是片面性，不是脚踏实地，从脚到头的搞。1958年这样搞可以，长期干就不行。这样搞，运输也很紧张，到处调运。所以明年不管哪个地方，大肚子不搞，一律暂停，先搞“粮食”，钢铁粮食。这是经验总结。

另一个经济教训是齐头并进，工业、农业、交通、商业、文教、艺术、卫生等，一搞都摆在第一线，没有排队，都是高个子，都站在第一。工业发展，就拼命搞工业。农业发展，就拼命搞农业，这一条是基础，现在抓住了。其他方面也强调各自的发展，都拼命干。学校搞那么多，全国高等院校有200多个。要搞尖端，到处搞尖端，搞多了就没有尖端了。齐头并进，不排队，不分别轻重缓急，没有照顾全局，各方面都从各个侧面想问题。这是片面性。事物的法则不是要合乎客观的规律吗？不合乎客观规律，就非走回头路不可。现在，有些文工团要取消，学校要减少，基本建设要缩短战线，要加强农业战线，这不是回到合乎客观规律的路上去了吗？

一个指头的问题所以还存在，有的甚至在发展，在思想上这是第一个原因。

（二）对于有计划按比例发展的规律掌握不够，经验不足。从大的方面说是缺乏经验。在这个问题上，我们不同意苏联的办法，也就是那种机械平衡、机械计算的办法和计划工作方面的绝对平衡论。我们反对机械平衡和绝对平衡。我们提倡相对平衡，从不平衡到平衡到新的不平衡。事物的规律就是这样发展变化的。我们近3年来的计划工作经验，与苏联的思想基本的不同点就在这方面。我们主张在落实的基础上，发扬积极因素，发挥主观能动性，采取可靠的措施搞建设。过去3年，在这方面是有毛病的，这也是思想上的毛病。其次，对于调动积极性，在认识上有毛病，把发扬积极性看成是各方面要干什么就干什么，变成毫无限制约束的积极性。因此，事业搞多了、急了一点，计划外的东西多了一些，所以说是半计划性。另一方面是无政府状态。要在落实可靠的基础上，把计划性和积极性结合起来。计划性从政治上说，就是集中领导、分级管理，把积极性纳入计划。两年来，计划外的东西太多。贵州的例子，就是不择手段、不管政策，为了搞自筹资金，抓到手就算。公社、大队的基金要集中到县，农村贷款可以挪用，商品可以赊销。全国商业库存320亿元，其中30亿~40亿元是空的，一种是赊销走了，有名无货；一种是预购，结果并没有东西。计划外东西多了，第一，必须无计划性；第二，必须冲击计划；第三，不分轻重缓急。这是个整体观念问题，全局观念问题。现在，搞了两年之后，发生了一些困难和问题，这就提到计委面前的一个问题，是不是又要回到机械平衡、绝对平衡去呢？要来个否定之否定，要把第一个五年计划的经验和三年大跃进的经验结合起来。有的说，走了3年，还是走老路好。如果这样，就会不自觉地抛弃了总路线的红旗。要实事求是，从实际出发。如果一切东西定计划时，都向缺口和落后部门看齐，必然是低指标。在可能的条件下，千方百计地采取措施，缩小缺口，提高落后部门，这是我们的任务。这就是总理说的：“留有余地，缩小缺口。”不能设想一年补齐缺口，但是向缺口看齐必然是低指标、低速度。在一系列问题当中，有不平衡，有缺口，想办法加以解决，能克服多少就克服多少，能缩小多少缺口就缩小多少缺口。这样，才不会走向老路去，不会成为机械平衡论和绝对平衡论。要从不平衡到平衡出发搞计划，把总路线举得更高更好。这是个计划工作方法问题。

（三）作风问题。作风的毛病是“三风”不正。总括起来，就是对党的政策、方针研究不够，对人民群众关心不够。主观主义在第一个问题里已经讲了。另一个主要毛病是官僚主义，下情不能上达，上情不能下达，中间总是有那么一级，比如公社一级、县一级或地一级梗塞了。上下通气，团结一致，大家心情舒畅，还没有完全做到这一步。从目前的情况说，重要的问题是争口气，把国内的事情做好。反对国际上修正主义的斗争，主要依靠我们国内的事情办得好不好。这是一个长时期的事情，因此，反修正主义也是个长时期的事情，总得10年8年。我们可以设想，农业粮食过了关，农业实现了机械化，钢产量达到七八千万吨，尖端上了天。到那个时候局面就大不同了，修正主义会不攻自破。情况就是这样，问题在于国内搞好搞不好。要人家坚定，首先自己要坚定。要人家不是机会主义，要自己首先不是机会主义。主席常讲，经济工作要愈做愈细。国内问题主要是思想意识上的两条道路的斗争，主要是社会主义建设。搞社会主义建设，主要依靠三条：第一，发奋图强；第二，自力更生；第三，勤俭建国。

第一，发奋图强。对我们干部来说，如何发奋图强？首先，在政治上要发奋图强。政治思想上发奋图强，首先是要学习毛泽东思想。什么是毛泽东思想？毛泽东思想是帝国主义没落时代，社会主义胜利时代，创造了的、发展了的马克思列宁主义。必须认真学习毛泽东的思想和著作，认真研究中央和毛主席的政策指示。要体会这些东西，善于总结经验。对干部来说，最大的危险是政治上的衰退，学习上的懒惰。政治上衰退，学习上的懒惰，必然要脱离党。脱离群众。舒×同志为什么犯错误，撤销了第一书记，主要原因是政治上衰退，没有在政治思想上发奋图强。毛泽东思想是发奋图强的武器。没有这个武器，怎么发奋图强。要真正认识毛泽东思想的意义和重要性，认识毛泽东思想对中国建设事业的重要意义，要向掌握毛泽东思想好的同志，如少奇同志和小平同志学习。只有这个武器掌握好了，才能发奋图强，鼓足干劲，奋勇前进，意志不衰退，政治不衰退。最近，军委召开了扩大会议，有一个决议案，写了14个问题，首先写了一个高举毛泽东思想，如何学习毛泽东思想和加强党的领导问题。准备发给省市，要好好看看，这个决议的精神和措施，对地方党、对我们都有用处。政治挂帅，发奋图强。不政治挂帅，怎能发奋图强。政治挂帅就是毛泽东思想挂帅。

第二，自力更生。不管怎样困难，一切要自己干。从一般式农业生产到尖端技术，3年不成5年，5年不成7年，从1961年算起到1967年，看我们能不能干出个名堂来。成立中央局，从政治任务来说，这是一个理由。这就是要以6个大区为单位，建立一个自力更生的基础。所以，中央局不仅要考虑明年的计划，还要考虑以7年左右的时间，建立一个不同程度、不同重点和特点的布局。这是一个战略问题。因此，首先要摸情况，搞清情况，分别轻重缓急，建立有重点和各有特点的战略布局。这种布局不仅是工业，而且还包括农业，必须贯彻以农业为基础的思想。摸情况包括：生产基础的情况、农业生产情况、工业情况、资源情况、技术力量多大、劳动力分布如何、交通条件如何、试验研究机关的能力如何等。总之，包括各个方面，要有一个分工，摸清楚以后，逐步加以研究。首先，要研究农业，两三年之内把两年大灾荒的情况扭转过来。要从各方面计算力量，可以生长多少新生力量，华北的特点如何。从战略布局上考虑，摸清情况后，再发现不平衡的是什么、缺口是什么、不够的是什么，应当集中力量搞什么东西。

第三，勤俭建国，勤俭办一切事业。自力更生必须有两个条件：第一个条件是毛泽东思想挂帅；第二个条件是贯彻勤俭建国的方针，把一切人力物力财力都用在刀口上，不浪费。这几年来，人力物财是不是都用在刀口上，是不是都贯彻了多快好省的方针，是不是集中力量用于决定性方面打歼灭战，我看有比较严重的缺点。相反，有的相当分散力量，浪费力量，有些事情应该贯彻多快好省，结果是少慢差费。当然，这不是所有事情，而是有些事情。在生产建设方面，搞的摊子太多，基本建设战线拉长了。而各部门、各地区又拉长了一些，好心好意，但却分散了力量，没有集中用在刀口上。基本建设战线的速度反复了几次，1957年一次，1958年一次，1960年一次，现在战线拉得更长。这样不利于总路线的贯彻，不利于自力更生。非生产性建设也拉得很长。有多少公社和县没有起办公楼和新房子，有多少省、市委和地委没有起招待所，而且是愈起愈大，愈起愈好。这不符合勤俭建国的方针。主席经常说，我们是“一穷二白”的国家。这个问题应当提出引起警惕。10年来非生产性建设，包括计划之内和计划外的，足有200亿元，各级都有。这里发生了一个问题，就是干部特殊化，脱离群众。北戴河开会时，万里向我汇报，北京今年要建筑1 700万平方米的房子（万里插话：已开工680万平方米），这个问题一直没有解决。1 700万平方米，平均造价100元，就是170亿元。这样，乡村人口为什么不往城市里流，招待员都是武松和穆桂英，而且要有文化的，至少是高小毕业生，盖房子大多是办公楼，不能住。房屋建筑的愈多，老百姓的住宅愈来愈缩小，欠了老百姓的账。海军设计院搞120万平方米，我不赞成，是一个小城市。水利部要在密云水库准备搞个全国水利展览馆，错误的时间，错误的地点。

这些问题不从思想原则上提出来，不能很好解决。盲目性和模仿性很大。要砍基本建设项目，先砍这些项目。招待员找一些年纪大的换一下，这些人有经验，把武松、穆桂英放下去搞生产，即使不能回农村，就是在城市当学徒搞技工也好。这个问题的性质是干部特殊化，脱离群众，谈不上什么艰苦奋斗、勤俭建国。问题不这样提出就刹不住。勤俭建国要做很多工作。至少我们这一辈子要艰苦奋斗、自力更生，搞个伟大成绩出来。不注意这个问题，就要使下一代产生机会主义和修正主义根源，物质刺激，追求享受高薪阶层都会出来了。所以，我们应该做模范，以教育后代，根绝修正主义的社会根源。不要搞特殊阶层，高薪阶层，这一点应当向有干部讲清楚。现在不是贪享受安逸的时候，而是发奋图强、埋头苦干的时候。生活安逸必然带来政治上的衰退。生活安逸和政治衰退是结合起来的，物质和精神是结合起来的。特殊化产生政治衰退，也必然产生官僚主义，这三者是共生物。主席说："穷则思变，要革命。"要使政治不衰退，必须发奋图强，反对特殊化。人民大会堂和博物馆是摆样子的，在首都庆祝10周年国庆应当搞，但是年年处处搞，就不像样子了。

以上是讲的根源。10年应该有点经验总结。

二、明年计划

明年计划的方针是调整、巩固、充实、提高。有了三年大跃进的基础，要把成果巩固起来，不要丢掉。必须停一停、看一看，哪些没有巩固，哪些需要调整，以便于进一步提高，有利于继续大跃进。这样，才是合乎发展规律的波浪式前进。因此，要把农业的一系列问题摆开，弱点何在，在现有条件下，能克服到什么程度，首先要把农业安排好，保粮食。农业的一系列问题，哪些可以解决，有哪些有利条件，有哪些薄弱环节，可能采取什么措施，不仅是机械化问题，一系列问题都要安排妥当，如劳动力问题、生活安排问题、政策改变和作风的转变问题。这些问题不解决，有机械也没有用。我在这里只讲两个问题：第一，对"共产风"、"一平二调"风搞得愈彻底，就愈能调动群众的积极性。要巩固三级所有制，至少5年不变。所有制的转变，要靠公社自己的努力，是小队、大队共社的产，不是社共大队、小队的产。要搞得愈彻底愈好，不能马虎过关。宁肯中央拿点钱出来贴上，明年国家预算和自筹资金也还要用在这方面。第二，劳动力安排，要动员得充分，防止发生强迫命令。首先，要把已在农村的劳动力安排好，非生产性的劳动力，社办工业的劳动力要压下去。其次，城市调下去要具体分析，总理说的五类都可以回去。原先在农村，现在城市固定下来的要考虑。不要农村还没有搞好，反而使城市里人心惶惶。总之农业方面，首先要贯彻以农业为基础的方针。

工业方面，首先是保钢、铁、煤、运。华北现在生产能力怎么样，采矿、选矿、烧结、冶炼、轧钢等有哪些不平衡，有哪些薄弱环节，有哪些缺口，能补到什么程度，然后再定指标。即要落实，又要有积极措施，不要先搞指标。明年的基本建设，应当以补缺口、加强薄弱环节为主。基本建设要服务于提高生产，克服生产上的薄弱环节和不平衡现象。今年结转的项目，哪些干，哪些不干，也要根据这个原则定下来。不要使基建项目和生产脱离。所以，机构加工要少搞，甚至不搞。总的说，不要又是一个摊摊摆起，没有原材料，吃不饱。机械加工主要应当发挥现有设备能力。拖拉机厂不够，把其他机械厂转为拖拉机厂。20～35匹马力的拖拉机，只是像个样子的机械厂都可以搞。基建和生产要衔接起来。几年来，基建与生产有些脱节，这也是经验总结。农业手工机械缺乏，非补不可。运输工具少，把搞自行车的改为搞手推车，增加运输。小农具、改良农具都要注意。都搞拖拉机，我有点担心。拖拉机有一系列问题，汽油、技术人员培养、维修和配件、修理厂等。说拖拉机好，可是这些问题不解决就不好。没有维修配件，没有技术，一开就坏，抓一个丢一个那就不好。这是经验之谈。要系统地研究问题，不要单打一，突出地研究问题。化肥也是问题。800吨小型合成氨厂，设计、生产都没有过关，还要经过一年的研究试验。就是800吨的搞了，运输也是个问题。氨水容易挥发，搞底肥好，追肥就不行。这些问题都要注意，不要搞空指标，走回头路。明年化肥还是着重搞中老虎、大老虎(2 000吨、2.5万吨的)。

保尖端。明年尖端还是试验研究阶段。不能分散力量，要集中力量。大家分散搞，不如集中起来搞一个、两个、三个，主要是试验研究。其次是搞原材料。上述两者不过关，大批制造和生产是不可能的。要选突破技术关、原材料关。集中力量，不要分散。要先突破技术关、原材料关、集中力量，不要分散。不要每个厂都搞尖端。高大精尖是少量的，一般产品是大量的。都搞高大精尖，第一，尖端没有了；第二，一般产品也没有了。机械厂应当是提高质量，降低成本，生产更多更好的产品。不要每一个厂都搞高大精尖，要分别对待。

明年，在这个方针下面，巩固三年大跃进成绩，并加以充实提高，建立自力更生的基础。总之，以保粮、保钢、保尖端、搞试验为重点，摆开问题，摸清情况，采取积极措施，加以提高。

JJS50－3（上）

第二部分

国民经济的初步调整
(1961—1962 年)

一、国民经济调整的背景

（一）中央对形势的认识

国家计委传达中央书记处会议精神

1961年3月8日

3月7日，中央书记处召开会议，小平同志传达了主席的指示，并对一些问题作了决定。程副主任向党组传达了书记处会议的精神及有关决定：

（一）关于公社体制问题

主席在湖南作了调查，起草了《公社工作条例》具体规定公社、大队、小队的职权，防止“一平二调”、瞎指挥。公社太大，韶山公社不在韶山村，距离20公里，领导用电话瞎指挥。食堂也太大。目前要坚决退赔，整风整社，包括社党委书记权。“党委一长制”，影响思想领导。

整社，迅速把公社划小，春耕前搞完。湖南作了试点，把十几户的作业组作为小队，小队作为大队，大队作为社，一社分三社。划小后，生产出来的东西群众都看得见，放心了，生产积极性就高了。

市委同地委分开，市委管城市，地委管农村（安主任插言：听说县还要划少，成立区，加强区，区领导几个公社）。

（二）关于工业生产问题

前一时期生产秩序较乱，产量下降，经过整顿，产量稳步上升。煤炭日产量已达到53.6万吨，铁路正点运输达到90%以上，上海轻工生产90%以上复工，铁路存煤一般在10天。铁路运煤，部直属矿运出80%，地方矿运出70%，运出2.4亿吨可以实现。煤炭日产量要求58万吨，还差3万吨，要抢落地煤。

（三）关于计划问题

搞两年（1961—1962年）计划和八年（1963—1970年）计划。

两年计划，今年钢1 845万吨，明年仍是1 845万吨，共3 690万吨。以钢为纲，有秩序的前进。今年的基本建设计划草案已发各部讨论，10号向总理汇报，争取3月下旬发各省、市征求意见。两年计划草案，要在3月底作出，提交中央4月10日召开的工作会议上讨论。

八年计划完成之后（八年计划，争取七年完成），高高兴兴地庆祝国庆20周年。八年计划速度要快，每年搞300万吨钢。要从长远着想，燃料只靠煤炭不行，钢铁、木材、运输、煤炭都要考虑布局，稳步上升，不要脱节。建立一个机构进行研究，由志文同志负责组织。

（四）关于工业整风问题

主席感到工业整风慢了一些。主席说，搞工业我们是外行，工业主要是工作问题，要整作风。先抓800多个大企业，因为他们占产值的80%，有了试点经验，可以一批一批地搞。大中厂矿（800个）要成立政治部，作为党委的工作机关，抓思想，抓组织，抓检查工作。党委书记不要兼职，厂长主要是抓生产，工会抓生活。工业的整个工作还是思想工作落后，工业各部要考虑像铁道部那样成立政治部，但不一定实行垂直领导。厂矿的政治部归市委领导。

（五）农村商业问题

现在农村的商业人员不关心整个的经济问题，不关心农业生产，不关心手工业和副业。要考虑成立供销社，归公社领导。农村商业建国以来分四个阶段：第一，1949 年到私营工商业改造以前，和国营商业、供销社、私营商业并存；第二，1956—1958 年大跃进前，私营商业改造完，国营商业，供销社合并；第三，大跃进后商权下放；第四，因下放感到不好，又收回商权。现在再成立供销社，其任务：购销、价格政策、利润、资金、干部都归公社管，因单靠国营商业管，不能完成供销社的任务。

（六）工作方法问题

过去文件太多，下面看不过来。今后文件要精，而不在多。整社要注意后期的经验。工业要有分析的文件。批转文件要少而精。工业搞几个组，大兴调查研究之风，要搞典型。主席对各部门的工作是有意见的，只要认真抓，工作是会好起来的。

（七）关于外贸方针问题

搞长远计划，要考虑外贸方针。外贸方针要改变，进口原料，出口成品。如进口棉花，出口针织品；进口粮食，出口猪肉。

（八）关于化肥问题

大力发展化肥，陈云同志说，还是搞 2.5 万吨的，其他的技术未过关，浪费材料的应急。如材料不够，可以进口，8 年内每年搞 10 套 2.5 万吨的。

书记处会议之后，富春同志对编制两年计划、八年计划的问题提出了如下指示：

1. 两年计划着重搞原材料：煤炭、石油、天然气。改变燃料的构成，从长远看，煤炭不能搞得太多。石油的投资能否再增加一些。石油、木材、选矿、矿山、交通，要着重搞。

2. 钢铁生产能力要好好摸一下，看综合能力中的缺口是什么？着重搞缺口，填平补齐。否则，冶炼能力很大，其他方面拖着上不去。要把情况摸清楚，把有限的投资用到得力的地方。我们现在就是情况不清。

3. 支援农业要很好的注意，今、明年做到什么程度？化肥搞多少？要考虑资源的综合利用，多搞点化工。

4. 两年计划的方针，还是“调整、巩固、充实、提高”八个字着重搞原材料，着重支援农业。从 1963 年开始有较大的跃进。

5. 八年计划的指标，应当是稳当跃进的指标，到 1970 年，钢能否搞到 5 000 万～6 000万吨；每年增加 5 00 万吨。考虑工业指标，首先考虑农业问题。

6. 工业布局、交通布局要好好研究一下，后 8 年搞大后方，重点是西南，不是西北，西南人多、粮多，云、贵、川的交通建设要快一些。

7. 钢铁比例要研究、要节约用铁，8 年内能否多利用一些废铁，以节约煤炭。

煤炭着重搞炼焦煤。

化工原料着重搞天然气。

1 万吨石油相当于多少万吨煤炭？搞 1 万吨石油需要多少投资、钢材、木材？搞 1 万吨煤炭需要多少投资、钢材、木材？要作一经济比较。

党组根据中央书记处和富春同志的指示，决定即着手编制两年计划，由志文、树藩同志负责组织各局进行；八年计划的问题由志文同志负责组织。

党组决定了如下事项：

1. 卓新同志出差期间，工作由志文同志代理。

2. 关于煤炭的调查研究情况，由志文、养初同志向局以上干部讲一次。

3. 齐副主任轮流定期（一周或两周）向干部作有关经济形势问题的报告，关于两年计划、八年计划的编制问题，亦向全体干部传达一次。

4. 组织部召开的 11 个省市的整风汇报会，开完后请西山同志向党组传达汇报一下，并可会后给处长以上干部传达报告一下。

150－9－25

国家计委传达中央书记处会议精神

1961年3月27日

3月26日上午，中央书记处召开会议，小平同志传达了广州中央工作会议的内容。

中央这次工作会议，原定4月份举行，因三南、三北的会议开得好，所以提前在3月份举行。会议主要讨论了两个问题：平均主义问题、调查研究问题。

（一）平均主义

中央的“十二条指示”，解决了公社的平调问题，但未解决另外两个平均主义：生产队与生产队之间、个人与个人之间的平均主义。这两个平均主义很严重，不解决，“十二条指示”得不到更好地贯彻，群众的积极性调动不起来。

解决这个问题也容易，搞了人民公社的“工作条例”。“六十条”的内容基本上恢复了高级社，但又不同于高级社，还保留供给制和工资三七开。新疆是四六开，也还搞得好，可以保留。对于五保户，每年每人收入18元，吃饭就可以保证。食堂可以多种形式，农忙时办，农闲时不办，也可以办长年的，不要全国统一一个形式，但要积极办好，不要搞垮了。

公社的权力大大限制了，现在的规定只相当于过去乡政府的权力，中心问题是把公社内部的各种界限规定下来，但还是政社合一。

公社的发展太猛了，要分三个阶段：第一阶段，联社。现在公社体制改变后，实质上就是联社加上了新的内容。第二阶段，现在的公社形式。第三阶段，全民所有制。

平均主义，“十二条指示”还没有根本解决它，这次把它根本解决了，但是贯彻起来很费劲，准备把“六十条”和中央的一封信向社员宣读，交群众讨论修改。

（二）调查研究

这次会议总结了三面红旗，总路线、大跃进、人民公社是对的，路线、方针是正确的。煤炭由1.3亿搞到4.2亿吨，钢每年增加500万吨，水利搞了那么多，虽有问题，但总是收到了效益。搞到1 800万吨钢是大事，没有三面红旗是达不到的。

但是，在执行步骤、方法上有缺点，教训是深刻的。把实事求是的根本方法丢掉了，把调查研究丢掉了，这是全党最重要的教训。我们党是有调查研究的好传统的，打胜仗、进行三大改造，都是靠调查研究。自1958年以来，工作有成绩了，疏忽了调查研究，特别是1958年下半年以后，对于群众的情况、敌人的情况就不了解了。政权被人打过来、拉出去，这就是不了解情况。只找干部汇报，不大听见群众的意见了，不了解各阶层的真实动态了。有些群众的意见也不大听。不是经过典型试验，而是一下子推广，不分地区、时间和采取不同的办法，而是一下子大铺开搞。北戴河会议时搞三件事：金门打炮、大办钢铁、人民公社。三件大事，没有认真搞调查研究了。

自己解剖麻雀，心中就有数了。主席说，不要老爷式的作调查研究，心中无数。工业是复杂的，麻雀很多，行业之间有差别，但也有共同的问题，一定要认真搞调查研究，搞试验。调查研究，主要是放在县以上的机关，作为党的永远的工作方法，到了共产主义社会也还要靠调查研究。把方针、方法两个问题都解决了，工作一定会很快见效的。

有一些问题我们是觉察到了，但是没有当作一回事认真调查研究清楚，正确地解决这些问题。

调查研究，要经常联系一些点，要有固定的队伍经常了解情况。部、委亦应有专人搞调查研究。更重要的是组织大家去调查研究，要组织，不组织又会成灾。搞典型，要有质量。

工作部署：

4月份不开会，5月份开，检查“六十条”的执行情况，谈商业和手工业的问题，搞工业问题。现在马上做调查研究的组织工作，先调查农村。计划，7月份谈。工业的若干条还没有搞出来，要先抓整风，先搞产值占80%以上的2 400个大中型企业，从企业的历史研究起。

具体部署四条：

1. 农村的典型调查，以“六十条”为中心，征求群众的意见。下去的人要先学习文件。要有固定的队伍，建立经常联系的点。

2. 立即组织工业战线的整风，北京搞了三十几个，还不错，要赶快总结经验通报。每一个部的部长要有一个典型调查，当作第一件事情。计委也要搞一些固定的点。

3. 生产上要搞得更好一些，煤炭日产量停在55万吨上不去，如何搞上去。生产问题由书记处抓，不要再找总理了。

4. 计划如何搞法。不要像过去搞得那么繁琐、搞那么多表，要抓住主要的。3年后如何搞上去，有个打歼灭战的问题，怎样打法，每年如何搞10套2.5万吨的氮肥厂、1 500万吨石油；拖拉机如何搞上去，今年搞多少，明年、后年能搞多少；车轮轮箍厂摆在哪里，怎样搞上去；有了1 800万吨钢的水平，把两头如何搞上去，先不要看重每年增加多少，而是先把两头如何搞上去；天然气铺一条管子到武汉，不晓得能解决多少问题。打破过去的比例关系，就是以这几样为中心，定下来，如何搞上去。南方排灌机械主要是缺提水工具，还不是水库的问题。机械工业也有打歼灭战的问题。化工厂要设在有煤矿的地方。老老实实利用现有的资料和几年来发明创造的资料，好好搞科学试验研究。计划工作有个布局问题，4 000万吨钢要有个布点，大中型搞多少，放在哪里；填平补齐需要几年。第一步先搞几年计划，然后搞长远计划。5月谈工业，7月谈计划。

26日下午，总理召开会议谈外贸问题。

粮食进口问题。今年如果进口500万吨，明年进口326万吨；今年如果进口400万吨，明年亦进口400万吨。今年截至2月底，已进口30多万吨，4月底可达到40几万吨。目前正同澳大利亚、加拿大谈延期付款的问题，争取延期半年，对方只同意延期3个月。

同几个国家谈判进出口的情况。东欧国家，自从总理同这些国家的大使谈过话之后，一般反映较好，态度最差的是捷克、波兰。民主德国过去表现不好，总理批评过后有转变。现在同东德的谈判，有钢网车间、钢丝绳厂、铝箔轧机三个项目谈不下来，主要是东德自己解决不了，需要从西德进口。总理说，人家本身还不能解决的问题，为什么一定要人家给，这不好。

国际上有贸易差额超过2.5％付利2%的规定。总理说，我们欠苏联和兄弟国家的账，亦照此规定付利；两年灾荒欠了账，明年少进口，争取多出口还债，因此设备进口要减少。

长期贸易协定问题。同东欧国家从1958年3月开始谈起，到1960年10月还在谈，定了78项。现在谈判结果，有20%取消了。总理说，这就是计划的盲目性；同苏联谈定302项，取消了102项，有40%的盲目性；援外也有盲目性，搞得很被动，要总结经验。总理说，过去同外国谈判，没有全局观念，一个部门一提，综合部门就批；用货部门政治不挂帅，现在还向东德要那三个项目，逼着人家从西德进口；出口食品、农产品不交，矿产品少交，变盲目性为计划性；被动转入主动，这不容易。

对长期贸易的处理办法，总理提出了四条原则：

1. 人家已安排生产的设备，只好接受；

2. 能推迟的推迟；

3. 要求撤销的东西，要争得人家同意；

4. 人家要求撤销的东西，我们首先应同意。

我们同苏联有三件事：

1. 苏联主动想给我们100万吨粮食、50万吨糖，我们答复只要糖，不要粮食，或把粮食作后备。我们不要粮食，主要是感到政治责任太重。苏联粮食也有困难，据说他们向群众交代是援助了中国。

2. 苏联提出把贸易欠款20亿元转为贷款，数字太大，可以考虑按付利2%的办法处理，争取不转贷款，以少进口多出口的办法弥补。

3. 专家问题。总理接见阿希波夫时谈判二部的问题，他未封口，总说有希望，到了莫斯科就可以解决，意思是想派专家来帮助。

总理指示，同苏谈判的专家的问题待卓新同志去苏时先不交底；先进口哪些，后进口哪些，要排队；出口亦应排队，出什么，何时出，计划定下来争取多出口；今后计委搞计划，考虑设备进口时要注意这些问题。

150－9－25

北戴河计划会议简报（第48期）李富春同志七月三十日在领导小组扩大会上的发言（要点）

1961年7月30日

听了各组这几天在领导小组扩大会上的发言以后，我提出几点意见，供同志们参考：

（一）关于经济形势

根据大家的反映，现在农业方面不仅是缺粮地区，需要恢复生产力，就是历来生产商品粮较多的地区（如华北的内蒙、东北的黑龙江、西南的四川、中南的广东、华东的江西，等等）也要努力恢复生产力。轻工业现在主要的还是要随着农业来定。重工业有这么大的“克郎猪”，需要调整、巩固、充实、提高。从全国范围说，农轻重和商业工作各方面的改进和加强，看来都需要3年到5年的时间才能基本上得到解决。这是我们在实际工作中的缺点和错误，再加上3年的自然灾害所造成的必不可免的情况。

在这样的情况下，我们虽然只搞两年计划，但可以看到今后4年的发展趋势。我们应当努力争取1965年达到如下目标：

1. 到1965年，全国各地的农业产量要努力恢复到当地解放以来最高的年份（包括人力、畜力、地力和物力的恢复）。

2. 随着农业的发展，轻工业也要尽可能地有所发展。质量要有所提高，品种要有所增加。要生产一部分人造纤维和合成纤维代替一部分棉花。日用品要能够基本上满足市场的需要。

3. 重工业继续贯彻“八字”方针，以钢、煤作为一定的线，截长补短，填平补齐。以钢为例来说，到1965年，我们要能生产出1 800万吨的好钢和相应的品种多、质量好的钢材，这样在品种、质量上就成为一个大跃进。能达到这样的水平，那我们的成绩就不小，就真正是巩固提高了。

要达到这样的水平，还要靠全党的努力。全党必须团结一致，思想一致，行动一致，不怨天尤人，不向困难低头，克服畏难松劲情绪。在今天有困难的情况下，我们必须充分利用有利的因素看到光明的前途。我们摆困难的目的，是为了寻找产生困难的原因，得出克服困难的办法。因此，我们必须鼓足干劲、力争上游，在党中央和毛主席的领导下，朝着上述总目标奋勇前进。

（二）关于经验教训

从工业方面说，最基本的经验教训就是指标过高、计划过大。由于过高、过大，影响了比例，影响了农业，而农业收成不好反过来又影响了工业。过高、过大的结果，使基本建设战线拉长了，只注意扩大再生产，而忽视了当年的简单再生产，把过多的人力、物力和财力用于几年以后才能发生效果、甚至不发生效果的事情上去。大办钢铁，大办水利，成绩确实很大，问题在于过了头，把战线拉得太长了，挤了工农业的当年简单再生产，把当年的设备维修和维修用的材料也挤了，把配件、工具、卡具也搞少了。这样，积累过大，必然影响工、农业的生产，自然也就影响人民的生活。再加上两年的自然灾荒，就使工农业更加脱节，城乡都比较紧张。

我们搞再生产，特别是搞扩大再生产，没有认识到这样一个规律问题：就是马克思早讲过的：任何再生产都必须既要包括生产的消费，也要包括个人的消费；既要包括资本的流通，也要包括一般商品的流通。也就是毛主席常讲的要全面安排，综合平衡。就是说，搞生产和扩大再生产，不仅要有设备、动力、交通和原材料问题，还要有吃饭、穿衣问题；不仅要有一、二类物资的流通，还要有三类物资的流通。这条教训对我们搞工业的同志特别重要。要上基本建设，必须全面考虑基本建设施工各方面的需要，投入生产后生产消费和个人消费的需要，这样每个企业每个行业都有全局观点，就能发现问题，及时安排，也才能正确地解决农轻重的关系，正确地解决工业布局和城市规划问题。在当前农业生产歉收的情况下，很多工业的简单再生产尚不能全保，何况扩大再生产，因此，我们一定要坚决地缩短基本建设战线。

过去，我们对这条规律认识得不够，搞工业、交通的同志历来不管吃饭、穿衣问题，没有认识到生产中除了生产消费还有个人消费，除了资本流通还有一般商品的流通；也没有认识到扩大再生产搞得过多了会妨碍简单再生产，甚至还没有认识到加工工业与原料工业采掘工业的关系。这种片面性的教训，使我们认识到综合平衡、全面安排的重要性。

我们在3~5年之内，从各方面继续“贯彻调整、巩固、充实、提高”的方针。“八字方针”的基本内容，就是要解决工业与农业相适应的问题、生产消费与个人消费相结合的问题、轻重工业和重工业内部的比例关系问题，从各方面提高质量和经济核算的问题。

由于指标过高、计划过大，结果生产上就出现了单纯追求数量、忽视质量的问题。当然，有些事物从数量到质量要有一个过程的，如小高炉、小转炉要过技术关。但是，有些原来质量比较好的也下降了。

由于追求数量，在生产上就产生瞎指挥。瞎指挥不仅农业方面有，工业方面也有，而且也相当严重。所以当前经济工作中的问题，7个字还要加个“瞎”字，即高、大、平、调、急、瞎、散、乱。

为什么在工业上和基本建设上产生高、大？

第一是我们对农业和工业的形势，曾经作了错误的估计。1958年和1959年上半年我们对农业产量估计过高；而1959年下半年和1960年上半年，我们对农业的歉收及其影响又估计不足，从我们说，一直到1960年秋收后才有较清楚的认识。对工业的认识也有主观片面性，只看到数量上的大跃进，只看到现象，没有看到大跃进下面存在的许多问题。

第二是由于认识不足，没有经验，把积极性变成了盲目性。例如，大办钢铁，小高炉搞得过多，有些小高炉前不靠山，后不靠水，不顾资源、运输条件；大搞水利，不顾水文资源，抓了就干，拦腰斩，上下游不结合。因此，我们必须把积极性与有计划按比例的规律结合起来，把集中领导与机动性结合起来。积极性不能脱离有计划按比例的规律，不然就会变成盲目性。

第三是由于我们思想方法上的主观片面，忙于事务，不做调查研究工作，不善于走群众路线，因而计划也就或多或少脱离了实际、脱离了群众。

（三）关于计划工作

要提高计划工作的水平，计划要做得好，补充说明两点：

第一，我们的计划必须从实际出发，有可靠的统计数字，有可靠的调查研究资料，来进行认真的计算，从认真的计算中才能发现问题，才能把计划真正定在切实可靠、留有余地的基础上。过去几年，我们不从计算实际可靠的综合生产能力来定指标，而常常是先定大指标再计算，如何适应高指标的要求，这样的计算自然不能符合实际，其结果必是“一年计划，计划一年”。

第二，我们的计划不仅要反映党的经济方针（如农轻重方针、“八字方针”），而且要反映政策，特别是如何反映改进生产关系和上层建筑的重要政策。这样，才能使计划既能建立在计算的可靠的基础上，也能建立在能动是人的创造性、积极性的基础上。

这里，有几个政策问题值得研究：

1. 所有制的问题。必须把全民所有制和集体所有制，划分清楚，不能混淆，不能混在一起“和稀泥”、“吃大锅饭”。这几年来，不论工业、农业，或者商业，基本的毛病是混淆所有制。在农业方面，主席和中央早有指示人民公社是社会主义的集体所有制。但在实际工作上我们想急于过渡，忽视了三级所有制，而产生了共产风。城市工商业包死统死也是所有制问题。大办城市人民公社时，我们忽视了全民所有制与集体所有制的区别，以及必要的个人经营。商业渠道为什么少了？就是因为一切都变成国营商业了。人包得多，物统得多，其结果走到相反的道路，物愈统愈少，人愈包积极性愈小。城市中的社会分工也搞乱了。必须在一定时期逐步恢复过来。

2. 等价交换问题。包括两个问题：一是东北、华北提出的等价交换问题。你要我搞煤炭、钢铁、木材、棉花，就要全国一盘棋进行安排，就要在农轻重的产品上调剂有无，调余供缺；你要安排生产任务，就要同时安排个人消费。二是要注意价格政策，现在就整个市场价格来说，必须力求稳定。如产品之间的合理价格，不要随便变动；市场价格不要随便提高。自由提价必然对工人、农民都是不利的。对自由市场必须加强管理。另外，对工业品的调拨价格要研究，不合理的应加调整。如采掘工业和原材料工业的产品价格一般说是偏低的，加工工业的产品价格一般说是偏高的。这几年，为什么原材料工业发展较慢而加工工业发展较快？这里面是有一个利润、价格问题，因为有利可图。

3. 工资政策问题。上次已讲过。今年城市减人告一段落以后，从明年起，在定员的基础上分批分期地升级、转正，不能长期冻结。工资制度和奖励制度都必须贯彻按劳分配的原则。

4. 技术政策问题。要引起我们的注意。技术政策是我们搞长期计划的根据之一，目的在于发挥企业的潜在力量，提高工业水平，提高劳动生产率。重大的技术政策，科委要搞；各部门也要总结本系统内重要的技术政策。

5. 企业管理制度问题。主要是两条：一是责任制；二是经济核算制。认真贯彻执行党委领导下的厂长负责制。计划确定以后，生产行政上应当由厂长负责统一指挥；恢复在厂长统一指挥下的总工程师的技术责任制；建立各方面的责任制。经济核算方面，要有定员、定额，成本管理和提高劳动生产率的措施。企业的利润留成怎么搞法还值得研究，既不能使企业利润留多了，又不能妨碍企业的积极性。这个问题，请财政部研究。

6. 协作关系问题。现在，一个县，一个区，甚至一个省都可以层层设卡，本地产品不准出县界、区界，甚至省界，取消了社会主义的协作关系，这样怎么能进行社会主义建设呢？另一方面，企业搞多种经营，不是结合着原材料的综合利用，而是想全不求人，搞社会上的重复劳动。

工业方面的协作关系，必须注意以下几点：

（1）以重点企业为中心恢复原有的协作关系。

（2）如果原有的协作关系不能恢复，则应建立新的、固定的协作关系，中央企业、地方企业要通盘考虑，统一安排。

（3）今后不能随便变动协作关系，企业不能随便扩建和升级，要有变动，则应有可靠的企业来代替；不然，企业就无法维持正常生产，产品就无法配套。协作关系必须要有合同保证。不仅对计划要有严肃性，对合同也要有严肃性，不能单方面废除。单方面废除合同，就是犯法，要有国家法律机关进行仲裁。

7. 领导关系和体制问题。首先要考虑的一个问题，就是要加强中央局计委、经委、农办、财办的权力和机构。在全国计划一盘棋的安排下，中央局计委先进行大区的平衡调剂，然后再由中央在全国范围内进行平衡调剂，统一安排，差额调配。并且在这个基础上，逐步做到以大区为单位建立起不同水平、各具特点的互相协作的经济体系。这样，中央各部、委的机构可以缩小，一部分人员可以下放，中央机关的精工简政也就好办了。这是一件大事，希望大区同志考虑研究。

第三，如何进行综合平衡，全面安排？

各级计委需要加强。计委内部也要“拉长农业战线了”。只有这样，各级计委才能有全局观点，才能对工、农、商、交、文、财、劳进行综合平衡，全面安排。计委要站在矛盾之上。各部门、各地区都要注意综合平衡。

要加强综合平衡，就是要更好地贯彻执行农轻重的方针和调整、巩固、充实、提高的方针。

1. 贯彻执行农轻重的方针。

（1）这个方针是大家都要贯彻执行的。但是由于全国各地的情况和特点不同，农轻重之间的比例关系也应有所不同。例如，东北是全国的重工业基地，东北加强农业和轻工业的发展，是为了保证重工业基地充分发挥作用，而不是削弱这个重工业基地，去发展农业和轻工业。又如华北的煤炭、木材、棉花非要支援全国不可，还是要在这个基础上来发展农业和轻工业。在我国目前各地区经济发展水平不平衡的情况下，要在一个省的范围内使农轻重的比例关系摆得那么平衡是不可能的，这还需要全国的全面安排和调剂。

（2）农业生产以粮为纲是肯定的。但是由于各地情况不同，还有一个全国平衡的问题。比如，河北想多种些粮食、少种些棉花，这从一个省的范围来看，是可以这样设想的；但是从全国平衡来考虑，就不能这样做，需要河北多种些棉花、少种些粮食。如果河北因而粮食不够，国家就应当拨给粮食。这就是等价交换，也就是综合平衡、全面安排。计委要同各“口”把这方面的工作做好。

（3）支援农业。这是一个头等重要的问题，需要反复地考虑研究，怎样能够做到调动一切可以调动的生产资料和生活资料来支援农业。我们应当按照农轻重的方针，再切实地计算一下生产指标和基建规模，如果指标还过高，规模还过大，还可以再进一步缩小扩大再生产的力量；但是煤炭、木材、化肥、石油还是要逐步搞上去，以保证支援农业的需要。

2. 贯彻执行“调整、巩固、充实、提高”的八字方针。

（1）农业内部，要体现以粮为纲，农林牧副渔全面安排的精神。我们应当考虑：明年供应农业的生产资料和生活资料究竟有多少？化肥能供应多少，能增产粮食多少？水利工程能配套几个，能解决什么问题？排灌机械和拖拉机能搞多少，能修配多少，能顶替多少劳动力，有多少实效？做这些工作时，要注意经济核算、讲求实效，不要单纯追求数字。然后考虑农业方面需要安排多少粮田，要求达到多少产量，其他棉花、油料作物等最低需要安排多少，如何调剂等等。

农业计划体制如何改变，值得研究，农业计划是间接计划，是应从下而上的搞，但是如何使国家计划对农业起促进作用，值得研究。

（2）轻工业内部，必须集中使用原材料，打歼灭战，不要搞平均主义，不要这个厂有一点，那个厂也有一点，结果谁也不能正常生产，浪费了人力、物力、财力。如果明年的棉花、油料、甘蔗生产不多，则应进一步停办一些棉纺、榨油、制糖企业；与其明年缩，不如今年缩。就轻工业的一个工厂来说，也要注意综合平衡，比如大豆榨油，就不能只看到油的作用，忽视豆饼的作用，你把大豆的出油率提高到15%以上，看起来似乎很合算，但是另一方面豆饼却既不能做饲料、又不能做肥料了；又如纺织厂利用落纱、纱头，从纺织厂来看似乎很合算的好事，但是结果机器厂、钢铁厂、机车就没有纱头擦机器了，只好用新布。

（3）重工业内部，总的来说，是截长补短，以中线为杠，逐年填平补齐，逐年提高。例如，钢铁工业明年先按1 400万吨钢来补齐，后年可按1 600万吨钢补齐，大后年才按1 800万吨钢补齐，不要设想明年就按1 800万吨的长线来填平补齐。机械工业首先是内部如何调整，除了专、县的机械工厂主要搞农具生产和修配以外，要对中央和省市自治区的机械工厂在全国范围内进行统筹安排，都要以重点企业为中心安排配套生产任务。内部调整以后，不够的再搞必要的新建。

重工业各个行业内部、一个企业内部都有综合平衡、全面安排问题，即除了要考虑生产必需的原料、材料、动力、交通运输等条件以外，还要考虑上下水道、市政建设的配合，考虑计算职工及其家属的生活消费。这3年，实际上把设计任务书的审批程序吹了，不顾一切上了再说，结果还是上不去。我看设计任务书的审批程序还是需要的，而且还一定要包括各方面协作的内容。

(4) 工农业和商业的关系，就是要注意：搞再生产时，一定要把职工的个人消费安排好。农村的退赔，一定要有必要的物资，否则向农民讲清楚，宁肯慢点。农产品提价、农贷支援都要稳，不然好心好意为农民利益着想，却叫农民吃了亏。所以一定要在物资落实的条件下，再搞退赔、再搞农贷。退赔物资要纳入计划。

(5) 在数量与质量、品种的关系上，今后几年要着重提高质量，增加品种。如钢、铁、钢材、煤、木等主要产品要有质量、品种的计划指标。

通过贯彻"八字方针"，经过4年的努力，到1965年，不论重工业或者轻工业，原材料工业或者加工工业，争取在质量、品种上来个大跃进。配合农业的恢复和发展，努力争取达到上面讲的三个奋斗目标。

150－9－77

李富春在中央工作会议上发言要点

1961年8月18日

讲三个问题：一是目前经济形势，二是调整的方针，三是调整的具体做法。主要是谈工业方面。

一、目前经济形势

目前经济形势，主席在今年1月曾讲过全国有70%地区是大好形势，有30%地区是大不好形势，这是讲农村的。现在看起来，在工业方面的大好形势中，也有个20%～30%大不好形势的问题。要把这部分大不好形势讲清楚，才能巩固和发扬这大好形势。三面红旗是长期的总方针，不是一时的曲折可以损害的，要看10年、20年。她是社会主义普遍真理同中国具体实际相结合，她的正确性已经从实践中得到证明，今后将更得到证明，并且将通过许多具体政策和具体工作而使她的内容不断丰富起来。过去3年工业生产水平每年增长32.3%，3年共增长132%，其中，重工业每年增长49%，钢每年增长52%，铁每年增长66%，比第一个五年计划时期工业生产平均每年增长18%，重工业25%，钢32%，铁25%，高得多。3年大跃进的成绩，是客观存在，是谁也否定不了的，这里不多讲。当前主要应该解决的问题，是如何克服暂时的、比较严重的困难，克服经济上的混乱局面。现在对农村形势的认识已经一致了，对城市的形势还需要进一步搞清楚。所以在这方面我多说一点。

3年来，我们在农业生产方面积累了许多经验，进行了规模巨大的水利建设，供应了许多排灌机械、拖拉机等，有效排灌面积增加了1.6亿亩，开荒1.4亿亩。但由于自然灾害和工作中的缺点，人力、畜力、地力和工具都在一定程度上削弱了，从全国范围说农业生产力的恢复，大约需要3～5年时间。去年的粮食、棉花等农产品，都降落到稍低于1952年的水平（粮食1952年3 088亿斤，1960年2 900亿斤左右，棉花1952年2 607万担，1960年2 100万担），而1960年的全国人口则比1952年增加了16%，城市人口增加了80%以上。今年粮食的总产量不会比去年多多少，棉花、油料、烤烟、糖料等经济作物的产量将比去年更少，在明年秋收以前吃穿问题仍然较紧。

3年来，我们工业、特别是重工业的生产能力和技术力量有了成倍的增长，矿产资源有了大量的发展，为国家工业化打下更大的基础。但总的来说，由于对生产能力估计过高，因此计划指标过高、发展速度过快、基本建设战线过长，以致积累过多，投资效果不大，甚至为了扩大再生产，挤了现有设备的维修，挤了为保证现有设备的正常运转所必需的备品配件的生产，因而影响了当年工农业生产，在一定程度上破坏了国民经济的正常比例，打乱了生产关系，也损坏了一部分生产力。在工业生产上任务过重，许多企业的设备损坏相当严重，产品质量降低，企业管理混乱，劳动生产率下降，成本提高，□□关系脱节，许多企业处于停工和半停工状况。这就说明在工业生产能力的大发展中，同时又有部分生产能力遭到破坏，并破坏了多快好省的统一的要求。必须经过一定时期的调整和补充，才能把现有的生产能力恢复起来，充分发挥作用。

我们搞社会主义建设，特别是工业建设，不懂得要实现扩大再生产，必须首先保证简单再生产这样一个基本的道理；甚至也不懂得任何再生产都必须既要包括生产的消费，也要包括个人的消费，即不仅要有原料材料、设备、动力等等这些生产资料，而且要有粮食、布匹等等这些消费品这样一个基本的道理。主席经常教导我们要全面安排、综合平衡，而我们恰恰在简单再生产和扩大再生产、生产的消费和个人的消费这些重要方面，没有很好全面安排和综合平衡。

从上述情况看起来，我们在经济方面取得巨大成就的同时，在实际工作和具体政策上缺点和错误还不少，有的还相当严重，应该认真总结经验教训。我认为，3 年多来，大体上经过三个阶段。

1. 从 1958—1959 年庐山会议这个阶段，我党制定了一个较为完整的总路线，并提出了充分走群众路线的方法，工农业生产都实现了大跃进，组织了人民公社。但因为缺乏经验，在农业方面主要是打乱了生产关系，破坏了按劳分配和等价交换的原则，产生了“五风”；在工业方面主要是计划指标过高，基本建设战线过长，生产任务过重，综合平衡很差。毛主席和党中央在两次郑州会议、武昌会议、上海会议一直到庐山会议中，再三提出了冷热结合，实事求是，指出了农业中所发生的严重问题，提出了一系列正确的方针。对工业计划指标也要求落实，不要勉强做不可能做的事，使这一时期的缺点和错误逐步纠正。这个时期，由于对三面红旗的执行缺乏经验，出些偏差是难免的，而且纠正比较快。

2. 庐山会议反对右倾机会主义，保护党的统一是完全正确、完全必要的；但后来把反右倾反到群众中去，现在看来，是不适当的。接着反对国际修正主义，取得了巨大的胜利。在反右倾、反修正主义中，我们的头脑又热起来了，在工农业上，进行了几个“大办”，在商业上搞“大购大销”，没有想到这些“大办”、“大购大销”又带来了更大的“五风”。再加上两年大面积的灾荒，使农业生产受到了很大的损失。在工业方面，因为对生产情况不摸底，在 1960 年又定了以 1 840 万吨钢为纲的指标，并提出“开门红”、“满堂红”、第二本账，基本建设战线拉得更长（1960 年投资 384 亿元，比任何一年都大得多）。到下半年为着争一口气，仍然在实际工作指挥中集中力量保钢，因此各方面绷得很紧，带着很大的盲目性，加重了国民经济的不平衡。看来，我们在实际工作中的偏差，主要是这个时期。

3. 从去年北戴河会议到现在，党中央和毛主席首先抓了农村，各级党委深入进行调查研究，摸清了情况，相继采取了一系列有效的措施，特别是“十二条”、“六十条”的贯彻执行，农村形势已经好转，而且使我们更深刻地体会了工农业的关系和农业为基础的重大意义。在工业方面，去年北戴河会议提出了“调整、巩固、充实、提高”的八字方针。这是正确的，而且开始想调整；但因为对情况还不摸底，又没有从国民经济的全局出发，没有从整个工业相互联系的情况出发，还想在重工业生产已经达到的水平上来进行调整，而没有认识到必须后退一步才能调整；因此“八字方针”并未具体化，1961 年初仍然定了以 1 845 万吨钢为纲的指标。实际情况是非退不可，但又不甘心退，弄得东凑西补，一再努力而生产仍上不去。这时期粮食、副食品和其他消费品供应困难的情况，也更突出了。1959—1960 年的工业生产和基本建设所走的道路是年初高、年中调整、年末保重点挤其他。现在才开始认识问题，认识到退够才能调整，认识到工业不能孤立安排，认识到整个工业不后退、不退够、不松动一个时期，就不能调整。这些认识是经过了一个过程，是逐步明确的；而这些问题，看来也不可能用突击的办法在短时间内解决。

3年来，我们在工业生产方面的成就确实是十分伟大的。但是由于要求过急、前进过快，现在进行调整，就必须后退一步。今年1—7月的工业产值，比去年同期大约下降了38%，其中，重工业下降了45.6%，轻工业下降了22.6%，钢产量下降了37%，煤产量下降了27%，木材产量下降了52%。

工农业生产中的困难必然影响到国民经济的其他方面。如在财贸工作方面，概括地说，现在是货币发行多了，物资供应少了，部分物价上涨，工人实际工资降低，财政有赤字。今年货币发行同物资供应的差额将要达到40亿~50亿元，财政收入可能从去年的635亿元下降到350亿元，财政赤字估计会有30亿元以上，这是1950年以来从来没有的情况，1962年的财政收入，有可能比1961年更少。

我们把调整工作耽误了，原因是我们对国民经济的真实情况缺乏调查研究，对情况估计不对头，在工作方法上有主观片面性，对毛泽东思想和党的方针政策体会得不深不透。比如对解放思想、破除迷信和科学精神相结合，对冷热结合，对革命阶段论和不断革命论相结合，对政治挂帅和物资鼓励相结合，对全民所有制和集体所有制，对平衡是相对的不平衡是绝对的等等的辩证的关系，在实际行动中都理解和执行得片面。在工作中没有认真地把各方面的要求，把需要和可能，进行全面安排，综合平衡，也没有留有余地，争取主动。这里计委、特别是我应负主要责任。现在农村形势已经开始好转，对工业方面的问题也已经有进一步的认识，这是我们进行国民经济全面调整的有利条件，不能再耽搁了。

现在回顾设想一下，假使我们把生产的速度放慢一点，以钢为纲来全面安排，钢产量每年不是增长50%，而是增长30%，1960年达到1 200万吨，而且注意质量品种，仍然是3年完成第二个五年计划的主要生产指标，仍然是大跃进，即使连续歉收，情况也比现在要好。

现在起，经过几年的调整，即使1965年或1966年达到1 800万吨钢的水平，只要质量好，品种齐全，其他部门都与1 800万吨钢相适应，这仍然是了不起的成就，是世界水平，从全部过程来看，仍然是大跃进。在这样的数量和质量的基础上，今后会跃进得更好。

二、调整的主要方针

认真执行“调整、巩固、充实、提高”的八字方针，目前的中心是调整，在调整中逐步巩固、充实、提高。“八字方针”是个带有战略意义的方针。根据现在情况看来，这个任务需要用3~5年时间来努力完成。所谓调整，从总的来说，是要调整农、轻、重的比例关系，调整工业内部的关系和企业内部的关系，使国民经济的发展尽可能符合有计划按比例的客观规律。从具体安排来说，应当：

1. 从工业的总情况说，不仅基本建设和生产指标都要主动地、有计划地退下来，而且要退够，留有余地，使总的情况松动下来，以利于调整。过去我们对生产能力估计过高，对其他方面的配合（如原材料、燃料的供应和运输能力等）研究不够，因此所谓挖潜力，往往是孤立的计算，实际上是寅吃卯粮。所谓退够，就是要根据各行业各企业的现有综合生产能力和原材料、燃料供应等各方面的可能，来全面安排生产任务。要着重抓质量品种，讲究经济效果。退下来，才能主动，主席指示我们“主动权是一个极端重要的事情”，退够是为着更好地前进。

在具体安排中，大多数的生产指标和基本建设项目必须退够，坚决下马，有少数带关键性和薄弱环节的生产指标和基建项目，必须在综合平衡、全面安排的基础上，集中力量打歼灭战，积极可靠地进行生产和建设。只有这样，才能争取各种比例的逐步协调。今后基建项目必须按照基本建设程序办事，设计任务书和施工设计经批准后才能施工。凡是生产任务不足的部门，要根据产品质量、品种、原材料消耗等情况，来有计划地保一批工厂、停一批工厂。有的工厂要改为生产备品配件，有的工厂要从制造厂改为修理厂。

在计划落实以后，就必须抓紧当前的生产调度工作，凡是能够做得到的必须做到，应该保证的必须保证，要用主要的力量来进行调整，同时也不放松当前的生产。因此必须鼓足干劲、力争超额完成任务，不能因为指标降低而产生松劲情绪。

2. 在今后5年内，国民经济各部门、特别是重工业必须首先支援农业，支援轻工业和市场，兼顾国防工业。生产资料的增长，最终还是要依存于消费品的增长，依存于个人消费的得到适当满足。因此，农业不恢复和发展，吃饭穿衣和市场日用品的供应不能保证，工业的发展是困难的；因此，尽可能地促进农业的发展是今后几年的根本大计。重工业方面要尽可能多分配一些原材料和燃料来支援轻工业和手工业生产，多生产一些日用百货，使人民在用的方面得到适当的满足。这是关系到人民生活、工农联盟，也关系到国家工业建设的重大问题。

工业支援农业，要重工业、轻工业、手工业各部门都注意到多生产真正适合农民需要的各种小农具和生活用品，并按可能生产各种农业机械和化学肥料。凡是不合中国需要的农业机械，没有定型的农业机械和改良农具，都不要成批生产。农业机械要先维修后生产，补充备品配件。耕作、排灌、运输、加工等农业机械和化学肥料，都要根据各地不同的特点，重点使用。例如拖拉机要从东北到淮河以北，分区、分批、分期逐年解决。这样既便于管理，又便于组织维修和培训技术力量。排灌机械主要用于地方，化肥也要重点使用。

在国防工业方面，今后相当长时期内，打仗还主要靠常规武器（援外也是常规武器），所以要注意生产常规武器。60年代的尖端必须坚决地搞，但要紧缩规模，适当放慢速度，集中力量，重点突破。要加强国防工业所必需的新型材料的研究、试制和生产。

3. 在重工业生产内部，要在原材料供应和运输能力可能的基础上，进行综合平衡、全面安排、当前首先要从煤炭着手来带动其他，先维修现有的设备能力，争取采掘平衡，然后再逐年增加新井建设。如果煤炭上不去，不仅钢铁上不去，其他工业企业也动不起来，而且也影响农业、轻工业生产和人民生活。我国的煤炭生产量包括中央和地方的煤矿，日产要达到85万~90万吨的水平（现在平均日产量还不到70万吨），才能改变目前工业的半瘫痪状况。目前钢铁的中心问题主要不是数量，而是质量和品种。我们现在处于科学技术日新月异的60年代，又是一个6亿多人口的大国，对质量和品种的要求应当比苏联工业化时代更高一些。争取在质量、品种方面跃进，在这基础上来增加数量，这是很艰巨的任务。

4. 坚决精简职工，压缩城市人口，保证完成中央提出的减人任务。各部门、各地区、各企业，都必须结合缩短基本建设战线、重工业生产战线和整顿企业的工作，下决心精简职工，把一切确实可以动员回农村的职工，特别是1958年以来从农村招收的职工，动员回农村，然后进行调整。凡是下马的建设单位和长期停工的工厂，都必须在当地党委领导下，除留很少数可靠的职工进行维护保管工作外，把其余的职工迅速处理。

减少城市人口工作与企业职工工资的调整、粮食和市场供应的调整等项工作有关，必须认真抓紧，又快、又稳、又准地进行。凡是能动员回农村的，宁可多带一点粮食，早些回农村。如果我们能在两年内减少城市人口2 000万人，不但可以大大增加农业战线上的劳动力，而且每年可以减少城市商业供应额40亿元，城市粮食供应80亿斤，煤炭供应600万吨，蔬菜供应30亿斤左右，减少城市短途运输1 500万吨以上，这就可以说明减人工作的重要性。

5. 企业内部的调整，各企业都应当利用目前生产任务比较轻的时机，来进行企业内部的调整。企业的调整要从“五定”着手，定生产规模、定产品方向、定机器设备、定职工人数、定原材料和燃料的供应。在“五定”的基础上，调整和修理机器设备，补充备品配件，裁减并安置多余的职工。其次要整顿企业的管理制度，特别要加强责任制和经济核算，建立各种必要的规章制度。这些任务是相当繁重的，必须作出计划，分批分期逐步完成。

6. 在调整期间要更强调集中统一领导，分级管理，全国一盘棋。该集中的必须集中。不仅工业生产方面如此，财贸工作也应如此。首先是改进计划工作，加强计划管理，加强各中央局计委、经委的领导和机构。在制订计划中，要包括地方的机动范围，要发挥地方的积极性。其次是改进企业管理体制，企业下放过多的要逐级收回；带全国性和地区性的企业要集中于中央、中央局和省（市、自治区）各级。中央各部、委要改进作风，确定任务，实行精简。

我们的调整，绝不是恢复1957年的旧秩序，而是在3年大跃进的基础上，建立新的秩序，是为着更好地执行党的社会主义建设总路线。

三、调整中的做法和几项重要工作

为着迅速完成调整任务，必须根据上述主要方针，做好以下几件工作：

1. 各部门、各地区都必须根据上述调整的方针，进行具体安排。这样一个对整个国民经济、特别是工业部门的全面大调整，是一件十分复杂和艰巨的工作，必须条块结合，协同动作，才能进行得好。

中央各工业部对自己管理的工业，各省、市、自治区对本地区的工业，必须首先把一些重点企业一个一个摸清楚，然后根据上述调整方针和现有的综合生产能力（包括原材料、燃料供应和运输能力等）。定出调整的具体方案，提出协作的要求，于今年底以前交国家计委、经委进行综合平衡。

关于基建项目的缩减，也应当按国家计划、材料、设备和财政供应的可能，进行具体安排。

2. 在全国范围进行物资彻底清查、全面调剂，充分发挥库存物资的作用。清查物资要包括工、交、商、财、文教等各个方面，把所有的仓库都打开来，进行全面清查和全面调剂。

有许多工厂生产的机器设备不配套，或者生产了一些质量不好，没有人要的产品，都积压着。还有许多下马的基建单位，都有积压的材料和设备。商业部的库存商品290亿元中，不配套、质量不好、暂时不能供应市场的商品约占1/3。今年7月底全国库存的钢材达到375万吨，其中大约有30%左右是超过了正常周转的需要。物资的积压愈来愈多，有必要迅速进行清理和调整。

在明年3月以前，各省、市、自治区都应当组织力量，共同进行一次库存物资的清查、调剂。凡能调剂的就调剂，能配套的就配套。质量不好的能改制的就改制，不能改制的就回炉。凡是停建企业的订货或已经积压的产品，应当迅速通知有关工厂停止生产。这样变死物为活物、变无用为有用，也可以使工农业生产、基建和市场供应情况比较活跃起来。

3. 劳动工资政策。1958—1960年3年内，全国职工人数增加了2 500多万人，城市人口增加过多，这是使工农矛盾突出的重要原因之一。今后职工人数和工资总额，必须由中央统一安排，交各中央局和各省、市、自治区严格掌握。在计划外增加职工，必须经中央批准。

工资政策要贯彻执行按劳付酬的原则，各项工作适宜于计件的就计件，适宜于计时的就计时，目的是提高劳动生产率，提高工作效率，提高职工的生产积极性。实行计件工资时必须保证质量，实行计时工资时超额完成任务的要奖励。要改正工资奖励中的平均主义作法。企业经过减人和“五定”后，从1952年起可在三五年内逐年解决职工的升级、转正问题。

4. 市场物价政策。最近两年，购买力远超过了市场物资供应的可能，限额供应的商品愈来愈多，货币对物价的冲击力愈来愈大。农村自由市场的价格，也使城市的物价受到一定影响。对自由市场中的三类物资的价格必须灵活，不作硬性规定，应从活跃交流、促进生产、同时加强市场管理中，使市场价格逐渐降下来。国营商业各种商品的牌价，不宜轻易变动；某些人民生活基本需要的商品，价格必需保持稳定。稳定物价的方针决不能动摇，否则就会使整个国民经济陷于混乱状态。

为着紧缩货币的投放，除严格掌握职工的工资总额、压缩集团购买力以外，最近一个时期，农产品不要轻易提价；对农民的退赔必须坚决进行，但要有物资基础，如果必须用货币偿付，要在5年左右时间内分期付款。农贷和对农村人民公社的投资，也要尽量压缩。如果对农村的货币投放过多，没有相应的物资去收回这些货币，反而会对农民不利。

5. 根据《工业企业管理条例（草案）》来改进企业的管理工作，建立必要的规章制度。要正确执行党委集体领导下的厂长负责制，重大问题经过党委讨论，作出决定，交给厂长负责执行。企业管理的最重要的问题是责任制和经济核算，必须认真执行。

6. 通过群众路线，认真进行调查研究工作。在最近时期内，中央各工业部门和各省、市、自治区的工业部门都必须区分不同的行业，选择若干重点企业，进行调查研究，分批召开有各种不同意见的老工人、新工人、工程技术人员、企业领导人员和职工家属参加的座谈会，摆情况，谈问题，研究解决办法。在进行调查研究时候，首先必须解除群众的顾虑，心里想什么就说什么，说错了也不批评，不检讨。过去批评错误的，还应当作适当的解释。

我们的调整工作，特别是企业内部的调整工作，也要组织职工进行讨论。要向群众讲清楚目前经济形势和暂时的、严重的困难，讲清楚我们的方针和政策，依靠群众，使各项具体工作都能够顺利地进行。

另外，在农业上除了抓好三秋工作以外，提议在很多地区搞一个采集和制取野生淀粉、油料、纤维、药材和土产品的群众运动。所得的主要归群众个人，至于小队和大队如何分成，由各地研究决定。

以上是我对调整目前经济情况的不成熟的意见，提出来供大家讨论。按照这样的方针来进行调整，困难是很多的，必须做许多艰苦的、细致的工作来逐一克服这些困难。只要我们在党中央的统一领导下，在毛泽东思想和三面红旗的照耀下，全党认识一致，团结一致，步调一致，依靠群众，鼓足干劲，就一定能够胜利完成调整时期的艰巨任务。

JJS50－4（上）

邓小平：实事求是，搞好调整，以退为进①

1961年9月5日

为了参加朝鲜党代表大会，明天就下山。主席、中央要我在下山前讲点意见。

会议中心是工业问题，实际涉及各个方面，也就是整个国民经济问题。问题多，摆得也很明显了，现在就是研究怎么办。

除粮食、市场、商业外，关于工业问题的指示是重要的文件，要在会上好好讨论修改。工业问题的中心是如何贯彻“八字方针”，“八字方针”的中心是调整。“八字方针”管两三年，也可设想管到1967年。最近两三年主要是调整，后几年着重在充实、巩固、提高。工业企业管理条例是解决企业内部的问题，不可能涉及许多大的问题，这次会议讨论也可不定，先发下去试行。试行时感到不妥再改。像“农业六十条”那样。还有一个教育文件，也是同样性质的，不过准备得比较充分些。此外，还有轮训干部的决定。

我的意见都在几个文件中了。今天再讲几个问题。

---

① 此件系邓小平同志讲话摘要，标题为编者所加。

（一）我想最近3年中，问题主要出在庐山会议后的一两年，实际上是庐山会议到北戴河会议之间的一年。对于这一段的经验教训，要有正确的认识和统一的看法。主要经验在哪里？我同意富春同志报告中的意见和分析。3年大跃进证明了大跃进是可能的，还证明了搞过了头也不行。为什么说大跃进是可能的？无论钢、煤、国民经济的增长，如能控制在30%左右的速度，是比较合适的，这就是过去所说的特大跃进。实践证明大跃进是可能的，多快好省是可能的。教训是我们搞过头了。从积累来说，搞到30%就可以了，但是，我们搞到40%～50%以上，这就多了。3年900多亿元的基本建设投资，显然是多了。30%是不是大跃进？可不可能？可能。所以证明大跃进是可能的，只是我们搞过头了。这些道理要向全党全民讲清楚，大家是可以理解的。有些人一时说服不了，可以保留意见，让他去讲。不绑辫子，不扣帽子，不打棍子，要等待。总之，一条是能跃进，一条是我们搞过了头。搞过了就违反了客观规律，违背了社会主义建设法则，就不得不被迫退下来。要退下来的只是搞过了头的那一部分。

当然，问题的严重性，从省到中央都要有充分的认识，认识了才好找出办法去解决，吸取教训，把消极方面变成积极方面。现在问题比较明了多了，这是好事。过去对情况是了解得不够的。首先我们书记处，是政治局的办事机构，是做具体工作的，就不了解情况，许多事被迫签字，闭着眼睛签字。各部也是如此，如中央煤炭部，举煤炭部并不一定说它比其他部更坏，但问题也就够严重了。其他部也不轻。各级党委也是如此，不太了解情况。社会主义建设，我们没有经验。现在情况比较清楚，问题也暴露得比较清楚，病根子找到了，总会找到办法的。我完全同意那一天毛主席的讲话：究竟我们现在比过去是更强了，还是更弱了？是更强了。要承认这是真理。书记处今后总还要办事情，会比过去办得好一些呢还是不好一些呢？会办得更好一些，错误还可能犯。煤炭部会比以前好一些，省也会比以前好一些。所以统一认识很重要，要看到成绩。

今后的问题是进？是退？今后是进。退就退到庐山为止。究竟退到哪条线，是很重要的问题。这次会议是进的会议。比如战争，是退到长江，退到淮河，还是退到黄河。现在退到庐山，就是退到长江，就是煤只能退到44万吨。淮河是37万～38万吨，黄河是30万吨。难道还能退到淮河、黄河吗？那就是大崩溃。如果说过回到1957年，那是错误的。过去可能就粮食问题提到过一般的退到1957年，这是错误的。当然，1957年以前那些好的东西，应该肯定，应该保留下来。那是另一回事了。

（二）三年调整的目标。今年还有4个月，有明年，还有后年，究竟该怎样办？要退到哪里去？不退怎么办？大家总的气氛是不甘心，还想搞积极一些，消极只是一部分。这种积极的精神，应当是全党的精神，积极就前进，消极就崩溃。我们要有积极的目标，积极的想法，积极的措施，不然，这个指标也保不住。目前，生产上实际上是半瘫痪状态，总有一天要把现有的生产能力恢复起来。可否设想，到1967年，还有7年，分两段。1961—1963年，今、明、后3年，把调整任务基本上搞好；后4年内前进，真正跃进可能是后4年的最后两年。调整工作，农村已有“六十条”，还要搞，如农民对集体部分的积极性还要进一步解决，“六十条”大体上是解决问题了，只要老天爷照应，太阳黑子理论破产，农业是有希望的。

在工业方面调整，是为了前进。退够是为了有利于调整，有利于前进。庐山会议以后，经过调整，各行各业的日子总会一步一步地好起来。是不是年底会好一点，明年第一季度会好一点，总之是会好一点的，要积极地干，要千方百计地干，不能失掉前进的方向和信心。笼统地讲也不行。是否可以提出三年调整得差不多。它的内容和具体目标，常委提出交会议讨论：

1. 粮食：中等年景的条件，1963年不再进口了。一般灾荒也不进口，特大灾荒另讲。要死掉这一条心，设想根本进口不了，就算原子弹把一切轮船都毁了。过去依靠什么呢？还不是依靠自己。要自己教自己。可否在比较困难的条件下不再进口粮食。因为进口粮食就挤掉很多东西，粮食进口，铜、橡胶就都挤掉了，用4亿美金进粮食，日子不好过。只要在比较困难的条件下不再进口粮食，留下外汇，可以进口一些铜、橡胶，进口一些好东西、好材料，我们就有活动余地了。这就要从现在的粮食规划着眼，抓紧秋收征购，教育农民。中央总要176亿斤，现在已定75.2亿斤。去年的征购总额是840亿斤，今年不到720亿斤，差100多亿斤。总不能在1963年一下上去。例如，明年从720亿斤搞到780亿斤或800亿斤，后年搞到820亿斤或者840亿斤、850亿斤、860亿斤。这样才可以不进口。提出这个目标，和农民打交道，就要做工作，做思想工作，还要有原则、有措施。毛主席说的，城市什么也不长，总是要吃粮食，减2 000万人并不解决问题。今明年减2 000万人，明后年又生出1 000万人。所以，总还是要靠生产，主要把生产搞好，要有措施，才能从农村拿粮。总之，要挤出粮来，不再进口。调出调入，各省要早作打算。调进的无非少要一点，调出的多拿一点。

2. 棉花：今年估产是1 200万担，只能购1 100万担，就是每人3尺布，不包括奖励，加奖励6尺布。今后可不可以这样设想，到1963年，产量是2 000万担，平均每人至少8～10尺布。加上奖励是14～15尺布。3尺布能维持多久？今年棉花收购好一点，明年先恢复6尺，后年10尺，奖励布制度要坚持。提出这个目标，也要早做打算。有两条：一条是植棉面积不能过分缩小，不搞8 000万亩，至少也要搞7 500万亩。扣除几百万亩不收，就算7 000万亩，平均每亩收30斤，就是2 000万担。种棉的地方要早做打算。穿的问题仅次于粮食，比副食品还重要，必须千方百计地搞。人造纤维还要积极搞，但一下子见不了效，近几年搞不多，还是靠棉花。例如，7 000万亩，分配到那里多少，产棉区要勇敢地担起来。第二条，是搞化肥。化学工业的第一任务是搞化肥，化肥主要用在棉花上去，集中力量打歼灭战。

3. 煤：1963年生产2.9亿～3亿吨。今年是2.7亿吨，明年2.6亿吨。一方面要恢复老井设计能力，一方面新井要投产。如果煤到2.9亿吨，钢可以到1 000万吨，工业各行各业可以开工2/3，还不是开满。实现这个方针，工业就活了。所谓活，就靠2.9亿吨煤，这就要增加3 000万吨，据说这是可能的。

4. 钢：钢1 000万吨，要好钢好材。比如东北500万～550万吨（鞍钢450万～500万吨），华东200万吨，武钢150万～200万吨，包钢几十万到百把万吨。还有西北、华北和西南，就不止1 000万吨。只要有煤，就可以活起来。都是大洋群，出的都是好东西，材料都是好材料，和过去的1 000万吨就不同。所谓1 000万吨钢，也是活了2/3。钢去年是1 845万吨，但真正的生产水平只能算1 400万～1 500万吨；所谓有了1 000万吨，也就是活了2/3

5. 日用品、手工业品和轻工业品：从现在着手，不要马上追数量，要马上抓质量。质量是最主要的，质量不合格不准出厂。“工业七十条”迫着企业改进质量，包括不许自产自销，不然对消费者是有害。宁肯管死，迫着他搞质量。灯泡质量好，有3亿就够了，现在产量不到2亿，而且质量不好。灯泡只用200小时，比达到800小时，还差三四倍。会后，五办要开若干日用品的专业会议，包括手工业各项产品，要作安排，定出奋斗目标。日用品有来自农村的，手工业的，工业的。设想日用品后年会多一些。

6. 副食品：要好好抓一抓。要加强蔬菜供应，后年不要日食3两了吧，现在菜地很多，沈阳有38万亩，只供280万人吃，无论如何应该做到每人1天1斤菜，还可以养猪。要把郊区菜农的积极性调动起来。另外，机关企业都有许多菜地，也可以多搞一些。要认真地搞，要几定。首先要定所有制，所有制要分开，不要和企业混在一起，要改为单独核算；第二要定干部，定会管理蔬菜的干部；第三要定菜农。

7. 外贸：方针是要逐步摆脱依靠出口农产品换取外汇的情况。可以进口一些东西，加工后再出口。不进口粮食，就可以进口其他好东西。

8. 市场、物价和税收：市场总会好一些，物价总会理出一个头绪来，生产活了2/3，税收也会正常起来。

企业整理，从“五定”入手，一个一个地抓，总会整好一大批。

城市减人，明年上半年大体减完。

总的概念，到1963年实现上述指标，就是2/3开工，工业活了，市场、物价比较稳定，财政、税收好一些，就有一定积累了。调整前后左右，成龙配套，也得要积累。基建还可以搞一些，1963年可能进一点，1964年可能更好一点。煤不搞，基建保不住。维修配套，不搞基建不行。现在，基建投资只五六十亿元，该搞的也不能搞，进口也进不来，不能解决问题。

是否可能在1963年下半年或1964年初调整工资。工人的生活要提高一些。现在实际工资下降了25%，有的30%、40%，总之是严重的。不管是30%、40%还是25%，工资总得调整。至于升级的问题就不要等了。减了人，工资要有个别调整。但是总的调整大体上要在物价比较合理的基础上进行。

物价，不要你调这样，我调那样。要先稳住一下，然后总的调整。总之要拿粮食做标准，定出个比例来。先稳一下，看准了再调。不能乱来，不能你要怎么来就怎么来。

总之，这3年的目标，大家考虑可不可能？如可能，从现在就要着手。主要是三个东西：一个是粮食不进口，正常的年景做到是有可能的。例如，明年不算自留地，达到3 100亿~3 200亿斤，就可以不进口，这就要从农村挤点东西出来，供给城市。二是要保粮保棉，化肥集中使用在棉花上，打酱油的钱，不准打醋。棉田至少7 500万亩，要保证。三是煤2.9亿~3亿吨。有了煤，工业就活起来了，就可以开工2/3。3年目标达到了，后4年就有了一个前进的好基础。例如1963年，达到1 000万吨好钢，可以设想，后4年，到1967年就可以达到2 000万吨好钢，每年增加250万吨，递增速度也不过20%。东北600万吨，华东300万吨，中南400万吨，华北200万吨，西南150万吨，西北50万吨，这就是1 700万吨。也许那时还可多搞一点，我们总还搞一点新的建设吧！那时的2 000万吨，不是过去说的2 000万吨，也不是苏联30年代那时的2 000万吨的水平了，是60年代的水平。钢种、材种比较齐全，优质钢、合金钢要多。这样还是世界水平。

调整3年，还要前进，但步子不能像这3年了。我这人总是不甘心。这样的目标，是否可能，是否空想，讨论讨论。总之，现在情况大体明了，要想个切合实际的办法，有了目标，归根到底，还要有决心，有干劲。

（三）方法问题。要抓重点，打歼灭仗。一步步的稳步走，在抓重点的条件下稳步前进。一步步地建立新的比例关系，是否重点更多一点放在煤上。例如材料分配，可否考虑更多一点用在煤炭上。有的同志设想照顾的面多一点，如果这里一点那里一点，不如更多一些用在煤炭方面，使它上去。煤上不去，别的都不能活。现在说的抓重点，不是过去的一马当先，那样的一马当先也不行。现在还没正常，要先搞煤炭。

“八字方针”已提出一年多，做了一些工作，但到处调整，到处“八字方针”，没有重点，见效慢。现在还是以煤为重点，把煤搞上去，带动其他。当然其他也要抓重点。粮食要注意，棉花也要注意。

煤的概念，现在是半瘫痪状态。中央直属煤矿搞到50万~51万吨，就可以初步解除半瘫痪状态，为达到55万~56万吨，那就叫活了，就可以有2/3开工。有煤才能活，才能有钢铁。所以，第一个目标是50万~51万吨，第二个目标55万~56万吨。既然这是关键，为什么不把重点放在这上面呢？

拜托产煤区，就是要费力呀！你们干费力不讨好的事，谁叫煤生在你们那儿呢？木材生在你们那儿呢？该你倒霉，只能说命苦嘛！阳钦、王爷，东北、华北，还得努力呀！要全国力量帮他们。老井要搞基本建设，新井也要建设。我们想这3年内，不是一马当先，而是两马出头，“煤”和“钢”两马出头。比例关系，就要这样的按比例。这就是有重点，抓重点带其他向前发展的按比例。这种“按”法，行不行？

退，应该退够，但要有一个界限。退够，是积极措施，不是消极的，退是为了前进。煤不能再退，再退就瘫痪了。江苏，有4/5不能开工，东北也很严重，有些是没有料，大部分是因为缺煤。钢，也要退一下，但也要有个限度。总理提的，今后4个月每天只有1万吨，鞍钢只日产3 000吨，这样连设备都要坏，退也不能说退就退，退有退的困难。现在鞍钢只产1/2（0.9万~1万吨）是保命限度，不能再退。你还能再退呀？去年，哈尔滨飞机工厂的型架都冻坏，不生产也得保持20℃。还能退呀？现在要在退里努力奋斗，保住这个限度。关键在于煤，要保命。所谓退够，如果不努力奋斗，保住一条线，就是溃退。我们的退够就是这种意义。

所谓打歼灭战，应该包括各个方面，一个个企业一个个行业抓稳，抓住就不放，一个个行业解决，搞点笨事情。全国1万多个重点企业，是一个个搞好，中央省市都要努力。抓好就是要把所有制搞好，把经济核算的权给他，使他能够真正独立经营搞经济核算。从“五定”入手，搞好责任制，搞好经济核算，搞好协作，包括干部作风。一个行业，一个企业，一个事情都抓得稳稳的。

原材料使用也得打歼灭战。轻工业的原材料也要打歼灭战。因为原材料有限，要把它用到发挥经济效益最好的地方去。如棉花，要用在上海、天津、青岛等产品质量好的地方。武汉、郑州，不要关一些呀？如搪瓷，就搞到西安。有限的材料要用到效益高的地方去，这就要有全局观点。

这里说到经济区。过去我也是积极分子。现在看是早了、急了。各个区一个体系办不到，一个省更不行。不是那么容易，是个大事。现在还得要统一，当然，将来若干年后，总可实现。

（四）集中统一和分级管理。“指示”要坚持这个原则。这八个字怎么用？“指示”强调集中统一，至少在最近两三年内，要高度集中，集中到中央和中央局。集中统一，我们的想法，先试两三年，看有效再继续下去。现在是分散多，不集中不行。好像毛线团乱了，乱了要理。那么，要一个人来理，还是几十个人来理好？看来还是一个人来理好些。理要集中。例如，要你出煤，你就得出，就得拿出来。雪峰说先外后内，有风格，这是艰苦奋斗呀！粮食的外调，真正讲各省都不够格，但是也还答应下来了。所以，理的时候集中统一好，请大家考虑一下子。

当然，可谓集中统一的前提，主要是领导正确。前一时期，集中过多，统得过死，有一部分统得不妥当；后一时期分散，分散中也有一些毛病，过分了。例如，指标高，总是书记处、计委通过的。你要集中，你又搞了个高指标，你又不给人家材料，他没有办法，只好自己想办法，以物易物，带来了许多问题。所以集中统一要有纪律性，这是列宁说的。纪律性要有前提，就是领导要正确，要搞得对头。今后错误还可能犯，书记处、计委、经委、各部都可能犯，犯了错误就要认真总结经验教训，从而少犯一些错误，错误小一点，发现得早一点。

过去下放过多，主要是四个问题：（1）职工人数；（2）工资总额；（3）物价管理；（4）现金管理。现在看要收回来，苏联再下放，它不放这四点。这不能听各企业的话。

过去我们管死了，下放又太活了。总结经

验，既要集中统一，又要下边有百分之几的活动范围，比如1%的活动性，数目就不小了。企业的权力，过去小，现在大了。过去，现金管理，200元不能动，有意见，现在动辄几十万几百万。还有个酱油钱和醋钱问题，看来还是打酱油的钱不能打醋是对的。不能用流动资金去开工资，不能把维修去搞基建，不能把城市建设费去搞工厂。这样的规定对。但是，可以考虑另外规定活一点的办法，计划内给企业一些机动权，规定个数目，既可以打酱油也可以打醋；但其他不能动。

物价，不再说了，要收回。

重点企业不能下放，过去下放过多，而且有些逐级下放。例如，保定人造纤维厂，投资1.4亿，德国的设备，世界上只有4个，无论如何应该由中央管，但是放给河北，河北又下放给保定，保定市拿去磨玉米糊了，还不搞坏？看起来痛心。这里边，有个不懂的问题。但是应该由中央某一个部去管。所以，有些要收归中央管，有些归中央局，有些归省市，要逐级收。这里，联想到中央局的职权。要集中到中央、中央局，建议扩大中央局的职权。全国这么大，管理的事这么多，范围太大，特别强调集中统一时，中央管不过来，是否把中央局恢复到1953年以前的权力，中央局说了算数，不是协商机关。商量只是方法，作了决定要算数。

总之，不从全局出发不行，如果调整不好，前进不好。越在困难时，越要从全局出发。生产和调拨都要服从统一领导，包括协作任务关系的承担。要建立经常的协作关系，不能开后门，物物交换。协作关系搞不通的，就要下死命令，规定协作任务。例如，鞍钢需要的稻草、扫把，还是用500吨铁到浙江去换，还是另定协作关系。能谈好的就谈好，不行就规定任务。

这样地方还有没有积极性呢？有。计划本身要留有余地，给地方有一定范围内的机动权。不留余地，高指标，又不给材料，就不能集中统一。怕没有事干，你可以整好企业、提高质量、技术改革，事情有的是。以后的基本建设都要纳入计划，但要留有余地，有一部分由地方安排见效快的项目。给各中央局一个机动数，去搞见效快、材料又有保证的项目，如为广东提的水电。今年的基建，拨一部分投资，调一部分材料，第一给中央局，第二给省市。

顺便提一个问题。东北城市建设问题很大，沈阳很脏，疾病多。城市建设是否可以考虑由企业利润中提百分之几，例如5%，或者由国家拨款来搞。可能前一种更合理些。这样全国如300亿利润，5%也不过15亿。这就是酱油钱，只能搞市政建设，不能打醋，不许搞别的。可以考虑一下这个意见。西北、西南等新建城市和军工多的地方，利润少，可以另外补助一点。

（五）统一认识。我们的会议把认识统一起来，统一了认识就好办了。在一个目标下，积极干。气可鼓，不可泄。吴起镇困难时代，鼓气鼓得正确。只是骂娘，越骂越糟糕。现在并没有从八万退到七千，但还是要鼓气。打胜仗，骂他没关系，打败仗，骂他要谨慎，不要搞得灰溜溜的。包括不生产的工厂，也要鼓气，指明前途，讲个道理。要他到农村去，也要鼓气。就是打扑克也要鼓起气来打嘛！

另外，要提倡宣传党的实事求是的传统作风。这方面相当有问题的，农村有，现在工业方面、城市方面也还是这个问题。不是脚踏实地地做事情，不讲实话，不讲真话。想历史经验，长征是鼓气，延安中央礼堂四个大字“实事求是”，就胜利了嘛！现在我们又遇到了困难。我看还是鼓气，还是实事求是，要把政策搞对，要鼓干劲，办法要千方百计，实事求是搞上来。粮、煤如斯，各行业如斯。中央各部、各省如斯。过去安排不落实，物物交换，不说实话，不说真话，过去留一手，开后门，互相挤，这种作风要不得。老老实实说真话。过去一段，情有可原。我们指标搞得不对，中央书记处有责任。要改，我们大家一起改嘛！书记处，一改，二承认错误。对其他要求改，不要求承认错误也行（少奇同志插话：有种说法，说真话吃亏，说假话的不吃亏。其实，说真话，暂时吃亏，终久不会吃亏。说假话，总会吃亏的。就是吃亏也是说真话好）。首先，中央各厂谈问题，要开门见山，有20吨不要说18吨。困难时要勇于负责，各企业各部门风气要好。雪峰那里有批评，我看好。中央负责任，一检讨，二改；其他不要检讨，要改。

总的说，大局、情况比较明了了，办法这次会议总可以找出来，以后还可以继续找办法。问题是要积极干；说老实话，提倡实事求是态度。把红旗竖起来，就有希望，可能比我们想的时间短些，3年初见效，7年大见效。

JJS50－4（上）

李富春：在工业书记会议上的报告

1961年12月12日

一、目前的经济形势和任务

总理指出当前形势是四句话，即形势好、成绩大、困难多、调整紧。

怎样说形势好、成绩大？

1. 农村形势：第一，在政治上、经济上都有好转。贯彻了党的方针政策，农民积极性提高了，“六十条”已传达和贯彻。第二，劳动力下放。城市今年减少了1 200万人，到农村去的有1 000万人，对农村帮助很大，对减轻城市的负担也起了很大作用。第三，农作物安排也进行了调整。开始合理地使用了土地，合理安排了农作物（早稻晚了一点）。猪、禽有些发展。猪，年底有7 300万头。大牲畜已稳定下来，是否稳定住了，还要看明年1、2月的情况。小开荒增加了，据8个省的统计，已开荒1 000多万亩。粮食的实际产量比去年增加了。总的说，农村最困难的形势已经过去了。

2. 工业形势：已经开始稳定，向着好的方向走。只要我们继续努力，会逐步巩固，生产不断上升。这一年，我们做了些什么工作？生产指标已经调整，生产稳定住了；某些产品的质量有所提高；农、轻、重的比例已初步有所调整；基本建设战线已缩短；城市人口已减少1 200多万人，其中职工减了9 600万人；一部分企业进行了调整、合并，特别是地方企业；一部分企业管理有进步，赔钱现象减少了；秋收后，职工情绪大部分比较稳定，但还不是十分稳定，特别是矿山和煤矿职工，如果不做好工作，明年开春还会发生波动；工业指示也贯彻了一些；“七十条”正在试点，还没有铺开，和“农业六十条”比较，我们的工作落后了一步，只要我们继续贯彻指示，试行“七十条”，情况会越来越好。

3. 干部思想：半年来，全党干部的思想觉悟有提高，思想方法、工作方法也有进步。经过庐山会议，大家总结了三年大跃进的经验，进一步认识了“农轻重”方针，认识了“八字方针”。在农业、工业战线上，全党干部做了很多工作，卖了力气。在工作方法上，我们懂得了调查研究，认识了它的重要性，工作中开始重视了调查研究。总结了经验，认识了我们工作中的缺点。这就是好的形势。事物发展到了顶点，就开始向相反的方向转化，这就是好的形势。从苏共二十二大以后，我们的干部更深刻地体会到自力更生的重要意义，非发奋图强、自力更生不可。懂得了出现修正主义思潮并不奇怪，有它的必然性。我们不仅要准备苏新国家在现有领导人的领导下，不会帮助我们，我们还要估计到帝国主义、资本主义会利用这种分歧来为难我们，甚至可能插一手。不论从国际、国内的条件来看，目前非发奋图强、自力更生不可。修正主义者害怕革命，自己不革命，也不许别人革命，反对人家革命，阻碍人家革命。我们要革命，而且支持人家革命，帮助人家革命。凡是革命的，我们都积极帮助。我们要革命，还得援助人家革命，所以我们不仅要看到自己的任务重了，而且还要看到援助别人的任务也重了。不要认为对外援助是多余的。我们与修正主义斗争的方针是：“坚持原则，后发制人；坚持斗争，留有余地；坚持团结，反对分裂。”高举马克思列宁主义旗帜，高举总路线、大跃进、人民公社三面红旗，高举团结的旗帜，贯彻“二十四个字”的方针。斗争是长期的、复杂的。归根到底是要我们自己发愤图强，自力更生。不仅要自己发愤图强，而且要帮助革命的民族、革命的国家、革命的阶级，帮助他们革命，这是国际主义义务。这是反对帝国主义、殖民主义、修正主义必不可少的。坚持“二十四个字”的方针，把自己的工作搞好，再困难，天也不会塌下来。问题在于我们的努力。我们干部的思想水平、工作水平提高了，但是我们干部的思想也还有阴暗面，本位主义、分散主义、自由主义还相当严重。

以上就是形势好、成绩大的情况。

所谓困难多、调整紧，也就是说任务还重，还要十分努力，克服困难，把调整工作做好。

我们的困难表现在什么地方？

1. 粮食还可能有缺口。今年下半年到明年上半年，上调的粮食还可能有缺口。今年计划征购720亿斤，用工业品购买20亿斤，共740亿斤，进口400万吨。征购720亿斤可能达不到，有缺口。现在看来，今年粮食征购指标不是定高了，而是定低了，但是再重新安排，很不容易。在这样的情况，农村的供应，到明年下半年可以好转一些，但城市的供应（包括副食品），在明年秋收以前，可能比现在还要紧，特别是明年上半年。要看到这个问题，要注意事先作好安排。陈云同志讲，大中城市人口（除了郊区）6 000万人，明年能否挤点大豆供应城市。每人能否供应两三斤豆子。1斤豆子可打5斤水豆腐，2斤打10斤，3斤豆子就能打15斤水豆腐，等于每人每天增加半斤蔬菜，等于每人每月增加3斤口粮，同时蛋白质也增加了。男女老少平均每人每天需要70克蛋白质。1天9两粮有45克，1斤蔬菜有5克，1两豆子（半斤豆腐）有20克，共计70克。粮食问题，要看到明年有困难，又要有措施，这才不是消极的。

2. 工业指标减少了，以农副产品为原料的工业品更少了。棉花今年收购1 200万担，去年收购1 750万担。棉纱今年350万件，明年只有250万～260万件。棉布今年28亿尺，明年18亿尺。穿的问题，明年比今年还要紧张。糖，今年40万吨，明年33万吨。卷烟今年258万箱，明年157万箱（最多的一年生产540万箱）。植物油今年65万吨，明年60万吨。明年吃的穿的都比今年减少，这是我们的困难。工业的原材料（主要是重工业）也减少了。煤炭今年预计生产2.74亿吨，明年2.5亿吨，主要是东北、河北减少了，东北、河北顶不住也要顶呀！明年比今年少了2 400万吨，平均每天少六七万吨。钢，今年预计900万吨，明年750万吨，减少了150万吨。电，今年460亿度，明年450亿度。重型设备今年28万吨，明年15万吨。这些都说明基本原材料减少了。木材，明年稍多一点（多一两百万立方米）。化工原材料明年比今年稍多一点。石油和今年差不多。还要准备着人家连汽油都不给，我们只好坐“出路”，用两条腿走，要有这种思想准备。

3. 财政收入减少，基本建设投资减少。财政收入，今年350亿元，明年预计收入304亿元。基本建设投资原计划42.3亿元，现在安排57亿元，今年计划内投资80亿元，加上计划外，共100亿元。明年再不能搞计划外的基本建设了。57亿元的基本建设投资，直接用于农业、轻工业的有14亿元；用于重工业的24亿元投资中，煤炭的投资12.4亿元，占一半以上。重工业的投资中，很多是直接和间接为农业和轻工业服务的，如煤炭、化肥、钢铁等，把这些投资计算进去，为农业、轻工业服务的投资就占总投资的一半以上。明年基本建设投资的安排，不能说是重点不突出，不能说是不合乎“农、轻、重”的安排。

4. 外汇紧张。粮食不能出口，反而要进口400万吨。其他农副产品的出口也减少了，出口的矿产品也上不去。出口少了，外汇也少了，粮食一定要进口，还要还苏新国家的欠债。我们欠苏新国家30亿元，1962—1965年内还清，还清了就无债一身轻了。如果农业搞不好靠进口吃饭，永远翻不了身。明年没有别的办法，凡是能出口的东西，还是要挤点出口，是命定的，不出口怎么办？要进口粮食，非进口不可；要还债，非还不可。不出口怎么办？到底明年是外销服从内销，还是内销服从外销？非挤点内销不可。进口400万吨粮食，3亿美元，折合14亿人民币，所以某些东西还是要内销服从外销，或者对半开。明年城市人口没有粮食吃总不行。400万吨粮食，合80亿斤，我们能不能再增加征购80亿斤？明年抓紧搞农业。在工业减产、城市减人的条件下，如何支援好农业？但一边倒也不行，在农村形势好转的条件下，如不注意教育农民积极支援城市、支援工业，可能又走另一条弯路。

5. 重工业原材料减少。农村经济作物减少了，但支援农业、轻工业还是要靠这点有限的重工业；平衡市场，也要靠这点有限的重工业。明年城市的吃穿，比今年还要紧张。明年这点有限的重工业，不仅要维持本身的简单再生产，还要支援农业、轻工、市场，还要兼顾国防。常规武器明年总要搞一点。阿尔巴尼亚、古巴……我们要支持他们。明年的常规武器不是减少，而是要增加。否则，自己手里没有枪，给别人的枪也没有，怎么叫支援人家的革命？我们不能支援人家原子弹，常规武器总应该支援一点。对阿尔巴尼亚，只有我们支援呀！我们对阿尔巴尼亚不支援？难道还要减少钢铁指标？我看在座的同志谁也不会赞成。煤炭有困难，特别是东北有困难，如不从积极方面想办法，只用降低指标的办法怎么行？指标已降低了。这就是全局。这不仅是国内的全局，而且还是国际的全局。我们不仅要讲困难，还要讲如何去克服困难。从1949年中华人民共和国成立，我们就有义务支援世界革命运动。阿尔巴尼亚、朝鲜、越南、蒙古、古巴、缅甸、柬埔寨、也门、尼泊尔等都要支援。我们欠人家30亿元，我们支援人家39亿元。这是国际局势，也是全国的局势。困难是有，但在这种国际、国内局势面前，我们怎么办？明年要尽量把轻工、市场搞上去，因吃的减少了，只好把用的搞一点。把明年有限的钢、煤、木材，尽量多搞些东西支援市场。明年市场购买力已压到580亿元，但还有22亿元差额（可供商品552亿元），加上今年的差额，明年至少有50亿元差额。不设法压缩购买力，增加一些商品，平衡一下，明年问题很大。各省、市也要多利用一些积压物资，搞点日用品支援市场，否则还要走通货膨胀的老路。煤、钢、有色金属、木材、化工、石油等重要产品，指标不能再降低了，再减少，就谈不到“农轻重”了，支援市场也谈不上了。农业非支援不可。化肥、农药、汽车配件、手推车、轮胎……要多搞一些。明年汽车配件由1.7亿元增加到3亿元。橡胶已安排8万吨，现在再挤点外汇，多进口2万吨。这样安排的结果，明年只有50%的汽车能开动。这是具体的“农轻重”关系，不是抽象的“农轻重”关系。在明年具体条件下的“农轻重”关系，就是这样。

6. 明年的城市供应（特别是上半年）。一是搞点豆子；一是继续压缩城市人口。明年压缩城市人口780万人，这个任务比今年更复杂、更艰巨。今年已压缩1 220万人，明年还要减少780万人，合起来2 000万人。

以上就是摆在我们面前的困难。

把困难摆出来，要千方百计地去克服困难，不要被困难吓倒，要增强信心。明年的任务还是以调整为中心。我主张明年的计划就这样定下来，我们还要一个季度一个季度来进行调整。

我们有几个不平衡还没有调整好：

第一，工业与农业不平衡。农业形势是好的，明年会更好。农民的积极性将有更大的发挥。如何把农业搞上去，使农业更好地支援工业、支援城市。明年农业有两个主要指标：（1）粮食必须征购820亿斤，比今年多80亿～100亿斤；（2）棉花必须收购1 600万担，播种面积达到6 600万亩。如果明年没有820亿斤粮食，那么，后年上半年还要进口150万吨粮。靠进口粮吃饭，农业、工业都翻不了身。棉花收购1 600万担，1963年每人可以有7～8尺布（加上人造纤维），再不是今年的3尺了。3年包死，即粮食明年包820亿斤，后年包860亿斤，1964年才可不进口粮食。棉花明年收购1 600万担，后年收购2 000万担。农业不这样安排不行。这是城乡兼顾、工农兼顾。

第二，轻重工业不平衡。轻工业的发展，一方面靠农业的保证（经济作物），一方面靠重工业的支持（轻工业原料）。轻工业不是简单地搞点加工厂的问题，首先要考虑轻工业的原材料生产，这3年，我们应该有此经验教训了吧，轻工业不能先搞加工厂，而要先搞原材料厂，如搞合成纤维，没有酸、碱、电石、苯，怎么搞得起来。要从长远着眼。

第三，重工业之间的不平衡。一是采掘工业，如煤矿、铁矿、有色金属矿、非金属矿；二是采伐如木材；三是化工、石油；四是运输，特别是短途运输；五是逐步地搞尖端，从试验到原材料，再到加工。

第四，进出口不平衡。这几年，某些东西还要以出口为主，要等我们不再进口粮食，不欠外债，才有外贸上的自由。否则，外贸就没有自由。

第五，总括起来说，就是财政、物资、现金不平衡。这是综合性的不平衡。明年财政收入304亿元，还低于1957年的311亿元。明年工资总额224亿元，比1957年156亿元增加70亿元，这还是压缩了2 000万人以后的数字。明年工业总产值950亿元，比今年少50亿元（今年1 000亿元），比1957年的704亿元高一些；但1957年生活资料374亿元，工资156亿元，明年生活资料400亿元，但工资多了70亿元。因此，要想尽办法把轻工业搞上去。明年在财政上要严格控制平衡，不准乱花钱；银行必须集中管理，绝对统一；集团购买力必须再压缩，才不致扩大缺额。同时，还要搞增产节约。

明年的具体措施：

第一，认真抓重点：煤炭、矿山、木材、化工、石油、短途运输。

第二，抓定额，特别是原材料消耗定额。目前，许多企业（包括大企业）的原材料消耗定额都增高了。据反映，广州造纸厂今年生产5万吨纸，用12万立方米木材，明年生产任务差不多，要20万立方米木材。今年炼1吨钢要4.6吨煤，明年的定额是3.5吨。各部门、各地区要把定额工作抓起来。基本建设也是这样。从国家计委起，计算每万元投资需要多少钢材、木材、水泥等，为什么不去一个一个地具体计算，而要用平均定额？基本建设项目的癞痢头很多，现在搞的许多都是续建项目，土建已完成，还搞平均定额吗？

第三，抓综合生产能力。三年大跃进以后，我们的综合生产能力究竟有多少，我们要计算出来。搞长远计划，应当以综合生产能力来计算生产指标，如果以明年的生产指标为起点，三年大跃进就没有了。炼钢设备的综合生产能力应当是1 200万吨，而不是750万吨，应当以1 200万吨为基数来计算。如果不把定额搞清楚，不把综合生产能力搞清楚，搞7年计划就没有正确的基础。

第四，有重点有步骤地抓生产维修。为什么说要有重点有步骤地抓呢？就是不可能一年把所有的设备维修好。不要想靠一年就把按综合生产能力计算的设备维修好，要准备3年。

第五，继续抓减人，安排城市人民生活，使城市继续好起来。在减少城市人口的条件下，比较好地安排城市人民生活。要抓重点。

第六，抓基本建设的排队。对投资少、费工少、当年见效的项目要抓好。明年只能搞一部分续建项目，而且要先抓投资不多，设备、材料消耗不多，当年能够投入生产的收尾项目。

第七，抓仓库的清理。清理仓库，清理物资。据统计，全国积压的钢材有380万吨，除去280万吨是必要的周转以外，只有100万吨是真正多余的。在这100万吨中，还有三四十万吨大型钢锭等暂时不能使用，真正能用的只有60万吨左右。这60万吨钢材，很好利用起来，补充明年的不足，也能起很大作用。基本建设方面，积压的设备、材料有70亿~80亿元。中央决定，首先把中央各部明年、后年不需要的材料、设备，一律由中央统起来，地方的也要统起来，再不能各自为政了。

第八，抓增产节约。首先是抓节约，如煤炭、木材的节约，特别是民用煤的节约。农村的生活用煤非减不可，这是庐山会议作了决定的。现在煤贱柴贵（煤0.6~1角1斤；柴0.24元1斤），人民生活用煤不严格控制，就谈不到工业化。因为如果每个人每年烧1斤煤，就是6亿斤煤，我们明年一共才生产2.5亿吨。所以必须收缩民用煤。现在正是收缩民用煤的好机会，因为农村食堂不搞了，城市街道食堂也不搞了。

搞好上面几项工作才能使我们有点余地，使我们的工作活一点。

二、思想认识问题

1.“农轻重”方针问题。什么叫“农轻重”方针？党中央和毛主席提出“农轻重”方针，是过去我们对农业注意不够，重工业搞得太多了，所以才提出“农轻重”的方针。毛主席在1959年6月29日庐山会议上的讲话中，曾提出要把农业放在首要的地位，过去安排经济生活的次序是“重、轻、农、交、商”，现在要倒过来，要按照“农、轻、重、交、商”的次序来安排。这样还是首先发展生产资料，并不违反马列主义。过去陈云同志提出过要先安排好市场，要先把“衣、食、住、行”安排好，使大家的生活过得舒服，才不致有人说闲话。过去说要两条腿走路，实际上并未兼顾。要注意做好三种平衡，即农业内部的农、林、牧、副、渔的平衡，工业内部的平衡，工业和农业之间的平衡，才能正确处理农、轻、重的比例关系。按照当前和明年的情况来看，在吃、穿减少的情况下，要有必要的重工业原材料来支援农业、市场才行；因为农业原料减少了。工农业的相互影响怎么样？这几年是相互影响的。起初是重工业搞多了，重工业影响了农业；后3年是灾荒，加上农村工作本身的缺点，农业反过来影响了工业。今后非注意工农业并举不可，倒向一面是走不通的。

2.“八字方针”问题。明年的计划也好，工作也好，仍然以调整为中心。调整是积极的方针，调整是为了进。在调整中，有进有退，最关键的问题还是如何千方百计使农业生产、工业生产逐步地向前进，逐步地上去。没有这一条，就不是积极的方针。如果越调整越退，无原则地退，整个日子就不好过。调整集中表现在什么地方？调整得好不好，就是综合平衡得好不好，也就是生产、物价、市场、货币能不能做到相互间基本上平衡。调整要有全局观点，不从综合平衡来看，就不能看到调整的效果和作用。搞工业的，不能只讲工业；搞农业的，不能只讲农业。只有综合平衡，这才能看到调整的效果和作用。在目前的条件下，工农业如果不能相互支援和保证，如果没有必要的工业品去同必要的农产品交换，就谈不上等价交换。要等价交换，首先就是工业品去交换农产品。如农产品缺，就难于对工业等价交换；如工业品缺，也难于对农产品等价交换。要做到完全等价交换，完全平衡，现在看要到1964年。现在计算，到那时每人每年将有400斤粮食、18尺布。只有在这种农业和工业的条件下，才能使物价稳定，经济生活走上正轨。我们还要准备几年，努力奋斗。到1965年，每人有400斤粮食、18尺布，才算渡过难关。才能使我们继续前进。明年以调整为中心。从1963—1972年共10年，即第三、第四个五年计划，基本任务是什么？有两条：第一，1967年以前，集中力量解决吃、穿、用的问题。到1967年，争取每人20尺布、4尺针织品（包括人造纤维），棉花的播种面积达到8 500万亩，保证850万亩的收成。第二，如何打下四个现代化的坚固的基础，在工业的主要生产指标上赶上英国。到1973年，使生产、建设、技术上做到自力更生。在这个基础上，我们提出钢的生产指标，1969年达到2 500万~2 600万吨。1972年达到3 200万~3 500万吨。我个人的设想，十年设想是“三、

四、三”的设想。前3年继续贯彻“八字方针”，中间4年继续跃进，后3年大跃进。1967年基本完成第一个任务，1972年基本完成第二个任务。完成这两个任务，在时间上可能有交叉。今后10年，如何贯彻多、快、好、省。是值得大家很好考虑的问题。要从技术政策、经济定额、现有生产能力上认真摸一摸。我们不仅要多、快，而且要好、省，多、快、好、省相结合。这里面有很多文章可以做。10年的奋斗目标，争取提前完成，赶上英国，真正建立“四个现代化”的基础。到1972年，在产量、质量、品种、技术上赶上世界的先进水平。这么个雄心壮志，绝不是浮夸的。我们要从实际出发，踏踏实实地鼓足干劲，力争上游，多快好省地贯彻总路线。明年是继续总结经验的一年，是贯彻调整方针的一年，制定长期规划的一年。

3. 局部和整体、眼前和长远、群众观点和党的方针、全党服从中央的问题。我们的干部有进步的一面，但也要看到在思想上还有阴暗的一面，主要是本位主义、分散主义、自由主义，甚至有赫鲁晓夫的实用主义，也就是只顾自己、不管别人。自由主义就是独立王国，不管中央的方针、政策，自发势力，打埋伏，留一手，怕吃亏，怕当老实人，只看到局部、不看到整体，只看到眼前、不看到长远，从工作到生活都表现出来，这是党的一个危险。迷惑于眼前的困难和局部利益，忘记了前途，没有志气。为了个人利益，斤斤计较，留一手，走后门。要提倡有志气，有前途，要有共产主义风格，要学当老实人，要学到不怕吃亏。毛主席总是经常提醒我们，要有前途，有志气。今年庐山会议上，当我们有困难的时候，毛主席提出困难到顶点了，我们不是弱了，而是更强了。二万五千里长征，最后只剩下不到3万人，那时也不是更弱了，而是更强了。毛主席告诉我们，不要被当前的困难吓倒。当第一个五年计划完成时，1957年毛主席及时提出10~15年在工业主要产品的产量方面赶上英国。毛主席领导我们向前看，有大志，有前途。1958年又提出经过8~10个五年计划赶上美国，要我们不要做政治上的庸人，要有壮志，要有志气。现在我们有些干部被困难吓倒了，被资产阶级思想侵蚀了，本位主义，分散主义，自由主义，特别是向党讲策略，向党打埋伏，留一手，开后门，只顾眼前，不看前途，这都是受资产阶级思想的侵蚀。我们大声疾呼反对赫鲁晓夫的修正主义、实用主义，但是我们的干部中也有点实用主义。我们有些干部迷惑于眼前，迷惑于困难，党中央、毛主席就提出要搞7~10年计划，不要被眼前困难和局部利益所迷惑，不要只看一个局部的小天地。小平同志昨天讲，印度党内有3派、有3个党、我们一个公社、一个县、一个地委，都有自己的一个算盘，不知有多少派、多少党、多少小天下?! 同志们，我们有些同志做事缺乏共产主义风格，讲话也缺乏共产主义风格，总怕得罪人。林业部向总理写报告，提出湖南、广西的例子，还要总理不要点名，怕以后不好混。这就是缺乏共产主义风格。各省、区都检查一下，有多少小天下，打埋伏，走后门，留一手，写假报告的。各部也要检查。要有志气，有前途，有风格，有共产主义觉悟。小平同志昨天讲，我们的干部，无产阶级意识不是够用了，而是不够用，要加油了，不加油就要上锈了。要看远点，不要只看局部，只看自己的小天地，不要只看困难，不看前途。

第二个问题是统一领导，分级管理，全党服从中央。庐山会议上发的工业指示，第二条就是在工业工作中实行高度的集中统一管理，把一切权力集中到中央，各省如有下放过多的也要收回。庐山会议到现在，中央做得不够，省、市也做得不够，该集中的没有集中，这种分散现象并未停止，各“口”都未停止，小天下现象并未停止，这是缺乏得力的措施。毛主席历次指示过我们，1958年5月19日就谈到“统一计划、分级管理、重点建设、枝叶扶持”的问题。重点建设，要图快，武钢可以搞快一点，但各地都发挥积极性，都搞就不得了。各级只能办自己能办的事，要有所不为，然后才有所为。地方分权的范围要有所不同，内容也要有所不同。计划性要加强，所有计划要公开。现在钢、铁调不出来，有几十万个政府，还得了！我看，主席讲的几十万个政府，现在可能还存在哩！1959年6月29日，毛主席又讲了这个问题，要加强中央的统一领导，反对半无政府主义。积极性有两种：一种是实事求是的积极性，一种是盲目主义的积极性。红军的三大纪律，有两条现在还实用，一条是一切行动听指挥，就是统一领导；一条是不拿群众一针一线，就是不搞一平二调。过去四权下放过多，要适当收回。这个指示，我们也还没有完全贯彻执行。要有全局观点，整体观点，整个国家兴旺了，局部才有兴旺。皮之不存，毛将焉附！特别是目前的局面，要强调集中统一，服从全局，克服困难，才能把我们的事业搞好。中央对各部、各省市要强调中央集中统一领导，各部对直属企业也要强调各部的集中统一领导，各省、市对地、县也要强调省市的集中统一领导。不这样，要把局面转过来就困难。这样是否妨碍了各部门、各地方的积极性？小平同志昨天举了一个例子，在解放战争中，强调绝对的集中统一，中央只有3个人（毛主席、周总理、任弼时同志，以毛主席为中心）指挥全国的军事，淮海战役、渡江都是中央决定的，这样是否各野战军、各纵队、各军、各师、各团就没有积极性了呢？不是的，还是充分发挥了积极性，依靠群众，依靠连队工作打了胜仗。我们不是搞盲目的积极性，在统一领导、统一计划下，有许多工作要做。我个人很拥护小平同志的意见，要认真贯彻毛主席讲的两段话，要强调中央的统一集中，各部不能各自为政，各省市不能各自为政。同样，各部要对直属企业强调不能各自为政，各省、市要对地、县强调不能各自为政。否则，要完成明年的调整任务，要完成10年建设任务，是搞不好的。与解放战争一样，要统一领导，集中捏紧拳头，才能取得解放战争的胜利，中央各部要做榜样，把各部专用、通用的设备，凡是明年不需要的，都统一归中央收购。

第三个问题是全局观点与群众观点。我们把全局搞好，把全国搞好，就是群众的利益，就是群众观点。群众的生活，必须在建设中逐步有所改善，又不能改善太多。在这10年的建设中，还是要贯彻勤俭建国的方针。我们国家穷，人口多，稍多吃一点就不得了。因为我们要建国，生活就不能改善过多。要照顾人民的利益，就要逐步改善；要照顾人民的长远利益，就不能改善过多。我们不能像赫鲁晓夫那样，提出20年搞共产主义生活，他要苏联搞成共产主义生活以后才让别人搞共产主义。他不支持别国的革命，先自己搞20年共产主义生活。过共产主义生活，不打倒帝国主义怎么行？要打倒帝国主义，不让人家革命怎么行？我们不能这样。在二三十年内，我们不提过共产主义生活。我们只提人民生活逐步改善，而且支援全世界被压迫人民的革命，打倒美帝国主义，使全世界过共产主义生活。这是我们的志向，我们的理想，我们的风格。不要只看眼前，只抠数字，少1吨煤也不放，斤斤计较，向党搞手段，要策略，打埋伏，留一手，走后门，说假话，都来了。归根到底，要有共产主义觉悟、共产主义风格，统一领导，把权力集中到中央，集中力量把我们的工作搞好。这是中央提醒了我，我把中央的指示传达一下。

我建议：（1）年度计划指标就这样定下来，几个主要指标不要再退了，在执行中还可以调整。（2）明天、后天大家座谈一下，如何集中统一，有前途，有远景，有风格。（3）在座谈期间，计委、经委的同志同各省市、各部的同志平行作业，把明年的生产指标定下来，计划会议本星期内结束。参加工业书记会议同志，座谈两天以后，看还搞什么，以后会议如何开法，再商量一下，最好15日、16日也结束，20日第一书记都来了。

JJS50－4（上）

顾卓新同志传达李富春同志指示

1962年3月10日

富春同志于三月十日上午召集计、经委和

工业、交通各部党组负责同志开会，传达中央财经小组会议精神。下午，卓新同志向党组作了如下传达：

富春同志说，扩大的中央工作会议以后，中央又开会作了具体研究，财经小组又讨论了当前形势和工作的具体部署。

（一）当前形势

生产力受到了破坏，特别是农业生产力受到的破坏程度较大。十二年内占用土地二亿四千万亩，仅水利建设就占用了八九千万亩（据水电部计算，库区实占土地为三千万亩），而开荒却只有一亿亩。撂荒地很多，仅辽宁就有六百万亩，估计全国有四千多万亩，草荒地也有几千万亩。工业的生产力也有破坏，具体分析一下，大致有三种情况：一种是生产力有所扩大，如重工业，这是好的；一种是搞了基本建设，但未建成，未形成生产力，却占用了投资、设备和材料；一种是原有的生产能力使用过度，设备损坏，维修没有跟上，生产力下降，这就是受到了破坏。现在，财政支出同可供商品量的差额高达五十亿到六十亿元。

根据中央和财经小组的讨论，解决的办法是：恢复农业，贯彻农轻重，解决吃穿用。六亿五千万人的生活安排不好，搞建设是很困难的。工业生产必须尽可能地支援农业和市场，基本建设少搞或不搞。

工交口各部（包括我自己在内）对工业的认识赶不上形势，跟不上中央的思想，对农业估计不足。现在春荒面积扩大，受灾人口一亿多，生活严重困难的五千多万人。意识到今年有春荒，但未想到这样快，“司马懿的大兵来得好快”。可是我们粮食搞得不好，手里没有多少粮食，唱空城计。看来，粮食包死不妥当，县、省粮食包死，有余粮也调不出来，甚至军队调动，家属没有粮食吃，基本建设工人也不能调动。农业的情况是很严重的。工业的情况也很紧张，没有材料，没有电力，许多工厂没有事干，设备受到损坏。现在我们还没有去蹲点进行研究“五定”、精兵简政、生产、职工生活该怎么办，工作并不很简单。对工业情况摸不透，工作很被动。

（二）第三个五年计划怎么办

首先解决吃穿用，是恢复和发展的阶段。农业究竟恢复得快慢，要观察两年。根本的办法是按不同的地区因地制宜搞恢复的措施，研究出具体办法，不能像过去那样一般化。

工交方面要用最大的努力支援农业和市场，要转向农业和市场，与其晚转不如早转。重工业不能不搞，搞哪些？搞是必需的、收效最快的。轻工建设也要首先考虑，有无原料，没有原料的不要上马。

农业的恢复要三年到五年，准备五年。工业的恢复也得三五年时间。农业上不来，工业建设是不行的。“农业六十条”下去以后，有作用，一些地区很好，但一般地说还不行。四川、黑龙江两大产粮区的产量下降，调不出粮食来，关中地区也饿死了人，两湖也不行了，江苏的无锡、苏州也发生了逃荒，上海郊区的粮棉生产较好，但是每亩施化肥三十斤，电力排灌，不然也是不行。因此，还得多进口粮食。原设想明、后年少进口粮食，看来不行，少进口就没有吃的。因而，工业进口靠不住，要更多地考虑自力更生。

决心按短线平衡安排计划，研究自力更生的办法，逐步补短口，延长短线。

铜、铝同钢材的比例究竟应怎样？机械的短线产品情况怎样，配套的比例如何？要具体研究，不能一般化地说比例。举例说，市场迫切要求供应盘条和钢丝，这些东西并不要求有色金属配套；少搞电站，也可以少要铜铝。不要定死比例，死守比例就没有办法，要实事求是研究，想办法。

（三）今年计划怎样调整

首先按照农业和市场的需要安排，调剂不足。如有缺口，减重工业和基本建设。要决心这样干，否则，要犯错误。两头要先顾一头，否则两头都不着边际，都落空。因此，钢铁、机械制造（包括三机）、基本建设要减。这样的要求，就是在目前情况下更好地贯彻总路线，实现“农轻重”，支援农业和市场，安排好人民生活。

要求各部马上着手研究调整计划，提出意见。计、经委配合会同各部一起调整计划，争取三月底下达。

（四）检查工作问题

联合检查组不必等人大会议，各部可以分头搞。各部用三天的时间传达讨论中央财经小组会议的精神，研究出一个框子来，留一部分同志应付人大会议和调整计划，其他人分批下去摸情况、帮助工作。十五号以前提出名单和组织计划报中央，十六号就下去，搞两个月再看。中央联合工作组四月可以下去。

不要老在家里空谈，已经谈得差不多了，就是要下去抓当前工作，贯彻中央会议精神和要求。这一段时间的讨论，看起来是好的，但也有讨论不下去的在硬讨论。过去批判错了的，要赶快甄别，一时搞不清的，可以先摆一摆，以后再说。听取反面意见，改变作风，是好的，但问题是要赶快抓当前工作，从实际工作中解决问题。

各部下去要抓大头，如冶金部就要抓鞍钢、武钢，抓精兵简政、清仓核资、“五定”。要研究整顿企业的协作关系、生产、原材料供应、副业生产等。

企业用物资交换副食品解决职工的生活，一般不要提倡，但要分析哪些是合理的，完全取消还不行，在困难的情况下不能一刀两断。合理的，经过批准后有组织地去搞，索性合法化。

要把形势向企业的干部讲清楚，这两年内的任务不满，基本建设不搞，能生产什么就先生产什么，把工人的生活安排好，做几年扎扎实实的工作，不要再设想最近几年有大发展。

基本建设要研究，从设计思想到具体安排上，怎样少占地、少用人？机械化还是半机械化？工厂要搞得短小精悍，建成一个是一个。这里有多快好省的道路问题，把财力、人力、物力用到最恰当的地方，做到多快好省。要总结经验，研究办法。

机械工业的长线要停下来补短线，至少逐步做到单机成套。成了套就能多快好省，现在积压上百亿设备不成套，怎能多快好省！

工业生产、基本建设减了下来，要减人，技术骨干可以保留，组织他们从技术方面研究切实可行的技术措施，提高质量，改进设计，成套，研究多快好省的门路，不要无事可做。有很多事要研究，但中心一条就是：截长补短，发挥现有的人力、物力、财力的作用。

对日用商品的生产，各部同志顾虑搞不好，宁愿拿出部分材料来交给手工业部门生产，可以考虑，请明夫、叶林同志研究具体安排。

要搞点机械化和半机械化支援农业，一九六七年搞到三千七百亿斤到三千八百亿斤粮食，并不容易，就是有了三千七百亿斤粮食，日子也并不好过。

计、经委要合作搞调整计划，可以稍晚一点下去，先组织少数人下去摸情况也可以。一个副主任带一个组到大区研究长远计划，搞不成，抓当前工作要紧，救灾如救火。

卓新同志传达后，党组进行了讨论，认为计划调整安排上的问题很多，需要抓住重大问题，逐项摸透，具体安排落实。初步酝酿，提出了以下一些问题：

（一）关于调整计划的四大问题

1. 生产指标怎样定？煤炭、木材、化工生产减不减，减多少合适，影响程度怎样？机械设备的制造怎样安排？二十亿的商品生产怎样安排落实？

2. 基建怎样削减？保当年简单再生产，至少需要四十亿投资。

3. 物资分配怎样转向首先保农业和市场转多少？

4. 设备维修问题，现在情况如何，哪些已经安排了，落实了多些，还差什么，差多少？

（二）分头负责研究的具体问题

1. 渔轮的生产、维修和配套问题，由克白、马仪同志负责研究，联系木帆船一起去干；

2. 中型农具和机械化农具的生产维修和

配套问题，以及农业对工业的要求，由耕今同志负责组织研究；

3. 短途运输问题，由钟毅同志负责组织研究；

4. 运盐铁路支线（复州湾和南埠盐场）问题，由日运同志负责组织研究；

5. 民用煤的分配问题，由沛云同志负责组织研究。

上述问题，抓紧研究，于下周内提出具体意见，党组讨论决定。

另，关于大连化工厂纯碱生产所需的原盐，决定暂从辽宁借用，把三月下半月供应辽宁的民用盐改供大连化工厂，辽宁民用盐由省库存解决。当即由明夫同志起草电报，发往辽宁征求意见。

150－10－8

中共中央、国务院关于厉行节约的紧急规定

1962年3月14日

为了进一步厉行节约，发扬艰苦朴素的优良作风，以便集中力量，减少财政开支，保证市场供应，中共中央和国务院现作如下的紧急规定，望即遵照执行：

一、坚决压缩社会集团购买力，力争开支少于财政预算中规定的购买金额。在今后3年内，各级国家机关、党派、团体、部队和企业、事业单位，一律不许购买家具和非生产性设备。破旧了的应当进行修补，继续使用。非添置不可的，应当首先通过清理仓库，在各单位内部统一调剂解决，不要到市场上购买；各单位内部调剂不了的，应当由各级行政管理机构统一调剂。如果还解决不了的，必须提出计划经各级财务部门审核，转报政府批准后，方可到市场上购买。日常办公所需的用品，也要力求节约，实行一物多用、废物利用，严格禁止多购、多占和囤积。

二、立即彻底清理机关仓库。全国工交、财贸、农林、文教、政法、外事、行政、部队各系统的机关仓库，在三、四两个月都要由本机关的领导机构进行彻底的清理，充分发掘潜力，变死物为活物。所有清理出来的物资，都要分类造册。按级上报，并且要严格遵守中央清仓核资领导小组的规定统一处理。

三、全国各级（中央、省、地、县四级）招待部门库存备用的高级物品（如山珍海味、土特产、烟、酒、茶、糖、干果、地毯、沙发、古玩、丝棉毛织品等等），从通知到达之日起，一律冻结，不许浪费私分，并且要开列清单，分报中央、省、市、自治区两级商业部门，听候调做国内外市场商品处理。从今以后，各级招待部门一律不许再行购置和供应这种高级物品，以免特殊化。招待外宾的供应，暂照原规定执行。

四、全国所有撤销、停办的机关、工厂、企业、学校等单位的房屋、家具、设备和物资，一律冻结，并且由本单位的领导机构开列清单，报上级主管部门，听候处理。在未处理以前，必须妥加保管，不准分散转移，乱拿乱用。

五、坚决贯彻中共中央不准用公款请客、不准用公款送礼的指示。各级国家机关、党派、团体、部队和企业、事业单位，一律不得随便请客，不得用公家的财物送礼。一切招待必须从俭。除全国和省、市、自治区的人民代表大会和政治协商会议开会时，可以招待茶水以外，其他一切办公、开会和接待来往的工作人员，一律不招待烟、茶，更不许招待糖果和水果。看戏、看电影一律由个人买票，不准赠票。

六、专业会议要尽量减少，这是一项有关人力、财力、物力和时间上的最大节约。能不开的专业会议就不开，能合并开的就合并开，能在机关开的就不要到饭店去开，能在当地开的就不要到外地去开。非开不可的，必须事前做好充分准备，经领导机关批准。参加会议的人员（包括为会议服务的工作人员），要力求减少。开会的时间也要尽量紧凑。会议期间的生活招待标准一律按照财政部的有关规定办理，不许铺张。电话会议也要严格控制，开的

次数越少越好，时间越短越好。

七、大力压缩差旅费的开支。出差一定要有明确的目的，人员不要过多，时间不要过长，生活不许特殊化。一切出差费用应当按照财政部的有关规定办理，不许超支。

八、工作人员一般不许住到饭店写文章，看文件。各地轮训干部，也不许租用饭店。今后凡属这类开支，一律不许报销。

九、所有办公用房、集体宿舍和个人宿舍，除因漏塌必须维修的以外，一律不得扩建、改建、粉刷和油饰。

十、彻底整顿刊物和资料，节约纸张。刊物能不办的就不办。资料能不印的就不印，能少印的就尽量少印。办公用纸也要节省使用，能用次纸的就不要用好纸，能用废纸的就不要用新纸。

十一、在拍发电报、打长途电话和用车、用水、用电、用煤等方面，必须精打细算，减少浪费，节约支出，并且按照规定的制度，严加管理。

十二、各级国家机关、党派、团体、部队和企业、事业单位，应当结合具体情况，制定节约计划，经常进行检查，保证彻底实现。

各级党委要动员党、团员以身作则，厉行节约，各级行政机关要带动所有工作人员克勤克俭，艰苦奋斗，坚决同铺张浪费和不爱护公共财物的现象作斗争，以保证上述各项规定的贯彻进行。

JD220－5455（15）

刘少奇：目前的经济形势到底怎么样①

1962年5月11日

我同意周恩来、邓小平同志以及其他一些同志的讲话。中央财经小组的报告，我看是好的，要修改一下发出去。你们如果还有意见，请今天改上，交给杨尚昆同志。

财经小组搞了个1962年调整计划。看来，可能还有一些指标完不成。1958年以后，我们每年都调整计划，而且每一次都是往低里调，都是年初计划高、年末调低。只有1960年调高一次，从1 800万吨钢调到2 000万吨钢，结果没有完成。这一次又是调整指标，1962年的指标又是调低。同志们，是不是以后不再调低了？让我们搞点低指标好不好？搞了这么多年高指标，我们搞一年低指标行不行？以后计划要这样定：计划定低一点，在执行中间超过计划；按短线来平衡，不是按长线来平衡，而且要留有余地，以便在执行中间超过计划。“左”了这么多年，让我们“右”一下吧。这个高指标的尾巴，一直还没有割掉，今年要把这个尾巴割掉才好。

目前的经济形势到底怎么样？我看，应该说是一个很困难的形势。从经济上来看，总的讲，不是大好形势，没有大好形势，而是一种困难的形势。一部分地区的经济形势比较好，但那是部分的。总的来讲，是一种困难的形势。这一点，我看要跟干部讲清楚。讲了这么多年的大好形势，现在讲没有大好形势，而是一种困难形势，这个话是很难讲。我们这回切实这样讲一讲，你们回去跟省委书记讲一讲，然后大家才好讲。我们这里不开口，大家是不好讲的。

我在扩大的中央工作会议上讲了这样一句话：最困难的时期已经过去了。这一句话，现在大家都抓到了。最困难的时期是不是已经过去了？恐怕应该说，有些地区最困难的时期已经过去了，但在城市里面，在工业中间，最困难的时期还没有过去。因为现在城市里要下2 000万人，工业要继续往下减，基本建设要原地踏步。所以对这个问题要有分析地讲，干部才可以接受，对群众才能讲得通。只说最困难的时期已经过去了，有人还不服：既然最困难的时期过去了，为什么你们还要减少城市人口，还要关厂，这是怎么搞的呀？这个问题要跟同志们说通，说不通就不好。

一般来讲，目前的政治形势是好的。这就是说，党是团结的，人民是团结的。但是，经

① 此件系刘少奇在中共中央工作会议上的讲话。

济是基础，经济形势不好，政治形势就那么好呀？基础不巩固，在困难情况下，政治形势可能转坏。所以，我们要提高警惕。

对于当前的困难是不是估计够了？现在我看是估计够了。但是对某些具体困难，也还可能估计不够，还可能出现一些意想不到的困难，我们要有准备。对困难的估计，无非是这样三种：估计够了，或者估计过了头，或者估计不够。我看，对困难估计过分危险性不大。我们估计有那么多困难，后来发现好一点，困难没有那么多，这好，这危险不大。但是，对困难估计不够就危险了。我们多少年都是因为估计不够而陷于被动。是估计过头了危险，还是估计不够危险？比较起来，还是估计不够危险。现在还没有那种因为把困难夸大而使工作受损失的危险。将来可能有那种危险，但是现在的主要危险还是对困难估计不够。我们应当充分估计当前的困难以及现在还设想不到的困难。要准备迎接困难，克服困难；否则，对克服困难我们就会精神准备不够，这是危险的。一个人，充分估计了困难，但不害怕，还是干劲十足地挺起胸膛前进，这是勇敢的。分明有困难，却说没有困难，这样的人，不能算勇敢的人。共产党员的革命气概，应该是充分估计困难，而且在最困难的时候，还是挺起腰杆前进。我想，我们革命家的气概，马克思主义者的气概，应该这样。对困难估计不够，自己安慰自己，那不是马克思主义者。

我们下决心减少2 000万城市人口，这也算一个勇气。现在有些工厂、机关、学校、医院里面，有不少人要求回乡，但是组织上不批准，不让回去，怕这些人走了，没有人代替。对这些人，要尽量让他们回乡。当然，时间要衔接起来，等城里有人代替以后再走。对工作没有大妨碍的，也可以先让他们走。对这件事，我看应该是决心要大，行动要快，但是要有区别、有步骤地来进行，不能慌慌忙忙一股风。

减少学校的学生，要注意方式。我们要保证北京、上海、天津、武汉、沈阳、哈尔滨、广州这些大城市不闹事。中小城市当然也要注意，闹事也不好。要尽可能不出乱子，少出乱子。但是，在精神上、组织上还得有点准备，准备出乱子，甚至出大乱子。如果没有准备，出了事情就会陷于被动。如果我们深入地做群众工作、做解释工作，我估计群众是可以说通的。一方面是准备出现闹事，另一方面，还要了解，我们国家学生的觉悟是比较高的。只要讲清楚了，他们就很容易通，怕的是我们不讲清楚道理，那他们就不答应。这件事，要事先做很好的解释工作，有关负责人要出面讲话。解释工作应该首先在干部中做、在党内做，然后在群众中间做。在解释中间，党政领导要向群众自我批评。总之，要做普遍、深入的群众工作，使我们的思想跟群众的思想统一起来，然后才能够统一行动。

为了克服困难，为了调整和改组我们的国民经济，政府和党的各工作部门，都必须紧张地工作。特别是工业交通部门，更应该紧张地工作。不能说农业是我们当前的重点，工业部门就可以休息一下了。不能休息，同志们！要更紧张地工作，否则，就不能进行调整，不能克服困难，不能把我们的国民经济改组好。

减少2 000万城市人口，调整国民经济，行动要迅速。各省市都要有指挥部，经常通消息，哪里发生了什么事情，情况怎么样，立即处理，这样很有必要。许多事情，光精简小组负责不了，因为这不仅是精简的问题，而是整个国民经济的调整的问题。我觉得，减少2 000万人比大跃进的工作更困难，把调整工作、精简工作做好，要有更大的本事。在调整工作中，更加强纪律性。在目前这种非常时期，不能消极怠工、不顾大局，不能党内不团结、行动不一致、思想不统一。

我们减少这么多城市人口，关这么多厂，指标调低，是不是消极的？我看不是消极的。缩短工业战线，是为了加强农业战线。只有这样，才能停止目前经济情况的继续恶化，才能转入主动，才能在以后继续前进。我想，这样的步骤是当前我们所能采取的最积极的措施。

总之，还是邓小平同志讲的，当前是两项中心工作：一个是城市里调整经济，精简人；一个是农村中巩固生产队的问题。现在有一部分生产队巩固，有一部分生产队动摇，有一部分生产队已经瓦解了。如果今年的夏收分配不去抓紧，秋收分配又不去抓紧，到明年会瓦解得更多。所以，这件事也是紧急的。要派得力的人到农村去，加强生产队的领导，使生产队形成领导核心。现在有些生产队已经有领导核心了，有些还没有形成领导核心，有些就没有领导核心。派工作组下去，要帮助把生产搞好。这样的干部难派，不能马马虎虎。工作组没有训练，派下去反而会搞坏。因此，派出人要谨慎，应当经过挑选，经过训练。省委应该有分工，一部分人抓城市工业调整和精简，另一部分人抓农村。两个中心工作，现在都不能放弃，都紧急。

我在扩大的中央工作会议上讲，各省委、地委、县委都要总结经验，总结12年来的经验，特别是总结4年来的经验。现在还可以加一点，就是中央各部门，各群众团体，都要总结这12年的经验，看到底哪些做得对，哪些做错了。今后应当怎样做。一些重要的企业也要总结经验。要引导我们的干部好好想一想，好好学习学习。这几年的经验非常重要，不要忘记了，不要马马虎虎地过去了。不系统地总结一下，不经过几次辩论，对这几年经验教训的认识就不那么深刻。

总而言之，我们的前途还是光明的。天并没有就此黑了，天也不会塌下来，事情还不是黑漆一团。但是某几块是黑的，我们就得承认是黑的，必须实事求是加以分析。这并不是说，承认我们有困难，承认我们工作中间有缺点错误，成绩没有那么多，天下就黑了，就再白不起来了，不会的。整个来讲，调整的第三个五年计划是社会主义建设中间的一个战役。第二个五年计划是一个战役，第三个五年计划又是一个战役。战役上要重视困难，但是战略上要藐视困难。我们在战略上藐视困难，同当前在工作中、在战役上重视困难是统一的，不矛盾的。我想，我们共产党员，革命者，多少年来，更大的困难都克服了，这一点困难又算得了什么呢？我们有这个本事，经过一段时期的努力，把当前的困难一步一步地克服。

JJS50－4（上）

周恩来：认清形势，掌握主动①

1962年5月11日

刘少奇同志在扩大的中央工作会议的报告中分析了全国的形势。他说，我们最困难的时期已经基本度过了，但目前还处在一个严重困难的时期。对于这一点，我在那次会上作了分析。现在看来，总的情况还是那样，但需要作进一步的说明。

为什么说我们的政治形势和经济形势，从总的方面看最困难的时期已经基本度过了呢？

在政治上，全党全国人民的绝大多数，党外人士的绝大部分，高举三面红旗，取得了成绩，经历了困难。经过这次考验，大家是团结的，这在和平建设时期，是一件了不起的事情。同时，这几年对各项具体政策，我们也在逐步补充和完备。

在经济方面，我们开始高举三面红旗前进的时候，对于新的事物缺乏经验，在执行中犯了很多错误，有很多缺点，而且有很多是原则性的、很严重的。但是在这个过程中，我们从正面、反面初步总结了经验，逐步地认识和掌握了新情况下的发展规律，不像过去那样懵里懵懂了。从这一点说，我们比过去也清楚了一些。

现在，农村中连续3年灾荒造成的困难正在克服中，农业生产下降的趋势，除部分地区还在继续外，大多数地方已经停止并开始回升。这4年，工业和基本建设的计划指标本身就没有综合平衡，结果一面是跃进，一面又被迫地大调整、被迫地后退。年终的产量跟年初

① 转自中共中央文献研究室编：《周恩来经济文选》，中央文献出版社1993年版，第481～490页。

的计划数字差得很大。工业问题，可以说是在逐渐认清形势，逐步掌握主动。现在，我们主动地调整指标，大家在数字上基本没有争论了。前几年如果提出今年这样的调整指标，是不可设想的。这就说明，现在大家的认识比较一致了。

所以，从总的方面说，不论政治形势或经济形势，最困难的时期的确是度过了。如果现在还是懵里懵懂，后果还要严重。当然，现在影响还没有完全消除，但我们总是能够预见发展趋势了。

为什么说目前情况还很严重呢？因为我们主观上的失误造成的经济发展不平衡的后果，不是短时期能够消除的，只能逐步解决。经济工作千头万绪，毛泽东同志说要越做越细，而我们在这个时期恰恰是越做越粗，过去几年甚至可以说是越做越乱。工作上造成这样的后果，影响就比较长远，直到现在还没有结束。灾荒的后果也是严重的，虽然我们克服了许多困难，但是受灾面积这样大、影响这样深，也不是一时能够扭转过来的。

有些地区和部门的情况还很严重。部分地区工作中的错误还没有纠正过来，或者灾荒还很严重。工业、基建部门过去工作中的错误所造成的后果还继续存在，并影响到其他部门，现在在调整中就看出来了。当然，这些地区和部门绝大多数也在纠正中，只有个别的还没有纠正。

要做好工作，应该情况明，决心大，办法对。要做到这样是很不容易的。

首先是情况明。这是毛泽东同志提出调查研究的时候特别强调的。目前我们对困难的情况是不是看得够了？我想要有分析。困难的发展趋势我们是看出来了。前年经济调整的时候，觉得很快就可以调整过来了，去年也还是这样想。今年 7 000 人大会之后，在西楼开会，陈云同志讲了话，少奇同志作了结论，毛泽东同志也同意，就是说，调整时期要成为一个阶段，主要的内容就是恢复。不仅农业要恢复，工业也要恢复。因为不仅农业生产力被破坏了，工业也是这样，有些生产设备被破坏了，部分的生产秩序弄乱了，规章制度也不存在了，都要重新恢复起来。教育方面也有这个问题。现在看，这个调整时期要相当长。一般设想，第三个五年计划时期恐怕就是个调整阶段，甚至于还不够。把这个时期看得长一些，现在大家争论不大了，看法比较一致了。

是不是我们现在对困难的情况都弄清了呢？还不能这样说。趋势是看清了，调整的时期会长一些也看清了，但是具体情况常常是由极复杂的因素形成的，往往是现象发生了我们才看到。这类事情很多。例如三门峡的水利枢纽工程到底利多大、害多大，利害相比究竟如何，现在还不能作结论。原来泥沙多有问题，现在水清了也有问题。水清了，冲刷下游河床，乱改道，堤防都巩固不住了。上游清水灌溉，盐碱就不能统统洗刷掉，洪水出乱子，清水也出乱子。这个事情，本来我们的老祖宗有一套经验，但是我们对祖宗的经验也不注意了。三门峡水利枢纽工程既要防洪，又要灌溉，又要发电，又要运输，综合利用。修三门峡的方针是对的，但是办法不对，现在不能发电，泥沙又淤塞，还要大调整。类似这样的例子很多。所以，我们不能认为现在对困难的情况都估计够了。每个部门，每个地区，大家都要警惕这一点。

少奇同志说，把困难说多一点有什么坏处呢？领导上把困难指出来，然后找出办法来克服，只有好处，没有坏处。懵里懵懂，怕说困难，一听说困难就泄气，这不是马克思主义者。革命就是要认识困难，摆出困难，提出办法，克服困难。共产党就是在克服困难中取得胜利的。革命战争是这样，社会主义改造是这样，社会主义建设也应该是这样。不管哪一个问题，都是千头万绪。姚依林同志讲了物价政策，他是经过一番研究的，但那只是一个设想。情况复杂得很，还会出现购买力超过商品供应量、财政赤字、货币难以回笼等情况。教育、政法方面，都会出现一些新的问题。我们宁可承认对困难估计得还不大够，多看一看，这不仅不会使我们在困难面前低头泄气，反而会使我们团结起来，依靠群众，克服困难。

这两年的调整中，我们觉得，我们总是对困难估计不够，总是希望好一点、好得快一点。我个人经手的事情几乎没有一件不是如此。你说我愿意慢一点呀？总还想快一点的。当年搞钢铁，别的让路，也是我在那里督战的，结果把大家搞垮了，现在回过头来，钢铁只好让路。这还不是自己的错误？当然，有外在的因素，但外在的因素不能成为借口，还是我们不冷静。钢的产量要求达到 1 800 万吨，现在退到600 万吨。你总不能说那个 1 800 万吨是对的。问题不在于后悔不后悔。不怨天，不尤人，主要是要得到经验教训。我们主观上想快一点，是好心肠，争取快，但是要准备慢。毛泽东同志说，对于社会主义建设，我们的经验还不够，还有许多未被认识的必然王国，从必然王国飞跃到自由王国，要有一个过程。

现在我们领导的意见接近一致了，但这还不行，还要把我们的意见传达到广大的干部中去，并且适当地向群众说清楚。当然，领导是起决定作用的，可是要把领导的意见变为群众的行动，说服群众和我们一道去做，那就需要做艰苦的工作，要经过群众的体验。现在省一级同志的意见大概跟我们比较接近了，地委就差一点，县、社、队，厂矿、各种事业单位就更差。这不能怪下面，还是 7 000 人大会上说的，责任首先在中央，因为许多错误的东西是我们发起和创议的。当然，有的是他们做过了头，做走了样子，但这样做也是上面逼的。所以，上下认识的接近需要一个过程，必须做艰苦的工作，不能希望很快。调整的具体工作要有步骤，要通气。党内的 7 000 干部通了气，通过人大、政协，也跟党外人士初步通了气，但是还没有全部通气。要全部通气，也需要有个过程。

其次是决心大。现在我们决心大不大？我想，基本上是大的。当然，去年已经是下大决心了，1 000 多万人下乡，870 多万职工精简下来，这是一个大决心；但是去年我们还不能设想关这么多厂、拆这么多“庙”、精简这么多人。这件事情，在中国，没有哪个政权能够这样做，只有我们才有这样做的群众基础。去年没有出大乱子，今年会做得更好一些。原来不敢下那么大决心，觉得去年下了那么多人，今年再下那么多人，不大可能。我对这个问题，一方面主张多下人，可是如何下法，要走一步看一步。所以，最初决定下 700 万城市人口，其中包括 500 万职工。后来许多地方要求一步走，就提出 1 300 万城市人口下乡，其中包括 900 多万职工。现在经过政治局常委讨论，下了更大的决心，就是下乡职工超过1 000万人，下乡城市人口相应的可能争取超过 2 000 万人。这个决心，的确也是逐步酝酿出来的，去年不可能，前年更不可能。现在下这个决心，目的就是要把我们的经济生活来一个大幅度的调整，使它在新的基础上来一个大改组。这是领导的决心，也是全民族的决心，几乎要震动我们全民的生活，不是一件简单的事情。

再次是办法对。办法现在只能有那么多，更多的办法还要依靠群众创造。革命战争是如此，建设也是如此。大家来想办法，一定有出路。各地各部门的领导同志不要怕把话说多了，不要怕我们的干部知道。你把问题说清楚了，他们的办法会比我们还多。你不说清楚，他们不晓得你葫芦里卖的什么药，反而互相猜疑，议论纷纷。我们现在把决心传达到下面去，就可以找出办法来，经过一年到一年半的时间，就能在初步调整的基础上前进。时机紧迫，不应该犹豫了。可是另一方面，今天的情况又是千头万绪，动一根头发就要牵动全身，稍一不慎就会出乱子，我们应该有准备。一方面是力争不出乱子，另一方面也要有准备，万一出了乱子也没有什么可怕。我们只要把情况跟干部、群众讲清楚，大乱子可以克服，可是办事不能急躁，不能草率，必须谨慎从事。

在目前形势下，关键是如何处理好毛泽东同志在《论十大关系》中指出的农轻重关系、城乡关系、中央和地方的关系。现在的农业基础没有办法负担这样规模的工业。工业本身也不平衡，没有办法继续均衡生产，也没有办法支援农业、支援市场、兼顾国防，比例的失调极其严重。城乡比例也失调。现在我们农业生产的各种因素，劳力、畜力、地力、水利、肥料、种子、农具、运输工具等等，都有不同程度的削弱或减少。在这样的情况下，农业的恢复要有一个相当的时间。拿粮食来说，总要三五年，少的3年，多的5年，有一部分地区也许要超过5年。至于农业的全面恢复，包括经济作物，农、林、牧、副、渔，那要超过5年。所以，我们首先就应该抓住农轻重关系、城乡关系这个关键来调整。调整不是今年一定就可以就绪的。工业也存在这个情况，工业和基本建设3年调整，就必然影响以后的3年。因为基本建设3年踏步，重点又放在支援农业上，那么，工业的后备力量，扩大再生产的能力，比如煤炭、木材、有色金属、化工材料的增长都不会很大，这就必然影响第三个五年计划的后3年。我们在7 000人大会上提出的指标，还是尽量压下来的，但是现在看来，那些指标还高了。1967年钢产量1 800万吨，煤3.5亿吨，看来都达不到。粮食产量1967年能不能达到3 700亿斤，还要看两年。棉花产量1967年显然到不了3 700万担。现在我们应该更冷静地看问题。我们对新的发展，总的规模，还没有完全摸清楚，要承认自己不行。

我们这样一个人口多、经济落后的国家要在经济上翻身，这是一个艰巨的任务。我们应该有临事而惧的精神。这不是后退，不是泄气，而是戒慎恐惧。建设时期丝毫骄傲自满不得，丝毫大意不得。

目前的中心工作，还是我在7 000人大会上提出的四句话：精兵简政、增产节约、保证市场、整顿秩序。

要增产，首先农业要增产，这不是一件简单的事情。如果不把农业这个基础恢复起来，现在这个工业基础也站不住，城市就是减了2 000万人口也站不住。这个经济形势，大家看得很清楚。

抓粮食要抓两头，一头是商品粮食基地，一头是灾区。还要认真抓棉花。棉花产量不能再减了，每年总要增产才好。每人每年供应3尺布的情况不能再继续了。棉花生产的恢复比粮食还要慢。除国家注意棉花集中产区以外，地方上还可以提倡在自留地上种点棉花。自留地种的棉花不要收购。返销农村的粮食，首先要照顾棉农。

在这样的农业基础上，工业必须有一个大幅度的调整。现在工业的秩序是乱的，有些产品的指标很高，很不平衡，这种情况是难以为继的。我们的方针是按照短线平衡，不留缺口，并且留有余地。这个方针不可能一步实现，但是必须坚持，要逐步实现。至于缺门，那是任何一个国家都有的，任何国家都有些缺门短线，都要互通有无，这是另外一个问题。当然，万一世界各国都封锁我们，那我们就要搞一部分代用品，有些就要停止生产。直到现在，合金钢材、橡胶我们还是缺门，靠进口。我们国内能够生产成套设备的，就不要只生产出主机，没有副机，不配套，积压起来。到去年年底，设备积压接近100亿元，这是一个最大的浪费。

我们现在调整工业的政策是采取关厂、并厂、缩小规模、改变任务、转业这样五个办法。全国6万多个工业企业，可能关掉一半以上。这好像是消极的，实际上，这样就可以把原材料、电力、煤炭集中到消耗少、质量好、品种多、成本低、劳动生产率高的工厂去使用。从全国来看，一个时候产量会低一些，但最后会使工业品的数量多起来，质量好起来，有一部分还可以增加出口。当然，这要经过调整，要有一个过程。

我们调整的目的，就是为了精兵简政，增产节约，保证市场，整顿秩序。缩短工业生产和基本建设的战线，相应地缩短其他方面的战线，精兵简政，减少城市人口，减少职工，达到增加农业生产和工业生产的目的，这是一个积极的方针，是一个经过调整、改组，然后前进的方针。

中共中央关于批转国家经委党组《关于大区经委主任会议的报告》和《关于在物资工作上贯彻执行集中统一方针、实行全面管理的初步方案》的指示

1962年5月18日

中央基本同意国家经委党组《关于大区经委主任会议的报告》和《关于在物资工作上贯彻执行集中统一方针、实行全面管理的初步方案》。现发给你们参照执行。

当前，工业生产战线仍然很长，工业的架子与目前农业情况和工业内部成龙配套的实际情况都极不适应。这种局面绝不能再继续维持下去，必须下最大决心，采取停产关厂、适当合并、缩小规模、改变任务等办法，坚决缩短生产战线，大力精简职工，以利于调整工业生产。这是当前工业生产战线上压倒一切的中心任务。只有这样，才能解决工业与农业以及工业内部的不协调，才能有利于争取财政经济情况的根本好转。现在主动地有计划地大量精简职工不仅是克服当前困难所必需的，就是从今后相当长时间的发展趋势来看，也必须如此。这次工业调整和精简职工，实质上是对整个工业进行一次全面的大调整、大改组，必须统筹规划，全面安排。所有中央的、地方的，工业部门的、非工业部门的，全民所有制的、集体所有制的工业企业，都必须在统一规划下进行调整。对工业部门所属主要企业进行调整的同时，绝不可忽视对工业部门的附属企业、非工业部门的工业企业和人民公社工业的调整。国务院各部、各口，无论是工业部门和非工业部门，对本部门所属工业企业，都应当迅速提出调整精简方案，报送国家计委审查，经国务院批准执行。农村和城市人民公社工业，除少数现在已经看准了必须继续保留的应当维持生产以外，其余一律先停掉，然后再作处理。无论农村和城市人民公社，在今后一个时期内，一般都不再经营工业企业。需要保留的工业企业，除了少数或个别有正常生产条件、产品为目前急需、质量又好的，在城市可逐步交由当地工业部门直接领导，在农村可继续由公社或大队管理以外，其余部分，有的可以转由手工业合作社经营或由生产队经营或在生产队中改为季节性的企业；有的适合个体经营的可转为个体经营或转为家庭副业。

工业调整与精简职工是一件十分复杂的工作，直接关系到广大职工的切身利益，必须认真地做好全体职工的思想政治教育工作，尽力减少思想波动。对于被精简的职工，有关部门对他们必须采取完全负责的态度，加强对他们的管理、教育和生活安排，一定要防止造成职工流离失所，影响社会秩序。凡是保留下来的企业，都必须在完成生产任务、精简人员、清仓核资的同时，做好企业的“五定”工作，积极试行《国营工业企业工作条例（草案）》，认真整顿好企业的生产和工作秩序。

为了加强对调整工作的统一领导，各中央局，各省、市、自治区党委的领导力量，在抓好农业生产特别是生产队的工作的同时，也要有主要负责同志亲自动手，抓工业调整和精简职工的工作。各中央局，各省、市、自治区党委可以如同中央一样在党委统一领导下成立财经小组，加强财经工作和调整工作的领导，也可以不成立财经小组，而直接由党委书记处加强这项工作的领导。

在做好工业调整和精简职工的同时，还必须抓紧当前生产，特别是煤炭、木材、有色金属等主要短线原材料的生产和短途运输，努力扭转煤炭、木材、有色金属生产继续下降的局势，并做好下一步生产的准备工作。在煤炭生产方面，有关地区和部门要认真贯彻执行中央五月四日《关于批准国家经济委员会党组〈关于六省一市煤矿工作会议的报告〉的指示》。在木材生产方面，中央责成国务院农林办公室、国家经济委员会会同有关部门在五、六月份召开南方重点省、区林业工作会议，解决所有制、收购政策、工业品供应、劳动力等一系列的问题。在短途运输方

面，除了尽量多生产一些汽车配件、加强汽车维修以外，还必须由省、市、自治区政府负责，加强公路的养护工作，首先要养护好运输繁忙的主要线路，要恢复和健全固定的专职养路道班制度。

目前，市场商品严重不足，工业部门应当根据市场需要，努力增加日用工业品的生产。近来，某些轻工业企业出现产品积压，这是一种暂时的不正常现象。工商双方应当同心协力，改进工商关系，及时签订产、供、销合同。工业部门应当努力提高产品质量，积极增加市场需要的花色品种；商业部门应当按合同积极收购适用的产品，努力扩大货源，增加市场供应。对目前工厂积压的产品，凡是市场需要的、质量合格的，商业部门都应当收购起来。质量有些不合格，但是仍可使用，市场上仍可销售的，应该降价收购。有出厂价格的，按出厂价格收购；没有出厂价格的，由当地人民委员会规定出厂价格，予以收购。对于出产大量废品的企业，必须给以严厉处分，或者停产关厂，或者停工一个时期，待提高质量后再行开工，在停工期间，干部和工人工资一律减成发给。少数分散、零星的手工业产品，如果国营商业和供销合作社可以收购的，应该收购；如果难于收购，可以允许手工业部门和企业，通过传统的合理销售关系进行销售。

中央认为，在物资工作上实行集中统一管理的这个方向，必须明确确定，全党要统一认识，统一思想，同心协力，把物资管理工作做好。在具体的做法上，必须按照国家经济委员会所提方案的要求，经过试点，总结经验，分批分期地逐步推行。所有指定的试点单位都要在今年内作出总结。要从中央一级到省、市、自治区、省辖市和专、县，建立起一套垂直系统的物资管理机构和业务经营网，是件大事。现有的物资机构力量薄弱，各级党委必须在调整企业和精简职工的同时，采取积极措施，指物资机构充实和加强起来。

JD220－5455（15）

中共中央关于批转全国手工业合作总社党组关于调整手工业队伍，巩固手工业合作社的报告的通知

（1962 年 10 月 20 日）

中央原则上同意全国手工业合作总社党组《关于调整手工业队伍巩固手工业合作社的报告》，现在转发给你们，请参照执行。

为了更好地发展手工业生产，必须做好手工业生产合作社的调整和巩固工作。一方面，要继续组织老工匠、老艺人归队，注意培养接班人，保存和充实技术骨干力量；另一方面，对那些任务不足和人员过多的手工业生产合作社，应当适当精简，把队伍搞得精干一些。

手工业生产合作社，是手工业的主要组织形式和主要生产力量，各级手工业部门应当集中主要精力把它办好。手工业部门原则上不管全民所有制的企业。凡是不适宜于继续由手工业部门领导管理的全民所有制企业，应当有计划地分别划归有关工业部门去领导管理；有些不适宜于继续保持全民所有制的企业，应当改为手工业生产合作社。

一切手工业生产合作社，都应当认真贯彻执行民主办社、勤俭办社的方针，加强思想政治工作，依靠群众，改善经营管理，搞好生产，办好合作社。要切实注意使产品对路，提高产品质量，降低生产成本，服从市场管理，树立为农业生产服务和为市场服务的思想，反对资本主义的经营作风。

各级手工业部门，还要加强对个体手工业的管理和改造，防止资本主义自发势力的发展。

目前手工业工作的任务很重，各级党委应当进一步加强对手工业工作的领导，并且根据精简原则，适当充实手工业的专管机构。报告中提到的手工业生产合作社社员和干部的待遇问题，应当根据各地具体情况，合理解决。

各地区应当根据一年来贯彻执行《中共中央关于城乡手工业若干政策问题的规定（试行

草案)》的情况，认真总结经验，提出修改意见。手工业合作总社应当根据各地提出的意见，对试行草案进行一次修改，并报告中央。

JD220－5455（15）

（二）中央各部委对形势的认识

北戴河计划会议简报（第8期）

1961年7月23日

19日，中央各部小组讨论富春同志的报告，在会上发言的有廖鲁言等同志。

国务院农林办公室副主任廖鲁言同志发言要点

（一）我完全同意富春同志的报告。从农业方面来看，富春同志的分析也是符合实际的，三面红旗是正确的、必要的，中央和主席的指标也是正确的、及时的。为什么实际工作中的错误毛病又带普遍性，又这样严重呢？拿农业来说，以农业口——这个“方面军司令部”就出了毛病了。我这次是以农办副主任的身份出席计划会议的，农业方面几年来的错误，要从我们自己身上找。农业方面这几年实际工作中的缺点错误，主要集中表现在1958年10月在西安召开的农业书记会议和1959年10月在北京召开的农业书记会议上。当然不是说，别的时候没有错误了。这两次农业书记会议，我都是主持人之一，我要负责。

郑州会议主席的指示，庐山会议一开始主席就提出了17个问题，主要也就是现在“六十条”中的问题，批评了当时“左”的错误。为什么在庐山会议以后，我们又搞那么多大办，又急于过渡，刮“共产风”呢？正如富春同志说的，确实是由于国际国内保卫总路线、三面红旗的斗争，我们大家都憋了一肚子气，心情不平静了，头脑不冷静了，我们的主观主义又来了。我们要让下面大办这个，大办那个。办任何一件事情，没有一定的人力、物力和财力都不行，又不给下面东西，要他们“自筹”、“民办公助”，实际没有多少“助”；下面不办又登报“将军”，他不共老百姓的产，有何办法？从这个意义上也可以说，“共产风”是我们逼得下面刮的，毛病还是出在我们身上。所以说，总路线、三面红旗是正确的，中央和主席的指示是正确的，实际工作中的错误毛病出在我们身上。

（二）“十二条”、“六十条”下去后，农村形势确实很好，自留地种得好，农民知道收获的东西是归他自己所有的。集体地种得也比过去好，但是，还不如自留地好，问题在于集体地里的东西如何分？农民还没有拿到手以前，心里还不落底，等收获了，分到农民手里了，他才见分晓。

今年究竟能搞多少东西？从天讲，有好有不好。从来北戴河的路上看，今年苗长得不如往年，这说明华北地区前些时候一直旱，现在雨是下了，比不下强，但收成已经受到很大影响。从人力、地力、物力来讲：第一，城市人口平均每人销售商品粮30斤，农民没有这么多，有的地方15斤还没有。因此，人的体质就差了，劳动就不那么强。第二，牛马比1957年少了1 700万头，现在有些地方还没有停止下降，力争不要再减少下去；牲口的料不足，体力也弱了。第三，肥料不足，地力也在下降。第四，还有农具损失也不少，例如，河南省仅是大炼钢铁时，就收回小农具15万吨（一说还不至此数）。对这些情况要有充分的估计。在这种条件下，恢复农业要有3～5年的时间。

粮食上不去，3年未必能恢复到3 700亿斤，今、明两年粮食产量反正是3 700亿斤以下。只要算一个账，城市人口的口粮，男女老少全年平均每人大约450斤原粮；农村按每人每年400斤原粮计算（稻谷和杂粮地区的平均数），5.5亿千万人就要2 200亿斤。此外还要种子、饲料，还能剩多少？自留地、十边地，农民手里的确还有点油水，也就是靠这点油水，不然农民怎么能过得去？怎么还能拿走800亿斤商品粮呢？回销农村近300亿斤，净拿走500多亿斤，折成原粮约650亿斤。这三年每年最多能收购820亿斤。工业只得就在这个盘上来考虑问题。农业劳动生产率高了，农产品的商品率就高，现在农业劳动生产率低，农产品的商品率就高不了。

工业要的第二个盘子是棉花。富春同志提出，明年种8 000万亩棉花，行不行？我们摸了一下，看来不行。为什么？过去确实种过八千几百万亩，今年少在谁家？河南少500多万亩，山东少500多万亩，河北少400多万亩，辽宁、安徽各少100多万亩，甘肃少60多万亩，6省共计减少1 800万亩。这也就是粮食最紧的6个省。其他省把过去种的棉田在明年都恢复起来，也不过几百万亩。明年有没有可能让山东、河南、河北恢复呢？从这几省今年的粮食收成看，不可能。这3省今年夏收比去年已经减少了一半，秋收能加多少，还是问题。山东旱了很久，下了雨，德州、菏泽又涝了。

问题不在于农民，对农民来说，卖100斤棉花得35斤粮食。可是，对省来讲，100斤棉花要3亩地，少种3亩地粮食就要少收五六百斤，不是什么35斤的问题。

以农业为基础，工业盘子怎样定？一方面说很难，因为农业数字算不清楚；另一方面，也不很难。两个主要的盘子，一个是粮食，商品粮食最多820亿斤；一个是棉花，今年只有6 000万亩，化肥也少了，收购量大概是多则1 300万担左右，明年可能扩种一点，也不会太多，化肥加一点，产量提高一点，收购量也可能加一些，但是也不可能加得太多。

（三）粮食增产的途径问题。水利、肥料是很重要的。陈云同志抓肥料，抓得很紧，非抓不可。农机也是重要的。此外，我觉得还有一个耕地问题，今后三两年内，能够扩大多少耕地，要具体考虑，看来也多不了。但是，中国人口多，已耕土地不足，按人口平均每人2.5亩地还不到。这个平均数还维持不住，还有逐年下降之势。因为每年大约增加1 000万人口，要保持每人2.5亩，单是这一笔，每年就得要开荒2 500万亩，实际上这几年就做不到。

主席指示："多种多收，高产多收，同时并举，两条腿走路。"多种多收，一靠提高复种指数，一靠扩大耕种面积。光靠复种还不行，复种指数也有个限度。

世界上有几个农产品丰富的国家？美国、加拿大、澳大利亚。美国单位面积产量并不算高，每亩只有276斤，加拿大180斤还不到。可是加拿大，城乡人口一起平均，每人有耕地31亩，其中种粮食的每人平均16亩；美国每人平均12亩，其中种粮食的每人平均6.7亩，都不包括大豆，这些国家就是靠地多。

世界上另有几个单位面积产量高的国家，按全国各种粮食作物加在一起平均，日本的单位面积产量是最高的，折合亩产474斤；西德次之，440斤。但是日本每人只有9分地，平均每人只有原粮450斤，包括种子和饲料等等在内。日本一靠水，灌溉的土地占耕地的75%（我国保证灌溉面积还不过30%），90%的村子电气化，电气抽水；二靠肥，每亩有154斤（其中氮肥77斤）。我们要像日本那样多的化肥，就得要1.5亿吨左右，谈何容易。从中国的条件看，走一头不行，一条腿不行，还得两条腿走路，高产多收，多种多收，除了搞水利、肥料以外，还得努力扩大耕地面积。

（四）农业计划问题。搞农业计划的方法，我建议来一个根本的改变。就是说，不要由国家下达包括种植面积产量等项目的农业生产计划，改为由国家下达农产品的收购计划；由社队，主要是生产队根据国家的和他们自给的两方面的需要，根据实际可能制定自己的生产计划；然后把生产队的生产计划，逐级汇总，编成地方的和全国的农业生产计划（另有书面意见，记录从略）。

150－9－60

北戴河计划会议简报（第29期）
地质部何长工副部长、化工部梁膺庸副部长在小组讨论会上的发言要点

1961年7月28日

何长工同志发言要点

我完全同意富春同志的报告和分析。听了报告，我的心情也很沉重。高指标主要是我们各部搞的，如果说计委工作有什么偏差的话，各部的责任很大。

（一）党中央、毛主席、三面红旗是完全正确的

从地质工作来看，3年来取得了很大的成绩，基本上改变了过去矿产资源严重不明的情况，适应了生产、建设的需要。到1960年底止，已经探明的主要矿产的储量，有铁矿149亿吨、煤矿1 600亿吨。被有些科学家断言没有煤矿的江南地区，我们还是找到了30多亿吨的储量。过去我国所缺的镍、铬资源，经过几年的努力，现在镍已经过关，铬矿也有可能基本上解决。由于松辽大油田的发现，已初步改变了石油工业的面貌，在华北也有了好的苗头，现在全国已经有了年产2 000万吨原油的资源储量。所有这些成绩，都是党中央和毛主席正确领导的结果。如果没有三面红旗，也就不会取得这些成绩。实际工作中产生的缺点和错误是由于我们对毛主席的思想体会不深，对中央方针、政策贯彻不力。所以说，毛病还是出在我们的身上。

（二）地质工作方面的问题也不少

（1）几年来地质队伍发展过快过大，多占了劳动力。现在全国地质队伍共53万人，其中地质部系统占33万人。由于队伍发展过快过大，使地质工作内部也出现了一些新的矛盾，如领导骨干、技术骨干、技术装备和整个队伍不相适应，管理水平与工作要求不相适应。

（2）工作质量不高，单纯追求数量。有的地区，有的队，搞千米钻、万米钻，降低了勘探工程质量，出现了浮夸，造成了浪费。其他地质工作也出现了质量下降的现象。

（3）规章制度废弛。技术责任制没有了。不按勘探程序办事，地表地质情况还没弄清楚，就急于布置过多过深的钻探，造成浪费。

（4）财务管理和财产管理工作更为混乱。设备维修很差。6 000台钻机、1万台柴油机、3 000辆汽车，由于缺乏配件，维修不好，几乎有一半不能开动。

（三）关于减人问题

要坚决缩短地质工作战线。第一步准备从地质系统的33万人中减少8万人，具体到每个省、市、区减多少，留多少，还有待于各省、市、区党委研究确定。人减少以后，保留技术骨干和领导骨干，保持20多万的精兵。至于各工业部的20万人地质队伍，究竟应减多少，请各工业部考虑确定。

我同意合并一些机构。我建议在北京的地质科学院与中国科学院的地质研究所合并。因工作性质相同，合了有好处，可以增强各省、市、区的地质研究力量。中央各部的部内司局，也可考虑合并一些，我们部内准备合并几个司。

减人的工作很复杂，在地质部还有1 200户干部家属，干部走了（下放在野外队或各省地质局），由于新工作单位的宿舍没解决，干部家属还留在北京，造成房子很紧张，有的人要结婚也没有房子住。这个问题，值得注意，需要很好处理。

（四）关于基本建设问题

由于国家有困难，今后两年基本建设投资会很紧张，这是可以预料到的。这两年我们的基本建设需要做些填平补齐的工作。特别是职工宿舍太紧张了。在现有已婚的20多万职工中，已解决了家属宿舍的不到10%，野外生活很苦，绝大部分职工长年不能与爱人团聚，影响职工生产积极性，在今后几年内，一定要挤出些投资来搞点基地，逐步解决职工的家属宿舍问题。

职工在野外的其他福利工作也极差，连买个肥皂、针线也很困难，请商业部门能予以适当解决。

当前在我国工农业战线上，确实出现了相当严重的困难。但是我们决不向困难低头。只要我们能够认真地贯彻“农业六十条”和“八字”方针，全面地贯彻党的社会主义建设总路线，更好地学习毛主席思想，鼓起更大的革命干劲，我们就完全可以做到争取3年好转，争取工农业生产的继续跃进。

梁膺庸同志发言要点

（一）总路线、大跃进、人民公社三面红旗以及中央的方针、政策是完全正确的。

富春同志关于当前经济形势、存在问题的分析以及今后的方针任务，我完全同意。3年来成绩是伟大的，这一点必须肯定，在我们执行中央路线、方针中发生的问题当然也不少，我们有缺点有错误，转得慢了些，摊子铺的大了些。讲清楚，加以深刻认识，是完全必要的。但是，不要把缺点错误这一方面强调的过了分。出差时，也接触到一些同志，他们听说，好像我们过去做得许多事都错了似的，有的说垮下来了。我们应该正确地念两本账，一方面讲具体的缺点错误和教训，一方面也要讲成绩和经验。从两方面来教育干部。

（二）当前生产和基建中的问题。

生产方面，很死滞，基本问题是煤不足，缺的多。煤的问题已很明显，就应集中力量解决，否则，各部门生产都上不去，活动不起来，引起一系列的问题。煤的生产下降，原因也很多，有一个原因是井下工人吃不饱，后方吃了前方的粮。可否考虑采取一个办法，就是把定量中的一部分采取本人就餐券的办法，或者在劳动4小时后供应一次干粮，这办法实际上是一种粮食补贴办法，但并不增加在定量中。

基本建设中问题也很多，很死。当前的情况，一方面是设备材料普遍积压，一方面是因为投资被设备材料占了很多，没有钱进行工作，不能安装，工作量上不去。今年还要继续削减投资，明年也很少，一方面当然是生产不好，财政收入减少，但积压的设备材料（也就是积压的资金）却在不断增加。这就会形成：设备材料积压的愈多，基建投资愈少，愈削基建投资，设备材料积压得就可能愈多，结果愈弄愈死。

实现基本建设工作量无非是三个主要条件，即设备费用加安装材料费用（土建一般已有了），再加人的工资。从今年看，为要把已有的设备、材料动用在计划工程内，关键只有一个，就是给些必要的储备资金（约占已到设备材料的20%～25%），就可以进行工作，就可以把积压的死资金较快地变成可以利用的固定资产。工作量如按计划实现之后，储备资金就可以收回，从全年看，并不增加国家财政负担，只是在实现基本建设计划过程中，临时增一些拨款，是机动款的性质，相反，工作量无法实现，所谓基本建设投资倒变成死财压起来。

从明年看，今年底积压的设备，数目相当可观，约有几十亿，这样一来，在相同的财政收入基础上，就只有不断减少基建投资了，这是很不合理的。按化工行业目前已有基本建设基础看，除了动用设备积压的资金外，不过再增加相当于设备费用的10%～15%的投资就可以活起来，明年全国的基建投资就不止40亿～50亿，而是可以多些。至于增加相当于设备费用的10%～15%的投资，基本是由两个部分组成的，即安装材料费用和建筑安装工人的工资。在这两项中，材料都有积压，实际上也是把积压转成基建投资的性质，至于工资，在许多情况下保留的工人是非发工资不可的。由此可见，只要把这几笔账对拢来就可以说清楚了。现在我们的毛病是，设备积压的资金叫做积压物资，基建投资叫基建投资，两不对口。

（三）富春同志谈到经济核算，这很重要。但是我摸了一些地方厂子，在成本核算中有许多问题，其中涉及很多根本性问题。除原料费用高、原料贵以外，很突出的一个问题是企业管理费用过大。管理费用大的原因，是非直接生产和非工业生产人员过多。其中：

（1）一般企业约有10%或更多的人员开荒搞农副业；（2）管理人员普遍多；（3）不仅要管厂内运输，一般小厂都要管厂外运输，效率低，用人多，城市运输这个独立部门的装卸运输力量，反而大大削弱；（4）其他自己挖冰，修建马路及其他临时动员也不少。所有这些都要计入企业管理费用并进入成本。为要进行经济核算，必须把工业成本的组成加以确定，不然经济核算弄不好。

（四）解决农业问题，我同意富春同志报告，要看到它的长期性艰巨性，同时，支援农业更多方面想办法。我现在只谈一个化肥问题。氮肥较磷肥效用大，而且是速效性，但是氮肥厂的建设投资大建设时间也长一些，当然，应该根据可能积极建设；但我国磷肥资源丰富，建设费用省，建设起来快，而且磷肥是必不可缺的肥料，对农作物有其独特效用，多使用磷肥，第一可以加速糖化作用因而加速成熟期约1周到10天，这一点正补救了氮肥延长成熟期的弱点；第二增加粮食的单位重量；第三可以提高甜菜甘蔗的含糖量约20%以上。今后应该积极多搞些磷肥。当然，我们还要做很多工作，提高质量，推广使用经验，宣传其作用，让不了解的人了解它的好处，降低成本和售价。为鼓励生产大队和生产队使用的积极性，请考虑一个由国家给予适当补贴的办法，使每斤售价能降低到3分左右。

（五）体制问题。关于物资体制、计划体制，今天不详谈，有一个意见就是经过这次会议研究确定以后，需要适当稳定一个时期，有必要来个两三年不大变。其次，我同意加大大区的任务和作用，但究竟承担有多大任务，机构如何，应首先明确决定，然后就比较好讨论了。

150－9－73

北戴河计划会议简报（第35期）
国家经委副主任谷牧同志七月二十五日在领导小组扩大会上的发言要点

1961年7月28日

最近，煤炭的生产情况很不好。根据富春同志的指示，我们代中央草拟了《关于扭转当前煤炭生产继续下降的紧急通知》，现发给大家征求意见。

现在，先把今年上半年和7月上、中旬煤炭生产的情况简单地向大家介绍一下。

今年上半年，煤炭部直属61个煤矿实产原煤9 424万吨，平均日产52万吨，相当于去年同期的73%。从主要产煤省、区来看，北京、安徽、吉林等3个省、市完成计划的情况比较好，生产波动不大，大体接近去年同期的水平。北京市去年上半年产煤424万吨，今年上半年产煤407万吨，下降了4%；安徽省去年上半年产煤893万吨，今年上半年产煤863万吨，下降了3%；吉林省去年上半年产煤732万吨，今年上半年产煤666万吨，下降9%。黑龙江、辽宁、河南、山西、山东等省煤炭生产下降幅度较大，一般都比去年同期下降30%～40%。阜新、鹤岗、萍乡等矿下降最多，都在40%以上。当然有些矿区生产的下降，是与资源情况和生产能力的变化有关的。

值得注意的是，6月中旬以来，煤炭生产仍在继续下降。煤炭部直属61个煤矿6月份的平均日产量为50万吨，7月上旬下降到46.4万吨，中旬又下降到44.3万吨，曾经有4天（16—19日）下降到43万吨以下。下降得最多的是开滦、抚顺、淮南3个矿，下降都在4 000吨以上，阜新、鹤岗、鸡西3个矿也都下降了3 000吨以上。煤炭生产下降的原因是多方面的，有受农业生产影响，粮食吃不饱，副食品供应不足方面的原因，也有工业本身材料、设备、备品配件供应不足方面的原因；有生产力方面的问题，也有生产关系方面的问题。5月间召开的工业交通工作座谈会纪要对这个问题有详细的分析，那些分析，现在看来也还是正确的，今天不再重述。

现在，人们提出这样一个问题，6月中旬以来，煤炭生产又继续下降，这究竟是什么原因？因为无论从掌子面的个数或者是长度来看，变化都是不大的。上半年，煤炭生产所需的设备材料供应情况也比较好，重型设备交货

4万吨，比去年同期增加10%；虽有不配套的问题，但6月份的情况绝不比第一季度的情况更坏，钢材的供应也不错，煤炭部6月底的钢材库存量比年初增加4万吨，管板等稀缺品种的库存量也都有所增加。粮食不足、副食品供应困难的问题，入春以来就是这些。总之，现在连上半年的52万吨也顶不住，找不出更多的客观原因。

那么原因究竟是什么？这个问题我也回答不清，但我今天试想回答这个问题。我的看法，这个把月来，煤炭生产的继续下降，主要的不是生产能力、设备材料方面的问题，而是人的工作和企业管理工作方面的问题。人的工作做得不好，虽然也有一部分客观原因，如有些煤矿因矿工家属减少口粮定量，对职工的生产情绪有一定影响，有些职工只顾了种自留地，情绪不稳定；矿工的劳动保护用品和生活用品解决得不好；等等，但主要的还是我们的工作没有做好，我认为更多地从主观工作方面来找原因，可能对我们更有好处。

仅就人的工作方面来看：

第一，出勤率普遍下降。煤矿生产工人的出勤率，过去一般都在90%左右，现在有不少矿下降到85%左右，个别矿下降到80%以下。

第二，工时利用率低了。过去井下工人的工时利用一般是在5~6小时，现在一般只有4个小时。由于工时利用率下降，因此使回采工作面进度下降，回采工作面采煤月进度，1960年上半年为49.47米，去年11月份下降到43.23米，今年以来又继续下降，第一季度为38.11米，第二季度为37.71米，6月份下降到36.75米。

我们的工作没有做好，从国家经委到主管部以及有关各个方面，都值得检查一下。

从国家经委的角度来检查，上半年对保煤措施一直在抓，但工作上仍有不少缺点，有些应当解决的问题发现得晚，解决得慢，例如，上半年煤矿设备交货的数量虽不少，但有46%不配套，这个问题直到最近才发现。先维修后制造，把维修放在首要地位，这个问题谈了很多，工作也是这样布置的，但在实际工作上有很多问题长期拖着没有得到解决，煤炭生产急需的备品配件，上半年生产和交货情况都不好，最近，我们在北京召集了16个有关机械厂开会，上述的这些问题才得到了比较落实的安排。又如，对煤矿工人所需要的劳动保护用品和生活用品，在工业交通工作座谈会议以后，我们做了一些组织工作，但不少问题解决得还不落实。

这一个时期的实践充分证明了这样一个问题，越是在目前这种生产情况下面，越是要有强有力的集中统一的领导，究竟牺牲什么、保什么、谁先走、谁后走，需要有一个通盘的部署，要有坚强的决心，越是在目前这种情况下，解决具体问题，就要更及时、更快。越是在目前这种情况下，思想政治工作就要更深入，更要有战斗性。对于一时的困难要能顶得住。从经委的工作来讲，我们在这些方面都是做得不够的，有很多值得检讨的地方。

为了扭转当前煤炭生产下降的局面，除了要继续贯彻执行中央7月3日的指示外，还须要抓紧以下具体措施：

一、加强煤矿设备的维修、配套和供应。上半年煤炭部所需材料、设备的供应情况是比较好的。钢材交付（煤炭部直属企业）为原来全年订货的44%，为上半年订货的97%。重型设备上半年交货4万多吨，为国家计委初步调整全年分配方案7.8万吨的50%还多，为原来全年订货的34%。目前的问题是，维修用的备品配件生产供应数量不足；已交货的设备很多不成套，有的质量不好。为此必须采取下列措施：（1）对煤矿设备维修急需的备品配件，必须迅速安排落实。除煤炭部自己安排生产的备品配件外，需要其他部门安排生产的，上半年一机部、铁道部已安排4 000多吨，最近，国家经委和一机部又对风动工具等10种主要设备的配件作了具体安排，有些配件如风动工具、大型卷扬机和防爆开关等配件基本上可以满足需要，有些如挖掘机配件因受生产能力的限制，虽然不能完全满足煤炭部的需要，但也都尽可能作了安排。对其余尚未安排的配件，国家经委、一机部、煤炭部即将组织联合工作组，分赴各大区配合大区经委进行具体安排。各有关企业对所承担的煤矿设备备品配件的生产任务必须积极采取措施，克服困难，保证按时完成；必要时可以推迟某些主机的制造，把备品配件的生产任务放在前面，并且要保证煤矿生产所需设备、备品、配件的质量。各煤矿必须加强设备维修工作。建议各地区组织各方面机械工厂的力量支援煤矿的设备修理和配件的制造。华东局经委最近对煤炭生产所急需的备品配件的供应和煤矿设备的维修工作作了具体部署，指定了70多个工厂制造煤矿专用设备和备品配件。我们认为，这个做法很好，值得各地仿行。（2）上半年已交给煤炭部门的不成套设备，我们安排在第三季度内全部配齐；下半年交付的设备除个别品种受生产能力的限制，要在明年1、2月份配齐外，其余都应当成套交付。（3）生产煤矿设备所需材料以及煤矿所需要的其他材料，都应当优先安排供应，必要时应该允许挤一下其他部门，也应该允许调剂和动用各方面的库存。

二、切实安排坑木的生产和供应。第三季度全国煤炭系统共需坑木183万立方米，各供货省、区已经承认供应的坑木资源为174.6万立方米，尚差8.4万立方米。为了保证坑木的供应，必须尽力增产坑木，已定的生产和外调指标必须保证完成。要求东北、内蒙抽调劳动力，把混了楞的坑木清理出来。铁道部应当加强对边远林区的配车，把现有的坑木尽快地运出来。在目前坑木资源不足的情况下，煤炭部门应当大抓坑木的节约、代用工作。

三、加速建成运煤的铁路支线和专用线。当前应当加紧詹店到东观、潮湖到石炭井、洛阳到宜洛、介休到西泉、漳平到龙岩等5条铁路支线的建设，要在8月底以前通车；去年修建的15条煤炭专用线的配套和收尾工程，以及去年建成的30条轻轨专用线的更换重轨工程，也必须在第三季度内完成。

四、继续大力抢运存煤。第三季度应争取每日抢运存煤4万~5万吨，在第四季度，利用农闲季节组织人力、运力突击抢运，争取每日达到5万~6万吨，上次书记处会议上曾谈过，为了保证重点企业生产，在煤炭分配资源不足的情况下，必要时可以动员一部分军用汽车抢运存煤。

五、加快抚顺、阜新两露天煤矿整理崩岩和加强剥离工作的13项工程的进度。最近，经煤炭部同铁道、建工、水电三部共同协商，将今年的工程量由原定的2 000万立方米调整为1 400万立方米。但是，这项工程进展很慢，截至6月底，只完成调整后计划的20.7%。希望辽宁省委及各有关部门抓紧这一工作，力争完成调整后的计划任务。

六、切实解决煤矿工人的补助粮、劳动保护用品和生活用品。根据中央的指示，今年下半年煤矿工人的口粮补助，仍按上半年的标准发给。第三季度的补助粮，由粮食部从进口粮中直接拨给煤矿。各省、市、自治区经委和粮食主管部门应当保证把这部分粮食及时送到煤矿，不要挪作他用。为了保证煤矿生产，中央已决定煤矿井下工人暂不减人，井上职工要精简，但实行减人不减粮的办法，减人后多余的粮食，由煤矿内部调剂使用。这部分粮食主要是补助口粮确实不足的老工人，包括由于他们的家属口粮减少而影响本人口粮不足者在内。

最近，国家经委会同有关部门对煤矿工人的胶鞋、毛巾、袜子、工作服、肥皂等，根据5月间召开的工业交通工作座谈会议上已经确定的供应标准作了具体安排，并已经由有关部门分别通知各地。据我们了解，有的地区抓得较紧，这些问题已经初步的得到了解决，有的地区受资源限制或者工作抓得不紧，解决得就差一些，希望大家都采取措施，认真地抓一下这件工作。

七、组织工作组到煤矿具体帮助工作。在煤炭部直属的61个局矿中，日产万吨以上和地区供应上有重大作用的局矿共26个（产量占部直属矿产量的86%）。对这个26个局矿，除少数生产比较正常的以外，其余各矿建议由中央各部、委和各中央局、省委，共同组成强有力的工作组，蹲在矿上具体帮助，及时解决矿上的问题。各工作组的组成请各中央局负责，中央各部、委参加工作组的干部，由国家经委负责通知各中央局。

150－9－74

北戴河计划会议简报（第47期）农机部黎玉副部长在小组讨论会上的发言要点

1961年8月4日

完全同意富春同志的报告。这个报告，基本上反映了目前的主要情况，正确地、实事求是地总结了过去的经验教训，指出了克服当前困难的途径。

我想就以下几个问题发表一些意见：

一、当前形势问题

当前最困难的是粮食供应紧张，生产不正常。正如富春同志指出的那样，城市中四个问题交织在一起，是很复杂的。现在有些职工对形势发生了错觉，不安心生产，甚至发生了成批逃跑的现象。因此，当前的困难是关系到国计民生的重大问题，这就需要全党以极大的注意联系群众，关心群众，领导群众克服困难。

二、经验教训

三年的大跃进，完全证明党的三面红旗是完全正确的，不能因为工作上出现了一些问题而怀疑三面红旗。由于我们思想方法上的片面性、盲目性，对三面红旗理解不深不透，在实际工作中出现了缺点和错误，正如富春同志指出的“高、大、平、调、急、散、乱”7个字，是非常深刻的。

从农业机械工业的情况来看，基本建设战线拉得太长，遍地开花，铺了265个大中小项目，现在有80%以上的项目不得不下马，只剩了大中项目26个、小项目23个；生产战线也布置得太长，未定型的、技术未过关的产品大量生产，许多产品质量不高，估计要退赔的数量不是少数，所以不得不采取停产整顿的办法。两个战线拉得太长，说明了高、大、急、散，再加一个“坏”（产品、基建质量坏）字。从思想方法上来检查，是过于热，想4年小解决期间内多做一点，同时为10年大解决尽快打下基础。动机是好的，就是未估计到可能的客观条件，急于求成，在组织上也就不能不散，这是深刻地教训。

总结经验教训的目的，是为了更好地贯彻执行三面红旗，巩固已经取得的成绩。正确地认识了经验教训之后，工作才会向健康的道路发展，才能正确地贯彻执行三面红旗。目前，需要同心同德执行“八字方针”，战胜暂时性的困难。

三、支援农业问题

今年农业机械的生产，是以小农具、维修配套、质量三者为主安排的。由于全党重视，各方面的支持，上半年完成得较好。小农具完成了2.1926亿件，拖拉机修理完成了3万多混合台，农业排灌动力修理完成了200万马力以上，拖拉机索引大型农具的配套生产高于去年同期的水平，主要配件的生产较去年同期增长了75%。拖拉机和动力机械的生产，由于加强了配件生产和维修、整顿产品质量，以及原料、材料供应不足等原因，下降幅度较大，约为去年同期的1/3～2/3。

明年如何支援农业，何者为先？同意富春同志指示，鲁言同志已召集会议拟定了方案。我想再提几个问题：

（一）首先发挥现有农业机械的作用，关键有四点：

第一，修理问题。要调整一批修理厂，充实专用的和关键性的设备与工具，培养提高技术力量，组织修配网。这项工作，需要两三年的时间才能适应。

第二，配件制造问题。制造多种机型的配件，绝非易事，两年来虽已安排了一些建设项目，但很难迅速完成。当前只有减少主机的生产，指定一批厂转为配件制造厂，进一步加强现有的专业厂，同时利用一些有工艺装配条件的机械厂生产配件。

第三，拖拉机的使用和维护、保养问题。除了训练司机会驾驶、会保护、会维护以外，还必须加强爱护机器的责任制度，为此，需要确定拖拉机的所有制和体制问题，进行定机、定人、定维护、定工资待遇、定劳保用品，以及定耗油额等一系列工作。

第四，配件的供应体制与供应方法必须调整。农机部正同商业部研究生、供、销、修一条鞭的办法，统一领导，分级管理，减少中间环节。准备用一年的时间，整理配件的技术资料、配件的目录编号，以利制造、修理和供应。

（二）小农具的生产应交给手工业管理总局负责，恢复名牌货，提高产品质量。原材料的供应上，应利用地方轧钢厂承制烘炉所需的材料规格，不能再发大型钢材。

（三）配套生产要纳入计划。配套工作十分复杂，首先应由地方上提出准确的品种要求，纳入计划；组织配套专业公司或以省为单位组织农配站负责配套供应。同时，还需要整理一些通用的成套产品目录，提供各地选择，以利于提前纳入计划。

（四）加强水产部门所需机帆船的发动机和变速箱的制造。

（五）畜力不足是关系到农业生产力的大问题，除了应加强对大牲畜的管理以外，还要尽可能地加速拖拉机厂的建设速度，争取在1965年建成一批，以利于机械动力牵引。

四、计划工作和体制问题

（一）计划工作的教训很多，需要很好总结。根本问题在于如何才能反映出国民经济有计划、按比例地客观法则。我认为应把物资资源、生产能力、技术定额、财政、劳动、社会必需品及其相互内在的联系，作出一些基本情况的资料，进行综合平衡，并且要进行细致的核算。

（二）计划的编制工作要早一点，使企业有充分的准备。编制方法上最好三上两下或两上两下，即第一步由企业提建议，第二步由国家计委下达控制数字，第三步由企业编报计划草案，第四步国家平衡正式下达计划，第五步企业编报正式计划。这样可以有充分酝酿，然后举行订货会议（不一定开“骡马大会”）。

（三）建议在今年或明年的上半年编制一个十年计划，使企业明确奋斗目标，并作为编制年度计划的依据。

（四）加强统计工作，使其成为计划的有力工具。在精简机构、压缩城市人口的情况下，我认为有必要加强各级统计机构。

（五）调整材料、产品的供应体制，改变“骡马大会”的做法。

1. 材料应首先围绕重点厂、骨干厂进行定点供应。固定资源，做好定质、定规格、定量、定时的供应。“骡马大会”是手工业方式的，例如拖拉机、汽车、内燃机以及大钢厂的产量是定型的，所需材料规格也是定型的，数量规模也是既定的，何必年年拿到“骡马大会”上订货呢？可以固定一定的数量，由双方协议，报国家计委批准就行。如果有出口援外任务或有其他重要的措施，可以扣除，争取把70%定下来，这样“骡马大会”即可缩小或改变这种做法。三类物资，可以按照以往流通环节划分地区，固定供应单位，订立合同，10年不变。

2. 组织重点产品计划供应的托拉斯。目前协作产品的供应关系乱了，而且产品质量下降，影响相互之间的生产很不正常。例如，洛阳拖拉机厂东方红—54型拖拉机所需的零件有1 900多种，其中协作产品有239种，关系到55个工厂，目前有20个工厂的协作关系还未定下来。建议组织协作关系的托拉斯，由重点厂每年召集一两次协作会议，议定执行协作的办法，报国家经委批准，以便使协作厂的材料供应得到保证，协作产品得以正常生产供应。

150－9－77

北戴河计划会议简报（第53期）
中央各部小组讨论富春同志的总结报告情况

1961年8月14日

八月十二日上午，中央各部小组开会讨论

富春同志的总结报告。先由组长李人俊同志传达了十一日领导小组会议的精神，向大家交了今明两年粮食、煤炭、财政状况的底。小组会开得很活跃。

与会同志都同意富春同志的报告，认为对自己启发教育很大。有些同志检查自己的思想说，过去往往摆本部门的困难多，从全局考虑问题少。大家一致认为，当前首要的任务要解决吃、穿问题，并提出了如下意见：

（一）必须坚决地把城市的一千万职工减下来，越快越好，以压缩商品粮的供应量。中央各部门办的技工学校不少，应当根据不同情况，分别采取合并、停办、停止招生，动员学生回乡生产。

（二）精简以后留下来的职工必须千方百计地搞吃的东西，如多造些船多打些鱼，组织小秋收。同时，城市职工要尽力支援农民多产多收，下乡帮助秋收、秋种、秋锄等等。

（三）彻底清仓，活跃城乡交流。不仅要清理商业部门的仓库，而且要清理各部门的仓库（包括各单位的小仓库）。现在不少仓库物资积压、霉烂、损耗很严重。据轻工业部估计，只要彻底清仓，全国可以动员出几十亿元的轻工市场物资。

（四）动员全国各地招待所的有用物资，支援农村，换取农产品。全国各地的招待所很多，工矿企业、县、专署、省、中央各个部门都有，每个招待所都有很多被子、床单、毛毯、线毯、窗帘、桌布。这是实现工农产品交流的一支不小的力量。

（五）随着城市职工的精简，可以动员出大量的物资（如桌椅板凳，床铺家具）支援农村市场。

150－9－77

国家计委党组讨论中央扩大会议精神的简报［节录］

1962年2月21日

二月二十一日上午，子华同志主持召集党组会，由各副主任汇报这两天各组的学习情况，大家在学习讨论中提出了以下一些意见、建议和问题：

（一）局长们普遍反映，党组向他们传达中央的指示少了，特别在一九五九年以后显得更少，如一九五九年上海会议精神就没有向他们传达过，觉得传达的面太窄了，有时下去出差发现下面的同志对中央的精神反而知道得多。为什么发生这种情况？是我们党组掌握过紧，还是地方不按中央决定办事？有的处级干部对不能听这次中央扩大会上中央常委几个同志的讲话的传达有些意见，他们说这样决定不晓得主席知道了没有；认为既然参加大会的县委书记能听，而从自己的工作需要说并不次于他们。

（二）有些同志提出，国家物资储备年年减少，一旦有了事怎么办？对此表示担心。他们说，苏德战争前夕，苏联警惕不够，有些物资储备很少，战争打起来后不得不向美国求援这些东西，弄得很被动，这是一个教训。

（三）有人提出，外贸计划四分五裂，“五口通商”，计委管工业品的出口计划，财贸办公室管农产品的出口计划，最后由外贸部报请总理审批。希望副总理之间也能互相通气。商业计划也有这个问题。

（四）有些同志认为，物资分配工作分量很重，要有一位副主任专管，自从哲一同志调走以后党组对这项工作有些放松了。一九五八年后物资分配工作愈做愈粗，统一分配的产品由原来的四十多种减少到三十多种了。希望在编制上再加点干部，拿煤的分配来说，对一个大区没有一个人专管就很难弄清情况。

（五）有些同志提出，少奇同志在这次扩大的中央工作会议上的报告中已对计委的工作提出批评，如何逐条改正，希望党组讨论。

（六）有人认为，各部计划司受计委和部双重领导必须有五项原则，如第一，干部的党票放在计委；第二，部、委党组意见不一致时，服从计委党组；第三，干部调动之权归计委；等等。

（七）有关同志认为，城市规划工作计委管比不管好，要管只管生产力的配置和批准城市规划。

（八）有些同志要求，全委工作一年有一次总结，一年有个安排。

（九）有人建议，计划的“基建工作”，首先是定额工作，希望党组尽快指定几个人即行研究。

（十）有关同志提出，农业计划究竟应该怎么管？现在是“方针不具体，情况不清楚，方法不对头，机构不适应”。以农业为基础的方针是明确的，但没有具体化。对农业情况的了解，典型调查不能代表整体，全面统计又该怎么做？机构如何设置？现在，农林局有五十个人面对五个部，而且农业部又不管计划。

（十一）有些同志批评过去计划工作中的缺点时指出：一是编制计划的根据不清楚（对农业不摸底，头脑发热）；二是演绎法，不是归纳法（不是从分析到综合）；三是计划上有片面性（综合平衡不全面）；四是计划方案中政策思想不明显；五是缺乏分析比较。

为什么这几年计划没有反映实际情况？有的同志认为，这是因为我们思想上有片面性，不实事求是，表现在：首先，对有利条件看得多，对不利条件看得少；考虑需要多，考虑可能少；热多冷少。其次，是我们的政策水平不高、调查研究不够、与下边通气不够，因而对客观形势把握不准。个别同志还认为，除这些原因外，高指标的产生同一部分干部的工作之风不踏实有关系，如煤炭部、冶金部、农业部的部长看风使舵。因此，有人建议党组把过去计划工作中的教训总结一下，写个报告，印发给大家讨论，并建议成立一个小组，由一位副主任挂帅，研究计划方法问题。

（十二）反右倾以后，产生了不大敢讲话的空气。有些人虽然有意见，但觉得没有把握，不敢讲了；有些同志在出差中看到了一些问题，怕受批评，不敢如实反映情况，结果影响工作。

［中略］

（十三）同志们提出，为了精兵简政，解决吃穿用的问题，建议派遣大批干部下乡，从科员到局长成批地下去。

（十四）综合平衡如何搞好？如何与党的政策结合？如何与群众路线结合？需要好好研究。

同志们觉得，过去计委对农业、商业、流通管得少了。

（十五）有些同志提出，过去局长们列席党组会少了，且觉得层次很多，如党组副书记、各副主任主管的各口，然后才到各局长。

（十六）储备局的同志提出，过去党组对储备工作重视不够，一次也没有讨论过。

（十七）统计局的同志提出，四五年来该局已精简过五次，由八百多人减到了三百多人，今年再大减有困难，会影响工作。由于计划工作要加强，统计工作也需随之加强，现在统计局各个司平均只有一个司长，希望补充一些领导骨干。同时，希望建立一支专业调查队伍。

（十八）此外，大家在学习中还提出了几个问题：

1. 这两年计划指标下来了，能不能说我们已经提前完成第二个五年计划的主要工业指标？

2. 一九五八年组织农村人民公社，是否真正反映了当时农民普遍要求和觉悟程度？

3. 要求计划留有余地的条件下能否容许计划留缺口？如果容许，可在什么条件下留缺口？留什么样的缺口？

150－10－4

国家计委机械局关于调整企业的报告

1962年4月26日

子华同志并党组：

一机部厅局长会议从4月20日起讨论企业的裁、并、转、缩问题，现将与会同志有关这个问题的思想情况报告如下：

对关厂问题，会上主要有两种看法：一种意见认为目前机械工业任务很少，架子太大，必须关一批厂。持这种见解的可以东北局经委的尚××同志为代表，如他说“现在机械工业不死不活，不死一批就不能活一批”。他主张裁并转缩应以“裁”为主，应当“多裁、少并、不转”，因为“转”、“并”都不解决问题，实际是明减暗不减。东北区属一机部系统的共有300多个厂，这次共裁并130个厂，他向王××同志汇报了，王说可算是中游偏上，应争取上游，可提个更狠些的方案。西北局计委的周××同志也主张没有任务的工厂应当坚决裁并一批，他们在来此开会前开了机械工业的规划会议，讨论了调整的方案，西北区一机系统共有219个工厂，决定关并100个，已报西北局书记处批准，西北局并批转各省、自治区说，按此方案只准再多减，不准少减。中南区没有研究过裁并的方案，但计委的同志也主张应多关并一些，以便把生产集中起来。

另一种意见是想尽量多保点，认为“人可以多减，点不可轻撤”。数省市的厅局长、一机部各专业局和华北局计委的丁××同志都持这种见解。他们的考虑大致有以下几点：

一、怀疑关厂的必要，如四川省谭××同志说：“从品种看，目前工厂不是多了，而是少了。”天津市王××同志说：“根本问题是从生产上整办法找活路，多关厂更被动。”有的同志怀疑现在提出大批关厂是否是右倾了，将来会不会纠偏。还有同志说：“过去我们不经过试点就大批上马，犯了错误，现在刹车也不可过急，是否也应经过试点。”

二、怕将来任务多了，不好应付，如北京市刘×同志说：“把点裁了，一旦需要怎么办?”他认为应“从近期出发减人，从远期出发保点”，才能适应今后跃进。丁××同志说：“华北地区以缩为主，不能像东北那样，关得太多，我们应保住点，多减人，实在没有办法时再考虑裁、并、转。”

三、怕关厂影响品种，影响协作。上海蒋×同志说：“裁并太多对生产不利，影响发展品种，上海有专业协作的特点，拆摊子多影响协作，小厂容易活。”

四、认为关厂是只顾眼前不顾将来，如丁××同志说：“调整企业要从长远规划考虑，不要轻易撤点。不能为逃避现实困难而使将来经受更大的困难。”

五、经过几年努力辛辛苦苦搞起一个厂不容易，现在上又上不去，但又实在舍不得，这是比较普遍的情绪。还有同志说，现在搞起来的一些“点”是大跃进的成绩，要撤掉这些点是否否定大跃进的成绩。

六、许多同志只从一个省来看问题，认为我们省里机械工业还很不全，这也没有，那也没有，要求多留点，省里安排任务才方便。如华东各省实际上那个厂也不想关，想要一个省什么都齐全，自然不能裁减。福建还想每个专区留一个电机厂。

七、西南各省和广西等薄弱地区强调原有基础差，认为他们目前是如何争取任务渡过困难，帮助发展的问题，而不是裁并关厂的问题。如广西王×同志说：我们产品成本高，接中央任务越多越赔本，但中央任务不可没有，没有了，工厂牌子就要摘掉，所以中央任务是“保命”产品，另外为了吃饭必须搞小商品和维修，那是“保饭”产品。

八、有些同志考虑关厂中的实际困难，如减了人往何处去?天津市的同志说工业要减9.4万人，1958年后进厂的统共只有3.5万人，都减掉也不够。上海蒋×同志说，上海机电局400个厂小业主就有12 000人，精简后如何安排是个大问题。蒋×同志建议中央统一调剂技术工种，并提出上海全班人马支援外地，但目前也行不通。现在各地冻结户口，技术人员、技术工人也没人要了。裁并工厂也需要有投资，这笔钱从哪里开支，要有具体办法。

九、最后，很多同志提出，裁并转缩必须上下左右统筹安排，一起行动。如省市同志反映：现在三机部、农机部、交通部和手工业管理局还在向各省领导要工厂。如果一机部的工厂载并了，很可能换一块招牌转到其他部门去还生产同样的产品。如手工业就有不少工厂生产机床。一机部周××同志再三要求计委要统一规定办法。尚××同志提出，最好在调整过程一律不准转移所有制或隶属关系，机器、厂房、人员都不准乱动，待调整完毕，经过统一平衡如确有必要时，经过批准才能互相调剂。

150－10－213

（三）地方对形势的认识

北戴河计划会议简报（第11期）

1961年7月23日

西北小组七月十七日下午讨论富春同志报告，宋平同志在会上发言。

宋平同志发言要点

我完全同意富春同志的报告，这个报告给了我们很大的启发和教育。我们现在是遇到了暂时的相当严重的困难，在困难面前束手无策，放任自流呢？还是总结经验，改进工作，鼓足干劲，克服困难。富春同志的报告告诉了我们什么是正确的态度。我们现在的困难很大，特别是今年三季度。就西北来说，青海和甘肃的一些地区还是青黄不接的时候，八月份的粮食还没安排下去。青海农村劳动力每人每天吃五两，辅助劳力吃四两，代食品很少，河南县牧民每天只有一两粮，肉、乳品很少。病人数量又有回升，人口外逃、死亡情况继续发生。甘肃城市口粮八、九月份拟在每月二十六斤的基础上，再减少一斤。工业生产方面，因为煤炭生产增长不上去，汽车用于运粮，三季度的生产不会有什么大的好转，很多重要企业还是半开半停状态。市场情况也很紧张，商品供应同居民购买力的关系愈来愈不适应。日子是不好过的。这就是我们的困难。根本改变这种状况，有待于生产的恢复和发展，这需要较长的时间，但是渡过最困难的这段时间，可能不要很久的时间。

今年西北的夏收不如去年，秋庄稼大部地区长得还好。全年产量预计为一百八十五亿三千八百万斤（包括大豆产量和自留地产量）。粮食虽然比去年增加不多，但农村六十条下去以后，农民生产情绪很高，自留地、十边地种的好；低标准、瓜菜代也比去年实行的早；征购定死以后，超产部分可以支配。因此，明年农民的生活虽然还是低标准、瓜菜代，但是，可能比今年好些。当然重灾地区和继续歉收的地区仍然十分困难，必须注意。相对地说，城市人民生活困难要多一些，因为：（1）今年粮食征购数字比实际需要少了九亿至十亿斤；（2）在农民实行口粮低标准的情况下，不可能拿出更多的主、副食品供应城市；（3）必须从城市挤些消费品供应农村。城市是集中的，所以，城市问题在今后必须注意。农村形势的好转，农民生产积极性的提高，就是我们克服暂时困难，改变目前某些不利形势的最重要、也是最有利的条件。

改进城市人民的生活，要狠、准、稳地压缩城市人口，发展城乡交换。现在农民生产积极性提高了，生产会上来的。农民生产的副食品、轻工业原料、土特产品等，只能通过商品交换才能取得，不挤些东西同农民交换是拿不到的。因此，要下决心，拨些煤、木、铁、竹加工成农民需要的东西；清理仓库，把死东西变活，在可能范围内压缩城市销量。这样看来，城市人民暂时会苦一些，但是，只要农民把东西拿出来，就好办了。陕西大荔县（产棉区）做了一个试验，由县纺织厂给农民加工，交一斤棉花给七尺布（一斤棉花可织十二尺布），很受农民欢迎。这样农民节省了劳动，纺织厂有点活干，国家还可得到五尺布。陕西如能搞到五百万斤棉花，就是二千五百万尺布，全省城镇人口平均每人可以分得八尺多。城乡交换发展了，又可以促进农业和工业的生产，整个经济就活起来了。我们现在经济有点死，东西越少，越不敢销，越不销就越换不到东西，越没东西就越死，这个结子必须解开。办法就是从城市挤些东西，先把农村搞活。

要把工业生产搞上去，还得设法增加煤炭生产，解决交通运输问题。如果工作做得好，争取三季度稳定、四季度有所提高是可能的。

我们当前的困难虽然很大，但是现在问题已经揭开，办法总是有的。所以有信心，就是因为党中央的路线方针是完全正确的，三面红旗完全符合我国社会主义建设的客观规律，完全符合马克思主义同中国革命实践相结合的毛泽东思想。三年的实践也证明了党的总路线完全正确，除此之外，找不出另外一条真正马列主义的路线。

150－9－70

北戴河计划会议简报（第46期）西北局计委主任宋平同志七月二十八日在领导小组扩大会上的发言要点

1961年7月28日

西北小组完全同意富春同志的报告。着重讨论了以下几个问题：

（一）关于当前的经济形势问题

正如富春同志报告所说，当前的经济形势存在着暂时的相当严重的困难。困难主要表现在：缺粮、缺煤上；城市人口过多，又加重了农业和整个国民经济的负担。这些困难是暂时性的，我们有信心可以克服。

正面的经验和反面的教训都证明了：党的方针、路线完全正确，三面红旗符合中国的实际情况和社会主义建设的客观规律。

富春同志总结的7个字"高、大、平、调、急、散、乱"，主要是高、大，不是有阵地的前进。这是我们在执行党的政策、方针中出的毛病，是实际工作中违反中央方针政策而出的毛病。原因是：

1. 对农业增产估计过高，看得太易；

2. 对大量抽调农业劳动力，过多增加城市人口而产生的后果估计不足；

3. 对国民经济发展速度、规模究竟多高、多大合适，缺乏经验；

4. 我们做实际工作的同志思想方法片面，缺乏实事求是、调查研究，谨慎、谦虚也不够。

面对当前形势，应当同心同德，团结一结，鼓足干劲，克服困难，不能怨天尤人、松劲泄气。

在困难的时候，一定要看到有利因素，这就是：

1. 贯彻"六十条"后，农村政治形势很好，农民的生产积极性已经调动起来，今年收成虽然增加不多，但明年日子会比今年过得好些；

2. 因缺粮、缺煤，城市工作的矛盾相当充分地暴露出来了，就便于解决问题，便于把各部门的比例关系安排好。

3. 城市减人，可以逐步减轻农业和国民经济的负担；

4. 全党取得了经验。当前，最重要的是正确处理工农关系问题。陕西夏粮征购进展很慢。现在只收到2亿斤，去年同期是11亿斤。农民就什么也得先留够自己口粮对购粮采取观望态度。干部现在是充分的"群众观点"，不敢对农民讲支援城市的问题。没有城市的支援，农业怎么恢复发展呢？因此，必须对城乡人民进行工农联盟的教育。此外，城市也要挤出一些东西同农民交换。只要农民把东西拿出来，经济就可以活起来。

（二）关于农业问题

1. 农业的恢复。西北务省、区农业（除新疆外）分别要用3～5年的时间才能恢复到1957年的生产水平（富春同志插话：提这个口号时要注意，有些地区农业生产最高的年份不是1957年，而是1956年，1958年，或是1957年，所以不要笼统地提农业生产恢复到1957年的水平，应当根据各省、区的具体情况来提）。恢复的快慢决定于：第一，能否正确执行中央的方针、政策；第二，对农业支援，特别是工业对农业支援的程度。

农业的恢复主要是：恢复农业生产力，即人力、畜力、地力、水利、农具等。估计人力、小农具的恢复要快一些，地力次之，畜力最慢。恢复畜力，好的地区也得3～4年；重灾区要更长些，甘肃同志提出：猪3年，牛、驴7年，骡、马10年。

退赔兑现将对农业的恢复发生重要作用（西北退赔总额约12亿～13亿元）。两年计划中要对退赔物资（生产资料和生活资料）作出具体安排。

2. 以粮为纲，多种经营。农林牧副渔，和粮棉油麻丝茶糖菜烟果药杂要有一定的比例关系，如果这方面的比例关系遭到破坏，对人民生活和国民经济都是很不利的。

现在大家都重视粮食生产，对经济作物的安排重视不够。今年西北棉、油产量都相当于1957年的68%。

穿衣问题明年更大。要积极搞人造纤维、合成纤维和野生纤维，但见效快的还是多种棉花，要多种棉花就要解决一系列的政策问题。

（三）关于煤炭生产问题

今年西北的煤炭生产情况不好，只有去年同期的3/4。煤炭供应十分紧张，特别是兰州、西宁地区。兰州化工厂、炼油厂、白银厂、铜矿等许多中央直属的大企业，处于停产、半停产状态，对国家损失太大。煤炭生产上不去，除了工作做得不好以外，与煤炭工业建设大大落后于整个工业的发展有关。1953年至1960年，煤炭工业占整个工业的投资比重，全国为14%，而西北仅为7.5%，甘肃只有5.3%，青海只有4.9%。煤炭运输也有问题，2/3靠汽车运输，车子损坏严重，利用率很低。

解决煤炭供应不足的办法是：

1. 搞好现有的煤矿，加强维修配件的生产和灭火工作；

2. 加速运煤铁路支线、专用线的建设；

3. 多搞些水电，尽快把盐锅峡、刘家峡水电站建设起来。刘家峡今年维持，明年小干，后年中干，争取1965年发电。

（四）关于交通问题

汽车严重缺少轮胎和配件。特别是轮胎，如不设法解决，有大批停驶的可能，这对运粮和工业生产是很大的威胁。

西北还要求解决一些齿轮加工设备，以提高维修能力。

（五）关于工业的调整问题

需要按行业逐厂逐矿研究，分别确定哪些该充实，哪些该合并，哪些又该缩小规模或者停产转业。因此，建议国家计委、经委同中央部共同组织工作组和省（区）、中央局一同研究定案，以利条块结合、综合平衡。

（六）关于体制问题

当前更需要强调“全国一盘棋”，强调集中领导，反对分散，以利克服困难。同时，又必须注意调动各方面的积极性。

调出地区，如果得不到生产资料、生活资料的补偿，就不能继续生产或者不能提高生产和调出的积极性。条块之间、上下之间也有些类似问题。

1. 结合工业的调整、巩固、充实、提高，把企业的前、后、左、右（包括供电、供水、供煤、交通运输等）安排好；

2. 实行产品的全额分成和超额分成；

3. 凡不能全额分成或超额分成的产品，国家给予适当照顾。

总之，在产品调拨问题上，一定要对生产资料和生活资料的消耗予以补偿，否则不能维持再生产，也不能调动积极性。

大区平衡是发展趋势。在目前生产力分布很不平衡和西北经济基础薄弱的情况下，立即要大区平衡有困难，但在全国统一计划安排下，大区可以做一些调剂工作和组织协作的工作。地区平衡可以逐步实行，先从接近地区平衡的物资（如水泥、化肥等）开始。

最后，赞成富春同志的意见，加强大区的经济机构。

150－9－77

北戴河计划会议简报（第12期）

1961年7月23日

7月19日上午，中南小组讨论富春同志的报告，庄果同志作了发言。

湖北省计委主任庄果同志发言要点

富春同志的报告对一些问题的认识有很多启发。

一、对困难严重性的认识：

对农业的认识稍早一些，因为1959年春天就饿肚子。工业在1959年下半年也遇到一些困难，看到工业发展快了些，但对重工业的发展要受到农业发展的限制，认识不深刻。中央提出“八字方针”，知道了三年大跃进两年灾荒，出现了新的不平衡需要调整，但对工农业脱节当时还未认识到。到今年一季每况愈下，对工业的困难才认识多些。

粮食：今年5月份我们预计粮食可达180亿斤，但6月份旱情发展，到7月上旬发展到31个县。随县110万亩水稻只插下51万亩，保收的不到20万亩。枣阳65万亩水稻也只插下27万亩，而保收的只有11万亩。到目前全省有940万亩水稻未插秧或已插秧而干死。襄阳东部356条河流中，断流的就有312条。今年粮食估计只有130亿~140亿斤，低于去年160亿斤和1957年212亿斤（最近统计局核实即198亿斤）的水平，与大灾的1954年135亿相同。因而粮食上调任务无法完成，自给尚有11亿~17亿斤的缺口，措施是大抓种晚秋杂粮，城市减人。从7月份开始，武汉市除小孩外每人已减少粮食1.5斤，如过不去只有再减。

棉花：6月上旬预计240万担，现在看只有130万~140万担，低于1960年213万担、1957年420万~450万担和1950年174万担的水平。

油料：6月上旬预计250万担，现在只有130万~140万担，低于解放以来任何一年。

生猪：6月上旬预计年底存栏500万头，现在估计只有400万头。

武汉市今年上半年商品供应额比去年同期减少25%。

财政收入计划14亿元，预计只能完成8.8亿元。

粮食计划1962年恢复到180亿~190亿斤，棉、油各190万~200万担。

目前，特别是省一级同志必须充分认识这一困难，才能积极努力去完成富春同志指示的三大任务。

二、几年来在工作中有很多缺点并犯了很多错误，最主要的是：

1. 生产关系，所有制、工资分配等关系搞乱了。

2. 国民经济比例关系，没有认识掌握客观规律。

3年来，工业增长118%，农业下降5.5%，钢增长9倍，煤1.5倍，机床16倍；但粮食下降20%，棉花下降50%，油料下降60%，猪下降60%。

违反了客观规律，就要碰钉子，毛主席在两次郑州会议和武昌会议都有指示，省委也原原本本地作了传达，但实际工作上还是没贯彻，还是层层加码。去年中央两本账4 000万~5 000万元认为完不成，没布置，但自己却另外加了1.2亿元。

3. 错误的原因，同意富春同志分析的四条，现只谈谈无经验问题。

对农业发展的困难认识不足，农业是高指标。到1959年冬天还在争论农业3年能不能翻一番，还不死心。

在农业上缺乏克服大面积连年受灾的经验。过去虽也受灾，但因面积小、时间短、有外省支援，恢复很快。1954年大灾，粮食由175亿斤降到135亿斤，但1955年粮、棉都超过了1953年。

人力、地力、畜力以至耕作制度的恢复要有两三年时间才行。耕作制度搞乱了，对粮食生产影响很大。

对工业发展规律的认识则更晚更差，我们有社会主义国家的经验，发展应该快一些，但对困难认识不足，常常突击一个指标，上得很快，但其他跟不上，最后突击的指标还得下来。

对“全国一盘棋”认识不够，缺什么都想自己搞，造成计划外挤计划内，安自己的挤人家的，返回来完不成害了人家，最后连锁反应也害了自己。想在计划外解决计划内的不平衡缺口，结果是更大的不平衡，计划的统一性打乱了，一下子调不回来。

150－9－70

北戴河计划会议简报（第14期）

1961年7月24日

7月19日上午，中南小组继续讨论富春同志报告，现将广东省计委主任曾定石同志发言简报如下：

广东省计委主任曾定石同志发言要点

听了富春同志报告，感到分析深刻、明确。

广东今年在农业方面比中南其他省（区）可能好些，比去年略有增产，但还要看晚造。今年搞到207亿斤。经济作物问题很多。工业总产值1961年预计43亿多元，比1960年下降38%左右。

一、几年来，计划工作中的问题首先是农轻重方针的贯彻问题。农业为基础，工农并举方针没有好好贯彻，令年初编计划虽有所转变，还未彻底转过来。这次调整计划才比较系统地得到贯彻。年初国家计委安排时我们感觉也不够突出。我们感到对农轻重方针贯彻主要问题是：

1. 思想上认识迟钝，对农业基础的作用、农业对国民经济各方面的影响认识不足，吃了苦头。两年来农业连续减产，一是影响工业速度今年下降38%；二是严重影响市场和人民生活安排；三是影响财政收入，去年22亿元，今年只13亿元；四是外贸收购去年6.26亿元，今年上半年只1.75亿元，全年3.85亿元。

2. 计划安排上是从重工业出发安排农业，安排其他。去年计划会议70天，反复讨论钢、铁、煤、木，农业研究很少。基建也是研究工业多、农业少。1961年计划安排农轻重不落实，实际执行中问题很大，有些支援农业的材料比去年还少。如生铁，由于我省到煤特别少，上半年只到7万吨，炼铁大降，资源减少，数字安排了，实际拿不到。去年上半年农业、市场用生铁3.6万吨，今年只有2.3万吨。

3. 支援农业上必须统一安排，真正落实。

4. 省以下计划机构与农业计划任务不相适应。专、县计划部门主要搞统计，不能起应有作用。

二、比例失调。对有计划按比例发展国民经济的客观规律认识不够，没有认真做好综合平衡。

1. 在比例关系上偏于一点（重工业）就很难综合平衡，平衡也是假象。工、农之间，重、轻之间，物资、劳动、财政、等各方面的平衡不是严肃对待，相互脱节，问题很多。

2. 思想上对平衡不平衡的辩证关系，在很长时期内模模糊糊，不是积极地对待相对的平衡。

建议：会议如何根据中国具体经验从理论上、实践上系统地总结一下经验，从理论原则到具体方法，找出规律。是否计划工作也提出若干条，这对提高计划工作水平与干部理论水平都有好处。

三、几年来计划工作中调查研究和实事求是的作风大大削弱，不了解情况，脱离实际，思想跟不上，也必然造成工作被动。统计工作是一门科学，如何正确反映客观现实？几年来许多统计数字脱离实际，计划没有准确可靠的基础，吃亏不小。当然，统计不准确不单是统计部门本身的问题，我们有责任。下面感到问题很大。中南已在抓12年基础统计，建议全国统计工作从思想、制度、方法等各方面系统地整顿一次。

四、经济核算和价值规律。光靠提价不能解决问题，后果也严重。但是，几年来计划安排对价值法则考虑很少，也影响不小。如木材收购价问题，广东砍的木材集体所有制占80%多，愈砍愈远，其他山货价格提了，木材价格一直没变，还是20~26元一立方米，用劳动力越来越多，群众不愿积极干，每立方米提高7~10元就可以了。又如松香也是这个问题。松脂一级品安徽36元一担，湖南26元，广东只18元。今年计划2.5万吨，只能完成1.5万吨左右。

五、计划体制问题。几年来计划是指标高、下达迟、变得多、数字乱、下面松。

一是要恢复和制定计划方面的规章制度，计划严肃性与灵活性相结合。目前是否应强调严肃性，强调集中统一，经过综合平衡，计划落实后强调按计划办事，才有利于集中力量战胜困难。

二是大集体小自由，给地方一定的物资、投资，便于地方解决零星的小问题。

三是条块结合，上下结合，以大区为主。

六、积极可靠与留有余地。有两个问题还要明确。

留后备必须强调，真正留有后备。

留后备缺口？应该不留，不留在实际执行中也会在品种、规格、时间上有缺口。

七、"以进养出、以进补内"问题，广东大有可为，要认真贯彻。明年粮食可能好一些，有些轻工业比今年更困难，甘蔗、油料、麻减少很多。要靠搞些进口原料生产。广东二棉厂可纺80支纱，织高档布，历年都有出口。1962年如出口棉布60万件、高支纱1万件、针织品5 000件纱，需进口高中级棉15.4万担，要572万美金，加工后出口可搞外汇1.03万美金，赚463万元美金；可购15.4万担中级棉，织5 000万米布，按省的人口计算每人平均可得3.75市尺。

解决穿衣问题，广东是搞人造纤维，有条件。甘蔗渣按130万亩甘蔗计算，有45万吨，拿30万吨搞人造纤维，可搞3万吨，织1.5亿米布。且原料集中，日榨千吨以上糖厂有12个，总能力2万多吨。一个千吨以上糖厂的蔗渣即够一个3 400吨的人造纤维厂原料。烧碱、硫酸条件也较有利。技术力量试验生产已成功，短纤已过关，可搞混纺。

合成纤维：利用茂名油厂的废气也很有前途。

但人造纤维、合成纤维问题比较复杂，建议中央部直接抓，作为直属厂。

150-9-70

北戴河计划会议简报（第16期）

1961年7月24日

中南小组7月20日下午继续讨论富春同志的报告，广西自治区计委主任李殷丹、广州市计委主任王冕农和武汉市副市长薛朴若等同志发了言，简报如下：

李殷丹同志发言要点

国民经济产生暂时的严重困难的根本原因，首先是对"以农业为基础，以工业为主导、工农业同时并举的方针"贯彻得不好，没有认真执行"农轻重"的方针；其次是综合平衡工作做得不好。广西工业落后，进入第二个五年计划，把发展工业的速度放快一点是应该并且是可能的，但要求过快、过急了。1958年下半年急于搞经济体系，那时曾设想第二个五年计划工业产值达到100多亿元，投资也是100多亿元。结果摊子铺得很大。1959年上半年进行压缩，庐山会议后又上去。1960年的指标定得高，工农业总产值50.9亿元，比1959年增长45.2%，其中，工业总产值26.4亿元，增长70.3%；基本建设安排9亿多。所以搞得这样大，主要是对工农业实际情况估计不正确，对农业估计偏高（每人平均的农业产值，广西115元，全国120元），而工业相差得很远（每人平均工业产值，广西77元，全国251元）。工业大大落后于农业，必须加快工业建设才能和农业相适应。因此，1960年2月提出力争工业产值3年赶上全国平均水平的口号。根据这个要求，制定了工业发展规划，教育事业等也随着制定庞大的规划。结果形成过多地抽调农村劳动力，影响农业生产，增加了城市粮食供应。粮食产量，1957年105亿斤，1960年仅92亿斤，而征购数却增加了：1957年18.8亿斤，1958年22.8亿斤，1959年30亿斤，1960年21.5亿斤。3年内城市人口增加53万人，城市粮食统销数迅速增加，1957年1.2亿斤，1958年10.9亿斤，1959年14.5亿斤，1960年11.5亿斤。每人平均的口粮减少了，农村，1957年463斤，现在只有300斤；城市前几年460斤，现在只有400斤。因此，今后必须：（1）进一步认识国民经济以农业为基础的规律；（2）很好认识办工业的复杂性，一个工厂的建设，要考虑各个方面的条件；（3）把长远利益和当前利益结合起来，改变经济落后面貌要量力而行；（4）做好综合平衡工作，特别要正确估计农业生产水平，根据农业的情况去安排；（5）小局服从大局，全国一盘棋，一个省不应该搞一个经济体系，要打破经济封锁，人人都从全局出发。

王冕农同志发言要点

当前广州市经济情况，总的是农业生产情况比较好，预计早稻亩产比去年同期增产3.5%，总产量比去年同期增产8.5%。工业、基建和市场情况不好。广州市今年上半年工业总产值比去年同期下降45.2%。根据131种计划产品产量的统计，比去年同期增加的只有31种，占23.66%，减产的有100种，占76.34%。小商品生产虽恢复了一部分，但大部分也是减产。据229种小商品统计，比去年同期增加的只有85种，保持去年同期水平的只有3种，减产的有141种，占61.57%。在1 099个工厂中亏本的有331个（亏2 485万元），利润总额比去年同期减少75%。有156种商品由商业部门补贴（1 137万元），商业部门由于进销货逆差预计亏损1 900多万元。今年上半年商品零售额比去年同期减少21%。财政收入比去年同期减少49.9%，银行贷款增加7 000多万元，储蓄减少1 700多万元，5月份零售物价比去年同期高了9.32%。1—5月职工平均工资52.8元，比去年同期减少4.66%。职工生活费指数提高8.2%，职工实际收入下降了7.5%，劳动生产率下降45.4%。原材料供应比去年同期减少40%左右，基本建设下降69.8%，交通运输下降37%。

当前的困难是暂时的，可以克服的，但也是比较严重的。我们正根据中央指示贯彻“八字方针”，把调整工业布局、调整手工业、压缩城市人口、支援农业作为当前的中心工作。当然，广州市在党的三面红旗的指引下，3年来也取得了巨大的成绩；工业总产值1960年比1957年增加1.4倍多，其中重工业增加2.26倍，其他各项工作也有很大发展。

国民经济产生困难的原因：（1）对农业生产估计过高，因而影响到全面；（2）工业、基本建设战线过长；（3）在生产关系方面，合作社由集体所有制转为全民所有制，过急过猛，在分配上也有平均主义倾向，未很好地执行按劳分配的原则；（4）在贯彻执行党的路线、方针政策中有片面性，只注意多快，忽视了好省；对“农轻重”方针贯彻不够；注意了高速度，忽视了按比例；在基建上，对“大中小结合，以中小为主”的方针贯彻不够，贪大、贪洋、贪新；（5）这几年在政治上一直反右倾，有的人误认为越“左”越好，在思想方法上、宣传上也有片面性，缺乏实事求是的作风。

关于经验教训：（1）要很好总结过去的经验教训，全面正确地贯彻执行党的路线方针政策，加强理论学习，认真按照毛泽东思想和客观经济规律办事；（2）加强调查研究，一切从实际出发，坚决走群众路线；（3）改进与提高计划工作，总结过去经验，加强业务学习，研究、改进计划体制，把计划工作提高一步。

薛朴若同志发言要点

目前武汉市的生产供应和生活供应都很困难，生产上的困难是缺煤、缺电、缺原材料；生活上的困难是缺吃、缺穿、缺日用品。这主要是东西少了。重工业品虽有很大的增长，但不配套，而且光靠重工业也是不能完全满足生产和生活上的需要的。东西为什么少？他认为除天灾外，应当再往劳动方面找原因。1958年以来由于我们要大办的事情太多，所以这就不能不集中力量突击，而突击又组织不好，窝工、浪费、大大降低劳动效率，有的甚至是无效劳动或破坏劳动（如在工业上生产废品）。大办、集中、突击，不仅突击的方面不容易搞好，更可怕的是乱调了许多的劳动力，因而又大大地破坏了社会上的劳动分工。这里没搞好，那里也误了，就是生产为什么减少的基本原因。

为什么不能有效地使用劳动力？就是李副总理所说的，并非中央的方针错了，也非毛主席的指示错了，而是我们做实际工作的没有把工作搞好。我们的错误就在于没有经验，没有学问（不学习中央指示，不作调查研究），而又好瞎指挥。瞎指挥在农村有，在城市也有。城市里的瞎指挥除李副总理所指出的7个字外，还应再加“一并、二升、三统、四破”4个字。并是大厂并小厂，升是集体升全民，统是统得多、统得死，破是大破规章制度。这样加起来，就是一大、二急、三并、四升、五平、六调、七统、八破、九散、十乱。

对此怎么办？农村已有“六十条”，正在努力贯彻执行。城市虽然也在整厂减人，缩短工业战线和恢复退赔改善生产关系等，但不够有力，所以最好城市也像农村那样搞个“六十条”，以便彻底地和全面地解决当前问题。

会上，李一清同志传达了领导小组的指示。对于第二阶段的讨论，他提出，分析形势的中心应当放在如何过好当前这一关上和制定好两年计划上。务虚必须落脚到实，否则就会变成空谈。除了领导小组指示当前抓粮、煤、减（人）外，他提议再加上木和基建。他说，归根结底是解决农业问题。有关计划问题的政策、方针很多，要首先解决计划工作的政治路线，然后再解决计划工作的原则、体制、关系、方法等问题。他指出，当前的困难是暂时的，但是严重的。要正确认识，全党团结在党中央领导下，调动一切积极因素，为克服困难、争取经济形势好转而奋斗。他认为，中央局应把转变目前形势的任务放在第一位，条条块块密切结合，谁也不要打小算盘。中央派人下去，在中央局统一安排下，一个战役一个战役的打。不论在任何困难的情况下，只要具体地解决好党的领导和群众路线这两条，就一定可以转变被动局势，取得伟大胜利。

150－9－71

北戴河计划会议简报（第24期）
当前东北农业生产中的几个问题

1961年7月24日

7月19日，东北小组继续讨论富春同志的报告，东北局计委委员刘宝庆等同志发了言，现简报如下：

富春同志对当前经济形势的分析，两年工作经验的总结，以及今后方针和工作安排是完全正确的。

东北农业形势是好的，深入贯彻人民公社“六十条”之后，农民的生产积极性被调动起来了。今年全区播种面积虽然略低于去年，如果加上群众小开荒可接近去年水平。一般播种得比较适时，质量也比去年有所提高，但是还赶不上1957年和1958年。

当前农村问题比较多，突出的是粮食供应紧张，很多地方7月下旬或8月初就没有粮食了。城市供应也紧张。看起来突出的矛盾是农业与工业不相适应。从1949年到1960年全区工业增长18倍，而农业的粮豆总产量只增长0.3%。粮食生产增长缓慢，但人口增加却很快，全区人口1949年为3 853万人，现在已达到5 800万人，增加将近2 000万人。随着工业的发展，农村生产力水平相对下降，1949年全区城镇人口为799万人，1960年增加到2 336万人；农村人口1949年为3 054万人，1960年为3 464万人。城乡人口的比重，也由1949年的1∶3.8又降到1960年的1∶1.48。因此，农业生产就出现了许多新的问题。

一、农村劳动力减少，质量下降。1957年全区农村劳动力为1 127万人，1960年减到1 032万人，减少95万人。由于农村社办工业、基本建设、文教卫生、商业服务等事业的发展，农村从事农业生产的劳动力更为减少，1957年有990万人，现在只有728万人，减少262万人。每个农村劳动力负担的耕地面积，由1957年的25亩增加到现在的39亩。几年来，全区的农村劳动力不仅数量大大减少，而且质量也大大的下降了。凤城县红卫星公社1957年青壮年劳动力占46%，1960年上半年下降到29%，这个公社的后营生产大队第四小队，1960年比1957年劳动力下降42%，而质量下降得更厉害，剩下的34名劳动力平均年龄达到55岁。

二、畜力数量减少，质量下降，任务增加。1957年大牲畜为416万头，现在降到576万头，减少40多万头。从今年1月到现在全区共死了53万头，目前牲畜死亡现象仍未停止。1957年全区共有役畜405万头，现在降为304万头，减少101万头；耕畜377万头，现在降到249万头，减少128万头。1957年每头耕畜负担耕地68亩，现在增加到97亩。据辽宁省调查，在耕畜中约有15%左右是用来推碾子拉磨的，如果扣除这个因素，每头耕畜负担的耕地约在100亩以上。辽宁省辽阳市小北河人民公社（重灾区），每头牲畜平均负担147亩。新民梁山公社，共有9头牲畜，能干活的只有3头。牲畜瘦弱的现象更十分严重。

在农村畜力十分不足的情况下，城市工矿、企业和运输部门还占用相当一部分役畜，仅据辽宁、黑龙江两省不完全统计，约占26万头。全区每年城市供应饲料为8.6亿斤左右（包括猪禽饲料，主要是牲畜饲料），估计全区城市中将有百十万头役畜经常为城市工业和基本建设服务（数字待查）。

在调整工业和缩短基本战线的时候，这部分役畜应尽可能地抽出来支援农业生产。

几年来，运输任务也大量增加，全区向农村的回销粮逐年增加，1957年为35亿斤，1960年为37亿斤；1961年则增加到47亿斤，需要4.7万辆大车拉100天。回销粮多，就占用了大批的农村车马和人力搞运输。秋天一边收，一边往城市运粮；春夏季正是农忙季节，一边种地，一边往回运粮，不得不用大批好牲畜和好劳力运输粮食，否则就没粮食吃。这样，回销粮比例越来越大，牲畜使役越来越重，影响了农业生产，也增加了牲畜的死亡。短途运输任务大量增加，辽宁省1960年短途运输任务为10亿吨公里，比1957年3.4亿吨公里增加将近2倍。因此，今后必须尽量减少回销粮食的运输，节约运力，保护牲畜。

三、耕地减少，地力减弱。1957年全区播种面积2.5583亿亩，1961年减为2.3255亿亩，减少2.328万亩。耕地减少的主要原因是：几年来基本建设占地和耕种不上而撂荒的（基本建设和撂荒各多少，待查），1957年粮豆播种面积2.26亿亩，1961年减到1.993亿亩，减少2 670万亩（以每亩150斤计算，减产粮豆40亿斤）。同时，近几年来土地也比过去薄了，肥料也少了。辽宁省1957年平均每亩地上粪肥2 500斤，现在只有1 500斤，减少40%，过去每亩平均施用化肥3斤，现在只有1斤，而吉林、黑龙江两省还不到1斤。1959年全区施用化肥31.8万吨，1960年为16万吨，1961年减为10.7万吨。加上几年来因劳、畜力不足，耕作粗放，白茬地下种，地板硬，以及铲趟不及时等，都直接影响粮食产量的提高。

由于上述问题和两年灾荒，农村“五风”的影响，造成了粮食紧张。农村口粮由1957年的514斤降到1961年的232斤，饲料由1957年的600斤降到300斤。黑龙江1957年为900斤，1958年为1 000斤，1960年降到340斤；饲草过去3 500斤以上，现在降到2 500斤以下，只能维持在生命线上。

城市副食品供应也紧张，东北城市没有不紧张的。沈阳市和平区5月每人只供应2斤菜，全区食油年供应量由1957年的8.4斤降到3.6斤；肉类由12斤降到1.2斤；蛋类由1.5斤降到0.5斤（包括工矿、企业、机关、部队、学校、文化、卫生等特需供应）。

以农业为原料的轻工业品和轻工业原料有很大减少。如纸烟1957年以前满足供应，现在1个月只能供应五六盒，多者10盒；棉布过去半年18尺以上，现在只供应2.8尺；糖果过去可以随便买，现在除高级糖果外是买不到的。

棉花产量1957年80万担，今年预计37万担，甜菜1957年为2 543万担，今年预计为1 200万担；烤烟1957年为45万担，今年预计为35万担。由于纸烟供应不足，自由市场的烟叶每斤卖价高达10元以上。

土副产品也比过去大量减少。炕席、草袋、草绳、草帽、柳条包、筐、篓、菠萝、刷帚以及锹、镐也都买不到；极其丰富的山货资源也少产了，如榛子、黄花菜、木耳、蘑菇等等在市场上也都买不到了。

从东北整个经济情况来看，党中央提出的农、轻、重的方针是正确的。因此今后必须：(1) 适当地调整工农业的比例关系。(2) 认真贯彻“六十条”，坚决赔退。(3) 保护农村生产力，适当地提高口粮和饲料标准，口粮232斤是生命线，不能保证再生产的能力，农村口粮应争取提高到360斤以上，城市应在410斤以上；饲料标准也得提高，不然牲畜还得死亡。(4) 坚决压缩城市人口，全区计划减少到2 000万人。(5) 农业机具，今后一两年内，主要是搞好维修和配套，要加强配件的生产。全区现有拖拉机2.2万台，能经常使用的仅有1万台左右，因此，要积极解决农业机具维修及配件生产用料，充分发挥设备潜力，加强运输工具和小农具的修造。(6) 增加水利、林业、水产、农场、科学研究农业院校等方面的投资，以适应农业进一步发展需要。

目前农业上这些困难是暂时的，是前进中的困难，东北有利条件很多，只要重视这些问题，依靠党和依靠群众，在今后三五年的时间可以恢复到1957年的农业生产水平。

150-9-72

北戴河计划会议简报（第32期）
云南省计委副主任程萍同志发言要点

1961年7月28日

程萍同志在西南小组讨论当前形势和3年来的经验教训的发言中，讲了钢粮的关系问题、工业内部关系问题、上层建筑和经济基础的关系问题。

一、钢粮的关系问题

云南第一个五年计划，粮食平均每年增长6.5%，最高的1956年增长10.4%；大跃进3年，粮食年年减产，他认为除天灾因素外，主要经验教训就是3年钢搞得过多过快。1957年产钢仅有1.7万吨，1958年就搞到10万多吨，1959年又搞到15万吨，1960年增加到25万吨。他认为在工业基础十分薄弱的条件下，钢搞得这样多这样快，就一定出问题。其结果是机械不配套，运输又主要靠汽车、畜力车，加深了运输的矛盾，质量品种不好，积压太大，人海战术，掠夺农民。

他认为，主席提的两条腿走路最根本的是工农业两条腿。但这两年工业腿粗了，农业腿瘦了，农业劳动力减少，畜力减少，粮食减少。

两年来钢铁发展过多过快与两年来的政治形势也有关系，1959年计划生产钢15万吨，比较恰当，使我们冷静一下，考虑调整一下多方面的关系。但庐山会议右倾机会主义反党集团向党进攻，这一下闹火了全党干部，为了保卫总路线大跃进，为了争口气，不仅完成了15万吨，而且提前20天超额完成了，达到16万吨。现在回顾起来当时的确搞得很紧张，钢要上去，煤、铁、矿、运输、木材都要跟上，机械工业要为其生产备品配件，80%以上的汽车担负工业运输，这样，势必影响外贸、市场物资大量积压。必须认识反右倾必须反，不反不行，但反到哪一级好；争口气，如何争法？结果像富春同志指示的那样，修正主义、机会主义愈是向我们进攻，我们就更需要冷静、实事求是。搞得好，不会那么紧张，这是值得我们很好吸取的经验教训。

二、工业内部关系问题

首先应当肯定以钢为纲是对的，问题在于钢的速度问题，这几年经验证明钢是太快了。

轻重工业问题。3年来农业减产，势必影响到轻工业。轻工业3年只增长54%，而重工业增长3倍多，其中黑色金属增长了8倍多。

工业和手工业问题。这个问题在云南实际关系到工业内部的所有制问题。几年来搞工业都是搞大的洋的，每个专区都搞了两三个，甚至有四五个大机械厂；县上也搞机械厂，把手工业挤掉了，商办工业吞并了一部分手工业，手工业工人1957年11万人，1960年底只有3.4万多人，并且大多数是城市居民和新工人，结果农村用的小农具、日常用具很少了，甚至没有了。挤掉手工业的原因，主要是思想上认为全民所有制优越，总想扩大全民所有制，没有认识到挤掉集体是关系所有制问题，关系到农业生产与人民生活。现在手工业最大的问题，一是原料，二是运输，三是价格政策。这些问题必须做好安排，否则恢复后仍要窝工，产生质量不好、重复错误的道路。

片面地追求产值问题。这是1958年以来企业内部比较普遍的错误倾向。高指标，粗制滥造，特别是支援农业生产的农具，不仅不能提高生产，而且积压浪费了公社资金。不少机械厂的打谷机群众叫“一脚牌”。农村基层干部给内燃机工厂打电话说，你们的煤气机质量不好，不能用，要求派人来修。而我们厂的干部很不虚心，很严肃地回答：“你说质量不好，全国还在这里开现场会议哩！”看来最重要的是提高质量，巩固树立为农业服务的思想。现在不是要新增加多少农业机械，主要是组织技术力量下去巡回修理好现有农业机械，就可解决很大问题。

领导制度和管理制度问题。他说，这几年来对制度是破得多、立得少，新厂是没有建立起制度。党委领导下的厂长负责制实际形成党委包办一切，甚至产品出厂都要党委书记签字。特别是技术管理制度破得多了，这是产品质量提不高的基本原因。企业管理也很混乱，不少厂矿外边人随便可以进车间。昆钢反映焦炭不够，但是从一平浪煤矿到昆钢，煤矿工人、铁路职工、钢厂小灶做饭全是用焦炭。昆钢基本建设仓库乱到走不进去。电力不足，但昆钢的非生产用电稍微节约一点，就够一个机械厂用电。看来大企业派头大、浪费大，因此恢复与建立领导制度、管理制度、技术管理制度越快越好。

政治挂帅与物质鼓励问题。几年来片面地强调了共产主义风格，没有真正贯彻按劳分配的原则，老工人实际收入降低了，必需的劳保用品没有切实解决。落雪铜矿130多个老工人现在都是班队干部，全部都是关节炎；一平浪煤矿50%的工人患关节炎。职工宿舍、医院年年安排都被挤掉，这些问题长期得不到解决，不能不影响工人生产积极性。因此，贯彻“八字方针”，必须全面安排，合理地、逐步地解决这些问题。

所有这些问题，使本来能够发挥更大作用的没有发挥效果。如果认真解决这些问题，潜力是大的。不剥夺农民，同样可以高速度。

三、上层建筑和经济基础问题

程萍同志主要讲了文教战线问题，他说，几年来文教战线拉得很长，高学校由4所发展到19所，中专由168所增到309所，技校由2所增到35所。学校急剧增加，数学质量也就不高。只有院长、党委书记，没有图书，没有设备，怎么能培养出高级建设人才？

问题产生的原因是生产的高指标，技术力量不足，各部门都办学校，设科研机构。学生增加又集中城市，就自然增加城市粮食、副食品、房屋和运输的紧张。上层建筑和经济基础不相适应的状况，也必须坚决贯彻“八字方针”改变。最近省委决定压缩城市人口时，决定将一些学校、科学院、设计机构搬下去，更有利于结合实际进行工作。

150－9－74

北戴河计划会议简报（第42期）
中南局候补书记兼计委主任
李一清同志七月二十八日在领导小组扩大会议上的发言要点

1961年7月31日

中南小组的同志完全同意富春同志的报告，形势逼迫大家去想问题，听了报告，启发很大。但是，时间太短，需要有个反复过程才能认识得更加深刻。富春同志关于当前国民经济形势的分析，"暂时相当严重的困难"，是确切的，有利于提高干部的认识、教育干部。

小组讨论了并正在讨论或准备讨论对当前形势的认识、计划工作的经验教训和有关计划的体制等几个问题。今天着重汇报对当前形势的认识。

一、为什么说目前的困难是严重的?

（一）国民经济的各个方面都有一定的困难，或者相当严重的困难。目前有三个缺口、三种紧张：（1）粮食紧张，成为目前矛盾的集中点；（2）物资供应紧张，工农业产品不能等量交换，副食品不足；（3）财政入不敷出，有赤字。

（二）损伤了或者严重损伤了生产力。有些地区大办水利，千条河流拦腰斩，废井兴渠，只灌不排，违犯了自然规律，影响所及，河南一省比较严重的碱化土地就有1 000多万亩；牲畜大量死亡，河南大牲畜由1954年的780万头减到今年5月的430万头。今年1—3月平均每月死亡10万头，活着的牲畜也很瘦弱，真是"牛如柴架，马如龙"；小农具大量损坏，仅河南一省在1958年就从民间收回了39万吨铁，其中29万吨是从农村收购的，有14万吨是小农具；动力机械、运输机具损坏也很严重，全区约有40%的排灌设备、1/2的拖拉机和1/3的汽车损坏待修，由于缺配件和维修力量，损坏情况还有继续发展；人的体质减弱，疾病多，劳动效率大大降低。工业方面，设备损坏相当严重，采掘破坏了正常的作业，有的到了生产难以为继的惊人程度。上述状况，严重地打乱了工农业的生产秩序。

（三）国家储备减少，公、私都困难。有的群众说现在是"国富民穷"，其实国家的底子也空了。拆东补西，日子很不好过。

（四）目前严重的困难反映到几种关系上，出现城乡关系紧张、工农联盟紧张、党和群众的关系紧张。

（五）意识形态、精神面貌有了变化。1958年大跃进、大协作，精神面貌很好。现在则有自顾自，说假话，互不信任的现象。群众中有些人在自由市场大肆活动，捞了后大吃大喝。有的人求神拜佛。河南新乡有一个中学生写了一副对联："麻木不仁送旧岁，吃喝欢乐迎新年。"这一种不健康的精神状态，虽然还是少数，但是值得我们严重注意。

二、怎样扭转目前的形势?

我们认为，总路线是正确的，问题的产生不是总路线的问题，而是执行中的问题，是实际工作中的问题。现在全党认识基本一致（当然觉悟还有高有低），克服困难有了保证。从根本政策和具体政策上看，国民经济实行调整、巩固、充实、提高的方针，"农村六十条"正在贯彻执行，最近又大抓缩短工业战线，城市减人，支援农业，在党中央和毛主席的正确领导下，我们已经找到了解决问题、克服困难的关键，形势肯定会逐步好转。问题在于我们做实际工作的，鼓足干劲，千方百计，兢兢业业，善于接受经验教训，做好工作。

（一）认真贯彻执行农轻重的方针，大力支援农业。

农业的恢复和发展，有两个阶段：目前以手工业劳动为主；将来一定要实现机械化。农业的现代化必须建立在工业现代化基础上。不能只抓现在不顾将来，更不能空谈将来放松现在，特别重要的一定要过好现在这一关。

现在支援农业两个重要问题：（1）合理地、恰当地安排好劳动力；（2）合理地、恰当地安排物资。在现阶段可能的条件下，劳力足，物资足，是支援农业的两个重要环节。在前进中要十分宝贵农民的创造，加以合理的运用。

我们对几个具体问题的想法：

1. 拖拉机的发展可以慢一点，现有的要集中使用。使用拖拉机，需要做好一系列的工作：道路、桥梁、仓库油库、运输工具、修配站网、技术力量、平正土地等。遍地开花，分散使用，损坏的多，修理困难，不能发挥应有的作用。现在应建立拖拉机站并由国家经营为宜。

2. 化肥要尽可能多搞一点。应比拖拉机摆得更重一些、更前一些、更多一些。

3. 水利几年以内不应再兴建，对现有的，有计划、有步骤、有重点地逐步配套。

4. 建立、发展商品粮生产基地和普遍增产相结合，"两条腿走路"。中南区准备以广东沙田地、湖南洞庭湖区和湖北荆襄地区16个县为重点建立商品粮基地。

5. 大力发展渔业。广东有80多万平方公里的渔区，由于缺少物资设备，目前产量很低。需请有关部门统筹规划、全盘安排。维修需要的桐油、苎麻，必须解决，再拖下去，将会出现船只继续报废的严重船荒，大量减产。

6. 退赔问题。仅河南一省要退赔30多亿元，需要几年。要用钢、铁、竹、木、皮、藤、草、瓷等实物退赔。供应市场与退赔应适当安排。在目前物资困难的情况下，退赔时间可以适当延长，以免过大过急，增加市场压力。

（二）具体贯彻"八字方针"问题。工业战线为什么过长？主要是分散使用力量，各省都搞经济体系，全民大办工业，希望在一年内赶上农业产值；不切合实际地离开综合利用基础，大搞多种经营，大搞卫星厂，还有不适当地搞"一主二辅三结合"。这些都造成和加重了人力膨胀，物力分散。

调整中要抓两头带中间，该保的坚决保，该关的坚决关。调整要提高生产，站稳将来前进的阵地。落实了的指标必须确保，这不仅是经济问题，而且是政治问题。调整后，物资要更多地用于农业和市场。短途运输必须充实，维修配套需要的设备、材料，必须纳入计划分配。

机械工业的调整要打破中央和地方的框子，一定要抽调人员、设备把大厂的维修力量充实起来。军工和民用要划清界限，但在目前情况下，要权衡轻重，动员一定的军工力量生产民用产品，如矿灯。军工生产民用产品，地方应予以必要的协助支持。

（三）压缩城市人口。全区今春以来已减75万人，应该减而且好减的——"小洋群"的人员差不多都减了，不好减的——大城市人口怎么办？武汉市250万人，按全国的比例需减40万人，现在只减了4万多人，有些困难，如何减，需要深入调查研究，弄清情况和问题，制订既积极又可靠的计划。另外还有条块如何统一的问题。如韶钢已下马，现有1万多人，省的意见减得多，部的意见减得少，统一不起来，现在还搁着（富春同志插话：请各部同志注意，这反映我们对减人的决心不大，总想留一手。我们应当坚决执行计委党组的指示，中央部和地方的意见不一致时，先照地方意见办事，然后再作调整。各省也不要只是分配任务，还要作具体的调查研究，真正摸底，做到狠、准、稳。否则，用分配任务的办法，不能解决矛盾）。

人减回农村，起码应带两个月的粮食，否则农村难于安排。

（四）清理物资问题。几年来生产了大量的钢、铁和机械设备，物质不灭，不在此处，就在彼处。现在一方面是物资不够，另一方面又大量积压。要全面加以清理，使死物变成活物，发挥作用，解决困难。我们要求把积存的400万吨钢材、200万吨钢锭（坯）的账、品种、规格、存地存户报一个。

清理的办法，要分类排队，半成品、有用的转账分配；废品、废铁可以回炉重炼；下脚料支援地方工业，以发挥地方的积极性。

清理物资的工作很重要，各方面的工作都需要适应。如作价转账问题，分配、调拨、动用问题，等等。需要规定些办法。

（五）市场物资交流问题。现在市场很死，不恢复手工业，市场不能活，但是恢复以后又没有材料供应。因此，要逐步恢复手工业，同时又要把全国范围内的手工业原材料供应的传统渠道适当地、逐步地恢复起来。

在市场物资供应困难的情况下，要控制货币的发行，建议不发或少发农贷，退赔的期限适当延长一点。非商品回笼也要抓紧。同时，还可以实行商品以旧换新的办法。加强修理服务行业。

（六）基本建设问题。基本建设在灾区不搞或少搞，非灾区可以适当多搞。

有重点的使用投资，留有余地（可以留20%的机动）。对那些借口填补，实际延长基建战线，以致形成越填越不平、越补越不齐的现象，必须坚决反对，严加防止，彻底纠正。

基本建设的下马费，应认真对待，切实安排，以保护好设备和需要保护的工程。

（七）加强党的领导，加强思想政治工作。目前的困难虽然是严重的，但是只要向群众讲清楚，发动群众，依靠群众想办法，只要能够贯彻执行党的总方针和各种具体政策，局面一定可以扭转。现在农村已开始出现政治上的大好形势，农民生产积极性提高，某些产品开始增加，如湖北曾于今年夏季出现群众出售鸡蛋直线上升的事例，广东番禺也出现出售“三鸟”猛增的现象。归根到底还是党的领导和群众路线两条。政策加思想工作可以推动广大群众的积极性，政治可以促进经济，道理就在于此。

（八）在中央统一领导下，加强中央局的领导，是扭转目前国民经济形势的关键之一。中央局应把扭转国民经济形势作为重要任务之一，应抓好三件事：第一，扭转生产继续下降的局势，首先应把煤促上去；第二，调整工业布局，压缩城市人口，支援农业；第三，抓好清理物资，使物尽其用。在贯彻执行中央的方针政策与计划上，统一条条与块块，集中力量打歼灭战。进行调查研究是十分必要的，但不能停留于调查研究，必须承担扭转国民经济形势的责任。

在目前情况下，必须集中力量才能有所作为。主要应反对分散倾向与平均主义，以及一切畏首畏尾、犹疑不决、空谈困难的怯懦和官僚主义；达到全党全民统一、集中、团结的目的。这并不否认正当的、合理的、必要的因地制宜。

当全党全民处于国民经济相当严重的困难时期，重要问题在于教育干部、教育群众。对干部还应强调纪律性。

总之，我们认为，只要像毛主席所教导我们的：团结一切可能团结的人，调动一切积极的因素，为争取国民经济形势的逐步好转而奋斗，就一定可以胜利。

150－9－77

北戴河计划会议简报（第43期）
华东局计委狄景襄主任七月二十五日在领导小组扩大会议上的发言

1961年7月31日

现将华东小组这几天来讨论的主要问题向富春同志和领导小组汇报如下：

一、对经济形势的看法

大家一致同意富春同志对于当前经济形势的分析，认为当前农村的政治形势很好，经济形势确实是相当困难的，但这些困难是暂时的，完全有信心根据党中央的方针路线，贯彻“农轻重”的方针和“八字方针”，逐步克服困难，继续在品种、质量和降低成本等方面跃进。

华东今年上半年南涝北旱，夏粮比去年减产65亿斤，其中山东减产28亿斤，安徽减产18亿斤。夏粮收得不好，但秋苗从现在看，一般长得不坏，如能争取秋收达到平年偏上，这就可以增加农民和干部逐步克服困难的希望和信心。原估计秋收比去年增产100余亿斤，争取今年全部粮食产量保持去年的水平，这是有可能的。最近江南旱象又有发展，山东省惠民专区等地又发生涝灾，争取实现这一任务还是很艰巨的。

全区的日子，在1962年秋收以前是不会好过的，特别是今年的三季度更困难，主要在山东、安徽。山东惠民等专区夏收后每人平均的口粮不到2大两，过去一般都给补到4大两左右，今后省内调剂，中央补助，仍将争取维持这一水平。四季度以后农村口粮的困难程度，除重灾区外，会有不同程度的减轻，特别是江南，早稻已陆续登场，从现在起，农村就有了缓和口粮的物质条件，只要贯彻好党的路线、政策，困难是有条件逐步克服的。山东、安徽等省，特别是山东省内不少地区基本口粮只能补到4大两，维持正常劳动是很困难的。但绝大部分地区的大多数劳动者一般都有超产奖励粮、工分粮、自留地、十边地等收获补助，这些都是克服困难的物质条件。在重灾区连续旱涝，主要依靠统销调剂4大两基本口粮过活，只能度荒救命，维持一般劳动是有困难的。到大批秋菜等作物接上，困难才能减轻。

克服困难的条件是可以逐步创造的，并要善于利用这些条件克服困难。山东省张怀德同志提出，即使秋收以后，从领导方面看，仍必须用“救灾”的精神，帮助群众细致地安排生活；教育群众用“备荒”的精神从长远打算，继续实行低标准、瓜菜代的办法。

今年上半年，华东的工业产值较去年同期下降45.5%，其中，安徽降得最多，降51%，浙江最少，降35.2%。但对于支援农业和煤木矿运所需的维修、配套、器材、设备的制造，不少还是比去年同期增加了。

工业下降中突出的问题：一是煤炭和木材产量没有上去，影响国民经济的全面调整安排。二是企业成本提高，亏本相当普遍。如青岛市地方电力工业今年1—5月成本较去年同期提高85%，农业机械提高15.6%。由于成本高，企业普遍亏损，安徽合肥等4个市的企业1—5月份亏本的占47%；江苏亏本的占全部企业的30%左右。三是由于生产水平下降和亏本的关系，上半年财政收入只有62.5%亿元，比去年同期减少45.8%，其中，企业收入减少49.8%，各项税收减少37.6%。估计这种形势在三季度不可能有很大的改变，因为三季度有许多不利因素：（1）秋粮没上场，粮食供应最困难；（2）天气炎热，要防暑、防洪；（3）由于压缩城市人口，会影响一部分职工的情绪；（4）新的农业原料还未上来。

因此，必须趁此时机，积极创造条件，增产煤炭，并按实际可能迅速调整原有生产和建设规模，使燃料、原材料与加工工业，以及加工工业内部之间的关系互相适应，为四季度稳步增产打好基础。

从华东看，1962年的工业形势在很大程度上决定于煤炭的供应。即使区内煤炭较今年能增产10%左右，如果调入仍然维持今年下半年水平或者还要降低，加上城市粮食供应紧张，经济作物严重减产，明年的工业形势仍是不可能有很大转变的。

明年农村吃粮问题肯定会有不同程度的好转，但城市粮食供销不平衡的局面也是肯定的。除上海不能在华东区内平衡供应外，山东、安徽等重灾区的口粮也提出调剂补助的要求，这需统一考虑。

二、对于执行总路线和“八字方针”的看法

三年大跃进的经验证明，总路线是完全正确的，它反映了客观规律和群众要求，因为社会主义制度的优越性，首先表现在能够高速度地发展国民经济，较快地改变我国一穷二白的面貌。过去3年应该这样干，并且取得了伟大成绩，扩大了华东的工业基础，水利工程星罗棋布，这是客观存在的事实，绝对不能否认。今后在贯彻“八字方针”中，坚决缩短长线，正是为了集中力量，继续尽可能更快更好地把空白补平、把短线补齐。缺点和错误的发生只是由于对总路线没有认真地正确地贯彻执行，或者在执行中打了折扣。

富春同志对执行总路线中的问题总结了7个字：高、大、平、调、急、散、乱。华东的问题主要表现在“高、大、散”上。由于指标过高，规模过大，加之地方上为了实现过高过大的生产指标和建设规模，都想自建体系，结果力量散了，步伐乱了；并且，为了“高”

和“大”，不问条件，不问资源，搞遍地开花，齐头并进，这是主观片面的平均主义思想的一个表现方面。

由于指标过高，战线拉长，分散了人力、物力、财力，计划不能实现。安徽省郑×同志说，计划成了“三空”：（1）高指标，高安排，结果，安排落了空。（2）依靠用非常手段（不少是对原有生产力起破坏作用）突击生产取得的水平，作为编制下年度生产指标的依据，并且有时还要加上增长幅度，结果，计划落了空。（3）依靠当年新增基建项目投产完成生产指标，有时还依靠这种投产项目的产品另搞基建，结果一步踏空，步步空。

这种急于求高求大所引起的不良后果是相当普遍的，但责任不在中央各部委和富春同志，高指标、高安排是我们争上去的。必须严肃地进行自我检查，从自己过去的缺点、错误中接受经验教训，更应沉痛记取其中的不少是血的经验教训。

为什么要把指标提得过高、规模定得过大呢？从主观上检查，除了徒有建设社会主义热情、缺乏大跃进的经验外，有下列原因：

第一是出在“急”字上。急于改变一穷二白的面貌，急于向共产主义“过渡”，不考虑“革命阶段”；急于增产，不去科学地分析条件；急于求成，不重视战术上的困难；急于跃进，不认真考虑按比例地安排；急于增加数量，忽视质量；急于大办，丢掉经济核算；急于提倡共产主义风格，忽视了物质鼓励等等。所有这些都是违反客观规律、超越实际可能的主观片面思想的表现，是不符合马列主义和毛泽东思想的。

第二是缺乏调查研究。郑芳同志说，安徽3年来把农业减产都当成了增产，结果就高指标、高估产、高征购、高安排。1959年受旱，认为人定可以胜天，说成比1958年大跃进的产量还高；1960年一度说1959年大旱，1960年产量比1959年又高，实际上都是减产。

第三是作风问题。由于高指标、高安排，不愿意听取不同意见，更不愿意听取反面意见，加上浮夸，在高指标的压力下，好多同志不敢提出与当时气候不相适应的不同意见，事实真相不能得到及时反映。

第四是缺乏综合平衡，不能全面地反映客观内在联系的真实情况。3年来批判算死账、反对机械平衡、反对见物不见人、反对唯条件论，这些都是对的，应当批判，但由于水平低，没有把这些真理相依存在的必要条件和界限交代清楚，结果产生了不少副作用。计划工作越来越粗，方法越来越简单，编计划是领导上定框框（指标），下边照框框算账填数字，和实际越来越远。特别是领导提出主要指标下边只是围绕这少数或一个主要指标算账，这样认为纵然能办到的事，客观实际中“各路诸侯（指标）”碰头，必然还是各自争取存在彼此挤轧。

第五，在国民经济的计划安排和执行中集中领导不够，过于分散。各地区（包括专县）和各部门（如地方各行业）都想搞高指标，大规模地百废俱兴、齐头并进，把自己的地区和部门建成万事不求人的独立体系，因而分散了力量，这是必须坚决批判纠正的。我们完全同意把领导权集中起来，以便统筹安排，发挥社会主义计划经济的优越性。从集中的内容上说，必须有权无条件地统筹调度所管范围内全民所有制的财力、物力和劳动力，这是一个主要方面。但另一方面，必须做好综合平衡工作，并且做好分区、分部门的综合平衡工作。既然根据计划、按可能给他们安排了任务（不论是地方特殊的或全国一盘棋需要的），就要给他们相应安排完成任务的条件，这是彻底实现集中领导、反对分散的关键，应当首先从这一方面负起责任来。从集中领导的体制上说，如不能对各地区各部门完成任务的主要条件安排好，那就应当在计划内先给他们留有机动余地，让其自行调度安排，然后上报纳入国家计划。对于维持简单再生产需要的生产资料又不能供应而对产品还要分配调拨，那就可以说是以平均主义反对分散，不会有好效果的。

三、关于贯彻执行农轻重和“八字方针”

问题

“以农业为基础，以工业为主导，工农业并举”的方针，这是建设社会主义经济不可动摇的真理。过去的毛病是离开农业或者说不缜密地考虑农业，而孤立地安排工业。现在，工农业不相适应，必须根据“八字方针”，压缩重工业，延长农业和加强轻工业，这是当前贯彻执行农轻重方针的具体原则。因之，从各方面大抓农业是完全正确的。但要防止把农业当成唯一的倾向，认为重工业越少越好，忽略了其他方面相应的安排，从一个极端走到另一个极端。因为归根结底，农业的发展是离不开轻重工业配合的。农业的“六十条”贯彻后，政治形势很好，许多生产资料必须依靠重工业支援，同时，秋后农村市场活跃起来，如何组织工业部门尽可能多生产农村需要的生产和生活资料，交换农民手中的农副产品，这是活跃国民经济迫切需要解决的一个很重要的问题。

从华东说，3 年来农轻重之间的关系，发生了很大的变化，如城镇人口从 1957 年的 2 828 万增加到 1960 年来的 3 515 万，增加 25%，但粮食产量从 1957 年的 1 029 亿斤减到 1960 年的 861 亿斤，减少 29%，这是很不相适应的。征购的商品粮虽然一再压缩农民的需要，1960 年比 1957 年多挤购出 18%，仍远不能满足城市用粮的需要。从乡村和城市人口比例说，由 1957 年的 6:1，变为 1960 年的 4:1。

轻重工业的产值比例也发生了很大变化：重工业从 1957 年的 34.4% 上升为 62%，轻工业从 65.6% 下降为 38%。特别是依靠农业原料的轻纺工业比例下降最大。

据统计，3 年来耕地面积 1960 年比 1957 年减少 4 933 万亩，等于现有浙江、福建两省耕地面积的总和，这是惊人的。如山东省除净减（扣新增 88 万亩）1 729 万亩外，另有碱化地（只灌不能排的结果）1 268 万亩。

棉、油、烤烟等播种面积都在减少，产量严重下降，这是轻重工业之间不相协调的重要原因。

组织农业增产的主要工作。除继续贯彻执行“六十条”、坚决做好退赔、把以队为基础的各种所有制做好、稳定工作外，当前必须抓：

1. 布置多种萝卜、菜蔬和小秋，江南做好防旱，鲁皖做好防涝，加强田间管理，争取秋季多产多收；并在秋冬调整土地，准备明年适当增加经济作物，特别是油料作物的面积。同时对大家畜必须做好饲养管理工作，增加种畜，发展幼畜。

2. 华东水产占全国的比重很大。1960 年生产 187 万吨，1961 年计划生产 179 万吨，1—5月只完成 51 万吨，生产情况不好。今后必须专门规划，除端正对集体所有制的渔业政策外，必须把维修和增加渔轮渔船和供应渔需物资纳入计划，不足之数，建议允许以鱼换取渔需物资，增加捕养能力。对于收购价格，也应由财贸部门专门研究，考虑合理调整。

3. 关于支援农业方面，各省市有的提“五抓”或“六抓”不等。第一，应抓日常小农具的生产。第二，抓机具，特别是排灌机具的维修配套，因之，必须组织供应竹木煤铁，特别是竹、木。第三，抓化肥的生产和建设，农家肥料是当前首要的，并应积极养猪积肥。第四，抓车船等短途运输，首应供给竹木、桐油等。第五，抓水利建设工程逐步配套。第六，抓扩大耕地面积。

对轻纺工业和手工业，第一，必须把农产原料不足的工厂，如棉纱、制糖、造纸、食品等工厂停一批，把原料集中在适当的工厂生产。第二，尽可能多组织供应五金化工原料，增产日用品。第三，从城市中多挤一些商品下乡，先把工农、城乡间的主动脉畅通起来，国民经济就有条件活了。但是如若原材物料的继续供应没有保证（采掘等业应供给必要生产资料），不应采取统一分配调拨的方式，必须自由收购，应按等价交换的原则，尊重各单位的经济核算，允许生产者用自己的产品按以往流通渠道组织协作，换取原材物料和必需的生活用品。第四，各地手工业历来使用的边角废料，建议允许继续购用，不要一律回收。第五，凡合同收购或协议收购的产品，应由收购部门供应不能解决的原材物料（采掘工业供应生产资料），否则应采取积极的但是自由收购的方法，并允许生产单位以产品换原材物料，便于维持继续生产。

对于重工业，必须坚决压缩建设的规模，把与农业、轻工业争原料、燃料的生产控制在一定的杠子上，以便把力量首先集中在煤炭增产和节约的措施上。今明两年的投资，拟第一，用于简易投产矿井的配套和移交井的建设。第二，用于节约用煤和综合利用方面，如改建焦炉、煤气回收，选矿烧结等。第三，各省要求尽可能多建化肥厂，我认为化肥多了，从长远打算，还可以化肥做媒介，选择交通方便的农业高产区，逐步建设商品粮的生产基地，这样可以减少山区农民不怕增产、就怕送粮的困难。如有多余化肥，目前即可逐步试办，以化肥定购商品粮或经济作物，这可能是能够迅速增加商品粮的一项有效办法。第四，照顾必要的有色金属、化工原料和增加钢材品种、质量的小量投资。第五，添建必要的交通运输。第六，机械工业首先是压缩主机制造和基建，加强配套维修的工作，多产些备品备件，包括工、卡、刀具等薄弱环节，应适当安排。

在当前贯彻执行"农轻重"的方针中一个必要的措施就是压缩城镇人口、精简职工，这是必须坚决而迅速执行的。但问题复杂，并关系到各经济部门之间的调整。因之，华东小组同志们一致同意富春同志提出的狠、准、稳的原则，既要积极，也不应脱离实际，片面地追求高指标。华东区今后 3 年拟减 470 万人，占以往 3 年城镇增加人口 87% 万的 70%，其中 1961 年约拟减少 320 万人左右。

四、关于计划工作和体制问题

计划是指导国民经济的行动纲领，必须把几个主要方面控制死，加强计划工作的严肃性，才能更好地发挥指导社会主义建设的作用。因之，它必须对国民经济各部门之间的比例关系、发展速度、建设规模、地区布局、年度（季度）和长远发展的衔接等方面立起骨干，加以控制，不应多变。但要实现这一纲领，使这副国民经济的骨干生肌长肉，把计划转化为现实，那就需要各部门各地区组织各方面的力量，创造各种各样的条件（既包括地方物资，也应包括为大厂服务的小厂），积极努力才能实现。因之，对这些分级分工负责的地区和部门，应在计划范围内给以一定的机动力量（人、物、财）。给多给少，应按实际计划（短期和长期）需要而定。

计划必须留有余地，宁可开始安排少些，以求中途少变、不变，避免损失。

还有个不成熟的意见，即由于所有制的不同，或者同是全民所有，由于安排生产方法的不同，产品已分为一、二、三类，有好多东西只能是间接计划，所以应当更好利用价值法则，进一步抓紧商业计划，更全面地安排国民经济。过去中财委时期抓边稳边建，现在情况不同了，但是仍然可以有分析地吸取那种做法的优点。

在体制方面，根据反对分散，把权力集中在中央、中央局和省（市、区）三级的原则和客观的需要，我同意富春同志关于加大中央局的经济责任，但从工作的复杂、繁重和我们当前的机构说，困难还是很大的。

150 - 9 - 76

北戴河计划会议简报（第 44 期）西南局书记处书记兼计委主任阎秀峰同志七月二十七日在领道小组扩大会议上的发言要点

1961 年 7 月 30 日

富春同志的报告对我们启发教育很大，我们完全同意。现在我把西南小组讨论的情况汇报一下，西藏情况比较特殊，另有专门简报这里就不再多谈。

一、当前西南地区的经济形势

西南地区当前也正处在一个暂时的相当困难的时期。

农村贯彻了"十二条"、"六十条"和退赔的初步兑现，绝大多数农民的积极性调动起来了，形势总的是好的。但是今年的气候条件很不好，除云南情况较好外，四川、贵州都遭到严重的自然灾害，四川东旱西涝，受灾面积达5 000万亩，成灾3 000万亩。贵州除少数县较好外，绝大部分县都遭受旱灾。7月初普遍落了一次雨，各地都抓紧进行了抢栽抢种工作，但是还有一部分地区未彻底解决问题，旱象还在继续发展。由于灾情影响，四川今年的粮食产量估计只能达到300亿斤。贵州的粮食产量，省上估计有70亿斤，但下面报的数字比省上要低，粮食情况可能比四川还紧一些。

工业生产方面，计划完成情况不好。今年上半年与去年同期比较，西南3省钢下降了30%，铁下降了36%，煤下降了15%（四川一季度煤产量比去年同期略有增加）。6月份以来，主要工业产品产量更大幅度下降，四川省一季度平均日产煤100 347万吨，铁4 837吨，钢2 466吨，二季度下降为煤96 607万吨，铁4 273吨，钢2 301吨，7月1日至20日更下降为煤68 267万吨，铁2 386吨，钢1 304吨。下降的原因，客观上是自然灾害（四川西部暴雨成灾，淹了部分矿井，冲垮了许多道路桥梁，东部干旱影响了职工情绪，还有狮子滩水电站停电），对劳动力等有一定的影响。主观上主要是一部分干部有松劲畏难情绪，放松了政治思想工作和企业领导管理工作，对职工的生活抓得不好，计时工资加奖励与包产相结合的办法，没有全面彻底贯彻。另外在物资供应方面，有些设备材料如风钻、风管、电缆、防爆、马达、矿灯等不能及时解决，对采掘进度影响很大。

3省交通运输问题，特别是汽车运输也很突出。如四川全年最低需要汽车轮胎6.6万套，国家经委安排只占需要的25%，汽车配件共需5 300万元，国家下达指标只占需要的38%。现在全省汽车5 680辆，已有2 600辆因缺轮胎和配件停驶，如不能及时解决，8月份停驶汽车将达到2/3，10月份将达到80%，云、贵两省情况也大体相同。

我们面前虽然有不少困难，但是，大家一致认为，只要全党团结一致，同心协力，在党中央和毛主席的领导下，充分利用当前存在的各种有利条件，鼓足干劲，力争上游，这些暂时困难是能够逐步克服的。克服困难的有利条件是：

第一，根据中央工作会议的精神，各省召开了三级干部会议，通过总结3年来的经验教训，大大提高了干部的政治思想觉悟，使党的路线、方针、和政策进一步为广大干部所认识，这对团结全党更好地贯彻党的路线、方针，战胜困难，具有重大意义。

第二，坚决实行退赔，进一步贯彻“六十条”等一系列的政策，会进一步把群众的积极调动起来，这是战胜困难的根本保证。

第三，西南地区自然条件比较好，四季都可种植，今年有了自留地，自留地的庄稼一般都长得比较好。

第四，经过3年大跃进，工业支援农业的物质力量雄厚了。缩短工业战线，拉长农业战线，更可以集中更多的物质力量来支援农业。

第五，工业本身在加强企业管理、提高质量、提高劳动生产率、降低成本的基础上，完全可以靠本身力量加快自已的恢复和发展。

为了战胜当前的暂时的困难，西南3省正在抓紧进行以下几项工作：

第一，动员全党全民抢栽抢种，大力战胜灾荒，实行生产自救；

第二，以退赔为中心，彻底贯彻“六十条”，继续开展农村的整风整社运动；

第三，减人。今年上半年全区已减了78万人（四川60万，云南8万，贵州10万），下半年决定再减122万人（四川81万，云南14万，贵州22万），目前各省正在积极进行这一工作；

第四，狠抓以煤炭为中心的工业生产，保证工业生产稳定在一定的水平，不能再退。

二、3年来的主要经验教训

为什么会产生目前这些暂时的、相当严重的困难呢？从西南地区特别是从四川的情况看，有相当一部分地区连续3年遭到严重的自然灾害，对国民经济的发展确有很大的影响，但是人为的因素还是主要的。那么人为的因素究竟是什么呢？是党的总路线、大跃进、人民公社三面红旗错了呢？还是我们在实际工作中执行党的路线方针发生了偏差呢？大家一致认为，在短短的3年中，西南地区的钢比1957年增长了3倍多，铁增长了7倍多，煤增长了4倍多。农田水利和基本建设也有很大发展，打下了工业的初步基础，取得了丰富的经验教训，这些伟大的成就，证明了三面红旗是完全正确的。而人为的因素不是别的，正是由于我们没有更好地贯彻执行党的路线、方针所出的偏差，也就是富春同志所指出的“高、大、平、调、急、散、乱”7个字。

从西南地区的情况看，我们的毛病是：

第一，最主要的是出在“高”字上。过高的指标、过高的速度、过高的安排，各方面都有，但主要是工业特别是重工业的发展速度过快，与农业、轻工业的发展不相适应，超过了客观可能。高指标多是我们下边冲出来的，主要由我们负责，不能完全由国家计委负责。我们主观上想把建设速度搞快一些，这是对的。按照我国的情况和总路线所指出的道路，我们的建设速度也能够快，而且由于帝国主义的存在，我们也必须快。但是究竟能多快？怎样才能快？我们有很大的盲目性。不了解决定工业发展速度快慢的首先要看农业能为工业提供多少粮食、多少劳动力、多少农业原材和多大的市场，因此，党中央和毛主席虽然早已提出了“以农业为基础、以工业为主导、工农业并举”的方针，但我们却长期以来认识不清，加上我们对农业的发展速度估计过高，于是在计划安排中就偏重于考虑工业特别是重工业的发展，对农业的发展注意得很不够，结果就使重工业与农业、轻工业脱节，给国民经济带来一系列的恶果。

更严重的是为了加快工业的发展速度，我们在取得农业的支援时，违背了按劳分配等价交换原则，采取了错误的掠夺农民的办法。如无偿半无偿调用了大批农业劳动力，对新工人采取了低工资政策；过早过多地占用了大量土地，平调了农民大量的生产资料和生活资料。此外，工业支援农业的机械设备和土农药等，有相当一部分粗制滥造，不能使用；商业部门硬性派购，压级压价，推销废次商品等，实际上也是对农民的掠夺。掠夺农民的结果是动摇了集体所有制，损害了农民的积极性，破坏了农业生产力，使农业生产受到严重影响，反过来又给轻工业以及重工业和其他方面的发展带来很大的困难，并引起市场供应。城乡关系、工农关系都很紧张，工农联盟的巩固受到损害。

党中央毛主席曾一再教导我们，共产党人要真正懂得马列主义是不能掠夺农民的，而我们恰恰违犯了这一点，这是一个严重的原则性的错误。我们完全拥护中央关于彻底赔退的指示，坚决纠正这个错误。

第二，在建设方法上，由于我们没有很好地贯彻执行集中力量打歼灭战的方针，人力、物力、财力过于分散，也给农业及整个国民经济的发展带来很多困难。3年来，西南3省的基建投资共达100亿元（包括中央投资和地方、厂矿企业自筹），其中，四川53亿元，云南28亿元，贵州19亿元，比第一个五年计划期间的投资都是成倍增长，占用劳动力数量也很大。但是从建设效果看，已建成的项目主要是小洋群多，骨干工业少；加工工业多，采掘工业少。而一些比较重要的项目，则是建成的少，半成的多；配套的少，残缺不全的多。第一个五年计划期间，四川还建成了一条宝成铁路和一个狮子滩水电站；这3年，基本建设虽有很大成绩，但成昆、川豫、内昆等几条铁路中都铺开，而建成通车的只有成汶海和内昆一段；而10多个水电站，一个也没有建成。特别是重钢的矿山基地，已过了10来年，至今还没有建设起来，这是一个很大的教训，3年来由于分散所造成的浪费，仅四川一省估计就有10亿元左右。

为什么党的集中力量打歼灭战的方针几年来都没有贯彻下去呢？

其原因：

第一是生产指标订得过高，大家都抢着多搞基建项目以增加生产能力；建设任务安排过大，设备材料留有很大的缺口，大家都抢设备材料，结果就使建设力量大大分散，挤掉了骨干项目。

第二是由于指标过高，大家为了抢建设，往往多从当年生产着眼，对长远需要考虑的少，而且一遇到困难，就强调长远服从当前，结果，为当前生产服务的项目就搞得多，关键性的骨干企业就很难搞上去。

第三是体制上权力下放偏多偏下，各地区、各部门、各厂矿企业都有相当大的人权、财权、物权可以搞建设，同时各部门都有自己的重点，都想自搞一套，结果就产生了分散主义，破坏了全国一盘棋。

此外，县社工业和各部门办的工业都搞得过多，学校发展过快，也造成人力、物力、财力的大量分散，这也是一个深刻的教训。

第四是工业内部，由于片面追求产值追求数量忽视质量、品种，不努力提高劳动生产率，不注意降低成本等原因所造成的浪费很大。如四川机械工业产品的质量，由于片面追求产值，完全符合国家标准的只有20%，需要降低等级使用的占70%，其余10%根本不能使用。工业劳动生产率普遍低于1957年和1958年的水平，有的企业甚至下降50%至60%。企业亏本现象普遍严重。重工业亏本，轻工业也亏本。这些严重浪费现象的产生，一方面与高指标有关，另一方面，主要是由于我们思想上有片面性，对生产瞎指挥；企业管理制度混乱；管理体制上下放权力偏多偏下等造成的。如工矿企业普遍忽视价值法则，不注意经济核算，大家混在一起吃大锅饭；党委领导下的厂长负责制没有得到正确的贯彻执行，党委包办行政工作，没有充分发挥厂长负责制的作用；工资制度上平均主义严重，忽视了按劳分配原则；管理体制上权力下放偏多偏下，削弱了集中统一的领导和管理。工业内部的这些问题，对于建设速度和农业发展同样有很大的影响。

以上这些缺点和错误的产生，一方面是由于我们没有经验，特别是没有大跃进的经验；另一方面，主要是由于我们对于客观情况缺乏调查研究，没有充分贯彻群众路线，思想方法上有严重的主观片面性，因而不能很好地贯彻执行党的路线、方针和政策。今后在实际工作中坚决加以纠正。

从3年来的经验教训中，我们深深地体会到党的总路线、大跃进、人民公社三面红旗是完全正确的。我们不仅从3年所取得的成绩中看到了它的正确性，而且从我们工作的缺点和错误中更加深刻地体会到它的正确性。同时我们还看到，工农业生产中都存在着巨大的潜力没有发挥。完全可以设想，如果我们在过去的工作中，严格按照总路线办事，从实际出发，把指标订在积极而又可靠的基础上，坚决贯彻农、轻、重的方针，大力支援农业，并且通过等价交换的办法正确地取得农业的支援，同时，在建设上集中力量打歼灭战，加强企业的领导和管理，充分发挥工业的内部潜力，那么我们的建设速度必然也是快的，从长远看，可能是更快的。

150－9－76

北戴河计划会议简报（第49期）华北局计委副主任郭春原同志7月29日在领导小组扩大会上的发言要点

1961年8月6日

我们同意富春同志的报告。经过几天讨论，提高了认识。今后在实际工作中贯彻执行，力求把工作做好。

一

在毛泽东思想和党的三面红旗的指引下，三年大跃进的成绩是伟大的。从华北来说：突出的成绩是：

在农业方面，进行了大规模的水利建设。全区已建的大、中型水库139个，这些水库已在不同程度上发挥了防涝、抗旱作用；灌溉面积也有很大增加，1957 年以前，保浇面积约 4 800万亩，到现在增加 1 倍左右；近 3 年来，华北连续遭受旱灾，由于这些水利建设，提高了抗旱能力，大大减少了受灾程度，这是应当肯定的。

在工业方面生产的基础扩大了，技术水平提高了。全区 1957 年产钢 73.7 万吨，1960 年增至 318.9 万吨，增长 3.3 倍；铁，1957 年生产 92 万吨，1960 年增至 565 万吨，增长 5 倍多；煤，1957 年生产 4 368 万吨，1960 年增至 1.0443 亿吨，增长 1.4 倍。至于钢、铁、煤生产基地建设的规模和技术水平的提高，成绩就更加显著，为今后生产的发展打下了基础。

3 年中，其他工业、交通、文教等也都有很大发展。

以上情况说明，只要正确地执行毛泽东思想和党的路线、方针，是能够高速度进行社会主义建设的。我们完全同意富春同志报告的看法，认为党的三面红旗是完全正确的，当前我们经济上出现的暂时比较严重的困难，是由于我们执行中的缺点、错误，加上 3 年灾害造成的，而不是路线问题。只要我们接受经验教训，认真贯彻农、轻、重方针，经过几年调整、巩固、充实、提高，暂时的困难一定可以克服。而且大跃进中建设起来的工农业基本建设工程将会发挥更大的威力，从而加速社会主义建设的进程。

二

当前华北经济情况同全国一样，也存在着暂时的比较严重的困难。产生这种困难的主要原因是工业建设，特别是重工业建设的速度过高、过快，城市人口增加过多，如 3 年时间，全区工业总产值增长了 2.2 倍，特别是钢、铁、煤成倍增长，城市人口也由 1957 年的 1 636万人猛增至 2 352 万人，增长了 43.5%。而农业劳动力却由 1957 年的 2 622 万人减少至 2 113 万人，减少了 19.4%。粮食产量由 1957 年的 341 亿斤降至 1960 年 301 亿斤，减少 11.7%。再加“五风”和连年受灾，使农业生产力（人、畜、地力）遭到比较严重损害，农业生产下降需要几年时间才能恢复。因此，当前的困难比较突出地表现在以下几个方面：

（一）粮食。1957 年华北全区产粮食 341 亿斤（包括大豆），区外调进 16.5 亿（京、津两市供应人口除外），总计每人平均粮食占有量达到 536 斤。今年夏收 32 亿斤，比去年 57 亿斤减少 25 亿斤，秋收根据各省、市报的也有减少，估计 234 亿斤，总计产量在 266 亿斤（包括大豆，不包括自留地产量）左右。把京、津两市国家供应人口除外，全区平均每人占有粮食 370 斤，比 1957 年降低了 30% 以上。为了贯彻“农轻重”方针，需要缩短工业战线，压缩城市人口，支援农业。但是华北的煤炭、木材等是支援全国的产品。另一方面，中央已经确定华北除京津两市供应人口外，粮食基本自给，这就给华北各省、市、区的安排带来了很大困难。由于这些困难，再加上农村人、畜、地力的恢复，需要几年的时间，估计明年全区粮食是很紧张的，特别是城市粮食供应将比今年更加紧张此。

（二）煤炭。华北煤炭生产，1957 年占全国煤炭总产量的 1/3，现在约占 1/4，任务很大。但今年以来煤炭产量是下降的趋势。第一季度全区煤炭平均日产 22.7828 万吨，第二季度平均日产 22.4224 万吨，6 月份平均日产 21 685万吨，7 月上旬日产仅 19.9367 万吨，情况相当严重。去年底以来，在中央的关怀和大力支持下已帮助我们解决了许多困难。但是，至今生产仍不稳定和上升，原因何在？我们考虑主要是：

1. 我们工作中有缺点，例如，关心职工生活不够，工人生活问题解决得还不好，思想教育工作抓得不够，煤矿工人情绪还没有完全稳定下来。

2. 近几年来，单纯追求高产，以致劳动对象（如开拓、延伸、采掘“三量”的关系等）和劳动工具（如电钻、矿灯等设备和器材）都有比较严重的损害。所以，虽然今年以来在人的方面和设备维修、开拓、延伸等方面都做了不少工作，并且已经有所改善，但是短期内见效不快；

3. 看来当前最主要的还是由于粮食紧张，直接影响到工人的情绪和体质的减弱，而工人家属的供应影响也很大。估计到明年基建投资不多，移交新井能力也有限，“三量”调整到比较合理也需要一定的时间，过去简易投产的矿井，还需要继续配套等等因素，明年煤炭增产还需要艰巨的努力。

（三）木材。华北区木材是支援全国的物资，尤其是坑木生产，又直接关系着炭煤生产，对农民实行退赔，恢复农业生产也需要木材。现在内蒙木材生产也是下降的趋势。主要原因，也是生产力的某些方面受到了伤害。例如，牲畜运输力比去年减少1/3，机械运输设备缺维修配件，使用率仅50%。当前最急的是森铁机车用煤和汽车用油供应不上。此外，采伐和更新的比例关系也需要一段时间进行调整和恢复。

（四）棉花。今年播种面积据现在统计，大约1 350多万亩，比去年的1 849万亩减少500万亩。而且由于缺苗、间种、肥料不足，估计今年收获面积比去年将减少很多，因而产量也将比去年减少很多。棉花播种面积虽然华北局和省的领导一再强调必须保证，但仍然减少很多，主要是因为棉农的口粮供应解决得不好，自发地多种了粮食。其次，收购价格、留棉标准、棉籽等副产品如何返还农村等政策方面，也需要研究改进。今后，要把播种面积恢复到全国8 000万亩（华北约1 800万亩），如果棉农口粮得不到比较充足的供应，看来在短期内是比较困难的。

华北地区当前经济上的主要困难是粮、煤、木、棉。但归根结底主要是粮食的困难，在今年粮食困难的情况下，如果煤、木、棉都要求增产，则华北区的粮食供应需要全国统一安排，适当解决，否则是很困难的。

在目前全国面临着暂时比较严重困难的情况下，我们坚决拥护中央决定，我们希望中央按照“全国一盘棋”的精神解决问题，我们按照“全国一盘棋”的精神承担任务。

煤炭生产：中央和富春同志报告都指出，要努力增产，节约用煤。这是关系到全国、全局的问题。我们坚决贯彻执行。中央决定华北区外调煤炭任务，我们坚决采取措施，千方百计，克服困难，力争完成。在增产方面，除了加强思想工作，关心工人生活，稳定工人情绪，发动群众，依靠群众，鼓足干劲，克服困难外，山西、河北都采取坚决措施：（1）把抓煤炭当做当前的中心任务，组织专门检查组，由省委负责干部亲自率领，深入重点矿，检查工作解决问题；（2）井下工人不减，尽可能增加第一线采掘工人的力量；（3）加强设备、工具的维修和补充，力争保证需要；（4）调整劳动组织，千方百计提高劳动生产率；（5）在不影响产量的情况下，逐步调整“三量”的关系，照顾到长远。

在节约用煤方面：保证重点，一般工业用煤和民用煤尽可能地加以压缩，做好全面安排。

木材生产：采取同样的积极方针，做好工作，采取切实措施，争取增产，力求满足煤炭生产及其他方面的需要（华北局有工作团在林区已帮助工作半年）。

关于粮食问题：就华北来说，问题很大。除了认真贯彻“农村公社六十条”，调动农民的积极性，抢种晚秋作物；防涝，防虫，防草荒；加强田间管理；做好秋收准备工作；力争精打细收，减少损失。

有以下建议请中央考虑：

1. 华北局考虑在内蒙建立北京粮食基地，可否考虑在近几年内京、津两市粮食由国家供应的条件下，另由国家拨给一部分投资，在内蒙开荒，先解决华北粮食供应问题；办法：可先利用现有国营农场扩充开荒，这比较简易可行，需要设备、投资较少，收效快。这样，对增产煤、棉、木支援全国有利。

2. 华北各省、市、区有70多个县，是历年提供商品粮食的县份，对这些县迅速加强装备，使其尽快地提高产量、增加商品粮。

3. 如有可能，希望国家多给华北一些化肥，可以用于棉花追肥。

三

华北地区如何贯彻执行“农轻重”方针和“八字方针”？我们考虑：总的是在“全国一盘棋”统筹安排下，缩短工业和基建战线，调整工农比例。

在工业方面，在贯彻“调整、巩固、充实、提高”的方针、缩短战线的前提下，必须保持一定的重工业阵地，否则，将影响整个经济安排。对此，我们有以下看法：

（一）同意富春同志意见，必须保重点、保质量、保品种；目前应以煤为纲，进行安排。

（二）工业支援农业：首先主要是从“劳、土、水、肥、畜、运、机”7个方面去支援；其次，恢复手工业，增产农村生产、生活资料、活跃市场；再次彻底退赔，在计划上，要安排一定的物，如钢、铁、木材等。

（三）尽可能地增产轻工业产品。

我主要谈一下恢复发展农业和工业支援农业问题。关于恢复什么？支援什么？我们认为主要是“劳、土、水、肥、畜、运、机”7个方面。

第一，劳动力：全区农村劳动力比1957年减少509万人，减少19.4%；目前已回农村劳动力106万人；争取1962年基本上恢复到1957年水平。

第二，土地。3年来，河北、山西、北京耕地减少1 691万亩。主要原因是基建、水利、造林占地，弃耕撂荒和水土流失所致。因此，必须采取普查、退赔、发动群众恢复弃耕地、开荒、改良土壤、改造盐碱地、防止水土流失等措施恢复和增加耕地面积。

第三，水利。最近几年水利工程必须分轻重缓急排队，以保安装配套，提高质量，增加受益面积为主，不搞新建；对地下水的利用，应以现有机井和排灌机械的维修配套为主，适当增加新井，同时土砖井应当恢复，发挥其应有的作用。

第四，肥料。几年来猪、畜减少，所以地力削弱。今后几年应多养猪、羊，多积农肥；贯彻以私养为主、农肥按质论价、鼓励社员多积肥的政策；同时，尽可能加快化肥厂的建设速度，尽可能增产化肥。

第五，畜力。近3年来全区耕畜约减少150万头。现有耕畜中，老畜占50%，幼畜占20%，壮畜只占30%，而且比较瘦弱，看来三五年内难以恢复。估计近3年内只能稳定、复壮，或做到略有增加，争取5～7年恢复到1957年水平。

第六，运输力。农村运输力随牲畜的减少也大为削弱，车船等运输工具也减少很多。河北约减少30万辆，内蒙约减少20万辆，山西的驮运工具也有严重损害。因此，需要从计划上安排一部分木材给农村进行车船维修和制造；再造一部分手推车支援农村；同时，把城市中搞短途运输的马车压缩一部分回农村。

第七，机械、机具。当前应当首先恢复小农具，办法是“五匠”下乡，拨一部分材料，争取今明年恢复到1957年水平。其次，机械化，主要搞拖拉机维修及增加机引农具配套，提高现有机械的利用率；农业机械修配网、机库、储油库等需要逐步建设；在靠近大电网附近的某些农村，有条件的可适当增加电力灌溉。

四

关于计划工作的几个问题：

（一）农、轻、重方针和“全国一盘棋”问题。贯彻“农轻重”方针必须注意首先从“全国一盘棋”安排出发；否则，在当前形势下，各省、市、区都安排自己的农轻重比例，容易走到它的反面。

（二）农业计划问题。为适应以“农轻重”方针来安排计划，农业计划应当搞得更细一些；农业计划机构也应加强；农业计划特别是农业机械部分是否可提前一个季度或半年安排生产，以求不误农时，提高质量。

（三）计划方法、程序和机构问题。

第一，“两上一下”的计划方法和程序是符合党的群众路线要求的，建议恢复。

第二，国家计划应当有一定的严肃性，防止多变、层层加码、随便修改国家计划。

第三，计划机构需要加强有的同志提出省、市、区由第二把手主管计划，以利加强综合平衡。

（四）计划工作的作风问题。应提倡开诚布公、说实话、实事求是的作风，加强调查研究，不要看行市，忽高忽低。

（五）体制问题。同意加强以大区为单位进行综合平衡，但必须给中央局一定权力（人、财、物），并需加强中央局计委的机构。

150－9－77

北戴河计划会议简报（第50期）东北局计委倪伟主任七月二十八日在领导小组扩大会上的发言要点

1961年8月8日

东北小组完全同意富春同志的报告。

三年大跃进的成绩是伟大的，不仅创造了国民经济的巨大财富，更重要的是进一步发扬了革命优良传统，表现在破除迷信，敢想，敢干，不避艰难，不图安逸，鼓足了干劲，一切工作都力争上游，在人们的意识形态上起了深刻的变化，这对克服当前的暂时困难和对今后国民经济进一步发展中将产生深远的影响。这是经常起作用的极其重要的有利因素，是胜利的保证。

一、当前国民经济的形势

东北国民经济正处在暂时困难、也可能是最困难的时期，困难集中表现在粮和煤严重不足。

今年东北现完成播种面积2.389亿亩，和去年差不多。但因畜力不足，春翻质量下降，春夏以来大量运返销粮占了一部分畜力，部分地区人拉犁也增多了。据3省汇报，草荒地约有800万亩正在抢铲抢蹚中。

3省受灾面积有5 500万亩，成灾的占3 500万亩，最严重的朝阳地区受旱面积约900万亩。

煤炭生产7月初日产16.5万吨，7月中旬16.8万吨，比计划减少2.8万吨。按照计划，冶金用煤每天供应3.7万吨。其中，鞍钢每天2.8万吨，但实际供应2.5万吨。加上钢铁耗煤定额提高，煤炭供应更为紧张。上半年每吨钢用煤2.9吨，现在是3.7吨，而1958年是2.6吨。鞍钢目前日产钢5 000多吨，尚未恢复到2/3的生产水平。地方工业用煤，上半年每日供应3.9万吨，现在只供2.4万吨。中央工业用煤除了供应机车和电站外，一机部直属19个大厂中能开工生产的只有5个。地方工业按计划每天供应3.1万吨，7月上中旬只拿到2.47万吨，只及去年的1/3，停工情况比上半年还要严重。民用煤去年实销2 000万吨，中央节煤办公室李子直同志估计下半年日供6.6万吨是最后警戒线，不宜再少，但目前每天仅拿到5万多吨，现在库存仅有25亿斤（125万吨），去年今日粮食库存还有30亿斤，一比就明白了。估计今冬生活用煤将比去年困难得多。如果煤炭日产量上不去，达不到计划日产量19.45万吨，则上述的生产计划也实现不了，困难将更多。

第三季度农村口粮连小麦在内每人每天只有2、3、4两。大量啃青的可能，严重地威胁着今年的收成。城市口粮7月份虽已到手，但8月以后只有进多少吃多少了。

为了解决这些问题，东北局和各省正在抓紧铲、蹚，抢救灾田，准备防汛；召开会议，派出工作组大抓煤炭增产节约；抓紧做好压缩城市人口、粮食调度和努力增产日用小商品等工作。

二、贯彻农、轻、重的方针在东北如何具体化？

从1953年到1960年，中央向东北投资200亿元，用于工业建设。10多年来，国家集中力量建设起来了以鞍钢为中心的强大的重工业基地，对全国的社会主义建设特别是在三年大跃进中发挥了很大的作用，过去这样做法是完全正确的。但上半年以来，煤炭生产下降，大批工厂停工，工业总产值仅为去年的42%，7月以来鞍钢产量又大幅度下降，这种严重情况，虽然是暂时的困难，但不能不使人着急！

因此，必须首先考虑把已经建起的工业基地的生产恢复起来。就是要在首先保重工业的前提下，拉长农业和轻工业战线，而拉长农业和轻工业战线正是为了保重工业，使其更有力地支援全国的建设。

东北农轻重的比例关系，1957年已表现出不相适应的情况，经过三年大跃进后，这种不相适应的情况更加重了。其比重变化如下：

单位：%

	1952年	1957年	1960年
农　业	40.3	23.6	11.9
工　业	59.7	76.4	88.1
轻工业	46.5	34	32
重工业	53.5	66	68

东北的重工业正处在不稳固的基础上。重工业内部又处在缺煤、缺矿的情况下，采掘工业、原材料工业上不去，加工工业也是难以维持和发展的，因此必须迅速把煤炭生产恢复上去，使东北的工业基地放在采掘、原材料工业的稳固基础之上，并采取积极措施把农业恢复起来，使整个国民经济放在稳固的农业的基础上。如何安排？我们设想如下：

在"全国一盘棋"、统筹兼顾、全面安排的总原则下，在确保以鞍钢为中心的重工业基地达到正常生产水平的同时，加速农业和轻工业的恢复和发展。在一定时期内，东北农业和轻工业还不能满足重工业和人民生活的需要，所需粮食和轻工日用品只有依靠中央统一调拨，并希望加速东北的农业建设和轻工业建设。

（一）关于重工业

鞍钢的正常生产水平是多少，要定个杠杠，一说500万吨，一说450万吨，如果按年产500万吨计算，加上特殊钢全区的产量将在600万吨以上。把发展重点放在提高质量、增加品种上。设想可否到1963年合金钢的比重提高到7%，优质钢的比重提高到16%，8大品种的比重提高到70%（富春同志插话：数量减少了，质量非去不可，目前有些工厂事情不多，必须趁此机会过好技术关、提高质量、增加品种，这是"调整、巩固、充实、提高"的方针问题，是工业跃进的问题）。

机械工业，是否按80%左右安排，就现有能力进行调整。森工和石油还要积极建设。化工，为了配合农、轻、重的发展，也必须迅速恢复生产，特别是基本化工和化肥。

煤炭，东北重工业的发展速度决定于煤，煤是影响全局的关键，因此必须集中力量恢复与建设煤矿，争取1963—1964年煤年产达到9 200万~9 400万吨。我们现在大力搞煤与过去大办钢铁时的情况是不同的（富春同志插话：是为了解决原材料工业与加工工业的关系问题），不这样做，则重工业的恢复时间必然拖长，是很不利的。为此建议今年下半年对煤矿投资可否不减。明年的安排，可否在投资上向煤矿建设方面集中一些力量。

东北的煤炭生产要恢复到日产25万吨以上的水平，需要进行下列的建设：（1）老井开拓延深45对1 319万吨；（2）两大露天矿处理剥离和崩岩共8 100万吨；（3）1958年以后移交井的配套补齐47对1 284万吨；（4）地方小矿及条件好的大矿卫星井的技术改造43处；（5）现有续建井能力2 360万吨全部移交；（6）为长远着想，各省要求从明年或后年起每年开新井1 000万吨以上。实现上述设想从现有7 334万吨能力提高到9 200万~9 400万吨，共需投资14亿~16亿元。

与此同时，必须大抓节约用煤，这方面的潜力是很大的。东北地区1960年比1957年煤炭增产5 513万吨，但在此期间，工业交通用煤就增加4 513万吨，1960年三大用户耗煤4 586万吨，占全部工业交通用煤的63.5%，因此节约煤的重点应当放在工业方面，特别是三大用户和民用煤中的公用部分。这几年单位耗煤普遍增加，例如，生铁煤耗，鞍钢大高炉每吨生铁耗煤由1959年的661公斤增加到1961年的750公斤；本钢大高炉由650公斤增加到834公斤。今年上半年每吨钢耗煤由去年的2.38吨增加到2.9吨。铁路机车用煤，今年1—5月每万吨公里耗原煤425公斤，比去年同期356.7公斤增加68.3公斤。今年上半年每度电耗煤0.9公斤，去年是0.87公斤，1958年是0.71公斤。可能与煤质不好有关，但耗煤量增加确是实情。

节约用煤的重点应放在大企业。大企业耗煤多、浪费也大，有些大企业的煤渣中还有20%~30%的煤没有烧掉，有的电厂煤渣中也还含10%的煤，工人批评说："前门牛毛丢不了，后门丢牛没人管。"企业机关的生活用煤也可大大节约，一般都比解放军用得多。今年上半年东北大抓节煤措施，已取得不少成绩，目前，正在继续努力，采取进一步的节煤措施。

节约煤炭的另一个重要方面是提高煤炭的质量。1960年全区煤炭含矸率达4%，比1957年提高17.6%；含灰分25.8%，比1957年提高0.5%，如果分别降到合乎国家要求的2.7%和22.4%，则相当于全年多产煤炭300万吨。

另外，在煤炭分配方面希望考虑东北的具体情况。在东北的地方工业中为全国服务，为出口服务，为中央企业服务的比重由1957年的47.9%，增加到1960年的63.5%，因此，国家在分配煤炭时要照顾到这一点，最好不笼统地以中央和地方企业为分配界限。

东北地区一个重要的特点是冬季气候寒冷，生活用煤如果分配得太少了，反转来也会妨碍生产，在用煤不足的情况下，对于工业的重要设备和特殊的化工材料需要保持一定的温度，也要有必不可少的最低的煤炭供应，使之不受损坏。

（二）关于轻工业

东北轻工业与国民经济各方面的发展情况是不相适应的。奋斗了几年，轻工业的比重还是没有上去，区内的轻工业品只能满足市场需要的50%左右，本区所产的轻工业品用于出品的占25%左右，用于维持工业的简单再生产占25%左右，用于市场需要的约为40%~50%。例如，市场销售的棉布用于工业的约占15%，胶鞋占37%，食盐占63%。解决轻工业品供应不足的问题，一方面靠自己增产日用小商品，并须下决心作长远打算，加强轻工业的建设。过去8年，东北轻工业投资在全部工业投资200亿元中仅占15亿元，而且绝大部分用于全国调拨和工业原料的造纸、食盐、糖、纺织等方面，用于当地生活日用工业的建设则很少。希望今后对东北地区适当增加轻工业建设投资，特别是穿用方面。另一方面，在目前东北轻工业品供应不足的情况下，为了保证重工业生产以及相应的生活需要和与农民交换的需要，必须实现等价交换的规律，东北不足部分要在全国统筹下增加从外区调入轻工业产品的数量。

（三）关于农业

东北区的农业由于自然灾害严重、刮"共产风"和受工业挤的原因，农业生产力受到损伤，粮食产量大大下降：1960年只有268亿斤，1961年预计290亿~300亿斤（1957年是374.5亿斤，1958年、1959年都在400亿斤以上）。

耕地面积减少。今年播种面积2.389亿亩，比1957年约减少1 700万亩

农村劳动力减少，质量下降。1957年全区农村劳动力有1 127万人，1960年降为1 032万人。从事农业生产的劳动力减少更多，由1957年的990万人减到1960年的728万人，减少262万人，农村留下的劳动力一般壮少老多，半劳动力相对增多（今年1—5月已从城市减下40万劳动力增加到农业上）。

耕畜减少，体质下降。由1957年的377万头降到1960年的249万头，减少128万头，仅今年1—5月又死了53万头。此外，在城里搞运输的牲口有43万头，再加上城乡之间搞运输，主要为工业、基建服务的共约100万头，牲畜饲料不足，使役过重，死亡率增加。耕畜是目前农业生产中的主要动力，但是牲口

繁殖率低，按每年增长2%～3%，到1964年也仅能增加30万～35万头，比1957年还少90万头，这个数目需要较长时间才能恢复上去。10年中，东北地区积累起来2.2万多台拖拉机也由于维修不好，今春出车率不到50%。保护耕畜是当前的严重问题，必须适当增加粮食饲料和相适应地种够饲草，1959年以前耕畜饲料一般的约600～800斤，现在仅有两三百斤了。除依靠自然增殖外，要把城市的牲口逐渐用卡车代替下来投到农业上去，但在城乡兼顾的要求下，也要有个过程；并设法训练一些散畜稍事添补。

总的看东北农业生产力的基础是薄弱的，粮食产量不稳定，到去年是最突出的一年了。由于城市人口增长得快，几年来粮食征购率也提高得很快，1957年征购123亿斤占产量的33.2%，1958年38.6%，1959年为45.2%，到1960年则达到49%（实际上这一年是夺了农民的口粮和耕畜的饲料，以及挖了存底）。向农村的返销粮逐年增加，第一个五年计划期间平均每年约34亿斤，1957年、1958年、1959年3年平均约38亿斤，到1960年度返销已达47亿斤。城市销量由1957年的89.4亿斤到1960年已增加到119.3亿斤，农村消费量则由1957年的254亿斤，1960年下降为142亿斤，农村口粮由1957年的500斤下降到1960年的232斤。第一个五年计划期间每年都调出20亿斤左右，最多的30亿斤，1959年调出32.3亿斤，到1960年则反而调入5亿斤。粮食库存1956年最高达57.7亿斤，1957年为42.1亿斤，而后逐年下降，到1960年4月库存仅有35亿斤，已显得调度十分紧张，到1961年6月库存仅有5亿斤，已毫无周转能力，沈阳、抚顺市一次仅能卖上1～2天的粮食，甚至有的来不及加工，只好卖原粮。粮食购销调存的情况是个极大的变化，库存挖空，严重的威胁着城乡生活。粮食库存必须保有必不可少的数量，从东北的情况看，保有30亿斤的周转库存才可以一次卖7天加工粮，有50亿～60亿斤库存时才可以有力量在关内关外的范围进行季节周转调剂，要有90亿斤库存才可以应付一次大的灾荒。因此东北粮食的初步过关，一要产量达到400亿斤以上，二要国家手里保有60亿斤的粮食库存，这是我们必须奋斗的目标。

东北的工、农业不相适应的情况同样也反映在城乡人口比例关系上：

年份	城市人口（万人）	乡村人口（万人）	城乡人口比
1957	1 775	3 454	1:1.9
1960	2 336	3 474	1:1.5

3年中人口增加680万，其中近90%增加到城里了。再看从事种植业劳动力与城镇人口的比例变化情况如下：1952年从事种植业的劳动力为1，城镇人口为1.02，1957年为1:1.71，1958年为1:2.15，1959年为1:2.59，1960年为1:3.02。

从现在农业生产力仍处落后状况来看，东北的城乡人口比例最好控制在1:1.9～1:2这个比例。东北局决定把城市人口控制在2 000万人以下，目前正大力精简职工、压缩城市人口，以增加农业劳动力，减轻城市粮食供应的压力。

要解决东北的农业问题，必须下巨大的决心。首先是如何迅速把农村的动力恢复起来，但耕畜增殖较慢，除了适当逐年增加粮食饲料以及一系列的保畜措施外，从工业方面支援大批的拖拉机是个重要措施。最近中央确定，今后3年内拨给东北4万台拖拉机，用于迅速增加商品粮，以保证城市粮食供应，这是极适时的措施。我们设想用于扩大耕地面积2 000万亩增产粮食30亿斤，用于提高单产和其他方面的增产措施，增产70亿斤，共100亿斤，使东北的粮食产量由现在300亿斤增加到400亿斤是可能的，当然这也不是轻而易举的事，我们必须努力承担这一光荣而艰巨的任务。

其次，在压缩城市人口增加农业劳动力的同时，必须下放一批得力干部到农村去做基础工作，以利加强领导，贯彻政策，切实地把农业的生产力迅速恢复起来，奋斗几年，改变局面。

东北国民经济中还有两个薄弱环节：一是短途运输力十分不足，已严重地影响了生产和生活，初步计算全区需补充汽车2万台；二是城市公用事业和城市建设欠账太多，如供水、排水、房子、市内交通、煤气维修等都很紧张。在贯彻“八字方针”中须及早补上去。关于城市公用事业资金的筹集可否用税收办法，请财政部考虑（关于短途运输和城市公用事业的问题已另有专题报告）。

三、对富春同志报告在计划思想和工作方面的体会

1. 报告中提到我们马列主义宇宙观还不完全，从这一点来检查自己的思想，首先是尊重客观不够。从自己的十来年的经济工作来说，对于客观上实际存在的生产力究竟有多大，没有踏实地作系统的调查研究。在农业上，没有把耕地、劳力、畜力等等情况搞透，因而曾被一时丰产所迷惑。在工业方面则没有从全社会出发把综合的生产力搞清楚。而对于生产关系的变化情况，也没有紧密地与生产力结合在一起，认真调查研究。过去做财政工作时，还注意研究农民负担，近几年来对农村中所发生的情况只看轰轰烈烈的一面；对于生产关系中的问题（所有制及一系列政策），关心不够。从这方面说也是属于经济工作中脱离政治的表现。

2. 关于综合平衡的几点认识：

（1）“农轻重”的方针，从综合平衡的角度来观查，其实质是在恰当地处理单纯再生产与扩大再生产的关系的基础上的等价交换问题，也就是在单纯再生产与不断扩大再生产的发展过程中的等价交换关系，关键在于把单纯再生产过程中的等价交换安排好，这就必须重视商业计划，重点在于促进轻工业的发展。

（2）过去几年我们对于单纯再生产与扩大再生产的关系处理得不适当，过多地用基建来保生产，扩大再生产搞多了，挤了单纯再生产。从综合平衡上说这是高指标的重要来源。不论工业方面农业方面都有此表现；新的未建起就拆了旧的，旧的没有维护好又急于搞新的，把在手的东西丢掉急于去抓新的。由于过多地搞基建，也挖掉了不少为简单再生产所不可少的周转物资的库存，以粮为例更为明显。这是我们计划工作中的一条极深刻的教训，必须记取。

（3）对于生产力的计算不能用简单加法，必须把全社会的生产力综合计算。不论各行业中的生产力或是各个企业生产力也都必须计算综合能力，不可单打一，片面孤立计算。物资平衡必须建立在简单再生产的可能的基础上，必要的周转、必要的储备都属于综合平衡范围，而主席所再三指示的留有余地，则又是在综合平衡中所必须考虑的问题。

四、对于体制的意见

中心问题是如何在统一领导统一计划下最大限度地发挥各方面积极性问题；是如何实行集中领导与分级管理相结合的问题，而关键又在怎样分级管理，这也有其客观性。哪些企业该放该收，哪些工作由哪些一级管理才适合，要从客观实际情况出发，不凭主观愿望。总结几年来的经验是可以定出几条适合客观情况的体制的。是个发展过程，不宜转弯太急。

以大区为单位综合平衡，可以作为工作发展的方向，是一个发展过程，必须有个过渡阶段，从加强机构加强工作入手是必要的，但必须逐步来。东北局书记处曾讨论过如何工作的问题，认为就现阶段的情况看，要多抓方针政策、调查研究、总结经验、教育干部，也要抓重大的经济工作，但日常的经济事务揽多了是不利的，而且实际上也是力所不及。

150－9－77

国家计委：各中央局工业书记汇报各小组讨论情况［节录］

强晓初、梁膺庸同志汇报纪要

1961年12月15日

一、总的对富春同志的报告完全同意。认

为这个报告很适时，需要、中肯、正确，双手拥护，情绪高涨。中央和地方都需要很好传达贯彻。中央各部小组并建议请富春同志再集中地给司局长以上干部讲一次（部里已分别传达），讲的多点、深点，众目睽睽，事就好办。

二、完全同意富春同志报告对当前经济形势的分析。完全应该肯定三面红旗。虽然要看到当前困难，但也要看到光明的前途。现在问题就是要大家有志气，团结一致，从积极的方面进行工作，共同克服困难。

三、谈到工业形势时，大家对工业方面的成绩综合了如下数点：（1）减人，真减了；（2）进行了裁厂、并厂；（3）主要的工业生产指标（煤）顶住了；（4）产品的规格、品种、质量有所提高；（5）注意了设备维修和备品配件的生产；（6）进行了清仓；（7）经营管理有所改善，但还不太显著；（8）基建战线缩短了；（9）工业企业中的平均主义有所克服；（10）职工的生活在困难的条件下，经过努力有所改善；（11）职工的思想觉悟有所提高，情绪已趋稳定；（12）出口方面保证的也不错；（13）自力更生的观念有所加强；（14）经过调研，认识了必然，有了自由。

四、总的形势，从东北来说也不要估计过高。农村形势的好转对城市工业的影响是要逐步的。东北工业的调整虽已有了良好开始，但有的单位还是“张嘴等”，不死心，有一种愿大不愿小、愿长不愿短、愿并人家的、不愿叫人家并进去的情绪；煤炭指标可以说稳住了，但由于欠账多点，维修不够，吃老本现象还没完全停止，生活问题只是初步改善，情绪动荡也还有，因此还不能麻痹松动；工业产值，到10月底为止，和去年同期比较（下同），只为去年同期的40.3%，职工人数为80%以上，耗煤为73%，耗电为69%，流动资金为120%，而地方企业上缴利润只有10%，这都说明劳动生产率降低，经济核算不够。这些情况到庐山会议以后才有好转。

五、对计划指标，中央各部小组望快定下来，重工业指标不能再退，再退更困难。当然现在是有困难，原材料有的不够，参差不齐，不配套，有的靠进口，需要很大的组织调整工作，但有利条件很多，困难可以克服。对煤炭要下，有意见，冶金部徐副部长认为钢750万吨，按现在安排，工作做好，不是高了，而是低了；白副部长认为机械工业也可能不低于1959年的工作量，可超过100万吨；化工部梁副部长认为原材料虽有5%的缺口，但消耗定额如降低10%，就可一保二超，大有潜力可挖，有工作可做；木材大家一致认为东北可以完成；基本建设，要死心塌地地定下来，定多少搞多少，不搞计划外，要搞得经计委综合平衡。但是东北表示煤炭6 400万吨有困难，经过算账差470万吨左右；木材也表示完不成977万立方米（不包括小规格材）。但是东北表示，总的精神是把情况如实反映一下，这也是党性问题，反映后，党中央怎么定就怎么办。对木材拟打次生林的主意，但只是提出问题，还没认真研究。

六、中央各部小组一致意见：煤炭分配应该有所侧重，同意经委提的东北明年一季度煤炭分配的第一方案。如果实行第二方案将严重影响钢铁、化工生产指标的完成。而东北则表示希望明年第一季度按第二方案执行。东北认为这样分析安排，国家吃不了亏，如果煤生产多了，还是落到重点企业上；但是如果不留余地，落了空，国家就会被动。此外，中央各部小组和东北小组都一致表示除增产节约煤炭外，可否多想些其他出路，如利用原油、重油、天然气等（关于东北煤炭的生产和分配，薄副总理一再指示要东北另搞一个方案，但强晓初同志一再表示不好搞，不搞了）。

七、中央各部小组对农轻重安排的方针都想通了。一致认为今年仍是贯彻农轻重安排的方针的，特别是纺织部张琴秋副部长想通了，认识到搞轻工纺织原材料生产的重要性。在这里大家对建设年产2万吨维尼隆工厂感到并非那么简单，薄副总理指示有关部门要好好研究一下。

八、集中统一问题。东北小组和中央各部

小组一致认为非常重要，现在不能不读了，完全值得警惕重视，并应本此精神进行检查。强晓初同志说，对革命总要积极热情，对党和党中央总要一致，特别是在反修正主义、保马列主义的斗争中，再有多少困难也要听中央的，我们不仅自己革命，也要帮助别人革命，特别是对阿尔巴尼亚，我们6.5亿人民绝食一天、睡一天觉也要支持阿尔巴尼亚。

大家一致认为富春同志报告的四个主义或多或少的都有，地方和中央各部都应进行检查。东北已经发现并检查了辽宁的抚顺、吉林的辽源、黑龙江的牡丹江车辆厂、鹤岗市委等组织纪律，实际上是独立王国小天地的错误，东北局并召开了组织、宣传、工业、文教、监委等五个部门的会议，检查了不听指示、抗拒调动、先内后外、见方便就上、见困难就让、讨价还价、不说实话的恶劣风气，同时也检查批判了对国家物资擅自动用、走后门、层层扒皮、化大公为小公、虚报冒领、乱摊成本、漫抬物价、私招职工、私搞高价商品、工厂直接出售商品等恶劣现象。值得注意的是这些现象有的变成公开、半公开的，习以为常，甚至经过批准，胆子越来越大。东北小组建议应给这些目无党纪国法的人（薄副总理说更重要的是都有保护人），抓住重点，给予严肃处理，也可考虑以教育为主，处分为辅，过去从宽，今后从严，认真把党的作风整顿一番，经过检查教育，克服分散、本位、自由、实用主义，树立共产主义风格，提高共产主义觉悟，这样全党就可一条心、一股劲，真正的高度集中统一。

中央各部小组认为四个主义，分散主义当头。各部都应进行检查。从中央看地方问题多，如合成脂肪酸十多个省都想搞，钟表厂也是不少省都想搞；今年轻工定8 000万元投资，左减右减，还是列了250多个项目。

大家认为商品分配体制问题很大，现在到商场买东西，形成多劳不能多买（没时间排队）、少劳不会少买，很不合理，有的一家人轮流排队，送饭等着买不用票证的东西，一个老太太买了68件衬衫，形成老实人吃亏。

各部一致意见必须集中统一，提的口号是“全国一盘棋，全国一条心，黄土变成金”。一致拥护中央可以统一调动各部仓库的指示。

同时中央各部小组还提出，过去各部背靠背多、面对面少，今后要面对面多些，作风要改进，组织工作要加强，方针原则定了就雷厉风行贯彻执行。

九、如何保证完成明年的计划？中央各部小组还提了以下几个问题：

第一，要处理好几方面的关系：人与物的关系，把人的工作做好；主观与客观的关系，强调主观；思想与生活的关系，突出抓思想；重点与一般的关系，重点要保，适当照顾一般；局部与全局的关系；进与退的关系。

第二 设备维修再狠狠抓一年。由地方分配材料的中央企业，各部担心材料分配上没有保证，希望国家计委将中央与地方企业用的材料分开。

第三，森工要增加30万人；短途运输的汽车按60%的完好率计算，尚差10万套轮胎没有解决。

第四，减人，一要减，二要根据性质、任务有区别对待。

[下略]

150－9－10

全国计划会议（第43期）李富春同志在全国计划会上的总结发言［节录］①

1962年11月30日

[上略]

十一月二十八日，富春同志作了总结发言。

富春同志指出，会议是开得比较好的。会议期间，听了几次重要报告，政治上收获不少。经过讨论，大家对国内形势有了比较清楚的认识；根据十中全会的方针，安排了一九六

① 标题为本卷编者所加。

三年计划；在计划中注意了全面安排、综合平衡；对于一些重大问题提出了解决的办法。会议的缺点主要是综合平衡还做得不够好，表现在财政收入打得紧了一些，基本建设规模安排得大了些；对于地区平衡也做得不够；有些措施还提得不够具体。

关于当前的形势，富春同志指出，已经有了好转，开始走上了轨道，由被动转入主动，但是，好转的幅度还不大，还有困难。根据十中全会的精神，一九六三年还要继续进行调整、巩固、充实、提高的工作，要贯彻执行毛主席提出的“以农业为基础、以工业为主导的发展国民经济”的总方针，把发展农业放在首要地位，正确地处理工业和农业的关系，坚决地把工业部门的工作转移到以农业为基础的轨道上来。在明年的各项工作中，决心要大，步子要稳，看问题要准，工作要细致、深入。由于明年财力、物力的增长有限，必须有多少钱办多少事，积累不能过多，基本建设规模不能过大，职工人数必须继续减少，消费水平只能逐步提高。

关于明年计划的安排，富春同志着重讲了以下几点：（1）关键是抓生产。要在抓粮食增产的同时，着重抓棉花和木材的生产，抓支援农业的生产资料的生产。（2）在努力发展生产、大力减少企业亏损的基础上增加财政收入，支出要精打细算，把钱用在“刀口”上。（3）基本建设要分两步走，建设项目要排队，坚决按基本建设程序办事，不要把基本建设战线再拉长了。（4）抓紧农副产品的收购，继续控制集团购买力，做好商品的地区分配。（5）坚决完成中央规定的减人任务，做好劳动力的调剂工作，严格控制职工人数的增加。（6）局部必须服从整体。

关于当前的工作和编制长期计划的问题，富春同志也都提出了一些意见。

十一月二十九日，各中央局和省、市、自治区参加会议的同志讨论了富春同志的报告。一致表示，同意报告中提出的各项意见，特别是中央提出的“基本建设分两步走、严格控制职工人数”的指示，大家完全拥护，表示坚决执行。

十一月三十日，富春同志召集各中央局计委主任和各省、市、自治区的书记和计委主任进行了座谈。

关于基本建设分两步走的具体安排：属于中央项目，由国家计委和各部研究，提出方案；属于地方项目，由各中央局和省、市、自治区研究，提出方案，交国家计委汇总。劳动计划，十二月召开专门会议研究制定。

计划会议期间，各中央局和省、市、自治区提出的一些意见和要求，国家计委将会同各部门进行研究。

150－11－94

国家计委讨论“计划工作条例”

1962 年 12 月 20 日

12 月 20 日上午，志文同志主持召集党组会，讨论《计划工作条例》。

会议开始时，先由慕韩同志传达了主席的指示。

主席同意成立农业技术改革委员会，由总理挂帅，廖鲁言同志为秘书长，下设农、林、牧、渔、化肥、机械等 6 个小组。

农业技术改革规划搞 20～25 年，第三个五年搞具体些，第四个五年搞轮廓些，第五、第六个五年则更轮廓些。主席指示农业技术改革一定要逐步地搞，一定要分步骤地搞。

主席说，按劳分配不能绝对化，现在有些绝对化的趋势。据江苏调查，现在地主的劳动力最多，因此过分强调按劳分配会对地主有利，对“四属”、“五保户”不利。

接着，英杰同志向党组汇报了各部门、各地区对《计划工作条例》的修改意见。

党组认为，这个《计划工作条例》写得是比较全面的，把中央的指示和这几年来的经验都吸收进去了，但还不完善，尚有很多重要问题没有解决（如计划体制与经济管理体制不一致，条条块块如何分工管理？集体所有制计划如何管理？等等）。不过，这不是做文章的问题，而是工作实践的问题。

党组决定：

（一）先按大家讨论意见进一步修改《计划工作条例》，在总则中要强调一下计划必须集中统一的意义。

（二）鉴于这个“条例”提到1月中央工作会议讨论还不成熟，可考虑先草拟《中央关于加强计划工作的决定》，尔后搞一个详细的计划工作条例。这样妥否，需请示富春、伯达同志决定。

150－10－9

中共中央转发李富春关于编制长期规划的建议

1962年12月24日

第766～768页。D220－5455（15）

国家计委传达富春同志关于编制十年规划的电话记录

1962年12月27日

一、编制十年规划的各个委员会应迅速成立，按行业分成若干小组，即开始工作。

十年规划，不仅要研究产量指标和发展速度，而且还要研究技术政策，产品的质量、品种，科学研究，新产品试制等，技术政策一定要在长期规划中体现出来。

在农业方面，要注意多种经营，要注意水产的发展，要注意畜牧业的发展，尽多地利用现有的草原。农业的安排，应从20～25年来安排，分别不同地区、不同特点，有重点地安排，看哪些最快、收效最大，不能齐头并进，百废俱兴。要注意中间地带，如两广主要是水利和化肥，两广如果实现了电灌和机灌，也即实现了机械化的一种。

工业规划，要体现支援农业、农轻重、吃穿用各个方面，要把这些都带动起来，重点是什么？是否主要是化学工业，因为化学工业产品繁多，它与支援农业、农轻重、吃穿用、提高工业产品质量品种、加强国防都有关，是这五个方面的结合点，化工解决了，即解决了这五个方面的问题，通过化工来带动这五个方面的发展。当然，这五个方面又是互相联系的，而且每个方面都有它自己的问题和特殊性。因此要突出化工，但又不是孤立的，要互相结合，互相促进。是否如此，要好好研究。

二、南海的鱼类和各种海产都很丰富，又无季节性，比东海和黄海的条件要好，但过去注意不够。因此，请水产部注意研究南海的渔业问题，要增加湛江、阳江、琼崖等地的机帆船，增加水产品。

南方几省的林业，过去也注意不够，请林业部注意。（以上两点请光伟同志注意，并告水产部和林业部）。

三、中南电灌投资减1 000万元（志文同志说只减780万元），水利投资减910万元（志文说没有减）。陶铸同志意见电灌可减，水利不宜减，富春同志已同意陶铸同志意见。

四、请志文同志找一机部、三机部谈一下仪器仪表的生产问题。多生产一些一般工厂用的，特别是化工、光学、电子方面的仪器仪表，注意科学研究和新产品试制。

150－10－21

二、经 济 计 划

（一） 两年调整时期的总计划

国家计委党组关于第二个五年后三年补充计划实际安排的报告要点

1960 年 5 月 29 日

4 月中至 5 月初，我们同二十几个部的党组书记、六大协作区委员会副主任共同研究了第二个五年后 3 年的补充计划，曾向书记处汇报并得到指示，最后拟定了 3 年补充计划草案。这是一个党内实际安排的方案，另外，我们拟了一个按实际安排指标一般打八折或九折的、准备提交党代表大会讨论后公布的方案。在这同时，根据书记处指示，又初步设想了 1965 年的几个主要指标和各大区的布局情况。现在把实际安排的方案报告如下。

一、安排的总方针

当前总的形势极好。农村和城市将陆续进行“三反”运动，生产建设的管理和生活安排进一步抓紧、抓实，群众的政治热情和生产热情将进一步高昂，技术革新和技术革命正向更广更深的方向发展；两年多来，我们积累了各方面的有益的经验。据此，我们安排 3 年补充计划的总方针是：

1. 以冲天的干劲和必要的物质技术基础相结合，力争我国经济面貌“三年小变，五年中变，十年大变”。1962 年产钢 3 600 万～3 800万吨，产粮 6 600 亿～7 000 亿斤；执行结果争取达到 4 000 万吨钢，赶上并超过英国，以至西德。为 1965 年争取达到钢 6 000 万～6 500 万吨、粮 8 000 亿～9 000 亿斤（每人 1 050～1 180 斤）而奋斗；为 1969 年生产 1 亿吨钢和每人 1 500 斤粮食、完成四个现代化而奋斗。

2. 适应形势的发展，争取时间，合理布局。1965 年前后，基本建成全国的经济体系。在此基础上，1963 年初步建成东北、华东、华北、中南各大协作区的经济体系，1965 年前后初步建成西南、西北两个大协作区的经济体系。全国支援，加速建成西南、西北的战略大后方。坚持中小为主的方针，坚持多布点、适应分散配置的要求，以利于基本上建成一个“打不烂”的经济体系。

3. 安排的着重点：大力发展农业，全面支援农业。大力发展原料、材料和燃料、动力工业。以铁路为中心，迅速加强运输业。以××为主，突破尖端国防。

4. 留有余地，留有机动。抓新因素，抓新创造，力争超过。在生产、分配、基建规模上，都留了必要的余地，给各地方、各部门留了相当的机动，尽可能安排了国家储备。总之，要取得更多的回旋余地。对技术革新和技术革命运动、多种经营、综合利用、“小土群”和“小洋群”的大发展、管理体制的进一步改变等，计划安排中有了一些体现，但还不够；通过今后实践，通过各大协作区、各省市因地制宜的具体安排，它们必将发挥更大的作用，有利于持续跃进，并为第三个五年开辟发展的远景。

二、安排的总盘子

后 3 年补充计划，是以 3 600 万～3 800 万吨钢和 6 600 亿～7 000 亿斤粮食为纲来安排的。

1. 继续保持跃进，以至大跃进的发展速度。

1962 年工农业总产值为 5 450 亿元，比 1959 年增长 117.6%，3 年平均的增长速度为 29.6%。其中：

工业总产值为4 250 亿元，比 1959 年增长 151%，平均增长速度 35.9%；净产值为1 550 亿元，平均增长速度 38%。

农业总产值为1 200 亿元，比 1959 年增长 48%，平均增长速度 14%；净产值为 820 亿元，平均增长速度 10.5%。

2. 1962 年我国主要工业品的生产水平同预计英国 1962 年可能达到的水平的比较：

	中国	英国
钢	3 600 万~3 800 万吨	2 400~2 600 万吨
生铁	4 800 万吨	1 550 万吨
铜	23 万吨	—
铝	55 万~60 万吨	—
煤	68 000 万吨	20 000 万吨
电	1 450 亿度	1 420 亿度
原油	1 500 万~1 600 万吨	15.6 万吨
重型设备	200 万吨	—
发电设备	750 万~800 万瓩	590 万瓩
机床	18 万台	6.5 万台
机车	2 600 台	—
货车	5 万辆	—
汽车	18 万辆	170 万辆
其中：载重汽车	15 万辆	40 万辆
船舶	45 万载重吨	180 万载重吨
拖拉机	16 万台	21.4 万台
化学肥料	950 万~1 100 万吨	410 万吨
合成橡胶	25 万吨	—
合成纤维	2 万~3 万吨	—
人造纤维	6 万吨	—
水泥	3 600 万吨	1 400 万吨
棉纱	950 万~1 000 万件	150.2 万件
糖	250 万吨	66.1 万吨
纸	450 万吨	400 万吨

3. 是否可靠？根据如何？今年第二本账，产钢 2 040 万吨，执行的结果，有可能达到 2 100万吨以至2 200 万吨。按2 100 万吨计算，后两年平均每年增加 750 万~850 万吨，略高于今年的绝对增加量（713 万吨）。从生产能力上计算，预计 1960 年底的设备能力在补充前后左右以后，到 1962 年可以产钢3 000 万吨左右，其中：

平炉：3 460 平米，平均利用系数按 10 计算（1959 年第四季度为 7.54，1960 年第一季度为 7.63，冶金部今年的奋斗目标为 9），可产钢1 260万吨。

电炉：64 万千伏安；平均利用系数按 20 计算（1959 年第四季度为 16.2，1960 年第一季度为 14.9，冶金部今年的奋斗目标为 26），可产钢 460 万吨。

转炉：2 400 吨，平均利用系数按 15 计算（1959 年第四季度为 10.7，1960 年第一季度为 8.58，冶金部今年的奋斗目标为 20），可产钢 1 300 万吨。

上述计算表明，1962 年产钢 3 600 万~3 800万吨，80% 左右的产量可依靠原有设备的能力加以适当的技术改造以后来完成。由于广大职工经过训练，掌握了技术，许多行之有效的冶炼革新成果将积极推广，因此，上述指标也是完全可以达到的。

主要的问题还在两头：按同样办法计算，矿石开采量的 25% ~30% 和钢材生产量的 25% ~30%，都要依靠 1961 ~1962 年、而主要是 1961 年的新增能力来完成；选矿方面依靠后两年新增能力的比重还要更大一些。这些，在计划中都注意了安排，如果抓紧矿山的建设和轧钢机的制造，又能推行有些轧钢机以中代大、以小代中的技术革命成果，则两头是可以赶上的。

此外，钢材品种虽有改善，但还不能适应需要。例如，钢板，一般应达到钢材产量的 25% ~30%，但 1962 年只能达到 20%；钢管，一般应达到 8% ~10%，但 1962 年只能达到 5%；优质钢材，一般应达到 10% ~15%，但 1962 年只能达到 10%。这就需要加速今后的 3 年中 25 个特殊钢厂和有些大中型钢铁厂的建设。因此，完成 3 600 万 ~3 800 万吨钢的任务，虽然留了余地，但也还不是轻而易举的。

机械设备，除重型的、精密的和配套的产品尚需加强外，一般能力，可以满足。汽车、拖拉机已作了安排。

石油、铜、铝、合成橡胶、化学纤维、化学肥料等几种产品，依靠新增能力的比重都在60%，甚至80%以上，任务很重，计划中已作了积极的安排，要用极大的努力来实现。1960年已着重安排了天然石油，而有色金属和化工则着重安排了小洋群。

4. 财政收入。按生产指标计算，3年合计的财政收入为2 850亿元，收入的估算是积极的，也是留有余地的。因为，今年国家计划的第二本账是780亿元，比去年增加200亿元，如果后两年每年也增加200亿元，3年合计将为2 940亿元。但考虑到：农业生产还不稳定，赚钱多的产品（如纱布、卷烟、糖）上得不快；公社工业的产值增长得很快，但国家只能收点税，无利润；军事工业增长得快，但几乎无利润，并需增加装备购置的支出。因此，打2 850亿元是比较适当的。

5. 基本建设投资。3年合计，国家预算内的投资为1 410亿元，相当于财政收入的49.5%，略高于近两年来的比例（1958年为48.1%，1959年为46.2%，1960年安排为49%）。

基本建设的盘子，除考虑了财政收入的因素外，主要是根据钢材的资源情况来确定的。按1962年生产3 600万～8 800万吨钢，而分配则按3 600万吨计算，3年合计可生产钢材5 520万吨（为调剂品种，后两年的出材率分别按65%和66%计算），加上国外进口250万吨，全部钢材资源约为5 770万吨。在分配上，给各地方和各部门留下机动、分成447万吨，国家储备100万吨和当年准备180万吨共为280万吨，两项合计，共727万吨，占3年全部钢材资源的12.6%。再扣除出口和援外117万吨；余下的4 926万吨，按照历年的比例，以65%用于生产，以35%用于基本建设，则基建用钢材为1 736万吨，大致可以保证国家预算内投资1 410亿元的需要。

留的机动和储备等都不算多，因此，基本建设的盘子是不宜再扩大了；但再少了也不能适应以3 600万吨钢为纲的各方面的安排，不能适应工、农、交、国防、科学、文教各方面的安排。

6. 安排总盘子的最突出的矛盾，还是基本建设。原来距离很大，现在1 410亿元基建投资的方案，跟各地区、各部门的要求还有一定距离。缩短这个距离的办法，不是依靠增加国家预算内的投资，因为增加投资，就要增加钢材，而增加钢材，反过来又要求扩大建设规模。其结果是不但不能留有余地、留有机动，相反的要弄得各方面紧张，大家感到无活动余地。中心的问题是如何更好地贯彻执行总路线，也就是要明确干劲向哪里鼓、上游向哪里争。根据两年来大跃进的经验，要做到更多、更快、更好、更省，就必须从认识上和做法上坚持执行以下几条方针：

（1）大中小结合，以中小为主，大搞“小洋群”和“小土群”。这是一件具有战略意义的大事，是一条长期的方针。小、土本身也是不断发展的，小的概念也是不断变化的，小可以变大、超大；土可以赶洋、超洋。必须有计划地发展“小洋群”和“小土群”企业，大的项目应当缩小规模、分期建设。必须打破迷信大洋、轻视土洋结合的小型企业的观点。

（2）基本建设的安排，必须有重点，不能齐头并进；要排纵队，不能排横队。首先要加快原料材料工业、燃料动力工业和交通运输业的发展；特别要加强矿石的采选能力，钢材的轧制能力，发展铜、铝和有色金属的生产，积极增产化工原料，改善煤炭的地区布局，建设新的电站，加速开发新的油田，使这些关系全局的工业部门尽可能比其他方面多做一些。

（3）把技术革新和技术革命的有效成果反映到计划中来。这次，经过各部讨论，确定了165个重大革新项目，都是效果大、见效快、用钱省、材料和设备比较容易解决的。各部已经下达了限期推广的一批命令。像超声波、管道化、煤气化都是生产技术上了不起的大革命。今后，还会出现更多的新技术、新工艺、新产品，会更多地节省活劳动与物化劳动，使老企业成倍地提高效率，使新企业的建设大大地节省厂房、设备、人力和投资，加快进度。

（4）多种经营、综合利用。这是发挥各方面积极性，物尽其用、人尽其才的多快好省的办法。要根据各个企业的具体情况，发展资源的综合利用，组织各种形式的联合企业。这次计划中，因经验不多，先安排了一部分，今后要大力发展。

（5）勤俭建国、艰苦奋斗。努力推行技术革新的成果，在保证质量的原则下，降低基本建设的工程造价；要改革基建的设计，努力少占土地、少占好地。减少一切可以缓办、不办的非生产性的建设，像展览馆、宾馆、大礼堂、办公楼等。但关系广大群众的集体福利事业，如住宅、食堂、托儿所、诊疗所等，都要随着公社化和生产的发展，进行必要的建设。

（6）由各省市、各大协作区、各部门统筹安排各地区、各部门用自筹资金和机动钢材进行的基本建设。计划中留出了447万吨钢材作为机动和分成，其中，各省市418万吨，各部29万吨。这笔钢材，估计有40%将用于基本建设，可相应的安排200亿元到250亿元自筹资金的基本建设；如果钢产量达到3 800万吨，地方和各部的机动钢材还可增加80万吨左右，这是一支不小的力量，必须同国家计划结合起来进行全面的安排。在安排基建中一定要成套地安排，才能发挥新增能力的作用，如搞钢铁，就要相应地搞小矿山、小煤矿、地方铁路、小电站等；搞加工工业，就要相应地搞原材料工业。并且经过自下而上的逐级平衡，最后纳入国家计划。只有这样做，才能更好地发挥各地方、各部门的积极性。

三、地区布局

为适应形势的需要，争取时间，解决布局问题。这次计划的安排着重在全国各地区现有的经济基础上，在加速必需的大型骨干企业建设的条件下，通过中小为主、大搞“小洋群”的道路，达到多布点、打基础、补缺门、准备条件，以便在1965年基本建立起全国的经济体系的同时，先后建立起各大区的经济体系。各大协作区应该根据本地区的经济基础、资源情况和自然条件，加速克服自己的薄弱环节，加速发展具有特殊优越条件的某些工农业产品，以便在全国统一调度下相互支援。为此，我们考虑了一方面要充分发挥并继续加强原有工业基地的作用，另一方面又必须动员全国的力量，支援西南、西北加速建成大后方的战略要求。

分区的情况和计划的部署，大致如下：

1. 东北地区。1962可以生产钢1 000万~1 040万吨，煤1.4亿吨，重型设备62万吨，粮食541亿~565亿斤（每人平均930斤左右）。今后3年的主要任务是大力发展农业和轻工业，首先是加快农业的技术改造，加快松辽油田的建设，加强铁路运输和厂矿内部运输。为了发展轻工业，要通过煤炭、石油、木材等资源的综合利用，积极开辟轻工业的原料来源。为了加强重工业内部薄弱环节的建设，要提高机械工业的配套能力，发展高级的和精密的产品。为了改善地区内部的工业布局，要在西满、北满缺少工业而又具备资源、交通等条件的地方，尽快地发展一批小洋群企业，以便部署西北满的后方。

2. 华东、华北、中南地区。1962年主要生产水平如下：

华东，钢750万~800万吨，煤1.2亿吨，重型设备47万吨，粮食1 994~2 135亿斤（每人平均970斤左右）；

华北，钢700万~760万吨，煤1.55亿吨，重型设备44.8万吨，粮食585亿~622亿斤（每人平均730斤左右）；

中南，钢600万~620万吨，煤1.04亿吨，重型设备23万吨，粮食1 732亿~1 859亿斤（每人平均950斤左右）。

这3个地区的任务是要加强钢铁工业、煤炭工业和重型机械制造工业的建设，积极发展农业和适当发展轻工业。充分利用上海、天津的工业基础和技术力量，发展高、精、尖、新的产品。华东和中南还要加强江南煤田的建设。华北要利用当地各种资源发展化学工业的小洋群，初步完成海河的根治工程，发展内蒙古的畜牧业，争取粮食基本自给。中南要大力发展有色金属，加速发展两广的天然橡胶。

3. 西南、西北地区。1962 年达到的生产水平如下：

西南，钢 400 万～420 万吨，煤 1.12 亿吨，重型设备 9.6 万吨，粮食 1 271 亿～1 334 亿斤（每人平均 1 086 斤左右）；

西北，钢 150 万～160 万吨，煤 4 900 万吨，重型设备 13.5 万吨，粮食 477 亿～485 亿斤（每人平均 980 斤左右）。

今后 3 年的首要任务是完成川黔、湘黔、滇黔、成昆、兰新，并基本完成兰青、青藏等铁路干线的建设。要加快酒泉和西昌这两个钢铁基地的建设；积极发展以煤、铁、运输为中心的“小洋群”企业；大力发展有色金属工业。西北地区还要积极发展农业和畜牧业，在南疆和河西走廊一带加速发展新的棉花基地。

在每个大区的内部，应在分散配置的基础上，建立起自己一定的后方基地，并积极援助基础薄弱的省份的建设。

各大区提出的指标一般比我们初步安排的要高，我们认为，定得高一点也是可以的，问题是在于采取什么办法来实现这个较高一些的指标。我们认为，主要的办法应当是：第一，通过技术革新和技术革命运动，充分发挥原有企业的潜力来增产；用同样的资金、材料建设得更快更好。第二，利用自筹资金和机动分成的材料，每年有计划地发展一批新的小洋群和小土群。第三，发挥各个企业和人民公社的积极性，采取自力更生的办法来发展多种经营。总之，不可能依靠国家增拨基本建设投资的办法来解决，不能把所有的要求以及所有的积极性和潜力都打入国家计划。

四、重工业、交通的基本建设

后 3 年补充计划的中心问题是基本建设。基本建设安排得是否妥当，对于保证后 3 年的国民经济任务，对于第三个五年计划的持续跃进和基本上建成我国“打不烂”的经济体系都有决定的意义。后 3 年基本建设的安排，以原料、材料、燃料动力工业和交通运输为重点；在具体部署上，各行业除安排必要的骨干项目外，都应以建设中小型企业为主，打开局面，争取到 1965 年各大区基本上建立起不同水平、各具特点的经济体系。

钢铁工业：3 年投资 115 亿元。续建和新建大型钢铁企业 17 个，中型钢铁厂 56 个，特殊钢厂 25 个。这些项目的规模总共为 4 900 万吨（包括 1959 年原有的生产能力），可以在 1965 年以前陆续建成。

此外，钢铁小洋群 1 500 个，建设规模共约 2 500 万吨左右，也可以在 1965 年以前建成。这就可以保证 1965 年生产钢 6 000 万～6 500 万吨（上述建设规模均不包括其他各部的能力）。

钢铁工业分大区的安排是：

华北区：以包头、太原、石景山三大钢铁厂为中心，建设大中型厂 15 个，小洋群 204 个，建设规模为 1 395 万吨。

东北区：以鞍山、本溪两大钢铁厂为中心，建设大中型厂 9 个，小洋群 104 个，建设规模为 1 110 万吨。

华东区：以上海、马鞍山、济南、新喻四大钢铁厂为中心，建设大中型厂 19 个，小洋群 304 个，建设规模为 1 525 万吨。

中南区：以武汉、平顶山、湘潭三大钢铁厂为中心，建设大中型厂 19 个，小洋群 320 个，建设规模为 1 360 万吨。

西南区：以重庆、西昌、安顺三大钢铁厂为中心，建设大中型厂 22 个，小洋群 210 个，建设规模为 1 205 万吨。

西北区：以酒泉、汉中两大钢铁厂为中心，建设大中型厂 14 个，小洋群 190 个，建设规模为 805 万吨。

安排中一个主要的问题是各地区要求建设的大中型钢铁厂，数量多，规模大。我们认为，现在安排的建设规模，从材料供应、设备制造能力和技术力量上看，已经不小，在3年内新建的大型厂不宜太多，中型钢铁厂也要集中力量首先完成第一期建设工程，以利于争取时间，建立基点，培养力量，为今后必要的继续扩建开辟道路。

有色金属工业：3年投资68亿元。主要是加强铜、铝、镍的建设，力争1962年铜、铝产量达到钢产量的2.3%～2.5%左右。抓紧西南、西北两大协作区有色金属工业体系的建设。对稀有金属，要采取大家动手、“合理密植”和生产企业、科学研究机关、高等学校三结合的方针，迅速攻破尖端，使某些迫切需要的稀有金属能够进入工业性和半工业性生产，以保证国防尖端工业原材料的需要。

3年内安排铜的建设规模38万吨，铝105万吨，镍6万吨。到1965年每个大区都将具有常用有色金属的生产基地，都有一二十个大中型有色金属企业和星罗棋布的小洋群企业，基本形成各具特点的有色金属工业体系。

3年内，铜的建设任务比较艰巨，保证完成计划的关键是多布点，多搞一些小洋群。

化学工业：3年投资57亿元。除化肥和基本化学原料外，着重安排了合成橡胶和合成纤维的建设。合成橡胶建设规模45.46万吨，大中型厂43个，小型厂71个；合成纤维建设规模6.35万吨（人造纤维在外），大中型厂11个，小型厂224个。

煤炭工业：3年投资81亿元。主要是加速建设华东、中南、西北、西南的煤炭基地，争取各大协作区分别在三五年内做到煤炭基本自给。

3年内新开工矿井规模3.4亿吨，新增矿井能力为2.73亿吨，3年内各大区新增能力如下：华北区5 000万吨，东北区3 000吨，华东区7 000万吨，中南区5 000万吨，西南区4 300万吨，西北区3 000万吨。

煤炭工业建设规模的安排同各地区的要求还是有距离的，拟在年度计划中进行必要的调整，并希望地方尽可能挤一些自筹资金来安排一些小型煤矿。

电力工业：3年投资154亿元。电站的建设，要贯彻执行火主水从的方针。3年装机容量2 412万瓩，其中火电1 672万瓩，水电740万瓩（不包括农村小型电站160万瓩左右）。

分大区的3年装机容量和到1962年底的发电设备拥有量如下：

单位：万瓩

	3年新增装机容量	1962年底的拥有量
全国合计	2 412	3 366
华北区	379	536
东北区	410	743
华东区	540	767
中南区	485	590
西南区	358	433
西北区	240	297

水电站的安排，还没有完全满足各地区的要求，1961年和1962年新上马的大型水电站我们安排了湖南五强溪、云南金沙江、贵州乌江渡、青海龙羊峡等9个，这些项目陆续建成后，将对这些地区的电力供应起重大作用。其余像长江三峡、四川富林、福建汀江等项目，准备在第三个五年计划中考虑。

石油工业：3年投资50亿元。建设重点是东北松辽油田以及西北克拉玛依和柴达木油田，并在西南开始进行建设，在华东、华北和中南等地区广泛进行油田普查和勘探，为第三个五年进一步大发展打下基础。同时积极建设小型人造油厂和开发西南的天然气。3年石油钻井进尺900万米；建设天然油炼厂19个，规模1 635万吨；大型人造油厂7个，规模409万吨；中小型人造油厂1 896个，规模219万吨；输油、输气管3条，约1 500公里。

石油工业建设中的问题有二：一是兰州到玉门的输油管线，由于钢管的限制，要到第三个五年初期才能建成；二是东北输油管的选线问题，现在初步确定的方案是由松辽油区经张家口、北京到保定。

机械工业：3年投资共108亿元，其中专业机械部门共78亿元（一机部48亿元，农机部30亿元），其他部门的机械工业投资约30亿元。重点是增加大型设备和精密设备的生产能力，并注意补充必要的配套项目。

3年内限额以上建设项目211个，其中重型设备制造厂55个，建设规模132万吨；机床厂19个，建设规模2.7万台，每省至少各有一个项目；电站设备制造厂共12套，除东北、中南各一套和华东四套外，其他大区各有两套；汽车制造厂除长春汽车厂外，新建、续建9个厂，即湖南汽车公司（规模第一期3万辆）、山西汽车厂（规模1 000辆）、南京汽车厂（规模3万辆）、济南汽车厂（规模5 000辆）、四川汽车制造公司（规模3万辆）、綦江汽车厂（规模3 000辆）、新疆汽车制造公司（规模3万辆）、北京汽车厂（规模5 000辆）、西北汽车公司（规模3万辆）。每个大区都有一个或两个汽车厂。

机械工业的安排中，主要是大的重机厂的部署问题。原来设想每个大区都建设一个安装6 000吨以上水压机的重机厂，中南准备建设在宜都，华东准备建设在马鞍山或江西。现在考虑到华东准备在上海安装1.2万吨的水压机，因此安徽重机厂第二个五年内先安排3 000吨的水压机；中南由于三峡暂不上马，因此，湖北重机厂也先安排一台3 000吨的，到第三个五年计划再考虑扩大。

交通运输建设：3年投资共288亿元，其中铁路建设215亿元。

在铁路建设上，必须加速新线的建设，但旧线仍将负担80%左右的运量，因而仍须大力加强旧线，实行新旧线并举的方针。后3年铁路铺轨总里程共2.912万公里，其中，新建干、支线1.8537万公里，复线4 583公里，专用线6 000公里。到第二个五年末，我国铁路的通车里程将达5.1万公里。为了节省钢材，在轨型上，还必须实行轻轨和重轨并举的方针。

在布局上，新建干线以西南、西北为重点，在其他各区也修建一部分联络线和省内干线。在西北区，建成兰新线和基本建成兰青线；在西南区建成湘黔、川黔、滇黔、成昆等重要干线，川豫线则争取在1963年完成，从而形成西南地区铁路网的骨干；并将青藏线修进西藏，到达黑河，把西藏同全国连接起来。新建支线着重保证煤炭、冶金、森工等部门的需要。

安排新线建设，要贯彻土洋并举的方针。依靠地方的力量，大修小土和小洋铁路，以适应地方中小企业遍地开花与支援农业的要求，初步设想，3年内共修3.5万公里以上。需要各省、市加以安排。

在加强旧线方面，3年内要将各大区之间的一些重要干线和一些煤铁运输干线修成复线，使复线里程占全部铁路通车里程的1/5。在一部分高坡缺水的线路上，采用内燃机车和电力机车。3年内共增加机车3 700台，货车10.5万辆。

在交通建设方面，除积极增加车船以保证运输需要外，在水运方面，应着重建设沿海及长江主要港口；完成京杭运河第一期工程；结合水利建设整治开发一些重要航道，并积极发展修船造船工业。在公路方面，重点建设西南及西北地区干线，相应发展汽车修配及筑路机械工业。

在交通运输三年建设计划中，还存在如下几个主要问题：

在铁路方面，（1）川豫线是将来联结西南、华中、华东的一条重要战略干线，因达县以北有长达10余公里的隧道，工程艰巨，1962年只要修到四川达县。（2）东北进关的第三条铁路线，东北要求修白城子—赤峰—承德线（南线），华北要求修从集二线上的朱日和—锡林浩特—五岔沟线（北线）我们现在拟采取白城子—张家口线（中线）。中线方案是军委提出的，这个方案在目前可以适当兼顾各方面的要求，至于究竟以修建那条线路合适，还可进一步研究。（3）东北要求北安到黑河线，这次未列入计划，拟在年度计划中考虑。（4）支线和专用线还有缺口，各方面要求支线118条，1.05万公里，只安排了67条，

6 397公里，只能满足60%左右；建议铁道部在多种经营增产的钢材中，再多安排一些支线。后两年的专用线安排得也不够充分，建议大力推广专用线共用的先进经验和增修地方铁路解决，同时在年度计划中要设法补充安排一部分。

在交通方面，军委要求3年修建国防公路1万公里，国家预算内投资中只安排了4 000公里，其余部分在年度计划中有可能时再适当安排一些，此事还需与军委作进一步研究。

根据上述安排，3年内限额以上项目共有2 951个，其中：华北区421个，东北区300个，华东区503个，中南区461个，西南区323个，西北区306个，不分地区637个。

基本建设投资共1 410亿元，除去铁路、尖端国防的投资和其他部门不能分地区的投资合计450亿元外，分地区的投资为960亿元，安排的结果是：华北区166.8亿元，占17.4%，东北区127.4亿元，占13.3%，华东区203.8亿元，占21.2%，中南区195.8亿元，占20.4%，西南区142.5亿元，占14.8%，西北区123.7亿元，占12.9%。

各大区的投资，同今年2、3月间各协作区开会时我们按1 200亿元盘子设想的数字相比较，绝对数字都有一定的增加，但在各地区的比例上，华北、华东、中南有所下降，西南、西北、东北有所提高。西南、西北主要是根据争取时间，加强后方建设和调剂穷富的要求，因而比例略有提高，东北则是由于加速开发松辽石油的需要。因而，其他3个大区投资比例相应下降一些，这是合理的。同时，各大区估计地方用于基本建设的自筹资金，共约180亿元，如加上这笔投资，则华东、中南的投资比例将会有所提高，西北、西南的投资比例将有所下降。

五、国防工业（口头汇报）

六、农业问题

“农业是国民经济的基础”，越来越体会得深刻，加快它的发展速度，比工业难得多。今后几年，必须使粮食尽快过关，把国民经济的持续跃进建立在稳固的基础上。1962年要努力争取达到：粮食6 600亿~7 000亿斤；棉花6 000万担；猪年末存栏4亿~4.5亿头。

在大力增产粮食的同时，要积极发展油料、糖料和其他经济作物。1962年生产油料1.3亿~1.5亿担。

关于增产的措施，这里只着重提出以下三点：

1. 工业支援农业。大力加强工业对农业的支援，完成农业机械化“4年小解决”的任务。同时，要大搞以半机械化和改良农具为主的农业技术改造的群众运动，积极推广行之有效的改良农具、运输工具和农副产品加工机械。

3年内，农业机械的投资共30亿元，中央直接安排的骨干限额以上项目共82个，其中：

拖拉机制造厂20个，规模33万标准台；除了北京、贵州、青海、陕西、福建和浙江（已经由地方安排一个手扶拖拉机厂）以外，其余每省都有一个规模不同的拖拉机厂。

联合收割机厂5个（北京、安徽、河南、陕西、吉林各1个），规模四万台。

动力机械厂13个（江苏两个，上海、江西、吉林、黑龙江、山东、广西、甘肃、河北、内蒙、四川、云南各1个），规模560万马力，加了地方自筹，共约900万马力。

小型发电设备厂5个（贵州、云南、广西、湖南、福建各1个），规模100万瓩，加上地方自筹，共约125万瓩。

畜牧机械厂3个（青海1个、内蒙2个）。

此外，内燃机配件厂、机引农具厂也都做了相应的安排。

按照上述安排，到1962年，各种主要农业机械的拥有量将达到如下水平：

拖拉机30万标准台（1959年拥有5.9万台。1960年增加3.2万台，1961年增加7万台，1962年增加14万台。），耕作机械化比重提高到25%左右；

联合收割机2.8万台，加上其他的收割机

械，小麦收割机械化的比重可以达到30%左右；

排灌机械1 200万马力，机械排灌的比重提高到80%左右；

载重汽车7.6万辆；

农村电站容量180万瓩左右。

3年内，化肥厂的投资共16.5亿元，建设大中小型的化肥厂共1 021个（其中大型15个），建设规模为各种化肥840万吨，加上原有的生产能力，1962年底化肥的生产能力将达到1 300万吨，其中，华北180万吨，东北175万吨，华东370万吨，中南220万吨，西南175万吨，西北180万吨。

按照上述安排，1962年可以生产各种化肥950万吨到1 100万吨，加上预计进口的化肥（拟进口200万吨，当年可动用100万吨），当年可以供应的化肥约为1 050万吨到1 200万吨。

3年内，国家直接用于农业机械和农具制造的钢材，将达到600万吨（1960年计划110万吨，1961年预计200万吨，1962年预计290万吨）。

所有工、商、财、贸、文教、卫生等部门都应当无例外地、多方面地支援农业的发展，在全国范围内掀起一个以工业为主、各行各业支援农业的群众运动。一切国营企业都要有计划地同人民公社挂钩，帮助公社建立农具修配厂，发展社办工业，培养技术力量。

2. 水利建设。水利建设是一项保证农业增产的根本措施。应当遵照主席指示的在冬春时期按“三三制”安排劳动力的原则，继续开展水利运动。3年合计的水利建设投资，计划为100亿元。建设的重点是冀、鲁、豫、苏北、皖北等水旱灾害比较严重而粮食作物和经济作物又比较集中的地区。在建设的部署上，要作长期打算。3年内，着重提高和改善现有的水利工程，充分发挥效益，少上新项目（三峡工程1962年前暂不上马）。引汉济黄、济淮和苏北抽水引江两处南水北调工程，已经列入计划，应积极进行建设。在北方地面水源不足的地区，要充分利用地下水，多打机井。3年内，计划增加灌溉面积1.3亿亩，改善灌溉面积3.2亿亩。

3. 在农业安排上要注意的几个问题：

第一，要做好劳动力的全面安排，注意生活安排，注意劳逸结合。

第二，要贯彻执行高产多收和多种多收同时并举的方针。3年内计划开荒2.5亿亩。

第三，加强农垦建设。农垦部的主要任务是直接经营全国性的商品作物基地，包括粮食、橡胶、棉花、大豆、畜产品等大型国营农场；其次是开发边疆。一般的地方国营农场应由地方负责安排，统一归农业部负责规划。

七、其他几个方面的安排

1. 轻工业：为了满足人民生活的需要，保证市场供应，必须千方百计地扩大来自农业和重工业的原料资源，加快轻工业的发展。要积极推广天然气、煤炭、木材、蔗渣等资源的综合利用，大搞中小型合成橡胶厂、合成纤维厂和人造纤维厂，开发山区，大力发展油茶、核桃等木本油料，积极推广石蜡制肥皂，节约食用植物油。轻工业的建设，必须以中小型为主，并由地方统筹安排。

根据原料资源的可能（按棉花生产指标的九折计算），1962年计划生产棉纱950万件至1 000万件，比1959年增长12.6%~18.5%；棉花82亿~86亿米，比1959年增长8.3%~13.6%；食用植物油320万吨，比1959年增长113.8%；糖250万吨，比1959年增长127.7%。此外，计划生产合成纤维2万~3万吨（从耐牢的质量上说，可按1∶5计算，抵200万~300万担棉花）、人造纤维6万吨（按1∶1计算，可抵120万担棉花，相当于33万件纱或4亿米布），比1959年增长10.3倍；利用野生纤维生产布匹10亿米（大致可代替300万担棉花），利用棉秆皮混纺麻袋1.4亿条。

由于需要补充棉花的储备和棉布的库存，1962年棉布的每人平均消费量大体上仍然维持1960年的水平（即按生产780万件纱计算，每人21尺)。食用植物油和糖的增长速度都很高，任务比较艰巨，但必须达到上述生产生平，才能实现八大一次会议建议的1962年生产糖240万~250万吨、食用植物油310万~320万吨的指标。

2. 国内外贸易：保证城乡人民的需要，兼顾内销和出口，这仍是一件重大而艰巨的任务。根据职工工资和农民收入的增长情况计算，1962年社会购买力将达1 000亿元，比1959年的638亿元增加362亿元，3年平均每年增长16.2%，其中购买生产资料的部分约为230亿元，3年平均每年增长41.2%；购买消费资料的部分约为770亿元，3年平均每年增长11.4%。商品供应的总额大体上还能平衡，但有些主要品种如粮、油、布还比较紧，内外销矛盾要适当安排。

商业部门应当因地制宜地、适时地组织农业生产资料的供应，做好农副产品和野生原料的采购工作，多方挖掘新的货源，如内蒙、青海、东北的天然碱，各种农畜产品资源的综合利用等，积极参与组织城乡人民公社经济生活的工作，办好各种生活服务事业。

1962年国家粮食储备力争达到350亿斤(不包括粮食部的周转库存)，农村粮食储备争取达到200亿斤。

对外贸易除了保证传统商品的出口外，要逐步扩大工业品在出口贸易中的比重，要指定一些工厂专门生产出口的机械设备和其他工业品，以保证符合国外市场（主要是亚非市场）所需的规格、质量。还应当建立和扩大供出口的农副产品的生产基地。

应当保证商业贸易部门按节约原则，进行必要的基本建设，如油库、仓库等。

3. 科学研究、干部培养和文教事业：结合技术革新、技术革命运动的发展，积极发展科学研究事业，加速科学技术人才的培养，要特别注意加速工农骨干的成长，逐步建立起一支强大的、又红又专的技术队伍。1962年我国科学技术干部将由1959年的280万人（包括中医中药人员73万人）发展到500万人左右，其中，工程技术人员由1959年的120万人增加到250万人左右，农业技术人员由1959年的18.9万人增加到50万人左右，从事自然科学的研究技术人员由1959年的5.5万人增加到20万人左右。广泛开展生产单位、高等院校和科学研究机构三结合，逐步建立起全国的科学研究网。争取提前实现科学技术发展远景规划。

在统一规划、分级管理的原则下，实行国家办学同事业、企业单位和公社办学同时并举的方针。逐步开展群众性的教学改革运动。3年内，要求基本上完成扫除青壮年文盲和普及小学教育，有计划地发展普通中学和中等专业教育，大力发展高等教育和业余教育。1962年全日制和半日制高等学校的在校学生将达到140万人左右，全日制普通中学的在校学生将达到1 500.5万人左右，全日制和半日制中等专业学校的在校学生将达到230万人左右。

学生来源，应在各级党委领导下由有关部门综合平衡，统筹安排。进一步调整科系专业的设置，兼顾国家建设的当前需要与长远的需要。

4. 劳动工资：在技术革新、技术革命运动中，大大提高劳动生产率。3年内总的奋斗目标是争取一人顶两人，效率翻一番，要求全社会劳动生产率提高80%左右，其中，工业提高1倍左右，农业提高60%左右，基本建设提高95%左右，铁路运输提高1.1倍。

城乡劳动力应当工农兼顾，全面安排。3年内全社会自然增加劳动力约为2 000万人，其中城市600万人，农村1 400万人。3年内国营企业及城乡文教部门职工大约新增加1 600万人，达到6 200万人。新增职工，首先由城市中从大力提高劳动生产率来解决，力争少从农村中动员。新增加的职工主要用于新建企业单位，原有企业应当力争做到增产不增人，重点厂矿应当输送一部分干部和熟练工人支援新建企业。

农村劳动力，应认真按照中央指示，以农业为主，全面安排。在冀、鲁、豫等地少人多的专区，应以公社为单位，几户抽一户，成批地移民支援边疆的开发，后3年一定要完成250万～300万个劳动力的移民任务。

3年内职工的工资总额将增加43%左右，用于职工的集体福利支出总额将增加70%左右；除新增职工外，原有职工因为必要的升级和适当的奖励，平均工资每年增长5%左右，农村人民公社社员的平均收入每年将增加10%左右。

5. 成本：在不断提高劳动生产率和节约原材料、燃料的基础上，努力降低成本。3年平均的成本降低率，要求工业部门达到9.3%，交通部门达到12.5%，商业部门达到5.5%，建工部直属的建筑安装企业达到15%；争取3年降低成本总额达到280亿元左右。

6. 国家储备：1962年国家储备的主要物资要求达到：钢材100万吨（1965年达到400万吨），铜10万～12万吨（1965年达到18万～20万吨），铝10万吨（1965年达到28万吨），镍1.1万吨（1965年达到3万吨），粮食350亿斤（1965年达到750亿斤），棉花300万担（1965年达到800万担）。

八、保证计划完成的几个问题

为了保证3年补充计划的实现，有以下几个问题值得我们注意：

1. 要抓技术革新和技术革命运动。技术革新和技术革命运动发展得很快，万紫千红，潜力无穷。它是一个长期的踏实的群众运动，是贯彻执行总路线的一个极其重要的内容。领导上要注意：

（1）抓运动发展的趋势，抓新的苗头，把运动引导到全民的、科学的、正确的道路上来，继续前进。

（2）从“四化”为主发展新技术、新工艺、新产品，以至其他。

（3）抓重点推广，如超声波、管道化、煤气化，以及其他新的、重大的、具有广泛性的革新项目，注意巩固一批、推广一批、提高一批。

（4）抓产品设计、工厂设计，务必要收到经济技术的效果。

（5）运动总是波浪式地发展的，总是不平衡的，要一浪赶一浪地前进，要使落后环节不断赶上先进。

（6）要注意保密。

2. 进一步改进经济管理体制。为了充分发挥地方的积极性，为了促进各大协作区经济体系的建立，必须进一步改善经济管理和物资分配体制。

（1）发展趋势必然是进一步做到由条条为主转到以块块为主，实行在中央统一规划下、条块结合而以块块为主的管理体制。

（2）在计划体制上，实行条条和块块分别包干的办法，把投资、材料和任务分别下达给条条和块块；中央必要的直属企业，由条条包干，地方企业由块块包干。除了国家计划安排的重大项目以外，其余项目作为建议项目，在保证完成国家计划任务的条件下，具体安排可以由块块机动调整，然后报中央综合平衡，制订国家计划。

（3）块块为主，基本的是以省、市、自治区为基础；但当前的任务是首先完成以各大协作区为单位的经济体系，要以协作区为主。因此，要加强大协作区，要考虑建立相应的指导机构和业务机构。

（4）中央各部主管的企业中，除了一些必要的重大骨干企业以外，其余可进一步下放给地方管理。中央各部的机构将适当缩小，逐步改变成为三种类型：

第一种是：企业主要是由条条管理，全面负责本行业的规划，如铁道、二机等部。

第二种是：管一些必要的全国性的重大骨干企业，同时进行本行业的全面规划，加强对地方的督促检查、技术指导和总结经验，如冶金、机械、煤炭、化工等部。

第三种是：基本上不管理企业，或者完全不管理企业，主要是进行全面规划，督促检查，技术指导，总结经验，如轻工、纺织等部。

（5）进一步改进体制、下放企业、以块块为主，必须在中央统一规划下，发展协作，差额调拨，调剂有无，调剂贫富，特别要加强老区对新区、老企业对新企业的支援。

为了争取三五年内各大区基本建立起经济体系，特别是为了加强战略后方的建设，经济比较发达的地区要积极支援经济还不很发达的地区，例如东北、华东支援西南、西北等；老的骨干企业要积极支援新建的骨干企业，例如鞍钢支援酒钢、富拉尔基重机厂支援德阳重机厂等。要从技术力量、管理干部、非标准设备等方面成套地全力地支援。老厂不要一个劲儿的在原地无限制的扩大，必须到外地建立“子厂”。各行各业如何支援，由中央各部协同地方订出具体规划，并且会同有关方面具体组织地区与地区之间、企业与企业之间的大协作。

3. 要进一步加强党的领导，改善领导作风。加强党的领导，首先是要更好地贯彻总路线与一套“两条腿走路”的方针，这方面是有很多的发展的，有丰富的新经验。在抓生产的同时，抓生活、抓劳逸结合；在抓数量的同时，抓质量、抓安全。

今年要在城乡开展群众性的“三反”运动，要采取整风的办法，肃清资产阶级的影响。要贯彻党的群众路线，坚持和发展“两参一改三结合”的办法，继续改善干部和人民群众的相互关系，防止和反对脱离实际，脱离群众的官僚主义。提倡踏踏实实，埋头苦干，提倡深入下层，具体领导，具体组织，防止和反对华而不实的形式主义和浮夸作风。要坚持艰苦奋斗的优良传统，防止和反对铺张浪费，反对“五多”。

要把搞好今年的“三反”运动看做是从根本上改进干部作风的起点，看做是每两三年整一次风的具体而有力的措施，看做是不断解决生产关系和生产力之间的矛盾、上层建筑和经济基础之间的矛盾、以利多快好省地建设社会主义的关键。

我们工作作风上的缺点是一个指头的问题，正视这方面的问题，并且认真加以克服，就能够使我们更好地前进，赢得更大的胜利。

150－8－95

国家计委关于编制两年计划的工作安排

1961年5月29日

一、要求

1. 这次搞的两年计划，对一九六一年来说，主要是搞落实的预计数和摸清楚今年计划执行的结果，还留下哪些问题要明年继续解决，完不成的，顺延到明年（基建投资不一刀砍，已订的合同也继续有效），而不是另搞一套计划，重新下达，重新组织订货；对一九六二年来说，主要是拟定明年生产和基建的控制数字，以便七月以后自下而上地编制两年统一安排的计划。

2. 在方法上，首先要把煤炭的生产和分配情况弄清楚，然后再考虑其他生产指标的落实问题。

3. 考虑到工业生产指标的落实，不仅有工业部门本身的问题，还有国民经济各方面的互相影响问题，因此，不论是研究一九六一年的预计，还是研究一九六二年的控制数字，都要以主要生产指标和主要建设项目为中心，对国民经济各方面进行综合的研究，特别是经济作物的问题，商品粮的问题，市场安排和外贸问题，外汇平衡问题，劳动力的安排和压缩城市人口的问题，财政、信贷和物资平衡的问题等，必须研究落实；但一九六一年应该细一点，一九六二年不妨粗一点。

4. 一九六一年工业生产预计的产品目录，燃料工业和原材料工业基本上应同下达的计划相一致；机械工业因产品太多，一时难以弄清，可选择若干种能反映计划执行情况和问题（如主机与配套，生产与维修……）的产品加以预计。

少数重要产品的预计（如煤、钢、铁、钢材、木材……），应列出分大区、分省市数字，其他产品的预计可只搞全国的总数。

在物资平衡方面，钢铁、铜铝和木材只搞平衡，不搞分配调拨的预计数；煤炭和钢材除了搞平衡外，还要搞分配和地区调拨的预计数。

5. 一九六一年基本建设的预计，主要是

研究哪些项目今年干，哪些推迟到明年，以便今年集中力量建成一批当前生产中最急需的项目。各局应当摸一批重点项目的情况，根据今年订货的设备、材料和劳动力的条件，提出重点单项工程的调整意见，然后在此基础上提出明年必须补哪些“短线”，哪些项目应合并或精简工程内容，真正做到符合缩短战线、填平补齐、集中力量打歼灭战的方针。

在六月十日以前有关各局要把冶金、机械、煤炭和化工四个部门重点企业的生产规模摸一道，并提出初步意见。

二、步骤

总的步骤拟分两段，即六月十日以前，主要搞一九六一年预计，六月十日以后，结合各部各大区共同研究一九六二年控制数字；但在六月十日以前，各局对一九六二年的控制数字也要作准备。

暂定从六月一日起，各局向党组汇报一九六一年预计的落实情况和问题，汇报的进度大致如下，具体的日程由办公厅另行通知：煤炭的生产和分配；钢铁工业的生产和钢材的分配；有色金属、化学工业和铜、铝、酸、碱的平衡；电力和石油；建材、森工和水泥木材的平衡；机械工业和尖端国防工业；农业和粮食；轻工和纺织；市场、外贸和外汇平衡；铁路运输；基本建设；劳动工资；财政和信贷。

各行各业的汇报都必须按李主任指示的四个要点（即：(1) 农轻重的安排；(2)“八字方针”的贯彻，各行业的长线、短线是什么？如何补？ (3) 从原材料、燃料工业着手；(4) 按产品从生产和基建方面系统的抓）进行准备。

150－9－80

国家计委：文教办公室汇报事业、基建的调整和减人方案

1961 年 6 月 30 日

一、今年文教事业计划的调整和 3 年设想

文教事业调整的原则是放慢速度，缩小规模，提高质量，3 年内基本是踏步的方针。

教育：调整合并现有学校，减少招生人数。高等学校今年招 15 万～16 万人，1962 年 16 万～17 万人，1963 年 17 万～18 万人；高中今年招 42 万～44 万人，1962 年 44 万～48 万人，1963 年 52 万～54 万人；初中今年招 220 万～230 万人，1962 年 240 万人，1963 年 260 万人；中专今年招 20 万～25 万人，1962 年 25 万～30 万人，1963 年 30 万～35 万人。初中以上在校学生人数由现在 1 276.4 万人，到 1963 年下降到 908 万～974 万人，减少 37%～23.8%。技工学校招多少未定。

农业中学主要是农忙劳动，农闲学习。

卫生：中级卫生学校今年招生拟调整为 3.6 万人，卫生部认为少了些，希增加一些，招 5 万人。

医院病床，重点在乡村，今年完成 1 万床，1962 年、1963 年各发展 2 万床。

中药生产供应问题很多，拟另作专门讨论。

文化：故事片今年生产 40 部，明后年不变，着重提高质量。

放映单位，只搞维修、配套、更新，提高放映质量。1962 年不发展，1963 年视条件可酌量发展一些。

出版，纸张供应问题较大，今年由 25 万吨降为 20 万吨，1962 年争取 22 万吨，1963 年 25 万吨。

影院、剧场、博物馆、图书馆、文化馆等一律不发展，着重充实、提高。

广播、体育 3 年内着重调整、提高，一般踏步，不再发展。

二、基本建设

今年原投资 4 亿元，各部的调整数为 2.66 亿元，文办意见调整为 2.1 亿元，为全年投资 52.5%。中央部直属大、中、小工程项目共减少 68 个，投资调整 4 000 万元，为原计划的 61.3%。90%左右是续建收尾工程，安排比较落实，新开工的中国医大教学楼木材、水泥还有些缺口。

地方的情况不明，估计最多完成 50%上下。

三、减人问题

现只有教育、广播、体育三个部门提出了方案，卫生、文化部党组正在研究。

教育部：直属单位6.6万人，3年内减少2.3万人（包括直属26所学校学生在内）。

全国中等学校以上教职工130万人，3年内减少44万~48万人，其中城镇减少40万~44万人。

体委：全国现有职工和学生共6万人，3年内减少2万人。

直属单位职工9 248人，3年内减少3 248人，1961年减1 533人，1962年减781人，1963年减928人。

广播：直属单位职工6 100人（已减2 178人不在内），3年内再减1 000人，停办广播学院，3年内减少900人。

地方事业职业1.8万人，3年内减2 700人。

富春同志指示：教育事业要在调整的基础上确定招生人数，高等学校要名副其实。今年大学可招16万人，高中招44万人。城市高小毕业有多少人，他们一不能下乡，二不能劳动，要注意安排，要联系城市初中、中技学校、技工学校能容纳多少人。

技工学校为城市工业培养工人，也要为农村培养一些技工，毕业后回农村去。

重点高等学校，要把情况摸清楚，如将附设的训练班、专修科缩小了，附属工厂缩小了，宿舍、饭厅等条件有所改善，可以多招一些学生。

现在中技学校和技工学校毕业生出来后，有两个矛盾：一是当工人的工资调整比技术员快；二是同样初中生在两个不同的学校毕业，一个当工人，一个当技术员，这个问题值得研究，可以考虑把两种学校合并就是工业技术学校，出来后当工人。

农业学校、卫生学校可以多招一些家在农村的学生，逐步过渡到由公社选派青年来培养。今后新建高、中等农业学校要设在农村，吸收有实际工作经验的农村青年来学习。

卫生事业的发展要考虑卫生人员，药品器材的供应，要作全面考虑，配套成龙。今后，两三年内每年发展病床1万张，不要一面减人，一面增人。卫生事业要有3年稳定，乡村卫生事业要逐步发展。今后地方文教事业要地方块块安排，不要搞两头。厅局对省委说是条条决定的，对中央说是省委决定的，两头伸手。今后条条只管直属的，地方事业一律由省委决定。

中药材生产如何恢复问题很多，农业不好转，很难恢复，搞中药材基地不要剥夺农民。

文化事业放映单位3年不发展，要把现有的巩固起来，农村放映队的情况如何，要向中央反映一下。

纸张供应明年只会少，不会多。

广播电台为什么搞那么多，一个城市就有几个台，有的省有10个台，要缩小，今后3年要控制广播事业发展，国内广播电台电视台一律不要发展。

基本建设在北京新建的多了，除非现在有材料有设备，否则建不起来。今后文教事业要分散，接近居民，便利群众，不要再在北京、天津、上海、西安、成都、沈阳等大城市搞基本建设了。

文教建筑要有设计标准，要减少用地，西安医学院附属医院就占了半条马路，要提出标准设计经国务院批转各地执行。

今年中央各部直属的基本建设照文办的调整意见搞。医大、舞蹈学校也可以建。地方的给他们一个指标由省市去决定。

减人不减少单位不行，中技、技工学校要减一批，大学附属工厂要老老实实改为学校的实习工厂，以学生为劳动力，留少数技工作指导，工人动员回农村，支援农业生产。

各部的减人方案要具体化，着重摸直属单位能减少多少人，能回农村的多少？地方事业减人主要由地方决定，中央部要提出减人的原则、方向和注意事项，要在3天内提出方案。

直属单位减人要实事求是，只要能回农村

去的就动员回农村，老、弱、民主人士要照顾。家在城市的青壮年可动员参军，老、弱的可退休，有的减下来不能去农村，可安排在城市附近搞副食品生产。

150－9－32

北戴河计划会议简报（第33期）李富春同志七月二十六日在领导小组扩大会上的讲话（摘要）

1961年7月27日

现在，正在搞两年计划的方案，我有几个问题提请同志们研究考虑：

一、关于贯彻执行"八字方针"问题

贯彻执行"八字方针"，要同保重点、保质量、保品种联系起来考虑。如钢铁，明年要在一千二百万吨钢的基础上安排好钢好铁，首先保重点企业、保大高炉和平炉电炉，有些重点企业的小高炉也要停下来。靠小高炉供应生铁的炼钢基地（如上钢、重钢、天钢）明年的任务也要减少。在全国范围内，要保鞍钢、本钢、石钢、太钢、包钢、武钢、马钢和几个特殊钢厂。这样，既保了数量、质量、品种，又可节约用煤。

对于煤炭问题，是否在普遍努力的原则下，要好好抓二十几个重点煤矿，一个一个地摸清楚，切实安排今年达到多大的生产能力，明年达到多少能力。

其他行业也要如此。总之，集中力量打歼灭战。

二、关于计划工作问题

各级计委如何真正做到全面安排、综合平衡是个大问题。现在，国家计委的屁股实际上是坐在工业、交通方面，对农业、商业、财经、文教、劳动都未进行全面研究，也就说不到综合平衡，因此在计划工作上就避免不了有片面性和局限性。计划机关应当在思想上、工作上和机构设置上适应全面安排、综合平衡的要求，使作出来的计划真正体现全面安排、综合平衡的精神。计委的工作要同经委划清楚，不要搞重复劳动。各省、市、自治区计委要加强。

三、关于农业生产问题

农业方面的重大问题"六十条"已经解决。生产关系的调整和党的政策的正确执行，是发展农业、调动农民积极性的根本问题。但是，"六十条"并没有解决农业生产本身的问题。要解决吃的问题，必须实行农林牧副渔并举，同时要注意粮棉油麻等"十二个字"的全面发展。人不光是吃粮食，不吃副食品（油、菜、肉等）同样也是不行的，所以不能单打一地搞粮食生产，挤油料地种粮食作物是吃亏的。解决粮食问题必须同发展油料和代食品生产一并考虑。解决代食品问题不只是搞小球藻和人造肉精，从长远看还要注意发展经济林，多种些板栗、榛子、橡子，这些是很好的粮食代用品。同时还要多种些核桃、油茶、油桐等木本油料作物。在发展牧业方面，要首先发展不与人争粮食的羊、兔等家畜，而且见效也较快。此外，还要发展渔业。所以要解决吃的问题需从几方面作长远打算，农林牧副渔统一安排。

另外，对农业机械的使用，是否也按地区分期分批集中力量打歼灭战，不散胡椒面。

四、关于穿衣问题

明后年的问题不是搞多少人造纤维和合成纤维的加工厂，而是首先要搞原料。甘蔗渣和棉秆的利用，要集中技术力量研究过技术关。同时，还要从炼焦回收、天然气利用、增加电石方面来解决制造人造纤维和合成纤维的原料问题。要脚踏实地、从脚到头地来搞原料，这样看起来慢些，实际上是快的。

五、关于基建与生产结合问题

明年，除煤炭、化肥、和个别的水电站外，不再搞新的基本建设。基本建设要结生产的需要来安排，而不能脱离生产的需要，应该根据生产的要求来搞填平补齐。基本建设必须留有余地，决不要满打满算，要吸取这三年上半年上马、下半年下马的经验教训，不能安排满了，要计算一下能动用积存的设备和材料的有多少，两不要的项目（不要设备、材料）

有多少，还要给地方留些机动。

这次会议还要搞出两个文件：一个是计划，一个是体制（包括劳动工资、财政、企业分成、流动资金等）。

以上这些意见对不对，供大家考虑。

150－9－74

国家计委关于抓紧编制两年计划的准备工作的通知

1961年8月22日

国务院财经、文教各部，各中央局计委，各省、市、自治区计委：

计划会议结束后，我们正在根据中央书记处的指示和李副总理的总结，调整两年补充计划的控制数字，调整的方案经中央工作会议批准下达后，即将从基层单位开始由下而上的编制计划，因此，从现在起，请你们抓紧进行以下各项准备工作：

（一）根据中央书记处的指示和李副总理的总结，进一步把本地区、本部门的情况摸清楚，在这基础上，按地区、按行业具体研究如何贯彻执行调整、巩固、充实、提高的方针。

（二）调查和核实编制计划所需的各项基础资料，如一九六〇年底各主要行业、主要产品的综合生产能力、一九五八年以来主要产品的实际产量、主要原材料的实际消耗定额，以及主要的技术经济指标和经济效果指标等等。

（三）为了适应由下而上编制计划的需要，原有计划机构不健全的，应该适当充实和加强，需要的人员，只能在下放的干部中和各级党委核定的编制中调整解决，不应向下抽调，不要增加编制。

有关编制计划的方法、表格等，我们正在根据这次计划会议的精神修改订正，将随同控制数字一并下达。

150－9－80

中共中央批转国家计委党组关于第二个五年计划后两年补充计划（控制数字）的报告

1961年10月6日

第712～737页。D220－5455（14）

（二）1961年国民经济计划

国家计委关于编制一九六一年国民经济计划的工作安排的通知

1960年7月30日

国务院财经、文教各部，各省、市、区计委，各协作区办公厅：

（一）根据中央指示，从8月份起，各级计划机关应即在上海会议讨论过的后3年补充计划的基础上着手研究后两年、主要是1961年的国民经济计划。1961年发展国民经济的主要任务是要更好地贯彻执行“以农业为基础、着重发展原材料工业以及基本建设以中小为主”等方针，保证国民经济各主要部门的持续跃进。请各部、各省、市、区计委根据上海会议的精神和“实事求是、不留缺口、留有余地”的原则，照顾到今年基本建设的削减情况和“完全自力更生”的方针，对1961年的工业、农业和国民经济各部门的生产建设和劳动力进行全面的研究和安排。

（二）1961年计划的编制程序拟采取两下一上的办法，即首先由国家下达初步设想的主要指标。内容是工农业主要产品的生产指标、基本建设投资、主要建设项目和新增能力、几种主要物资的分配和调拨等等。这些指标经中央批准后即作为各部门、各地方编制计划的主要依据。其次是由各部门、各地方在国家下达的主要指标的基础上，发挥积极性，充分挖掘各方面的潜力，按照需要和可能，经过综合平衡，提出本部门、本地区的具体安排方案（必须包括以自筹资金和分成、机动材料安排的各项计划，并单独列出）报送中央。最后，国家计委根据各部门、各地方报来的方案，经过全面的综合平衡调整后，提出计划草案，经中央批准后，即安排下达执行。

（三）1961 年计划编制工作的进度，大体上规定如下：

8 月底以前，由国家计委会同有关各部、委研究初步设想的主要指标，经征求各协作区意见和报请中央审查后，下达给各部门、各地方作为编制计划的依据；同时提供国家订货会议作为参考。

9 月初到 10 月半以前，各部门，各地方根据中央的指示和下达的主要指标，从下而上具体编制计划草案，报送中央。

从 10 月半到 11 月中旬，国家计委进行汇总平衡，提出计划草案，召开全国计划会议，最后报请中央正式批准下达。

（四）关于编制 1961 年计划所使用的表格和目录，本着精简和实用的精神正在研究，将另行通知。

150－9－80

国家计委关于编制一九六一年计划中的几个问题

1960 年 10 月 16 日

各大区和各省、市、自治区计委，国务院各部、委：

1961 年国民经济计划控制数字的分省、市、自治区和分部的各项指标，已经陆续发给你们，请你们务必抓紧时间，制订各省市明年计划草案，并注意以下几个问题：

一、各地区、各部门提出的计划草案，必须充分体现中央指示的各项生产建设事业要在发展中进行“调整、巩固、充实、提高”的方针，“以农业为基础，全力支援农业生产”的方针，“工业生产的发展首先要注意品种质量和维修配套，基本建设要以中小为主、缩短战线、填平补齐、打歼灭战”，以及“全面安排劳动力和人民生活”的方针。贯彻执行这些方针，是保证我们在 1961 年开始走向自力更生的关键。只要这几个主要方面确实安排好了，其他次要方面的问题就不会影响到全局。

二、在具体安排上要着重注意的是：

1. 明年生产 1 472 万吨可供分配的钢材，特别是其中的 8 大品种 670 万吨，是确定 1961 年计划总盘子的基础，必须采取积极措施，安排落实，确保完成和争取超额完成。

2. 明年经过铁路运出的煤炭 3.1 亿～3.2 亿吨，是打得比较满的，现在看来，比较有把握的是 3 亿～3.05 亿吨，因此，不能把保钢的希望寄托在增加煤炭和生铁的生产指标或调入量上。为了保证明年生产 2 300 万吨钢，必须千方百计地提高生铁和煤炭的质量，努力降低煤铁的消耗定额，注意铁矿、煤炭和选煤的建设。

3. 现在分配给机械工业生产用的钢材品种，同机械工业的生产指标之间还有一定的缺口，各地区、各部门在具体安排机械产品的生产计划时，一般的不应再高于下达的控制数字。如果钢材品种不够，可以压缩次要产品的生产指标，但配套设备和维修用料必须保证。

4. 分配给各地区、各部门的基建投资 270 亿元，请严加控制，不要突破，全年应完未完而明年又必须续建的工程应包括在计划内，各地区各部门的自筹资金（在我们安排的基建投资和建设项目中，除基建项目表中注明自筹字样的少数项目外，均未包括自筹资金）和地方同中央部合作的多种经营项目也都必须列入计划，报送中央统一平衡，总之，在计划之外，不要再层层加码，要尽可能列入计划。

5. 在农业生产计划方面，必须注意耕地和劳动力的安排，认真贯彻执行“多种多收”和“高产多收同时并举”的方针。要保证粮食播种面积达到并超过 1957 年水平，棉花、油料等经济作物的面积也比今年有所增长。切实加强农业生产第一线的劳动力。在工业支援农业方面，不仅要注意拖拉机等农业机械和大型农具的生产，而且要切实安排手推车、改良农具和小型农具的生产。

6. 由于今年棉花等经济作物歉收，轻工业产品上不去，明年的市场供应很紧，各地区、各部门除了根据市场需要千方百计地增产各种日用品外，必须大大压缩城市居民和集团购买力。我们正在研究明年减少635万~805万职工的方案，请各地区在制订计划时对减少职工和压缩购买力的措施，充分加以研究和安排。

三、讨论1961年计划的计划会议，拟于11月15日召开，各省、市、自治区的计划草案，务必于11月5日前报来；如确有困难，可以先把文字报告、总表和各项主要意见报来，其他计划表和附件可在11月10日以前陆续送出。

150-9-80

李富春：关于安排一九六一年国民经济计划的意见

1961年1月14日

第19~46页。D220-5455（14）

陈云：在中共八届九中全会上的讲话

1961年1月18日

《陈云文集》，第3卷，中央文献出版社2005年版，第309~321页。

李富春关于降低计划指标给程子华同志和国家计委党组的信①

1961年8月14日

子华同志并党组：

根据中央书记处讨论的精神和国民经济各方面的情况，必须松动下来才能调整、才能主动，特别计划的安排要可靠留有余地。如果全党努力能超额完成更好，而我们再不要作无把握的安排和“心中无数”的安排。

指标降下来，安排是困难的，要照顾各方面的要求是困难，但我们计划机关首先必须从总的各方面相互牵制的情况出发来安排，只要认识了问题，下决心仍是可以安排的，不过是基本建设再少些，生产指标，钢铁指标再低些，而且要充分估计到“八字方针”要有步骤进行，只有就现在先调整好，才能逐步充实、巩固，逐步填平补齐，现在队伍不站好，“心中无数”要充实也无法着手。

煤炭生产要算得可靠，要把生产数和能调出数分开，煤炭减下来，自然各方面也要减，只是重点不同，减的多少不同而已。

民用煤今年下半年要适当减，明年要稍多减。其根据是：（1）城市人口减少；（2）农村要多搞高秆作物；（3）要动员捡柴草；（4）不搞无用的代食品。以免浪费煤。煤要努力增产（加强管理、维修和政治思想工作），特别要注意煤的质量，如能做到减少百分之几的矸石和百分之几的灰分，即等于增加百分之几的煤炭。煤炭紧张要从增产节约入手，在计划报告中要突出地写清楚。

可靠的指标只能作可靠的安排，在报告中也写清楚，如果各省市、各部门能挖掘潜力，修改指标，在编制计划时还可改正。

报告的修改，除上面的意见外，对于形势的看法，除肯定成绩外，对当前比较严重的困难情况、三分不好的形势，要各方面都提一下，缺点错误可讲透点，语言只要精练、概括，也不在多。

上午谈的问题（光伟参加了）也在报告中扼要反映出来。

最后只要对情况认识一致，方针一致，行动一致，全党全民动员起来，经过鼓足干劲，努力奋斗，困难是能够克服的。

以上意见，望讨论一下。

150-9-61

① 题目为编者所加。

李富春关于制订年度计划给程子华等同志的信[①]

1961 年 8 月 23 日

子华、卓新同志并领导小组：

关于今年下半年或明年生产指标和基建的安排，建议考虑：

1. 今年下半年基建的某些具体问题，需要讨论，提出几条解决的办法。

2. 明年的生产指标，要从实际出发，留有余地，但能做到的事不能放松。

3. 明年物资财政情况，大家可以估计到的，因此必须集中力量打歼灭战，攻几个非要不可的堡垒，以全国各大区需要来说，究竟有哪些主要项目要继续搞，非新建不可，不能平均主义地搞，必要的煤矿、铁矿，必要的水电站（如盐锅峡）、水利，必要和可能的化肥厂，而且原材料和设备有保证。把几个堡垒定下来，然后有多余的物资和原材料再商量搞什么？哪些项目续建（首先选那些要搞而原材料、设备又有一定的数量的）？要打破省界，行业界，从“八字方针”来考虑来排队。

不要又走几年来历次计划会议的老路，这种老路是：（1）生产指标争小，基建争多；（2）平均主义的分基建投资和原材料、设备；（3）先订生产指标的框框（如多少万吨钢）而不从计算实际的综合生产能力出发，加以综合研究后再订生产指标。

最后，觉得生产指标只要大体不差，即先订下来作为控制数字，基建只定一批必须搞的全国项目（甚至是保证明年生产的项目），然后各大区回去再提项目和提的根据，再结合研究制订基建计划。

150－9－61

国家计委关于一九六一年计划检查依据的通知

1961 年 12 月 20 日

国务院各部、委、局、行、社，各中央局计委、省、市、自治区计委：

最近有很多部和省、市、自治区计委来文或来电话询问检查 1961 年国民经济计划执行情况的依据问题，现在统一答复如下：

一、工业主要产品产量和铁路货运量，均以《第二个五年计划后两年补充计划（控制数字）》中的 1961 年预计数字作为检查计划的依据（机械工业产品产量计划的检查依据，另定）；

二、基本建设计划，以 1961 年 7 月北戴河全国计划会议上印发的基本建设调整计划（全国总投资额为 71.3 亿元）和以后陆续由中央（有些是国家计委或财政部批准）和中央局专案批准的投资和项目（包括两不要项目），作为检查计划的依据。以上两部分以外的均作为计划外工程；

三、减少城镇人口和精简职工计划，以 1961 年 12 月中央局计委主任会议上印发的《1962 年国民经济计划主要指标分部门、分地区的安排意见》中的 1961 年预计数字，作为检查计划的依据；

四、高等学校和全日制中等学校的招生计划，按照经中央同意的由教育部印发的［61］教计事周字 710 号和［61］教计事刘字 738 号文件中的 1961 年数字，作为检查计划的依据；

五、上述四条以外的指标，如地质、铁路以外的其他交通运输、粮食加工以及两年补充计划（控制数字）中没有列的其他工业产品产量，其计划检查依据，均请各部、各中央局、各省、市、自治区计委按照主管的业务范围，自行规定。

六、按照上述规定进行检查，对于某些没有完成计划的指标，应当根据实际情况，进行分析，总结经验，不要因此而修改原计划。

150－9－80

① 题目为编者所加。

(三) 1962年国民经济计划

国家计委关于一九六二年计划编制方法程序的规定

1961年10月17日

国务院财经、文教各部、各中央局计委、各省、市、自治区计委:

送上《关于一九六二年国经济计划的编制方法、程序的几项规定》和《一九六二年国民经济计划表格(草案)》,请你们参照这套表格的要求和有关的规定,着手编制计划。这套表格,因为没有来得及同各方面充分交换意见,内容也不够完善,所以只能作为草案,你们在填报时如有困难,请即提出意见,告诉我们,以便统一研究修订。

因为今年编制计划的时间比较短促,各部门、各地方如果不可能一次全部按时报齐,可以分批报送:

(一)必须按期报送(十一月十五日以前送到)的计划是:

1. 工业生产计划中的工业产品产量计划;

2. 农业生产计划中的主要农作物生产计划;

3. 运输和邮电计划中的旅客和货物运输计划;

4. 国内商业计划中的主要农产品收购计划、社会商品零售总额计划和主要商品销售计划;

5. 对外贸易计划中的供应出口的商品收购计划;

6. 基本建设计划。

(二)除上述计划外,其他各项计划可以在十一月十五日以后陆续送到,但是最迟不要超过十一月二十二日。

(三)关于机械工业产品的生产计划和机电产品、钢材、生铁、铜、铝等分配计划的编报时间,将在这些计划的控制数字确定以后另行通知。

有关表格、方法、程序方面的一些具体问题,请随时同国家计委有关局联系,其中有关基本建设方面的问题,请与基本建设综合局联系;物资供应方面的问题,请与物资分配综合局联系;其他方面的问题,请与国民经济综合局联系。

附:国家计委关于一九六二年国民经济计划的编制方法、程序的几项规定

1961年10月17日

根据国家计委党组《关于第二个五年计划后两年补充计划(控制数字)的报告》和中央的批示,对于有关编制一九六二年国民经济计划的方法、程序等问题,规定如下:

一、一九六二年的国民经济计划,包括工业生产、农业生产、运输邮电、国内商业、对外贸易、文教卫生、地质勘探、基本建设、劳动工资、成本(流通费)、综合财政、物资供应等十二项计划。编制各项计划(草案,下同)的分工规定如下:

1. 中央各部负责编制本部直属企业和事业单位的生产、事业、基本建设、物资供应、劳动工资、成本(流通费)等全部计划。同时,还应当按照归口管理的办法综合编制全行业的生产、事业和基本建设计划(农业"口"的各部,可以不综合全行业的基本建设计划;其他各部,在综合全行业的基本建设计划的时候,只包括地方对口厅局所属的部分,不包括中央其他各部直属的部分),并对全行业的物资供应计划提出审核意见。

劳动部根据各省、市、自治区编制的劳动工资计划,会同中央有关各部,综合编制全国

的劳动工资计划。

对外贸易部根据中央各部和各省、市、自治区编送的有关计划，结合本部门掌握的其他情况，编制全国的对外贸易计划。

2. 各省、市、自治区计委，负责编制地方企业、事业单位的生产、事业、基本建设、物资供应、劳动工资、成本（流通费）计划和综合财政计划。同时，还应当综合编制包括本地区内中央直属企业、事业单位的生产、事业、劳动工资等计划的地区计划和煤炭、木材的地区平衡表，但在综合的时候，应当把中央直属企业、事业单位的指标单独列出。

国防工业各部和铁道部的计划，以及中央批发站的主要商品销售计划，采取单轨制的编制办法，各省、市、自治区不进行汇编。

3. 各中央局计委除了编制地方部分的基本建设计划和主要物资供应计划外，还应当综合编制包括中央各部直属企业在内的、全区的工业生产计划、农业生产计划和煤炭、木材的地区平衡表。对于其他各项计划和中央各部直属单位的基本建设计划，各中央局计委应当提出审查意见，但不进行汇编。

4. 国家计委根据各部门、各地区的计划协同国务院各办、各部和中央局计委对各项计划进行全面的综合平衡，编制全国的国民经济计划，报送中央审查。

二、编制一九六二年的国民经济计划，必须采取自上而下、自下而上、上下结合的群众路线的工作方法。各部门、各地区在接到中央批发的控制数字之后，应当尽快地把中央的指示和各项主要指标下达到所属重要的企业和事业单位，经过职工群众的充分讨论，尽可能从基层计划单位开始、自下而上地编制计划。基层计划单位一般规定为：

1. 中央各部直属的企业和事业单位。

2. 各省、市、自治区直属的企业和事业单位，或者是各省、市、自治区党委指定的企业和事业单位。

3. 农业生产计划，以县为基层计划单位。

除上述规定外，省以下各部门的其他计划，原则上以县（市）为基层计划单位；这些计划是由基层计划单位编起或是由省、市、自治区代编，请各省、市、自治区自行规定。

三、计划草案的报送程序。中央各部、各中央局和各省、市、自治区的计划，应当以综合报告的形式（附必要的简表）直接上报中央和国务院，并按照下列的程序报送有关的主管部门：

1. 中央各部直属企业、事业单位的计划，除报送中央主管部以外，必须抄送所在地的中央局计委和省、市、自治区党委、计委以及有关的厅局。

国防工业企业的计划，除报送中央主管部外，只抄送所在地的中央局和省、市、自治区党委。

2. 中央各部编制的直属企业、事业的计划和归口综合的全行业计划，除送国家计委和国务院有关各办公室外，应当抄送财政部、劳动部，其中规定应由中央其他各部归口管理的，还应当抄送中央有关各部。

3. 各省、市、自治区厅局编制的计划，应当送省、市、自治区计委，经过省、市、自治区计委综合平衡并且经过省、市、自治区党委审查后，报送中央主管部。

4. 各省、市、自治区计委综合编制的地区计划，经省、市、自治区党委审查后，送国家计委和中央局计委，抄送财政部和劳动部，其中的专业计划，还应当分送国务院有关各办公室。

5. 中央局计委综合编制的计划，经中央局审查后，送国家计委，抄送财政部、劳动部，其中的专业计划应当分送国务院有关各办公室、各部。

四、中央各部、各中央局计委、各省、市、自治区计委在编报计划草案时，应包括文字报告和计划表报两个部分。文字说明的主要内容应当包括：

1. 对当前的形势和一九六一年各项指标预计完成情况的分析；

2. 一九六二年计划的任务和各项计划的

安排情况；

3. 在各项计划的安排中，如何贯彻执行调整、巩固、充实、提高的方针和农、轻、重安排原则；

4. 计划指标的安排根据和相互联系的平衡情况；

5. 在计划安排中存在的主要问题；

6. 保证实现计划的主要措施。

五、为了统一计划指标的目录、计算口径和填报方法，国家计委制定了一套一九六二年国民经济计划表格这套表格只供中央各部（包括国防工业部门）、各中央局计委和各省、市、自治区计委填报，基层计划单位使用的表格和专、县计划机关使用的表格，由各部和各省、市、自治区自行制定；各部、各省、市、自治区在制定计划表格的时候，应当注意从实际出发，不要规定得过繁过细，增加填报单位的负担。

六、对于一九六一年各项指标的预计数字，各部门和各地区的计划机关应当同统计部门密切配合，认真进行核实的工作；各项预计数字必须按照统一规定的范围、口径和标准计算。

七、编制一九六二年计划所使用的价格：凡是计划表格中规定用不变价格计算的指标，一律按照国家规定的一九五七年不变价格计算；凡是规定用现行价格计算的指标，除分别按照国家和各部、各省、市、自治区规定的调拨价格计算外，没有调拨价格的产品，一律按照一九六一年九月三十日当地的出厂价格计算。

八、有关一九六二年计划的下达和指标的分级管理等问题，待下达计划的时候另行规定。

150－10－63

李富春在中央局、计委和省市计委主任会议上的讲话

1961年12月24日

我讲一讲执行1962年计划应该注意的几个问题。

一、抓重点，抓关键

明年的关键是木材、煤炭的生产，而当前最紧迫的还是木材。这是关系全局的问题。南方9省应该努力增加森工的劳动力，北方几省要抓紧冬季生产。如果做不好，明年的计划有破产的危险！并且将影响后年。希望南方9省迅速实现总理提出的要求。

实现木材的生产指标主要是解决劳动力的问题。劳动力能否解决，是粮食问题。如果把生产大队、县、省的机动粮食统一调剂，集中力量突击2个月，是完全可以解决的。现在组织70万人上山还不迟，再迟了就不行。能做到的事不做，就是错误，将影响全局，影响整个国民经济的安排。这对我们来说，是经验。

煤炭的生产，主要还是坑木问题。搞得好，整个的战术布局、采掘并进就有了条件。坑木不够，采掘难以并进。

同志们一定要了解，煤、木关系着明年整个的计划，“眉”、“目”不清，计划也将不清。现在不是什么高指标、低指标的问题，就是指标再低，煤、木不解决，整个的经济战线就会溃退。

我们的经济作物减产，明年的收购将比今年减少，因此必须加强对农业的支援，保证“农轻重”安排，保证市场。“农轻重”安排，首先要保证一定的重工业原材料的生产，而保证重工业原材料有一定的生产水平，就必须有煤炭、木材。

煤炭、木材对于全国的意义，大家是清楚的。因此，在制订和执行计划中，就必须抓重点。今年第三季度煤炭部直属矿井的生产水平是45万吨，11、12月达到46万吨，而明年第一季度只安排为44.5万吨。明年第一季度与今年第四季度的生产条件相比较，除了放假4天可能影响少产100万吨以外，其他条件都比今年好：今年安排的维修材料，明年1、2月内可以全部交货；采掘关系比今年有所改善，现在日掘进工作量达到1.5万米，过去只有1.3万～1.4万米。所以，煤炭的生产计划，只要努力是可以完成和超额完成的。

有了煤炭、木材，才能“眉”、“目”清秀，实现明年的计划才有希望。

二、认真抓农业

调整3年，明年是最重要的一年。调整的中心，首先是工农业关系，促进农业的恢复和发展。现在说形势很好，主要表现于农村的形势好，农民的生产积极性调动起来了，叫苦的少了，不同于去年的今日。在今冬明春，抓紧进行农田整理，抓农村整风整社，继续贯彻“农业六十条”，争取来年有个丰收，使农村形势在政治上、思想上、经济上进一步地高涨，以促进城市和工业形势的进一步好转。这是要全党一致努力的大事情，是调整工作的第一位。

今年多注意了农业，提高粮价，开放自由市场，使农民的收入多一些，吃得多一些，是需要的、是必然的。因为连续3年的灾荒，农民吃了两年的苦头，先顾农村这一头，不能说是错误的。把5亿农民稳定了，不叫苦，就大势已定。

明年，必须注意在农业生产进一步发展的条件下、在城市人口进一步减少的情况下、在工业进一步支援农业和轻工市场的条件下，做到工农业并举、城乡兼顾、互相支援。如果不注意，将会发生一边倒的偏差。

现在，农村的病人，浮肿病比去年减少了，而城市的病人，浮肿病却增加了。去年农村的治安情况不好，现在比去年好了，但是城市的治安情况却差了，过去是农村人口不稳定，向外流，现在基本上稳定了，而城市人口、工矿职工不稳定，如果不注意做工作，春节放假时不知会有多少煤矿工人跑回农村去。

我们要注意工农业并举，城乡兼顾，互相支援。只注意乡村，不注意城市，会发生偏差。我们应该有预见性，防止发生偏差。这是指导思想问题，是政策问题，也是实际工作的安排问题。

三、抓基本建设

基本建设战线不能拉长，要抓重点，必须排队，凡是新建的项目和今年下了马推迟到明年建设的项目，一律安排到下半年建设，不能一拥而上。同时，不能再打计划外的主意。

今年搞了一年缩短基本建设战线的工作，三申五令不准确搞计划外的项目，但实际上，据统计局的材料，计划外的投资还有20亿元。一方面地方财政有赤字，一方面还搞20亿元的基本建设。人民群众饭都吃不饱，我们却在搞高标准的楼、馆、堂、所，于心何忍，还有没有共产党员的味道！天天讲群众路线、为群众服务、为群众的利益，都变成了空话。省市计委在这些问题上虽然不能作决定，但是有提意见的权力。明年，决心不搞这些东西，癞痢头就癞痢头。

明年基建投资就定在59.5亿元，不能再增加了。当然，如果夏季丰收，秋季丰收在望，上半年的煤炭、木材生产能够超额完成，形势有了进一步地好转，到下半年，必需安排的投资还有可能再增加一两亿元；否则，现在安排的投资也无把握。基本建设投资要用在刀刃上，真正起到作用，这是一门学问，要总结经验，具体摸，具体项目进行具体分析、具体安排。

四、抓清仓

从中央到省市，都要组织一个强有力的清理物资的指挥部，把全国的库存物资彻底摸清，看除了必要的周转数量以外，还有多少积压的原料、材料和设备。这是调整工作的一个重要方面。

清仓已经讲了一年了，但是效果不大。原因何在？就是还没有造成声势，没有形成群众运动。群众运动起来了，不仅能够清理物资，还能够清理人，清理坏事情（包括走后门、贪污、盗窃等等）。成都量具刃具厂过去是个红旗单位，现在发现有两个坏人同外面勾结起来进行盗窃，用盗窃的锻压设备、机床、合金钢、优质钢、量具、刃具等给人家装备了3个工厂，究竟损失了多少物资，根本查不清楚，因为没有账。像这样的事情，不是个别的。这说明企业管理混乱，太烂了。

仓库账物不符，有账无物，自己哄自己。

要清理，损失、霉烂了的就认账，该转账的就转账，摸清底细，把死物变活物，把无用的变有用。否则，分散下去，对国家建设不利。

五、加强企业管理

如何组织实现明年的计划？就工业部门来说，靠工矿企业。但是，工矿企业不加以整顿，不从政治上、思想上、组织上、制度上、技术上和生活上各个方面加以整顿，是搞不好的。因此必须认真贯彻“工业七十条”，组织试点，取得经验，全面施行。

“工业七十条”现在不准备修改，等试行中发现问题取得了经验再说。“五定”，在目前情况下不可能全定下来，能定几条就先定几条。“工业七十条”的中心问题是建立责任制和建立经济核算制度，不论条例本身还有什么缺点，不论将来怎样修改，企业的责任制度和经济核算制度是非建立不可。

这五个问题，是执行明年计划需要注意的重要问题。不抓住这几个环节，明年的调整工作就不能做到更好的效果，又可以预先做出结论：明年的计划没有安排好，没有执行好。

关于计划机关本身和计划工作上的一些问题，主要是：（1）全面安排，综合平衡；（2）集中领导，分级管理；（3）怎样进行综合平衡，靠什么机关做。

这些问题，中央和主席很早就提出过，今年的庐山会议，特别强调综合平衡，集中统一。但是我们并没有很好地解决。

所谓集中统一：第一，统一思想；第二，在统一思想的基础上，统一方针政策；第三，把统一的思想、统一的方针政策贯彻到统一的计划上；第四，根据统一的计划，统一行动。中央要求的就是这“四个统一”。在此基础上，进行分工负责、分级管理，而不是什么事情都要由中央管，也不是在这“四个统一”之外搞什么分级管理。这样的集中统一，并不妨碍地方的积极性。譬如，现在抓木材生产，大家在统一的计划下发挥搞木材的积极性，这又有什么妨碍呢？如果不是根据统一的计划搞木材生产，而积极地搞招待所、迎宾馆，就不是自觉积极性，那是盲目的积极性。计划是你们的事情，我有我的打算，就不能统一思想，不能统一方针政策，不能统一计划，行动也就不能统一。

总结三年大跃进的经验，有伟大的成绩，但是实际工作中也发生了一些缺点和错误。这些缺点和错误，概括地说是“高、大、散、乱”4个字。高指标，几个大办，大规模，分散了，因此乱了。现在不能再搞分散了，必须集中统一，综合平衡。这除了要求大家统一思想，提高认识，提高觉悟程度，提高纪律性，提高全党服从中央的观念，还需要采取必要的组织措施。

省委要做到全面安排、综合平衡。依靠什么机关做呢？我建议依靠计委，加强计委的机构，加强计委的领导，最好省委第一书记或第二书记直接抓计委的工作。否则，计划委员会很难办。工业书记可以牵着计委走。农业书记、财贸书记、文教书记都可以牵着计委走。从一个方面来说，都有道理，但是把各个方面的东西接起来，就同全面安排、综合平衡有距离。各口要在统一的计划下进行工作。各口有对计划提出意见的权利，并在执行计划中提出具体政策和具体措施，组织贯彻实现统一的计划。改变计划的权力应在书记处，而书记处在讨论研究改变计划时则主要依靠计委。要有这样的措施才行！否则，都是空话。要使局部和全局结合、长远和眼前结合、工农商学结合，没有一个结合部门不行，计委要担负起这个任务。

现在机构重叠，应该减少。拿工业部门来说，有工业厅局，有省经委，有省委工业部，有工业副省长，有工业书记。其他部门也是如此。这种组织形式，就是“散”。能不能改变一下，精简一些机构，减少一些层次，很值得研究，层次越多，开会越多，工作愈不能深入。层次少，指挥及时、灵活，能够集中统一。

统一领导，不各打算盘，大家按计划办事，一律不搞计划外的事，发挥执行统一计划的积极性。可以先试行一年，如果执行中发现有什么错误，再改。

省也要注意集中统一。过去把人权、财权、物权、计划权下放多了，不仅中央下放得多了，省也下放得多了。要认真进行审查，下放不合理的要收回，适当地集中，克服小天下的局面。

过去工作中发生了毛病，责任不在于党中央，而在于中央各做实际工作的部门，首先是国家计委的责任，省级机关也有一定责任，但对下只要求改，不要求承认错误。工作上发生了一些缺点和错误，认识了，改正了，就是好事情，不要泄气，但问题是得改！从思想上、组织措施上认真贯彻全面安排、综合平衡、集中统一、分级管理的原则，克服分散主义的现象。

提出这样一些问题，是个人的想法，请同志们向各自省委和第一书记反映一下，大家谈一谈，如果我的意见错了，就改正；如果还有参考价值，请大家也想一想。

关于编制长期计划的问题，已同各中央局计委主任谈了，想他们已同大家谈过了，我就不谈了。

JJS50－4（上）

李富春：关于一九六二年计划调整问题

1962 年 2 月 16 日

在谈今年计划之前，先看一下今后的趋势。这几年，农业生产力遭受了损害，恢复起来不那么快。“六十条”下去只解决了生产关系的问题，而生产力的问题还未解决。人力、畜力、地力不是在一两年内可以完全恢复过来的，从今年算起恢复需要 3～5 年，好者 3 年，坏者 5 年。东北大牲口减少 30%～40%，撂荒地 2 000 万亩，草荒地 4 000 万亩，这就影响 60 亿～70 亿斤粮食的产量。华北平原土地盐碱化严重，新盐碱化土地 3 000 万亩，如不采取措施，将会继续盐碱化。

看形势，明年全国钢不可能搞 1 000 万吨了，准备搞 850 万～900 万吨，宁肯少些，但要好些。弄得不好，1967 年还达不到 1 800 万吨的水平。第三个五年着重搞吃穿用，必须做到真正解决吃穿用的问题，认真按农轻重的次序进行安排，这个方针必须坚持。不然，工业勉强上去了还得退下来。

工业要提高机械化的程度，搞一个算一个，要求提高质量，品种齐全，配套成龙，以提高劳动生产率，减少职工。

要开个设计院长会议，要改变那种一搞工厂，就分成生产区、福利区，连成一片，成为一个城市的思想，树立“农轻重”的设计思想。搞大厂的设计思想不仅重工业方面有，其他行业中也有，如搞大的水利工程，搞大糖厂、大纸厂、大人造纤维厂，搞万人大学。这种设计思想带来了不良后果，多占地，占好地。现在，如果要建设新厂摆到哪里也成问题，没有地方摆。有些建设项目，不要设想搞第二期了，如酒泉钢铁厂，要从“农轻重”的方针考虑问题，粮食、原料、煤炭、动力从哪里来，运输如何。

第三个五年建设速度不会快，中心是解决农轻重和吃穿用。农业不恢复，基本建设不可能都上去。

如何搞好农业？现在，管农业工作的一些同志不是想靠农民自己来搞好农业，而是把希望寄托在工业对农业的支援上，要求工业方面搞多少化肥、搞多少拖拉机和排灌机械。农业已经有了问题，还要叫工业搞高指标，这样做问题会更多。有了这种坐待工业支援农业的思想，当希望实现不了的时候，就会对工业方面产生埋怨。

中小农具，经过几个“大办”之后破坏相当严重。如何修复，请光伟同志准备意见和材料。

要从实际出发，首先是从农业的实际出发，因此明年的全国恐怕只能搞 800 万～900 万吨，并进一步采取措施，提高质量，增加品种。

今年的计划恐怕只能是调整，主要是调整煤炭的生产指标，东北减 200 万吨，山东减 40 万吨，安徽减 15 万吨，其他指标一概不动。某些指标可能要降一点，多搞一些维修，如汽车和拖拉机。但有些汽车根本不能用了，不要列入维修，应当报废。

市场问题，我有三点意见：

第一，能不能从重工业的需要方面多挤出一点橡胶来搞日用轻工业品，如搞胶鞋，搞比胶鞋更值钱的东西。橡胶可否从当年准备的1万吨中拿出6 000吨来，从待分配的3 500吨中拿出1 500吨来，从国家储备9 500吨中拿出500吨来搞些值钱的橡胶日用品。

第二，薄板和黑铁皮，要压缩重工业的需要，宁肯少搞一点矿车，抽一点出来多搞些生活资料。

这样做的目的是为了平衡市场，拿东西同农民交换。农民要的是小农具和日用品，不是拖拉机。拖拉机是上层建筑里的人提出的要求。搞出来的日用商品确实是人民生活所必需的，同时又是值钱的，不然等于白搞。

化工原料也要算一算，可否增加一些生活资料。对生产资料转为生活资料的问题，要算一笔账。

第三，要解决中小农具问题。我们希望丰收，但要有东西同农民去换，所以我们要多生产一些东西。

缺口最大的是基本建设，今年如何调整？我不主张算账，主张砍项目。能砍的就砍掉，能推迟的就推迟。煤、木、矿运不动，重点砍水利、水电、电力，某些国家工业项目要退下来。对700多个项目要一个一个地摸。

水利现在是个被动局面，水利部门还不了解这个问题的严重性。

对于水利项目，一是未经勘察设计，没有设计任务书，未经中央批准的，一律不准搞。二是已经搞了的，有危害性的，宁可炸掉，不要把资金和材料白白地花上去了。

搞了多少外贸基地，商业系统搞了多少加工厂，请思华同志调查一下。

手工业用铁过去是土铁，现在要靠国家计划供应，有问题，如何把手工业用铁和原料恢复起来。

党组学习时，请研究一下如何加强计委的问题。

JJS50－4（上）

周恩来：目前经济形势与国民经济计划调整[①]

1962年3月8日

一、目前的经济形势

讲总的形势，包括政治、经济，包括方针、政策、干部经验等等，从这些方面看，最困难的时期已经过去了。比如，农村工作，现在比过去懵懵懂懂的状况好得多了，农村人民公社有了“六十条”，基本核算单位下放到生产队，干部认识了缺点，吸取了教训，等等。在其他方面，也制定了具体的政策。现在，情况比较明，方法比较对，决心也就大了。所以说，总的形势是好的。

讲到经济形势，就应该说，目前财政经济的困难是相当严重的，而且有些困难我们可能还没有看到，没有预计到。少奇同志说把困难估计足够，比估计不足要好得多，就是多说一点困难，也没有多大害处，要鼓励各种不同意见都说出来。有不同意见，可以争论，争论以后，由中央做决定。个人还有不同意见，可以保留，但在行动上必须一致。

关于经济形势，讲下面六点：

（一）农业生产情况严重的不平衡。有好的，有坏的，也有中间的，差别很大。现在有17个省、1亿人口的地区闹春荒，最困难的有5 000万人，每人每天5两以下粮食。由于粮食层层包死，余缺不能调剂，加重了度荒的困难。

口粮不够，不能不影响到经济作物，特别是棉花生产。今年计划棉花种植面积6 000万亩，每亩产皮棉30多斤，争取生产2 000万担，收购1 600万担。但是，如果不采取适当措施，口粮问题不解决，农民不愿种棉花，计

① 转自中共中央文献研究室编：《周恩来经济文选》，中央文献出版社1993年版，第456～460页。

划就无法实现。口粮不够，也影响到耕畜，有些地区不仅不能很快恢复，而且还有可能继续减少。口粮不够，会影响农民的生产积极性。至于农具，铁制的搞好一点，可能恢复得快些；木制、竹制的则要恢复得慢些。

从各种情况看，农业的全部恢复，可能5年还不行。我们要争取快，但要准备慢。毛主席对工作的安排，向来都是对最坏的可能性作充分准备的。

（二）必须承认，工业生产力部分地遭到了破坏。这个问题，我同有些部门的同志有争论，1961年同煤炭工业部就争论过。有一位负责同志长时期不承认煤矿的生产能力部分遭到破坏，他在一次书记处会议上说，煤炭生产上不去，只是因为缺少坑木、设备和配件，比如，房子是好的，只是缺少桌椅板凳。我当时说，实际情况并不是这样，这几年煤矿生产能力破坏得相当厉害，即使国家可以充分供应物资，“房子”也需要重新修补。这种情况，各部门都有。如鞍钢的生产能力也遭到一定的破坏。瞎指挥，技术革命中的缺点、错误，都使工业生产力遭到一些破坏。

现在生产不配套，半成品大量积压，维修力量不够，计划上许多东西有缺口。

中央早就决定不准搞计划外的基本建设，但是，有的地方还在“上马”，包括楼、堂、馆、所。现在做的不少事情，不是缩小矛盾，而是继续扩大矛盾。

还有，职工的生活水平降低了，体质差了，影响积极性。

企业和机关，一直到现在还是人浮于事。不少部门和企业，还撑着那么一个架子，不愿精简。

1960年我还想怎么把大家的劲鼓起来，到了1961年，我了解到不是干部、职工松劲的问题，而是许多问题没有能解决。当时有人说要反对干部松劲，我就不同意。

（三）市场供应紧张，货币实际上贬值，城乡人民生活水平下降。我们一定要制止物价上涨。但是，解决市场问题，根本改变现在的状况，不是短期能够办到的。

（四）财政收支、信贷、物资的平衡，也有很大问题。财政有赤字，信贷不平衡，多发了票子，挖了库存物资，算起来一共可能有300亿元左右。

（五）国家、老百姓的底子都亏了，粮食已经没有多少库存。陈云同志说，农民的底子不如开国初期。我看是这样。

（六）总的说来，在今后10年中要有个恢复时期，这是讲它的主要性质，而一般的仍可称它为调整时期。

二、今年的计划要进行大幅度的调整

今年计划还需要大调整，是我向中央提出的。原来还想慢慢转弯，现在看来不行，要有个180度的大转弯。如果说，过去是改良的办法，那么，现在就要采取革命的办法。当然，步子一定要踩稳。

怎样转？有八条。

（一）经济计划工作要从以工业、交通为重点，转到以农业、市场为重点。

（二）按照当前最急需的安排生产。比如，农业需要的中小农具、肥料，就要优先安排生产。

（三）工业要按短线安排生产，使生产的东西配套，再不容许出半成品。

（四）从现在起就要搞综合平衡。国家计委要搞综合平衡，各个部门、各个地方都要搞综合平衡。

（五）按节约原则安排生产，把材料用于质量好、消耗低的企业。要讲究经济效果，讲究经济核算。

（六）要更加强调自力更生。一年多以来苏联就不给我们主要设备了，今后情况恐怕也还是这样。因为外汇不够，从资本主义国家主要也只能进口粮食。

（七）国防工业要循序前进。

（八）基本建设规模还要缩，投资还要削。基建的安排不能扩大矛盾，而要缩小矛盾。1962年的投资（现金支出）必须控制在45亿元以内。

三、工作步骤

属于全民所有制内部的问题，看准以后，就下决心，雷厉风行，赶快动手，采取紧急措施。如银行的集中统一管理；改变粮食层层包死的办法，实行下死上活的办法；冻结所有交际处的物资；等等。属于国家和人民之间的问题，如高价商品等，更加要慎重，看准了、有了充分准备以后再动手，没有看准、没有准备好，宁可慢一些。

李富春同志关于调整一九六二年国民经济计划时应研究的问题给王光伟、安志文同志的指示①

1962年3月16日

光伟并志文同志：

请在调整今年计划中研究一下：

（1）农村除中小农具外，还有生活用具，如：菜刀、洋钉、铁丝、筛子（不用竹子，而用窗纱做，能否做到），水缸，脚盆等，是否可以有办法（与手工业局商量）。

（2）丰产区建筑房子的要求很迫切，请参观一下建工部展览的预制构件，是否在农村中适用？能否推广，能否指示各地动员一部分建筑工人代修房屋，管饭吃。

总之想一想把原材料如何用之于刀刃上，能把农民的钱或农产品搞到国家手里。

150－10－115

中共中央批发中央财经小组关于讨论一九六二年调整计划的报告的指示

1962年5月26日

第404~461页。D220－5455（15）

① 题目为编者所加。

三、关于计划工作的指示与决定

中共中央批转国家计委党组关于改进计划工作的几项规定

1961 年 10 月 7 日

第 744 ~754 页。D220 -5455 (14)

李富春同志传达书记处关于编制七年规划问题的指示

1961 年 10 月 16 日

富春同志 16 日上午召集会议，传达了书记处关于编制七年规划的指示。纪要如下：

七年（1963—1969 年）规划，不要搞得很细，只搞个框框出来，再慢慢去补。于今年底前提出这个框框，供中央同志召集大家议论。

我们有了这几年的经验，基本上不至于出大毛病，生产指标也不至于过高。

一、方针

（一）编制七年规划的方针，还是“农轻重”的方针。发展重工业支援农业和市场。农业主要搞吃的，工业着重搞穿的和用的。也就是发展重工业的用途，少用于重工业本身，而多用于支援农业、轻工和市场。

（二）搞个奋斗目标。不要搞很多项目，分散力量，要集中力量解决问题，无论搞些什么项目，都要解决问题。四川省 3 年用了 49 亿元投资，没有搞出一个名堂来，而第一个五年 19 亿元投资却搞了成渝铁路。因此，必须集中力量，重点解决真正能成功的重要项目，不能到处铺摊子，分散力量。

（三）要更好地、合理地搞工业布局。

（四）确实为现代化工业、现代化农业、现代科学文化和国防现代化打下真正的基础。

以上四条都是带有方针性的。

二、几个具体指标和要求

钢，1969 年能否生产 3 000 万吨？相应的搞有色金属和稀有金属，同时，品种、质量也要有很大地改进。要集中力量搞几个点（大型的、中型的)，不要 7 年过后还是散摊子。

煤炭、石油、水电、天然气供热、供电等原料动力问题，请各部门研究，计委也要有个综合规划。煤炭搞多少？请煤炭部研究；1969 年石油能否生产 3 000 万吨，增长 4 倍，请石油部研究；煤炭、石油要计算一下：多少石油可以抵多少煤炭，多少天然气顶多少煤？有关部门分别研究；天然气除了做燃料动力用外，还可以搞什么？有些城市可以扩大工业供气问题，请石油部等单位研究；哪些地区的水电站确实有把握能上去？请水电部研究。

化工，除了基本化工外，一个是化肥，一个是合成纤维。7 年搞 10 套维尼龙，是否可能？加上人造纤维（不用木材的，用甘蔗渣、棉秆皮的)，1969 年每人达到 10 尺，加上棉布每人可否恢复 20 ~24 尺？这个问题请化工部和纺织部共同研究，以化工部为主，相互挂钩。同时也请石油部参加。

轻工业，主要解决市场问题、吃的问题和用的问题，日用品哪些可以搞上去，哪些中央安排，哪些地方安排？要研究。

支援农业问题，要注意化肥第一，农业机械第二。化肥，现在看来，每年搞 10 套合成氨不容易，如每年搞 6 ~8 套就了不起，按 8 套算，每年可搞 80 万吨化肥，七年就是 560 万吨。综合平衡一看力量不少，孤立看 10 套还不够，20套最好。但确实能够上马，能够成功，每年能搞几套？不要再搞些癞痢头。农业机械七年规划，前3年或前4年集中力量搞东北，解决机械化问题；后3年或后4年再解决华北和淮河以北地区。同时，拖拉机和农业机械修配网也不要像现在这样零打碎敲，要集中力量突破重点。南方主要搞电灌。

现在看来，水利工程和水利建设的成绩很大，但确实问题不少。搞了水坝没有搞水渠；搞了水道，碱化了土地；蓄水、排水和上下游争水都有问题。这两年由于搞水利，对大江、大河的堤坝修理不够，明后年长江、黄河等要注意修堤、加固。今后还要注意这个问题。

农业电气使用，要搞个规划，要逐步搞，有计划地经过7年或再加7年，逐步达到电气化排灌。动力、电力的使用农忙搞排灌，农闲搞加工，不要再吹楼上楼下电灯电话。

机械工业，一方面满足以上各方面需要，如化肥、冶金、矿山的重型设备。另一方面满足尖端的需要，要搞“精”的，补缺门，搞新品种。要自力更生，钢材、有色金属、稀有金属、机械要有计划地达到自力更生，要集中力量有计划地每年突破一点新品种才行，今年突破几个，明年再突破几个。有色金属、化工、石油等部门立即提出7年技术政策和技术目标。有了奋斗目标，好讲话，也有理由讲话，否则，苏联援助的项目砍下来，也说不出道理。

铁道，集中力量解决几条铁道：湘黔路、成昆路和柴达木（到西藏搞不搞，以后视情况再定，即使搞，也是轻轨），兰新线应该修通吧！先把几条干线搞起来。铁道的技术改造问题，用多少柴油搞内燃机车，能搞多少？要计算一下。不要搞高指标，不要1969年停止蒸汽机车的使用。森林铁路要搞，宁可少修一条干线，也要把森铁解决了，否则木材不能解决。

国防，第一搞“两弹一机”，集中力量突破。第二搞常规武器。十八般武器俱全。请慕韩同志和有关单位专门谈谈。

请建工部注意，城市住宅的建设，集中建设城市职工宿舍。这样，全国7年以后，衣、食、住、行都有所改变。不要设想城市规划搞多少马路，修多少层的房子，那种城市规划不要。北京市这几年非建3层以上大楼不可，非几百元1平方米的造价不可，这种规划是不切合实际的。是否提取3%～5%的利润来搞城市建设，由计委和财政部研究一下。

三、编制七年计划应注意的问题

各部编制七年规划，必须想到左右邻舍，想到资源，想到交通条件，想到动力的需要，想到设备。

定两年计划时，看重研究七年规划，而不是看重研究两年计划，因为两年计划控制数字已留有余地，出入不大，下面可以照报。□□两年的数字不好看，而7年就好看了。

七年规划要建立在完全自力更生的基础上，和第一个五年不同，第一个五年是建筑在别人帮助的基础上。第一个五年的好处是全国都知道156个项目，大家集中力量突破，应把好的经验接受下来，把不好的经验去掉。七年规划，不要向人家要设备，必须加强技术力量，有计划、有步骤地突破技术关，不可能还和苏联谈判进口多少设备。单干是列宁主义的，一个国家可以建设社会主义，苏联现在单干，一个国家建设共产主义。我们还要准备挨骂，准备挨一年骂，特别是人代大会以后准备人家说我们不行；说我们不是大跃进，是倒退；说我们的三面红旗破产。有了七年规划再说。

钢产量明年计划750万吨，可能超额完成。要想办法把一些钢锭、废钢、废铁、各地方的库存和商业部门积压的次货，需要回炉的都回炉，能够在计划外搞到100万吨钢，利用起来。中央决定由国家经委和财贸办公室组织此项工作。

富春同志要求，工业各部指定一位副部长在家负责组织一个班子（包括技术人员），负责编制七年规划。于11月底以前提出方案。

计委也要留人在11月底前参加各部研究七年规划，11月后，计委综合研究，于12月底初步向中央交卷，并向中央写个简要报告，不讲道理，主要讲指标。

计委出去的同志，请将以上编制七年规划的方针问题，向各中央局传达一下，并座谈3次，听听中央局计委的意见，这次没有具体的要求，只是把中央局计委的意见带回来。

最后，富春同志说，总的方针，明年也好，7年也好，就是那样了，一定要做到3年小见效，7年大见效（程主任传达时说9年大见效）。通过编制七年计划，达到鼓动人心，确实可靠，留有余地，超额完成，改变干部思想面貌。

150－9－26

国家计委传达富春同志关于提前于十一月底编好七年规划的指示

1961年10月23日

书记处决定，七年规划提前于11月底编好，以便供12月中央工作会议讨论。

23日上午，富春同志邀集光伟、明夫、慕韩同志传达了此项决定，并作了重要指示。下午，光伟同志向计委各局局长传达了富春同志的指示。纪要如下：

七年规划的总方针

（一）自力更生的方针

1. 集中技术力量打歼灭战，发奋图强，要逐年逐步突破技术问题。首先是原材料，原材料加工和试验研究要结合起来；国防方面不仅要注意加工，也要注意原材料部门。搞原材料不是一般的八大品种，而是合金钢、优质钢、钢丝绳、无缝钢管等，首先突破哪些，要排队。如飞机的配件和零件人家不给，是否找出进口的配件和零件，请冶金部化验一下到底是什么成分？搞几次我们就能制造了。

2. 集中力量打歼灭战。

3. 原材料、加工、试制三结合，互相支援。

4. 提高质量，增加品种。

5. 搞标准化，请科委研究。

自力更生，把技术力量集中起来，各行各业都要有奋斗目标。

（二）多快好省的方针

不要只要多快，不要好省，数量和质量要结合起来，多快和好省要统一，不要讲多快时而忽略好省，讲好省时忽略多快。

1. 把现有企业的潜在力量发挥出来，把现有企业的底摸清楚，如钢铁工业，要把大中型企业摸清楚，鞍钢多少万吨？包钢300万吨，太钢300万吨，上钢150万吨，重钢100万吨，到底搞多少？然后填平补齐，成龙配套。

2. 必要的新建，首先利用已经积压的设备。

3. 不要搞大型企业，要以中型为主，中型可以成为骨干企业，不要认为只有大的才是骨干，不要分散力量，搞成癞痢头，要搞拳头。

东北、西安、洛阳、成都都不要搞新的。

（三）“农轻重”的方针

发展必要的重工业其目的是支援农业、支援轻工业，使人们的吃、穿得到适当的解决。

1. 化肥支援农业，1963—1965年每年搞6～8套合成氨，1966—1969年每年10套，1969年以后，每年12套。

2. 因地制宜，根据不同地区搞排灌。

3. 农业机械——拖拉机，先东北、华北和淮北，要计算一下需要多少？如7年完不成，根据能力先解决东北或华北，然后解决淮北。

排灌机械的型号要研究，并要讲究效率，使生产队和生产大队都能买得起。

化肥搞出来可以卖，排灌机械也可以卖，这样我们可以多拿到一些农产品。我们一定从实际出发，这几年有些机械不是完全从实际出发。拖拉机国家共花两笔钱，一笔是拖拉机生产的工厂的投资，一笔是拖拉机站的投资，需要研究。手推车，生产队也可以买。

平原、山区、丘陵区究竟农业增产需要一些什么？也要研究。不然支援农业支援什么？拍马屁拍在马腿上。这几年花样太多，插秧机、这个机、那个机，收效不显著。

水利建设要总结经验，有些省土地碱化吃

了亏。不能光蓄不排，要上下兼顾。以蓄为主的提法，在全国来说，不是因地制宜。现在又有人提出以提水为主，不要盲目推行，还要有经济核算，否则使国家增加负担。

农药，算大账需要量很大，可是土地用药面积没有增加，收获量也没有增加。使用喷雾器好，还是“安2”好？飞机灭蝗作用很大，但是农药损失很多，要总结经验。

4. 轻工业，着重解决穿和用的。穿的搞维尼龙，7年搞10套（每套需要2.5万吨钢材），每套年产15亿米，共150亿米；加上搞粘胶纤维（甘蔗渣、棉秆皮做原料），每人平均12尺。棉花播种面积争取达到8 000万亩，产量4 000万担，每人平均10尺，合计每人22尺。

用的，在40种基础上，根据购买力的情况能够提高多少？加以扩大。要培养原料基地，搞竹、木。木材、每年拿出1亿~2亿元造林，造经济林、木本油料，明年大搞核桃树苗。

所有上述这些，归根到底，还是依靠重工业的发展。

5. 重工业的发展。煤、电、油要搞规划。

钢铁、有色按比例发展，1969年原设想搞3 000万吨钢，是否搞到3 200万吨。冶金集中搞骨干钢铁厂，不要像太原特殊钢厂不像个样子，先把现有的大中工厂定下来，看看生产多少？然后再考虑补哪些，新建哪些？有色金属要快一点搞。

机械工业在现有规模基础上，首先满足上述方面的需要。东北、西安、成都不要再扩大了。

电，是否多搞一些水电，首先地质条件好的，计委应先考虑搞哪些，而不是各地区先提出。

铁道，西南、中南有不同的意见，将地图送富春同志看一下。究竟湘黔路还差什么？先由部里研究。

树藩同志提了一个意见，还是老意见，即利用贵州的煤炼四川的铁。从工业考虑是合理的、是可以的，但是从农业上考虑就不行，贵州不能负担大的煤矿。所以我们考虑工业问题时要注意结合农业，让企业和农业结合，这个经验计委必须记取。

煤炭，要和利用供热供气一起研究，减少民用煤，增加天然气，增加瓦斯。

石油，搞到2 500万吨。

水电站，要搞有把握的。

对外贸易：（1）算一下7年能够还多少账？7年要还清。（2）原材料要自力更生，如橡胶。天然橡胶7年搞5万~6万吨，合成橡胶搞多少？（3）稀有原材料和援外要计算一下。（4）推迟一些成套设备的进口，减少出口，争取由被动变为主动。要将不值钱的、损失相当大的而且市场又需要的东西，减少出口。对出口的货物要加以具体分析。赔钱，除了有价格问题外，还有经营管理不善问题。

什么叫做合理库存？内外贸都有这个问题。有一定的周转量就可以了，不能年年增加库存，市场愈紧张，库存愈要加大，这样造成物资更缺乏、市场更紧张，要总结一下。

商业整风，在庐山已提出，现在缺乏有力措施来贯彻。商业部门不应该走后门，少奇说，走后门是两条道路的斗争问题。

富春同志要求各部搞，煤、电、油成立综合小组，化工成立了4个小组，穿的问题要和纺织部合作。

计委各局于本周内先搞基本资料，搞出基本资料后，再用半个月的时间，搞填平补齐，搞新建项目，要和各部结合起来。

告诉大区同志（副主任或委员），要他们用2~3天的时间，座谈关于编制七年规划问题，大区有什么设想，有什么要求？现存企业怎样，增加哪些，发展哪些，补充哪些，新建哪些，农业怎样，支援农业搞些什么？提个意见。

所有到大区的同志下月10日回来，现在需要抽回来的就抽回来。

轮训干部要推迟，向国家机关党委报告一下。

为了贯彻执行富春同志的指示，编好七年

规划，党组作了如下规定：

1. 集中力量编好七年规划，各局首先把人力集中起来，并于明天向全体同志传达李主任指示的精神和原则；如各局人力不够，需要抽回出差的同志，由各局长决定。

2. 搞基础资料，要从实际出发。

(1) 各局将现存的资料，加以整理后，和主管部核对一下。

(2) 送庐山会议的资料，请俊扬同志压缩一下，写成简单资料，发给党组各同志、各局看看。

(3) 地区局把现存资料整理出来，请俊扬同志阅后印发党组各同志、各局。

(4) 所有各局整理的资料，均通过综合局后，再印发，以便口径一致。

时间，按照富春同志的指示，本周内各局都要搞好，并于本星期五、六委内进行座谈。

第二阶段，在现有资料的基础上，搞填平补齐，填哪些，补哪些？要研究，然后再根据能力能达到多少？再考虑新建。考虑新建的时候，要综合平衡，全面安排，要根据资源、交通、动力、煤炭和农业等各种条件提出规划。第二阶段的时间为两周。

关于品种质量，要突破技术关，请各局考虑提出要求，如搞多少合金钢、优质钢、新品种？同时，也请各局考虑一下技术政策问题。在编制七年规划过程中，各局要加强协作，注意平行作业。

150－9－26

李富春同志关于在七年—十年计划安排中应注意事项给各部党组的信

1961 年 12 月 4 日

各部党组：

为了有利于布局，有利于应付突然事件，有利于以后的发展，在七年—十年计划安排中请特别注意：

（一）新建企业必须以中型为主。

（二）按大区成套安排，组织协作。首先要注意按地区填平补齐（原材料和加工工业的配合）。

（三）大城市和人口多、农业产量高的地区（如西安坝子、成都坝子），不能安排新项目，要以分散为原则。

（四）只有急需增长产量的企业（如化肥厂、矿山机械厂等）才能扩建。

150－11－116

李富春同志十二月十五日在长期计划座谈会上的讲话（摘要）

1961 年 12 月 15 日

12 月 15 日上午，在中南海居仁堂，富春同志邀集各大区计委主任座谈长期计划问题。会上，倪伟和宋平同志发了言。座谈会刚开始时，富春同志首先提出了以下几点意见：

根据小平同志的指示，十年计划还要加两条：一是赶上英国；二是在 1965 年以后国家要搞一定的物资储备，如粮、棉、钢材、有色金属、橡胶和战略物资，1969 年粮食储备搞到 500 亿斤，这样就便于应付一旦发生的事变和保证计划的正常执行。

各大区的同志回去同各中央局商量一下，年度计划由省、市负责搞，我们着重搞长期计划。

现有的综合生产能力要好好搞一下。

对各大区虽然提出了逐步地填平补齐，各有特点，但未提分工协作，对此注意不够。

10 年内，过技术关、过质量品种关的任务很重。在技术上，要用 10 年的时间赶上三四十年的时间，使我国的工业达到 70 年代或者 60 年代的水平。为此，科学研究机构必须集中力量，中央成立国家队，地方形成拳头，重点解决问题。看来，科学研究的投资现在打得不够。争取外援也应从过技术关的目的出发，搞科学情报、样品等。

10 年方针，前 3 年或 4 年进行调整，中间三四年过技术关，解决品种、质量问题，后 3 年争取大跃进，到 1972 年打下四个现代化的基础，赶上英国。

这两三年内要强调集中统一，矫枉必须过正。必须集中统一，综合平衡，按计划办事，这是三年大跃进的教训。在1965年以前要讲集中统一，以后再考虑分权。现在没有集中统一。就一个省委而言，工业书记、农业书记、财贸书记、文教书记各抓一口，没有综合起来抓。中央各部门也有这种情况，下面反映具体政策和具体办法不配套。各中央局如不注意，也可能发生这种情况。

计划工作不能满打满算，一定要留有余地，留有机动，不然省委、中央局和中央不好决定问题。在国家计划之内安排机动，机动与计划性相结合，留20%的投资给中央局安排，但是机动权至多下放到省、市、自治区一级，不能再往下放了。在计划内留一定的机动是为了充实计划，有利于计划的执行，不是牵制计划。

援外是我们的国际主义义务，因此在计划中没有机动是不行的。但是，政治上的需要又要同我国的经济能力结合起来考虑，这要由计划机关和科学研究机关共同研究，能否援助，援助多少。总之，要从各方面考虑如何贯彻集中统一，综合平衡，按计划办事。

我们的长期计划应当是一个实事求是的，留有余地的，留有机动的，能够动员全国人民的，且有组织措施的计划。

明年计划最关键的问题是木材，没有坑木，煤也保不住。昨天东北汇报时还只注意到煤的问题。如果现在不抓木材生产，木材生产计划落了空，那么明年的计划就成了大问题。特别是南方几省的木材生产，如果现在还不上人，拖一天就危险一天，明年计划要是垮了，七年计划的头两年就不好过。

现在，煤炭工业方面有机械唯物论：一是叫做三量；二是叫做不得超过设计能力的20%；三是叫做建井规模4:1。缺口越算越大，一方面叫喊原材料、设备不够，另一方面又形成大量的浪费。

150-9-8

富春同志十二月十六日在长期计划座谈会上的讲话（摘要）

1961年12月16日

（一）实现明年计划的首要关键是木材生产。如果现在还不抓，不上人搞木材，那么明年计划就无法实现。

（二）如何集中统一？一方面，要把过去下放过多的权力要收回。另一方面，还要注意以下三点：

1. 不论中央或省、市、自治区党委，都要依靠计划机关这个工作机构进行综合平衡，提出意见，然后作出决定。

2. 省、市、自治区要按中央的计划办事。

3. 要改变计划的时候，不论中央或地方应当先靠计划机关研究后再讨论决定。

总之，中央和省、市、区党委都要靠自己的工作机关来办事，而不是靠会议来办事。现在是各省、市、区党委书记们各抓一口，没有综合起来抓。中央也有这种情况。所以，下面反映具体政策不配套。

为了实现上述组织措施，省、市、区党委是否确定第二把手兼计委主任。

另外，银行是国民经济动态的综合表现，是否归财贸口管，值得研究。

（三）七年、十年计划的指标是否高了？能否达到？

解决吃、穿问题的中心在水、肥。但是，有没有可能搞那么多的化肥和人造、合成纤维？

搞2.5万吨的合成氨，还是搞钾肥合算？头几年，合成氨厂不能同时上8~10套，还是要搞点钾肥。1969年搞18套合成氨厂，要反复考虑：指标是否大了？与其相应的各种条件能否平衡下来？

穿的问题在头几年内还是靠天然纤维来得快，即靠多施肥料，提高棉花的单产。现在，人造、合成纤维、维尼龙在技术上、设备上、化工原料上都有问题，因此人造纤维到1964

年以后再大量搞。

钢的生产指标，1969 年列了 2 500 万吨，1972 年列了 3 500 万吨，能否达到？恐怕高了。因此，1969 年改为 2 400 万～2 500 万吨，1972 年改为 3 100 万～3 400 万吨。布，1969 年每人 18～20 尺，1972 年到 24 尺。

基本建设投资是否适应生产指标的要求？如不适应，再扩大基本建设的规模，那就更危险，摊子将铺得更大。

水利建设要全盘研究一下，没有综合平衡一个一个地搞不行。要下决心，哪些该上，哪些该撤，现在这样大的包袱背不了，要保的应有计划地提出来，黄河堤坝失修将来会出大问题。

指标先不定大，将来有能力超过时再加不晚。

（四）步骤。十年计划分作三个阶段：头 3 年，中 4 年，后 3 年。

头 3 年，着重解决吃穿用的问题。同时，对现有工业基础（老工业基地、老企业）进行填平补齐。但是，填平补齐不是按最长线，而是按最短线，先尽那些最急需的和非补不可的。以钢为例，头 3 年应按需要生产多少钢来填平补齐，不是按 1 800 万吨钢来填平补齐，因为这到 1966 年才能达到。因此，头 3 年主要是把现有工业基础巩固起来，不忙于上大批新建项目。

中 4 年，根据建设条件（工业、农业生产情况，资源、原材料、动力、交通等情况），分别轻重缓急，有计划、有步骤地建设新项目。为此，国家计委与各大区计委要分工进行专题研究，即集中力量按重点项目、重点城市、重点地区研究建设问题。

明年 7、8 月召开党代会，通过十年计划，接着 10 月份开人代会通过，所以我们的工作并不轻松，要抓紧。

十年计划，有些数字先不定，先把方针政策、目标、步骤搞明确，多讲点道理，搞实际一些。

（五）十年计划的发展速度为什么不能很快？这主要有四条理由：

1. 三年大跃进成绩很大，但是基本建设的战线拉长了，克郎猪的架子很大，需要进行调整，填平补齐，充实内容。

2. 着重搞品种、质量，要从 30 年代、40 年代的工业水平的基础上赶上 60 年代的工业水平，这不是轻而易举的事情。

3. 农业的恢复和发展需要一定的时期。

4. 完全靠自力更生。

150－9－8

国家计委传达政治局常委会关于计划工作的决定

1962 年 10 月 3 日

政治局常委 10 月 2 日晚举行会议，讨论了计划工作方面的问题。3 日上午，富春同志召开会议作了传达。

常委决定，1963 年计划和第三个五年计划的轮廓，由常委直接抓并决定，震林、先念、一波、定一各位副总理都兼任计委的副主任，帮助常委抓计划，10 月份把计划搞出来。工作步骤：第一轮，先由各口分别抓，震林抓农业，尔陆抓国防，一波抓工业交通，先念抓财贸，定一抓文教科学，卓新抓基本建设，富春和子华抓大综合。从 10 月 10 日起各口向常委汇报，日程安排是：10—13 日农业，15—16 日国防，18—23 日工业交通，24—26 日财贸，27—28 日文教科学，30—31 日基本建设，11 月 1—2 日明年计划和第三个五年计划初步设想的综合。第二轮，召开全国计划会议，提出方案报中央。

各口向常委汇报的内容，要有情况，要摆出矛盾，要有分析，也要有论证，并且提出两个或三个方案作比较。

为此，计委相应组织若干组，协助各副总理和有关同志作具体工作：

农业组：王光伟；

工业交通组：安志文、柴树藩、宋养初、范慕韩；

基建组：顾卓新；

财贸组：刘明夫；

文教组：高云屏；

国防组：范慕韩；

综合组：程子华、宋劭文、吴俊扬、廖季立；

计划工作条例：杨英杰、王思华、孙冶方。

各组明天即分别开会研究工作，并将工作情况每天汇集于综合组（劭文同志负责），由综合组负责整理简报送富春同志和各位副总理及有关同志。

全国计划会议定于 11 月 1 日召开，计委第四期干部轮训工作推迟到计划会议以后。

150－10－9

四、经 济 管 理

（一）经济管理机构及其变动

中国共产党第八届中央委员会第九次全体会议关于成立中央局的决议

1961 年 1 月 18 日

（14），第 75 ~ 77 页。D220 - 5455

中共中央关于国家建委与计委、国务院工业交通办公室与经委合并的决定

1961 年 2 月 8 日

各中央局，各省、市、自治区党委，中央各部委，国家机关各党组，军委及总政治部：

为了更好地集中力量，加强计划工作和工业、交通工作，特作如下决定：

（一）国家建设委员会与国家计划委员会合并。国家建设委员会的工作，由国家计划委员会负责。指定程子华同志、顾卓新同志为国家计划委员会党组副书记，并以程子华同志为国家计划委员会第一副主任，主持计委日常工作。

（二）国务院工业交通办公室与国家经济委员会合并，凡是与工业交通有关的工作，统一由国家经济委员会负责。

Z44 - 1961（5）

国家计委党组关于成立基本建设指挥部的通知

1961 年 4 月 26 日

各中央局、各省、市、自治区党委、国务院各部党组、国家经委党组并报中央书记处：

根据中央决定，国家计委的基本建设指挥部已经成立，由国家计委柴树藩副主任负责指挥部的日常工作。指挥部之下设立一个基本建设办公室，由国家计委基本建设综合局、设计施工局、机电分配局、冶金分配局、物资综合局组成，办理日常业务。

按照中央的指示，各省、市、自治区和各部的基本建设指挥部，应于四月份内建立起来。冶金部、化工部、林业部、建工部、水电部、煤炭部、石油部、铁道部、交通部、邮电部、纺织部、教育部以及四川、陕西、内蒙古自治区等的基本建设指挥部已经成立；尚未成立指挥部的省、市、自治区和部门，希望迅速建立起来，并将指挥部的组成人员和工作部署通知国家计委，以便在工作上取得联系。

150 - 9 - 130

国家计委：内务部汇报国家机关精简方案

1961 年 6 月 30 日

去年精简前，中央机关行政、事业和附属企业单位共有职工 42 万人，其中，在京职工 24 万人，散布在各地方的职工 18 万人。自去年 7 月开始精简，已减了 16 万人，其中在京职工 8 万人，占总人数 33%。已减的职工中，尚有 17 000 人还未处理。

这次精简成绩很大，主要表现在改善了工作作风，提高了工作效率；充实了基层领导，加强了生产第一线；纯洁了组织。

主席指示，今年中央机关精简要在已精简16万人的基础上再减少4万人，平均再减25%。据此计算，中央机关扣除三机部划给国防科委的职工外，应再减38 000人。

初步意见有三个方案，第一方案减32 000人，第二方案减35 000人，第三方案减38 000人。

富春同志指示：研究工业交通部门精简时，关于行政、设计和研究机关的人员，各部意见，因为去年行政部门已减了20%以上，设计、研究部门已减了30%～40%，还有一半没有安插好，不宜再减，将来主要是多减企业和学校人员。文教和农林口也是如此。财贸口还没有抓起来。

现在看来，进一步精简有两方面的问题：

1. 如何减人回乡，以加强农业。减城市人口就是能回乡村的就回乡村。

2. 如何简政，从简政中减人。

减人回乡必须快，迟了乡村就不愿接受，要等到明年春季才能减。

简政，从北京减到其他地方，目前地方不要人，所以简政要做细致工作，要明确规定行政、事业单位的任务。

现在各部门的文件多、电话会议多，不规定任务，不合并一些机构，不改变工作方法和作风，就不能减人。请各口细致地研究这些问题，来个革命。如果只单纯地减人，就像割韭菜一样，过了一个时期又长出来了，不是根本解决问题的方法。

关于科学研究机关的精简，要根据不同情况，有的单位可以减或合并，有的不能减。如冶金部搞新型材料试验、试制，与生产工厂成批生产不同，就不宜合并。完全是试验性的工厂就可以适当减少。

勘察设计机构的精简，减多减少也要看任务，要具体研究。

印刷出版机构，可以按口或几个相类似的部门结合起来搞。

至于各部在京外的事业机构，要联系在京的机构一起研究，以往少减了，这次可以多减一些。

总之，机关精简工作，要组织一批人，一个单位、一个单位地仔细摸，然后才能定任务、定员，不能只摸典型。对在京外的单位也要如此办，不然各省、市要多减，而中央主管部门不同意，或中央主管部门要多减而地方不同意，条条块块发生矛盾。把情况摸清后，该多减的就坚决多减，不能多减的也可将理由说清楚。据此，各口、各部要成立专门的小组，各部党组要把这项工作抓起来。

精简干部将来的处理问题，一是下放，二是去农村。以往，工作人员是一级一级地往上提，削弱了下面，现在要下楼梯，一级一级地下放。现在农村究竟需要什么干部，也要摸清，以便动员一批工作人员去加强农村。去农村的可以考虑带工资，既锻炼干部，又加强基层。

几个具体问题：

1. 已经走了的干部的家属处理问题。已到各省的干部，其爱人、孩子还未走的，除在大学学习的子女外，都要走，各省也应接受。如确实有困难时不能走的要照顾，但不能照顾多了，否则，还是走不了。

2. 已精简的干部没有走的，情况比较复杂，要么有病，要么人家不要，要清理一下，定出一个妥善办法处理。

未走干部中的老弱人员，凡是合乎退休条件的应退休，应养病的就去养病，应照顾的就照顾。

请仲勋同志召集各口开会，要求各口迅速而细致地从改变作风和工作方法来考虑机构、任务，提出精简方案。

150－9－30

中共中央转发聂荣臻同志关于调整地方科学技术机构的请示报告

1961年7月11日

各中央局，各省、市、自治区党委：

中央同意聂荣臻同志《关于调整地方科学技术机构的请示报告》，现发给你们，请即参照执行。

附：聂荣臻关于调整地方科学技术机构的请示报告

1961 年 7 月 6 日

中央：

几年来，地方科学技术机构，有了很大的发展。目前，全国省、市、自治区一级的科学研究机构约 900 个，8 万人，其中研究技术人员 3.2 万人（详见附表）。这些机构在国家建设中发挥了一定的作用，但是也存在一些问题，主要是兵多将少、设备缺乏、力量分散。为了切实贯彻中央提出的“调整、巩固、充实、提高”的方针，进一步精简机构，压缩编制，以集中力量、更有效地开展科学技术工作，我们根据今年 1 月 20 日中央批转的关于 1961 年、1962 年科学技术工作安排报告的精神，对于地方科学技术机构的调整提出以下意见：

1. 地方的科学研究工作，主要是为本地区的经济建设服务，并在全国和大区的统一筹划下，量力开展新技术和基础理论研究工作。各省、市、自治区研究机构的设置，必须从本地的实际条件和需要出发，目前不可能考虑形成各省、市、自治区科学技术体系的问题。各大区的各有特色的科学技术体系，原来曾经设想在第三个五年计划期间先后形成，现在看来也不够现实。至于各大区将来是否都要搞科学技术体系，也还需要研究。对于重大的尖端技术，必须全国一盘棋来安排，就是集中全国力量来办，也是艰巨的，各大区自己都搞一套是不可能的。

2. 目前各省、市、自治区科学分院已办的尖端技术（原子能、计算技术、半导体、电子学、自动化等）方面的研究机构，一般都缺乏必要的条件，力量使用重复分散，应以大区为单位，统一调整合并。调整合并后的这些研究机构，要注意合理利用原有基础。在一个大区内，这些尖端技术方面的同一专业的研究所，一般只宜集中办一个，而不要各省市自治区都办，个别情况特殊的，才可设立分支机构。有关基础理论的研究机构（数学、物理、化学、生物、地学等），也应根据可能条件，仿照上述同样原则予以调整合并。

3. 省、市、自治区一级的一般的工业、农业和医学方面的科学研究机构，以省、市、自治区为单位进行调整。原来分属于省科学分院、各业务厅局和省辖市的专业重复或相近的研究机构，应该适当的予以合并。少数只挂招牌，人力极弱，工作尚未开展，与本地国民经济关系不大的研究机构，应该坚决撤销。在调整合并当中，应该特别注意加强有关农业的和结合本地方特点的研究机构。至于专县和中小城市所设的研究机构，请各省、市、自治区考虑予以调整、合并或是撤销。专县一级的研究机构，专业不要分得过细，一般可只设综合性的研究机构。

4. 随着省、市、自治区的研究机构的调整合并，科学技术行政机构也必须相应调整。各省、市、自治区科学分院，一般均应撤销；分院的现有主要人员，应用以加强地方科委和研究机构（新疆的科学分院是否单独保留，请西北局和新疆区党委决定）。各省、市、自治区科学技术委员会仍应保留。

省、市、自治区及省属市的科学技术协会，除少数确有需要单独设立的以外，一般都可以和科委合署办公。专县及中小城市已设立的科委和科协，则一律合署办公，或者撤销，由各省、市、区党委决定。

5. 各大区管理科学技术工作的机构，目前可以采取不同形式。例如，中南区已成立中南科委和科学分院，一个机构，两块牌子；华东区则拟指定上海市科委、科学分院兼做华东科委、华东科学分院的工作。究竟怎么办好，拟请各中央局考虑，自行决定。

6. 在机构的调整、合并工作中，要按照各省、市、自治区党委的统一布置，压缩编制，精简人员。对于研究机构中过多的辅助人员和行政人员必须坚决精简，附设工厂规模过大的，应加以压缩。但应注意保存研究技术骨干，包括大学毕业以上人员，中专毕业经过培养和实际工作锻炼的人员，以及老技术工人。当然，这些人员中，确实不适于做研究技术工作的，也应该调动。所有各级科委、科学分院和科协的办公机关，也都应该精简机构，压缩编制。精简下来的人员，凡是能够回到农村进行农业生产的，就坚决送他们回到自己的农村去。在调整期间，对于主要人员及有关器材，要防止擅自外抽或挪用。

采取上述措施的目的，是集中力量，加紧工作，更好地发展科学技术事业，而绝不是畏难退缩，松劲散伙。当前已经出现了一些畏难退缩的情绪，必须加以防止和纠正。同时，在研究机构的调整、合并中，要注意科学技术工作的全面安排，不可简单化地把一些不能马上见效的研究课题，如基础理论研究课题、探索性的研究课题，都加以削弱。这些课题，使用的人力物力并不多，关系到科学技术的长远发展，现在忽略了，将来是要吃亏的。

以上意见，如可行，请批转各中央局和各省、市、自治区党委。

附：地方科学技术研究机构情况统计表

1961年6月20日

地　区	机构数		人员数	
	总数（院、所）	其中：尖端所	总人数	其中：研究技术人员
合　计	923	91	79 744	31 850
华北区	146	13	8 895	4 264
东北区	149	14	14 512	6 226
华东区	243	24	29 738	8 684
中南区	150	20	10 977	5 579
西南区	94	10	6 268	2 374
西北区	141	10	9 354	4 223

注：

（1）本表统计数字和目前实际情况可能不太符合，因为一部分资料是1960年7月以前的，有15个省、市、区是1960年底的资料。

（2）尖端机构包括原子能、计算技术、电子学、半导体、自动化等五方面，有的机构如应用物理、工程物理、新材料、稀有金属等，因内容不详未列入尖端所；表中有广东、湖北、陕西三省地方分院的九个机构，也是中国科学院的直属单位。

（3）在研究技术人员中，有相当一部分是中学程度和大学肄业水平的人员。

Z44－1961（5）

国家计委：讨论计委机构精简方案和干部轮训等问题

1961年10月7日

一、关于干部轮训规划

根据中央组织部的规定，计委应当参加这次轮训的相当于县委一级的干部（包括十七级以上的干部、十八级以下的科组长、八级工程师）共550人，除年老、有病不能参加学习的以外，有480人能够参加轮训。拟分五期至六期轮训完。每期平均80～90人，时间一个半月左右。

党委建议每期由一两位副主任参加，并担任支部书记，具体领导学员。第一期拟自10月底开始。

党组同意上述方案，认为这次轮训十分重要，必须保证，党组亲自领导，除每期由一位副主任参加具体领导外，每期的学习计划均得提交党组讨论通过，并在每期学习中间讨论两三次重要问题。轮训的具体领导工作，由党委负责。每期的时间以一个半月为宜，最长不要超过两个月。

第一期由光伟同志参加，视准备工作的进度，可于月底开始。

二、关于计委机构精简问题

办公厅原拟提出两个方案，一个方案是机构基本不变，稍加调整，人员减得少些；另一个方案是撤销个别局，合并十几个局，人员可以多减一些。经与各局反复研究，认为第一方案较合适。机构不变，人员由 1 819 人减为 1 439人，减少 380 人。

富春同志同意第一方案，批示将设计施工局、城市规划局和城市设计院交经委，嘱党组再作研究后定案。

党组同意上述第一方案。

关于成立物价局，以及局长的人选问题，由暮桥同志提出具体方案后再讨论确定。

关于经济研究所要求恢复计委世界经济局的名义，由科学院和计委双重领导的问题。党组认为经济研究所不以计委名义对外为好，不必恢复世界经济局的名义，但经济研究所的业务，计委参与指导，同时孙冶方同志参加计委的党组会，亦可取得密切联系。

三、其他问题

1. 薄副总理要求慕韩、啸合、沛云三同志参加预拨明年上半年材料、设备的规划工作。党组同意，并确定上述三同志与志文联系，有关问题须由计委研究时，由志文向党组提出报告。

2. 先念副总理提出商品与购买力的初步平衡工作，先由商业部搞，然后交计委综合。党组同意这个办法，在商业部和五办进行这件工作中，由明夫和商业局同志参加。

3. 计委党委已届改选，经常委讨论，因机构人员正在变动，工作又较忙，建议延期改选。党组同意延期改选。

4. 党委建议请党组向全体干部作一次形势问题的报告；向局长级干部解答一次问题。党组同意，确定由光伟同志向全体干部作报告，为局长解答问题，由子华、卓新同志负责。

5. 党组确定在下周内，每天下午为党组成员集体学习时间，阅读讨论庐山会议的四个文件（“工业指示”、“工业七十条”、“教育六十条”、“干部轮训问题”），并再讨论“农业六十条”。

6. 方副主任简要汇报了同古巴、尼泊尔谈判的情况，即将同缅甸谈判的准备工作，以及同蒙古的关系问题（略记）。

150－9－31

国家计委关于成立物价局的通知

1961 年 10 月 30 日

为了进一步加强物价管理器工作，中央决定成立物价委员会，对全国物价进行全面规划，统一平衡。此项工作，中央指示由计委负责。但是工、农产品市场价和农产品的收购价仍由国务院财贸办公室负责。

根据中央指示，党组决定成立物价局，作为全国物价委员会的办事机构。物价局的工作任务初步考虑主要是：研究全国物价的方针、政策，对工业产品出厂价格、市场价格和农产品收购价格进行综合平衡，并向全国物价委员会提出意见；制定和管理国营工业产品出厂价格（包括运输价格）。由于物价工作涉及国民经济各个方面，本委各局、室在业务上与物价局必须密切配合并大力协助。今后各单位有关工、农业生产、分配、商品流通、财政、金融、成本等方面的资料，要抄送物价局一份。各局对目前产品价格的情况和存在的问题，如有意见可与物价局直接联系进行研究。

JJS50－4（上）

中共中央关于成立国防工业办公室的决定

1961 年 11 月 8 日

中央决定成立国防工业办公室，作为国务院的一个口（国防工业口），在党内向中央书记处和军委负责，直接管理二机部、三机部和国防科委所属范围的工作。其具体任务是：对常规武器、国防尖端、科学研究、干部培养以及生产、建设等工作，进行统筹规划，全面安排。组织执行和督促检查。加强国防工业部门之间，以及国防工业部门同其他有关工业部门之间，同各军、兵种之间的联系，并且组织相互协作配合。

国防工业办公室成立后，国防工业各部门，在制订计划和执行国家计划的过程中，各项生产建设工作，经常的生产协作，燃料、原料、材料的供应，以及设备的配套、物资调拨等等，仍然作为单独户头，由国家计委、经委负责布置，并且对执行情况进行督促和检查，国防工业办公室予以协助。

任命罗瑞卿同志为国防工业办公室主任。另设副主任若干人，由一常务副主任主持日常工作。副主任人选请罗瑞卿同志同中央组织部商量提出名单报中央批准。

国防工业办公室成立后，即作为国防工委、国防科委两委的第一线办事机构，两委的日常工作即由国防工业办公室组织进行。今年五月间成立的国防尖端五人小组，即行撤销。

JJS50－4（上）

中共中央关于将轻工、纺织和手工业管理局等部门移交国家经委归口管理的通知

1962年2月26日

各中央局，各省、市、自治区党委，国务院各部、委党组：

为了努力增加日用工业品的生产，使国家经委便于以生产日用工业品为重点安排全面的工业生产，中央决定将轻工业部、纺织工业部、手工业管理局三个单位由财贸办公室移交给国家经委归口管理，但各级财贸办公室仍要注意对这几个部门的联系和经常反映情况。特此通知。

F114

（二）经济体制及其变化

中共中央关于调整管理体制的若干暂行规定

1961年1月20日

（14），第102～105页。D220－5455

中共中央转发国家计委党组关于改进和加强国家物资储备体制的报告

1961年5月23日

各中央局，各省、市、自治区党委：

中央同意国家计委党组《关于改进和加强国家物资储备体制》的报告。省、市、自治区物资储备和物资供应机构应该分开，以便加强国家储备物资的管理和更好地保守国家机密。今后各省、市、自治区党委应加强对这一工作的领导。现将国家计委党组的报告转发你们，请研究执行。

附：国家计委党组关于改进和加强国家物资储备体制的报告

1961年5月16日

中央：

为了有计划地开展国家物资储备工作，已先后在17个省、市、自治区建立了储备管理机构，到目前为止，共有仓库、油库等48个单位。1957年以来，先后有上海、黑龙江、四川、湖南、云南、内蒙、辽宁、山西、吉林等9个省、市、自治区储备局（处）、与省、市、自治区物资厅、局合并，领导关系也随着起了很大变化，有的受省、市、自治区经委领导，有的受物委领导，也有的受物资厅（局）或省物资供应总局领导。总之，打乱了国家储备体制，上下对不起口径来，其结果是：

1. 合并后的单位，程度不同地削弱了对

储备工作的领导。由于物资供应工作比较繁忙，领导精力很自然地转移到日常供应工作方面去，储备工作排不上队，解决问题不及时，储备干部也有很多被调到供应部门去，现在新建单位领导骨干和必要的业务干部很难配备，影响到储备工作的开展。

2. 合并后有的地方供应物资与国库储备物资混放一起，由于地方物资出入频繁，接触面广，不利于保守国家储备机密。

3. 几年来发生自行动用国家储备物资、拆用铁路专用线，以及借调国家仓库机械设备等现象增多。

4. 干部管理很不一致，有的由省、市、自治区储备局直接管理，有的由仓库所在的专、县、区管理，给工作上带来了不少困难。

为了适应今后国家储备事业发展的需要，认为必须对现有国家储备体制，作如下调整：

1. 各省、市、自治区应按照精简原则，恢复设置专业物资储备领导机构。凡未和其他单位合并的省、市、自治区储备局应适当加强；已经与物资供应合并的省、市、自治区机构，除个别仓库极少而暂时又无发展（如上海市）者外，均应与供应单位分开，成立专业储备机构。为使上下对口，各省、市、自治区储备机构统归省、市、自治区计委领导。

2. 各省、市、自治区储备干部应统一管理。今后省、市、自治区储备局干部拟同各仓库一样，全部由事业费开支，不再占用地方编制，在行政上仍由国家物资储备局和省、市、自治区计委双重领导，党的关系亦应在地方。其办法为：

国家物资储备局负责管理省、市、自治区储备局科长级和基层处、库主任级以上干部，其他所有储备干部和技术工人均由省、市、自治区储备局统一管理。今后省、市、自治区调动储备系统科长以上干部，均须经过国家物资储备局同意。国家物资储备局调动省、市、自治区储备干部时，也先与省、市、自治区联系商量。

3. 国家储备物资是国家的后备力量，不经中央批准各地无权动用。中央［58］637号通知，已有明白规定，今后动用国家储备物资时，应报请国务院批准后，由国家物资储备局办理调拨手续。

国家储备仓库的固定资产、各种机械设备等，均属国家财产，地方不得自行拆除和动用。

以上报告如认为可行，请批转各省、市、自治区党委执行。

Z44－1961（1）

中共中央：农村人民公社工作条例（修正草案）

1961年6月15日

第385～411页。D220－5455（14）

北戴河计划会议简报（第28期）是财政问题？还是计划安排问题？

1961年7月26日

中南小组二十三日讨论得很热烈。对目前限制过死，影响生产的原因，有的说是由于财政卡得死；有的说不怨财政，是计划安排问题。

由于财政限制过死，各省无机动，许多事情不好办。如有些企业生产不正常，亏本，财政限制贷款两个月，两个月解决不了问题如何办？出路何在？无人管。

有些设备在这个生产企业有积压，长期不能解决，以贷款维持；另一企业又十分需要，但因为你是生产他是基建，相互卡死，不能动用，甚至在一个主营厅局内也不能调剂，两头都卡死，造成死物不能活，生产不能上，经济愈紧张。

讨论中，有的说是财政框经济，有的说不是财政是计划框经济。讨论结果，认为现状必须改进，计划、财政要卡也要开口，非搞活一些不行。建议：

1. 基本建设，中央给中央局、省、市一

定的机动，便于调剂设备，变死为活。每省有几百万，全国有一两亿就解决问题。

2. 财政上也给省、市一些机动权，对解决迫切问题和当前困难有好处。价格问题，权限要集中，统一考虑。

3. 技术措施，零星建设要开口，小的平衡设备、填平补齐不能拿基建的框子框。

4. 积压设备要专款由物资部门统一收购调剂。贷款要能转账，由下到上逐级调剂。

150－9－73

北戴河计划会议简报（第45期）铁道部武竞天副部长在小组讨论会上的发言要点［节录］

1961年7月31日

我完全同意富春同志的报告，三年大跃进成绩很大，存在问题也不少。富春同志在报告中作了自我批评，说计划工作中的缺点错误，主要由计委来承担。我认为三年计划的偏高偏大以及几个大办，我们各部都要负很大的责任。富春同志报告中讲的几点经验教训，全面深刻，极为重要，对改进我们今后的工作有重要意义。没有不同意见。现在我想对体制问题、计划工作问题以及铁路的现状，讲几点意见。

一、关于体制问题

1. 从中央部门的角度来考虑体制问题时，很重要的一个问题是中央直属企业、事业单位主要由谁来管理的问题。我们同意富春同志的意见，即中央直属企业、事业单位由中央各部管；地方的企业、事业单位由地方管。从一个行业来说，凡属方针、原则性问题以及全国统一安排的问题，中央各部负责抓总；具体的领导则按企业的隶属关系，由中央各部和地方分别管理。在这样的管理体制下，我赞成凡是中央直属的企业、事业单位，其人权、物权、财权以及计划的管理权限，都归中央各部。我们认为，这样管法的好处：一是责任分明，一个企业管得好坏，就由领导这个企业的主管部门向其上级负责，这会更加有力地督促主管部门竭尽全力去管好自己所属的企业、事业单位；二是地方要办的事情很多，这样也可以更多地腾出一些力量来管其他的工作。

我们国家管理企业的根本制度是贯彻党委领导下的厂长负责制。中央各部要管好自己所直属的企业、事业单位，为了适应这些单位贯彻执行这一根本制度，其办法有两个：第一，最好是中央各部设党委、政治部，对直属企业事业单位实行全面的领导，并和地方党委实行双重领导。地方党委着重对这些单位在执行方针政策、完成国家计划等方面，进行领导与监督检查。另一种管理办法是现在通行的管理直属企业、事业单位的办法，中央部不设党委，党的领导仍归省、市、自治区党委领导。在继续执行这种办法时，我认为有些问题需要进一步加以明确。最主要的要明确规定，直属企业事业单位的党委必须保证贯彻中央部的各项指示、规定。地方党委对这些企业、事业单位的领导，首先要保证这些企业、事业单位能够贯彻执行中央部的指示和规定。地方党委在这些单位要改变中央部的指示、规定时，须征求中央部的意见，如果中央部和地方党委有不同意见时，要协商解决，或共同报中央决定。我认为要规定几条，大家好共同遵照执行。明确之后，我们的生产秩序和领导秩序会更好些。企业管理体制问题，其合理性总是相对的，有这方面的优点，就会有另一方面的缺点。在我们这样的大国家，社会主义建设还要大大的发展。中央部和地方党委要管的事将会越来越多。看来在各大区独立经济体系未建成一定规模以前，把某些企业、事业单位划为直属单位归中央管，在工作上是需要的。在这段期间，既要有几条基本规定，还要加强互相的结合。我认为结合方面的重要点是：中央部要很好地尊重地方党委的意见，而地方党委也必须很好地注意使中央直属企业、事业单位保证贯彻中央部的各项指示和规定。铁道部根据中央指示，采用了前一种办法。我们的主要做法是，在抓工作的同时，十分注意尊重地方党委的领导和提出的意见。几个月执行的情况很好，容易开展工作，提出来供同志们参考。

关于工会工作的领导问题。过去铁路工会全国委员会合并到全总，铁路局的工会归各省工会领导。这在当时的情况下是可行的，我们也是同意的。现在感到有必要恢复原来的办法。这个问题正和全总研究中。我们认为，中央部成立党委，不但须有党委、政治部，而且要有工会、共青团的领导机关，分别进行双重领导。这样在工作上能结合得更为密切一些，更便于搞好工作。因为工会、共青团的工作，在企业里是非常重要的工作，下边需要管好企业，上边需要有一定的统一部署与安排。

我们在这几个月里的具体做法是：计划由部统一下达；物资由部统一供应调配；干部任命属于部管和代中央管的干部，首先征求地方党委的意见，由铁道部下达任命通知书或上报中央审批。如有不同意见时，由铁道部党委和有关省、市、中央局协商，取得一致意见后再由部上报。我们经常要求所属单位的领导干部要注意尊重地方党委领导，要经常向地方党委汇报工作；遇有重大问题要多请示地方党委，能办的要很好去办；限于部的规定，有困难时，要立即报部研究解决办法；一切属于地方性的工作，需要中央直属企业、事业单位配合执行的，要坚决执行。

2. 体制的另一个问题是各部门在中央局一级是否要设置相应的全面管理机构的问题。过去我们曾经设想过一个大区设一个铁路总局，是全面管理的，也是实行经济核算制的，在东北已经试行设立了一个总局。经过这一段的体验，我们认为，根据铁路现阶段的发展情况，部与局之间目前可以不再成立一级机构。因为铁路建设的规模，几年内还不可能有很大发展，全国铁路的直属单位以铁路局来说，不过二十几个，包括工厂、设计院等也不过七十个左右。根据这几个月的体会，各中央局需要铁路经常解决的问题是完成运输计划问题，铁路内外之间的协作配合问题，进一步可能有大区的铁路建设规划问题。我们研究结果，认为目前在大区可以成立一个代表机构，作为铁道部的派出机关，一方面帮助铁道部督促检查企业生产，管好这些单位，必要时也可组织完成铁道部指定其完成的一定任务；一方面代表部接受中央局要求铁道部所要做的事，反映中央局的意见，由部研究解决。这样做可以精简层次，提高效率，也适应当前铁路的发展情况。因此，东北铁路总局也拟改为派出机构。今后视铁路的发展情况，再考虑设立全面管理的总局问题。

3. 关于物资供应的体制的问题。我们主要的感觉是，三类物资供应问题不少。一、二类物资即中央统配物资和部管物资，不论拿到多少，总还有个地方管。但是三类物资由企业到地方去采购，常常找不到承担供应的地方。三类物资采购不到，生产任务就不能完成，因为这一部分东西是生产建设必不可少的。因之三类物资供应体制非常重要，亟待整理。我们的意见是，三类物资最好在编制计划时规定供应部门或供应地区。如不能纳入计划，也要制定一个供应办法，使企业单位能拿到这一部分物资。三类物资不出省的办法，行不通，至少要把圈子划大一点。我们赞成恢复过去商业部的各种专业公司负责统销各类物资的办法。

关于部管物资。我们建议中央各部要加强整体观念和负责精神，先人后己，把困难留给自己，把方便让给别人，凡是订立供应合同的，答应给人家的东西，要负责保证按期供应。这一点，在当前物资供应比较缺乏、生产秩序不够正常的情况下，中央各部要起模范作用。

另外，在物资供应方面还有一个具体问题，就是炼钢、炼铁的问题。铁道部每年都需要几十万吨钢水制造各种铸件和生产维修所需的各种配件。因此，每年都列有炼钢炼铁的计划（并不属于多种经营范围）。这是铁路运输生产工作中必不可少的组成部分。但是目前的情况是，地方供应了矿石、焦炭就成了地方的炼钢任务，炼出的钢铁地方要求统一分配，不然就不能供应矿石、煤炭，这样的做法也是合理的。但是如果我们自己不炼钢炼铁（这在生产上也是办不到的），冶金部又供应不了我们那么多的钢、铁。希望定个明确办法，最好由冶金部直接供应炼钢炼铁的矿石，煤炭由煤炭部分配；企业单位的钢铁生产可以自产自用，以保证正常的生产需要，以解决因这部分工作引起与地方之间存在的问题。或者把铁路上使用钢铁数量的大部分，由冶金部按计划供应，把铁路上自己生产的部分缩小，以减少这方面的困难。

二、计划工作问题

这几年来，我们在计划工作上感到比较突出的问题是缺乏严肃性和纪律性。过去我们更多地强调计划就是法律，管得有些过于机械。但是这几年在实际执行过程中又有些过于灵活。下级单位层层加码，随意变更计划，计划外挤计划内，非生产性建设挤生产性建设，成为比较普遍的现象。这样在企业管理工作中，出现了一种风气，似乎国家计划可以执行，也可以不执行。我认为这种现象不能继续存在。

当然，计划和实际不尽符合，这是难免的，但问题在于计划一经确定，不经过一定的批准程序不得随意变更。因此，哪一级批准的计划指标和项目，其变更权限属于哪一级，要有一个明确的规定。

关于编制计划的程序问题，到底几上几下合适，这是个方法问题，但也涉及计划工作的群众路线问题。我认为可以根据各种计划的情况分别规定一定的程序。例如，生产经营方面的计划可以规定为由上而下、两上两下的做法，就是先由基层企业由下而上提出建议计划，然后由上而下颁发控制数字，再经下面上报计划草案，并容许下面提出若干不同意见，这样国家领导机关就可以自上而下确定计划。至于基本建设计划这是扩大再生产所进行的投资计划，国家必须在保证简单再生产的前提下，根据人力、物力、财力的可能来安排，同时涉及的关系也比较多，因此可以规定为由上而下、三下两上的做法比较合适；就是由上而下发布纲要性的指示（例如建设方针、投资总额、主要材料数等），然后由下而上提出建设的要求，在这个基础上再经上面综合平衡，由上而下颁发控制数字和指定骨干项目，然后再容许下面提出若干不同意见，由下而上上报计划草案。这样国家领导机关就可以自上而下确定计划。我认为规定上述的程序是必要的，一方面充分听取了下面的意见，一方面这种编出计划的办法是有领导的也是民主集中的。

根据这几年来的情况，国家计委在尊重地方和各部意见方面做了很多工作，这是好的，但也不宜反复太多。因此有不少同志希望一年一度的计划要能早定，说“先要定，定而后能静，静而后能安”。这个意见很有道理的，因为只有计划确定下来以后才能组织安排工作。

铁道部这几年来的计划工作情况和别的部大体一样，是成天做方案，方案老不定。有人说“一年计划，计划一年”，这是实际情况，首先要由我们自己负责。孔祥祯同志提议计划中有“可变”部分和“不可变”部分，要有个杠杠，看来很有必要。以铁路的基本建设为例，铁路投资的“不变”部分就是在适应一定运量任务的条件下，旧铁路的逐步技术改造和新铁路投产后的逐步加强，因为铁路的设备能力是跟所负担的运量而定的。如果把能力搞得很大，是过早投资，造成浪费。因此每年必须有一定的投资来逐步加强，以适应日益增长的运输需要。除了这部分的“不变”投资以外，还有一部分“可变”投资。这部分主要是指新建铁路。这部分投资可以随着国家的可能条件确定。我认为有了这样的杠杠，铁路建设的劳动力和技术力量也好安排。其次，铁路运输计划这几年来的情况很不好。年度计划估计得多，调查得少，从相对意义上讲，正确性低了，所以执行中出入很大，变动很多。而月度计划也是如此，最近几个月来，一方面几乎作不出月度运输计划，一方面计划的兑现率很低，国家分配物资的要求和物资运输可能之间往往不协调。因此，建议年度运输计划要求各部门和地方提出主要物资的运量和流向，月度运输计划要求恢复过去的物资托运计划制度。

另外，长远规划工作很重要，看来计划部门要有一半左右的力量来进行这方面的工作。因为没有长远规划年度计划就缺乏方向，这几年来基本建设项目几上几下的事例很多，没有设计文件列入计划的也很多，因此我们赞成富春同志指示要搞规划的意见。当然目前搞长远规划的条件还不充分，但可逐年修改逐步完善。铁路过去搞过十五年远景规划，对指导工作也起到一定的作用，但一个部门搞不能全面，须与各地方、各部门结合起来大家动手，配合进行。

[下略]

150－9－76

中共中央关于农村基本核算单位问题给各中央局、各省、市、区党委的指示

1961年10月7日

第738～743页。D220－5455（14）

中共中央转发国家经委党组关于调整企业隶属关系问题的请示报告

1961年12月2日

国家经委党组并冶金部、石油部、地质部、邮电部、水利电力部党组：

现将经委党组《关于调整企业隶属关系问题的请示报告》转发给你们，请即按此办理。

附：国家经委党组关于调整企业隶属关系问题的请示报告

1961年11月11日

中央书记处：

工业交通各部根据中央工作会议指示的原则，要求将一部分现在由地方管理的企业改为部直属企业的意见，已陆续报来。我们正在逐个部、逐个企业地研究中，并拟分批报请中央审定。

现冶金、石油、地质、邮电、水电等五个部要求改变部分企业隶属关系的报告，提出意见如下：

一、冶金部党组提出，将沈阳选矿药剂厂、锦州铁合金厂（生产高级合金的）、广东凡口铅锌矿等三个地方企业，改由冶金部直接领导。我们同意冶金部的意见，因为：沈阳选矿药剂厂和锦州铁合金厂的生产技术比较复杂，外部协作的头绪较多，产品面向全国，并且产量都占全国总产量的百分之九十以上，对保证全国选矿企业的正常生产和增加钢材品种的关系密切；广东凡口铅锌矿目前尚在基本建设中，该矿有发展前途。为了加强对这些企业的领导，更好地进行综合平衡，统筹安排将上述三个企业改为部直属企业是适宜的。并已征得了辽宁、广东两省领导上的同意。

二、石油部党组提出，将抚顺石油三厂改由该部直接领导，该厂为全国唯一的石油加氢工厂，担负航空煤油和尖端军用油品的试制和生产任务。为了集中力量，加强该厂的技术领导，我们同意石油三厂改由石油部直接领导，并已征得辽宁省委同意。

三、地质部党组提出将省、市、自治区地质厅（局）改由以地质部为主的部和省市双重领导，并拟将天津胶印厂、上海地质探矿机械厂、上海地质仪器厂、无锡柴油机配件厂和南京、昆明两所地质学校改由该部直接领导。我们研究后认为，为了适应地质工作的特点，便于地质工作的进行，应尽可能以国家需要和地质资源的客观实际条件为依据，而不完全为行政区划所局限，将地方的地质厅（局）改为以地质部为主的部和省、市、自治区的双重领导，对加强地质工作有好处。此外，天津胶印厂是全国唯一印刷地质地形图件的胶印厂；上海地质探矿机械厂和上海地质仪器厂是担负地质部探矿机械配件和地质仪器生产维修的主要工厂（原属该部归口领导）；无锡柴油机配件厂原系地质部委托无锡市代管的直属企业；南京、昆明两个地质学校所设的航空摄影、大地测量、山地工作等专业，都是根据全国的需要设立的。为了保证全国地质勘探任务的完成，我们同意将以上四个企业、两所学校改由

地质部直接领导，这一意见并已征得各有关省市委的同意。

四、邮电部党组提出，各省、市、自治区邮电管理局，一律以邮电部为主，实行邮电部和各省、市、自治区党委、人委的双重领导（西藏地区仍以自治区党委、筹委领导为主）；对各县（市）邮电等基层企业，以省、市、自治区邮电管理局为主，实行省、市、自治区邮电管理局和县（市）党委、人委的双重领导。农村人民公社邮电局，一律收回，作为县（市）邮电局的分支机构。考虑到通讯组织联合作业的特点，加强邮电系统的统一指挥、调度和规划，对提高通讯效率、改进经营管理工作比较有利，为此，我们同意邮电部党组的意见。

五、水利电力部党组提出：

1. 将黑龙江省电业局划归东北电业局领导，组成东北电网，统一管理东北地区的电力工业。

2. 将上海电管局改为江南电管局，统一管理上海、江苏、浙江、安徽等二十二万伏和十一万伏电网内的所有电厂（不包括工厂自备电厂）。

3. 由现在的徐州电业局统一管理所属各电厂及网内山东枣庄、峄县和安徽的宿县等电厂。

4. 以河南电业局为基础，加上三门峡水电站，组成中原电业局，统一管理网内各电厂。

5. 将原属河北的峰峰、邯郸电厂和河南的安阳电厂及现有电网组成峰、邯、安电业局，实行统一领导。

以上各电管局或电业局，除峰、邯、安电业局，因管理跨两个大区的电网，宜作为水利电力部的直属企业外，其他均由水电部和地方双重领导，并以水电部领导为主。

以上意见，在今年三月份，富春、一波同志已有原则批示，但据水利电力部报告，除东北地区外，有些地区的负责同志曾认为时机尚未成熟，未能实现。我们意见仍应按原批示办理，即已联成电网的，可按水利电力部意见办，单独运行的电站，仍可分交各省管理，待联成电网后，再按水利电力部意见办。

以上意见是否可行，请批示。

Z44－1961（1）

国家计委、国家经委关于变更企业隶属关系问题的通知

1962年7月28日

国务院财经、文教各部、委，公安部，直属局：

近来有些部门，未经国家经济委员会或国家计划委员会同意，径自向地方索要机械工厂，引起企业调整工作发生某些混乱现象。为了避免这种情况的继续发生，特作如下规定：

1. 各部门要求将本部门归口的地方机械工业划归中央直属，应先将企业名单送交国家经济委员会经同意后再与有关省、市、自治区商量，商妥后，由国家经委办理改变企业的隶属关系。

2. 各部门要求将其他部门归口的地方机械企业划归本部门直属，应先将企业名单，送交国家计划委员会，经国家计划委员会与有关部门商妥后再与有关省、市、自治区商量，商妥后由国家经济委员会办理改变企业隶属关系的手续。

150－10－213

五、经济运行

(一) 经济运行中存在的问题

中共中央关于转发北京市委在工业交通系统开展整风运动的报告的批示

1961 年 4 月 5 日

各中央局，各省、市、区党委，中央各部委、各党组：

北京市委三月三十一日关于工业交通系统整风运动的简报很好，现在转发给你们参考。请你们即根据你们的具体情况也采用大鸣大放、大整大改的方式，在国营大企业（包括大的公私合营企业）中开展整风运动。为此，中央有以下的指示：

一、北京市九十八个大企业同时全面开展大鸣大放整风运动的经验，和其他地区、中央工业交通各部门整风试点的经验都证明，由于三年来没有来得及进行系统的整风，很多单位问题成了堆。思想作风和政治方面的问题成了堆，生产中的问题成了堆，管理方面的问题成了堆，群众生活方面的问题也成了堆，群众对领导和工作的意见很多。北京市九十八个单位，五十多万职工，半个月的鸣放就提了两百多万条意见；京西矿务局四万多工人，在六天鸣放中就提了二十多万条意见，平均每人有四五条意见。这就是问题成堆的证明。工矿交通职工群众有这么多的意见，工作中有这么多问题，不进行全面的大鸣大放、大整大改，问题是不可能迅速获得比较全面和彻底解决的，干部群众的政治和生产积极性是不可能全面调动起来的，生产是很难继续跃进的。

二、整风运动能否迅速开展起来和收到显著效果的关键是领导，是干部有无思想准备、有无放手发动群众大鸣大放、大整大改的决心，是领导干部有无决心真正地“引火烧身”，干部和党团员是否真正带头鸣放。只要领导上能够这样，并且真正让群众要鸣放什么就鸣放什么，群众就可以很快地发动起来。

另一个关键是边鸣放边整改，领导干部用真诚地热烈地整改行动，来提高群众鸣放的积极性，促进鸣放整改运动的开展。要造成一种群众鸣放越多，领导整改越快、越好，大家越高兴的空气，使鸣放和整改互相促进，造成一种干部和群众都欢欣鼓舞的鸣放整改形势。应该是群众一鸣放，领导就马上整改，再鸣放，再整改，继续鸣放，继续整改，一直整改到群众所提的意见，凡是可能解决的都认真解决，不可能解决的也向群众交代清楚，到群众基本上没有意见为止。

三、现在一般的应该首先在国营企业和一些大的公私合营企业中开展鸣放整改运动。对于那些公私合营的中小企业，和那些由许多公私合营的小单位合并起来的企业的整风，因为问题更多、更复杂，领导上要集中相当力量去领导，可以放到下一步去搞，并且另行部署。领导上力量来得及的，现在可以试点。

四、要注意使整风生产两不误，并且用整风来促进生产。特别是生产任务比较紧张的单位，领导上要对工作好好加以安排。在整风期间，领导干部应该有大体的分工，使整风和生产都有专人主管领导。

五、要注意安全，防止事故。在整风开始前，对企业的要害部门应该派切实可靠的人掌握，不可靠的分子应该坚决地调开。

请各省、市、区党委根据自己情况，对当前整风运动加以安排，并且将部署情况于四月中旬报告中央和中央局。

附：中共北京市委关于工业交通企业整风运动进行情况的第二次简报

1961年4月1日

中央、华北局：

北京市工业交通企业的整风运动，现在已经从大鸣大放结合整改的高潮，进入了大整大改继续鸣放的高潮。生产情况随着整风运动的深入，也蒸蒸日上。

大鸣大放的高潮是三月十三日发动的。九十八个主要企业，五十万职工（占精简后工业交通企业职工总数七十四万人的百分之七十左右），参加第一批整风。到本月三十日，已经有九十四个单位掀起大鸣大放（同时整改）的高潮，其中绝大多数单位已经进入了大整大改（同时鸣放）的新阶段。只有一小部分单位进展缓慢，还没有充分放开。这次整风运动，采取了不出题目、有啥说啥的办法，受到广大群众的热烈欢迎。它的特点，可以归纳为快、好、高三个大字。快，就是广大群众的行动异常迅猛。一触即发，立即造成了大鸣大放的革命声势。长辛店机车车辆厂头一天动员，第二天就贴出了三万多张大字报。绝大多数单位都是三四天就达到了鸣放高潮。高，就是群众的风格高、觉悟高、提意见的水平高。将近两百万条意见，尖锐地揭发了企业中各个方面的问题，既严肃，又活泼；既尖锐，又恳切；既有批评，又有建议；满腔热情，无限智慧，歪风邪气很少。好，就是效果好。经过全面鸣放的批评，领导同群众的关系更亲密了，在大鸣大放中，问题就解决了一大批，群众的积极性更高了。生产不但没受影响，而且是放的越透，生产越好。例如，京西矿务局四万多职工在六天内鸣放了十八万多条意见，生产不但没有受影响，而且节节上升。三月上旬平均日产煤二万二千五百多吨，掘进日进尺六百三十三米，下旬头七天煤的日产量增为二万二千九百多吨，增加了百分之一点八，掘进日进尺增为七百一十米，增加了百分之十二点二。

群众鸣放出来的意见，根据九十多万条意见的初步分析，大体上有以下几个方面：

一、领导作风问题，占意见总数的百分之三十左右，最突出的是官僚风。不深入实际，不联系群众，不调查研究，不了解下情，不切实解决具体问题的官僚风最多。简单生硬，遇事不和群众商量，甚至态度蛮横。强迫命令的官僚风次之。瞎指挥风也不少，主要是“命令多头下，设备乱搬家，人员胡调动，月底乱抓瞎”。石景山钢铁公司有一个党员技术员，八个月内调动了七次工作，运输部炼铁站站长，两年当中九次易人，任期最长的不过半年，最短的只有七天。批评干部特殊风的意见，批评干部右倾松劲、消极疲沓、资本主义经营作风、本位主义的意见，都有一些。但大量的还是推、拖、浮、硬（作风生硬）、粗（粗枝大叶）、瞎指挥。

二、生产和企业管理方面的问题，占总数的百分之三十左右（前一时期，在反劳动力浪费和反原材料浪费的运动中，群众已经提了近百万条意见，其中绝大多数是生产和企业管理方面的，如果考虑这个因素，有关生产和企业管理方面的意见，在全部意见中要占第一位，大约占百分之六十左右）。意见最多的是：原料、材料、工具、协作件、配件、备件等供应不足，不及时，质量不好。例如，煤矿工人的六件大事：车（煤车、运输）、木（坑木）、灯（头灯数量不够，质量不好，京西矿务局每天有一千四百人，因为头灯不亮，不能正常生产）、钻（电钻、风钻数量不够）、钎（钎子的数量不够）、风（风钻的风压不够，通风的风量不够），差不多是人人都有意见。北京第一机床厂因为机床的协作件（电机）没有到厂，有六百多台万能铣长期放着不能出厂，群众很不满意。棉纺厂因为缺少罗拉、锭子、梭子等，经常影响生产。其次是企业管理问题，其中又以技术管理和浪费方面的意见为最多。

三、生活福利和劳动保护方面的问题，占总数的百分之二十五左右。这实际上是批评我们只抓生产、不抓生活，只见物、不见人，高高在上、漠视群众疾苦的官僚主义。意见最普遍的是食堂、宿舍、托儿所、澡堂、工作服等问题，以食堂的意见为最多。有的大字报说："食堂食堂，主食不够（指给的分量不够），副食不强，不讲卫生，饭菜又凉，态度不好，排队又长。"宿舍最主要是数量远不能满足需要。北京电子管厂现在要求住宿舍的有一千五百八十七户，其中结婚一年到三年，夫妇都在本厂工作而分居的有三百五十八对，其中又有二百五十七对夫妇，生了小孩，依然分居。长辛店机车车辆厂的集体宿舍，平均每人使用面积只一个平方米，工人住三层铺还是挤得很。三年来，生产大翻番，工人宿舍盖得很少，许多工厂的宿舍比上述两个厂还紧张。其次是宿舍管理得不好。女工多的工厂，托儿所问题十分严重。电子管厂今年一、二月份平均每天生两个半小孩，现在有八百多个小孩不能入托。有些工人上班时把小孩锁在屋里，捆在床上，还有五十多名母亲，因为孩子无人照管，不能上班。北京玻璃厂一千五百多个女工中，就有三十个母亲，因为孩子无处入托，不能上班。大字报说："人员不断增，婴儿不断生，小孩无处放，只好锁家中，人在工作地，心却惦亲生，一日几遍奶，来回奔途中，妈妈日渐瘦，孩子眼哭红，学习不用提，工作作不成，希望厂领导，快快来解决。"许多工厂，尤其是煤矿、冶金、机械工业的锻铸部门，洗澡堂不能满足需要，已经影响了生产。城子煤矿只有三十平方米的洗澡池，只能同时容纳六十人，而每班要有五百到七百工人同时下班洗澡，挤得摩肩擦背，洗到最后，水变成了"煤粥"。同时，他们普遍反映，毛巾、袜子、肥皂等用得费，质量差，数量不能满足需要。工作服三年没发新的，旧的补了再补，许多单位也迫切要求解决。

四、政治、文化、技术教育，入党、入团和其他方面的意见，共占百分之十五左右。其中突出的问题是党和共青团的组织，对群众的政治要求漠不关心，许多要求入党入团的人，没有谈话，没人帮助，有的人填了申请书，三年没人理。

绝大多数单位一开始就注意了抓先进的同时抓落后，轰轰烈烈的动员、号召和深入细致的发动相结合，因此，群众的发动比较广泛。根据典型分析，到目前为止，没有贴大字报、提意见的人约占百分之三到百分之五，主要是犯过错误或在过去运动中受过严重批判的人。言不尽意的约有百分之十到百分之十五，主要是旧职员；也有少数旧社会经验较多比较世故的老工人。对于他们还需要进行艰苦的发动工作，让他们说出真心话，以便充分调动一切积极因素。

这次运动所以能够迅速开展，并且迅速收到效果，主要有以下条件：

一、有前一段形势教育做基础，同时，多数职工不仅有一九五七年和一九五八年大鸣大放的经验，而且有前几个月反对劳动力浪费、反对物资浪费（或提高质量）的鸣放和整改的经验。

二、采取了全面大鸣大放、全面大整大改的整风方式。头四个月的专题鸣放专题整改，有它的好处，目标集中，容易和改进企业管理相结合，但是，有它的局限性，不能广泛地发扬民主，不能充分地揭露领导上的缺点，因而，就不可能最大限度地调动各种人的积极性，不能满足群众的普遍要求。我们总结了这个特点，转而采取了全面鸣放全面整改的方式，就受到了群众的热烈欢迎。三年大跃进，工业交通企业不仅在生产上取得了史无前例的伟大成就，在思想觉悟、经营管理方面，也得到了迅速的提高。但是，干部和群众之间，领导和被领导之间，在经营管理上，是有问题、有矛盾的，已经影响了一部分工人的生产积极性。经常的整顿、改进、批评与自我批评是必需的，但是，它不能代替一定时期的，全体动员的，大鸣大放的，轰轰烈烈的整风运动。只有大搞群众运动，全面地大鸣大放和大整大改，才能最快地、最有效地、最广泛地改进上层建筑与生产关系，特别是改进生产中人与人的关系。

三、运动能否迅速深入的开展，取决于领导干部的觉悟和决心。凡是领导干部觉悟高，决心大，敢于开诚布公地、诚恳地检查自己工作的缺点和错误，真正引火烧身，并且，有干部、党员、团员带头鸣放的单位，运动都迅速深入地开展起来了；反之，有个别单位的领导干部觉悟不高，决心不大，平时侵犯群众的利益，不敢引火烧身，躲躲闪闪，企图掩盖缺点，那里的运动就不能迅速开展起来。一个单位的内部也是如此，例如，运动初期有些班组长的觉悟不高，但他们又是群众的“顶头上司”，群众对他们有“三怕”：一怕“穿小鞋”；二怕提了不顶事，闹个伤和气；三怕提得不对，反而“打倒耙”。因此，对他们提的意见很少。为了扭转这种情况，领导帮助他们提高觉悟，下决心引火烧身，这样多数群众的顾虑也就迎刃而解，对他们提出了不少的批评和意见。整风运动的深入过程，是一个尖锐的思想斗争过程、是一个提高各级领导干部觉悟的过程。也是一个密切领导和群众关系，调动群众政治和生产积极性的过程。

四、方法对。主要方法归纳起来是：带（干部、党员带头）、放（大鸣大放大字报）、谈（座谈）、访（个别访问）。第一，领导干部、党员、团员、积极分子投入整风运动，本着对党、对人民负责的精神，带头鸣放。第二，以贴大字报和小组会鸣放为基本形式，造成声势，没有一定的声势，就不能迅速鸣放起来。第三，座谈会。一种是有些人特别是老工人不愿意写大字报，有些人对个人生活上问题不愿意在大字报上提，领导就请他们座谈；一种是在鸣放的基础上，为了把问题放得更透、更系统，举行座谈会。第四，登门拜访，个别访问，个别谈心。特别对于一些过去认为是落后的群众，要多采取个别访问的办法。还有意见箱也很起作用。同时，群众根据自己要解决的问题，主动邀请有关干部，参加他们的鸣放会。这样，上下交错，互相交心，高度地发扬了民主，既有声势，又能深入。

五、立即整改，用整改的实际行动促进鸣放。群众鸣放的意见，当时能改的，立即大张旗鼓地整改。

当前整风运动的任务：少数刚开始鸣放和放得不透的单位，需要继续放手发动群众鸣放。对于多数单位（鸣放高潮已经过去或者将要过去），中心是抓整改，掀起大整大改（同时继续鸣放）的高潮。鸣放只是整风的开端，整改才是关键。必须从头到尾抓紧整改，不可有头无尾，有始无终；千万不要“大字报，真热闹，猛一看，吓一跳，过几天，全忘了”。整改必须有声有色，大搞群众运动，坚持领导与群众相结合的方法，上下一齐动手，雷厉风行地进行。坚决避免官僚主义、形式主义的做法，表面上“件件有交代”，实际上照抄照转，用“研究研究”，“今后注意”，“加强教育”这种官样文章来搪塞群众，敷衍群众，欺骗群众。同时，一定要发动群众，避免干部关门整改，群众冷眼旁观的冷冷清清的局面。

根据几个运动开展较早单位的经验，发动群众大整大改，首先要领导下决心，雷厉风行；同时，采取以下主要步骤：（1）一开始就抓紧对群众所提意见，分类排队，编辫子；发挥职能部门、各级干部的主动性，在党委领导下，分成几条战线，组成整改队伍。（2）组织整改战役。根据问题排队的情况，一批一批地大整大改。每一个战役，都公布整改项目，规定期限，指定负责人员或部门，发动群众，一起动手，打歼灭战。（3）发动群众检查。在整改战役告一段落，发动群众检查战果。在整改的适当时期，发动新的大鸣大放高潮，检查前一段整风的成果。（4）组织专题鸣放专题整改。对于牵涉全局性的重大问题（如质量问题，技术革命问题等），在经过大鸣大放高潮，整改到一定时期，发动专题鸣放专题整改。

在大整大改中，要注意针对不同的情况，采取不同的处理方法。群众所提的问题，大体上可分为三类：

第一类主要是由于领导作风和领导工作的缺点造成的，是企业本身能够迅速解决的。其中，有些问题很明显，也比较简单，只是由于干部的作风不好，长期没解决或者把群众得罪了，应立即行动，立即兑现。例如，京西城子煤矿的洗衣机坏了几个月，群众提过很多意见，一直没修好，这次大字报贴到机器上，第二天就修好了，群众就很满意。又如，干部的特殊风问题、态度生硬问题，许多单位召开了兑现大会，团结大会，该退的退，该赔罪的赔罪。石钢一个支部书记，未经群众讨论，买了手表和自行车，群众很不满意，说“天津飞鸽车，上海三针表，提起两件事，工人心苦恼”。这次，他推上车，拿上表，向群众作检讨。群众说：“你住家离得远，比我们都需要自行车和手表，过去不民主，不对，现在你认识了错误，车和表还应该给你。”石钢的西井宿舍管得很坏，“西井宿舍好，人多房间小，碳气多，氧气少，厕所无灯，不敢下脚，温水多，开水少，打水人多，水龙头少”。群众贴了大字报，领导马上整顿，装上龙头，按上灯泡，群众也自动干起来，他们说：“灯泡还不是我们拿了？宿舍脏还不是我们搞的？我们要保证灯泡不丢，房子打扫干净。”有些问题比较复杂，领导经过调查研究，经过在干部和群众中的酝酿，提出方案（也可以是几个方案），再发动群众讨论，共同整改。长辛店机车车辆厂的工具不足问题，群众意见很多，领导提出清理小仓库和自己制造的办法，同群众商量，大家一齐动手，几天工夫，就解决了一大部分。有一些生产技术问题，长期不摸底，拖来拖去。领导干部深入下去和群众共同调查研究，也能够很快解决。例如，房山煤矿掘进十三组，过去经常放瞎炮（炮不响），影响进尺，工人过去提意见，领导也不认真解决。这次贴了大字报，副段长立即跑到现场和工人一起研究，找出原因，想出办法，问题就解决了，以后十天没有瞎炮，平均日进尺提高了百分之八十。总之，立即抓紧解决这类具体问题，就可以立即掀起整改高潮，就可以解决全部意见的百分之七十左右，就可以大快人心，改善关系，促进生产。

第二类是由于领导上的缺点，但是更主要的是由于经验不足造成的。例如，党委领导下厂长负责制的正确执行问题，企业管理的规章制度问题等等，问题比较复杂，需要进行系统的调查研究，分类排队，抓住问题的本质，进行系统整改。

第三类是属于物质技术条件的建设和充实的问题。例如，工具、零件、配件的及时供应，工作服的补充，宿舍、托儿所、澡堂、食堂的增加等等，需要相当的物资和投资，企业内部多半是不能解决的，但是，又不该置之不理。这就需要企业的上级领导机关加以解决。三年大跃进，生产大提高，这些问题长期不解决，是脱离群众的。群众干劲越大，觉悟越高，领导上越要关心群众的生活。我们认为今年要立即动手并且拿出两年左右的时间，恰当地解决这些问题。中央直属企业的问题，我们已告各企业迅速向主管部汇报情况，请求帮助和支持。地方各企业，我们已责成主管局立即进行系统的调查研究，提出办法。我们建议在今年的基本建设计划中，尽可能多安排一些职工宿舍、食堂、托儿所等。有些“烂泥头”，能够早日收尾的，应设法收尾。多年积存的工会经费，可以拿出大部分来解决这方面的问题。

以上，不妥之处，请中央、华北局指示。

Z44－1961（1）

财贸办公室华东工作组：国家资金的主要漏洞在哪里？[①]

财政银行工作考察见闻

1961年11月20日

我们一行9人，到华东地区走了一个多

① 李先念11月20日批示将此件印发中央政治局书记处及有关部门。

月，接触了不少财政银行的基层干部，增长了不少见闻。现在把一些主要印象写出来，供作参考。

“守法的权小，胆大的权大”

这几年，财政银行工作成绩确实很大，积累了大量资金，加强了“三大观点”，开展了群众运动，支持了生产建设大跃进。但是，也发生了财权分散、管理偏松的缺点，漏洞不小。

到底分散在哪里？漏洞在何处？

得到的印象是：漏洞主要不在财政体制本身；漏洞主要出在财政体制以外。“守法的权小，胆大的权大”。有些人有一种论调，是“方向对头，不怕杀头”，只要为了建设社会主义，反正犯不了原则错误，管它平衡不平衡、制度不制度。这种论调现在比过去少了，但是“精神不死”。

按照现行财政体制，地方在财政上有“四权”：（1）超收结余；（2）项目调剂；（3）预备费；（4）预算外收入。

前两年，生产大发展，地方超收多，结余多，预算外收入多，企业利润留成多，财政管理和财政监督也放松了，确实分散了一部分国家财力。近一年来情况大变：生产和收入都下来了，超收变为短收，结余变为赤字，企业利润留成由多余变为不足，预算外收入有的还补贴预算内支出，地方预备费不过支出总数的6‰，一个省，如浙江不过250万元，一个市，如杭州，不过10万元。地方的机动财力很小了。财政管理也比过去加强了（当然问题还是有的）。

杭州市财政局同志说：“1958年我们是富农（结余2 300万元），1959年是中农（结余1 000万元），1960年是贫农（账面结余60万元，实际没有结余），1961年光了屁股了（可能入不敷出）。”

那么，漏洞主要在哪里呢？

最大的漏洞在挤银行

前几年，有四个口子：

1. 用赊销、借用、打白条子的办法，挪用商店的商品。

2. 用派任务、直接抽调的方法，挪用工厂的物资。

3. 用挪用流动资金、增加银行贷款、借了钱长期不还的办法，挪用银行的票子。

4. 平调集体所有制经济和人民群众的人力、物力、财力（最后由国家退赔，大部分还是财政负担）。

近一年来，“平调”的口子堵死了，动用商店商品的口子，动用工厂物资的口子也堵了一大部分或者基本上堵死了。“三死一活”，剩下的口子就是银行，活在票子。每天喊堵，就是堵不住（根本问题在计划，下面要谈到）。

“四口变一口”，同过去比较，是一大进步。但是，只要银行这个口子没有把好，其他一些口子也就不可能真正把好。那些“方向对头，不怕杀头”的人，仍然可以通过这个口子，动用资金和物资。

“信贷员的苦恼”

怎样才能把银行的口子把好呢？我们同银行和财政工作基层第一线的干部——银行信贷员、财政专管员（驻厂员）、企业财务科长等进行了座谈。他们说，最苦恼的有两个问题。

一个问题是，“亏损企业要维持，银行反正得贷款”。

“目前企业亏损面大，呆滞积压多，产值下降，资金反而上升。上海工业企业过去每百元产值占用流动资金10元左右，今年占用17元（按：上海在全国说这是比较好的）。即使这样，企业要求追加贷款的时候，还有两件法宝：一要维持生产，二要维持工人生活。不维持生产和工人生活，那是政治问题，有的还这样责问：你们银行干部不发工资行不行？政治问题我们不敢顶，反正工厂不关，银行不敢硬不贷款。只好外加一句话：请你们今后注意，下不为例！实际上，到了下次，依然如故。”

“银行有权停止贷款，在经济上讲，就意

味着有权让企业关门或减产。”

另一个问题是，“反正孩子已经生下来了，不承认也不行”。

“一件东西，生产出来，如果它是没有用的，或者半无用的（废次品、不配套的），或者将来有用而目前无用的，那么，占压资金就占定了：不占生产单位的，必占用货单位的；不占此地的，必占别地的；不占工厂的，必占物资部门的；不占银行的，必占财政的（少交利润）。反正东西在中华人民共和国，不能不占压中华人民共和国的资金。反正生米已经煮成熟饭，孩子已经生出来，叫我们发结婚证，不发也不行了。我们硬顶住，不贷款，所起的作用只是：看资金压在哪里比较有利，比较利于促进企业积极处理积压。”

财政收入的虚假现象

一是企业用银行贷款缴税缴利润。甚至还有这样的笑话：有些企业，收入被呆滞物资占压了或者发生了亏损，无力缴税缴利润了，财政干部（专管员）为了完成任务，干脆代替企业向银行贷上款，缴了税缴了利润。

二是企业的自有流动资金财政没有拨足，银行除了贷放季节性的超定额流动资金以外，还要无息发放一部分定额流动资金。仅上海一市，企业定额资金应拨未拨的就有10亿元，都占着银行的钱。

三是企业物资盘亏，本应作损失处理，减少利润。但企业把利润上缴了，损失却烂在那里，占着银行的钱。

“财政可以说没有钱，银行不能说没有钱”

我们问：中央早有指示，财政资金和信贷资金要划清界限，“桥归桥，路归路”，企业亏损，物资盘亏，定额流动资金不足，你们为什么不向党委反映，叫财政出钱呢？他们说，事情不这么简单。

“财政和银行不同。财政是统一领导，分级管理的，各级有各级的收入和支出，支出超过收入要出现赤字，地方肩上有担子。银行是全国统一的，好像一汪汪水，上下划不开，贷款指标不够了就向总行要，地方肩上没有担子。这样，地方（特别是专、县）对财政和对银行态度自然不那么一样。”

他们说：“多数情况是这样：财政部门同企业或事业单位到党委打官司，财政部门容易赢；银行同企业到党委打官司，企业容易赢（这里所说的赢，不是有没有理，而是给不给钱）。财政有一条最有力的理由是：收入只有这么多，再用就发生赤字了。地方不愿有赤字，财政容易得到党委支持。银行贷款超过计划，银行对不合理的贷款提出意见，党委的回答总是这两句话：银行有理，照例给钱。要维持生产，要发工资，钱还得贷——总之，财政可以说没有钱，银行不能说没有钱，反正你是个发票子的地方。”

“花银行的钱不大心疼，花财政的钱心疼了，办法就来了”

地方同志们说：“企业的亏损，物资的盘亏和长期积压等等后果，既然发生，总要反映在国家资金上。不在财政上，必在银行上。财政硬了，银行就得软了，银行硬了，财政就得软。两家都硬——除非决心关掉一批亏损企业，或者有效地迅速地把亏损企业变为盈利企业。”

我们对银行的同志说：“如果中央给你们‘尚方宝剑’行不行呢？比如说，因经营不善而不能偿还贷款的企业，银行警告无效，就真的停止贷款，企业因而关门或发不出工资，由企业自己负责，不由你们负责……”

他们回答是：“‘尚方宝剑’可以给，但我们只能晃，不能砍。‘尚方宝剑’只能拿在党委手里，要解决问题必须党委做主，计划撑腰。”

如何才能使党委做主、计划撑腰呢？

大家对这个问题的讨论最热烈，最后一致的看法是：财政不能占用银行的钱，占用了的要补上。因为多数地方党委，花银行的钱不大心疼；花地方财政的钱，心疼了，就要下苦功夫改善企业管理，处理积压物资，整顿财政纪律，问题就比较容易解决了。

当然，这绝不是说，不论什么钱，都由财政出，而是正确地坚持财政和银行的职能分工：非偿还性的归财政，偿还性的归银行，“桥归桥，路归路”。该银行出的钱（如超定额流动资金）也不能由财政出。

两种做法，两种结果

财政该出的钱，挤银行还是不挤银行，结果大不相同：

挤银行→发票子→落在市场物价上。这样做，造成财政收支的虚假，假平衡，真赤字，掩盖了矛盾。结果是：物价上涨，大家都不好过。

不挤银行→减财政收入→压支出→落在计划上。这样做，财力真实，家底清楚，才能真正实现“有多少钱办多少事”的原则，把计划落实。企业该办的办，该停的停，该改善经营的限期改善，非赔不可的列为计划亏损，由财政按计划拨款补贴。结果是：票子可以比较地少发，有利于物价的稳定，有利于加强财政监督，有利于企业改善经营。

要大力为银行撑腰。银行自己也要挺起腰板来。不能自己放松管理，叫财政“擦屁股”。财政银行要密切协作，加强对企业和各部门的财政监督，违犯财政纪律的提请党委给予必要的制裁。

一段透彻的谈话

有的同志问：如果企业亏损之类不管有没有指标，都由财政背起来，那还有什么财政监督和财政纪律？其实，只有今天背起来，才能使今后不背或少背。

江苏同志曾有一段话，说得很透，他们说：有一种人，很巧。自己地方的企业发生了亏损，总是板起面孔说：企业经营不善，违犯财政制度，财政没指标，不能弥补！结果，亏损占着银行的钱，自己也用不着下苦工去改善企业经营，尽管亏损依然如故，地方的财政收入也不减少，日子也比较好过，真是一举两得，“又有里子，又有面子”。这是加强纪律其名，挤银行其实。而挤银行，实质是挤中央财政，每次清理资金，最后都是中央财政背起来。财政允许这样做，是“搬起石头打自己的脚”。

财政占用着银行140多亿元

这几年，到底挤了银行多少钱？我们粗估了一下全国的大账，除了过去已经处理和归还的以外，现在还欠着的钱，“冒叫一声”大约有140多亿元，包括这样几笔大账：

1. 企业物资盘亏，共约有70亿元。其中，商业（包括粮食、外贸）约40亿元，工业交通约30亿元（基建物资的盘亏在建设银行账上，不在这个数字以内）。

2. 企业自有的定额流动资金，财政尚未拨足，占用银行资金的，大约有46亿元。其中，1957年以前的约3亿元，1958年到1960年近43亿元。

3. 挪用信贷资金搞基本建设、企业亏损、企业福利费和四项费用占款以及其他财政性开支，约26亿元。

财政占用银行的这些钱，并不是要财政一下还清，也不是全由财政出钱，而是采取不同办法处理：企业有力还的必须由企业偿还（如企业各项基金超支）；地方有力偿还的必须由地方财政偿还（如地方企业亏损）；企业和地方无力偿还的中央财政背起来。一年还不了的可分年还，有一部分还可用减少银行和企业自有资金的办法处理。

根本问题在计划

上边讨论的是，“包袱”已经有了，财政背，还是银行背的问题。有的同志提出：有没有办法，不再造成“包袱”，财政也不背，银行也不背，大家都轻装前进呢？

回答是：问题的关键在计划，在真正做到上下一本账。

同志们反映，过去的大计划高指标的问题已经解决了。当前的问题，一个是计划下达太迟，一个是物资供应不正常。

计划下达迟，变化多，“一年计划，计划一年”往往停留在上边和中间，落实不到企业，我们在上海、杭州看到的企业，许多没有年度和季度生产计划，生产一月一安排，财务计划、利润计划和贷款计划自然也没法订。

财政银行同志们说：“前几年我们对财政监督确实放松了，现在我们愿意加强监督，为国家守计划，把口子，但是没人发‘通行证’(计划)。”

工厂的同志们说：“上下一本账，我们很拥护。但是，上边那一本账迟迟不下来，我们每天必须给工人找活干，于是我们不能不立自己的一本账，按自己的账安排一个时期的生产。一个企业一本账，全国就有几万本账。等到上边计划下来了，同我们的计划不一样，可是又不能一下子完全转过来，就不能不乱一些。我们一乱，财政信贷就不能不跟着乱，多花了钱，生产没搞好，大家心情不舒畅。”生产如此，基本建设更是如此。

物资供应不正常，许多企业不能按时、按量、按质拿到需要的物资。上海机床厂储备的物资，多的相当正常需要 16 倍，少的只相当 1/3。需要的东西不来，不需要的东西来了。需要的时候不来，不需要的时候来了。要一级品，用二级品顶，“百里挑一”，浪费很大。

大家也都谈到，这些现象，在调整过程中难以完全避免，情况会逐步好起来，但希望好得更快些。

钱物脱节

钱物脱节，包括有物无钱和有钱无物两种现象。

有物无钱——有些基建单位下了马，削减了投资，但是为这个单位制造的机器设备，仍然继续生产，并且发了货来。有些生产单位，没有基建投资，但上边给发来了大卡车或其他设备。这些单位收了货，就到处找钱。还有，中央主管部往往“放线钓鱼”，晃着设备，问地方要不要，你不要就另外分配。地方往往“拖人下水”，先把东西要下，再设法弄钱。

有钱无物——有些单位领到国家的钱，买不到他们所需要的原料材料或设备，于是，有的派采购员到处钻，不惜高价买入；有的乱抓“协作物资”，作为交换手段；有的到农村集市上插一手，影响了市场管理。

有人形容这种钱物脱节的现象，是“拉郎配”，并作了一副对联：

上联是：有物无钱，乱拉资金；

下联是：有钱无物，乱抓物资。

横批是：打乱计划。

一条建议——清理资金，弄清家底，下决心过几年苦日子

下边同志提出：当前需要解决的问题很多。健全计划，“五定五保”，清产核资，使生产进一步正常化，是根本问题。整顿财政制度，加强财政监督，充实干部（财政银行部门的人员大体只有过去一半左右），培养干部（上海财政干部平均 39 岁，银行干部平均 43 岁，担心“后继无人”），等等，都重要，要逐步解决。当务之急是清理资金，弄清家底。

他们反映：1959 年庐山会议，中央发了一个清理资金的规定，弄清了“80 亿资金哪里去了”的问题，教育了干部。那次主要是清理赊销预付。建议最近中央再发一个清理资金的指示，这次主要是划清财政资金和信贷资金的界限，清理企业亏损、物资盘亏、定额流动资金和由银行垫付的各种财政性开支，把 140 亿资金搞清楚。

这次清理工作，最好能在明年第一季度，至迟要在明年 6 月底以前办理完毕。各个企业，应当结合年终决算，盘点物资，把盘亏的数字弄清楚。把账算清了，再区别不同情况，由企业、地方财政、中央财政和银行分别加以处理。

清理以后，加强管理，过去从宽，今后从严。

今后从严的办法：一是规定一个企业亏损处理办法，公布实行；二是规定银行什么事可以不贷款，大家为银行撑腰（我们同地方同志一起拟了十条，叫做“十不贷”），结合企业

清产核资，“五定五保”，大力处理积压，严肃财政纪律，减少资金占用；三是财政占用银行的钱，一两个月清理一次，各级银行按月把“财政垫款”列表报送上级银行和同级党委。这样，漏洞也不一定能完全堵住，但是，堵不住也要堵，总能起一定的作用。

这样清理一下，弄清家底，不仅有经济意义，而且有政治意义。“由俭入奢易，由奢返俭难”，过去几年过了“富日子”，现在要过穷日子，并不那么容易。弄清了家底，知道国家财政有多大亏空，“情况明，决心大，方法对”，才有利于大家认识困难，分担困难，下决心过几年苦日子，把经济调整好。

Z838－6

（二）有关政策和措施

中共中央批转聂荣臻关于一九六一年、一九六二年科学技术工作安排的报告及汇报提纲

1961年1月21日

第108～120页。D220－5455（14）

中共中央关于正确对待社队“小仓库”问题的通知

1961年1月23日

看到河北、河南的材料，提到有些社队在大队统一管理的粮食仓库之外，还有粮食“小仓库”（有的地方把它叫做“黑仓库”）。有的同志认为这里还有很大的潜力，主张把它追查出来，归入国库或者征购其百分之五六十。中央认为，对待“小仓库”这类事情，必须极端慎重。据说河南所发现的三个公社“小仓库”的粮食来源，有的是大队储备、种子结余，有的是食堂节约和夏季多退的透底粮。如果这种“小仓库”是社队留做群众吃粮和种子的储备，则是一件好事，而不是什么坏事。应该同干部商量，要他们向群众公开，正式上账，由群众选出代表，加以监督，并经过群众讨论，在必要时合理使用。如果群众愿意把这部分粮食作为长期的储备，不准备动用，应该听任群众的决定。上级机关要公开宣布，国家保证不把这部分粮食上调，也不再增加征购任务。另一种情况，如果这种“小仓库”是属于少数干部贪污性质的，在发动群众揭发以后，也应该按上述的办法处理，把坏事变成好事。各级党委和财贸部门，绝不要在这类粮食“小仓库”上面打主意，以免又发生变相的“反瞒产”运动，造成混乱。

Z44－1961（4）

中共中央批转陕西省委关于克服畏难松劲情绪的报告和西北局的批语

1961年2月12日

各中央局，各省、市、区党委，中央各部委、各党组：

现将陕西省委《关于克服畏难松劲情绪的报告》和西北局对于这个报告的批语发给你们。这是目前普遍值得注意的一种情况，望各地区、各部门、各单位都照陕西省委一样加以检查，并采取办法克服这种情绪。

附：中共中央西北局批转陕西省委关于克服畏难松劲情绪的报告

1961年2月9日

各省委、区党委并报中央：

现将陕西省委《关于克服畏难松劲情绪的报告》转发你们。西北局认为这个报告很好，

也很重要。据我们了解，松劲现象，不仅陕西地区有，在其他省、区也程度不同地存在着。气可鼓而不可泄。鼓足干劲，力争上游的精神永远要发扬。春耕时机紧迫，各项建设任务繁重，现在在干部和群众中，要大讲形势，大鼓革命干劲，具体、细致地解决各项具体问题，采取措施不失时机地防止和克服畏难松劲情绪，决不要等问题成了堆再去抓。请各省、区党委对自己所属地区的工作也尽快地检查一次，并将检查结果向西北局写一个报告。

附件：陕西省委关于克服畏难松劲情绪的报告

1961年2月8日

西北局加发各地委、市委、县委：

我们正开省委全体会议（扩大），讨论贯彻执行八届九中全会的精神。会议反映全省总的形势是好的，当前特别值得注意的一个问题是，在不少干部中出现了畏难松劲情绪，因而生产进度缓慢。主要表现：在农业生产方面，越冬作物的田间管理和积肥的进展都很慢，截止一月二十六日，冬灌面积只完成任务的百分之十七，比去年同期少灌百分之六十八；麦田追肥面积只完成百分之三十六点七，比去年同期少百分之五十五点五；冬锄面积只完成百分之十五点七，比去年同期少百分之三十八点二；冬季积肥约比去年同期少百分之八十多。在工业生产方面，元月份十九种主要产品产量，除钢、铁和水泥外，都没有完成计划，煤炭、原油只完成月计划的百分之八十多，化肥只完成月计划的百分之七十多，铁矿石、小农具只完成月计划的百分之六十，农药只完成月计划的百分之四十三。这十九种产品，除了纯碱，都低于去年十二月的产量；除了硫酸，都低于去年同期的产量。

生产中出现松劲现象，有一定的客观原因，但主要是在不少地方和单位存在以下几种情况：

一、干部对当前形势缺乏正确认识，对困难看得多，对有利条件看得少。思想政治工作没有赶上去，混乱思想没有及时得到澄清。

二、情况不明，人云亦云，有些干部只喊困难，缺少分析，更缺少研究解决困难的办法。

三、议而不决，说而不做，许多具体问题推来推去，不能及时解决。

四、反对瞎指挥，出现了不指挥现象。

五、在实行劳逸结合之后，出现了逸多劳少或劳得不好、逸得也不好的现象。

六、有些基层干部垮了，有些犯严重错误的干部躺倒了，新的干部没有及时补起来；有些有毛病的干部考虑自己能不能当干部，只想自己的错误，不管生产了。

针对这种情况，我们在会议前和会议过程中，已经采取了一些措施，最近越冬作物田间管理和工业生产稍有好转。在这次会议上，我们反复强调和讨论了这一问题，并拟进一步采取以下几条措施：

一、各级领导都要分别向广大干部和群众，大讲形势，增强信心，鼓舞干劲。

二、各级领导干部都要深入基层，深入群众，认真进行调查研究，和群众一起摸清问题，找出办法，一个一个地解决生产中的具体问题。

三、各级领导都要强调坚持集体领导同分工负责相结合的制度。会议上决定的问题，都要指定专人负责去办，建立责任制度；想出一条办法，就立即去办，坚决办好，对拖延不办的要追究责任。

四、反对瞎指挥，纠正不指挥，提倡好指挥。采用各种办法，推广好指挥的典型经验。

五、劳动、休息时间，坚决按照规定执行。劳动时间一定要好好劳动，休息时间一定要好好休息。在农村，除病人外，随着春耕季节的即将到来，要逐步增加劳动时间。

六、对已经垮了的干部，迅速提拔、选派新的人去递补；对犯有一般错误的干部，要帮助他们早点放下包袱，并教育他们积极工作，在实际工作中改正错误，将功补过。对一、二类单位的整风要抓两手，一面反“五风”，一面总结推广好的经验，做到有破有立，有批评有表扬，鼓励广大干部和群众积极工作。

以上如有不妥，请指示。

Z44－1961（5）

国家计委关于一九六一年国防工业计划外项目处理意见

1961年5月25日

各中央局计委、各省、市、自治区计委、建委（包括西藏）、国防工委、国防科委、三机部、二机部、科学院新技术局、国防部总后勤部、冶金部、化工部、建工部、石油部、轻工部：

最近有些省市反映，自中央中发［61］279号中央文件下达1961年国防工业基本建设计划以后，有些部门又自行下达了一些计划外的项目。省市要求各部门增加或调整建设项目时，均应经国家计委审查，统一下达。我们认为这个意见是符合中央关于“今年基本建设必须认真执行全国一盘棋，上下一本账的原则，不要再搞新的建设项目”的指示精神的。

今年，国防工业各部门，原则上不要再增加新的建设项目。如果必须增加时，应经国家计委审查，报国务院批准。必须调整计划内的建设项目或动用待分配投资时，亦应经国家计委审查，统一下达。各部门已经自行下达的计划外项目，应按此规定补办手续。

150－9－237

中共中央关于坚决纠正平调错误、彻底退赔的规定

1961年6月19日

第429～435页。D220－5455（14）

中共河南省委关于调整城乡基层财贸管理体制的若干规定（试行草案）

1961年8月25日

各地、市、县委：

我省城市和农村的基层财贸管理体制，自一九五八年秋季在农村实行“两放、三统、一包”的办法以来，曾进行过数次调整，现在看来，基层财贸管理体制由于权力下放过多，加之其他主观和客观上的种种原因，给财贸工作带来了许多问题。财贸政策不能很好地贯彻执行；商品调拨不灵，商品流通渠道阻塞；流动资金被挪用；经营管理环节增多；机构人员被过分地撤并和抽调，政治思想工作大为削弱。这不仅影响了财贸工作更好地为生产和消费者服务，给生产和生活带来了许多不便，而且对于组织城乡物资交流，沟通城乡关系，和巩固工农联盟都是不利的。为了彻底克服上述问题，使城乡基层财贸管理体制适应目前形势的需要，根据中央指示精神，省委决定，改变过去“两放、三统、一包”的办法，收回下放给城乡人民公社对财贸部门的人员、物资、资金、物价等管理权限。现就上述问题作如下规定：

一、基层财贸机构的设置，应当根据“有利生产、方便群众”的原则，统一规划，合理摆布。

粮食机构：设区的城市，区设粮食分局，区以下和不设区的市，根据需要设立若干粮店，个别的可以设中心粮店。农村中区设粮食管理所，区以下根据购销业务繁简，可以一个公社设一个粮食购销站，也可以两、三个公社设立一个粮食购销站。

商业机构：城市中市一级设商业局，并且按行业设立专业公司，下设若干批发部和专业商店，各公司对其直属企业单位，实行垂直领导。公私合营商店和合作商店（组），按行业归口改造。区设商业科。农村中国营商业机构按商品自然流通渠道，下伸到县城以下重要集镇，负责批发或者兼营一部分零售业务。县城以下的一般集镇和区以下广大农村的零售业务，由供销合作社经营。

财政机构：在城乡的区一级设立财政助理员和办事员各一人。在农村公社中，配备财政员一人。农村一般按区设税务所，或几个区设一个税务所；城市按区或按照工商业分布情况，设立税务分局或税务所。

银行机构：农村按区设立银行营业所，城市根据业务需要设立办事处、分理处和储蓄所。

国家在城市和农村设置的粮食、商业、财政、银行等基层财贸机构，都是县、市一级的派出机构，县、市一级业务部门对其直属的派出机构和基层机构的业务实行垂直领导，分级核算，共负盈亏。这些基层机构方针政策、业务计划、规章制度等方面，执行上级主管部门的指示和统一规定。其他部门不能乱加干涉。区和公社的党委主要是负责所在地财贸部门的政治思想工作领导，监督他们正确地贯彻执行各项方针政策，完成国家计划。

二、粮食统购实行“三定”办法以后，生产大队按照统购任务，直接向国家粮食部门交售，一手交粮，一手付款，当面结算，不经公社转手。区和公社应当按照政策保证完成上级分配的统购任务，但不准加派任务。国家对缺粮地区的口粮供应，由基层粮食部门直接供应到户。国家仓库保管的粮食，不经县以上粮食部门批准，区、社无权动用。国家调拨粮食时，区、社应当督促，保证完成。基层粮食部门，对生产大队、生产队和社员的粮食，必须尊重和承认他们的所有权，只能在业务和技术上加以指导，不得乱加干涉。

三、商业部门实行企业和行政分开，充分发挥专业公司的作用。基层商业单位，必须认真贯彻执行上级确定的商品分配原则和各项收购政策，对于实行凭证、凭票、高价、特需、限量供应等商品的范围不得自行规定。上级确定的商品和物资调拨计划，必须坚决执行；计划外的调剂任务，应当积极完成。

商业企业之间，应当贯彻自由选购的原则，批发部门不得硬性地推销冷背货和不适用的商品。零售部门可以从就近的工厂、手工业社和农村人民公社的生产大队采购商品，恢复名牌产品传统的购销关系。

基层商业企业，必须加强经济核算，合理地核定资金，实行资金定额管理。商业流动资金只能用于商品流转、生产加工和饮食服务等项业务的需要，不得用于基建和其他方面。任何单位均不得向基层商业单位抽调、借用和摊派款项。商业部门进行商品赊销，必须报经省委批准。商业部门内部的利润留成，只准按照规定用于四项费用，修建简易仓棚、福利事业和奖励金，不得用于基本建设。

基层商业单位，必须加强民主管理，依靠全体职工和人民群众，不断地改善经营管理，提高服务质量，做好商业工作。

四、物价工作必须继续贯彻执行“集中领导，分级管理”的原则。凡是属于中央和省管理的商品必须执行国家规定的价格，省以下各级政府和业务部门都不能随便调整，如果认为国家规定的价格有不合理者，可以向县以上主管部门提出意见，经省审查同意或报中央批准后始得调整。二类物资和完成合同任务以后的二类物资，可以在集市上由交易双方自由议价，商业部门应通过购销业务活动去影响集市贸易的价格，以加强对集市贸易的领导，但不要滥加干涉。

五、银行信贷资金的管理，必须坚持贯彻执行中央指示的“信贷资金与财政资金分口管理，分别使用，不得互相挪用”的原则。农业和社办工业贷款，由省、专一年核定一次指标，交县、市行统一掌握，不再下拨到区或人民公社。社、队所需的各种贷款，由银行营业所按季编造计划，经县银行审查同意，县委批准后，按计划贷放。上述贷款指标需要互相调剂时，须经县、市委批准。任何地方不得进行超指标贷款。经过调剂，如贷款指标仍然不足时，县可以提出计划，逐级上报申请增拨指标，任何地方不得进行超指标贷款。

国营商业和国营、地方国营工业的贷款指标，由省、专一季核定一次，县、市银行掌握发放。

对手工业、供销社和城镇合作商店（组）的贷款，分别单独建立户头，核定指标，县、市银行掌握发放。

对农村社员个人生产、生活困难所需要的贷款，由农村信用合作社负责解决。信用社贷款和存款必须按照社章规定加强管理，社、队不得动用。

继续加强现金管理和工资基金管理，控制货币投放。对公社的现金管理，由国家银行委托信用合作社负责办理。

银行系统的利润收入逐级上交省行；所需费用开支，由省按期逐级分配限额，各级银行按限额和规定用途掌握使用。

六、调整财政管理体制，应当贯彻中央提出的“国家财权基本上集中在中央、大区和省（市、自治区）三级”，“对专、市、县的财权适当缩小，但是仍然给予必要的机动”的精神和“国不挤社、社不挤国”的原则。城乡人民公社范围的财政收入，应当及时全部上交国家，所需的各项经费，由县、市按规定拨付公社包干使用，节余部分归公社支配。公社对国家拨付的专款资金，应严加管理，专款专用，不准挪用。过去划给城乡人民公社的各项收入，除农业税附加的百分之三十和公社、大队所属企业缴纳的工商税收附加仍然留给农村人民公社以外，其余一律收回。国营商业和饮食、服务以及为市场服务的行业的利润，统属中央和省级财政，各地不再参与分成。

区是县、市的派出机构，不是一级财政。区属范围内的财政收入，应当全部上缴；所需支出由县、市按规定拨付。区财政部门的任务是：除管理国家财政收支外，应该领导和监督辖区内各人民公社的财务工作，帮助公社加强财务管理，做好收入分配，严格经济核算，不断提高公社的经营管理水平。

国家财政部门组织收入，必须按照政策办事，严禁超越政策规定的界限，增加城乡人民的负担，应当拨付城乡人民公社的各项支出，必须如数下拨，不准层层扣留。

七、国家设在城乡区以下的基层财贸机构的领导干部（包括正副职），由县、市委负责管理；其他干部和职工，包括农村供销社的职工在内，一律由县、市主管部门负责管理；区和公社党委应当协助他们做好干部、职工的考核了解和培养教育工作；对其中某些人员认为需要调动时，应征得上级主管部门的同意。凡是决定调动的人员，必须把经济手续交代清楚。县、市的行政领导部门和区、社党委，应当组织财贸部门通过业务活动，积极服务中心，以往人员抽调过多、时间过长，以致关门参加中心工作的情况应当扭转。今后如果需要抽调干部参加中心工作时，一般的只限于基层单位以上的行政领导部门的干部，但是数量也不要过大（如不超过百分之十），时间控制在一个月左右。财贸系统直接经营业务的人员，如营业员、采购员、储运员、技术员、调拨员、统计员、财会员、出纳员、物价员等等，一般的不要抽调他们脱离本职业务直接参加中心工作，也不参加义务劳动。如果在特殊情况下，需要抽调参加短时间的中心工作或义务劳动时，应事先取得上一级主管部门的同意。今后财贸部门下放干部时，应当首先到基层财贸部门参加劳动锻炼。

八、国家设在城市和农村中的粮食、商业、财政、银行等基层财贸机构，属于全民所有制的企业，一切财产和设备都归国家所有，由各主管部门负责管理和支配，任何单位无权抽调。各种仓库、营业厂房、交通工具、动力机械……等财产，如需移交其他部门时，必须经省级主管部门批准后，一一进行作价，接收部门按价付款或转账处理。

上述基层财贸管理体制的调整有些还是新的问题，由于缺乏经验，一时还难规定完整，各地在执行中发现的问题，应当本着“全国一盘棋”和加强团结的精神，条条块块充分协商，和衷共济；经过协商仍无法解决时，应分别向上级有关部门反映，但在上级有关部门未答复前，仍应按上述规定执行。过去一切规定，与本件有抵触时，一律作废，以此为准。各地、市、县委应当本此规定精神，结合当地情况，作出相应的具体规定，贯彻执行。

162－13－4

中共中央、国务院关于公社、生产大队和社员个人欠国家的债务抵消一部分平调退赔款问题的复示

1961年10月16日

第1251～1258页。Z44－1961（4）

中共中央关于暂停发放退赔期票和今后退赔工作中几个问题的通知

1961 年 11 月 28 日

各中央局，各省、市、自治区党委，中央各部委党组：

据财政部和银行报告，目前许多地方正在继续发放退赔期票。鉴于今年农村平调退赔的现款将达到二十五亿元左右，各方面货币投放已经过多，而物资供应不足，中央决定，各地除继续抓紧把尚有的实物坚决退还外，暂时停止退赔期票的发放。这就是说，除了目前已经发到社、队和社员手里的期票以外，其余部分推迟到明年再发，以利于市场物价的稳定。

为了继续贯彻执行党的退赔政策，同时有计划地控制货币投放，对今后的退赔工作，提出以下意见：

（一）明年国家继续退赔的款项，除了用社、队和社员个人欠国家的债务抵赔一部分，其余一律发行期票。今年已经发的期票，明年由财政预算拨款，保证兑现。

（二）全部退赔工作，要在五年、七年或十年内逐步完成。为了确定今后分年退赔计划，请各省、市、自治区在严格核实数字的基础上算出退赔总账，报到财政部。然后由财政部加以综合，根据国家财力、物力的可能，提出全国的分期退赔计划，报中央审查批准。

（三）无论是发行期票或者到期兑付现金，都必须由财政部门按照计划统一委托银行办理。各单位乱拉乱用工厂、商店、建设单位的物资，银行的贷款，行政、事业单位的经费，以及挪用应该上缴国家的财政收入去搞退赔的现象，必须严格禁止。

以上意见，请各中央局和省、市、自治区党委作一次讨论，有何意见，望告。

162－13－8

中共中央批转人民银行党组关于鸡西银行干部制止挪用流动资金受到压制的反映

1961 年 12 月 4 日

各中央局，各省、市、自治区党委，各部、委党组：

现在将中国人民银行党组《关于鸡西银行干部制止挪用流动资金遭到市人委个别负责同志的压制的反映》转发给你们。

从这个材料来看，鸡西市个别负责同志无视中央和国务院历次关于停止计划外的基本建设和非生产性的建设的指示，仍在计划以外扩大非生产性建设，乱拉物资和资金，这种行为是错误的。尤其是对银行干部如实反映情况，认真贯彻政策，坚持制度的正当行动施行压制，更是不能容许的。请黑龙江省委和鸡西市委对此事进行认真的调查和处理。

类似鸡西市的情况，其他地区也可能有，请各地加以检查，如有发现，应当坚决制止。国家规定的财政银行制度，任何人都必须遵守和维护。各级党委对于银行施行信贷监督的正当权力，一定要坚决支持，对于一切坚决向违犯财政银行纪律现象作斗争、忠心耿耿维护国家财政的人，一定要给以鼓励。只有这样，才有利于国民经济的调整，才有利于经济的正常发展。

附：中国人民银行党组关于鸡西市银行干部制止挪用流动资金遭到市人委个别负责同志的压制的反映

1961 年 11 月 22 日

据黑龙江省银行反映，鸡西市修建市人委办公大楼，由于拨款不足（据反映，省里已给拨款十五万元，只准用于搞三千米平房的维护费；但市里却搞了六千米的二层楼，所以拨款不足），于七月份从市水泥厂拿去二百九十八吨水泥用于修建市人委办公大楼。银行发现这个情况以后，认为企业是违犯财经纪律的行为，给水泥厂停止了贷款，并向市人委写了报告（抄给了省行和区行）。市计委余主任看到报告后，找银行行长说：有些事，市里可以解决，为什么哪里都反映，这样做很不好，市里不好办。在同一天里，市人委办公室那主任又打电话给银行说："听说，市人委修建办公大楼动用了些企业生产物资，违背了你们银行规定了！市人委办公室主任（即那本人）叫企业拿出物资，他们敢不拿吗？你们给企业停止贷款不对，应当给恢复……"市银行基于上述情况，无奈打电话给区行说："关于修建市人委大楼动用企业生产物资问题，请不要向地委反映了，由我们市里解决吧！"

但是，已经挪用的生产物资，不但未归还，反而于八月份又从市砖厂、物资局拿去红砖四十万块、钢管一千八百公斤，用于修建市人委大楼。前后挪用企业生产物资五万多元。银行信贷科又向市人委写了报告，但副行长胡××同志不敢签发，亲自拿着报告去请示孙市长问可否报告。回来以后，把抄给省行和区行的字样抹掉了；只报给了市人委。但是，已经挪用的物资，迄今既未退还，也未给钱。

鸡西城子河煤矿去年修建小高炉打算挪用流动资金，银行驻矿办事处信贷员曹××同志请示市行，市行表示不同意。但城子河公社党委书记（兼矿长）王××同志听到后，却责成银行说："先给钱，出事由公社党委负责。"以后市行又向市委作了汇报，市委第一书记打电话给城子河，才制止了该项挪用。从此以后，银行办事处就常因此事挨批评。在今年六月份以前，公社财贸部郭部长在财贸部门学习会和工作会上，批评银行四五次，说银行"不服从党的领导"，并让信贷员在财贸职工大会上作公开检讨；曹××同志认为自己坚持了党的政策，没作检讨。今年二月份，曹××同志被评为先进工作者，郭部长知道后，说曹××同志不够条件——因为他"不服从党的领导"，因而未被评上先进工作者。

Z837－16

中共中央、国务院关于严格控制财政管理的决定

1962年4月21日

第354～360页。D220－5455（15）

国家计委党组关于各地检查计划外工程情况的通报

1962年4月27日

各中央局计委，各省、市、自治区计委，国务院财经文教各部、委党组；并报国务院、中央书记处：

中央于二月八日、三月十二日发出《关于一九六二年基本建设初步安排的紧急规定》和《关于严禁各地进行计划外工程的通知》后，各地陆续作了检查布置。根据国家计委了解：东北局、江西、江苏、浙江、山东、福建、山西、内蒙、新疆、云南等省区都先后要求所属厅局、专市、县对计划外工程坚决停止施工；河北、宁夏对一些计划外项目进行了检查通报；西北局、上海、四川、贵州、湖南、陕西、安徽等省市对计划外工程已进行了初步的清理。

据统计，第一季度计划外的大中型项目仍在施工的全国共有六十三个；山东、陕西、福建、山西、辽宁、上海、天津、长沙、武汉等地区计划外的小型项目仍在施工的共有六百多个，占这些地区施工项目的一半左右。特别是还有不少楼、馆、堂、所仍在继续施工。据上海、浙江、湖南、山西、陕西等省市的不完全统计，楼、馆、堂、所即有四十二项，主要的有杭州西泠饭店、温州华侨饭店、湖南宾馆、沈阳胜利剧场等。四川省计划外工程二百零二项中，非生产性的工程有九十项，其中楼、馆、堂、所有十三项，主要的有锦江饭店大礼堂、总府街外宾招待所、成都工商局办公楼和礼堂、达县地委招待所、内江人民会场、新繁县大礼堂、江钢高级招待所、永荣煤矿招待所

等。

计划外的工程，大部分是动用上年结余的材料、设备和资金进行施工的；其次是借“大修理”、“翻建”或“技术措施”的名义施工的；再次是挪用生产资金、各种事业费、上缴利润、工程预付款、计划内工程的投资等进行施工的。看来，资金和物资的口子把不住，这些工程是不易停下来的。

为什么计划外的工程经再三督促还不能停下来呢？据四川计委检查，主要是对当前的财政经济形势认识不足，执行中央和省委的指示不坚决，对计划外工程的情况，缺乏深入的调查研究和督促检查；同时，各地区、各部门则从本身的情况和局部的利益出发，对许多工程存在着“舍不得”的思想。特别是直到三月下旬，许多计划外工程仍在继续施工，情节是严重的。例如，绵阳专区的广利寺铁矿接到上级转发中央二月八日的通知后，反而把施工力量由一千六百人增加到二千四百人，加紧施工；上海中华造船厂以“大修理”、“技术措施”为名，建设码头和仓库，市机电一局曾两次通知该厂停止施工，三月二十二日市计委、建委和局又派人下厂检查制止，但直到三月二十七日才停下来。

今年基本建设计划又作了较大的调整，停建的项目又增加了。各级计委、建委必须从克服当前财政经济的严重情况出发，把计划外的工程迅速地、坚决地停止下来，并且应当深入地检查与督促各级财政部门、建设银行、物资部门和设备成套局（公司）严格控制资金和物资的使用，坚决制止一切计划外工程进行施工。只有行动的愈彻底，调整工作才能做得愈好，也才能由被动变为主动。

150－10－103

刘少奇接见全国物资工作会议代表时的讲话

1962 年 6 月 15 日

一、还是要靠试点总结经验。每个大区，每个省、市都要搞试点。没有经过试点，就全面铺开，会犯错误的。试点单靠调查研究不行，这只是认识客观世界的开始，仅仅调查研究，还不能真正地认识客观世界，还要靠实践，要在实践中认识客观世界。毛主席的实践论是马克思主义的认识论。要经过实践取得经验。一般号召要和具体指导相结合，要实践，认识，再实践，再认识，多次反复，就完整了。等你认识了，客观又变了，需要再实践，再认识。你们在工作中不会不犯错误的，犯了错误就改。

二、你们要找师傅，找有经验的人，部里有，各地也有，“满天飞”的人也有他的经验，要学习他们的经验，集中他们的经验。有好经验，也有坏经验，学习好的经验，不要接受坏的经验。找些老做供销工作的人谈谈。有经验的供销人员要归队。资本家、开过洋行的、当过买办的，他们有经验，也要向他们学习。过去，我在武汉工作时，理货员罢工，有怡和、太古、日清洋行的。我很担心，但他们一点也不怕，要求条件很高，结果胜利了。因为他们有专长，账是他们记的，东西是他们放的，资本家不敢解雇他们，怕把仓库搞乱了。这样的理货员还有。把他们用起来，把全国的仓库按照那样一套经验管理起来。

石家庄刚解放时，黄敬同志看过一个军工仓库，里面有各种各样的零件，放在很多抽斗里，抽斗里有格子，格子里有卡片，什么东西放在什么地方，像中药柜一样，管理很有秩序。我们也必须这样做。

自己要学习，还要培养这样一批人才，要培养物资技术干部，在大学里增设物资管理系。今年要分配一些大学毕业生给你们。不然，物资到你们那里，搞得乱七八糟，那就成问题了！你们要比别人管得好一点，不要不如人家，不然，为什么要你们管呢？开始就要把底子打好，要严格，要按规矩办事，要有科学管理，要建立一套规章制度。仓库如何建设，要有规划，有设计，仓库要盖得科学，要能防火、防盗等。

调查研究，进行试点，是总结自己的经验。还要学习别人的经验，向社会主义国家学习、也向资本主义国家学习。

三、物资部门集中统一起来，会不会打乱协作关系？这是各部门最关心的事情，搞不好，人家会反对。

我看，反对比不反对好，人家反对，就是提出问题，这是好事情，可以促使你们改进工作、解决问题。

计划安排有问题，要向计委和经委反映。计划安排上的问题，不怪你们，不是物资部门的责任。物资由你们集中管理，就能集中反映问题，能反映全面情况，就好解决问题。过去分散管理，反映这里不够，那里不够，是个别现象，经过综合算账，实际上，好多东西又多出来了。别人不能全面算账，你们综合部门能够这样做。

你们要和生产部门合作，为他们服务，发挥他们的积极性。产品规模质量一定要验收，验收员验收以后要打个印子，制度要严格，责任要分明。要不，你说合格，他说不合格，怎么办？

工厂的供应协作关系不要打乱。有更合理的供应协作关系，可以代替老关系。但是废止老关系，要经过批准。供应协作关系虽然复杂，无非那么几类，资本主义国家的物资供应，有几百年的经验，也无非是那么些公司。资本主义国家能办好，难道我们办不好？我们要比他们搞得更好。他们怕积压，怕生产过剩，我们怕缺货。生产过剩的滋味，你们尝到了没有？积压是浪费，生产过剩的滋味是不好受的。不需要那么多，就不要生产那么多。物资部门把物资的家底搞清楚，计委、经委的工作就好做了。你们都是综合部门，但是，你们比较实际。他们是搞文字的，你们有物资，是基础，计划是上层建筑。

有个人写了封信给我，建议把马达控制起来，就不能乱搞基本建设了。这个建议很好。马达不许自行分配，抓住它，就抓住了命脉。你们把马达统统控制起来，要统购统销，统一分配。还有些缺门缺货，如有色金属，也要由物资部门统一掌握起来，不许乱搞。如乱搞，要受处分，否则，就扰乱了国家计划。

四、对于所有制问题，人们过去不大注意，认为没有问题，其实有问题。社会主义的根本问题，是所有制问题。全民所有制的产品，要由全民分配。不能把全民所有制，改变为部门所有制、地方所有制、企业所有制、集体所有制，甚至个人所有制。你们应当为维护、贯彻、巩固全民所有制而奋斗。维护全民所有制，第一个就是全民所有制的产品归国家支配。国家委托你们管理。有人怕你们搞乱，实际上早就乱了，是他们搞乱的。但是，如果你们私自乱分配，也是破坏全民所有制，破坏社会主义。报假账、打埋伏，这是不行的，是犯法的。物资分配上一定要维护、贯彻、巩固全民所有制。产品分配问题，值得研究。产品不归国家分配，就改变了所有制。全民所有制变为部门所有制，地方所有制，企业所有制，集体所有制，甚至个人所有制，这是倒退。这次批判分散主义，就提出了所有制问题。国家把物资交给你们，是委托你们代替国家管理。企业有多少东西，你们要了解；他们的消耗定额，你们要了解。要为他们服务，材料的供应要及时。材料供应不及时，不配套，要的时候没有，不要的时候积压一大堆，那是不行的。

五、地方积极性，部门积极性，企业积极性，都要放在全民积极性之下，要服从全民积极性。同时要发挥地方、部门、企业的积极性，要有点小自由，要有奖励制度。不一定奖产品，奖钱也可以。如地方、部门、企业需要一点自己的产品，可以在分配上照顾一点，但也要上账。一切地方、部门、企业，首先要有全民的积极性，没有全民积极性，还搞什么社会主义？有的人不自觉地改变了全民所有制，这是一个人问题。首先产品要统一调拨。既讲全民所有制，你管的那个工厂的产品全民不能所有，还叫什么全民所有制？要为维护、贯彻和巩固全民所有制而奋斗。物资交给你们了，你们要任劳任怨，把它管好。地方、部门、企业，需要的物资，要经过计委、经委批准，不要避开计委、经委。你们搞这个工作是有斗争的，而且有时很激烈，有时是对你们的上级。你们抓住全民所有制讲道理，是站得稳的。

人家说你们打击了他的积极性，你们可以问他，你要多大的积极性？为什么不多搞点全民积极性？要理直气壮地向自由分配物资的人作斗争。

六、中转仓库要统一管起来，部里可派人去，你有账，我也有账，我不捣你的鬼，你也不要捣我的鬼。调他们的东西，如果可以还的，你们自己负责；如果还不了，必须高一级负责，要计委、经委下决心，要和他们的部长商量。

要逐步插进去，管起来，逐步统一起来，不能草率从事，不要搞乱了。没有把握的就谨慎些，但是也不要怕，还是能搞得好的。你插进去了，他就不好做假账。

七、物资部门就是要干预生产。要查明消耗定额，生产出多少东西，要查明到哪里去了。成本高了要检查，质量差了要监督，要做报告。物资部门可以搞加工订货。生产指挥、调度归生产部门，产品出来归物资部门。你们在旁边看，有问题，你们可以提意见，也可以写报告。但批评人家，要注意方式，不要当着工人的面批评厂长。如果企业怕你们看，就有鬼，偏要看，甚至要监委去看，要同管党籍的人一同去看。既是全民所有制的企业，难道我看看都不行吗？如果厂子好，看了还可以学习啊！

八、有的部门要精简，有的部门要充实。物资部门要增加点人，物资机构搞起来，实际上是个大节约，对全国是个大精简。全国搞物资的有几百万人，厂长、书记都跑物资嘛！

地方的物资局和中央的物资总局要合作，不能搞两条道路，不能搞分散主义。资金问题，财政、银行卡紧，是件好事。生产过剩的味道你们还尝得不够。资本主义生产过剩，就是经济危机，工厂关门、工人失业、资本家破产。盲目生产的产品，你们就不收购，不能鼓励盲目生产。到一定时期，物资部门也像商业部门一样，搞加工订货，企业生产听你们指挥，要什么就生产什么，就可以避免生产的盲目性。过去生产的还是收购起来，今后就要他们负责。积压是最大的浪费。生产要有计划，哪里出了毛病，你们要及时反映。物资部门和银行一样监督生产，消耗定额高、成本高、质量不合格都不行。你们要建立驻厂员制度。

JJS50－4（上）

中共中央关于转发压缩农村吃商品粮人口的五个资料的批示

1962 年 6 月 20 日

各中央局，各省、市、自治区党委：

兹将东北局《所有公社都应该认真压缩非农业人口》的文件，以及河南安阳县、辽宁开源县、四川崇庆县和浙江绍兴县关于压缩农村吃商品粮人口的五个资料发给你们，请研究参考。

农村吃商品粮食的人口过多，消耗的商品粮数量过大，是当前农村粮食分配上的突出的一个问题。这同党的精兵简政、压缩商品粮消费的方针是不相符合的。如果不立即下决心加以改变，不仅当前的粮食困难不能渡过，而且后患很大，越拖越被动。必须引起各级党委的严重注意。

最近几年，农村中脱离农业生产，靠国家供应商品粮的人口增加过多，有的地方一九六一年比一九五七年增加了百分之三十。有的增加了百分之五十，有的甚至增加一、两倍。有些农村吃商品粮的人口已经占到当地人口总数的百分之十、二十，甚至三十以上。全国总的算账，除大中城市以外，县城、集镇和农村有非农业人口五千二百万人，每年消费商品粮一百八十亿斤以上，其中只是农村的非农业人口就有一千八百五十万人，每年就吃掉六十多亿斤商品粮。这种情况，不仅加深了当前粮食产需之间的矛盾，加重了整个国民经济的困难；而且对于今后农业生产的恢复和发展也是十分不利的。为了减少国家的粮食供应、减轻农民负担、加强农业生产，必须在不妨碍必要的工作和正常商品流通的条件下，坚决地、切实地、迅速地压缩农村不合理的吃商品粮的人口。

动员农村中的非农业人口参加农业生产，有着比较便利的条件，比动员城镇人口回乡、下乡要便利得多。他们居住在农村，多数人过去曾经从事农业劳动，同农民的关系也比较密切。只要县和公社两级党委的情况明、决心大、方法对，对农村吃商品粮的人口减少百分之三十、四十、五十，以至更多一些，是有可能的。当然由于各地情况不同，有的能够多减一些，有的少减一些，应当从实际出发，总之凡是能减的一定要坚决减下去。如果全国平均减少百分之四十即七百四十万人，每年国家就可以少供应商品粮二十五亿斤左右。这笔粮食，用以支援粮食高产区、经济作物区，对于克服当前困难、加速国民经济调整，恢复和发展农业生产，具有十分重要的意义。

中央要求各级党委对农村现有吃商品粮的人口迅速进行彻底的清查和整顿。对公社和大队的每一个单位、每一户、每一个吃商品粮的人，都要进行排队审查，分清哪些人需要由国家供应口粮，哪些人不应该由国家供应口粮。对需要由国家供应口粮的人，要重新造册报县粮食局审查，经过县人委批准，换发新的粮食供应证。对不应该由国家供应口粮的人，要有计划有步骤地安排到生产队去，使其生活有可靠的着落，然后停止供应。

请各省、市、自治区将压缩农村吃商品粮人口的情况报告中央。

Z827－10

轻工业部党组孔祥桢关于支援农业、发展轻工业的报告

1962年7月26日

主席并中央：

主席提出国民经济要以农业为基础，最近中央提出我国的统一的国民经济计划必须以发展农业为出发点，各经济部门要把支援农业和集体经济放在第一位，这是一个具有重大战略意义、长远意义的方针问题。我们完全拥护党中央和毛主席的这个指示。

过去由于我们对主席指示体会不深，对支援农业虽然也做了一些工作，但远没有像主席和中央所预期那样。相反，我们在实际工作中在某种程度上还挤了农业。主要表现在基建和生产战线过长，占用过多的土地和农村劳动力，工业布点不合理，使用农业原料有浪费，有些产品不对路，质量不好，对农业原料收购价格、工农产品交换比价、经济作物区的情况调查研究不够、反映不够等等。总之，我们对农业对农民还不够深知深解，服务得不好。虽然自中央发出大办农业、大办粮食的指示后开始注意了，但支援农业还是做得很不够。今后应该认真总结经验，提高思想，采取措施，坚决加以纠正。

当前轻工业的主要任务，是发挥现有工厂潜力，对老生产基地实行技术改造，努力增加轻工业产品，提高质量，节约人力物力，降低成本，提高劳动生产率，增加积累。通过这些工作，更多更好地来供应适合农村需要的日用工业品，刺激农村集体经济和农副业的商品生产，提高其向国家交售的积极性，实现工农产品等价交换，巩固农村社会主义阵地，使人民公社更加顺利地朝着健康的道路发展。这也是轻工业第三个五年计划生产安排和投资安排的方向。

今后支援农业、发展轻工业的几项主要工作是：

第一，增加轻工业生产，适应农村市场的需要。轻工业多数产品可以直接供应农村需要，如食盐、卷烟、酒、糖、肥皂、火柴、胶鞋、电池、塑料制品、陶瓷用品、热水瓶、搪瓷制品、自行车、缝纫机、纸张等等。另有许多出口的轻工业品和轻工业企业生产的生产资料，也间接地支援了农业需要。但由于一九六〇年以来，轻工业生产大幅度下降，供应农村的日用工业品大大减少了。一九五七年六十三

种主要轻工业产品的工业产值为五十九亿元，一九五八年至一九五九年两年中分别上升到七十六亿元和九十五亿元。一九五九年成为解放以来轻工业发展最高的一个年份，证明一九五八年农业大丰收后给轻工业带来了莫大好处。一九五九年最高产量达到：卷烟五百五十万箱，糖一百零九万吨，酒一百二十七万吨，肥皂四十一万吨。这一年以农副产品为主要原料的产品，其产值占当年九十五亿元的百分之七十左右。一九六一年到一九六二年轻工业生产就大幅度下降。一九六二年六十三种产品预计完成五十八亿元，将比一九五九年下降三十七亿元，下降百分之四十左右，其中以农产品为原料的产品大约下降三十亿元左右。烟、糖大体退到全国刚解放时的最低水平，即卷烟一百七八十万箱，糖二十八九万吨。这又证明农业歉收所给予轻工业的严重后果。这一切，证明主席所提出的“没有农业，就没有轻工业”的论断完全正确。

由此可见，恢复和发展轻工业的当务之急，是在安排粮食生产的同时，必须相应地安排经济作物的生产。轻工业的农业原料占用总的播种面积不算大，以糖料、烟叶为例，第一个五年平均只占千分之四左右（九百多万亩），大跃进三年占千分之六左右（一千四百多万亩），一九六二年预计将下降到千分之二到三（五百多万亩），而且单位产量也大大下降了。当前不是要求恢复到三年大跃进的播种面积的水平，而是要求合理利用土地，集中种植，恢复传统种植习惯，因地制宜，提高单位产量，节约土地。根据计算，集中种植，合理利用土地，如果一九六五年产糖五十万吨，大约有三百五十万亩到四百万亩土地就够了，分散种植，就需要五百五十万亩到六百万亩。其他作物也相类似。当然，还须各项经济技术政策跟上去，如供应相应的口粮、化肥、农药，实行合理的价格和奖励政策，分等分级收购，优质优价，减少中间环节，工农产品对流，改良品种等等。这样不仅给蔗农、烟农带来好处，而且有利于巩固集体经济，同时也给工业生产、市场供应、国家财政带来很大好处。

第二，增加轻工业生产，除采用农产原料外，必须同时给轻工业增加工业原料的供应。一九六二年同一九五九年或一九六〇年比较，工业原料的烧碱、纯碱、薄钢板、有色金属、木材等供应上都减少了一半左右。我们要求尽可能在一两年内恢复到一九五九年、一九六〇年的供应水平。希望石油、化工、冶金、林业等部门把轻工业所需要的工业原材料纳入计划。

第三，提高轻工业产品质量，扩大适合农村需要的花色品种。现在轻工业部所管的六十三个产品中，只有一半左右的品种直接适合农村需要。我们打算经过调查研究，进一步扩大农村需要的主要日用工业品的生产；对现有产品，也进一步使它们适应农民的生活需要。

第四，认真地合理使用农业原料，提高其收得率，使同样多的原料，能够生产出更多的产品，这方面是有很大潜力的。对许多原料的下脚、废液、污水也可逐步加以回收和综合利用。例如造纸工业中的三个使用木浆造纸厂的废液，如全部利用就可提取九千吨酒精，相当于节约粮食二万七千吨（现在只提取两千多吨）；碱法造纸厂采取碱回收的措施，既可收回碱，又可以减少污水对农田的危害。甘蔗糖厂的蔗渣也可以用来造纸或做人造丝。

第五，为调动轻工业企业职工生产的积极性，当前轻工业原料和产品的价格也必须合理解决。几年来，轻工业产品出厂价格基本未动，但是农副产品原料的价格、短途运输费用以及其他杂费却成倍地、几倍地上涨了，加上经营管理不善，这就使得以农副产品为原料的工厂多产多赔、少产少赔。这种情况使价值法则日益自发地对生产起着调节作用，从而严重地破坏了国家计划的统一性。因此需要积极做好调查研究，合理地调整轻工业的原料和产品的价格，正确地运用价值法则为国家计划服务。

和价格有密切关系的一个问题，就是解决当前轻工业产品所谓“积压”问题。轻工业生产一方面下降，一方面市场供应又很紧张，但同时轻工业产品又发生所谓“积压”。积压的原因是多方面的，主要是受到高价、工业券、商业资金积压、流通渠道堵塞以及包装材料不足、货不对路的影响。我们完全赞成在当前情况下对某些产品实行必要的高价和工业券办法，但是如果超过了限度，就会造成商品积压，阻碍生产的发展。我们认为应当进一步调查研究，总结经验，及时进行合理的调整，做到货畅其流，促进生产，为秋后换购农副产品、活跃城乡物资交流做好充分的物资准备。

第六，继续进行企业调整，精简职工，节约人力，支援农业。

为着推动和巩固工业调整工作，节约人力，增产不增人，轻工业必须逐步实行机械化、半机械化。我们设想在今后若干年内轻工业生产的增长，主要依靠现有企业职工劳动生产率的提高，尽可能做到增产不增人。为此，对于手工操作比重大的工厂和工序，结合技术革新进行技术改造，逐步提高其半机械化、机械化程度。制盐、制糖、酿酒等行业，应该迅速恢复过去行之有效的季节工、临时工制度，实行亦工亦农，大力压缩固定工的比重。

以上报告，如有不当，请指示。

150－10－115

王思华同志关于到地方检查统计工作给富春同志的报告

1962年11月22日

富春同志：

最近我出差到河南湖北检查贯彻执行中央加强统计工作决定的情况，现结合全国情况，简报如下：

中央决定发出后，各地方各部门都认真组织传达。受到广大统计人员的热烈拥护，统计工作开始有所改进。但是我国贯彻的情况极不平衡，存在不少亟待解决的问题。其中主要的有两个：

（一）当前最突出的问题是，统计数字不准、不及时的情况还没有显著好转，层层瞒报迟报现象仍严重。过去每月快报在月后7、8日即可报齐，现在到月后十五六日还报不齐。有些负责人仍随意修改统计数字，干预直接上报。有的县委说“中央决定是部门的意见，实际执行还得按块块意见办”，因此统计员不敢报真情。例如，利川县今年农产量逐级上报数为2.6亿斤，县委只准上报2.3亿斤，统计部门如实上报了两套数字，结果受到4个县长的“四堂会审”。洪湖县今年夏粮产量逐级上报数为4 250万斤，县委只准报3 600万斤，县统计干部左右为难，不敢去专署统计局开会，怕查询。有些县统计员感到下边没有“腿”，对数字不敢负责。基层统计员加上思想问题，不安心工作的较多，如湖北咸宁县全县区92名统计员有半数不安心。

为扭转上述情况，我们最近将派出大批干部到各地协助全面贯彻中央决定，协助贯彻今年统计年报方案和明年报表制度，力争把数字搞准搞及时；同时，拟在春节后召开全国统计会议：（1）全面检查中央决定贯彻情况，并讨论如何进一步贯彻这一决定；（2）根据十中全会和计划会议的精神，讨论如何把农业和支援农业的调查统计工作放在第一位，安排明年工作任务；（3）总结10年统计工作经验，组织试行统计工作条例。

（二）各省市对中央决定中统计系统统一管理编制、干部、经费，都是赞同的。认为可以更好地保证统计业务上的垂直领导，可以从组织上保障统计人员敢于如实反映情况。我们已分别与组织部、财政部制定干部管理和经费管理办法。关于编制问题，还有少数省市未配齐，按国务院下达的编制尚缺4 500人（目前国家统计系统只有16 000人），主要是有些专、县不执行省下达的编制方案。层层扣减，致使统计力量比原有数又削弱了。我们将努力争取各地配齐，并在配齐以后即从各地行政编制划出来（有些省为稳定现有机构人员，已先将编制划出交给统计部门管理）。我们拟从明年起按中央的决定，把统计系统的编制、干部、经费全部统一管起来。

以上意见，妥否，请指示！

157－2－85

中共中央、国务院关于坚决执行国家计划和预算，严格管理资金和物资的指示

1962年12月25日

第769～773页。D220～5455（15）

（三）经济运行和执行计划情况

国家计委：十年计划工作经验总结（草稿）［节录］

1962年11月27日

［上略］

三、经济效果

党中央和毛主席一再指示我们，在社会主义建设中，要贯彻执行勤俭建国、勤俭办企业、勤俭办一切事业的方针。党的社会主义建设总路线又进一步规定了要多快好省地进行社会主义建设。我们在计划工作中必须精打细算，注意经济效果。

第一个五年，我们在安排计划的时候，注意了数量的增加和规模的扩大，一般也注意了质量和劳动生产率的提高、成本的降低，等等。因此，社会主义建设的经济效果一般是比较好的。多数工业产品和基本建设工程的质量都比较好；一九五七年同一九五二年比较，工业企业全员劳动生产率提高了百分之五十一点五，农业劳动生产率提高了百分之十四；工业物资消耗下降了百分之二点三；每百元工业产值的生产费用，从六十八点四元下降到五十一点一元，下降了百分之二十五；铁路运输成本和商品流通费也都有降低；商业部门每百元商品流转额占用的流动资金，从四十四点四元下降到四十一点五元，下降了百分之六；每百元工业产值占用的流动资金从二十点六元下降到十六点三元，下降了百分之二十一；新增固定资产占投资的比重从百分之七十一点五提高到百分之九十三点四，五年内投产的限额以上的建设项目占施工项目的比重达到百分之七十一，其中全部投产的比重占投产项目的百分之六十点五，生产性投资占全部投资的比重，从百分之六十六点九提高到百分之七十六。

缺点是：对原有企业的利用注意不够，有些产品只要对原有企业稍加投资，就可以增加产量，满足需要，但是却不加利用，另建新厂。在建设上求新求大，非生产性建设过多，标准过高，特别是委托国外设计的企业，都要求采用最新式的设备，采用最高标准的安全措施和福利设施，以及同这些相适应的建筑和装饰，要求厂内外运输高度机械化；有些国内设计的项目，也盲目地抄袭国外标准，对投资少、收效快的中小型项目的建设，注意不够；在城市建设上，城市的规模过大，盲目地追求“社会主义化”的大城市，许多城市都想建设市中心、大广场、宽马路等，对原有城市利用不够，造成了很大的浪费。

第二个五年，总的来说，生产和建设的成绩都很大。在贯彻执行勤俭建国方针和多快好省全面结合方面，也有很大成绩。例如石油工业部，一九六二年同一九五七年比较，原油产量从一百四十五万八千吨，增加到五百六十一万六千吨，提高了二点八倍；全员劳动生产率提高百分之四十；每吨原油生产能力的单位投资，从第一个五年平均的一千六百元下降到第二个五年平均的八百四十元，降低了百分之四十七；投资回收的速度加快了一倍，第一个五年国家给石油工业部的总拨款为二十一亿三千八百万元，而上缴给国家的利润、税收和折旧基金合计为十一亿三千八百万元，上缴款占总拨款的百分之五十三。第二个五年，国家给石油工业部的总拨款为三十八亿六千万元，而上缴国家的利润、税收和折旧基金合计为四十一亿八千万元，上缴款为国家总拨款的百分之一百零八。又如上海市，第二个五年前三年，工业总产值平均每年增加百分之三十七点八，地方工业可比产品总成本，一九六〇年比一九五九年降低百分之十五。工业企业的全员劳动生产率增长百分之九十六；工业新增固定资产占基本建设投资的比重，为百分之七十七点八，高于全国同期的水平；三年内为国家积累资金二百九十九亿元，比第一个五年的合计增加百分之六十三。经过两年调整，一九六二年的预计工业总产值仍比一九五七年增长百分之二十三点二，全员劳动生产率提高百分之十四点九。五年内，产品品种增加很多，许多产品的质量都有所提高。

第二个五年的前三年，我们在主观上是想更好地向多快好省的方向努力的。在建设方面，强调了百年大计，质量第一，降低造价，并且注意了大中小结合，土洋并举，以加快建设的速度。但是，由于我们在思想上对勤俭建国的方针的重要性认识不足，对多快好省和两条腿走路的方针理解有片面性；在工作上，放松了成本、劳动生产率、原材料消耗等技术经济指标的管理，计划安排不落实；许多必要的制度（如基本建设程序等）被冲破了，缺乏严格的控制和监督，加上在某些同志中不算“经济账”和铺张浪费的思想有所滋长，因此，经济效果显著下降，浪费损失很大。

（一）很多产品质量下降。例如，生铁合格率由一九五七年的百分之九十九点四下降到一九六〇年的百分之七十四点九，其中重点钢铁厂由百分之九十九点四下降到百分之八十五点九；中央直属煤矿的煤炭灰粉，由第一个五年平均的百分之二十一，提高到一九六〇年的百分之二十四。一九六〇年煤炭灰粉每提高百分之一，等于损失煤炭三百九十七万吨，而且还增加了运输负担。

（二）劳动生产率降低。工业企业全员劳动生产率一九六〇年是七千零五十四元，比一九五七年的八千零五元下降百分之十二；农业劳动生产率一九六〇年是一百七十五元，比一九五七年的二百二十三元下降百分之二十一点五，由于工农业劳动生产率的下降，严重影响了国民收入的增长。

（三）成本增加，物资消耗提高。全国工业企业每百元产值的生产费用从一九五七年的五十一点一元增加到一九六〇年的五十六点四元，增加了百分之十。商业企业每百元商品流转额的流通费用从一九五七年十一点四元，增加到一九六〇年十一点八元，增加了百分之三点五。工业企业的物质消耗提高，每亿元工业总产值平均耗用的电力，一九五七年为二千五百零一万度，一九六一年为三千四百四十三万度，多耗用了百分之三十八；每亿元工业总产值平均耗用的煤炭，一九五七年为十万吨左右，一九六一年为二十一万吨，多耗用了一倍以上。此外，由于经营管理不善，霉烂变质和损坏的物资数量很大，损失不小。

（四）基本建设投资效果下降。一九六〇年比一九五七年，新增固定资产占投资的比重大大下降，从百分之九十三点四下降到百分之六十八点八，下降了百分之二十六点三；限额以上建设项目投产的比重，从百分之七十一下降到百分之五十，下降了百分之二十九点五，在投产项目中全部投产的比重从百分之六十点五，下降到百分之二十四，下降了百分之六十。

第二个五年，在已经转为固定资产的投资中，损失废弃的新增固定资产约为六十亿元；在未完工程中，一九六〇年底以前下马的今后难于利用肯定要报废的工程，大约有一百五十亿元；加上其他损失十亿元；三项合计，共达二百二十亿元，占第二个五年投资总额的百分之十八点七。此外，新增单位产品有效能力所用的投资也大大增加，建设周期大大拉长，工程质量也比较差，而且部门之间和部门内部的新增生产能力长短不齐、互不配套。所有这些，都使投资的经济效果显著降低。

（五）铺张浪费严重。在许多生产企业中，盲目加人、窝工现象严重，不讲经济核算，大量浪费人力。在基本建设方面，过多过早地占用农田好地，筹建机构成立过早，人员过多；不是直接为生产服务的非生产性建设搞得很普遍，标准也过高，不仅浪费了国家的资金，而且政治影响也不好。

第二个五年后两年，我们对国民经济进行了一系列的调整工作，强调了质量和经济效果，加强了企业管理，裁并了一些亏损大、质量差、成本高、劳动生产率低的落后企业，缩短了基本建设战线，精简了职工，现在情况已开始好转。例如，一九六二年比一九六一年，生铁合格率由百分之九十点七提高到百分之九十六点五，煤炭灰分由百分之二十四点二降低到百分之二十三，工业企业全员劳动生产率提高百分之十五点三，全部工业企业物质消耗预计下降百分之零点一，每吨生铁消耗的焦炭减少一百三十五公斤，每吨钢消耗的生铁减少二百六十公斤，等等。

但是，由于前三年对经济效果注意不够，加上价格变动等因素，一九六一年缩短工业生产战线以来，很多矛盾都陆续暴露出来了，这一年全国全民所有制企业共亏损一百零五亿元，一九六二年开始，情况逐渐好转，亏损数减少为八十九亿五千万元，其中工业企业的亏损由一九六一年的四十六亿五千万元减为二十四亿元。

第二个五年经济效果不高，集中表现在每元投资新增的国民收入比第一个五年大幅度减少，第一个五年每元投资新增国民收入两元，而第二个五年每元投资，仅增加国民收入零点六元。应当指出，第二个五年基本建设未完工程比较多，很多新建项目利用率比较低，经过调整后，将有很大部分会在今后年份陆续发挥作用。

根据十年来的经验，今后在计划安排上，为着大力提高经济效果，应当注意：

1. 必须把多快好省全面地结合起来，在提高质量、扩大品种的基础上增加数量，认真地贯彻执行勤俭建国的方针，学会精打细算，努力增产、厉行节约，反对铺张浪费。

2. 加强成本、劳动、财务、原材料消耗等各种有关经济效果的计划指标的管理，健全必要的规章制度。

3. 各级计划部门在分配生产任务时，必须联系劳动、成本、财务等指标进行统筹安排，对同一产品的不同生产工艺要从劳动生产率、原材料消耗和设备投资等方面进行经济比较。

4. 加强基本建设投资效果的经济比较工作。对基本建设项目的不同建设方案，要从单位投资、建设时间、新增生产能力、建成后的产品成本和投资回收期限等，进行综合比较。基本建设必须严格地按照建设程序办事。

5. 加强固定资产和流动资金的管理。在考核企业利润时，应当计算成本利润率和资金利润率，注意比较固定资产的利用程度和流动资金的周转速度。

四、计划体制和计划方法

关于计划体制和计划办法，我们将着重从综合平衡、计划体制和计划程序等三个方面进行检查和总结。

（一）综合平衡

几年来，党中央和毛主席多次批评我们没有做好综合平衡工作。这些批评，我们完全接受。但是为什么我们在实际工作中一直未能切实改正呢？我们认为，原因在于我们对综合平衡的重要性认识不足，没有系统地、深刻地加以研究，同是缺乏一套系统的科学的平衡方法和制度。关于综合平衡所要研究的重要比例关系，我们已经在上面作了检查，这里着重从方法方面来进行检查。

第一个五年，我们学习了苏联的平衡方法，初步建立了一系列的平衡表，并积累了平衡工作中所需要的一些定额资料。在具体的平衡工作中，主要抓了以一百五十六项为中心的重工业建设的平衡，工业生产上的供产销平衡，以市场供应为中心的消费品平衡，以国家预算收支为中心的财政、信贷、现金收支平衡。这些平衡对保证第一个五年计划的实现起了积极作用。但是，我们对整个国民经济的全面综合平衡做得很不够。例如，在劳动力平衡中，只管了全民所有制的职工人数，没有抓全社会劳动力的平衡；我们从一九五六年起才开始试算积累同消费的平衡。在思想上，我们对国家建设的潜力，有时估计不足，主要是受到已有定额的束缚，曾经产生某些机械平衡的倾向。这在一定程度上使各方面积极性的发挥受到了限制，因而不利于国民经济以更高的速度发展。第一个五年，我国农业生产的发展，主要是靠党中央直接掌握农业的社会主义改造；而一百五十六项的建设，从设计到设备，主要是由苏联配套供应的，并且派了一部分专家帮助我们进行建设；当时，国内剩余劳动力较多，失业现象还未消灭；因此，综合平衡工作中虽然存在上述一些缺点，但是经济生活上的矛盾不是很突出的，大体上保证了国民经济各个方面比较协调的发展。应当指出，在第一个五年的后期，随着部分建设项目的陆续投入生产和城市人口的增长，我国经济生活中已经开始出现了某些不平衡的迹象，主要是农业落后于工业。一九五六年，毛主席总结我国经济建设的经验，及时地作了关于“十大关系”的报告，我们对主席的这个报告学习不够，认识不足，也没有抓紧制订出一套适合我国具体情况的综合平衡方法。

第二个五年，在毛主席关于平衡同不平衡的辩证关系的光辉思想照耀下，计划工作开始注意了依靠群众，注意了发挥人的主观能动性，在某些重点产品的平衡技术方面，也比第一个五年做得细致了一些，这对于调动一切积极因素取得三年大跃进的伟大成就起了一定的作用。但是，某些计划工作同志，对于主席关于平衡和不平衡的辩证观点却作了片面的理解，忽视了主席关于计划经济的优越性在于组织平衡、关于破坏平衡就是犯错误的指示，错误地认为计划中留有缺口才是积极平衡，否认平衡法是计划工作的基本方法。这些错误观点，曾经在计划干部中引起了相当的思想混乱，因而在实际工作中放松了综合平衡工作。在整个国民经济的综合平衡中，没有按照农轻重的次序进行综合平衡，而是以重工业特别是以发展钢铁为中心进行计划安排。在人力、物力、财力的平衡方面，只作了实物平衡，没有很好地注意劳动力的平衡，结果几千万农民进城，造成经济生活上很大的波动；同时没有做好财力的平衡，财政收支有很大的虚假，产生了相当大的财政赤字，引起了现金收支的不平衡，更没有注意把人力、财力同物力三方面的平衡很好地结合起来；而在物力的平衡中，又片面地强调保证重点，着重搞钢铁、煤运的平衡，对其他部门未作必要的相应的安排，特别是对农业和消费品的生产和需要没有很好安排。在资源和需要的计算方面，没有做好调查研究，对形势作了错误估计，片面地追求过高的先进定额，没有认识到落后企业向先进企业看齐需要有一个过程，制订的计划指标，往往缺乏全面综合平衡的依据，难以实现，这是造成国民经济比例失调的一个重要原因。

第二个五年的后两年，根据中央提出的“调整、巩固、充实、提高”的八字方针，我们开始加强了综合平衡工作，经过调整，以农业同工业关系为中心的各种比例关系已逐渐走向协调。

根据十年来的经验，为了加强综合平衡工作，我们认为，必须注意以下几点：

1. 要正确地、全面地领会主席关于平衡和不平衡的辩证关系的学说。应当明确，计划工作的重要任务是组织平衡，既要反对不要平衡的思想，又要反对机械平衡的思想。各级计划部门都要做好综合平衡工作，特别是要加强国民经济的全面综合平衡工作。部门的、地方的、企业的平衡，应当服从全国的平衡。重要的计划指标，如果没有经过国民经济的全面综合平衡，就不应当单独地确定下来。

2. 综合平衡工作必须按照农轻重的次序，正确地、全面地安排国民经济中的各种比例关系。应当坚持从农业着手，首先弄清楚农业生产条件和需要，然后进行全面的综合平衡，正确安排国民经济各方面的比例关系，只有经过全面的、反复的平衡，才能使农业生产计划和农业的技术改革计划真正落实，使工业和国民经济的发展同农业的可能条件相适应。在安排各种比例关系的时候，应当有重点，但重点同一般必须统筹兼顾、适当安排，重点不能过分突出。

3. 人力、物力、财力的三大平衡，必须相互衔接，不可偏废。各种计划指标的确定，都应当从全国的人力、物力、财力等方面进行反复的平衡，并且要注意人力、物力、财力三种平衡互相之间的衔接，财力的平衡应当同人力和物力的平衡相结合。

4. 必须瞻前顾后，留有余地。应当把年度计划同长期计划结合起来，瞻前顾后，多看几年，不但要做好当年的平衡，而且要做好新建项目投入生产以后的相互平衡，使各部分之间能够成龙配套，协调发展。必须坚持留有余地的原则，生产指标要有确实的根据，不要打得太紧；分配指标，特别是长期计划中的分配指标，要留出必要的储备，农产品的使用和分配，要注意以丰补歉，不能只顾当年，有多少用多少。只有这样，我们才能在经济工作中掌握主动权。

5. 加强调查研究，克服片面性。综合平衡必须深入地进行调查研究，系统地了解经济情况，全面地考虑各种条件，努力克服薄弱环节，不能片面地以有利条件或者薄弱环节来决定重大问题。

6. 加强定额工作。各级计划部门都应当重视和做好定额工作，系统地积累定额资料。每年在制订计划以前，要研究和核定一次计划定额。计划定额的制定，必须对各种不同情况进行具体分析，一般应当采取平均先进定额。也就是说，计划定额，必须是给大部分落后企业在计划期间经过主观努力所能够达到的定额，而不是脱离实际，用简单的算术平均方法计算出来的定额。迁就落后企业用落后定额来作为计划定额是不对的，但是，不考虑落后企业达到先进水平需要一个过程，而采用最先进的定额作为计划定额，也是不对的。

（二）计划体制

我国计划管理体制的原则是“统一领导、分级管理”。

为着实行统一计划，国家计划指标必须包括国民经济的主要活动，以便进行统筹兼顾和适当安排；同时，各项计划指标的拟订，必须同实际情况相适应，加强国家计划的指导作用。

第一个五年，我们编制了农业、工业、运输和邮电、商业、对外贸易、文教卫生、科学研究、城市公用事业、地质勘探、基本建设、劳动工资、成本或流通费、物资供应、国家储备、综合财政等十六种计划，指标也比较齐全，大致反映了国民经济的主要经济活动，缺点是某些指标过繁过细，有些指标不切合实际。第二个五年，我们对科学研究、地质勘探、城市公用事业、邮电计划和农业计划中的气象计划没有进行统一安排，各种重要计划指标也不齐全，特别是一九五九年和一九六〇年的第二本账，只安排了工业、运输、基本建设和物资计划，其他各项计划都没有安排。适当精简一些指标是必要的，但是，精简过多，不利于国民经济的全面安排和计划管理的加强。

第一个五年，为了适应有计划地进行经济建设的需要，国家在经济管理体制和计划管理体制上，强调集中统一，这是必要的。不如此，就不能集中使用全国的人力、物力、财力，不能保证第一个五年计划的胜利实现。但是，在执行过程中产生了集中过多的缺点，例如，对某些地方性的轻工业和手工业产品收归中央集中管理，以及分级管理的办法不够具体等；所有这些，对调动各部门、各地方的积极性有一定妨碍。

一九五七年下半年开始，针对集中过多的缺点，下放了一部分企业，扩大了地方管理权限。这个方针是正确的，对发挥各部门、各地方的积极性起到了一定作用，但在执行中，又产生了下放过头、权力过散等缺点，妨碍了集中统一的计划领导。例如，一度把国防工业和铁道管理下放了，后又迅速收回；把商业、粮食、邮电、银行等部门也下放了，直到一九六二年才陆续收回；对某些全国性的重大工业企业也下放给地方管理，一九六一年起才大批收回。

特别要指出的是第二个五年计划时期，体制变动频繁，时收时放。例如，物资管理体制一九五九年一年之内竟改变了三次之多。这在一定程度上，造成了经济秩序的紊乱。

我们认为，为了实行统一的计划经济，国家计划必须集中统一。对国民经济具有关键性的指标必须由中央直接管理，全国性的重大企业，不能下放，中央管理的各项指标应当占各项经济活动总额的大部分。

根据十年来的经验，我国的经济现状和计划工作实际水平，目前，国民经济计划的内容，应当包括农业生产、工业生产、运输和邮电、国内商业、对外贸易、文教卫生、科学研究、技术改革、城市公用事业、地质勘探、勘测设计、建筑安装、基本建设、劳动工资、成本或流通费、物资供应、综合财政、价格、国民收入和国家储备等二十个方面。各项计划指标必须从实际出发，反映国民经济的主要活动，不能过少，而且要互相衔接，但也要防止过于繁琐。

在这个前提下，为了充分发挥各地方和各部门的积极性，计划管理体制，应当随着经济的发展作相应的改变，这是完全必要的。但是，在一定时期内，必须保持相对的稳定性；在没有新的更完善、更合理的办法代替以前，更不要轻率地废弃现行的办法和制度。

为了贯彻统一计划、分级管理的原则，必须建立明确的计划责任制度。第一个五年，计划管理的责任制度比较明确，中央企业的计划，由中央主管部负责管理，地方企业的计划，由地方负责管理；缺点是条条块块全面规划不够，地方不搞全地区的规划，中央各部不搞全行业的规划，因而使全面的综合平衡工作发生了一定的困难。一九五七年开始，规定中央部负责全国的全行业规划，地方负责全地区的综合规划，这个规定对加强全面的综合平衡是有好处的。缺点是在以后的执行过程中，领导多头，责任不明，有些地方直接向中央企业下达计划任务，有些中央部也直接向地方企业下达计划任务，造成了一定的混乱。此外，我们对企业隶属关系的调整，在审批权限方面，分工不够明确，也造成了一些紊乱。

我们认为，各部门、各地方加强全行业和全地区的规划工作是一个好办法。但一个企业、一个单位只能由一个头领导，不能多头领导。每个企业的全部计划，包括生产、劳动、成本、财务、物资、基建等等计划，凡属中央企业，统由中央主管部直接下达，凡属地方企业，统由地方的主管部门直接下达。企业隶属关系有调整时，应当经过一定的主管机关审查批准，不得随意变动。

为了更好地贯彻执行统一计划、分级管理的原则，发挥企业的积极性和主动性，必须明确规定考核企业完成国家计划的主要标准。每一个五年，国家管理工业企业，一般用十二个指标，即总产值、主要产品产量、新种类产品试制、重要的技术经济定额、成本降低率、成本降低额、职工总数、年底工人到达数、工资总额、平均工资、劳动生产率、利润。评定企业奖励基金只用产值和利润两个指标。这十二个考核指标，从数量到质量、从成本到劳动，比较全面，可以促进企业全面地完成国家计划；缺点是比较繁琐，有些指标是重复的，例如有了职工总数和工资总额，还列平均工资，同时，对企业强调从实际出发，讲究经济实效也不够，使有些企业为计划而计划，片面地追求产值或利润，造成某些经济上的不合理现象。

一九五七年十一月国务院《改进工业管理体制的决定》中，规定工业企业的指令性指标减为四个，即主要产品产量、职工人数、工资总额、利润。其余八个指标，都作为非指令性指标，允许企业在执行中，依据实际情况进行修改，但是，仍需上报下达。对企业的奖励基金，则按照一定的比例，实行利润全额分成的办法。这四个指标，是比较主要的指标，便于企业因时因地制宜，缺点是没有规定质量和成本为指令性指标，不能很好推动企业多快好省地全面完成国家计划。实行企业利润分成的办法，对调动企业积极性和扩大企业权限有一定作用，但分成比例规定的太高，企业得到的利润太多，使国家的财力太分散，加上对这部分利润没有很好的管理，造成了一些浪费。

一九六〇年八月，中央批转国家经委党组的报告规定，全面考核工业企业的成绩，必须按下列七类指标，以防止片面追求总产值的不良倾向。这七类指标是：（1）主要产品的产量、品种、规格；（2）商品产值和完成订货合同的情况；（3）产品质量；（4）主要技术经济定额（主要原材料消耗定额、设备利用率、工时定额）；（5）劳动生产率（采取按全员计算和按生产工人计算两种方法）；（6）成本降低率（按主要产品的单位可比成本和总成本两种方法计算）；（7）对不同产业的工业企业，除必须完成上述六项指标之外，还可以根据本行业的特点，增加其他考核指标。

一九六二年起，财政部对评定企业奖励基金的办法，规定为六个指标，即：（1）产品产量和质量（运输企业为运量计划、商业企业为商品购销计划）；（2）新品种试制；（3）工资总额；（4）成本降低；（5）流动资金周转；（6）上缴利润（计划亏损企业以计划亏损额为考核条件）。

上述七个考核指标和六个评奖指标，适当改进了过去的缺点，如增加了质量和技术经济指标，取消了利润全额分成的办法，使国家能够比较集中的运用财力。缺点是，互不衔接、各有侧重，考核指标，不列职工人数和利润，评奖指标着重从财务管理的要求出发，因此，都须进一步地研究。

根据上述分析，我们认为，今后对全民所有制的工业、农业、商业、交通运输业和建筑业等企业的考核和评奖，一般应当包括以下六类指标，即：（1）主要产品产量（工业、农业企业是主要产品产量，商业企业是主要商品的收购量、销售量或零售量，建筑企业是主要的工程项目）和质量；（2）商品产值；（3）职工人数；（4）工资总额；（5）成本降低率和降低额；（6）上缴利润。除以上六类指标外，各主管部门还可以根据实际情况，适当增加一些技术经济指标作为考核和评奖的标准。

至于检查企业计划的执行情况，除上述考核、评奖指标外，还应当包括国家下达的全部计划指标。

（三）计划程序

十年来，在计划程序上，我们采取了自上而下和自下而上相结合的办法，把国民经济基本上纳入计划轨道。主要问题是：计划下达过迟，变动频繁，程序颠倒，各种指标互不衔接。我们认为，今后在计划程序方面应当注意：

1. 加强计划的组织工作。十年来，各级计划部门感到苦恼的问题是，工作上没有计划性，任务重、时间紧、工作忙乱，加班加点多，程序颠倒，常常是生产、基建任务未定，就要提出物资申请，编出来的计划质量不高。今后应当加强计划的组织工作，每年要有工作计划；在计划编制过程中，要做好细致的组织工作，安排好工作进度；要改进计划编制程序，按照程序办事；经常召开交流工作经验的会议。

2. 计划必须在计划期前下达到基层计划单位。过去十年，年度计划一般在当年的三、四月份，甚至五、六月份下达。这时农村已经播种，设备已经投料，工程已经动工，计划的实际指导作用就不大。加以多头下达，各种指标先后多次下达，以致有许多基层计划单位处于没有国家计划或没有完整的国家计划的状态中。今后应当力争在计划期前下达，其中农业生产计划中的秋冬播种作物、灌溉面积、水利工程、造林等项指标，更应当根据农业生产的季节要求，提前下达，不误农时。如遇某种特殊原因，国家计划不能在计划期前下达时，国家计划委员会应当提出安排意见，并且要预拨部分物资，使各项经济活动能够正常进行，不致中断。下达到基层计划单位的国家计划，必须由部、局、省一级以正式文件下达，以昭郑重。

3. 国民经济的发展应当有长期计划作指导。第二个五年，由于没有制订正式的长期计划，使各方面的安排缺乏必要的依据，特别是基本建设的安排和专门人材的培养发生了很大的困难，其他各项计划也难于瞻前顾后，作比较长远的打算。应当加强长期计划的工作，这是在计划工作中争取主动的重要部署，也是整顿计划秩序的一个重要方面。

4. 加强计划的严肃性。最近几年，计划多变，有些部门、有些地方、有些企业擅自修改计划。今后应当加强计划的严肃性，制订计划的时候要反复研究，慎重决定。计划确定以后，除非有特殊重大的意外，一般不作修改。未经中央批准，各部门、各地方、各企业都不准擅自修改。

150－10－70

国家统计局关于一九六二年国民经济情况的报告

1963年2月5日

中央：

1962年，国民经济的调整工作已经取得了决定性的胜利。农业有较大幅度的恢复，工业作了必要的调整，市场供应开始有了好转，整个国民经济情况正在一步一步地好起来，但是也还存在不小的困难和问题。现根据初步统计资料将这一年的经济情况简报如下：

一

（一）农村人民公社的集体经济进一步巩固，农业生产比上年好。这一年的农业总产值约为420亿元，比上年增长6%。主要农副产品，除棉花减产外，都有增长。粮食产量3 022亿斤，比上年增产172亿斤；棉花产量1 395万担①，比上年减产200多万担；油料产量3 407万担，比上年增产170万担；猪的年末存栏头数约为9 656万头，比上年底增加了2 104万头，全年向商业部门交售的肥猪为1 664.6万头，比上年增加了857.5万头。

这一年，农村人民公社贯彻执行了有关农村的各项政策，农民的生产积极性大大提高了，加之各方面加强了对农业的支援，主要农业生产条件进一步有了改善。目前农村人民公社的农业劳动力达到20 375万人，已超过1957年，由于口粮增加，体质也比上年好；铁制小农具的数量也已恢复到1957年，竹木农具比上年也有增加；大牲畜在部分地区已经停止下降，全国年底存栏头数为6 970万头，比上年底增加了21万头；拖拉机年底达到10.5万标准台，排灌机械达到619万马力，两项合计比上年增加了100万马力；全年供应农村的化肥达到291.4万吨，比上年增加了27万吨，农家肥也增多了。

这一年的灾情比上年轻。全国受灾面积约为5.7亿亩，成灾面积为2.5亿亩，都比上年减少40%上下。

（二）工业的规模已经作了必要的压缩，内部和外部的关系得到了初步的改善，工业工作正向着以农业为基础的轨道前进。这一年，主要工业产品的生产计划完成得比较好，在79种主要产品中，完成和超额完成计划的有60种，主要的有：铜、铝、原油、硫酸、烧碱、纯碱等短线的原料材料，化肥、农药、拖拉机、动力机械等支援农业的产品，以及人造纤维、缝纫机、自行车、胶鞋、合成洗涤剂等以工业品为原料的轻工业品；没有完成计划的有原煤、原木、原盐等19种。全年工业总产值为850亿元，比上年降低17%。

全国县营以上的工业企业单位，经过这一年的调整，已由1961年底的6.16万个减至1962年底的4.37万个，工业企业的职工人数由1 597.4万人减至1 175.8万人。在减少的421.6万人中，约有300万人左右已经回到农村参加农业生产。城乡公社工业单位由7万多个减至3万多个；但是手工业合作组织则由7万多个增加到8万多个。

工业生产中直接为农业服务的工业有所加强，为农业部门生产的生产资料增多了。在这一年的生产资料产值中，直接为农业服务的产品产值的比重，由上年的7%左右，提高到8%左右。化肥产量达到231万吨（其中，氮肥161万吨），超过计划54%，比上年增长了53%；拖拉机

① 粮、棉产量系各省上报数，可能偏低，正在检查中。

16 650标准台，增长5%；全年支援农业的木材达到280万立方米，比上年增加了45%。农业机械修配系统也正在逐步地建立和加强，目前大修厂已有183个，中小修厂也有增加，修理设备已达1.29万台，修理职工有7.3万人。

重工业和轻工业的关系也有了显著的改善。这一年分配给轻工业的原料、材料和燃料比上年增多了。全年用于轻、手工业生产的钢材约达81万吨，增长14%；木材约达418万立方米，增长17%；铜、铝、铅、锌约增长50%上下。全年生产资料产值为457亿元，比上年下降了22%；消费品产值为393亿元，下降了9%，但是37种以工业品为原料的轻、手工业产品的产值，则比上年增长了24.6%，其中以化工产品为原料的增长了46.1%。

在重工业内部，加强了原料、材料工业；初步改善了矿山的采掘关系。24种稀缺品种钢材的产量比上年增长了11%；矿石铜的产量达到4.4万吨，铝7.73万吨，原油575万吨，硫酸96.8万吨，纯碱52.7万吨，都超额完成了计划，比上年增长了。全国有色金属矿山（脉矿）前几年累计亏欠下来的开拓量，这一年又补偿了20%；11个重点大型铁矿山过去亏欠下来的剥离量，这一年也还了一部分，其中，鞍钢的弓长岭、邯郸的矿山村和包钢的白云鄂博已经还清了欠账。

大部分产品的质量有了提高，品种有所增加。合金钢占全部钢产量的比重，由上年的6.4%提高到这一年的9.3%；20个重点企业的平炉钢、生铁的合格率达到98%（1957年为99%），棉纱一等一级以上品率达到95%（1961年为92%），棉布入库一等品率达到96%（1961年为92.5%），原煤的灰分和含矸率比上年也有所降低。

企业的经营管理工作有所改进。全员劳动生产率比上年提高了14%；原材料的消耗定额一般的都有所降低，20个重点企业每吨铁耗用的焦炭由868公斤降为706公斤。企业的亏损情况开始好转，工业系统的亏损额由上年的46亿元降为24亿元。

（三）基本建设战线有了较大的缩短，投资比例有了调整，加强了农业、支援农业和重工业短线的建设。全年实现的投资总额为60.9亿元，其中，国家计划内的投资57.3亿元，比上年减少36.2%；计划外投资3.6亿元，比上年减少了89.3%。全年累计施工的大中型项目，由上年的1 427个减至836个，减少了591个。

在完成的投资总额中，用于农业和农机、化肥、农药工业建设方面的投资为14.4亿元，比重由上年的17.5%上升到今年的23.6%；用于煤炭、森工方面的投资为11.4亿元，比重由15.3%上升到18.7%。

这一年由于基建而新增的生产能力（或效益），主要的有化肥12.9万吨，合成氨2.7万吨，农药6 000吨；合成脂肪酸5 500吨，合成洗涤剂3 300吨；森林铁路铺轨595公里，煤炭开采628万吨。

（四）交通运输战线改进了运输秩序，改善了运具的技术状况，加强了支援农业的工作。这一年全国现代化运输工具完成的货运量为5.76亿吨，完成计划95%，货物周转量2 164亿吨公里，完成计划102.3%。其中，铁路货运量为3.46亿吨，完成计划97%，铁路货物周转量为1 719亿吨公里，完成计划104.1%。

各地交通运输部门这一年对运往农村的工业品和运往城市的农产品都作了优先的安排，全年铁路运输的农业生产资料和农副产品达2 807万吨，占货运总量的8.1%（1961年占6.5%）；部分城市的运输部门还顶替出一部分牲畜和车辆下乡支援农业，据北京、黑龙江、山西等8个地区的统计，顶替下乡的畜力车即有4 000多辆。

这一年运输秩序有显著改进。铁路客车的正点率达到94.1%，这个水平仅略低于1955年，远高于其他各年；铁路货车正点率达到91.2%，这是建国以来最高的年平均水平。运输工具的技术状况也有好转。据铁道部秋季鉴定，在营运机车中，优良和良好的已占60%，基本良好的占36%，营运货车车体损坏的现象已大为减少。交通部系统良好车船所占比重也有所增大，汽车由1961年末的67%上升到这一年末的70%，轮驳船由56%上升到66%。

（五）职工精简计划已完成80%以上，全国劳动力的分配比例已有显著的改善。年底，全国职工人数为3 277万人，比上年年底净减少876.9万人，连同上年精简的872.6万人，两年共减少1 749.5万人。工资总额全年发放210.6亿元，比上年少支出32.7亿元，连同上年的19.1亿元，两年共减少51.8亿元。

全国劳动力的分配比例，经过两年来大规模的精简、调整，已经发生了显著的变化。1962年，重工业占用劳动力已由1960年的1 926万人，降至994万人，即减少了48.4%；轻工业占用的劳动力已由1960年的1 052万人，降至756万人，即减少了28.1%；而农业占用的劳动力则由1960年的17 019万人，增至20 850万人，即增加了22.5%。农业、轻工业和重工业之间占用劳动力的比例，由1960年的85∶5∶10，改变为1962年的92∶3∶5。工业在劳动力方面挤农业的现象已经改变过来。由于上述的变化，城镇的粮食销量由1960年的580亿斤，降为1962年的440亿斤，减少了24.1%；城镇粮食销量占当年粮食产量的比重，由24.4%降为17.1%（1957年占13%），城镇在粮食方面对农村的压力已显著减轻了。

（六）国内市场供应情况已有所改善，实现了“当年平衡、略有回笼”的要求。这一年，商业部门商品收购额为491.1亿元，比上年下降3.8%。其中，农副产品为159亿元，比上年减少2%；工业品332.1亿元，下降4.3%，但是以工业品为原料的消费品收购额比上年增加了10%。

全年社会商品零售额为591.4亿元，比上年减少16.3亿元（其中，消费品为532.6亿元，比上年减少5.1亿元）。主要是：(1）农业生产资料少销11.2亿元（今年销售的农业生产资料中不适应的减少了）；(2）压缩集团购买力少销13亿元；(3）集市价格下落，卖给城市居民的商品总值（按市价计算）减少3亿元。全年国家供应的平价商品为428.6亿元，比上年增加12.9亿元。

商业部门年末库存为373亿元，比上年底减少32.4亿元（这一年处理残损、变质商品库存减少了35亿元，完好商品库存实际上是增加的）。其中，消费品库存为267亿元，减少9.9亿元。

这一年的消费品零售额虽然比上年减少，但是由于精简职工、紧缩农村财政信贷投放和压缩集团购买力的结果，居民的消费品购买力下降得更多一些，从而实现了当年平衡，并且回笼了19.2亿元的货币。

（七）文教战线有所压缩，质量有了提高。1962年各级学校数为64万多所，在校学生人数为8 200多万人。其中，高等和中等专业学校数为2 140多所，比上年减少近1 700所；在校学生人数为136万人，比上年减少79万人。各级公办学校的教职工，由365万人减至310多万人，减少50万人。经过压缩，16岁以上的学生占全国劳动力的比例，由上年的2.06%降为1.5%左右。

1962年全国各类卫生事业机构为27万个，比上年减少5.2万个；床位104万张，减少11.5万张，减少的主要是简易病床。文化事业方面，电影制片厂由上年的34个减为14个，艺术表演团由3 285个减至3 000个左右，其他如出版社、文化馆、放映队等也都作了适当的精简。

保留下来的文教事业都有不同程度的充实和加强。

由于国民经济各部门的上述调整，国民收入的来源和消费、积累的关系发生了显著的变化。初步匡算，这一年的国民收入约为740亿元，虽然比1961年减少7.4%，比1960年减少36%，但是，来自农业的部分已由1960年的25%上升到40%（第一个五年约占50%）；来自轻工业的部分由13%升到14%；来自重工业的部分由34%降为19%。农业、轻工业和重工业在生产方面的比例关系已经有了改善。在国民收入使用额中，这一年用于积累的部分为82亿元，比1960年下降83%，用于消费的部分为626亿元，比1960年下降9%，积累率由1960年的40.8%下降为11.6%。全国按人口平均每人的消费额为83元，低于1960年，略高于1961年。这就是说，我们在调整积累同消费的关系，已经做了有成效的工作，提取积累的份额，比较能够适应目前的生产水平，特别是农业生产水平和居民的生活水平。

二

综上所述，可以看出，两年来，特别是1962年初扩大的中央工作会议以来，各地方、各部门进行了大量的有成效的调整工作，获得了极为珍贵的成果，我国的国民经济正在一步步地好起来。同时，也应该看到，这种好转还仅仅是开始，存在的困难还是不小的。1962年我国每人平均的国民收入只有112元，仅略高于1952年的水平；全国的粮食产量还低于1952年，棉花只相当于1950年，油料还不及1949年。1962年，为了保证生产和生活的最低需要，还不得不继续进口93亿斤粮食①；还不得不继续挖掉6.7亿米棉布和17.4万件（折纱量）针棉线品库存；还不得不继续动用一些“短线”生产资料的库存。我国国民经济中所遭遇的暂时性困难，还并没有完全过去。

从统计资料来看，在当前的经济生活中值得注意的问题，主要的有以下几个：

（一）支援农业如何讲究实效，这个问题还没有完全解决。这一年国家支援农业的物资，多数品种是增加的，只有煤炭等少数品种比上年减少（煤炭约减少1/3）；财政信贷给予农业的资金约为43.5亿元，虽然比上年减少了17.8亿元，但是从当前国家财政金融状况来说，数量也还是不小的。问题是如何更好地发挥这些物力、财力对支援农业的效用，还讲究得不够。农贷资金发放的迟了一些，发放的对象不尽恰当，有的地方发放了钱而物资没有跟上去；铁制小农具由于质次价高等原因积压很严重，全国供销社库存的1.2亿件中有40%是这样积压下来的；木材供应不少，但许多货不对路，制造和维修车船需要硬杂木、长杉木，而供应的多是一般原木；化肥的分配有些也不尽合理，例如内蒙天然肥料比较多，水源比较少，而这一年计划供应该区的化肥竟达2万吨，比上年增加了3倍，实际销售仅6 800吨。特别是通过商业部门“奖售”到农村去的化肥，有些更不合理，例如广东收购陶瓷、土纸、柴炭、木拖鞋，湖南收购鞭炮都奖售化肥，结果增加了贩运倒卖、投机倒把的事件。

（二）劳动生产率还很低，企业的亏损还很严重。1962年同1957年比较，工业企业全员劳动生产率约低25%，基建施工单位的全员劳动生产率约低41%。全国企业的亏损额，1962年仍然高达90亿元，约占财政收入中企业收入的2/3。这些亏损有些是因价格倒挂而难于避免的，但很多是因生产不正常和经营管理不善造成的。这种状况，不能不给生产的发展和财政收入的增长，造成一定的困难。

（三）基本建设的效果不好。计划要求建成投入生产的大中型项目为118个，实际投产的只有37个，只完成计划31.4，包括计划外的投产项目也只有87个，占施工项目的10.4%；这一年计划规定大中型项目新增的34种主要生产能力（或效益），实际有增加的只14种，还有20种因工程未完没有实现；在已有增加的14种能力中，大多数也没有完成计划，硫酸铵只完成3%，新建铁路复线只完成12.6%，合成氨只完成24.5%，石油加工只完成50%。

基本建设效果不好的主要原因是：(1）这一年的施工项目和投资仍然多一些，力量使用分散，有些重点项目的投资没有充分保证；(2）基本建设计划下达得晚，变动多，影响施工进度；(3）精简过程中，职工思想不稳定，精简后，工种不配套，加上部分工人生活困难等原因，劳动效率较低。

（四）采掘（伐）工业的落后状况仍然很突出，前几年在设备维修和开拓方面亏欠下来的工作，还有一部分需要逐步补起来。这一年

① 系外贸部进口数字，不包括以米换麦的周转。

木材的生产没有完成计划，木材已经成为采掘（伐）工业中最薄弱的一环，产需之间严重不平衡。1962年同1957年比较，木材的耗用方面显著增加了，例如耗用坑木的煤炭产量增长了68%，耗用枕木的铁路里程增长37%左右，而同一时期原木的产量却由2 787万立方米降为2 204万立方米，下降了21%。木材的库存从1961年起连续下降，1961年动用了474万立方米，占当年初库存的33%，1962年的前11个月又动用了87万立方米，又比年初下降了9%。采掘（伐）工业中主要设备的状况还不好，矿山的开拓工作还有一部分老账没有还清。

（五）职工的精简计划还没完成，各地又开始增人。5月中央工作会议之后，精简工作进度比较快，9月底全国职工曾减至3 208.6万人，比年初减少了945.3万人，但是还没有完成计划，距离中央规定的减人指标还差110.7万～126.7万人，精简的潜力还很大，县及县以下由国家支付工资的职工还有967.2万人，比1957年还多200万人；1958年以来来自农村的新职工全国还有350万～380万人。而10月以来，各地区不但没有继续减人，而且陆续增人，到12月底全国职工增至3 277万人，比9月底增加了68.4万人，加重了1963年的减人任务。目前从全国来看，尽管精简之后，在工种之间、地区之间出现了一些新的不平衡，需要进行细致的调剂工作，但是总人数仍旧是多的，必须继续进行精简工作。

（六）市场供求关系还没有根本改善。这一年，在全党大力精简职工、压缩开支、厉行节约的情况下，实现了当年购买力同当年商品货源的平衡，并且回笼了一部分货币。但是前几年居民没有实现而滚存下来的购买力，到这一年底仍然高达127亿元，比1960年以前任何一年都多。这一年，回笼货币的要求是实现了，但增加商品库存的要求没有实现，主要商品如粮食、棉布等的库存是减少的。1962年底，粮食库存比上年底减少7.6亿斤，棉布库存减少了6.7亿米①，吃、穿两大类的商品库存总值仅为160亿元，比上年减少4亿元。同时，集市价格还比国家牌价高出很多，年末的集市价格比国家牌价高出1.3倍。以上说明，目前的市场状况还不稳固。为求市场供应的根本好转，还要做许多艰巨的工作。

两年来，在党中央和毛主席的正确领导下，全党按照规定的方针政策进行了一系列艰苦工作，在调整国民经济方面，获得了极为珍贵的成果，为进一步的发展奠定了良好基础。只要我们深入发动群众，努力增产节约，续续贯彻执行调整、巩固、充实、提高的方针，当前存在的一些困难和问题，是完全可以克服的。

以上报告，请审核。

	单位	1961年	1962年		1962年为1961年的%	1962年完成计划的%
			计划	初步统计		
一、农业主要产品产量						
粮食（包括大豆）	亿斤	2 850	2 890	3 022	106	
棉花	万担	1 600	2 063	1 395	87	68
花生、芝麻、油菜籽	万担	3 237		3 407	105	
大家畜	万头	6 949		6 970	100	
猪	万头	7 552	9 134	9 656	128	106
二、轻工业主要产品产量						
棉纱	万件	368.6	260	302	82	116
棉布	亿米	31.1	18.4	25	80	136
原盐	万吨	1 113	1 004	983	88	98
机制纸及纸板	万吨	110	100	110	100	110
卷烟	万箱	254	172	243	96	141

① 粮食、棉布库存减少数，包括外贸系统数字。

续表

	单位	1961年	1962年		1962年为1961年的%	1962年完成计划的%
			计划	初步统计		
糖	万吨	38.5	29	32	83	110
食用植物油	万吨	68.8	56	65	94	116
三、重工业主要产品产量						
钢	万吨	870.3	600	667	77	111
钢材（扣除重复数）	万吨	613.3	390.15	452	74	116
矿石产铜	万吨	3.623	3.8	（4.33）4.4	121	114

注：

（1）1962年粮食产量的计划数是包产产量，不包括自留地的产量。

（2）1962年棉花产量数字偏低。

（3）括号内数字为与计划可比数。

157－3－180

国家统计局：第二个五年计划期间国民经济主要比例关系的变化

1963年9月17日

第二个五年计划期间，我国国民经济经历了三年大发展和两年调整的过程，国民经济的主要比例关系前后发生了很大的变化。现在根据有关统计资料，将第二个五年计划期间国民经济主要比例关系的变化情况分述如下：

（一）国民经济主要比例关系的变化

第一，农轻重的比例关系。

第一个五年，农业生产每年增长4.5%，轻工业每年增长12.8%，重工业每年增长25.4%。

第二个五年前3年，农业两年减产，轻工业从1960年也开始减产，而重工业连续3年高速度发展。3年平均，农业生产每年下降8.2%，轻工业每年增长13.7%，而重工业每年增长49.4%。经过后两年的调整，农业生产平均每年上升1.8%，轻工业每年下降15.3%，重工业每年下降35.6%，农、轻、重的关系逐步有所改善。各个时期农、轻、重的比例变化如下：

	按总产值计算的比例			按净产值计算的比例		
	1957年	1960年	1962年	1957年	1960年	1962年
农 业	43	20	34	62	34	53
轻工业	30	27	31	18	20	20
重工业	27	53	35	20	46	27

由于农、轻、重比例关系的变化，社会产品①中，生产资料与消费资料的比例关系也发生变化，1957年为42∶58，1960年变为63∶37，经过调整，1962年变为46∶54。

农、轻、重的矛盾具体表现在以下几方面：

（1）工业从农业抽调的劳动力过多。前3年，全部职工增加了2 593万人（工业企业职工增加了1 396万人），其中，约有3/4来自农村；而这一时期农业装备提高得不多，机

① 工、农业产品和建筑业产品的合计。

械动力只增加639万马力（包括部分实际不能使用的），抵补不了农业劳动力和畜力的减少①。后两年，精简职工1 700多万人，返回农村的1 300万人左右，加强了农业劳动战线，改善了工农关系。

（2）城市人口的增长与农业可能提供的农产品不相适应。前3年，由于职工大量增加，城镇人口增加了3 124万人，即增加了31%；而粮食生产，1960年比1957年下降了26.4%，这给予农业的压力很大。后两年，压缩了城镇人口，减少了征购，城乡之间在粮食上的紧张关系有所改善。各个时期粮食征购情况见下表：

	第一个五年平均	第二个五年平均	前3年平均	后2年平均
粮食产量（亿斤）	3 632	3 284	3 423	3 075
征购量（亿斤）	1 083	1 073	1 262	789
净征购量（亿斤）	694	665	759	523
征购率（%）	29.8	32.7	36.9	25.7
净征购率（%）	19.1	20.2	22.2	17.0

（3）农业提供的工业原料，远远落后于轻工业的生产能力。

1960年与1957年比较，棉纺锭增长33%，而棉花收购量下降32%，每个纺锭的棉花收购量由1957年的376斤下降到191斤；机制糖处理原料能力增长近1倍，而糖料收购量下降17%。

由于农产原料供应不足，轻工业设备利用率一般很低，棉精纺机的利用率1957年为83%，1960年下降为74%，1962年再下降到50%，甘蔗压榨机利用率1957年为66%，1960年只达31%，1962年为48%。

（4）重工业对农业技术改革支援不够，效果不高。在重工业产值中，直接支援农业的产品产值所占的比重1957年为5.2%，1960年为5.8%，经过调整，1962年上升到8.7%。机器工业产值中，农机工业的比重1957年为4.2%，1962年才提高到8.5%（苏联重工业产值中，直接支援农业的产品的比重，1932年为11%，1960年为17%；机器工业产值中，农机工业的比重，1932年为22%，1960年为23%）。

重工业建设中，为农业服务的工业的投资也比较少，前3年，农机、化肥、农药工业的投资只占重工业投资5.4%；后两年，提高到6.5%。同时，这几年的建设没有集中力量保证重点，投资效果比较差。因此，5年中，拖拉机的新增设计能力只达1.5万台（实际生产能力只达1万台），合成氨的生产能力只增加35.6万吨。1962年拖拉机的产量，只相当于苏联1937年的拖拉机产量（6.7万标准台）的1/4；化肥的产量只相当于苏联1937年化肥产量（348万吨）的2/3。

第二个五年，工业支援农业的生产资料的效果也不好，有很大一部分支农物资由于质量、品种规格有问题，实际未发生效果。例如，5年中，农业用机械动力增加862万马力，扣除不能使用的，实际只增加500多万马力。

（5）重工业在原料、材料、燃料、动力等方面对轻工业的支援不够。例如，1960年许多日用工业品供不应求，而以工业品为原料的主要日用轻工业品生产能力的利用率一般只达50%～70%。后两年，重工业对轻工业的支援有所加强，但是还不能完全适应轻工业的需求。

第二，农业内部的比例关系。

第二个五年农业受灾减产期间，畜牧业产值的下降幅度大于种植业；种植业中，经济作物产值的下降幅度则大于粮食。平均每年增长或下降的速度如下：

	第一个五年	第二个五年前3年	后2年
畜牧业	5.7	-28.8	33.7
种植业	4.1	-8.4	1.0
粮食	3.7	-9.7	5.4
经济作物	4.3	-15	-13

① 根据外国的经验，在农业机械化过程中，农业用机械动力的增加，应该抵补人力、畜力而有余，例如，苏联在农业机械化过程中（1928—1940年），每增加100马力的机械动力，只减少农业劳动力12个，减少畜力27马力（折机械力，下同）。美国农业机械化过程中（1910—1940年），每增加100马力的机械动力，只减少农业劳动力2.8个，减少畜力8.9马力。

因此，比例关系发生了显著的变化：种植业与畜牧业产值的比例，1957年为85∶15，1960年变为93∶7，1962年恢复到88∶12。粮食作物与经济作物产值的比例，1957年为4.9∶1，1960年变为5.9∶1，1962年为8.6∶1。

在农业遭灾减产过程中，各业之间出现的矛盾主要是：

（1）种植业和畜牧业互相提供的生产资料都远不能满足需要。1960—1962年的3年中，饲料用粮下降到200亿斤左右，比第一个五年后3年平均数减少约100亿斤。由于饲料减少很多，加上这几年牲畜饲养管理中的问题也较多，因此牲畜头数大幅度下降，1961年，猪的头数下降到7 539万头，比1957年减少了48.3%；大牲畜的头数下降到6 628万头，比1957年减少了20.9%。畜牧业的下降，反过来，也严重影响了种植业的发展。第二个五年，农业用畜力减少了1 480万头，超过了同期增加的机械动力1倍多（按1个畜力等于1个机械马力折算），每头役畜平均负担的耕地面积，1957年是31亩，1962年增加到40亩。牲畜的大量减少也严重影响了厩肥的来源。

（2）粮食作物与经济作物争地的矛盾突出起来。在粮食生产下降的情形下，许多地区将适宜种植经济作物的耕地改种粮食，因此，经济作物面积大大减少，1957年为2.2亿亩，1960年减少到1.9亿亩，1962年更减少到1.3亿亩。

1962年，按人口平均的经济作物面积下降到2分地，其中棉田只有0.9分，远远低于第一个五年的平均数（经济作物面积3.3分，其中棉田1.4分）。这几年经济作物面积的缩小，成为产量猛降的主要因素。1962—1957年比较，棉花产量下降54%，其中由于播种面积缩小而减少的近3/4。

第三，重工业内部的比例关系。

第二个五年前3年，重工业中采掘工业、原材料工业和制造业都有很快的发展，但原材料工业落后于制造业，而采掘工业又落后于原材料工业；后两年，经过调整，情况有所改善。三类工业各个时期平均每年增长或下降的速度如下：

		第二个五年	
	第一个五年	前3年	后2年
采掘工业	21.5	41.6	-31.4
原材料工业	23.5	42.1	-29.4
制造业	28.6	57.3	-41.3

采掘工业与原材料工业产值的比例，1957年为1∶2.7，1960年变为1∶2.8，1962年变为1∶2.9。原材料工业与制造业的比例，1957年为1∶1.2，1960年变为1∶1.6，1962年变为1∶1.1。

采掘工业、原材料工业与制造业的矛盾具体表现在：

（1）许多主要产品的采掘能力大大落后于冶炼加工，以致后者的生产能力大量闲置。1962年底100立方米以上高炉闲置未用的约占1/3；平炉闲置未用的近1/5。在已使用的设备中，还有很大一部分未充分利用，实际闲置未用的能力更大一些。制造工业的设备利用率，由于原材料供应不足或品种质量不合要求一般也很低。

采掘工业、原材料工业与制造业生产能力的不平衡，主要是由于投资分配不够合理；同时，在采掘工业与原材料工业中，兴建的大批“小土群”、“小洋群”企业没有持久地发挥作用。第二个五年前3年，采掘工业投资119亿元，原材料工业投资231亿元，制造业的投资196亿元。采掘工业与原材料工业投资的比例由第一个五年的1∶1.2变为1∶2，采掘工业的投资相对落后。原材料工业与制造业投资的比例由1∶1.1变为1∶0.9，原材料工业投资虽然相对增加，但是由于无效的投资较多，实际生产能力的增长跟不上制造业的需求。

前3年，“小土群”、“小洋群”采掘企业和原材料企业虽在支持制造业的发展中起了一定的作用，例如，1959年小型煤矿的产量约占全部煤产量的30%左右，小型钢铁企业的铁产量约占全部铁产量的40%以上；但是由于这些企业占用劳动力过多，资源、交通条件又差，经过后两年调整，大部分已经停产。这就不能不加重采掘工业与原材料工业，以及原材料工业与制造业之间生产能力的不平衡。

(2) 采掘工业在过大的压力下超负荷生产，消耗“老本”较多，以致资源和设备的利用受到严重的损害，并使采掘企业内部的比例失调。1960年，中央直属煤矿原有矿井产量，超过原有生产能力0.5倍以上，许多煤矿的开拓煤量、准备煤量和回采煤量大幅度下降；黑色、有色金属矿的掘进（剥离）也普遍落后于回采；东北内蒙林区在1958—1960年的3年中，采伐面积没有更新的达40%以上。

第二个五年，采掘工业受到的压力过大，除了由于加工工业的规模过大外，也与许多部门对采掘工业产品的使用存在着严重的浪费有关。粗略估算，第二个五年每万元工业产值耗用的煤炭，如果保持第一个五年的耗用比例，每年即可节约7 800多万吨煤，占年平均煤产量的25%。

第四，生产与运输的关系。

第二个五年前3年，工农业商品产值平均每年增长27%，基本建设投资平均每年增长51%，货运量平均每年增长35%（1960年货运量达22亿吨）；而运力（运输工具载重量）平均每年只增长14%。因此，每亿元工农业商品产值相应的运力，由第一个五年的1.1万吨下降到0.8万吨；每吨运力完成的货运量，由第一个五年的100吨增加到184吨。后两年，经过调整，每亿元工农业商品产值相应的运力，恢复到1.3万吨；每吨运力完成的运量，下降到96吨，运输紧张的现象随之基本上消除。

生产与运输关系中的主要矛盾是，运输建设未及先行，而运输任务急剧增长。前3年交通运输基本建设投资额累计为136亿元，虽比第一个五年投资总额85亿元多51亿元；但它与工业投资的比例，则由第一个五年的1∶2.9，变为1∶4.5；各种运输工具的增加远远落后于运量，例如，3年中铁路机车只增加42.4%，货车只增加51.1%，载货汽车只增加63.3%；而这一期间，运量特大的钢铁、金属矿石、煤炭、木材、矿物建筑材料等五类物资的运量增加了1.5倍以上。特别是，许多小型钢铁工业企业布局的不合理，大大加重了所在地区运输的紧张状况。据1960年的调查，在6个重点产煤、产铁省的239个小洋群煤矿、铁矿山、钢铁厂和炼焦厂中，不直通铁路的就有235个，占总数的98%；这种情况给短途运输带来了过重的负担。后两年，关闭了许多资源不足、运输条件不好、劳动生产率低、消耗大的中小型企业，减轻了运输的压力。

第五，购买力与商品供应的比例关系。

第一个五年除1956年外，各年消费品货源（按现价计算）都略大于当年消费品购买力，即都有顺差，当时城乡市场稳定。1958年和1959年续有顺差，1960年由于农业生产连续两年较大幅度的减产，购买力大大超过商品货源，出现大量逆差，商品供应日益紧张，特别是城市副食品的供应严重不足；1961年经过精简职工、压缩集团购买方和采取调整价格等措施后，逆差缩小；1962年扭转了逆差的趋势，当年出现顺差41.5亿元，市场供应紧张现象开始和缓。各个时期购买力与商品货源比例的变化如下：

	第一个五年平均	1958—1959年平均	1960—1962年平均
消费品购买力（亿元）	442	626	695
消费品货源（亿元）	607	850	862
每元购买力有消费品货源（元）	1.37	1.36	1.24
每元货币流通量有消费品货源（元）	16.3	13.6	8.7

购买力与商品供应关系中的主要问题是，直接间接来自农业的消费品货源大大减少，而货币投放大大增加，这些投放的货币，不小部分缺乏消费品增产作保证。1962年当年可供内销的消费品货源共计555亿元，比1957年减少48亿元（按1952年零售价格计算），仅粮食、食油、猪肉、棉布、针棉织品等5种商品的收购却减少了63亿元，比货源减少总额还多31%（以工业品为原料的商品货源有所增加）。从过去各年市场供应的经验看，41种主要商品供应量，一般要占消费品零售额70%以上，其中，粮食、食油、猪肉、棉布、针棉织品等5种要占40%左右，才能保证市场供应正常。近几年不仅商品货源总额有所减少，而且主要商品的比重下降了，例如，1962年41种主要商品占消费品零售额的比重下降到58%，其中粮食、食油、猪肉等5种商品所占的比重下降到26%。

第二个五年消费品购买力的猛增，主要是由于在生产和建设大发展中，职工工资、社会集团购买力、农村劳务收入以及农村财政信贷投放都有增加，特别是工资总额增加过多，给市场的压力过大，例如，1960年城乡居民货币收入共达811亿元，比1957年增加240亿元，其中，由于职工工资增加的却达107亿元，占新增消费品购买力的66%。这几方面投放的货币大量增加，但又缺乏必需的消费品的增产作保证，因此，就加剧了由农产品不足而引起的消费品供不应求的矛盾。

第六，消费与积累的比例关系。

第一个五年计划期间，国民收入平均每年增长8.9%，其中积累基金每年增长14.9%，积累率平均为26%（按1957年价格计算为23%）；消费基金每年增长6.7%，全国每人平均消费额每年增长4.3%。积累的扩大基本上是与消费水平的提高相适应的。

第二个五年前3年，国民收入平均每年增长7.6%，其中，积累基金每年增长26.9%，积累率高达39%；消费基金每年增长0.8%，全国每人每年平均消费额（扣除消费品质量升降因素）除1958年比上年增长4%外，1959年和1960年比上年下降9.7%和6.9%，其中，农民的消费额1960年降到61元，比1958年的81元降低了24.7%。积累的提高与生产发展和人民生活消费水平的提高不相适应。

后两年，调整了消费同积累的比例，1962年积累基金比1960年下降83.2%，积累率1961年下降为21%，1962年下降为11%；消费基金1962年虽然仍比1960年下降了5.8%，但是由于国家征购任务的减少和在农业收入分配中贯彻执行了少扣多分的原则，农民的消费额1962年回升到67元，比1960年增长9.8%。

国民收入分配和使用中的主要问题是：

（1）国家、集体集中的收入多了一些。第一个五年国家财政收入占国民收入的32%，第二个五年前3年上述比重提高到46%；农村人民公社公积金公益金占农业净收入的比重，由第一个五年后两年的6.5%提高到12.7%；国家和集体集中的收入过多，就不能不影响个人的收入。后两年，国家财政收入占国民收入的比重降低到35%，农业收入分配中实行了少扣多分的原则，因此在农业生产水平还很低的情况下，农民的生活有了较快的改善。

（2）基本建设投资过多。第二个五年前3年基本建设拨款占财政支出的比重，由第一个五年的37%提高到55%。基本建设投资占国民收入的比重，由13.5%提高到27.7%。基本建设的规模不但与农业生产水平不相适应，而且也超过了重工业所能提供的主要建筑材料和设备。基本建设规模过大，不但引起生产资料供应紧张，而且加重了市场供应的压力，同时也占用了过多的农业劳动力。

后两年，大力压缩基本建设战线，基建拨款占财政支出的比重下降到25%，基建投资占国民收入的比重下降到10%，同时在投资分配上降低了重工业投资比重，提高了农业和支援农业以及工业中“短线”投资的比重。随着基建战线的缩短，主要物资供应紧张的现象趋于和缓，大批劳动力返回农业第一线，改善了农业生产劳动力不足的状况，从而为改善消费同积累的关系提供了重要的条件。

（3）社会消费在一定程度上挤了个人消费。第二个五年前3年，社会集团消费增加了25亿元，而个人消费基金减少了53亿元。消费基金中社会消费的比重，由第一个五年的8.9%提高到9.5%，而居民个人消费的比重则相应由91.1%下降到90.5%。在居民个人消费下降的情况下，提高社会消费显然是不适当的。后两年，压缩集团购买力严格控制社会消费后，社会消费占消费基金的比重下降到8.7%，居民个人消费的比重相应有了提高。

（二）几个问题

从以上比例关系变化的资料中可以看出，要合理安排国民经济的比例关系，必须认真贯彻执行党的建设社会主义的总路线和发展国民经济的总方针，必须认真研究和妥善安排各部门之间产品联系的数量界限。

第一，农、轻、重增长速度的比例问题。第一个五年，农业与重工业增长速度的比例是1:5.6（即农业每增长1%，重工业增长5.6%），轻工业与重工业速度的比例是1:2。这一时期，社会主义建设有较快的进展，城乡人民生活均有适当提高，所以上述农、轻、重速度的比例，大致是适当的。与外国比较，这一时期我国农、轻、重速度的差距也是比较正常的①。1958年，农业与重工业增长速度的比例是1:33，轻工业与重工业速度的比例是1:2.3，差距过大了；1959年、1960年农业减产，而重工业继续高速度发展，农、轻、重的比例很不正常。后两年经过调整，三者的比例有了改进。今后我国农、轻、重速度的比例究应如何呢？这是要根据总方针的要求和工农业生产的具体情况来确定的。我国工农业之间矛盾的特点是：农业劳动生产率低，支持工业发展的能力比较薄弱；而工业的劳动生产率也比较低，工业发展给农业带来的压力比较大。在正常年景，我国每个农业劳动力每年生产的粮食只有2 000斤上下，能提供城市的粮食只有300多斤至400多斤，棉花6~7斤，肉类十几斤，每两个农业劳动力才能负担一个城市人口。每个工业劳动力全年的净产值也只达2 000元上下（1960年约2 330元，1962年为1 860元，以1962年的水平与1960年苏联和美国每个工业人员每年的净产值比较，只相当于苏联的1/4，美国的1/12），由于工业劳动生产率低，占用的人力多，需要的农产品也多。这是我国工农矛盾容易突出的根源。毛主席在《论农业合作化问题》一文中早就指出了我国农业生产水平很低与工业化对商品粮食和工业原料日益增长的要求不相适应的矛盾。第二个五年农、轻、重关系的失调，除了自然灾害外，很大程度上是与我们对这个矛盾认识不足有关的。今后在安排农、轻、重的速度时，必须考虑这个特点。在我国工农业劳动生产率和农业生产水平没有显著提高以前，工农业之间的制约作用比较大，农、轻、重速度的差距不宜大于第一个五年，近几年的差距还应大大缩小。

当然，农、轻、重速度的比例不是一成不变的，它们应当随着工、农业劳动生产率的提高和按人口平均的农产量水平的提高而变化。在农业生产水平大大提高，工业劳动生产率也大大提高以后，重工业与农业速度的差距是可以大一些的。

第二，农业内部比例的合理安排问题。粮食生产是农业的基础，要发展农业，必须首先发展粮食生产；同时，必须使种植业与畜牧业并举，粮食作物与经济作物并举。为此，必须注意安排以下两个比例关系。

（1）饲料用粮与粮食产量的比例关系。根据过去农村饲料用粮和粮食分配的比例以及今后农村人口增加等情况粗略估计，在粮食产

① 从苏美两国的资料看，苏联农、轻、重速度的差距大于美国。苏联六个五年计划中，农业与重工业速度的比例有2个五年是1:1.9到1:4，有一个五年是1:9，有2个五年农业下降，重工业增长。轻工业与重工业速度的比例一般是1:1.2到1:2.4。总的说来，农、轻、重速度的差距都有逐步缩小的趋势。美国100年来农业与重工业速度的比例（按10年或20年为一期计算）大致是1:2.1到1:3.3；轻工业与重工业的速度的比例大致是1:1.1到1:1.7。

量达到3 400亿斤而未超过4 000亿斤以前，饲料用粮占粮食产量的比例，大致应保持在7%～8%左右。根据是：（甲）在上述粮食生产水平期间，农村用粮能够拨出的饲料不宜超过产量的8%，例如产量在3 400亿斤左右时，饲料用粮大致只能达到240亿斤左右，即占7%多一点；产量达到4 000亿斤时，饲料用粮大致只能有320亿斤左右，即占8%。过多，就会影响农村居民口粮的适当提高。（乙）要使猪和大牲畜逐步恢复到曾经达到过的最高水平，必须有占产量7%以上的粮食用做饲料。1962年末，猪9 983万头，大牲畜6 694万头，这年饲料用粮共233亿斤，今后牲畜进一步发展，饲料应有适当的增长。

应该说明，我国当前畜牧业的比重是很低的，1962年只占种植业与畜牧业产值合计数的11.6%，这比农业发达国家低得多（大多占一半左右，甚至达60%～70%），为了逐步提高我国畜牧业的比重，还必须积极开辟新的饲料资源。

（2）粮食作物与经济作物播种面积的比例关系。这两者的比例大致应保持9∶1到10∶1。根据是：（甲）过去正常的情况下，两者的比例一般都不超出上述范围，例如，第一个五年，在粮食作物与经济作物播种面积都逐步扩大的情况下，两者的比例平均为9.8∶1，变动的范围不超出9.2∶1到10.9∶1。第二个五年前3年，在总的播种面积逐步缩小的情形下，两者仍保持9.1∶1的比例。只有后两年，经济作物猛减，两者的比例变为13.4∶1，棉花、油料等因之严重减产，与城乡人民的需要相差很远。（乙）今后一个时期内耕地虽会扩大，但不可能很快，按人口平均的耕地不可能很快恢复到过去最高的水平，在这种情况下，过去长期存在的比例不可能有很大的变化。（丙）化学纤维等轻工业原料新资源的开辟，虽可减少经济作物需要的耕地，但这需要有一个过程，短时期内也不可能使粮食作物与经济作物长期形成的比例有较大的变化。

第三，粮食征购率问题。实践证明：要合理安排工农关系，必须首先安排好农产品，特别是粮食的征购比例，根据城乡兼顾的原则，在粮食产量达到3 400亿斤而未超过4 000亿斤以前，粮食的净征购率大致应维持在17%到20%之间，灾年应比丰年稍低一些。从过去历年的资料看，1954—1958年的粮食产量都在3 400亿～4 000亿斤之间，这几年粮食的净征购率最高是20.5%，最低是16%。这几年农村用粮总量是2 803亿～3 271亿斤，其中，生活用粮是2 353亿～2 646亿斤，饲料用粮是230亿～340亿斤，种子204亿～349亿斤（1958年许多地区密植过度，用种过多，种子用粮高达349亿斤），考虑到农村人口增加和口粮相应增加的需要，今后几年粮食净征购率不宜超过上述5年中净征购率的最高限。另一方面，从目前城镇对粮食的需求来看，也必须有占产量17%以上的粮食才能维持城镇人口和工业生产等需要。今后几年，城镇人口自然增加和适当提高消费水平，还要多用粮食，因此，在粮食产量逐步恢复到4 000亿斤以前，粮食净征购率仍不能低于17%。综合城乡的需要与可能来看，比较合理的净征购率大致就是17%～20%。

第四，积累率问题。我国社会生产水平低，积累与消费的关系拉得比较紧。每年新增的国民收入第一个五年平均为64亿元，第二个五年前3年为78亿元（后两年国民收入是下降的），按人口平均新增的国民收入，第一个五年平均为11元，第二个五年前3年为12元；而每年新增人口需要的消费基金，第一个五年平均每年却达14亿元，占新增国民收入的21%。因此，在安排消费与积累的比例关系时，必须重视这个现实，要在生产发展和适当提高居民消费水平的前提下，来扩大积累；在生产下降的情况下，则应降低积累，以和缓或防止居民生活水平的下降。就我国当前的生产水平来说，积累率大致宜保持在20%～30%之间，丰年可以高一些，灾年则应低一些。

我国目前的积累水平是较低的，每年平均

积累额，第一个五年是194亿元，每人32元；第二个五年前3年是460亿元，每人70元；后两年是126亿元，每人19元。这个积累水平远低于世界生产水平较高的国家，以按人口平均的积累额为例，美国为534元（1956年），西德342元（1955年），英国224元（1956年），法国205元（1955年），日本144元（1956年）；苏、波、匈、东德1959年都在200~300元之间，都远远超过我国。

我国目前的积累水平虽然较低，但是提高积累的潜力很大。提高积累的途径主要是提高劳动生产率、降低物质消耗、降低产品成本和充分合理利用劳动资源。粗略匡算，以1962年为例，工业劳动生产率每提高1%，即可增加净产值2.3亿元；工业产值中的物质消耗每降低1%，即可节约5.7亿元。我国城乡劳动资源都很丰富，充分调动人民的积极性和合理安排劳动力，更是增加积累的重要泉源。

150－3－180

六、调查研究与情况反映

（一）调 查 研 究

毛泽东：大兴调查研究之风

1961 年 1 月 13 日

《毛泽东文集》，第 8 卷，人民出版社 1999 年版，第 233 ~238 页。

毛泽东：要做系统的由历史到现状的调查研究

1961 年 3 月 13 日

《毛泽东文集》，第 8 卷，人民出版社 1999 年版，第 233 ~238 页。

毛泽东：要做系统的亲自出马的调查，而不是老爷式的调查

1961 年 3—5 月

第 118 ~122 页。JJS2006

刘少奇：调查研究是做好工作的根本方法

1961 年 3 月 19 日

第 123 ~127 页。JJS2006

中共中央关于认真进行调查工作问题给中央局、各省、市、区党委的一封信

1961 年 3 月 23 日

第 225 ~227 页。D220、5455（14）

朱德：江西山区农村调查

1962 年 3 月 26 日

第 241 ~250 页。JJS2006

杨尚昆：徐水县的一些情况①

1961 年 4 月 15 日

中央书记处：

四月五日，在天津听了河北省委简单的情况介绍以后，第二天到了徐水县委。在徐水县前后工作了一个星期，昨天到了保定，明天即去安田。在徐水的几天内，主要的时间是同一部分公社、大队、生产队的干部和社员一起，讨论和学习《农村人民公社工作条例（草案）》；对徐水县的一般情况只作了初步的了解。

据县委汇报，从一九五八年以来，徐水县的“五风”，特别是“共产风”刮得极为厉害。全县平调数总数达到一千八百七十多万元；甚

① 这是杨尚昆向中央书记处的一个汇报，中央办公厅于 1961 年 4 月 29 日转发了这个报告。

至在去年下半年，瞎指挥生产的现象仍然十分严重。因此，三年来这个县的农业生产情况都是不好的，粮食的产量逐年下降，大牲口和生猪的数目不断减少。一九六〇年全县的粮食产量是一亿八千多万斤，比一九五七年减少六千五百多万斤，下降百分之三十五。从一九五七年到今年三月底，大牲口从三万五千多头，下降到二万五千多头，减少了百分之二十九点五八；生猪从十一万五千多头，下降到三万四千多头，减少了百分之六十九点七四。因为生产搞得不好，所以粮食的状况一直是比较紧的。去年上半年，全县死亡约七千多人。尽管这样，三年来在党的领导下，经过广大群众的努力，这个县仍然创造了不少有利的生产条件。现在全县已经拥有拖拉机二百二十六点三台（标准台），机耕地面积已经达到耕地总面积的将近三分之二；排灌机械一千五百多台，一万一千多匹马力，水浇地面积占耕地总面积的百分之五十九点二。此外，还有很大一部分劳动力，已经从各方面回到农业生产第一线。因此，今后只要切切实实地、实事求是地进行工作，不再刮"共产风"，不再瞎指挥，徐水县的农业生产，是可以在较短的时期内，恢复和发展起来的。

三年来，徐水县还建立了不少的小型工厂，工人总数已发展到四千多人。这些工厂有些已经发挥了作用，比如第一机械厂，已经大体上能够担负起全县拖拉机和排灌机械的中修和小修的任务，但是，问题也还不少。就目前来说，这些厂绝大部分不仅不能赚钱，而且还赔钱。据初步了解，赔钱的主要原因是成本高、产品的质量低。此外，有些厂，如制酒厂，本来可以赚钱，但因为原料不足，不能开工。这种情况，给县财政上带来了很大的困难。看来，对这些厂，应该切实加以整顿，并由有关方面给以必要的扶助。不然的话，这些厂今后就很难充分地发挥效能，在人力和物力上将造成很大的浪费，结果会变成徐水县的一个大包袱。

经过整风整社和贯彻执行中央的"十二条指示"，徐水县各方面的工作都已经有了显著的转变。本月二十日左右，徐水县将召开四级干部会，讨论《农村人民公社工作条例（草案）》。可以预计到，在这个条例贯彻执行以后，这个县的农业生产将会出现一个新的局面。

在天津的时候，我们已经得到省委的同意，把"农村人民公社工作条例"（草案）早一步在部分群众中宣读。因此，到了徐水县以后，我们就组织了一部分社、队干部和群众讨论这个条例。参加讨论的共三十多人。这三十多人，分成了五个小组。其中：一个是商庄公社南徐城大队（生产搞的较好）的社员小组，一个是商庄公社林水大队（原来三类队）的社员小组，还有两个是这两个大队的生产队干部小组和大队干部小组，商庄公社的社干部另外又编了一个小组。调查组所有的同志分别参加了这五个小组，同社员一起学习讨论。讨论的方法是，读一条，议一条，前后共花了四天的时间。讨论的情况表明，"条例"是适合于当前的需要的。在讨论中，干部和群众都表示了极大的兴趣。许多条文在读完以后，社员和干部都有很强烈的反映。他们认为，只要这些规定真正都实现了，保证可以把生产、工作搞好。总的看来，"条例"是受到群众的欢迎和拥护的。在讨论过程中，我们还没有听到群众对哪一条有不同的意见。

在讨论中，意见比较集中的是以下几个方面：

（1）关于社、队的规模问题。南徐城大队是一个一百八十多户的村庄，下面有三个生产队。林水大队是一个四百八十多户的村庄，下面有八个生产队。这些生产队，每个都约有五六十户。社员和干部差不多都主张把生产队划得比现在小些，改为三十户左右。他们主要的理由是：便于管理，便利生产，便于组织生活。但是现在就划小，则有很多困难；为此，"三包"、"四固定"就要重新搞过，食堂就得重新划分，另外还有很多其他工作要做，这就不能不占用许多时间。可是，农业大忙的季节，很快就要到来。现在就动手改变生产队的规模，对生产是很不利的。所以，许多人主张等到农闲的时候，再改变较好。还有些人认为，现在生产队虽然稍为大一些，但是由于村庄较大，居住集中，耕地离村庄不远，因此，问题也不是那么严重，不划小也可以，而且生产队划小了不便于机耕；随着生产队的数目增加，小队的领导干部、食堂管理人员也都要跟着增加，也就要占用很多的劳动力，因此，他们主张生产队的规模可以维持现在的状况，不再划小。能不变就不变，这是很大一部分群众的要求。实际上，它是反映一种“人心思定”的情绪。

关于公社和生产大队的规模，社员一般的没有提出具体的意见。社和队的干部认为，大队可以保持现有的规模，就是一村一个基本核算单位，不必再变。公社（商庄公社）可以从现在的九千多户缩小到五千多户。他们还认为，公社的规模要变，现在就可以变，对于生产不至于发生什么影响。据县委初步的意见，小队的规模，除群众迫切要求现在划小的马上划小外，其余的，可到农忙后再说；大队的规模可以考虑不予变动；公社的规模应该划小，一般的，山区以一千户左右为宜，平原地区以两千户左右为宜。

（2）关于供给制和工资制的问题。许多人认为，几年来供给制的比例占得过大，这样就降低了社员的工资收入。因此，在一个相当长的时期内，社员的分配带有很大的平均主义倾向。在讨论中，比较普遍的要求是降低供给制的比例。但是由于账目不清，供给制占的比例实际上有多大，究竟以多大为适宜，很多人都说不明白。据我们所了解的情况，像南徐城这样一个生产搞得比较好的，而且今年按月发工资的大队，供给制的比例也绝不只百分之三十。这种情况如果不改变，是很不利于发挥社员的生产积极性的。据有些材料反映，生产不好不坏的生产队（每人每年平均收入五六十元），供给制部分占百分之三十以上固然不行，就是占百分之三十也还是高了，比较合适的是百分之二十左右。在讨论中，也有些社员提出，只对五保户和劳动力少人口多的户实行供给制，其他人一律实行按劳分配。关于这方面的问题，我们还打算再搜集一些材料，找一些典型例子，作进一步的研究。

（3）关于食堂的问题。从讨论的情况来看，群众是普遍拥护食堂的。问题在于办什么样的食堂？怎样使食堂多样化，办得适合群众的需要？现在林水大队的食堂，每天只供应一顿稀的，其余的粮食几天一次，分配到户，由社员自己做。南徐城大队的食堂，每天供应一稀两干。两个大队的社员都是把饭打回家去吃。在发言中，许多人对当前的食堂提出了不少意见。归纳起来，他们的意见主要是：吃的达不到口粮标准，怀疑食堂管理人员多吃多占；现在的食堂中午和晚上只做干的，打回家还得再做一些稀的和菜汤，这样就节省不了多少人力；食堂集中做饭，烧柴草不行，必须烧煤，这就增加了开支，降低了工分值，从而也就降低了社员的收入。因此，有不少人主张只办劳动力的食堂和农忙食堂。关于食堂的问题，我们已经建议县委派人到南徐城大队切实地加以检查，把食堂认真地办好，由此取得经验，再加以推广。

在讨论中，社员还反映，这两个生产大队今年小麦的包产指标偏高。南徐城大队今年小麦的包产指标是二百三十五斤半，但社员认为实际产量可能只有一百斤左右；林水大队今年小麦的包产指标是一百二十五斤，但社员认为实际产量可能只有七八十斤。据我们在这里看到的情况，麦苗普遍长得矮小，只有小部分长得好些，主要原因是底肥不足，冬灌较差。小麦包产指标同社员的估计距离这样大，是因为去冬没有充分发动群众讨论包产计划。整风整社以后，包产的指标也没有交给社员重新加以讨论。看来，这个问题还需要进一步地加以解决。县委准备在这次四级干部会议中，把它作为一个专门问题，认真地加以讨论。

在徐水，我们还组织了一次关于党的工作问题的专题座谈会，讨论“条例”的最后一章。参加座谈的，有八个大队的支部书记，发言很热烈。他们举出不少事实，说明过去由于管事务太多，放松了政治思想工作，结果形成组织生活涣散，党员的思想水平降低。他们认为，这种情况的发生，有很大一部分原因是在上面。过去，公社党委开会，不论什么事情都要找大队支书；有什么问题发生，都要支书负责。在工作中，事实上，已形成党社不分。在整风整社以后，这种情况已有些改变。但是，他们感到改得还不够狠，他们要求应该狠狠地改。

以上就是这次在徐水县初步了解的一些情况和问题。我们准备在安国待一个时期，回到徐水。新的情况和问题，以后再报。

Z577－2

谭震林同志给毛主席的信 河南省新乡七里营公社整社的调整报告

1961年5月8日

主席：

我于四月二十三日下午到达河南新乡七里营公社，二十七号组成了工作队开始工作，拟用民主办社方法贯彻执行“六十条”，已工作十天，工作情况简报如下：

七里营公社原来划为一类社，现在看来是二类社，七里营大队从工作上看是三类大队，我们以这个大队为重点开始工作。这个大队从一九五九年十月反右倾开始，到今年一月止，经过反右倾、“三反”、整顿三类队、执行“十二条”，连续开展运动十六个月，大队和生产队的干部整掉了百分之四十七，工作越整越坏：下台干部不服，整错了的干部、群众对我们不满，在职干部作风如故；群众情绪低，仍不敢说话，出勤率低，每天劳动只有三小时多；评工记分办法退回到互助组时的死分死记，一九六〇年社员的分配收入水平比周围各大队都低。“平调”账只退了百分之十，占用群众房屋并未退还，公社干部以及部分大队干部“善财难舍”思想相当严重。

调整体制是从四月十六号开始，到二十二号已将原来的十二个生产队分为三十四个队。群众愿意分队，但是分队的准备工作差，遗留问题多。经过十天工作，遗留问题基本上解决了。这个大队的体制，在六年中经过三合三分，逢双是把三十四个生产队或四十三个生产队合为十二个，逢单又分为三十四个或四十三个。一分一合都有损失，“分家三年穷”，这是群众的话。

这个公社有几个大队实行大队一级统一经营，生产队只管包工，不包产不包成本，没有生产队一级所有制，都是百户以下的大队，只有刘庄大队是一百七十三户。这是一个新问题。

食堂问题，这个大队十二个食堂，二十二号散了八个，二十四号全部散伙，事先未做好准备，散伙后确实有些困难，如缺少锅灶、燃料、粮食加工工具等，但不是我们想象的那样困难，经过几天工作，问题都得到了解决。根据这个经验放手让食堂散伙，新乡专区已有百分之六十到七十散了伙。食堂散伙后的头几天，有些人还要办食堂，等到粮食按标准发到户（一般户一月一发，少数户十天一发，经过十多天证明吃过头粮的尚未发现），在家吃了几天以后，我们再开座谈会时，他们说还是不办为好。经过调查，群众认为如果像一九五八年那样粮食不定量，食堂范围小，吃得好，大家还愿意办，认为办比不办好。食堂散后十多天以来普遍反映：吃得稠，能多吃一点，吃得热，吃得细，吃得干净卫生，吃热的，合口味。生产队干部反映：食堂散了能一心一意抓生产，不要心挂两头，社员不再怀疑干部多吃多占，大家感情也好了。食堂散得早的开封、许昌专区，肿病下降百分之四十。这个公社存在的食堂是少数，为什么能存在，尚未进行调查。食堂散后，有一些没有辅助劳动力的户确实有困难，特别是夫妇都是全劳动力，就减少了出勤时间，妇女出勤率普遍减少，这对棉田管理是不利的。棉田的整枝、打杈、打顶、用手定苗，这些农活女劳力比男劳力强，这是需要解决的问题，需要进一步调查研究。

供给制，大多数赞成对五保户实行五保，对困难户实行照顾，其余都按劳分配。刘庄大队还是坚持伙食供给制，只是对中学生的供给改为“在校读书时不供给，在家劳动时供给”的办法。刘庄大队收入水平高，一九六〇年除了供给制以外，每个劳动日一元一角四分，平均每人一百二十二元八角，加上供给部分，平均每人一百六十一元；劳动力多收入最高的户每人收入三百五十八元，劳动力少人口多收入最少的户每人收入八十二元九角，户与户的每人平均收入差距是四倍多。如果完全按劳分配，每人平均收入差距是八倍多，原来每人收入三百多元的，要增加到四百多元，原来每人收入八十多元的要减少到五十多元。也有些大队准备实行一九开、二八开，供给办法也拟改一下，先保五保户和照顾困难户，然后再按基本口粮的比例供给。

评工记分，这个公社普遍实行"小段临时包工制"，社员满意这个办法。生产队对作业组都是按农活季节的小段包工。作业组对社员评工记分办法有三种：第一种，每天安排一次农活，每晌一次按件记工，这种方法效率高，质量检查易，评工也易，又便于技术高的带技术低的；便于劳动强的带劳动弱的；便于以勤带懒，以红夹白；便于活跃劳动生活，能发挥互相鼓励、互相帮助学习、互相监督等集体劳动的优越性；也便于生产队长临时调动劳动力安排突击性的农活。第二种，按每一遍农活包工到人或到户，一般都是三天或五天包一次，这种办法作业组长安排农活比较省事，但检查质量责任时易发生争吵，工效虽高，质量却有高有低，不能发挥三五成群的集体劳动的优越性。第三种，生产队协助作业组，把大部分田间管理活一次包到户，实行固定地段责任制，这种办法比第二种更差，这种办法只在七里营大队一部分生产队实行，是他们过去曾经实行过的老办法。

手工业问题正在摸。商业问题也不少，目前主要抓堵塞公社和大队干部利用特权开后门的漏洞。这个后门一开，许多商品被他们分光了，群众根本买不到。干部利用这个特权违法乱纪，不仅自己享受，家属也随着享受，还拿去倒卖等等。

群众种自留地的积极性很高，开小片荒地的也很多，小队开荒的也很多，全社六万人已开荒三千六百多亩，正在继续开，可能每人开到一分地，加上自留地，每人可能收六十斤左右的粮食。

Z575 – 5

朱德：关于食堂、手工业合作社和自由市场等问题的调查

1961 年 5 月 9 日

第 198 ~ 205 页。JJS2006

邓小平、彭真：北京郊区农村调查

1961 年 5 月 10 日

第 206 ~ 213 页。JJS2006

刘少奇：湖南长沙、宁乡调查

1961 年 5 月 11 日

第 214 ~ 220 页。JJS2006

（二）情 况 反 映

武昌的"五风"惊人

1961 年 1 月 20 日

据反映，湖北省在城市开展反"五风"的整风试点中，发现有些城市的"五风"，比起农村有过之而无不及，有的情况更严重，情节更恶劣，危害更大。如武汉市武昌区的"五风"，特别是浮夸风和特殊化风极为突出，武昌区委则已登峰造极，享乐腐化，已发展到十

分惊人的地步。

一、浮夸虚报，自吹自擂。从一九五九年七月到一九六〇年七月的十三个月中，全区上报完成工业总产值为四亿七千二百六十八万八千七百元，八月初步核实只有三亿四千三百四十万零一千元（根据运动揭发材料，这个数字还有很大虚假），虚报数达一亿二千九百二十八万七千七百元之多，占原上报数的百分之二十五点五三。区手工业管理局，一九五九年八月至一九六〇年五月，下达总产值计划为一亿零一百三十二万七千三百元，上报数为二亿零六百九十六万七千四百元，初步核实为八千九百二十万零九千八百元，虚报一点三倍。武昌机器厂，一九五九年九月至一九六〇年十一月，虚报总产值的幅度，高达三点六倍，其中日产值的浮夸更是惊人，有时竟达三十至四十倍。

该区的调度会是浮夸的大本营。在一九五九年的第四季度和一九六〇年的第二季度内，区委几乎天天开调度会，追产值，压指标，只准上升，不准下降，浮夸成了公开的秘密，要多少就报多少。

该市区几个红旗厂，现在了解，虽然有一定的成绩，但是许多表扬事迹基本都是假的。

财贸系统的浮夸风也十分惊人。仅区一商业局系统，今年买空卖空的金额即达一千一百二十三万元。武昌区向市委报捷，说财贸系统得到六十二万件表扬信。原来有的是在分配商品时，按居民人数统计出来的，有的发动居民组长盖章、插花，盖一个章算四百件表扬，插一朵花算二十件表扬，上报一天得到了三万七千多件表扬。

他们还乱提口号，自吹自擂："武昌区只准别人赶，不准别人超。"凡是登了武昌区的消息和第一书记李××的文章的报纸，通知全区都要买、都要学。

二、吃喝玩乐，上下成风。从一九五九年八月至一九六〇年七月召开了十五次较大的会议，每次都大吃大喝，共用七万七千四百三十二元三角一分，其中用于会餐和茶烟招待费的达二万六十零四十二元六角五分。另一次三级干部会议，六百九十三人开了五十七天，会期经费和"特殊供应"销售金额共达五万八千九百九十二元。

武昌著名的大中华、生香餐厅三楼，已经成为区领导干部的专用餐厅。群众说："一楼是大众餐厅，二楼是技术革新（指搞非法协作开后门），三楼是首长贵宾。"生香餐厅一九六〇年一月至十一月，供应的一千三百三十四斤火腿，百分之九十由二、三楼吃掉；四百六十四斤十四两鲜蛋，全部供二、三楼吃；一万三千八百七十九斤十二两鲜肉，二、三楼吃的占百分之七十七点八；四万一千二百九十一斤鲜鱼，二、三楼吃的占百分之四十三点一八。每次大吃大喝，都是席分几等，专门有"首长席位"，而且还要饮酒取乐，文娱助兴。一九六〇年七月，区委第一书记李××带一批人上生香餐厅，餐厅为他们准备六菜一汤。但李是北方人，不爱吃米饭。餐厅又为他做虾仁饺子，他嫌没有鲜肉，不吃；换成炸酱面片，他嫌不是特制白酱，又不吃，走了。随即把餐厅支部书记和工人找到他家里，责问他们"愿不愿意搞北方风味"？说"书记不愿搞，换书记，经理不愿搞，换经理，厨师不愿搞，换厨师，你们都不愿搞，我就找别的餐馆！"接着由财贸部长指挥，组织全区名厨，举行技术表演，做了七十二样菜，请他尝试，他还说："四不像"，"不够北方风味！"

这样大吃大喝，上行下效。有个两百来人的小厂，一九六〇年半年内，也用于请客送礼、干部特殊享受等行政开支达三千八百六十元，大摆宴席二十三次。

此外，大走后门，随要随拿也很严重。有些食品厂和副食品商店，已成为区级机关团体的特殊供应部门。市场上买不到糕点，他们只要开条子，随要随拿。粮食制度他们也根本不放在眼里，随意开支。一九六〇年一月以来，区委、区人委机关科长以上干部就向粮食局索取了粮票二万一千一百七十斤（包括开会的补助粮），食油四百零三斤。区委的小灶，也一直不按定量吃饭。

三、胡作乱为，群众怨声载道。为了跳舞作乐，武昌区委竟歪曲中央指示，在贯彻劳逸结合的名义下，宣传部长出面，召开了专门会议，区里发出了正式通知，指令区属各机关团体轮流组织舞会，每周两次，从一九六〇年七月起，一直排到一九六一年一月。轮到组织跳舞的单位，上下一齐出动，忙得不可开交，他们说“这是什么劳逸结合?”特别恶劣的，是一九六〇年夏天，李××、张×等人视察防汛回来，发现江边防疫站的平台很凉快，灵机一动，决定立即动工（这天是星期二）抢修舞池，限星期六完工使用。房地局作为“紧急任务”，组织了上百工人，突击四天四夜，天下着雨，也要工人苦战。他们在上面跳舞，群众在下面骂娘：“你们作乐，我们受罪”，“这是什么时候，还有心思跳舞!”一九六〇年八、九月李××仍然继续积极筹划，要建设比原来中南局大楼还要高一层的六层办公大楼，胜过东湖长天楼的蛇山长天楼，符合国际标准的紫阳游泳池，派人四出骗取物资器材，在运输任务紧急的情况下，仅赶建游泳池一项，就占用十五辆卡车拖石头。当省委一再下令禁止非生产性建设时，他们阳奉阴违，一面叫暂时停止、避避风，一面仍暗中备料，打算明年再搞，到处拉用原材料，并把已经筹集的各种贵重原材料分散隐蔽，对付清理仓库；而且为建设用地拆毁了二十余户的居民房屋，平毁了十八亩多菜地。群众怨声载道。

“大闹长江”更是一个耸人听闻的事例。一九六〇年“七一”，该区组织了二十七条新船，张灯结彩，札成彩龙，分派两千多人上船，万余人观看，大闹长江。特设的首长专船，喝汽水，吃点心，听演唱，大吃大喝，尽情享乐。群众则是上面晒，下面蒸，口里渴，腹中饿，蹩屎蹩尿，苦站一天。情节十分恶劣，群众极为不满，说是“一个天堂”，“一个地狱”。

四、“四面伸手”，“挪骗混偷”。有个工厂发动群众“四面伸手、八方求援、勤跑多干、见空就钻”，对国家“挪、骗、混、偷”，对工人能扣则扣，“共产风”越刮越大，上至中央的产品，下至居民的棺材，大如国家的仓库，小如工人的面条，无所不刮。一个小小长江钢丝麻绳厂，向他刮“共产风”的单位，竟达四十六个之多，被别人刮去二万一千八百七十七元，他也刮了别人二千四百九十八元，工人骂他们：“发了共产疯!”

五、强迫命令，是“促进派”。虹光制漆炼油厂支部书记郭×的强迫命令是个典型。他对工人除了“只准听，不准说，只能说顺的，不能说反的”以外，还有一套管制工人的办法，即一检讨、二反省、三训骂、四罚站、五照相（大会斗争）、六扣工资、七不给饭吃。从一九五八年四季度以来，据该厂两百多职工中不完全的统计：被他责令检讨的有二十八人，停职反省的五人，被训骂的二百一十六人次（其中被骂哭的有四十人），被罚站九十二人，被斗争十八人，扣工资五人，不给饭吃二十四人。工人普遍反映：他是“山大王”、“土皇帝”。这些情况，省委检查组、区委整风工作组等都曾先后向区委反映和作过汇报，李××不仅不理，反而指责区工作组“方法不对头”，并且说郭×是“促进派”，要替他恢复名誉。

六、偷窃成风，无法无天。长江钢丝麻绳厂，从大闹技术革新、技术革命运动以来，由于瞎指挥生产，造成损失浪费达二万九千九百六十八元。该厂干部反映：一天一个花样，把我们的头都搞昏了。工人们反映：简直像变魔术一样，大家哪还有心思搞生产!

偷盗也成了一股风。虹光制漆炼油厂，从一九五八年以来，盗窃国家物资三十一种，价值达三万五千二百三十九元六角三分。一九六〇年五月该厂打听到中央调给武汉地区一批苯，就由副厂长程××亲自带人，开着汽车，到汉口车站，带着油桶，装着下货的样子，第一次偷回了三吨，第二偷回了五吨，第三次因为火车开走了，没有偷到。事后程××还说：“越是小偷小摸越不行，要开着汽车，大摇大摆，像个下货的样子才行。”武昌铸造厂，一九六〇年上半年，先后盗窃了各种型号的元钢二十二点五吨、钢板二十九点九吨、钢管二点四吨、灰口铁二十九吨、焦炭二十四吨、木材十四立方米等国家的各种重要建设物资。区委为几大建筑备料，借口防汛需要处理沿堤障碍物资，竟派出干部和交通警察，拿着防汛指挥部负责人的报告记录，吓唬群众，掩护盗窃，九月七日在堤上偷走红砖一万四千七百块、黄沙三十五立方米、水泥二百四十六包、木材五十二根、成材两汽车，真是无法无天。

《宣教动态》，1961 年第 6 期

国家统计局：不少地区瞒报少报耕地、播种面积和粮食产量

1962 年 1 月 23 日

根据各地统计部门的检查报告，1961 年不少地区少报了耕地面积。如江苏省南通县石鼎公社第六生产大队所辖的 16 个生产队，上报耕地面积共 1 734 亩，经省统计局检查，实际为 1 820 亩，少报了 86 亩，即偏低 4.7%。福建省长泰县城关公社上报 1960 年底的耕地面积为 34 547 亩，经县计委查对地亩册子和核对生产队的材料，该社实有耕地面积为 36 309亩，少报了 1 762 亩，即偏低 4.9%。山西省阳曲县黄寨公社城晋驿生产大队小屯庄生产队内部掌握的耕地面积数字为 1 907 亩，但只上报 1 558 亩（以上均未包括社员自留地和食堂用地），少报了 349 亩，偏低达 18.3%。湖北省罗田县叶家河公社，1957 年共有水田 10 636亩，1961 年上报水田 8 284 亩，比 1957 年减少 2 352 亩，经湖北省统计局检查，该社几年来各项基本建设占地共 1 040 亩，减去这几年的基建占地后，尚有水田面积 9 596 亩，少报了 1 312 亩，即偏低 13.7%。江西省都昌县东山公社大埠大队和南山垦殖场南星分场上报耕地面积共为 3 857 亩，经县工作组检查核实，为 4 147 亩，原报数比实际数少了 290 亩，偏低 7%。星子县蛟东公社新亭大队上报耕地面积为 602.5 亩，比 1957 年减少 9.3%；其中旱地 312.6 亩，比 1957 年减少 6.8%。经县计委检查，该大队的耕地面积实为 633.4 亩，只比 1957 年减少了 4.6%，上报数比实际数偏低 4.9%；其中旱地实为 343.6 亩，比 1957 年不仅没有减少，而且增加了 2.4%。安徽省霍邱县有些社队上报耕地面积，将一些不保收的湖洼地和未种上作物的田头地角都不作耕地计算，因而少报了耕地 4.5 万亩。

各地少报瞒报耕地，主要有如下几种情况：（1）不报或少报开荒面积；（2）不报或少报自留地面积；（3）不报或少报低产田的耕地面积；（4）不报或少报轮歇地的面积；（5）不报或少报林牧地改为耕地的面积；（6）社队规模变动时，多报划出耕地，少报或不报划入耕地；（7）基建占地以少报多，基建退地以多报少，甚至不报；（8）不报或少报机关附设农场的耕地等等。

1961 年不少地区少报了播种面积。江西省都昌县东山公社大埠大队上报夏收作物面积为 1 470 亩，经检查，实际面积为 1 484 亩，并查出全大队的黑田黑地 130 多亩，这些田地的播种面积以前都未报过。福建省连城县朋口公社文坊大队第八生产队，上报夏种面积 94.3 亩，经县计委逐坵检查核对，实际夏种面积为 114.1 亩，少报了 19.8 亩，偏低达 17.4%。河南省濮阳县八公桥公社于家窑大队上报秋季粮食作物面积 1 342 亩，经检查实为 1 605 亩，少报 263 亩，偏低达 16.4%。河北省滦县高坎公社张坎大队，上报的春夏播总面积为 1 802 亩，但实际播种面积为 2 236 亩，少报 434 亩，偏低 19.4%。定兴县五里窑公社东落堡大队上报粮食作物面积 3 466.5 亩，经县计委检查，少报了 717 亩，偏低达 17.1%。山东省博兴县庞家公社韦家大队在平调退回的 200 多亩耕地中，全部种植了油料作物，为了怕征购，种植面积一亩也没有报。陕西省三原县西阳公社的播种面积有两本账，上报的夏播面积比实种面积少 830 亩。此外，还有一些地区，为了压低播种面积和产量，故意夸大受灾面积。如黑龙江省宾县胜利公社民丰大队，上报灾害面积 5 168 亩，经核实只有 3 256 亩，虚报近 40%；新甸公社玉泉大队原报绝产无收面积 303 亩，但经核实只有 100 亩，虚报了 2 倍以上。

各地瞒报少报播种面积，主要是：（1）不报或少报自留地的播种面积；（2）不报或少报集体开荒种植的面积；（3）不报孬地的种植面积；（4）不报次要作物的播种面积；（5）不报间种套种的粮食作物的面积等等。

1961年许多地区少报了粮食产量。江苏省宝应县沿河公社大兴大队中心小队原报中稻产量为35 402斤，后经县检查，查出瞒产私分粮食2 790斤，原报产量加上瞒产私分部分，总产量实为38 192斤，少报7.3%。河北省宝坻县马家庄大队实收粮食18万斤，但上报产量数仅为13万斤，少报5万斤，即偏低27.8%，还要求国家供应粮食3.5万斤。江西省瑞金县黄柏公社黄柏大队的早稻产量实际为57万斤，但上报只有54万多斤，少报2.6万斤，即偏低5.3%。四川省达县罗江公社第十大队，原报稻谷产量328 372斤，经地委工作组过秤清查，实为383 038斤，少报54 666斤，即少报14.3%。河北省定兴县五里窑公社东落堡大队上报粮食产量为714 502斤，经县统计局检查，该大队的实际产量为920 451斤，少报205 949斤，即少报22.4%。河南省鹿邑县观庄公社大王大队今年秋粮的实际产量为392 982斤，只上报282 797斤，少报110 185斤，偏低达28%。

粮食产量偏低的情况，主要是有几不算几少算：（1）自留地和集体扩种收获的不算或少算；（2）提前分吃未记账的不算或少算；（3）种子粮和饲料粮多留少算；（4）复收复打的粮食不算或少算；（5）提高湿粮折干粮的比例，少算产量；（6）落场粮食不算产量；（7）混种的粮食不算；（8）小队以粮换猪的不算；（9）劳动力和社队干部的补助粮不算等等。

除基层单位瞒报少报外，不少地区还有层层压码的现象。江西省瑞昌县各公社上报县的粮食、大豆总产量为8 494万斤，县上报九江专署的数字是8 340万斤，相差1.8%。江西省宁都县长胜公社小麦实际产量为30.4万斤，小队向大队只报29.1万斤，少报了4.3%，大队向公社只报28.9万斤，把小队上报数压低了0.7%，公社向县只报27.6万斤，又把大队上报数压低了4.5%。山西省寿阳县各生产大队上报的小麦亩产为60斤，而县核减为58.5斤上报，上报产量与各生产大队上报产量（包产部分）相差约20万斤。安徽省宿县专区今年夏收粮食产量，各县上报数为4.07亿斤，入库为3.96亿斤，专署领导核定为3.86亿斤，比入库数少1 000万斤，比各县上报数少2 100万斤。湖北省1961年包产内粮食产量数字，生产队上报的是135.3亿斤，县委核定数为133.3亿斤，核减了2亿斤，而地委又在县委核定数的基础上核减了6.5亿斤，地委核定数比生产队上报数减少6.3%。

根据各地上报数字，1961年与上年比较，全国耕地面积减少约1 300多万亩，播种面积约减少1.5亿亩，粮食产量也约减少200多亿斤。显然，这与实际情况是不相符合的，我们正在进一步查实中。

除上述耕地、播种面积和粮食产量瞒报少报外，其他如生猪等数字也有瞒报少报的情况。山东省滕县城关公社姜楼大队1961年6月末实有生猪765头，但公社向县报的数字为439头，少报43%。江西省兴国县上社公社秀塘大队1961年10月份上报生猪存栏头数时，未包括仔猪而少报了137头，占总头数的28.2%。江西省抚州市上报1960年底的生猪头数，计委统计是2万头，粮食部门安排供应饲料时，各公社上报数为4万头，商业部门安排收购上调时，就只剩1万头了。吉林省统计局对五个典型生产大队的检查，6月末生猪存栏头数实为1 121头，大队只上报了1 024头，少报97头，偏低8.7%。

157－3－167（12）

全国约有一亿人平均每人每天吃粮在半斤以下

1962年3月10日

总的看来，今年农村人民生活比去年好，大多数地区留粮比较落实，分给社员的口粮一般比去年多，加上自留地和小片荒地生产的粮食和瓜菜，农民生活有了一定的提高。

根据各地初步安排的情况估计，全国农村人口约有50%，即2.5亿人左右，平均每人每天吃粮5两到8两（原粮，以下同）；有30%，即1.5亿人左右，平均每人每天吃粮在8两以上，广东、吉林等省达到9两以上；有20%，即1亿人左右，平均每人每天吃粮在半斤以下。这1亿人口大体分布在河北省的沧州地区和张家口、邯郸、唐山地区的部分地方，河南省的安阳、新乡、商丘、开封地区，山东省的德州、惠民、聊城地区，湖南省的常德、湘潭、衡阳地区，福建省的龙溪、福安、晋江、闽侯地区，浙江省的金华、温州、宁波地区和嘉兴、杭州地区的部分地方，江苏省的苏州、无锡、扬州里下河地区，湖北省的孝感、宜昌、荆州地区，四川省的万县、涪陵、江津地区，陕西省的关中中部和西部的13个县、市。这些地区要安排好群众生活，保证今春生产，还需要做艰苦深入的细致工作。

据19个省、区的材料，去年12月以前，绝大多数地区平均每人每天实际吃粮数量都超过了全年每人每天平均吃粮水平。今年1月以后，绝大多数地区每人每天平均吃粮水平都低于去年12月以前每人每天平均实际吃粮数量，但是，除河南、四川、陕西、黑龙江等省外，都高于去年同期每人每天平均实际吃粮数量。分地区来看，今年1月以后每人每天平均吃粮水平是：广东、吉林、江苏、安徽、内蒙、山西、福建等省在8两以上；贵州、湖南、山东等省在7两以上；河北省在6两以上；河南、四川、陕西、甘肃、黑龙江等省在5两以上；青海省在5两以下。

《宣教动态》，1962年第30期

安徽省委决定改正“责任田”的办法

1962年3月29日

三月上旬安徽省委三级干部会议，对改正过去省委提出的“责任田”办法进行了讨论，一致认为：这个办法实际上就是包产到户，在方向上是错误的，与中央提出的“六十条”和关于改变农村人民公社基本核算单位问题的指示是背道而驰的，必须坚决地彻底地加以改正。但改正时，必须采取积极谨慎的态度，有领导有步骤地进行，不能急躁草率，不能闻风而起。总的要求在一九六二年内大部改过来，其余部分在一九六三年内改过来。如果个别生产队大多数社员不愿意改，要耐心等待，继续进行教育，不要急于去改。各县根据实际情况，制定具体计划，报地委审查，省委批准。省委还作了关于改正“责任田”办法的决议。

“责任田”办法是迎合农民资本主义自发倾向的办法

决议说，“责任田”办法是在“五风”严重，农村生产力遭到极大破坏的情况下提出的。在当时的情况下，为了较快地恢复和发展农业生产，应当按照中央提出的“十二条”、“六十条”和其他有关农村工作的指示，把广大农民的集体生产积极性重新调动起来。但是，过去省委没有这样做，却推行了“责任田”的办法，刺激农民的个体积极性。去年在灾害严重的情况下，增加了粮食产量，虽然“责任田”办法起了某些暂时的作用，但主要是中央“十二条”和“六十条”所发挥的作用。如果不搞“责任田”，坚决按照中央的方针政策办事，农村情况可能更好一些。一年来的实践已经证明，“责任田”办法是错误的，是不利于发展集体生产、不利于巩固人民公社制度的。

“责任田”办法实际上就是包产到户。它的主要特点是：逐坵定产，归户计算，全奖全赔，这就是产量全部归户负责。当时虽然提出过奖赔按大小农活的比例计算，但大农活的奖励部分都已事先加到“责任田”的定产指标上去，由承包“责任田”的户承担。当时虽然提出过要实行“五统一”（计划统一、分配统一、大农活统一、用水统一、抗灾统一），但都没有真正完全搞起来。问题在于：产量全部归户负责和“五统一”之间存在着不可调和的矛盾。定产指标既然要由承包“责任田”的社员负责，他们在生产上就必然要求样样由自己做主，他们就只顾自己得超产，而不接受“五统一”，因此不可避免地出现了许多严重恶果：(1) 出现了严重的单干倾向；(2) 产生了两极分化的苗头；(3) 削弱和瓦解了集体经济；(4) 影响国家征购和生活安排；(5) 影响按劳分配原则的贯彻。因为农业生产受自然影响极大，超减产并不是劳动好坏的结果；(6) 对基层组织起了腐蚀和瓦解的作用。

从“责任田”办法试行的后果看来，这个办法是迎合农民资本主义自发倾向的办法，如果再不改正，就会愈陷愈深。这个错误的责任，完全应当由以曾××同志为中心的省委来承担。

积极谨慎地改正“责任田”办法

决议说，目前安徽省农村人民公社，实行“责任田”即包产到户的生产队占百分之八十五点四。包产到户的面很大，但实行的时间有长有短。根据几个调查材料，群众对“责任田”办法的态度大体是：

百分之二十左右的社员，不愿搞“责任田”。这主要是觉悟高的干部、党团员、积极分子、困难户和劳动力少技术差的户。

百分之十左右的社员，主张继续包产到户，不愿改正“责任田”办法，强调改过来只对懒汉有利，强调集体干不如包到户。这主要是搞投机活动的社员和超产特别多、觉悟不高的社员。

百分之七十左右的社员，处于中间状态。只要工作做到家、道理讲清楚，也愿意改变“责任田”的办法。这主要是劳力一般、超产不多的户。所以，改正“责任田”办法是会得到多数群众拥护的。现在改变这个办法的有利条件也是很多的。应当有信心把它改好，使整个农村工作迅速走到中央所指示的轨道上来。

但是，工作是相当艰巨的。这是因为不但要破除这个错误办法，还要按照中央指示建立起一套新的办法；不但有百分之十左右的人不愿改，就是在愿意改的人中间，也还存在着许多顾虑：一是怕生产大呼隆，分配大混堆，就是怕再刮“五风”。二是怕为了统一上工，再吃食堂。三是怕减了产吃不饱，又生浮肿病。四是怕劳逸安排得不好，不能搞家庭副业；还有的顾虑收回自留地、私人开荒地。五是怕影响当前生产，如出勤率下降、干活不讲质量、偷吃种子、不搞肥料、庄稼成熟时发生偷窃现象，等等。

《宣教动态》，1962年第34期

国家计委党组关于各地检查计划外工程情况的通报

1962年4月27日

各中央局计委，各省、市、自治区计委，国务院财经文教各部、委党组：并报国务院、中央书记处：

中央于二月八日、三月十二日发出《关于一九六二年基本建设初步安排的紧急规定》和《关于严禁各地进行计划外工程的通知》后，各地陆续作了检查布置。根据国家计委了解：东北局、江西、江苏、浙江、山东、福建、山西、内蒙、新疆、云南等省区都先后要求所属厅局、专市、县对计划外工程坚决停止施工；河北、宁夏对一些计划外项目进行了检查通报；西北局、上海、四川、贵州、湖南、陕西、安徽等省市对计划外工程已进行了初步的清理。

据统计，第一季度计划外的大中型项目仍在施工的全国共有六十三个；山东、陕西、福建、山西、辽宁、上海、天津、长沙、武汉等地区计划外的小型项目仍在施工的共有六百多个，占这些地区施工项目的一半左右。特别是还有不少“楼、馆、堂、所”仍在继续施工。据上海、浙江、湖南、山西、陕西等省市的不完全统计，“楼、馆、堂、所”即有四十项，主要的有杭州西泠饭店、温州华侨饭店、湖南宾馆、沈阳胜利剧场等。四川省计划外工程二百零二项中，非生产性的工程有九十项，其中"楼、馆、堂、所"有十三项，主要的有锦江饭店大礼堂、总府街外宾招待所、成都工商局办公楼和礼堂、达县地委招待所、内江人民会场、新繁县大礼堂、江钢高级招待所、永荣煤矿招待所等。

计划外的工程，大部分是动用上年结余的材料、设备和资金进行施工的；其次是借"大修理"、"翻建"或"技术措施"的名义施工的；第三是挪用生产资金、各种事业费、上缴利润、工程预付款、计划内工程的投资等进行施工的。看来，资金和物资的口子把不住，这些工程是不易停下来的。

为什么计划外的工程经再三督促还不能停下来呢？据四川计委检查，主要是对当前的财政经济形势认识不足，执行中央和省委的指示不坚决，对计划外工程的情况，缺乏深入的调查研究和督促检查；同时，各地区、各部门则从本身的情况和局部的利益出发，对许多工程存在着"舍不得"的思想。特别是直到三月下旬，许多计划外工程仍在继续施工，情节是严重的。例如，绵阳专区的广利寺铁矿接到上级转发中央二月八日的通知后，反而把施工力量由一千六百人增加到二千四百人，加紧施工；上海中华造船厂以"大修理"、"技术措施"为名，建设码头和仓库，市机电一局曾两次通知该厂停止施工，三月二十二日市计委、建委和局又派人下厂检查制止，但直到三月二十七日才停下来。

今年基本建设计划又作了较大的调整，停建的项目又增加了。各级计委、建委必须从克服当前财政经济的严重情况出发，把计划外的工程迅速地坚决地停止下来，并且应当深入地检查与督促各级财政部门、建设银行、物资部门和设备成套局（公司）严格控制资金和物资使用，坚决制止一切计划外工程进行施工。只有行动得愈彻底，调整工作才能做得愈好，也才能由被动变为主动。

F114

一个老区的基层干部和农民对当前农村工作和恢复农村经济的意见

1962年6月5日

四、五月间，河北省涉县东戍大队党支部书记何××（一九三八年党员）、大队副业队长李××（一九四二年党员）和老社员杨××来北京探望《人民日报》的老熟人，报社同志趁便同他们开了两天调查会。他们说了许多心里话，主张用集体经济保大田、扩大个体经济的办法来调动社员积极性，恢复农村经济，巩固集体阵地。

一、现在情况开始好转，但群众思想顾虑重重

东戍村是老根据地，一九三八年建党。现是一个大队。一九四五年以前，耕地面积四千二百亩，人口一千二百人，平均每人三亩半地。现在耕地三千一百亩，人口一千五百七十人，平均每人一亩九分地。公社化以来年年减产，主要是县和公社瞎指挥造成。一九六一年春，社员每人每天吃五两，一百多人浮肿，成为涉县的"危险村"，牲畜死了一百多头。土地减少一千一百亩（其中修铁路就占去八百亩）。

一九六一年贯彻政策后，情况有好转，现在社员平均每人每天能分到一斤左右粮食，口粮留到今年六月底。群众积极性开始高了，如麦田去年只粗耕一遍，今年耕过三遍；去年每亩施肥一千五百斤，今年增加了一倍。但现在这种积极性比初级社时差得多，是"抢工分、保命"的积极性。生活水平比受地主剥削时的贫雇农生活稍好点。前年和去年还不如受地主剥削的贫雇农生活水平，比互助组、初级社时差了一倍。因此，群众认为要有适合本村情况的执行政策的具体办法和行动才能恢复农村经济。现在，大家对依靠现有的集体生产方式恢复生产，信心不高。

群众的心理状态：最普遍的是"怕"，怕粮食定量保不住。他们说，现在是算着吃，没

有一定余粮，如遇天灾或征购任务加大，说没吃的就没吃的，“怕饿杀”。其次是怨社会主义要“大家有饭吃”，讲“平均”，弄得大家都饿饭，他们特别对吃闲饭的人太多反感。来北京最强烈的印象是人多，东西少。老百姓看到县干部、公社干部、大队干部、队干部，还有职工家属、干部家属、烈军属、五保户，外来的灾民（仅东戌一村就有几十个在街上要饭），就干活没劲了，因为觉得要“背人”，多劳就不能多得。干部没有给他们带来利益，反而在算计着他们的粮食，因此，在他们眼中，就成了“吃闲饭的”。再就是怕变，最主要的是怕征购粮任务变。去年征购任务变了四次，今年的到现在还一直没定下来。社员觉得收成再好，未必能拿到手。大队党支部书记也极不满这种做法。他们认为，现在的基层干部和群众同上面（从公社到中央）是两条心。干部对上面的人是哄着干。支部书记说，现在仍在说假话，用假话保护群众的利益。

二、群众最迫切的要求是什么

（一）在集体和个体间明确画一条线，巩固集体，同时扩大个体经济的范围。全大队百分之九十以上的人反对单干。这除了老根据地人民觉悟高、已有了互助合作的习惯之外，还确有实际困难：个人的生产工具没有了，牲口少了，一家一户现时也喂不起一头牲口。但是，另一方面，由于几年来工作中的错误，社员群众对依靠集体搞生产和生活是怀疑的。他们认为，什么事都由集体来管，就什么也管不好；因而要求，生产队的集体劳动只管有产量任务的耕地，把大田种好，其余一切事情都下放到社员去干。他们建议，把不在产量任务以内的荒坡、山地分给户经营，取消省委规定的“荒地不能超过自留地数量”的决定，这不仅可以多收一些粮食、菜蔬，许多不能耕种只宜栽树的荒山坡也都可利用起来，当地的传统山货——花椒、核桃、柿子、软枣等，就可以大量恢复和发展。现有的一些果树都归公有，几年来只有被损坏、虫蛀和偷盗，根本没有发展，国家没收购一个，社员也吃不到。如果把它分到户，可以加强管理，停止损失，迅速恢复和发展起来。国家可以收购许多山货，群众还可以用柿子、软枣搓糠炒面，顶一个月粮食吃用。把羊下放到户，可以改变目前不下羔、不卧地的状况，使羊只增加。大牲畜采取集体所有、个人喂养的办法的同时，最好也鼓励社员私养幼畜，做到户养一头牛是可能的。发动社员大量养猪，政府要取消一些限制，如见公见母全留、不准敲猪的办法。恢复养狗，过去这村有一百多条狗，狗粪是好肥料。

他们三人一致认为，把荒山、坡地和果树、羊等分到户，只能会巩固大田的集体生产，于公于私都有利。为什么呢？他们说：（1）对群众心思，心顺了，生产就积极了。（2）现在大田全部按劳分配，大家所需的粮食，主要还是靠大田，谁都怕工分少了分粮少。（3）人越来越多，土地减少了，有工也使不上。妇女、少年出不了工，个体经济活多了，可以解决窝工的矛盾。（4）当地是山地，农业生产上有不少空闲时间。大家积极性高了，就可利用多余时间多打粮食，对完成国家征购粮更有保证。

（二）国家征购粮任务要合理并固定下来，起码几年不变，而且要真兑现，取信于民，以安定民心。取消所谓“商购”、“换购”、“灾购”等追加任务的办法。购买余粮要用经济的办法同群众协商，不要只用开会的方法打通思想。征购任务要合理，又要留有余地，尽量使群众逐渐有些余粮，无后顾之忧。人员下放后，征购时应考虑到这些人的口粮。增人适当减征购任务，减人适当增任务。国家只管布置任务，征购公粮，按合同收购林副产品，具体农事作业，都由村里自己想办法因地制宜去干。

（三）县和公社领导生产要少干涉，不要事事都管。县、公社、大队领导生产，只要干三件事就可以了。

1. 把国家形势、任务、种植计划和要求告诉群众，进行社会主义教育和政策教育。

2. 征购公粮，任务要定死，要改变现在

收打后县委不让随收随分的办法，生产队只管公粮，晒干了再交，群众口粮全都分到户。

3. 解决生产上的重大问题和困难，特别是支援农业的问题，县委要深入生产队，帮助干部解决具体问题，不是坐在屋子里要数字或是到处乱跑，指手画脚。

为了取消瞎指挥，应当做到大大精简会议，会议要有限制，不能想开就开，最好规定一年开几次。不要报数字，不要进度表，不将军（别的村做得如何，你们村落后），不要派工作组来包办代替，“这些工作组几年来没做好事，都是把问题挑起来，甩手就走，留给我们一大堆困难”。不要拿“省委决定”、“县委决定”、“公社决定”来代替中央决定，要多讲中央的政策，多听老百姓的意见，把上面意图同群众心思碰头，按照群众民主决定办事。把县和公社干部减到最低限度。凡不熟悉农业生产的干部，可以不让担负领导农业生产的工作。他们的公社党委书记，就是一个从学校毕业就当秘书当书记的，不懂农业。这些干部可以下放到生产队或大队，进行培养、锻炼。

（四）把有劳力的在外人员调回，他们家属的口粮不再由生产队负担。对烈属、军属的负担，要恢复抗战时期的办法，在全县范围内进行调剂，不使烈、军属过多的生产队负担过重。

三、基层干部普遍想退职不干

基层干部目前很不安心。这位支部书记说，当干部没下场，全村老党员干部除他本人外都挨过斗。上面压，下面顶，两面为难，老婆还和自己吵嘴打架。基层干部不敢跟公社以上各级书记讲实话，几年来，挨斗、送县、开除，伤了干部的心。动不动被扣上“破坏社会主义”、“后退路线”的大帽子。今后必须做到：不“辩论”干部，不扣“帽子”，不要“书记”、“政委”满天飞，随便说了就算，要讲点民主、讲点平等。“当干部没下场”是个普遍的思想。群众同情干部，干部不积极起来，工作没法办。

现在基层干部对上边（从公社起）来的人说的仍是假话，因为他们喜欢听的就是“假话”。这种风气必须改变。

三人一致表示，以上意见是向自己人说的真话，代表了全村人民的呼声。希望转达给中央，要求能在五月（阴历）以前帮助他们解决问题。照这样办，东成村社员们就真正相信了政策，就不会有“包产到户”，三年全村就会大变，国家、集体、个人今年就会得到好处。

《宣教动态》，1962年第6期

三个共产党员对当前形势和经济政策的一些意见

1962年6月28日

这是陕西省鄠县城关七一大队三个共产党员杨××、贾××和赵××的一封联名信，谈他们对当前形势和经济政策的一些意见。摘要如下：

参加农村基层工作已八年有余，俯首回顾，百感交集！尤其在当前困难形势下，所见所闻，势如汹涌狂涛，冲击心崖。每于激动之余，口述笔道，常至情不自禁。

这篇感怀所属个人见解，或为“一叶知秋，异地皆然”，或为“坐井观天”而流于“管窥之谬”。而其所道所说，皆系实践事实与切身体验，真实程度，颇堪自信。

一、忆“撤退延安”

一九四七年四月间，我党中央决定“主动撤离延安”。当时有些同志思想搞不通，认为延安为党中央所在地，一旦撤守，无论国际视听、人心士气，都将影响很大，必须尽全力保卫才好。当时要果真按照这样的观点去做，不但当时保不住延安，并将于“被动撤离”之后，欲再图收复，诚为难矣！

目前我们已经承认困难是十分严重的，而严重的程度究竟如何呢？就农村而言，如果拿“合作化”前和现在比，使人感到“民怨沸腾”代替了“遍野歌颂”，“生产凋敝”代替了“五谷丰登”，饥饿代替了丰衣足食，“濒于破碎的农村经济面貌”代替了“昔日的景象繁荣”。同是在党和人民政府的英明领导下，何今暗昨明？

困难的克服到是很容易的，关键在于我们能否把当年“主动撤离延安”的果断精神，尽速地应用于当前形势，诸如“一类物资”、“自由市场”的开放，中、小型工商业以“节制”代替“改造”，农业方面采取“集体”、“单干”听凭群众自愿等，都是可以大胆考虑的。

二、“改造”与“节制”

几年来，尤其是近两年来，市场供应情况，显得特别紧张。回顾一下这种紧张情况，是发生在一九五四年开始私人工商业社会主义改造以后，改造开头两年，还不太看出，这是因为原来社会产品的储存，继续维持着市场供应的结果。而紧张程度与年俱增，应看做是与原有储存逐年消耗有关（这与农业合作化开头几年用单干时土地潜力长了几年好庄稼以后，则每况愈下的情形是十分相像的），虽说市场供应紧张程度的与年俱增，不必尽属于此，但属其中主要因素之一，则是可以肯定的。

按说私人工商业经过社会主义改造以后，“生产力”得到解放，产品当逐年增多，市场供应亦当日渐充盈，但其结果却正相反，对此，我们可从如下几个方面追求所以致此的原因：(1) 改造的面过广。把还不适于改造的中、小型工商业都统统改造了，这样旧的生产关系破坏了，新的生产关系因受客观条件的限制，迟迟不能形成，从而出现脱节现象。(2) 农业的影响。农业生产迟迟不前，不能给工业提供足够的原料，就我国整个国民经济基础看，除了较大的私人工商业可以采取改造的步骤外，一般中、小型工商业，只宜采取节制的方法（孙中山先生的“节制资本”）。节制使之不足以操纵国计民生，仅取其合法利润。于是我们目前的工商业政策，应在一定程度上用温和的节制方法代替改造的手段。

三、恢复单干

近来农村中不断有恢复单干的传说，这种传说，我们不能认为是别有用心者的造谣，应该看做是群众“单干”思想倾向的反映。如果目前农村群众在思想上真的存在着恢复单干的愿望，那么他所希望恢复的单干，是否就是合作化前那样的单干呢？就群众的认识水平和交谈情况看，多半数“是”，少半数“不是”。目前有不少的人在认识上觉得现在恢复单干，就不必恢复合作化前那样的单干，而是以新的社会主义性质的单干形式出现。是把土地分到户而地权仍归集体所有（牲口农具可以私有），既不能买卖，也不能出租，劳动致富，生产发家，剥削行为概不能有。按新的单干形式，既能适应当前客观条件，又符合按劳分配杜绝剥削的社会主义原则，也堵塞了农村阶级的两极分化。至于将来如何适应机耕问题，不必采取“酒席摆好，还没有客”的等待办法（土地老早就连了片，迟迟不见机耕来），应根据条件和群众自愿，因势利导地朝着集体化促进。

按“分田到户”不是要求一律单干，而是愿意单干者，可以允许，愿集体者可以另行自愿结合。这样集体与单干两种形式同时并存。故出于个人自愿，生产是会搞好的。合作化时虽说入社自愿，实际多为大势所趋，现在采取自愿，正是补救了过去的不自愿。

四、市场管理

按国家统购政策，一类物资是不许上市的，但就目前形势看，一类物资自由交易的行为已成普遍存在的事实，并已成为公开的秘密，这对一些领导同志来说，也是很清楚的。

可以设想：如果我们对一类物资竭尽全力采取严厉取缔的办法，不但得不到什么好处，反而会使粮、棉、油等物资供应情况更会紧张，尤其是春荒时期，粮食的困难程度更为加深，也正因为如此，所谓不合法的一类物资自由交易行为，才能以公开的、秘密的形式普遍的出现，并一直存在着。如果从这个角度看，有关市场管理问题，如馍、饭、蛋、肉、莲藕等自由交易，就无必要再加禁止了。

按目前国营暨集体经营的食堂等行业的供

应状况，远不能满足群众的需要，因此还可以借助自由交易的支援，共同满足群众的要求。这样难道还有什么坏处吗？有的同志认为：这样会助长投机倒把，其实这是见木不见林的看法；我们认为：投机倒把是大利中的小弊，就像因为“抱小鸡”才发生“鹞子抓鸡”的事，我们能因怕“鹞子抓鸡”就不抱鸡了吗？看来真正的鹞子要防，而“鸡”终是要“抱”的。

入春以来，鄠县市场管理工作中，曾有过几次大没收——包括馍、肉、蛋等，其结果，除了引起群众的一片怨声，进一步加剧了市场供应紧张情况外，看不出有什么好处，并且在所收东西（馍、蛋、肉等）的问题的处理上引起群众的种种怀疑和不满。

五、“繁琐的哲学”

据说，毛泽东同志把前农业社（后改为队）每年制订的“三包”方案，称之为“繁琐的哲学”。也正因为这部“哲学”过于“繁琐”，现在已决定不再采用它了。然而放眼看来，我们工作中的各项措施和方法，可称之为“繁琐哲学”的，倒不仅限于“三包”方案，这里试举一两件小事谈起：

今年三月间，给我队的鸡蛋派购任务十八市斤，所辖生产队九个，每队平均两市斤，将任务落实。为了完成这项任务，所做的具体手续如下：（1）供销社同志送来红糖九斤。（2）大队向各队下达派购鸡蛋任务，并通知把蛋送交大队。（3）因蛋价低，社员售蛋不踊跃，组织干部做思想动员工作。（4）大队干部秤收各队交来的鸡蛋，并按规定每斤鸡蛋付红糖半斤。（5）供销社按每斤鸡蛋奖售半斤粮的规定，又送来包谷九斤，并叮咛叫发给各队。（6）按糖、粮、蛋各自计价，并向队找补价款。（7）大队通知各生产队领取奖售粮——包谷一市斤，又领找价款九角。（8）各队原来所交鸡蛋，有的来自社员各户，各户所得粮款，粮为几两几钱，款为几角几分，逐户秤粮点款。（9）大队分糖、粮中或多或少，总有损耗，须具书面证明，财务队长签字，再作账务处理。（10）完成任务过程中，无论鸡蛋的缴纳，糖、粮、款的领取，须催逼再三，令人大害头痛。

以上收购十八斤鸡蛋的手续，看来是够繁琐了，而目前这种繁琐并不限于我队，也不限于鸡蛋收购一项。

另外在计划供应中，有过这样一回事：供销社给我大队配售了带碱煮青颜料六包，计六市斤。全大队二百八十六户，每户平均两钱多些，如何分配呢？十分作难，谁家需要就给谁家吧，其实谁家都需要，既想不出妥当办法，又不敢叫群众知道，怕闹出纠纷，只好暗里一户一包分配给认为需要的个别户（其实这是不合理的，但又无法合理）。

关于鸡蛋收购问题，我曾向供销社收购鸡蛋的一位同志谈过：“你们门市部如果用自由市场或稍高于自由市场的价格收购鸡蛋，不但手续简单，而收购效率将会数倍提高。”如果认为“高价赔本”，何不高售高购，这样以高对高，虽高何妨？这位同志答之“有理”。

关于以高对高的办法，其好处还不仅止“何妨”而已，内中还包含着通过价值法则，鼓励“养鸡取蛋”的积极作用。而所出售的东西，又会为最需要者购之。以上所举，乃一两事例，然而“一叶知秋”，异地皆然。

《宣教动态》，1962 年第 62 期

定县见闻三则

·1962 年 7 月 5 日

最近，中央机关几个同志在定县农村了解了以下一些情况。

（一）很多农民要求“包产到户”

定县清风店区留早村共分 5 个大队，40 个生产队，其中 12 个生产队，去年曾实行部分土地包产到户，个别生产队把全部耕地都包了下去。今年经公社党委制止，已经收回。

叮咛店区邵村大队在 1960 年春，曾将 580 亩远荒地暗中包给社员耕种，规定每亩交120斤薯干。据说党支部当时决议："严守秘密，哪个队走漏风声，哪队干部负责。"有的生产队长在社员会上宣布："谁要走漏风声，扣粮罚款，不叫上工，党员开除，社员斗争。"去年7月，公社发现该村社员干活特别有劲，纷纷担水去浇离村10多里地的庄稼，怀疑包产到户，一查果然不错，当即出面制止，但问题并未解决，直到今年春季，各生产队在公社干预下，才先后把包下去的土地收回。

东亭区元光大队去年麦收后曾普遍实行包口粮地的办法，每人2～3.5分不等，去冬即收回。

在调查谈话中，40多名党内外干部和群众一致强调实行包产到户有种种好处。归纳起来主要是：

1. 可以及时完成种植计划。留早村中心街大队原来生产最差，去春队里因无钱购买薯秧，眼看种植计划将不能及时完成，束手无策。实行包产到户后，形势大变，社员迅速把薯秧压齐，全村5个大队，这个大队完成得最快最好。

2. 可以变荒地为好地。邵村有远地820多亩，1958年以后，队里无力经营，全部变成荒地，据说用拖拉机和牲口都耕不动。1960年将其中580亩实行包产到户后，社员很快用镢头消灭了草荒，第一年即获得了收成，第二年山药长得挺好。

3. 可以充分发挥辅助劳力的作用。元光村许多党员反映，辅助劳力在队里挣不到多少工分，因此他们一般参加集体生产的积极性不太高。包口粮地的办法，和分配自留地一样，可以调动这一部分社员的劳动积极性，充分挖掘老少弱病残的潜力。

4. 可以多打粮食。元光村党员和干部普遍反映，包下去的口粮地由于社员精心管理，比集体经营的土地产量高，一般估计多收六成至七成，有的能够多收一倍。

5. 可以把粮食保管得好，减少损失。许多党员反映，队里种的山药因刨得不仔细，破皮很多，不易保存。社员自己种的山药，一般可以保存半年以上，到麦收时仍能吃到鲜薯。

6. 可以增加社员口粮。元光村去年因分了2～3分多口粮地和2分自留地，目前社员实际吃粮标准平均达1斤以上，大大超过前两年。截至麦收时止，连粮食最少的户都还有一些存粮。例如长期卧病，不能经常参加队里生产的党员杨××说："队里生活数我不行，现在还有两袋山药干留着没吃呢。"邵村多数社员也认为去年"沾了包产到户的光，提高了生活"。

7. 可以向国家交售更多粮食。邵村1960年粮食征购任务为15万多斤，但以后又返销7万斤。1961年由于580亩包产到户的远荒地获得了较好收成，再加上集体地的收成全村粮食征购量增加到22万斤，1斤未欠，并且国家未再回销。

8. 干部省心。留早中心街大队党支书白××说："包下去闹不了草荒，干部就省心了。否则打不出粮食，完不成征购任务，干部还得受鳖。""包下去就好领导了，每天用不着打钟了。"

上述几个生产大队的大多数干部和群众，不分党内党外，对于收回户营包产田和口粮地的措施都很不满意。留早村党员白××惋惜地说："包下去的地，再弄一年就好了。"邵村有半数以上党员对停止包产到户公开表示想不通。这个大队的社员说："地荒着长草不犯法，老百姓把地种上，打出粮食来，倒犯法了。"有的说："如果晚些纠正，咱们把其余200多亩荒地也开了。"元光村社员们见队里收回口粮地，说："看着人们才吃上饭了，又叫你吃烂山药啦。"党员杨××说："要是不收回这点地，就是我不分队里集体生产的粮食，也饿不着。"该村副支书侯××说："我看不出这是走回头路，2分口粮地也发展不了资本主义。"

元光村多数党员和干部主张，户营土地（包括产地和自留地）的面积，一般每人三四分就够了，再多就会影响集体生产，同时个人经营也有困难。

另外也有少数没钱没劳力的社员，对包产到户很不赞成。如留早村杨××（贫农，两人，半个劳力）说："得了，甭活着了，俺们没钱买秧子，包不了。"邵村张××（64岁，全家4口人，只有他上工）说："给我分了地种不好，干赔账；别人分了地，光顾自己，我们的日子快不好过了。"

（二）收回扩种的自留地，引起群众不满

留早村，去年每人多分1分自留地；元光村，去年每人多分5厘自留地；东留春公社西王路村，今春每人多分3厘多自留地。这些多分的自留地，公社已指示大队先后收回。

这几个生产大队的大多数干部和社员，对收回扩种的自留地很不满意。他们说："中央指示几十年不变，现在是一年一变。"元光村妇联主任常××说："征购已经包干，自留地1分就1分，2分就2分，你管那些干什么。"有的社员说："今年生活才提高一点，又抽回5厘去了。"留早村社员看到被收回的自留地队里没有及时耕种（因缺乏籽种），很惋惜地说："怪好的地扔着，要是分给我们，早种上了。"大胆的社员又带头把它种上，队干部也没有去制止，于是全村很快都种上了。

元光村的干部和群众，一致希望多分点自留地。他们认为，自留地1.5分少了，2～2.5分最好。种这点自留地，一不误正式工，二可以多打粮，三能保住生活。

（三）拨地养肥猪的办法，很受群众欢迎

元光村今年分配交售肥猪任务时，规定社员每交售1头肥猪，除按国家规定奖给一定数量的饲料、化肥和布票外，还由生产队拨给半亩饲料地，期限定为1年，到期收回。

这个办法很受群众欢迎。今年国家派给该村交售肥猪的任务是17头，要求承担国家任务的社员，远远超过此数。因此，大家争先恐后，参加抓阄（据说最近河北省委规定，社员喂养1头公猪或母猪，拨给饲料地几分至1亩，喂养肥猪没有规定拨给饲料地）。

《宣教动态》，1962年第64期

国家统计局农业司关于农民负担的一些资料

1962年7月31日

1958年和1959年两年间，农民的负担比第一个五年计划时期重了一些，在商品粮的主要产区，负担加重的情况比较明显。现在根据目前掌握的数字整理了一份初步资料，尚待进一步核实。

一、农村税收增加了一些。根据财政部的资料，农村缴纳的税款（包括公粮折价）最近4年平均每年为39.8亿元，比第一个五年计划时期的38.7亿元增长2.8%；1961年已开始有所减轻，如下表：

单位：亿元

	农村税收合计	其中：农业税（包括地方附加）
第一个五年计划时期平均	38.65	32.88
近4年平均	39.78	32.63
1958年	44.89	37.64
1959年	46.41	39.09
1960年	38.52	30.86
1961年	29.29	22.93

在农村人民公社的总收入中，税金所占的比重变动不大，历年均有9%到10%之间；1961年由于农产品大幅度提价，同时生产队还在农村集市上按高价出卖了一些农产品，按货币量计算的收入较大，税金占总收入的比重，下降到6.5%。

二、征购任务提高了不少。第一个五年计划期间，每年平均从农村净征购粮食（扣除返销）为705亿斤，每一农业人口平均负担137斤。第二个五年计划的前4年，每年平均净征购736亿斤，比第一个五年计划时期增加4.4%，平均每一农业人口负担138斤。净征购粮占产量的比重，由第一个五年计划时期的19.4%提高到22.4%；1961年已开始有所减少。各年的具体情况如下：

	净征购粮（亿斤）	占产量的%	平均每一农业人口负担的净增购粮（市斤）
第一个五年计划时期每年平均	705.4	19.4	137
近4年平均	736.4	22.4	138
1958年	902.7	22.6	168
1959年	958.6	28.2	180
1960年	600.2	21.4	114
1961年	484.2	17.0	91

由于征购的比重提高很多，农村净留量（包括种子、饲料、口粮）的下降幅度，比产量的下降幅度还大。

	按人口平均计算的		以第一个五年计划时期为100	
	产量（斤）	农村净留量（斤）	产量	农村净留量
第一个五年计划时期平均	698	561	100	100
近4年平均	604	466	87	83
1958年	744	576	106	103
1959年	639	459	92	82
1960年	533	419	75	75
1961年	532	441	75	79

1960年以来，农民负担的征购任务开始有所减轻。1961年农村净留量的增长幅度并且已经大于产量的增长幅度，净征购粮减少很多，但是，根据27个省、市、自治区283个生产大队的调查资料，有些地区，特别是生产力破坏较大的地区，负担仍然过重（按征购量计算，未扣除返销）：

	平均每一农业人口生产的粮食（市斤）	平均每一农业人口负担的征购粮（市斤）	征购粮占产量的%	平均每一农业人口的口粮（市斤）
黑龙江	872.7	522.6	59.9	227.5
四　川	451.2	160.2	35.5	210.5
甘　肃	428.8	128.5	30.0	208.7

此外，内蒙1961年征购也多了一些。根据上述资料，这一年平均每一农业人口生产的粮食为1 041.1斤，负担的征购粮为556.6斤，占产量的53.4%，由于负担过重，平均每一农业人口的口粮也只有245.4斤（此处口粮数字，均包括自留地生产部分在内）。

三、农民对国家的无偿负担增加了。首先是负担的国家义务工（即被平调的劳动力），在1958—1960年3年间增加了很多。根据典型调查资料匡算，几年来负担义务工的情况如下：

年　份	国家义务工人数（万人）	义务工占农村社会劳动者的%
1957	305	1.5
1958	726	3.4
1959	666	3.2
1960	554	2.8

1958—1960年3年间，国家还平调了农民一些物资。连同平调劳动力未付报酬的部分计

算在内，国家共向农民平调35亿～40亿元。这种情况，从1960年下半年已开始纠正。到1961年底，国家已退赔农民28亿元，尚余尾欠7亿～12亿元。

四、农民群众除对国家有上述负担外，还有社、队附加的负担。

公社化后，社队各级每年都要提取机动粮，“储备粮”（实际并无储备）。根据几年来对200个左右公社进行典型调查的资料推算，社、队提存机动粮、储备粮的情况如下①：

年份	机动、储备等项留粮相当于征购粮的%	机动、储备等项留粮数（亿斤）	平均每一农业人口负担的机动、储备粮（市斤）
1958	8.4	110	20
1959	5.8	84	16
1960	3.5	35	7
1961	6.0	48	9

这些粮食，有相当大的一部分是准备应付可能追加的征购任务，一部分作为新生婴儿、还乡人员的口粮和对五保户、困难户的补助，其余作为脱产干部的口粮、补助粮和其他用途，名目繁多，漏洞很大。

1958年和1959年两年间，公社内部在基本建设方面用工很多，影响了当年的生产，但效果很差，大量的劳动归于无效，徒然加重了社员的负担。几年来公社内部基建用工的增加情况如下：

年份	基建占用人数（万人）	基建占用人数占农村社会劳动者总数的%
1957	450	2.2
1958	2 000	9.4
1959	1 835	8.8
1960	410	2.1
1961	200	1.0

社、队损失浪费严重，也是加重社员负担的一个重要因素。根据200个左右的公社收益分配调查资料计算，社、队的管理费用，在高级社时期平均每年约1.72亿元，占总收入的0.5%，公社化后平均每年为3.75亿元，比高级社时期增加1.2倍，占总收入的0.87%。公积金的损失浪费更大。1957年底调查，全国农业社的公共基金为112亿元。根据200个公社的收益分配调查资料匡算，从1958年到1961年，累计共提存公积金100亿元左右。扣除正常的损耗，1961年底全国的生产大队和生产队应有近200亿元的公共基金。但4年来大牲畜死了1 780万头，农机具损坏不能使用的很多，待修率很高：拖拉机达65%，排灌机械达53%，新式中型农具一般达30%～50%。旧式中型农具比1957年减少三、四成，现有量中待修率均在15%以上。小农具比1957年减少1/5到1/4，现有小农具的待修率，一般都在10%左右。因此，目前全国生产队的公共基金，远比200亿元为小。几年来提存的公积金，有相当大的部分并未形成积累。

五、几年来自然灾害严重，农业生产水平下降很多，国家对农业的支援虽然大大加强，但有的在短期内还不能发挥作用。在此情况下，增加一点负担，就足以使农业生产和农民生活受到相当大的影响。初步估算，1961年农民的消费水平，大约比1957年下降20%，口粮的消费量，下降得更多一些：

单位：市斤

年份	平均每一农民的口粮消费量
1957	458
1958	501
1959	399
1960	332
1961	313

157－3－568

① 这是决算分配的数字，由于决算后可能有一部分抵交了追加的征购任务，实际留在社队内部的数字，将较此为小。

南通地区统计报表有四万一千多个指标，四万个是省级机关发下的

1962 年 8 月 14 日

最近，南通专署计委检查了地专机关十六个部门的统计报表。这十六个部门目前在填报的各种统计报表共有四万一千八百四十四个指标，其中，日报的三十个，双日报的三十五个，五日报的二百零六个，旬报的二千零五十四个，半月报的二十四个，月报的一万九千九百零九个，季报的一万二千四百八十六个，此外，还有半年报的三千四百九十二个和一次性报的三千六百零八个。这些报表的指标中，属于省级颁发的有四万零五十六个，专区各部门增加的一千七百八十八个。

这些统计报表中，部门之间重复和统计内容过细或者相互重复的情况也不少。例如，精简办公室的月报共十三个指标，就有十二个与统计部门的劳动月报重复。省农林厅颁发的牲畜报表中有“适龄母畜”、“正怀孕的母畜”和“已配种的母畜”等指标，界限很难划分。

《宣教动态》，1962 年第 77 期

对单干风和阶级斗争等问题的几种不同看法

1962 年 10 月 9 日

最近，西南地区各地在传达和学习中央工作会议精神中，反映了对单干风和当前阶级斗争等问题的几种不同看法。

（一）产生单干风的原因是什么？

第一种意见认为，根本原因是阶级斗争的反映，工作中的缺点错误只是外因。但是，对阶级斗争的理解又有几种：

1. 有的认为最根本的是地主富农的破坏。单干风决定于阶级基础和阶级力量对比，土改基础好的地方，包产到户就少，土改基础差的就多。也有的认为说是地富破坏太牵强，有些生产队没有地主、富农，同样有包产到户。

2. 有的认为最根本的原因是农民的自发势力，是小资产阶级的动摇性。我们工作做得好，他就靠过来；工作中发生了缺点错误，他们便认为集体不可靠，闹单干。

3. 认为单干风主要是富裕农民向往资本主义道路的反映。主张对农村阶级和阶层要作具体分析。当前农村两条道路的斗争，主要是贫农、下中农同富裕中农的资本主义倾向作斗争，有少部分贫农和下中农在目前遇到困难的情况下对集体经济也暂时发生动摇，但主要是认识问题。

第二种意见认为，工作中的缺点错误和干部问题是主要原因，阶级问题是次要原因。有的说：地富破坏、“五风”、征购重等，都是重要原因，但不能平列，主要原因是干部问题。有的说：主要是“五风”、高征购，农民饿怕了。理由是：阶级是客观存在，两条道路的斗争自合作化以来就有。一九五八年以前，单干只有百分之几。恰恰这几年出了点毛病，单干风就刮得厉害起来。因此，很难说主要原因是阶级问题。有的还引用毛主席的话说，决定中农的向背，是贫、下中农和富裕农民在生产上的和平竞赛，前几年集体经济没有搞好，中农自然要背离集体而热衷于单干。还有人说，很难把账都算在农民头上，农民还是有觉悟的，我们工作出了错误，他们还忍耐了几年。这些同志担心，把主要原因说成是阶级问题，会不会得出只有斗争农民才能纠正单干风的结论，使阶级斗争扩大化。

第三种意见认为，包产到户原因很复杂，要从主客观方面去找，还要具体分析，很难说哪是主要的。有的说，客观原因是阶级问题，主观原因是工作问题、干部问题，但从研究改进工作出发，则主要应从主观方面，从工作中的缺点方面去总结经验教训。

经过讨论，有的地方取得了一致的看法，即单干风实质上是反映两条道路的斗争，也就是资产阶级同无产阶级争夺农民的斗争。从农村的阶级状况来看，地富分子还存在，他们是要走资本主义道路的。占农村人口百分之二十

至三十的富裕农民，也是倾向于资本主义的，有些人力求把自己变成富农；贫农和新老下中农虽然主要倾向于社会主义，但他们也会在种种情况下发生暂时动摇。因而，发生单干风本质的原因是阶级问题（当然，阶级问题并不就是敌我问题），工作中发生了缺点错误，集体经济办得不好，也是原因之一，是发生单干风的外部条件。没有阶级问题，无所谓单干；没有工作中的缺点，集体经济搞得很好，也掀不起这么大的风浪。两者是外因和内因的关系。

（二）党内有没有阶级斗争？

有三种看法。一是认为有阶级斗争，党内两种思想、两种作风和两条路线的斗争，就是阶级斗争。

二是认为党内不存在对立的阶级，党内某些斗争虽然带有阶级斗争的性质，但它是社会阶级斗争在党内的反映，不能说党内有阶级斗争。

三是认为社会阶级斗争既然反映到党内来，就说明党内有阶级斗争。但是党内阶级斗争和党外阶级斗争在表现范围和形式上不完全相同。党内阶级斗争主要表现在政治思想战线上，大量的是人民内部矛盾。至于混入党内的坏分子、反革命分子和蜕化变质分子，又当别论。另外，党内斗争有的是先进同落后的矛盾，不是一切斗争都带有阶级性质。

（三）当前民族问题的实质是阶级问题还是民族差别问题？

四川某些少数民族地区讨论这个问题的时候，相当部分人认为民主改革和合作化以后，民族问题仅是民族间的差别。多数认为，当前民族问题方面的任务是领导少数民族农民坚定地走社会主义道路，同样存在两条道路的斗争，一方面，有富裕农民向往资本主义，少部分贫农和下中农暂时发生动摇，这大量的是人民内部矛盾；另一方面，还有同封建农奴主、奴隶主的敌我性质的矛盾，因而实质上仍然是阶级问题，同时也有民族差别问题，但主要的、基本的是阶级问题。持前一种说法的人仍不同意，认为这种提法容易使人把民族问题概括为两条道路的斗争，而产生忽视民族特点的副作用。

（四）集体化和单干的矛盾性质是什么？

有三种看法。一种认为敌对性质的矛盾，当做人民内部矛盾处理，如果我们工作做得不好，矛盾仍然会转化为对抗性质。第二种意见认为，矛盾的性质是对抗性的，但属于人民内部矛盾的范畴，不是当做人民内部矛盾处理。第三种意见认为要区别情况，同地主富农，是敌对性质的矛盾，同富裕农民自发势力的斗争，是人民内部矛盾。

（五）包产到组是不是方向问题？

一种意见认为是责任制，不是方向问题。因为它没有改变集体经济的性质，包产部分统一上交，超产全奖全赔是生产队对作业组的奖励，是为了更好地加强责任制，同过去大队对生产队实行“三包一奖”是一样的。因此，这种做法可以容许，但不能推广。

多数意见认为，包产到组是从集体到单干的过渡形式，是单干倾向的一种反映，损坏生产队集体所有制，是右倾倒退性质的方向性的问题。理由是：包产到组，使作业组成为一级，形成四级所有，四级核算，而实权在作业组，使生产队架空，这就削弱和瓦解生产队的集体经济，同“六十条”规定的生产队实行独立核算，自负盈亏，直接组织生产、组织收益分配相对抗。其次，包产到组以后，各组的条件不同，差别将愈来愈大，瞒产私分，争劳力、土地、耕牛、农具的现象势必发生，必然影响生产队的统一核算，最终导致生产队的解体，进一步发展到单干。再次是作业组虽然目前还是集体经济，但很不稳固，而且集体太小，就是当前生产上遇到较大的困难也克服不了，更不用说全面发展农林牧副渔等。作业组太小，也不能解决劳弱户、五保户的问题。因此，包产到组是方向问题。

（六）固定作业组是不是方向问题？

一种意见认为，固定作业组只适用于某种需要特种技术的农活以及作为边远山区的一种特殊形式，它不能、也不应当是农业劳动组织的一种普遍形式。因为搞固定作业组容易产生“四固定”到组，“四固定”后，各组矛盾突出，很难实现生产队的统一分配，很容易进一步发展到包产到组。

另一种意见认为，固定作业组不限于特种经济作物，一般田间管理也可用，实际上，不少地方常年固定作业组已经存在了好几年，并未滑到包产到组去，不能说固定作业组同包产到组有必然联系，也更不能说它是方向问题。

还有一种意见，认为要区别对待，在搞包产到组的地方，固定作业组应当取消；在集体经济巩固，历来就有固定作业组，又确系经营管理的一种形式，对于加强责任制起到了良好作用的，应当保存下来。

（七）不联系产量能否建立经营管理责任制？

一种意见认为，由于农业生产的特点，不联系产量不能更好地建立责任制。另一种意见认为，说联系产量才能建立责任制，是单从物质刺激着眼，单从调动农民个体生产的积极性着眼，对广大农民蕴藏的社会主义觉悟估计不足，实际上，不联系产量也同样可以建立责任制。

《宣教动态》，1962 年第 94 期

广东轮训班第三期学员对两个阶级、两条道路斗争的一些看法

1962 年 10 月 30 日

广东省委党校负责同志，在第三期轮训班讲了一下北戴河中央工作会议精神。在讨论中，对于过渡时期两个阶级、两条道路斗争的问题，大部分学员的认识是正确的或者基本正确的，一部分学员反映出某些糊涂看法，少数学员持有错误观点。以下是一些值得注意的思想情况：

一、关于当前的主要矛盾。有的学员认为，过渡时期的主要矛盾是先进的生产关系和落后的生产力之间的矛盾，“当前全党的任务就是发展生产力”。也有的认为，“主要是生产与需要的矛盾”，是解决“吃、穿、用”的问题。有人甚至提出：“搞阶级斗争没有饭吃，只有搞生产斗争才有饭吃！”有的还认为，“当前主要是正确与错误的矛盾”，过分强调两个阶级、两条道路的斗争，会使缺点错误得不到及时纠正，也不能克服当前困难。

二、关于阶级和阶级斗争。有些学员竟然认为，“现在我国阶级已经基本消灭了”，“地主、官僚资产阶级早就消灭了”，“资产阶级的‘四权’没有了，定息是我们给的，这个阶级也可以说不存在了”。有的承认还有阶级，但是认为“资产阶级和无产阶级已经不是对立的了”。有的学员还反映：“一九五八年以后，大家都被‘共产风’刮空了，哪里还有贫富之分？”

有的学员提出：“无产阶级与资产阶级之间的斗争具体表现在哪里？”认为“现在强调两个阶级、两条道路的斗争，会混淆敌我两类矛盾，又搞过火斗争”。

三、关于当前农村两条道路的斗争。有些学员认为，有人想单干，“但不能说已经成为一种思潮，如果估计过高，又会重犯‘左’的错误”。对产生单干风的原因，部分同志不承认根本上是阶级斗争的反映，强调是：“几年来生产受到严重破坏，集体经济没有搞好；按劳分配没有搞好；没有贯彻等价交换原则；任务太重，农民为了吃饱，不得不这样做；没有实现机械化，集体经济的优越性发挥不出来；政策放得太宽，所有制一退再退。”

个别学员认为：“坚持社会主义道路是必要的，但现在难办到”，“‘包产到户’是搞好生产的好办法，集体有很多矛盾解决不了……”

四、关于右倾思想的问题。有的同志认为：“当前在党和国家干部中，右倾不是主要倾向，在城市、工厂也不是主要倾向”（按：九月二十一日广东省委宣传部发出了经省委同意的《干部轮训班第三期学习计划要点〈修

正稿〉》，指示中引了省委批语说：“在这次学习中，既要使学员对过去三年总结中‘左’的错误有充分认识，又要使学员清楚地了解到当前右倾思想已成为主要危险，从而克服各种各样‘左’的或右的错误思想。在目前则特别要注意克服右的倾向）。”

有的学员认为，“右倾是从上面来的”，“单干风越到上面越厉害”。他们说：“公社体制过去是愈大愈好，后来愈小愈好，公社、大队不办企业、生产队核算三十年不变、自由市场愈开愈大……这些都是从上面来的。说下面右倾，难以捉摸。”“允许农民种自留地百分之七，开荒地百分之七，还允许养大牲畜，等等，算起来家庭收入一般可占总收入的百分之五十到七十以上。这样集体经济怎能巩固？”有的学员还认为，党内思想“左”、右摇摆，是因为“领导上说‘左’就‘左’，说右就右”。

不少学员，对克服右倾思想存在顾虑。有的担心“重复一九五九年的某些错误”。有的怕“群众的积极性刚刚起来，搞反右倾，又会大伤元气”。

省委党校准备在省委同志向轮训班学员正式传达中央工作会议和八届十中全会的精神以后，继续对这些问题进行学习、讨论，以便进一步提高思想，统一认识。

《宣教动态》，1962年第98期

对阶级斗争问题的一些争论和不同认识

1962年12月1日

天津地直机关十七级以上党员干部讨论阶级和阶级斗争问题中，在一些具体问题上争论很多，主要分歧如下：

一、土改时的贫雇农，现在生产富裕了，是否包括在富裕阶层之内？是否还依靠他们？

一部分同志说：贫雇农生活上升了，也不能算富裕阶层，他们原来是贫、雇农，现在不会忘本，还是依靠对象。

有些同志认为，划分阶级应从现时经济情况出发。原来的贫、雇农，现在富裕了，一般地应划为富裕阶层。当然有些人思想好，也可不按富裕阶层对待。

另外一部分人不同意上述两种意见。他们主张以土改时的阶级成分为基础，但也要看到变化了的情况，把经济条件和政治态度结合起来。他们说，农村中不少的贫雇农生活上升后，仍然是我们的骨干，仍然坚决维护集体，反对单干。

个别人认为，除地、富外，不再划分成分了，都是我们依靠对象。

二、当前农村中阶级斗争，主要是谁和谁的斗争？

多数人认为，主要是贫下中农与富裕农民的斗争。但也有的人认为，和我们斗争的主要对象仍然是地主、富农。

三、单干问题的性质。

多数同志认为是两条道路斗争，是敌我矛盾性质，但当作人民内部矛盾处理。

有的同志认为，闹单干是贫下中农和富裕中农之间的矛盾，富裕农民是劳动人民，不能说这是敌我矛盾。

四、包产到户是不是单干？

多数同志认为包产到户就是单干，会产生两极分化。但也有的同志认为，包产到户，仅是超产部分归己，符合按劳分配原则，生产资料是集体所有，没有剥削，不会产生阶级分化，说是单干想不通。

另外，石家庄地区十七级以上党员干部中，少数同志对阶级斗争问题也有一些模糊认识。

1. 有些同志认为，党内也有阶级，主张在党内也应当划阶级。

2. 有的认为，富裕中农是当前农村革命斗争对象。

3. 单干的主要原因，有人认为，是我们工作没做好，刮了“共产风”使农民吃了苦头引起的；也有的认为是修正主义影响的；还有的说，“兄弟多了还得分家，搞合作化领导干部要不坚强有力，弄不到一块，这是产生单干的根源”。

《宣教动态》，1962年第105期

对工业、交通战线上的阶级斗争和两条道路斗争问题的一些看法

1962 年 12 月 4 日

最近东北局经委的同志学习十中全会精神中，对工业、交通战线上阶级斗争和两条道路斗争问题，提出如下一些看法。

他们认为，近年来，工业、交通战线上的阶级斗争或两条道路性质的斗争，在以下几个方面有所反映：

一、在维护全民所有制和执行国家统一计划的问题上，有些地方、有些单位曾发生过变全民所有制企业为地方所有制、单位所有制，变全民所有制为集体所有制的现象；在执行国家统一计划方面，置地方计划于国家计划之上，特别是在基本建设方面，先完成地方的，后完成国家的；甚至有的地方出现不接受国家计划的现象。这些问题，在今年一月扩大的中央工作会议之后，有所纠正，但还没有彻底解决。如有的市还保有国家预算外的全民所有制的工厂。这些工厂获得的利润，只交到市，而不上缴给国家。在林区还有的县利用县的林业更新工人的力量，自己采伐木材卖掉后，作为县财政收入；有的县委甚至竟拒绝省林业厅去该县建立林业局，进行统一采伐。

二、在手工业和交通运输业中存在着集体与单干的矛盾。手工业行业在调整当中，有些过去的小业主，乘机要求退社，搞单干。沈阳市最近有十几名在手工业社工作的党员也申请要求单干。在交通运输业中，有一部分运输队表面上是公社的运输队，公社收他们一些手续费，实际上是搞黑运输队，是单干。

三、近年来，厂矿企业事故增多。这些事故，有的是敌对阶级的有意破坏。在煤矿和其他部门中，由于某些人员不纯，管理混乱，纪律废弛，也给破坏分子造成可乘之机。而有些厂矿对于所发生的一切事故，都只是从技术责任上找原因，对有些有政治破坏嫌疑的事故，也不去认真追查。

四、有些企业干部被资产阶级思想侵蚀，贪污盗窃、监守自盗，利用职权化公为私。特别是在关停企业中发生的私分、盗窃等现象相当严重。如鞍山钢铁公司第二中板厂的几个领导干部，在停产处理期间大量隐瞒和私分物资。黑龙江省大西林铁矿停产后，矿上的干部和当地的公安局、商业科、粮食科、工会等部门的干部相继私分了大量的物资。类似问题，在企业调整过程中发现不少。

五、工矿企业中部分职工纪律不好，消极怠工，这种情况大量的是工人阶级队伍内部先进与落后的矛盾的反映，但其中有一些也反映了职工队伍中不同的阶级思想的矛盾。在工人阶级队伍中混入了极少数的地、富、反、坏分子。同时，新加入许多农民、小生产者和没有改造好的知识分子。据沈阳标准件厂第三车间对职工阶级出身调查，这个车间的一百七十名职工中，地富家庭出身的有十六名，占百分之九点四。

六、对于资产阶级知识分子团结和教育改造问题。工矿企业中，有一部分留用的旧知识分子。他们在思想上仍然有很多资产阶级的观点，在技术方面仍然坚持资产阶级技术路线。

七、最近两年，在部分职工中小生产者自发倾向有所滋长。有一些职工，甚至是领导干部，把主要精力用于小开荒种地上，上班逸、下班劳，放弃了工作和生产去搞个人生活。还有个别技术工人和技术人员下班回家搞地下工厂、做私活或经营修理业务。

八、工矿企业内部的自由与纪律，民主与集中方面还存在着问题。近来在厂矿生产中，纪律相当松弛，出勤率也很低。如阜新的清河门矿的出勤率最低时到过百分之二十五。其他煤矿的工人出勤率，一般的仅达百分之八十左右。此外，在职工中还有极端民主的不良倾向，有的工人生产的产品不让检验人员进行质量检查，煤矿职工中有的不让安全人员进行安全检查，甚至出现殴打质量检查人员和安全人员的现象。

九、资本主义的经营思想。有的企业在原

材料供应困难的条件下，不是坚持社会主义的生产方针，依靠工人充分挖掘企业内部的潜力，节约原材料，提高产品质量，降低成本，完成国家计划；而是因袭资产阶级的经营思想，不顾质量，偷工减料，单纯追求利润，甚至以次顶好，欺骗国家和用户。有些企业干部还存在着只顾生产、不顾职工生活，或只管生产、忽视安全等资本主义经营思想。

十、有些工矿企业领导干部，对当前经济形势的困难和缺点方面看的多，对成绩、有利条件及光明的前途则看得少，缺乏信心，干劲不足。有的对三面红旗进行攻击，有的也赞成在农村中搞单干。

上述现象，反映了在工业、交通战线中公与私的矛盾、巩固全民所有制经济与削弱全民所有制经济的矛盾、无产阶级思想与非无产阶级思想的矛盾，以及社会主义企业管理方法与资本主义经营方法的矛盾。

值得特别注意的是，近年来工矿企业中的思想政治工作有所削弱，企业中党的组织对本单位所出现的各种不良倾向熟视无睹。

《宣教动态》，1962 年第 106 期

第三部分

国民经济的继续调整
(1963—1965年)

一、形势、方针与政策

二、计划管理和改革

三、年度国民经济计划

四、关于第三个五年计划及远期目标的设想

五、国民经济的继续调整及运行

六、有关经济的部分运动

七、调查和情况反映

一、形势、方针与政策

周恩来：国民经济发展的方针和目标①

1963 年 8 月 23 日

一、关于工业问题的决定初稿，提出了许多新问题，有许多好的想法、好的意见，作为讨论工业问题的根据，很有益处。今年2月工作会议印发的工业问题文件，也有一些好内容可以采用。

二、研究我国工业发展方针的出发点是什么？同意小平同志的意见，应当立足现实，展望前途。我想从四个方面再作一些解释。

（一）必须进一步总结 14 年的建设经验。

毛主席经常总结我们的建设经验，在 1960 年曾做过 10 年建设的总结。少奇同志在去年 7 000 人大会的报告里总结了 16 条建设经验。14 年中，我们经历了恢复、发展和调整三个阶段，每个阶段都有很丰富的经验。在第一个五年计划期间，由于我们缺乏建设经验，主要是学人家的，又主要是学苏联的。1958 年以后，开始根据我国的特点，摸索出一套自己的建设经验，提出了建设社会主义的总路线。我们有正面的经验，也有反面的经验，对正面和反面的经验，必须加以比较分析。正确地总结经验，可以大大提高我们建设的信心。14 年的经验是很丰富的、很宝贵的。伯达同志起草的文件试图作些经验的总结，但是太简略了，甚至连“调整”都不敢说。不要讳疾忌医，因噎废食，我们在调整中做了很多好的工作。

（二）必须对现实有恰当的估计。

我们目前工业的基础到底怎样？要有恰当的估计，估计高了不好，估计低了也不好。要反复地调查研究，才能得出恰当的估计。去年开 7 000 人大会的时候，农业还很困难，当时设想 1972 年粮食产量可以达到 4 300 亿斤，现在看，估计低了一些。但是，工业的指标又估计高了一些，当时设想 1972 年钢产量可以达到 2 800 万吨，煤产量可以达到 4.5 亿吨，现在看，又估计高了。经过一年半的实践和摸索，认识又接近实际一些。要摸清工业和农业的现实，必须研究几个基本数据，必须根据基本数据，作出必要的计算。搞经济工作，钻到数学里去拔不出来是不对的，不研究数据也是不对的。

工业水平与技术水平要辩证地认识，既要区别，又要结合。我国的工业水平相当于 40 年代的国际水平，技术水平有的已经达到 50 年代的国际水平。我国的工业水平虽然还比较落后，但是掌握了先进的技术，可以迎头赶上，可以找到捷径，可以更快地促进工业水平的提高。

（三）必须瞻前顾后，有一个远期的奋斗目标。

伯达同志提出用 23 年的时间超过美国和苏联，可能快了些。我看不要把走在世界最前列作为重点，还是提四个现代化。是否可以提，用 23 年的时间或者是在 20 世纪内实现四个现代化，把我国建设成为世界先进的社会主义强国？

（四）必须抓住中国的特点。

---

① 此文系周恩来在讨论《关于工业发展问题（初稿）》时的讲话要点。

中国的特点，可以用八个字来概括，就是国大、物博、人多、任重。我们搞得好，对世界革命就会有更大的贡献。但是，我们现在还没有摆脱经济落后的状态，还是一穷二白。毛主席正是抓住了我国的特点，提出了建设社会主义的总路线，调动了广大人民的革命和建设的积极性。

三、国民经济发展的方针、目标和道路。

（一）三面红旗特别是总路线，是发展国民经济的总纲领。

（二）以农业为基础，以工业为主导，是发展国民经济的总方针。

（三）应当按照农、轻、重的次序安排基建和生产。

首先，按照低标准解决吃、穿、用问题。全国平均每人应当有600斤以上原粮，16尺棉布。

其次，发展基础工业。要根据我国的资源条件和具体情况，以10年作为一个建设周期，进行综合平衡，按比例发展。比例和构成要活计算，不能死计算。综合平衡不能每年搞，要长期平衡。

再次，照顾国防和突破尖端。要发展常规武器和尖端武器，同时要发展民用工业的尖端技术。

第四，培养技术力量，掌握先进技术。这里有技术政策的问题，有技术力量配合的问题，还有教育方针的问题。技术要两条腿走路，有的要循序渐进，不能超越；有的可以迎头赶上。只要抓住技术革新，总会后来居上。

第五，奋发图强，勤俭建国，自力更生，迎头赶上。

根据上述发展国民经济的方针，经过1963—1965年三年过渡和1966—1975年十年规划，基本建立一个独立的国民经济体系。国民经济体系不仅包括工业，而且包括农业、商业、科学技术、文化教育、国防各个方面。工业国的提法不完全，提建立独立的国民经济体系比只提建立独立的工业体系更完整。苏联就是光提工业化，把农业丢了。

建立一个独立的国民经济体系，有这样几个指标，初步设想，经过13年，到1975年的奋斗目标是：

粮食产量达到5 500亿斤，那时人口将有8.5亿人，每人平均有原粮650斤。

棉花产量达到4 000万担，加化学纤维25万吨，每人平均可有布16尺。

钢产量达到2 800万～3 000万吨，才可以初步满足国民经济的需要。

煤炭产量达到4亿吨，石油产量达到3 000万吨，才可以开始改变我国燃料［的构成］，首先是改变化工原料的构成。

再加以在木材、有色金属和稀有金属、各种钢材、化肥、酸碱、机床、发电量上达到相应的产量，铁路运输里程达到5.5万公里左右。在轻工业产品和各种运输量上，在国防工业和尖端技术上，也有相应的增长和相当的发展。

这样，就可以说基本上建成独立的国民经济体系了。

四、认真研究国民经济的构成和各部门的比例关系。

必须从我国的实际情况出发，同时参考世界各国的先进经验，找出我们自己的国民经济在一定时期内各部门的比例关系。

五、基础工业与重点工业的关系。

化工、石油、电子、有色金属4个工业部门，是我国工业的薄弱环节，对促进农业、基础工业和国防尖端的发展有很重要的作用，也可以带动一些工业部门的发展。但是，单以这四个部门作为长期带动整个国民经济发展的纲就不够了，因为还有吃、穿、用，还有农业，还有工业，还有国防，还有尖端。基础工业本身也有变化，一个时期有一个时期的重点。在发展基础工业的过程中（包括地质、采掘、冶炼、制造、动力、运输6个方面），不同的时期应当有不同的重点。

六、新工业基地与老工业基地的关系。

要充分利用老工业基地，同时，又要充分估计到新工业基地的作用，必须结合整个工业布局来考虑新老工业基地的建设问题。

七、大中小企业问题。

大型企业是骨干，中小企业应占多数。发展中小型企业有利于城乡结合。大中小结合，就是城乡结合，不能一集中都搞到城市。城乡结合和大中小结合，要连在一起考虑。

八、专业协作与设备更新问题。

要加强专业协作和有计划地进行设备更新，就必须对机械工业进行比较大的调整和改组。这个工作量很大，应当从现在起，抓紧研究调整方案，按行业、按产品分批、分期地进行调整。

九、综合利用问题。

要认真抓。要把原料基地的综合利用和城市建设的综合利用这两个环节抓住。应当作为这次城市工作会议的重要议题。

十、联合公司问题。

组织联合公司的想法很好，但还缺乏经验，要积极组织试点。一定要同资本主义的托拉斯区别开。

十一、技术力量和技术政策。

科委要大力抓技术政策。

技术力量要成龙配套，不仅要培养高级技术人才，而且要相应地培养中等技术人才和技术工人。为此，必须加强职业教育，对普通中等教育进行改革。

十二、劳动力安排与工资政策。

解放以后，全国平均每年净增人口 1 500 万人左右。全国 184 个大中城市的 7 500 万人口中，每年达到劳动年龄需要就业的有 200 多万人。除了每年约 100 万人左右在城市就业以外，大部分人要输送到农村，安置在生产队和国营农场、林场、牧场、渔场参加农业劳动。安排和组织这么多的人到农村去，是一个很艰巨的任务，必须逐步摸索出一套成熟的经验来。

十三、积累与消费。

要研究积累和消费、基本建设投资和其他财政支出的比例。第一个五年计划期间，积累占国民收入的比例平均为 26%，基本建设投资占财政支出的比例平均为 36%；第二个五年计划期间，积累平均占 32%，基本建设投资平均占 40%。第一个五年计划的比例可以参考，第二个五年计划的比例太高，并且还不平衡。现在积累和基本建设投资的比例又太低了，应当逐步提高。总之，要勤俭建国。不勤俭建国，13 年的雄心壮志不能实现，23 年的目标也不能实现。

十四、管理水平问题。

企业管理必须运用经济的原则，同时，还必须强调政治领导和统一计划的原则，防止和反对脱离政治的单纯经济观点，防止和反对分散主义、本位主义。

十五、长期规划问题。

要根据发展国民经济的方针和目标，制定农业长期规划和工业长期规划。

JJS50－4（上）

会议秘书处：全国计划会议简报（第 1 期）

1963 年 9 月 8 日

全国计划会议于 9 月 5 日正式开始，一波同志在全体会上做了报告，着重阐述了中央关于继续进行三年调整的重要决策，比较详细地说明了形势、方针、任务和在完成三年调整任务之后，我国国民经济长期建设的任务和主要指标的设想。6 日，分组讨论了一波同志的报告。现将各组讨论情况，综合简报如下：

一、大家一致认为，一波同志的报告，对形势、方针、任务作了全面深刻的分析和说明，启发很大，感到兴奋和鼓舞。

在讨论中，大家结合本部门、本地区的情况，认为“整个国民经济开始出现了全面好转的局面”的估计是正确的。有的同志认为，从全国来看，从群众的精神面貌来看，的确是开始出现了全面好转的局面，但是，局部地区的水、旱灾害是严重的，粮食和经济作物减产，这些地区的经济情况可能不如去年。财贸部门的同志认为，今年的水、旱灾害必然会对原来安排的粮食购销、经济作物收购、棉布供应和财政收支指标产生一定的影响，希望在安排 1964 年计划时认真地加以考虑。

普遍反映，一波同志对于三年调整方针的解释和说明，内容全面，目标明确，提高了大家的认识。一致认为，中央关于三年调整的决定是正确的，完全符合于当前的政治经济情况。只有扎扎实实地做好这三年的调整工作，才能为第三个五年计划国民经济的顺利发展创造有利条件。中央要求在三年调整期间，做好填平补齐、成龙配套、设备更新、专业协作的工作，内容是很丰富的，特别是把改善经营管理、“向官僚主义者借款”、学会管理经济的本领和增加积累作为调整的内容，意义更为深远。

有的同志提出：三年调整叫做过渡阶段，是不是从第二个五年过渡到第三个五年，过渡阶段的提法好不好?

煤炭部的同志认为，不要提笼统的、不能实现的口号，例如“迎头赶上”的提法，是指赶上尖端，还是全面赶上?如何赶法?

二、在讨论中，大家从本部门、本地区的具体情况出发，感到三年调整的任务很重，时间很紧，关键是明年一年，要做好很不容易。有的同志提出，为了做好调整工作，各地区、各行业必须根据具体情况，做好调查研究，提出调整的重点，对于先调整什么、后调整什么，要上下结合作出具体规划，定出奋斗目标，以使调整工作收到更好的效果。还有一些同志要求把调整的内容和调整到什么程度，讲得更具体一些。

在联系到1964年计划的具体安排时，普遍感到指标同任务不相适应，投资不够。反映比较强烈的问题，主要有以下几点：

1. 农业方面：多数省、区的同志认为，粮食产量到1965年有可能恢复到1957年水平，而经济作物特别是棉花、油料、糖料、蚕茧、茶叶、油茶、桐油等，恢复到1957年水平还有一定的困难。

农田水利投资，明年增加不多，有的地区比今年还要减少，这同“以农业为基础”的方针不相适应。同时，水利工程的配套工作量很大，三年内不可能补完。

2. 工业方面：大家感到三年内要做好填平补齐、成龙配套、设备更新、专业协作，也很吃力。轻工部的同志反映：“轻工企业现有100万平方米的厂房风雨飘摇，绝大部分锅炉都是‘定时炸弹’，这笔欠账，不仅三年还不完，五年也还不清。”一机部的同志反映：“现有400万平方米的半拉子工程，三年内怎样也填不平补不齐；现有机床按品种计算，同需要相差很远，连一个重型机械厂都装备不起来；设备更新在机械行业目前还说不上。”地质部的同志提出，加强基础工业，地质工作必须先行，目前组织机构不相适应，投资少、劳动力不足、野外职工生活待遇差等问题，急需加以解决。

各地区特别是几个大城市的同志感到，设备更新和技术改造的投资安排少了。

3. 交通运输方面：铁道部的同志反映，全国需要换轨的铁路约有6 400公里，按照1964年计划的初步安排，到1966年才能换完。交通部和许多省、区的同志认为，公路桥梁的投资安排少了。据交通部计算，全国现有公路险桥22万米，按照1964年计划的安排，到1965年只能更新6万米，还不到应修桥梁的1/3。修复水毁公路需要投资2.6亿元，而1964年全国地方交通的投资只安排了2.1亿元，距离需要还差很远。

4. 文教各部和各省、市、区的同志提出，中、小学校舍投资不足，按照1964年计划的安排，很多地方不仅旧账不能还，而且还要欠新账。

5. 沈阳、武汉、广州、天津等大城市的同志提出，市政建设、污水处理、综合利用等方面，也要增加一些投资。

三、在讨论中，大家还提出了一些重要问题。

1. 增产粮食和发展经济作物的安排问题。许多地区的同志认为，积极发展经济作物是十分必要的，关键在于认真解决口粮问题。对1964年计划，大家要求在安排好粮食购销计划的基础上，再安排经济作物的生产计划，否则，生产计划难于落实。扩大棉田种植面积同粮食的矛盾很大，现在老棉区的棉田面积缩小了，新棉区的棉田面积扩大了，加上套种粮食和虚报棉田面积等因素，使得棉花的单产不高。只要安排好棉农的口粮，采取提高单产的措施，增产棉花是有潜力的。

2. 农业资金的管理体制和管理办法问题。北京市的同志认为，如何把农业资金管好用好，充分发挥效果，牵涉到若干政策问题。现在农业资金都是按条条分配下达的，地方上很难统筹安排，做到集中使用。为了提高农业资金的使用效果，可以考虑采取贷款的办法，由农业银行贷给各地方：一笔长期的周转资金，由地方负责贷放，负责收回，并且继续使用，这样，可以调动地方的积极性，加强管理，加速资金周转。这种办法，北京市正在房山县进行试验。

3. 地方工业的调整问题。过去几年，地方工业的发展有很大的盲目性，虽然经过近三年的调整，问题仍然很多。今后如何继续进行调整，如何进行技术改造，需要作出规划，中央各部、大区和省、市、区的责任也要明确。有些地方提出，对现有中型钢铁企业采取什么方针，也要尽快定下来。

4. 城市建设资金的来源问题。广州市的同志提出，市政建设、中小学校舍和宿舍的“欠账”很多，建设和维修的资金都不足，要求采取沈阳市从企业利润提成5%的办法，以解决资金来源。

5. 科学研究工作问题。科学“口”的同志反映，现在科学研究所需资金、材料、设备和外汇的安排都很不够，技术力量不足而且使用分散。这些问题，都需要积极加以解决。

十年科学技术研究规划是从1963年开始的，根据中央关于三年调整的决定，原规划在时间上如何同国民经济计划相衔接，需要研究。

6. 边境建设问题。黑龙江、内蒙、吉林等省、区提出，适应反对现代修正主义、发展中朝友谊的需要，边境地区急需进行交通运输、电讯、医院、学校、招待所等项建设，所需资金、物资请国家专案解决。

7. 税收政策问题。上海市的同志认为，现行税收政策中有三个问题：一是税小利大，不利于促使企业改善经营管理；二是半成品出厂就课税，多一道协作就多收一道税，不利于专业协作；三是对生产新产品的鼓励，在税收上体现不突出。

F114

周恩来：第二个五年计划的两个重要问题①

1963年11月15日

现在只想讲讲第二个五年计划里的几个重要问题。

一、社会主义建设的经验问题

这一点，去年我向全国人大会议的报告提到了，这一次的报告就没有打算多说。我现在只想说，经验的取得，一定要通过实践。我们过去搞革命战争，摸索了22年。开始，不懂得如何进行革命战争，而是摸索了很久，犯了许多错误，正面的经验取得了，反面的经验也取得了，然后总结经验，得到了正确的方针，才取得成功。毛泽东思想，就是在坚持正确的、修正错误的中间产生和建立起来的。我们的建设更加复杂，千头万绪，更需要如此。初期，我们谁也没有搞过社会主义建设，大家也是摸索。恢复经济比较容易一些，一到搞计划经济，谁也没有经验，开始总是要从苏联抄一点经验来，这也是需要的。抄来的，总不是自己脑子里生长出来的，不是经过自己很好独立思考的，所以，好的经验学了，坏的经验也学了，开始还不能鉴别。我们搞了第一个五年计划，有了一个工业化的初步基础，这就使我们有可能在第二个五年自己搞出一套建设经验来。在第二个五年，毛主席就提出了十大关系问题，提出了总路线，提出了“以农业为基础，以工业为主导”的方针。但是，有了总的

---

① 此件系周恩来1963年11月15日在第19次最高国务会议上的讲话节录。

方针，还需要一系列的政策、一系列的规定，把总的方针具体化。

在摸索经验的过程中，很多是对的，我们去年把它肯定了，基本总结了，我们在去年的最高国务会议上发给大家看了。也出现了一些错误、缺点，这些错误、缺点，去年也都讲了。有了这两种经验，又经过这几年的调整、巩固、充实、提高的工作，现在可以说，我们对于经济生活比较清楚一些了，但是还不能说完全清楚。所以，经验的取得是不容易的，必须通过实践，必须经过我们党和国家的领导、各部门的领导、地方的领导共同摸索，总结经验，不断前进，才能逐步地完备起来。开始一个时候的缺点、错误，有些是可以避免的，有些是不完全可以避免的，所以，这种摸索的代价是需要付的。当然，有些是可以避免的，代价也付得多了一些。但是，现在看起来，是有收获的。

二、自力更生问题

我们搞社会主义建设，主要应该立足于国内，主要靠自力更生。本来，这句话毛主席早讲了，革命是如此，建设也是如此。但是，那个时候在解放区是战争的环境，建设很少；现在是全国建设的环境，我们经过实践才能强调出来。当然，开始也不能一下完全自力更生，也需要外援多一点。但是，从精神上总要明确自力更生为主。1960 年苏联撤退了专家，撕毁了合同，许多工厂停下来了，许多设备不进口了，许多大型工厂的设备不来了，那我们就不得不被迫地自己来生产设备，过技术关，因此有些地方就要停下来。经过我们自己的努力，这几年起了很大的变化。1960 年以后，一方面有三年的灾荒，另一方面有苏联撤退专家，撕毁合同，再加上我们经验还不够，遇到了很多困难。我们只能在摸索中根据党的农村和城市的一系列政策来工作。经过 1961 年、1962 年到现在，可以说我们确实在自力更生为主这一点上收到了很大的成绩。

现在，的确如同去年所说的，我们已经为建立一个独立的国民经济体系和工业体系打下了初步的基础。这表现在：我们已经能够自己设计厂矿企业，不仅小型的，大中型的我们也可以自己搞了，并且能够供应设备了。第一个五年我们自己只能搞 500 多项，现在能搞 1 000多项，质量也不同了，因为大中型的多了。我们的各种材料的品种，不论钢、钢材、机器、化学、有色金属的品种，都有增加。我们的技术水平也大大提高了。在工业方面，我们有了很大的进步。第二个五年计划后 3 年，最大的成功是石油工业的发展，我们现在石油基本上可以达到自给，当然还要发展。化学工业，包含合成塑料、合成橡胶、合成纤维，都有发展。无线电技术也在发展。在尖端方面，我们现在也有了一点底子。在机器设备方面，第一个五年计划时，我们只能自己供应 60%，现在可以供应 90%。钢材品种也能自己供应 90%。当然，还有那么 10% 精密的、比较大型的设备和材料，特别是比较难搞的合金钢，自己还不能供应。要过这些关，还需要一段时间，两个五年还不行，还要在今后继续努力。但是，我们已经有了初步的基础，特别是初步的独立的工业基础已经打下了。这是不容易的，因为我们这样的大国需要量大，不仅要有质量，还要有数量。此外，我们的科学技术队伍也开始形成了，力量也壮大起来了，现在大概经过专业训练的有 200 多万人，但是还不够。

这次的计划报告在自力更生问题上讲得很多，我在这里就不多说了。

JJS50－4（上）

李富春、薄一波同志在廖季立汇报工交生产计划时的插话

1964 年 8 月 6 日

一、速度问题

当谈到 1964 年工业总产值预计 1 045 亿元，比 1963 年增长 13.3%，超过计划 7%；比 1963 年增加 123 亿元，其中超过计划部分为 68 亿元时，富春同志说：计划要留有余地，是为了做到心中有数。你也留，我也留，留的

结果大家都没有底了。

当汇报到棉纱生产1964年原计划安排410万件，调整计划为460万件，预计为500万~520万件，超过原计划90万~110万件，比1963年增加126万~146万件，增长34%~39%时，一波同志说：在订计划时，商业部说，最多只能收购1 650万担，一担也不能多！计划是按1 700万担定的。实际收购2 100万担。我们对这个问题估计不足。估计不足对生产、对工作都有妨碍。

当谈到化肥生产1964年计划安排400万吨，预计为480万吨时，一波同志说：在这方面化工部也有些保守。应该是多少，就是多少，不要留一点以丰补歉。农药，需要是有季节性的，生产则是日日照常，但商业部、供销社都不愿储存，这次应该定个办法，否则扣利润建些仓库，由工厂把它储存起来。

当谈到工业生产出现全面上升，新的生产高潮已到来时。一波说，要分析不利因素，有些产品，商业部应努力打开销路，现在做得还很不够，如果工作做得好一些，成绩还可能更大，协作关系、来料加工有些中断了。

当谈到今后农业丰收，明年棉纱生产初步安排620万~640万件时，一波说：农民想要粗纱布，我们为啥一定要搞细纱布？要作为问题研究。

当纺织部王达成插话说，棉纱640万件搞不到时。一波说：你不要先说办不到。要先按640万件研究一下，不行再按你们的意见。我们所有的同志都应注意，你们所说的行与不行的数字是从厂长那里来的，厂长的数字是从科室报的，总之，不是从蹲点中、从工厂工人群众那里来的。不要把话说死，要好好研究，我们为什么会落后于形势，对生产有时估计偏高，也有时估计偏低，就因为不是真正从群众中来的，看形势，看风向，风高就高，风低就低，不了解实际情况。

当谈到基建规模继续扩大，使工业生产更加饱满和发展时。一波说：计划工作人员，要有点风格、看得准、看得对，就要坚持自己的意见，促进生产。

当谈到1965年工业总产值速度计划安排增长11%，估计执行结果可能达到14%~15%时。一波说：明年的计划还没定下来，就预计明年的结果，这说法很不科学。我们不要要求过分，但能够看到的我们一定要把它定进来。富春说：既然计划能够超过，为什么不列上去？

二、生产能力问题

当谈到糖的生产能力现有150万吨左右，但分布不平衡时。一波说：在糖厂、纸厂问题上，我们过去犯了些错误，规模搞得过大。富春说：糖有个合理布局问题，有的布局不合理，要具体分析。

当谈到企业的家底时。一波说：固定资产有多少？要有个部门管一管。财政部研究一下。鞍钢固定资产约有40亿元，损坏、丢失没有管，大家都要把固定资产管起来。这也是工业、农业、商业、文教等各个部门会不会管“家”的问题。赞成再搞一次清产核资，但不要大搞。

当谈到明年木材仍较紧张，节约代用大约257万立方米时。一波说：森林工业的采伐方针要研究一下，确定下来。现在算的数字，都是在胸中无底的情况下算的，福建采伐的木材调不出来，另外，采伐本身也出现了水土流失问题。我的意见要弄清利弊，在这个基础上来搞。富春说：矛盾的焦点在采和育的问题上，这个问题不解决，生产数字再少也不行。

当谈到工业生产能力不足，解决的办法是在基建方面要集中力量抓当年投产的基建项目时。一波说：从战略上来说，要抓三线建设，开发西南根据地，例如攀枝花，要拿出一些钱来，争取第三个五年末见效。

当谈到增加生产要采取措施，挖掘企业活力，推广行之有效的技术革新，改进工艺流程，提高设备效率时。富春说：新产品试制，技术革新，三委要结合起来抓。一波说：增加些措施改进工艺流程，提高设备效率，会有些作用。另外，建厂、工业布局都要考虑专业化和协作问题，改善经营管理、降低成本、减少人员，实行责任制也是促进生产的一个方面。带有根本性的技术改造，我们搞的还不够。冶金部这几年在这方面有些进步，但也还不够，要把技术力量动员起来，在这方面多努力。富春说：趁现在尾巴还小，要抓紧时间搞。一波说：把综合利用作为一条写上。

三、明年的调整任务

当谈到明年的调整任务时。一波说：大部分调整任务今年可以搞完。谈调整问题还要涉及农业、商业、文教、卫生等部门的工业的调整工作。

当谈到产品质量，要求一切企业消灭三类产品，不合格产品不准出厂；倡议搞成一批达到国际水平的产品，但究竟哪些产品能达到国际水平，需要各部提出意见时。一波说：各部过去都有个要求产品达到国际水平的规划，按各部规划办事。

当谈到产品品种究竟应该如何搞才能和生产建设相结合时。富春说：由科委、计委定个计划，经委布置，各部执行，科委负责监督。

当谈到要求明年企业全员劳动生产率提高10%以上时。一波说：劳动生产率要提高，但应该有些具体根据，例如改进技术，减少人员等。

当谈到要求明年降低成本5%以上时。一波说：大家要认真提倡工、农、商、学、兵都搞勤俭建国，爱国要像爱家一样。如果一旦战争情况发生，我们的计划动不动呢？我说不动。就是用勤俭建国、奋发图强、自力更生的办法来完成，我看在这方面活力很大。勤俭建国首先应由财政部开始，财政部必须管好这个"家"，有意见就要提，该花的就花，不该花的不花。我赞成财政部参加这次对建工部的检查。

当谈到今年工业生产成本可降低7.5%～8%时。一波说：这是各部的成绩，应该记一功，今年记功，是为了明年更进步。

最后，当谈到1965年工农业产品分配要注意留有储备时。富春说：应该考虑储备。一波说：国家储备，不是真正到了不得已时，不能动用。食盐，二线要存一些。各个部门编制明年计划时，都要考虑打仗问题，还要从不利的情况出发，譬如沿海地区成了敌后，机械工业、轻工业的食盐等等，能否保证需要，铁道、交通的保证如何？总之都要想到这个问题。不要只看生产指标多少？还要看那些地方生产什么东西。这样一想，你们可能感到问题一大堆，但投资就只有那么多。

富春最后说：工交汇报提纲中，关于明年任务一段写得很杂，问题不突出，如何提法再研究一下。三线如何建设要考虑，否则一打起来就要慌慌张张。计划、工业、基建、文教卫生等各方面，都要讲阶级斗争，要摆脱苏联教条主义和修正主义对我们的影响，贯彻党的多快好省总路线，反对少慢差费。我们工业、交通、卫生、文教等各部门的各种制度中，如奖励制度，稿费多，文艺工作者的高工资，楼、堂、馆、所，在基建中有些干部以贪大、贪全、贪多为光荣，毫不自觉，这些都是修正主义的基础。中央一再指示我们，但在实际建设工作中，长春汽车厂和洛阳拖拉机厂的翻版，仍有不少。干部参加劳动、蹲点，三大革命运动非搞不可。布局问题，也要一分为二，例如是否设想把沿海地区的钢铁工业移到西南去。衣、食问题，也要有准备，有备无患。这些问题请大家讨论一下。

JJS50－4（上）

李先念副总理在全国财政厅（局）长会议上的讲话（摘要）

1965年10月25日

一、讲一讲形势

国际形势请大家看报。

国内政治形势很好。三大革命运动发展很快。特别是社会主义教育运动开展以后，广大群众的积极性调动起来了。这次运动是最大的政治工作，它推动了所有的工作，把所有的阶级、阶层都震动了一下。这是一个伟大的运动，是在毛主席领导下，搞社会主义的一项基本建设。

我们有些人在取得政权以后，进了大城市，滋长了资产阶级的思想和作风，成了党内走资本主义道路的当权派。资产阶级思想和无产阶级思想斗争是很激烈的。因此，我们采取整党、整团、整社、整风的办法，防止资本主义复辟。少奇同志总结了三条：第一，发动群众，依靠群众，搞社会主义教育运动。第二，实行半工半读，半农半读，使知识分子不脱离劳动群众。第三，干部参加劳动，密切联系群众。有了这三条，就可能防止资本主义复辟，也可能防止不了，防止不了也不要紧，历史车轮总是要前进的。搞社会主义不调动人民群众的积极性是不行的。现在"四清"运动正在广泛深入开展，群众的积极性肯定会更好地调动起来。群众的积极性调动起来，究竟能创造多大财富，算账是算不出来的。要坚持"四个第一"，充分估计人的因素。计划和财政指标只是一个大体数字，每年开会都吵数字，最后往往总是超额完成。

大学毛主席思想，已经成了群众运动。工农商学兵都在学，特别是解放军学得很好。学主席著作有三种情况：一种人是能学又能用，一种人是学了不会用，再一种人是不学也不用。领导干部是否比一般干部学得多一些，好一些？你们学得怎样？学习毛主席著作成了伟大的运动，领导干部必须带头学好。

学解放军、学大庆、学大寨，也是主席思想。有的地方一搞水利，就向国家要钱、要物。据说，有一个公社在九个生产队中，有五个队劲头很高，坚持自力更生；有四个队都躺下不干，依赖国家。

经济形势也很好。今年工业增产百分之二十二，幅度不小。农业全国丰收，少数地区减产。余秋里同志讲，今年粮食增产两百亿斤，我看差不多。猪增加两千万头。棉花今年可收三千六百万担，也可能更多一点。烟叶有的说多了，要再减少播种面积，我看现在还不能这样讲。基本建设大幅度增长，进度快，投产多，质量好。市场商品供应充足，品种很齐全，外国人都很羡慕。物价稳中有降，这比物价波动要好得多。当然，老是降价也不行，降百分之一，财政收入就要减少六七亿元。

形势这样好，是党的总路线的胜利，是毛泽东思想的胜利，是全国人民、各级党委、各个部门和同志们努力的结果。

形势好，但也有问题。主席著作学得不那么深、那么透；大商品还不够，特别是粮食还要进口；在我们的工作中也有缺点。

二、方针和任务

已经传达了余秋里同志的报告。主席关于备战、备荒为人民的指示，是我们坚定不移的战略方针。我们要坚决地、不动摇地贯彻这个方针。第三个五年计划是一个稳当的计划，好的计划。这个计划重点是突出的，也是留有余地的。我们一定要集中力量搞好备战，保证重点。有帝国主义存在，战争就不可避免。什么和平共处、和平过渡、和平竞赛，见鬼！印度尼西亚搞得很热闹，搞纳沙贡（纳是民族主义者，沙是宗教团体，贡是共产党），艾地开大会，苏加诺和他拉手、拍电影。一到真正搞革命，反对帝国主义，搞土地改革，他们能不杀人吗？实际上土地就掌握在他们手里，这些人实际就是魔鬼。这一点，过去我们有经验。土改，到"五四"指示下来，我们党内有些干部就反对，我亲眼见过团政治部主任打干部、打群众，以后逮捕法办了。阶级斗争是生死存亡的斗争，是不留情的，不简单的。

计划要留有余地。我看"三五"计划是留有余地的。工业只增百分之十一，农业只增百分之四到五，这些指标是可以超过的。物价问题，开始大鸣大放，五年要搞四百多亿元，以后降到二百五十亿元，现在看来，这个数字还是大了一点，决定压缩到两百亿元。小平同志说，物价要稳当点，不要冒里冒失的。明年财政收入指标，也是留有余地的。明年计划是留有余地的，如棉纱增加四十万件，实际肯定要超过。

现在就要我们努力工作，特别是抓政治工

作。大家说，财政部门的政治工作落后了。落后了就赶上去嘛！这次会议，首先要做到不说假话、互相信任，估计不到的，不算说假话。有人说，我是相信财政部的，不知财政部是否相信我。要互相信任嘛！

要吃透中央的方针政策。什么叫备战、备荒？什么叫为人民？建立强大的国防和现代工业，就是为人民。如果敌人打进来，坚决把它消灭掉，就是最大的为人民。这里有大局与小局的关系问题，道理大家也都明白，都是共产党员，谁也不是傻瓜。还有大路和小路的关系，是走大路还是走小路？这些都是政治。要大抓增产节约措施。各级财政部门要拿出百分之九十的精力用来抓工作，搞增产节约，不要净在数字上打圈子，不要一讲指标就吵得脸红脖子粗。我看明年的财政指标五百一十亿元，是积极可靠的，是留有余地的，是可以超过的。今年可以收四百六十亿元，还可能多收一点，比去年增加六十亿元。明年比今年增加五十亿元，是比较稳当的。当然也可能明年受点灾，指标里已经考虑了灾荒的因素。基本建设投资，前两年上得很快，一九六三年为八十七亿元，一九六四年为一百一十八亿元，一九六五年为一百五十三亿元，两年就上去了。财政上就怕三个方面同时上，一个是基本建设增加过多，一个是劳动工资增加过多，一个是农村投放过多。还有一条，要注意物价不要降得过多。只要这几个方面能控制住，就不会出问题。明年基本建设只安排一百五十五亿七千万元，加上待分配数，也不过一百六十亿元，比今年增加得不多。

下面讲一讲对主席的指示如何理解：

1. 关于“藏富于民”。有人说，凡是不增加农业投资，就是不支持农民；不减少税收，就不是藏富于民。讲“藏富于民”，就是要国家减少收入、增加支出，这是不对的。有人说，供销社利润多，是发不义之财。这种说法有问题。主席关于“藏富于民”的指示，是长远的战略思想，要随着生产的不断发展，才能逐步实现，不可能一口吃成个胖子。我们犯错误，往往就是把战略方针当成战术部署去执行。例如沿海和内地的关系，主席说，要把百分之九十的新建工厂建在内地，但是也要充分利用沿海工业基地。我们只注意了后一句，没有注意前一句。主要工业摆在沿海，财政收入百分之九十来自一、二线。有人说，在内地建厂不合算，在沿海投资省钱，并且一年就可以收回来，这是没有全面理解主席的方针。我们对突出国防工业的认识，到底是真想国防还是假想国防，恐怕还是想得不狠。农业要靠自力更生，发扬大寨精神，不能依赖国家给钱。凡是农业搞得好的，都是自己搞起来的，国家没有给多少钱。陈永贵就是这样。有的国家投资很多，生产反而搞得不好，有人说，凡是“农”字号的都要减税，都是降价，无非都要国家拿钱，我看不一定妥当。少花钱，多办事，发展农业生产的经验很多。我在河北向一个县委书记说，什么叫以工业为主导呢？一个县就是那么几个手工业，主导来主导去还是那么几个。你为什么不一手抓农业、一手抓商业？为什么不抓紧商业收购来促进农副业生产发展，增加农民收入呢？去年全国收购小农副产品就有十多亿元，增加了农民不少的收入。不注意这个问题，就是忘本，忘了农民，看不起农民。我看还是应该从生产入手，增加农业收入，搞好农田基本建设。不在这上面用脑子是不行的。藏富于民必须根据发展经济，保障供给的方针，从发展生产入手，靠减农业税和农村税收是不行的。

2. 关于薄利多销。这个政策完全正确，应当坚决执行，但是要具体分析，不能什么都薄利多销。有的商品应当薄利多销，有的商品则应当厚利少销，有的商品要允许亏损，如粮食一年就亏二十多亿元。社会主义商业的优越性是计划价格，但也要注意供求关系。对于必需的生活资料和非必需的生活资料要加以区别。过去讲，要保十八种基本生活资料的价格，是必要的。品种可能多了一些，如肥皂，少提点价有什么了不起，但房租、水电、粮食、布匹不能涨价。粮食，按供求关系，可以涨价一倍，但不能这样做，人不吃不穿不行。至于那些可有可无、可次可好、可用可不用的东西，就不一定都要降价。只要原料充足，设备能力很大，降价销得出去又价高利大的，可以降价，薄利多销。如是不具备这些条件，实行薄利多销，就会造成脱销，小商贩和资本主义分子很敏感，就会助长投机倒把，套购我们的商品，低价进，高价出。主观上是为人民，实际上不是为人民，而是为资本主义。在价格问题上，阶级斗争是很尖锐的。我们的粮食卖一毛钱一斤，投机分子卖三毛、四毛。他们不用汽车运，用自行车运，用人挑，赚钱很多，吃高价馆子。他们搞我们的自行车零件，这个地方买几件，那个地方买几件，装成新车，投机倒把，牟取暴利。抗生素降价后供应很紧张，也被小商贩钻了空子。上海手表成本八元，售价八九十元，利润十倍，有人说是罪大恶极。上海成本低，其他地方成本高，他不讲。现在八九十元还抢购，我看可以涨到一百五十元。如果积压卖不出去，可以降价，降到四十元也可以。什么叫价高利大？我们说粮食如果价高利大是犯错误，手表价高利大就应该。如果手表要薄利多销，不是我犯错误，而是你不想建设社会主义。你要买就买，不买拉倒。手表可带可不带，我这只表就是只在作报告时才带的。为什么价格只能退不能进？北京柿子售价很低，一卖就抢光，我看可以涨点价，涨到五毛一斤，看他还抢不抢。现在要保大三线，又要保小三线；要发展基础工业，也要发展农业，还要援外，都需要钱。钱从哪里来，借外债不行，修正主义不会给，蒋介石也不会给。基本建设上去小商品供应就紧，明年搞不好很可能脱销。现在就有反映，商贩到处搞投机，这个情况应该估计到。明年小商品价格的方针，不是降价的问题，可能还要涨点价。一、二轻工部、商业部要很好地组织生产。“三清”物资过去削价百分之八十，现在不削也有人要了。有人说，小商品要降价多少多少，我有怀疑。化肥现在还有黑市倒卖，我看不能降价。在这个问题上，如果把主席的战略思想当作战术部署去执行，就会犯错误。

3. 中央财政和地方财政的关系。明年预算盘子要摆出来，暴露矛盾，让大家讨论。分配任务要既不松，又不紧。有人说，地方党委要求明年有些超收，搞点机动。我看留有余地是对的。但是，如果余地留大了，超收太多，就不对。这样就不能保重点。这几年商业指标打得高，搞得很紧张，明年要解决。这几年有个经验，物价上涨，购销差价就大，商业赚钱；物价稳中有降，购销差价就小，商业收入要减少。现在，商业经营管理问题也不少，也要革命。按经济区域组织商品流通，反对的人多着呢！河南就有五下孟津的事情。

4. 政治工作的位子。这个问题我讲了很多。这不是争个人的位子，而是争党的方针政策的位子，争毛泽东思想的位子。有的说政治是软的，业务是硬的，上边不催，下边不搞。我们开了不少会，是催了，你不抓政治工作是不行的。

最后讲一下增产节约措施，这是一个很重要的问题。余秋里同志已经讲了七条措施很好。增产节约，就是财政上开源节流。你们要在这方面多用脑子，大力去抓。供销社财务，财政部门应该管起来。听说有些地方还是在大修房子，要检查。

162－17－15

二、计划管理和改革

（一）中央的意见及指示

首先，我们这次计划工作中有些什么经验和缺点？

今年计划会议比往年开得早，一次定总盘子。我看，计划早点定下来好处很多，便于各方面及时安排工作。明年计划会议能否比今年再提前一个月开？能否争取在9月20日以前把计划定下来？如果做到这一点，我们就能有较多的时间来抓工作，抓措施。

有人说，计划早定有困难，一是农业收成看不准，二是当年计划完成情况预计不出来。我认为，我们是共产党人，应当善于观察形势；我们是计划工作者，应当善于进行预计。这一点，我们必须坚持。不然，长期计划怎么编呢？

一般灾荒也是可以预计的，今年河北等地的特大水灾是历史上罕见的，是特殊情况。

下达控制数字时，应当在基本建设投资方面留出10%～15%的余地，作为计划会议上平衡、调整之用。今年最大的教训是：下达明年基本建设计划的控制数字时丝毫未留机动，一下子都分出去了，这是我们工作中的缺点，不能责怪别人。

其次，在安排计划时，有矛盾应当早点摆出来，把非上不可的项目首先安排下来，以免发生漏项。

薄一波同志在大区计委主任座谈会上的讲话要点（记录稿），1963年10月12日。150－11－48

毛主席关于计划工作方法问题的批示

1964年8月27日

小平同志：

此件可印发此次到会同志及各省、市、区委及中等市委同志阅看和研究。并准备在十月工作会议上予以讨论。看来伯达同志的建议是可行的。此外，计划工作方法，必须在今明两年内实行改变。如果不变，就只好取消现有计委，另立机构。

陈伯达同志给主席的信

主席：

这是我向富春同志提的一些意见。记录不长，如您有空，请就便一阅。

伯　达

8月27日

陈伯达同志给富春同志的信

富春同志：

杨波同志来，转述了您的一些意见。我顺便又说了一些话，他记录下来。我想，这个简单记录，可以送给您参考。因为谈得匆促，深思熟虑不够，或许会有些毛病，请指示！

谨致

敬礼！

陈伯达

8月20日下午

陈伯达同志关于计划工作的几点意见

（一）从全局考虑。在工业中采用新技

术，要有一个全盘的计划。这不是贴膏药的问题，不是擦紫药水的问题，而是一个伟大的工业革命的问题。要从实现社会主义的新工业革命的角度来看待这个问题，要从实现党的社会主义建设总路线来看待这个问题。因之，必须从全局着想，抓住要点。拿钢铁工业来说，氧气顶吹转炉炼钢技术，不仅新建和扩建的钢铁企业要采用，老的钢铁企业（在现在，这些还是大量的）也要搞，逐步地把平炉炼钢改变成为氧气顶吹转炉炼钢。这样做，就要适当地集中一批优秀的技术力量，力争在最短时间内解决设备制造和掌握生产技术的问题。进口一些设备是需要的，但主要的，是要靠自力更生来解决问题，而这是可能的。

（二）财政制度。发展我们国家的建设事业，需要研究改进某些财政制度。十多年来，存在这样一种情况：建设新的企业就给钱，改造老的企业，在老企业中搞技术改造，就不大给钱。其实，在老企业中进行技术改造，花钱少，收效快，作用大。这是毛主席老早就提出的，可是，过去我们在实际工作中对这一点没有注意。

十多年来，我们在一线、二线建设了许多新企业，花钱不少，可是技术还是老的。如果把建设新企业的资金，拿出一部分用于进行老企业的技术改造，作用可能更大。两相比较，财政措施究竟怎样才是适当的，就很值得考虑。

（三）关于一、二、三线的关系。主席提出的建设第三线问题，非常及时，非常重要。这是一个伟大远见的战略性指示。第三线的建设，必须按照主席的指示去做，赶快抓。如果不这样做，不快点抓，我们就会犯大错误，这样做了，就可以避免这个错误。

为了搞好第三线，在建设第三线的同时，我们还必须注意一线、二线原有企业的技术改造问题。这样，就可以更加多快好省地建设第三线。在一线、二线的老企业中搞技术改造，花的钱不要很多，在全部工业投资中所占的比重不大，但是它的作用却是很大的。搞好一线、二线的技术改造，是为着加快第三线的建设，是为着加快帮助第三线用新的技术建设起来。第三线要靠一线、二线去帮助，如果一线、二线的技术是保守的，那就会影响第三线的建设。所以，在搞好第三线的同时，也要考虑搞好第一线和第二线，让第一线和第二线能够对第三线投进更大更多的力量。

（四）改变拖拖沓沓的作风。1958 年毛主席提出的党的社会主义建设总路线以来，已经 7 年了。在这 7 年中，我们的工业工作有很大的进步。主要的成绩，是工业的布局有了一定的改变，特别是在近几年中，工业的品种、质量有了新的跃进。但是，应当承认，毛主席在 1957 年、1958 年给我们提出的许多重要的指示，我们还没有进一步地、认真地去研究它，还没有进一步地、认真地去执行它。就发展科学技术这个问题上来说，我们还存在着拖拖沓沓、得过且过的作风。

苏联十几年来在中国的影响，造成了一种迷信，我们还没有大胆地去批判它、破除它。我们还在第二次世界大战以前的技术上绕圈子。还有，苏联在工业上的一套不合理的规章制度，给我们的害处很多。特别是那些帮助修正主义生长的管理制度，更要不得。可是，直到现在，苏联那一套还在束缚着许多人的手脚。现在已经到了改变这种状况的时候了。我们必须按照毛主席的指示，认真地打开我们自己的多快好省的发展社会主义工业的道路。不破不立。批判苏联那一套，建立我们自己的新的一套，条件已经成熟了。在这个问题上，我认为要有积极的措施，要有具体的方法。

150－12－71

李富春关于计划工作向毛泽东的请示报告

1964 年 9 月 13 日

主席：

前天汇报时，我着重谈了多年来经济工作和计划工作的缺点和错误，以及体制改革问题，这里不再重复了。现在，我根据主席的思想和中国的实际情况，主要对于经济工作和计划工作，以及计划工作如何改革的问题，提出下列几点，请主席指示。

（一）进一步实现主席打歼灭战的思想，彻底改变分散力量，“分兵把口”的建设思想。这里首先是认真执行主席所提出的调整第一线，集中力量建设第三线。我认为这是主席的一个重要战略思想，我们根据主席的战略思想，重新布局，即工业交通和整个国民经济重新布局。必须打歼灭战。过去几年，我们对这一思想的了解是片面的，过多地注意了一线，忽视了三线，使工业布局不合理。我们必须争取用七年到十年的时间，改变目前我国工业布局的面貌。

初步设想和安排如下：

1. 加快成昆路的建设（详见我九月四日给你的信，九月三日的信，你已看了），争取一九六九年成昆路全部通车。并且根据主席的指示，把湘黔线的勘察力量和设计力量抽出，从明年开始即着手川汉线的勘察和设计。为了使施工进度加快，拟从瑞典和日本进口一些快速凿岩机。只要各方面力量组织得好，也有可能而且也应当努力争取一九六八年底全线通车（指成昆线）。

2. 准备用三年的时间，以重庆钢铁公司为中心。在重庆地区（包括鄂西到綦江一线）建立一个生产常规武器和机械制造的工业基地；用五年左右的时间，以酒钢为中心，在西北地区建立一个生产常规武器和必要的机械制造的工业基地（因酒钢建设比攀枝花快）；用七年左右的时间，以攀枝花钢铁工业为中心，在西南地区建立一个较完整的工业基地。

要较快地建设第三线，必须与调整第一线相结合。我们提出“停、缩、搬、分、帮”五种办法。

从今年开始首先行动起来，把一些重要的工厂和车间，用一分为二或全搬的办法迁移到三线去。根据一波同志的研究，今明两年冶金、一机、农机、化工、铁道、邮电六部先迁六十六个项目（详见一波同志十一日送的“今明两年开始迁建一线企业到三线的初步设想”），如果加上军事工厂和其他行业迁的工厂，今明两年大约可以有一百个左右的工厂或车间内迁。相应的，把有关的科学研究机构、设计机构和大专学校内迁或一分为二。

对沿海各省都要给他们建设后方，不仅要建立一些能生产炸药和轻武器的兵工厂，而且要把一些重要工厂迁进去。经委正在研究。

对于一、二、三线大中城市的老企业，首先是上海、天津、沈阳、北京、广州、武汉、重庆七大城市的重要老企业，有计划地进行技术改造，以利于整个工业技术的发展和帮助三线的建设。

凡是新建的工厂，必须是“小而分”，而不是“大而全”，必须尽可能采用新技术、新工艺，少占地，少用人，提高劳动生产率。非生产的建设，必须因陋就简。

3. 三线的建设，除了集中力量修铁路和开始迁入工厂以外，还要加强公路、地质勘探、煤、电和水源的建设工作，并且在西昌地区和河西走廊用军垦为主的办法，解决农业问题。

4. 现在二线还有些未完工的重要项目，如包钢、武钢，太钢等，必面继续建设完工，以利于今后工业的发展。

5. 从今年起，在第三线有计划地分期分批地储备一批战略物资，如粮食、布匹、石油、生铁、钢材、有色金属、盐等。

西南地区的粮食，今后力争少外调或不调出；一线的几个大城市和沿海几省，根据实际情况，每年设法增加一些粮食库存。因此，在今年粮食丰收的地区，完成征购任务以后，拟用超购超奖和换购的办法多搞一点粮食。

6. 和战结合是个长期的方针。过去认识不够，做得不好，做了一些，还不够有力。在一些生产民用产品的工厂（主要是机械工业），要做好转产军品的准备；有些军工厂，在平时也要生产一些民品；重要的工厂、铁路枢纽和水库，从明年开始有计划地进行民防工作。已经分工，于十月以前分别搞出规划。

7. 第三线的建设和第一线的调整，除了

明年即办的以外，还必须分别制定专门的总体规划，成为第三个五年计划中的一个重要组织部分。

这样安排以后，明年的任务相当繁重，各方面的要求都很大。因此，必须妥善地安排国家资金和一切物资。为了保证三线的建设，明年农业的投资和地方投资只能维持今年的水平。

（二）积极研究和采用新技术，进行工业革命，用十年的时间赶上世界先进水平。

要反对故步自封、满足于已有的成绩、满足于苏联的技术，要自力更生为主，力争赶上世界先进技术水平。工业交通各个行业，都要制定技术政策，有重点地逐步实行技术革命。我们必须从全局出发，统一规划，并且研究世界的情况，制定具体的技术革命规划和具体实施办法。明年首先抓住几个重要的东西，分别集中一批技术力量，用三结合的办法去突破。重要的是：

钢铁工业的技术改革，以氧气转炉炼钢为中心。明年拟从日本进口两座五十吨的氧气转炉，进行大型的氧气顶吹炼钢试验和生产。同时，积极提高矿山机械化水平，积极研究和制造新的轧钢机械。

抓机械工业的新技术，首先是抓电子工业和精密机械、光学仪表等。以此带动机械工业的逐步革命。

抓石油化工新技术进口的技术掌握和翻板工作。如以天然气和石油为原料制合成氨的技术、石油催化重整装置、丁醇辛醇装置（做塑料的增塑剂）、原油裂解等（已签订合同）。

加强内燃机车的制造和工程机械的制造。

要把技术革命搞好，必须走群众路线，必须把科学试验和生产实践相结合，必须打破技术力量分散、各搞一套的局面，集中力量打歼灭战，根据需要，有计划地集中技术力量，形成拳头。这样才能突破一点，推动全面。

为着促进自力更生和技术的发展，必须引进必要的新技术（包括成套设备、单机设备、技术资料），反对故步自封、只注意苏联技术水平不注意资本主义新技术的倾向。为此，必须有计划地有重点地进口新技术的成套项目（我们已经同资本主义国家签好合同进口的有十项，今年还将签九项，详见附表［略］）、单项设备和技术资料，并派专家出国考察。现在有条件面向全世界，特别是从日、法、西德、荷兰、英国、瑞士、意大利等国买。

继续进行“两赶”、“三消灭”的比学赶帮运动。

（三）推行专业化和协作，改组工业生产。

明年首先在上海、天津、沈阳、北京、武汉、重庆六个城市开始试行（今年对上海、天津、沈阳、广州已有准备），一是机械工业的专业化和协作；一是原料工业的综合利用。

关于专业化和协作，由经委负责，提出分行业、分地区的全面规划。

以经委为主，科委参加，加强产品的标准化、系列化、通用化的工作。

工业管理体制问题也要研究改进，要用经济办法代替行政办法，逐步推行“托拉斯”。

（四）改革劳动工资政策。

1. 今年提出劳动保护条例的修改草案，发各地讨论；进一步修改后，发广大职工群众讨论，经过思想动员再作修改后执行。

2. 改进企业、事业单位的奖励制度。

3. 拟在第三个五年计划期间，随着经济的发展和交通的发展、物价的平衡，逐步做到取消地区工资差别。

4. 明年积极试行两种劳动制度和两种教育制度。首先在技工学校、中等专业学校、农业中学选择有条件的试行半工半读；在季节性工厂试行亦工亦农；在某些矿山、特别是有职业病的矿山，如铀矿、有色金属矿山，试行定期轮换制（如兵役制）。

（五）改革设计、施工和基本建设程序工作。反对苏联的一套，总结自己的经验。

1. 召开设计会议，整顿设计思想，修改苏联的一套设计、施工制度，树立自力更生、适合中国国情的设计思想。设计人员必须到现场去。

2. 必须废除甲乙方对立的办法，施工场地进行统一指挥。

3. 修改基本建设程序。减少审批层次和不必要的技术内容。大中型建设项目的设计任务书由国家计委审批；小型建设项目的设计任务书由各部门和各省市审批。

4. 必须真正贯彻执行集中力量打歼灭战的原则。项目不能搞得太多，战线不能拉得过长。

（六）改进财政体制和制度。

我们目前财政制度体制，一方面有控制过死的缺点，另一方面又有放任的毛病。我的意见，对非生产性的东西，仍应本着勤俭建国精神，控制严些为好；对生产事业，则不应控制过严，而应以促进生产为原则。

1. 企业的基本折旧费，应当用于设备更新和技术改造。拟用三四年的时间，把基本折旧费从财政支出中和基本建设支出中抽出，用于设备更新和技术改造。以利于企业发挥积极性。

2. 凡属地方企业和事业的投资、事业费，由地方安排，以利于地方综合安排和机动，然后纳入国家计划。

（七）建议中央成立国民经济工作的统帅部，由主席和少奇同志挂帅，以利于中央决策后雷厉风行的行动起来。

（八）彻底改革计划工作。

1. 所有计划工作人员，必须认真学习毛泽东思想和党的方针政策，克服从苏联“框框”出发的错误。

2. 计委必须减免日常工作（如表报、基建任务书的审批，物资分配和其他日常工作），认真地蹲点，进行调查研究工作，进行全面分析，提出重要的、带有方针性的、政策性的、远见性的意见，供中央考虑，使计委起到中央的经济工作参谋部的作用。

3. 从全局出发、全面出发，就是说从实际出发。真正解决计划是从实际来，不是从书本、想当然来。因此，计委必须认真地研究各“口”、各中央局以及各部门、各省市所提出的计划。认真研究综合平衡、全面安排，不是拼凑，不是简单分投资争项目，而是经过同干部、同群众，同时同中央商量的结果。做到从实际出发，按主席思想办事。如果上述七条能贯彻执行，就是经济工作和计划工作的改革的开始。

4. 加强和改造现有各级计委，首先是国家计委。各级计委的领导必须加强和调整。计委的人员必须精简。全体计划工作干部必须努力学习，做彻底的革命派。

这是初步的，也是这次北戴河座谈会商量的，以后将本着革命精神，继续改进。

关于明年计划的轮廓和主要指标的初步安排，另报。

关于机关庞大，层次太多，互相牵制的问题，是个大问题，还要专门研究后再报。

150－12－13

薄一波同志给毛主席的信

1964 年 9 月 28 日

主席：

我在计划会议上的一个简短发言，送上，请阅示。

这个发言只是出了十二个题目，内容还不充实。富春、先念、震林同志主张发下去（小组会）讨论。我同意了。这次会议的中心，已经转到讨论计划工作如何革命的问题了，所以我也作了这样一个发言。是否有当？请示。

附：薄一波同志提出关于计划工作革命的十二条意见

1964 年 9 月 26 日

一波同志在九月三十六日的大区书记、主任座谈会上，对计划工作革命提出了十二条意见。一波同志说：听了几天同志们的发言，对我启发很大。我想了一下，计划工作革命，究竟革什么命？如何革法？主席说：“现在是革苏联这一套的命”，也革我们自己制造的脱离实际的“框框”的命。苏联这一套究竟是些什么呢？我主张梳梳辫子，把它梳出几条来，目标明显，好打倒。主席又说，“只说苏联的不行，我们的是什么?”这一条更重要，不能总结出我们自己的，只破不立，等于说空话。就像主席所批评的，每次自我批评，承认改，每次都改不了。我们应该对计划工作革命，革什么命，建立什么思想，好好想一想。我根据主席的历次指示（这里不详细讲了），提出几条意见来，请同志们考虑，是否可以，不对的地方请批评。

（一）计划工作一定要有中心思想。首先要有“以农业为基础、以工业为主导”的思想，有“两个拳头、一个屁股”的思想，即按农、轻、重安排的思想。计划思想究竟从什么地方来的，首先应该从这里来。所有计划工作人员，必须明确地具有这一思想，懂得这一思想。生产什么，建设什么，谁先谁后，都应该以“农业过关”并加强国防为出发点。

（二）走群众路线第一，搞社会主义革命第一。大搞群众运动，大学解放军，大学大庆，大学大寨，加强政治思想工作。不是搞一长制，不是少数人办企业（富春同志：计划革命，也要搞群众运动）。这就要贯彻执行“三八作风”、“四个第一”。计划工作，首先就是走群众路线，多谋善断么！每一个计划要建筑在群众的积极性上，建筑在“三结合”上，既反对官僚主义的管理，又反对单纯技术观点。

（三）勤俭建国，奋发图强，自力更生，艰苦奋斗。要真的这样干，不是口讲自力更生，而实际扔不掉拐棍。口讲艰苦奋斗，实际来个“无病装病、小病装大病”。要真正树立起为大多数人谋福利的思想，树立起革命的新风气、新风尚。计划工作必须鼓励这一精神，必须把这一精神时刻考虑在内。

（四）工业、交通和整个国民经济的布局，都必须符合毛主席的战略思想。要正确处理沿海和内地的关系，正确处理和战结合的问题，要正确处理一、二、三线的合理布局问题。我们在政治上向来是两手，争取和平，准备战争。在经济上我们也应该准备两手。片面建设沿海，不积极搞三线，实际上就是只准备了“和”的一手。这是错误的。在毛主席重申的战略方针下，给我们提出了工业、交通重新布局的问题。要把一线的重要企业搬一些到三线去，方法是一分为二。要积极搬，但又要搬而不乱。对三线要集中力量，进行建设。

（五）大搞技术革命。搞基础工业，要技术革命当先。每一个行业，都要按照六十年代的水平，规定一些应该采取的新技术。抓紧抓狠。比如为了实现氧气转炉顶吹炼钢，就应该集中一批优秀技术人员突击地去搞，要能自己设计自己制造，自己安装运转。以革命的方法来贯彻，不准拖拖沓沓。

搞新技术，不要忘了充分利用原有设备、原有技术的潜力。

（六）专业化和协作。要革苏联“大而全”、“小而全”、“万事不求人”的命，要贯彻执行大中小相结合、而以中小为主和“小而分”的方针。

（七）综合利用。打破行业的限制，走生产托拉斯的道路。例如搞钢铁、化肥联合企业，搞钢铁、有色、化工联合企业，搞石油化工、煤炭化工、木材化工、食盐化工联合企业，而不是现在这样形而上学地各立门户地去搞。

（八）经营管理，应该逐步取消用行政办法来管理经济，这是超经济办法，应该试点并逐步推行社会主义的托拉斯。

（九）打歼灭战。集中优势兵力打歼灭战。计划要有重点，有所不为，才能有所为，没有放松，就谈不上抓紧。建设上打歼灭战是个原则问题，不是方法问题。把战线拉得长长的，就不可能多快好省。目前搞三线建设，就应该集中人力、物力、财力打歼灭战。

（十）政治鼓励第一，物质鼓励第二。要改革现行工资福利制度。现行的工资福利制度，有修正主义倾向，国家、集体和个人的关系摆得不对头。应坚决打掉单纯物质刺激的办法。

（十一）对两种劳动制度、两种教育制度，各地方、各部门都要试点，要试好。

（十二）上述十一点或者经过研究提出更多的点，应该是计划工作的中心思想。凡与上述不合的都应该革掉。计划工作革命，首先又要由计划机关、计划工作人员的工作方法、思想方法革起。

所有计划工作干部都要认真学习毛主席的思想。

大兴调查研究之风，认真蹲点，做到计划是从实际出发，从群众中来。

积极平衡，留有余地。

要多谋善断。

不只重复、口讲执行中央方针、路线，而要把中央的方针、路线具体化，要有具体的政策，具体的措施，具体的设施方案。

富春、先念、震林同志都同意一波同志提出的上述十二条意见，要求各组讨论，进行修改、补充，然后在这个基础上弄出若干条来。

Z374－1

李富春的汇报提要［节录］

1964年10月14日

一、计划工作的革命问题

革什么命？

革分散主义的命，革教条主义也就是革主观主义的命，革官僚主义的命。中心是要摆脱苏联的“框框”，认真克服脱离实际、脱离群众的错误。

如何革法？

（一）主要是认真蹲点，到实际中去、到群众中去、到现场去调查研究，系统地上下平行地总结我国十五年的建设、经营管理、体制、规章制度等方面的经验。

1. 农、轻、重，两个拳头一个屁股的关系。

2. 工业布局，一、二、三线的安排问题。

3. 农业生产和农业建设，特别是水利建设和稳定高产田建设的经验。

4. 工业生产组织和工业管理问题。如托拉斯、专业化和协作、综合利用等。

5. 技术革命和技术革新问题。

6. 基本建设问题（设计、施工、管理）。

7. 物资供应的方法和体制问题。

8. 劳动工资问题。两种劳动制度、劳保条例、工资制度、奖励制度等。

9. 积累和消费问题。包括国民收入的分配、财政、税收、市场、物价等。

10. 教育制度。两种教育制度。

11. 对外贸易和援外工作问题。对外关系日益发展，对外援助的责任也日益增加，需要总结和提高。

12. 各级计划机构、计划体制和计划方法问题。

上述问题，拟请各省市区、各大区、中央和“口”分工负责进行研究。

（二）今年能改什么？

1. 简化计划程序、表格和指标。计划用表明年减少一半以上。

在编制计划以前，首先研究党的方针政策，理出几条纲，经过统帅部批准，然后据此编制计划。

2. 在计划体制上，凡属地方性的投资和事业费（明年地方性投资约为二十七亿八千万元，事业费为五十三亿六千万元）由各省市区统一安排，大区综合，主要是农林水利、地方商业、交通、文教、卫生、城市建设、国营手工业和地方机动投资。最后由国家计委审查，纳入计划，相应地改变物资供应体制。

3. 在基本建设上，简化设计任务书；取消工地的甲、乙方，由甲方或由乙方统一指挥；取消建筑企业上缴利润的规定，但要加强经济核算，提出降低成本的指标。

设计人员到现场设计。明年春天准备开设计会议。

基本建设工程进度以工程实物工作量而不以货币工作量为标准。

4. 在财政上，财政体制随着计划体制的改变作相应的改变。用三四年的时间把基本折旧从财政收入中划出，用于老企业的设备更新，明年拟先拿出五亿元。

在税收政策上，新产品投产后一定时期内免税，协作件免税。

5. 在劳动工资上，国家只控制工资总额和固定职工人数，在此总数以内地方和各部可以调剂。

（三）从思想上、组织上、工作上改造国家计委。

1. 这次会议一致拥护成立由两位主席挂帅的国民经济统帅部（委员会），每两三个月开一次会。

2. 国家计委应当成为统帅部下边的总参谋部，在统帅部领导下编制计划和检查、监督计划的执行。计委起三个作用：参谋作用、综合作用、仲裁作用。

3. 加强计委的领导。请中央考虑从计委调出一批干部，调进一批得力的干部，如王任重、陶鲁笳、苏毅然等同志。

计划会议后，计委三分之一的计划工作干部下去蹲点。

4. 是否成立工业布局规划委员会？钢铁工业革命设计委员会？机械工业革命设计委员会？

关于工业问题的决定，建议请伯达同志继续研究改写。

5. 成立建委。可将建工部的建筑材料部分成立托拉斯管理，建工部其他力量可与建委合并。劳动部业务工作多，不宜取消，应改组加强。

6. 计划会议后，计委的工作重点将转到在总结经验的基础上，编制第三个五年计划和十年长期规划，争取明年编出第三个五年计划纲要。

7. 省市计委也要加强。一方面各级党委要加强对计委工作的领导，克服计划工作中的“尔虞我诈”、“讨价还价”、故步自封、骄傲自满等等资产阶级思想作风；一方面各级计委要对国家计委负责，国家计委要在方针政策和计划方法上直接指导下级计委。总之，要在社会主义教育运动中，克服计划工作和经济工作中的资产阶级思想和作风。

［下略］

Z373－8

国家计委传达李富春同志在中央局书记座谈会上的讲话和讨论机构等有关问题

1964 年 12 月 27 日

这次会议，俊扬同志先传达了富春同志在中央局书记座谈会上的讲话，然后讨论了我委的机构等问题。纪要如下：

一、富春同志讲话

十二月二十六和二十七两日，富春同志、先念同志、一波同志、秋里同志邀各大区书记，座谈了计划工作问题。参加会议的，有宋任穷、王任重、李葆华、魏文伯、马天水、李井泉、李雪峰、刘澜涛、陶铸等同志。会上，富春同志讲了两次话。

十二月二十六日富春同志说：

我们几个人找大区的同志谈谈计划方面的问题，主要是汇报一下，提一些问题，通风报信，不是解决什么问题。我讲以下四个问题：

（一）主席关于计划经济工作方面的一些批评

我从攀枝花回来以后，主席主要是批评我们抓小不抓大，不总结经验，没有办事章程，形而上学。总的来说，计划革命问题，主要是思想问题和作风问题。我们主要的毛病是脱离实际、脱离群众。不认真学习毛主席思想，结果必然是思想闭塞，必然是想当然——主观主义。以我来说，没有认真解剖一只麻雀，没有认真地全面地研究党的政策，因此，顾此失彼，顾了工业，忘了农业；顾了沿海，就丢了内地。综合平衡工作，不是从斗争中来搞综合，不是经过斗争求得平衡，而是“折中论”、“调和论”，形而上学思想相当严重，脱离党的方针，因而，不能总结经验。

在计划工作上面，也存在着四不清，思想上不清、政治上不清、工作上不清、组织上不清。我们的四不清，主要是不能够高举毛泽东思想红旗。思想上不清，就是形而上学思想。政治上不清，就是计划工作没有以阶级斗争为纲，没有战略思想，没有敌情观念（一波同志：少奇同志说，你们计划工作没有搞阶级斗争，经济工作中也没抓阶级斗争）。工作上不清，就是抓小不抓大，事务主义。组织上不清，就是职责范围不清。主席、少奇同志批评计经委，搞了十五年，没有办事章程，计委的职责是什么？经委的职责是什么？办什么事，不办什么事？上下左右的关系怎样？在全国计划会议时，我们写了三个主义，主席说什么三个主义？我开始不了解主席的意思，后来才知道主席说的就是没有主导思想，也就是没有综合。我们说的三个主义，根源还是主观主义，主观主义必然是形而上学。主席说，我们十五年来，形而上学盛行，唯物辩证法很少有人理。我们在工作上天天讲打歼灭战，实际工作安排上没有重点、没有政策，还是工农商学兵并举，重点不突出，这就是形而上学。

（二）计划工作革命

首先，要革思想的命，也就是如何把形而上学去掉。要抓重点，抓战略，抓战役，抓大的措施，把形而上学打掉。当然，账还要算，不是没有内容、没有分析、只罗列数字的算账（一波同志：不是死的数字，要活的数字，像高扬文同志那样算账，经过阶级斗争产生出来的）。计划革命，是不是抓这几件事：

第一，决心搞长期计划。不仅要搞第三个五年计划，还要搞十五年估算。从十五年来看第三个五年做些什么具体事情，不这样搞，不可能高瞻远瞩，不可能瞻前顾后。十五年的任务是什么？根据我国的情况，十五年完成什么战略任务？初步想法是，建立一个独立完整的、布局合理的国民经济体系，逐步实现四个现代化。十五年是战略阶段，五年是一个战役阶段。第三个五年的任务是什么？怎样提法好？是不是这样提：贯彻以农业为基础、以工业为主导的总方针，按照农轻重次序来安排，着重解决三线建设问题。三线建设也要分大、中、小三线，西南、西北是大三线，大区的后方是中三线，各个省的后方是小三线。三个三线都要抢时间（一波同志：我们设想一九七〇年搞一千七百万到一千八百万吨钢，品种也比较齐全。着重搞三线，希望到一九七五年基本上完成以攀枝花为中心的西南基地建设，包括长阳年产六百到七百万吨钢。主席说，还有十一年，能不能再快一点呢？谁知道到那个时候帝国主义打仗不打仗，现在帝国主义有二十年没打仗了，还有十一年，谁知道打不打?）。第三个五年还是以三线为中心，包括国防建设。这一条，请大家考虑一下。

第二，如何贯彻总路线，如何做到多快好省。第三个五年和十五年要办这么多事情，而且要快。究竟怎么办？初步想到的有如下七条：

1. 通过阶级斗争，挖掘工农业生产的潜力。现在，越来越看出，挖潜力，首先要挖人的潜力（一波同志：少奇同志指示，工厂里多的人，还要留在厂里训练，哪里需要就调到哪里），农业事业机构有九十万人，重叠的厉害，要减。

2. 要搞技术革命、技术革新，提高劳动生产率，提高质量，增加数量。发展电子工业，实际上是机械工业自动化，和石油化工工业解决自动控制问题。氧气炼钢必须同矿山建设、轧钢设备技术革命结合起来。我国的钢铁工业有它的特点，同日本、美国、苏联不同，日本没有矿山，百分之九十靠进口；美国要进口四五千万吨；苏联的富矿多。我们贫矿多，非搞选矿不可。

3. 通过设计革命，来节约基本建设的人力、物力、财力，保证工程质量。

4. 加强企业的经营管理，搞好设备更新，提高技术，扩大生产。

5. 通过改革劳动制度，做到政治教育同物资鼓励相结合。劳动工资、稿费、奖励政策中，修正主义因素很多。我们虽然没有提倡利别尔曼的原则，但实际上有他的东西，只讲完成生产任务，不管阶级斗争。昨天，少奇同志说，不仅农村中要组织阶级队伍，工厂企业中也要组织阶级队伍。一九五八年以后，工会工作放弃党的领导。

6. 推行两种劳动制度和两种教育制度，培养与教育新人。

7. 贯彻勤俭建国、勤俭办一切事业的方针。安排财政支出同物资分配都要贯彻勤俭建国和勤俭办一切事业的方针。这一点，各方面都要注意。现在，搞非生产性建设，城市中搞得太多，城乡悬殊太大，特别是非生产性建设的标准太高，一定要取消。

第三，第三个五年不要再重复过去一哄而上、齐头并进的毛病，因此，全国建设的重点何在？各个行业的重点何在？各个省市的重点何在，值得很好研究，不突出重点，齐头并进，一加起来就不得了。小三线就要二十五亿元，怎么用法？第三个五年农业投资肯定要减少，一方面要贯彻大寨精神，另一方面国家支援的资金和物资怎样用在刀刃上。农业要上去，但是投资要减少，怎么办？要有综合，就要有取舍；行政费、事业费要减少；基本建设必须因陋就简，不搞高标准，但要新技术；今后必须搞的项目，要先下手；有些容易收效的又能够增加积累的（如轻工业），可以多搞一点。一、二、三线要结合起来考虑，不要由于建设三线而把一、二线丢了。

（三）国家计委同各级计委改组

第一，国家计委改组，余秋里同志到计委来。

第二，要求各大区推举一位书记或副省长到国家计委来，国家计委的副主任下去。

第三，各省、市计委如果不是站在各口之上，不是站在矛盾之上，搞不好。

第四，计划工作过去没有和大家交换意见，今后要多麻烦第一书记。

（四）明年面上的生产

财政经济工作要指定人抓一下，否则影响全局，影响生产。

富春同志讲话后，大家进行了议论，主要是论了三个问题，即：第三个五年计划在什么基础上设想；计划革命问题；搞几条杠杠。最后，富春同志说：

大家说要搞几条杠杠，我看先拟定三条：

第一，十五年和第三个五年在准备战争基础上搞三线和国防建设，要抓住这个重点，立足于准备战争上。为了搞三线，农轻重的关系也要摆好，农业要抓见效快的（先念同志：不要设想，再从四川调出粮食，要准备把两湖、广东、江西、安徽顶上去）。

第二，革命化问题。主要是要总结经验，提高思想，允许革命。要求大家创造经验，创造典型，组织推广。大家创造出来的好经济，只要合乎实际，就要推广。劳动工资方面，不允许超过国家规定的工资总额（一波同志：人减了，工资也要减下来）。

第三，同意搞出个杠杠来。初步想到的，有以下几条：

1. 农业方面，中央只管投资设备和材料的分配和调粮食。具体怎么办，由大区负责，大区可抓省，在这个范围内大区可以调整。

2. 大区同省的后方建设，中央定了规划后，由大区负责抓。

3. 地方交通，划一些投资给地方，由地方自行安排。

4. 地方事业企业单位的计划，由地方负责安排。只能减不能加，在不增加的条件下，地方可以调整。

二、机构等几个具体问题

党组讨论了机构等几个问题后，议定如下事项：

（一）我委机构问题。根据当前编制长期计划工作的需要，可以考虑，先多摆几个局，每个局的人员要少一些。除了原来提出的设十二个或十个单位外，可另设几个人搞科学技术工作。先写出来，然后大家反复议论。

同意把三个物资分配局划给物资部，除原仪同志（留下管机械）和管设备进口的几个同志留下外，这三个局的同志都过去。

（二）召开大区主任会议问题。原定一月份开会，现在看来，晚点开好，待长期计划简报前几期报出去后，中央有了指示时再开。初步定在二月份开。

（三）书记处确定，计委代管劳动部，劳动部拟送中央和国务院的请示、报告，都要由计委审查。为此，会议确定，在作材同志未上班前，劳动工资和文教方面的工作由季立同志负责抓。

150－12－11

李富春、余秋里关于讨论计划工作革命问题的一些初步设想

1965年1月18日

主席，常委，书记处：

最近，我们讨论了计划工作革命问题的一些初步设想，现简报如下：

一、关于编制长期计划的方法问题

这些年来，我们计划工作一直做得不好，根本问题，就是没有坚定不移地以毛泽东思想挂帅，在计划工作上没有体现出毛泽东思想。我们的病根就是思想方法陷在形而上学的泥坑中不能自拔，计划工作不讲辩证法，工作做得不活，没有生气，老在那里搞繁琐哲学，气魄不大，甩得不开，没有战略观点，不能高瞻远瞩。这使我国在建设工作上实在吃亏不小。

这次编制长期计划（包括十五年规划和第三个五年计划），必须以毛泽东思想为指针，以党中央的路线、方针、政策为依据，从准备应付战争出发，结合我国工农业现有的基础，来研究我国经济建设的战略方针和奋斗目标。我们经济建设的着眼点，就是要本着毛泽东思想，把我国建设成一个社会主义的现代化强国，在科学技术方面赶上和超过世界先进水平，为战胜世界上最强大的帝国主义和一切反动派准备条件，要把我国建成一个铁打的江山。

这次编制长期计划，要有明确的战略观点，要敢于革命，要坚决冲破过去那种从算账入手的老框框。我们打算从下面五个问题入手：

第一，要根据毛主席的战略思想，来研究经济建设的战略方针和战略布局。有了明确的战略方针和战略布局，我们办事就有个准则，就可以使我们的经济建设工作处于主动地位，一切工作都可以早作准备，周密考虑，避免仓促应战。

有了战略布局，就可以使建设工作有计划、有目的、有步骤地前进，避免那种上去又下来，下来又上去，既会丧失时机，又会造成巨大浪费的情况。

有了战略布局，就可以做到和战结合，既能应付战争的局面，又可以对平时的生产带来很多好处，如配合协作、运输、供应等方面，就能组织得更加合理。

有了战略布局，就能正确处理一、二、三线的关系，避免只注意沿海、不注意内地，或者只注意内地、不注意沿海的两种片面性，真正体现总路线的多快好省。

第二，要根据战略方针来研究战役重点和主力的配置。第三个五年计划期间，我们国家经济建设的战役重点是三线（包括国防和各省、市、区后方建设）。在三线主要是狠打建设仗，在一、二线主要是狠打生产仗。这两方面都必须打胜。三线建设仗打好了，我们就能够取得整个战略上的主动；而打好一、二线的生产仗，既有利于第三个五年计划国民经济的增长速度，又能保证和促进三线的建设。在三线的建设中，特别是攀枝花的建设，只能前进，不准后退，一定要打出一个世界先进水平出来。根据大庆的经验，这是完全可能的。

第三个五年计划期间，我们的主攻方向，还是主席、中央历来所讲的粮食、钢铁和机械。从目前国内的大好形势来看，这三个方面现有的基础，还不能完全适应我国经济建设新高潮的需要。从今年起，到一九七〇年，还有六年的时间，我们认为，头三年是最关紧要的三年。在这三年内，我们必须以坚定的态度、革命的手段，把粮、钢和机械打下一个较好的基础。在保证三线建设的前提下，一定要把一、二线的生产建设和技术改造安排好。例如，钢铁工业方面，必须在三四年内把包钢、

武钢和大钢基本上建设起来，如果这三个钢铁基地不搞起来，第三个五年计划钢产量的增长就会不落实。只有首先在粮、钢和机械这三方面作出突出的成绩，才能使第三个五年计划期间整个国民经济（包括国防建设）较快地前进，保证和促进三线的建设。

当然，在战役重点和主攻方向确定之后，对配合的方面必须作相应的安排，必须有全局观点。

在工业上，采掘业是基础工业的基础，它是我们建设当中投资最大、用人最多、费时最长的一个部门，现在恰恰是它最薄弱，必须在今后的建设中列为重大的突破点之一。否则，会逼得其他方面想上也上不去。这是我们多年来的经验教训。

在整个建设过程中，都必须贯彻高度集中统一和充分调动各方面的积极性相结合，反对那种多头领导、责任不明的现象。

第三，如何实现多快好省？最根本的，是要高举毛泽东思想红旗，充分调动全国人民的积极性，发扬人们高度的革命精神和聪明才智，要有天不怕、地不怕的勇气，敢于战胜技术难关，敢于攀登现代科学技术高峰，要立志在我们伟大的社会主义建设事业中，创造出奇迹来。

要大力发展和广泛采用新技术，首先要把我们这几年搞出来的很多好东西、新东西，充分运用到生产建设中去，特别是要运用到三线的新建设上去。在我们努力进行发明创造的同时，还要注意有选择地引进外国新的科学技术成就，以缩短自己的摸索过程，加快我们的建设。

要抓设计革命。从主席抓了设计革命以后，已经出现了新的气象，我们一定要把这个革命进行到底。在今后建设中，必须运用这个革命的成果，进行符合我国实际情况和科学要求的新设计。

要有目的、有领导地改革那些束缚生产力、不利于多快好省的规章制度。我们要求各个部门、各个行业的领导干部，一定要亲自动手，总结出若干条符合多快好省的具体政策和具体办法，并且体现到长期计划和今后的建设中去。

第四，安排好积累和消费的关系。要根据主席“发展生产，保障供给”的指示，千方百计地增加收入，增加积累，把一切可用可不用的钱都节省下来，加快建设速度；同时，要在发展生产的基础上，注意安排好人民的生活。要教育人民、教育干部，艰苦奋斗，勤俭建国，勤俭办一切事业。

第五，综合平衡问题。这次编制长期计划，必须根据中央的方针、政策，充分估计生产建设中的积极因素，正确地进行综合平衡。在综合平衡过程中，不能掩盖矛盾，要揭露矛盾，分析矛盾，通过斗争认真地解决矛盾。在建设的安排上，要分清主次，权衡轻重缓急，不要怕得罪人，不应照顾情绪，反对折中论、调和论，该砍的坚决地砍，该保的千方百计地保。一定要克服过去那种“推平头”的办法，力求做到符合中央方针、政策和实际情况的综合平衡。

为此，商定由余秋里同志负责组织二十人左右的计划参谋部（一部分名单附后），摆脱计委机关的日常工作，集中到国务院，搞长期计划；计委机关日常工作，商定由王光伟同志负责，继续研究和实施计划工作革命和计委组织改革问题。计委这两部分组织均在李富春同志领导之下，对主席、中央和国务院负责实施他们各自的任务。待长期计划搞成和计委组织改革完成、计划革命实施后，两部分组织就可统一起来。至于如何统一，到时再定。

二、关于计划体制方面的若干改革问题

经过初步研究，我们建议把计委的以下几项工作，交给有关单位去管。

1. 大大简化年度计划。把现在计委有关工交、国防工业、农林、财贸的编制年度计划的部分工作，交由上述各办分管。今后，国家计委在长期计划的基础上，根据形势的发展和中央的方针、政策，每年编一个年度计划纲要，其中包括：工农业生产水平，发展速度，财政收支计划，基本建设规模，“分口”的投资额，重大建设项目，商品总量同社会购买力的平衡，职工总数和工资总额，等等内容。这个年度计划纲要，事先应同各办、各中央局、各部商量拟就，报请中央审查批准后，即由上述各办（文教、政法、外事三口计划，仍按原办法执行）、各中央局分别负责，具体安排各部门和各省、市、自治区的计划，最后由国家计委将各方意见汇集起来，制定统一的年度计划，正式下达。年度计划执行中的调整工作，分别由各办负责。这样，计委就可以把主要精力用于研究中央的方针政策、战略布局、总结经验、重点检查和对重大问题的调查研究。

2. 基本建设项目设计任务书的审查，现在我们用去很大的精力。今后，除了全国性的新工业基地的总体规划（如攀枝花地区、酒泉地区的总体规划），大江、大河流域的开发治理规划，由国家计委负责组织有关部门审查，并报中央批准外，其余的建设项目的设计任务书，都分别交由各办、各部、各大区和省、市、自治区负责审查批准，重要的送国家计委备查。我们考虑，在长期计划中定出了重大建设项目的条件下，采取这种办法是可行的。

3. 国家统一分配物资（包括重要的原料、材料和机器设备）的分配计划，交由物资管理部负责编制，由国家计委审查批准；现在计委的分配物资综合局、冶金产品分配局、机电产品分配局，已经移交给物资管理部。

4. 除了书记处已经决定的新技术进口、设备更新、四项费用和一、二线迁厂等工作，由国家经委统一管理外，劳动部的工作，也由经委归口管理。

5. 计委工作章程规定后，还要通知各大区和省、市、区委执行。

以上想法，是否恰当，请指示。

如果照此办理，过去曾向主席和中央提出的编制长期计划的十七个简报和日期，均要有所变动。

集中起来研究长期计划的干部名单

余秋里　国家计委第一副主任兼秘书长
李人俊　建筑工程部部长
林呼加　浙江省委书记
朱理治　华北区计委主任
刘有光　国防部五院政委
张有萱　科学技术委员会副主任
杨　煜　国务院农办副主任
贾步彬　中央办公厅
安志文　国家计委副主任
王耕今　国家计委委员（管农业的）
马　仪　国家计委机械工业局局长
白　扬　国家计委国防工业局局长

除以上人员外，请六个大区、国家经委和财贸办各派一人参加，并请书记处考虑可否调浙江省林呼加同志和国防部五院刘有光同志来国家计委工作。

以上名单是否妥当，也请书记处考虑决定。

Z258－15

（二）各部委及地方的意见和建议

国家计划委员会会议纪要

1963年1月19日

内容：与各中央局、各省市自治区计委副主任座谈长期计划问题

1月19日下午，子华、英杰、云屏同志邀请参加全国劳动工资会议的各中央局计委副主任和各省市自治区计委副主任座谈长期计划等问题，各地同志在会上提了以下意见：

1. 大区是否不要单独编制长期计划，因为现在要编“全国一盘棋”的计划，大区不

了解全面情况，考虑问题有局限性，不好进行综合平衡。

2. 大区如何参与长期计划工作？有些大区的同志提出：在编制长期计划时，大区计委可协助国家计委进行调查研究，对建设项目提出审查意见，或参与重点规划等工作。

3. 不少地区的同志都要求国家计委下达编制长期计划的控制数字，以便下边掌握，免得不切实际把计划搞得过大，重新返工。

4. 长期计划如何搞法？希望国家计委召集各地同志专门开个座谈会布置一下。

5. 编制长期计划时，希望条条块块互相结合，因为有些问题单靠块块是不能解决的。例如，海南岛的规划问题，涉及中央好几个部门，非广东一省所能解决的。有的同志提出，搞长期计划时，可否地方侧重抓农业，中央各部侧重抓工业。

6. 在第三个五年，全国城市人口如控制在1.2亿人，则因自然增长而多余的人口如何安排，特别是不能升学的中、小学毕业生如何安置，希望国家在长期计划中通盘考虑他们的出路。

7. 西北计委同志提出，当西北粮食问题基本上解决之后，重点放在发展农业还是畜牧业呢？即国家要求西北多提供些粮食还是肉类呢？这个问题很重要，需在长期计划中予以明确。这几年，有些地方为了搞粮食开荒，结果是粮食没有种上，倒把草原破坏了。

此外，还有一些资源未被利用起来。例如，新疆年产7亿斤奶，只利用了1亿斤，还有6亿斤未被利用。新疆一带，由于追求头数，不愿宰杀，入冬以后一来风雪，一两百头羊冻死荒野，如果入冬以后有计划地宰杀，可以运出来供应市场。

8. 河南、辽宁都反映：今年施工力量不足。河南缺少9.7万临时工，有13个项目不能施工，主要是因为招不到临时工（既不能从农村招人，而城市闲散人员又嫌工资太低不愿当临时工）。辽宁缺少5万人的专业施工队，地方解决不了，希望中央帮助解决。

9. 四川同志提出，增加工资时不要按百分比分配，因为低工资地区的工资基数低，如按百分比分配，则高、低工资地区的距离会更大。希望国家对低工资地区多照顾一些。

F114

《全国计划会议简报》：关于计划工作的几个问题

1963年10月8日

十月四日下午和五日上午，各地区组交流了计划工作的情况，反映了当前计划工作中的一些问题。

各地认为，几年来，计划工作年年有进步，改变了管工业多、管农业少的状况，逐步转向以农业为基础，加强了计划工作的集中统一和综合平衡，搞了不少调查研究，抓了一些具体工作，建立了一部分规章制度。总的看来，计划比较稳当了，工作比较主动了，干部也得到了锻炼。

许多同志反映，当前在计划体制、组织机构、工作关系、工作方法和干部培训等方面，都存在着不少问题，很多是“老问题，老意见，老得不到解决”。

第一，条条和块块的关系问题。

华北的同志反映，现在农业计划多头，农业、林业、牧业和水利建设不能统一安排，不利于综合采取措施。农业建设资金由农业、农垦和水电几个部门分头控制，条条下达，资金的用途各有规定，项目细，管得死，地方不能综合平衡，资金不能集中使用，项目不能成龙配套。河北反映，第二个五年农业建设资金花了将近三十亿元，一九六三年投资四亿多元，使用分散，收效不大。如果集中使用资金，分期、分批打歼灭战，效果会更好一些。最近省里在石家庄专区作了一个规划，投资二亿五千万元，可以使粮食单产达到四百斤，总产二十四亿斤，棉花单产五十斤，总产一百五十万担。北京反映，水电部规定电灌的低压线由群众集资建设，但是，积累少的地方，群众办不起，只好用国家投资延长高压线，代替低压线；而积累多的地方，群众愿意建设高压线，国家又不给物资。许多同志建议，对于农业建设资金，国家只规定使用的原则，由地方统一安排，报部审批。北京的同志还要求把小型农田水利事业费改为长期低息贷款，由县收回周转使用。

许多同志反映，中央直属企业的计划，地方至今统不起来，企业往往不按规定抄送省、市，中央部按条条下达，有的不告诉地方，计划的调整，有时地方也不知道。陕西省由于不能掌握中央直属企业的计划资料，这次编制的一九六四年生产计划，是参照去年的指标估算的，准确性很差。新疆反映，中央直属企业的职工占全区一百万职工的百分之六十，这些企业不向地方抄送劳动工资计划，人数、工资和商品供应都掌握不住。

各地同志提出，基本建设计划由条条安排，地方只有说话权，很难调整，没有机动余地，没有体现分级管理。甘肃的同志说，地方工业大小都排不上队，单搞中央大企业，地方小型项目配合不上，国民经济也走不顺。中南一些同志反映，地方企业的问题不好解决；收归中央后，什么事都好办，有些部安排计划时，对中央、地方企业不一视同仁。

对地方投资的安排，有两种意见：一种意见是扩大地方机动投资的比例，有的同志建议实行二八开，给地方百分之二十的民主；另一种意见，要求恢复双轨制，条条安排直属企业，块块安排地方企业。

条块结合不好，是一个老、大、难问题。许多同志指出，这个问题不解决，就谈不上地区的综合平衡。现在，不少省、区实际上只能搞粮食、劳动力和砖、瓦、砂、石的平衡，其他方面，摸不着底，沾不到边，搞不了平衡。

第二，生产计划和商业收购计划的关系问题。

许多省、区反映，现在，商业部门的收购计划，同国家的生产计划不衔接。有些地方轻工业产品，超产的不收购，商业库存多的不收购，销路不好的不收购，利润小的也不收购，合同义务可以随便解除。有的同志说，不收购就不能生产，生产跟着商业跑，国家计划没有约束力，不如商业部门说了算。还有的同志说，国家计划定了，商业部门一下给打乱，分散主义是来自上面。甘肃反映，电灯泡、日用陶瓷和布鞋等产品的产量，决定于商业部门收购多少或原料分配多少，常常被迫减产或停产。武汉反映，农村需要的一些西药，商业部门不收购，还不准企业自销。福建的同志说，现在计委不如商业厅，商业厅不如专业公司，收购多少还是专业公司说了算。陕西省今年鲜蛋的收购计划为七百万斤，后来外贸部门因出口减少了，就直接通知商业厅，把计划改为五百万斤。

各地同志建议，国家计划不能只列生产指标；要对产、供、销统一进行平衡，纳入国家计划的产品，由国家负责，纳入各部计划的产品，由各部负责；对外贸和内销也要统一安排。计划订了以后，各个部门都要严肃对待。商业部门和工业部门签订的合同也要严格地履行。西北的同志还提出，对边远地区的工业应该加以扶植，商业部门应该订一个保护内地工业的办法，在工业品的价格上，可以同其他地区有差别。

第三，计划部门的组织建设问题。

许多同志反映，几年来，地方计划部门的机构几次变动，任务不断增加，组织建设没有跟上，目前，职责不明、机构不健全和干部力量薄弱的问题比较突出。不少省、区提出，计委同经委、建委等部门合并以后，什么都得管，什么也管不深、管不好，忙于应付日常事务，参加各“口”开会，不能坐下来研究计划中的重大问题，拿不出有说服力的材料。新疆的同志说，“现在的计委不如以往的财委有力量，平衡账算得不少，但处理问题没能耐，说了不算数，别人也不听”。湖南的同志提出，计委的业务范围比一九五七年扩大了，但人员减少了三分之一，原来建委有一百人，合并到计委时，只给了计委五个人。许多省、区反映，县计委任务很重要，但力量很薄弱，机构若有若无。浙江省的县计委，没有设专职干部的有一个县，只配备一个干部的有六个县，配备两个干部的有十六个县。青海省的县计委一般只有一两人，还要搞县里的中心工作，有的牧区县、旗计委还没有人，计划只好由省代编。西藏各部门都没有人搞计划，各县也没有计划机构。各地同志要求制定地方计委的工作条例。有些地区要求把国家计委草拟的计划工作条例先发下去试行，以便有章可循。也有的同志认为，计划工作条例避实就虚，回避了当前工作的矛盾，应当搞细一点，明确各级计委的职责，划清各方面的关系，规定省、市计委对中央直属企业的权限和义务。

各地普遍要求国家计委统一制定各级计委的人员编制，经中央批准，下达各地执行。

各地反映，国家计委同地方计委，只有“会议关系”、“指标关系”，没有经常的业务关系。一些同志提出，基层计划人员看文件少，参加会议也少，许多事情不知道，很难编好计划。许多同志说，计划工作搞了十多年，应该有了经验，可是说不出道道来。辽宁的同志反映，计划工作干部的思想状况，有的是“无大志”，有的想要改革，但是找不到门路。普遍要求国家计委同省市计委建立垂直关系，加强业务指导，举办干部轮训班，发行供县计委主任以上干部阅读的内部刊物，开一些专业会议，有领导地总结和交流经验，以提高地方计划工作干部的水平。

第四，其他问题。

1. 华东、西北的同志提出，粮食关系全局，计划部门从上到下都应该抓粮食的平衡和分配，管粮食、棉花的购销计划，否则，计划不全，人民生活、经济作物和市场都不好安排。

2. 许多省、区提出，编制计划必须长短结合。比如，今年年初，编了一阵长期计划，作了一些调查研究，下半年搞年度计划就好办多了。长期计划定了，年度计划就有了方向。有的同志建议，编制长期计划，在时间上不要要求过急。

3. 中南的同志反映，现在有些企业花点钱，搞点小工程，马上见效，国家可以增加收入，但是，给财政制度、基本建设制度管住了，办不成。希望搞活一点，拨一些零星基本建设周转金，或者像第一个五年那样，由银行给企业贷款。

4. 陕西省反映，西安市现在计划指标单独列，工作量不小，意义不大。重庆市认为，大城市生产指标单列，不解决原料，不安排销售，实际上是把矛盾下放了。

5. 有些同志反映，现在物资部门的编制宽，计划部门的编制紧。河南一九五七年以前，省里管物资，只有两百多人，现在物资总局管，增加到四千人。沈阳市的物资部门要调一千六百名干部，设立很多公司，要盖新仓库、新办公室，如果精简机构，集中管理，用不了那么多人，现有仓库也够用的。

6. 一些同志认为，现行计划表格仍然过细、过繁，例如，把大牲畜分出牛、马、骡、驴，就没有必要；有些属于了解情况的指标，可以放到统计中去。计划表格简化定型以后，要稳定几年，不要年年变。

7. 西北的同志建议，计划程序最好实行两上两下，如果时间上来不及，厂也可改为一上两下。许多同志还建议，计划会议应当在秋收定局以后，九月半或十月初召开，过早过晚都不好。

8. 河南的同志要求国家物资部门不要把年终节余的物资管死，给地方一点支配权，以利于鼓励物资的节约。

F114

中共北京市委办公厅：计划工作中有些什么问题？①

1963 年 5 月

（市委工业部消息）在增产节约、反浪费

① 1963 年 5 月 28 日，国家计委将此件及李富春主任的批示批转给有关部委和北京市计委。

运动中，许多企业的职工对国家计划下达晚、变动多提了不少意见。根据对石钢、北京电子管厂、长辛店机车厂、北京热电厂、北京第一机床厂、北京汽车厂等6个中央企业的了解，具体情况是：

一、计划批得晚。1962年，这6个单位接到正式国家计划的时间是：电子管厂4月22日，石钢5月10日，长辛店机车厂7月18日，汽车厂12月20日，热电厂12月30日，第一机床厂一直到1963年2月27日才正式批准。1963年，计划下达仍然比较晚。这6个单位中，只有长辛店机车厂在3月中旬接到了正式的国家计划，其余5个单位都只有计划草案，其中汽车厂是3月份口头通知的，热电厂是4月中旬下达的。计划草案一般都不齐全，有些主要指标至今没有下达。电子管厂的计划草案中，只有产量、产值、品种、新产品4个指标。成本、利润、流动资金占用额、工资总额、平均职工人数5个指标都还没有下达。长辛店机车厂的正式计划中也没有下达利润指标。

计划下达晚，给企业的工作带来很多困难。其中最突出的是影响企业订货。如石钢，1961年底按1962年产钢6万吨（冶金部口头同意）订购了前半年用的原材料，但到1962年3月底，冶金部又通知全年计划只能批准2万吨，以致积压了耐火材料1 210吨、铁合金133吨，合计近30万元。1962年底，该公司又按1963年产钢4.6万吨的建议指标订了原材料，但到今年2月份，冶金部下达的计划草案只有2万吨钢，又将积压转炉耐火材料800吨、钢锭模400吨，合计36万元。又如一机部二局1962年9月通知第一机床厂1963年生产铣床650台，该厂在去年10月按前半年生产400台订购了原材料，但到12月二局又下达了全年生产1 000台的计划草案。由于任务加大，除一季度已生产242台外，二季度还需要安排303台，但原材料订货不足，有4种轴承分别缺少74～200台份，至今尚无着落。

二、计划变化多。1962年，第一机床厂的计划草案变了四次，汽车厂变了三次。石钢、电子管厂、长辛店机车厂、热电厂计划草案虽然没有变动，但与正式计划也有很大出入。而且正式计划批准以后，电子管厂和长辛店机车厂又调整了两次，石钢调整了一次。最后一次调整都是在12月下旬，参照实际完成情况调整的。以长辛店机车厂为例，1962年度计划草案是机车修理180台，货车修理2 100辆，钢轮制造3 000个。到7月份下达正式计划时，改为机车183台，货车1 420辆，钢轮6 600个。该厂在6月和7月曾两次提出减少机车任务的意见，部局没有同意，到年底因为机车任务完不成，就按实际完成情况调整为172台，这样，就很难用国家计划考核企业的工作，同时也使国家计划失去了严肃性。

1963年，有些单位的计划仍不稳定。电子管厂在去年9月经原三机部十局同意，将计划大纲订为1 020万～1 100万只电子管，10月份十局下达计划草案为970万只，但通知物资供应计划仍可按1 020万只编制，工厂按1 020万只订了前半年的原材料，但到12月，十局通知减为550万只，今年又通知改为660万只，工厂只好将一部分已经订购了的原材料退掉。

此外，有些单位还反映，上级机关下达任务时，有时零打碎敲，临时追加任务，影响生产秩序。第一机床厂从今年1月到4月，接到三次出口机床任务，第一次36台，第二次15台，第三次11台，不但订货会议已过，需要临时追加材料，而且该厂实行轮番生产（一个时期集中生产一个或某个品种），有的品种已在一季度生产完毕，有的要到明年才安排生产，为这些任务还得专门进行生产准备，给工作带来很多困难。石钢今年的计划草案中，原来只有500吨易切削钢材已经签订了上半年交货合同或协议书，3月份冶金部又追加1 200吨，包括十多个品种，还要求尽快交货，不仅打乱了生产安排，还将延误其他订货的交货时间。

三、有些计划指标不对口，不合理。据第

一机床厂反映，一机部二局下达的1963年计划草案中，产量是1 000台，可比产品成本降低率是15%，按照这个计划，利润只能达到781万元，但下达的利润指标是849万元，互不对口。今年一季度，二局要求该厂流动资金占用额达到1 414万元，周转期达到280天，这样销售额就必须达到455万元。但二局只同意销售产品402万元。后来，该厂在3月份突击销售了一部分产品，收入达到473万元，周转期达到282天，二局也将周转期指标改为到285天，才完成计划。另外，电子管厂反映：该厂组织卫星厂生产的两种电视机上用的电子管，现在库存二级品3.5万多只。销不出去，但是四机部今年又下达了1万只的任务。目前这些卫星厂只能生产二级品，又将造成新的积压。

四、四项费用的审批时间太长，拨款时间太晚。1962年，一般都是从5、6月开始拨款，零打碎敲，一直拨到年底，使生产很受影响。如石钢，1962年的技术措施费和安全措施费共305万元，在7月中旬才批下来，这时设备订货会议已过，到处奔跑，也没有把设备订全，而且工期很紧，以致到年底只完成235万元；新产品试制费共38万元；从5月到12月份分四批拨下来，由于拨款晚，对试制工作也安排得不紧，到年底试制费只支出11.8万元，占31%，12项新产品试制任务只完成了7项。电子管厂1962年的383.9万元技术措施费，是在4月到11月份分10次下拨的，由于有些设备买不到或者到得晚，加上前一时期抓得不紧，到年底只完成280.9万元，除购进的物资29万元允许结转使用外，其余74万元已经交回。今年该厂技术措施需要的设备，由于要求在去年11月就得订货，他们便按自己安排的项目订购了一部分，但四机部最近审批计划时，削去了一批项目，工厂已购进的44.7万元的设备（其中9.2万元已投入生产），现在无法付款。

五、建工厂不修仓库造成很大浪费（市委工业部消息）。不少工厂大量的物资长期露天存放，造成巨大损失。没有仓库或仓库太少是主要原因之一。许多工厂曾多次要求上级拨款修建仓库，未获解决。有些工厂计算，只要拿出损失费的一半或者不到一半来修建仓库，就能使这项损失永远消除。兹将一些工厂的情况摘录如下：

特钢仓库不足，几年来损失200多万元，如果修建仓库，只需40多万元。特殊钢厂现有正式库房4 120平方米（不包括临时工棚）。尚缺5 000平方米，加上管理工作上的缺点，几年来物资丢失、损坏、变质、报废等损失达200多万元。如果修建5 000平方米的仓库，只需40万元。例如该厂供销科五金库库房不足，矽钢片、带钢、钢丝绳、镁砂粉、石墨粉等物资放在露天，锈蚀、变质、报废损失约21万元；金属制品车间生产的铁丝放在露天，去年夏天雨淋后有1 068吨一级品降为二级品或次品，损失16.7万元；机动科备件库房内低洼潮湿，每逢雨季积水半尺，存放在那里的备件普遍生锈；中心试验室的化学物品放在一个小地堡里，室内潮湿不堪，许多物资受潮变质。

市橡胶厂库房太少，去年损失73万元，修建仓库只需30万元。该厂需要仓库4 518平方米，现在只有1 548平方米，其中有旧民房500平方米、临时油毡棚940平方米，均已使用多年，有的已腐朽不堪。由于库房太少，生胶、力车内外胎、三角带、钢材等长期放在露天，不少钢材已氧化锈蚀，橡胶制品表面龟裂、发粘老化。橡胶因外皮附着杂质，须剥皮使用，全年约有300吨，降价损失约45万元；炭黑全年损耗约75吨，合23.5万元；4.3万元双胶鞋变成次品，降价损失2万元；加上其他露天存放的物资的损失，共约73万元。用这笔钱可以修建仓库约9 000平方米，而该厂只需3 000多平方米，所费仅占损失的40%左右。

橡胶二厂没有仓库，去年损失20万元。该厂没有仓库，原料和成品均放在露天场地，据工厂检查，发现有1/3的物资严重变质，损失约20万元。橡胶长期受紫外线照射和雨水浸泡，表面龟裂，物理性能下降。据技术测定，胶管面胶料露天放置14天后，强力由每平方厘米94公斤降为54公斤，该厂要求修建库房3 000平方米，需24万元。

市金属结构厂大量钢材露天存放，去年损失72万元，修建仓库只需32万元。该厂需仓库3 800平方米，现在只有614平方米，大量的炭钢和有色金属放在露天。去年71.6吨钢材腐蚀报废，损失3.1万元。400公斤无缝钢管表面生锈成麻坑，报废损失4 800元。钢材和电解铜28吨，因锈蚀严重，比原价平均贬值30%，损失6.2万元。铝材140吨，雨淋后40%受碱性腐蚀，贬值25%；损失11.2万元。锌板6吨，表面氧化成白霜和麻坑，贬值30%，损失1.5万元。不锈钢577吨，长期日晒雨淋变成有锈钢材，贬值35%，损失10万元。无缝钢管312吨锈蚀，贬值10%，损失37.5万元。薄钢板105吨锈蚀，贬值15%，损失1.6万元。以上共报废、贬值损失72万元，该厂要求先建3 200平方米的仓库，需32万元，仅占损失的45%。该工厂贵重器材露天存放，丢失、损失不少。该厂需要仓库1 100平方米，现在只有简易仓库232平方米，大部分原材料和成品都露天存放。5年来，露天存放的金属材料锈蚀报废110吨；因库房温度不匀、潮湿，100多件电子管破裂，1 100多公斤绝缘材料变质报废，30万个标准件报废，2万多件无线电元件变质，共计损失11万元。该厂要求修建仓库810平方米，约需4.6万元，占损失的42%。

玉器厂高级石料放在露天，去年损失32万元，修建仓库只需4万元。该厂没有仓库，大部分高级石料存放，日晒雨淋，减色贬值，严重的已炸裂报废，去年和前年报废石料50吨，损失1.6万元。岫玉一次就报废47吨，损失9.4万元。高级石料露天存放减色贬值造成的损失，去年约有32万元。该厂要求修建仓库450平方米，连同附属设备，约需4万元。

灯泡厂大批灯泡露天存放，质量降低。该厂需要产品稳定库和成品库700平方米，只有191平方米，大批产品露天存放，质量大大降低。该厂日产普通灯泡3万只，只能入库2.4万只，其余6 000只放在露天，每日损失约300只，年损失3.2万元。特殊灯泡日产6 000只，每日约损失120只，年损失3.6万元。日光灯日产1 000只，全部不能入库，每日损失约30只，年损失3万元。加上材料露天存放，共损失14.6万元。该厂要求修建仓库2 500平方米，需款20万元。

北京广播器材许多成品、器材放在露天，降为次品、残品。该厂没有正规的仓库。现有的成品库只有30平方米；原材料库是挤用的一部分生产厂房，分散在26个地方，许多器材和成品放在露天，造成严重损失。如1961年第四季度广播事业局的订货——3部15瓦短波通讯广播发射机，价值75万元，露天存放1年多，严重受潮，仅拆修就浪费1.8万元。还有些物资变为废品、次品，据工厂初步统计，至少在20万元以上。

前门文具厂大批纸张材料放在胡同里，丢失、损坏严重。该厂需要库房2 500平方米，现在只有674平方米。大量物资放在胡同里，1年丢失、损坏纸张400多令。损失约2.2万元。图钉料、糨糊瓶丢失不计其数，附近几条胡同居民几乎家家都偷这个工厂的原料。同时，影响交通、清洁和安全。该厂要求修建简易仓库1 800平方米，需款5.4万元。

F114

潢川县计委：当前计划工作的情况和问题

1963年5月31日

中南局计委、国家计委并富春主任：

现将当前计划工作的情况和问题，向你们汇报一下：

一、关于机构和干部问题

1958年县里建立了计划委员会，配备了干部，现有干部5人，比其他委员会的干部都少，比县统计科少3人，还没有局里一个股的人多，只相当人委一般科的干部，5个人还不能经常都在家办公，参加中心工作的两人，办公室里办公的只有两三个人，这样少的人，能担负起计委的工作吗？当然是不能的，经常头疼医头、脚疼治脚，乱干一气，搞不出什么名堂，当然工作质量就谈不上了。干部数量减少了，质量相对提高了，但是，老手少，新手多，业务水平较低，不能适应工作的需要，同时干部很不稳定，调动频繁，县计委主任从1960年到1962年的两年时间里，调换了四次。

二、关于计划工作问题

计划工作在县里已经初步开展了，取得了很大成绩，但是目前还有问题，计划工作还是一项新的工作，还没有被所有同志重视起来，还没有提到重要议事日程上来，还没有充分运用这个有力的工具来推动生产和工作，还没有把县计委当成一个得力助手用起来，县委、人委都确定了管计划工作的书记和县长，但是对计划工作具体领导不够，很少坐下来研究计划工作，甚至个别领导认为计委单纯，光是编计划，研究经济工作中的重大问题也很少叫计委参加或征求计委的意见，如分配粮食征购任务，就没有吸收我们参加，粮食部门分配各公社的任务，不平衡，不合理，有的公社的征购任务超过了我们制订的农业生产计划，任务下达后有的公社不接受，向计委提出意见，我们无法答复，类似这样的问题，还是有的，只是举一个例子。计委和有关部门的关系总起来说，还是好的，但是有些部门认为计委不是他们的领导，因此，有关计划上的问题，不向计委请示，计委召集会议不参加，或者开领导会叫一般干部参加，业务文件不抄送计委，使计委的工作不好开展，计委本身如何开展工作，怎样抓法，也是有不少问题的。

三、关于上级计委的领导方法问题

省、专计委对下级的领导还是具体的，日常工作抓得还是紧的。但是，根据几年来我个人的体会，计划系统的工作没有其他系统的工作、统计系统的工作领导得具体、抓得紧、抓得及时。从以下几个方面来说明这个问题。会议，1958—1963年省计委只召开了一次县参加的全省计划会议（1962年12月份），这个会议，主要是研究1963年的计划，会议开得很松，开了12天，就有七八天没有啥事。不少的同志睡觉、看小说、逛大街，参加会议的县委书记、县和计委的同志，人家的意见纷纷，为此，我们县长还向省委刘建勋书记写了信，反映这个问题，会议上这么多的时间，又是这么好的机会，遗憾得很，计划工作没有进行研究讨论，研究工作、交流经验、计划检查等的会议一次也没有开过。小型的专业会议，重点会议一次也没开过，专计委开会也是很少的，平均几个月，半年才开一次。主任会议，小型的专业会开得也是很少很少，交流经验会只开过一次，计划检查会一次也没有开。安排工作问题，几年来省计委很少给我们具体安排月度、季度工作，专计委虽然作了一些，但是不经常、不具体，这样一来，我们在工作上的方向和任务就不很明确了。工作布置和检查问题，省、专计委有一个共同的问题，工作布置以后，虽有检查，但不具体、不紧，任务完成也好，完不成也好，有时就不过问了，这样一来，我们执行就不认真了，认为完成也行、完不成也可以，有些事就拖下来了。深入基层检查工作问题，几年来省计委的同志一次也没有来我们重点县检查工作，专计委虽然来过好几次，只是搞调查研究，很少了解计委工作的情况和干部情况，特别是1962年专计委时，予斌主任在我县搞了20多天农业恢复调查，一次也没有到计委来过，也没有叫我们给他汇报工作。上下联系通气问题，几年来上下通气不够，我们在计委工作几年，不知道国家计委、省计委有什么机构，有几个主任，姓啥叫啥。办内部刊物、交流经验问题，现在我们计划系统没有一个内部刊物，不能交流经验，不能帮助我们学习、提高业务水平。

四、关于重点问题

省、专计委都确定了重点县，也提出了一些具体要求。但是对重点县的具体指导不够，几年来一次也没有开过重点会议，对重点县和一般县的抓法是一样的，也没有来我们这里重点搞过调查研究，重点县的力量也没有加强，这样一来，重点和一般没有什么区别了，重点也发挥不了作用了。

五、关于下达联合通知问题

随着计划工作的开展，涉及部门越来越多，为了工作的便利，和有关部门下达的联合通知越来越多，联合的部门也越来越多，多的达8个部门（如省计委、劳动、商业、农业厅等8个部门下达的安排劳动力的通知），大部分的通知，领导问题说得不具体，到基层后，几个部门互相推，影响工作，有的工作是计委的事，也和别的部门下联合通知，如专计委、经委联合下达的二季度工业生产计划，专计委、经委、财委联合下达的二季度外贸计划。

六、关于条条块块问题

在计划工作中的条条块块的关系是密切的，但是条条块块有矛盾，在计划下达和执行中都反映了这个问题，年度、季度计划专署下达，各局也下达计划，而且计划不一致，基层单位强调执行条条计划，县计委无能为力不好过问，有些计划块块下达就可以了，但是条条也要下达，如我县黄湖农场二季度基建投资4万元，专计委下达了通知，相继专农业局、省农业厅也下达了通知，强调向厅里报设计，农场接到通知后拿了三份通知问我们是向专计委报还是向农业厅报设计，我们难以回答这个问题，类似这样的问题还是不少的，不一一举例。这个问题不仅仅是条条块块的矛盾，而且是集中统一问题。

七、关于计划检查问题

计划工作条例规定，检查计划执行情况是各级计委的一项重要工作，几年来，检查计划执行情况取得一定成绩，但是，省、专计委对这项工作重视不够，没有当成一项重要工作去抓，抓得不具体、不紧，没有开过一次计划检查会议，没有开过一次汇报计划执行情况的会议，专县对检查计划执行情况到季终还发通知，省里很少发过有计划检查的文件，当然上级计委可能通过同级主管局、厅抓了，但是，他们所反映的问题是有角度的，不可能全面具体，因此，计划检查工作还没有全面深入地开展起来。

八、关于下达计划问题

计划指导生产，应该及时下达，但是现在我们的计划下达的很不及时，年度计划到当年的2、3月才能下达，季度计划到季终才能下达，如今年的计划，就是2、3月下达的，商业计划到现在还没有下达（系统内下达了），计划下达的这样不及时，对指导生产不利，同时各方面都批评我们说：下达计划这么难，我们只好虚心接受，但是也无能为力。

上述这些问题，不是我们潢川县独有的问题，在信阳地区是有代表性的。这些问题，每次专县开会，大家都要热烈地反映、提意见，虽有效果，但改进不大。这些问题不解决，直接影响着基层计划的开展，解决这些问题，必须上级计委亲自动手，具体帮助解决。

这些问题的提出是站在一个县的立场上、个人的立场上的，很可能有片面性，甚至有错误的地方，请指正。

最后再提几点建议：

（1）要求上级计委从各方面加强基层计划工作的具体领导，定期安排工作，交代方法，采取有效措施，扭转当前的被动局面。

（2）积极培养计划干部，国家计委、省计委办计划学校或训练班，在最短的时间内分批分期轮训，并多召开一些小型的专业会议、长会短训，从各方面提高干部的业务水平。

（3）省、专要多开一些必要的会议（如编制平衡计划、检查计划、研究工作、交流经验、专业会议）。

（4）上、下级要经常互相通气，并请办一个内部刊物和整理一些学习资料以便互相通气，进行学习，交流经验。

（5）加强重点的领导，以便发挥重点的作用。

（6）请上级计委和领导同志经常派工作组深入下层了解情况。

(7) 鉴于对计划的严肃性和计划工作的重要性认识不足，请中央作一个关于加强计划工作的决定，便于开展工作。

(8) 加强计划检查工作，全党动手，定期不定期检查计划执行情况，把计划检查作为推动工作的动力。在执行计划中，完成、超额完成计划的要进行各种奖励，无故完不成计划要进行批评、直至处分，各种奖金应当由计委统一掌握和颁发。

F114

国家计划委员会办公厅整理：中央各部和各地对计划工作的意见

1963 年 6 月 12 日

一、关于基本建设方面的一些意见

(一) 同意按照基本建设程序办事，目前需要解决一些具体问题

5 月下旬，安志文副主任召集中央工交各部计划司局长座谈会，会上各部一致认为：按照基本建设程序工作是完全必要的，过去不按程序办事造成很多恶果，但是目前完全贯彻按程序办事，还需要解决一些具体问题，比如：

1. 有些中小项目，因设计力量不足，编计划前提出初步设计有困难；

2. 要按程序办事，设计任务书必须早批，目前有些项目的设计任务书，计委没有抓紧批；

3. 初步设计需要一些费用，应当另外解决；

4. 有些大型设备（冶金部需要的九大轧机等）需要提早购置，另外拨款。①

(二) 基建计划不好编，要少了说你“钓鱼”，要多了说你“将军”，心情很苦恼

这几年，我们没有摸索到一个比较好的工作方法，问题很多，心情很苦恼。比如，编制基本建设计划，先有了基建项目，第一步先定框子，总投资多少，各行各业多少；第二步“切西瓜”，进行分配；接着大家提意见，以后“一律推平头”，按百分比削减；到了年底“一刀砍”，一律不结转到下年度，采取这样简单的办法来解决国家大事，是不够严肃的。

我们也采取了计委的办法，结果很难办，要少了说你“钓鱼”；要多了说你“将（计委的）军”，要 100% 的准确，我们没有这么大的本事，计划很不好做。(化工部)

(三) 年年批基建，年年完不成

水电部北京电院每年分到的投资均不能完成计划，原因在于关口太多。

首先，每年批下的投资时间太晚，第一季度、第二季度等批准计划，第三季度为设计、备料、购地而奔跑，第四季度幸而开工，已接近年末，如果施工部门再拖延时间，结果基建计划完成得很少，第二年又要等计划重新批准，年年如此。

其次，各关口的官僚主义形成基建工程拖延时间，有时有了计划，没有施工力量；有时有施工力量，计划又未下达；有时前两个问题解决了，材料又接济不上，有水泥没钢材，有钢材没有木材，规格配不上，设备不配套，都影响到计划的完成。

上述原因，使每年的基建投资不能按时完成，但钱却花了不少，建议有关部门配合好，提高基本建设各项环节的工作效率，加快建设速度。(水电部)

(四) 大中小型如何划分，应该有明确具体的规定

如何反映大、中、小相结合的方针，在方法制度上应该有明确具体的规定，最近几年国家计委的规定变了好几次，造成概念上和工作上的混乱。

许多单位前年是大中型，去年又变为“小型”，今年又成为大中型，从当年看还好，如从 5 年看，不知应算大中型或是小型。

许多几万人甚至万人以上的大工厂，如果当年投资少，只作为小型；对同一个单位，生产上和基建上的概念是矛盾的。

建设计委应统一概念，便于工作，避免混

① 第一段是安主任召开座谈会的材料，以下几段是几个部在五反运动中送来的材料。

乱。（一机部）

（五）批准工作、设备维护费，也应该有相应的分配物资

工程、设备的维护，国家很重视，李、薄副总理会多次指示各部，要把停缓建项目的工作、设备维护好，不要使国家财产遭受损失。

两年来，计委和财政部批准一机部的维护费达3 600多万元，但是维护所需的材料不予分配，要各部自己想办法解决，现在既没有选购材料的市场，也不准互相协作走后门，工程维护用料确实无法解决，由于缺乏材料，造成维护工作进展很慢，不能按计划要求如期完成。

建议计委批准工作、设备维护投资，也应该有相应的分配维护用物资。

是措施计划？还是基建投资？

正当中央提出严格基建程序的时候，计委和经委接连批准一批措施计划，有些措施要求距工厂现有水平太远，这就不可能不大搞基建，实际上等于基本建设；有些项目的投资甚至能够完成一个工厂建设。

这些项目，有的根本没有按照基建程序办事，如上海机床厂铸工车间；有的也仅仅是走过场，如苏州热工仪表配件大理石和上海元昌仪器厂，结果给今后的建设造成很大的不合理和浪费。建议计委、轻委审查措施计划，并与基建很好配合。（一机部）

（六）建议取消编制和审批基本建设设计任务书的规定第七条

关于编制和审批基本建设设计任务书的规定第七条："一切建设项目的设计任务书经过批准之后，何时开始建设，在国家的基本建设年度安排。"建设年度既然不确定，在编制和审批设计任务书时又怎能够把几个主要要素定下来，即使定了下来，建设年度一变，客观条件都变了，设计任务书中几个主要要素也跟着变了，比如铁路建设，年度不定，运量、流向等也定不下来，那么铁路建设的主要技术条件、规模等又如何确定，又如何保证将来不改变呢？在这个官僚主义的制度下又怎能做好设计文件呢？又怎能保证设计任务书的严肃性呢？

因此，我们建议取消这条规定，下达设计任务书时要规定一个建设年度，这样就便于编制和审批。至于以后规划如有变动，因而建设年度也需要变动时，可以修改设计任务书。（铁道部）

（七）建议实行包工包料制度

由于施工部门没有实行全部的包工包料制度，产生以下一些问题：

1. 甲乙双方材料的核算标准不一致，扯皮的事情很多，施工部门不按国家定额标准，浪费很大。

2. 调配和互换建筑材料的可能性很小，常常造成此处积压，别处短缺，影响上程进度，也不利于实行集中力量打歼灭战。

3. 甲乙双方都设有材料管理的人员和机构，也是重复和人力浪费。

建议由国家实行包工包料制度，并采取以下措施：

1. 由国家按地区统筹安排，分清重点，下达任务。

2. 严格按照基本建设程序办事，列入年度计划的项目，除了必须有设计文件以外，还必须落实施工进度。

3. 严格执行合同，违反者应负经济上的责任。

4. 要检查工程项目的完成情况。（一机部）

F114

二、轻工、纺织、手工等部门对计划工作的意见

（一）轻工部计划司郑司长对计划工作的意见

1. 体制问题。现行计划体制，总的表现在集中统一与发挥地方积极性的矛盾还未很好解决，在轻工业计划上还存在以下问题：

（1）有许多中央管的生产指标，原料由地方掌握，而且主要是地产地销的产品，如代乳粉等产品，明年应如何管，值得研究。

有些部管的指标（如硬脂酸、油墨等），地方计委不管，光是轻工厅管，许多问题得不到解决。究竟什么应纳入中央计划？什么应纳入地方计划？其原材料又应如何解决？

（2）地方企业的计划如何管理？现在的办法有矛盾，表现在：

①指标由中央管，但原材料由块块统一订，回去是否按轻工需要分配，部决定不了，情况也弄不清；地方对部管指标往往留一手。

属中央安排原料的指标要得高高的，属于地方安排原料的指标提得低低的，回省则安排两本账。

②有些产品由地方管，但产品是全国调拨的，地方不积极，如火柴用梗片、电池用硬纸等。

③地方的基本建设项目，地方有调整权，往往不听部的，今年到现在地方基建计划列多少，部也弄不清（只报来10个省）。

④地方项目的通用设备由部配套，但三大材料由地方安排，两者往往不配套，三大材料安排得很少。

（3）由地方管的产品、产值约占轻工业总产值的1/3，这部分产品，许多问题得不到解决，自生自灭。例如，广东生产的话梅，一年出口1 000万元港币，要点技术措施费没人给；新会县有个蜜饯厂，一年上缴50万元利润，但卫生条件很差，要4万元技措费也没人管。

2. 综合平衡问题。综合平衡不够，许多停留在局部平衡。目前计委与部有重复劳动，但有些部门之间的问题又得不到很好解决。希望部管得了的工作，计委放手一点。部管不了的，计委多管一些。计委目前按专业分工有问题。计委的张安定（管纸的）总不如部的粱成恭（造纸局长）；应按既能发挥部的积极性，又能多帮助部解决问题来考虑分工。

有关工商、工农即供产销之间的工作，应进一步加强。原材料计委只管一部分，一部分在商业部，一部分在地方，后面的两部分往往与计划不衔接。计划确定后，商业往往根据市场变更情况改变收购计划，打乱了整个计划。这些问题应如何解决？

建议计委今后多抓“三性”工作，即之间性、综合性、方向性的工作。

“之间性”工作，如合成洗涤剂用的助剂，请计委抓化工部与轻工部衔接解决。

“综合性”工作，如农、轻、重安排如何具体化，沿海企业与内地企业如何安排，请计委多抓。

“方向性”的工作，如长远计划中，轻工业发展哪些为主等，请计委多提出意见。

3. 事务主义问题。部里机构小，与工作不相适应，人少事多；现在计划程序改两上两下，则更忙，抽不出时间去深入基层调查研究，主观片面，不切合实际实在难免。如何摆脱事务主义，确实是一个很大问题。

部里有些专业局管的行业多，但人很少，有些行业只有一个人管，但什么工作他都要抓，真是“专业局”、“全能处”、“万能人”。这样的情况，工作如何能搞深？

4. 计划调整问题。现在计划订了后不许调整，但实际供、产、销的情况都在变化，不得不调整。部的做法是“瞒上不瞒下”，把缺口留在中央，调整企业计划。

5. 基建投资问题。轻工业约有固定资产50亿元，折旧按4.5%提，每年约2.3亿元；但投资安排得很少，今年用于维持简单再生产的投资只安排7 000万元，许多企业要修补的投资解决不了。基本建设要贯彻打歼灭战方针，是不是投资安排少点就是打歼灭战？

（二）纺织部计划司寿司长对计划工作的意见

1. 计划方法是计划工作很重要的一个方面。目前从上到下还没有一套完整方法。国家计委规定的“计划条例”对部对省有要求；对省以下要求什么不明确。各省做法也不一致，很乱。建议除国家计委应有管计划方法的处以外，各级计委均应成立主管计划方法的机构，以加强计划方法的制定和研究工作。

2. 目前基本建设方面有一套程序办法，

生产就无规定。目前试行“条例”中规定不准有两本账，但有些地方就层层加码，算不算违法？浙江、上海都有这种情况。

3. 计划方法与体制有矛盾。如：

（1）如在统一计划、分级管理的问题上，部管全行业计划，但只是建议数，工业企业是单一领导（地方企业地方负责，中央企业中央负责）；一方面要归口负责，一方面地方管地方企业。有些地方企业可以向部请示，但也可以不向部请示；要资料也可给也可不给，部发表意见不起作用。产品归部管，企业不归部管，结果管不了。如麻袋是部分配物资，国家计划有了指标，全国总社有调拨黄麻指标，但江西、广东地方上就不给麻，生产不了，结果分配麻袋落空。

（2）纺织工业很多产品的原料、产品都是国家和部调拨分配的，但生产厂则归地方管理，供、产、销不易结合，对不起口，现在是谁掌握原料谁就主动。

（3）物资分配，国家只管生产资料的分配，不管生活资料，给轻纺生产带来了一些困难。国家管的产品，原料和产品分配国家也应管起来。

4. 国家《计划工作条例》规定比较抽象，不很具体，各部是否可根据具体情况再作一些补充？

5. 长远规划不但要规划生产力，同时也要规划生产关系。如小化纤厂，部说不搞，地方仍要搞（如浙江）；因为是小型项目，按条例规定只要省计委批准执行；将来有了问题，部就有责任。部管下边不听，形成有责无权。

6. 计划人员少，不能适应工作要求。现在部计划司工作量比第一个五年多了，人员却比第一个五年少了。

7. 国民经济计划是个整体。生产、基建、劳动、成本、财务均应包括进去，但现在部只管生产、基建计划，不管财务、成本、劳动计划。

8. 几点具体意见：

（1）大型企业不能收回部管的，是否可收归省管？

（2）目前军需、内务、公安、农垦、两业、外贸等部门所属纺织工业，是否可收回归口？如不能收回来，计划应归口安排？

（3）目前单织厂用纱是商业部门调拨。有些省反映：品种不对路，要纱纱不来，质量又很坏，成本也很高（由于增加周转环节，每件纱成本要增加20元左右）。建议今后单织厂、针织厂用纱是否由工业部门调拨？

（4）基本建设中的几个问题：

一是大修理、折旧无人管。再者，有的规定也存在一些问题，如厂房结构大修理费用规定不能用于改变结构。目前印染厂多为砖木结构，不耐腐蚀，从工艺条件看，应该改为混凝土结构，但不能改。

二是基建投资和技术措施费划不清。地方用技术措施费买几百台设备是否对？技术措施包括些什么内容应明确。另外，技术措施费计划应早一些定下来，以便安排设备制造供应。

三是提出基建建议数字时，应同时报设计任务书。国家计委条例中未规定这条，应补充上去。

四是基层计划应报部。现在大部分地区不报，计委应明确一下。

五是停建设备的调拨，以前由经委管，现经委不管，纺织部调不动。是否计委规定授权部下调拨令？

（三）手工业总局夏尚志局长对手工业计划工作的意见

1. 管理体制：目前手工业有三种所有制形式，今后主要集中精力搞好集体所有制的合作组织（厂、社）。

2. 计划管理方面：

（1）手工业计划的编制方法：为了体现因地制宜、符合实际情况、加强产供销的平衡工作，手工业计划应由下而上的逐级编制上报。手工业总局意见1964年不搞产品计划（即不列总局管的产品），理由是：手工业部门的企业均在基层，原材料也在地方；由上而下地下达产品生产指标容易脱离实际；两年来计划执行结果表明，计划与实际相差很大。今后只汇总各省、市、区上报的产值计划作参考，至于国家计委需要哪些产品，由国家计委确定。

（2）基建计划审批权限应下放地方：但又容易使得有些地方只考虑本地区、本部门的需要，缺乏全局观点。今后如何管？还需要进一步研究。集体所有制基建所需的材料设备 1964 年没有新的规定，可仍按 1963 年规定执行。

（3）产品归口管理：中央掌握的产品由中央归口；不属中央掌握的产品放在地方归口去管，由省、市、区计委与有关部门确定。这样有利于产品计划的安排和原材料的统一分配。

三、各部对物资分配计划的意见

（一）对编制 1964 年物资申请办法的意见

1. 计委的分配计划与现行的物资管理体制相差很远。希望编 1964 年物资申请办法时，与总局一起研究确定。（物资总局）

2. 计委分配年度指标，经委年度内调剂，这种分配办法不能集中统一，各管一段是分散的办法，计委对指标分配应当一竿子到底。（煤炭部）

（二）应根据所列目录作分配

废钢列了目录，不做分配方案。木材、煤炭目录上各列入 8 种，实际做方案时只木材、煤炭两种。建议今后根据目录所列品种做分配方案。（物资总局）

（三）花费了很多人力和时间，而解决的钢材无济于事

全国 4 个量具刃具厂全年需要 3 200 吨特种钢材，上半年需要 1 628 吨。但花费了 130 多人次和一年零四个月的时间，只订到符合条件要求的高速工具钢 208 吨，满足需要的 16%，由于拿不到高速工具钢，6 月底将可能全面停产窝工。希望冶金部、物资总局能作合理的分配。（一机部）

（四）削减指标要商量，项目要求别太细

今年木材指标削减 2 万立方米，物资综合局是否与我们局长商量过，如果没有商量，是不够妥当的。

计委确定木材指标项目太多，安排过细。如市场材中，又分水库、移民、下放干部、回乡人员等，使下边工作不好安排。（物资总局）

（五）建议加强主要物资分地区的产销平衡

1962 年前，计委每年都作主要物资分地区的产销平衡，并正式纳入计划。但从 1963 年开始，由地区平衡差额调拨，改由中央集中调拨，不作分地区的产销平衡了。我们认为，这样做不仅使铁路运输计划货源的编制无所依据，也会给其他方面工作造成不利的影响。建议计委继续加强主要物资分地区的产销平衡工作。（铁道部）

四、湖南省计委对计划工作的几点意见

在“五反”运动中，我委各处室对国家计委提了一些工作上的意见，现整理如下，供参考。

1. 国家计委对省计委的业务指导还有些不够。有关计划问题，对基建、工业抓得多，对商业、交通、劳动工资、财政、成本等方面抓得少，抓得也不具体。

2. 国家下达的分地区计划，在产供销平衡衔接上有时注意不够，基建投资与物资供应有时也不衔接。例如，国家计委 1963 年安排我省制革 8 万张，但外贸部下达我省收购牛皮 9 万张，其中分配省用的仅 2 万张。又如中纺部安排我省 1963 年生产苎麻布 200 万米，需苎麻 1.6 万担，但全国供销总社仅分配 0.5 万担。国家计委下达我省 1963 年生产电灯泡 770 万只，而一机部与商业部下达的收购计划是 680 万只。又如全国供销社、全国手工业社分别下达我省自筹基建资金共 635 万元，但都没有分配物资，国家计委指定在市场指标中解决，实际上市场指标很紧，解决不了。

3. 计划多变。1963 年基建计划，国家计委刚刚下达不久，林业部来文追加 10 万元，水产部又追加 10 万元，商业部再追加 23 万元。国家计委、经委、财贸办、外贸部四家联

合下达的《1963年对外贸易收购、内销计划》，随后商业部和外贸部又联合来文调整。又如外贸部下达我省一、二季度出口的炼锑为2 565吨、锑砂400吨，而冶金部和经委物资总局下达我省冶金厅上半年供出口炼锑2 335吨、锑砂300吨，现在冶金厅只能按冶金部指标供货，发生矛盾。

建议国家计委对各地区国民经济计划主要指标统一下达。根据分级管理规定，由各部主管的指标，最好也经过国家计委平衡后再下达，同时对国家计委下达或与有关部门联合下达的计划，执行中必须调整时，要由国家计委来文调整，以加强国家计划的严肃性。

4. 基本建设计划有些具体规定还不够明确，建议国家计委召开专业会议座谈研究。例如，调整大中型项目要报中央批准，而中央下达的大中型项目，建设内容很粗，有的甚至没有具体工程项目，地区不大好办事。又如哪些项目算基建，理解很不一致，如建围墙，财政部解释算基建，商业部说不算，弄得下面不好办。

5. 国家计委今年答复我省柘溪、水府庙去年超额完成工作量380万元的问题，说我们自行扩大工作量。但该项目超额完成，已于去年调整了计划，请示水电部明电同意，为什么今年又变了。现在影响今年工作安排很被动，宋养初主任来时了解了情况，回京后仍未办通。

6. 每年编制计划的时间应大体固定下来，力争不要经常变动。这几年由于编计划的时间不固定，临时安排又随时变更，致使各级计划部门工作无计划，忙忙乱乱，工作效率不高。

7. 关于计划表格的问题。首先是表格下达太迟，赶不上编计划草案的需用，例如1963年正式表格，国家计委在1962年9月14日才到省，省里根据中央表格再制发到基层计划单位，报计划草案就用不上了。其次是表格指标太繁太细，例如1963年表格规定由省编报的指标约有6.8万多个，比1962年增加1倍。物资表格中的钢材要按37种规格核算，由于生产机器的规格型号编计划时还没有具体定，计划部门就很难算出，要编也只能瞎估。基建包括城市建设和勘察设计等表格共有主附表30张，指标要求很细，实难照办。再次是计划表格也不统一，国家计委一套，各部也各有一套，指标要求和时间安排均不一致。因此建议国家计委对制发表格的时间应在5月份，最迟是6月以前要颁发下年度计划表格。如果中央表格下达迟了，就赶不上8、9月编草案的需用。表格指标要求适当简化。搞一些扎实的、顶用的指标。对各部颁发的表格，要求国家计委统一审查，能合并的尽量合并，并建议中央制定表格时尽量考虑到两三年内的适用性，不要年年变。

8. 计划与统计口径很多不一致。例如，商业计划的城乡划分将县和县以下都划为乡村，统计上则是按国务院规定的城乡划分标准（即2 000人以上，非农业人口在70%以上的为城镇等），劳动、粮食等部门也是这样划分。计划上零售商品按90种并要分城乡，统计上只60种还不分城乡。购买力统计上是按实现的统计，即零售额，不能体现当年购买力和结转的购买力。购买力项目表，计划上分城乡，统计上分阶层；计划上算农村公社和社员个人出售农副产品收入，统计上算公社社员的净货币收入。物资计划是按工业、农业单位分配的，而统计上是按全民、集体所有制统计的。交通运输统计上按工具分，计划上还要按所有制分。信贷、现金没有统计资料，财政收支是按收支性质统计，计划上还要分收支科目。基本建设计划上按资金来源，统计上则不分资金来源，用技术措施费购置的固定资产也算基建，统计口径大于计划口径。工业生产计划内与计划外的产品统计也往往划不清等等。建议国家计委与国家统计局研究改进。

9. 希望今后国家计委能编印一些计划工作方面的业务学习资料，以提高下面干部的业务水平。（湖南省计委）

五、一机部计划司对长期计划的意见

（一）长期计划迟迟不定是最大的浪费

基本建设项目该上马还是下马，不能肯定，停停建建，既不能生产，又要维持。如第二重机厂目前保留3 475人，每年吃饭费就要300多万元，3年下来就要花1 000万元。如果明后年国家肯定有需要，可以考虑保留并作建设准备，如果肯定在两三年内不需要建设，则这批人中，技术人员和技术工人就可以暂调第一重机厂或其他厂，支援做设计或生产工作（第一重机厂设计九大设备也需要技术人员），有些一般人员则可以暂处理，至少可以使国家少花些吃饭费。类似这样的厂还有德阳水电设备厂、郑州电缆厂、西安变压器厂等。

其他基本建设项目，如果有长期计划，就可以确定哪些厂可能继续建设，而哪些厂没有可能建设，人员摊子就可以收缩一些。基本建设项目就可以更集中力量打歼灭战。否则，许多厂仍然铺得大大的基建摊子，每年花了钱，又大多建不成，不能发挥生产能力。

第二个五年基本建设铺得很大，许多癞痢头厂到底如何安排，急需很好解决。重型机械和电工行业有许多这类厂，如天津铸锻、上海重机、半山重机、江西铸锻、三明重机、济南重机、广州重机、南宁冶矿、长沙矿通、武汉冶通、云南重机、陕西重机、天津发电设备、天津锅炉、萧山电机、合肥汽轮机、青岛汽轮机、张店电机、开封汽轮机、郑州发电设备等等，都需要迅速研究定案。

（二）全国机械工业需要统一规划，继续调整，如果有了长远计划就可以调整得更好一些

机械工业的调整工作不能很好地解决。目前不少厂任务不足，浪费生产能力。如果有了长远计划，就可以更好地规划哪些厂需要保留，哪些厂可以关闭或合并，看来，目前机械工业1 400个归口厂，至少还可以关并一两百个厂，还可以进一步大大精简；而另一方面，将设备进行调整，力量还能集中，还能加强了保留的工厂，使生产任务集中到“五好”工厂，就能生产质量好、品种对路的产品，使劳动生产率高，成本降低，材料消耗节省。

目前许多癞痢头厂已有不少设备，但都不成套，都不能发挥能力。有些厂还有不少精密的进口设备，这些设备有些是工厂生产并不需要的，有的工厂还没有技术人员会用，有的用得不恰当，如果几年不处理，极易损坏。这些设置不能充分利用是很大的浪费。而另一方面，有不少国家急需的短线产品生产能力不足，还需要国家给投资、更新增设备，如果这些癞痢头厂能很好调整，设备和技术人员很好调整，将对国家是很大节约。

但要解决这个问题，还需要打破“体制”这一关，要打破中央、地方的界限，打破中央各部门、各系统的界限，全国机械工业统一调整规划才有可能。

（三）长期计划不定影响年度计划变化无常，设备需要时多时少，严重影响生产，造成浪费

由于长远计划不定，设备需要情况不准，时多时少，设备订货也时要时退，严重影响生产。如长春汽车厂解放牌汽车，在1962年初各方面还说不需要，该厂精简了不少，只保留了开一班还不到的人力，但1962年7月北戴河会议计委又称是急需，薄板、汽油都无问题，当年就要增产3 000辆，1963年要求能生产多少就生产多少。但人员已经精简，再招回配成套的工种又有困难。又如煤矿刮板运输机键条，1961年末1962年初，煤炭部、经委都认为需要很多，为此，给我部沈阳矿机厂70万元投资建设，规模36万米，但建成后1963年任务只有4 500米，相差如此悬殊。又如水电部盐锅峡水电设备，1961年称十分急需，1962年仍要求快交货，现在已快完成，水电部却称不要了。对生产能力、生产资金和国家投资都造成很大浪费。

第二个五年基本建设战线长，这两年已大大缩短，但是具体审查，摊子还是铺得不少，如1963年基本建设（包括配件项目）共2亿投资，却安排了152个厂。平均一个厂130万元，许多厂都不能在当年建成，1964年都还要继续投资，估计全部建完需要5亿～6

亿元。

各专业局在安排计划时，主导思想仍然想多铺摊子，多要投资。如微电机项目，七八个局原来提出 8 个点，最后计划投资 215 万元，还列了 3 个项目，其中西安控制设备厂现在是大癞痢头，要转产微电机，还要增添相当设备，今年列了 20 万元投资，只能说是为以后向国家要更多的投资创造条件。

固然，今年计划已经国家计委确定了。在今后确定基本建设项目时要坚决贯彻集中力量打歼灭战的方针。

（四）在长期计划未定的情况下对做好计划工作的几点建议

上述问题首先是客观上因为长远计划不定，各方面很难下决心。长远计划迟迟不定，也有几方面的原因：一方面因为调查研究还不够，情况还摸得不清，一时确也很难定下来。但各方面在工作上抓得不紧、上下不通气、互不交锋，各部各地方都有自己的想法，计委没有抓紧组织领导。各部要的投资很大，计委算了国家可能的财力只能解决一半，为什么不能先下个控制数字，使各部考虑时能够更好地从现实出发，避免“大而化之，不着边际”的设想呢？如果说重点一时不好定的话，也可以先分配 80% ~90% 的投资，各部先按此考虑起来，一切工作可以先动起来，其余的投资根据以后逐步明了的情况再给重点部门，这样的做法应该说是可以的。同时，只有指出具体的方向，才能充分发动群众，进行细致的、具体的综合平衡工作。这个问题是需要请国家计委考虑的。

再从主观上看，即便长远计划一时定不下来，我部能否更现实一些考虑国家这两年调整阶段的财力物力，更坚决一些，贯彻调整方针，决心更大一些，则有些工厂可以处理得更好些，也可以少浪费一些。（一机部计划一司）

六、财政部对计划工作的一些意见

（一）对各部的成本指标抓得不全，有些不正确的意见也没有顶住

计委对各部的成本指标抓得不全，年初考虑指标时，只管成本降低率，对基本定额工作抓得差，因此定指标时争争吵吵，对有些部的意见该顶的也没有顶住，所以在执行中有的部就成倍地超过计划。例如，冶金部 1962 年成本降低率，财政部提出降低 4.5%，当时阻力很大，计委让了步，按 2.6% 定下来，结果年末完成 6.5%。（财政部经建司）

（二）适当增加商业仓库基建投资，减少商品露天存放造成损失

建国以来，商业企业仓库的基本建设投资比较少，有些商品露天存放，造成了很大的损失。几年来，基本建设投资比商业企业上缴的折旧费少得很多，希望在安排基本建设计划时，适当增加商业企业仓库建设的投资，减少商品保管过程中的损失。

有些商品安排了生产计划，洲际导弹相应地安排包装材料，因而也造成了一些不应有的损失。

商业各部都没有劳动工资计划，没有相应地安排包装材料，因而也造成了一些不应有的损失。

商业各部都没有劳动工资计划，计委应把这一工作抓起来。（财政部经建司）

（三）没有算细账，年年有结余

在确定地质部地质勘探事业费指标时，没有算细账就定了，因此年年结余很大，1958 年以来，年年都有大量结余。（财政部基建司）

（四）办公文要把问题说清楚，避免工作中造成被动

计委在 1961 年 11 月主办一个关于有色“小洋群”企业生产补贴问题的通知，这个通知是由计委、经委、冶金部三家联合发出的，通知规定有色“小洋群企业”自负盈亏，财政不给补贴。

后来，财政部发现这个规定不符合实际情况，实际上各省市区财政都给了补贴，和计委重工局联系这件事，又说财政不给补贴，是指中央财政不给补贴。这种事先不写清楚，事后再解释，使当时工作很被动。（财政部经建司）

（五）建设银行对基本建设投资的一些

意见

1. 近几年来对基建计划的管理放松了，不如1957年以前管得好。如计划指标不全，新增固定资产无计划指标，建筑工程、设备和其他投资未划分开，投资缺口很多。如水电等部，有些项目只列安装费，不列设备价值；在执行中对计划外工程等违反计划管理规定的、也不及时平衡计划时，对生产用器材、库存器材、基建需要器材、为以后年度储备的器材，未作综合性平衡安排。

2. 计委对自筹资金现在没有从人力、物力、财力等方面进行综合平衡，而是只要财政上有钱就批准。将来可能出现不平衡问题，这实际上是分散主义。

3. 计委应把各类基建投资全面管起来。如结转资金、自筹资金，应该统筹平衡。现在计委有这样的倾向，把结转工程推给财政部，对自筹资金也是首先看财政有没有钱，有就干，没有就不干，这样就很难控制战线。

4. 去年去南投资和批西南大区投资，重复365万元，我们去年已发现这个问题，曾通知计委及时解决，但是计委没有纠正，现在问题出来了。

5. 最近外贸部要求计委同意将行政建房列入地方基建计划，但计委不同意列入基建计划，要财政部拿钱在计划外解决，很不合理。

6. 工作拖拉。黑龙江来电报，要求以维护费解决306部队的房屋结尾工程。我们于4月13日复文不同意用维护费来解决基建投资，文送计委会签，一直压到5月25日才退回，并批注：考虑追加投资，财政部来文可以不办。由于时间拖了1个多月，黑龙江来文、来电、来人，造成不少浪费。

7. 各省的维护计划和上划中央各部的结转投资，应由计委和财政部联合审查，各省已报来30多份文件，财政部已办文，送计委会签，压在计委1个多月，到现在还没有会签。严重影响各部对计划的安排，也影响了各省的工程维护，希望计委对这个问题及时解决。

8. 计委只管了基建计划的安排，没有具体管基建计划的执行，建设银行反映执行计划中的问题，如投资缺口等，却未作具体处理。

F114

七、一机部对机械工业规划的意见

（一）如何编制机械工业的规划？希望计委改进一下工作方法

机械工业搞规划，是脱离不开需要量的。可是全国的盘子计委定不下来，一到搞规划时，计委同时要求各部门平行作业，都搞规划，其他部门提不出设备的需要量，机械行业的文章就更难做，由于催得急，限期交卷，只有加班加点，对需要量只好用匡算加估计，这种规划搞出来又有什么实际意义呢？因此，文章做出来，汇报完了就束之高阁，能否实现，也只有天晓得了。

等到计委把大框子定下来以后，各部门的设备需要量也有了，机械工业的规划还得重新搞，不但浪费了人力、物力，也浪费了时间。希望计委改进一下工作方法，先请各部提出设备需要量，机械行业的文章就好做了，而且这样的文章也有现实意义。（一机部三局）

（二）大型产品的安排方案上报不少，至今定下来的任务实在可怜

大型产品的生产周期长，需要早确定，这已是老生常谈，从计委开始，到部、局、工厂都认为非常必要。但是一到安排年度计划时，就说："长期计划在研究，大型产品不好确定。"中央要求企业不能亏损，又不给生产任务，如何能做到不亏损呢？又要马儿好，又不让马儿吃草，企业非常难办。

大型设备的长远安排方案，已经上报了不少，但是至今定下来的任务实在可怜。即使像九大设备，计委、科委虽然都点了头，到现在尚无正式文件下达，所需资金也未落实，成套局很难订货，希望计委领导能早日计划一批大型产品，以便企业安排生产。（一机部三局）

（三）计委对发展新产品不够关心

1962年在科委召开了几次关于新产品工作的会议，会上感到计委发展新产品是不够关心的。

例如，我们向三委汇报新产品计划安排情况时，计委提意见的口气是说我们安排多了。虽然我们从用户需要、系列发展需要、历年完成情况……等说明后，计委总认为安排多了，不知计委对主席提的“品种第一、规格第一”如何体会。

一机部最近几年新产品试制计划都完成得不好，但是不能从此得出结论“安排多了”，实际上是各部门的配合工作没有做好

另如，在安排新产品试制计划时，对一些大型产品是否投入试制，要根据国家需要决定，不是科委能决定的，但计委总不表态。如刘家峡的22.5万瓩水轮机组问题。（一机部技术司）

（四）三委应分工管理新产品

国家三委对新产品的管理工作应有合理的分工。比如工业性试验，单个大型产品的试制，科委一家定不了。

我们认为，科委管技术政策，计委管试制计划安排，经委管计划调度。这样分工是合理的。（一机部技术司）

（五）同一产品三家试制，既浪费人力也浪费财力

林业部需要的120马力内燃小机车，1962年由常州锻焊厂（农机部归口厂）设计了一套图纸，并已投料进行试制，国家计委还给该厂37万元技术措施费，购置了一些关键性设备。

后来农机部认为常州厂生产的60马力内燃小机车厂技术尚未过关，又决定把120马力内燃小机车的试制任务转到石家庄动力机械厂（农机部归口厂）进行试制，这个厂没有生产内燃小机车的经验，生产条件也很差，内燃小机车加工最困难、最精密、最关键的部分——齿轮变速箱，完全依靠协作或大量技术措施费才能解决。

一机部三局考虑到上面两个厂试制成功的把握不大，又指定大连工矿车辆厂同时进行试制，常州厂认为120马力内燃小机车的设计经过很长时间的调查研究，试制有把握，并且已投料，因而不愿转出去，仍继续试制。

这样，同一个产品，全国有三家试制，而且都需要一定的措施费，不但浪费技术力量和材料，也浪费国家资金。计委应召集一机部、农机部认真研究一下，确定一个条件比较好的厂试制。（一机部三局）

（六）计划外的“小自由”问题如何解决？

机床和锻压机械是统配物资，需要统一计划、安排生产，但是去年超产和计划外产品仍然很多。如机床超过计划指标25%，锻压机械在6月份已完成计划的121%。这些计划外和超产的产品，问地方厂都说“已经批准”，但是问计委和经委，都说“不知道”。

这里反映了一个集中统一和小自由的矛盾问题，“小自由”应不应当有？需要什么手续？应当解决。

中央号召增产节约以后，据说上海要增产几百台机床，并要上海机床厂为上海市增产70台重要机床，一机部已指示上海机床厂，未经国家批准，坚决不许生产，直属厂可以这样办，地方厂如何解决这个问题呢？（一机部二局）

（七）对地方机械企业的产品也应下达分型号产量计划

机床与锻压机械型号繁多，各生产企业应按“全国一盘棋”的原则分工生产，但是对地方机械企业从未批准过分型号产量指标（有时一机部只下达一个参考数字），这样对成套供应、农机、国防及其他重点部门的需要都十分不利。

因此，建议：

1. 在国家计委批准各省、市机械厅（局）机床与锻压机械总指标时，即将分型号产量计划作为附件同时下达。

2. 如果计委不下达具体指标，可由一机部在计委批准机床与锻压机械产品的总指标以后，根据总指标批准各省、市机械厅（局）的分开产量计划，作为省市机械厅（局）向所属地方企业批准计划的依据，同时也是考核省市完成计划的标准。（一机部二局）

八、一机部对基本建设的几点意见

（一）安排建设项目应从实际出发，不应从“保重点”的主观愿望出发

国家计委今年安排农机部的若干建设项目，条件不落实，也不按程序办事，结果在4月份农机部即提出至少有2 000万元投资用不了，材料要积压或另行处理，设备要退货或者积压起来，造成新的浪费。

但是，一机部的大多数建设项目条件比较好，却在三大材料的分配上留了20%左右的缺口，设备指标也缺一大块（机床、工业泵等）。

农机部的某些项目（如沈拖、长拖等），今年不具备多干的条件，计委也是知道的，但是从“保重点”的主观愿望出发，而不是从实际出发，才有此结果。望国家计委接受教训。（一机部）

（二）国家计委对基建管得过宽过死都不合适

国家计委对计划管得过宽过死都不一定合适。如年度基建计划定案后，在已批准的计划任务书和年度投资不变的前提下，大中型项目内部单项工程的调整可以授权部批准，如果都经过计委批准，往返费时很多。

授权各部解决大中型项目内部单项工程的调整问题，能说这是分散主义吗？影响集中管理吗？望计委考虑。（一机部基建局）

（三）对1958年以来的工程质量问题，计委不能只通知检查不作处理

计委发出通知，要求各部对1958年以来的建设项目进行一次普遍的彻底的质量大检查。通过这次检查，确实查出了不少问题，针对这一重大问题，计委有关单位做了哪些工作呢？

1963年我们没有见到计委对工程质量问题的任何指示与通知，工作很被动，上下思想也很混乱，对于质量问题的处理、费用的划分、何处开支、施工用材料及施工力量的安排等等，应作出明文规定，否则，质量的处理工作是难以进行的。（一机部基建局）

（四）马鞍山轮箍厂基建工程为什么年年推迟完工时间

马鞍山轮箍工程原计划要求1961年建成，后来曾改为1962年上半年完成投入生产，以后又确定1963年必须完成，从计划来看，为何年年推迟、节节后退呢？希望计委组织有关部门认真总结经验教训。

我们认为原因是多方面的，有主观方面的，也有客观方面的。最初是主观愿望超过了客观的可能性，因而不得不推迟完工时间；以后，又有主观能动性发挥不够的地方，具体的组织工作没有很好跟上。

这个项目，原来确定作为成套预安排、成套供应的试点，但是1962年安排生产时又“走了样”变掉了，这方面的经验教训也应总结一下。

（五）追加的投资不知干什么

1962年10月份，国家计委以计基程字2573号文给上海大隆、精业、锅炉等7个厂追加氮肥专案基建投资299万元。时间已是当年的第四季度，还追加当年的基建投资，物资不落实，条件不具备，当年根本无法完成。更严重的是，厂内反映国家所给的投资不知干什么。（一机部一局）

（六）应该严格按照基建程序办事，不能停止设备供应仍给投资

中央规定基本建设项目要严格按照基建程序办事，如果到3月底不能办完手续者不给投资，停止设备材料的供应，并一律不许施工，但是有很多项目不符合基建条件，目前仍在施工，并给了投资，仅仅设备没有供应。

一机部成套总局认为：既然不符合基建程序，要停止都应停止，不应该只停止设备供应，仍给基建投资，这样就会助长建设部门在不考虑成套供应去申请某些设备订货，不然，就不能完成投资计划，这与中央文件669号文的规定不符。同时，允许给投资又不给设备是一个矛盾。

希望计委对管理计划和分配部门密切联系，行成步骤一致。（一机部成套总局）

（七）施工脚手架用料问题互相扯皮影响

施工进度

施工脚手架用料，本来不在工程结构用料之内，1963年计委分配各部工程用料木材都有缺口，但是建工部向计委申请施工用木料，计委又在物资分配草案上注明包括施工消耗用料，这样建工部就据此下了一个文到各施工单位，根据定额要求施工脚手架用的木材。

但是，建设单位工程结构用木材还有很大缺口，哪里还能拿出木材给施工单位做脚手架呢？因此，互相扯皮，纠缠不清，问题得不到解决。

建议计委迅速研究解决此项用料，以免影响施工进度。（一机部基建局）

（八）国家计委应把好第一关

按照国家基本建设程序办事是项目安排生产的前提，但计委对国家基本建设方针执行不严，1963年下达年度计划时有些项目，如都匀电厂、贵阳电厂、猫跳河电站等设计任务书还未批准就确定下来，依中发字669号文规定，凡没有批准的设计任务书不能列入国家计划，没有设计批准文件，不能安排生产，但计委已将不合要求的项目列入计划，第一关没有把好，使成套工作处于僵局。

在贯彻基本建设程序中，成套局光依照批准文号就作为安排生产的依据，容易造成各种扯皮现象，设计经常修改，设备订了又退，退了又订，总之使成套局工作被动，因此建议国家计委督促各部把设计的批准文件抄送给总局。（一机部成套总局电站组）

九、各部对材料、设备分配、调拨的意见

（一）物资计划必须与其他计划相适应

1. 计委每年的物资分配和批准的投资项目都不相适应，有些缺口，特别是年度计划批准后，陆续追加批各部投资项目，一般都没有随着批准投资再分配材料，形成不少项目由于缺少材料而不能完成。如一机部1962年投资6 800万元材料还不够，计委陆续追加8 000多万元投资，但材料未增加分配。（一机部）

2. 物资订货在先，计划在后，这样会使物资计划与其他计划对不上口径，产生浪费。（邮电部）

（二）物资分配体制问题

1. 轴承分配体制是“三驾马车”的局面。调度局管部内配套，成套局管外部配套，物资总局管维修需要。三分天下，各把一口，由于管理不统一，造成的结果是：企业生产的品种越来越多，批量很小；轴承品种却越来越满足不了需要。必须实行轴承分配的集中统一，建立合理的储备制度，企业应按产品特点组织生产。（一机部）

2. 汽车、拖拉机、内燃机应由一个部管理。汽车、拖拉机、内燃机目前由交通、一机、农机三个部管理，在规划部局、生产安排、分配销售上都有矛盾，建议由一个部统一管理。（一机部）

（三）材料供应需要留点储备

1. 目前国家对基建材料缺乏必要储备，一遇某项材料产生供应不足，就推迟建设进度，造成不必要的损失。建议国家计委应给各建设项目一定的材料储备。（纺织部）

2. 基本建设工作中，筹建单位（甲方）将工程发包给工程公司（乙方）后，甲不施工，但绝大部分材料要由甲方购买，甲方要有管材料的人员和仓库，乙方也有一套管材料的人马和仓库，这是一个浪费。建议国家计委改变这一不合理的材料供应办法。（纺织部）

（四）设备的进口和收购问题

1. 进口新设备存在一定的盲目性。进口新技术、新设备，缺乏全国性的统一组织安排，存在一定的盲目性。该进口的没有进，不该进口的进了，或者该进的进多了，花钱不少，没有起到应有的作用。（纺织部）

2. 专用设备由成套局收购，弊多利少。计委和财政部对积压的专用设备往往指示由成套局收购，这对财政管理确实有方便之处，但对设备的利用和保管却很不利，因为收购后资金由国家积压，有关使用部门没有感到资金积压的责任，对设备的尽量利用就不太积极。成套局只有很少一些仓库，收购的设备分散在1 600个单位代管，与自己的设备不是一视同仁，往往管理不善，遭到损坏。我们向国家计委提过很多次，要求修建一些仓库，迄今未予解决。此外，成套局的技术力量薄弱，也影响设备的保管和保养。总之，专用设备由成套局收购弊多利少。(一机部成套总局)

3. 再谈1 000多台机床的收购问题。二季度我局所属厂生产的1 000多台机床没有销售对象，3月下旬向物资总局申请国家收购。物资总局不同意收购，理由是：企业生产计划没有与国家需要结合；通过年度订货销售出去。我们认为：各厂的上半年生产计划是我部在物资总局的参与下于预拨订货会议前拟订的，各需要部门所申请的设备大多集中在短线产品，企业由于生产能力的限制，仍不能生产更多的短线产品，同时，生产系列、轮番生产和国家全面需要，必然有一小部分产品的销售必须国家收购解决。目前，由于产品积压，用款紧张，频频告急。(一机部)

（五）希望计委重视邮电部的设备更新问题

我部现有设备力量看来很大，但其中许多老设备维持简单再生产已有困难，急需解决。(邮电部)

（六）材料设备的调拨问题

1. 库存设备的调拨办法，计委至今没有明文规定。我局领导曾与国家计委几次商谈库存设备的调拨办法，至今没有一个明文规定。建议计委根据实际情况给予肯定的指示，以利设备的迅速调拨。(一机部)

2. 全国铁路维修急需用木材。全国地方铁路经调整后，还有2 000多公里，几年来维修材料未得解决，枕木腐朽已达70%～80%。江西省有的铁路轨枕腐朽达90%，每小时行车5公里还要掉道。希望国家给各省拨点材料。(铁道部)

3. 东北那么多木材总得拉出来。为什么对森林铁路却上上下下。如果不下，从1953年开始到现在，每年修建50公里，10年也修1 500公里了，同时还不一定花这么多的投资。(铁道部)

十、一机部关于企业调整方面的一些意见

（一）机械企业能否归队？

每年编制年度计划时，一机部和其他几个工业部总要在计委领导下，组织各方人员大争一场，争夺的结果是：任务分散，机械系统非常为难，以1963年的情况为例：

1. 计委确定耐火材料设备，在全国1 800吨中，安排建工部生产800吨，结果使一套援外设备分散在两个部生产。

2. 卷扬机全国生产2 200台，安排冶金部生产40台，煤炭部生产740台，两部共占总量的35%。

3. 太原矿山机械厂生产打眼机已有七八年的经验，目前生产任务严重不足，但在150台的总任务中，竟有40台安排给设备不全的地质部北京探矿机械厂生产，铸件还得跑张家口协作。

请问：到底谁负责机械产品的制造任务，这种一年一度的大论战，何时可以结束？

建议计委考虑机械工业的统一规划问题，一机系统应全力担负制造任务，让非机械部门的机械企业归队一部分，留下一定力量完成该部门的维修任务。

“归口企业”和“归口产品”的副作用可谓大哉！

“一五”年间，无“归口企业”和“归口产品”其词，中央各部只管直属厂。“二五”年大跃进，地方工业大发展，加以直属厂下放，生产比重逐日增加，于是“归口”制度亦应时而立，诚为善策，彼时为促进机械工业全面规划，实效亦颇大也。

但凡有其利，必有其弊，归口制度其弊亦然，以产品而言，只管归口产品，短线缺门成风；以企业而言，相互提名要厂成风，各言其短而讳其长，唯恐归口不实。其中有虚有实，实者确有难处；虚者，本位主义、分散主义作祟，其副作用可谓大哉，其弊在此。

革分散主义之命，必须考其分散主义之根，上述弊病，实出于“归口制度”，可否改善，值得考虑。

吾意取消“归口企业”，改立“归口地方厅局”，地方企业生产、基建任务统由地方厅局自行负责。企业是建是扩，生产任务之调整，亦由地方厅局自行处理，中央部局大可不必细管。由此既可省人省事，又可避免官僚主义、分散主义之发生，其决定大权在部，对“全国一盘棋”之规划，仍可贯彻如故，而其副作用之弊，则可清除无遗矣。（一机部计划司）

（二）统一管理，避免分散

1960 年，一、三机部分部时，将天津电缆厂划给三机部，并规定由三机部生产高频电缆、军用电缆等产品。这个分工在两年多执行中问题很多。

第一，由于军用电缆、高频电缆品种很多，天津电缆厂一个厂力量不足，完成任务有困难，因此，名义上虽有分工，实际上不少品种仍然压给一机部。

第二，电缆的工艺相近，而且主要力量（包括研究所等）集中在一机部，因为分口管理，军民不能很好结合，工帮潜力不能很好利用。同时在长远规划、品种发展方面问题也不少。

第三，在年度计划分配铜材时，以军挤民，军需单独划去一块，然而三机部内部调剂，将一部分铜材由别的厂生产电磁线等，其他电线电缆可以不通过国家分配。而这些产品应由一机部归口，一机部的生产能力有余，三机部的条件较差。

为了避免上述分散主义现象，建议国家计委考虑将电线电缆统一由一机部归口，并将天津电缆厂交一机部领导。（一机部计划司）

（三）统一组织仪表行业的生产能力

一机部仪表行业很薄弱，但地质部、文化部等几个部都有不少这类工厂，并且有很大的加工能力，建议国家计委、经委可否统一组织这些企业的生产能力，更好地满足国家对仪表的需要。（一机部）

（四）工业企业的调整规划应按什么水平？

目前一机部三局的归口企业大约相当于十年规划中计委试算的发展水平，但是和年度任务比较，能力大约超过 2 倍，这样就产生一个问题：即工业企业的调整规划究竟按照什么水平？是从近期任务的实际情况出发？这是从如何适应长期规划的要求出发？

当前调整中的主要矛盾是：应按照什么水平来调整？如何把长远要求和目前实际情况结合起来？如何减少企业亏损、增加盈利？

建议计委、经委研究这个问题，不能只考虑长远要求，也不能按照长远来推算年度的任务，更不能依靠各部门的设想，这是计划工作的综合平衡问题。（一机部三局）

十一、煤炭部对改进成套机械体制的意见

自 1959 年开始，按成套项目供应设备。根据这几年的实践经验，我们认为成套机构与物资总局之间机构重叠、物资分散、互相扯皮的问题不少，现行体制需要改进。

（一）成套机构与物资总局及各省、市机电局相互重叠

现在的成套总局归计委及一机部双重领导，因此成套总局是一个三重性的机构：是代表计委管理成套项目的职能机构；又是一机部的销售分配机构；又是成套项目具体的办理申请，订货（安排生产厂供应）的物资部门，并代表国家收购基建项目的积压物资。这些工作与物资总局的工作有重复。物资总局应当是国家全权最高的物资部门，掌握国家全部物资，可是现在成套总局管理和掌握了一部分国家的物资，物资总局不掌握成套总局的物资资源，而且在物资储备上，物资总局和成套局都要有，重复储备。

当年物资安排由成套总局和物资总局两个部门分别安排成套和非成套设备，因此成套总局对成套项目的安排，在预拨订货前先吃一口，因而物资总局在组织非成套预拨订货时由于成套项目先吃了一口，所以有不少品种，如暖风机、手摇泵、试压泵等品种非成套订货一点也没有。成套项目先吃一口的做法是不符合在物资分配上先生产、后基建的国家指示。当然对成套项目不参加订货大会，采取另一种方

法是可以的，但不等于可以先吃一口。在物资总局不领导成套总局成套项目设备供应的情况下，物资总局统一安排订货有困难。

另外，成套局属各省、市计委领导。经委物资总局在各省、市有机电局（或一级站），这两种机构都管物资（成套，非成套），在机构上是重叠的。

根据上述情况，我们认为：成套总局应当撤销，其业务成套项目批准、设备清册审定划归计委。成套局库存物资及成套项目设备供应划归物资总局，具体分工是：计委将审定的设备清单交物资总局，按项目进行供应；产品分配、组织订货划归一机部生产调度局（1961年以前就是主管局）。

各省市成套局和物资局（机电局）合并。

（二）现在成套项目设备供应手续繁杂，中间环节太多

成套项目设备供应，首先由成套总局根据计委分配的指标安排订货，给生产厂下达订货卡片，再由制造厂与当地产区成套局签订合同，然后由产区成套局将合同分别告成套总局及需区成套局，再由需区成套局出面通知建设单位（但建设单位见不到合同）。由于这一套订货方法迂回的手续繁杂，问题很多：(1) 签订合同的时间很长，所以建设单位在短期内不能及时了解订货情况。(2) 由于订货的迂回方法，所以有些物资已订合同，建设单位尚未得到通知，而有些东西已经到货。(3) 由于需区成套局了解工程情况、不参加订货，而不了解工程情况的产区成套局而经办订货，因而一个项目要通过几十个产区成套局的订货，由此经常产生不合理的代用及错订等。(4) 由于建设单位没有合同，建议单位不能直接与生产厂挂钩。

上述这些问题应当改进。（煤炭工业部供应局）

十二、关于支援农业方面的一些意见：支援农业的设备订货能采取主观主义的态度吗?

1963 年支援农业的预订设备是国家计委和中央有关部门在支援农业会议中讨论确定的。其中，成套设备指标是从计委分给各部指标的 40% 而来的，当时项目未确定，设计未编制，因此所提的成套设备指标也只是主观设想的指标，没有考虑能否用上的问题。

现在看来，项目确定后所需要的设备和预订货的设备有很大出入，这样，不仅妨碍了支援农业的工作，同时也使成套供应工作很被动，给国家带来积压和浪费。

计委应及早组织人力，加强领导，进行调查，以便确定项目，更有效地支援农业。（成套总局）

如何使用支援农业的投资? 1963 年国家支援农业给了 8 000 万元投资，但只给 1 840 台设备，这些设备只值 500 万元，余下的投资就用得不多，这个问题应研究解决，如何使用国家支援的投资?（农业部）

如何建立拖拉机修理网? 拖拉机的管理有农垦、公安、农牧厅、水利厅等单位归口管理，这对建立拖拉机的修理网是不利的，如果按系统建立修理网，不仅分散，也会造成浪费。这个问题，应很好地研究一个解决办法。（农业部）

如何解决 50 个农机修理成套项目的设备? 1963 年的农机修理厂 50 个成套项目的设备投资应该另外拨，不应从修理网设备投资中扣，这样打乱了修理网的建设计划，同时还成不了套，这种做法不知是什么意思。

对 50 个成套供应厂管得太多、太死，在管的过程中不根据实际情况，只要省报来就分交，不听主管局的意见，只凭上级机关决定下达，其实有些设备不适合修理厂使用。（农业部）

不能硬性规定农机修理厂制造配件。国家计委认为农机修理厂可以制造配件，但是由于各个厂的条件不同，不能笼统地作出规定，应分别对待，有能力的就制造配件，能制造什么配件就制造什么配件。否则，一律规定制造配件的任务，各省会要求追加投资、增加设备，目前不好解决。（农业部）

十三、纺织部对计划管理体制方面的意见

（一）计划管理体制方面的问题

1. 部对地方企业仅有权提出建议，行业归口计划也只是给计委提供建议，地方可听可不听。如小化纤问题。部提出不要搞，但地方批准照样搞；新乡化纤厂是中央直属新建项目，地方意见下马，我们不同意，但计委仍按照地方意见办，下马不久又重新上马；广东顺德化纤厂，中央未列项目，我部正式去文通知要下，地方不同意，计委也不表态；有些地区在编制年度生产计划中留后手，以后再搞增产计划，另向中央写报告要求超产分成；有的先完成计划外任务，不去完成国家计划。《计划工作条例》如何施行，未得到解决。

2. 目前部对地方企业除安排年度计划外，还要安排季度计划。外贸产品还要安排品种计划。有的同志认为，根据统一计划、分级管理精神，部主要力量应放在编好长远计划、年度计划，做好综合平衡，加强调查研究方面，季度计划和品种计划应交地方管理，而且更能因地制宜、切合实际；但也有不同的意见。

（二）基本建设管理体制问题

计划安排和投资分配问题。计委规定，凡地方基建项目统由中央委托各部安排，但又规定，对中央统一安排的基建项目，地方有权调整；同时国家又没有统一的基建费用定额标准，地方可以自行规定。这样，计划失去可靠依据和保证。建议中央解决基建管理中的体制问题，并在国务院设立专管基建工作的机构。

（三）物资管理体制问题

1. 部如何管理全行业的物资供应？对地方企业如何管？直属企业如何管？要很好研究。现在经委、计委要地方企业资料，只好临时向地区现抓，抓来的资料也说明不了问题。

2. 三类物资，部又管又不管，很不好办。有些三类物资如纺织器材用的皮革，供应不足，再加上块块分配，问题很多，应改为条条分配；并建议外贸部根据纺织工业需要，专项安排供应纺织工业用的牛皮，纳入轻工业皮革厂生产计划。

3. 目前国产染料和进口染料由商业部与纺织部分管，不能很好结合，对节约外汇和扶持国内染料工业发展不利。商业部门分配国产染料时，不按品种需要，甚至采取好坏搭配的办法，影响生产，造成积压。建议把主要国产染料列为国家统配物资。

（四）领导体制问题

1. 与化工部的分工。粘胶是明确的，但合成不明确，妨碍建设工作开展。有的建议由化工部管单体，纺织部管抽丝，北京、天津两个合成厂应归纺织部领导，自贡天然气研究所应交回化工部领导；也有同志提出目前单体和纺丝都由纺织部管较为有利。

2. 与轻工部分工。有些同志提出浆粕厂应由轻工部搞，我们就不搞。

3. 化纤工业系新型工业，应由中央集中力量来办。地方企业，部也应加强领导，不能只管直属企业，不管地方企业。

（五）企业管理体制问题

1. 地方企业如何管理。许多同志认为，目前纺织企业99%是地方企业，作为纺织工业部，对地方企业必须管好。但如何管，管到什么程度，是一个大问题。中央曾提出“统一规划，技术指导，交流经验，检查督促”的方针，这一方针如何具体执行，没有解决。目前，许多方面要求我们管细、管具体，已大大超过“十六个字”的范围。但另一方面，下面情况掌握不起来，有些工作也不容易贯彻下去。现有的机构人员也和客观要求不相适应。对这一问题，许多同志要求部很好研究，并提出如下一些意见：

（1）有的提出应从根本上解决体制着手。认为纺织行业的原料、成品大都是统购统销物资，工商关系又错综复杂，下放由地方管理不合适。目前由于管理分散、多头指挥、多方掣肘，企业中问题很多，管理水平比以前下降。因此，应像1957年以前一样，归中央集中管理，至少是棉纺织的全能厂、印染厂、毛纺织和丝绸厂应该收回由部管理。同时，为了加速化学纤维工业的发展和促进全国纺织工业的发展，收回也有好处。现在，要从地区调几个技术工人和干部到新厂去，都很难办到。

（2）如果地方企业不能全部收回，至少应该收回一些有代表性的企业，由部直接领导，以利于及时发现问题，总结经验，在生产和管理等方面树立榜样，作为部领导地方企业的“样板”。

（3）如目前的管理体制情况不能改变，部也就积极研究加强对地方企业的领导。既管好直属企业，又管好地方企业。计划怎么管？管到什么程度？地方搞计划外加工问题如何解决？劳动、财务要不要管？机、物料怎么管？以及工资关系、老厂改造等问题都要很好研究，把它明确起来，克服过去对下面情况调查研究不够、具体指导帮助少等放松领导的情况。

2. 改变丝绸工业加工关系。目前丝绸企业，除四川、辽宁外，都沿用解放初期对资发行的加工关系，由外贸部门直接供应原料，收购成品，企业代为加工。外贸部门掌握原料，直接对企业安排生产，经常从利润出发，随便改变计划，改变生产品种，造成企业生产混乱，人力、财力、物力浪费。

3. 改变纺织系统内部自用棉纱坯布的调拨关系。目前在一个省的范围内，纺织系统生产的棉纱、坯布交自己的织布印染厂加工，要经过商业部门的调拨，纺织工业厅（局）无权直接分配，增加了不必要的中间环节，增加了成本，使纺织染不能一条龙供应协作，对生产不利。地区对此意见很大。就由商业系统调拨改为工业系统内部调拨。

十四、关于加强领导成套局工作的一些意见

（一）成套局由计委直接领导好

成套局是基本建设的一个管理部门，也是计委的一个参谋部，需要和国家计划密切配合。因此，成套局由计委直接领导比较好。有以下几条理由：

1. 计委能及时了解基建计划执行情况，以便及时调整计划。

2. 成套项目供应工作中的矛盾能及时得到解决，保证成套项目组织工作的正常进行。

3. 成套局的领导工作可以加强，房子问题也可以得到解决。

4. 省成套局的机构和干部配备问题，也可以比较容易地解决。

5. 成套局了解基本建设的执行情况，可以及时地反映设计能力与基建需要之间的矛盾，设备品种、质量与生产需要之间的矛盾，供计委研究解决。（成套总局）

（二）计委应加强对成套局的领导

中央规定设备成套总局的工作由一机部和国家计委共同领导后，计委是重视成套工作的，但是具体领导不够。比如，对成套工作中遇到的困难研究解决不够，对成套局的工作督促检查不够，为设备成套工作创造条件不够。

计委要求成套局接受的项目愈多愈好，成套供应的范围愈宽愈好，这样设想也是可以的，但是，往往由于设计和计划变更，设备资源不足，许多项目不能达到“成套地安排生产、成套地组织供应”的目的。

党要求我们任何新的工作，都要经过典型试验，总结经验，然后积极推广。对这种稳步前进，计委领导做了多少工作？值得检查。

在日常工作中，计委往往通过机电分配局领导成套局的工作，有时甚至是通过机分局成套处来领导成套局的工作，成套局向计委主任反映情况，计委成套处的同志也要干涉。

成套局的工作急需计委督促和检查，希望计委主任加强对成套工作的具体领导，比如设备退货拒不付款问题，应与财政部共同研究解决办法，不能听之任之；国防尖端建设项目如何管理问题，放在哪里管，应尽快地定下来；一机部生产设备的安排问题，应正式向各部作明文规定；成套总局与各方面的关系问题，需要用条文明确肯定下来，以便工作中有所遵循。（成套总局）

（三）如何更好地组织专案设备的供应问题

专案处成立了两三年，但工作总是限于被动，忙乱不堪，不如民用项目管理得那样好。

我们的工作总是跟着建设单位转，本来是根据设计进行安排生产和设备分交的，但是建设单位提出退货、修改补充设计或增加设备，就需要忙着办理退货、修改，或追加手续。要扭转这种局面，最好由国家计委下通知，责成各主管部及其设计单位保证设计质量，设计一经批准，不得任意修改；如果提出修改，应追查责任。

其次是，凡已安排生产的设备，成套局不应办理退货，更不予收购，仍应由建设单位收货付款。建设单位的退货设备应先报国家计委批准后，成套局才进行收购，为了减少不必要的运费损失和设备往返旅行，建设单位的退货设备可只向生产厂付设备费，设备暂存生产厂，等待收购调用。

提出追加的设备，一律经计委批准，否则一律列入下年度安排，这样会逐渐地迫使建设单位加强责任感，减少拖欠贷款和相互扯皮问题。（一机部）

十五、财政部对基本建设的一些意见：希望计委从统一集中的原则出发，认真研究基建投资的划分问题

基本建设投资与事业设备购置费的划分问题，计委不是从是否属于基本建设的性质出发来考虑问题，而是从指标出发，怕把基建范围扩大了，增大基建投资，这是缺乏原则性，没有真正反映出国家基建投资总额。

很多应属于基本建设投资的，都推到行政费和事业费开支，比如行政建房、固定资产购置、零星修建、民政和政法部门的基建等等，未与有关部门协商一致，即匆匆作出决定，或自行解释，上面意见不统一，下面不好执行，意见很多，公文、电报、电话来得不少，增加很多事务工作。

计委在1963年的计划表格中，自行规定原有事业单位购置零星固定资产都由事业费开支，引起许多扯皮，希望计委从统一集中的原则出发，认真研究一下基建投资划分问题，属于基建的，应很好地管起来，推来推去不是办法。（财政部文教司）

（一）同意青年出版社利润建宿舍违背中央缩短基建战线的指示

1962年初，共青团中央用青年出版社的利润90万元盖宿舍，计委表示同意，我们向计委要文件，基建局一位金同志在电话上说："没有文件，不是已经通知你们了吗？"采取通知的态度，好像是上下级关系似的。同时，同意盖宿舍也违背了中央缩短基建战线的精神。（财政部文教司）

（二）计委对基建战线控制不严

按规定不能动用上年结余搞基建，听说最近黑龙江来人要求动用结余100万元搞行政建房，计委又表示同意，我们认为这也是违背中央规定的，对基本战线控制不严。（财政部文教司）

（三）计委走群众路线不够

有些总是计委与财政部联系不够。如计划表格中的基建投资与事业费的划分问题，往往我们提了意见没有采纳，也不与我们协商一致，即自行决定，说明计委走群众路线不够。（财政部文教司）

十六、交通部关于公路建设的一些意见

（一）公路路面等级很低，质量不好

目前，全国各地的公路路面等级很低，质量不好。先进的汽车行驶落后的公路，严重地影响汽车运输效率，这是公路建设中的一个突出的薄弱环节。

在1963—1972年的公路科学技术规划中，已明确提出发展沥青路面是改变公路落后面貌的主要途径之一，交通部根据这个规划在研究制定有关的技术政策。

为了解决这个问题，交通部曾就沥青的生产和供应以及修筑沥青磨耗层问题，向国务院写了一个报告，国务院在今年2月8日以国计薄字第90号文批转各省市人委和有关部门参照执行。

（二）旧问题未解决，又产生了东北沥青的新问题

1956年开始提出沥青的规格、价格、生产、供应等一系列问题，迄今几年，不仅旧问

题未解决，又产生了东北沥青的新问题。这些问题是：

1. 石油部制定了道路沥青的部定标准，事实上并未按标准生产。

2. 沥青的价格太高，公路受投资限制，很少使用。

3. 由石油、冶金两部不作价供应积压沥青7万吨，系石油硬沥青，远在新疆，运输困难，运费很大，只适宜就地使用。

4. 硬沥青的稀释剂来源很缺，价格很高，公路部门无法负担。

5. 硬沥青的性能与标准规格相差很远，对路面质量没有保证，必须从沥青的根本问题着手解决，否则计划实现不了。

6. 东北沥青含蜡量高，粘结性不好。

（三）东北沥青可以用于养护砂面路面，从长远打算应作安排

1961年，交通部交通科学研究院开始研究东北沥青的利用问题，经过两年的研究，认为可以用于养护砂面路面，虽然比不上高级路面，但比砂石路面好得多。

为了进一步试验这种沥青的质量，交通部向石油部要求供应1 000吨东北沥青，以便考虑推广使用，经多次联系均遭拒绝。原因是这项沥青已做燃料用，供不应求。

沥青是筑路材料，应该用于修路？还是用做燃料？从长远打算应作安排。这是关系到国家技术经济政策的问题，应该全面地很好考虑，不应顾此失彼。我们认为，沥青主要应用来修路，因为我国公路的落后面貌不容再继续下去，没有其他代用材料，东北沥青应先供应道路使用。而燃料来源很广，缺煤是暂时现象。

估计今后三五年内，每年供应10余万吨（只占全国沥青产量的10%左右），即可满足公路部门的需要，希望计委考虑，研究解决这个问题。（交通部交通科学研究院道路研究室工程师陈炳麟、林明）

十七、关于化工设备生产和基建投资的一些意见

（一）化工设备生产计划完不成，材料不落实是主要原因之一

最近几年化工设备生产计划一直未能完成，我们认为计划安排不落实是主要原因之一。比如，有些设备已列入计划，但是还没有制造图纸、技术尚未过关、生产能力不够、材料供应没有来源等等。今年如按已定的计划指标，可能又要完不成计划。

中央早就提出计划安排要落实，反对高指标的问题，为什么还要安排不落实的计划呢？

现就材料供应问题来看一下计划安排不落实的原因：化工设备所需特殊材料很多，有很多材料需要从国外进口。在每年安排计划时，我们都提出了材料问题，但是每年都解决不了，计划还是照列，所以每年都完不成计划。安排计划的当时，我们就提出某些特殊材料能否解决，谁也知道材料可能没有，但是谁也不肯定说国家就是没有这些材料，因此，也就列入计划。有些产品怕材料不落实，想不列入计划，有的同志说：“只要国家确保，那么点材料国家是可以解决的。”但那么多项目，又都是那么重要，谁知道哪个项目国家确定全力以赴呢？结果还是全部列入计划，计划列上以后，就不知道向谁去要材料了。

因此，计划要落实，计委要进行综合平衡工作。大家不能都含糊不清，责任不明。（一机部一局）

（二）保定胶片厂已基本建成，上海为什么又搞一个胶片厂？

为了解决胶片片基问题，上海又搞了一个工厂，马上要动工了。

保定胶片厂生产能力每年可达1.75亿米，已基本建成，满足我国近期需要是完全可能的。如果认为保定胶片厂上得太慢，不能满足需要，为什么不集中力量支持保定尽快投入生产呢？

在上海重新搞一个厂，难道会加快速度吗？这样安排投资合理吗？

问题更严重的是：保定、上海同时搞，今后一系列的原料配套如何安排是个大问题，这

是国家计委的官僚主义。(化工部基建局)

(三)湖南省株洲化工厂硫酸车间再有少量投资即可投入生产

湖南省株洲工厂建有年产4万吨的硫酸车间，已投资1 300余万元，基建和设备安装已基本上完成，但因缩短战线已经下马。目前尚有少量扫尾工程，一直未能进行。但是，这批已经安装的设备，由于长期闲置，遭到严重腐蚀，去年经过检查后，发现很多设备已严重生锈，需要报废，如果再放置几年，估计损失还会更大一些。

在目前迫切需要化肥的情况下，再用少量投资，使硫酸车间早日投产，既保全了设备，又可为支援农业作出重大贡献。建议领导机关采取措施，早日作出决定。(湖南省轻化工厅)

(四)是官僚主义在挡道呢？还是本位主义在作怪？

化工部施工力量不足，1963年缺1万多人，批准增加劳动指标8 000多人，不足之数必然要从非施工队伍中调配，需要经过培训才能上战场，既费钱又费时间。

但有些部施工力量窝工很严重，如冶金部包头建设公司窝工万人左右，曾来化工部揽活，最近就有5次。

国家计委为全国综合性机关，并有设计施工局，掌握全国施工力量情况，应在“全国一盘棋”的原则下，可以进行调配，这对各方面都有好处，但目前就是行不通，造成一边招人、一边窝工，这是官僚主义在挡道呢？还是本位主义作怪？(化工部基建局)

十八、交通部职工在“五反”运动中对计委提的意见

1. 计委去年从3—7月对我们布置了5次计划，当我们编好后请他们来。而只派一般同志来听汇报，也不提意见。(计划司)

2. 汽车分配办法，国务院有批示，要交通部提出办法，但办法拟好后报送计委，计委又说不批了，使汽车分配也未能按国务院的批示去办。(计划司)

3. 计委、经委关于对经济合同的执行以及定点协议的执行，雷声大，雨点小，主要是没有总裁机关管，国家应成立专门的机关处理这些问题。(材料局)

4. 计委内部搞了个农业发展纲要，其中缺交通部分，计委交通局×处长就来我部抓住我们搞。(计划局)

5. 221工地运动不应决定由直属车队承担。221工地运输是工地内部运输，决定由直属车队承担，既不符合国务院《关于厂矿办运输的规定》，又不符合国务院关于直属车队的批示精神。我们派工作组到工地作了调查，向计委写了报告，但×××副主任还是作了决定，结果仓促上马，造成很多损失，甚至由于人员审查不及，车到工地后无人照管，丢失、损坏许多零件。(公路总局)

6. 专门给计委组织的汇报会议，计委局、处长都不参加，这次三大区直属汽车运输局筹备处的负责同志到部汇报工作，来京后都分别向部长作了汇报，但因为计委交通局在大区各处的负责同志来到之先，曾派交通局交通处处长××同志来部通知：计委准备检查筹备工作进展情况，所以在大区筹备处的负责同志到齐之后，就专门组织一次汇报会，请计委交通局长参加，听取汇报，而局长推故不参加，××处长参加了一个半小时不告而别。(公路总局)

7. 长期计划报送方案日期进度，计委一变再变，到目前还未定，我们工作很被动，应加强计划性。(计划司)

8. 机械配件现在计委批下来，非标准的配件由我们搞，目前我们的机械绝大部分是非标准的，来自世界各国，要自己解决就得办很大的厂才行，但是我们没有那么多设备和技术能力，办起来要很长的时间，很不经济。我们建议由国家统一搞，由计委统一安排，有些机械不能进口的就不要进口，以免没有配件给国家造成损失。另外搞一个筑路建筑机械配件公司，把公路、铁路、建工等部门有关机械配件都包下来。(公路工程管理局)

9. 计委交通局领导的主观主义：1961年1

月，国家计委、国家统计局、交通部联合颁发了《关于划分水运、公路货运运输量计划、统计范围的规定》。该规定第二条把农村和城市人民公社专业运输队的量纳入了计划统计范围，这与当时的形势是符合的。但随着农村人民公社所有制的调整，公社的范围划小了，绝大部分公社专业运输队撤销了，个别保留下来的也都下放到生产队去了，并改变了原来以运为主的性质；所以原规定中关于公社专业运输队这一组织形式不存在了，也就不产生运量的计划、统计范围问题了。特别是公社所有制调整以后，各地人民公社对自有运输工具的经营管理使用等办法很不统一。地方基层交通管理机构也很不健全，因此，对全国这样大量的、分散的副业运输工具确实无法也没有必要纳入计划、统计范围之内；勉强纳入只能降低计划的质量，削弱统计数字的正确性。为此，各省、市、区意见很多，纷纷来文要求修改原来的规定。从1962年上半年起，我们将这些情况向计委交通局作了反映；计委交通局一再强调要慎重，要作调查研究，在未作调查研究之前，不轻易改变。当时我们认为这种态度是正确的。1962年9月交通部召开全国地方交通统计工作座谈会，会上，各省、市、区又提出了这一问题，并详细地反映了本地区的具体情况和理由，要求在会上解决这一问题，经过讨论，并经过会议领导小组研究，初步一致同意建议修改原规定，把人民公社专业运输队或公社自货自运部分均不纳入计划、统计范围。可是，计委交通局的代表在会上坚持不能改变，但不详细说明理由，也没有对代表们提出的意见进行解答，只表示经我们领导初步研究，还是不能变。显然，这位代表的意见只是转达了计委交通局领导在办公室里事先研究确定了的意见。我们认为，计委交通局领导的这种既不虚心听取群众意见，又不作深入调查研究，不讲清道理，一味坚持己见的主观主义作风应该彻底改变，并希从速解决这一问题。（计划司计划处小组）

十九、财政部对计划工作的一些意见

1. 计委财金局从财政部拿去的材料，有些未经领导审定过的数字，有的也没有经过协商就印发了，造成我们工作被动。如1962年的支援农业资金统计数字，就没有经过协商就印在编制长期规划参考材料上了，因为是预计数字，预决算有些出入，前后材料不能一致，就增加了解释口径。建议今后多加联系，避免数字上出错。

2. 计委财金局对工交、商企业降低成本都发了指标，对农业没有发指标，建议1964年不要再忘记还有农业企业。

3. 农村投放问题范围很广，各部门计算口径也不一致，财金局最好会同有关部门共同研究，把计算口径协商一致后，经领导同志审查确定下来。

4. 计委农业水利局为了掌握情况，除可以向财政部门要些支援农业资金数字外，也应该要求主管部门报账和交代事业成果，并建议今后将各项农业事业发展计划列入国民经济计划。

5. 目前支援农业的基建范围不够明确，有的人主张把小煤窑生产、支援农业用的钢材等都塞到支援农业基建里去，究竟哪些应该算支援农业的基本建设，计委基建局应该很好地研究定下来。

6. 基建局主张把2万元以下的固定资产购置作为“四项费用”处理，这不仅是基建挤“四项费用”、挤事业费，而且不利于物资计划平衡。

7. 基建局对国营农场的牲畜转群基建，由于没有单独分列指标，1963年计划8 000万元，有很大一部分被挤占了，因为牲畜转群不同于其他基建，可以“看汤下面”。牲畜达到一定年龄，转群已成事实，不是可以改变得了的，结果就得占用生产流动资金。实际上是让企业自行扩大基本建设战线，影响了有计划地进行基本建设，没有把住基建“口子”。（财政部农业财务司）

二十、轻工、纺织部对计划工作的一些意见

（一）计委对计划指标有主观主义

如1963年搪瓷计划，原订为4万吨，后来因铁皮不够，只给3万吨，但是口杯和面盆的计划数仍不变，这是根本不可能的事。轻工部要求再供应些薄铁皮，计委又不同意。

又如1962年自行车计划指标，原订为120万辆，后来计委要求改为90万辆，不到一个月，又要增产恢复到120万辆、130万辆、134.5万辆。1963年自行车原计划150万辆，计委说车带不平衡，减到135万辆。

这些说明计委同志没有主见，商业部门说库存多了，就来个减产；财政部门说要回笼货币，就来个增产，把工厂当做突击单位，想上就上，想下就下。

（二）计委的同志应去掉主观框子，从实际出发考虑问题

计委某些搞具体工作的同志有点主观，到部里谈问题事先有个框子，我们的意见套中了他们的框子就同意，套不中时就不同意。如1963年的合成洗涤剂指标，计划司提年产7万吨，计委的同志不同意，食品局提12万吨，就听进去了，后来食品局只同意搞5.5万吨，计委的同志就听不进去。合成脂肪酸，计委要求多搞，铺很多点，轻工部不同意，从现在看少搞几个点还是对的。

计委同志的工作方法常常是来部里把我们初步议论的数字抄去，当我们经过研究已经改变了数字时，但计委的同志就死抓住我们的旧数字不放了。

（三）计委应通过领导部署工作

计委有许多工作不是通过领导布置下来的，常常是通过搞具体业务的同志找部里搞专业工作的同志布置的。如去年轻工部召开厅局长会议时，会议上没有提出增产问题，在会议快结束时，计委一个搞具体工作的同志找轻工部一位搞专业的同志谈：糖、肥皂、酒三种产品要求高幅度的增产，部里搞具体工作的同志如何能决定这样大的问题呢？

希望计委有一个主任来管轻工业。

（四）对产品的分工归口问题，计委长期拖延不决

如电影胶片原是轻工部管，去年给了化工部，化工部不愿接，又往轻工部塞。

其他如感光胶片、人造丝浆，明矾、日用陶瓷等，轻工、化工、纺织、手管局等部门分工不明，而这些单位又解决不了。计委应从有利于工作的原则出发，出面组织有关单位作出决定，不能再拖延下去，影响工作。

（五）计委、经委踢皮球，一件事两个月解决不了

1962年下半年，经委提出要轻工部增产，王一之副部长说增产可以，但需要一些技术措施费，经委要我们算一算，后来才发现钱没有着落，让我们找计委。

我们又向计委一个一个项目作了汇报，确定需要技措费800多万元，计委也没有钱，经过再三周转，才抽出400万元基建费作为技措费，其余400万元，又叫我们向财政部申请解决。

我们又向财政部作了详细汇报，才又拨了400万元，文下达以后，地方基建银行不肯将计委拨的400万元基建费作为技措费开支。后来又与财政部多次协商，拖了两个多月，才算解决，但已影响了增产计划。（以上轻工部计划司提）

（六）羊绒衫列入国家正式生产计划，计委未作深入调查，结果问题很多

对羊绒衫生产指标，计委一定要纺织部列入1963年生产计划，有任务观点和主观主义。

当时，我们曾对羊绒衫的价格过高、质量不好等问题提出意见，希望作为试生产，不作为正式计划，但计委未作深入调查，即要求列入正式国家计划指标，实践结果是生产完不成计划，成品价格太高，卖不出去，问题很多，请计委速研究解决办法。（以上纺织部提）

二十一、商业部对汽车分配办法的一些意见

国家计划委员会党组：

你们在1962年6月1日《关于汽车运输工作中若干问题》给国务院的请示报告内提

出："今后分配汽车……除出口、援外、国防用车外，统一分配给交通部，再由交通部按地区运输任务大小，分配给各省、自治区、直辖市交通部门使用"，以及"进一步组织其他部门的车辆，采取地区汽车联合运输公司等多种形式参加流通过程的运输"。我们认为这些建议没有根据商业物资经营的特点，贯彻集中与分散相结合的原则来考虑，根据历史经验和当前商业物资短途运输实际情况是行不通的。提出以下几点意见：

1. 由于商业物资具有鲜活易腐、零星分散、品种复杂、时间性强等特点，同交通运输部门的线型计划运输的矛盾。例如：

（1）大中城市从仓库、批发部至零售商店的商品运输，其特点是零星分散，需要迂回配装，集零为整，整车分卸几个收货单位，并且不分白天与黑夜，风雨雪无阻地送到零售部门。

（2）进出港（站）至仓库间的商品运输，铁道、交通部门均有限时进出（站）的规定，如铁道部门，对调入商品从通知到货日起24小时内搬出港（站），调出商品要在当日8小时前搬进港（站），有些危险品仅限4小时内搬出港（站）。超过上述时间受到延期、落空、罚款和支付囤存费等。而市内搬运部门则规定，对当日14小时前到货次日搬运；14时后到货次日安排运力，第三天搬运。由于到货期限无法准确控制，很难提出确切计划，就是有了计划，由于线型运输和运力不足，加之商业部门自有汽车很少，商品不能及时搬运进出车站，影响供应，遭受罚款现象经常发生。例如，西安市燃料公司4个月来仅煤炭一项，即向铁路支付44 900余元的囤存费；天津五金站1962年支付罚款10余万元。

（3）市郊至市内、工厂至仓库之间的运输，因运力不足，不但影响商品及时调拨，而且影响工业生产，据广州、济南市商业局反映，工厂已生产的产品有的积压达60余天，致使工厂的食堂、礼堂、办公室都存放商品。

（4）自改善经营管理运动以来，各地大力开展商品直达进线和"四就"直拨运输，发、收货点增多，供应起点小，迂回配装，集零为整，整车分卸，早晚送货情况更为突出。因此经常出现：线型计划运输与急需任务临时要车不相适应的矛盾，交通运输部门经济核算与商品流通（点多、零星、分散）需要的矛盾，季节性运输与正常性运输的矛盾，保证重点与市场供应的经常性运输等方面的矛盾。因此，看来商业部门的运输交通部门完全包下来是有困难的。

2. 运输工具不宜高度集中，应当贯彻大集中、小自由的原则。交通部门从1954年、1958年、1960年先后统过三次了，结果统不起来，而是统了又分，分了又统，不仅商业部门不同意，有的地区党委都不同意。最近据贵州、四川、陕西等地反映，交通部门又要统汽车了，实际也没有统起来。希望总结一下过去几年的经验，吸取教训，而不要一统再统。

（1）汽车集中了，不能全面地完成任务。保了中心，丢了一般性的运输；完成了突击性任务，丢了正常性运输；保了长途，丢了短途；保了集中量大的，丢了分散零星的；保了干线，丢了支线；保了平原，丢了山区。例如，1960年山东省交通厅将济南市商业部门的汽车统去后，仅一个区商店统计，10天的时间就造成蔬菜腐烂损失达58 000多斤，致使公社不见车不割菜。济南车站积压五金、交电、百货等商品达20多个货位，当时湖北、辽宁、广东、云南等省都有类似反映。因此，各地党委决定，将交通部门统去的车辆又退还给商业部门自管（如湖北、云南、济南、广东、上海、辽宁等）。

（2）商业部门的自有运输工具管理机构随着交通部门几统而几变，废除了制度，削弱了组织领导和技术力量，影响了生产。商业部储运局1957年和1959年曾两度成立自有运输工具管理处，省级成立科，车辆多的省份还相应地建立了汽车修配厂和维修车间，随着交通部门的"统"而拆散了。同时，全国商业部门的汽车完好率、车吨月产等都随着机构的撤销有所下降，耗油量有所上升。

3. 根据以上情况，当前汽车的管理过于集中，不仅对于交通部门的计划运输、经济核算、保证重点和经常性运输任务不利，同时对市场供应也有一定影响。据此，请你们对今后汽车分配管理体制认真加以研究。望复。（商业部储运局：李园华、李斌）

二十二、商业部关于计划工作的一些意见

（一）商业计划究竟如何管理需要有个明确的规定

计委每年都有一厚本计划表格和编制说明，这当然很好。但国内商业计划究竟如何管理，始终缺乏一套系统的明确的规定，上下无所遵从，曾建议起草一个办法，也没有搞，不知有什么困难。为什么不能办？

（二）计委的屁股还是坐在工业方面，商业局对商品品种都管不起来

财贸办不是计划部门，但下批商业计划，计委的屁股还是坐在工业方面，好像是个工业计委。

从计委的机构看也是这样，管工业的机构相当整齐，管商业方面的只有一个商业局，对商业方面的品种都管不起来。

（三）商业计划会议怎样开，希望计委早点考虑

去年开全国商业计划会议时，中央明确提出由×××副主任负责，×副主任一次也没去过，这是官僚主义不负责的态度。

很快要编1964年计划了，明年的计划会议怎样开法，请计委早点考虑。如果国家计委不出头具体安排，要重复走今年的老路。

（四）商品的分配工作计委应担当起来

怎样体现按购买力分配商品的问题，计委抓得少，推得多，好多事都是商业部搞。

我们与各部是平行关系，推不动；省市要补商品、补漏洞都找到商业部，商业部主管的商品由商业部办是应该的，中央其他各部管的商品怎么办？

整个商品的分配工作，购买力与零售资源的平衡问题，国家计委应担当起来。

（五）《计划工作条例》适合工业部门的要求，商业部提了几次意见计委很少考虑

《计划工作条例》很好，但主要是写的工业部门，适合工业部门的要求。商业部门有许多特点，与工业部门不尽相同，我们提出了几次意见，计委考虑得很少。

（六）这不是分散主义是什么？

去年开市场用煤会议时，计委决定大型工业企业的生活用煤一律由商业部门供应，向中央写了，并经中央批准实行。

但是，执行不通，计委就又自行决定不执行了。在这个问题上，事前计委没有把问题了解清楚就向中央报告，执行不通，又不报告中央，即不执行，这不是分散主义是什么？

二十三、水电部关于计划中缺口问题的一些意见

（一）整个国家经济中，电有缺口是最危险的

1963年我部按今年国民经济的需要，定了一个基建投资额3.2亿元的方案，国家计委给削掉了7 000万元，变为2.5亿元。按此方案来编排计划，表面上好像没有缺口，由于少了7 000万元的投资，这样到明年有些地区由于缺电将出现真正的更大的缺口。这是战略性的缺口，也是最危险的。如东北在1958年缺电，哈尔滨、长春等城市一片漆黑，造成全区国民经济的被动。

国家没有长远计划，每年算每年的投资，缺电就给投资，不缺就不给投资，一登报缺电投资就来了。但是，到那时再给钱也赶不上需要，给国家造成损失。

（二）生产计划方面的指标口径也不一致

1963年根据需要计算，发电量是460亿度，预计可达到480亿~500亿度。但是由于煤的关系，今年的发电量计委只订在430亿~440亿度，缺口很大。经委按计委订计划分配煤，造成今年第一季度各个电厂燃煤非常紧张。

生产计划从发电量到成本计划，应该是一环套一环，但现在发电量与技术经济指标是对口的，但与成本不对口，成本与利润又不对

口。发电量是按430亿~440亿度电计算，成本按460亿度电来定。

按理论来说，生产、成本和技术经济指标的口径应该是一致的，是一套数字，但是十几年来都不一致，思想上想不通。

（三）关于计划中留缺口问题的几种看法

1. 有些同志认为，缺口有两种不同的留法：一种是合理但不合法；一种是合法但不合理。我们部过去留的缺口虽然不合法（不符合国家规定），但它是合理的（符合国家发展的利益和需要），相反的，机械地执行国家的规定，却不顾国家的需要，这样做是合法了，但却不合理，是对国家不负责任的一种表现。

2. 有些同志认为，我们过去虽然留了缺口，是国家计委要我们这样做的，而且也是得到总理同意的，这样做并没有欺上。因此，不是分散主义故意拉长战线。

3. 有些同志认为，留缺口不但不可避免，而且还是必要的，是对国家负责。如今年给东北的投资是2 400万元，但有11个大型、40个小型项目急需安排，这些都是必须解决、非安排不可的，因此投资安排后还缺机价700万元，挤不进去，只好列入计划不投产，计委要求列入计划又不给追加投资，这样就造成缺口。

4. 有些同志认为，不列机价是老问题，应该解决了。1963年的西固、盐锅峡、开远不列机价就不应该列投产。计委应想办法在国民经济其他部门挤一些钱付机价。吉林的炉子早已到现场，是花了很多外汇从国外进口的设备，露天存放很快就会损坏，不如列入计划，安装在早已建好的厂房里，不让机器进厂房，这种做法对国家实际上不利。（水电部计划司）

二十四、铁道、交通、邮电三个部对计划工作的一些意见

（一）铁道部提的意见

1. 计划工作应大体上有一个工作程序和时间安排，不要一年一个样。现在，计划的编制往往决定于中央什么时候开会，反映计划工作本身最没计划。

“两上两下”，关键是控制数字阶段，这个阶段的时间应拉长一点，同时计划会议也可以在编制控制数字时开，否则，控制数字订出来了，在计划草案基础上再来开计划会议，讨论变动的余地就很少了。

2. 基建按程序办事，应该这样做，铁道部对1964年的计划项目，能按规定在今年11月前搞好初步设计文件。

不按程序办事，的确不好。如北黑线，今年匆匆忙忙上马，边设计，边施工，5月底才提设计文件，眼看就是雨季，无法施工，因此，全年计划难以完成。像这类项目，是否准备好一点再上马。

3. 审批设计任务书，同时考虑运输条件是非常必要的。目前一些任务书就未能很好做到这一点。如最近化工部滦县石灰石矿，走京山铁路供应天津市，运输上本来已是重车方向，势将更加重铁路负担。可否另在空车方向选矿。

4. 计划管理权限问题，这几年集中管理是必要的，1964年可否下放一部分给部掌握（如小型项目）。

5. 铁路专业器材厂生产用料，几年来有一部分是由基建材料中支拨，由于投资变化太大，影响工厂生产，建议这些工厂生产用料由生产口分配。

6. 计委对成本计划和修理计划抓得不多。财政部对财务上缴和成本核算抓得多，但对设备修理抓得少。

（二）交通部提的意见

1. 汽车更新规划，今年交通部有1 500辆更新任务，所需投资至今尚未安排。有点光给任务，不提条件。

2. 石矿企业办运输，国务院有规定，但青海221工程却要交通部给50辆汽车，不合理（按：青海交通厅给拨了50辆，实际需要30辆，又退还交通厅20辆）。

3. 产品生产应有明确分工。目前，国家生产的汽车不配套，无客车和挂车。汽车保修机具也无厂生产。

4. 造船方针是“军民结合，以军为主”。小型船只大部分要交通部门自己安排，初步考虑三五年交通部门需要增加50万吨船，国家计划如何考虑（指能力安排）。

5. 各种运输方式的综合利用无人研究，无人抓。如京杭运河、津浦铁路和北洋船海的“三线运输”问题，一直未得到解决。水利和水运的矛盾亦未解决（据不完全统计，在较大的170座闸坝中，仅33座有通航设备）。

6. 计划编制程序，应坚持“两上两下”。控制数字最好能有个分级控制的范围，即中央控制哪些指标，省市地方又控制哪些指标。

7. 东坑—西坑公路，不知谁去了一趟，说今年要修通，总参就下令修通；以后，不知谁又提了意见，结果又下修改命令（按：设计任务书要求1964年修通）。

8. 交通部直属施工力量太弱，现仅有1 000多人。

（三）邮电部提的意见

1. 邮电部门的投资比重太小，每年上缴基本折旧6 000多万元，利润1.5亿元，而投资只安排1 500万元（1963年），连简单再生产也保不了。

2. 基建投资计划，建议将简单再生产和扩大再生产分开列。

3. 按现行办法，往往物资订货在先、计划在后，这样必然会使物资计划与其他计划对不上口径，产生浪费，希望计委研究解决。

4. 计委对牵涉到几个部的建设和生产问题应进行统筹安排，并提出原则性意见，以利工作的相互配合。例如电信工业生产部门除邮电部外，还有三机部；水泥制品的生产，有建工部、水电部、邮电部、铁道部等，各搞各的，互不配合。

5. 计委有时向部里要资料、要方案，要求汇报等，往往时间过急，使对方措手不及，没有准备的时间；对行不通的事不研究，也不采取措施，如编制计划时要求条块结合，但时间要求急，不给部综合平衡的时间。

6. 计委要求各部应进行综合平衡，但计委对部下达指标时就不交代原则、任务是什么，下达物资、劳动、投资等指标时也未考虑综合平衡的问题。（交通局整理）

二十五、农机部关于基本建设设计程序问题的一些意见

（一）没有可靠的产品图纸就进行工厂设计

经国家批准的产品图纸是工厂设计的原始基础资料，但农机部有不少工厂没有可靠的产品图纸，甚至没有图纸就进行设计。对77个大中型项目分析以后，有31个项目没有可靠的产品图纸和技术资料就开始进行工厂设计。比如：丰收—27、丰收—35、东方红—28型拖拉机，JIK—2型收割机，都是引自国外的产品，没有完整的图纸，而是按照机样绘测的，但是图纸和机样有一定的出入，进行工厂设计后常造成返工或修改图纸。

有些厂是既无产品图纸又无样机，仅仅是根据一张图片臆测就进行设计，如挤奶器、剪毛机等。

（二）没有国家批准的设计任务书就进行设计

农机部对77个大中型项目分析以后，在1962年第三季度以前，除无锡动力机厂已有计委批准的设计任务书以外，其他所有项目均未经国家批准就开始进行工厂设计。

1960年农机部所属中央及地方限上建设项目均以简单表格形式报国家计委，由于设计任务书内容不明确，质量不高，不能满足要求，计委亦未正式批复。

（三）没有厂址选择报告、协议文件就进行设计

厂址选择报告、各种协议文件是进行设计的原始资料，农机部所属各厂在设计时大多数是资料不完整。如天津拖拉机厂至今没有选厂报告；很多厂的用煤、用水、用电的协议至今也未定下来，给以后的工作带来了很大损失。

例如，石家庄配件厂煤气协议至今未定下来，因而该厂是否兴建煤气站也不能决定。南昌配件厂的用电、用水在定厂址时，地方上口

头同意解决，没有文字协议书，最后还是没有着落，不得不从赣江引水，自己铺设输电线路。

（四）没有批准的扩大初步设计或技术设计就出施工图

根据77个大中型厂调查材料不完全的统计，有28个项目在没有批准扩大初步设计或技术设计以前，就出施工图并发至现场施工。

天津拖拉机厂扩大初步设计，在1961年5月底勉强由部批准，但早在1959年冲压车间即开始施工，1960年工具、机修、总仓库、锻工、有色铸造、底盘等车间已全面施工。

北京农业机械厂至今未批准设计，初步设计虽于1960年初组织审查，由于压缩投资未能批准，但从1958年开始到现在已先后有铸工、冲压、锻工、发动机、辅助车间等建筑112 269平方米，设备到货1 079台，历年已完成基建投资7 000万元。

南昌柴油机厂设计任务书未经国家批准，扩大初步设计至今尚未进行，而在1960年却动工建筑油泵油嘴大楼、冷作车间和锻工等车间。

（五）没有批准的扩大初步设计或技术设计就出设备清单

1959年、1960年和1961年为了争取订货，但又无批准的正式文件，就要求设计院提前出设备清单，给设计单的工作带来很多困难。

在1960年，77个大中型建设项目中，就有39个项目没有批准设计就订设备，甚至有些厂未作设计就分配设备，比如松江拖拉机厂在1960年未作设计，但已分配70套设备。

（六）没有完整的施工图就按草图施工

为了抢进度、安装设备，完成年度计划基建投资，在施工图未出来以前，即按草图施工，如南昌配件厂在1962年和1963年都是按草图安装设备。

（七）设计工作产生不按程序办事的原因

1. 国家计委对于按程序办事要求不严，虽然没有设计任务书和设计文件，每年照样给投资，下达任务。

2. 部党组有官僚主义。不考虑客观条件，贪大贪多，盲目追求速度，在编定年度计划时，多争投资，多争项目，不考虑主观条件。同时，对设计任务书不够慎重、不够严肃。

3. 部党组有分散主义。对于一些限额以上的项目，为了容易过关，速度快，硬改变成限额以下的项目，如鞍山拖拉机厂，湖南、湖北、常州、云南等拖拉机厂，按生产纲领设计都是在1 000万元以上，硬要压到1 000万元以下。

4. 对于设计工作的复杂性认识不足。设计本身是一门科学，有它本身的规律。按程序办事是实践的结果，是经过许多教训得来的，如果不按程序办事，走错一步，一环扣一环，将错到不可收拾的地步，造成严重浪费。

5. 没有可靠的长远规划，任务多变，不能提前进行设计工作。

6. 没有一套必要的基本建设管理制度，严格规定设计应按照程序办事。

7. 权力下放得多了些，每个厂支配的“厂长基金”过多，因此基层单位自作主张，不按程序办事。

二十六、林业部对计划工作的几点意见

1. 1962年的营林计划到6月才下达，今年的育林基金计划现在还未下达，造成下面的工作很被动，也有浪费，很有意见，希望计委考虑解决这类问题。

2. 究竟应该如何归口？计委要求全国产品的归口计划由主管部负责编制，多年来的实践证明，主管部只能编制所属企业的计划，对其他部门的计划归纳不起来。这个问题提过多少次意见，计委始终未改变要求，现在的情况是：主管部无能为力，归纳不起来，只好使归口计划流于形式。（林业部计划司）

二十七、民航局对计划工作的几点意见

1. 国家批准的基本建设计划投资项目，迟于国家物质分配及订货，建议解决这种矛盾，以免盲目订货，造成物资积压。

2. 计委对下层了解情况有时不够深入，

向下要资料有时过急，时间仓促，使下层显得忙于应付。

3. 计委对民航基建项目的安排，到底什么是大中型不甚明确。如民航过去很多机场（兰州、成都、南宁、昆明等）项目的修建，按投资额计算应属大中型项目，但由于平衡时受到个数限制，皆未列入，反映不够真实。

4. 民航即为国民经济的组成部分，但运量问题始终未解决。计委应当规定哪几种货物交民航运输，把民航货源固定下来，在客运上应对乘坐飞机的级别限制适当放宽。今年1—4月份以来，民航飞机吨位不足，相当飞机空飞3~4多架次。

5. 要逐步建立我国的强大民航事业，除了国家在三机部四局来加强建设外，因民航局的翻修经常消耗一些非标准件，因此也要考虑向民航投资，建设零备件、附件制造厂，这是一件很需要的建设项目。

如果不向民航局投资，扩建或新建工厂，也可以责成四局认真负责包下来民航局的维修与修理所需要的器材。

二十八、劳动部关于计划工作中的几点意见

（一）从“四项费用”中划出劳动保护专款，由劳动部统一安排，逐步改善劳动条件

长期以来，由于在“四项费用”中没有确定劳动保护费所占的比例，各地在分配这笔费用时，往往对劳动保护费安排得很少，一般只占百分之几，有的不到1%，有的甚至完全被挤掉，“四项费用”实际上变成了三项费用。

辽宁省今年拨给锦州市的技术组织措施费、劳动保护费和零星固定资产购置费，共138万元，可是省里指定118万元为技术组织措施费；到了市里，市计委将剩余的20万元全部用于增设生产设备，而劳动保护费一个钱也没有安排。武汉汽车配件厂去年“四项费用”共30多万元，对该厂存在于安全技术与工业卫生方面的防尘、防铅中毒等14项重大问题，因没有钱安排而得不到解决。湖北葛店化工厂“六六六”工段苯和氯气大，中毒工人占全工段人数97%，制“1605”农药工段中毒人数也占35%，而湖北轻化厅去年分配给该厂的26.3万元“四项费用”中，根本没有安排上述安全和防毒的措施费用。

由于存在上述问题，这样就严重影响劳动条件的改善，使迫切需要解决的问题长期得不到解决，严重影响职工安全和健康。因此，各地劳动部门和产业、企业的劳动保护部门对于没有确定劳动保护费在“四项费用”所占的比例纷纷提出过不少意见。今年4月劳动部在天津召开的一次劳动保护会议上，到会同志要求从“四项费用”中划出20%~25%作为劳动保护专款，由劳动部门掌握分配。我们认为这个要求是合理的。

为了改变目前状况，防止劳动保护费被挤掉，解决当前劳动保护方面迫切需要解决的问题，建议国家计委、财政部将国家年拨出的“四项费用”划出20%~25%作为劳动保护专款，交由劳动部统一分配，以便有计划、有步骤、有重点地改善职工劳动条件，从而有利于保障工人在劳动中的安全和健康，促进生产的顺利进行，更好地为生产服务。为此，请国家计委党组对上述问题给予我们一个答复。（劳动部保护局）

（二）计委开会让劳动部参加的不多

计委、经委等有关部门开会，让我们参加的不多，有点关着门干工作的现象。去年我们把各省市、各部门1958年以来企业中的非直接生产人员占职工的比例问题进行了调查，并整理了一些资料，根据30多个企业的典型调查资料，提出1962年企业中非直接生产人员可以压缩到1959年的水平，即可压下去3%~5%，但是领导上通不过，没有搞出去。（劳动部）

（三）劳动计划应由计委归口管理

劳动计划交给劳动部以后，是削弱了不是加强了。劳动部不懂生产，有些瞎指挥。

劳动部根据管社会劳动力的办法来管产业部门的劳动力，与各产业部门的关系好像处于

对立的地位，只信任地方劳动部门，不信任产业部门，不倾听产业部门的意见，决定问题很主观，如用百分比控制非生产人员、要求技工学校一律生产自给，这种不切实际的要求应很好总结。

因此，建议劳动计划应由计委归口管理。（水电部）

二十九、一机部计划司“对计划工作中有些什么问题”的检查

根据北京市委办公厅编简报第820期反映的“计划工作中有些什么问题”和富春同志的批示，一机部计划司进行了初步检查，现将他们的反映摘要报告如下：

（一）计划批得晚、变化多的问题

近几年机械工业生产计划批得晚、变化多，是企业普遍反映的问题，也是当前计划工作中比较突出的问题。批得晚、变化多的中心问题是变化多。主要原因我们认为有两方面：

1. 在国民经济调整时期，对机械设备需要的规律性认识不足，对有关各项比例关系掌握不够。在近几年调整期间，各部门生产建设对机电设备的需要，无论在品种上或数量上与往年均有很大的变化，但掌握其变化规律需要一段认识过程。如果我们掌握了它的客观规律和正确比例，则制订的计划就符合实际或接近实际，在实践过程中，计划的变化就少一些，否则，计划必然要不断地变化或调整。

2. 近几年企业的生产强调以销定产，强调按合同投料，产品的销售情况是经常在变化的，企业的生产计划就不得不随之作相应的变化。从全年生产指标来说，各级计划部门（国家计委、部、专业局）一般在年初或上年底都定下来了，不算太晚。但这仅是控制性的指标，具体的生产任务，要根据实际需要情况和订货的型号规格来安排。现在机电设备订货一年两次，1963年预拨订货是在1962年11月份，1963年全年订货是在5月份（现在还没有结束）。通过这两次集中订货，企业全年的生产任务虽基本上明确了，但企业在生产过程中，由于需要情况的变化，有的要求增加任务，有的要求撤销合同；或者由于材料分配不足，设备需要部门技术资料供应不及时，企业完不成生产任务，也要求调整生产指标。因此，企业的年度生产计划就经常有不同程度的变化。一般地讲，品种比较单一或大量生产的企业变化小一些；多品种或专用设备生产的企业变化大一些。如北京汽车厂是成批大量生产汽车配件的工厂，在我部直属厂中，计划多变的情况还是比较好一些的，但在1962年计划也变了三次。

计划批得晚、变化多，给企业组织生产、经营管理带来很多困难，解决的办法，我们设想有两个方面：

第一，各部门的生产建设要有一个比较稳定的长远计划。我们是按计划生产建设的，没有一个长远计划，年度工作就没有明确的方向。现在设备需要部门当年要，我们当年安排生产，要一台，安排一台，当年不要了，就撤销合同退货，这不是办法。机械产品生产周期长，生产准备工作量大，一般简易产品要三四个月才能生产出来，大型精密产品要两三年甚至需要更长的时间，像这些生产周期长的产品，不能设想只从年度考虑，而没有长远打算，要临时安排，生产部门与需要部门都绷得很紧，双方被动。

第二，要改变现行计划方法，为企业合理组织生产创造条件。生产是为了满足社会需要。生产要结合需要，是应考虑的一个方面；合理组织生产，是应考虑的另一个方面。这两者必须结合起来全面考虑，片面强调哪一面，对整个社会生产的经济效果都是不利的。现在我们强调了产需结合的一面，以销定产，但忽视了为企业创造条件有计划合理组织生产的一面。

按需要生产，按合同投料，需要经常在变化，同样产品要求交货的限期也往往不同，企业无法有计划地合理组织生产，我们意见，现行的计划方法要加以改进：

（1）在长远计划一时定不下来的情况下，年度建设项目和基建投资至迟要在头年第三季

度定下来，并拿出设备清单。因此，建设单位的设计文件必须在定项目定投资以前都准备好，合乎基建程序的规定。我们深刻体会到，近几年生产计划多变的主要原因之一是由于基建计划的变动太大。因为机构设备的生产，其中有很大一部分是基建需要的，基建项目忽上忽下，或投资忽然“砍一刀”，直接影响生产计划的安排，如果国家的基本建设能够做到“早定少变”，企业生产计划的稳定性即可迈进一大步。

（2）国家计委在确定年度基本建设的同时，就要做好机构设备的产、供、销平衡，不留缺口。在产、供、销平衡基础上确定的机械产品生产指标，我们根据机械工业的特点，采取下列的计划方法，结合需要与组织生产：

①品种单一、不需要用户提出型号、规格即可大量生产的，如汽车年度指标宜早定，企业好早作生产准备。

②多品种，适于组织成批轮番生产的，如机床、锻压机械、电机、变压器、轴承等等，都是标准系列产品，年年都有需要，但具体品种规格、各年度需要的数量可能有多有少。这类产品在大致摸清年度需要的型号、规格后，即可在年度控制指标范围内，按照合理组织成批轮番生产的要求组织生产，不应强调按合同生产。订货会议后，少数品种与需要不对路，多余的建议国家收购，作为正常储备，不能视为积压；不足的，由国家储备中调剂解决，或保留在下年度优先安排生产。

③大型、精密、专用设备需用户提出具体技术条件后才能安排生产的，如大型冶金矿山设备、电站主机、石油化工专用设备、大型材料试验机和大型锻压设备等等，要实行大型预订制度（我部已有大型预订办法报计委审批）。

④一般小型通用产品，如工业泵、风机、压缩机、电器元件、仪器仪表、工具配件等等，使用部门太广，需要摸不清，不可能完全靠订货需要来组织生产，物资部门必须有一定数量的储备，以调剂可能一时出现的产需矛盾。因此，在确定这类产品的年度生产指标时，不宜压得过低、产、需“咬”得太紧。这样，企业的生产计划就不会被“需要”牵着走，企业也便于合理地组织生产。

（二）指标不衔接、计划不成套问题

计划指标互不对口径，生产、供应、劳动、成本、财务计划不成套，这是近几年计划工作中突出的另一问题。为什么会这样呢？

1. 生产计划多变的后果。生产计划是年度生产技术财务计划的主导，是其他各部分计划（供应、劳动、成本、财务等）编制的依据，由于生产指标频繁地修改，其他有关各项指标均跟不上，至于编制全套的生产技术财务计划就更来不及了。所以在年度计划执行过程中，或者说在计划变化的过程中，虽然生产任务调整了，其他有关的指标或计划仍是原样的，有的部门干脆“以不变应不变”，到年终一次调整，或者“实报实销”。

2. 现行计划工作程序有问题。

（1）物资供应申请（主要是材料）在前，计划编制在后；产品计划编制在前，设备订货在后。现在对生产起决定性作用的是订货，订货的结果就反过来冲击原来申请的材料和生产计划。

（2）各部分指标和计划是分“口”管理的，在计划安排时，就步调不一、衔接不够。如国家计委机械局抓产品指标，劳动工资局和劳动部抓劳动指标，财政成本局抓成本指标，财政部抓资金、利润指标，冶金分配局抓材料（钢材）指标，它们之间在安排指标时有联系，但也有脱节的地方，至少在安排的时间上是步调不一致，缺乏综合平衡统一下达的机构，因此，条条下达企业，条条上报，不衔接，不成套。

（3）计划程序应该是自下而上和自上而下相结合的办法。上、下的过程是领导与群众相结合、生产与需要相结合、任务与条件相结合的过程，也是综合平衡的过程。近几年的计划程序，计委虽然规定了“几上几下”，由于需要情况摸不准、变化多、时间紧，实际上是

"只下不上"。企业没有"成套"的指标和计划，上级管理部门连"不成套"的指标和计划也没有，情况隔阂。如总产值指标，是机械工业一项综合性的全面性的指标，在核算利润、资金、劳动生产率时均需要，不由下而上的编报，企业管理机关很难把全套指标和计划抓起来，也很难发现问题、改进计划管理工作。

三十、江西省计委对计划工作的几点意见

1. 布置工作不结合实际，有点官僚主义。如年年编制年度计划，明知要做，但迟迟不往下布置，我们老等着，但是一布置下来就急着要，时间很短。这次编长期计划原规定4月30日上报，因有困难，我们在3月下旬打电话要求延期，结果还是不同意，于是我们只好拼命赶。后来又来电报说：推迟到7月底上报。如果早这样布置，我们就可以多做些调查研究工作，对问题的研究也可以深入一些。

2. 对省计委的业务没有什么指导，全国的经济情况介绍得也很少。这两年市场比较紧，国家计委应该把这方面的情况向各省介绍，这样可以互通情况，交流经验，搞好工作。现在各省和国家计委的联系也很少，除了编报计划以外，似乎就没有其他什么联系。

3. 水利、电排等工程，统一由国家投资不合理。就有个规定，多大规模地区应参加投资，应有个指标，如开荒现在有500元一亩，也有200元一亩，电排1瓩灌多少亩等，都应有个规定。(江西省计委"五反"办公室)

三十一、卫生部对计划工作的几点意见

1. 在编制县医院基建计划时，建议要具体分出地名建设项目和内容，感到工作很困难，是否提建议时可以粗一些。

2. 目前中央各工业部（除铁道部外）均没有专门机构和专人管卫生工作，所以工业卫生计划往往不能落实；有些基建项目的投资规定得太少，县医院每床基建定额2 000元，实际是不够用的，因此只能留缺口，房子盖了，没有设备。

3. 建国几年来，对基本建设工作已经取得了很多经验，建议计委应规定定额，不然各单位在设计上都存在取高不取低现象，给基建安排掌握上带来许多困难。

4. 在基建投资上，因为每项基建结构性质不一、所需材料也不一样，因此对材料分配上，应当结合实际情况加以分配，不然硬性分配即存在很多问题。

5. 基建安排和物资分配脱节，如1963年物资分配在先，而设计投资在后，因此在计划安排上不衔接，建议采取包工包料办法，既节省人力、物力，又便于管理，不致造成物资积压。

6. 民航大楼虽有问题，不要搞了半截而停止，建议把它建完，拨给使用部门，不然我们认为是有浪费的。

7. 大修与基建划分问题。计委意见，小型基建由事业费开支，而财政部认为属基建，两者处理不一，建议制定统一划分标准，以便于掌握执行。

8. 新疆、青海、甘肃省曾报请由医院业务收入款搞基建，但计委一直没有明确解决，建议速研究批复。(卫生部财务司)

三十二、供销总社对计划工作的几点意见

1. 1962年9月3日，我社以［62］合基字165号函请求解决灾区恢复和提高短绒产量、质量所需投资的报告，这是一项急需解决的问题，曾屡次电话催批，共历时50天计委才批复。很多省都反映不能及时发挥投资效益。我们认为计委在处理这个问题上是官僚主义。

2. 1963年供销合作社系统基本建设建议数字，我社于1962年9月20日以［62］合基字208号函报送计委。又于10月22日以［62］合基字252号函报送一次调整报告。直到1963年3月8日计委才决定和我社联合下达，历时5个多月。中间我社除于1963年1月8日以正式报告催批一次外，曾多次口头催批，得到的答复总是正在和这个单位商量、和那个单位研究，迟迟不批，致使计划下达甚迟，物资也未能纳入国家计划，不仅各省社有很多意

见，而且影响工作安排。我们认为这是拖拖拉拉的官僚主义作风。（供销总社基建加工局）

三十三、邮电部对计划工作的几点意见

1. 认为每年安排工业生产时最好要留有余地，供略过于求，这样可以使产品质量提高，否则如供不应求或供求相等，必然造成次品也勉强使用，影响质量提高。

2. 长远计划工作，最好计委有一套工作方法，使下面知道经常要掌握什么，应该积累哪些资料。现在每次编计划，都急如星火，时间仓促，资料不足，编出来的计划，质量必然不能满意。

3. 市内电话小交换机问题，以前也提过很难解决。如把这些投资给邮电部，由邮电部办比较好。有人对此有不同意见，认为如果这笔投资给了邮电部，邮电部就会全部用于建设市内电话，说不定要用到长途上去，或者搞工业。最好是投资仍由原单位，规划和建筑则由邮电部办理，这样比较有利，至于建成后的固定资产，因为维护折旧等方便，可转移给邮电部。

4. 为了产品质量好，工业部门应考虑零配件的专业化生产。资本主义国家的有些做法也有值得我们学习的。例如瑞士钟表的产品质量所以好和专业化生产有很大关系，他们是做弦丝的有专门的弦丝工厂，钻石有专门的钻石工厂，工厂规模很大，成本很低，钟表厂只是装配而已。如果一个工厂产品从零件到主件都要自己制造，质量不会很好，成本却必然很高。（邮电部、电信总局）

F114

（三）经济管理机构及职能的变动

国家计委党组讨论总理三月十五日关于精简工作的报告

1963年3月15日

大家一致拥护总理报告的精神，认为我委工作虽然日益繁重，工作要求越做越细，人力比过去有所减少，但仍不应增人，应当力争减人。而且，确实也有减人的潜力。特别是感到我委目前行政勤杂人员多了。在全委1 428人中，业务人员只占817人，而事业单位城市规划研究院198人中就有超编人员58人未能处理。保育院、幼儿园，夜校为128人，党团委、办公厅为136人，公勤人员为124人，也都有精简的潜力。各业务局虽然经常加班加点，有些单位，如农林局也确实需要加强，但也还有忙闲不均的情况，因此拟采取内部调剂的办法解决。

大家认为，只要发动群众讨论，采取各种措施，例如改进工作方法、裁并机构、减少层次等，是可以精简一部分人的。

最后，党组决定：

（一）成立我委精简小组，由杨作材、张武秀（办公厅副主任）、阎秉智（党委办公室副主任）等3位同志组成，并以杨作材同志为组长。

（二）由杨作材同志负责准备向我委全体同志作关于精简工作的动员报告，接着，即组织全委同志进行讨论。

（三）由党组各同志负责分“口”摸一下各局的精简工作。

150－11－4

国家计委、国家经委关于国家物资储备局划归国家经委的通知

1963年3月16日

各中央局计委、经委，各省、市、自治区计委、经委、储备局（加发西藏）；国务院各办，财经，文教各部委、局、社、军委总后勤部：

根据中央决定，国家物资储备局从国家计

委划归国家经委领导，并自三月七日起改在国家经委办公。今后，凡有关这方面的工作，请直接与国家经委联系。

150－11－3

国家计委党组关于人事制度的通知

1963 年 4 月 27 日

各局局长、办公厅主任、研究室主任、经济消息社、党委办公室主任：

为严格人事制度，干部的任免调离均应按照中央组织部规定执行，今后各单位任用人员（包括一切人员、勤杂人员在内）和调离人员（包括一切人员、勤杂人员在内）均应经过人事部门（办公厅人事处）审查提出意见，由办公厅审核后报告党组决定。任何部门均无权决定人员的任用和调离。

这个通知请转知全体同志。

150－11－3

中共中央批转国家计委领导小组关于成立长期发展规划机构的报告

1963 年 3 月 27 日

各中央局，各省、市、自治区党委，国务院各部、委党组：

中央同意国家计委领导小组《关于成立工业交通发展规划委员会、农业发展和农业技术改革规划委员会、物价和劳动工资规划小组、财贸长期规划小组，以及各中央局计委、各省市自治区计委编制长期计划时的主要工作的报告》。现将这个报告和各该规划委员会（或规划小组）的组成名单发给你们，可即按此进行工作。国防工业长期计划委员会和文教长期规划小组的成员，可按原定不变。

附：国家计委领导小组关于成立长期发展规划机构的报告

1963 年 2 月 22 日

恩来、小平同志并中央：

国家计委领导小组开了两次会议，研究编制十年长期计划的工作。现简报如下：

一、成立了工业交通发展规划委员会、农业发展和农业技术改革规划委员会、物价和劳动工资规划小组、财贸长期规划小组。现将这四个规划委员会（或小组）的成员名单送上，请审阅。如无不妥，请中央批准执行。各规划委员会（或规划小组），都是国家计委编制长期规划的工作机构，计委分别有人参加。计委将以领导小组为中心组织一个全面综合组，在各规划委员工作的基础上，进行全面的综合平衡。另，国防“口”已成立了规划委员会，并早已进行工作；文教口成立了规划小组；科学研究的规划，已由科委负责，未单另成立机构。

二、各规划委员会（或小组），初步想争取在五月以前把各项基本资料搞齐，并作必要的调查研究。六月底编制出一个十年计划的初步方案，七月份汇总综合平衡，八月份交各部门、各地方讨论一次，争取九月底十月初综合并编制出十年（第三个五年及第四个五年计划）计划草案上报中央。时间比较紧，在工作中还要平行交叉作业，反复几次才行。

三、省、市、自治区编制长期计划工作的重点放在：（1）调查研究，整理本地区的基本资料；（2）本地区农业发展和农业技术改革十年规划；（3）地方工业的十年规划（包括地方交通）；（4）劳动工资和市场、物价的十年规划。重工业的规划，主要由中央来做，地方在各工业部门工作的基础上进行地区平衡。

四、中央局计委在编制长期计划工作时，主要工作是：（1）调查研究一些重大问题，向中央局和国家计委提出建议；（2）审查各省、市、自治区提出的长期计划方案，并进行全区的综合平衡；（3）参加中央工业交通发展规划委员会、农业发展和农业技术改革规划委员会的工作，参加国家计委的综合平衡工作。

以上安排，是否有当，请予指示。

工业交通发展规划委员会名单

（一）委员共八十七人，其中：

1. 行政干部三十八人：

薄一波　陈伯达　程子华　陈正人　王鹤寿　吕正操　段君毅　孔祥祯　赵尔陆　韩　光　谷　牧　梁膺庸　李人俊　钟子云　李代耕　赖际发　惠中权　旷伏兆　孙大光　钟夫翔　张琴秋　邓　洁　郗占元　阎秀峰　强晓初　池必卿　韩哲一　李一清　王　林　黎　玉　叶　林　袁宝华　宋养初　安志文　柴树藩　范慕韩　余建亭　罗日运

2. 经济专家四人：

薛暮桥　于光远　王思华　孙冶方

3. 科学技术专家四十五人：

李四光　李烛尘　谭　真　侯德榜　石志仁　汪菊潜　叶渚沛　侯德封　沈　鸿　陶亨咸　褚应璜　王竹泉　孟宪民　田琪琇　王德滋　汪寅人　吴世鹤　吴仲伟　陆　达　王之玺　邓恩诚　陶恩瑞　张卯均　杨世祥　葛纯林　陈彭年　张方佐　张文治　丁贡南　毛鹤年　张昌龄　苏哲文　张　俊　张定一　武　迟　朱淇昌　林　华　谢为杰　王万君　郭栋材　李克左　侯德原　朱伯禄　王　愷　朱介子

（二）主　任：薄一波

副主任：陈伯达　程子华　陈正人

秘书长：安志文

全国农业发展和农业技术改革规划委员会委员名单

谭震林　陈伯达　廖鲁言　陈正人　王观澜　肖　克　刘澜波　王光伟　张修竹　陶桓馥　高文华　钱正英　惠中权　郝中士　范长江　黎　玉　饶　兴　魏震五　王耕今　冯纪新　张克让　刘瑞龙　李尔重　李登瀛　张　励　丁　颖　金善宝　程绍迥　沈其益　竺可桢　过兴先　郑万钧　张含英　须　愷　郭栋材　陶鼎来　侯德榜　张省三

主　任：谭震林

副 主 任：陈伯达　廖鲁言　陈正人

秘 书 长：廖鲁言（兼）

办公室主任：张修竹

财贸长期规划小组名单

朱佩琮　吴　波　牛荫冠　杨少桥　林海云　申　平　胡景云　王卓如　管大同　邝日安　何　畏　张方佐　秦含章　古耕虞　黄国光　项志生

组　长：牛佩琮

副组长：吴　波

劳动工资和物价规划小组

李先念　薛暮桥　郗占元　刘卓甫　李正亭　张佛健　张翼飞　秦柳芳　于光汉　张天民　苏　群　于　桑　骆耕漠　艾中全　管大同　赵艺文

组　长：李先念

副组长：薛暮桥

150－11－116

国家计委讨论计委机关精简方案和各副主任分工［节录］

1963 年 4 月 19 日

4 月 19 日下午，党组会讨论了计委的精简方案、任务机构和各副主任的分工问题，意见如下：

（一）精简方案

总理作精简工作报告前，各局要求增加 220 人。总理报告后，经过发动群众讨论，可减 132 人。全委保留 1 358 人。这次减下来的主要是行政勤杂人员。各业务局的人员，除 3 个局减少 1～3 人外，都有增加，少的加 1 人，多的加 10 人。

党组同意这个方案，认为从今后计划工作越做越细的要求来看，本方案确定的人员编制是很紧的。

这里，还要作几点说明：

1. 农业局的编制，富春同志批准 70 人；林业局的编制，震林同志批准 40 人。根据这次精简精神，拟定为：农业局58人，林业局27人。

2. 从工作要求做细看，物资分配局34人、机电分配局35人是不够的，是否向编委备个案，将来分配一些大学毕业生，但现在不一定马上增人。

3. 经请示富春同志同意，在文教局下面成立一个科学技术计划处，需要调配七八个人，但半年来1人未加。

[中略]

总的来说，计委的人数是减少的趋势。自从计、建两委合并以来，人员日益减少，刚合并时，副局长以上干部号称“一百零八将”，现在只剩81人了。而且在这81人中还有全休病号18人，能正常工作的只有63人。

（二）任务机构问题

1. 大家主张，加强物资分配工作的集中管理，归一个副主任统一领导，并建议将冶金分配局与物资分配综合局合并。

2. 大家认为，应当加强基本建设计划的执行检查和管理工作（如基本建设的规章制度、定额管理等），觉得这几年来这方面的工作有些放松。为此，建议成立一个基本建设办公室，并指定一个副主任专管这项工作，以便有系统地抓设计施工、设备成套、建工部和各部门基本建设机构的工作。

3. 有人提出：考虑到今后每年的基建投资约在100亿元以上，约占财政支出的百分之三四十，如何厉行节约、合理使用、一个钱顶一个钱用是个大问题，认为应设专门机构管理基本建设工作，并建议为恢复建委做准备工作。也有同志认为，可不单设建委，就在计委加强这一工作。

4. 年度计划方法由长期局管，还是年度局管？有两种不同意见，一种主张由长期局统一管理，以利口径一致；一种认为工作与方法，是不可分割的，长期局不管年度计划工作，很难管好年度计划方法。

5. 地区局保留，还是撤销？也有两种意见：一种主张撤销地区局，在综合局下面成立一个地区处，专管了解各地情况和调查研究，理由是地区平衡工作（粮食、商品、劳动力等），地区局如力承担，不如由基建、商业、劳动局分别做好。另一种认为，地区平衡工作必须做好，一个地区处干不了，必须有一个地区局，而且在计委历史上地区局成立、撤销已经好几次了，所以必须看准了再决定，目前保留为宜。

6. 有人提出：为了加强计划工作，建议将城市设计院划归建工部领导。

（三）各副主任分工

由于卓新、养初同志已经调走，并根据加强物资分配和基本建设工作，各副主任的分工需在原来的基础上作适当调整。

大家建议：

物资分配工作，归劭文同志具体领导。

基本建设计划的执行和管理工作，归树藩同志具体领导。

研究室的日常工作，归光伟同志具体领导。

地区局，归英杰同志具体领导。

外事工作，由英杰或暮桥同志负责。

燃料、化工、综合利用，归一个副主任领导。

各副主任的地区分工：

安志文同志联系华东；王光伟同志联系西南；柴树藩同志联系西北；杨作材同志联系中南；宋劭文同志联系华北；杨英杰同志联系东北。

150－11－4

李富春同志对当前工作的指示［节录］

1964年10月23日

［上略］

（二）调整机构和人员安排问题

志文、光伟、云屏、英杰同志出去蹲点后，委内的日常工作由劭文同志主持。

委内干部去蹲点后，有些局委合署办公，作为整个机构变动的过渡阶段。全委共有二十四个单位，可以合并为十四个。合并后由谁负责，党组研究后再定。

提拔干部和外调大使问题，等机构统一解决后，再议。

成立建委有两种设想：一种设想是把建工部的建材部分组织托拉斯，其余部分并到建委，石油部也组织托拉斯，李人俊等同志到建委工作；另一种设想是找几个人（如吕克白同志等）新组成建委。

各办、各大区都要首先负责本单位和本地区的平衡工作，然后再由国家计委进行全面综合平衡。物资部、劳动部的工作，国家计委也应当管。

国家计委的职责是什么？要清理一下，该管的就管，不该管的不要都揽到自己身上，请各副主任都要提出几条，由季立同志汇总。

国家计委的机构如何设置，等中央确定后再说，目前可先设个秘书长，长期局和年度局合并后，抽谬季立同志担任。

（三）当前工作问题

应当马上抓：下去蹲点；改后勤部为参谋部；调整一线，建设三线；下达计划和建设省、市后方问题。

计委继续革命问题，要从两方面搞：一方面要通过“四清”、“五反”工作，把一个省、一个县的情况搞清楚。要带着问题下去。不管我们将来是否还在计委，计划革命都有份，要善始善终。脱离情况，脱离实际，故步自封，不敢革命，这不是右倾吗？要同局长干部讲清楚，都要带问题下去。

另一方面，在委内的同志，继续研究问题，要减少日常事务，把后勤部变为参谋部。什么工作能放到各办、各部去搞，要提出几条，例如把物资的日常工作交给物资部。各办、各大区计委都要搞计划，搞平衡，能选择，我们有二百人就够了。要从明年搭的架子搞起，第三个五年计划，首先，关键是要抓住酒泉、攀枝花，一九七〇年达到什么标准？这样来搞整个计划，眉目就清楚了。基本建设项目、农业投资和事业费怎么减少？第三个五年工业交通要增加一百亿元，只能从农业中减。但是，农业方面的支援农业的物资、化肥和电灌都要增加。

水利建设，特别是大型水库的建设，哪些要上，哪些要下，要研究。有些水库可以把水放了，有些对灌溉真正有效益的，可以建设。

劳动工资问题。劳保条例、工资制度都有问题，奖励制度不合理，要通过检查劳动部的工作来研究这些问题。

几项具体工作：

1. 少奇同志给富春同志的信，要以计委名义转发到县计委。

2. 计划工作方法改革问题讨论纪要，由劭文同志审改后，先用国家计委名义发各省、市、自治区试行，同时报送中央。

3. 计划会议总结报告中提出要改革的六条：属于国家计委的，要马上改；属于各省、市、自治区的，立即通知他们动手；属于各部的，请各部速办。不然，又过去了。

4. 如何利用库存钢材与积压的设备，要组织物资部门办理。如有些钢材和设备，经过改造后能够用得上的，就要改造，不然，越放越坏。如果因为利用库存材料而没有钱，可先记账，来年再报也好。

5. 十二月十日开人代会。会上的计划报告，由劭文同志负责起草，另调杨波、骆风同志帮助搞，由季立同志提供资料。

（三）抓思想动态和生活作风问题

我们机关受了批评后，有些不健康的思想情绪，请中央调来一些人自己好抽身，不是勇于负责，不是积极革命，不是善始善终，不安于其位，想要中央另请高明。要准备中央只调来少数人，还要我们继续工作，而我们只能在实际工作中改正缺点，积极革命，这才是健康的。要从党组的领导解决这个问题。

从副主任个人的思想作风来说，××同志是有毛病的。他的毛病主要是两个问题：一个问题是在计划工作中受教条主义的框框束缚最深；另一个问题，到下边去搞特殊化。

从各局的工作作风来说，是不是认为没有

我这个局不行，善于搞一些日常事情，不作调查研究。

计划革命，要解放思想，要革命。革命不革命是九个指头的问题，革命中犯点错误是一个指头的问题。要把思想搞通，原则上同意，具体工作上不同意，说明思想不通。

（四）西北调查问题

刘家峡水库搞不搞？要搞，如何打歼灭战？要经过调查后，向中央报告。

树藩同志去西北，主要是搞河西走廊的农业和工业交通的建设，其他事情由各省自行安排。西北的机械工业要西南配套，成为整个三线的一部分，不然，搞得太多，没有饭吃。

（五）地方建设后方问题

计划会议期间，广东、江西、广西、云南都提出这个问题，这是件大事。请志文同志马上给总理写个报告，并组织四个专门小组，计委（范慕韩、杨作材、罗日运、白杨同志）、经委、国防工办参加，到四个大区与地方同志商量，先办哪些？后办哪些？有些什么困难？出路是什么？经研究后，报告总理，作个交代。

［下略］

150－12－18

国家经济委员会工作条例

JJS50－4（上）

三、年度国民经济计划

（一）1963 年国民经济计划

国家计委座谈编制一九六三年计划的有关问题

1962 年 4 月 26 日

富春同志指示，关于一九六三年计划怎样搞法，要和各部谈谈。

四月二十六日下午，卓新同志邀请农业、商业、冶金、一机、二机、水电和交通部（其他各部，卓新同志在召集去东北出差的工作组的会上谈过了）座谈了编制一九六三年计划的有关问题，卓新同志传达了计委的初步意见。纪要如下：

（一）关于今年的计划

今年的计划，中央工作会议以前已经定案，最近经过人大、政协会议后又作了调整，调整的方案已经中央财经小组讨论通过，中央常委也同意主要指标的调整意见。现在正在分省、市，估计本周即可下达，其中机械生产指标和相应的钢材、有色金属的分配问题比较复杂，下达的时间可能晚一两周。

调整后的计划，有些地区还要求修改。如煤炭有十来个省要求减少一千万吨，参加经委召开的重点省的工业书记会议的同志也要求减少。主要原因是对矿工和矿工家属粮食、副食品供应不足，因而井下第一线的劳动力稳定不住。今年煤炭究竟能够搞多少？还要经过几个月的努力后再说，不能马上再减。因为煤炭一减，钢铁、化肥、发电都要变动。

调整后的轻工业、市场还没有完全落实，还差一千多万元的外汇；棉花播种面积六千一百万亩，各地还要求减少；商品和购买力、财政收支的平衡还都有问题。这些，都反映了当前经济困难。

今年的计划，虽然有小的缺口和困难，但是应该先定下来，下达执行。经过一定的时间，根据实际执行情况，如变动不大可不调整，如一定完不成时再行调整。

（二）关于明年的计划

富春同志提出，请大家考虑明年计划究竟怎样安排？农业搞多少？轻工业搞多少？重工业搞多少？并联系到后来计划如何安排？每个地区、每个行业留哪些工厂、并哪些工厂？要根据明、后年的任务来决定，没有任务的则停，有任务的则保留。

五月份请各单位分别摸摸情况，六月份综合一下，这样对明、后年的计划怎样安排就有个轮廓，也可以大体作个估计，以便调整、精简的根据。

明年的计划安排，从哪里着手？还是按照中央方针，总的要求主要是：

1. 更好地贯彻农、轻、重次序安排计划的方针。农业上不去，其他一切都没有办法。但是，重工业也不能放弃。

2. 继续贯彻精简节约、生产排队和企业排队的方针。

3. 要看几年。不能只看明年一年，要看明年、后年以至第三个五年。

4. 初步设想明年的水平究竟怎样？农业、轻工、市场、重工业和基建规模究竟怎样？可以作不同的设想。如钢，今年六百万吨，明年可否七百万吨，后年八百万吨；粮食产量，最好是明年三千亿斤，后年三千二百亿斤；煤炭，今年调整为二亿三千九百万吨，明年是高于今年的水平，还是低于今年的水平或维持今年的水平，现在很难说；石油的情况比较好，今年五百五十万吨，明、后年可能逐年前增加一些；木材、煤炭、有色金属明年增加多少？没有把握，还要看我们努力的结果。

总之，明年的工农业生产水平，特别是工业生产水平可能比今年高，也可能维持今年的水平或低于今年的水平。

基本建设规模，今年投资四十六亿元，明年五十亿元，后年六十亿元，但是也有可能明年还是维持今年的水平或低于今年的水平。

5. 明年的计划要早一点着手。今年的计划是从去年八月北戴河搞起，现在才定案，很晚了。经过扩大的中央工作会议和陈云等同志的报告，对各方面的情况看得更透一些，这样一九六三年计划可以早点提出。初步考虑，六月份讨论控制数字。

今年的计划未经过自下而上的反复过程，明年的计划要经过由下而上的反复过程，同时也要将基层计划搞好，以利更好地走群众路线。

这是计委的同志初步酝酿的意见，请各部考虑。

150－10－23

李富春同志同中央局计委主任的谈话（纪要）［节录］

1962年11月8日

1963年计划文件已发大家看过了，你们看是否符合十中全会的要求。十中全会要求以农业为基础，以工业为主导，各方面的工作都要转移到以农业为基础的轨道上来。“转”是需要一个过程的，问题在于我们是否真正朝着这个方向去努力工作。各省、市、都要从全局出发来安排局部问题。在局部的安排中有以下几个问题：

第一，中央项目，不管是支援农业的项目，还是工业项目，安排在这个地区合适不合适？粮食、劳动力、运输等各方面的条件是否合适？是否符合农、轻、重安排的原则？

第二，中央建议的地方项目合不合适？应如何进行调整？要联系到地区的综合平衡，即工业与农业、城市与乡村、物资与财政的平衡。

第三，除了这些投资以外，还需要搞哪些非干不可的项目，特别是支援农业非干不可的项目，是些什么项目？是从自筹资金解决，还是从国家投资解决？总之，要从人力、物力、财力等几个方面去考虑问题。

计划安排要以农业为基础，各方面的工作要转移到以农业为基础的轨道上来，这里有两个含意：一是农业生产搞多少？能搞多少粮食、棉花供应城乡人口？能拿出多少东西来供应工业？二是有多少能力支援农业？今年开始搞明年计划时我就提过，以农业为基础不是以支援农业为基础，这是两个完全不同的概念。

从明年计划安排看，明年农业总产值比1957年约低17%，工业总产值比1957年只多20亿元。如按各大区，各省、市的数字汇总起来，不管今年的数字如何，粮食生产指标是3 118亿～3 170亿斤（国家计委安排3 200亿斤），棉花生产指标比国家计委安排的2 000万～2 100万担减少167万～279万担。照此安排，明年农业产值不是比1957年低17%，而是低20%。

明年的中心问题还是粮、棉、煤、木、矿运。

明年工农业生产指标愈低，则国民收入和财政收入愈少。

照我们这次安排，明年国民收入增长4%，而财政收入则比今年增长9%，即增加27亿元（财政收入：1962年为300亿元，1963年为327亿元），其中，从工、农业生产增长的财政收入只占8亿元，不到3%；其他

19亿元要靠提高劳动生产率、降低成本、减少亏损。这是一项大工作，要像今年抓减人、减少商品粮和调整企业那样地去抓。

明年农业生产增长8%，工业生产增长5.5%，为什么财政收入只增长3%？问题还是要从生产上去看，因为利润高、税收高、产值高的生产明年增加不多，棉纱只能生产300万件，比今年的288万件只多12万件，按照现在棉花收购不好的情况，明年300万件还有危险。现在农产品收购中最大的问题是棉花。明年增产较多的是拖拉机、排灌机械，这些东西是要国家贴本的，生产愈多，则国家贴钱愈多，每台拖拉机的生产、建设费用（包括建立拖拉机站）要2万~3万元，这样每年增加10万台拖拉机就要20亿~30亿元，是个大问题。

明年财政收入增加9%，要做许多工作，主要不是靠增产中得来的，而是靠提高劳动生产率、降低成本、减少亏损、改善企业经营管理得来的。

支援农业，农业技术改革，在20~25年内究竟采取什么步骤？包括什么内容？我还没有摸清楚。农业技术改革，是分别轻重缓急、集中力量打歼灭战呢，还是农机、化肥、水利大家一起上，分散力量齐头并进呢？如果齐头并进，每样都搞一点，结果大家都搞不成，每样都要拖到20~25年才能解决。而且，不只是搞支援农业的项目（化肥厂、拖拉机厂等），国防工业（二弹一机）也要搞。两面挤，结果非砍农业不可，还是按重、轻、农安排。结果是，我们批判了重、轻、农的思想，还是按重、轻、农安排。

支援农业有效的办法是什么？南方拖拉机厂技术未过关却非搞不可，南昌福克生27用的优质钢材和有色金属很多，国内能否供应上去，我有怀疑。我请各地区注意：农业生产还是要实事求是。

各地都要注意综合平衡。不论中央项目还是地方项目，不论支援农业的项目还是国防工业项目，都要注意是否与当地的工农业生产、粮食、劳动力、货币、物资、运输等力量相适应。

最后，讲讲职工和劳动力问题。明年，从整个国家来说，职工和劳动力是增加，还是精简呢？明年的方针是继续精简职工和城市人口，但要区别对待。精简的重点放在专、县、公社，把不必要划成市、镇的划回去，大中城市减得差不多的时候基本不动，主要是调整，但不能放手增人。另外，还要减少机关，把老弱病残列入编外。

缺壮工的问题怎么办？依靠半机械化、机械化提高劳动生产率，从技术改革中来解决一部分壮工问题。如果还缺，则按照需要，内部调整，不从农村中招收。

明年，主要不是增加工资，而是转正、升级、补助、救济。明年一季度先抓精简，二季度大中城市抓转正、升级、补助。否则，一方面升级、补助，一方面减人，矛盾很大。这在计划中各省、市要考虑一下。

对基本建设大家有什么意见：

（1）对中央项目有什么意见？

（2）对中央安排的地方项目有什么意见？

（3）自筹资金可以安排什么？

（4）还有哪些非干不可的？

我们在这里开会讨论计划，希望大家不要“一言堂”，还是要贯彻民主集中制。我们只有这么大的家当，只有这么大的底子，没有多大可争的。

据我知道，凡是由中央统一调拨原材料的生产指标一般定得较高，凡是由地方供应原材料的生产指标一般定得较低。能否相反，发挥地方的积极性。

农业是吃穿用的问题，是全国问题。对棉花的生产和收购不采取积极态度，是会吃亏的，全国人民会批评我们的。

农副产品的收购，不能像长沙那样听任自由市场泛滥，要把供销社搞起来，不然东西收购不上来。

明、后年要搞点技术进口。日本已答应卖给我们一套尿素设备和维尼隆设备（设备2年交清，货款5年还清）。另派一个组到意大利搞用天然气制造合成氨的设备。我们的长期计划，不光是搞2.5万吨的合成氨，还要靠点技术进口。

［下略］

150-10-20

李富春在各部党组书记座谈会上的讲话要点

1962年12月1日

一、明年的基本建设

明年的基建投资是85亿元，实际工作量将超过100亿元。从设计、施工、材料、设备、运输等各方面的条件看，明年基建项目不可能一拥而上，因此必须根据我在总结报告中讲的十条原则来安排。为何分两步走？一是要按基本建设程序办事，补作设计。二是项目多的（如拖拉机厂）要分作两批上，设计、施工等各方面条件不具备的应列为预备项目。

明年基本建设工作要抓三条：

第一，抓项目排队；

第二，抓按基本建设程序办事；

第三，抓建设银行的投资监督。

过去，工业战线上最大的毛病是基本建设摊子太大。所以，明年我们要老实些，扎实些，仔细些，稳当些。

二、劳动工资

明年的劳动工资必须卡紧，必须精打细算。

以后，各部的企业要求增加人，首先必须经过群众充分讨论，不是厂长向上写个报告就可以了。确实需要加人，应当说明理由。另外，未完成两年精简任务的，要继续完成。

对老弱残病要清理一下，放在编外，但在有一个时期里工厂还要照顾他们，关心他们。

什么叫“老弱残病”？

“老”指够退休年龄的。

“弱”指不能继续工作的。

“残”指不能工作的。

“病”指长期病号，几年以内身体不能好的。

老弱残病究竟有多少人？先从中央各部的直属企业搞起，作个榜样，以便地方效法，这是一个很大的问题，也要走群众路线。

以后，各部企业要加人不准同各省打交道，要经国务院批准。

工资总额，我的意见是：直属企业的归部管，地方企业的归地方管。

还有直属企业的主要领导干部应归中央组织部管。

中央没有发出通知以前，各地不能随便调动直属企业的人员。

三、生产问题

明年生产，各部要尽可能地动员积存的材料，不然放在那里很可惜。各部要尽量多动员一些积存材料来增加生产，特别是增产轻工、化工产品。

原来基本建设投资80亿元的时候，准备动员13亿元的积存材料和设备。现在能动员多少，请各部再算一算。

我看，明年生产问题不那么大，主要还是基本建设问题。

四、关于以农业为基础，工业如何转移到以农业为基础的轨道上来的问题

什么叫“工业转移到以农业为基础的轨道上来”？是不是等到我国建成了完整的工业体系，实现了四个“现代化”以后，才算转到了以农业为基础的轨道上来？或者另有解释？

我的理解是：

第一，我们搞工业的方针、方向、思想明确了没有，是为了促进农业的发展，以农村为市场。

第二，我们的工作安排（包括生产和基建）是否面向农业，以支援农业作为第一位。

第三，我们在经营管理上，是不是在农业能够给工业提供多少劳动力、粮食、副食品和工业原料的范围内做到精打细算，革新技术，提高劳动生产率，力求以最少的劳动生产更多的东西。

只要我们做到这三条，并使工业沿此轨道不断前进，这就叫做“工业转移到以农业为基础的轨道上来了”。可否这样解说，请大家研

究；否则，各说一套，没有准则。

五、改组问题

确有部分企业，因为无事做或者产品方向有问题，需要进行改组，以适应支援农业的要求。但不是说，所有工业要实行全部改组，不然为何叫冶金、煤炭、铁道进行改组。

整个工业还是要贯彻“八字方针”，即逐步地进行边调整，边充实，边提高，不能说整个工业要改组。贯彻“八字方针”的目的是：

第一，支援农业；

第二，支援轻工、市场；

第三，支援国防。

这就是说，工业首先要为农业服务，其次要为轻工业和国防服务。

六、抓减少亏损

明年财政收入，减少亏损打了34亿元，请王学明同志会同计委财成局给每个部算个账。

七、其他

1. 价格问题。明年价格还是基本不动。价格问题，不单是生产资料有，生活资料也有，现在职工工资未动，怎能提价？

关于支农物资、职工生活资料要求降价的问题和三类物资要求提价等问题，请财政部提个杠杠，由中央下个通知。如果搞得不好，我们会不自觉地提高赫鲁晓夫的“自由化”。

2. 去年北京几个国棉厂减人费了很大的劲，听说最近国棉一厂又恢复了1万个锭子。钱之光同志！有没有这回事？我们要注意：招人很容易，可是退真不容易。

三机部要加人，没有群众路线和精打细算是不行的。

3. 明年后勤部的4亿元，请赵尔陆同志好好审查一下，一定要按基本建设程序办事。

4. 一波同志从广州给小平同志和我打了一个电报，反映：一是明年的“四项费用”少了；二是分配不合理，地方少了（中央占67%，地方占33%），但地方厂子多数是生产轻工业产品的。要求增加技术措施费2亿元。要增加措施费，还得减少基建投资。

现在的问题是：第一，明年的财政收入是否可靠？第二，明年的基建投资为何压？

5. 明年基本建设宁肯少搞一些。各部搞基本建设要有共产主义风格，照顾大局，把有些项目推迟半年，不然我们以后又得作检讨。

明年6条森、铁线我不主张同时干，因为明年木材产量不靠这6条线，请林业部和计委一起研究，要分别轻重缓急，不要硬邦邦的。我们既然看清了形势，不如先下手，免得以后又要下马，搞“瘌痢头”。

6. 明年计划安排上我们还要注意到地区平衡，对困难地区要照顾。

JJS50－4（上）

李富春关于全国计划会议情况向毛泽东的报告

1962年12月5日

主席：

全国计划会议开了1个月，已于11月30日结束，主要是讨论1963年的计划。会议后期，向政治局作了汇报。根据少奇同志、恩来同志、小平同志的指示，向会议作了总结报告；大家又进行了讨论，取得了一致的认识。

会议讨论的结果，对明年计划安排的总轮廓是：

农业，总产值增长8.5%（今年增长3.8%），粮食3 200亿斤左右（今年3 000亿斤），棉花2 000万～2 200万担（今年1 400万担）。这样，农业生产，在今年增长的基础上，明年将有更大的增长。

工业，总产值增长5.7%（今年下降19.5%）。其中，轻工业，增长7.2%（今年下降9.6%），棉纱300万～305万件（今年288万件），卷烟270万箱（今年200万箱）；重工业，增长4.4%（今年下降26.9%），钢670万吨（今年632万吨），煤2亿吨（今年2.1亿吨），木材2 309万立方米（今年2 100万立方米），化肥225万吨（今年200万吨），拖拉机2万台（今年1.9万台）。这样，工业总产值就将改变两年来连续下降的情况，明年开始上升。

财政收入327亿元，比今年增长9%。

基本建设投资85亿元，比今年增长40%（今年计划64.03亿元，预计完成60亿元左右）；拟分两步安排。

大家认为，农业生产，只要自然灾害不比今年大，经过努力，可以有较大幅度的增长；轻工业生产，只要做好农副产品的收购工作，计划有可能超额完成；重工业生产，一般都可以稳步上升，木材的增产措施还需要进一步落实。财政收入打得比较紧，主要靠减少企业亏损34亿元；工作做得好，收支可以平衡，而且略有结余。

在这次会议讨论过程中，争论较多的主要有以下几个问题：

（一）对经济形势的看法

在会议初期，不少同志对当前经济形势的好转程度估计得高了一些，对各方面的要求偏高了一些，如要求多搞水利，多搞一些基本建设；要求加人而不再减人；要求多增加一些工资等。

经过讨论以后，大家一致认为，今年农业生产上升，工业生产开始稳定，市场供应情况在继续改善；今年各方面的计划完成情况都比较好，这是3年来没有的。当前总的经济形势正在全面好转，但还只是开始，存在的问题也还不少。农业生产还没有达到1957年的水平；基本原料、材料工业，特别是木材、煤炭、有色金属、特殊钢材等还是薄弱环节；国防工业的物质基础还不厚。一致认为，要巩固已经取得的成绩，争取更大的好转、更好的发展，就必须继续贯彻执行“八字”方针，在鼓足干劲的同时，步子要走得稳，工作要做得细。

目前有些地方，对精简工作，对自由市场的领导和管理，都有所放松；货币投放一时增加过猛。这些情况都值得注意，这些工作都不能放松。

（二）支援农业

大家认为，明年计划的安排是把支援农业放在首要地位的。国家财政支援农业的资金达到62.54亿元，比今年增加16.19亿元，占财政收入增加部分（27亿元）的60%。明年用于农业的钢材、木材、化肥、拖拉机等也有较多的增加。从需要来说，是不算多的；但是，国家的力量有限，再多也有困难。发展农业，国家要大力支援，同时要充分调动农民的积极性。国家支援的资金和物资如何使用得更加有效，还要上下结合，摸清需要，因地制宜，重点安排。

会上有许多同志认为，当前支援农业最有效的是水利和化肥，而明年水利建设安排得少了一些，拖拉机厂的建设安排得多了一些；在水利建设中，大中型项目安排得多了一些，小型农田水利和电灌安排得少了一些。

从加快农业机械化的要求来说，拖拉机厂的投资不宜减少；从设计、设备等建设条件来说，现在安排的项目，有的可能上不去，投资花不完。我们准备作适当调整；同时正在抓紧设计和设备的落实工作，力争多搞一点。

明年的水利建设资金，我们根据大家的意见又增加了1.5亿元，达到18亿元左右（包括小型农田水利资金4.5亿元），比今年增加5亿多元。对于水利建设项目，还准备根据各地方提出的意见，进行必要的调整。兴修小型的农田水利工程，主要应该依靠集体农民的力量，国家给以支援。

（三）基本建设规模

对于基本建设规模是小了还是大了，大家的看法有个反复过程。会议初期，我们提出投资80亿元的方案，各地方、各部门从需要出发，都嫌不够，后来又加了5亿元，达到85亿元。会议后期，根据少奇同志、恩来同志、小平同志的指示，对这个方案又进行了讨论，大家一致认为，从可能来看，85亿元的建设规模不是小了而是偏大了。主要根据是：

（1）明年计划安排的投资是85亿元，加上结转的投资（往年不结转）、地方自筹等，实际的建设规模大约为100亿元左右。

（2）所需要的材料、设备，除了当年生

产的以外，还要动用积存的物资13亿元以上，能否动用这么多，还没有完全落实。

(3) 施工力量还需要在现有的170万人的基础上再增加20多万人。

(4) 砖瓦砂石、运输力量、商品供应等，有些地方感到负担不了。

(5) 特别是有一部分建设项目，还没有设计文件。设计力量一般也还不足。

因此，一致同意明年基本建设搞两个方案，分两步走。第一步先按照投资70亿~75亿元来安排项目；第二步到明年夏收后看情况再考虑。这样不至于一哄而上，造成各方面的紧张；不至于上了马又下马，花钱多，见效慢。明年准备列入计划的大中型项目大约有832个（其中，国防工业建设项目有162个）。第一步要上哪些、上多少，正在根据以下四条原则进行排队。

(1) 凡是要求急、见效快的支援农业的项目，如小型农田水利、化肥厂、农业机械配件厂等，应该优先安排。

(2) 凡是今年结转而又有设计的项目，明年继续施工。

(3) 凡是新增加的项目和单项工程，都必须有经过批准的设计文件，才能施工。有些急需施工而没有设计文件的项目，如森林工业、森林铁路、某些大中型水利工程，都必须限期做好设计。

(4) 大中型水利、电灌、农机大修理厂、工矿大中型项目、总后勤部的建设工程，都要分两步走。有设计、有设备、不增加劳动力的先安排；没有设计、没有设备、需要增加劳动力的，先作为预备项目。

（四）劳动工资

会上各地方提出明年的职工人数，不是减人，而是要增加30万人左右。按照中央规定的两年减少职工1 056万~1 072万人的任务，明年还要净减170万人左右。地方同中央的要求，一出一入，相差达200万人左右，加上中央各部要求增加的人数，差额还要大。这个问题很大。如果不严格控制职工人数和城镇人口，将不利于企业改善经营管理和减少亏损，不利于改善职工生活和市场安排，不利于财政收支的平衡。大家一致认为，必须完成中央规定的减人任务；各地方、各部门需要增加的职工，必须经中央审批。

计划安排，明年职工工资增加15亿~20亿元（其中，困难补助为4.5亿元），分两步走，上半年先走第一步。这是在完成减人任务的基础上考虑的，也就是先完成减人任务、后调整工资，如果职工人数减不下来，就不可能增加这么多。

劳动部准备在12月中旬召开全国劳动工资会议作具体安排。

保证明年计划的实现，大家一致认为，关键还是要充分发动群众，开展增产节约运动。主要是做好以下几项工作：

(1) 努力发展农业生产和工业生产，特别是要抓粮食、棉花和木材的生产；

(2) 加强企业的经营管理，力争减少亏损34亿元；

(3) 基本建设要认真分两步走，并且严格按照基本建设程序办事；

(4) 继续减少职工人数和城镇人口，完成精简任务；

(5) 力争财政收支平衡，略有结余。

150-11-62

国家计委请单独列出天津、沈阳、武汉、广州、重庆、西安等六大城市的计划指标的通知

1963年6月20日

国务院财经、文教各部、委、局、行、社，公安部，军委总后勤部、国防科委，哲学社会科学部，华北、东北、中南、西南、西北局计划委员会，河北、辽宁、湖北、广东、四川、陕西省计划委员会，天津、沈阳、武汉、广州、重庆、西安市计划委员会：

根据1962年10月6日中共中央和国务院联合颁发的《关于当前城市工作若干问题的指

示》的规定："天津、沈阳、武汉、广州、重庆、西安这六大城市的工业生产、基本建设、物资调拨、主要商品分配、职工人数和工资总额、财政预算，在省的计划中单独列出来，同时上报中央，由中央和省共同安排。"我委1962年8月25日计长英字1808号《颁发1963年国民经济计划表格的通知》中，也曾通知各部、各有关省在1963年计划草案中将上述六大城市的各项指标，都在有关省的指标下面单独列出。

由于初次实行这种做法，加以各地方提供的基础资料不全，所以在1963年的正式计划中，除了天津市的一部分指标单独列出以外，其余五个城市的指标，均未能在有关省的指标项下单独列出。

为了认真贯彻执行上述的中央和国务院的指示，特再重新通知以下事项：

1. 河北、辽宁、湖北、广东、四川、陕西等省的计划委员会和各厅、局，向国家计委和中央各部报送或抄送建议数字和计划草案的时候，必须将上述六大城市的指标单独列出。

2. 天津、沈阳、武汉、广州、重庆、西安等市的计划委员会和其他部门向有关省报送建议数字和计划草案的时候，应当抄送国家计划委员会和中央各有关部。

3. 国家计委和中央各部下达的分省、市、自治区的控制数字和正式计划中，应当将上述六大城市的指标，在有关省的总数之下，单独列出"其中：××市"。

4. 国家计委、中央各部召开的省、市、自治区参加的有关确定计划指标和计划工作的各项会议，应当同时邀请上述的六大城市参加；发往各省、市、自治区的文件，也应当同样加发这六大城市。

5. 国家统计局、中央各部、各省的分地区统计数字中，均应将六大城市的数字，在各有关省的总数下，以"其中：××市"的形式单独列出。

6. 为了便于安排上述六大城市的1964年计划指标，请六大城市和有关省在今年7月15日以前，将已有的国民经济计划的基础资料或历年基本统计资料，报送国家计划委员会（3份）和中央各有关部。今后的这类资料，亦请随时报送。

150－11－98

（二）1964年国民经济计划

程子华同志谈编制长期规划和一九六四年计划工作的安排［节录］

1963年5月13日

［上略］

（二）编制一九六四年计划的工作安排

1. 编制计划方法是两上两下。过去没有做到两上两下、上下结合，而只是各部和国家计委搞计划。为什么计划指标过高、战线过长？就是上面凭热情办事。编制一九六四年计划，一定在方法上恢复两上两下的做法。由下面提出建议数字，国家计委编制控制数字。控制数字下达后，再由下边编制计划草案，而后由国家计委综合平衡。

2. 时间的安排是六月底编制控制数字。要求各部于六月底前提出建议数字，以便提请七月中央工作会议审查批准下达，自七月十五日到九月十五日由下而上编制计划草案，然后国家计委同各部共同编制计划草案，十月十五日召开全国计划会议讨论，争取十一月十五日报请中央批准下达。

3. 指标问题。建议数字要求什么指标？国家计委已发了一个通知。国有计委党组讨论时，有些局长认为指标多些好，但计划工作恢复两上两下是不容易的，需要做很多工作，部里和部属企业都要做很多工作，如指标要求多了，部里有困难，不如要求少些。而计委下达控制数字指标稍多些，下面编制计划草案时指标再多些。这样，先把主要指标拿上来，使编制明年计划真正做到两上两下、上下结合。

4. 准备召开一个座谈会。这次会议对今年形势的看法、一九六三年计划执行情况的预计和编制计划的方法进行讨论。拟分部分开：一部分工业交通各单位；另一部分是其他各单位。请各部（委、办）主管计划的副部长或司局长参加。请各部党组把这些问题先讨论一下，以便开好这次座谈会。

（三）一九六三年计划的预计、编制一九六四年计划同长期规划的关系

1. 没有长期规划而编制年度计划是无根据的。第二个五年期间就是没有长期规划而编制年度计划的，特别是基本建设项目没有长期规划更不好办。有了长期规划，然后编制年度计划就有了目标，便于按照目标走。因此，应该先有长期规划，先有第三个五年计划，再编制一九六三年、一九六四年计划。但是，现在长期计划还未搞出来，而编制一九六四年计划的任务又摆在我们面前。编制一九六四年计划，必须考虑长期规划，考虑国家解决什么问题？部里重点解决什么问题？考虑长期规划的速度。在这种情况下，可否设想一九六四年基本建设计划不要打得太满，要打低一些，留有余地，便于中间调整。

2. 今年计划执行情况预计，已经有了四个月的实际，要进一步摸一下，以便在今年计划预计完成的基础上，提出一九六四年计划。只有把一九六三年计划预计情况搞得好些，才能把一九六四年计划编好，而为编制长期规划创造条件。也就是说第三个五年计划有了两年计划，实际上只编三年计划，只要搞好一九六三年预计和一九六四年计划，第三个五年计划就能够编得好。

3. 按照上述时间安排，国家计委党组讨论后拟分三批人马：一批人马抓长期规划；另一批人马抓年度计划；再一批人马出去调查研究。

长期计划以长期局为主，搞长期规划的方针、重点和问题，并召集各局同志座谈。请各部、各“口”把长期计划的方针、重点和问题迅速提出来，经过国家计委领导小组讨论后报中央批准下达，以便组织力量编制长期规划。

150－11－49

中央局计委和省、市、自治区计委编制一九六四年计划工作座谈会综合简报（第5期）

1963年6月12日

现将各中央局计委和各省、市、自治区计委，座谈一九六四年国民经济形势和方针的情况，综合简报如下：

一、对一九六四年经济形势的估计

各地同志一致认为，当前的政治形势和经济形势都很好。在农村，由于贯彻执行了党中央对农村工作的一系列方针政策，以及通过社会主义教育运动，人民公社集体经济更加巩固，广大农民的积极性进一步调动起来，有很多地方已经出现了农业生产的新高潮，争取今年农业丰收大有希望。在城市，由于贯彻执行了调整、巩固、充实、提高的方针，以及增产节约和“五反”运动的开展，广大职工的生产热情进一步高涨，工业生产持续地稳步地上升，而且在质量、品种、劳动生产率、财务成本等方面也取得了显著的成绩。随着工农业生产的好转，市场情况迅速好转，商品供应不断增加，集市贸易价格大幅度下降。国家财政收大于支，货币继续有所回笼。总之，当前整个国民经济已经出现了全面好转的局面。

从当前政治、经济的大好形势来看，经过农村的社会主义教育“四清”运动和城市的增产节约和“五反”运动，在政治战线、思想战线和经济战线必将取得巨大的胜利。在农村

和城市，广大群众的阶级觉悟和生产积极性将进一步提高；今年工农业生产的发展，国民经济的主要比例关系有了很大的改善；财政经济工作经过整顿，已经走上正常轨道。所有这些，都将促使一九六四年国民经济更进一步全面好转，并且将会出现一个生产新高潮的局面。

在座谈中，各地的同志对于明年生产新高潮的内容和标志，提出了一些看法：

（一）所谓生产新高潮，是指同当前的生产形势比较而言，是指在现有的基础上有较快的发展而言，并不是说国民经济当中已经没有困难和问题了。华东有的同志认为，现在的经济形势，虽有很大好转，但还没有彻底好转，好像一个病人，危险期已过去了，现在是在疗养恢复阶段，还没有完全巩固。当前农业生产水平还比较低，粮食生产还没有达到历史上最高水平，经济作物的发展还远不能适应人民的生活需要；工业生产内部的问题还不少，特别是采掘、采伐工业还是一个严重的薄弱环节；人民生活水平还比较低，粮食还需要进口，穿的还相当紧；等等。这些都是在迎接生产新高潮中不可忽视的问题。

（二）生产新高潮是反映生产的新形势，是反映广大人民群众的生产积极性和经济发展的趋势。因此，新高潮的出现必然会促使工农业生产有较快的发展速度；但是，也不能把新高潮和过去的“高指标”等同起来。对于生产新高潮的内容应当明确，不能只看生产的增长速度，例如要比去年增长百分之几十才叫新高潮；而应当从政治、思想、经济、组织各方面来估计形势，既要见物，也要见人；还应当从多、快、好、省四个方面来看，既要看数量，又要看质量，全面地来看。因此，如果一九六四年农业生产增长百分之七，工业生产增长百分之八至十或者稍多一些，财政收入增长百分之十以上，基本建设投资增长百分之十五至二十，也应当说是一个新高潮的局面。

（三）许多地方的同志认为，一方面应当充分估计到新形势、新高潮的到来，另一方面也要头脑清醒，不要发热。辽宁的同志认为，去年计划会议期间，本来可以对粮食产量估计得更接近实际一些，但是由于粮食紧张，人家怕多征购，因而对一九六二年的粮食产量估计低了，这样对一九六三年计划安排的某些方面有一定影响。因此，对一九六四年的形势一定要有足够的估计，并且积极加强各方面的工作，争取新高潮的出现。同时，也要注意避免头脑发热，以为新高潮来了，各项事业都可以大发展了，基本建设步子可以迈得更大了，职工生活可以大改善了；如果这样，就会重犯过去“高指标”的错误。形势越好，就越要扎扎实实地工作，因势利导，把事情办得更好一些。从计划工作来说，主要的就是要切实做好综合平衡，并且留有余地。上海的同志认为，明年经济的发展速度快一些，可以是经过综合平衡后的高速度。在计划安排上，过去几年高指标吃了苦头，今年计划留有余地吃了甜头，明年计划要留有余地。河北、山西等省的同志认为，今年工业生产计划估计可以超过百分之四左右，不能说就是保守，主要是年初底子没有摸清，预见性不够；同时，计划超过一点，群众的积极性更高了，计划留有余地，使工作更加主动了。

二、对一九六四年国民经济计划方针的意见

根据上述形势的分析，各地方的同志认为，安排一九六四年国民经济计划，应当继续贯彻执行以下四条方针，即：（1）以农业为基础，以工业为主导发展国民经济的总方针；（2）调整、巩固、充实、提高的方针；（3）勤俭建国、勤俭持家、奋发图强、自力更生的方针；（4）留有余地的方针。

各地方的同志认为，这些方针都应当具体地体现到计划中去。在座谈中，各地方对“八字方针”的议论最多。除了上海的同志认为，“八字方针”的主要内容已基本完成，不宜一般地提这条方针，明年如果要提也是扫尾，可以放在上述四条方针的最后一条以外。其他地方的同志都认为明年仍然要提“八字方针”，但对于提法和侧重点则有不同意见。

（一）河北、吉林、江苏、广东等多数地区的同志认为，明年贯彻执行“八字方针”，应当以“充实、提高”为中心。理由是：明年虽然还有调整工作，但从大的方面来看，调整任务已经基本完成；农业与工业、轻工业与重工业的关系已经基本适应了；基本建设战线已经缩短了；农村劳动力已经恢复，城乡人口已大体相适应了。目前存在的问题，主要是国民经济中还有许多短线；不少产品的质量差，品种少，成本高；许多企业的劳动生产率低；设备需要更新和填平补齐。解决这些问题，都需要在现有基础上，进一步加以充实、提高。

（二）辽宁、湖北等省的同志认为，“八字方针”仍然应当以调整为中心。辽宁的同志认为，“八字方针”是在发展国民经济总方针下，一定时期内的一个具体方针。贯彻总方针的要求是把工农关系摆好，求得国民经济有计划、按比例地发展。提出“八字方针”主要是为了解决前三年比例失调的问题。过去两年主要进行了精简职工、压缩城镇人口、裁并企业、缩短基本建设战线等工作，现在城市人口和农业水平大体相适应了。从这方面说，调整工作已基本结束。但从整个国民经济来看，不论农、轻、重之间的关系，重工业内部的关系，生产与维修的关系，工业与交通的关系，生产与非生产的关系，数量与质量（包括品种、成本）的关系等方面都还有很多问题。如辽宁三十五万纱锭，今年只开十二万锭，鞍钢三分之一以上的高炉还在停产，采掘工业的欠账还需三四年才能还清。从这个意义上理解“八字”方针，明年仍然要以“调整”为中心。就个别行业、个别产品来说，可能要侧重充实、提高，但总的讲，还是调整比例关系。

（三）湖南、陕西、甘肃、宁夏、青海、新疆等省区和华东计委的同志主张，“八字”并提，不提中心。理由是：“八字方针”是个整体，四个方面互有关系，很难分开；工农业比例关系虽然已进行了初步调整，但工业、农业内部的调整工作还不少。

F114

中央局计委和省、市、自治区计委编制一九六四年计划工作座谈会综合简报（第7期）

1963年6月14日

现将各省、市、自治区计委座谈一九六四年工农业生产发展速度、财政收入增长速度和基本建设总规模的情况综合简报如下：

一、工农业发展速度

各地方的同志普遍认为，一九六四年工农业生产的发展速度，会比今年更快一些。

农业的增长速度，根据各地方的初步设想，大体上比今年增长百分之七左右。从汇总各省、市、自治区的建议数字来看，粮食的产量，设想比今年增产二百五十亿斤左右，棉花的播种面积要求比今年减少二十万亩左右，希望采取提高单位面积产量的办法来增产。对于花生、糖料作物的播种面积，也觉得多扩大有困难。

汇总各地方的初步设想，明年工业的增长速度是百分之七至百分之九。各地对增长速度的看法，差别较大。

陕西省计委认为，在增产节约运动的基础上，经过“反浪费、保质量、打基础、求实效”等一系列的工作，站稳阵地，打好基础，明年有些产品的增长幅度可以大一些。陕西工业总产值，打算明年比今年增长百分之十一至百分之十七。另外，四川打算增长百分之十五；贵州打算百分之十一至十六。

江西省计委认为，明年工业增长速度，总的看来不会太快。江西明年煤炭的生产只能维持今年水平，木材比今年增加有困难，钨矿能否增加，还得两年以后再看。另外，吉林明年工业增长速度为百分之四点九至六点五；北京的增长速度为百分之二点三。

华东各省设想明年地方工业的发展速度，全区平均增长百分之九，其中，上海百分之十，安徽、福建百分之九，山东、江苏、浙江百分之六至八，江西百分之五。

大家所提木材、煤炭生产的建议数字，比

今年增加不多，这对于明年整个工业的增长速度关系很大。明年的木材产量，各地的建议数字比今年预计只增加五十万至一百二十万立方米。南方儿省的建议数，比今年预计只增长百分之二点三至四点八，江西、湖南只能维持今年水平；黑龙江比今年预计增长百分之一点二至三点六；内蒙增长百分之六点七至九点八。明年煤炭产量，各地的建议数字（包括煤炭部直属矿）比今年预计只增加六百七十万至八百八十万吨，增长百分之三点三至四点三；山西比今年预计只增长百分之三点二；四川增长百分之一点三至三点四；江西维持今年的水平。

二、财政收支的增长速度

根据二十二个省、市、自治区的初步设想来看，明年地方财政收入的增长速度只有百分之八点四，其中，宁夏增长速度最高为百分之二十五点七；浙江增长速度最低为百分之一点八。

地方设想的明年财政收入的增长速度，一般都低于财政支出的增长速度。根据十二个省、市、自治区的材料，财政收入增长百分之六点八，而财政支出却要求增长百分之二十九，其中，浙江省财政收入增长百分之一点八，而支出则要求增长百分之三十一点六。

财政收入的增长速度和各地要求的基本建设投资额是很不相称的。

三、基本建设总规模

多数地区认为，一九六四年的基本建设总规模（包括上年结转）不宜太大。第一步安排九十亿至九十五亿元，最后落实到一百一十亿元左右，是比较适当的。中南区提出基建规模不要超过一百亿元。

但从各地方的初步设想来看，明年地方基本建设投资的要求却很大，一般都较今年计划投资增长半倍到一倍以上。要求增长百分之六十到一倍的有河北、江苏两省；要求增长一倍以上的有辽宁、黑龙江、上海、浙江、安徽、新疆、四川、贵州、甘肃、云南、广西、山西、北京、吉林、河南、湖北等二十四个省、市、自治区；要求增长两倍到两倍半的有宁夏。

F114

中央局计委和省、市、自治区计委编制一九六四年计划工作座谈会综合简报（第8期）

1963年6月14日

六月十一、十二日两天，同北京、上海、天津、广州、武汉、重庆等六大城市计委的负责同志座谈了老企业的技术改造、城市建设、计划管理、省属大城市在国民经济中的地位等四个问题。现简报如下：

（一）老企业的技术改造问题

这几个城市，老企业多，第一、第二个五年计划期间的生产任务很重，投资主要用于新建项目，对老企业的改造工作注意不够。目前，老企业普遍存在设备残旧、不配套、厂房破漏、布点不合理、工艺生产流程不衔接等问题。广州市属工业企业现有主要生产设备三万多台，其中已使用二十年以上的占百分之二十五点二，已超过折旧年限的占百分之十七点六；按技术状况分析，有百分之九点四不堪再用，有百分之二十二点四带病运转。现有的三百五十台锅炉中，有百分之二十需要大修，有百分之三十不符合安全要求。现有厂房一百九十二点六万平方米中，危房就有二十五点二万平方米，占百分之十三点一。武汉市轻工局所属的三十三个厂，现有设备二千七百九十四台，能正常运转的只有三分之二；现有锅炉三十六台，半数炉龄在四十四年至八十七年之间。但是，这些城市对全国来说，不论在工业生产、科学实验、财政收入等方面，在第三个五年计划期间都要担负重要的任务。因此，老企业的技术改造如不抓紧进行，就不能巩固前两年工业调整的成果，现有生产水平也难于维持；要想生产一些质量高的产品和新产品，由于设备残旧，以及缺乏检验、化验设备，也受到限制。

座谈中大家认为，老企业的技术改造，一

两年内是搞不完的，不能一下子全面铺开，应根据国家财力、物力、人力的可能，结合生产任务和国家的技术政策，有计划、有步骤地进行。国家与各城市都应有总体规划，按行业、按企业，从全局考虑作出经济比较，明确哪些设备进行大修，哪些设备需要更新，哪些需要废弃，都要有经济分析，一一排队，按计划办事。

技术改造的资金来源：不外三个方面：（1）在基本折旧基金中，划出一定的部分，留给地方按计划使用；（2）或者在基本建设投资中单独安排；（3）或者恢复企业利润地方留成的办法。

一九六四年老企业技术改造的投资，武汉市提出需要一千五百万元，广州市需要两千万元，重庆市需要三千万元，北京市需要两千万元。

为了做好老企业的技术改造工作，其所需要的资金和材料、设备都应该在计划中单独列出。对资金的使用范围和管理办法，要作出必要的规定。对技术改造、基本建设、大修理、技术措施的界线，也要作出具体划分，以免在执行中造成混乱。

（二）城市建设的"欠账"问题

1. 住宅。几年来，居住水平逐年下降。北京市一九五七年每人平均居住面积四点七平方米，一九六二年下降到二点六七平方米。天津市解放初期每人平均二点五九平方米，现在下降到二点五七平方米。重庆市目前每人平均只有三点三七平方米。武汉市现有十一万六千人没有固定住处，住棚户的有二十三万人；另外还有危险房屋二十万平方米，每年火灾与倒塌的房子有四至五万平方米。上海市住棚户的有一百二十三万人，共四百九十三万平方米。重庆市竹藤结构的房子共为七千一百多幢，这几年改造了二千八百多幢，还有四千多幢需改造。

几年来，城市居住水平下降的原因主要是城市人口增加过多过快，而住宅建设赶不上需要。第一个五年计划期间，绝大部分工业企业的建设、生产用房和生活用房都是成套地安排的；第二个五年计划期间，由于强调先生产、后生活（这是对的），生产用房建设了，但生活用房很多没有及时进行建设或者根本没有建设规划。第一个五年，对于破旧房屋的改造和维修比较注意；第二个五年在这方面则注意不够。

看来，城市住宅的"欠账"问题，需要积极地、有步骤地加以解决。各地方提出解决住宅问题的办法有三：（1）加强现有房屋的维修，资金靠房租收入，材料必须由国家拨给（过去靠协作搞材料，现在不行了）。（2）有计划地进行新建。中央部属企业现有住宅不足的，由各部安排建设，今后新建企业必需相应地建设住宅。（3）地方企业、事业单位和行政机关的住宅，由地方统筹安排，所需资金除由房租收入中提一部分外，国家在近几年的基建计划中，单列一笔投资，武汉市计划每年新建住宅十至十五万平方米，投资一千万元。每年房租收入一千二百万元，除维修和行政费用六百万元外，可用于基建的约六百万元。这样每年还要国家补助四百万元。

2. 中小学校舍。目前校舍很紧，二部制的比重很大，上海占百分之七十八，天津占百分之八十八，上海、武汉的民办中小学占百分之二十以上（校舍和设备都很差）。目前城市人口又增加得很快，天津市今年一至四月出生的小孩有六万二千多人，重庆市第一季度人口净增百分之零点八。因此，无论从目前看，还是从长远看，中小学问题都是个不小的问题，应予以足够的重视。目前最起码的要求是：增建一些校舍，使新增加的学生都能有相应的新校舍，不再增加二部制；民办中小学的教学设施得到一定的改善，以保证教学质量。一九六四年中小学的投资，上海市要求二千一百万元，天津市二千八百万元，广州一千五百万元，武汉一千万元，并要求在今年第四季度预拨一部分，以便及早进行建设的准备工作，这样才能保证下年九月一日开学时使用。

3. 城市公用事业方面，供水、排水、交

通、城市防洪等都存在不同程度的问题。上海市在第一个五年的投资中，生产性建设占百分之六十一，非生产性建设占百分之三十九（包括住宅、中小学校、城市公用事业等）；第二个五年的投资生产性建设占百分之八十四点二，非生产性建设占百分之十五点八，投资少了。天津市区渍水面积达十四平方公里，有的要几天才能排除；现有的交通车辆中，三分之一不能使用，三分之一带病行驶。武汉市长江、汉水沿岸崩塌二十九处，总长二十公里，每年维修就要几百万元，根治需要几千万元。

公用事业维修所需资金，就这几个城市的情况看，可以靠城市的几项附加收入来解决，但所需材料，要国家统一分配。新建的工程必须由国家安排投资。

1. 目前编制计划的办法，采取一切都归口安排，一切都按条条下达，以至地方很难进行综合平衡，在计划执行中也很难进行调剂，实际上只能按条条的意见办事。基本建设的小型项目，按规定地方可以调整，但由于每个项目都是中央部下达的，地方很难变动。北京市反映，轻工业部年初给北京火柴厂安排九十万元投资，搞火柴盒机械化，市里认为火柴盒原是分给家庭手工业者糊的，搞机械化糊盒后，有两千多人需另外安排出路，因此，主张缓办，把投资调给酒厂更换发酵桶，以减少酒的损失。但由于火柴厂和酒厂分别由轻工部的轻工局和食品局归口管理，投资不好调剂，部里说如果要调就把投资收回，市里只好不调了。这种情况是不利于综合平衡的。因此，建议今后在下达控制数字时，把应给地方的投资按比例划给地方，由地方提出具体项目，报中央进行综合平衡，平衡过程中各部提出的正确意见，地方照办。

2. 地方没有必要的机动，事事要经过中央，有些预料不到的问题，地方也无法及时解决。

3. 中央各部安排的计划以及颁发的各种指示、规定、办法，有时互相脱节，甚至互相矛盾。支援农业的投资，是由农业、农垦、林业、水利、气象、电力、农机、化工、手工等九个部门分头安排的，下达的时间有先有后，规定又不统一，到了地方往往拧不到一块去。建议国家计委首先注意解决计划如何统一的问题。广州珠江造纸厂试车过程中生产的纸，成本高于调拨价，物价委员会规定要按调拨价每吨一千六百元出售，结果工厂赔了钱，但财政部门不许报亏损。

4. 劳改企业如何纳入计划？劳改企业有两个任务：一是生产；二是改造犯人。过去几年实行以收抵支的办法，资金比较好解决。自一九六三年起改为全额管理，收入全部上缴财政，支出按行业分别由各部门安排。结果，除煤炭等因对生产贡献大得到安排外，多数企业因有关部门的投资紧都不安排，基建投资落了空，希望在安排一九六四年计划时，各部门一定要解决这个问题，否则就主张恢复以收抵支的办法。

（三）省属大城市在国民经济中的地位问题

天津、广州、武汉、重庆四个省辖市一再提出，这几个大城市在行政领导上虽然是省辖市，在经济上却是为全国服务的，在工业生产、财政积累等方面，在全国占相当大的比重。它的经济作用并不亚于有些省区。讲到以工业为主导，实际上就是要依靠大城市的。但是，近年来在研究国民经济计划时，这几个大城市没有被放到适当的位子上。特别是这两年，省的计划是以农业和支援农业为主，城市的问题不易排上队。

广州市提出，广东省今年一至四月基建投资完成了年度计划的百分之四十以上，广州市才完成百分之六，主要原因是全省以支农、抗旱为中心，广州市的建设项目拿不到钱。该市现有闲散人口九万人，其中急需就业的四万六千人；原有企业的生产如果维持不住，失业面还要扩大。就业问题不解决，很多人要向港澳跑，去年精简的人就有一半跑到港澳去了。这是个政治问题。全市人口二百四十多万，工业职工只有十九万，这个比例太小了，不发展生产，城市不好维持。

武汉市提出，该市现有两百多万人，其中

失业和生活困难的有四十万人。要维持这样大的城市，根本出路是发展生产。初步匡算，每年市属工业产值至少要安排十二亿元，市属建设项目的投资至少要五千万元。今年的产值只有十亿四千万元，国家分配的十种原材料只能满足需要的百分之六十，劳动力只能用上百分之八十。今年基建投资只有一千一百万元，第一个五年计划期间平均每年投资五千五百万元。工业生产和基本建设上不去，人民生活的安排就会有很多困难。如果明年再没有较多的增长，还要减人才行。

重庆市提出，该市原有的工业产品中，现在有一半减产、停产了。工业总产值，第一个五年计划期间比武汉多，现在反而少了。工业生产目前是两头受挤，工业产品赶不上上海的先进，手工业产品不如专、县的便宜；有些老厂，因原料要靠外地供应，或者技术装备不如别的厂，省里要把厂子迁走。如重庆闹钟厂，产品质量居全国第二，因技术装备没有成都厂那样新，省里打算把该厂并入成都厂。这样下去，重庆市有逐渐被淘汰的可能。

几个省属市都希望，国家计委和各部对这几个大城市的作用和它们在国民经济计划中的地位，应有个明确的认识。对工业生产、基本建设、人民生活的安排、材料、设备和技术人员的分配，都要统一考虑。从编制一九六四年的计划起，要求按中央关于城市工作的决定，真正解决计划单列的问题。所谓计划单列，只把少数指标从省的总指标中分出来是不够的，必须把工业生产、基本建设、物资分配、财政拨款等方面的指标全面列出；材料设备的订货也应单独搞。这样，市里才好办事，减少同省里厅、局的扯皮。

F114

中央局计委和省、市、自治区计委编制一九六四年计划工作座谈会综合简报（第9期）

1963年6月14日

现将各中央局计委和各省、市、自治区计委座谈计划工作存在的主要问题和对国家计委工作的意见，综合简报如下：

（一）计划工作的政治、思想建设问题

各地区一致认为，在国民经济计划中如何具体贯彻执行中央的方针政策是计划工作的根本问题。近两年来，国家计委在按农、轻、重次序安排计划方面做了不少工作，但是，对于如何更好地贯彻执行以农业为基础、工业为主导的发展国民经济总方针，对于重大的比例关系，对于综合平衡问题研究得不够。每次召开全国计划会议的时候，都是“研究具体指标多，研究方针政策少”，很少组织座谈方针政策问题。华东地区反映，对于“八字方针”、大中小、土洋、多快好省、积极平衡、螺旋形上升等问题，现在还没有完全理解清楚。由于事先对方针政策没有进行反复的研究，领会精神实质，思想认识就不容易一致，这样，很难把计划编好。有些地区反映，国家计委同省、市计委之间，是数字关系多、思想联系少，有些领导意图没有及时传达下来。

（二）关于计划的分级管理问题

各地方认为，集中统一、分级管理是在计划工作中贯彻民主集中制的原则问题，现在还没有很好解决。近两年来，计划集中过多、管得过死，地方的权限太小，机动太少，不利于因地制宜地安排计划，不利于地区的综合平衡。湖北计委的同志认为，现在是“权力集中，矛盾下放”。座谈中，各地方主要就生产计划、基建计划和条条块块的关系方面提出以下意见：

（1）现在国家计划的安排，主要是依靠各主管部，一切都归口安排，自上而下地贯彻多，听取地方的意见不够。建议今后工业生产计划主要依靠各主管部统一安排，农业和支援农业的计划则应当主要依靠各地方因地制宜地安排，并且两者都要真正做到条条块块结合，国家计委综合平衡。

（2）在工业生产计划中，有些产品，特别是手工业产品，如日用陶瓷、炊事用具、小农具等，除了名牌产品以外，供产销都是就地平衡的，主要应当由各地方自己安排，不需要中央统一安排。

(3) 关于基本建设计划，各地方普遍反映管得太死。主要表现在以下两个方面：

今年的基本建设项目，除了大中型项目一律由中央批准下达外，小型项目也全部由各部门归口安排下达的，照顾地方的需要很不够：按规定地方可以进行调整，实际上地方不仅在行业之间不能进行调整，就是在一个行业内部，项目之间也无法根据具体情况进行调整。各地方认为，地方小型项目的安排，可以由中央控制一笔投资，由地方因地制宜地安排项目，报中央批准下达；在计划执行过程中，允许地方根据具体情况在行业内部进行必要的调整。

今年由地方机动安排的投资太少，全国只有八千七百万元，只占地方总投资的百分之三，比例太小。华东组的同志提出，留给地方机动的投资要求占总投资的百分之五至十。对于这部分投资，主要用于地方维持简单再生产、意外事故和弥补计划内项目投资不足。其所需要的材料也要按投资比例分配。

对于自筹资金安排的基本建设，资金的来源和使用范围应当有一个比较长期的规定，不要一年一个样，使地方不好考虑问题。今年对自筹资金的使用就控制过严，所需要的材料也没有安排。

(4) 条条块块的关系问题。地方对各部直属企业如何管法，这是多年来没有解决的问题。过去是“双轨制”，没有很好执行；现在实行什么制，不明确。辽宁反映，地方不管中央企业，很难进行地区综合平衡，特别是为中央企业服务的一些地方企业的计划不好安排。在辽宁的中央企业有一百六十多个，地方机械工业中有百分四十的企业是为这些企业服务的。华东组的同志反映，华东地区每年生产四千多万吨煤，其中地方煤矿只生产四百多万吨，如果地方不管部直属企业，就有很大的片面性，但如何管法，没有解决，许多地方反映，由于地方不了解各部直属企业的情况，对于劳动力、商品供应、地方交通、三类物资、城市公用事业等方面都不好统筹安排。

(三) 关于计划的统一管理问题

各地方普遍反映，现在国民经济计划缺乏统一管理，计划部门对指标管得不全，多头下达计划，而且互相不衔接，有些部门随便调整计划，使下边无所适从。这是一种分散主义现象。

(1) 计划指标管得不全。现在计划部门仍然同过去一样，主要只管生产和基本建设计划，商业、外贸、劳动、工安［原文如此］计划都没有统一管起来，粮食征购、商品购销、化肥分配、精简职工、调整工资、长期农贷、企业流动资金等真正管事的指标都没有管。

(2) 由于指标管得不全，计划多头下达造成混乱。生产与收购计划不衔接。湖南反映，一九六三年国家下达制革计划八万张，外贸部下达收购计划九万张；国家计划生产灯泡七百七十万个，商业部计划只收购六百八十万个。北京市反映，国家下达计划生产闹钟二十三万只，商业部门只收购十八万只。辽宁反映，有些农产品的生产指标与征购指标没有结合起来，有时甚至征购指标超过了生产指标。重庆市反映，工业产品生产计划安排一百多种，其中有六十一种没有收购计划，有二十多种的收购计划与生产计划不一致。

原材料供应与生产不衔接。湖南反映，纺织部下达计划生产麻织品两百万米，需要苎麻一万六千担，但商业部只安排了五千担。武汉市反映，由中央安排生产的产品占全市工业总产值的百分之六十，中央只给主要原材料，不给辅助材料；由地方安排的产品，中央连主料都不给，建议中央安排百分之六十的主料。上海反映，对地方管理的产品原材料分配得少，一九六三年国家管理的和各部管理的产品产值占全部工业产值的百分之六十，但分配的钢材占百分之八十二；地方工业产品的产值占百分之四十，但分配的钢材只占百分之十八。

同一个指标，计划部门下达一个数字，业务部门又下达一个数字，存在着严重分散主义现象。北京市反映，一九六三年收音机计划，国家计委下达生产十万架，三机部下达生产八点五万架，商业部下达收购计划只有六万架。陕西反映，一九六三年鲜蛋收购计划，国家计委下达八百七十万斤，商业部则下达五百五十万斤。贵州反映，省委根据中央精简精神，决定一九六三年职工人数不增不减，但外贸部却下达指标增加职工，省委解决不了，请示中央，至今尚未解决。

(3) 有些部门随便调整国家计划。湖南反映，一九六三年的基本建设，国家计划下达以后，林业部、商业部马上就追加投资。

此外，计划与统计的有些规定不统一。贵州反映，一九六二年水利工程有临时工一千多万人，统计部门列为国家职工，但劳动工资计划会议计算工资总额时，则不按国家职工计算。其他地方也反映了这方面的问题。

(四) 关于如何编好农业计划的问题

国民经济以农业为基础，但是如何编好农业计划，还是一个尚未解决的问题。华北、东北组的周×认为，说农业计划是间接计划这是列宁在全盘集体化以前提出来的，根据我们现在的情况来看，农业计划有些指标也带有指令性，不过不如对全民所有制那样强就是了。例如今年的棉花播种计划，全国各个产棉县是根据棉花会议的决定，一直布置到生产队的，计划的执行情况也是比较好的。农业计划以县为基层计划单位，其实现在主要的农产品计划已经下达到生产队了。因此，对于农业计划究竟如何搞法，应当抓紧总结经验。目前河北省有的公社已经设立了计划员；山西等省则是由公社秘书兼任计划员。西北组的同志认为，编好农业计划，必须加强县一级计划机构；必须加强农业统计工作，提高统计数字的准确性。

(五) 各级计委的组织机构和工作任务问题

各地区普遍反映，目前各级计委的组织机构比较弱，而工作任务繁杂，许多日常行政事务甚至临时性的工作也交给计委管。浙江、福建省反映：现在是计划业务工作做得不多，经济事务干了不少。计委很大一部分工作是“不务正业”。专、县一级的问题更多，特别是经过这次精简以后，人员少同任务多的不相适应的情况更加突出。以前县计委一般是五六人或者七八人，现在只有三四个人。但是，任务多，范围广，一般除了担负省计委、经委、农委、财委各口的工作以外，还要管劳动、物资、计量等工作。总之，凡是别的部门不管的工作，都由计委管，真是“上边千条线，下边一根针”，实在无法对付。有些地方甚至连机构也合并了。现在云南省专、县一级只设财委，没有单独的计划机构。更多的地区是县的计划工作始终没有很好地建立起来，县计委主要是搞了县的各项中心工作和突击任务。黑龙江反映，现在有很多办公室，如精简、煤木电节约、支援农业、农机具检修、改善企业管理、清仓、清理拖欠等临时办公室都设在计委。有些跟计委根本无关的事情也让计委搞。据该省反映，汤源县计委去年底接到专署通知，要县计委抓好企业的治安保卫、病人慰问、文化娱乐等工作。为此，普遍要求制定颁发各级计委组织条例，特别是对专、县计划机构的任务、编制作出具体的规定。

关于省、市计委同各部门的分工不明确，大家也提了不少意见，大多希望改变目前分兵把口的状况，要求把计划工作集中于计委。河北、山西省在这方面已经作出了良好的范例，省委规定：第一，计划经省委讨论确定以后，省委书记等任何人不得随便变动，如果确实需要变动计划的时候，必须通过省计委，计委可以提出不同的意见，一并提交省委讨论。第二，所有书记、常委、委员等任何人都不能向下级“许愿”。

有些省、市建议设立基本建设的管理机构。江苏省建议在计委成立像物价委员会那样的基建指挥部，并适当增加一些地方设计力量。安徽建议成立总承包单位，统一使用力量，把计划、设计、施工、材料都管起来。中南各省普遍要求加强和充实基本建设机构和人员。

关于中央局计委的机构、任务、职责范围

和如何工作等，希望及早作出明确规定。

（六）关于计划程序的一些问题

全国的计划经济已经搞十年了，计划方法还没有走上正轨，何时编计划，何时报计划，何时下达计划，都应当立法，大家按制度办事，不要每年都开会布置。人家批评计委是最无计划的机关。

计划下达晚，不但失去了计划的指导作用，使工作被动，而且给生产建设造成损失。国民经济计划要在上年十一月以前下达，农业、林业、牧业、水利计划应当按计划控制数字确定下来，在上年七月份以前下达。

各地反映，物资订货会议开在先，生产基建计划定在后。按照没有确定的计划订了货，往往与确定的计划有出入。如果按订货数字执行，计划变成一纸空文，不起作用；如果按计划执行，势必发生退货，造成积压，或者又要重新订货。解决这个问题，必须提前下达计划，订货会议要在年前开，计划又要在订货会议前确定下来。

农业、林业、牧业的生产和水利建设，在上年的秋冬季就要进行准备工作和生产建设，计划必须在上年八、九月份就确定下来。

湖北计委的同志建议，水利建设年度改为上年十月一日至当年九月三十日。否则工作不好安排，而且造成浪费。湖北在去年九月开全省水利会议，投资定为五千五百万元，以后中南局计委改定为四千一百万元，省里按八折安排四千万元，中央预拨一千四百万元，到十二月份全国计划会议确定为二千八百万元，前后相差很大，但各项工程已经铺开，有些只好中途停建，造成浪费，有些即变成计划外工程，省里还得作检讨。

华东组的同志认为要提早下达计划，需要三个条件：一是国家有一定的储备，遇到一般的意外事件，不致牵动全局；二是固定工业企业的协作关系；三是有长期计划。没有这三个条件，计划确定过早，往往变动太多，宁肯放晚一点。

（七）加强计划工作的业务指导，加强调查研究

为了提高计划干部的理论水平和业务水平，各地区一致要求国家计委有计划地分期分批地培训计划干部，省市计委主任、副主任一级的干部，也应当组织短期轮训，并且适当召开一些专业性的会议，例如基本建设计划工作专业会议、支援农业工作专业会议，等等。为了互通情况，交流经验，要求多发一些有关计划业务和经济情况的文件，如华东、西南、华北的同志都提出，希望对各省、市计委继续发《经济消息》（阅读范围可限于党组成员），要求恢复出版《计划经济》刊物。

人家对于稳定计划工作人员也提出了意见。为了便于积累经验，提高工作，计划工作人员必须相对地固定下来，一般不作调动。对于计划工作人员的技术职称和待遇，也要求仿照会计、统计人员的规定，及早作出相应的规定。

大多数地区对国家计委调查研究工作做得不够提出了批评，中南地区的同志说：国家计委的同志“看报告多于听汇报，听汇报又多于到下边去跑跑”。很多地区要求，今后国家计委应当有比较固定的工作计划，对于一年之内主要抓些什么工作，应当有个总的部署；并且定期提出一些重大问题，要求下边进行调查解决，或者组织干部会同省、市计委一道下去进行调查研究，这样，既能摸清情况，又便于统一认识，及时解决问题。华北、西北地区建议每个公社应当设一名专管计划的干部，生产大队确定由会计兼管计划工作。目前河北省有的公社已经设立了计划员，山西等省是由公社秘书兼任计划员。

F114

国家计委党组关于讨论一九六四年形势、方针问题的几种不同意见

1963 年 7 月 9 日

计委领导小组并报总理：

计委党组从学习中央《关于目前农村工作

中若干问题的决定（草案）》开始，接着，又在有各大区、省、市、自治区计委同志参加的编制一九六四年计划工作座谈会上，对明年的形势和方针问题进行了研究。最近，为了编好一九六四年的国民经济计划控制数字，除党组本身在继续讨论外，还由党组各同志分头同负责联系的局长们，对形势、方针问题进行了讨论。在讨论过程中，得到了富春同志的及时指示。

大家一致认为今年的形势已经开始全面好转，明年的形势将进一步全面好转。但是，对于形势好转的程度和方针的提法有不同意见。一部分同志同意富春同志对明年的方针的提法，即“贯彻党的以农业为基础、以工业为主导的发展国民经济的总方针，争取国民经济的进一步全面好转，争取工农业生产的新高潮”；并且，主张进一步具体研究国民经济各部门如何争取国民经济的进一步全面好转，如何争取工农业生产的新高潮。还有一部分同志认为，总方针是个长期方针，在年度计划中除总方针外，还应当继续执行调整、充实、巩固、提高的方针；其中，有人同意同时提出争取工农业生产的新高潮，有人不同意提出争取工农业生产的新高潮。

一、明年提不提“八字方针”？这是讨论中涉及的第一个问题。

一种意见认为：“八字方针”的历史任务已经基本上完成，明年可以不提这个方针。理由是：

（一）“八字方针”是党中央在生产指标高，职工多，基本建设战线长，国民经济严重不协调，需要进行大幅度的调整的情况下提出来的。经过三年的工作，城市减少了两千万人去加强农业战线，农民的粮食征购任务已经减轻，农业生产发展了。随着农业和农村形势的好转，工业和城市的形势也已经好转。现在，工业与农业的关系基本上适应了，工农业生产和基本建设都在新的基础上开始全面上升，由于社会主义教育运动、“四清”、增产节约和“五反”运动的逐步开展，许多农村和工矿企业开始出现的生产新高潮正在继续发展，把“调整、充实、巩固、提高”作为主要任务的这个时期已经过去。至于经常性的调整、充实、巩固、提高工作，那是一万年之后也有的，同时，也是每年安排计划时都要考虑的问题；但是，进行这种经常性的调整、充实、巩固、提高的工作和在一个时期中把调整、充实、巩固、提高作为主要任务不同，不能因为有经常性的调整、充实、巩固、提高工作，就要继续把“八字方针”作为今后国民经济计划的方针。

（二）“八字方针”是积极的，是一个准备前进的方针；但是，“八字方针”本身并没有规定一个前进的目标，在国民经济新的发展的形势下，不能适应新的形势，不能更好地调动干部和群众的积极性。

（三）对于过去遗留下来的充实、提高的工作，不能只从消极方面去看它；也还要看到在第二个五年建设的一些不配套的工程，如果配起套来就是一个不小的力量，这比完全新建有更为便利的条件。

（四）不能认为一提争取工农业生产的新高潮，一提大跃进，不提“八字方针”，就会使人头脑发热、重犯浮夸的错误；因为有了正确的和错误的两个方面的经验，而且在错误经验中，有浮夸的，也有对形势估计不足的。现在，经过了实践、认识、再实践、再认识的过程，这次认识是更有伟大意义的飞跃。因此，我们是更强了。

另一种意见认为：“八字方针”规定的任务还没有全部完成，明年还需要继续采取这个方针。理由是：

1. 中央关于工业问题的决定中，对“八字方针”的要求是：前三年以调整为中心，后四年以充实、提高为中心，并且提出坚决地、毫不动摇地搞七年。经过三年的工作，大调整的任务已经完成，工农关系已经比较协调，但是还没有完全协调（比如，粮食还要进口，积累的比例还不大，人民的生活水平还很低等等），特别是还有大量的充实、提高的工作需要继续进行，“八字方针”规定的任务，并未全部完成。

2. “八字方针”是积极的，不是消极的，目的是要把现有的生产能力充分利用起来。按照这个要求来看，“八字方针”规定的任务，也还没有完成。

3. 提不提“八字方针”的关键在于是否符合实际情况。应该承认遗留下来的问题还很多，应当踏踏实实地解决这些问题，为国民经济大幅度的增长准备条件。如果提出争取新的高潮，不提“八字方针”，容易使人头脑发热，重犯浮夸的错误。

二、进一步争取国民经济的全面好转和工农业生产的新高潮，能不能理解为新的大跃进的开始？

一种意见认为：新高潮实质上就是新的大跃进的开始，内容是一样的。国民经济的大调整阶段已经过去，目前的形势将是由“八字方针”转变为新的大跃进的开始。理由如下：

（一）农村的形势已经大大好转，在许多地方出现了新高潮，农业生产的发展对促进整个国民经济的发展正在起着重大的影响；特别是社会主义教育和“四清”运动继续开展，将会使许多地方的农业生产出现新的高潮，并将促使整个国民经济进一步大大好转。增产节约和“五反”运动的开展，将会使工业生产更加好转。

（二）人们的精神面貌起了很大变化，今后既要高举大跃进的旗帜，又要踏踏实实地工作，不能认为提大跃进就会出现浮夸，提“八字方针”就不会出现浮夸。

另一种意见认为：不能把新高潮理解为新的大跃进的开始，其理由是：

（一）少奇同志和总理都讲过，大跃进是指整个历史时期说的，不是指哪一年说的。如果提明年是新的大跃进的开始，那么前几年有没有大跃进呢？大跃进的历史时期究竟应当从什么时候开始呢？

（二）对形势的好转应当有个恰当的估计，估计过高或过低，对国民经济的发展都是不利的。在分析形势问题时，稳妥一点比较好，稳一点并不限制大家的积极性；相反的估计高了，出了问题再去调整，就必然陷于被动。因此，明年提争取出现新高潮比较好，提出“新的大跃进的开始”，不大妥当。

（三）最近几年之内，国民经济大幅度的上升还有困难，基本建设投资也不能大量增加。同时，整顿、充实、巩固、提高的工作还有许多事情要做。明年提出开始大跃进，不大符合实际情况。

三、工农业生产和基本建设增长的幅度不大，能不能算新高潮？

一种意见认为：不能单从国民经济增长的幅度来理解新高潮，百分比并不能完全说明问题，还应当看到思想上、政治上、组织上和经济上的四项基本建设，生产斗争、阶级斗争、科学实验这三大革命运动的发展，以及品种增加、质量上升、劳动生产率提高、亏损减少和利润增多等等方面。单从经济情况来看，国民经济的发展由下降转变为上升，就是一个很大的变化。同时，我们的计划是留有余地的，超额完成计划的可能性很大。因此，明年农业计划增长百分之七左右，工业计划增长百分之十左右，也应当算是新的高潮。

另一种意见认为：国民经济增长的幅度如果不能超过百分之十，怎么能叫新高潮呢？物质因素也好，精神因素也好，最后都要集中地体现在增长速度这个问题上，如果增长幅度不大，所谓新高潮将是空的。

我们对于上述几个重大问题，将在局长以上干部的范围内，继续发扬民主，展开讨论，以便统一认识，编好明年的计划。

如有不当，请予指示。

150－11－30

周总理对编制一九六四年国民经济计划控制数字的指示（四）

1963年8月3日

计委党组八月三日上午，继续向总理汇报

一九六四年计划控制数字的初步安排意见。这次主要是汇报了劳动工资和财政问题。总理指示如下：

（一）劳动工资

明年增加职工中转业军人十七万人，算多了。我看不会有那么多。转业军人包括两部分：一部分是复员干部，每年有三至六万人；另一部分是复员兵，家在城市的不能再回城市，要到农场、林场或牧场去。

先念、一波同志提出，工业、交通、财贸等行业，定员以后，少了人应该补上，不用再经过批准。总理同意这个意见，并指出，人民银行按中央批准的增加职工人数明年补齐，可办训练班。

采取自费、半自费招收学徒工的办法，不要提。

明年各行各业都要大力提高劳动生产率的提法，很重要。但是，要注明劳动生产率的计算未包括差价部分。

工资调整，今年实行了部分职工的升级计划。原定五年现改为八年之内，职工除了犯错误的以外，都提升一至两级，要逐步实现。职工的转正工作要继续进行。要纠正工资中的不合理现象，逐步走向合理。请劳动部提出设想。

子恢同志提出，最要紧的是控制城市人口，必须采取具体措施，在第三个五年期间动员一千八百万职工家属回乡。总理说，这个办法不行，只能够把城市生活水平压低一些，生活艰苦一些。陶鲁茄同志规定十七级以下干部的家属全部下乡，闹翻了，结果作了检讨。这样做，要牵涉到百分之六十以上的职工，连邓老的家属也要回乡，我的家属也要下乡。现在，城市职工的生活水平很低，全国平均工资每人只有五十三元，城市居民绝大多数都有职业。在这种情况下，主要是稳定物价，再提高一点工资，就很好。

（二）财政

从财政、基建的初步安排反映，整个计划都打得满。明年到底是打满了好，还是留有余地好？是取其中，还是取其高？这是原则问题，请大家考虑。

产值增加多少？劳动生产率提高多少？职工工资增长多少？财政预算增长多少？每年平均多少？请财政部把过去的情况总结一下。

一波同志提出，按照计划比计划，有些生产指标增长幅度太大。总理说，可以用两个数字：一个数字是计划比计划，作为基本数字；另一个数字是计划比预计，作为参考数字。因为前两年搞得太高，把计划弄乱了，我们才进行调整。调整工作是新事物，没摸清楚，逼得我们猛下，所以一九六三年计划不敢多打。现在，回升了，幅度应该大些。这和过去的两本账不同。

150－11－42

国家计委年度计划综合局关于调整一九六四年计划指标给计委党组的报告①

1964年2月19日

富春同志并党组：

1964年国家计划下达以后，有些地方和部门在具体安排的过程中，对农业、工业生产等某些计划指标作了调整，或者提出了调整意见。总的情况是：大多数指标比国家计划数有所增加，只有一部分指标低于国家计划。截至2月上旬止，我们汇总了18个省、市、自治区的安排数和冶金、水电、化工、林业、建工、纺织、轻工等7个部提出的调整意见，同国家计划数有出入的，计：农业生产指标12种；主要工业产品产量指标119种，其中，轻工业产品17种，重工业产品102种。2月17日，计委党组扩大会议对这个问题进行过讨论，讨论结果，除了对棉纱、针织品、麻袋、糖、卷烟、水泥等10种工业产品同意调整以外，其余指标暂时都不作调整。现简要报告如下：

一、农业生产和农产品收购指标

① 题目为本书编者所加。该报告已经国家计委党组批准。

各地方安排的农业生产指标，同国家计划不一致的有12种，其中，比国家计划增加的有粮食、棉花、油料、烤烟、糖料等9种；减少的有苎麻、大牲畜和羊等3种。主要指标的增减情况如下：

	国家计划数	省、市安排数	增减数
粮 食	3 410亿～3435亿斤	3 478亿～3 498亿斤	增63亿～68亿斤
棉 花	2 442万～2 553万担	2 679万～2 762万担	增209万～237万担
三种油料	5 238万担	5 523万～5 592万担	增285万～354万担
烤 烟	447万担	510万担	增63万担
糖 料	17 086万～17 206万担	17 330万～17 450万担	增244万担
黄麻、洋麻	365万担	385万担	增20万担
大牲畜	7 480万头	7 222万～7 230万头	减250万～258万头

商业部门提出要适当调整1964年的农副产品的收购计划，主要是由于1963年度的农副产品收购量超过计划很多，有些产品如烤烟、黄麻等的收购量，已经接近1964年农业生产指标。

经过党组讨论，一致认为：今年的农业生产，许多指标有可能超额完成计划，农业生产计划和农产品收购计划需要作适当调整。但是，现在春耕还没有开始，许多农作物还没有播种，气候、雨水条件会有什么变化，还难以预料。因此，暂时一律不作调整，等到夏收秋种后看情况再作调整。

二、轻工业生产指标

1963年度棉花、烤烟、黄麻、洋麻等主要农产品收购量增加很多，商业部门对农产品原料的分配计划，要求作相应的调整。主要情况如下：

棉花，1963年度的收购量预计达到2 020万担，超过原计划402万担，再加上增加进口数，总资源共增加432万担。分配方案是：增加纺纱用棉205万担，增加纱厂库存187万担。

烤烟，收购量预计达到435万担，超过原计划71万担；超收的部分，拟增加国家储备30万担，增加工业生产用烟38万担。

黄麻、洋麻，收购量预计达到352万担，超过原计划70万担；超收的部分，拟增加纺织用麻44万担，增加国家储备12万担。

其他农副产品，随着收购量的增加，用于工业生产的数量也将比原定计划有所增加。

由于农产品原料和工业原料的增加，纺织、轻工业部提出要求调整计划的产品有17种，其中，比国家计划增加的有棉纱、针织品、麻袋、毛线、糖、卷烟等15种，增加的幅度大多数在10%以上；减少的只有缝纫机零件、自行车零件2种。主要产品产量增加的情况如下：

	国家计划数	部调整意见	增加数
棉纱	410万件	460万件	50万件
棉布	35亿米	39.5亿米	4.5亿米
印染布	23亿米	26亿米	3亿米
针织品	40万件	45.6万件	5.6万件
麻袋	5 170万条	7 700万条	2 530万条
毛线	7 000吨	7 700吨	700吨
丝织品	20 000万米	22 030万米	2 030万米
卷烟	370万箱	390万箱	20万箱
糖	42.6万～44.2万吨	57.2万吨	13万～14.6万吨
日用搪瓷制品	4.5万吨	4.67万吨	0.17万吨

根据上述情况，党组认为，棉纱、棉布、针织品、印染布、麻袋、毛线、糖、卷烟等8种产品，应当按照富春同志于去年12月份批准增加的指标进行调整。在调整产品产量计划的同时，相应地调整收购、销售计划和农产品原料的分配计划。另外，日用搪瓷制品，由于增拨黑铁皮、化工原料有着落，也同意调整。至于其他8种产品，则作为计划执行的问题来处理，暂时不作调整。

三、重工业生产指标

各地方的安排数和有关部的调整意见同国

家计划不一致的，共有102种产品，以化工和机械产品为最多。其中，比国家计划增加的有74种，大多数是原料供应没有问题，或者依靠挖掘生产潜力而增加生产的，如生铁、锌、水泥、硫酸、化肥、合成纤维、染料、增塑剂、炼油设备等；减少的有28种，主要是资源、原材料不足，产品质量低劣或者销路有一定问题的产品，如发电量、铁合金、云母、刨花板、手推车外胎等。主要产品的增减情况如下：

	国家计划数	调整意见	增减数
生铁	800万吨	854.7万~870万吨	增54.7~70万吨
钢	840.4万吨	869.4万~870.4万吨	增29~30万吨
锌	43 000吨	47 500吨	增4 500吨
发电量	532.58亿~539.58亿度	531.32亿~538.32亿度	减1.26亿度
水泥	868万吨	968万吨左右	增100万吨左右
其中：重点企业	770万吨	830万吨左右	增60万吨左右
硫酸	139万吨	142.5万吨	增3.5万吨
化肥	334.9万吨	348.5万吨	增13.6万吨
其中：磷肥	107.1万吨	116.7万吨	增9.6万吨
金属切削机床	24 000台	25 800台	增1 800台
工业泵	19 000台	25 000台	增6 000台
手推车外胎	250万条	200万条	减50万条

注：机械产品是物资总局初步安排意见，不是正式的调整意见。

党组讨论的结果，认为：1964年刚开始不久，全国通过学习大庆油田的经验，进一步开展比、学、赶、帮运动之后，情况将有较大的变化。因此，目前除了水泥产量计划，由于增加数量多，并且由国家统一分配，需要作个别调整（由868万吨调整到968万吨）以外，其他重工业产品一律不作调整。至于机械工业产品计划，可以由国家经委根据订货会议的情况进行适当安排。

对于那些国家计划暂时不作调整的指标，如何处理，经过党组研究，提出以下四项原则：

1. 各部，各省、市、自治区在下达计划的时候，对某些指标已经作了适当调整的，凡是属于国家和中央部管理的产品，可以先按照部安排的计划指标执行；属于地方管理的产品，可以先按照地方安排的计划指标执行。但是，国家计划不作调整。

2. 凡是要求增加生产的产品，在不要求国家增加劳动力，增拨原料、材料，或者原材料供应可以解决，而且产品销路又没有问题的条件下，可以增产，作为超计划处理。

3. 凡是由于资源和原材料供应不足，产品没有销路，或者质量低劣需要减产的，可以根据具体情况安排生产，作为计划执行过程中的个别问题处理。

4. 凡是国家和中央部管理的产品，如果地方的安排数同主管部的意见不一致时，由地方同有关主管部具体协商解决。

以上意见，如批准，拟给各部门，各省、市发一个通知，作为我们的统一答复。现将通知稿一并附上，请审批。

150-12-65

国家计委关于调整一九六四年国家计划问题的通知

1964年3月6日

国务院财经、文教各部、委、办，公安部、军委总后勤部，各中央局计委，各省、自治区、直辖市计委，天津、沈阳、哈尔滨、武汉、广州、重庆、西安市计委：

一九六四年国家计划下达以后，有些部门和地区在具体安排中，对某些计划指标（主要是农业、工业产品产量计划）作了一些调整，陆续来文、来电要求调整计划。经我们研究后，认为：一九六四年开始不久，全国通过学习解放军、学习大庆油田、学习大寨大队的经验，广泛开展比、学、赶、帮运动以后，工农业生产指标多数将会超过计划，但是，目前对这些变化的因素还看不准。为此确定：

一、一九六四年农业生产和农产品收购计划，暂时不作调整，待七、八月份根据夏收、秋种情况再作决定。

二、在一九六四年工业生产计划中，同意对棉纱、棉布、针织品、印染布、毛线、麻袋、丝、丝织品、糖、卷烟、日用搪瓷制品、水泥、合成氨、化肥等十四种产品产量进行调整（调整计划另行下达）。在调整轻工业产品产量计划的同时，相应地调整收购、销售计划和农产品原料的分配计划。至于机械工业产品计划，可以由国家经委根据订货会议的具体情况进行适当安排。其他产品产量计划一般不作调整。

三、各部门、各地方在下达计划的过程中，对某些指标已经作了调整的，可以按照下列办法处理：

1. 各部、各省、自治区、直辖市安排的指标，凡是属于国家和中央部管理的产品，可以先按照部安排的计划指标执行；属于地方管理的产品，可以先按照地方安排的计划指标执行。但是，国家计划不作调整。

2. 凡是要求增加生产的产品，在不要求国家增加劳动力、增拨原材料，或者原材料供应可以解决，而且产品销路又没有问题的条件下，可以增产，作为超计划处理。

3. 凡是由于资源和原材料供应不足，产品没有销路，或者质量低劣而需要减产的，可以根据具体情况安排生产，作为计划执行过程中的个别问题处理。

4. 对国家和中央部管理的产品，如果地方的安排数同主管部的意见不一致时，由地方同有关主管部具体协商解决。

有关一九六四年国家计划的调整问题，请各部、各地方按照上述办法具体掌握处理，本委不再另作答复。

150－12－65

（三）1965年国民经济计划

国家计委关于编制一九六五年计划工作进度的通知

1964年5月9日

各中央局计委，各省、市、区计委；国务院各部、委：

现在各地和各部门正在研究第三个五年计划，请你们在继续摸清长期计划中的工农业生产、基本建设项目等情况的同时，要着手编制1965年的年度计划。

根据编制1964年计划的工作经验，并考虑到在研究长期计划的过程中，对1965年的形势、任务和主要指标已经提出初步意见，因此，1965年计划的编制，决定不召开计划工作座谈会，准备多花一点时间，摸清情况和问题，早一点把计划编好。现在安排7月底提出全国的计划草案，报送中央，经中央讨论指示后，召开全国计划会议，争取9月底下达正式计划。

现将编制1965年计划工作，作如下通知：

一、1965年计划编制工作的主要任务

1. 1965年国民经济计划的中心任务是：继续做好调整、巩固、充实、提高的工作，完成调整时期的工作任务，力争农业生产接近1958年的水平，尽最大可能做好填平补齐、成龙配套、设备更新、专业协作的工作，争取国民经济的根本好转，为第三个五年国民经济的更大发展，创造良好的条件。

2. 基本建设计划，要切实贯彻执行集中力量打歼灭战的方针，狠抓投资实效，争取更多地完成投产项目，改变近几年来摊子铺得仍多、投资效果较差的情况。

3. 继续狠抓以提高质量、增加品种、降低成本、提高劳动生产率为中心的改善经营管理工作，力争做到单位产品成本、劳动生产率达到或超过解放以来最先进年份的水平。

4. 在全国平衡的基础上，进一步做好地区平衡，特别是做好地区之间的基本建设投资和商品分配的平衡。

5. 资金和物资的分配，都要适当地留有余地。

二、编制1965年计划工作的进度

1. 要求各部门、各地方从5月中旬开始，即着手进行1965年计划的编制工作。编制计划的依据，请参照今年4月中共中央文件中发［64］291号附件一（第三个五年国民经济计划的初步设想）中的1965年指标数字进行编制。此项指标数字随电附发。我委不另颁发控制数字。

2. 从5月中旬到6月底，国家计委准备摸一下基本建设项目，同时对有关农业生产、工业生产、交通运输、国内外贸易、财务成本、劳动文教等方面的问题进行一些研究，并将初步考虑的安排情况、安排的原则、存在的问题和采取的措施等，印发给各部门、各地方参考。同时要求各大区、省、市、自治区计委和各部也随时把编制计划过程中发现的问题和解决的意见，反映给我们。

3. 7月10日以前，请各部门、各地方自下而上地编制计划草案，并同时报送给我们。

4. 7月底以前，国家计委提出1965年国民经济计划草案报告，送请中央审查。

5. 在下一次中央召开工作会议的同时，召开全国计划会议。

三、在计划编制过程中需要重点摸清的问题

1. 首先要摸清基本建设项目，做好设计、施工、订货的准备工作，切实做到1965年的建设项目能够收到最大的经济效果，增加一些急需的生产能力。

2. 研究稳产高产农田在1965年如何安排。

3. 研究增产木材、水泥、有色金属、化肥等主要产品的措施和某些主要原材料的产销平衡工作。

4. 研究如何进一步提高产品质量、降低生产成本、节约商品流通费用、增加工商企业盈利。

5. 研究如何提高劳动生产率，节约劳动力的使用，控制职工人数和城市人口的增加；在此基础上，结合调整物价，研究职工工资的安排。

6. 研究粮食、棉花、肥猪、鲜蛋等农副产品的采购指标，改进奖售和议购的办法，并且改善商品的销售工作。

以上是国家计委准备重点研究的问题。各部门、各地区除了研究这些问题以外，还可以根据本部门、本地区的特点，选定一些其他问题，进行重点研究。

四、计划表格，拟作适当简化

此事将于5月底前后，另作通知。

附：关于一九六五年国民经济计划主要指标的初步设想

一、农业	
农业总产值	555亿元左右
粮食	3 800亿斤左右
棉花	3 200万担左右
三种油料	6 650万担左右
烤烟	580万担左右
糖料	22 600万担左右
大牲畜	7 800万头左右
猪	15 000万头左右
水产品	320万吨左右
二、工业	
工业总产值	1 100亿元左右
棉纱	580万件左右
棉布	52亿米左右
化学纤维	2.95万吨左右
人造纤维	2.7万吨左右
合成纤维	0.25万吨左右
纸和纸板	145万吨左右

卷烟	440 万箱左右
食糖	80 万吨左右
食用植物油	70 万吨左右
原盐	1 000 万吨左右
钢	1 000 万吨左右
10 种有色金属	36.8 万吨左右
其中：铜	7.5 万吨左右
铝	10.5 万吨左右
煤炭	2.25 亿吨左右
发电量	620 亿度左右
原油	1 000 万吨左右
木材	2 850 万立方米左右
水泥	1 150 万吨左右
化肥	510 万吨左右
其中：氮肥	335 万吨左右
塑料	6.5 万吨左右
机床	3 万台左右
发电设备	70 万瓩左右
拖拉机	2.3 万标准台左右
汽车	3.5 万辆左右
三、运输	
货物运输量	11 亿吨左右
其中：铁路	4.4 亿吨左右
四、商业	
社会商品供应量	640 亿元左右
五、教育（在校学生数）	
高等学校	64.7 万人
中等专业学校	65 万人
职业学校	50 万人左右
中等学校	1 095 万人
小学	8 000 万人左右
六、财政收入	430 亿元左右
七、基本建设投资	130 亿元左右

150－12－70

国家计委关于编制一九六五年计划工作进度的补充通知

1964 年 5 月 27 日

各中央局计委，各省、市、自治区计委，天津、沈阳、武汉、广州、重庆、西安市计委，国务院各部、委、局、行、社，公安部，军委总后勤部，哲学社会科学部：

我委于五月九日发出《关于编制一九六五年计划工作进度的通知》后，有的地方提出：通知规定各部门、各地方于七月十日前报送一九六五年计划草案，时间较紧，希望适当推迟。经研究，同意推迟到七月二十五日前把一九六五年计划草案送来。特此通知。

150－12－70

李富春同志关于编制一九六五年计划的指示信

1964 年 7 月 3 日

劭文同志：

关于 1965 年的计划，有几个问题请注意，并通知各部门、各大区、各省市和出差的副主任。

（一）计划必须要有明确的方针、任务和观点，必须把中央的方针和主席有关计划工作的指示贯彻到计划中去，充分地体现党的各项政策。计划要充分说明矛盾，在重要问题上反映各种不同的观点，同时也要提出我们的主张，并且要有切实有力的措施。

（二）认真地总结这几年调整工作的成果和经验，找出最需解决的问题，集中力量打歼灭战，使最后一年的调整工作更有成效，为第三个五年计划的执行创造最为有利的条件。

（三）必须充分挖掘现有企业的潜力，改进经营管理，加强政治思想工作，提高劳动生产率，节约原材料，降低成本，增加盈利。主要的经济指标要列入计划下达（不单是列产值和基建工作量，要列产品、品种、质量等）。

加强企业的专业化和协作。所有机械工业和一切加工制造部门都必须认真按产品、按行业、按地区、按企业研究和推行专业化和协作，以最小的劳动消耗达到最高的生产效率。为此，必须首先使产品定型、标准化和系列化，一切立足于国内，做到中国化。只有如此，才能真正做到自力更生，创造自己的一套。今后新建厂不再搞万能的综合厂了，例如洛阳拖拉机厂、长春汽车厂等。

（四）要正确地理解以“农业为基础、以工业为主导”的总方针和“两个拳头、一个屁股”的关系，必须把两者的关系摆好。提出基础工业是屁股，并不是否定农业是整个国民经济的基础，而恰好是发挥基础工业的主导作用，加强基础工业的目的是更好地为农业、轻工业和国防服务。

（五）第三线的建设问题。明年要积极进行第三线建设的筹备工作，特别是地质资源、铁路、煤炭、电力和科学研究的工作，要研究加速成昆铁路和酒泉、攀枝花钢铁基地建设的具体措施，并要会同国防工办和有关各部提出规划。

（六）基本建设总规模应按财政收入的可能来考虑，不要满打满算，可先按125亿元来安排，另留5亿元的机动，总共130亿元，不要超过此数。这点要向各部门同志讲清楚，只能有多少钱办多少事、少花钱多办事，不要争投资、争项目。基本建设中有几个问题应特别注意：

1. 挖掘潜力、降低材料消耗定额。现在积存的材料、设备必须认真清理，尽量利用；认真改进设计工作，总结和推广先进经验，经济合理地利用一切建筑材料。

2. 今年的基建项目，催请各部门、各地方尽快清理和排队，凡没有设计文件、资源条件不清、设备供应无保证或其他建设条件不具备的，一律从今年计划中取消，不要结转，酌情列入明年计划。各部门、各地方不愿提出的，计委要提出。要接受今年基建计划安排过多、过紧的经验，使明年计划安排得好一点。

3. 各省、市的自筹资金，在编制计划时一律要提出，按项目进行审查，然后列入计划，计划定后不再搞计划外项目。否则，计划外项目，国家将不保证建筑材料和设备的供应，更不得挤计划内项目的材料。要通知各省、市。

4．新建投产项目的职工，原则上一律由本行业、本部门原有企业中抽调，不得在社会上特别是农村中招人。上层建筑、劳动组织的不合理是最大的浪费。

5. 明年严格控制大型水利工程，原则上不上马、不恢复，要继续作研究。此事请震林同志主持研究。

6. 注意有重点的、有目的的设备更新和综合利用，适当增加这方面的投资。

（七）注意几个政策问题的研究。

1. 物价政策。请物价委员会提出一个比较全面的价格调整方案。原材料的价格、各种机械产品的价格都要适当调整，要有利于生产部门成本的降低，不要怕影响财政收入，即使是少收入三几十亿元也不要紧，会促进生产的发展，最终还是要增加财政收入的。这不仅对明年计划有利，而且为第三个五年计划的执行创造有利条件。当然，明年一年调整好可能有困难，但应努力尽可能多调整一些。消费资料的售价，根据薄利多销的原则适当降低，如收音机、自行车、手表等（手表成本低，利润高，税收高）。

2. 文化教育政策。

（1）发展文化革命，文化要更好地为工农兵服务，为社会主义革命和社会主义建设服务。整顿和提高现有文化艺术队伍，明年原则上不新建、不扩大，广泛开展职工的业余文化活动。

（2）试行两种教育制度。有计划地在城市和乡村试办一些简易中学、简易小学和一些职业学校，实行半工半读；将一部分中学改为职业学校或中等技术学校；取得经验，以利第三个五年计划逐步推行。

（3）加强计划生育的宣传，推广行之有效的节育措施，认真进行宣传教育，控制人口的增加。

3. 劳动工资政策。

（1）试行两种劳动制度。各地方、各部门搞一两个易于做到的亦工亦农的工厂作试点，取得经验；在森工、铁路建设上试行义务

“工役”制。

（2）减少非生产人员，减少辅助工人，继续精简职工，做到增产不增人。减下的职工可调到新开工企业中去，一时还无新企业可去的，暂作为劳动后备储存。

（3）培养必要的技术工人，增加劳动后备。

（4）在调整物价的基础上，适当增加职工工资，主要是增加低工资和1963年未调级的职工工资；1963年调得不够的，1965年也还可调。

（5）整顿和总结现行的奖励制度。不要只讲物质刺激，不讲政治思想教育。

（6）修改《劳动保险条例》。

以上由劳动部负责，计委参加，研究和提出一个劳动工资的计划方案。

以上三项政策很重要，不仅对明年计划有利，而且主要是为第三个五年计划作准备。为完成明年的调整工作做好工作，希认真研究一下。

（八）财政计划要和财政部共同研究，计委可以提出方案，但应和财政部充分商量，取得一致意见，计划定后由财政部下达指标。

（九）对外贸易问题。要会同外贸部研究明年的外贸计划。在出口方面，主要是研究出口物资的数量、品种和质量，改善包装，减少亏损，增加外汇收入，坚决还清苏联的欠账；在进口方面，减少粮食进口150万吨，减少非必需的进口物资，腾出外汇进口新技术和新设备。我在长期计划座谈会上曾提出组织10个专业组，研究各方面新技术和新设备进口的问题，请督促有关部门派得力专家迅速研究，主要是冶金、矿山、化工、石油、机械设备进口的研究。计委要会同经委、科委、外贸部和各“口”认真研究并编制新技术、新设备的进口计划。我们必须多方面想办法展开活动，不要拘泥于价格的多少，也不必勉强争取延期付款，要尽量多进口最必需的新技术和新设备，以利争取时间，促进自力更生，更快地发展我国的新技术和提高我国的工业水平。

在研究整个计划的过程中，要随时和各“口”、各部门交换意见、互相通气，不要闭门造车。

会议的时间暂定为7月25日或月底，并报告总理。参加的人数还应少，以不超过150人为好。各部的同志可以分期分批去，谈到谁家谁家去，委内人员也可以减少。各大区的同志去否，请征求他们的意见，如愿意来，可以在会议后期去；觉得无必要，也可以在计划会议的前一周到。

150－12－7

李富春汇报提纲［节录］

1964年10月14日

［上略］

（二）一九六五年计划安排问题

明年计划的中心任务是组织工农业生产新高潮和调整一线、加强建设三线。

1. 组织工农业生产的新高潮。今年经济形势很好，明年要进一步发展生产。

农业生产速度为百分之七左右（今年预计为百分之八左右），粮食和棉花的生产指标均有幅度；工业生产速度为百分之十二左右（今年预计为百分之十五左右）。主要工农业生产指标见附表［略］。

2. 调整一线，集中力量建设三线（下边再专讲这个问题）。

3. 技术革新和技术革命。技术革命主要是靠自力更生，总结和推广群众性的技术革新经验。

抓氧气转炉炼钢、合金钢、特种钢材品种和矿山机械新技术，以促进钢铁工业的发展；从长远来看，要抓以电子工业为中心的新技术，促进现代工业的自动化和国防工业的发展，同时要抓工程机械和综合利用。

进口必要的新技术做样板。今年已订十二项，价值一亿多美元，到年底还有可能签订十项左右，明年准备提出询价的成套设备五十项左右，单项设备五十项左右，技术资料二十四项左右，共约值三亿多美元。

从财政中拿出五亿元搞设备更新，由经委负责有重点的统一安排。

4. 在人民生活略有改善的前提下，适当扩大积累。吃的方面，城乡明年将继续有所改善；穿的方面，每人增加三尺布，平均达到十四尺半。

财政总收入初步计算为四百四十二亿元，比今年计划三百九十二亿元增加五十亿元。基本建设投资为一百三十四亿元，比今年一百零八亿元增加二十六亿元，其中用于三线建设为二十三亿元。

一九六五年国民收入中的积累率由一九六四年的百分之十九左右增加到百分之二十一左右（第一个五年为百分之二十四左右，最高年一九六〇年为百分之四十二）。

5. 积极试行两种劳动制度和两种教育制度。明年试行亦工亦农的职工约五十万人左右。半工半读和半农半读的学校积极进行试点，宁肯少点，一定要支持办好，取得经验，以利扩大试验。

6. 外贸和援外计划。今年外贸计划执行情况很好。进口总额计划为十五亿一千万美元，预计完成十五亿五千万美元；出口总额计划为十四亿五千万美元，预计完成十六亿四千万美元。明年进口总额为十七亿八千万美元，出口总额为十六亿三千万美元。

明年进口粮食四百五十万吨，比今年减少一百五十万吨。

外债全部还清。

对外援助计划为十四亿元，比今年预计的十二亿五千万元增加一亿五千万元。

（三）关于调整一线、加强建设三线问题

对于调整一线、加强建设三线的战略部署，我的理解是：争取时间，集中力量尽快地建立三线的工业和农业基础，为此把一线的一些国防项目和与国防有关的重要的工厂或车间主要用一分为二的方法迁到三线，同时用几年的时间建立各大区，各省、市、区的地方军工和与之相应的原材料工业。第一线和第二线的工业企业应当在技术革新和技术改造的基础上，提高和发展生产，积极地支援三线建设，而不是忙于疏散人口、大搬家。否则，就要影响生产，就会搞乱，就不利于三线的建设。

三线建设的初步设想是：以重庆地区为中心，用三年或稍长一些时间，以酒钢为中心，用五年或六年的时间，先后基本上建立起这两个能生产常规武器并具有相应的原材料和必要的机械制造的工业基地；用七年或八年的时间，基本上建成以攀枝花为中心的工业基地。这就是说，在七八年的时间内，把三个地区结合起来，使三线基本上建设成为一个比较完整的小而全的打不烂的战略基地。

明年三线主要是修铁路，安排由一线迁来的工厂，续建原有的建设项目，建设相应的燃料、动力和进行科学试验。用于三线的投资为四十二亿元，比今年增加二十三亿元。

今年从一线迁二十九个项目、共一万一千人到三线（已报主席和中央），明年拟迁一百二十个左右项目、共八万人（包括军工三十个左右，三万人）到三线。

明年迁厂的安排，还需要国家计委、经委和中央各部门的同志，以及西南、西北三线建设领导小组的同志共同到现场去具体研究和安排落实。

对于迁厂的动员，拟用“加强支援内地建设”的口号，分别向迁厂的干部、职工、技术人员动员，不作普遍动员。要迁的厂子，应当尽先进行“五反”。要迁的厂子和迁入地区都要做好准备工作，尽可能做到少影响生产，要快搬、搬好。

明年由中央各部门安排的大中型项目除筹建项目外共计九百个左右（包括国防工业项目两百个左右），其中，在三线建设的大中项目为三百个左右。

明年基本建设重点打两个歼灭战：第一是打三线的铁路和关键项目。如川黔、滇黔、成昆路，向西南迁建的九个特殊钢厂，西彭乡铝加工厂、成都无缝钢管厂、永昌镍矿、德阳重机厂、贵州工程机械厂、精密机床厂、兰州的石油裂化工程等；第二是打投产的项目。争取明年续建收尾的工程，迅速投产三百一十多个，比今年的二百七十多个增加四十多个。

Z313－8

李富春同志对国家计委当前工作的指示［节录］

1964 年 10 月 23 日

十月二十日、二十三日两日下午，富春同志主持党组会，讨论了组织机构和当前工作安排问题。会上，富春同志作了一些指示，综合整理如下：

（一）计划纲要的修改和下达问题

一九六五年计划纲要先改出几份来，并代中央写个批语，送先念同志、一波同志审查后报中央。还要注意以下几点：

第一，农业指标不要搞高了，计划比计划要按照百分之六。如果今年产量能达到三千八百五十亿斤，明年计划同今年实际比较，并没有增长。

第二，体制改变以后，投资和事业费都由地方统一安排。地方有些解决不了的问题，要先向大区提出来。大区统一安排后，实在没有办法，再由国家计委考虑。

第三，请各部门和各省、市、自治区提出实行两种劳动制度、两种教育制度的试点计划，由国家计委综合。不要提个死指标。开始时，宁肯少些，必须办好。要利用现有的条件，主要的先把工厂的学徒制度变为半工半读。学徒的待遇也要改变。在工人中，现在不要搞半工半读。半农半读容易搞，只要和生产队挂钩，多搞不要紧。

第四，卷烟的生产指标还按四百七十万箱列，不能减少。不然，就会形成，一方面合并工厂，另一方面又完不成生产任务。

第五，出口生铁的指标，如果外汇实在不能平衡，可以增加十万吨，共为六十万吨。

［下略］

150－12－18

四、关于第三个五年计划及远期目标的设想

（一）第三个五年计划的初步编制

李富春有关编制第三个五年计划的几个问题的意见

1964年1月7日

最近，化学工业部和纺织工业部向李富春同志汇报了长期计划，主要是第三个五年计划的初步设想。富春同志就如何编制第三个五年计划的问题，谈了以下意见：

一、第三个五年计划的方针，首先是发展农业，支援农业、解决吃穿用问题；同时，解决常规武器的生产和突破国防尖端。要根据这两个方面的需要和可能，安排基础工业的发展。

为了解决吃穿用问题，主要是吃穿问题，在计划安排中，要把化工和纺织突出出来。可以设想，到一九七〇年，棉花产量达到四千二百万担、四千三百万担、四千五百万担；合成纤维和人造纤维，各达到八万吨、十万吨、十二万吨；氮肥达到六百万吨、七百万吨、七百五十万吨；磷肥达到四百万吨左右。要具体计算，实现这些方案，可以解决什么问题，能解决到什么程度；它需要多少原料、材料和设备，需要多少投资。再加上国防的需要，然后计算基础工业要有多大的发展规模才能与之相适应。经过反复的综合平衡，提出第三个五年的计划方案。

采取这样的程序安排第三个五年计划，可以切实做到保证重点，集中力量打歼灭战，同时，正确安排基础工业的发展，加快计划工作的进度。不然，年年讲吃穿用，年年讲集中力量打歼灭战，就是在计划中体现不出来。

决定由国家计委、化工部、纺织部成立一个小组，就解决吃穿用问题，进行具体计算，提出方案。

二、要认真研究第三个五年计划的生产和建设怎样才能做到多快好省。这就要把过去的生产和建设经验好好总结一下。

充分利用现有企业，充分调动职工的积极性，通过比学赶帮，挖掘生产潜力，是多快好省地发展社会生产的一个重要方面。这方面摸得细一些，基本建设就可以少搞一些。

基本建设要改进。一是要尽量采用新技术，少用原材料，少占地，少占劳动力。据化工部汇报，年产五万吨的合成氨厂，苏联给我们设计的，设备总重量为一万二千吨，占地八十六公顷，需要职工二千三百到二千六百人；而意大利进口的设备，设备总重量只有二千七百吨，占地八公顷，需要职工两百到三百人，比苏联设计先进得多。二是要改善基本建设的程序和管理制度，简化手续，加强集中统一领导。总之，要使同样的投资，在第三个五年发挥更大的效果。

三、品种、质量要十分注意，但要研究如何适合于中国的具体需要。特别是化工产品，如化肥、农药，要研究哪些品种最适合于中国的各种土壤；合成纤织也要注意适合中国多数人的需要。不能机械地和外国比，人家搞什么，我们也搞什么。

四、建设人造纤维工业，要大、中、小企业结合，而以中、小企业为主。像上海搞的小型粘胶纤维厂，其他各大城市都可以搞。它是利用木材废料为原料的，各大城市每年用木材不少，可以建立年产三五百吨的小型纤维厂。这项工作，一九六四年就可以着手进行。

五、石油化工要积极地搞，但是短期内还要注意煤炭的综合利用。每年总是要生产那么些煤，炼那么些焦，如果能多回收一些苯，还可以多搞一些卡普隆。

六、托拉斯问题。纺织部可以试点，可以先组织纺织机械公司，然后再考虑棉纺业公司、人造纤维公司、毛纺业公司。其他针织品、土布之类，可以由地方去管。

150－12－75

薄一波编制长期规划中的一些政策思想问题

1964 年 2 月 14 日

第 231～238 页。D220～5455（18）

国家计委党组关于编制第三个五年计划工作安排的通知

1964 年 2 月 21 日

国务院各办、部、委，各中央局计委，各省、市、自治区计委：

目前，本委和各省、市、自治区计委、国务院各部正在分头编制农业、工业和其他各项事业的长期计划。为了密切上下左右的联系，统一步调，集中力量，按期编制好第三个五年计划，特将编制第三个五年计划控制数字这个阶段的工作安排通知如下：

今年上半年，国家计委和国务院各部、各中央局以及各省、市、自治区的计划部门，应当集中主要力量编制第三个五年计划控制数字。编制第三个五年计划工作总的进度是：从现在起到五月二十日，制订专业计划，包括农业、支援农业、国防工业、基础工业、交通、文教和技术力量培养、国内商业、对外贸易、劳动工资、基本建设、财政金融等计划；五月下旬至六月底，进行全面的综合平衡，拟定发展国民经济的第三个五年计划控制数字。这个控制数字，在召集会议征求各部门、各地区意见后，于七月份上报中央审查。在中央批准以后，按此编制详细的第三个五年计划（如何编制，在颁发控制数字时再行通知）。

现将编制第三个五年计划控制数字工作，作如下具体安排：

（一）农业和支援农业计划。采取上下交叉，先自下而上再自上而下的方式进行。各省、市、自治区计委应当按照本委和国务院农林办公室历次发出的规定要求，组织各方面的力量，抓好农业和支援农业计划的编制工作。农业和支援农业计划应当包括农林牧副渔各个方面，并以五亿亩旱涝保收、稳产高产农田的建设为中心。各项增产措施，最终都必须落实到农田的规划上。同时，各项增产措施，首先而且主要是要充分发现和依靠群众已有的好的经验，以及集体经济的力量，对最必需的部分，才提出国家投资计划。需要由国家投资举办的事项，也必须从全局出发，实事求是地提出要求和建议。

今年一月和二月初，水利电力部和农业部分别召开了水利会议和农业工作会议，对农业计划进行讨论，作了必要的准备。三月初，本委将会同国务院农林办公室召开农业计划会议。这个会议，将着重讨论第三个五年农业和支援农业计划的方针、指导思想、稳产高产农田的主要措施和规划等，以便在统一方针、统一思想、统一规划、统一措施的基础上，编好农业和支援农业的计划。为了在会议以前做好各项准备，确定由国家计委、农林办公室和农业各部组织必要的干部，集中办公，草拟计划纲要和其他会议文件，以备会议讨论。会议以后，中央和地方平行作业，争取在五月二十日前汇编出全国的农业和支援农业计划草案。

（二）国防工业计划。由国家计委和国务院国防工业办公室会同有关各部进行，从二月下旬起向计委领导小组汇报，于三月中旬提出计划草案。

（三）工业、交通计划。采取先自上而下，然后自下而上的办法进行。为了按期完成第三个五年计划的编制工作，确定将国家计委和国务院工交部门计划司局的骨干力量集中起来，分为若干小组进行工作，于五月二十日前提出计划方案。

工业、交通计划要和其他方面的计划，首先是农业和国防工业的计划紧密结合，而且要按行业、按项目尽可能摸清楚：（1）地质资源的情况；（2）设备的来源，包括国内制造和国外进口的成套设备、配套设备和重要单机；（3）设计力量的情况；（4）金属材料，特别是某些特殊材料的生产和进口的可能；（5）化工原料（包括基本化工、有机合成原料等）和木材等重要原材料的需要和可能；（6）煤、电、气等燃料动力的配合；（7）铁路干线建设和铁路专用线、公路和其他运输设施的建设；（8）外汇的平衡和使用的方针；（9）工程技术干部的来源；（10）技术工人的培训和可能增加的劳动力，等等。

（四）其他各项计划（包括国内商业、对外贸易、文教、城市、劳动工资、基本建设、财政金融等项计划）。由国家计委和国务院各部委按照总的进度抓紧进行。这些方面，首先参加农业、国防工业和工业交通方面的计划，摸清农业、工业的需要和可能，以及本部门的情况，着重研究一些重大关键问题；然后于五月份内用一个月时间，编制并提出这些方面的第三个五年计划纲要草案。

（五）提出第三个五年计划控制数字草案。五月下旬至六月底，国家计委会同国务院有关各办公室，在上述各方面计划草案的基础上，进行全面的综合平衡，编制出第三个五年计划控制数字草案。这个控制数字草案，既要有方针政策，又要有指标数字和重大建设项目；既要有全国总数，又要分列出部门和地区；既要有最后一年（一九七〇年）指标，又要有分年指标和合计数字。同时，还应当提出高、中、低三个方案作切实的比较，并在此基础上再作出一九七一至一九八〇年十年远景规划的初步设想。

在编制好第三个五年计划控制数字草案后，可能在七月间召开一次有各部、各中央局和各省、市、自治区同志参加的计划会议，进行讨论修改，然后于七月底以前将此草案上报中央审查。在中央审查以后，即按此编制详细的第三个五年计划（如何编制，在颁发控制数字时再行通知）。

（六）在编制长期计划过程中，必须贯彻执行党中央和毛主席的有关指示，充分体现党的总路线、总方针和自力更生、勤俭建国、提高劳动生产率等政策，以及富春同志一月十七日在全国工业交通会议上讲话的精神；既要注意积极因素，又要留有余地。在制定控制数字过程中，必须首先摸清一九六四年和一九六五年的情况，这是制定第三个五年计划的基础。同时，上下之间、各部门、各单位之间还要注意密切联系，互通情报，协同动作，保证按时编好控制数字草案。

请你们按照上述工作安排，具体部署本部门、本地区的第三个五年计划的编制工作。今年上半年，各部计划司局应当集中力量编制第三个五年计划；各中央局计委和各省、市、自治区计委主要是两方面的工作，第一是编制农业方面的第三个五年计划，第二是摸清其他方面的情况（特别是一九六四年和一九六五年预计）和重大问题。

你们意见如何，盼随时见告。

150－12－75

中共中央关于印发第三个五年计划的三个文件的通知

1964 年 5 月 2 日

第 442～529 页。D220～5455（18）

毛泽东在国家计委领导小组汇报第三个五年计划设想时的插话

1964 年 5 月 10 日

《党的文献》，1996 年第 3 期。

周恩来：关于第三个五年计划的若干问题

1964 年 5 月 28 日

《党的文献》，1996 年第 3 期。

李富春：关于计划安排的几点意见

1964 年 5 月 28 日

《党的文献》，1996 年第 3 期。

刘少奇：继续控制基本建设，着手搞西南三线

1964 年 5 月 28 日

《党的文献》，1996 年第 3 期。

（二）经济发展的远期目标

国家计委党组讨论编制长期计划问题的纪录摘要

1963 年 1 月 10 日

党组在一月四日、五日两天的下午，讨论了编制长期计划的工作安排问题，现在将到会同志谈的主要意见综合如下：

（一）富春同志：《关于编制长期规划的建议》经中央转发以后，各“口”和各地区已经开始考虑如何进行这项工作的问题，但工作的进度和具体的做法都不一样。现在看来，总的步骤仍应按照富春同志“建议”中提出的意见进行，即先调查研究，再由各“口”、各地区分头进行规划，最后由计委综合，至于具体的做法，还要酝酿一个时期以后才能作统一的规定。

（二）不论各“口”和各地区如何搞法，计委自己的工作必须由年度计划转到长期计划方面来。在一九六三年上半年，除了日常工作外，应当以研究长期计划作为全委的工作重点。在年度计划下达以后，可以组织一部分干部下去作调查研究，一部分干部留在家里整理基本资料，研究专门问题，为长期规划的综合工作做好准备。同时，要注意交流各方面规划工作的进展情况。

（三）在各“口”、各地区分头进行规划的同时，计委应当平行作业，着重研究以下这些问题。

1. 过去十年计划工作的基本经验。

2. 对于今后十年经济发展形势的分析、估计。

3. 农业技术改革的步骤（包括不同时期、不同地区的重点）和各部门的技术政策。

4. 长期计划中的经济问题（包括国民收入的增长速度、积累和消费的分配、投资的效果，以及提高劳动生产率，降低成本、节约资金、增加积累等问题）。

5. 地区布局问题。

6. 农业和工业的生产指标、发展速度。

7. 建设规模和重大建设项目。

8. 国防工业的建设问题。

9. 人民生活（吃、穿、用）的改善。

10. 文化、教育事业的发展。

工作的方法，要注意长期结合、上下结合、专业与综合结合。

（四）为了使各“口”、各地区的规划能够

互相衔接，并且同国家的财力、物力和人力的可能不致距离过大，计委应当在研究上述问题的过程中，经过比较充分的酝酿，对长期计划的总的轮廓和建设规模作一些设想和论证。这件工作何时着手、如何搞法，考虑一个时期再定。

（五）为了统一安排各地区的规划工作，可以在适当时候召集各省、市、自治区或各大区的计委主任来京座谈一下。何时开会，待长期规划的内容要求、进度、做法等问题明确以后再定。

（六）各地区的规划工作，应当以农业和地方工业为重点，结合考虑中央各部直属企业的规划。地方需要了解中央各部直属企业的计划时，可以随时同有关各部取得联系。

（七）计委内部各“口”、各局应当根据以上几点意见拟定自己的工作计划报送党组。

150－11－49

国家计委党组座谈长期计划问题

1963年1月17日

一月十七日上午，子华同志主持党组会，座谈长期计划问题。子华、志文、光伟同志在会上发了言。现将讨论中提出的一些意见摘要整理如下：

（一）大家认为，在着手编制长期计划之前，首先必须摸清现在的经济情况。为此，我们应当下去调查研究，搜集材料，与各部门、各地区交换意见，以求对经济发展形势有一个比较正确的认识。

（二）十年规划应当贯彻执行“国民经济以农业为基础、以工业为主导”的总方针。

在第三个五年计划期间，应当继续贯彻执行“调整、巩固、充实、提高”的方针。

（三）第三个五年调整工作的基本任务是：从国民经济来说，要使工、农业的比例关系更加协调，至少要做到工业不增人，主要农产品（粮食和重要经济作物）的产量恢复到一九五七年的水平。

从工业来说，一方面应当转移到以农业为基础的轨道上来，更好地、更多地为农业服务。同时，要使工业内部的比例关系更加协调起来，为此，需进行以下一些调整（包括巩固、充实、提高的内容）工作：

1. 调整基本原料工业的采掘关系，以充分地发挥现有生产能力。

2. 调整金属材料工业的内部和外部比例关系，增加有色金属的生产和钢材的品种。

3. 增加机床品种（包括各种机床、仪表和锻压设备的制造），使我国机械工业能以自己的力量为各种工业提供成套的装备。

4. 简化机型，搞设备的系列化和标准化，从根本上解决我国机械设备的维修配套问题。

（四）要考虑第三个五年计划同第四个五年计划结合的问题，即第三个五年应当为第四个五年更快地发展我国的国民经济创造条件，如：

1. 掌握“新工艺、新技术”，使我国的工业有较高的劳动生产率，以便少用人，减少投资，降低成本，提高产量。

2. 为第四个五年合理分布，工业做些准备工作。

（五）农业的技术改革应当遵循“八字宪法”。“八字”中，第一，要抓“水”。首先，我国主要是旱灾，无论是南方还是北方，不论是农业区还是牧业区，不论从历史上的灾害看，还是从这几年来的灾害看，主要是水的问题。其次，是水灾，搞水利能够解决旱涝保收的问题。第二，要抓“肥”，除了发展化肥外，应当强调养“猪”。水多、肥多以后，就要抓“农药、农械和拖拉机”，解决灭虫和深耕问题。

（六）长期计划还要考虑到后方的建设问题。从战略观点看，在第三个五年计划期间应当把包头钢铁公司建起来。要恢复和发展河西走廊的农业，以养活那里的工业。

150－11－49

国家计委讨论长期规划问题

1963年1月18日

一、明夫同志发言要点

1. 应当提粮食作物和经济作物基本上同时恢复，不要提先恢复粮食作物、后恢复经济作物。这是因为：从需要看，改善轻工市场的根本出路在于发展经济作物。

从可能看，只要改进农村的粮食销售工作，首先保证经济作物的粮食供应，经济作物是可以多生产一些的。另外，过去对粮食的困难估计过高了，例如在棉花会议后期各地同志对这点普遍地作了检讨。

2. “八字”方针。怎样才算完成“调整”工作了？我认为，只要新的发展不再扩大缺口，就算完成“调整”任务了。如果说，第一个五年原有的缺口都要填平、补齐了，才算完成“调整”任务，那时间就太长了。因此，是否提“八字”方针管第三个五年计划的头三年，争取后两年有所发展。另外，如果老提“调整”，就没有奋斗目标了。只有第三个五年有所发展，才能保证第四个五年有较大的发展。

3. 在第三个五年内不能过分强调改善人民生活，只能逐步改善。考虑到修正主义将进一步在经济上封锁我们和一些兄弟国家为难，因此我们必须咬紧牙关多挤出一些东西出口，换取外汇，尽快地把我们的缺门补上去。所以，对外贸易的方针要促进国内经济的发展。

4. 工业技术改革，计委应当有一个局来专管，这涉及节约人力、物力，因此不仅关系到工业本身，也关系到工农业的关系。

5. 关于长期计划的搞法，提几点建议：

第一，财贸各部同农业的关系很大，因此在工业生产指标未定之前，是否请他们着重参加抓农业计划。

第二，开些专业会议（如研究恢复蚕桑），搞政策和具体措施，结合专业会，事先可以派人有目的地进行调查研究。

第三，搞些专业小组（如经济作物、木材、水产、草原等），从头到尾抓下去，长期计划确定以后需付诸实现。

第四，长期计划一定要认真搞，不是走着看的，而是能够逐步实现的。

二、英杰同志发言要点

1. 十年计划。

方针：贯彻执行总路线和国民经济以农业为基础、以工业为主导的总方针。

基本任务：（1）基本上建成一个独立的现代化的工业体系和国防的现代化；（2）部分地完成农业技术改革，奠定农业发展的稳固基础；（3）在工农业生产发展和国家现代化的基础上来发展文教科学事业，并显著地提高人民生活。

2. 第三个五年计划的基本任务。

（1）在进行调整、巩固、充实、提高工作的基础上来发展国民经济。

（2）大力支援农业，争取全面地达到或超过解放以来的最高生产水平。

（3）工业在数量上和质量上应当有所提高和发展（要完成包钢、武钢等工业基地的建设）。

（4）人民生活水平要超过一九五七年（争取到一九六五年恢复到一九五七年的生活水平，后两年内争取超过）。

3. 如何理解“以工业为主导”？我认为，要完成四个“现代化”，一定要有现代化的工业，没有现代化的工业，就没有其他几个“现代化”。

4. 在工业上是否提以化工为中心来带动其他的发展。我看，是否不这样提，在现今我国生产力不高的情况下，主要工业的发展还是要靠成龙配套、填平补齐。

最后，岱峰同志谈了工业品的提价问题。现在煤炭、木材、钢铁都分别要求提价20%、30%、50%。究竟提不提？需在长期计划中予以明确。

150－11－49

国家计委会议纪要（第8号）与各中央局、各省市自治区计委副主任座谈长期计划问题

1963年1月19日

1月19日下午，子华、英杰、云屏同志邀

请参加全国劳动工资会议的各中央局计委副主任和各省、市、自治区计委副主任座谈长期计划等问题。各地同志在会上提了以下一些意见：

1. 大区是否不要单独编制长期计划，因为现在要编"全国一盘棋"的计划，大区不了解全面情况，考虑问题有局限性，不好进行综合平衡。

2. 大区如何参与长期计划工作？有些大区的同志提出：在编制长期计划时，大区计委可协助国家计委进行调查研究，对建设项目提出审查意见，或参与重点规划等工作。

3. 不少地区的同志都要求国家计委下达编制长期计划的控制数字，以便下边掌握，免得不切实际把计划搞得过大，重新返工。

4. 长期计划如何搞法？希望国家计委召集各地同志专门开个座谈会布置一下。

5. 编制长期计划时，希望条条块块互相结合，因为有些问题单靠块块是不能解决的。例如，海南岛的规划问题，涉及中央好几个部门，非广东一省所能解决。有的同志提出，搞长期计划时，可否地方侧重抓农业、中央各部侧重抓工业。

6. 在第三个五年全国城市人口如控制在1亿~2亿人，则因自然增长而多余的人口如何安排，特别是不能升学的中、小学毕业生如何安置，希望国家在长期计划中通盘考虑他们的出路。

7. 西北计委同志提出，当西北粮食问题基本上解决之后，重点放在发展农业还是畜牧业呢？即国家要求西北多提供些粮食还是肉类呢？这个问题很重要，需在长期计划中予以明确。这几年，有些地方为了搞粮食随意开荒，结果是粮食没有种上，倒把草原破坏了。

此外，还有一些资源未被利用起来。例如，新疆年产7亿斤奶，只利用了1亿斤，还有6亿斤未被利用。新疆一带，由于追求头数，不愿宰杀，入冬以后一来风雪，一两百头羊冻死荒野，如果入冬以后有计划地宰杀，可以运出来供应市场。

8. 河南、辽宁都反映：今年施工力量不足。河南缺少9.7万临时工，有13个项目不能施工，主要是因为招不到临时工（既不能从农村招人，而城市闲散人员又嫌工资太低，不愿当临时工）。辽宁缺少5万人的专业施工队，地方解决不了，希望中央帮助解决。

9. 四川同志提出，增加工资时不要按百分比分配，因为低工资地区的工资基数低，如按百分比分配，则高、低工资地区的距离会更大。希望国家对低工资地区多照顾一些。

150-11-50

国家计委领导小组会议纪要（第二次）

1963年2月9日

讨论和决定事项：

一、关于长期计划的编制工作

1. 成立工业发展规划委员会、农业发展和农业技术改革规划委员会，分别由薄一波同志和谭震林同志负责主持。规划委员会为内部工作机构，可暂不吸收知名科学、技术专家参加，必要时可吸收少数知名经济学家参加，但规划委员会下的工作小组应吸收知名科学、技术专家参加。规划委员会名单，由一波同志和震林同志分别同有关部门商定后，送富春同志阅后报中央和总理。其他各"口"或成立规划委员会，或成立规划小组，由各"口"自定。

各规划委员会（或规划小组），都是国家计委编制长期计划的工作机构，计委分别派人参加。计委需组织一个强的综合"班子"，在各规划委员会（或规划小组）工作的基础上，进行全面的综合平衡。

2. 长期计划的奋斗目标，拟专门开两次会议研究，主要是农业发展的奋斗目标和工业发展的奋斗目标，请震林同志和一波同志准备一下，下周开会讨论。

3. 编制长期计划的总进度。各规划委员会成立后立即开始工作，现在即可整理基础资料，用三、四、五月三个月的时间，编制出一个初步的方案，六月份由国家计委会同各规划委员会汇总平衡，并提出全面的轮廓草案，七月份交各部门、各地方讨论一次，八月份再综合一次，准备九月初向中央提出长期计划草案报告。

各规划委员会（或规划小组）可根据需要，派人出去作专题调查或抽查，计委不单派工作组出去，也不作全面的调查工作，但计委要整理工农业的一些基本资料。

二、领导小组工作问题

计划定了以后，各部日常业务由各部自行安排，在执行计划和工作中发生问题，报有关“口”和“口长”解决，或经有关“口”和“口长”协商后解决。一些重大的问题和各“口”解决不了的问题，可提交领导小组讨论决定。但是，凡变动计划，涉及党的方针、政策的问题，经领导小组讨论后，报中央书记处和总理决定。

领导小组每周开会一次。

150－11－10

李富春同志关于编制长期计划工作的讲话要点

1963年2月20日

讲四个问题。请同志们考虑：

一、编制长期计划的意义和奋斗目标

这几年没有长期计划，吃了苦头。发展国民经济，建设社会主义，实现总路线，高举三百红旗，没有长期计划就是近视眼，看不到发展的远景是不行的。因此，今年必须编出长期计划来。

编制长期计划，要从远处着眼，近处着手。要有二十年的远景设想，十年的轮廓计划和第三个五年的具体计划。

二十年的奋斗目标，就是要基本上实现四个现代化：农业现代化、工业现代化、国防现代化、科学文化现代化（交通运输的现代化，可以包括在工业现代化内）。从农业来说，就是要实现农业的机械化、电气化、水利化、化学化和“农业发展纲要四十条”。要在二十年内，基本上建立全国统一的、独立完整的、现代化的国民经济体系。没有一个全国统一的经济体系，就不可能建立分区的体系。

十年的奋斗目标，现在还没有一个概括的提法，要在计划的编制过程中才能逐步明确起来；第三个五年的目标，是否集中力量基本上解决吃、穿、用（要求达到的标准在第二个问题的第四项中谈）。十年，是否要提在主要工业产品产量方面赶上英国？提，有什么好处？不提，又有什么好处？这些问题，请大家好好想一想。

我们必须通过长期计划的编制工作来拟定明确的奋斗目标（各省、各行业都要有），年度计划才好安排；才能更好地动员全国人民的革命干劲，支援全世界人民的革命斗争，更有力地打击帝国主义、反动派和现代修正主义。

二、编制长期计划工作中几个方针性的问题

（一）总的方针是：以毛泽东思想为指导，高举三面红旗，贯彻执行以农业为基础、以工业为主导的发展国民经济的总方针，多快好省地建设社会主义。

如何才能做到多快好省相结合？根据这几年的经验，提出五点意见，供大家考虑：

第一，工业与农业必须密切结合，按比例发展。工业要面向农村，积极支援农业，为农业的生产服务，从而转到以农业为基础的轨道上来。这样才能以工业来领导农业的发展和农业的现代化。

第二，必须贯彻自力更生的方针。生产、建设都要立足于国内，工农业产品的消费主要依靠国内市场，首先是广大的农村市场。争取外援，主要是进口新技术、新设备，用来研究、自制和装备新工厂。自力更生是要我们有雄心壮志，发奋图强，来建设我国社会主义的经济体系，凡是我们应当做的都能做，但不等于是闭关自守。

第三，必须贯彻勤俭建国和勤俭办一切事业的方针。要加强经济核算制度，加强经济比较，不断改进经营管理，不断提高劳动生产率，增加积累。几年来，我们在这个问题上注意不够。有两点要特别注意：

（1）勤俭建国，不是短期的方针，而是一个长期的方针。我国“一穷二白”，有六七亿人吃饭，要搞点积累来建设，很不容易；如果采取“大少爷”作风，不讲经济核算，不讲经济效果，社会主义就难于建起来。还要看到，世界上还有三分之二的人口没有解放，我们有国际主义的责任，我们也要尽力支援他们，不仅是政治上、道义上的支援，而且在物质上也要尽力支援，这也是我们同修正主义的根本区别之一。勤俭建国、艰苦朴素的作风要永远保持下去。

（2）我们的工业、交通企业，首先是中央直属的企业，要同军队一样，以毛主席的建军思想来管理我们的工厂、企业。在军队中，提出了体现毛泽东思想的“三八作风”、“四好连队”、“五好战士”等口号，我们的工厂、企业应当提什么口号，什么作风，如何加强政治思想工作，加强党支部工作，使每个工厂都成为一个攻不破的堡垒，有一支有觉悟、有组织、有纪律的工人阶级队伍，请各部、各省市同志考虑。

第四，必须注意新技术。每个行业要有技术政策，都要为六十年代到七十年代的新技术而努力。每个行业都要注意采用新技术，提高劳动生产率。加工工业要注意在新技术的基础上搞好专业化和协作，原材料工业要注意资源综合利用。在技术新、设备好、用人少和专业化基础上，大中小结合，以中小为主。

第五，必须有全国统一的、切实可行的长期计划。不能只看一年，也不能只从一个地方、一个方面出发看问题。要克服本位主义，既是思想教育问题，也是统一计划问题。

总之，要实现总路线，做到多快好省，既要算政治账，也要算经济账和技术账，要使政治、经济、技术三结合。政治挂帅，要做到：（1）要使计划的安排符合党的方针、政策；（2）讲究经济效果；（3）有正确的技术政策。

（二）农业发展和农业技术改革问题。

第一，发展国民经济，首先就要尽快地、千方百计地发展农业生产。农、林、牧、副、渔要全面安排，粮食作物和经济作物要同时并举。这是生产、生活和建设的物质基础。

第二，农业技术改革，必须因地制宜、有步骤、有重点。从二十年来说，是要在全国范围内基本上实现农业“四化”；但就最近十年来说，必须根据不同地区的具体情况，有步骤、有重点地进行，不能齐头并进。同时，应该进行经济比较，根据地区的不同条件，因地制宜地搞。根据物力、财力、人力的可能，什么最有利于农业增产，就先搞什么。

农业技术改革的重点，同工业一样，都必须建立在综合平衡的基础上；重点过分突出，就一定要破坏比例关系。

在五年、十年内农业技术改革搞到什么程度？首先取决于农业和工业（特别是基本工业）生产的发展速度，以及国民经济的积累和国家财政收入的增长程度。各地区农业技术改革的规划要考虑需要和可能两个方面，首先要根据本地区农业生产发展的情况和本地区人力、财力、物力的可能，不足的再向国家提出来。有的省，如浙江提出了自力更生的方针，这很好。

第三，在农业发展上，有一些地区，还要作专门的规划。如以海南岛为中心的亚热带作物，内蒙、青海的畜牧业，内蒙的黄河灌区、甘肃的河西走廊等。这些规划，都应当纳入省的规划。每个省都要搞十年、二十年的造林规划，特别是华北、西北更要注意。国家造林和群众造林两条腿走路，封山育林和造林、育林并举。

第四，不论发展农业，还是搞农业技术改革，都必须算经济账。这是一个政策问题，特别是第三个五年计划期间，积累不很多，钱用在哪方面最合算、最有利，这是综合平衡中的一个关键问题。

总之，农业技术改革步骤、重点，谁先谁后，搞多搞少，必须算经济账，算国家积累、集体积累、个人收入可能增加多少。要把国家的投资和集体经济的积累结合起来安排，同时又要使农民生活逐步改善。

（三）关于工业的调整和发展的问题。

第一，近几年工业还需要继续调整。一九六一年九月中央关于当前工业问题的指示中指出："工业的每一步调整工作，都要围绕以下的基本任务：（1）加强对农业的支援，增加农业的生产资料的生产；（2）加强轻工业和手工业的生产，增加市场日用品的供应；（3）加强采掘工业和采伐工业的生产能力；（4）满足国防工业生产的迫切需要，加强国防工业所必需新型材料的研究、试制和生产。在工业的每一步调整工作中，还必须注意增加产品的品种，提高产品的质量。"今后工业的进一步调整，仍然要围绕这些基本任务进行，要使现有的生产能力逐步得到合理的利用，并且要同农业技术改革规划、国防工业规划和工业发展规划工作结合起来。

第二，工业发展要有重点。十年内的重点，我想有三个环节：（1）原料材料工业，主要是采掘和采伐工业，以及品种质量的提高；（2）化学工业是支援农业、解决吃穿用的重要途径，而且可促进其他工业的发展；（3）为农业、国防服务和加强工业内部薄弱环节所必需的机械工业，特别是电子工业。

在采掘工业方面，要注意逐步改变燃料的构成，要大力发展石油和天然气，大力节约煤炭消耗，特别是节约民用煤。据煤炭部计算，从一九六四年起，每年增加一千万吨煤，投资十三四亿元，而民用煤如果不限制，每年就要求增加五百万吨；因此，如何大力节约民用煤，对国家建设确是个大问题。另外，如果用十三四亿元来搞石油，可增产多少石油，比较增加煤的效果如何？对国民经济其他方面的影响如何？也要进行经济比较。

化学工业，除了发展基本化工以外，必须注意资源的综合利用。要打破条条的界限，煤炭、木材、石油、天然气等，属于哪个部主管的，综合利用也由哪个部负责安排，化工部可以从技术上加以指导。

合成纤维要有步骤、有重点地搞。

小合成氨厂的建设，请化工部从设计、设备和技术等方面作一次系统的总结。已经建设了一部分的，真正具备了条件的，可以配起套来，但条件不具备的不要上马。

第三，工业布局问题。五年内难有大的改变，要从十年、十五年着想。要搞新的工业基地，必须具备三个条件：一是资源情况；二是当地的农业情况；三是铁路。没有这三条，新基地不可能搞起来。因此，前五年只能为改变工业布局创造条件。

从基本建设来看，据国家计委基建局估算，把一九六三年列入计划的项目全部建成，就需要投资四百亿元左右（包括一九六三年投资在内），这样，第三个五年能用于新项目的投资就很有限了。另一方面，今后农机、化肥、木材、石油、冶金、交通以及国防工业等，还有一部分新项目非搞不可，把这些必须新增的项目安排好，列入一九六三年计划的项目，会有一部分要拖到第四个五年才能建成。

第四，技术政策、新技术设备和设备更新问题。

我国是一个"一穷二白"的国家，要求我们多快好省地进行建设，就要追求新技术。每个行业要有技术政策，赶上技术上先进国家，用新的近代化的设备，来装备我们的农业、工业、国防和交通。

设备更新分两种：一种是某个企业现有生产能力的设备不堪再用的应当更新；一种是以新的设备代替老的设备。更新旧的比建设新的既省又快的，可以合理地搞。对更新出来的老的设备要尽可能地使用。因为别的地方，连老的落后的设备还没有。

因此，各行业、各工业城市对技术政策、新技术设备制造和设备更新问题，也要有一个全面的规划。

第五，必须注意和战结合、军民结合。在编制长期计划的同时，要考虑编制动员计划和国家储备计划，凡是能够制造常规武器的民用工厂，都要注意战时的需要。在工业布局和新项目的安排方面，必须尽可能考虑国防条件。

（四）人民生活水平问题。第三个五年，着重解决吃、穿、用问题。只有把人民生活安排好，才能好好地进行建设。

吃的：一九六七年按粮食产量四千亿斤计算，除去种子、饲料和工业用粮以外，每人平均消费水平约四百五十斤左右（一九五七年为四百五十五斤）。

穿的：一九六七年按棉花产量三千二百万担计算，每人平均棉布浪费水平约十四到十六尺（一九五七年为十九点五尺）；加上化学纤维，争取达到十八尺左右。

用的东西，基本上满足需要。

工资、市场和物价，一九六七年基本上调整好，使两个市场、两种价格逐年接近，经过努力，使一九六七年的市场物价在新的生产基础上基本上调整好。

（五）人口问题。

必须大力提倡节育，必须严格控制城市人口，凡是劳保福利、工资制度等不利于节育、不利于城市人口下乡的，都要逐步改善。

三、省、市、自治区计委和大区计委的工作

（一）省、市、自治区计委当前主要抓四项工作：

第一，调查研究，整理基本资料。特别是弄清楚现有生产能力和建设项目，清理下马的项目、设备和材料，清理关停的企业，并且分别情况，提出处理意见。要把工业和农业的底摸清楚。

第二，搞农业生产发展和农业技术改革的规划，特别是要因地制宜地研究能够调动农民群众积极性的农业增产措施。

第三，搞地方工业和地方交通的规划。首先是搞当地有原料的、能够综合利用、不与大工业争资源的轻工业，要根据原料供应的可能考虑今后的发展，研究地方机械工业如何为农业生产服务。

第四，研究本省的劳动工资、市场物价和文教建设等问题。主要是研究本省有多少劳动力，如何安排；今年工资调整以后，还有什么问题要进一步解决；如何逐步解决两个市场、两种价格的局面；如何改善商业工作等等。

中央直属企业的计划，待中央各部门初步确定以后，再同地方商量。

（二）大区计委在编制长期计划方面，主要抓三项工作：

第一，有重点地研究一些重大问题。如农业生产发展、农业技术改革和本地区其他特殊的重大问题等，向中央局、国家计委和中央有关部门提出建议。

第二，审查各省、市、自治区提出的农业、地方工业、劳动工资、市场物价和文教建设等规划，并尽可能地进行地区综合平衡。

第三，参加中央工业发展规划委员会、农业发展和农业技术改革规划委员会的规划工作，同时参加国家计委全面的综合平衡工作。

根据目前的实际情况，大区计委还不可能编制全套的长期计划，主要是承上启下，帮助中央和地方互相通气。为了参加中央各规划委员会的工作，大区计委要派一两个同志长住北京，或者时常来往，保持密切联系。

四、工作部署

国家计委准备在四月底初步计算出一个几种农产品、几十种工业品、工农业发展速度、基本建设投资额等的设想，用“长期计划参考资料”的形式，发给大家，但只作参考。

请各省、市、自治区在四月底把农业（包括中央直属农场、企业等单位）、地方工业、地方交通的计划意见报送国家计委和大区计委。

中央各部、各“口”、各规划委员会和各省、市、自治区的整个计划草案，要在五月底至迟六月中报送国家计委，使国家计委能在六月到七月中会同各部、各“口”、各大区计委进行综合平衡，争取在七月中以后把第三个五年计划的初步方案和十年规划轮廓，发给各地区、各部门讨论。同时，国家计委、各部、各“口”组织工作组，到各地参加讨论。

八月份再汇总综合一次，编制出第三个五

年计划草案和十年轮廓计划草案以及二十年的设想，报送中央。

这样安排得时间很紧，但是不干不行，希望同志们抓紧工作。

关于规划方法：

第一，必须远处着眼，近处着手，由近及远，实事求是，留有余地。

从近处着手，就是要在搞清楚下述三方面的情况的基础上考虑长远规划：（1）现有生产能力有多大？能够负担多少产量？要多生产，需要采取那些措施？（2）一九六三年计划中的建设项目，全部建成需要多少投资、设备和材料？一九六七年能够负担多少产量？（3）必须增加哪些新项目？资源情况如何，交通动力情况如何？需要多少投资、设备和材料？

这三方面的资料，请各部门、各地区在五月底提出，以便综合。

第二，必须领导、专家和群众三结合，各规划委员会，各省、市计委和分行业小组要吸收专家参加，做到政治、经济、技术三结合。

第三，各省、市、自治区计委，要经常向党委汇报、请示。

第四，注意上下左右通气，国家计委经常发些情况简报，也希望各大区、各省、市、自治区计委随时向国家计委和中央“口”反映情况。

第五，各级计委除了安排年度计划以外，要集中力量搞好长期计划。增产节约运动和日常工作由经委和各部门去搞。

中央组织的各规划委员会和各规划小组，都由国家计委领导小组统一领导。这种方式，供各地区参考。

150－11－116

李富春同志关于编制长期计划的指示

1963年3月27日

不管哪个方面，首先要摸清情况，切实从实际出发。工业方面就要摸清生产情况、基本建设情况、综合生产能力、补缺补些什么、基建怎么样、哪些要填平补齐、哪些是新发展的项目；农业情况也要摸清楚，耕地、拖拉机、电灌等；国防也是一样，各个重大企业的潜力如何。情况不摸清，必然计划落不了实。现在不忙搞指标，集中力量摸底，还有工业部门的技术政策，要放在工业规划中。

一个是现在的底，一个是二十年的目标、十年的目标，再才是步骤问题，如何向目标前进。

150－11－116

国家计委领导小组会议纪要（第七次）：关于长期计划的方针和方案问题

1963年4月3日

会议听取了工业交通、农业、国防工业“口”编制长期计划情况的汇报，并进行了讨论。会议认为：

（一）通过这次编制长期计划的工作，对各部门的情况了解得更清楚了些，各部门对本部门和企业的情况也更清楚些了，但还不够，必须进一步摸“底”。工业交通应把现有的重要企业的“底”摸清，把每个企业现有的生产产品、设备能力、生产产量、品种、职工人数和需要采取的措施都搞清楚，用不了很多时间，每个行业也不过十几个或几十个企业，有的是现成的，只要再核对一下即可。现在正在进行增产节约和“五反”运动，了解了一些不了解的情况和问题，问题暴露得多，问题何在？潜力何在？是个好时机，不可失去；农业要把商品粮产区、高产区、主要经济作物区、常年成灾区和重点开垦区的情况摸清楚。按此一个县一个县地摸，一块地区一块地区地摸，全国重点县也不过八百多个。把情况搞清以后再进行全面的综合研究。只有这样，计划才能搞得更落实和准确些，而且才能从下至上的结合起来。

（二）在编制第三个五年计划的同时，要安排第四个五年，即要搞十年规划。只看到第三个五年，看不到第四个五年不行，不能把许多事情都挤在第三个五年来，否则不利于调整和发展工作。我们应在第三个五年，使农业生产、工业生产有个好的发展，人民生活得到适当的改善，各方面安排得更好些，把经济生活搞得更活跃些，以利于第四个五年争取大发展，并且有个新的大跃进。大跃进要从五年、十年以至二十年来看，不能从一年来看。

（三）应该根据不同的方针、任务，摆不同的方案。也就是以同样的人力、物力、财力，如何进行安排，如何提出不同的方案，看哪个方案更合乎党的方针政策和更切合实际。现在还是用老方法，所提出的不同方案仅仅是数字上的差距，这只能说明数字的高低、多少，不能体现方针、任务。必须改变这种方法（当然在长期计划中指标数字有个幅度，是必需的），而应该根据一定历史时期的不同经济任务和技术政策，摆不同的方案，进行分析比较，看在大致相同的人力、物力、财力的条件下，能达到什么不同的经济效果，这样就看出了计划的特点，侧重点何在，也才能使中央有所选择。第三个五年，是否可以设想有这样三个不同的方案：

第一，贯彻执行以农业为基础、以工业为主导的方针，按农轻重次序进行安排，发展农业、化工，首先适当解决吃穿用，相应地安排其他各个方面，特别是增加品种、提高质量、有重点地填平补齐，使工业转到以农业为基础的轨道上来，并适当地加强国防。但是中心是解决吃穿用。

第二，以实行农业技术改造为中心，相应地安排其他各个方面，并适当地加强国防。但是中心是农业技术改造。

第三，支援农业技术改造，加强国防，加强重工业内部的薄弱环节，照顾人民生活的改善以及文化教育事业的发展，即各方面都搞得好一点、多一点。

三个方案不论哪一个方案，都应合乎“以农业为基础、以工业为主导的发展国民经济”的总方针，合乎毛泽东思想和客观经济规律，但着重点不同，各具特点。究竟哪个方案好，哪个更能多快好省，哪个方案更能促进经济的发展，特别是农业的发展，为新的大跃进创造条件，或者有更好更完善的提法，请各规划委员会认真研究，让大家各抒己见，充分讨论，现在先不忙着定指标，争投资。有了明确的方针和任务，再根据现实的情况计算指标、投资、项目。

（四）对农业资金的使用，值得好好研究一下。过去我们花了不少钱，但效果不好。如长期农贷或无偿投资，支援穷队资金用了很多，但很大部分并未用在农业生产和农业基建上去，而是用到救济和其他建设上去了，资金分散了，看不出效果。在第三个五年，改变过去只是逐级分配资金，而没有生产和基本建设的规划的方法，是否可以取消这两笔经费，而由国家根据按县或按块的生产和基建的规划，集中使用于发展农业生产和农业建设，即当作农业投资使用，可能效果会好些。此问题，请农业规划委员会认真研究一下。

150－11－10

程子华同志谈谈编制长期规划和一九六四年计划工作的安排［节录］

1963 年 5 月 13 日

（一）编制长期规划的工作安排

从今年年初到现在，主要力量是搞长期规划。现在要把主要力量转到编制一九六四年计划，而长期规划只考虑方针是什么、重点是什么、问题是什么。为什么这样做？

第一个原因是长期规划去年国家计委搞了两次，今年年初开始又搞，具体搞法是先搞方案和控制数字。结果是什么都要多搞，成为“齐头并进”，没有表现出五年计划、十年规划、二十年纲要国家主要解决什么问题、搞哪些东西。因此，现在要反过来再考虑长期规划的方针、重点和问题。譬如“以农业为基础、以工业为主导”的方针已经定了，农业要搞上去，但是工业怎样为主导？首先搞什么？重点放在哪里？要摆好重点带动其他，才能够使整个工业更好、更快地发展。德国的工业发展是以化工为重点，带动其他；英国以纺织为重点，带动其他。我国从十年规划、二十年纲要来看，重点是什么？如何带动其他？方针是什么？国家计委领导小组讨论后，提出以下意见："为了更好地贯彻执行党的建设社会主义总路线，在二十年内基本上完成国民经济的四个现代化和农业的四化，用二十年的时间，使我国的工业由现在四十年代的技术水平多快好省地跃进到七十年代的技术水平，由蒸汽时代进到电气化和电子时代，这就要进一步考虑工业的发展应当如何搞？在党的建设社会主义总路线的指导下，在以农业为基础、以工业为主导发展国民经济的总方针下，把握几个什么主要环节，以便带动整个国民经济的发展，才能使党的总路线和大跃进在一个较短的历史时期内显出更大的威力。"

"抓住几个主要环节，就有了一个纲，并以此来制定工业发展纲要。有一个发展纲要，就明确了工业的奋斗目标，就能更好地、更便于按比例地安排长期计划和年度计划。"

"初步设想，是否主要抓化学工业、石油工业、电子工业（无线电工业）、有色金属工业（包括稀有金属）这四个环节，以这几个环节为中心，带动整个工业的发展，特别是冶金、轻工和机械工业的发展；加速农业的机械化和技术改造，加速交通运输的技术改造，加强国防工业，从而促进整个国民经济的跃进。"

这就是我国发展工业应该抓的几个环节。国家计委领导小组讨论后，要求工交办、农林办、国防办都考虑一下，这样抓行不行？请大家也酝酿一下，先把这个方针定下来，然后再搞二十年纲要、十年规划、五年计划方案和控制数字。这样搞出来的长期规划，任务明确，重点明确，有什么问题也明确。可以克服什么都想多搞，投资、设备、材料平均使用的分散主义做法。

第二个原因是使长期规划能够反映增产节约和"五反"运动新的形势。中央书记处在一次会议上讨论了增产节约和"五反"运动，认为：增产节约和"五反"运动首先从增产节约开始，而增产节约要从反浪费开始。看来，这一手是抓对了。这次运动一开始，就看出劳动力、材料、流动资金等各个方面潜力很大，发展下去会促进新的大跃进形势或者新的大跃进的开始，因而这次运动的范围已经超出中央原定的范围，成为新的大跃进形势或者新的大跃进的开始。但是，从今年年初起编制的长期规划的控制数字，只是反映增产节约和"五反"运动新的形势以前的材料和数字，而未反映出运动的结果。

这次运动，从全国来说，北京市搞得最早，中央工作会议前即行试点，接着就有七百多个企业展开了，而全国其他地区大体上是五月份搞第一批，六月初再搞第二批。这样，运动后的各种经济、技术指标、定额要到七月底或更迟一些才能定下来。因此，为了把长期计划编制得更好，编制长期计划的时间也需要推迟。推迟编制长期规划的时间，并不等于把长期规划放下不管。所谓推迟，就是把搞方案、控制数字的时间推迟，先把长期规划的方针、重点明确，再根据任务、重点和问题编制方案和控制数字。

据此安排，要求各部于七月底提出方案和控制数字。当前，要很好地讨论方针、重点和问题。在讨论的时候，各部不仅只讨论本部门的重点，而且还要讨论整个国家的重点。

当前经济形势怎样？据第一季度国民经济执行情况来看，形势很好。农业生产准备工作抓得早，工业生产稳步上升，市场供应状况显著改善，财政收大于支，货币流通量继续减少。财政经济状况，一天比一天好，一月比一月好。正如总理指出："现在经济形势开始全面好转，由被动转向主动，但不是没有问题。"

随着工农业生产、市场、财政情况的好转，今年基本建设战线的形势是好的。但是，在基本建设的各个环节上，包括设计、设备、材料、施工力量、投资等，都还存在一些问题，需要加以解决。今年主要是抓按照基本建设程序办事。设计任务书原来要求于三月底前报来，由于各单位设计力量较弱，延到四月底。如果再延长时间，批下去以后施工的时间就很短了，大部分时间就要窝工，投资用于吃饭上，而不是搞工作量。请各部的同志考虑，四月底还未搞出设计任务书的项目，最好停下来，停下来以后，投资、材料、设备原则上不往回收，由各部把这部分材料、设备和投资集中到主要项目上去，保证主要项目今年真正能够投产。请同志们抓一抓这项工作。大家会说：我们的设计任务书压在国家计委。现在，国家计委有百分之七十的力量用在审查设计任务书，在这方面如再多用时间是困难的，因此不能满足大家要求更快地批出去。国家计委开展增产节约和“五反”运动的中心任务是审查好设计任务书，以节约人力、物力、财力。因为各部了解的情况多，所以要求各部大力配合。

［下略］

150－11－49

国家计委党组关于安排长期计划工作的报告

1963年10月18日

计委领导小组并报总理、中央书记处：

根据中央关于从1963年起继续调整3年，然后分两个15年，把我国建设成为一个伟大的社会主义强国的指示，我们对长期计划工作拟作如下安排，是否可行，请予批示。

一、考虑到现在编制15年远景规划的条件还不成熟，因此首先应当尽快地编制出发展国民经济的第三个五年计划，以利于瞻前顾后、比较主动地安排年度计划和各方面的工作。至于15年远景规划，建议在第三个五年计划草案的编制基础上，作出轮廓性的测算。

二、关于编制第三个五年计划的程序，建议分为三个阶段：

第一阶段，从现在起到明年1月间，争取完成编制第三个五年计划的必要的准备工作，主要是进行调查研究和对第三个五年计划的发展速度、建设规模和主要比例关系，提出一些初步设想，供下一阶段拟定控制数字的参考。在调查研究方面，拟利用年前两个月的时间，组织六个工作组到各大区去，主要任务是：（1）了解1963年度计划执行情况和1964年度计划的安排；（2）研究3年调整工作可能达到的结果；（3）根据解决吃穿用、加强基础工业和兼顾国防的方针，就第三个五年计划的主要指标（各行业分省、市的初步设想），必须解决的重大问题和编制第三个五年计划的方法等问题，同地方同志交换意见；（4）各工作组应当着重研究一下县的农业生产计划和基建项目，结合中央《关于工业决定（草案）》研究一下中等城市的工业发展方针问题。各专业局按行业进行典型的调查研究和结合分地区的指标进行调查研究，在调查研究的基础上，明年1月拟先按行业进行汇总，经过全面综合平衡，对第三个五年计划控制数字提出参考意见。

第二阶段，1964年6月底前，协同各规划委员会和中央各部、委编制出第三个五年计划的控制数字；在这期间，各省、市、自治区应当按照农办的规定，提出第三个五年发展农业生产的初步规划。这个阶段任务很重，如何具体部署，拟与各大区同志商量后再报。

第三阶段，1965年6月底前，自下而上地编制地方的、部门的和全国的第三个五年计划草案。

三、编制长期计划的工作仍将同编制年度计划的工作交叉进行。我们拟从现在起，把主要力量转到长期计划工作方面来，同时，建议中央各部、委的计划部门，也要尽快地把主要力量转到长期计划工作上来，各部、委党组要经常安排时间研究和讨论长期计划（应指定一部分人参加这一工作，不可能把主要力量转过来。计委则应把主要力量全部转过来。——波注）。

为了集中力量、统一步调、统一认识，保证按时完成第三个五年计划的编制工作，我们建议计委领导小组同意，特别是富春、一波和子华同志，能够摆脱一些其他领导的工作，集中主要精力，亲自主持第三个五年计划的编制工作。

四、关于编制第三个五年计划的准备工作，除了由国家计委考虑拟定计划表格、规定编制程序和修订基本建设计划定额等工作外，现在想到的有：

（1）建议地质部统一组织各部门的地质力量，抓紧整理和落实各项重要资源的勘探资料，必要时，应当突击补做一些地质工作，以便为长期建设计划和地区规划提供必要的根据。

（2）建议由国家物资总局主持，国家统计局和本委有关局参加，结合1965年度计划的编制工作，修订各项物资消耗的计划定额（恐怕物资局担不了这一工作。主要应是分工生产、基建两大部类的机构来分担。——一波注）。

（3）建议由国家统计局主持，物价委员会参加，根据几年来产品品种和价格的变化情况，拟定1965年不变价格。

以上三方面工作应当争取在1964年底以前完成。

此外，弄清楚全国的人口、耕地、固定资产和生产能力也是很重要的准备工作，但这些工作牵涉面很广，工作量很大，需要同各部门、各地方的同志交换意见以后，再报领导小组确定。

150－11－116

周恩来：过渡计划和长远规划①

1963年12月2日

我们把1963—1965年的三年计划，叫做过渡计划，意思是指，从第一个五年计划主要学习苏联，第二个五年计划在总路线的指导下，摸索把马列主义关于建设社会主义的原则同中国的具体实践相结合的经验，过渡到以后15年的三个五年计划，求得在基本上建成独立的、完整的国民经济体系和工业体系。因为有这样一个目的，我们需要总结经验，全面安排，创造条件，全面跃进，就必须有这3年的过渡。

大家都知道，我们在开国初3年，恢复了财政经济以后，就进入了第一个五年计划。那时候，由于我们没有经验，不得不首先而且必须学习苏联的计划经济。在当时斯大林和苏联人民的帮助下，我们建设了156个重要的工程项目，这对我们第一个五年计划打下工业化的初步基础，有很大的帮助。但是，就是在那个时候，我们也是根据毛主席的指示，以自力更生为主、以争取外援为辅的精神来办事的。那时我们还不能形成一个独立的工业体系。到第二个五年计划，要把关于社会主义建设的原则同中国的具体实践结合起来，希望在几年内，就是在第二个五年计划的头几年摸出一个规律来，这实在是一件不容易的事，加以大家求成心急，就发生了一些严重的错误和缺点。加以从1959年以后3年的严重灾荒，给我们在粮食和一些工业原料方面带来极大的困难。特别是苏联在1960年7、8月间突然撤退专家，撕毁合同，给我们经济建设造成极大的困难。这一切，就不能不使我们在国民经济建设中进行这3年的调整工作。经过3年调整，我们克服了困难，开始了全面好转，打下了独立的国民经济体系的初步基础。这个情况，在去年的《政府工作报告》中，特别是今年的李富春副总理的报告中，已经提过了，我就不再讲了。

但是，这3年的调整、巩固、充实、提高工作只是初步的，我们还需要进一步进行，以争取进一步的好转。要这样做，就如同我们前面所说的，要总结过去三个时期的经验。就是第一个五年计划期间主要学习苏联的经验，第二个五年计划开始创造自己的经验，进行调整工作的经验。总结这三个阶段的正面和反面的经验，需要进行全面的安排，而不是一项一项地调整；需要实行综合平衡，而不是头疼医头，脚疼医脚；并且需要瞻前顾后，创造出有利于今后长期规划的条件，以便于实行全面的跃进，完成历史的任务。所以，我们提出这3年过渡时期的任务，不是消极的，而是积极的；不是逐个解决，而是要全面安排。

---

① 转自中共中央文献研究室编：《周恩来经济文选》，中央文献出版社1993年版，第528～534页。

现在，这3年的第一年已经快过完了，还剩下两年。明年的计划和预算也做了初步的安排。今后的政府工作就要抓紧这个全面规划，瞻前顾后，分期进行。就是说，不单单地看到今后的两年，还要看到以后长期的规划。我们要利用这个过渡时期，进行这样的准备工作。

讲到规划，联系国民经济各个方面，目前比较突出的问题，大概有这样16个：

第一，农业的规划和技术措施。这是大家都注意到了的。但是，必须有全面的规划，看到农业发展的远景，适应我们人口和工业发展的要求。

第二，工业交通的布局，地质勘察规划，国防工业规划和工业体制。

第三，商业的全国布局和商业的管理体制。这个问题，现在才开始着手解决。

第四，外贸的规划。我们要实现自力更生的国民经济计划，外贸的发展需要引起更大的注意。苏联撕毁合同、撤退专家以后，我们在设备、器材方面不能再从苏联和东欧的一些社会主义国家进口了，不能不转到国际市场上互通有无。同时，我们的外债到1965年就可以还完，这样，我们出口的物资就可以更多地转移到进口物资的交换上。我们的技术水平跟我们现在科学技术工作的研究，一方面，需要从我们落后的经济基础上循序前进，来追赶国际上先进的技术水平；另一方面，我们要迎头赶上。把这两者结合起来，使我们能够在不太长的时间内赶上60年代到70年代的科学技术水平。这样，就不得不使我们要在有利的条件下、在平等互利的条件下，进口一些新的技术设备和技术资料。这就需要在外贸工作上开展一个新的局面。现在，由于社会主义阵营的发展，民族独立国家的增加，美帝国主义扩军备战的影响，资本主义市场缩小了，互相争夺加剧了，因此，引起西方国家对中国这样一个占世界1/4人口的市场的极大的注意。正是由于这样一个有利的条件，我们要在平等互利的条件下，进行有利的外贸活动。所以，就必须有一个长期的规划，以适应我国工业生产和技术水平发展的要求。我们在计划报告上说，既要照顾吃、穿、用，又要发展基础工业，还要照顾国防，突破尖端，这同外贸工作也有很大的关系。

第五，在教育方面，我们对高等教育、普及教育和职业教育也要有一个长期的规划。因为我们不是短期内能够完全实现普及教育的，所以我们要用很大的努力进行职业教育。在中小学教育和高等教育方面，还需要继续提高和发展。

第六，科学规划。今年我们定出了一个新的十年科学技术规划，也定出了一个农业的技术规划，现在已开始下发并开展工作。

第七，我们需要一个文化改革的规划。我们要肃清国内长期遗留下来的封建势力、资本主义势力和传统的、旧的、保守的习惯势力的影响，就要在文化的各个方面进行改革，要百花齐放、推陈出新。我们的新闻、广播、体育，也应该有长期的规划。

第八，卫生工作，特别是计划生育的工作，要有长期的规划。有的代表也提出这样的问题，我们正在进行这一项规划。

第九，大中城市的建设规划。工业的发展，使我们的城市扩大了，但是我们应该有一个控制。现在20万人口以上的大中城市，包括矿区、林区，大概有200个左右，有7 500万人口，我们应该对这200个左右大中城市很好地进行规划。

第十，城市劳动力的安排和工资规划。每年我们能够增加劳动力的数目、工资增长的数目和调整的计划，应该有个规划。

第十一，我们城市的后备劳动力是超过城市劳动力安排的需要的，应该把这部分超需要的劳动力有计划地下乡上山，支援农业生产的发展，现在也正在进行规划。

第十二，我们的物价基本上是稳定的，但是，农产品和工业品相互之间的比例，还有调拨价格等等，也还存在着不少的问题，需要有一个长期的规划。

第十三，我们的财政税收方面也要有一个

规划，计算我们今后长期规划中需要的数目和能够积累的数目。

第十四，在金融管理和信贷计划方面，也应该有一个规划。

第十五，行政编制的规划。我们国家人口这么多，地方这么辽阔，我们的行政编制、行政的层次，比中等的、小一点的国家多得多。如果在县以下还要设区的话，那么，从中央一直到生产队就有九级之多，即中央、大区、省、专区、县、区、公社、大队、生产队。这就说明，我们党和国家的政策要贯彻到基层单位非常费事，而且常常走样。如何使我们的编制适合我们这样人口多、面积广的国家的需要，不是图案画式的千篇一律，而是因地制宜、因事制宜，这是需要我们努力实现的。但是，到现在，我们还没有一个很好的行政编制的规划。行政人员太多，就妨碍事情的深入下达和政策的正确贯彻，而且容易滋生官僚主义和事务主义。

第十六，政府应该有一套工作制度和办事的章程。我们今年在“五反”运动的初期，曾经起草一些条例，但是，要经过各个部门或者企业事业单位试行以后，才会提炼出一些原则，制定出一套通用的条例章程出来。这件事，毛主席在去年就提醒我们了，总要有一套章程制度来工作。

这些规划，当然是一个初步的设想，一定要在具体实施的时候，在党中央的领导下，在政府的日常工作中，具体地安排。

JJ850－4（上）

李富春同志关于长期计划问题的讲话①［节录］

1964年1月7日

我想利用这次会议的机会，谈谈长期计划的方针、方法的设想，请同志们考虑。

一、长期计划的方针

关于第三个五年计划的方针，中央书记处也谈过，就是如何贯彻执行以农业为基础、以工业为主导的总方针，积极发展农业和支援农业，这是主要的一个方面；同时，加强国防建设，突破尖端，这是另外一个方面；在发展农业和加强国防的条件下来加强基础工业。现在看来，如果我们不首先解决农业问题，农业不过关，那么工业也就搞不好。所谓把工业转移到以农业为基础的轨道上来，如果不把农业规划搞好，转轨也是抽象的。因此，首先要积极发展农业，支援农业；其次，要加强国防建设，使常规武器配套齐全，突破尖端；然后，根据这两方面的需要来加强基础工业的建设，因为基础工业是为农业和支援农业服务的，是为国防建设服务的。这个看法，工业、农业和国防之间的关系这样摆法，是否恰当，请同志们考虑，这是一个方针性的问题。我们想，这样摆法是比较恰当的。根据过去的建设经验和主席的思想，我们的计划必须以农业为基础，把农业摆好，把国防摆好，只有在这个基础上来搞基础工业，才能使工业的主导作用表现出来，才能使工业的主导作用具体化。这样，基础工业的服务对象也就明确了。

［下略］

150－12－24

国家计委领导小组会议纪要（第十五次）：关于国防工业长远规划问题

1964年2月28日

会议听取了国防工业办公室关于国防工业长远规划初步意见的汇报。请国防工办和国防工业各部在这个规划的基础上再作进一步的研究，并请注意以下几个问题：

（一）要确实研究一下国防工业和整个国民经济的关系，它和基础工业的关系怎样，工作应该怎样摆？它和农业以及其他部门的关系怎样，怎样把它摆得更适当？如何理解“一个基本独立完整，麻雀虽小、肝胆俱全的国防工业体系”？它和党所提出的建立一个独立的、

① 这是李富春在1964年全国工业交通会议的讲话。

完整的工业体系是什么关系？

（二）国防工业生产，首先必须充分发挥现有生产企业的潜在能力。对现有企业的生产能力、科学研究力量、设计力量要有足够的估计，要充分地估计到我们这几年来的进步，充分地估计到我国全体职工在新的精神面貌下所创造的新的技术经济指标，绝不能用老的定额作为计划的计算根据。注意产品的系列化和标准化。

（三）再认真核算一下基本建设规模。一百一十七亿元投资，从国防工业部门来看，是最低方案，但从整个国民经济来看，可能多了。因此，还应该考虑一个比一百一十七亿元低的方案，最重要的是做到勤俭建国，用同样的财力、物力办更多的事。总的基本建设安排，是逐年的增长，不能是抛物线的。基本建设的安排要具体化，落实到每一个项目上去，要注意布局、规模、进度的安排，同时要注意专业化和协作。

（四）注意军民结合、和战结合。军工厂在平时要考虑民品的生产，但主要是军品；一些民用工厂在平时工作中要注意到转产军品的问题，但平时应该是生产民品，在战时全部或部分能转产军品。有些民品的生产要考虑人民的购买力和生活水平，并且注意提高质量，争取多出口。这一点将在总的综合平衡中作更周到的考虑。

（五）认真核算劳动力和劳动生产率。尽量提高劳动生产率，减少职工。

（六）节约外汇，进口数量打二十一亿元，多了，要再核算。

国防工办和国防工业各部，以及计委的有关同志继续搞一个月，三月底或四月初再汇报一次，然后编写出一个初步规划方案，视情况提交四月中央工作会议讨论。

150－12－34

李富春同志对编制长期计划和年度计划的工作部署

1964年5月27日

我对下一步的工作做法讲一点意见。

年度计划八月十五日搞个草案出来。不管中央九月份开不开会，我们先搞出来。八月十五日以后召开全国计划会议。

长期计划于十一月至迟十二月搞个草案出来，还有半年时间，可以抽出三个月作调查研究，三个月同各方面交换意见进行汇总。不要看中央会议推迟了，我们在工作上也不抓紧了，这样我们会被动的。

搞长期计划要注意以下几点：

第一，这半年搞长期计划不是反复地搞数目字，而是要吃透两头。一头是要吃透党的方针、政策和指示，例如，少花钱多办事在计划上如何体现出来，要研究如何具体化，不仅要研究在生产中如何挖掘潜力，而且还要研究在基本建设中如何挖掘潜力。因此，非去生产企业和建筑工地蹲点不可，不然我们没有底。另一头是要了解实际情况，即第一条是要了解生产情况，研究如何挖掘生产、劳动、成本的潜力；第二条是要了解基本建设的情况，研究如何挖掘工地的潜力。我们了解情况，不外乎是到生产企业和建设工地去蹲点。我们去蹲点不是一般地了解情况，而是要研究如何挖掘生产、劳动、成本的潜力。为计划工作服务，就是要摸清潜力，少花钱，多办事。两种劳动制度、两种教育制度向我们提出了新的课题。两种劳动制度我们要管，如何过渡。例如，四川煤矿和公社订好合同，留百分之二十的技术骨干，每年轮换百分之五到七的工人，五年到七年全部轮换一次。山西省也有几万工人轮换，我们要去了解情况，总结经验。农村的事业站（拖拉机站、技术推广站、种子站等）如何亦工亦农，要调查研究，先试点，然后逐步推广。这是一个政策问题，也是少花钱、多办事的问题。我们下去看的目的，不是一般地了解情况，而是为了贯彻党的方针政策，为了搞好计划工作。

这次中央工作会议，讨论计划的时候，没有讨论方针、政策，大家一句话带过了，我们同意主席和少奇同志的指示，然后各人讲一通。这样讨论有无作用，值得怀疑，没有思想交锋。看来，党的方针、政策天天讲，但是他们的兴趣并不高，他们的兴趣是争投资、争项目，所关心的是他们这块地方怎么搞。

因此，我们首先要吃透两头，不要老在数目字上反复。

第二，要从实际出发，主要是：（1）有多少钱，办多少事；（2）必须搞的项目，必须安排上去。

因此，我们不能匡数字，不能匡指标，不能匡投资。必须办的要安排上去，不应当办的和可办可不办的要拉下来，这样才能做到有多少钱办多少事。摸项目，要把情况摸清楚，要同各部唱对台戏，不能照列。如果各部认为每个项目都是必须搞的，都是主要的，没有次要的，那么计委只好双手赞成。所以，我们摸项目，到下面去看工地，都是为此目的，从实际出发。

第三，我们不要被现在的大框框框住了，什么四亿到四亿五千万亩基本农田，工业交通五百八十五亿元投资，等等。我们要反复研究，哪些事情可以少花钱、多办事，哪些还可以节省，农业事业费能否减少。这既是少花钱、多办事的问题，又是贯彻执行党的方针、政策的问题。因此，我们又要有数字指标，但又不要被它捆住了。

第四，技术政策，特别是工业交通方面的技术政策，我们要同各部商量，哪些技术政策在第三个五年内必须而且有可能推广的，我们应当反映到计划中去。我们不单是搞技术进口，而且还要靠自己进行科学试验，加以推广。例如，氧气炼钢能否推广，钢铁和化肥联合企业能否办起来。因此，我们必须摸技术政策，凡是有把握的，应当有计划地去搞。

机械工业，一方面向专业化协作发展，但专业化能否搞多样品种，例如，重型机械厂现在吃不饱，能否多生产一些品种，不要像一机部那样，一搞新的行业，就要搞新的设备；一说要化肥设备，就要专门搞化肥设备制造厂，这个问题值得研究。过去，拖拉机厂、汽车厂、重型机械厂都有铸锻件车间，等于一个钢铁厂，平炉、转炉都有。第三个五年计划要注意这个问题。可否考虑，一个办法是把各厂铸锻车间集中附设在钢铁厂里；还有一个办法是在一个城市里集中搞一个铸锻件中心厂，这也是少花钱、多办事的问题。过去吃了苏联设计思想的亏，如果这样办下去，我们还要吃亏。我们要想这些问题，总结经验。纺织厂不要在一个城市放六七个了，这种布局不行。我叫柴树藩同志和一机部、四机部、五机部、冶金部讲，要他们系统地总结苏联设计的工厂，要从设计、施工、设备安装和生产等各个方面进行全面总结，把这个对立面总结清楚，以免我们不自觉地重犯苏联设计思想的错误。不这样，我们就找不出少而精、少而全的方法，我们就不能找到自己的建设社会主义的具体道路。否则，我们的计划工作还是老一套，只是在指标数字上打圈子。只有找到了正确的道路，我们才能够使一千亿元投资多发挥比如百分之五的潜力，这才是解决平衡的办法。一机部既不愿搞机械工业挂帅，又不愿意搞多品种，投资要得多，专业化机械厂挂帅。

第五，农业规划报告要修改，第一条不能先讲稳定高产。第一要讲种好十六亿亩农田；第二要讲大寨精神；第三才讲稳产、高产。就是讲稳产、高产，主要也是强调大寨精神。这个思想有个变化过程，开始时先抓五亿亩，以后提出在种好十六亿亩的基础上来搞五亿亩，现在看首先要抓好十六亿亩。不抓十六亿亩，只抓五亿亩，会犯大错误。因此，我们必须以大寨精神，去种好十六亿亩的基础上，来抓四亿到四亿五千万亩稳产、高产农田；同时，抓这四亿到五亿五千万亩农田，主要也是靠大寨精神。

大型水利工程，没有把握的不要上。三河治理，如无规划设计，也不要轻易上项目。

牧区建设，不能提全面建设，什么生产、交通、卫生、教育一起来，这会加重国家的负担。不能设想，牧区落后几千年了，几年就能翻身。牧区建设，首先要发展生产，以增加公社、大队和牧民的收入，然后自然才能发展文教卫生事业。牧区建设，单靠汉族干部去搞，是靠不住的。

以上两个问题，请光伟同志向震林同志汇报一下。

第六，地区平衡，是指地区不够的，全国能否补；不是指一个地区内的平衡，而是全国平衡下的地区平衡。否则，还是一个地区一个体系。现在还是一个地区一个体系的思想在作祟。杨×同志在小组会上发言，四川省有多少棉花、有多少甘蔗，就要求国家建设多少纺织厂、多少糖厂，搞自给自足，根本不考虑外调。在这种思想作祟下，结果现在收音机、灯泡、闹钟等搞多了，工厂还得合并淘汰。

现在有两种思想在作怪：一是苏联的教条主义思想；二是一个地区一个体系的思想。因此，我们要在全国平衡之下来搞地区平衡，而不是孤立地搞地区平衡。

总的来说，搞工业农业规划要从实际出发，挖掘潜力，把基础工业搞好一些，把布局搞好。所谓布局，是指以下三点：（1）以农业为基础；（2）工业布局，后方基地（酒泉、德阳等）先修点铁路，为第四个五年计划作准备；（3）有些项目，尽可能放到第二线，不要挤在沿海。

我们要从各方面打主意，做到少花钱、多办事。摸项目，要弄清楚哪些是必须搞的，哪些是可搞可不搞的，哪些是可以推迟的，我们必须摸透。年度计划和长期计划的关键是基本建设项目的安排。

明年的基本建设计划工作，由劭文同志挂帅，季立同志参加，树藩同志当顾问。

明年基本建设项目，一要多投产；二要搞采取技术措施以后，效果大的项目；三要搞为第三个五年计划必须施工的项目作准备。

另外，我想找大区计委主任和中央各部部长（铁道、冶金、石油、一机、建工、水电、农业，国防口、三机、四机、五机）从后天起开会，座谈几次，主要是谈方针、政策问题。

还有一个问题，进口的技术设备打得是否少了？如果说，明年减少进口粮食一百二十万吨，后年减少一百五十万吨，则一九七〇年至少有十二亿美元的外汇，一九六九年至少有十亿美元，第三个五年总共有五十亿美元，如何用法，需要进一步研究。现在进口五亿多美元的设备，是否少了。

对外贸易，不要搞表面平衡，不要凑数，我们不需要的东西，就不要，对方欠账就欠账，宁可将来送给人家，也不要进口我们不需要的东西，以免造成积压。这一条要向外贸部讲通。

今后进口要以机电设备和必要的原材料（如铜、奇缺钢材）为主。

财政方针，值得研究。我们的方针是勤俭建国、勤俭办企业、勤俭办一切事业，其目的是为了多挤出一些钱，搞国家的基本建设。财政部的方针是把各个方面开支安排好以后，剩下多少钱再安排基本建设，目的是为了财政部的日子好过。

150－12－18

薄一波同志在工业交通长期规划会议上的讲话要点

1964年6月13日

第三个五年计划，大家集中起来搞了四个月，提出了《第三个五年计划的初步设想》及分区生产指标和基本建设项目，为下一步工作打下了一个初步基础。用四个月的时间搞出了一个第三个五年计划的初步设想，这是不容易的事情，我们的工作是有成绩的。

这是一次考试。通过考试，暴露了我们的弱点，就是了解情况不够，说明我们对本行业务钻研不够。要了解情况，就必须运用比较法，下去调查研究，要从阶级斗争、生产斗争、科学实验三项伟大的革命运动中，从编制计划、执行计划的实践过程中，去认识客观经济规律，必须走出办公室到实际工作中去搞计划。毛主席教导我们每年要下去四个月，我们是不是都做到了？

这次搞长期计划，大家在思想上都重视了“以农业为基础、以工业为主导”的总方针，但是我们拿出来的第三个五年计划的方案是不平衡的，对项目摸得不够，缺乏高瞻远瞩，对第三个五年同今后十年、十五年建设的衔接注意不够，对工业布局注意不够。工业布局问题关系到我们国家国民经济的长远发展，关系到落后地区和少数民族地区的经济发展，关系到国防建设的巩固。这次搞长期规划时，我们在沿海的工业基地项目摆得多了。据说这样做，可以少花钱、多办事、收效快。少花钱，多办事，收效快，这是一个原则，但不能用来框一切。在老厂里有少花钱、多办事的问题，在新基地也有少花钱、多办事的问题，从今天说是少花钱、多办事了，但从长远看就不一定是少花钱、多办事。大家认识到要搞专业化协作，不搞全能厂，但在工作上表现得不够显著。这些问题，中央早就讲过了，我们为什么老不改？讲起来大家一肚子气，好像每个人都很正确。我们缺乏雷厉风行、一抓到底的精神，既然中央下了决心，我们就应当干起来，不要怕犯错误，错了就改，事情总是做了才会知道，不做光议论，时间就要过去了。

富春同志在这次中央工作会议上发言时说，做计划工作要吃透两头。我们对中央方针吃得不透，常常落后，今后一定要紧紧地追上去。这次中央工作会议，对国家建设和计划安排提出了重要方针。毛主席对我们计划工作作了三次直接指示：第一次是国家计委领导小组向主席汇报长期计划的时候；第二次是中央常委讨论长期计划的时候；第三次是这次中央工作会议结束的时候。

第一个问题，毛主席提出屁股要坐稳，否则，你两个拳头虽然安排了，还是要摔跤的。之后，毛主席又提出一、二、三线的问题，最后说要把工作重点转移到第三线。为了建设第三线，就要说服各部、各地缩小现有建设规模，挤一点钱出来。基础工业必须为农业服务、为国防服务，这是肯定的。但是，在具体安排上，首先要把基础工业安排好，否则就拿不出东西来服务，结果农业、国防、文教也上不去，轻工业和交通运输也上不去。坐稳屁股，是为了两个拳头能够伸出去。拳头与屁股是相互促进的，但是在安排上，必须有个先后，不要一说以农业为基础就不敢坚持了。主席说：你什么时候搞攀枝花、酒泉，我什么时候就睡不着觉。有的说，原子弹时代还有什么后方？主席说，原子弹时代也有后方的问题，不仅全国有一、二、三线的问题，而且各省也有一、二、三线的问题。毛主席说，第三线的建设在北京通不过，中央工作会议就搬到西昌去开，车不通就走去。钱不够怎么办？毛主席说，他要把工资拿出来搞攀枝花。中央书记处讨论决定，第三个五年一千亿元投资不变，从中挤出七十亿元搞第三线的建设，从农业挤二十五亿元，从国防挤十五亿元，从文教挤十亿元，从工业交通内部挤二十亿元。我们对中央的方针吃得不透。

第二个问题，现在这样的国际形势，不可能不打仗。主席说，战争不能打。南越只有一千多万人，同美国、伪军打仗打得那样好，这个问题值得研究。要是我们这里发生战争，每个省，首先是沿海能不能像南越那样打得好？毛主席说，肯定不行。所以，各省要搞小军工厂，搞军械、炸药厂、手榴弹，一旦发生大战，我们就放弃城市，下乡打游击。黄色炸药、黑色炸药有没有？各省要讨论。究竟在第三个五年里，如何搞法？要好好研究。

第三个问题，两种教育制度，两种劳动制度。这是少奇同志提出来的。我们要充分利用人力，人那么多，统统都要受教育不可能，必须亦工亦农。郑州有六个纺织厂，为什么非集中不可，分散到乡村里去好不好？糖厂也应如此。过去中央讲过，就是没有做，对中央的方针吃得不透。

这三个问题，中央提得很突出。我们不能停留在口头上，要见诸于行动。

彭真同志批评我们党政机关有新的党八股，各部门每年总结、布置工作时年年讲的是老一套，不是千篇一律，也是二篇、三篇、四篇一律，没有新东西，就是因为没有总结经验，没有两分法。毛主席批评现在有些部长当老爷，不肯动手写东西了，都叫秘书代写。必须将中央方针同具体情况结合起来，不然就无法正确地了解中央方针。

这次暴露出来了一些问题，如农业、国防与基础工业的关系问题、布局问题，应该说，这也是一条成绩。

这次计划方法，有了很大改进，也是一条成绩。

各部计划司、局长回去以后，在各部党组、党委传达中央工作会议精神时，可以结合这四个月的工作作个发言。

有的同志说，计委这次拍板未跟各部主管计划的副部长商量。我说，一方面要商量，一方面也不能完全请他们定。这次一连搞了四个月，谢谢各部部长的支援，看来下一步还要集中起来搞。

有人说，这次综合平衡不够。我看，现在是没有综合平衡，因为工作还未做完。

有人说，这次搞的第三个五年计划方案与第四个五年衔接不够。我看，现在衔接不够没有关系，只要以后搞好，就不算缺点。

有人说，这次西瓜切得不好。我说，这次是试切，切不好能暴露矛盾，以便今后切好、切整齐。今天是真计算、假安排，以后还会变动。现在，如果能够提出问题，提出缺口，而且确实提得准，应该算做成绩，只怕看不准、提不对。

计划安排中的根本问题是第三线的问题，是战争问题。

我们这个第三个五年计划初步设想叫做内部未定草稿，不列分大区、分省市的投资数，拿出来同大区、各省市交换意见，十月中复会时再来个大反复。各部的本子，我主张也印发一下，有关各部之间互相印发，但不发给地方。

今后工作部署，长期计划工作，由计委拿总、组织。同志们回去后，听各部传达，搜集材料，组织班子，于六月二十日、二十一日出去调查研究，下去搞三个半月，于十月半复工。下去时，重点是摸地区布局及条件（如电力、铁路、人口、农业）。我们要有始有终，搞出一个长期计划草案，提交明年的人民代表大会和党代表大会通过。

150－12－26

国家计委将富春同志传达中央书记处的决定告志文等六位同志

1964年8月20日

志文、光伟、英杰、慕韩、俊扬、日运同志：

现将富春同志传达中央书记处十七日的决定简告如下：

（一）首先集中力量建设第三线。铁路所需人力、财力、物力都要保证。为争取时间，可以多开辟工作面。

（二）从现在起，机械工业内部要加强专业协作，要增产工程机械。工程机械不足，要适当进口一些。

（三）有计划、有步骤地在不妨碍生产的条件下调整第一线，加强第三线。（1）可以“一分为二”的要“一分为二”；（2）一线项目能搬的要搬；（3）续建项目凡明后年不能收效的，一律缩小规模、收尾；（4）新建项目都摆在第三线或第二线，现在就要勘测设计，不要耽误时间；（5）大型水库一律不上马；（6）新建仓库要放在二、三线；（7）新建大专学校、科研机构一律不得放在第一线。

第一线项目的调整，一九六五年要进行的，要求各部于八月底报送计划；属于第三个五年的，于九月底报送计划。

所有摆在三线的项目都要落实，要贯彻分散、靠山、隐蔽的方针。对于各部门各地区增加投资的要求一律要顶住，理由是要集中力量建设第三线。

一、二线的企业，要有重点、有计划地搞技术改革。

150－12－7

国家计委关于编制长期计划的程序问题

1964年12月7日

中央指示我们，现在就应着手长期计划的

编制工作。

长期计划考虑包括第三个五年计划和十五年设想。第三个五年计划要具体些，但仍是纲领式的（可附表），十五年设想主要是战略布局和总的奋斗目标（包括工农业生产的主要指标和四个现代化可能达到什么程度）。

我们准备在今冬明春广泛征求地方和中央各有关部门的意见。准备在一九六五年一、二月份先搞一些反映专题研究的长期计划简报，向两位主席和政治局、书记处同志下些毛毛雨，目的是简要地提出问题、说明问题、暴露矛盾，使中央同志了解情况，使我们及时得到指示，以便于进一步做工作，这是第一阶段。第二阶段准备用三、四月份两个月的时间，以计委为主，协同各办、各大区进行综合平衡工作，拟定计划纲要。五、六月份提交中央讨论。

简报的内容和报送的程序，先反映综合性的问题，提出总的轮廓，根据总的轮廓安排，再搞一些重要的专业性的问题。这些简报由计委、经委、各办或各部分工搞。搞出来后，经过讨论，经过同地方商量，均由计委或有关部、委联名送中央。

现在想到的题目，主要有：

（一）财政收入、支出的分配和基本建设的规模问题。从第三个五年工农业生产的增长趋势来看，第三个五年的国民收入和财政收入有多少？财政支出如何分配？基本建设总规模可以搞到多大？这是第一个概念，目的是要回答有多少钱、能办多少事的问题。

今年春天搞第三个五年计划的初步设想时，按照农业增长速度百分之五左右、工业增长速度百分之十左右估算，第三个五年合计的国民收入为七千四百四十亿元左右，财政收入为二千八百亿元左右，占国民收入的百分之三十七左右（第一个五年为百分之三十二点四；三年大发展时期为百分之四十六点一，一九六一年至一九六三年调整时期为百分之三十四点五，一九六四年按计划约为百分之三十五；最高的一九六〇年为百分之五十二点一，最低的一九六二年为百分之三十二点九）；基本建设投资约为一千亿元左右，占财政支出的百分之三十五点七（第一个五年为百分之三十六；三年大发展时期为百分之四十八点二，最高的一年是一九五八年，为百分之五十二点四；一九六一年至一九六三年调整时期为百分之二十四，最低的一年是一九六二年，为百分之十八点五），这些比例是否恰当？当时设想的生产速度、财政收入和建设规模是留余地的，特别是工业增长速度只规定百分之十左右。现在看来，经过社会主义教育运动，人的积极因素可以进一步发挥出来，经过技术革命运动和技术改造，劳动生产率可以进一步提高，因此工农业生产的增长速度有可能比原来设想的要快一些，财政收入也可能比原来设想的多一些（工农业生产的增长速度如果比原来的设想提高百分之一，五年合计的财政收入大约可以增加八十亿元左右）。总之，不论人力、物力和财力，都还有很大的潜力，对此，应再加研究，分析论证。

联系十五年规划设想一下第四、第五两个五年计划的生产速度、财政收入和基本建设投资可以达到多少？

这个简报由计委负责，财政收支由财政部提出方案，交计委综合。

（二）基本建设投资的分配问题。从今春向中央汇报了第三个五年计划的初步设想以后，到现在，已经确定要增加的有：

1. 加快以攀枝花、酒钢和重庆为中心的三线建设，约需增加投资三十八亿元，其中，攀枝花（包括钢、煤、电和化肥联合厂）总投资二十一亿元，第三个五年约需十四亿元；酒钢总投资十八亿元，第三个五年的原方案只列了矿山三千万元，现在约需十一亿元（包括自备电站和镜铁山支线）；以重庆为中心的冶金工业，总投资二十一亿元，今春安排的方案中，已列入亿元，约需增加十三亿元（主要是新增的昆钢、贵钢和加快进度或扩大规模的重钢、重二、长城钢厂、红古城铝镁加工厂等）。这里，还没有计算长阳基地的建设。

2. 增加五条铁路干线，约需增加投资四十二亿元。其中，成昆线十四点四亿元，北京—原平线五点四亿元，青藏线由西宁修到柯柯盐池一点八亿元，平顶山—宜都两亿元，川汉线十八点四亿元。

3. 一、二线省、市、自治区的后方建设，从各地方的要求来看，十五亿元可能不够，我们估计约需投资三十亿元。

仅这三项，约需增加投资一百一十亿元左右，加上军工、机械、有色、化工、建材和配合酒钢、重庆的煤、电、公路等投资，可能需要增加将近两百亿元。原来设想的一千亿元中（还没有扣除基本折旧），安排农业两百亿元，工业四百八十亿元，交通一百二十亿元（其中铁路七十亿元），国防九十至九十五亿元，财贸、文教和其他一百零五亿元。因此，现在的安排同原来的设想相差很大，由此可以看到，原来的设想对三线建设和战略部署注意得是很不够的，编制一九六五年计划时已经作了改变。三线的基础工业和交通建设的投资肯定要加，因为这是战略问题，用于农业、财贸、文教、城市等方面的投资就要减少。这个问题涉及如何正确处理农轻重的关系、两个拳头和一个屁股的关系，以及一线、二线、三线的关系，是一个很大的矛盾，要进一步研究、分析和论证。同时，如何在国家确定的投资范围内，多快好省地完成建设任务，也要认真加以研究。解决矛盾的出路是：基本建设投资不能再按老框框、老定额计算，应当把设计革命、技术革命的因素和勤俭建国的方针体现到计划中去。农业主要靠大寨精神，工业主要靠大庆精神。积压的设备和材料要认真清理，充分利用。事业费和行政费也都要精简，等。

这个问题的研究和简报由计委负责。

（三）三线战略后方的建设问题，主要是包括云、贵、川、湘西、鄂西在内的西南区，包括陕、甘、宁、青和豫西在内的西北区和湘、鄂、赣、粤、桂边区（这是中南和华东的后方），达三个战略区的建设规模、建设重点和建设步骤问题。

这个简报以计委为主，吸收有关部门和大区计委共同搞。

（四）一、二线各省、市、自治区及各大区的后方建设问题，主要是以地方军工为中心的战备工作如何安排。这个问题，有不同的看法、不同的安排，综合起来问题还相当多。

这个问题和简报，以总参和国防工办为主，国家计委和大区计委参加，共同研究。

（五）现有企业（主要是一线地区的老企业）的技术改造、设备更新、综合利用和迁厂问题。五年的基本折旧大约有一百五十亿元左右，将用于这四个方面，如何分别轻重缓急，有重点、有步骤地进行老企业的设备更新、技术改造、综合利用和迁厂工作，均由经委负责，提出方案，经过讨论后，写成简报。

（六）技术革命和各行业的技术政策问题。在第三个五年计划期间，应当注意发展哪些新技术，各行、各业在建设三线的新企业时，应当采用哪些新技术，如何同一线老企业的技术改造相结合，同综合利用、专业化与协作等相结合。应当进口哪些新技术设备；自己如何集中力量研究、试制和推广新的技术成果；机械工业部门如何有计划地进行仿制和自己设计、制造新的设备。这个问题的研究和简报由经委负责，科委、计委和有关部门参加。今后发展新技术的工作，以经委为主，结合生产，提出任务，经共同研究后，纳入计划经中央批准后，由经委负责实行。

关于老企业的改造、资源的综合利用、新技术的采用和迁厂工作，以及托拉斯的组织和工交企业的经营管理工作，均由经委负责。国防工业的迁厂和协作的安排由国防工办和经委共同负责。

（七）发展农业问题。主要是研究粮食、棉花、油料、糖料等增产问题，如何贯彻执行大寨精神问题，商品粮的平衡问题，以及工业如何支援农业的问题。农业的发展必须走大寨的道路，国家的支援主要是搞化肥、农药、农业机械和某些大型水利工程。化肥要大中小结合。拖拉机要集中力量一片一片地搞，不能分散使用。电灌、机灌和农产品加工机械要因地制宜。大型水利工程要分别处理。这个问题，由计委和农办共同负责研究，并吸收有关各部参加，提出初步意见。正式计划，要以地方为主，自下而上的编制。

（八）轻工业和市场问题。除了根据农业原料的增长，有计划地发展以农产品为原料的轻、纺工业，发展合成纤维工业和以其他合成材料为原料的轻、纺工业外，要优先发展那些能够积累资金的轻、纺工业。要研究轻、纺工业如何更好地为农村市场服务。在发展农业和轻工业的基础上，吃穿用的问题第三个五年可以解决到什么程度。由计委和财办共同负责，并吸收有关各部参加。

（九）国防工业的建设和各方面协作，以及和战结合问题。由国防工办负责，计委、经委和有协作关系的部参加。

（十）冶金工业的建设问题。主要是攀枝花、酒泉、长阳、武钢、包钢、太钢这些大型钢铁基地的建设规划问题和有色金属工业的建设规划问题，包括建设进度的安排、品种的分布、新技术的采用以及综合利用资源等问题，由冶金部根据总规模负责提出方案，计、经委共同讨论，写成简报。

（十一）煤、电、油和建筑材料的规划问题。主要是煤、电建设和后方建设的配合、衔接问题，石油工业新基地的勘探和建设问题，建筑材料和建设规模的平衡问题，以及煤炭、石油等资源的综合利用问题，由这四个主管部根据总的安排，负责提出方案，计委综合，同经委共同讨论，写成简报。

（十二）铁路、公路、航运、邮电的建设问题。主要是研究铁路建设的布局、进度、先后次序、如何摆法；铁路需要增加多少机车车辆；采用什么牵引动力，柴油机车的制造和柴油的平衡，电气机车可能和必要搞哪几段？公路主要是研究战略公路的布局和进度。铁路、公路、航运和邮电的建设，都要研究要多少投资、设备，怎样做到投资少、工程快，以及如何逐步实行工程机械化。由铁道部、交通部和邮电部分别负责提出方案，计委综合研究，同经委讨论后，写成简报。

（十三）机械工业的规划，要以三线建设和国防建设为重点，进行全面安排。要在充分发挥现有企业（包括中央企业和地方企业）潜力的基础上，加强短线产品的生产能力，加强成套设备的制造能力。要围绕三线建设合理配置机械工业的生产能力。要充分利用一、二线的制造能力支援三线建设。由一机部、农机部负责提出方案，计委综合研究，同经委讨论后，写成简报。

（十四）外贸和援外问题。外贸方面，主要研究发展什么出口商品的问题，提高出口商品的质量问题，减少外贸亏损问题，合理分配外汇的问题，争取新技术进口、支援国内建设的问题；援外方面，主要研究援外的需要与可能问题，以及提高援外项目的技术水平问题，由财办负责，计委、外办、外贸部、对外经委参加，共同研究后，由财办写成简报。

（十五）两种劳动制度、两种教育制度的试行和推广，包括劳动、工资、奖励制度的改革，劳动力的规划，教育事业的规划，由计委负责会同文办、经委、劳动部、教育部和高教部共同研究。

（十六）国家储备问题。储什么，储多少，储在哪里，由计委负责，物资、粮食等部参加，共同研究，写成简报。

（十七）财政体制和计划体制。主要是地方的基本建设投资和经建事业费由条条下达改为地方统一安排后，有什么新的问题，在长期计划中如何进一步解决各地方和各部门适当的机动权力问题（包括地方的机动财力、基本建设的机动投资、折旧基金和四项费用的分配办法和管理办法）、如何简化资金的分配渠道问题，由财办负责，财政部和计委参加，共同研究，并写出简报。

上述这些题目，是简报的主要内容，也是编制长期计划时要进一步研究、落实的问题。

这些问题的研究，必须体会主席的思想，

体现战略布局、农轻重的方针、积累和消费的关系、自力更生和勤俭建国的方针以及技术革命等，这些问题摆好了，就可以体现总路线，做到多快好省，也可以看出四个现代化的奋斗目标和进度了。

每个地区、每个项目的布局，必须注意：

1. 技术工艺和设备要先进，非生产性建设要因陋就简，尽可能做到村庄式而不是城市式，做到少花钱、多办事。

2. 注意各方面协作条件。首先是电力、燃料、运输、原材料，不要搞“无米之炊”。分散、隐蔽、靠山必须与各方面协作条件结合。

3. 要分别轻重缓急，根据协作的可能来安排基本建设和生产进度，不要一拥而上，不能盲目地搞，一定要集中力量打歼灭战，建成一个算一个，建成一批算一批。

4. 在总结经验的基础上，进行计划工作和经济工作的革命。必须以阶级斗争为纲，在计划工作和经济工作的各个方面开展两种思想和两条道路的斗争。总结经验和计划、经济工作的革命，要在这次编制长期计划和出简报中体现出来。大家都要实事求是，讲老实话，不弄虚作假，不铺张浪费。余地要留在明处，国家和各部门、中央及各地方只能一本账，不能层层留余地、处处留余地。留的余地要向中央讲老实话。

5. 长期计划的编制和建设项目的研究，要同领导干部的蹲点和调查研究相结合，使计划尽可能符合于实际情况。

简报要写得简单扼要，眉目清楚，逻辑性强，能够摆出矛盾，这样，研究问题也就有了根据。

长期计划是纲领式的，数字不一定很多，但必须有一批骨干的项目，这批项目一定要看得准些，确定以后，就不要轻易变动。有了这批项目，就可以开始设计、制造设备，必要的可进口，就可以避免不少的浪费，年度计划也就可以主动，而且也比较容易搞了。

150－12－75

安志文副主任对编制长期计划工作安排的意见

1964年12月16日

十二月十六日晚，安志文副主任邀集十三个工业交通部门的负责同志开会，谈了关于编制长期计划工作安排的意见。

安志文副主任说，根据小平同志指示，计委写了一个编制长期计划的程序，已发各部门。编制长期计划工作，拟分三个阶段进行：第一阶段，明年一、二月份先搞一些反映专题研究的长期计划简报；第二阶段，明年三、四月份，由国家计委写出一个长期计划纲要；第三阶段，明年五、六月份，提交中央讨论。

专题简报怎样写法？富春同志、先念同志、一波同志指示，可分以下几类问题：

第一，总的设想，包括目标、进度、财政收入和基本建设规模（一九六五年一月十五日搞出）。

第二，基本建设投资分配和存在的问题（一九六五年一月二十日搞出）。

第三，技术革命、技术革新、技术方向和设备更新的问题。

第四，劳动工资问题。

我们设想，这项工作要由粗到细，先搞轮廓。要求各单位在月底前把基本建设部分的初步设想搞出来。具体内容主要是两部分：第一部分是第三个五年的生产目标，主要基建项目，需要多少投资，三线建设怎样安排，一、二线后方建设搞什么。第二部分是十五年设想，各部门要解决什么问题，达到什么目标，有些部门（如铁道、冶金等部门）还要提出主要建设项目，技术上采取什么措施。

富春同志指示，要和大家商量一下，请各部党组议一下，按时提出设想。富春同志、一波同志还说，请各部门组织一个队伍（十来人），专门搞长期计划工作，可以在部里自己搞，也可以由国家计委组织起来搞。

与会同志表示，要积极搞，争取按时搞出来。

150－12－13

五、国民经济的继续调整及运行

（一）经济调整的方案及措施

国家统计局党组关于贯彻执行中央和国务院加强统计工作决定的情况的报告

1963 年 1 月 16 日

中央、国务院：

自去年 4 月中央和国务院发出《关于加强统计工作的决定》以来，已经 9 个多月了。国家统计局去年 5 月在北京召开了全国统计会议，各地区、各部门也相继召开会议进行传达，并发了一些补充指示或决定。各级党委、人委，各级业务部门和各级统计部门都很拥护这一决定，并积极贯彻执行。

大家认为，这个决定总结了多年来我国统计工作的基本经验，为统计工作指出了明确方向，它给广大统计人员以极大的鼓舞和支持。统计工作开始出现了新气象：统计队伍的精神面貌正在发生变化，许多统计人员的事业心和责任感正在加强；统计人员中敢于如实反映情况的开始增加；统计数字的质量开始有所提高；有些地区和部门的统计机构和领导骨干有所充实，专（市）、县级单设统计机构的约占 70%。

但是，目前一些主要统计资料的准确性和及时性还没有显著改进。主要表现在：

第一，瞒报农产量的情况相当普遍，去年全国粮食产量平均瞒产在 5% 以上，有些地区竟达 17%。隐瞒物资库存，瞒报职工人数的现象也不少。福建省林业厅瞒报 1962 年木材产量 17 万立方米；三机部二九六厂隐瞒稀缺金属 75 吨；湖南省各部门仅去年 9、10 两个月将全民所有制的职工谎报转为集体所有制的人数即有 5 万人 。

第二，篡改统计数字、干预直接上报统计资料的现象仍在继续发生。安徽蒙城县各公社上报粮食产量 3 783 万斤，被县委改为3 115万斤，减掉 21%。河南孟津县委把各公社上报的粮食产量砍去 17%，当省专统计局派人检查时，县委第一书记却蛮横追究县统计科“这是谁告的状?”

第三，全国各项统计月报不仅不够准确，报送也不及时。以往在月后 7、8 日各省市即可报齐，目前则在月后 13、14 日甚至 20 日才能报齐。

所以存在的这些问题，原因很多。除我们主观努力不够，还有以下几个主要原因：

第一，有些单位没有认真执行中央和国务院关于统计数字由统计负责人负责并直接上报的决定和全国统一规定的统计制度。有些单位个别领导同志硬要统计人员按他的意愿填报或篡改统计数字。因此，不少统计人员不敢对统计数字负责，不敢直接上报统计资料。他们说：“宁愿受上级统计部门的通报批评，也不愿受当地党委的处分。”加以部分统计人员对统计数字缺乏调查研究，胸中无数，也在一定程度上有影响。

第二，统计力量未能得到应有的补充和加强。到目前为止，国家统计系统的实有人数仅 15 900 人，比国务院下达的编制，即去年初实有人数 20 547 人，尚少 4 600 人，近 1/4。县级统计部门人数差的最多，近40%。目前全国尚有10个省、市、自治区未按国务院下达的编制如数解决统计部门编制，有些地区，省一级确定了编制方案，到专、县又层层加以扣减，致使统计力量不仅没有加强，反而继续削弱。统计人员随便被调动的现象，仍很严重。

不少业务部门还未按照中央和国务院的决定，加强各级统计机构，基层企业、事业单位的统计力量还没有得到应有的充实。据哈尔滨市对114个工厂的调查，统计力量加强的只有17%，没有加强甚至继续削弱的却有83%。公社统计人员一般由秘书兼任，但他们兼职过多，很难保证按时填报统计报表和核实统计数字。

第三，目前仍有相当一部分统计人员不安心工作，影响统计工作质量。河南信阳专区有70%的统计人员不愿做统计工作。有些调离的老统计员，也不愿归队。他们说："干统计工作费力不讨好!"统计人员普遍反映："统计员的工资待遇比较低，同样条件的干部，做会计或计划的工资待遇都较高。"

为了迅速扭转上述情况，进一步贯彻执行中央和国务院的决定，并在统计工作中贯彻执行八届十中全会的精神，我们提出以下三点意见：

第一，坚决把农业和支援农业的调查统计工作放在首要地位，大力克服农业统计数字和其他重要统计数字严重不实的情况，切实抓好国民经济进行调整、巩固、充实、提高工作情况的调查统计工作，努力做好综合平衡研究工作。

为了更好地扭转假报统计数字，提高统计数字质量，我们建议各省、市、区党委，教育专、县、公社和各部门、各单位的领导干部，树立全局观点，严格要求各级干部实行党政干部三大纪律的第三条"如实反映情况"，严格执行中央和国务院的决定和国家的统计制度。对故意篡改统计数字的领导干部，应当予以批评；强调上报的统计数字只能是"一是一，二是二"，这与计划安排上的留有余地是根本不同的两回事，那种借口"留有余地"而虚报、瞒报统计数字是违反纪律的，应该坚决纠正。对于那些严重弄虚作假的人员要酌情给予纪律处分。

第二，坚决贯彻执行中央和国务院关于由统计系统统一管理编制、干部、经费的规定。中央这一规定，可以更好地从组织上保证统计业务上的垂直领导，可以保障统计人员敢于如实反映情况，也有利于统计队伍的稳定和统计人员的专业化。现在有些省已先将编制划出交给统计部门自行管理。我们已分别与组织部、财政部商定了干部和经费管理的办法。关于编制管理问题，我们要求国务院将1962年7月批准下达的统计系统编制从各地行政编制中划出来，由国家统计系统垂直管理，以便按照中央的决定，早日把统计系统的编制、干部、经费全部统一管起来。

第三，各地应根据国务院下达的编制，迅速补足必要的统计力量。县级统计部门工作很繁重，今后农业基层调查统计工作主要由县一级做好，应当着重加强，未单设统计机构的要早日单设。县级统计部门应对公社统计员加强业务领导，帮助他们努力搞准统计数字，及时上报。中央和国务院的决定中规定，公社设专职或兼职统计员，但鉴于当前国家财政经济情况还未完全好转，在最近一两年内，除现有专职统计员外，是否增设专职统计员，由各地酌情自定；待以后有条件时，再统一研究解决。县辖区和公社统计人员的编制和补贴问题，目前全国暂不统一规定，请各地根据中央和国务院的决定自行解决。

各级业务部门也应根据中央和国务院的决定，全面检查本部门和所属企业、事业单位的统计工作，督促那些统计工作薄弱单位迅速建立和健全统计机构，加强统计力量，充实领导骨干；进一步加强对统计工作的领导，严格执行国家统计制度，如实反映情况。

对于那些不安心工作的统计人员，必须加强思想教育，同时要适当解决他们的实际困难。说服那些老统计人员归队。为了保障统计人员专业化，充分调动他们的积极性，我们将拟定统计人员技术职称和级别待遇的办法，报请国务院批准试行。

以上报告，如无不妥，请批转各地区、各部门研究执行。

157－2－106

国务院批转国家经委、国务院财贸办公室关于调整工商关系，加强工商协作问题的报告

1963 年 2 月

各省、市、自治区人民委员会，国务院财经各部门：

兹将国家经济委员会、国务院财贸办公室《关于调整工商关系，加强工商协作问题的报告》，转发给你们，请参阅。

这个报告中所提出的各种办法，可以试行。由于工商关系涉及的方面比较广，问题比较复杂，有些问题还缺乏成熟的经验。比如，关于某些工业产品实行工业内部调拨问题和国营工业企业政策性的亏损补贴给哪个环节问题，必须进行调查研究，经过试点，认真总结经验，实事求是地、妥善地加以解决。

各地区、各有关部门在试行中，应该将试行的情况、问题和意见同国家经济委员会、国务院财贸办公室密切联系，及时研究。

附：国家经委、国务院财贸办公室关于调整工商关系，加强工商协作问题的报告

国务院：

近两年来，由于认真贯彻执行了中央关于“调整、巩固、充实、提高”的方针，认真贯彻执行了“国营工业七十条”、“手工业三十五条”、“商业四十条”，工业部门和商业部门的工作都有了比较显著的改进，工商协作关系也在不断改善，但是在最近一个时期，工商之间的工作矛盾，又表现得比过去突出了一些。这些问题如果不及时加以解决，对于进一步发展生产，改善市场供应，特别是对支援农业生产也会产生不利的影响。

各个经济部门之间，积极地、主动地、密切地进行协作，这是体现社会主义生产关系优越性的一个重要方面。为了保证国家计划的顺利执行和国民经济的顺利发展，工商双方必须坚持政治挂帅，加强全面观点，从有利于生产、有利于统一安排市场和有利于改善企业经营管理出发，必须根据互相支援、互相监督、互相促进和协商办事的原则，分清责任，尽快地合理调整工商关系，加强工商协作。

为了进一步加强工商协作，最近我们召集轻工业部、纺织工业部、全国手工业合作总社、商业部、全国供销合作总社、粮食部、外贸部、财政部、人民银行总行、全国物价委员会、中央工商行政管理局、铁道部、交通部等部门的负责同志开会，研究了目前工商关系中存在的一些问题，并对加强轻工业国内贸易之间相互协作的若干问题提出如下意见：

第一，加强工商之间的供产销计划的衔接。

（1）工商之间的供产销计划，应该在国家统一计划的基础上衔接一致。工业部门和商业部门，应该按照国家计划的规定，按年、按季共同安排原料、材料（包括包装材料，下同）供应计划和工业品分品种、规格的生产计划以及工业品收购计划，逐级安排落实到基层单位，严格按照计划执行，任何一方都无权单独修改计划；如果计划必须调整时，应该由原来制订计划的工商双方协商，共同修改，并报计划部门批准或备案。

（2）工业部门在制订工业品生产计划的时候，应该根据商业部门提出的各种商品品种、规格、数量、质量的要求安排生产，尽可能地满足市场的需要。商业部门在编制原料、材料供应计划的时候，应该根据工业部门提出的原料材料品种、规格、数量、质量的要求，

安排调拨和供应，尽可能地满足工业生产的需要。

（3）为了使供产销计划更好地衔接起来，各级工商主管部门，应该通过各级供产销平衡会议，共同安排原料材料供应、工业品生产和工业品收购等工作。各级的供产销平衡会议，在各级政府的领导下，一般应该以工业部门为主，会同国营商业部门和供销合作社共同召开。这种平衡会议，可以采取部门之间的计划会议形式，也可以采取专业会议的形式。不论采取那种形式，一定要以国家计划为基础，在各级政府领导下，由工商双方共同安排，把计划衔接好，做到供产销紧密结合。

（4）工商企业之间的原料、材料供应和工业品收购，一般都要及时地订立经济合同（如产销合同、原料材料供应合同等）；因某种原因一时难以签订合同的，也要订立协议书。在签订合同的时候，必须严肃认真，一般要经过主管部门批准或备案并由有关部门签证。合同一经签订，双方都必须严格履行，不准单方面废除或修改。任何一方违反合同，都要负经济上的责任。如果因特殊原因，必须修改或废除合同时，应该通过协商，取得双方同意，有的并需报请双方主管部门批准后，才能进行修改或废除。

为了及时和有效地解决工商之间执行合同中的争议和纠纷，建议各省、市、自治区和专区（市）两级人民委员会，指定主管的副省长、副市长或副专员负责吸收工业部门、商业部门、物价部门、工商行政管理部门和其他有关部门的负责同志参加，组成仲裁委员会，经常负责处理工商之间的争议和制定、执行合同中的纠纷。

（5）工业部门和商业部门的工业品分级管理目录和原料、材料分级管理目录，应该紧密衔接。工商双方要按照这些目录，分级负责安排好原料、材料供应计划和工业品生产计划及工业品收购计划。目前工业部门管理的产品比商业部门管理的品种少，商业部门管理的原料、材料比工业部门需要的品种少，对于某些必须统一安排的产品和所需的原料、材料，应该通过协商，逐步衔接一致。

第二，改进原料、材料的供应工作。

（1）凡是商业部门负责供应的原料、材料，国营商业和供销合作社应该按照原料、材料分级管理目录的规定，逐级负责安排供应。属于统购派购的农副产品原料和由中央调拨的第三类农副产品原料，以及通过商业部门安排供应的统配、部管的工矿产品原料，由中央的国营商业部门和供销合作总社会同中央有关的工业部门根据国家批准的生产计划共同安排调拨供应计划，组织好供应。属于省、市、自治区管的农副产品原料，由省、市、自治区的国营商业部门和供销合作社会同省级有关的工业部门共同安排调拨供应计划，组织好供应。有些省管的农副产品原料，同外省有传统的供应关系，或者需要建立新的供应关系，中央商业部门对这些原料应该在集中产区安排一定的调拨任务，供应其他省工业生产的需要。属于通过市场供应的五金、交电、化工等零星材料和器材，由各级商业部门组织所属基层批发单位和商店做好供应工作。

凡是不属于中央和省、市、自治区直接管理的原料、材料，商业部门要根据工业部门的需要，采取物资交流、地区协作、组织代购等办法，努力保证供应；国营工业和手工业部门也可以同原料产地建立联系，通过产地的基层商业单位（主要是基层供销合作社）进行采购。商业部门要积极加以协助，尽可能地给予方便。国营工业企业和手工业企业到外省、外县采购原料、材料的时候，应该在县级以上的工业主管部门的统一领导下，有组织地进行；并且要服从市场管理和国家的政策，在原料产地的商业部门统一安排下进行收购。商业部门应该协助工业部门从多方面沟通原料、材料供应渠道，扩大原料、材料来源。

（2）在服从国家计划和市场管理的前提下，手工业部门可以用一部分自产自销的产品向原料产地换购一部分自用的原料、材料。国营工业，一般不得以产品向集体生产单位或个人换购原料和材料。如有特殊需要，必须经过省、市、自治区人民委员会批准。

（3）有一些农副产品原料，应该依靠人民公社、生产队，建立农副产品原料的生产基地（如鲜奶、酒花、水果、拉毛刺果、杂木、杂竹、柳条等生产基地），商业部门对工业原料生产基地要积极加以扶植，其中列入农产品换购范围的，商业部门应该统一安排，并按照国家有关规定给予奖售物资。这种原料基地生产的产品，在统一平衡分配的条件下，尽先拨给工业使用，经过工商双方协商，有的还可以由工业部门直接收购。工业自办农场生产的农副产品原料，原则上全部由工业部门直接收购自行使用，如有多余，或者不适合生产需要，商业部门可以帮助推销。对于工业办的农场所需要的生产资料和劳动保护用品，商业部门要负责予以安排和供应。

（4）商业部门要加强原料、材料的初制加工和挑选、整理工作，严格分等分级的制度，提高原料、材料的质量。在交货方法上，凡是适宜于送货到厂的，要尽可能地送货到厂；不能送货到厂的，也要送货到工商双方商定的交通沿线集中点，一般不要采取由工业企业直接到人民公社、生产队取货的办法。

第三，改进工业品、手工业品的收购和销售工作。

（1）适当调整商业部门对工业品包销、选购和工业部门自销的范围。对于国营工业的产品，应该按照商品分级管理目录来划分。凡是列入中央和省、市、自治区商业部门商品管理目录的商品，不论是国家统一分配的原料生产的，还是工厂自筹原料生产的，都应该由商业部门统一收购；不属于中央和省、市、自治区商业部门商品管理目录的商品，商业部门不实行包销，国营商业和供销合作社可以选购，可以代销，工业部门也可以自销。对于手工业合作社的产品，主要是按照原料、材料的来源来划分。凡是国家供应主要原料和关键性材料生产的产品，原则上由商业部门包销，商业部门认为不适宜包销的可以不包销，由手工业部门自销；凡是由手工业自筹原料或者由国家供应一小部分原料、材料生产的产品，原则上由手工业部门自销，如果国家需要，应该先由商业部门选购。商业部门包销的产品，应该给手工业部门留出少量的自销比例，以便换取必要的原料、材料。

（2）凡是由商业部门收购的产品，工业部门应该按照计划进行生产，商业部门也必须按照计划进行收购。对于市场供应不足的产品，在完成计划以后还有条件增加生产的，工业部门可以超计划生产，商业部门可以超计划收购。对于供求情况比较正常的一般产品，工商双方应该根据市场需要的情况，共同协商议定一个增产的幅度，按照这个幅度进行生产和收购。对于市场销路不多的产品（例如计算机、打字机等），要严格按照计划生产，不得超计划生产。至于哪些产品可以超产，哪些产品可以规定一个超产幅度，哪些产品不能超产，都要由工商双方共同议定，并且列入合同。

（3）工业部门应该积极地研究和试制质量优良、规格合适、价格便宜的新产品。商业部门应该积极帮助工业部门进行新产品的试制。凡属于商业部门包销和选购范围以内的新产品，商业部门应该按照合同规定负责收购，积极试销；凡不属于商业部门包销和选购范围以内的新产品，商业部门应该积极地帮助代为试销，也可以由工业部门自行销售。

（4）国营工业部门自行销售的产品，销售方法原则上不是自设门市部直接向消费者零售，而是由国营工业直接卖给本地各基层商店，或者直接向外地商业部门推销。至于某些少数适宜于由国营工业部门自产自销的零星小产品，也可以自设门市部零售，但是，不得在自由市场上出售。上述原则一般也适用于手工业。某些手工业品（如零星小农具、小家具、小手工艺品等），还可以采取前门设店后院办厂的方式进行自产自销。国营工业部门和手工业部门在进行自产自销的时候，应该服从市场管理，按照国家规定的牌价和商品供应政策出售。

(5) 有些工业产品要有必要的季节性储备，属于商业部门包销的产品，由商业部门负责；属于商业部门选购的，由工商双方协商共同负责；属于工业部门自销的，由工业部门负责。

(6) 商业部门收购的工业产品，应该按照合同规定及时提货，逾期不提，超过的时间要付给工业部门栈租，逾期太长的要按照合同规定罚款。

(7) 商业部门对某些工业企业的加工订货关系（如某些地区纺织工业企业的加工订货关系），经过工商双方协商，应该逐步调整为购销关系。

第四，合理地组织经济联系，减少经营环节。

(1) 对于某些既是成品又是原料的工业产品（例如单织厂、针织厂用的棉纱，印染厂用的坯布、食品和化妆品用的香精、雨伞用的皮纸等），凡是在一个市的范围内的，在计划平衡的原则下，可以实行工厂之间的工业内部调拨，不再经过商业环节转手，由供需双方直接进行结算；凡是省内地区之间的产品调拨，因涉及的面较广，目前还缺乏经验，不宜变动。河北、河南、辽宁、上海，对棉纱、坯布已经实行省内地区之间的工业内部调拨，应该由中央的有关工商部门同地方认真总结经验，待取得经验以后，看情况再确定是否推广。但是，对于少数特定规格的产品（如某些单织厂、针织厂用的特定规格的棉纱，某些塑料厂用的聚氯乙烯薄膜等）和某些手工业企业自产自用的工具（如地毯剪刀等）、半成品（如做篦箕用的篦篾、篦梁等），在计划平衡的原则下，也可以实行全国范围的工业内部调拨，或者定点供应。胶鞋用布、劳保用鞋，以及某些用量大、经常使用、规格特殊的原料材料，应该逐步实行定点供应，供需单位直接挂钩。

某些既是工业原料材料，又是供应市场的物资（例如润滑油、骨胶、明矾、油漆、香精等），可以逐步实行定点供应。

(2) 对于国营工业和手工业部门需要的易腐易烂的原料（如水果、蔬菜、鲜奶、鲜蛋、鲜鱼等）和某些规格、质量要求特殊的原料（如生产乐器用的杂木、杂竹，制毛笔用的羊毛、狼毫，戏剧服装用的雉鸡翎和牦牛尾等），应该在统一平衡分配的条件下，尽可能地做到划片定点，固定供需协作关系。某些国营工业和手工业企业还可以同工矿企业、铁道交通、基本建设等单位直接挂钩，固定边角下料的供需协作关系。

(3) 国家计划以外的产品和原料、材料，应该积极恢复传统的、合理的供销关系，减少不必要的经营环节。积极组织地区之间、城乡之间的物资交流，供需双方直接见面，采购原料，推销产品。在一些大中城市要适当恢复和建立手工业产品的批发市场，通过批发市场，直接向市郊、邻近县或外地的国营商业和供销合作社进行推销。这个批发市场，只在社会主义企业之间的内部进行交易，不对外营业。

(4) 商业部门要合理地组织商品流转，推广直线调拨，避免商品倒流和重复运输，要尽可能地减少商品流转环节，缩短运输里程。交通运输部门应该按照商品流转的需要，组织合理运输，尽可能地减少中转环节，缩短运输期限，提高货运质量，降低运输费用。对于水陆运输合理分工办法，由交通运输部门和商业部门进一步研究确定。

为了做好商品的运输工作，商业部门对交通运输部门所需的物资和职工生活用品，要积极加以安排，做好供应工作。

商业部门经营原料、材料要提取一定的手续费。为了促进商业部门尽量减少不必要的经营环节，手续费的标准要有控制，应该由工商双方共同议定收费标准。不能多一个环节，就加一道费用。但是，减少一个环节，就应该减少一道费用。

第五，加强工商企业的商品作价的管理工作。

（1）工业品的出厂价格，仍应按照“合理经营，中等标准，鼓励先进，推动落后”的原则，由物价部门核定。物价部门在核定工业品出厂价格的时候，对于落后企业生产的产品，现行出厂价格高于一般标准的，应当限期降低生产成本，提高产品质量，降低出厂价格。对于某些新建工业地区的工业品出厂价格，在一定时期内，可以允许稍高于一般地区核定的价格水平，应该承认有些差别，但是应该限期降低生产成本，做到不超过外地产品调进时的地区差价。在限期内发生的亏损，应该按照国务院批转国家经济委员会《关于国营企业计划亏损、财政补贴范围和严格管理各项费用的规定》第二项执行。这些地区的工业部门必须积极地缩小这种差别，以便于有计划地发展地方工业。

（2）原料、材料的调拨价格和工业品、手工业品的出厂价格、商业的销售价格，都必须执行“按质论价、优质优价”的原则。凡是国家规定了质量标准的，以规定的质量标准为准，国家没有规定质量标准的，按照工商双方及有关部门议定的质量标准办理。工商双方发生价格纠纷应该报请物价委员会仲裁，仲裁不了的提请仲裁委员会解决。在仲裁过程中，工商双方仍然应该执行原定价格。

（3）根据稳定市场、稳定人民生活的原则，对于工业品和原料、材料的价格，仍应贯彻执行“大部不动，小部调整”的方针。对于目前需要进行调整的某些商品，应该由工业部门和商业部门分别提出调整方案，按照物价分级管理的权限，报请各级物价委员会审核批准以后，才进行调整；未经物价委员会批准，工商双方都不得自行调整工业产品和原料、材料的价格。目前，自行调整了价格的，应该恢复原来规定的价格，不能恢复原来价格的，应该报请物价部门重新审定。物价部门在调整某项物价的时候，对于直接相关的物资价格，应该同时安排。例如，调整某些产品的原料、材料收购价格的时候，对这项原料、材料的供应价格、产品的出厂价格、商品的批发价格和零售价格都应作相应的调整。

（4）财政部门应该会同计划部门、物价部门、工业部门和商业部门，进一步加强工业产品成本及商品流通费用的管理。

（5）新产品的出厂价格，应该由工商双方协商议价，中央企业由主管部审批，地方企业由省、市、自治区主管厅局审批，并报同级物价委员会备案，有争执的由物价委员会审批。属于审批的，在未批准前，可以按照近似或类似产品的出厂价格临时作价付款。正式批准后多退少补。

第六，合理调整工商之间的利润分配。

（1）工商之间的利润分配，一般地仍应执行“工大于商”的原则。利润的计算应该从生产环节算到商业批发销售环节。对于国家需要控制生产、限制消费而利润又较大的某些产品（如高价商品），其利润分配，也可以“商大于工”，或者采取专款上缴的办法。对于工商双方一方有利、一方赔钱的产品，需要调整时，应该通过调整出厂价格的办法适当调整。合理调整后，应该稳定一个时期，不要经常调整。属于经营管理不善而造成的亏损，不得调整出厂价格。

（2）为了合理分配工商之间的利润，必须严格成本的计算。工商双方在计算成本的时候，必须按照国家规定的成本项目进行计算，凡是不应该列入成本项目的费用开支，一律不得计入成本。工业产品的成本，应该按单一产品进行计算，有些产品不能分开计算的，也可以合并计算。工商双方的成本和费用的分摊方法，都应该互相公开。

第七，正确处理工商企业的亏损补贴。

（1）为了加强经济核算，使工商企业为国家积累更多的建设资金，为市场提供更多更好更便宜的商品，工商企业都必须切切实实地改善经营管理，大力扭转由于经营管理不善而造成的企业亏损。没有亏损的企业，也应该进一步改善经营管理，增加盈利。

（2）国家财政对于国营企业的补贴，应该按照国务院批转国家经济委员会《关于国营企业计划亏损、财政补贴范围和严格管理各项费用的规定》执行。

（3）对于国营工业的产品，在出厂价以外的亏损，目前由商业部门给予补贴的，应该坚决停止下来。国营商业收购工业品时，应该按照国家规定的价格收购。

某些集体所有制手工业产品的“政策性的亏损”，由于不便由财政补贴，经省、市、自治区人民委员会批准，可以继续由商业部门给予必要的补贴。

（4）对于国营工业企业政策性的亏损补贴，根据有利于发展生产、有利于改善经营管理的原则，选择牵动面小、手续简单、算账方便、接受补贴的单位比较集中的环节进行补贴。有些产品可以补贴给原料、材料供应部门，有些产品可以补贴给生产部门或者商品销售部门。鉴于这个问题比较复杂，涉及面比较广，应该由财政部门为主，会同物价、工业、商业等有关部门，共同调查研究，拟出具体实施方案和步骤，布置执行。按单一产品计算补贴、还是以企业为单位计算补贴，也应该一并通过调查研究解决。

第八，加强商品检验、商品包装和商标管理。

（1）工业品和原料、材料都应该有一定的规格、质量标准，没有规格、质量标准的，要逐级负责制定。在制定标准时，工商双方应该相互征求意见。工业品的检验责任，主要由工业部门负责；原料、材料的检验责任，主要由商业部门负责。不论工业产品或者原料、材料，不经检验，不得交接，严重损害消费者利益的工业产品和不能使用的原料、材料，任何一方都可以拒绝接收。

（2）为了严格原料、材料的检验制度，对于棉花的检验，应该恢复产地检验与销地复验相结合的制度。复验工作由商品检验机构负责，在没有商品检验机构的地区，可以由工商双方共同复验，按照复验结果进行结算，升降级差价均由商业部门负责。各地也可以根据严格执行检验制度和减少检验环节的原则，自行规定具体检验办法。

（3）积极地改善商品的包装。凡是需要包装的工业产品，都必须妥善进行包装。各种工业品都应该有包装标准，现在还没有规定标准的一些产品应该逐步制定标准。由于目前包装材料不足，在保证产品不受损失的前提下，某些产品可以由工、商、运输部门共同协商，暂时简化包装，但是，对于某些易损易碎的产品必须严格按照标准进行包装，不合标准的一律不得出厂。已经降低标准的，要恢复到原来的标准。为了保证产品的包装，在安排工业产品生产的时候，物资部门应该同时安排好包装材料的供应。生产计划和包装材料供应计划，必须衔接。某些易损易碎产品，经过安排，包装材料如果仍有不足的时候，为了减少损失，宁肯少生产一些，也要把包装搞好。工业品的包装费用，应该包括在产品的出厂价格之内，不得在出厂价格以外另加包装费用。但是，新增加的包装要求或提高原来正式规定的包装标准的，应该相应地提高出厂价格。低于原来规定标准的，也应该相应地调低出厂价格。商业部门要加强包装器材的回收工作，凡是应该回收又能够回收的，都要积极回收。为了鼓励包装器材的回收，还可以规定一些奖励制度。但是，除了麻袋、油桶以外，一般都不得收取包装押金。对于工业原料、材料的包装问题，也可以参照上述原则解决。

（4）商标是商品质量的标志，企业使用商标必须向工商行政管理部门注册，商标未经批准，不得使用。目前有些工业品商标牌号过多，工业部门应认真清理整顿，工商行政管理部门应严格注册批准制度，并且定期检查注册情况，通过对商标的管理，依靠人民群众，来监督产品的质量。

第九，调整商办工业企业的领导关系。

关于商业经营的工业企业，原则上限于农副产品的初制加工、某些副食品加工、原料材料和废品的挑选整理和服务行业的加工企业（如弹棉、染坊等）以及商店兼营的作坊等。不属于上述范围的工业企业，商业部门今后不能再办，现有的原则上都应该按行业分别移交给有关工业部门领导，以便于工业部门统一安排生产，加强工业企业的统一管理。商业部门应该对所属的工业企业逐个进行排队，哪些应该继续经营，哪些要交给工业部门，哪些应该关闭，提出调整方案，经过省、市、自治区人民委员会审查以后，报告中央各有关商业部门批准，并报告国务院财贸办公室备案。

以上报告，如同意，请批转各地研究试行。

Z619 - 6

中共中央批转财贸办公室关于湖北省清理专、县“小钱柜”、“小仓库”的调查材料

1963 年 6 月 1 日

见《1958—1965 中华人民共和国经济档案资料选编·财政卷》。

彻底清理“小家当”，整饬财经纪律

中央批转湖北、河北的两个文件

1963 年 8 月 3 日

见《1958—1965 中华人民共和国经济档案资料选编·财政卷》。

中共中央关于加强一、二线的后方建设和备战工作的指示

1964 年 11 月 3 日

第 312 ~ 316 页。D220 - 5455 (19)

王学明副部长关于近两年清理“小钱柜”情况报告

1965 年 1 月 19 日

先念同志并报总理：

昨晚，在西华厅开会，见到了《经济消息》报道我在一月十日财贸座谈会上关于“小钱柜”问题的发言。这个报道只是截头去尾，断章取义，罗列了两笔数字，很容易引起疑问。现在，将我那次发言的内容简要报告如下：

一、近两年清理“小钱柜”的情况

一九六三年全国清理出来的“小钱柜”（包括“小仓库”），据初步统计，约有十五亿元。其中，大部分过去已经花掉了；通过清理收回财政的部分，只有一亿九千万元。一九六四年清理“小钱柜”的数字，各地只报来了清理收回财政的部分，约有三亿元。两年通过清理收回财政的共为五亿元左右（详见附表[略]）。

“小钱柜”的资金绝大部分是前几年搞的。近两年来数字不大。它的资金来源主要是上挖国家，下挤群众，化大公为小公，化预算内为预算外。具体来说，大体上有以下几种：

1. 应缴未缴的财政收入；
2. 应缴未缴的支出结余；
3. 处理遗留问题报销损失时虚报冒领的部分；
4. 关停企业的物资变价收入；
5. 在冻结银行存款时转移资金、逃避冻结的部分；
6. 企业预提或摊提费用的多余部分；
7. 巧立名目，向企业、群众募捐、摊派；
8. 走后门，打埋伏，转手倒卖，投机倒把；
9. 将预算内企业转到预算外管理，收入归“小公”所有；
10. 挪用或套取国家外汇。

二、继续清理“小钱柜”还大有可为

过去清理“小钱柜”，主要是清理了县以上的地方机关、团体、事业和企业单位，中央行政、事业、企业单位清得很少，城乡人民公社、供销合作社和手工业合作社绝大部分没有清理。已经清理过的单位，也不够彻底。根据现有的典型材料来看，如果各方面都认真加以清理，数字一定不小。

1. 农村人民公社，据河北省河间县二十九个公社的调查材料，清出“小钱柜”达一百零四万元，平均每个公社三万六千元。陕西三元县两个公社，清出“小钱柜”十六万元。

现在全国共有七万五千多个公社，每个公社的“小钱柜”有多有少，有的也许没有，假如平均每个公社按两三万元估算，全国就是十五亿元到二十亿元。

2. 中央级行政、事业单位，过去没有怎么清理。根据典型材料：邮电部清出四百万元，轻工部清出二十四万元。现在中央级行政、事业部门共有一千八百多个预算单位，假如平均每个单位按五万到十万元估算，就是一亿元到两亿元。

3. 国营工业、交通企业，特别是中央工、交企业，过去没有很好清理。根据典型材料，兰州交通局清出四十二万元，双鸭山矿务局清出二十一万元，赣南造纸厂清出二万八千元，沧州自来水厂清出二万一千元。现在全国工、交企业共有四万六千多个，假如平均每个企业按两三万元估算，全国就是九亿到十三亿元。

4. 国营商业和供销合作社的“小钱柜”不少。例如，黑龙江省鸡西商业局清出三百六十七万元，河北省围场县商业局清出二万三千元，河北省丰润县供销社清出五万七千余元，浙江省嵊县上东供销社清出五万四千元。现在全国国营商业和供销社大约有五十七万多个单位，假如平均每个单位按两千元估算，全国就是十二亿元左右。

5. 手工业合作社、城市人民公社“小钱柜”也不少。如河北省沧州市新华路公社清出一万九千余元。现在全国手工业合作社共有九万四千个，城市人民公社企业数字，现在还搞不清楚。我们估计经过彻底清理，全国清出几亿元是有可能的。

根据以上情况，估计经过全面彻底的清理，全国大体上可能还有“小钱柜”四五十亿元。这是指上述各单位搞的“小钱柜”的总数，其中大部分已经用掉或处理过了，现在经过清理能够收回的数字，按照过去清理的经验和有些地方同志的估计，约占总数三分之一左右，这样，约可收回十几亿元。

三、对今后清理“小钱柜”的意见

1. “小钱柜”资金来路不当，危害极大。有了“小钱柜”，容易产生铺张浪费、特殊化，腐蚀干部，滋长歪风邪气。因此，必须进行彻底清理。这不仅仅是个经济问题，更重要的是关系到阶级斗争的政治问题，应当作为社会主义教育运动的一项内容狠狠地抓一下。

2. 清理“小钱柜”，除了点上的单位应当结合“四清”进行以外，面上的单位也必须选择适当时机，发动群众，组织一定的专门力量，分批分期地进行清理。

3. 清理“小钱柜”的范围，具体如何进行，可以因地制宜。主要是清理来源不正当的资金和物资。

4. 清理出来的“小钱柜”的资金和物资，原则上中央单位的归中央，地方单位的归地方。集体单位的应分别情况对待：属于侵占国家的，交回国家；属于挤占群众的，归还群众。

5. 通过清理“小钱柜”要总结经验，吸取教训，以便于开展群众监督，加强管理，严肃纪律。

上面，就是我那次发言的内容。昨晚，总理对我提出的批评，我完全接受。根据总理批评的精神来检查我的发言。所讲过去清理的情况，都是各地报上来的，我们没有查对。今后清理“小钱柜”可能有的数字，是根据一些典型材料估算的。向财贸座谈会讲这些数字的目的，主要是为了说明继续清理“小钱柜”很有必要。但是，这种估算方法，根据不够充分。我虽然说明这四五十亿元“小钱柜”中，经过清理能够收回的只有十几亿元，但是贸然抛出这些数字，确实有些危言耸听，哗众取宠，不够慎重，有浮夸作风。尤其我是做财政工作的，对提供数据应当特别慎重。

以上报告，不妥之处，请指示。

162－17－6

中共中央、国务院关于西南三线建设体制问题的决定

1965年2月26日

西南三线建设现在日益展开，任务艰巨。

为了调动各方面的积极性，集中力量，大力协作，使三线建设进行得又快又好，现作如下决定：

（一）凡是在三线一个地区建设的重大综合项目，如以钢铁为中心的攀枝花工业基地的建设、以重庆为中心的常规兵器工业的配套建设、以及铁路建设工程等，都应采用大庆经验，即集中领导、各方协作的办法，以中央主管部为主，负责统一指挥、统一管理，有关各省、市、区和各部门协助进行。

（1）成立攀枝花特区党委、工地指挥部，由冶金工业部统一领导。特区人委问题，按中共中央和国务院2月5日批复西南局1月7日电报执行。任命冶金工业部副部长徐驰同志为特区党委书记兼总指挥，冶金工业部基建司司长李非平同志为第一副书记兼第一副总指挥。其他人选，由冶金部商有关部门决定。

（2）成立以重庆地区为中心的常规兵器配套建设指挥部，由第五机械工业部统一领导，四川省委和重庆市委参加，任命第五机械工业部副部长朱光同志为总指挥，四川省委或重庆市委指定一人为副总指挥，请西南局决定。其他迁建项目，仍由各部负责。

（3）西南铁路建设总指挥部由铁道部负责不变。川汉铁路的勘察、设计、选线等工作，由铁道部负责，直接指挥。

（二）西南三线的中央直属建设项目，所有建设的施工力量、技术力量、设备和材料，由各有关部统一安排，负责解决，并由国家经委（在国家建委成立后由国家建委）督促检查执行情况。所需的地方建筑材料、地方协作产品、粮食和副食品供应、临时工以及其他问题，如协调地方与建设人员的关系等，由有关省、市、区负责安排。

（三）为了加强对整个西南三线建设的领导，决定成立西南局三线建设委员会，并撤销原攀枝花基本建设筹建小组，由李井泉同志任该委员会主任，程子华、阎秀峰同志为副主任。其他委员人选，请西南局提出，报中央批准。西南局三线建设委员会的工作机构由西南局计委、经委、建委负责或另设小的办公室，亦请西南局决定。

西南局三线建设委员会的工作任务是：

（1）领导和督促检查中央各部负责的基建项目按国家要求的规模、质量、进度进行建设。发现问题时，能帮助解决即就地解决，不能解决时，由国家经委解决（国家建委成立后由国家建委）。

（2）领导和督促检查各有关省、市在人力、地方建筑材料、地方协作产品、粮食和副食品供应等方面对各建设项目的支援，保证建设项目的顺利进行。

（3）领导和督促检查由各省、市负责的地方建设项目（包括工业、农业、交通、地方军工等）的进行。

（4）如西南局三线建委同中央有关部委在工作中有重大不同意见时，报中央解决。

JJS50－4（上）

中共中央关于在全国工业交通系统建立政治工作机关的决定

1965 年 5 月 11 日

第 187～193 页。D220－5455（20）

中共中央关于改进领导方法问题的指示

批转主任重报来的九个材料

1965 年 7 月 20 日

第 322～325 页。D220－5455（20）

（二）国民经济运行情况

李富春关于第二个五年计划后两年的调整计划和计划执行情况的报告

1963年7月3日

第477～521页。D220－5455（16）

国家计委党组、国家统计局党组关于一九六三年国民经济计划执行情况的报告

1964年2月8日

中央、主席：

1963年我国人民高举毛泽东思想旗帜，贯彻执行“以农业为基础、以工业为主导的发展国民经济”的总方针，发扬艰苦奋斗、勤俭建国、自力更生、奋发图强的精神，干劲充沛地、踏踏实实地进行了各项工作，我们的经济建设取得了很大的成绩，整个国民经济开始出现了全面好转的局面。农业生产，虽然有一部分地区遭到特大的水灾和长期干旱，就全国来说，仍然获得一个好的收成；工业生产稳步上升，计划全面超额完成，特别是品种、质量取得了一个新的胜利；市场商品供应显著增加，物价继续下降，除了受灾地区以外，城乡人民生活进一步有所改善。现在根据初步统计数字，将1963年国民经济计划执行情况简报如下。

一、农业

（一）农林牧副渔全面增产。1963年，农村人民公社集体经济绝大部分进一步得到巩固和发展，许多地方已经出现了农业生产的新高潮。农业总产值为464亿元，比1962年增长7.9%。在粮食继续增产的同时，棉花、烤烟、糖料、麻类、家畜大幅度增长。主要农产品和造林面积的增长情况如下：

	全年产量	比上年增加数
粮食	3 300亿斤以上	100亿斤以上
棉花	2 300万担左右	800万担左右
烤烟	439万担	181万担
糖料	11 870万担	4 306万担
黄麻、洋麻	369万担	105万担
三种油料	3 918万担	234万担
大牲畜（年末头数）	7 360万头	340万头
猪（年末头数）	12 600万头	2 600万头
水产品	245万吨	17万吨
造林面积	2 100万亩	302万亩

（二）国家加强了对农业的支援，农业的生产条件有了进一步的改善。这一年，国家供应的化学肥料437万吨（包括进口198万吨），比1962年增长41%；化学农药28万吨，增长31%；拖拉机17 000多标准台（包括进口1 000标准台），增长9%；动力排灌机械89万马力，增长5%；农村用电量达到20亿度以上，增长30%左右。竹木制中小型农具供应不足的状况，也有较大的改善。国家支援农业的资金达66亿元，比1962年增长46%。农村劳动力总数达到2.19亿人，比1957年增长6%，比1962年增长2.5%。全国现有有效灌溉面积达到4.8亿亩，比1962年增加了2 000万亩以上。

二、工业

（一）工业生产稳步上升，调整、巩固、充实、提高的工作有很大进步。工业总产值为916亿元，超过计划5.7%，比上年增长7.8%。其中，生产资料为512亿元，超过计划14%，增长12.5%；消费资料为404亿元，完成计划96.7%（主要是非计划产品供过于求，产量比上年还有所下降），增长2.3%。

在列入国家计划的81种主要产品中，超额完成产量计划的有70种。几种主要产品的产量如下：

	全年产量	超过计划数	比上年增加数
钢	761万吨	91万吨	94万吨
十种有色金属	29.8万吨	4.9万吨	4.1万吨
原木	2 454万立方米	249万立方米	166万立方米
原煤	2.14亿吨	0.14亿吨	减少0.06亿吨
发电量	487亿度	42亿~50亿度	29亿度
原油	648万吨	40万吨	73万吨
硫酸	131万吨	31万吨	34万吨
水泥	803万吨	110万吨	203万吨
化肥	322万吨	97万吨	91万吨
拖拉机	2.04万标准台	0.01万标准台	0.37万标准台
汽车	20 571辆	571辆	10 831辆
棉纱	373万件	68万~73万件	71万件
机制纸及纸板	128万吨	18万吨	16万吨
卷烟	324万箱	54万箱	80万箱

（二）产品质量提高，品种增加。根据24项主要质量指标的统计，1963年上升的有原煤、生铁、钢、钢材、棉布、印染布、精纺毛织品、粗纺毛织品、毛毯、人造丝、厂丝、机制纸及纸板等产品的质量指标共16项，占2/3。其中，生铁合格率、电炉钢合格率、棉布入库一等品率，已经达到和超过历史最高水平。机械产品的一等品率也有所提高。

这一年，工业部门试制了大批新产品，冶金、石油、一机、化工四个部试制成功的民用新产品达到1 530多种，其中有些是长期没有解决的关键性设备和材料，例如，解放牌汽车的传动轴管、东方红拖拉机用的高压油管、机车车轮轮箍，等等。由于优质产品的比重提高，产品的构成发生了变化。例如，在钢材总产量中24种稀缺品种所占的比重，由1962年的10%提高到15%。随着品种的增加，原材料的自给程度也进一步有所提高。例如东方红—54型拖拉机用钢材品种的自给率，由1962年的90%提高到95%；解放牌汽车用钢材品种自给率，由80%提高到94%。

（三）工业企业的填平补齐工作取得显著的成效。各类矿山偿还了一部分“欠账”。这一年，有色金属矿山偿还亏欠的掘进进尺数约为12万米，连同前两年已经偿还的共32万米，占原亏欠总量的2/3左右；重点黑色金属矿山（包括辅助矿山）全年偿还亏欠的剥离量约为1 300万吨，连同前两年偿还的共为2 820万吨，占原亏欠总量的3/4左右；煤炭部直属的202个大中型矿井中，开拓煤量达到规定要求的已经有102个。机械工业已开始按地区对现有企业进行规划。

（四）企业的经营管理有了很大改善。工业企业全员劳动生产率达到7 404元，比1962年提高29.6%，超过计划规定的提高21.5%的指标。但是，部门、地区、企业之间还很不平衡。

原料、材料的消耗普遍降低。在62种主要消耗定额指标中，比上年下降的有54种；在35种可比指标中，有21种已经下降到解放以来最低的水平。全年预计节约煤炭1 270万吨，占全国煤炭产量的6%；节约电力22亿度，占全国总发电量的4.5%；节约木材300万立方米，占全国木材产量的11%。

工业企业可比产品成本比上年降低约9%，超过计划规定降低3.9%的要求。其中，轻工、纺织、三机、五机等部降低15%以上。

亏损减少、利润增加。赢利企业的盈利额为113亿元，超过计划约22亿元；亏损企业的亏损额约为11亿元，比控制指标少2亿元。盈亏相抵，利润净额可达102亿元，超过计划约24亿元，比上年增加约38亿元。加上缴还国家的折旧费等，工业企业总收入可达128亿元，比上年增加46亿元。

三、交通运输

货运量约达9.36亿吨，比上年增长2.3%，其中干线运输增长3.8%，短途运输增长1.3%，现代化运输工具货运量达5.97亿吨，比上年增长4.2%，超过计划6.8%。

运输设备的维修工作取得较大的成绩，技术状况进一步改善。全年大修铁路888公里，大中修机车 2 637 台，客车 2 253 辆，货车 32 676辆，大都完成或者超额完成了计划。九月末优良和良好的机车占 63.5%，比上年同期提高 3.7%，优良和良好的载货汽车占 77%，比上年末提高 8%。

运输部门支援农业的工作也有所加强。铁路部门对支援农业物资的运输实行“三优先”（优先承运、优先安排、优先配车），并且增开了零担列车。地方交通部门也向农村延伸了运输营业线路，增设了服务站点。

四、国内市场

（一）商业部门购进商品总额为 534.8 亿元，比上年增长 7.6%，其中，农副产品收购额达到 196 亿元，比上年增长 21.2%；工业品收购额为 333.4 亿元，增长 1.1%。主要农副产品收购量及其增长情况如下：

	全年度收购计划	收购量	比上年同期增加数
粮　食	676.3 亿斤	704.4 亿斤（4—12 月）	75.5 亿斤
棉　花	1 540.8 万～1 618.8 万担	1 953.7 万担（9—12 月）	817 万担
食用植物油	6.9 亿斤	7.8 亿斤（4—12 月）	2.1 亿斤
烤　烟	364.6 万担	418.7 万担（9—12 月）	203 万担
肥　猪	—	3 499.6 万头（1—12 月）	1 719.8 万头
鲜　蛋	—	545.9 万担（1—12 月）	199.2 万担

注：粮食、棉花、食用植物油、肥猪、鲜蛋的收购量，都包括换购或者议购的数量在内。

农产品收购量大大超过计划，这种情况是近几年来所没有的。初步计算，棉花、麻类、烤烟、糖料等几种主要农产品的超计划收购部分，将可以使 1964 年轻工业产品增加 12 亿元左右，财政收入增加约 4 亿元左右。

（二）社会商品零售总额为 583 亿元（不包括农民集市贸易 20 亿元），比计划增加 20 亿元，比 1962 年增加 6 亿元；如果剔除物价下降因素，则增加 40 亿元（包括农民集市贸易的零售额，如剔除价格下降因素，则增加 56.1亿元）。

这一年，社会商品货源为 625.4 亿元，比当年的社会商品购买力 593.6 亿元还大了 31.8 亿元，从而充实了部分商品的库存，并且收回了一部分过去几年没有实现的购买力。

（三）1963 年底，国营、合作社商业的商品库存总额为 413 亿元，比 1962 年底增加 29.4 亿元，其中粮食等 42 种主要消费品的库存为 188.3 亿元，增加 20.9 亿元。主要商品的库存量是：粮食 572.5 亿斤，比上年增加 80.2 亿斤；食用植物油 9.5 亿斤，增加 2.9 亿斤；肥猪 630 万头，增加 229 万头；卷烟 51.6 万箱，增加 3 万箱。但是，棉布和食糖的库存量还是减少的。

（四）全年零售物价总水平比上年下降 9.2%。其中：平价商品下降 0.8%，高价商品下降 44.2%，议价商品下降 46.1%，集市贸易价格下降 53.7%。牌价和市价之间的差距由年初的一倍左右下降到年末的 39% 左右。

（五）随着生产的发展和市场情况的进一步好转，城乡人民生活有了进一步改善。除了河北、豫北、豫东、皖北、徐淮、湘南、广西、云南等部分受灾较严重的地区以外，农民的生活都继续有所改善。据 8 000 户农民的家计调查资料，1963 年平均每一个农民生活消费的粮食近 430 斤（原粮），比上年增加 51.4 斤；肉类 7.2 斤，增加 1.8 斤；蛋类 18.8 个，增加 6.9 个；食用油脂 2.7 斤，增加 0.8 斤。重灾区的农民生活，虽然还有相当困难，但是由于国家和各方面的支援，大多数基本安定。城市居民和职工的生活，由于工资提高和物价下降，也有较多的改善。

五、对外贸易

（一）收购总额为 64.05 亿元，超过计划

7.55 亿元，比 1962 年增加 5.6 亿元。有些商品的收购量，如猪肠衣、绵羊毛、羊绒、羽毛、山羊皮、苦杏仁和若干手工艺品等，已经超过或者接近解放后最高年水平。

（二）出口总额为 49.56 亿元，超过计划 6.1 亿元，比 1962 年增加 2.44 亿元。其中，对社会主义国家出口额为 28.8 亿元，比计划增加 3.87 亿元；对资本主义国家出口额为 8.42 亿美元，比计划增加 9 200 万美元。对资本主义国家的出口额，比历史上最高的年份（1958 年）还超过 1.9 亿美元。这是一个很大的成绩。

（三）进口总额为 34.4 亿元，比计划增加 1.3 亿元，比 1962 年增加 6 300 万元。主要商品，如粮食、化肥、橡胶、黑色金属、木材、毛及毛条等，都超额完成了计划。

（四）外汇收大于支。卢布外汇有 1 亿以上的顺差，其中，苏联 4 500 万卢布左右，东欧社会主义国家 1 500 万卢布左右，亚洲社会主义国家 4 000 万卢布左右。美元外汇结存 1.7 亿美元，比 1962 年底增加 6 900 万美元。

六、基本建设

（一）1963 年基本建设规模有了很大的增长。全国基本建设投资总额完成 90 亿元，比 1962 年的 67.6 亿元增长 33%。其中，国家预算内投资完成 83 亿元左右，比 1962 年的 96.6 亿元增长 46.6%。

在投资总额中，农业和支援农业的工业建设投资达到 25.6 亿元，比上年增长 53%；占投资总额的比重，也由上年的 24.7% 上升到 28.5%。

全年施工的项目有 22 300 多个，投入生产的项目有 8 000 多个，施工的大中型项目为 933 个，投入生产的项目 128 个。在工业部门的大中型建设项目中，由我国自己设计、施工和提供设备的约占 95% 左右。

1963 年，农业、工业、交通运输等方面的填平补齐工作，取得了比较显著的效果；水利、化肥、石油、森工等部门的建设获得了新的成就。这一年新增加的生产能力，主要有：灌溉面积 1 412 万亩，合成氨 9.9 万吨，化肥 39.3 万吨，煤炭开采 514 万吨，天然石油开采 150 万吨，天然石油加工 268 万吨，水泥 28 万吨，硫酸 16 万吨，毛精纺锭 1.5 万枚，铁路铺轨 318.4 公里，森林铁路专用线通车里程 672.7 公里。

（二）1963 年在加强基本建设管理方面取得较好的效果，各部门、各地方一般都注意了按照基本建设程序办事，工程质量、劳动生产率以及财务情况都比上年好。据 29 个重点城市的统计，竣工工程中质量优良的达到 67.3%，比上年提高 8.6%；全国施工单位全员劳动生产率，比上年提高 41.6%；实现利润 4 000 万元（上年净亏损 4.8 亿元）。

七、财政金融

1963 年国家财政做到了收支平衡，略有结余。财政收入 342 亿元，比上年增加 28.5 亿元，其中国营企业收入的增加部分占 93%。财政支出 340 亿元，比上年增加 34.8 亿元，增加的部分，67% 是用于基本建设支出。银行信贷，存款大于放款，货币回笼 16.5 亿元。关于 1963 年财政金融的主要情况，财贸办公室已另有报告，这里从略。

八、劳动工资

（一）1963 年继续精简职工约 330 万人；另外，安排大专毕业生、转业军人，把一部分城镇闲散劳动力安置到国营农、林、牧、渔场，以及增加一些临时工等，增加职工约 320 万人。增减相抵，比 1962 年减少职工 9 万人，年末职工人数达到 3 300 万人左右，比计划 3 226万人超过 70 多万人。

（二）1963 年工资总额为 213 亿元左右，比计划 214 亿元有所结余。这一年，全国职工中大约有 40% 左右的人升了级，还有一部分职工增加了奖金和计件工资等收入，每一职工的平均工资达到 649 元，比上年平均提高 6% 左右。

（三）1963 年上半年，减少城镇人口约为 400 万人，其中，减回农村的 100 万人，撤销一部分市镇建制和缩小城市郊区减少 300 万人。吃商品粮的人口也相应地有所减少。

城镇的闲散劳动力，截至9月底，据18个省、市、自治区的统计，安置了64.2万人，其中，安置长期性工作的有314.2万人，临时性工作的30万人。

九、文教卫生

1963年各级学校的招生数都有所增加。高等学校招生13.28万人，比上年增长24.3%；中等专业学校招生15.4万人，增长3倍；公办高中招生41.7万人，增长8.6%；公办初中招生234.5万人，增长16.7%；公办小学招生1 200万人，增长13%。学龄儿童的入学率，由1962年的56%提高到59%。

文化、卫生等事业也有适当的发展。

总之，这一年来，在社会主义建设总路线的照耀下，在“以农业为基础、以工业为主导的发展国民经济”的总方针的指导下，通过农村的社会主义教育、“四清”运动和城市的增产节约、“五反”运动，以及在工业战线上掀起的“比、学、赶、帮”高潮，我国劳动人民的社会主义觉悟和生产积极性大大提高了，我国独立自主、自力更生地建设社会主义的力量大大增强了。但是，从1963年国民经济计划的执行情况来看，有以下几个需要注意的问题。

第一，农业的增产潜力还很大，需要进一步加强对农业生产的领导。

几年来，由于各行各业大力支援农业，目前农业生产条件已经有了很大的加强。1963年同1957年比较，除了役畜、农家肥、耕地面积以外，其他都有较大幅度的增加。劳动力增加了2 600万人，农业用机械总动力增加了925万马力，化肥增加了258万吨（即1.4倍），有效灌溉面积增加了7 000万亩。但是，农业生产水平的差距还比较大：粮食还低1/7以上，棉花低1/3左右，油料、糖料还低一半左右，农业（种植业）产值还低17%。因此，进一步调动广大农民的集体生产积极性，充分发挥现有物质生产条件的作用，因地制宜地总结和推广增产经验和效果显著的耕作制度，努力提高单位面积产量，更多地增产粮食、棉花和其他经济作物，大力发展多种经营，这是目前农业生产中的一个重要问题。

第二，基础工业还要继续进行调整工作，工业生产需要进一步加强经营管理。

煤炭、有色、黑色金属等矿山的“欠账”，还需要一两年时间才能还清。截至1963年底，有色金属矿山的掘进进尺，还欠18万米；黑色矿山的剥离量，还欠1 000万吨左右；水泥工业的石灰石矿山“欠账”，也还有200多万吨没有偿还。特别是木材工业，仍然是抚育赶不上更新、更新赶不上采伐，据黑龙江、吉林、江西、湖南、福建、湖北、四川等7个省的统计，1963年新亏欠下来的迹地又近110万亩，占当年采伐面积的32%左右。

目前全国工业生产中的潜力仍然很大，许多工业部门的产品质量、劳动生产率、物资消耗、生产成本等方面，仍远低于历史上的先进水平。例如，平炉钢、转炉钢、棉纱、机制纸和纸板等重要产品的质量指标和物资消耗指标，还没有达到历史上最先进的水平；全国工人的劳动生产率，比1957年还低10%；1963年国营工业企业每百元商品产值的总成本，约比1957年高10%左右。

所有这些，要进一步加强政治思想工作，把人的工作做好，广泛开展“比、学、赶、帮”活动，掀起增产节约运动的新高潮，通过找差距、挖潜力，把企业管理工作大大提高一步；同时，各行业都要继续进行细致的调整、巩固、充实、提高工作。

第三，基本建设计划完成得差，还需要认真贯彻执行“集中力量打歼灭战”的方针。

1963年国家预算内基本建设投资，年初安排为77.1亿元，下半年追加11.5亿元，连同上年结转和事业费划转过来的投资，全年共为96亿元，实际完成83亿元左右，大约有12亿～13亿元要结转到1964年。有些部门，如第一机械工业部、农业机械部、建筑工程部等部门，由于工作抓得不够紧，到年底都有大量的投资结转。这一年，计划安排施工的大中型建设项目为668个（不包括国防项目），年终实际施工的达到840个，超过1/4；计划年内投入生产的大中型项目为313个，实际完成的有115个，只占37%。农业机械部计划年内投产11个项目，执行结果，只有一个项目投产；杭州齿轮箱厂、南昌拖拉机配件厂、蚌埠拖拉机附件厂等，已连续3年列入投产计划，迄今还没有投产。基本建设计划完成得不够好的主要原因是：摊子铺得多了一些，一部分不具备建设条件的项目也进行施工，分散使用了人力、物力和财力，以至集中力量打歼灭战不够，不能很好地发挥投资效果。某些部门、某些地方在下半年追加投资大了一些，设计、设备、材料、施工力量等条件跟不上，也在一定程度上影响了计划的完成。

第四，不少企业对职工人数控制得不够严，需要建立严格的定员定额制度。

1963年职工年末人数超过计划70多万人，其中有一部分是由于生产建设的发展而增加的，这是合理的；但是，还有一部分是由于有些部门、有些地方控制不严，宽打窄用而增加的。目前还有不少企业仍然缺乏严格的定员定额制度。据初步统计，1963年在工业企业和建筑企业中，非直接生产人员（不包括工程技术人员）的比重还占22%左右。

近几个月以来，全国通过社会主义教育的进一步开展，通过学习解放军、学习大庆油田的经验，广大工人、农民和干部的政治思想面貌焕然一新，生产积极性进一步提高。人的思想革命化，必将产生巨大的物质力量。我们相信，只要各方面继续努力，扎扎实实地做好工作，1964年的农业和工业生产，必将出现新的高潮。

以上报告，请审核。

150-11-106

国家统计局党组：一九六三年的国民收入、积累和消费

1964年3月26日

摘要：1963年国民收入约为860亿元，比上年增长10%左右，超过第一个五年计划期间平均每年增长8.9%的速度，仅低于1958年增长20%和1956年增长14%的速度。消费总额为711亿元，增长6%。每一居民的消费水平提高3%左右。积累总额为145亿元，增长85%。积累率上升到17%左右。这是国民经济开始全面好转的一个重要的综合标志，也是党的总路线、总方针深入贯彻执行所取得的巨大胜利。

富春同志并报中央：

最近，我们对1963年的国民收入作了初步计算。由于国民收入的计算比较复杂，同时还受到一些资料的限制，这次计算的数字，只能说明大致的趋势。待各地企业财务决算报上来以后，我们还将作进一步的计算。

初步计算的结果表明，1963年社会总产品、国民收入都有了较大幅度的增长，积累规模和人民生活也都相应地有了扩大和改善。这集中地说明了我国国民经济已经开始全面好转。

一、社会总产品比1962年增长7%左右

1963年社会总产品（工业、农业、建筑业、运输业、商业部门的总产值之和）大约为1 713亿元（按1957年价格计算，下同），比1962年的1 595亿元增长7%左右，接近1957年1 717亿元的水平，但比1958年核实后的2 294亿元还低1/4左右。

在社会总产品中，工业总产值为916亿元，比1962年的850亿元增长7.8%，超过1957年水平的30%，但比1958年的1 090亿元还低16%。农业总产值为464亿元，比1962年的430亿元增长7.9%，是解放以来农业生产的增长速度超过工业生产增长速度的第二个年度（1955年农业总产值增长7.7%，工业总产值增长5.6%），但比1958年的550亿元还低16%，比1957年的537亿元还低14%。其他部门的产值除运输业外，也都比上年有不同程度的增长。这就为国民收入的增长创造了条件。

二、国民收入比1962年增长10%左右

1963年的国民收入总额（社会总产品扣除物质消耗以后的净产值），按当年价格计算，为1 010亿元左右；按1957年价格计算，为860亿元左右，比1962年的777亿元增加83亿元，即增长10%左右，仅低于1958年增长20%和1956年增长14%的速度，超过了第一个五年计划期间平均每年增长8.9%的速度，改变了1960年以来国民收入连年下降的局面（1960年下降1%，1961年下降30%，1962年下降6%）。在国民收入总额中，来自农业的为340亿元左右，比1962年增长9%，占40%左右；来自工业的为330亿元左右，比1962年增长18%，占38%左右。工业净产值的增长速度（18%）远超过总产值的增长速度（7.8%），这是工业生产中的物质消耗大大节省的结果。

1963年国民收入所以增长较快，基本原因是由于党的方针政策贯彻得好，人民群众的积极性提高。因此，在生产上，一方面，社会总产品有了较快的发展。这一年，粮食总产量达到3 400亿斤左右，比1962年增产200亿斤左右；棉花产量达到2 300万担左右，增产800万担左右（从1963年4月到1964年2月，国家已收购粮食723亿斤，比上年同期的644亿斤增加79亿斤；从1963年9月到1964年2月，国家已收购棉花2 064万担，比上年同期的1 234万担增加830万担）。另一方面，各地区、各部门深入开展了增产节约运动，改善了企业经营管理，降低了产品成本和物质消耗。1963年，每百元工业总产值的物质消耗为64元左右，比1962年的67元减少了3元左右；商业企业（商业部和供销合作社系统的，下同）每销售100元商品所支付的流通费用为12.6元左右，比1962年的14.9元减少了2.3元。

随着生产费用的降低，工商企业的赢利水平有了显著提高。1963年，工业企业（中央工业部和地方工业系统的，下同）平均每百元总产值所得利润为17元左右，比1962年的11元增长50%以上；商业企业平均每销售100元商品所得利润为5.5元左右，比1962年的4.7元增长18%左右。工业企业净利润达到102亿元，比1962年增加38亿元。商业亏损也比1962年下降，4个商业部（社）的亏损比1962年减少9亿元。在新增加的83亿元国民收入中，大致由于工农业生产增长而增加的占70%左右，大致由于物质消耗减少而增加的占30%左右。

1963年国民收入虽增长较快，但是，同1958年的1 137亿元比较，还低24%；同1957年的949亿元比较，还低9%。目前增加国民收入的潜力还是很大的，主要是：

1. 农业现有物质生产条件的作用还未充分发挥。几年来，耕地、畜力、农家肥有所减少，而机力、化肥、水利等生产条件有了显著加强。总的来说，农业生产的物质技术装备程度是提高的。国家在第二个五年计划期间用于农业的资金（包括基本建设、小型农田水利、农贷等）为360亿元，比第一个五年的130亿元多230亿元。从农业物质消耗占总产值的比重来看，1963年大约为26.5%，比1957年的20.9%提高5.6%左右，这大体上反映了农业生产的物质技术装备程度提高的趋势。但是，目前农业生产水平还低，还未跟上去。以粮食作物的平均单位面积产量来说，1963年为188斤，比1958年的209斤低21斤，比1957年的195斤还低7斤。农业净产值比1957年低20%，即84亿元，其中由于农业生产水平下降而减少的约占70%。因此，充分发挥农业现有生产条件的效能，挖掘农业生产的潜力，促进农业生产的更快恢复和发展，是增加国民收入的重要途径之一。

2. 目前工商企业的物质消耗还较大，赢利水平还较低。1963年工业企业每百元商品产值的成本为73元左右，比1957年的61元还高18%左右；工人劳动生产率还低10%左右；每百元总产值所得利润比1957年的20元还低15%左右。1963年商业企业每销售100元商品所支付的流通费用比1957年的12.1元还多4%；所得利润比1957年的7.5元还少

27%。如果把1963年工业企业的商品总成本降低1%，就能增加国民收入5亿多元。如果把每百元总产值所得利润恢复到1957年的水平，就能多增加国民收入20多亿元。如果把商业企业流通费用压缩到1957年水平，则可以增加国民收入3亿多元。

从上述情况来看，为了更多地增加国民收入，除大力增加工农业生产外，必须厉行节约，切实改进经营管理，提高劳动生产率，减少物质消耗，降低成本和流通费用，提高企业的盈利水平。而目前，在这些方面，是大有潜力可挖的。

三、居民消费水平比1962年提高3%左右

1963年国民收入中用于消费的部分，按当年价格计算，为850亿元；按1957年价格计算，为711亿元，比1962年增长6%。

在消费总额中，用于居民个人消费的大约为653亿元，比1962年增长7%；用于社会集团消费的大约为58亿元，大体维持1962年水平。

随着消费总额的增长，居民消费水平也相应地有了提高。全国每一居民的消费水平，1963年为95元（按1957年价格计算），比1962年的92元提高3%左右。其中，职工的消费水平为186元，比1962年的172元提高8%左右。这是前几年职工生活下降以后，获得显著改善的一年。农民的消费水平为72元左右，比1962年的70元又提高将近3%（如果同1962年扣除消费品质量下降因素以后的消费水平比较，则职工提高16%，农民提高5%）。由于前几年职工消费水平比农民下降得多，1963年职工消费水平比农民提高得快一些，基本上是正常的。

1963年不仅消费水平上升，而且消费质量提高，粮食和肉蛋增加。根据20个大中城市职工家庭生活调查资料，1963年1—9月所消费的47种主要消费品，按照1957年价格综合计算，比1962年同期增加8%左右；平均每人每月消费粮食由24斤增加到25斤，细粮所占比重由59%提高到68%；肉类由0.4斤增加到0.9斤；蛋由1个增加到2个。根据8 000户农民的家计调查资料，1963年平均每人每月吃粮34.5斤（原粮），比1962年增加2.9斤；肉0.6斤，增加0.2斤；蛋1.5个，增加0.5个。

1963年职工和农民消费水平的提高，从职工来看，主要是：（1）工资收入增加。1963年平均每一职工人口的工资收入，由1962年的205元增加为210元，增加2%。这是精简职工以后，把精简职工节约下来的工资用来提高原有职工工资水平所收到的良好效果。（2）城市消费品价格下降。1963年城市消费品价格比1962年降低了15%左右，其中，平价商品下降1%左右，高价、市价、议价商品均下降50%左右。从农民来看，主要是：（1）农民收入增加。1963年农民收入为470多亿元，比1962年大约增长4%。但这一年农民人口大约也增长了4%，收入的增加同人口的增加大致相抵。平均每一农民人口的收入为87元，基本上维持1962年水平。（2）乡村消费品价格下降。1963年乡村消费品价格比1962年降低了3%左右，其中高价商品下降40%以上，平价商品基本上维持1962年水平。（3）动用部分积蓄。这一年平均每一农民人口动用了积蓄2.5元。

1963年消费方面存在着如下的问题：

1. 1963年居民消费水平虽有较大幅度的提高，但是，目前城乡居民消费水平还是低的。职工的消费水平比1957年低13%左右；农民的消费水平比1957年低7%左右，比1958年低11%左右。

2. 全国居民，特别是农民消费水平的提高，在很大程度上还受人口增加的制约。1963年农民收入增加的很大一部分抵补了人口的自然增加。因此，在目前农业生产水平比较低的情况下，在农村和城市大力推行晚婚和计划生育，适当控制人口的增加，对公私都是必要的、有利的。

四、积累规模比1962年扩大80%以上，积累率提高到17%左右

1963年国民收入中用于积累的部分，按当年价格计算，大约为165亿元；按1957年价格计算，大约为145亿元，比1962年的79亿元增长85%左右。1963年积累率，大约为17%，比1962年的11%提高6%左右。

在积累总额中，国家积累增加较多。1963年，国家积累为113亿元，比1962年的49亿元增长1倍以上；农村人民公社积累，虽然部分地区遭到严重自然灾害，仍达29亿元，比1962年的28亿元增加1亿元左右。国家积累的资金来源，主要来自工业。1963年财政收入中，来自工业的为129亿元左右，比1962年的83亿元增加46亿元左右；农业税为24亿元左右，比1962年只增加1亿元左右。

在国家积累中，固定资产积累和流动资产积累都有增加。1963年，国家的固定资产积累大约为83亿元，占73%，比1962年的59亿元增加24亿元，增长41%；流动资产积累大约为30亿元，占27%，而1962年流动资产由于处理"三清"损失，不但没有积累，反而挖了库存。1963年，商业库存增加29亿元，物资储备大约增加15亿元，工业企业流动资产，经过清仓核资，处理积压物资，大约减少10亿元。在增加的商业库存中，消费品库存增加了26亿元，其中，粮食库存为573亿斤，比1962年增加80亿斤；食用植物油库存9.5亿斤，增加2.9亿斤；肥猪库存630万头，增加229万头；但棉布库存则由1962年底的13.7亿米减少为12.4亿米。在增加的物资储备中，"短线"产品的储备也有了增加，如煤炭库存为6 233万吨，比1962年增加1 598万吨；木材库存为1 013万立方米，增加90万立方米；水泥库存为104万吨，增加19万吨。消费品库存和"短线"产品的储备都有所充实，扭转了过去几年挖库存的局面。

1963年，积累方面存在的问题，主要是：

1. 国家积累的经济效果不够高。1963年，国家基本建设投资完成90亿元，比1962年的67.6亿元增长33%。从基本建设拨款占财政支出的比例来看，财政支出中用于基本建设的部分，1963年占23%左右，虽比1962年19%有所提高，但比1957年的41%还低很多。从这一意义来说，1963年基本建设投资的规模还不能算是大的。但是由于一些部门对基本建设工作抓得不够紧，贯彻执行"集中力量打歼灭战"的方针不够，把一些没有具备建设条件的项目也进行施工，分散了人力、物力和财力，以致投产项目计划完成得不够好，计划年内投入生产的大中型项目为313个，实际完成的只有115个，占37%。在流动资产方面，近两年，工业企业和商业部门虽处理了一部分积压物资，加速了资金周转，但是，1963年在商业库存中大约还有20%左右冷背呆滞商品，在工业企业流动资产中，也有一部分不易处理的积压物资有待处理。所有这些，都将影响到国家积累经济效果的发挥。

2. 农村人民公社的部分生产队增加积累还有潜力。1963年，农业总产值虽有较大幅度的增长，但农村人民公社提留的公积金并没有相应的增长。据匡算，1963年农村人民公社提留的公积金为22亿元，占可分配的总收入的5.2%，基本上维持1962年水平。从一些调查材料看，值得注意的是，有些生产队增产增收的幅度较大，但提留的公积金增加不多，甚至减少。据安徽省29个县29个生产队的调查，1963年可分配的总收入比1962年增长9.6%，分给社员部分增长17%，公积金却减少6.8%。另据湖南省调查，约有16%的丰产队没有留公积金。因此，为了扩大农业生产，还需进一步开展多种经营，节约生产开支，实行合理分配，从多方面挖掘集体经济的积累潜力。

3. 目前的积累规模还比较小，积累率还比较低。1963年，积累总额比1957年的230亿元大约还低40%，比1958年的381亿元低60%以上；积累率比1957年的25%低8%，比1958年的35%低18%，但在目前的生产水平还比较低和人民生活还需要有所改善的情况下，积累的规模再多扩大一些，也是比较困难的。1963年，按人口平均的国民收入约为125

元左右，比 1957 年低 16%，比 1958 年低 28%；新增加的国民收入已有 60% 左右用于积累（第一个五年计划期间为 40% 左右）。这就是说，目前把更多的国民收入用于积累，是不大可能的，也是不利于人民生活的逐步改善的。经验证明，扩大积累规模，提高积累率，必须以发展生产，厉行节约，增加国民收入，适当改善人民生活作为前提。

157－3－22

国家统计局党组关于一九六四年国民经济发展情况的统计报告

1965 年 3 月 8 日

主席、中央：

1964 年，我国人民高举毛泽东思想红旗，在全国范围内，深入开展了三大革命运动，掀起了大学毛主席著作，大学解放军、大学大庆、大学大寨的热潮，社会主义革命和社会主义建设都取得了伟大胜利。1964 年我国国民经济已经出现了全面高涨的新局面。现将这一年国民经济发展情况简报如下：

（一）农业生产全面大幅度地增长。这一年由于各地贯彻执行了党的各项方针政策，深入开展了“四清”运动，虽然有些地区遭受了严重的自然灾害，但是全国农业生产仍然获得大丰收。农业总产值达 540 亿元，比上年增长 13%。这是自 1953 年以后十几年来农业生产增长最快的一年。粮食产量达到 3 850 亿斤，比上年增产 450 亿斤；棉花产量 3 350 万担，增产 950 万担；大牲畜 7 800 万头，增加 295 万头；猪 1.5 亿头，增加 1 820 万头。上述农产品这样大幅度的增产，也是十几年来所少有的。现在，主要农产品大都已经超过 1957 年水平，有些已接近 1958 年水平。

农业建设也取得了很大成绩。各地除了对原有水利工程进行整修和配套外，还学习大寨的革命精神，自力更生地兴修了一批小型农田水利，建成了一批旱涝保收、稳产高产农田。这一年全国灌溉面积增加 2 000 多万亩；造林面积 3 500 万亩，比上年增加 0.5 倍。农业机械也有较多的增加。目前农村人民公社已经大大巩固，生产和抗灾能力已大大增强。只要继续贯彻执行党的有关农业的方针政策，充分调动积极因素，做好农村工作，今后农业生产必将高速度向前发展。

（二）工业生产也出现了一个新的大发展局面。这一年在工业战线上大抓了政治思想工作，广泛开展了比学赶帮的增产节约运动，加强经营管理，工业生产也出现了满堂红的新局面。工业总产值达到 1 100 亿元，比上年增长 20%；其中，轻工业产值 476 亿元，增长 18%，重工业产值 624 亿元，增长 21%，这都是近几年来工业生产增长速度最快的一年。各类工业产品，特别是以农产品为原料的轻工业和支援农业的生产资料增长很快，主要原材料和机械产品也都有大幅度的增长。钢产量达到 964 万吨，比上年增长 27%；原油产量达到 848 万吨，增长 31%；化肥产量达到 507 万吨，增长 57%。

一年来，工业技术水平有了进一步发展。仅冶金、一机、农机、化工、石油五个工业部即试制成功了重要的新产品 7 000 多种。全国主要产品质量大都有所提高，有些已赶上或接近世界先进水平。例如，石油工业有 46 种主要油品的质量已赶上苏联，其中，航空煤油的高空性能、爬高速度等指标已超过苏联；我国自己设计制造的 10 万瓩水轮发电机组的产品结构和某些部件也超过苏联，并赶上了瑞士、西德水平。工业企业的管理水平有了进一步改善。劳动生产率比上年提高 19%，已超过历史最高年；原材料消耗普遍降低；可比产品总成本比上年降低 8%，工业利润也有很大增加。我国工业的自力更生力量大大增强了。

（三）随着工农业生产的高涨，市场呈现一派新的繁荣景象，人民生活进一步有所改善。这一年全社会商品零售总额达到 638 亿元，比上年增长 6%，剔除物价下降因素，实际商品供应增长 11%。绝大部分商品已敞开供应，数量增多，质量提高，花色品种增加。

粮食供应量达到745亿斤，比上年增长12%；食油供应量达到11.5亿斤，增长29%；棉布供应量达到34.5亿米，增长31%；其他如肥猪、塑料鞋、收音机、钟表等商品的供应量都比上年增长0.5倍到1倍以上。库存也有了进一步的充实和改善。

社会零售物价总指数比上年下降5%，高价、议价商品下降30%以上，市价商品下降25%，平价商品下降近2%，牌市差价已经接近正常。在重工业有较大的发展、建设投资有较多的增加以及职工和工资总额继续有所扩大的情况下，国内市场出现这样好的形势，是过去十几年来所没有过的现象。这是贯彻执行"以农业为基础，按照农轻重次序安排"的方针所取得的积极效果。

对外贸易也有很大发展，收购、出口、进口计划都超额完成，进出口总额比上年增长15%。在进出口总额中，对资本主义国家的贸易比重已由上年的58%上升到70%左右。对苏联和东欧六国的欠账已全部提前还清，美元外汇结存比上年底续有增加。

这一年城乡人民生活都有比较快的改善。全国职工生活水平约比上年提高9%左右；农民生活，除一些灾区外，大部分地区也继续有所提高。

（四）基本建设的投资效果进一步有所提高。这一年，有更多的部门和单位在建设中较好地贯彻执行了集中力量打歼灭战的方针，如石油部组织了大庆油田、华北油田勘探和31套炼油装置的3个大歼灭战，化工部、纺织部分别以化肥、化学纤维为重点打了歼灭战，都取得良好效果。全年基本建设投资额达到134亿元，比上年增长42%。建成投入生产的大中型项目共达250多个，比上年增加50个左右。煤炭开采能力新增809万吨，比上年多增加270多万吨；发电装机容量新增56.8万瓩，比上年多增加30多万瓩；化肥生产能力新增120万吨，比上年多增加60多万吨。三线地区投资完成25.3亿元，比上年增加61%。三线建设行动最快的是铁道工程，共调集19万多人打歼灭战，年底前川黔、滇黔两线铺轨里程都已完成全线的一半左右；成昆线的施工准备工作大为加强，临时性工程已开始动工；川汉线的草测工作也已经开始。

基本建设管理工作和设计工作正在进行革命化运动，这对于贯彻勤俭建国的方针将会起着良好作用。

（五）财政收支平衡。1964年财政收入为397亿元，比上年增加55亿元。财政收入的增加，主要是依靠工农业生产的迅速发展和国营企业成本费用的降低，全年企业收入达到211亿元，比上年增加39亿元。财政支出397亿元，比上年增加57亿元，主要是用于扩大建设规模和救灾支出。在生产发展、购买力提高、物价下降的情况下，货币继续回笼，信用继续提高，全年共回笼货币10亿元，年末市场货币流通量已减少到80亿元。

（六）国民经济调整工作基本完成，各项主要比例关系比较协调。经过几年来的调整，工农的比例关系已基本适应，积累和消费的比例关系也趋向正常，在人民生活水平不断提高的同时，积累率已由1962年的11%提高到22%。工业内部的调整也取得了很大的成绩。各类矿山的剥离或掘进欠账，除煤矿外，都已基本还清；部分设备失修欠账已经还完。产品品种、质量和技术水平也都比过去有了显著的提高，现已能生产许多大型、高级、精密的产品，如高级航空汽油、各种优质合金钢以及大型的成套设备等，并且发展了一批新兴的工业部门，如原子能工业、电子工业、合成化学工业以及日用塑料工业等。这些都为国民经济的进一步发展打下了良好的基础。

整个国民经济的发展是一片大好形势，但是以毛泽东思想挂帅，运用一分为二的唯物辩证法来分析，还存在一些问题，这些问题是：

（一）对于当前国民经济的大好形势，有部分干部认识不足，存在程度不同的保守思想。他们受老框框束缚，安于现状，不敢革命，不敢创造，思想、工作都跟不上形势发展的需要；有的骄傲自满、故步自封、干劲不足、无所作为。因此，在经济战线上大力实现人的思想革命化、经营管理革命化，这是当前一个最主要的问题。

（二）农业生产虽然大幅度的增长，但有不少地区还有增产不增收的现象。根据我们对各地500多个生产队的调查资料来看，这些队农牧业生产比上年有很大的增加，但其余各业收入大都下降，以致总收入增加的不多。有的队出现了增产不增收的现象。由于收入增加的不多，社队提取公积金还比较少，集体经济的积累能力比较低。今后如何因地制宜地开展多种经营和适当调整粮食的收购价格是一个需要研究解决的问题。

（三）工业部门现有物资和设备的潜力还很大，必须大力挖掘。目前，工业部门闲置的通用设备价值据初步估计约达30亿元，相当全年基本建设投资的1/4；全国钢材的库存量达500万吨，相当全年钢材产量的2/3。因此，清查企业闲置设备、积极挖掘现有设备的潜力，充分利用现有的库存物资，积极推广和采用新技术，实行设备的技术改造，这对组织工农业生产高潮具有重大意义。

（四）加强企业经营管理，挖掘现有劳动潜力，提高劳动效率。1964年末，全国职工人数达3 459万人，比上年末净增166万人，已超过计划20万人。在增加的职工中，大部分是固定职工。目前，许多企业层次重叠，机构臃肿，非生产人员仍过多（一般占职工总数的20%以上），规章制度繁琐，劳动组织不合理，劳动效率没有充分发挥。白银有色金属公司、齐齐哈尔车辆厂实行企业管理革命化，取得了很大的成绩，做到了减人又增产。因此，必须大力推行企业管理革命化，将多余的劳动力挖掘出来，用于发展新的生产建设事业。

（五）从长远来看，矿山地质工作需要加强。目前黑色金属和有色金属的地质工作落后，已探明的铁矿保有储量约88亿吨，其中可供开采的只有60亿吨，仅能满足第三个五年建设的需要，并且绝大部分是贫矿，富矿很少，这不利于争取时间、多快好省地建设钢铁工业。铜、铝、钨、锡、镍、汞、锑等重要有色金属已探明的保有储量，还不能完全满足第三个五年建设的需要，特别是钨、汞、锑多年来未发现新的矿藏，保有储量日益减少。矿山地质勘探需要时间较长，应该抓紧安排。

附：1964年工农业生产主要指标

	1964年	比上年增长%
粮豆产量	3 850亿斤(注)	13
棉花产量	3 350万担	40
三种油料产量	5 940万担	34
糖料产量	26 200万担	57
猪头数	15 000万头	14
大牲畜头数	7 800万头	4
钢产量	964万吨	27
原煤产量	2.1亿吨	2
发电量	558亿度	14
原油产量	848万吨	31
原木产量	2 920万立方米	12
硫酸产量	170万吨	30
化肥产量	507万吨	57
棉纱产量	534万件	43
糖产量	104万吨	134
卷烟产量	413万箱	28
机制纸及纸板	143万吨	12

注：粮豆产量3 850亿斤，是按照原有方法（即薯类按四折一）计算的；如按照新方法（即薯类按五折一）计算，应为3 750亿斤。

157－3－214

国家统计局党组：一九六四年国民收入、积累和消费情况的报告

1965年3月30日

富春同志并报中央：

一九六四年我国国民收入，在国民经济全面高涨的形势下，有了大幅度的增长，积累规模和人民生活有较大的扩大和改善，积累和消费的比例关系已趋协调。现简报如下：

一、国民收入大幅度增长，工农业的比例关系进一步改善。这一年，由于各地深入开展了城乡社会主义教育运动，广大群众阶级觉悟和生产积极性大大提高，全国劳动人民新创造的国民收入达一千亿元，比上年增加一百四十亿元，增长速度达到百分之十七。这是自一九五三年以来除一九五八年外，增长最快的一年。现在，国民收入已超过一九五七年，接近一九五八年水平。

我国国民收入的增长速度，远远把苏联国民收入的增长速度抛在后面。从赫鲁晓夫上台以来，苏联国民经济每况愈下，国民收入的增长逐渐减慢，一九五六年到一九五八年平均增长百分之十，近几年仅增长百分之五到七。

我国这一年的国民收入，来自工业的部分为三百九十四亿元，来自农业的部分为三百九十六亿元，分别比上年增长百分之二十五和百分之十三。目前工农业净产值的比例各为一半左右，较一九六〇年工农业的比例七十比三十，已有很大改善。

这一年，由于工业战线开展了比学赶帮的增产节约运动，在降低成本，节约原料材料方面，取得了很大的成绩，使国民收入增加很多。工业物资消耗比上年节约十七亿元，大约相当于新增工业净产值的五分之一。

二、积累规模扩大，积累使用效果提高。随着工农业生产的发展，国民收入的增加，建设规模有了进一步的扩大。这一年积累总额约为二百一十四亿元，比上年增长百分之三十二，这一增长速度也是第一个五年以来除一九五八年和一九五九年外，增长最快的一年。

在积累总额中，国家积累和集体积累都有很大增加。国家积累约为一百六十九亿元，比上年增长百分之三十九，其中，固定资产积累达到一百二十亿元，比上年增长百分之四十六。全年完成的大中型项目共达二百五十多个，比上年增加五十个左右。流动资产积累约为四十九亿元，增长百分之二十三。在流动资产中，适用物资和短线产品都有所增加，在工业、交通等部门的物资库存中，铜、橡胶和水泥等七种“短线”物资库存总值比年初增加了百分之二十以上，而钢材、焦炭和生铁等八种“长线”物资略有减少。

在农业连续获得丰收的基础上，农村人民公社提留的公共积累有所增加，用于基本建设的劳动积累也有所增加。这一年农村集体经济积累总额达到四十一亿元，比上年增长百分之十左右，其中，农田水利建设、农机具、房屋等固定资产积累约为三十四亿元，比上年大约增长百分之十七。

国家和集体积累的扩大，为今后工农业生产的高速度发展提供了有利的物质基础。

三、城乡人民生活有了较多的改善。这一年，由于商品货源不断增加，物价下降，职工和农民的生活水平都有较快的提高。一九六四年全国每一职工消费水平为二百零三元，比上年提高百分之九左右；每一农民消费水平为七十五元，提高百分之四左右。目前职工和农民的消费水平，比一九五七年还低一些。从几种消费品的消费水平来看，粮食消费，职工的定量供应比一九五七年约低二十斤左右，农民也约低二十斤左右的样子；猪肉消费，职工和农民已分别超过一九五七年百分之四十和二十；但食油、棉布消费都还比一九五七年低一些。

四、积累和消费的比例、财政收入占国民收入的比例、基建投资占财政收入的比例，经过三年调整已接近正常水平。这一年积累占国民收入（积累率）达到百分之二十二，财政收入占国民收入达到百分之三十四，预算内基建投资占财政收入达到百分之二十九。

积累和消费的比例关系，决定于农、轻、重生产之间的关系，第一个五年重工业占工农业净产值的比例为百分之二十左右，积累率约为百分之二十多一点；第二个五年前三年重工业的比例提高到百分之三十七左右，积累率相应地提高到百分之三十九；一九六四年重工业的比例为百分之三十，积累率变为百分之二十二。因此，以农业为基础，按照农、轻、重次序安排生产，这是使积累和消费保持合理的比例关系的重要前提。

以上国民收入迅速增长，标志着我国国民经济再生产的情况很好，这是组织工农业生产新高潮的极为有利条件。但是，在国民经济再生产中还存在以下几个主要问题：

一、目前社会劳动生产率还较低。一九六四年国民收入虽已超过一九五七年，但是，社会劳动生产率提高的还比较慢。在工业方面，目前每一工业企业职工占用的固定资产已超过一九五七年的百分之八十左右，但是工业全员劳动生产率仅提高百分之十七，与工业固定资产的增长速度还很不适应。在农业方面，几年来由于加强了农村工作，支援了农业生产，农业物质技术条件也显著改善了，如以一九五七年为基期，化肥供应量增加两倍以上，农家肥料也已超过，排灌设备增加十二倍，农业拖拉机拥有量增加四倍。但是，农业劳动生产率还没有相应的提高上去，如果把工农业劳动生产率提高到一个新的水平，增加国民收入还大有可为。

二、不少企业物资消耗还高，降低成本的潜力很大。这一年六十六种主要物资消耗定额中，还有十九种高于上年水平；工业企业成本比过去曾达到过的水平还高的很多。同时，工业企业尚有百分之十二的亏损企业，亏损额达六亿元；商业系统尚有七千四百多亏损户，亏损额达八亿元。如果大力改善企业经营管理，降低企业成本，消灭工商业亏损，增加国民收入的潜力还很大。

三、基本建设造价过高，资金浪费较大。据初步估算，目前民用建筑造价还比较高，一般超过国家规定标准的百分之二十五左右。建设单位的储备资金也过多，年末约达九十亿元以上，占基建投资的三分之二，正常情况一般占三分之一到二分之一左右。如能改善经营管理，动员多余储备资金，积极处理现有积压物资，用于生产建设，还可以为国家增加大量的财富。

四、国民收入中不直接用于生产的支出过多。在全民所有制的国民收入五百四十五亿元中，用于支付生产人员的工资、用于生产性积累和商品库存等约为二百八十八亿元，占百分之五十多。而用于国家机关、各级管理机构和各项事业等支出共达二百二十亿元，占到百分之四十左右。由于国家机关、企业管理机构和事业单位的机构大、层次多，各部门不直接从事生产的人员占全国职工总数的比重将近百分之四十。这些部门的职工过多，人浮于事。以教育部门为例，每一教职员工负担学生数，高等学校只有二点四人，中等专业学校只有三人，普通中学只有十二人。因此，精简机构，减少人员，特别是减少非生产人员，对于加速国民经济的发展有重大意义。

以上报告，请审阅。

157－3－215

国家统计局关于一九六五年国民经济发展情况的报告

1966 年 3 月 16 日

1965 年我国人民高举毛泽东思想的伟大红旗，在各条战线上突出政治，取得了辉煌成就。国民经济在 1964 年全面发展的基础上，继续获得了新的全面的高涨，出现了前所未有的大好形势。现将这一年的经济发展情况简报如下：

一、农业生产连续获得第四年的好收成，农业生产总值超过历史上最高的 1958 年水平。粮食和大豆的产量，是 3 817 亿斤，比上年的 3 617 亿斤，增产 200 亿斤（据农产量调查队采用抽样实测调查的结果是 4 080 亿斤左右，比 1964 年实测调查数 3 750 亿斤，增产 330 亿斤）。棉花产量是 3 927 万担，增长 602 万担（棉花会议上的数字，是 4 100 万担以上，比上年增产 800 万担）。猪的年末头数达到 1 亿 7 千万头上下，比上年约增加 1 700 万头。甘蔗产量达到 3 亿担，比上年增加 5 800 多万担。这些都是我国历史上从来没有过的高水平。其他工业原料作物以及林、牧、副、渔各业，也都获得继续增产。农业总产值为 574 亿元（按农产量调查队的粮食数和棉花会议的棉花数计算约为 590 亿元），是解放以来最高的一年。

国家、集体、个人在分配方面的关系，也出现了许多新的变化。据对分布在26个省市区的672个生产队的调查，1965年纯收入增加部分的分配情况是：4.3%用于增加缴纳税收；70.3%用于增加社员分配；25.4%用于增加生产队的公积金、储备粮基金与公益金，其中10%用于增加公积金。在粮食的分配上，国家征购的部分，比例下降了一些，由1964年的27.3，降为24.5。在集体增产的粮食中，大体上有七成用于社员多分，三成用于集体多留。平均每一社员分配的粮食，从1964年的345斤增加到389斤，差不多等于增加了一个月的口粮；集体储备粮增加1倍以上，平均每人有14斤多一点。

这一年农业生产获得这样好的收成，并不是轻易得来的。从全国来说，虽然总的灾情没有前几年那么大，但是北方遇到罕见的干旱，晋、冀、鲁、豫、陕、蒙等省区的受旱面积达到1.6亿亩（成灾面积1亿多亩）。在这样不利的条件下，获得如此好的收成，主要是由于各地进一步贯彻了“以农业为基础，以工业为主导”的总方针，广泛深入开展了社会主义教育运动，活学活用毛主席著作，走大寨之路，发扬了自力更生、艰苦奋斗的革命精神。各地涌现出一批大寨式的社队。各地依靠群众因地制宜地办了许多水利事业，这一年全国兴修水利完成的土石方达到40亿方，年底动力排灌机械达到八百多万马力，水利条件改善了。猪多，农家肥增加了，化肥的供应量达到990多万吨，加之群众大规模地进行了改良土壤工作，地力普遍增强了。役畜继续增加，年末头数达到4 300万头，比上年约增加150万头。年末拖拉机拥有量达到13.8万标准台，农村的动力增多了。良种得到进一步推广。据不完全统计，高产水稻良种的面积约占水稻面积的一半上下；小麦约占1/4上下；棉花占40%以上。1965年，在生产大幅度增加的同时，生产的主要物质条件也得到较大的改善。各地“派出去，请进来”传授农作技术，和以“样板田”为中心的科学实验活动，也都有了广泛的开展。用革命精神种田，用科学方法种田，是这一年农业战线上突出的特点。

二、工业生产进入了新的生产高潮。全国工业总产值，在1964年增长20%的基础上，1965年又继续增长26%，达到1 390亿元。主要产品的产量和增长情况是：

钢	1 223万吨	增长27%
发电量	673亿度	增长20%
原煤	2.31（2.24）亿吨	增长7%
原油	1 131万吨	增长33%
化肥	878万吨	增长74%
机床	3.87万台	增长38%
棉纱	716万件	增长34%

附注：原煤括号内数字是不包括农村社队的产量。

这一年，产品质量在前几年已经大大好转的基础上又有提高，据上海、天津、辽宁等7个省市对4 000多种产品的调查，质量继续提高或者稳定在上年水平的约占92%；劳动生产率提高了25%左右，是解放以来水平最高的一年；成本预计降低8.5%，超过计划要求降低6%的水平。从这几个主要指标可以看出，我国的工业生产出现了一个前所未有的全面发展的局面。

这一年工业战线的全面发展，是在全国备战，加强大小三线建设和深入开展四清运动的形势下取得的。广大职工大学解放军、大学大庆，开展起来一个以“比学赶帮超”为中心的增产节约运动。中央军工企业的生产比上年增长了54.5%；三线地区的工业生产增长了31%。并且在全国各地涌现出一批大庆式的班组、车间和企业。这是推进本年生产发展的主要原因。

这一年大搞技术革新、技术革命的结果，有些老产品的设计改革了，有些落后工艺改进了，有些老技术被新技术代替了。据上海、天津、辽宁等10个省市不完全的统计，全年实现的技术革新项目达到49万余项。产品品种有较多的增加。冶金、一机等6个工业部，试制成功的新产品达到9 000多项。重要的有：

装备万吨远洋轮船的8 820马力的柴油机，高精度万能外圆磨床，能分辨千万分之七毫米距离的一级大型电子显微镜，挤压铝材的3 500吨挤压机等等。石油、一机、化工等9个工业部，这一年有100多项新技术和新产品，赶上或者超过世界先进水平。

工业对农业的支援进一步加强。支农产品产值约比上年增长34%；各地区组织农村流动服务队，实现了思想、工作、产品、技术四个下乡。

交通运输也有较大的发展，全年完成货运量13亿吨，比上年增长15%；货物周转量为3 400多亿吨公里，增长25%。

三、基本建设进度快，全部建成投产项目是解放以来最多的一年。这一年全年完成投资167亿元，比上年增长20%；其中国家预算内投资完成152亿元，为计划的90%。全部建成投产的大中型项目达到309个。连同部分建成投产的项目达到607个，工程质量普遍有所提高，投资效果是解放以来最好的一年。

这一年投资效果好，根本原因是认真贯彻了毛主席和中央关于建立战略后方，加快大小三线建设和国防建设，以及边备战、边建设的指示。工作上，做到了既加快了大小三线和国防建设，又没有打乱原定的部署；并且认真地实行了集中力量打歼灭战的方针。这一年建设重点已由一、二线转向三线，建设力量由沿海转向内地。三线建设完成投资53亿元，占全国投资的近1/3。川贵线已通车，云贵线完成铺轨任务的84%，成昆线也开始全线施工；攀枝花、酒泉两大钢铁基地建设的准备工作进行也很快。从一线迁到三线的第一批项目，全部或部分搬完的已有120多个。

设计工作革命化取得了显著的成绩。广大设计人员，热烈响应毛主席和中央号召，下楼出院，深入现场，精神面貌大变。打破了洋框框，提高了设计质量，出现了许多采用新工艺、新技术、节约用地、节约投资的工程设计。设计周期一般缩短了1/3～1/2。设计赶不上施工的局面有了显著的改善。

尤其重要的，西南许多建设单位，在建厂的过程中，大学主席著作，大学大庆，创造了厂社结合、“三不四要”的建设经验（即尽可能不占或少占良田好土，尽量不让农民搬家，不搞高标准的民用建筑和在可能条件下支援农业用水、用电、用肥和养猪用泔水等），大大促进了当年的建设，走上了我国自己的、实行工农结合、城乡结合、厂社互助的建设道路。这些经验，对于消灭城乡差别具有深远意义。

四、市场供应保障了生产建设大发展的需要，货源连续第四年超过购买力，物价稳中有降，库存增加。全年社会商品零售额达到668亿元，比上年增加30亿元；零售物价总水平下降2.3%；年末商业部门消费品库存达到353亿元，比上年增加34亿元。主要商品的库存，除粮食、煤油等几种商品外，其他如棉花、棉纱、棉布、针棉织品、食油、肉、盐、糖、化肥等都有显著的增加。在高速度发展的情况下，国内市场像1965年这样稳定、这样繁荣的情况，是过去没有过的。这也说明，只要我们掌握经济规律，做好工作，在经济建设高速度发展的情况下，是可以做到市场又繁荣又稳定的。

这一年农村市场特别活跃，商业部门在面向农村方面，进行了许多工作。帮助社队制订计划，传授生产技术，组织供应原材料和积极打开副业产品销路，促进了农村副业的发展。工商等部门和城镇居民从农村收购的副业产品（不包括粮、棉、烟、油、麻等大商品）达到133亿元，比上年增加20亿元，仅此一项，每个农民平均约增加收入3元多。同时，商业部门组织工作队上山下乡，发扬“背篓商店”的精神，积极为广大农民群众服务，扩大了农村的供应。全年农村商品零售额337亿元，达到历史上最高水平，比上年增加了近22亿元。这一年国内市场增加的零售额中，有70%以上是农村增加的。

主要农副产品收购，除粮食外，食油、棉花、烤烟、麻类、肥猪、鲜蛋等，都已提前超额完成了生产年度的收购计划。其中，棉花，从去年9月到今年2月10日已收购3 866.7万担，比上年同期增加近9百万担，统购部分已完成计划130%到136%，达到3 753万担。

城乡人民生活有所改善。由于农副业的丰收，亦工亦农制度的推行，就业面的扩大，城乡居民的收入增加了。据1万多户社员家庭收支调查，1965年平均每个社员的生产性纯收入达到95元左右，比上年增加了4%；城镇居民购买的消费品比上年增加了3%，城镇银行储蓄增加7.5亿元。此外，由于零售物价的下降，农产品采购价格的提高，以及猪肉削价销售，城乡居民从中还得到19亿元的好处。

五、财政收支平衡略有结余；主要材料库存基本上保持在上年的水平。这一年财政收入为474亿元，支出为469亿元，结余5亿元。主要原料、材料中，钢材、木材、水泥、铜、铅的库存，比年初有增加，煤炭、焦炭、生铁、铝、锌的库存略有减少。其中，钢材，原计划动用库存45万吨，实际上不仅没有动用，反而增加了7万吨，年底库存达到575万吨，这主要是由于当年新增加的资源数量，大于实际需用23万多吨；在消费方面，由于积极开展了节约代用等工作，消耗的数量相对地减少一些。此外还有一部分钢材则是因为品种规格不适用，不能动用，因而增加了库存。煤炭的库存得到进一步合理的调整，减少了煤矿的存煤，增加了生产、物资、商业部门的库存。年底全国库存是5 700多万吨，比年初约减少200多万吨。其中煤矿的存煤，大约减少了370多万吨，生产单位增加了50多万吨，商业部门增加了40万吨，物资部门增加了20多万吨。

六、职工人数，在生产、建设大发展中，做到了适当的控制。这一年年底，全国固定职工年末人数约为3 326万人，比1964年增加102万人，超过追加计划约15万人。在增加的102万人中，约有60%在三线地区。全国临时职工平均人数约为318万人，增加54万人。

在备战、加速建设大小三线的形势下，许多老企业改进了劳动组织，精简了职工，支援了新建企业。1965年全国工交企业共精简多余职工82.5万人，其中，抽调到新厂和建设单位的有48.6万人。由一、二线抽调到四川、甘肃、陕西等地的职工约有20多万人。

两种劳动制度和两种教育制度正在广泛进行试验。1965年全国实行亦工亦农制度的人数约达200多万人。形式很多，厂社结合、以厂带社、季节工、合同工、轮换工、发包工、代购代销、代管代养、站队结合等等形式，取得许多可贵的经验。

组织社会劳动力参加生产、为生产生活服务也取得较好的成绩。1965年安置上山下乡的社会劳动力约为57万人，超额完成了计划。许多城市，建立了劳动服务大队，举办了企业服务公司并组织了家属半天劳动，为生产建设和居民生活服务。

七、文教卫生事业大改革取得重大的成就。这一年试行半工（农）半读制度的高等学校有286个单位，学生7.3万人；招收初中以上毕业生的半工（农）半读中等学校有5 000所左右，学生达80多万人；半农半读的农业中学和耕读小学发展很快。与此同时，全日制学校在校学生也有进一步增加。

自大演革命现代戏以来，工农兵的英雄形象，开始代替帝王将相、才子佳人占领了舞台。文艺、医务工作者下乡、下厂，同工农结合，为工农群众服务正形成热潮。全年文艺工作者下乡、下厂的人数达到16万多人；县以上卫生机构下乡的医务人员，达到15万多人，有一些医务人员已到农村落户行医。从全国来看，一个文化普及运动已经开始出现。

综上所述，可以看出，1965年我国国民经济取得的成就是巨大的。这些成就，是各条战线突出政治、突出毛泽东思想的伟大胜利，是广大人民群众，活学活用毛主席著作，思想革命化的结果；是各条战线大破洋框框，按照毛泽东思想走自己的道路的结果；也是各级干部贯彻执行党中央各项政策更加落实的结果。

从这一年的经济发展来看，在1966年国民经济计划执行中，应该注意的几个主要问题：

1. 北方旱情严重。华北大部分地区春旱的趋势已经很明显，内蒙古除黄河外，其他河均已断流；许多水库干涸；地下水位严重下降，一般较去年同期下降两三米，多的达4米，部分山区人畜缺水情况十分严重。尽管最近北京、河北、山西、山东、河南、陕西和辽宁、内蒙古部分地区下了两场春雪，但旱象还未完全解除。为此，必须发动广大农民群众，丢掉幻想，树立长期抗旱思想，继续开展抗旱斗争，这是今年春播夏收农业生产工作中的首要问题。

2. 工业战线的节约潜力很大。各地“三查”试点的情况，远超过原来的设想。例如，上海市在2 000个企业中清查出来的机电设备，即达22万台件，价值9 000多万元。煤炭工业部所属焦作矿务局、双鸭山四方台矿、本溪矿务局等，初步清查都查出大量的设备和配件。当前重要的问题，是如何边清查、边修理、边调用，使这些设备、材料尽快地在生产建设中发挥作用。

3. 粮食销售须进一步加以控制。从上年4月到今年2月10日，全国粮食销售量达到655.73亿斤，比上一年粮食年度同期多销了近22亿斤，已突破全年增销20亿斤的指标，自从中央发出《关于当前粮食工作几个问题的通知》以来，1月下旬销售量虽有减少，但是2月上旬的销量又趋上升。目前有些地区的灾情还在发展，今后如何有计划地合理控制粮食的销量，是需要密切注意的一个大问题。

157－3－223

六、有关经济的部分运动

（一）增产节约运动和“五反”运动

中共中央关于厉行增产节约和反对贪污盗窃、反对投机倒把、反对铺张浪费、反对分散主义、反对官僚主义运动的指示

1963年3月1日

第171~187页。D220-5455（16）

甘肃省委关于开展增产节约和“五反”运动的安排意见的报告（草稿）

1963年4月10日

西北局并中央：

在三月十一日至二十三日省委常委扩大会议上，我们认真学习、讨论了中央《关于厉行增产节约和反对贪污盗窃、反对投机倒把、反对铺张浪费、反对分散主义、反对官僚主义运动》的指示，结合我省具体情况，对开展这个运动作了安排，现将安排意见报告如下：

（一）全省运动分两批进行。第一批，省级机关、兰州市、在甘肃的中央企、事业和高等学校；第二批，专、县机关（包括工委）和在兰州市以外的县以上企事业［单位］。

第一批，从四月初开始至五月中旬进行运动的第一阶段，五月下旬至八月进行第二阶段和第三阶段。专案处理在十月底基本结束，省级领导机关争取提前两三个月结束运动，以便腾出手来，指导和帮助所属单位运动的开展。

第二批，运动何时开始，是三个阶段一气进行到底，还是根据当地农事季节间歇进行，是专、县同时进行，还是专区先走一步，均由各地自行安排。第二批运动结束的时间，不能迟于十月底，专案处理应在年底前完成。

高等学校和兰州市中小学，为了不影响考试、实习、招生等工作的进行，争取在六月底以前结束。专、县所在地中、小学的运动，或在暑假以前结束，或在暑假以后开始，由各地决定。

在各地的大区专业局所属和省属企、事业开展“五反”运动的时间由当地党委统一部署，但是，增产节约运动从现在起，就应该开展起来。财贸系统已经开展的改善经营管理运动应该继续进行，切实做好。

公社和公社以下不提“五反”，属于这方面的问题，通过社会主义教育运动去检查、解决。

（二）运动各个阶段，都以增产节约为中心（商业部门以改善经营管理为中心，文教单位以提高质量、厉行节约为中心），自始至终抓紧这个环节，不能因为开展群众运动影响生产或中心业务的正常进行。

（三）在运动中必须坚决按照中央指示的政策办事，坚决遵守中央指出的五项注意。任何部门对于政策界限问题决不能随便解释、篡改。凡有关政策界限问题，必须及时请示报告，不能自作主张。

（四）运动自始至终要注重思想教育，在运动开始之初，要有一段时间组织干部深入学习中央指示，向广大职工作报告，反复交代政策，提高他们对运动的认识，消除各种顾虑，

为顺利开展运动打好思想基础。在运动过程中，要把揭发出的问题，用阶级斗争观点加以分析，作为活教材，对干部和群众进行生动具体的阶级教育，即“五反”教育，不断提高干部和群众的阶级觉悟和社会主义觉悟。

（五）在运动中，对于工程技术人员、科学研究人员、医生、主要演员、各级学校教师等除了其中担任领导职务的人之外，一般着重正面教育，在提高觉悟的基础上，自愿检讨、交代的，表示欢迎，不检讨的，也就算了。犯有贪污盗窃、投机倒把罪行的，应严肃对待，但在方法上要慎重，并须报请上级党委批准。

对于高等学校的学生，主要是进行“五反”教育和号召他们揭发检举属于“五反”方面的问题。中、小学生一律不参加“五反”运动，只用运动中揭发出的材料，对他们进行几次道德品质的教育。

（六）运动中揭发出的问题，凡是能及时解决的，都要抓紧时间解决，边整边改。一九六一年冬季以来，在社会主义教育运动、清仓核资工作和八届十中全会精神的传达、学习中，揭发出来尚未解决的问题，现在可能解决的，都应分别结合运动的各个阶段予以解决。

（七）各部门、各单位开展运动的方法、步骤、时间安排以及在运动中以什么为重点，可以因各自的情况不同而有所不同，不强求一律。具体行动计划，应报上级党委批准。

（八）省委已成立增产节约、“五反”运动领导小组，以汪锋同志为组长，焦善民同志为副组长。省级机关分别成立了工交、财贸、农林、文教和党群政法等五个大口的领导小组。各地、市、州委也应该由书记挂帅，立即把领导小组成立起来，省级各大口和各地、市、州委要由主要领导干部亲自抓紧做好试点工作，先走一步，及时总结经验，指导全面。

现在，各企、事业单位的增产节约运动，已经普遍开展起来，有少数单位，劳动竞赛已在车间、班组和个人之间深入展开。省级各部门和兰州市领导的五个试点，经过一段工作，估计在四月十日至二十日，可以先后结束第一阶段，及时总结这一段试点工作的经验，转入第二阶段。省级机关已在十七级以上干部或全体干部中传达学习中央指示，进行了开展运动的组织准备工作。四月九日省委召开省级和兰州市级机关十七级以上党员干部大会作了动员，运动立即全面开始。

以上安排，是否妥当，请西北局批示。

Z579－1

农业机械部党组关于开展厉行增产节约和“五反”运动的报告

1963 年 4 月 12 日

薄、谭副总理，经委，国家机关党委并报中央书记处：

兹将我部执行中央关于厉行增产节约和“五反”运动指示的部署和运动进行情况，报告如下：

从三月初起，部党组对于“五反”运动，就先后进行过酝酿。中央关于厉行增产节约和“五反”运动的指示正式下达后，党组即作了讨论，事前并传达了中央二月工作会议的精神。在三月八日召开的农机厂长、党委书记和总工程师会议上，对中央工作会议精神和“五反”指示又作了传达和讨论，会议并通过了部党组起草的关于贯彻执行中央厉行增产节约和“五反”运动指示的指示。三月十三日黎玉同志在党组会上传达了薄副总理对于工业交通部门组织这一运动的指示和国家机关党委的有关指示，提出并讨论了我部如何开展这一运动的计划。三月二十六日正人同志又传达了薄副总理的第二次指示，对于运动如何开展，又作了进一步的安排。

在运动部署的时间上，党组决定：在四月上旬以前为准备阶段（因为四月初以前才能结束厂长、党委书记、总工程师会议），这一阶段，第一主要是抓紧进行反对现代修正主义文件的学习，做好思想准备；第二是进行了解本部机关、直属企业、事业单位的具体情况，搜集材料，根据初步材料对问题和人员进行摸底；第三，建立部和司、局单位、在京事业单位的领导小组；第四，对于已开展增产节约运动的直属企业，如北京农业机械厂等进行了解，摸一摸运动的初步经验和问题。二月间还曾召开了六个企业的党委书记会议，了解企业干部和全体职工思想作风、生活问题情况，收集了一部分材料。

在上述准备工作的基础上，当结束了全国直属和重点企业厂长、党委书记、总工程师会议以后（中间又对机关精简工作，传达和讨论了总理的指示，在机关全体人员中鸣放了几天），于四月八日下午即开始了“五反”运动的第一阶段。这一阶段的主要要求，是进一步学习中央的指示，按照指示的要求在党组到科处长以上的干部中，展开批评、自我批评，检查思想作风，整顿制度，即检查分散主义、官僚主义及多吃多占、走后门等生活特殊化问题，做到从党组起到科、处长以上干部，大家彻底洗澡。这一阶段，准备分别召开党组扩大会（全体正、副司、局长及在京事业单位负责人都参加）和司、局、处、科级以上的司、局领导干部会两种会议。这两种会议可能要到四月底左右才能结束，如有必要，也可能再延长时间。

党组扩大会议已于四月八日下午召开，到今天为止，已开了四次。党组扩大会议的主要要求，首先是由党组成员先进行自我检查，然后司、局级同志向党组领导和每个成员提意见，同时司、局级干部也进行自我检查。到四月九日第三次会议，党组每个成员（除新到职的李济寰同志外）均已进行了第一次自我检查（检查内容另报。中组部、国家经委各派了一位同志参加了我们的会议，发言情况，他们当会汇报）。司、局长一级同志发言的，已达十三人。发言同志的自我检查大多集中在思想作风、政治立场、生活问题这三个方面。我们准备在检查了生活问题上的特殊化等一般问题以后，着重发动司、局一级同志检查党组成员的领导作风，特别检查分散主义和官僚主义，联系到今后如何整顿作风、整顿制度等问题。下星期准备继续召开四次到五次会议，求得所有到会同志都能充分发言，把问题都说透。

在党组扩大会议和司、局、处、科长会议期间，同时不放松运动下一步骤的准备工作。预计五月中旬左右，运动可转入第三阶段。同时对于日常工作，特别是企业生产、基本建设及事业单位的增产节约运动和长远规划，也当抓紧进行，决不许放松。为此，已分别成立管理“五反”运动和增产节约的两个办公室。党组成员除按日常工作原定分工外，并决定正人、斌洲两同志多管“五反”运动，黎玉、逢时、立功、济寰四同志多管增产节约和其他日常工作。党组每星期开会一次，按时进行检查。

以上是我部关于厉行增产节约和“五反”运动的第一次报告，不当之处，请予指示。

另附上我部给直属企业、事业、机关单位关于执行中央厉行增产节约和“五反”运动指示的指示一份［略］，请予审查。

Z509－5

彭真在全国工业交通企业开展增产节约和“五反”运动座谈会上的讲话

1963年4月27日

这次会议研究了工业交通企业开展增产节约和“五反”运动的问题。这次运动是一场严重的阶级斗争、两条道路的斗争，又是一个增产节约、贯彻执行多快好省的总路线、促进国民经济新的高涨的运动。各地的运动都刚刚在试点，在这个时候召开这个会，研究如何开展增产节约和“五反”运动是很重要和适时的。会议开始时，大家对一些问题的看法和意见还不太一致，经过讨论、研究，意见大体一致了。这个会开得很好。我准备讲以下几个问题。

一、现在开展增产节约和“五反”运动需要不需要？时机成熟了没有

需要，很需要。中央在开展增产节约和“五反”运动的指示中已经指出很需要，非搞

不可。1952年的“三反”、“五反”运动到现在已经十几年了，现在这方面的问题很多，很需要开展这样一个运动；但是，去年我们正在进行各项调整工作，开展运动的条件还不大够，也还腾不出手来。现在开展增产节约和“五反”运动的客观和主观条件都具备了，时机成熟了。

把运动推迟一步行不行？肯定说：推迟了，工作会遭受损失。有那么多的贪污盗窃，有那么多的投机倒把、长途贩运，连北京、上海这些没有大开放“自由市场”的地方，都还有成百个地下工厂、黑包工、黑修缮队，不搞怎么得了？同时，现在再不搞“五反”，只会多葬送一些干部、党员，多腐蚀一些工人、农民。

现在农村形势好转了，工业生产也好转了，市场供应也好转了，去年比前年好，今年会比去年好，国民经济将会出现新的高涨。如果不搞这样一个运动是不能适应这种新形势和整个国民经济发展的需要的。

有些同志担心，情况刚刚好转，搞运动会不会把经济，特别是工业生产搞乱？对于这个问题，中央早已考虑过，只要正确地加以领导是不会搞乱的。为什么中央指示中指出这次运动从头到尾要以增产节约为中心呢？这不仅是为了防止这个运动影响生产，而且是为了促进生产和整个经济发展和更快地好转。试点的经验证明：中央的估计是正确的。这次运动刚开始，上海就提出利润可以增加3个亿，北京市可以增加1个亿，当然，这只是一个初步的估算，结果会有出入，但可以从此看出一个大势。全国省、市还很多，我相信会有更大的成绩。这次运动同1958年以后的几年比，已经大不相同。据经委、计委等同志了解，我自己也看了一些厂，运动搞得很有声势。我看的一些企业单位的领导同志并不手忙脚乱，这说明干部和群众都有经验了。

现在各地开始试点，凡试点好的，都是领导亲自动手。只要首长负责，亲自动手，按照中央指示去办，就不会搞乱。但是绝不能大意，要注意防止搞乱。有几种情况要注意：(1) 有一部分领导烂掉了的地方可能搞乱。(2) 有一些单位领导手脚不干净，又不检讨，领导机关又不管的可能搞不起来或者搞乱。(3) 有的单位领导干部闹不团结，“几套马车”。在这些单位中，有的是有原则问题，有些是无原则问题，即使有原则问题，也应当完全按照党的立场，用纯洁的党性，根据坚持真理、修正错误的精神迅速解决。一切无原则纠纷必须立即停止。(4) 有的单位领导人能力弱，也可能搞不起来或者搞乱。有上述问题的单位，就要分别情况，采取适当措施，调整领导机构，由上面派人给以帮助。这样，就可以不出大问题或少出大问题。此外，现在运动搞得好的单位，也切不可大意，如大意起来，也可能出乱子。

同志们，这次运动，我们要防止出乱子，也要准备出点乱子，运动中出一点小乱子是不可免的，不要惊慌失措。主席在1927年《湖南农民运动考察报告》中，对这个问题就已经讲得很清楚了。同志们可以再读读它。现在运动还没有正式开始，已发现坏人杀人、放火事件。应当注意，不要看开始试点搞得不错，就麻痹大意了，要注意，要警惕，要防止搞乱。

二、增产节约和“五反”运动从什么地方入手

首先搞一段增产节约运动。去年各地都搞过增产节约运动，但是这次的增产节约运动，是大张旗鼓、雷厉风行、全国规模的运动，是同“五反”结合起来的增产节约运动，同过去不一样。增产节约要从哪里开始？入手问题很重要。看起来，在企业中应该从“反浪费”入手。现在生产中的浪费现象十分惊人，如北京电子管厂，这次运动群众贴大字报揭发出来的浪费就有3 000多万元，当然，大字报所揭发的浪费，数字不会很准确，但是生产中的浪费确定是惊人的，不要讲3 000多万元，就是2 000万元、1 000万元也不得了。抓住反浪费这个环节，就能充分调动群众积极性，把生产上各方面的问题充分暴露出来，就会形成高屋

建瓴、势如破竹的形势，并且全面地改善企业管理，实现多快好省的方针。凡是这样做了的，效果都很好。因此，要发动群众反浪费，找差距，比、学、赶、帮（比先进、学先进、赶先进、帮后进）。

三、准备工作做什么

主要做三件事：

1. 好好学习中央关于开展增产节约和“五反”运动的指示。看到会议简报中同志们提的有些问题，是在中央指示中已经解决了的，这就说明有的同志还没有好好学习中央的指示。一切应该开展此项运动的单位，要在群众中认真地进行一段以增产节约和“五反”为中心的社会主义教育。领导同志要亲自作报告，要与具体情况相结合，要联系实际进行讨论。八届十中全会以后，各地一般的都进行了社会主义教育，但是与这次开展增产节约和“五反”运动结合进行的社会主义教育不同。需要集中一段时间进行这样一次教育。学习文件和进行社会主义教育的时间不要太长，要针对当前需要解决的问题学习。

2. 领导同志初步洗洗澡。十几年没有这样做了，包括我们在内，“五反”的每一个问题都沾不上我们的边吗？我看不一定。官僚主义、分散主义都一点没有吗？总有点问题吧！还是赶快主动洗洗澡。好同志会自动洗，蜕化变质的人劝他洗，他也不一定洗。有的人想挨过一天是一天，那是没落阶级的思想。我们共产党员是改造世界的，挨什么？怎么能挨呢？各级领导同志要自觉，主动洗澡，早洗比晚洗好，迟洗比不洗好，主动比被动好，洗了比不洗好。你们看过小孩洗澡，小孩不愿洗，哇哇叫，妈妈掐着洗，就是没有自觉性，不知道洗澡对身体健康有益。毛主席多年来倡导的天天洗脸、惩前毖后、治病救人，应该成为干部、党员自动洗澡的思想武器。

3. 摸一两个典型。先摸好的，找出经验，再摸个坏单位。不研究一两个好的和坏的、成功的和失败的典型单位，就不能取得经验，不能及时发现问题，不能很好地指导运动。

四、运动中的几个思想和关键问题

1. 首长负责亲自动手，亲临前线。这次这样大的运动，这样严重的阶级斗争，领导不亲赴前线，就不能及时发现问题，脑子里没有原料，就会“停工待料”。领导应该深入基层，要解剖一个麻雀，取得经验，指导工作，不然就会成为“干巴人”，就会老一套。脑子是反映客观实际的，客观实际已跑了十万八千里，它还没有动，怎么能领导好运动？

2. 放手发动群众、依靠群众。我们党是依靠群众起家的。我们一切工作的基本路线是群众路线。所谓基本路线，就是说一切工作都离不开它。这样大的运动，这样严重的政治斗争，不放手发动群众怎么行？当然群众路线不是天天搞运动，但总要有运动。我们除了在经常工作中要走群众路线以外，还要搞运动。运动的好处是，可以在较短的时间内解决平日很长时间所不能解决的问题。

有些同志搞了半辈子群众运动，忽然对群众运动怕起来了，过去搞运动出了点毛病，但是成绩毕竟还是主要的，不要因噎废食，不能因为被蛇咬一口见到绳子都害怕。还是要发动群众，走群众路线。

放手发动群众，要有集中领导，要跟科学管理相结合。最近我看了一些企业，领导和科室人员在群众运动起来后，并不手忙脚乱，工作秩序很好，就是因为干部学会了走群众路线，学会了依靠群众实现科学管理，和运动结合得好。同时，群众也有了参加企业管理的经验。这些企业中，90%的大字报提的就是生产和工作中的问题，而且多半提得很好。我们对群众的觉悟不可低估。我们过去打游击是内行，做企业不那么熟，缺少经验。现在慢慢有了一些经验，特别是广大的干部和工人有了经验，党委书记、厂长对领导群众运动和依靠群众管理企业有相当经验了，这是很可喜的。

3. 要不要“反”？怕不怕“反”？听说有人很怕。有铺张浪费、官僚主义、分散主义为什么不“反”？有贪污、盗窃、投机倒把行为为什么不“反”？有贪污盗窃行为的人才怕

“反”，你怕什么？革命就是造反，怎么革命半辈子，倒怕“反”了，我们这次运动就叫“五反”运动，你怕“反”就是怕这次运动，就是怕“五反”指示。这样严重的问题只从正面提还不够，不反就不能引起干部和群众的注意，使问题迅速得到比较透彻的解决。事物都是在矛盾的斗争中发展的，斗争就是反。我们不但要反，而且要好好地反一反，才能发现问题，揭露矛盾。反浪费，找差距，不是就能勤俭和变落后为先进了嘛！自己发现问题往往是比较费劲的，放手把群众发动起来，让群众帮助你发现问题和解决问题不是更好吗？

如果有些人手脚不干净，洗干净就算了，何必怕？有人说我们这样做是包庇干部，只要是已经洗干净了，有毛病真正改了，对这些干部就是要适当保护。谁能十个指头一般齐，没有一点缺点错误呢？主席常讲：要坚持真理，随时修正错误。前几年在运动中，在干部处理上出了些毛病，现在已经改正了。这次“五反”运动中，中央指示中规定许多政策界限。贪污盗窃、投机倒把放第三阶段以后专案处理，就是为了防止搞错。只要正确地执行中央的政策，就可以避免许多错误。

4. 不要转移运动的中心。现在的问题很多，要做的事情很多，想都在这次运动里解决，将会顾此失彼，哪样都搞不好。增产节约和“五反”是当前企业的中心工作，中心没搞好，其他问题也就搞不好；即便搞好了，也不能解决根本性的问题。经过几次研究，搞“五反”，是看准了的。“五反”一定要集中精力搞。有的同志什么都想搞，心是好心，搞不好，可能得到坏结果。不要转移中心、分散注意力。

5. 精简问题。中央另有专门指示。

6. 附带讲两个问题：

一是大字报的问题。中央指示中没写，那时有的人赞成大字报，有的人有些担心。这一次我们看了一些工厂，感到大字报还是很好的，它是群众运动的好的方式之一，但不要派任务，规定每人写几张，大字报要围绕运动中心，现在要围绕反浪费、找差距和比、学、赶、帮来搞。有几条要加以控制，例如个人的政治历史问题、贪污问题、私生活问题不要贴大字报。可以写信或者当面告给适当的负责同志，只要这样办，大字报没什么坏处。

还有一个问题是民主人士和民主党派的代表人物，这一次运动中反不反？省、市以上代表人物现在不反。这几年资本主义势力的猖狂进攻，主要不是这些人，而是新生的资产阶级分子和一部分老的中小资产阶级分子。对于在企业里担任实际工作的资本家、小业主要一视同仁，有贪污盗窃和投机倒把行为，要一样地反。在民主党派的机关中，他们自己要搞，可以让他们自己去反，我们可以不干涉。

五、条条块块问题

这是老办法，条条块块的积极性都要发挥，两者结合，这是一条根本原则。要同心协力，有分工又有协作，有的事情条块要主动商量。

条条块块不会没有矛盾，事物是在矛盾中发展的，暴露出问题就商议解决；还是要按照“大权独揽，小权分散。党委决定，各方去办。办也要快，不离原则。工作检查，党委有责”的原则去办。

六、司令部——党的领导

共产党是无产阶级先锋队。在运动中，要加强党的领导。司令部是指挥作战的。在运动中，不加强党的领导不行。要有个坚强的司令部，要在政治上、思想上、组织上把司令部搞纯，把党的队伍搞纯，党员是无产阶级先锋队的战士，要符合这个条件。这几年有些蜕化变质分子，也吸收了一些不够条件的人。有问题的党员，要努力改正错误；不够条件的要努力，学、比、赶、帮。愿意做党员的就会赶上去。不争气、不愿意赶的，那只好不当党员了。

要把企业领导配备整齐，办法是：下面提拔，上面配备。领导干部闹不团结，“几套马车”的要调整。产业军是要作战的，解放军是和敌人作战，产业军是向自然作战，领导核心一定要搞纯，要同心同德，搞好工作。该调整的要调整。在企业中，有些老党员、老干部身体不好，或者能力太弱，实在担当不了现在工作的，可以安排做其他适当的工作，使他们各得其所。

JJS50－4（上）

安子文同志关于增产节约和“五反”运动的情况和今后意见的报告

1963年9月12日

彭真同志并中央：

现在把“五反”运动的发展情况和存在的问题报告如下：

一、运动的基本情况

从今年三月一日中央发出关于增产节约和“五反”运动的指示以来，已经半年。在这个时期内，各部门、各地方都先后按照中央的指示开展了这一运动。目前中央一级机关的“五反”运动，已经基本结束；中央局和省级机关多数单位的“五反”运动，很快可以转入“后两反”（反对贪污盗窃、投机倒把）；地专一级的多数单位和一半左右的县级机关，已经开展了“五反”运动。工矿交通企业，有百分之九十以上的单位，已经开展了增产节约和“五反”运动。其中的绝大部分，正处在反浪费阶段；已经进入反贪污盗窃和投机倒把的单位，约有百分之二。各地财贸系统的基层单位，普遍地开展了改善经营管理运动，并且进行了商业企业的“五反”试点。文教系统的高等院校，多数已经开始进行“五反”；医院的“五反”运动，除北京市已经全面铺开以外，大部分地区正在试点；少数县以上的中学和剧团，也正在进行“五反”试点。

目前，虽然大多数开展运动的单位还没有进入“后两反”，但是，从已经揭发出来的大量材料看，在干部队伍中，在职工群众中，阶级斗争的反映是相当强烈的。不少的干部和职工受到了资产阶级思想的侵蚀，有些人已经蜕化了、变质了。这几年来，资产阶级思想和资本主义势力滋长蔓延之快是很惊人的。

在领导干部中，主要是一些人铺张浪费、生活特殊化、分散主义、官僚主义相当严重，官气、阔气、骄气、暮气十足。他们官架子愈来愈大，生活欲望愈来愈高，革命干劲愈来愈差，优越感愈来愈盛。以中央管理的干部为例，犯有这些错误、情节比较严重的共有三百六十多人，占这一级干部总数的百分之二点三。至于在这方面有一般性缺点错误的人，就更为普遍。领导干部的铺张浪费、特殊化、分散主义、官僚主义，不仅在政治上给我们党造成了极大的危害，同时在经济上也造成极大的损失。仅就十个省市和另外一些省市的一百九十二个单位的计算，由于官僚主义和分散主义造成的损失，就有一百零六亿。如果全国算一笔总账，仅这一项数字，恐怕就不下几百亿。

在一般干部和职工群众中，也暴露出不少的不正确、不健康的东西，突出的是不少人阶级观点模糊，敌情观念薄弱；不少人存在着各种各样的资产阶级个人主义，向往资产阶级生活，他们不是努力把工作做好和关心自己工作是否称职，而是追求“吃得好，穿得好，玩得好，工资多，工作少”；极少数人还有反动思想。在厂矿企业中，公私不分、占公家便宜和小偷小摸的人相当普遍。许多厂矿企业拿摸公物的人占到职工总数的百分之七十到八十；干私活和离职单干的人占职工总数的百分之五到百分之十。

在机关和企业中，还揭发出一批贪污盗窃和投机倒把分子。他们中有许多人已经成了新生资产阶级分子。据今年八月份的统计，已经揭发出来的贪污盗窃、投机倒把的案件，作案人数将近二十万人。其中“万字号”的六百三十多人，“千字号”的上万人。不少较大的案件，盗窃国家财产的数目，达到十几万元，粮食几十万斤。有一部分单位已经被一些贪污盗窃分子所把持，实际上也就是被资产阶级分子篡夺了领导权，烂掉了。像这样的单位，已经发现的就有将近两百个。在这次运动中，还发现一批有组织的反革命分子。有些反革命分子盗窃国家财产，作为他们的反革命活动的经费。有些反革命分子甚至已经掌握了一批武器、弹药，密谋暴乱。

不难了解，对于这种资产阶级思想和这股资本主义势力，如果不开展这次“五反”运动，不坚决地进行斗争和打击，任其长期发展下去，我们的党和国家就会变质变色，我们的社会主义革命和社会主义建设事业，也可能因此而前功尽弃，这是十分可怕的。

但是，“五反”运动和农村社会主义教育运动开展起来以后，形势很快就开始改变了。正气上升，邪气下降，牛鬼蛇神一般开始被打击下去，或者缩回阴沟里去了。

在这次运动中，各部门、各地方都已做了大量的工作，并且贯彻了边整边改的精神。在一切已经开展了运动的单位，干部和群众进一步明确了阶级观点，革命热情和革命干劲大大地提高了。在很多部门、很多地方大大地发扬了艰苦朴素、勤俭节约的革命传统。铺张浪费、多吃多占、请客送礼的风气已经开始刹住，“后门”已经开始堵塞。干部生活待遇方面的一些不合理的规定已经取消。很多单位的领导核心比过去更加团结了，党内的民主生活更加活跃了，党的民主集中制比过去健全了。很多领导机关在工作方法和工作作风上有了显著的改变。突出的表现是领导干部深入基层作调查研究的多了；上级同下级、部门同部门、干部同群众之间，关系更加密切了。

通过增产节约和“五反”运动，在经济上也取得了重大的成果。在运动中，许多工矿交通企业的生产管理水平已经逐步地提高。很多企业的成本降低了，产量增加了，产品的质量提高了。财贸系统所属的很多单位，在经营管理方面也有了较大的改进。市场上的长途贩运和投机倒把活动已经大大减少，有些地区已基本肃清。这对促进国家财政状况的好转，起了显著的作用。

总的说来，这次运动的发展是正常的、健康的。但是运动开展的深度还很不平衡，不少单位同中央的要求，还有一定的距离。有些单位领导干部“洗澡”的决心不大，群众发动的不充分，问题揭得不深，反得不透；有些单位有厌倦松劲情绪，对运动抓得不紧，拖拖拉拉；也有些单位急于求成，走过场，草率收兵；也有少数单位，只抓了小的日常生活问题，却放松了大的政治、经济和思想作风问题；还有些单位没有边整边改，甚至边反边犯。所有这些问题，如不注意解决，“五反”运动就不可能收全胜之功。

二、运动的主要做法

这次“五反”运动，各地都是按照中央关于“五反”指示进行的。在运动中都贯彻执行了我们党所规定的一些基本领导原则。这就是：坚持党的领导，放手发动群众；领导干部亲自动手；贯彻执行群众路线；认真地进行调查研究，实事求是地解决问题；通过试点，取得经验，然后分批地、有计划地逐步地开展运动。在运动中各地都执行了“说服教育，洗手洗澡，轻装上阵，团结对敌”的方针，团结了百分之九十五以上的干部和群众，同阶级敌人作斗争，同自然界作斗争。在步骤上大体都是按照中央的指示：在县以上机关分两个阶段进行；在企业里分三个阶段进行；有的地方和部门，还加上了一个系统整改、总结经验或者是巩固建设的阶段。

根据各地情况，搞深搞好这次“五反”运动的主要做法和经验是：

第一，解决好领导机关和领导核心的问题，是搞好整个运动的重要环节。县以上领导机关和领导核心，是指挥这场斗争的司令部。司令部的问题如果不解决，就不可能正确地领导这场斗争，使运动取得胜利。因此，领导机关和领导核心应该先行一步。先县以上领导机关，后基层单位；先领导干部，后一般干部和群众，自上而下地一层一层地解决问题。

在县以上领导机关，应该把“五反”的重点放在前“三反”（反对铺张浪费、官僚主义和分散主义）。从各地运动中揭发的材料看，在县以上的领导机关里，贪污盗窃、投机倒把这类问题毕竟是少数，而生活上的铺张浪费、特殊化和工作上的分散主义，特别是官僚主义这方面的问题比较普遍，影响也比较大，同时这些问题都涉及领导干部本身，反起来也比较困难。因此，县以上领导机关必须抓住主要问题把前“三反”搞深搞透，要反复地搞，多来几个回合。

领导干部“洗好澡”是搞好前“三反”的重要关键。搞得好的地方，都是在前“三反”中，把主要力量放在检查领导干部的缺点错误上面，不让有严重毛病的人不痛不痒地滑过去。要做到这一点，一方面要靠领导干部的自觉性，下决心引火烧身，认真地进行自我检查；另一方面要充分发扬民主，放手发动群众，不要规定什么清规戒律，让群众有什么讲什么，大胆地揭发问题。领导干部在“洗澡”中，对于多吃多占、走后门、生活特殊化这一类问题，必须认真地检查改正。但是不要只限于这一方面，应当着重检查工作上的官僚主义、分散主义。同时也要教育群众不要扭住领导干部的一些生活方面的问题不放，而把工作中的重大问题放了过去。有些问题一时实在解决不了，可以暂时挂起来，以后慢慢解决；有些同志的思想一时搞不通，不要硬去打通，可以等待一个时期。这样才能使得绝大多数的同志，都能够在运动结束以后，不背包袱，心情舒畅。

第二，在整个运动中，专门划出一段时间进行群众性的社会主义的自我教育是必要的。这次“五反”运动是一次伟大的社会主义革命运动，通过这个运动，不仅要使领导干部，而且要使一般干部和广大职工都受到一次深刻的教育。为了提高全体干部和广大职工的阶级觉悟，防止资产阶级思想和修正主义思想的影响和侵蚀。在县以上机关，当领导干部“洗澡”结束以后，可以专门进行一段群众性的自我教育。学习文件，联系实际，开展批评与自我批评，自觉地放包袱，但也不必要求人人过关。在企业里，除了在整个运动进行的过程中要经常不断地对职工进行社会主义教育以外，还需要有专门一段时间，采取回忆对比、讲家史、厂史和用本单位当前的事例，向职工群众进行阶级和阶级斗争的教育。这种方式生动活泼，效果很好。

第三，在企业里开展增产节约运动，从反浪费入手，这是一个好的经验。通过反浪费，可以充分地调动职工群众的积极性，很快地取得重要的经济效果，给国家节约大量的人力、物力和财力。抓住反浪费这个环节，能够揭露出企业经营管理中的很多问题，也就有可能进一步提高企业的管理水平，实现生产上的多快好省的方针。

在反浪费斗争中，要对职工普遍进行勤俭建国的教育，使得每个干部、每个工人都能精打细算，不浪费一厘钱，不糟蹋一点原材料。要发现和树立标兵，提出“学、比、赶、帮”的口号，发动大家“找差距，赶先进”。

通过这一次反浪费斗争，要把企业的管理水平提高一步。要发动技术人员、工人和领导干部一起，共同认真研究和解决企业管理上的问题，特别是关于责任制的问题和定额管理的问题。

如果企业单位反浪费的斗争搞得好，企业中领导干部的官僚主义和分散主义就能大量暴露出来，干部、群众中的正气就会大大发扬起来，这就能为企业里下一步的“五反”运动打下一个好的基础。

第四，“五反”运动的后“两反”，是我们同阶级敌人直接进行的一场斗争。这场斗争是尖锐复杂的，要求我们必须进行细致的工作。

在“两反”的过程中，各级党的组织都应该有主要的领导干部亲自来指挥这场战斗，并且要负责到底。要充分地发动群众，认真地进行多方面的调查研究，组织群众清查财物、仓库、账目，发现漏洞，发现线索，掌握确实可靠的材料。不要采取大会逼、小会挤，“逼、供、信”的办法来解决问题。同时，对大家要反复地交代政策，进行教育，号召自觉地放包袱，交代问题。用具体的事例来说明，无论犯有多么严重的贪污盗窃和投机倒把罪行，只要坦白交代，决心悔改，坚决退赔，就可以从宽处理。坦白交代的方法可以多种多样，可以在小组会上谈，可以找领导人谈，也可以写书面的材料。如果别人揭发的事实，本人认为有出入，也要容许申辩。

在"两反"中，一定要细心地区别两类矛盾。必须防止把人民内部的问题当做敌我问题来处理，也必须防止把敌我问题当做人民内部问题来处理。对于一些一时搞不清楚的问题，不要急于处理。对于情节严重的、比较复杂的案件，应该组织专案小组，进行处理。

只有采取上述做法，才能够把贪污盗窃、投机倒把分子彻底揭露出来，不致发生偏差。

三、今后安排和需要进一步解决的问题

按照现有的进度，全国县以上领导机关的"五反"运动，可以争取在今年内基本结束。工矿交通、财贸和文化教育等系统的企业、事业单位的"五反"运动，明年还需要搞大半年或者一年。今年下半年，县以上的中学、医院、剧团等单位，主要是进行"五反"试点，以便于积累经验。在小学校中，可以考虑利用假期，把教职员集中起来进行自我教育的办法，进行"五反"。县以下农村中的基层财贸单位，哪些开展"五反"运动，哪些开展"四清"运动，城市和乡村的合作商店、合作小组怎样搞法，可由各中央局、各省、市、自治区党委研究决定。

根据当前运动发展的情况，各部门、各地方必须继续加强领导，全面安排。对于已经开展运动的单位，要抓紧进行，搞深搞透，不要赶时间，走过场，造成"夹生饭"。对于已经结束运动的单位，要进行一次复查，搞得不好的，应该进行补课。对于还没有开展运动的单位，应该坚持分期分批的原则，不要一下子铺开，以免得领导上顾此失彼，陷于被动。对于基层的企业、事业单位和少数问题比较严重的县级机关，应该尽可能地由上级领导机关派出工作组，帮助他们进行"五反"运动。

为了巩固运动中已有的成果，取得运动的全部胜利，还有些问题需要进一步地加以解决。

第一，关于加强各级领导机关的领导核心的问题。

一个领导机关的领导核心，应该是一个善于指挥作战的、能够团结干部和群众的强有力的司令部。从运动中揭发的一些事实来看，有些单位的领导核心不够健全，急需加强；有的领导核心已经全部烂掉了，需要重新配备班子；有些单位的领导核心闹不团结，形成两三套马车，应该坚决予以调整，有些犯有严重错误和能力过弱的领导干部，不适合于现在的工作岗位，应该调离现职。各部门、各地方要下很大的决心，有计划地把调整干部的这项工作做好；同时，对于一些年老体衰、丧失工作能力的领导干部，也要加以妥善的安置。

为了健全和加强各级领导核心，还必须提拔甚至破格地提拔一些真正优秀的、身强力壮的、有基层工作经验的同志，来担任领导职务；必须加强培养干部的工作，有计划地选派一批优秀的同志到基层单位去工作，经过两三年的锻炼以后，再把他们提拔到领导岗位上来。这样就可以使我们的领导机关，不断地、逐步地增加新的血液。

毛主席曾经指示，在党的、政府的、军队的各个系统中，应当完全实行精简、统一、效能、节约和反对官僚主义的五项要求，应当建立统一的、指挥如意的、使政策和制度能够贯彻到底的工作系统。我们要在"五反"运动的基础上，经过一段时间的努力，把调整、提拔、培养和安置干部的工作做好，实现毛主席的这个指示和要求。

第二，关于认真地贯彻执行民主集中制、认真地改进工作制度和工作方法的问题。

运动发展的情况表明，一些领导干部在生活上、作风上、工作上所以发生毛病，同有些部门、有些地方的民主集中制贯彻执行得不够好，工作制度、工作方法上存在着缺点，有很大的关系。因此，必须从根本上来考虑，要采取具体措施，解决这方面的问题。

贯彻执行民主集中制最重要的是，要使领导干部能够经常受到党组织和群众的监督。应该每年划出十天半月的时间，放手地发扬民主，发动机关的工作人员，对机关工作的各个方面和领导干部，充分地发表意见，畅所欲言，帮助领导克服缺点，纠正错误，做好工作。在领导干部之间，应该定期地举行生活检讨会，开展批评和自我批评。这些方法，都是防止领导干部生活上特殊化、工作上官僚主义和分散主义的重要保证。

在改进工作制度和工作方法这方面，最根本的就是要求各级领导干部密切地联系群众，密切地联系实际。各级领导干部，必须按照中央的规定，定期地到基层单位作调查研究；每年要有一定时间参加集体劳动。对于有关干部的特别是领导干部的生活待遇方面的一些规定和制度，也应该切实地检查一下。不合理的，应该加以改变；不完备的，应该加以充实。

"五反"的最后阶段，各领导机关都应该制定出本单位的工作条例。在工作条例里边，应该包括上述的内容。要结合本单位的具体情况，把它具体化。通过工作条例的制定，要使得本单位有明确的工作方向和工作原则。在条例制定出来以后，一定要贯彻执行。

第三，关于整顿工人阶级队伍的问题。

工人阶级，特别是老工人和职工中的先进分子，是我们党主要的依靠力量。这几年随着社会主义建设事业的发展和工人阶级队伍的壮大，社会上的各色各样的人，大量地涌进了我们的企业，使得职工队伍变得复杂起来。因此，有必要通过这次运动，认真地整顿一下工人阶级的队伍。企业的党组织应该对于本单位的职工进行一次认真的了解，摸清他们的历史情况、政治情况，以便做到心中有数。在这个基础上，对不同的人，具体地加以分析，分别对待。

整顿工人阶级队伍可以从整顿和清理企业中的现有的群众性的组织着手。在整顿和清理的过程中，要采取适当方式，通过适当手续，把混进工会、共青团的地主分子、富农分子、资产阶级分子、反革命分子和其他坏分子清除出去。其中有些人有破坏活动或者犯有其他罪行的，应当开除出企业。这些人犯了什么法，就治什么罪。在企业中，除了已有的工会、职工代表会、共青团等组织以外，可以不用再建立新的群众性的组织。

对于留在企业中的地主分子、富农分子等，可以不降级、降薪。但是，这些人不得参加工会，并且要通过适当方式公布他们的成分。必须抓紧对这些人的教育、改造工作。要争取他们中间的多数人老老实实地为工人阶级服务，在劳动中改造自己。

对于在企业中工作的剥削阶级分子的子女和反、坏分子的子女，不要给他们戴帽子，主要是看他们本人的表现和政治态度如何。要加强对他们的教育和改造工作。对于他们中间犯了一般性错误的人，应该帮助他们改正错误，不要采取厌恶和仇视的态度。对于其中少数思想一贯反动、坚持反动立场的人，要进行必要的斗争。如果他们进行破坏活动，或者犯有其他罪行，就应该把他们从企业中清洗出去，依法处理。

第四，对于犯错误的干部和贪污盗窃、投机倒把分子的处理问题。

"五反"运动是一次重新教育人、改造人的伟大的革命运动，是一场团结百分之九十五以上的干部和群众，打击和粉碎资本主义势力猖狂进攻的斗争。通过这个运动和斗争，不仅要把广大干部和群众的社会主义觉悟提高一步，不仅对于犯有一般错误的人，要根据惩前毖后、治病救人的精神，给予教育和帮助，使他们改正错误；就是对那些贪污盗窃、投机倒把分子，也应该尽可能地争取他们改造成为新人。因此，在运动中必须坚决贯彻执行中央提出的：教育为主，惩办为辅，揭发、批判、退赃从严，组织和法纪处理从宽和区别情况、分别对待的精神。

对于那些犯有铺张浪费、官僚主义、分散主义错误的人，只要他们认真检查，一般地不要给予处分；对于多吃多占除情节特别恶劣、严重的以外，只要保证不再重犯，一般地不要退赔；对于犯有其他严重错误，作了深刻检讨、决心改正的，一般地也可以不给处分，或者从轻处分。即使对于那些蜕化变质的，也不要只靠处分的办法，而要着重帮助教育他们，使其转变回来，重新做人。

贪污盗窃、投机倒把分子，在实质上同我们是一种敌我性质的矛盾，但为了便于争取改造他们，一般地可以当做人民内部矛盾来处理。对于这些人，要根据赃款、赃物数目的大小，本人态度的好坏。罪行情节的轻重，退赃是不是彻底等情况，分别对待。有些人贪污盗窃的赃款、赃物即使数量很大，只要主动地坦白交代、检查得好、退赃退得彻底，可以不以贪污论罪。也就是不逮捕法办，不开除公职。但是应该根据具体情况，给这些人以适当的行政处分；是党、团员的，还应该受到一定的组织处分。有些人贪污盗窃的赃款、赃物数量不大，态度也比较好，可以不以贪污论处。也就是，不戴贪污分子的帽子，不给予处分。但是，赃款、赃物仍然必须认真地退出，不能让他们在经济上占便宜。当然，对于那些态度恶劣、拒不坦白的贪污盗窃、投机倒把的惯犯和集团的首要分子，必须从严惩处。处理这类问题，既要有原则性，又要有灵活性；既要能够促使一些犯有盗窃国家财产罪行的人，主动坦白交代；同时又要使得这些人，今后不敢重犯。

以上意见，是否妥当，请指示。

Z91－3

中共中央批转中央监委关于"五反"运动中对贪污盗窃、投机倒把问题的处理意见的报告

1964 年 1 月 2 日

第 9～12 页。D220～5455（18）

中共中央关于继续抓紧进行"五反"运动的指示转发华北局和中南局的两个文件

1964 年 3 月 22 日

第 313～330 页。D220～5455（18）

（二）社会主义教育运动

一些农村干部对建立贫农下中农组织有抵触思想

1963 年 4 月 22 日

最近，在四川农村社会主义教育运动中，纷纷建立了贫农下中农组织，这在农村中引起了强烈的反应。广大贫农下中农群众欢欣鼓舞。他们说："毛主席硬是看到我们的心眼上了。""毛主席就像亲眼看见我们一样，叫我们起来当家做主，我们的腰杆就硬了。""这一下子我们又出头了，有权了，有奔头了。"大多数干部反映："成立阶级组织，有了依靠力量，工作就好做了。""有人监督，就可以少犯错误了。"

但是，根据江津专区一些县、社和新繁县新民公社的调查反映，有一些社、队干部中，对于建立贫农下中农组织的问题有抵触思想，有的干部甚至公开抗拒这一决定。

（一）否认农村还有贫农、下中农、上中农等阶级差别的存在。认为"土改已经十多年了，大家都是凭劳动吃饭，只有劳力强弱的差别，没有阶级成分的差别了"；"公社化以后，都靠工分吃饭，没有贫农、下中农了"。有的还认为："经过几年灾害，大家吃一样的饭，富裕农民都变成了贫困户了。"因此，这些干部主张："工作中只要提出走群众路线就行了，用不着再提什么阶级路线了。""当前农村的

根本任务是搞好生产，不一定要强调阶级路线。”铜梁县新兴公社党员付社会陈××（女）说：“搞运动依靠群众就行了，成立贫农下中农代表小组是多余的圈圈。”

（二）认为贫农下中农“依靠不得”，对贫农下中农采取鄙视态度。说贫农下中农“大部分是劳弱户，在生产劳动中硬不过别人，说不起话，能力又弱，办不了事”；“都是些伸手向国家要东西、得救济的五保户、困难户，依靠不得”。铜梁县西郭公社党委书记周××举出五个例子，说“贫农刘××是风扯扯的，贫农刘××不会说话，贫农妇女柏××不起作用，贫农林××是老好人，贫农唐××过去犯过错误，没有威信”，为他的“贫农依靠不得”的谬论辩护。有些干部还认为：“上中农人多，劳力强，有领导生产的经验。”大足县土桥公社碾盘大队支部书记张××说：“四队的一切，离不了雷××（富裕中农），只有他才吼得起来!”

（三）认为发动贫农下中农起来成立阶级组织，是同干部“唱对台戏”，是限制他们的“自由”。有的上中农出身的干部认为领导上不再信任他们了，情绪消极。少数有较多缺点、错误的干部，则害怕贫农下中农起来揭他们的“底”，再也当不成干部了，便采取以攻为守的办法；有的则公开地在会上哄闹；有的集体退出会场，叫喊“不干了”；有的甚至威吓、谩骂贫农下中农说：“蚂蚁子都要跳起来咬人!”有的讥笑说：“恭喜你当官了，有捞头了。”

四川省委在转发《新繁县新民公社等地建立贫农下中农组织试点工作报告》的批语中指出：“一定要认识这一工作是长期而艰巨的。建立贫农下中农组织的过程，即是对农民进行社会主义教育、提高阶级觉悟的过程，也就是农村阶级斗争和两条道路斗争的过程。”“有一些党组织对于这一工作采取消极态度，这实际上就是忽视农村的阶级斗争，这是错误的，必须立即加以纠正。”

《宣教动态》，1963年第38期

农村干部犯错误的面有多大?

1963年4月

最近各地农村社会主义教育运动中揭露出来的材料说明，农村中部分干部受资本主义和封建主义腐蚀的情况，是相当严重的。根据几个省所揭发的材料来看，干部中犯有贪污盗窃、投机倒把、违法乱纪等行为的，一般约占干部总数的30%左右，多的达到百分之四五十，有的甚至整个组织都烂掉了。也有一些省、市的统计，犯这类错误的干部只占10%左右。加上干部中的封建迷信、赌博、腐化堕落、铺张浪费、多吃多占和革命意志衰退等，犯错误的人的百分比，就更大了。因为各地统计的分类方法不一，所以综合起来比较困难，现在将几个省、市的材料，分别摘录如下：

四川：省委试点之一的新繁县新民公社，在生产队长、会计以上干部中有30%的人利用职权，贪污盗窃，投机倒把，牟取暴利。省委认为，这个公社可以代表全省公社的绝大多数。另一个可以代表全省少数公社情况的是郫县永定公社，这个公社党委委员13人中，参加贪污盗窃、投机倒把集团的就有9人（其中，党委书记2人，正副社长2人）。

广东：根据各地揭发，干部参加投机倒把，或者同投机倒把案件有牵连的，占干部总数的百分之二三十，多的达百分之四五十，其中严重的，整个组织都烂掉了。

江西：根据九江地区9个县在三级干部会议上的统计，犯有不同程度错误的干部，占到会干部的13.8%，其中，贪污盗窃的占犯错误干部（下同）的3.5%；投机倒把占8.7%；铺张浪费占10%；多吃多占占41.8%；搞不正当男女关系占9.1%；赌博迷信活动占7.3%；革命意志衰退占6.2%；敌我不分占4.4%；分散主义占5%；官僚主义占4%。在这些犯错误的干部中，县级机关干部占到会县级干部（下同）的22.9%，区社干部占38.6%，大队干部占48.3%。另据九江地区统计，原来不愿当干部的大队干部约占15%，生产队干部约占20%，经过教育以后，分别下降为4%和6%。

湖北：根据孝感县在集训的8 698名基层干部、党员中统计，犯有各种错误的达66.1%，其中，闹单干的306人，占3.5%；投机倒把的795人，占9.1%；阶级立场不稳、敌我不分的479人，占5.5%；前三项合计占18.1%。搞迷信、闹宗派的2 438人，占28%；包办子女婚姻的1 787人，占20%。

河北：根据平泉县统计，全县大小队干部有贪污盗窃行为的，占干部总数的6.6%，其中三类队的占20%～30%。又据滦南县统计，全县大队和生产队干政中有大大小小问题的，约占40%，其中构成问题的约占25%，问题比较严重的约占10%，贪污盗窃、投机倒把的约占2%～5%。

福建：根据南平地区12个县在三级干部会上统计，有各种投机行为的，占到会干部的3.2%；贪污盗窃的，占到会干部的3.1%；不干工作、热心于小自由、革命意志衰退的，占到会干部的8.98%；为首搞迷信的，占4.5%。以上合计为19.73%。此外，根据顺昌县统计，干部多吃多占的，占到会干部的40%，其中严重多吃多占的，占14%。又据崇安、泰宁、邵武、建瓯四县统计，干部有腐化堕落行为的，占到会干部的5.4%。

陕西：根据典型调查，在基层干部中，有贪污盗窃行为的约占15%左右。

山东：根据历城县在参加县党代会的706名干部中统计，犯有一般的多吃多占、铺张浪费、本位主义等错误的，占到会干部的65.5%；犯有贪污盗窃、投机倒把等错误或者犯有铺张浪费、分散主义等错误情节十分恶劣的，占到会干部的12%。

北京：根据朝阳区统计，公社各级干部犯有投机倒把、贪污盗窃、道德败坏、违法乱纪、多吃多占、立场不稳、多开十边地等错误的，占农村干部总数的6.25%，其中公社一级干部占同级干部（下同）的9.5%，大队一级干部占9.4%，生产队一级干部占5.2%。

《宣教动态》，1963年第41期

从江西余江县干部的一些统计数字看干部的政治思想状况

1963年4月

最近，江西省余江县委对正副局长，各公社、农（垦）场的党委、行政负责人，生产大队党支部书记以及生产队长等干部，进行了一次全面调查和分类排队工作，计分为永不褪色、有点变色、错误较多、蜕化变质、阶级异己分子五个类型。情况如下：

项目		合计	正、副局长级干部	公社、农（垦）场领导干部	大队书记	生产队长
总人数		2 289	124	88	181	1 896
第一类	人数	747	28	16	78	624
	（%）	32.6	23.4	18.1	43.1	33
第二类	人数	1114	66	46	84	918
	（%）	48.6	53.2	52.3	46.4	48.5
第三类	人数	385	26	19	19	321
	（%）	16.8	2.1	21.6	10.7	17
第四类	人数	41	3	7		31
	（%）	1.8	2.4	8		1.4
第五类	人数	2				2
	（%）	0.08				0.1

调查的结果表明：绝大多数干部和党员的革命意志是坚定的，社会主义方向是明确的。他们保持了革命者的本色，继承和发扬了党的光荣传统作风。例如，县税务局长、县委委员李书亭，是23年党龄的党员，一贯保持艰苦朴素的革命传统，主动把组织上照顾他（革命残废军人）的物资，给本单位急需的同志享用，经常背着行李步行下乡工作。又如划桥大队党支部书记汤根才，他家所在的生产队增产少，社员吃粮多；而另一个生产队增产多，社员吃粮却低。他发现这个情况以后，经过党支部商量研究，给后者减轻了9 000斤征购任务，动员他住家的这个队，多卖了9 000斤粮，真正贯彻执行了多产多吃的原则。

但是，从调查的材料看，部分干部和党员在思想作风上也有不少问题，有的还很严重。主要表现有：

（一）贪污盗窃。共计73人，占干部总数2 289人的3.18%。其中，正副局长1人，占局长级干部的0.8%；大队书记2人，占大队书记干部的1.1%；生产队长7人，占生产队长级干部的3.8%。

（二）投机倒把。共计161人，占7.03%。其中，公社（场）领导干部3人，占3.4%；大队书记6人，占3.3%；生产队长152人，占8.36%。

（三）严重多吃多占，挥霍浪费。共计251人，占10.96%。其中，正副局长21人，占60.9%；公社（场）领导干部6人，占6.8%；大队书记40人，占22.1%；生产队长182人，占9.7%。例如云峰公社党委书记、县委常委熊××，向商业局要营养供应，每月吃鸡12只，肉8斤。

（四）腐化堕落。共计45人，占1.96%。其中，正副局长1人，占0.8%；公社（场）领导干部2人，占2.2%；大队书记2人，占1.1%；生产队长39人，占2.14%。

（五）参与并且主持宗族活动、械斗。共计26人，占1.13%。其中，公社（场）领导干部2人，占2.2%；大队书记1人，占0.5%；生产队长23人，占1.26%。马荃公社团委副书记参加和策划械斗的时候，提出："杀死对方1人者，奖100元，缴获土炮1门者，奖40元；缴获鸟统1枝，奖100元；缴获刀、棍1物者，奖5元；走漏消息者赶出欧姓，铲谱除名；无故不参加械斗者罚200元。"

（六）敌我不分，丧失立场。共计230人，占10.04%。其中，公社（场）领导干部1人，占1.1%；大队书记10人，占5.5%；生产队长215人，占20%。弓塘大队胡家生产队，地主儿子在厕所里写了一条反动标语，生产队长胡××（党员）不但不检举，反当公安人员的面冒认说："这条标语是我的儿子写的。"（认为自己是共产党员，不会有问题；地主儿子写的，就要法办）

《宣教动态》，1963年第41期

上海郊区干部整风中解决了哪些问题

1963年4月

根据上海市委报告，该市郊区社会主义教育运动中层层召开三级干部会议，进行干部整风。通过三级干部会议整风，主要解决了干部中以下三个方面的问题：

（一）批判了"农村已经没有阶级"的思想，加强了阶级和阶级斗争的观念。不少干部检查了阶级观念模糊、阶级立场动摇的问题；也揭发和批判了少数干部从事投机贩卖、闹包产到户、闹"分队风"等活动。许多基层干部说："这两年来，阶级界线模糊了，幸亏党和毛主席把我们从大梦中叫醒过来。"

（二）普遍地检查了多吃多占、铺张浪费、不参加劳动等特殊化行为。社、队干部检查和揭发多吃多占的约占百分之八十；有的干部还请人看风水、占地造屋；个别的甚至用"打秋风"的恶劣手段，借生儿子、儿子满月的名义，请酒骗钱。经过会议教育，认识到这些错误，是从"当干部多吃多占、理所当然"这一错误思想发展起来的。有的干部沉痛地说："这是地主、富农的思想跑到脑袋里来了，当了共产党的干部，却学了国民党的样子。”还有一些干部检查了挪用公款、化公为私、贪污盗窃等问题，有的检查了强迫命令、打人绑人等违法乱纪行为。

（三）批判了当干部“吃亏”，不愿当干部的思想。这种“吃亏”思想在不脱产干部和一部分当地农民出身的脱产干部中，原来相当普遍，有的认为当了干部，影响种自留地、发展家庭副业，开会多，支出大；有的则把不能去搞投机叫做“吃亏”。这个问题，过去曾经进行过多次教育，都没有得到解决。这次运用了回忆对比的方法，以阶级观点来分析，比较顺利地解决了这个问题，特别是贫农、下中农出身的干部，认识到自己不愿当干部，难道把印把子交给地富分子，从而自觉检查了忘本思想，表示要努力为党工作，全心全意为人民服务。此外，有的同志检查了本位主义的思想行为，加强了全局观念。

报告说，从三级干部会议揭发出来的问题看，农村干部真正全心全意为人民服务、认真执行党的政策的，是少数；大多数基本上是好的，有不同程度的缺点、错误。少数犯有错误的，大多也是思想作风上的问题。犯有错误的干部通过三级干部会议以后，绝大多数放下了“包袱”，成为社会主义教育运动中的骨干。

《宣教动态》1963 年，第 41 期

中南局提出在农业生产中也必须贯彻执行依靠贫农下中农的阶级路线

1963 年 7 月 29 日

中南局七月十八日批转李尔重同志在河南林县等地的调查报告，指出，不论是已经在搞社会主义教育运动的点上和未搞的面上，都必须无例外地依靠贫农下中农来搞好生产。特别在面上更要强调依靠贫农下中农搞好生产。虽然在面上不进行扎根串联，不建立贫农下中农组织，但是召开一些贫农下中农的会，当场解决贫农下中农的一些生产和生活上的困难（特别是贫农下中农的困难户，要很好安排生活与生产），对干部过去不依靠贫农下中农的错误，认真作检讨，并且立即提出改正错误的措施，同时干部要与贫农下中农一起参加劳动，要结合夏收分配把“四清”问题好好解决一下，把“四清”的一些制度能尽先建立起来的尽先建立起来。

李尔重同志在报告中提到，林县和辉县也和其他地区一样，社会主义教育逐步深入之后，群众生产积极性不断提高，于是到处出现派不出工去的现象，为派工还要“走后门”，群众埋怨“天天鼓干劲，有劲没处使”。社会主义教育暂时停止、集中搞生产的时候，各地仍然不断出现中农和富农对贫农下中农，特别是对困难户的讽刺：贫农下中农有病，就说“谁也知道躺着出气匀和”；贫农下中农生孩子，被认为是“又添了一个爹”；说困难户是“填不满的坑”；认为贫农下中农在生产中没有本事，无非是“阶级站对了”。这就出现了一个现象：中农、富农一到生产中就娇气；贫农下中农“在政治运动中抬头，到生产运动中低头”。

在干部当中，“运动靠贫农，生产靠中农”的思想影响并不轻，相当多的干部认为中农在生产上有经验、有技术、有办法，搞好生产必须依靠这些人。可是他们的经验不过是单干经验，他们向往的办法也是这一套，说到集体经济的全面规划、长远打算，他们是不积极的。这种思想情绪，反映到干部身上便产生了面对群众积极性（实际上是贫农下中农的积极性）束手无策的现象。两个县委认识到要想打开生产门路，组织生产高潮，必须依靠与发动贫农下中农。

我们习惯于找贫农下中农开会，建立贫农下中农组织，这是必要的，但这是远远不够的。社会主义教育运动以来，贫农下中农开会多，误工多，经济上越困难，在生产战线上越抬不起头来。他们说：“这样依靠下去，受不了。”贫农下中农迫切要求解决这个问题，使大家在政治上扬眉吐气，在经济上也扬眉吐气，不解决这个问题，就打不退中农、富农的骄气和娇气，也不可能出现一个以贫农下中农为依靠、团结中农的生产运动。

所以，两个县委在从政治上积极依靠贫农下中农的同时，狠抓了扶助贫农下中农搞好生产，克服经济困难的工作。

他们采取了这些办法扶助贫农下中农发展生产：第一，因人因地制宜，安排各户各人力所能及的活路。强的、有手艺的安排，老的、弱的也要安排，例如拔草、间苗、看场、看水车、看家畜等。第二，帮助解决生产工具。辉县于一九六三年帮助贫农下中农购置小推车一万六千五百六十一辆，林县购置一千一百六十七辆、小农具二百三千八百四十八件。第三，帮助贫农于中农搞生产上需要的基本建设。例如，林县帮助修房五千四百一十四间。第四，帮助栽种果树、药材及用材树。例如，林县帮助贫农下中农栽种了葡萄、瓜蒌、花椒等一万八千一百余棵。第五，帮助发展家庭副业，特别是帮助发展养猪。林县帮助贫农下中农买小猪六千五百零三头，辉县帮助买五千余头。第六，帮助解决当前生活中的困难，例如治病、添补衣服、被子、添补口粮等。林县用救济粮十二万斤。第七，在积极扶助生产后还不能解决的困难，依靠集体给以照顾。

《宣教动态》，1963年第70期

中共中央关于印发和宣传农村社会主义教育运动问题的两个文件的通知

1963年11月14日

第383~420页。D220~5455（17）

中共中央关于在全党组织干部宣讲队伍，把全党全民的社会主义教育运动进行到底的指示

1964年3月22日

第331~332页。D220~5455（18）

中共中央对甘肃省委、冶金工业部党组关于夺回白银有色金属公司的领导权的报告的批示

1964年6月23日

第572~574页。D220~5455（18）

农村中形形色色的资本主义

1964年7月9日

根据华北局办公厅的材料反映，从华北地区“四清”运动揭发出来的材料看，近几年来，农村资本主义势力活动猖狂，其主要特点是城乡勾结，打着集体经济的招牌，以公开合法的形式进行活动，而更大量的是利用农民的资本主义自发倾向，因而大肆泛滥。

一、城乡勾结，套购国家物资，进行投机倒把

北京丰台区石景山公社八角大队的农具修配厂、化肥厂、火石厂和卢沟桥公社的汽车修配厂、农具厂都混进了一批国民党军官、日伪汉奸、兵痞、刑满释放的贪污分子和资本家、小业主等牛鬼蛇神，窃取了企业的重要职务。他们打着社队企业的招牌，用贿赂手段，与一二十个省、市的上百个单位拉上了关系，大量套购、倒卖国家物资。一年多，共获暴利三十四万多元。

二、掺假骗人，偷税漏税

河北霸县煎茶铺公社沙窝大队，以支部委员×××为首，勾结地富反坏和投机倒把分子，开办酒厂和冰棍厂，除去用高粱秸作酿酒原料以外，还非法套购粮食四万多斤，并且以掺水、偷税漏税等办法，获取非法利润达十八万元。×××等人宣扬：“南斯拉夫可以搞福利国家，我们为什么不可以搞福利村庄呢？”他们用酒厂的非法利润收买社员。许多社员迷失了方向，热衷于盖新房、添家具，使集体经济遭到破坏。

三、组织地下建筑队，出卖发货票，坐分

“管理费”

北京丰台区南苑公社石榴庄大队综合加工厂和七个生产队，与城镇投机倒把分子合伙组织地下建筑队，并且出卖发货票，坐地分赃。他们承揽了中国科学院、西郊机场、电子管厂等三百六十个单位的土建工程，生产大队和生产队获得非法“管理费”六万九千多元，投机倒把分子非法收入二十四万六千多元。

四、损国家，肥集体

骗取国家奖励。北京密云县东康各庄大队是个缺粮大队，去年国家供应统销粮三万斤。他们以支援灾区名义把两万斤统销粮卖给国家，骗取奖励布票，同时仍然要国家供应粮食。

盗窃国家物资。山西运城县运城公社西街大队以支部书记为首，用八辆胶轮车组成一支运输队，明为盐化局运输物资、器材，暗中却大量偷盗国家物资。仅一九六二年就偷盗煤炭三万多斤和许多建筑材料。全大队有百分之七十五的社员也偷该局的煤炭，不仅自用，还转手出卖。大队干部竟恬不知耻地说：“靠山吃山，靠水吃水，靠盐池就吃盐池。”

五、损集体，肥个人

北京大兴县黄村公社西黄村大队一九六二年获得丰收，但是留的公积金只占总收入的百分之四点九。一九六三年春天集体生产发生困难，只好靠借贷度日，除去向国家贷款一万多元以外，还向社员高利借钱借种子，例如，借一百斤花生，要还花生和小麦各一百斤。丰台区西铁匠营大队社员浇自留地的水电费由大队负担，用队里的菜籽和菜秧种自留地往往少要钱或者不要钱。

六、单干倾向

任意扩大自留地。河北霸县煎茶铺公社各村自留地一般都超过“六十条”的规定，有的生产队平均每人自留地达一亩。北京昌平镇公社化庄大队，去年把集体耕地七十八亩分给社员，每户合一亩左右。

多开小片荒地。山西沁源县下务头大队，根据不完全统计，去年开小片荒二百八十九亩，为集体耕地面积的百分之二十一，每户平均一亩八分多，有的户达十亩以上。忻县地区宁武县李家洞大队去年集体口粮每人平均只三十八斤，而小块地、自留地的粮食，每人平均达三百斤以上。

副业单干。北京昌平县吕各庄大队去年大秋农忙的时候，有百分之七十至百分之八十的社员不出勤，忙于打草出卖。山西沁源县下务头大队有铁、木、石匠等三十二人，占全大队男劳动力总数百分之二十八，他们很少参加集体生产，多数没有认真执行向集体交款的规定，去年交集体的钱，只占他们全年总收入的三分之一。

七、弃农经商

河北霸县煎茶铺公社一九六一年以来，不断发生社员弃农经商现象。根据后两间村统计，有一百七十四户从事贩卖牛羊肉等商业活动（占全村总户数的百分之七十一点六），销售牛羊肉达十二万斤之多。该村大小队干部几乎全部参与，支部书记还到税务所开“自产证”偷漏国税。由于社员热衷搞商业活动，去年荒了一千三百多亩土地。

八、放债放粮，雇工剥削

根据河北静海、安次、三河等县十五个公社不完全统计，放高利贷的有六十七户，款两万六千五百元，粮食一万四千四百斤。月息一般是一二十分，最高的三十七分。霸县煎茶铺公社二十一个村的统计，有十四个村八十五户放粮一万八千六百多斤。其中有些是借粗粮还细粮，有些是借少还多，比例是借一还一点五或者借一还二。

北京丰台区卢沟桥公社三路居大队招收城镇居民，在北京市承揽机关、企业的房屋修理和水暖安装业务。雇工最多的时候有四百多人。这些人工资很低，但是对外都是以技术工人的高工资标准结账，大队从中进行剥削。河北武清县崔黄口公社幌刘庄村上中农×××从供销社套购线绳，雇了五户贫农专门给他加工织成土布，高价出卖，获利数千元。

九、买卖房基地，高价出租房屋

河北霸县二十一个村的统计，贯彻“六十条”以后，还有四十七户卖房基地十一亩多，五十六户买房基地八亩多，每亩平均六千元左右。买卖房屋的现象更普遍。仅东台山一个村就有四十六户卖房四十八间。

《宣教动态》，1964 年第 38 期

中共中央对关于一个大队的社会主义教育运动的经验总结的批示

1964 年 9 月 1 日

第 185～187 页。D220～5455（19）

中共中央关于印发《农村社会主义教育运动中一些具体政策的规定（修正草案）》的通知

1964 年 9 月 18 日

第 225～265 页。D220～5455（19）

中共中央关于社会主义教育运动夺权斗争问题的指示转发天津市委关于小站地区夺权斗争的报告

1964 年 10 月 24 日

第 305～308 页。D220～5455（19）

中共中央、国务院关于抓好社会主义教育运动同时抓好生产救灾工作的通知

1964 年 10 月 31 日

第 309～311 页。D220～5455（19）

中共中央关于在问题严重的地区由贫协行使权力的批示

1964 年 11 月 12 日

第 326～328 页。D220～5455（19）

中共中央印发《关于农村社会主义教育运动中工作团的领导权限的规定（草案）》的通知

1964 年 11 月 13 日

第 329～332 页。D220～5455（19）

中共中央关于农村社教工作队工作方法问题的批示转发安子文进村四十天的工作报告

1964 年 12 月 17 日

第 431～447 页。D220～5455（19）

中共中央关于印发《农村社会主义教育运动中目前提出的一些问题》的通知

1964 年 12 月 28 日

第 527～533 页。D220～5455（19）

农村社会主义教育运动中目前提出的一些问题中共中央政治局召集的全国工作会议讨论纪要

1965 年 1 月 14 日

第 18～33 页。D220～5455（20）

中共中央转发王鹤寿、刘彬同志关于鞍钢“四清”试点工作的经验总结

1965 年 5 月 2 日

各中央局，各省、市、自治区党委，中央各部、委党组（党委），军委总政：

现将鞍钢四清试点工作的经验总结（王鹤

寿、刘彬同志给薄一波同志的一封信)，发给你们参考。

附：王鹤寿、刘彬同志关于鞍钢“四清”试点工作的经验总结

1965 年 3 月 31 日

一波同志：

鞍钢的社教运动，从去年八月份开始，第一批搞了六个试点单位，除一个单位（供应处）因为清经济要费些力气，还需要较长时间以外，剩下的五个单位，到今年四月份基本上都可结束。

我们考虑到，在其他钢铁基地没有建成以前，鞍钢在支援三线建设、支援国防建设、支援全国经济建设方面，都担负着繁重的生产任务；特别是明年第三个五年计划开始以后，国家对鞍钢的要求，将会更多更重。这个情况说明，客观形势要求鞍钢的社教运动搞得快些、好些，搞慢了，搞晚了，对国家建设不利。但是，鞍钢又是一个有六十五个厂矿、单位，十四万职工的大型联合企业，社教运动能不能搞得快些、好些？我们反复研究了这个问题，最近又根据“二十三条”检查总结了第一批试点单位的经验。大家认为，只要在政策上、工作方法上正确，这是可能做到的。原来设想用三年时间，即到一九六七年基本上搞完。现在看，可以提前到一九六六年底基本上搞完。首先，最根本的原因，是因为有了“二十三条”这个伟大的文件，使群众、干部、工作队的方向明了，思想明了，做法也基本上有了，可以不走或少走弯路。其次，经过六个试点单位，我们初步摸到了鞍钢的阶级斗争的大体情形，心中比较有数了。同时还积累了正面的和反面的经验，在实际斗争中训练了一千多人的工作队，特别是有了一批比较得力的骨干。当然，问题还有。最主要的就是缺少根据“二十三条”，从头到尾又快又好地搞完一个单位社教运动的经验。

根据这个要求，我们初步规划，分四至五批把鞍钢的社教运动搞完。今年四、五月份开始搞第二批，共十五个厂矿单位。到今年第四季和明年再搞三批，每一批搞四至五个月。这样，到明年底，可以基本上搞完。

鞍钢这个大型联合企业的社教运动怎么搞法？根据“二十三条”和我们在六个试点单位取得的基本经验，初步想到了五个问题。

第一，区别对待。根据厂矿和单位的不同，采取的做法也应该有所不同。从我们在六个试点单位摸到的情形看，鞍钢的厂矿和单位，正如“二十三条”上讲的，大体上有四种情况。比如，化工厂就是一个好的或者比较好的单位，供应处是一个问题多的（特别是经济问题）单位，樱桃园矿、电修厂是两个性质严重的单位。根据我们的试点经验，不同情况的厂矿或单位，社教运动的做法应该有所不同，不能是一种做法。但是在“二十三条”以前，基本上是一个路数。都派大工作队，都从扎根串联、训练积极分子、组织阶级队伍、发动群众揭阶级斗争盖子做起，然后开展斗争，搞得很繁琐，时间拖得很长，搞了四五个月，问题还没有得到解决，旷日持久，费时费力。大家认为这种不根据厂矿、单位的具体情况，区别对待，是一种形而上学，不符合客观实际。

今后，我们打算在摸清了情况的前提下，区别对待。就是说，对于好的、比较好的厂矿或单位，派少量的工作队，基本上采用大整风的办法，放手发动群众，开展批评自我批评，用比较短的时间，解决企业“四不清”的问题。我们还准备在第二批搞社教运动的十五个厂矿和单位中，选择一个好的单位，即领导核心强、有自我革命要求和革命干劲的单位，基本上不派工作队，在鞍钢社教工作团具体领导和帮助检查下，由原来的领导班子搞社教运动，先试验一下这种做法是否有可能。对问题多的，性质严重的厂矿、单位，则派比较强的工作队，时间也可以比较长一些。总之，不管采取什么做法，都要按主席指示的六条标准，把企业的社教运动搞好。

第二，对企业要解决的问题，除了一般地

搞“四不清”以外，还要抓住每一个厂矿、单位存在的主要问题，认真地解决一批问题，不平均使用力量。这也是我们在试点过程中取得的一条重要经验。在“二十三条”以前，把要解决的问题的面铺得宽了，什么问题都想在这次运动当中解决，这不符合客观实际，也是一种形而上学。从我们第一批搞的六个试点单位看，虽然都有一些要解决的共同性的问题，但是也应该有不同的重点。比如，供应处的经济不清问题很突出，每年外购物资达两亿多元，几年来损失浪费达一千多万元（这里边有贪污盗窃，也有由于官僚主义造成的）；电修厂、樱桃园矿的领导班子问题很严重；化工厂虽然是一个比较好的企业，但是干群关系、经营管理方面的问题比较多；也有些单位，因为不直接管理物资采购和成品销售，经济不清问题虽然也有，但主要问题并不在这方面。总之，对每个厂矿、单位要解决的问题，应该进行具体分析，抓住问题，不要一般化。

第三，放手发动群众，相信绝大多数职工的觉悟。过去的六个试点单位，都把放手发动群众放在第一位，工作队实行了“三同”，思想工作也做得比较扎实细致，广大职工都真正说了心里话，经过这次运动，特别是“二十三条”传达以后，干部、群众的心情逐步舒畅起来，革命精神也都振作起来了，情形比较好。

但是，我们也走了一段曲折的道路。从思想认识上来讲，最主要的是在开始一段把在今天的情形下放手发动群众看得过难了，多多少少有些神秘化。因此，在一个点上集中的工作队的人员过多了，也出现过冷冷清清的扎根串联，过于强调根子扎正、强调积极分子的纯洁性，过多地采用办训练班的办法。这也是不符合客观实际的，也是一种形而上学的表现。

六个试点的经验都证明，放手发动群众说难就难，说不难也不难。十多年来经过党的政治和思想上的不断教育，广大职工是有相当高的觉悟的。我们体会到，只要结合企业的实际，真正把“十条”讲好，把“二十三条”讲好，要讲到职工的心上，而且把政策交给群众，把问题交给群众，把道理讲得明明白白，放手让群众起来革命，企业里面很快就会出现大革命的局面。有了革命形势，又抓住活思想，不断进行教育，职工的觉悟和积极性就会随着运动的发展不断提高。这样发动群众就不难。相反，如果搞繁琐哲学，搞神秘化，发动群众就难。

第四，相信大多数干部可以起来革命。这也是我们试点的经验。在“二十三条”以前，对大多数干部在社教运动中，在群众、工作队的帮助下，经过教育能够自己起来革命这一点估计不足，认识上有片面性。所以进厂以后，有一段时间没有在放手发动群众的同时，抓紧干部教育，把他们甩在一边，工作队和干部的关系绷得很紧，使许多好的和比较好的干部感到接近工作队又不是、不接近又不是，左右为难，以致长时间背着不必要背的思想包袱，甚至几个月还没有解放大多数，没有实行“三结合”。这对孤立、打击极少数坚决走资本主义道路的当权派不利，对放手发动群众也不利。“二十三条”下达以后，我们改正了这一点。我们本着严肃、积极、热情的态度和区别对待的精神，动员干部自己起来革命，洗澡放包袱，开展批评自我批评，一般的不到三个星期，就比较好地解决了干部的“四不清”的问题；还根据中央解决班组长问题“五条”的精神，也比较好地解决了班组长和群众的关系问题，比较顺利地做到了干部、群众双满意。

我们准备，第二批搞社教运动的单位，工作队一进厂就一手抓发动群众，一手抓干部自己革命，解放大多数，孤立极少数坚决走资本主义道路的当权派；还准备选择一定的时间召开面上的干部会议，动员干部自己革命，自觉放包袱，解决一批问题，解放大多数干部。这样，今后的社教运动还有可能搞得更快些、更好些。

第五，打破框框，解放思想，克服盲目性，提高自觉性。这是我们试点总的体会。要做到这一点，就要自始至终学习贯彻主席思想，自始至终贯彻“二十三条”。本来搞革命运动，主席有系统的指导思想，有完整的工作方法，但是由于我们思想上有盲目性，所以一碰到具体问题，一接触实际，又往往忘记了主席的教导。比如，我们对运动的彻底性、对把根子扎正、对工作队和积极分子的纯洁性、对阶级斗争的新形势、对放手发动群众等等方面，都有一些框框，思想不解放，因此，运动搞得时间比较长。又比如，在“二十三条”以前，曾经出现过盲目地照搬农村的经验，照搬别的地区、别的单位的经验，没有认真地按照主席的思想，对企业和本单位的实际情况，进行具体的分析，实事求是地有什么问题解决什么问题。半年多的试点，使我们深刻地体验到，什么时候，什么地方，只要离开了主席思想，就要走弯路，就要出偏差；符合了主席思想，就会搞出成绩。我们准备在总结试点经验，训练第二批工作队的时候，教育干部牢牢记住这一点。

以上就是我们对鞍钢社教运动的大体规划，和我们在试点工作中取得的几点经验，不知对否？请予指示。

Z173 – 18

中共中央转发谢富治同志关于沈阳冶炼厂社会主义教育运动结束的报告

1965 年 5 月 8 日

各中央局，各省、市、区党委，中央各部委，国家机关和群众团体各党组，军委总政：

谢富治同志《关于沈阳冶炼厂社会主义教育运动结束的报告》和两个附件都很好，现发给你们参考。

社会主义教育运动在沈阳冶炼厂，不论在政治上、经济上、思想上、组织上都获得了很大的成绩。他们的工作方法也是好的。值得其他地方学习。

在干部洗澡下楼之后，组织工人普遍进行一次批评与自我批评的自我教育，洗手放包袱，是需要的。这不是整工人群众。但是这必须在以下的条件下进行：（1）群众发动起来帮助干部洗澡下楼之后，普遍感到满意，并且普遍要求自己也洗洗手；（2）说明群众洗手的目的，注意群众洗手的方法，是自觉自愿，不追不逼，不搞人人过关，洗多少算多少。只要注意以上两条，让群众在适当的时机进行洗手，就不会产生副作用，并且大有好处。

附：谢富治：关于沈阳冶炼厂社会主义教育运动结束的报告

1965 年 4 月 30 日

中央、主席：

沈阳冶炼厂的社会主义教育运动，在辽宁省委和沈阳市委的领导下，从去年九月开始，分批展开，到今年四月结束。现报告如下：

一

运动的结果：

第一，通过运动，比较充分地发动了群众，批判了各式各样的资产阶级思想，特别是经营管理中的资本主义思想；打掉了苏联那一套管理企业的旧框框；我们自己的一套办社会主义企业的原则、政治挂帅、毛泽东思想的伟大红旗，在这个厂子里树立起来了。

第二，减了人，增了产。全厂五千八百六十名职工，减掉了二千〇八十名，占百分之三十五点五。二十一个科室合并为十四个，十二个车间减为七个。生产任务，去年计划五万八千吨，实际完成了八万一千吨。今年，全厂职工只留有三千七百多人，但从现在的情况看，今年预计产量可以突破十万吨（约占全国有色金属产量的四分之一），产品质量二级品提为一级品，品种由十六种增加到二十一种，成本降低一千万元。目前，全厂职工意气风发，干劲很大，一个新的生产高潮正在形成和到来。

第三，查出了一百〇五名逃亡漏网、长期隐藏的地、富、反、坏分子，占职工总数的百分之一点八一，其中有好几个万亩以上的逃亡大地主；还有十六名当了干部。

查出了有贪污盗窃、投机倒把行为的人五十七名。其中，有两人分别交出黄金四十两，白银三百二十四两。

第四，建立和健全了各级领导核心，选举了

车间、工段党、政领导干部。现在看，厂级、车间、工段三级干部，绝大多数配备的比较整齐。干部作风也大为改观，各级干部积极参加劳动已经成为新的风气，并且已初步形成了制度。

二

整个运动，大体上经历了五个阶段，即发现和训练积极分子；全面发动群众，揭露矛盾，干部洗澡下楼；清政治，清经济，划阶级，查坏人；整顿各种组织；改革企业管理。

这五个阶段不是机械划分的，每个阶段各有中心而又互相联系。贯穿着各阶段的是发动群众、揭露矛盾和解决问题三件大事，使运动层层深入，步步发展。

三

有关运动的几个问题：

（一）抓主要问题

职工群众揭露冶炼厂的问题很多，但根本的问题是社会主义和资本主义两条道路的斗争，是政治不挂帅，毛泽东思想不挂帅。过去厂里虽然也讲政治挂帅，但没有落实到实际工作中去，更没有落实到车间、工段、班组和工人中去。工人们说："这里是政治挂帅在嘴上，四个第一在墙上，毛泽东思想在本上。"政治为根本、工人为基础这个问题没有解决，不是政治统率经济，而是经济挂帅，搞小名堂。这就是这个厂里的主要问题。运动中，我们始终以解决这个问题为中心，并围绕着这个问题解决其他的一些问题。

（二）自始至终注意发动群众

运动中，每时每事都注意了发动群众。而最主要的是走了三段路，也可以说是三个不同的发动群众的高潮：

第一，工作队通过劳动、走访，调查研究，了解情况，培养积极分子，并用办训练班进行实战演习的办法，训练了一千七百多名积极分子。这为全面发动群众打下了基础。这项工作，虽然在运动初期是完全需要的，但拖了两个多月的时间，精雕细刻多，大刀阔斧少，正如"二十三条"所指出的，开始时大胆放手不够。

第二，通过群众批评和干部自觉革命，解放干部的大多数。工人群众一经发动起来，除了揭露厂领导的问题以外，就直接针对一部分民主作风不好的车间、工段干部，展开了尖锐的批评。对这些"顶头上司"烧一下也是必要的，因为，这些干部的毛病直接妨害群众的切身利益和积极性。不把这些干部的问题剥开，工人的革命热情就会受到压抑。这是发动群众很重要的一步。但这一段工作很艰苦，也很不容易掌握，搞不好容易出问题。少数车间的触及面偏大。

第三，中央的"二十三条"下达以后，在以解决敌我问题为重点的清政治、清经济、查坏人阶段，抓住几个交代问题的好坏典型，开大会，讲政策，大刀阔斧地发动群众。这样做，声势大，影响深，使中央的政策一竿子到底，加快了运动的进度。

此外，在运动后期，我们还运用各级职工代表大会来团结积极分子，联系群众，效果很好。但起初运用的不够。

（三）在解决问题的基础上实现团结干部的大多数

全厂共有干部一千〇四十四名，洗澡下楼的工段长以上干部三百七十一名。其中，进行了帮助的二百六十一名；受批判的九十一名；被斗争的十九名，占全厂干部的百分之一点八。这十九人，属于敌我问题的九名（多数是四类分子）；属于问题严重受党内和行政处分的十名，不到全厂干部的百分之一。

运动中实现了团结干部的大多数，包括全体党委成员和所有的工程技术人员。之所以能够这样，是因为我们始终遵循着中央和主席指示的精神，对干部采取严肃、积极、热情的态度，坚持团结—批评—团结的方针，一手抓发动群众，揭露问题；一手做干部工作，启发他们自觉革命。当然，主要的是发动群众对干部进行批评帮助。没有群众斗争的革命形势，要使干部自觉革命是不容易的，也不可能做到真团结。但只有群众的批评，没有对干部的工作，要使他们自觉革命也是困难的。我们一开始除了生产由他们领导外，还吸收他们参与运动的领导；随着干部下楼，又逐步组织了“三结合”的各级领导小组；同时，在批判中允许他们随时申辩，以后又专门划出时间让他们申辩。这样，既没有因为强调发动群众批判斗争，而放弃领导，不讲政策，不区分大是大非和小是小非；也没有因为强调干部自觉革命，而使干部洗澡下楼走过场。既做到了使问题较多的干部出了一身大汗，又达到了团结他们的目的。

（四）纯洁工人队伍

从冶炼厂的情况看，工人队伍中确实还隐藏着一批坏人，而且藏得很深、很巧妙。这次查出来的一百零五名四类分子中，就有七十七名原来一点材料线索都没有。这些人都是经过查证了的货真价实的四类分子，不仅有万亩以上的大地主，而且还有身负血债的反革命分子和特务分子。看来，在工厂企业中，从农村和城镇逃亡来的四类分子，还是不可忽略的。

在运动的全过程我们都注意了查坏人，主要用了三种办法：

一是调查查证。通过发信和派人，先后对全厂百分之九十的职工进行了调查，从中发现了一批四类分子的材料、线索，并弄清了一千二百多名职工的各种一般性的政治历史等问题。

二是划阶段。根据城市重点划一头的精神，采取自己讲、群众评、普遍划、重点查的办法；不搞繁琐哲学，反对唯成份论，实行对劳动人民内部问题松、对敌我问题紧的原则，划清了职工的出身成分，查出了一批四类分子。

三是开展政策攻势。利用典型案例，抓住战机，召开大会，进行从宽从严处理，全面体现政策，进一步号召有问题的人主动交代问题。于是又有一批四类分子出来坦白交代问题。

以上三个办法是相互联系、层层挖深的。通过调查，掌握了坏人的材料；通过划阶级和开展政策攻势，发挥了群众运动的威力，促使坏人主动交代问题。这样，绝大多数好人没有感到那么紧张，又把坏人筛了出来。

对于清查出来的一百零五名四类分子，根据他们的表现，经过群众评审，依法判处管制的两名，戴回帽子的三十一名，都交由群众就地监督改造。

（五）民主选举干部

在整顿组织阶段，用无记名投票选举了车间、工段的党、政、工会干部和班组长，健全了基层领导核心，改变了原来干部不力不齐不纯的状况。在选举以前，酝酿了两个多月。这时，干部表现很积极，参加劳动，改正缺点，见人就征求意见，唯恐选不上自己；开票中，在选票不到半数和超过半数时，干部神色两样。工人对于选举干部，非常认真，普遍认为，今后有办法监督干部了：“你好就选你，你不好就不选你。”工人是顾全大局的，在挑选干部时，不仅注意政治条件，而且很重视干部的生产技术和管理能力。对有缺点错误的干部，在洗澡下楼时，对他们批评很尖锐，但在改正了错误以后，就仍然选他们当干部。这使干部很受感动。看来，在工厂里实行民主选举干部的制度，应当长期坚持下去，这对于促进干部改变作风，改正缺点错误，改善干群关系，都很有好处。

此外，在整顿各种组织中，有二十二名共产党员缓期登记，同时发展了一百零四名党员，并有意识地接收了两名出身坏、一贯表现好的人入党。这在知识分子中反映强烈。在登记工会会员中，有一百六十多名被评为预备会员，其中有四类分子，有思想反动改造不好的人，也有少数是劳动人民中大法不犯、小法不断、屡教不改的人。还有四十多名戴着帽子的四类分子和阶级异己分子未被批准入会。至于剥削阶级出身、表现好的人，都入了会。这样区别对待，工人很满意，都说现在的工会像个工人阶级的组织了。

（六）进行企业管理革命

企业管理革命，主要是裁减人员、精简机构和改革不合理的规章制度，而中心问题是减人，因为人减少了，就没有人和时间去搞那些烦琐的东西了。厂子里往往是：一提增产就要求增人，一提减人就喊困难；去年还增加了两百多人。究竟今年能不能减人？关键有两个：

一是派人到车间去劳动，二是发动群众，浮在上面是减不了的。因此，在运动后期，我们专门划出一段时间，大搞群众运动，大鸣大放，让群众自己来解决，并且提出了节约劳动力，支援内地建设，支援新建单位的积极口号。群众热拥护，积极响应，几天工夫就有百分之九十五以上的人自动报了名，家属也写信支持，表示不拉后腿。不到一个月的时间，全厂就减了两千多人。生产工人减了百分之十八，辅助工人减了百分之四十二，干部减了百分之四十。还减了一个土修车间和一批服务人员。现在，大部分已到了新的单位。由于在动员中我们公开讲明，支援内地是到更艰苦的地方去革命、去建设，不是去享福。因此，职工有了精神准备，到了新单位以后，看到并不像讲得那么苦，普遍高兴，没有一个开小差的。

冶炼厂减了这么多人，附近厂子的职工反映很强烈。看来，减人问题，不是这一个厂的特殊问题。

随着减人，大搞增产节约运动。这个厂虽然许多设备比较陈旧，去年又已经大幅度增产，今年在减了百分之三十五以上的人员以后，产量能不能突破十万吨，成本能不能降低一千万元，少数人曾经一度担心，但经过发动群众讨论，大搞技术革新，技术革命，打破了管理上的旧框框，改革了束缚生产力的规章制度，群众认为，完成今年这几项任务是完全有把握的。经过运动，这个厂子和职工群众在政治上、思想上、生产上都获得了全面的丰收。这证明，群众一旦被毛泽东思想武装起来，就会产生无穷无尽的力量，任何困难都可以克服，任何成绩都可以创造出来。

以上报告，请审阅指示。

Z173－19

中共中央批转四川省委关于既快且好地进行四清运动的报告

1965 年 5 月 16 日

四川省委并告各中央局，各省、市、区党委，中央各部委，各党组，军委总政：

中央同意四川省委五月十三日的报告。但是关于计算干部退赔时间的问题，中央希望各中央局、各省、市、区党委考虑后，在最近把意见报告中央，经中央考虑后再把中央意见告诉各地。中央认为在干部退赔问题上避免过分畸重畸轻的现象，在全国范围内作大体统一的规定是需要的。但是各省和各个地区、城市和乡村的情况都不相同，应当允许各省和各个地区、城市和乡村在计算干部退赔时间的问题上有一些出入，作一些不同的规定。同时，还要考虑到过去在“四清”运动中已经退赔了的，并且已经分配给社员了的，如何处理？中央认为凡是已经分配给社员了的，一律不许再向社员要回。

附：中共西南局转报四川省委关于既快且好地进行四清运动的报告

1965 年 5 月 13 日

中央：

现将四川省委五月十三日《关于既快且好地进行四清运动的请示报告》转报中央。我们同意这个报告。贵州省委关于退赔的时间计算问题，也提出了和四川省委相同的意见。我们同意这些意见。当否，请中央一并批示。

中共四川省委关于既快且好地进行四清运动的请示报告

1965 年 5 月 13 日

中央并西南局：

我们于四月底至五月初，召开了省委工作会议和省委全体会议，除讨论了备战、三线建设和生产等问题以外，还着重讨论了今后城乡四清运动问题。大家认为，为了加紧备战工作和支援三线建设，为了迅速发展工农业生产，四清运动很有必要加快进行。这也是广大群众的迫切要求。

但是加快社教运动速度，究竟能不能保证质量呢？我们认为，有了“二十三条”做准绳，又有了两年来社教运动正反两面的经验，特别是按照“二十三条”精神进行试点的初步经验，只要抓住解决运动中的主要矛盾，采取正确的政策和恰当的方法，就可能把运动搞快搞好，达到主席指示的六条标准的要求。这里有几个问题必须正确的解决。

（一）按照“二十三条”的规定，把运动的主要作战目标对准党内那些坚持走资本主义道路的当权派，并且把各级领导核心健全起来，这是社教运动的主要要求。这个问题解决得如何，对于整个运动有决定意义，应当自始至终抓紧解决。为了在加速社教运动时，能够较好的解决这个问题，同时又不致产生走过场的危险，我们在春节以后，曾进行了一小批公社的试点。在试点中，一方面用主要力量解决两条道路斗争的大是大非问题，不在次要和枝节问题上纠缠；另一方面把斗争的锋芒对准干部中那些少数大的贪污盗窃分子、投机倒把分子、蜕化变质分子和阶级异己分子，对于干部中大多数只有小量贪污多占的人，发动群众帮助他们洗澡下楼，尽快地把他们解放出来；并且按照“二十三条”的规定，不允许用任何借口去反对社员群众。这样做，贫下中农和社员群众的发动就比较快，干部中的多数也能够较迅速地解放出来，干部中的那些性质严重的分子也就容易暴露和孤立起来。这样做，既能够抓住重点对象，解决主要问题，又能缩短时间，加快运动进度，也不会降低运动标准。为了更好地争取、团结大多数，打击、孤立极少数，我们建议，从下期起，在计算干部退赔的时间问题上，除少数大的贪污盗窃、投机倒把分子仍然从一九六一年下半年算起以外，一般都从八届十中全会以后普遍展开社教运动之时算起（从一九六三年一月起计算）。这样更可以减少运动阻力，减少工作量。

（二）认真实行“两依靠”、“三结合”。“二十三条”下达后，我省各县普遍召开了三级干部会议，又进行了一次社教学习，进一步整顿了领导核心，基本上掌握了县、区两级干部的情况。今后开展运动，工作团就可以首先和县、区两级大多数干部结合起来，共同领导“四清”运动和生产。在社队进行“四清”运动时，就可以在工作团和县区干部两结合的基础上，一手抓发动贫下中农和社员群众，一手抓干部洗澡下楼工作，逐步做到县、区、社、队各级“两依靠”、“三结合”。这样，既可以增加工作团的力量，便于全面了解情况，更好地分工合作，进行各方面的工作；又可以避免与当地干部对消力量的缺点，减少运动的阻力，从而把运动搞快搞好。

（三）为了统一领导，正确贯彻政策，加快速度，保证质量，在人口集中的地区和冬季农闲的时间，拟以公社为作战单位，以大队为支点，大规模地进行发动群众和干部洗澡下楼工作。在人口分散的地区和农忙时间，则应当以大队为作战单位，进行工作，但交代政策、统一思想认识、部署工作等，尽可能以公社为单位进行。这样，就可以派较少的工作队开展较多社队的运动，较快地解决战斗。

（四）为了使社教运动点面结合得更好，在农村的点上，仍然按照过去的办法，有重点地分期分批地打歼灭战，先搞三线建设任务重的、粮食和经济作物产量大的、问题较多和尚未进行过“四清”的地区。在面上，主要是集中力量抓生产，但是在每年大小春分配时，对于当年“四不清”的问题，要分别组织力量进行两次严格的检查，督促干部实现立功补过计划，并且注意解决突出的问题。这项工作做好了，既有利于当年生产，又可为今后加快社教运动准备条件。

城市工矿企业的“四清”运动，拟在下一期试行中央于五月二日转发王鹤寿、刘彬同志《关于鞍钢四清试点工作的经验总结》中的方法，以便取得经验再行推广。

（五）为了更有把握地加快运动速度，保证质量，我们决心在今年夏秋季第二期“四清”运动中，认真加强领导，使各级党委和工作团全体干部，确实取得较为完备的、既快且好的开展社教运动的经验。

如果按照以上政策措施来领导社教运动，

我们预计，今后的社教运动，四五个月就可以搞完一期，工作团今年夏秋季可以一分为二，今冬明春还可以一分为三，每年搞两期，争取在三年的时间内，即在一九六七年底以前，把全省的四清运动基本搞完，是可能的。

以上意见，如中央同意，我们即据此部署工作。

当否，请中央指示。

Z173－20

中共中央对湖北、河北两省委关于今后农村“四清”运动部署问题的批示

1965年5月17日

第205～215页。D220～5455（20）

中共中央转发段君毅、周建南两同志关于长春汽车厂开展“四清”运动的报告

1965年5月22日

各中央局，各省、市、区党委，中央各部委、各党组：

兹将段君毅、周建南两同志关于长春汽车厂开展“四清”运动的报告，转发你们（转发至大、中型厂矿党委），请参阅。这个厂子的“四清”运动搞得很不错，特别是跟企业管理革命化、组织生产高潮结合得好，作出了成绩。

附：段君毅、周建南同志关于长春汽车厂开展四清运动的报告

1965年4月23日

一波同志：

长春汽车厂开展“四清”运动的第一批单位（约一万四千人），将在六月份基本结束，第二批（约一万三千人）正在陆续铺开。预计到今年八、九月份，可以全部搞完。

现将这个厂当前的主要情况和下一步大搞革命化的设想，简报如下：

一

自从开展“四清”运动以来，全厂形势很好，革命精神振奋，生产蒸蒸日上。表现在：

（一）广大职工群众的阶级觉悟有了很大提高，精神焕发，生产热情高涨。大多数领导干部的思想作风有了比较显著的转变，积极抓生产、抓整改，干部参加劳动的制度也初步建立起来了，不少干部已能正式顶工人岗位，现已顶出生产工人二百九十二名，预计在年内可顶出五百名工人。

（二）三年大发展中不少成果得到了巩固提高，技术革新与技术协作活动有了新的发展。全厂的大部分工艺比原来的设计有了改进。大发展中改装和自制的八百台设备，有五百多台已正式用于生产。去年一年全厂通过“三结合”实现的技术革新项目共有七百多项，今年以来，又实现了四百多项。

（三）打破了对“老大难”设备不敢动、不能修的迷信，全厂设备的技术状况有了进一步改善。长春汽车厂的机修能力是比较强的，绝大部分设备都能按期进行预检修。但是也有二十多种精密关键设备由于怕修不好而不敢修。去年下半年我们组织了一些机床厂的技术力量和汽车厂一起，打了一个设备维修的攻坚战，这个仗打得很好，已经基本上解决了多年来设备上的“老大难”问题。更重要的是打破了对于“老大难”设备不敢动、不能修的迷信，培养了自己的检修力量。

（四）基本上摸清了解放牌车型的优缺点，设计了新车型，为发展多品种生产创造了前提。解放牌汽车，是苏联抄自美国三十年代的车型，结构落后，是单个性的产品，不能在这种车型的基础上成系列地发展产品品种，即不便于向上发展为七八吨的载重车，也不能向下发展为两三吨的，因此很难在同一条生产线上实现多品种生产，这是很大的缺陷。为此，在去年新设计了一种改进车型，第一批样车正在进行试验。性能比较好，工厂准备进一步按着产品系列化的要求改进设计，再经过一个

时期的设计定型和生产准备后，就可以逐步实现多品种生产。这在长春汽车厂是一个重大问题。

（五）生产有了较快的发展。解放牌汽车班产量从去年年初的七十二辆提高到今年年初的一百零五辆。今年一季度，工作队与工厂党委一起，发动群众讨论落实今年生产计划，组织生产新高潮。经过挖掘潜力，主要的设备实行了两班生产，目前汽车的日产量已稳定地达到一百二十辆，再努一把力，到今年年底可达到日产一百四十辆以上，也就是说超过原设计产量的百分之四十。产品的质量也有所提高，废品率低于计划指标。去年新产品计划也完成得比较好，十三项新产品任务全部完成。成本有所降低，解放牌汽车的成本从去年一季度的一万一千零八十四元下降到目前的一万零二百五十元，今年可以争取降到一万元以内。一个群众性的生产高潮正在健康地持续发展。

汽车厂这种大好形势的出现，主要由于：第一，党的八届十中全会以来，狠抓了阶级教育和形势教育，特别是去年开展社会主义教育运动和学解放军、学大庆以来，毛主席思想挂了帅，煞住了歪风邪气，发扬了正气，振起了广大职工的革命精神，调动了各方面的积极因素。这是最关键的一个原因。第二，调整了工厂的领导班子，改变了一个时期中领导上的精神不振、干劲不足、涣散无力的状况。第三，初步总结了大发展时期的经验教训，整顿了企业的生产技术管理，在生产工作中，工厂提出了“五保一提高”的方针，即在保证提高产品质量、保证发展品种、保证降低成本、保证设备维修、保证安全生产和劳逸结合的前提下，把汽车的班产量不断地、有计划地往上撑，通过这个办法来挖掘生产潜力，暴露和解决薄弱环节，促进产量步步上升。这种办法，既提高了生产能力，也防止了过去曾经发生过的片面追求多快而忽视好省，忽视设备维修和劳逸结合的偏向。

二

从汽车厂当前的情况来看，一方面形势大好，但另一方面运动尚在深入进行，存在的问题还不少，还有大量的组织建设和革命化的工作要做。如何使汽车厂全面实现革命化，搞成大庆式的企业，还需要作巨大的努力。从各级领导干部本身来说，思想作风有了好的转变，但还仅仅是个开始，干群关系不够正常的问题和长期以来存在着的扯皮风、秀才风、拖拉风等还没有完全解决。不少干部单纯技术业务观点还比较严重，不善于做人的工作。经常性的思想政治工作还没有渗透到生产业务工作中去。总之，“四个第一”、“三八作风”还不够落实。

这个厂在生产工艺上还有很多落后的地方需要改进，产品质量也还需要继续提高。

此外，一个突出的问题是，在经营管理上受苏联“框框”的影响很深。这个厂是苏联设计的“大而全”的工厂。机构臃肿，条条分割，制度繁琐，互相制约。全厂现有二十一个处室，三百零三个科室，共有干部五千四百多人，非生产人员占职工总数的百分之二十三。管理层次最多的是六级（即总厂—分厂—车间—工部—工段—小组），一般的也有四级。在不少事情上，是“洋框框”挂帅，条条款款当家。许多“合法不合理”的事情不能改，“合理不合法”的事情不能办。一句话，不准革命。这套框框捆住了人们的手脚，阻碍了生产力的不断发展，限制了群众积极性的充分发挥。因此，必须加速实现企业管理革命化，才能充分发挥生产潜力。

根据以上情况，我们下一步将继续抓住阶级斗争这个纲，搞好“四清”运动，同时大搞革命化，冲破洋框框，进一步促进生产高潮。

第一，按照“二十三条”的精神和毛主席提出的六条标准，把“四清”运动搞好。第一批开展运动的单位，当前正在清理阶级队伍，开展对敌斗争。五月初即可陆续转入巩固建设阶段，加强思想建设，同时整顿党、政、工会和青年团的组织，试行基层干部民主选举，建立与加强自下而上的群众性的监督机构，实行四大民主，加强经常性的思想政治工作，实现四个第一，发扬三八作风。

第二，大搞企业管理革命化，打破洋“框框”，逐步实现主席提出的“精简、统一、效能、节约和反对官僚主义”的要求。在这个运动中，要放手发动群众，批判那种脱离群众、脱离实际、喜爱资产阶级形而上学的官僚主义思想作风，清理与揭露繁琐分割的规章制度和一切不合理的东西，总结和推广那些行之有效的规章制度。同时，要特别注意发动好八百名科长以上党员干部。因为这些同志是工厂的各级领导骨干，各项工作主要靠他们去开展。他们当中的大多数，是有干劲的，要革命的。但也有一部分同志，对改革规章制度，对搞革命化是有顾虑的，怕再来一次高指标和瞎指挥。这个厂在大发展期间，对管理制度进行过比较彻底的改革，但也有破得不恰当和指标过高的偏向，后来又没有用“一分为二”的精神加以全面的总结。因此，有不少正确的东西没有坚持下来，错误的东西也没有认真地吸取教训，所以一部分同志思想上的疑虑是可以理解的。针对这种情况，这次搞革命化，必须从总结过去的经验教训入手，通过总结经验，统一干部思想。工厂党委已经在八百名科长以上干部中进行了动员，准备在五月上旬组织全厂干部和工人群众，学习《矛盾论》、《实践论》和主席历年来对工业管理方面的指示，学习大庆的经验，敞开思想，大鸣大放，总结过去的经验教训，统一思想认识，然后搞出一个企业革命化的初步方案，逐步在全厂铺开，争取在今年内打下一个基础。

在具体方法上，采取“抓两头带中间”的办法。一头抓组织分公司，进行生产组织的大改革，即采取“分出去”的办法，把车轮、钢板弹簧、减震器等八种总成和一批零部件拿出来，利用东北现有的下马工程和有关工厂，改组为八个专业厂；同时，将长春汽车厂本身，改组为十一个专业工厂，把东北地区现有的一些汽车配件厂进行必要的技术改造，逐步形成一个由一批专业工厂组成的，能生产多种汽车的汽车工业基地。另一头抓加强基层，抓服务到班组，把企业管理的各项工作带动起来。这些都要经过试点，摸索经验，逐步推广。

第三，针对生产上的薄弱环节，大搞技术革新，大挖生产潜力。拟在今明两年内，集中力量实现组合机床自动线、推杆式运输链等三十二项重大项目，通过这些重点项目，带动全厂的技术革新运动，改进生产工艺，提高自动化水平。在技术革新运动中，同样要总结过去的经验，坚持一切经过试验的原则。

三

可以预见，搞好“四清”运动和企业管理工作的革命化，将推动生产出现一个新的跃进。因此，在今年一季度组织落实当年生产新高潮的同时，我们就着手规划一个比较远一些的奋斗目标，拟在两三年内把长春汽车厂的年产水平提高到六万辆。就是说，达到班产一百辆、日产两百辆，比原设计能力翻一番。

这项任务既符合于国家需要，又是经过努力可以实现的，不是“高指标”。因为这个厂的生产能力，当初苏联设计时就是很不平衡的，有些工艺也比较落后。经过工厂几年来的努力，有了很大改善，挖掘了潜力。目前，除了标准件、齿轮、曲轴、传动轴、木材烘干、小型模锻件、大型冲压件、铸工制芯和清理、油漆防锈及运输等十个方面的薄弱环节外，其余大部分设备能力可以达到年产六万辆的水平。所以，只要充分发动群众，继续贯彻“五保一提高”的精神，采取一些措施，补充一批必要的关键设备，实现这个目标是可以办到的。实现年产六万辆的具体方案和所需投资，已经国家计委批准。

在达到年产六万辆目标的同时，工厂的技术经济指标方面也可以达到一个新的水平，劳动生产率可从一九六四年底的二万一千四百八十七元提高到三万八千四百元左右，每辆汽车的成本可从目前的一万零二百五十元降到九千元以内。随着企业革命化和生产的发展，广大职工的积极性、创造性也会进一步激发，长春汽车厂将会出现一个新的跃进局面。

以上报告妥否请指示。

Z175 – 1

中共中央转发全国工业交通系统“四清”工作座谈会纪要

1965 年 8 月 8 日

各中央局，各省、市、自治区党委，中央各部委，国家机关和人民团体各党委（组），总政治部：

中央同意全国工业交通系统“四清”工作座谈会纪要。现发给你们，请参照执行。

附：全国工业交通系统“四清”工作座谈会纪要

1965 年 7 月

一九六四年五月中央工作会议以后，各级党委、各个部门组织了十三万人的工作队，在一千八百个工业交通企业、事业单位中，开展了“四清”运动。“二十三条”的贯彻执行，使运动得到了又好又快的发展。总的说来，运动是健康的，成绩是很大的。

第一批进行“四清”运动单位的情况证明，阶级斗争，社会主义和资本主义两条道路的斗争，在工业交通战线上同样严重存在，在一部分单位中已经发展到尖锐化的程度。同时证明，大多数干部是好的和比较好的，就是那些有“四不清”错误的干部，在党中央和毛泽东同志的号召下，他们之中的绝大多数也是可以革命的，顽固不化、坚决走资本主义道路的人是极少数。我们对于工业交通战线上阶级斗争的形势，应当作出正确的估计。对阶级斗争的严重性，既不能认识不足，也不能加以夸大，因力无论哪一种片面性，都妨碍“四清”运动的健康发展，都对我们的事业不利。

目前，工业交通战线上社会主义革命和社会主义建设的发展，正处在新的高潮中。我们应当在已经取得的巨大成就的基础上，在所有企业中分期分批地开展“四清”运动，坚决地、正确地贯彻执行“二十三条”，把社会主义革命进行得更好更快，充分发挥工业交通战线上一千八百万职工群众的积极性，为社会主义建设事业贡献出更大的力量。

会议对于贯彻执行“二十三条”的若干问题，进行了讨论，纪要如下。

一、规划和部署

采取适当集中力量、分期分批打歼灭战的方法，争取在一九六七年底基本上完成工业交通系统的“四清”任务，这是一个具有战略意义的奋斗目标。

尚未开展运动的大中型企业和重要企业，争取在一九六六年底基本上完成“四清”任务，从现在起，分三批进行。大型的、同备战关系密切的和问题较多的企业，要尽先纳入规划。在具体部署的时候，要量力而行，不能把战线拉得太长。

在一个城市，一般以按行业开展运动为好；矿区、林区，也可以按片进行。

中央部门直属企业“四清”运动的规划，一般的以地方党委为主，同主管部共同商定。党组织由中央部直接领导的企业，由中央部负责规划。

地方党委在规划中，要对手工业企业以及分散、流动的小单位，进行统一安排，避免遗漏。

县属的工业交通企业，随农村“四清”运动统一安排。

暂不开展“四清”运动的企业，不再进行“小四清”。

整个“四清”运动的进展，在部署上必须力争快一些。但是每个单位，必须按照毛泽东同志提出的六条标准，搞得扎扎实实，防止走过场。

一个企业进行运动的时间，一般的，大中型企业和问题多的企业六个月左右，小型企业和问题少的企业四个月左右。大的联合企业，可以分批进行。

二、要求

毛泽东同志在一九六四年一月提出的搞好

农村社会主义教育运动的六条标准，同样适合于工业交通企业。我们必须坚决按照六条标准办事，用它衡量工作的好坏。

“四清”运动中的一切工作，必须集中到兴社会主义、灭资本主义、巩固无产阶级专政这一个总的目标上。

整个运动应当以阶级斗争、社会主义和资本主义两条道路斗争为纲。首先必须放手发动群众，解决干部“四不清”问题，反对贪污盗窃、投机倒把活动，清查坏人。同时，也要克服干部的官僚主义作风，改革不利于生产的经营管理制度。在运动过程中，还必须做好以下几件事情：

1. 各级都建立起一个好的领导核心。

2. 以整党为中心，整顿好党、团、工会组织，组织好阶级队伍。

3. 进行管理工作的革命，使管理工作更好地面向班组、面向群众，为生产服务。

4. 干部参加体力劳动，真正做到经常化和制度化。

企业在“四清”运动中，要抓住主要的问题，不要把所有问题都放到运动中来解决。

根据第一批单位的经验，“四清”运动应当而且也有可能同促进生产高潮相结合。运动的领导人员，要善于抓革命、促生产，要善于把广大职工群众的积极性，引导到生产上去。凡是生产上没有作出显著成绩的企业，就不能说“四清”运动取得成功。

三、不同的企业，可以有不同的做法

从第一批“四清”单位的情况看来，企业可以分为好的、比较好的、问题多的和性质严重的四类。

对企业进行分类，是为了正确领导企业的“四清”运动，正确处理敌我矛盾和人民内部矛盾。企业的分类，主要从以下四个方面考虑：（1）领导核心成员的政治、思想状况；（2）贯彻执行党的路线、方针、政策的状况；（3）干群关系、党群关系的状况；（4）经营管理和完成生产任务的状况。企业分类，事先要进行调查研究，听取各方面的意见，进行全面的和历史的分析，分清主要问题和一般问题，但是更重要的是根据运动中发现的情况和问题，确定企业属于哪一类。

对于不同情况的企业，做法应当有所不同。一般地说，首先要发动群众，揭发干部“四不清”的问题，启发干部洗手洗澡。在“五反”运动中干部检查比较彻底、领导核心问题不大，正在组织生产高潮或进行企业管理革命的单位，也可以先从检查生产或企业管理革命入手，从中发现干部中存在的各种问题，再组织他们洗手洗澡。不论哪种做法，都必须遵守放手发动群众、依靠群众和干部的大多数这个原则，都必须遵守从实际出发、解决主要问题这个原则。

干部洗手洗澡，也不要一律对待，重点应当是问题比较多的和性质比较严重的干部。犯有一般性错误的干部，可以在小范围内开展批评和自我批评，提高认识，放掉“包袱”。

凡是干部在“五反”运动和“小四清”中已经检查并且解决了的问题，就不要翻老账。

领导权被阶级敌人篡夺的或者被蜕化变质分子把持的单位，在查明情况、经上级批准以后，要适时开展夺权斗争。

四、工作队

凡是开展“四清”运动的企业，都要由上级机关派出工作队。工作队必须相信群众和干部的大多数，运动一开始，就要实行同群众、干部的三结合，并且尽量发挥原有各种组织的作用，不能包办代替。

好的和比较好的企业，工作队员可以少派一些；工作队应当同企业党委结合起来，领导企业的“四清”运动。

问题较多和问题严重的企业，必须派强有力的工作队领导运动，但是，要注意吸收企业党委中好的和比较好的成员，参加“四清”运动的领导。

一个工作队每批可以只搞一个企业，也可以以一个企业为主，同时再领导一个或者几个企业的“四清”运动。

第二批工作队，只能加强，不能减弱。第一批工作队的多数骨干，要参加第二批工作队。

在第一批“四清”运动中没有取得成功经验的工作队，要同取得成功经验的工作队搭配起来编队，再搞一期，以便取得成功的经验。

中央工业交通各部和地方党委派出的工作队，应当混合编队。工作队的主要领导干部由谁担任，根据干部的具体条件确定。

所有工作队的干部，都要坚持实行“三同”，特别是要坚持参加体力劳动。

五、监督机构

在“四清”运动中，要在发动群众、提高群众阶级觉悟的基础上，建立一个能够对企业工作和企业干部实行监督的阶级组织。要把职工代表大会和职工大会建立起来，使它真正成为职工群众监督干部的权力机关。在职工代表大会和职工大会闭会期间，由工会委员会作为常设机构，组织职工群众对干部进行经常的监督。

职工代表大会的代表，人数应当多一些，从工人中选出的代表应当占五分之四左右。

整顿工会组织的时候，要进行一次会员登记，要选举在群众中有威信的职工参加工会的领导工作。工会主要是做群众工作，不要去管事务性工作。

六、民主选举干部

进行“四清”运动的企业，要建立民主选举干部的制度。班组长、工段长、车间主任，都应当民主选举。中小型企业的厂长，也可以试行民主选举。不是由群众选举的干部，群众也有权罢免。选举干部要发动群众，充分酝酿，真正体现群众的意愿，防止形式主义。选举出来的干部和提出罢免的干部，要报请上级批准。

选举干部的工作，应当在运动后期进行。

七、清查坏人

在职工群众中，不划阶级。但是，对于隐瞒身份的地主、富农、反革命分子和其他坏分子，必须认真清查。进行这项工作，应当讲清政策，号召坦白交代，发动群众检举揭发，调查对证，不能采取逼供信的方法。

八、群众放“包袱”

在“四清”运动中，组织职工进行一次批评和自我批评的自我教育，放“包袱”，是提高群众阶级觉悟的一个好办法。但是，绝不能以任何借口，来整职工群众。

职工群众放“包袱”，必须在如下两个条件下进行：（1）群众发动起来帮助干部洗澡下楼以后，普遍感到满意，并且普遍要求自己也洗洗手；（2）注意群众洗手的方法，强调自觉自愿，不追不逼，不退不赔，不搞人人过关，洗多少算多少。

九、对几种人的具体政策

对于剥削阶级家庭出身的技术人员、职员和工人，主要看本人的实际表现，不能唯成分论。一贯表现好的，应当充分信任。表现差的，应当耐心教育，热情帮助。个别表现很坏的，应当进行必要的批判，力争他们转变过来，转变不过来，也不要紧。

对于独立劳动者以及其他劳动人民，过去当做资本家和小业主对待的，要经过逐个审查，把他们的阶级成分改正过来。对于隐瞒身份的资产阶级分子，也要清查出来。

地主、富农分子，经过十年以上体力劳动，确实表现好的，经过群众讨论同意可以改变成分（原来成分还是原来成分），加入工会。但是不能让他们当干部。

十、加强领导

对企业的“四清”运动，必须加强领导。

领导干部要继续蹲点。第二批蹲点的中央工业交通各部和省、市的负责同志，不要少于第一批。

工业交通系统的政治工作机关，所有干部都应当多参加几次“四清”运动，以便学会做政治工作和群众工作。

各省、市、自治区党委，要加强对工业交通企业“四清”运动的统一领导，重点是抓好大中型企业的“四清”运动。

中央工业交通各部必须把领导“四清”

运动的工作，摆在重要的地位。对于直属企业的“四清”运动，一定要同地方党委密切联系，负责搞好。对于自己派出的工作队，更要加强领导，经常检查他们的工作。

每个企业的“四清”运动结束的时候，要进行检查，达不到六条标准的，要进行补课。“四清”运动已经结束的单位，要妥善处理遗留的问题，巩固运动的成果。

企业在“四清”运动中提出的需要由中央各部门和地方各部门解决的问题，有关部门应当积极研究，加以解决。

Z175－8

七、调查和情况反映

（一）有关企业的调查和情况反映

有些工业企业的全民所有制和计划经济遭到严重削弱

1963年1月31日

一月上、中旬，四川省委召开了计划、工业、交通工作会议，研究了当前工业、交通企业中存在的主要矛盾问题。会上反映，现在百分之九十以上的企业，情况是好的或者基本上是好的，但是企业里仍然存在不少问题，其中比较突出的是不少企业存在着比较严重的分散主义和资本主义倾向。这在一部分企业中已经成为当前的主要矛盾。这种倾向已经削弱和危害了社会主义全民所有制的巩固和国家的统一计划经济，成为企业中正确贯彻党的方针政策、贯彻执行企业工作条例、正确执行国家计划的严重障碍。

一、不顾国家统一计划，单纯从追求高额利润出发，组织生产、供应和销售

有的企业已经发展成为自订产品计划、自行销售、自订价格、自行分配的“自由化”企业。

1. 热衷于计划外生产。这种情况比较普遍。据典型调查，企业中非计划生产部分占百分之二十左右，有些地区和企业的比重还要大。例如，成都量具刃具厂占百分之四十。有些企业为了追求高产值，多提超额利润，不顾国家的需要和品种计划，搞计划外利润大的产品生产，影响完成国家计划。这些企业力图摆脱国家计划的控制，有的在接受国家计划时挑挑拣拣，或者拒不执行；有的以压低国家计划的办法来提高计划外生产的比例；有的将国家分配的计划产品的原料拿去搞计划外生产；有的不顾质量，粗制滥造，造成产品的大量积压。重庆开关厂一九六二年完成的商品产值中，非计划生产的部分占百分之三十点九，而承担的六种国家计划产品就有五种没有完成。绵阳四个木器合作社，竟将一九六二年四季度国家分配给他们生产农具的木材，拿了百分之九十来生产家具，卖高价。他们将赚的钱用来提高工资，县木器社的工资现在已经提高了百分之五十。

2. 多报多领国家的原材料，搞原材料的自由交换，盲目采购，积压浪费。有的企业为了搞计划外生产，采用压低生产指标，隐瞒库存、偷工减料、多报废品、一项任务几处要料等不正当手段来骗取国家的原料材料。成都轴承厂在一九五九年和一九六〇年两次五保任务中，就多领了轴承钢一百多吨去搞计划外生产。

3. 不愿将产品纳入统一计划市场。有些企业不愿将产品调出保证中央企业和大城市的需要，而去自行换取自己所需要的物资，或拿到自由市场上去出售。内江专区反映，工厂自销产品，不仅有三类物资，而且有一、二类物资，突出的如煤、糖、纸等都自行在市场上销售。据典型调查，非法自销产品约占百分之十至二十，多数自销产品都是质低价高。内江有的糖厂以压低出糖率（由百分之十二点五压至百分之八点五至百分之九）的办法来增加下脚糖，拿到自由市场卖高价。不少糖厂不将酒精

按计划调拨，而制成饮料酒，开店自销。有的企业故意降低产品质量，逃避商业部门包销，逃避税收。这些自销产品，为投机倒把分子提供了货源。在交通运输部门，沿运输线做生意的现象也很普遍。

4. 非法提价，变相加价，破坏计划价格。有些企业巧立名目，有意增加中转环节，变相加价，多得利润和费用。有的乱收所谓“出厂费”、“手续费”、“押金”等等，有些物资部门层层加收手续费，仅此一项就使原材料价格增高百分之十以上。有的以创造新产品为名，取得自由提价的合法权利。有的本来不是新产品也改个花样定名为新产品。

二、化全民所有为集体所有，化公为私

1. 有的搞厂所有制，车间所有制，小组所有制。成都量具刃具厂不仅厂一级，而且车间、工段、小组，各级都有自行向外加工订货，搞协作等等经济权利。

2. 办附属企业，办商业，收入归集团所有。有的经营商业，大开饭馆、茶铺及各种服务事业。最近成都市检查了十五个工厂，经营的商业有十三项，资金都是在行政费用或工会经费内开支，一般获利较大，都归集体所有。有的把精简下来的人留在工厂，拿国家工资搞农副业，亏了钱摊入企业成本，赚了钱则归集团所有。

3. 有的搞地下工厂，找“外水”。绵阳专区蓬溪炼铁厂是个“六黑厂”（黑厂、黑计划、黑原料、黑销售、黑价格、黑资金），专区要停办这个厂，县里不愿停，反向上级告状，说“没有考虑蓬溪县七十万人的利益，不公道”。

4. 拿国家产品、设备、材料换副食品和日用品。此外，铺张浪费、贪污盗窃，以及只讲物质刺激，讲“拿钱买干劲”等等也很严重，特别是在工资奖励问题上，有的已经牵涉到所有制的改变，如任意扩大计件面，规定供销人员推销产品可以分成；实行包产到组、包工到人和“小包工”等。

《宣教动态》，1963 年第 8 期

薄一波关于批转有关材料给谷牧的指示①

1963 年 4 月 5 日

谷牧同志：

这两份材料很好，看了很有教育意义，请印发到会同志阅，并加送中央政治局、书记处各同志。根据这几天的座谈情况来看，贯彻执行中央关于开展增产节约和“五反”运动的指示，从何处着手，看来已有三种形式：北京基本上是从检查和反对生产上的浪费开始，已经作出成绩；上海、重庆基本上是从大搞社会主义教育开始，成绩也很显著；中南抓了以扭转亏损、增加盈利、改进企业管理为中心的增产节约运动，效果也很好。这三种形式，虽然有所不同，但是入手后，都立即首先接触到反浪费的问题：劳动力的浪费，原材料、设备、工具方面的浪费，品种不对路、质量不高方面的浪费，以及其他企业管理不善方面的浪费。看来都是好方法。兹将北京市委工业部整理的一些群众在反浪费中鸣放的大字报两份，印发各同志阅读。

薄一波

附：中共北京市委工业部：
工厂浪费事例(之一)

1963 年 3 月 15 日

一、劳动力方面的浪费

（一）“高级石子”的来由

石钢为了新建炼钢厂的抢修倒渣工程，去年十一月申请招收临时工五千人，市里批了三千三百人，实际招收了一千九百人。人进厂了，但设计迟迟交不出来，设备没有订货，这批合同工只好窝着，陆续跑掉了八百多人。基建机械动力厂借用三百人，被派到永定河去筛卵石，由于管理教育不够，效率很低，每立方

① 该文件是全国工业交通企业政治工作座谈会的第 14 份文件。

米卵石的工本费高达九元八角，而外购石子只要二元五角，工人称之为“高级石子”。

（二）“要求领导快调走”

石钢运输部调度室怕掌握不住机车运行情况，设了十四个工人，专门在道旁记录机车的号码，叫“卡口工”。一个“卡口工”一个班只记录六七个车号，记下的车号也没有什么用处。“卡口工”感到十分苦恼，贴大字报说：

“我是卡口工，工作真轻松；
领导不找我，汇报也不听；
我也不汇报，汇报也不清；
这个岗位没必要，要求领导快调兵。”

（三）一个月只干了九天活

北京玻璃厂熔制车间印花磨口工序二十八人，由于半成品供应不上，今年一月份只生产了九天，有些工人就在班上织毛衣、补袜子。

（四）“闲得发慌”

石钢试验小电炉的定员过宽，有些工人没有活干，贴大字报说：“炉前工人多，炉衬工人窝，浇注工人闲得直哆嗦。”

（五）“定员宽”

石钢一高炉大修以后，机械化、自动化水平有很大提高，但炉前工每班的定员反而由七人增加到八人，炉前工王同栓认为可以减到六人，他贴大字报说：

“新型高炉来修建，不谈别处谈炉前；
安装电炮很保险，安装电钻团团转，
安装自动堵渣机，不用人工堵渣眼，
安装天车力量大，不抬泥来不抬砂，
渣沟铁沟坡度大，渣铁流的哗啦啦，
不抬铁来不抬渣，不用大力把锤打。
听了党委作报告，我们思想开了窍，
操作技术掌握好，炉前六人也不少。”

（六）“七进七出”

石钢安装公司为机修厂安装一座单臂刨，拖了一年零三个月之久，前后七次“调兵”，至今仍未装上。

第一次：一九六一年十一月，派二十名工人前往安装，因为没有地脚螺丝，无法动手，全班人马撤回。

第二次：一九六二年十月，又派二十人前往现场，一看，没有图纸，没有标高，没有技术资料，仍无法安装，再次撤回。

第三次：一九六二年十月，设计处给了标高，兵马又进入现场，可是基础高出一百毫米，需要铲平基础后才能安装。工人扫兴而回，浪费四十个工。

第四次：一九六二年十一月，基础铲平了，通知工人再去，一进现场，又发现技术资料没有来，就叫工人一面清扫设备，一面去找技术资料。最后工程科说：“技术资料找不到了！”又浪费五十个工。

第五次：一九六二年十二月，好容易找到了技术资料，开始安装，谁知设备又少了十个孔，还是装不了，又浪费三十个工。

第六次：一九六三年一月，工人们六进现场，正要动手，忽然发现地脚螺丝和设备的眼对不上。有的工人说：“已经六次，再装不上，实在说不出口，就是这样凑合装上吧！”可是又发现斜垫板没有了，实在不能凑合。这回浪费三十个工。

第七次：一九六三年二月，工人又被派到现场。大家以为这次准能装上。谁知，设备上的人字斜铁又丢了！再做一个吧，需要两千元，经费无着，制度不许可，只好再次鸣锣收兵。

何日再装，不得而知。

若问这件事工作量有多大，二十多人一天就可装好。

（七）“一百八十元买了一把‘活锁’”

事情出在石钢建筑公司。去年十月，材料科来了二十二名新工人，同住一个房间。工人要求买一把锁，财务科以压缩集团购买力为名，不予批准。结果派一人专门看守房间，春节期间，还增派了一人。前后看守了三个月，一共花了一百二十个工，支付工资一百八十元。工人说：“一块八的‘死锁’不准买，一百八十元的‘活锁’却可以报销，真是天晓得！”

（八）“都戴凤冠霞帔，谁是正宫娘娘？”

石钢建筑公司瓦工韩××说："一次我们在城里施工，工长通知我们说要往厂里调，做了一天准备工作，第二天另一名工长又说不调了，刚要到工地干活，又来一个工长说要调。到了厂里，工长又说：'谁叫你们来的？这儿没有瓦工活，先回去吧，研究研究再说。'一等又是三天。调动一次，停工五天。都戴风冠霞帔，不知道谁是正宫娘娘，我们不知道听谁的对。"

（九）"被遗忘的人"

炼铁厂八级铆工李××揭发：去年七月，修理车间分配他负责验收料仓工程。不久料仓工程停工了，车间就没有再分配他工作。闲来无事，先是来回溜达，继而坐着看小说，后来干脆睡大觉，一直没有人找，整整呆了三个月，后来感到实在不像话，才去找支部书记说："你们是否把我给忘了？"

（十）"争做早下班的冠军"

北京玻璃厂三分厂吹制工段一个小组的工人揭发："我们工段哪个组的料用完了就提前下班，大家纷纷争做早下班的冠军。有的人一天只干四五小时的活，有的料还没用完就走了。"

（十一）"电视工"

石钢运输部电务段的电工、钳工很少干活，有四个值班电工、钳工经常在班上看电视，工人贴大字报说：

"电钳工，电钳工，你们成了'电视工'！
道远的活不肯干，刮风下雨怕触电，
白班借口没材料，偷着去把电视看。"

（十二）北京电表厂的干部和服务人员占职工总数的百分之三十七

北京电表厂现有职工六百九十一人，其中干部和服务人员达二百五十六人（包括干部一百八十一人，黑干部三十六人，服务人员三十九人），占职工总数百分之三十七。全厂有十三个行政科室、四个车间、三个党工团办公室，共有干部一百八十一人，占职工总数的百分之二十六点二。其中科长和主任以上的干部四十人，平均每四个半干部中就有一个科级以上干部。如人事保卫科有五个干部，就有两个科长，生产科八个干部，有三个科长。该厂动力车间生产工人五十六人，有干部二十人（包括黑干部九人），工人与干部比例为二比一。工具车间生产工人五十五人，干部二十九人，为一点九比一。全厂黑干部也很多，一共有三十六人，占职工总数百分之五点九。如动力车间有六个工人从生产岗位上抽出做采购员、记账员、材料员，占车间工人的百分之十。

（十三）"蒋家托儿所"

矽酸盐制品厂托儿所原有孩子十八个，一个阿姨。后来孩子陆续减少，到去年五月只剩下四个，全是统计员蒋××的孩子（日托，晚上接回家），还是一个阿姨看着。人称"蒋家托儿所"。

（十四）七个阿姨看七个孩子

北京电表厂托儿所从去年十月份开始，由七个保育员看管七个小孩。有一个保育员的孩子也寄托在这个托儿所里，每月缴纳托儿费十四元（今年初已涨到十六元），而本人月工资四十一元五角，等于他看管自己的孩子，每月还拿钱（这个托儿所三月一日起转给街道办理）。

（十五）三十人干活，五十一人吃饭

石钢建筑公司木工揭发："工业萘工程，长期是三十人干活，可是脱离生产的真不少，有工长七人，防火员六人，更夫、看库工、材料工各二人，烧水的、蒸饭的各一人，共二十一人。三十人干活，五十一人吃饭，没有不赔钱的。"

（十六）清闲的炊事员

石钢建筑公司二工区食堂早晨只有七八个人吃饭，中午也只有三四十人入伙，却配了八个炊事员和管理员。人工说："早晨一比一，中午一比五，咱们的炊事员比县太爷还舒服。"

（十七）"三不像"的生产小组长

石钢运输部的生产小组长不参加生产，部里下达任务时，也不打他们的数。但他们又不是脱产干部，还是穿工作服，粮食定量和工人一样。工人很有意见，称他们"三不像"。大字报说：

“像干部？他又穿工作服！

像工人？他又不干活！

像病号？他又吃得顶胖！”

二、原材料方面的浪费

（一）“石钢家业大”

石钢白庙料场无人管理，也没有铁丝网，附近居民白天用麻袋、筐子到料场装煤、装焦炭，晚上用板车拉。电铲司机车××贴大字报说：

“石钢公司家业大，白庙料场太复杂，

矿石矿粉加生铁，原煤卸在农民家，

四通八达随便走，样样东西随便拿，

建议公司安电网，不然电铲都丢啦！”

（二）一阵风刮跑水泥十五吨

今年一月二十七日，石钢建筑公司预制品车间领了二百四十吨水泥，没有水泥库，也没有用雨布盖上，当夜刮了一阵大风，吹跑了十五点六吨。

（三）任凭风吹雨打，五百一十六吨耐火砖变质

北京玻璃厂有五百一十六吨耐火砖，长期风吹雨打，已变质不能使用，损失近八万元。

（四）三百吨优质钢生锈作废

石钢炼钢厂一九六一年炼出优质碳素钢锭三百吨，堆在露天，无人过问，两年风吹雨淋，已经生锈，不能轧制了。按废钢处理，要损失约十万元。

（五）“流的全是人民币”

市制药厂的一些车间里面，满地是废水、废液和液体成品，应该回收利用，却任其顺地沟流失。有工人贴大字报说：

“外面好天气，厂里水满地；

流的不是水，全是人民币。”

（六）垃圾堆是宝山

北京玻璃厂，每逢垃圾出厂，拣垃圾的人便蜂拥而上。原来垃圾堆里有宝贝，人民来信反映，垃圾堆养活附近居民六七十人。该厂加工车间副主任一次从垃圾堆里拣出五十个石英坩埚，其中有二十八个是完好的，值一万多元。

（七）“永定河旁边铁多”

石景山地区的一些农民以拣石钢倒在永定河旁的倒渣场中的废料为主。据那里的一个废品收购站统计，一年就收购农民拣的废钢铁达一万多吨。一张大字报说：

“永定河呀，永定河！你比高炉产铁多，

庞村有个农业社，全靠拣铁来过活。

不用全年来计算，一天就是几大车。”

（八）“肥头大耳”的锻铸件

长辛店机车车辆厂的锻件和铸件约有百分之四十切削余量过大，“肥头大耳”。大连杆钢套毛坯二十七点七公斤，成品只有八公斤。每台中修机车的钢材消耗定额为二十九吨，实际只消耗二十五吨多。

（九）百分之八十的材料消耗定额偏高

据民用灯具厂检查，百分之八十的材料消耗定额偏高。例如反光器用料，定额一点八公斤，实际一点二公斤。

（十）十六万个雷管报废

石钢矿山开始建设时，盲目采购了二十万个雷管，由于用量不大，十六万个雷管长期积压，终于变质报废，损失二万八千元。

（十一）“下个世纪也用不完”

石钢中小型轧钢厂开工两年多来只用了三个翻钢辊顶丝，而去年一次就做了六百多个，够两百年用的。两年多来只用了二十个导卫板拉紧销子，而前年一次就做了一千一百个，一百年也用不完。

（十二）“批发不零售，能领不能退”

北京汽车厂，不管使用多少，领仪表必须是一套（五个），领烧碱必须是一桶（三百公斤），领电线必须一盘。长辛店机车车辆厂，领油漆也必须一桶，领轴瓦必须一打。领东西不能退，因此工段、小组的“小仓库”，年年清理，年年有。

（十三）“该死的制度”

石钢动力厂金工车间一个工人揭发：“我节约了两条合金，拿到供应科去退库，供应科说：制度有规定，新料一律不许退库，不收！

没有办法，我只好回家把合金条放在火上熔成块又去退库，他们才收下。请问这条该死的制度是根据什么制定的?”

三、质量低、废品多

清河毛纺织厂的精纺毛织品，一九六二年由于质量不好，降等，损失外汇四十多万元。

长辛店机车车辆厂一九六二年废品损失就达一百四十八万元，比一九六一年增加了百分之二十；其中光是铸钢轮的废品就有七十七万元。

北京玻璃厂去年下半年有大盐水瓶十万支和安瓿一百四十一万支质量不合格，使用单位拒收，后按次品处理，损失三万八千元。

四、设备、仪器损坏，工具大量丢失

（一）新机车只剩下车厢

门头沟煤矿去年十月买来一台新电机车，还没有出库，零件都被拆走了，只剩下一个车厢。

（二）新厂新设备严重损坏

北京轴承厂投入生产的设备有七百台，最近检查：有八台已经报废，严重损坏四十台，带病运转八十二台，精度下降七十台。

（三）“制瓶机讲卫生，天天油浴”

北京玻璃厂熔制车间满地流油，一个月用三千六百公斤，至少浪费三分之二。工人说：“我们的制瓶机最讲卫生，天天油浴。”

（四）“轧机漏油真发愁”

石钢中小型轧钢厂三百毫米轧机的循环油系统长期漏油，一直没有得到解决，仅去年十二月发生三次跑油事故，就损失一千五百多公斤油。轧机工人写大字报说：

“说漏油，道漏油，轧机漏油真发愁！
十八斤大米一斤油，多少斤大米顺水流？
领导干部有办法，组织工人掏废油。
我看组织掏废油，不如解决不漏油。
大字报，贴墙头，看看领导发愁不发愁！”

五、责任心不强，不爱惜国家财物

（一）“活埋六十二吨水泥”

一九六一年，石钢基建单位在钢铁研究院施工时，有六十二吨水泥被雨淋变质，负责施工的领导人怕上级追查责任，竟指使新工人秘密地挖了一个大坑，埋了起来。

（二）八个小轴承，运费五元

第二通用机械厂新厂在石景山，有一次需要从宣武门外的老厂取回八个小轴承，本来可以把它们装在兜里乘汽车携回，但材料员雇了一辆平板三轮车去拉。三轮工人蹬着空车来厂取运费五元，厂里人惊问：“东西何在?”那三轮工人不慌不忙从衣兜里掏出了八个轴承。

（三）“煤气遍地开花，电炉子星罗棋布”

北京玻璃厂规定不准非生产性使用煤气。设备动力科一个干部在厂巡视半天，就发现十一处用煤气烧水、做饭、取暖的。干部和工人用电炉子做饭、热菜、取暖的相当普遍。发现有三个人各做了一个六百瓦的电炉子，做饭用。设备动力科电气工段常用电炉做饭、取暖，冬季三个月用电二千一百六十度，合二百五十九元。

（四）“运动健将”

北京玻璃厂去年买了包装筐三万七千个，今年二月盘点时，少了一万七千个，损失五万一千元。其中有些包装筐是被职工踢坏的。一张题为“运动健将”的漫画批评了这些人。

Z57－8

国家统计局：工厂搬迁工作中存在的一些问题

1965年11月16日

上海搬到重庆的浦陵机械厂，由于搬前工作做得好，主要是突出了政治思想工作，讲明了内迁的战略意义，因而搬到重庆后，生产恢复得快，并在很多方面比在上海还有所前进。绝大多数职工情绪高，问题少。但是，也有些厂矿由于搬前工作做得不够好，不仅问题多，而且，补救工作也较难做，甚至影响生产。

（1）红岩机器厂，八机部直属企业，是以无锡动力机械厂为主体，于今年六、七月间搬到重庆的。虽然搬迁进度较快，由于搬前工作做得不够，约有一半人有各种各样的问题，情绪不高，其中以青年职工为突出。有的嫌东西贵，特别是蔬菜贵，供应不足；有的工人说："领导说重庆物价便宜，来了一看实际不是那回事！"有的因家属未搬来，两地生活增加了开支；有的因家里来信说孩子病了，妻子病了，就想回家，但又怕扣回家的工资；有的嫌医疗条件差；有的嫌气候热；有的说，去厕所还得上山下山。

红岩机器厂是由无锡动力机械厂一千三百多人，洛阳拖拉机配件厂三百多人，北碚钢铁厂八十多人组成的。各厂原来评奖和劳保制度不统一（洛阳实行综合奖，无锡实行个人超额奖），而厂领导事先又未抓加强团结的教育，无锡人说洛阳人土气，技术低，生产少还得奖；洛阳人说大家都一样工作，为什么无锡人的奖金就特别？双方语言不通，加以职工情绪不正常，往往因一点小事就闹成了大事。九月下旬有一天，因两个人打架，经过三个钟头发展成一百多人打群架，闹了六个钟头，书记和厂长制止都不顶事。最后市领导亲自到厂，决定停产一星期，专门学习主席著作才平息下来。

（2）重庆起重机厂，从天津起重机厂搬来了一个电葫芦车间。这个车间的原总支书记兼车间主任，临走前一天宣布提升为副厂长；原车间副主任（工资50元左右）提为工程师；原天津起重机厂工具车间副主任提为电葫芦车间支部书记；一个调度员，是小业主出身，一直未转正，也是在临走前给转了正；"四清"中决定劝退党的党员，也不劝退党了。由于迁厂前工作做得不好，所以，迁厂后很多工人情绪不高，思想问题多，说是受了骗，重庆不像领导说得那么好；有的家属分配给宿舍，叫住楼上不愿意，叫住楼下也不愿意；有的家属说在天津街道生产门路多，收入高，到重庆后虽也有点活儿，但门路少，收入也少；有的说重庆物价过去低，现在和天津也差不多，有的东西还贵些，收入减少了，开支反增加了；有的说到重庆得先升一级，不然将来即使升级也只增加一块多钱，不解决问题。天津市机械局高局长到重庆慰问他们，曾被一些职工和家属包围起来，弄得相当尴尬。该车间是六月下旬迁到重庆，九月十日还有八个工人未上班。一个家属说是回天津生孩子，实际上是跑到北京，上国务院、人大常委会等到处告状。还有六户家属要回天津，到了火车站才被厂里追回来；有的甚至跑三次，到了广元车站才追回来。

（3）重庆仪表厂从天津热工仪表厂分来四十九人，也有类似情况。有一个工人、一个技术员、六户家属跑到车站，厂里派人追回来。

看来内迁前应突出政治思想工作，不能靠物质刺激，不能许愿，一些困难应向群众如实讲清楚，使职工在思想上有准备，更不应夸大重庆的好条件。有些具体问题，也必须充分依靠老工人，启发职工群众觉悟的提高，克服困难。

内迁工厂还应强调大局，反对本位主义。如：天津起重机厂搬到重庆的电葫芦车间，有些车床本来有三个三爪卡盘，搬家之前工人曾亲眼看着装了箱，但到重庆一看，却只剩下了一个三爪卡盘，而且是坏的。这个车间搬到重庆的三十七台设备，有十五台要大修后才能生产。这个车间的原有工人，有很多人没有调到重庆来，却从其他车间凑了些未干过电葫芦的工人去重庆，还有一些是长期病号，两个多月未上班。有的人就说："来的不是好人，不是好设备。"

杨家坪机器厂从上海东风机器厂搬来一个绞车车间，按协议调重庆的设备应有一台八百毫米直径的插齿机，工人们也曾看见拆装待运，但到重庆一看却没有运到。市机械局同志反映，缺了这台插齿机，所需齿轮还得去上海加工。

157－3－216

（二）有关地方的调查和情况反映

国家计委天津工作组关于天津市工业调整问题的调查报告

1964年1月20日

富春、一波、子华同志并报党组：

去年12月28日至今年1月16日共20天，我们在天津市听了市机械、电机、农机、冶金、建材等局介绍的有关工业情况、市建委介绍的城市建设情况，并听了李中垣同志关于天津市工业两年调整和“三五”规划的初步设想，看了25个工厂。轻工、纺织、手工和化工的情况，罗日运同志和赖平同志专门作了调查。最后，把我们对于天津市工业的看法，向市委作了汇报。

现将我们对天津市工业的基本印象和几个问题的初步看法报告如下：

（一）基本印象

1. 天津市工业的发展是比较快的。解放初期，天津市的工业，主要是以农产品为原料的纺织和食品工业，两者的产值占70%以上。经过两个五年的建设，已经形成了一个包括机械、化工、冶金、纺织、轻工等行业比较齐全的工业城市。

1963年工业总产值为46.7亿元，比1949年的6.4亿元增长了6倍。14年共投资14.8亿元。以机械、化学和冶金工业发展最快，三者的产值在全市工业总产值中的比重，由1949年的10%提高到1962年的44%。

2. 天津市工业是有基础的。规模和技术水平在全国八大城市中居第二位。两个五年计划期间，特别是第二个五年，发展了许多新的行业。

轻、纺工业底子比较雄厚，一直保持全国第二位的水平。解放后，产量、花色品种都有很大增加。在出口方面占相当地位，如篮球、排球、足球、地毯、桅灯等等，在国际市场上都是名牌产品。过去，轻、纺工业以农产品原料为主，近几年来，逐步发展了以工业为原料的工业，如塑料制品、手表、铝制品、玻璃纤维等。

化学工业有相当基础。制碱工业在全国占有重要的位置，油漆、染料、橡胶制品、医药、农药等，在国内都有一定地位。聚氯乙烯树脂、环氧树脂、增塑剂、原料药、抗菌素等有机化学工业，也有迅速发展。

机械工业由修配发展为制造。解放前，天津市的机械工业主要是修配行业，1949年机械制造的产值不到工业总产值的1%。解放后十几年来，依靠了修配力量的技术基础，建立和发展了精密机械、动力机械、无线电、仪表仪器等制造行业，生产了许多技术水平较高的产品。例如，制齿机床、磨床、拖拉机、微电机、超低频电子仪器、模拟式电子计算机、200米深海流计、100毫米磁罗径等等。

冶金工业也有较大的发展。天津市冶金工业有50年的历史，特别是拔丝、窗纱、元订等金属制品发展很早。现在，试制和生产了各种特细、特薄的钢丝、钢管、钢带、异形棒材和密封钢丝绳等高级的产品。

非金属材料方面，试制和生产了特种玻璃钢、半导体原料锗和硅等。

3. 科学研究队伍、技术力量有较大的发展和加强，这是天津市工业向高精尖发展的重要条件。

几年来，试验和试制了3 500多种新产品。

天津市共有高等院校14所；科学研究机构46所，研究人员2 300多人，附属实验工厂（车间）20个；中等专业学校和技工学校47所。在工业企业中，共有工程技术人员13 810

人，占工业职工43.4万人的2.8%。同全国比较起来，天津市工业发展的技术条件还是好的，科学技术力量的潜力是很大的。过去，对于科学技术人员的使用、培养、提拔注意不够。

4. 天津市工业的发展，对于支援国家建设，支援农业、市场、出口和国防工业，都起了重要的作用。两个五年计划期间，外调的商品共160多亿元，工业企业上缴的利润和税金共96亿元，外调的工人和技术人员共6.3万人。1962年出口商品的价值达3.3亿元，占全市工业总产值的7.8%。所有这些，显示了天津市老工业基地的作用。

5. 1963年，在防洪抢险的紧张情况下，仍然超额完成了计划，预计工业总产值46.7亿元，比计划超过1亿元，比1962年增长8%。在117种计划产品中，完成和超额完成的101种。

工业战线开展学、比、赶、帮运动已初见成效，许多技术经济指标都有提高。90%的产品的质量达到了历史最高水平；产品成本预计可以降低9.5%，超过计划4.5%的1倍多，劳动生产率预计达到9 400元，比1962年提高20%。当然，这些指标同上海市比较，同历史的最高水平比较，还有一定的差距。

6. 天津市是老工业城市，有它的优点，也有它的问题。这就是有些企业的厂房破损，设备陈旧，某些生产工艺落后。

据市属8个工业局的调查，现有厂房381万平方米，其中约有50%左右是解放以前的建筑物。目前，严重破坏的厂房有40万平方米左右，约占全部厂房面积的10.5%。

仓库不足。除手工业局以外的7个工业局，需要库存的物资约50万吨，现有仓库只有41.5万平方米，只能容纳物资22万吨。许多物资露天存放，以马路做仓库，造成了许多损失。

设备维修的"欠账"很多。8个工业局共有金属切削机床1.8万台，其中，需要大修的有2 700多台，不能修复需要报废的600多台。锻压设备需要大修的有400多台，锅炉有200多台。

这些问题，要积极解决，否则影响生产。市里提出，力争两年内基本上还清失修的"欠账"。原则上是对的。除了每年按规定提取大修理费用外，还清"欠账"还需要4 000万元，两年各2 000万元。财政上需要适当补助。工作的进行，要同当前的生产任务和长期规划结合起来，根据具体情况，有的维修，有的逐步更新、或淘汰。

（二）几个问题的初步看法

1. 数量同质量品种的关系问题。从当前天津市工业生产中存在的问题看，质量、品种确实是一个关键问题，它影响产量、劳动生产率和成本。从天津市工业的发展来看，着重发展高、精、尖产品，品种质量也是关键问题。

经过3年的调整，特别是1963年的学、比、赶、帮运动，天津市工业的产品质量，基本上恢复了历史水平。据1963年476种产品的统计，同历史最高水平比较，超过的占50%，持平的占39.5%，低的占10.5%。但是，同国内先进水平比较，还有较大距离。1963年天津市参加全国评比的60种产品中，被评为上、中、下游的，大体各占1/3，上游的稍少一些，下游的稍多一些。同上海市比较，据1963年初133种产品，超过的占12%，持平的占22.5%，低的占65.5%。据市里预计，到1964年可以达到和超过上海市1962年的水平。

在产品成本方面，据1963年二季度173种产品的单位成本分析，低于历史水平的占48.9%，高于历史水平的仍占51.1%，同上海市比较，在133种可比产品成本中，低于上海的占9.7%，持平的占22.1%，高的占68.2%。天津市工业产品成本比上海高，主要是管理费用和工资开支多。例如，每千只灯泡的管理费用，天津为36元，上海为7.1元；天津缝纫机头每架成本64元，比上海高出30元，其中，工资即高出25元。

在劳动生产率方面，1963年预计全员劳动生产率为9 200元，比1957年低12.6%，比历史最高的1960年低38.5%。市里估计，争取在1964年达到1957年水平。

关于产品数量同质量品种的关系问题，天津市经过多次讨论，提出“质量第一，品种第一，规格第一”的方针，我们认为这是对的，符合天津市当前工业生产的要求。

我们也同意市里对于解决产品质量问题的分析，即关键在于加强企业的技术管理和生产管理，也就是人的问题，主要的不是设备问题；当然有些企业的关键设备也需要加强。我们看了一些企业，例如利生体育制品厂，篮球、排球、足球都是出口的名牌产品，质量很好，关键是注意了生产责任制和技术要求。长城橡胶厂，产品原来是名牌货，曾经一度落后了，经过整顿以后，现在质量又提高了，设备并没有什么改变，关键是加强了生产管理。

抓质量品种，不仅要抓主机厂，还要抓配件协作厂，才能根本解决质量品种中的具体问题。如渤海无线电厂生产的海河牌收音机，由于外壳、电镀件、金属铸件、塑料压制件、扬声器等协作件的质量低、成本高、周期长等原因，以致影响了整个收音机的质量低、价格高，长期不能过关，销售不畅。

计划指标中，强调产值指标有副作用，容易造成企业片面追求产值，忽视质量。因此，检查企业计划的完成情况，主要应当以产品产量计划为依据，产值只作为一个计算指标。要严格要求产品质量，不合格的产品不应当出厂，出厂产品要保退保修；质量不合格的产品，商业部门可以拒不收购。

第三个五年计划期间，产品质量仍然是一个重要问题，新产品从试制到成批生产，技术过关是要花很大力量的。

2. 简单再生产与扩大再生产、老企业更新与新建企业的关系问题。天津市的工业生产，老企业起着很大的作用，产值占很大比重（估计占70%以上），技术有基础，生产不少名牌产品。离开了这些老企业，天津市的工业就很有限了。

现在，老企业有许多问题，厂房、设备破旧，急需维修和更新。据对轻、纺、手工业的调查，设备和厂房的特点是：久（年代久）、病（带病运转）、危（危房和危险锅炉）、杂（设备型号杂）、差（精密度差）、窄（厂房拥挤）、缺（仓库、宿舍缺）。例如，纺织工业现有设备3.15万台中，使用15年以上的有2.54万台，占80%，带病运转的约有1.2万台，占全部设备的35%以上。轻、纺工业现有锅炉498台，使用20年以上的占50%以上，危险的有65台，占全部锅炉的13%。设备的精密度差，工艺落后，如自行车厂现有402台金属切削机床中，精密度差的占77%，加工零件的椭圆度、同心度、平行度、垂直度都达不到标准。又如棉布印染的烧毛工序，都是用铜板烧毛机，还有土烧毛机，光洁度只能达到二至三级。轻、纺工业的厂房破烂、窄小是突出的，现有危房28.5万平方米，占全部厂房的14.5%，特别是印染、造纸、化工、皮革等行业，砖木结构的厂房很多，受酸碱、蒸汽的长期侵蚀，损坏严重。仓库、宿舍也不足。

第二个五年新建的企业，遗留的问题也很多，简单地来说，就是不成套，厂内不成套，厂外更不成套，需要填平补齐，才能发挥作用。

老企业要维修和更新，新企业要填平补齐，都需要投资，投资有限，应当先搞什么，后搞什么？这是天津市工业调整中一个突出的矛盾，也是所有老工业城市普遍存在的问题。在发生这种矛盾的时候，应当是安排维持简单再生产的，先搞老企业的维修和更新。

过去，我们对于老企业的破旧情况了解不够，在计划安排中，对于老企业的利用改造注意不够，而有些新企业，花钱很多，效果不大。例如，天津市反映，铁牛54型拖拉机，大部分配件都可以利用天津市现有机械厂协作解决，花钱不多；但是，现有许多配件则安排在石家庄、蚌埠、开封等农机配件厂协作，这些配件厂正在进行大量的基本建设（石家庄拖拉机配件厂1964年计划投资980万元），这是不合理的。这个问题，天津市有专门报告，附后。

天津市老企业的技术改造和设备更新，再经过两年调整是作不完的，在第三个五年还要做大量的工作。所以两年调整要同长期规划结合起来考虑。这里大体可以分为四种情况：

（1）有些行业，特别是机械、冶金和化工，重点企业的技术改造和填平补齐，一个省、一个市考虑有困难，要上下结合，全国平衡，统一确定企业的产品方向、规模和重要的协作关系。

（2）很多企业的技术改造，同全国工业的发展规划矛盾不大的，市里可以进行规划改造。

（3）企业的维修，市里已有规划，应积极进行。

（4）生产一般产品的企业，可以外迁一些。成套地迁出去一些企业，对其他地区是支援，对大城市也是有利的。

3. 集中力量打歼灭战的问题。大庆油田建设是很好的经验。这是主席的指导思想。但是，集中力量看来容易，实行颇难。

在城市建设方面，在基本建设方面，在领导生产方面，都有集中力量的问题。在城市的填平补齐方面，听了市建委同志的介绍，需要解决的问题很多，宿舍、医院、学校、道路、桥梁、公共交通、供水、排水、防洪、“三废”处理、有轨电车改造、煤气等等，这些都是需要解决的，问题是投资有限，如何排队，需要分析一下，先解决什么，后解决什么。

看来，危险厂房、宿舍是一个突出问题，要集中力量，先解决这些问题。不解决对生产颇为不利。

现在，各工业区严重缺乏职工宿舍，据对临近市区的9个工业区的调查，没有155个工厂，职工11.2万人，其中只有2.6万人居住在工厂的单身宿舍或者住地距工厂3公里以内，其余的8.6万人仍分散挤住在旧市区内，住地距工厂在10公里以上的有4.4万多人，上下班长途往返，已经影响了生产和职工生活。如北仓工业区的职工，住地距工厂5公里的每天上下班需2小时，5～15公里的需3～5小时，15公里以上的需7小时，有些职工早晨4点钟起床，有时还迟到，而下午4点半或5点下班，到晚8点才能到家。据估算，9个工业区的8.6万名职工，每天乘坐公共汽车用于路上的时间共达29万多小时，相当于3.7万个工作日。职工对这个问题反映强烈，曾写信给天津市，要求市长们不要坐汽车，步行到工厂去看一看。

新工业区的情况如此，旧市区的职工宿舍也迫切需要解决。据天津市总工会对天津钢厂、勤俭纺织厂等10个单位的调查，婚后无房、等房结婚、几代同室和居住危房的有6 826人，占10个单位职工总数的10.4%。

在基本建设安排中，天津市1964年安排86个项目，结转90多个项目，力量还是分散一些。

4. 工业区的布局问题。天津市旧的工业区很拥挤，随着工业的发展，开辟新的工业区是需要的。天津市在两个五年期间，开辟了13个新工业区（不包括塘沽、汉沽）21个独立的工业地段，总的印象是布局太散了。当然，在第二个五年，各方面都搞得很大，有当时的具体条件。第一个五年开辟的工业区，有土城、东南郊、南郊、白庙、铁东，现有118个企业。第二个五年开辟的有北仓、西营门、新开河、程林庄、引河北，现有45个企业；还有杨柳青、军粮城、咸水沽，现有企业不多。

这次看了军粮城、杨柳青、程林庄三个工业区，参观工厂路过西营门、白庙工业区，过去看过北仓工业区，其他工业区没有看过。

建成一个工业区，一套公用设施、生活设施、交通系统，等等，花钱是很多的，特别是沿海地区，垫土（例如，拖拉机厂的垫土1米厚，要3 000万元）打桩的工作量不小。现在的问题是：已经铺开的13个工业区是齐头并进的建设好？还是抓住少数几个，有意识地放松几个，放弃几个建设好？我们倾向于后者，建成一两个，再抓一两个。当然，放松哪一些，放弃哪一些，要调查研究，作经济比较，远近结合，周密考虑。

我们提出几点原则意见：

（1）由内向外，内外结合，先搞近的，后搞远的。远的搞成单独的生产点。

（2）全面规划，成套安排，道路、上水、下水、供电要先安排，厂内与厂外兼顾，生产与生活兼顾，分期、分批建成。

（3）工、农业结合，少占用农田，少危害农业。天津市的一些同志对于占用农田问题的认识，还没有提高到工农业关系的高度来考虑。有这样一种说法："天津的荒地很多，用水一洗就是好田。"

（4）化工区不要搞得多了、散了，最好能集中在一两个地区，以便于有害气体和污水的处理。

两年调整和第三个五年，重点解决那几个工业区的问题，需要作具体规划。就是靠近旧城区的五个工业区（每一个五年开辟的）也要排队，第三个五年安排的项目，也要集中在条件好的工业区。

军粮城是水稻高产区，亩产1 000斤，原规划为工业区，重要的项目有硫酸厂（规模8万吨），已花投资1 100万元；还有热电厂（规模40万瓩），已花投资500万元；规划中还有石油裂化厂（规模20万吨）。这个地区要不要形成工业区？值得研究。这个地区现在还没有建成的厂，在建的几个厂，如果继续建成，相应的公用工程和生活福利设施也要跟着上，占用大片良田，是否经济合理？

建设热电厂，按市里的规划，主要是为石油裂化厂供热。现在，石油裂化厂如何摆法，该厂同渤海地区的石油开发、炼制如何配合好，都需要慎重研究决定。因此，热电厂的建设，也需要研究。

如果迁建硫酸厂，要损失多少钱？如果在军粮城形成一个工业区，填土工作量多大？需要多花多少投资？占用多少良田？损失要增加多少？这些厂的有害气体和污水对于周围农田的危害有多大？等等，都需要具体算账，远近结合，作经济比较，权衡利弊。

关于军粮城工业区的问题，另附专题报告。

5. 专业化和协作问题。专业化协作，是组织工业生产的方向，必须解决。我们看了第三通用机械厂，专门生产齿轮、加工设备，热处理设备和技术后方（检验、工具）都组织得比较好。

专业化协作的障碍，有思想问题，也有实际问题。

全能厂、大厂的思想还存在。第一个五年计划期间，苏联帮助我们建设的工厂都是大的、全能的，这个影响很深。

协作中有一些具体问题，如价格、质量、交货时间等问题，要解决。据说，同义和机械厂生产的车床主轴，每根价值500元，找纺织机械厂作高频处理，每根加工费600元。该厂的丝杠请发电设备厂加工，加工坏了，不仅不赔偿，反而付了模具费。领导机关要负责解决协作中的障碍问题。要把这些具体问题，提高到原则上处理。

关于天津拖拉机配件的协作问题，凡是天津市有条件生产的，应当就地协作解决；天津市没有条件或者条件不如其他地区优越的，就不要勉强在天津协作。

其他行业的协作，也可以按照拖拉机厂配套协作的原则来安排。

6. 天津市工业的发展方向问题。天津市工业，总的发展方向要定，不然长远规划不好搞。

天津市提出，今后工业发展的重点是：

（1）以石油化工为主的有机合成工业，以联合制碱为主的海洋化学工业。如化肥、农药、塑料和合成纤维等。

（2）以拖拉机、精密机械为主的机械工业。主要是拖拉机配件、制齿设备和磨床、仪器仪表和化工、石油设备。

（3）以半导体为主的电子工业。主要发展电子计算机、超低频电子仪器、船舶配套的收发通讯设备等。

(4) 发展新型材料工业。如特细、特薄、异型的金属材料；玻璃纤维、玻璃钢为主的硅酸盐材料，硅、锗半导体材料等。

(5) 以工业原料为主的轻纺工业。主要是利用人造纤维、合成纤维，发展高级纺织工业品，利用金属材料、化学材料发展日用工业品。

第三个五年的规划，各工业局正在编制具体方案。

我们认为，天津市以化工、机械为发展重点，这是符合国家需要的。

天津市的制碱工业已有基础，发展有机合成化工也有条件。石油裂化，全国搞几套？如何摆法？天津市如何定点？要同渤海地区石油的开发结合考虑。

以拖拉机、精密机械为主的机械工业也是需要发展和有条件发展的。制齿设备、磨床、仪器、仪表、无线电控制设备等，已有一些基础，应当发展。至于搞化工、石油设备，需要全国平衡研究。

冶金工业重点是发展新型材料，提高合金钢的比重。至于钢的规模，市冶金局提出，1970 年达到 60 万吨（1960 年合格钢为 40 万吨，1963 年为 15.6 万吨，优质合金钢很少）究竟定多大，要全国平衡。

轻工业，在天津市来说，主要是抓品种质量，发展以工业品为原料的产品，主要是塑料、合成纤维等高级产品。为了解决造纸工业的原料，要积极发展芦苇。

支援农业方面，内容很多，除拖拉机厂已决定外，搞联合制碱生产氯化铵，发展新品种农药、除草剂、以及电灌设备等都是必要的。

7. 重要工业城市的长远规划如何搞法？天津市反映：天津市工业总的发展方向，新摆那些重大项目，重点企业的产品方向、规模、协作关系等，市里都不好考虑，要求中央有关部门组成工作组帮助规划。我们考虑，这是全国大中工业城市普遍存在的问题，建议由国家计委、经委会同有关部门，对于全国各大中工业城市工业发展方向，进行研究，提出方案，并提出两三百个重大项目。全国工业布局有了一个大概的轮廓以后，由国家计委、经委结合有关部，组成工作组，协同省、市围绕这些重点企业，进行具体规划。这些工作最好在今年第二季度内完成。

以上报告，妥否，请指示。

附：天津市军粮城是否建设工业区的问题

军粮城位于天津市东 22 公里，京沈铁路、津塘公路和海河横贯其间，由于交通、取水条件好，1958 年天津市规划该地为化学工业区，规划中的重要工厂有轮胎厂、硫酸厂、热电厂和石油裂化厂等，后来因为缩短基本建设战线，这些工厂都没有建设起来。

目前已经摆下的摊子有：

硫酸厂，设计规模 8 万吨（厂区按 16 万吨规划），1958 年底开始建设，至 1963 年底，共计投资 1 100 万元，建成了办公大楼、原料库房和安装了部分设备。

发电厂，设计为 40 万瓩的热电厂，第一期准备建 5 万瓩的机组 4 台，20 万瓩。至 1963 年底，已投资 513 万元，做了主厂房基础的垫土、打桩等工程，其他工程还没有开始。

轮胎厂，已建成砖木结构的简易厂房 1 万多平方米，1963 年旧市区的轮胎厂曾搬入生产，因附近既没有宿舍，也没有生活服务设施，而厂房建筑也过于简陋，不具备生产条件，又迁回市区。现在，厂区一片零乱，如何利用，尚需鉴定。

军粮城地区要不要建成一个工业区，是一个值得研究的问题。

按照天津市的意见：硫酸厂和热电厂应当继续建成，因为已经花了投资 1 600 万元；今后再建设石油裂化厂，就近用热；至于其他工厂，可以不再建设。

我们认为：军粮城不应当形成一个工业区。理由是：

1. 军粮城是天津市的水稻高产区，土质良好，有完善的灌溉系统，平均亩产水稻 1 000斤左右，这是全国少有的基本农田。如果按规划建成工业区，仅仅厂区占地就有10平方公里（15 000亩），加上一套公用工程和生活福利设施，占地就更多了。特别是硫酸厂投产后，二氧化硫废气对农作物的严重危害是难免的，根据太原、开封等地的经验，废气的扩散半径，一般在2～3公里，按平均2.5公里计算，则硫酸厂周围16平方公里（2.4万亩）的庄稼，都可能受到严重影响。如果军粮城建成化工区后，废气、废水对农作物的污染和废渣的占地，将使整个军粮城地区6万多亩稻田，受到不同程度的影响。

这是一个工农业关系的问题。但是，天津市的一些同志则有一种说法："天津市的荒地很多，只要用水一洗，就能成为稻田。"这种说法，表明对于工业占地的问题还没有足够的认识。

2. 随着工业建设的发展，占用一部分农田是不可避免的。但是，从天津市来说，建设工厂不占用像军粮城这样的高产田则是完全可以避免的。天津市在两个五年计划期间，新开辟的工业区有15个，其中临近市区的工业区有10个，大多数还没有建成工业区，发展余地很大，而且某些建设条件（如地势较高，荒地较多，临近旧市区等）还比军粮城好。因此，从工业布局合理来说，应当选择这些工业区建厂，而不应当在军粮城建厂。

3. 现在的军粮城，除了日伪时期建设的一个稻谷加工厂（位置在军粮城镇子里）以外，还没有一个建成投入生产的工厂，因此，取消军粮城工业区的规划，并且坚决迁建尚未建成的硫酸厂等，为时尚不晚；经过分析比较，迁建硫酸厂也是经济合理的。

对于军粮城在建的几个工厂，我们同赖平、童铣同志研究后的意见是：

（1）硫酸厂：1964年1月13日，化工部已批准扩大初步设计，建成8万吨的规模，全部投资为2 400万元。除了已经完成的投资1 100万元外，尚需投资1 300万元（拨款1 050万），其中建成4万吨的规模尚需投资900万元，1964年国家计划投资200万元，准备复工。

如果另选厂址，迁建硫酸厂需要多少投资？根据化工部的资料，在塘沽新建8万吨硫酸厂，全部投资为1 320万元（建成4万吨规模为900万元）。其中，从军粮城硫酸厂撤迁的设备价值为470万元左右，需要国家拨款850万元左右。因此，迁建硫酸厂同续建比较，今后还需要花的钱基本上是一样的（拨款则要少200万元），而迁厂则可以避免危害军粮城的农业生产。

化工部南京化工公司设计研究院，还提出一个迁建硫酸厂的方案，既在永利沽厂建设一个8万吨的硫酸车间，由于辅助车间和公用工程可以节省115万元投资，全部投资只要1 210万元（拨款只要740万元），比在塘沽单独建设一个硫酸厂还要经济。

迁建军粮城硫酸厂对该厂已做的工程还可以设法利用。该厂已投资1 100万元，其中由于设计多次变更，返工、停建等无故的投资为250万元，停建后可撤迁利用的设备价值470万元，可就地利用的办公大楼、宿舍等为70万元，三项共计790万元；纯损失为310万元。

根据上述分析，我们认为，硫酸厂迁建是经济合理的。

（2）热电厂：根据京、津、唐电网的平衡情况，在天津地区新建火电厂是需要的。现在，天津有两个电厂的下马工程，一个是军粮城热电厂，另一个是杨柳青电厂（已花投资300万元，做了一部分基础工程）。1964年计划在军粮城热电厂复工，投资100万元。我们认为：杨柳青地区农田的亩产水平比军粮城低，而且杨柳青有条件形成一个工业区，因此，最好是建设杨柳青电厂。杨柳青电厂原设计为10万瓩机组，国内试制的第一套10万瓩发电机组已决定在北京安装，因此，现在续建杨柳青电厂需要修改设计，可能推迟建成时间，影响多大还需要研究。如果对天津地区的电力平衡有很大影响，我们也同意续建军粮城电厂，不过应当修改建设方案：只建发电机组，不建供热机组。按照天津市的规划，建设热电厂，目的是为了将来建设20万吨的石油裂化厂供热；但是，全国石油裂化厂如何布局，是否在天津建厂？何时建设？都还没有着落。即使今后在天津地区建设石油裂化厂，也不应当在军粮城选厂。

(3) 轮胎厂：已建的厂房质量低劣，恐不能作为工业厂房，应当经过鉴定后，加以利用。厂区一片空地，应尽快交回生产队耕种。

以上意见，如果党组原则同意，建议由基建局、化工局、燃料局同有关部具体研究后办理。特别是硫酸厂，在意见没有一致以前，请化工部通知天津市暂缓备料、施工。

150－12－36

国家计委关于太原市工业问题的调查报告［节录］

1963 年 12 月

富春、一波、子华同志并报党组：

11月24日至12月13日共20天，我们和华北局计委工作组，同山西省和太原市计委、经委、有关厅局和几个重点企业的负责同志，就太原市的工业问题，进行了多次座谈，听取了白坚、钟子云同志对机械、煤炭工业的意见，并看了30个工厂，最后向省委作了汇报。现将我们对太原市工业的基本印象和调整规划的一些初步意见报告如下：

一、太原市工业的基本情况

10多年来，太原市的重工业、国防工业都有很大发展，轻工业也有较快的发展，已建立了一个以煤炭、钢铁、化工、机械和国防工业为中心的，轻工业粗具规模的现代化工业基地。这个估计，同省里过去的提法和我们过去的印象都有不同，过去对轻工业的发展估计得低一些。这次省委基本上同意上述看法，但要求今后对轻工业有更快的发展。

14年来，国家花了基本建设投资33.4亿元，新建了一大批大中型骨干企业，并对原有企业进行了重大改建和扩建，旧企业的面貌已看不到多少了。全市现有企业210个，1963年总产值12.3亿元，为1949年5 300万元的23倍；工业职工17万人，为1949年1.8万人的9.5倍。在210个企业中，大型企业有19个，中型企业25个其产值占84%，绝大部分是重工业企业；小型企业166个，其产值占16%，一半以上是轻工业企业；新建和扩建的企业有188个，第二个五年计划期间建成的企业不少，投资效果还比较好。

从工业同农业的关系来看，在农业的恢复和发展中，工业的支援已发挥了一定的作用。突出的是化肥和水利。1963年预计，化学肥料（氮肥和磷肥）的产量为26.8万吨，化学农药的产量为2 640吨，而1957年还不能生产。全省机灌、电灌面积为157万亩，比1957年增长2倍多，占保浇面积的24%；农村用电量为8 300多万度，1957年几乎没有。农业机械化方面也做了许多工作，群众创造了不少机械化、半机械化农具。所有这些，都是依靠了工业发展的基础，依靠了工业的物资和技术支援。今年，全省的粮食总产量可能有84亿斤，棉花产量达到130多万担，恢复和发展的速度是很快的。应当说，经过两年多的调整，工业同农业的关系，已经逐渐适应起来。当然，目前粮食、棉花的产量还没有达到历史最高水平（粮食产量已经接近），有些地区的口粮定量还低一些。看来，要使农业更好地发挥基础的作用，工业的主导作用还很不够，工业支援农业的工作还要大力加强。

从重工业同轻工业的关系来看，轻工业总产值占全部工业总产值的比重，1963年为26%，虽然比1957年的28%和1952年的42%下降了，但是绝对量增长了。目前，工业消费品的自给率，按价值计算，大约为40%；如果把农业生产资料加在一起计算，则商品自给率达60%，比过去提高了。过去没有的产品，如塑料制品、橡胶制品、搪瓷制品、铝制品、日用化工品、热水瓶、电灯泡等等，现在都能够成批地生产了；过去产量很小的产品，如棉纺织品、肥皂、陶瓷等，也都有较快的发展。

应当说，重工业的发展，对于轻工业的发展起了促进作用。当然，目前轻工业品的自给程度还不够高，特别是花色品种还很少，不能适应需要。

从工业同市政建设的关系来看，道路、公共交通、供水、排水和文化福利设施都有较快的发展，比1957年的情况大有改善。当然，在发展中还有一些问题。突出的是供水、排水和维修方面的问题。

总的来说，太原市的工业发展，以重工业为建设中心，这是由于山西有丰富的煤炭资源和国防比较安全的地理位置所决定的，是完全正确的。它对于支援国防、农业和轻工业都起了积极的作用。

二、当前工业中的主要问题

1. 重工业和轻工业的设备利用率都很低，生产的潜力很大。主要行业的设备利用率：煤炭约67%，炼钢约63%，炼铁约50%，机械约45%，磷肥约50%，卷烟约30%，棉纱、棉布约50%左右，等等。许多企业的设备不配套，经过适当的填平补齐，成龙配套，生产能力就可以大大提高。例如，太原第一、二电厂，现有机组27.8万瓩，由于简易投产，实际出力只有15.8万瓩，经过填平补齐，成龙配套以后，即可增加能力12万瓩。西山煤矿，经过填平补齐，即可增加采煤综合生产能力75万吨，为现有能力的22%。太原市大厂矿的空余厂房，据不完全的统计，有20万平方米以上，太钢积存的设备2.8万吨。全省民机、农机、冶金系统的基础以上未完工程有28.8万平方米，其中只剩内部扫尾工程的约8万平方米；积存的设备有1 614台。

许多行业的劳动生产率还没有达到1957年水平，许多产品的原材料消耗还比较高，许多边角废料还没有利用起来，节约原材料、提高劳动生产率和降低成本的潜力还很大。

2. 把工业转移到以农业为基础的轨道上来，还需要做很多工作。例如，农村电气化所需要的小型电动机、变压器、潜水泵等，都供不应求；随着农业的增产，特别是夏收夏种的季节，劳动力十分紧张，迫切要求运输、收割、脱粒等作业的机械化半机械化；半石山区和黄土丘陵区的农田基本建设也要求农具改良。当前，农业机具的选型、定型、生产和供应等，都要进一步加强组织工作。

3. 维修工作的任务很重。目前，在工业设备中，有一些大型设备、精密设备、仪器、仪表、锅炉等还没有修复；在城市公用事业中，车辆和供水设施的维修欠账还很多；在农业方面，拖拉机的大修、排灌设备和电气设备的维修力量更薄弱。

4. 科学实验、技术后方落后，对于提高产品质量、增加品种有很大影响。一方面是组织工作没有跟上；另一方面是检验设备和计量、化验仪器不足，使用分散。例如，在地方机械工业中，没有一个企业能做材料和部件的内质检验，大部分企业不能进行产品试验，不少企业连一般的化学分析也不能进行。

5. 城市建设方面还有一些欠账。供水不足，特别是化工区工业用水和市中心区民用水缺额较大，为工业的进一步发展，必须抓紧解决。排水管道大约只相当于需要量的1/3，农田灌溉面积的扩大和工业废水、生活废水的增加，已经影响了地下水位上升，有些厂房地基下沉、管道损坏，盐碱地迅速扩大。全市较大的山洪沟还有一半没有控制起来，汾河纵贯市区，防洪堤只修了一部分，跨汾河只有一座公路桥，绕道运输严重。

当前存在的这些问题，总的来说，主要是发展中的问题；另外，同太原市有关部门的一些工作没有跟上，也有一定的关系。例如，企业调整、支援农业、副食品供应、城市管理和维修等。据白坚同志的看法，机械工业企业的调整和管理工作都抓得晚了一些，比东北等地区大约晚了一年到一年半。

三、三年调整达到什么目标

从上述情况来看，太原市工业三年调整的任务是繁重的，需要做的工作很多。因此，必须抓住重要环节，集中使用力量，切实解决几个关键问题，才有利于第三个五年的建设。省委同意这种看法。

按照什么原则进行填平补齐呢？我们初步考虑：

1. 凡是全国生产能力有富裕，第三个五年计划初期也用不上的，在两年调整中就不需要填平补齐；相反，现在的短线产品，或者第三个五年计划初期就不够的产品，即进行填平补齐。

2. 凡是能够很快增加品种，提高质量，降低成本，提高劳动生产率的，就进行填平补齐；特别是在支援农业，解决吃穿用方面见效快的，就抓紧填补。否则，就暂时不要填补。

3. 在组织维修力量、加强技术后方、促进专业协作等方面，要抓紧进行。

4. 城市的供水、排水、防洪、桥梁等，必要的工程，要有重点地解决。

另外，填平补齐、成龙配套的工作，不能一个厂、一个厂孤立地进行，要综合平衡，统一规划。从一个企业来说，也不能按长线、按厂房填平补齐，要截长补短；也不能按“全能厂”成龙配套，要组织专业协作。总之，要避免产生新的不平衡。

根据上述原则，我们研究了太原市重点企业的调整规划，初步认为，着重进行以下调整是必要的。

[下略]

150－12－36

（三）有关其他方面的调查和情况反映

一些农村基层干部对阶级斗争等问题的各种错误认识

1963 年 7 月 6 日

最近广西区党委宣传部就若干县的三级干部会议上反映的一些基层干部思想情况，整理了一个材料，摘要如下：

一、关于阶级斗争问题

1. 农村风平浪静，没有阶级斗争：（1）农村风平浪静，地主分子老的老、死的死，看不见什么阶级斗争；（2）共产党靠吃斗争饭，明明无风也起浪；（3）现在喊阶级斗争，只有到思想中去找。

2. 按劳付酬，没有阶级矛盾：（1）大家都按劳分配，凭工分吃饭，还分什么阶级？（2）早已经从所有制方面打倒阶级敌人了，现在的主要矛盾不是阶级矛盾，而是劳动力多与劳动力少、收入多与收入少之间的矛盾；（3）分什么地、富、贫、雇，做工吃饭是定数。

3. 政府力量大，敌人老实了：（1）现在政府力量大，地主、富农比中农、贫雇农还听话，敌人不能兴风作浪了，何必挂怀他；（2）地主早已经低头，现在又喊斗争，真是自寻烦恼。

4. 当前主要任务是生产，不是阶级斗争：（1）目前农村中的主要任务不是阶级斗争，不是两条道路的斗争，主要是吃饱肚子的问题；（2）公社里主要是抓好经营管理，就能调动社员积极性，搞好生产，建设社会主义；（3）生产搞不好会饿肚，搞阶级斗争不能顶饭。

5. 其他：（1）地主是地主，亲戚是亲戚；开会叫地主，平时叫亲戚；都叫地主，六亲不认，没有人伦；（2）同地主、富农吃喝是生活小事；（3）不准同地富儿女结婚，婚姻法上无明文规定；（4）外村地主与我无仇，我何必恨他？（5）不少地主有文化、有技术，建设社会主义，少了他们是个损失。

二、关于依靠贫雇农问题

1. 贫雇农既“笨”又“顽固”：（1）贫雇农太老实，知识少，脑瓜笨，管不了公事；

（2）贫雇农太落后，翻身十多年还是困难户，怎么好依靠？（3）依靠土改老根子有四大困难：一曰人老了，二曰没文化，三曰有些手脚不干净，四曰生活上有困难。

2. 贫雇农开口就要吃、穿、用：（1）贫雇农找干部，开口不离吃、穿、用，怎么依靠？（2）现在去依靠贫雇农，等于去依靠懒汉；（3）土改时有财物填坑补缺，现在搞斗争没有果实分；过去好依靠贫雇农，现在不行了；（4）反封建要依靠贫雇农，搞社会主义建设要依靠中农。

3. 多数贫雇农变了质：（1）原来的贫雇农都上升到中农水平了，变了质，不能依靠了；（2）现在贫雇农还不如地主、富农听话。

三、关于干部参加劳动问题

1. 当干部要参加劳动，不如回家搞生产。

2. 干部少，地区分散，问题多，参加生产劳动，只捉虾子丢大鱼。

3. 参加劳动以后，没法管面上工作。

4. 近几年来干部没有参加劳动，工作照样干。

5. 叫区、社干部参加劳动，是上面不知下面辛苦，这是官僚主义的决定。

6. 划小核算单位之后，社员劳动积极，不用带头和监督了。

7. 针无两头利，参加劳动就很难照顾全面。

四、关于投机倒把问题

1. 社会主义收入，资本主义支出，不搞点投机难生活。

2. 有自由市场，就应该准许自由做生意。

3. 人为财死，鸟为食亡，人生就是为了多捞钱。

4. 农忙时干农活，农闲时搞生意，不误生产，改善生活。

5. 要吃靠集体，吃饱靠自己，用钱靠生意。

6. 生意一转手，胜过做一秋。

7. 投机倒把，互通有无，活跃市场，也有好处。

8. 买卖贩运，将本求利，繁荣市场，利人利己。

9. 没人搞投机，市场无东西。

10. 国家搞得高价商品，为什么私人搞不得？

11. 这边说开放集市贸易，那边叫管制自由市场，真是官字两个口，随便说好丑。

12. 交官贫，交客（商）富，交着乞儿（叫花子）无大裤。

五、关于封建迷信问题

1. 宪法规定有宗教自由，不应该干涉批判。

2. 拜神拜佛，民族习惯，应该尊重。

3. 树有根，水有源，联宗祭祖不忘本。

4. 算八字，问鬼师，既不是蒋介石创造，又不要政府出钱。

5. 念经拜佛造不了大反，风调雨顺自然无人干。

6. 政府可给烈士扫墓，群众为何不能祭祖？

7. 善有善报，恶有恶报，若还未报，时辰未到。

8. 迷信！迷信！不可全信，也不可不信。

9. 如果没有鬼，为何有“鬼”字？

10. 今日生活好，不应该忘祖先。

11. 联宗为了加强团结，祭祖为了纪念祖先。

12. 道公、巫婆，不过是为了钱财口腹，为何说是阶级斗争？

13. 命好信政府，命不好信神仙。

14. 千犁万犁（勤耕苦种）不如山上一堆泥（葬个好墓）。

15. 斗官穷，斗鬼灭，斗着神仙家族绝。

《宣教动态》，1963年第59期

国家统计局党组关于虚报瞒报和干预直接上报统计数字情况的报告

1964年3月

富春同志并报中央：

自从贯彻执行中央国务院《关于加强统计工作的决定》和《统计工作试行条例》以来，各地区、各部门对统计工作的领导进一步加强了，统计数字质量有所提高。许多地区和部门对虚报瞒报数字、违反纪律的行为都很重视，并及时作了处理。例如，四川省委对酉阳县长批评打击如实反映情况的统计人员，及时通报全省，并责成涪陵地委和酉阳县委认真进行检查处理；石油部对石油三厂虚报柴油产量的错误进行了通报，并责成石油三厂对错误数字作了更正；铁道部做得更为深入经常，去年一年检查发现和接受群众检举揭发虚报瞒报统计数字的大小案件共九千余件，责成有关单位件件作了调查处理。

但是，有些地区和单位仍有虚报瞒报，有些地区和单位的负责人仍有干预统计部门直接上报统计数字的情况，有的甚至对坚持如实反映情况的统计人员加以批评打击。现将我们了解的情况简报如下：

一、有些单位虚报瞒报，弄虚作假。

甘肃省兰州市对十七个市区属工业企业进行检查，发现一九六三年上半年工业总产值虚报二十三万元，为原上报数的百分之十四点六。

内蒙古科左中旗为了表现精简职工的成绩，将全民所有制职工在名义上转化为集体所有制，瞒报职工二千五百九十三人，约占全旗职工总数的百分之八。

湖南省粮食厅，虚报一九六二年末职工一万五千人，工资总额八百八十万元；商业厅虚报一九六二年末职工九千人，工资总额三百六十万元。

四川省乐山储运分局，瞒报一九六二年原木九万四千立方米。

安徽省涡阳县义门区区委书记王××同志，一九六三年瞒报晚秋征购入库油料一千五百二十五斤，粮食二万三千余斤；江集区区委书记李××同志，一九六三年瞒报征购入库粮食五万余斤，并设小仓库，储存机动粮四万九千斤。

二、有些地区、部门的负责人，直接干预统计数字的上报，或者授意统计部门弄虚作假。

广西自治区一九六三年底职工人数，区计委预计为六十二万人，区统计局根据逐级上报数汇总为六十万人，区统计局报请主管统计工作的副主席审查，过了几天没有批，由于已经到了规定上报的时间，统计局即按时报告，后来该副主席即批评区统计局是“假请示，不听话，没有全局观点”。该区过去也发生过类似的问题。一九六二年春统计局汇总各专、县上报的粮食产量为九十亿斤，那位副主席曾指示他们只准报八十七亿斤。后来区统计局按照统计制度的规定上报了这两个数字，该副主席便指责统计局说：“区党委正在要求减少外调任务，上报九十亿斤会起什么作用！”我局副局长陶×同志出差到广西时，该副主席还指示区统计局不要汇报九十亿斤，并要区统计局副局长参加全国统计工作会议时也要肯定八十七亿斤。

青海省统计局在上报一九六三年四月份职工人数时，主管精简工作的副省长授意他们修改全国统一规定，在职工总数中不要包括劳改、劳教期满就业人员和临时工。当省统计局申述“全国统一的规定，不敢改变”时，某副省长说：“如按你们的数字，尚需减几千人，那么你们统计局的人就保不住四十个。”省统计局坚持不能修改全国统一规定。事后那位副省长竟将经省委批准了的省统计系统的编制削减了十九人，加给其他单位（此事省监委已作了纠正）。

三、有些单位的负责人对坚持如实反映情况的统计人员加以指责、打击。

河北省孟津县统计干部蔡××、王××两同志揭发县委修改公社上报数字，瞒报一九六二年夏收产量五百八十万斤，当省、专统计局派人检查时，县委第一书记曾追究统计科“这是谁告的状”，县委在一九六三年五月和十月，先后把蔡、王两人调离统计部门。

四川省酉阳县统计局，按照统计制度规定

如实上报皮鞋产量，小春预计产量、新增职工人数，受到县长尚××同志阻挠，并召开县人委机关干部大会，对县统计局白正全同志进行批判斗争。尚××同志在大会上指责“成立统计局就是闹分散主义”，批评统计干部坚持原则是在坚持“错误”，不要党的领导，把白正全同志同陈独秀比，同赫鲁晓夫比。会议开了两个半天，会后还要白正全同志继续检查。

甘肃省武威县统计局根据省统计局的布置，用抽样调查方法推算了全县数字，送副县长审查，副县长不同意上报。当省统计局电话催报时，县统计局在电话上讲了这个数字，县“五反”领导机构把此事当做“五反”的主要问题，要求县统计局检查。

湖北省利川县一九六三年春汇总各公社、区上报的粮食产量为二亿六千万斤，县委只准上报二亿三千万斤，统计部门同时上报了这两个数字，结果受到四个县长的“四堂会审”。

安徽省统计局如实上报了一九六二年全省职工人数和工资总额，省委工业部长认为统计数字不符合自己的心意，在去年一月份全国劳动计划会议的小组会上骂“统计局是一个糊涂局、捣蛋局”。

四、有些地区统计部门对坚持执行全国统一规定的统计方法和直接上报统计数字的规定有顾虑，怕犯“分散主义”错误，对上级统计部门不讲真话。

湖北省洪湖县一九六二年夏粮产量逐级上报数为四千三百五十万斤，县委只准报三千六百万斤，县统计局不敢坚持原则，按县委意见上报数字后，不敢去专署统计局开会，怕查询。

湖南省统计局，一九六二年少报原木产量二十七万立方米。省统计局长说：既要执行国家统计局的指示，又要执行地方的指示，左右为难，不好办。

全国统一规定的红薯折粮比例为四斤折一斤，四川省统计局根据地方领导的意见自行规定为五斤折一斤，并布置各县在上报国家统计局粮食数字时，不注明折合标准，也不要让区、公社、生产队知道。

我们认为，上述情况是同中央和国务院《关于加强统计工作的决定》和《统计工作试行条例》的规定相违背的。统计数字不实，对中央和各级党政领导机关了解全面情况极为不利，也必然会给国民经济计划工作和正确贯彻执行党的政策造成严重危害，必须坚决纠正。为此，提出以下建议：

一、各地区、各部门、各单位，必须认真贯彻执行党中央和国务院《关于加强统计工作的决定》中的规定：“各部门、各地方、各单位，必须严格按照国家规定的统计任务，统计制度和方法进行统计，严肃对待统计数字，有多少报多少，决不允许作假报告。”“各级统计部门按照上级统计部门规定收集和整理的统计资料，必须直接报送上级统计部门，同时报送当地党政领导机关。”各地统计部门在上报前尽可能将主要统计数字提请当地领导机关审查，但到上报时必须及时上报，这是执行中央的决定不是什么“分散主义”。

二、在各级党委的领导下，结合“五反”运动，狠反虚报瞒报、弄虚作假和打击报复等违反纪律的行为。对现有虚报瞒报的案件，建议由各级监察委员会负责，吸收统计部门参加，分别不同情况，加以适当处理。对情节严重、性质恶劣的违反纪律的人员应给以必要的纪律处分，并在适当范围内予以公布，以教育干部。

三、请各地党政领导加强对统计部门的政治思想领导，监督统计部门严格执行国家统计制度，如实反映情况，并支持向一切虚报瞒报数字的行为进行斗争，保证那些严格按照中央决定办事、说老实话的人不受打击报复，并给以适当的表扬和鼓励。

四、建议各级领导机关，在使用统计数字时，注意统计数字的口径范围，特别是以统计数字作为计划基础、分配和征购任务的依据时，不要使如实上报数字的单位吃亏，使虚报瞒报的单位占便宜。同时尽可能给地方留有必要的物资机动余地，以便解决临时急需，消除各地方、各部门、各单位如实反映情况时怕被动怕吃亏的思想顾虑。

以上报告，如无不当，请批转各地区、各部门参照执行。

F114

东北区今年基本建设的几个主要问题［节录］

1964年5月16日

新华社沈阳讯 东北区基本建设的大好季节已经到来。东北区今年仍然是国家基本建设的重点。全区投资二十五亿多元，比去年增加了百分之三十多。建设项目中，大、中型工程共一百六十二个。

今年全区基本建设的形势很好，有利条件很多。但是还存在以下几个主要问题：

一、当前各级领导机构很不健全，领导力量也比较薄弱，与任务和形势不相适应。一九六二年以来，三个省都撤销了基本建设部和基本建设委员会，只在计委设一个处来管这摊事。全区二十七个工业城市，也撤销了专门的基本建设领导机构，大部分市没有一个书记或副市长专管这条战线。基层领导在体制和思想上也存在不少问题，其中主要是建设、施工、设计三方面不能很好地统一思想、统一计划、统一行动，扯皮现象比较普遍，影响好快多省地完成施工任务。

在四月末召开的东北区基本建设经验交流会议上，东北局书记顾卓新同志要求各省市把基本建设当作一项政治任务来抓，当作一条重要战线来领导。会议上还交流了抚顺市重视基本建设领导的经验。抚顺市市委、市人委都定期讨论、部署和检查基本建设工作，经常有一位书记和副市长亲自抓这项工作，去年七月还成立了基本建设指挥部，由一位副市长负责，并配备了专职副指挥，全面具体地抓起这项工作。市人委各有关局都有一名局长专管基本建设。

［下略］

Z党1－21/1—1964（687）

中共中央批转李雪峰同志给少奇同志的信

1964年10月12日

李雪峰同志并各中央局，各省、市、区党委，中央各部委，国务院各部委党组，军委总政治部：

现将李雪峰同志一九六四年十月十一日给少奇同志的信发给你们。中央同意雪峰同志意见。在目前情况下，不向党内各级干部明确地指出当前的主要危险是右倾危险，是不利的。各中央局、各省、市、区党委应当参照李雪峰同志的经验，根据各地干部的思想情况，及时地要地委书记和县委书记提出反对右倾的问题，怕左不怕右、宁右勿左的问题，进行认真的讨论，以便为当前的社会主义革命打好思想基础。

对于已经烂掉了的地委、县委、区委、公社、大队和厂矿企业及其他机构，应当在调查确实以后，采用信阳经验、小站经验、白银厂经验，进行夺权斗争，发动群众，迅速加以解决。其他有严重问题的县委及其他机构，能够说服的就说服，不能说服的，也要加以改组。

此外，雪峰同志提出的各级工作队混编的办法，大工作团组织指挥部、政治部、后勤部，清查、整顿所在县的政法、邮电、交通机构等，都是好的。望各地参照执行。

附：李雪峰同志给少奇同志的信

1964年10月11日

少奇同志：

九月下旬，我在山西、河北分别开了两次地委书记会议，同时开了城市“五反”工作会议。实际在石家庄开的河北会议上，内蒙、北京也去了人，华北局有关的书记也去了。会议的目的是检查两省贯彻中央八月中央局书记会议精神的情形。两省过去都是以地委为单位开干部会的。山西是各县常委以上干部和工作队长到会，河北是十七级以上干部到会。

在两省地书会议上，都发现几乎在每个地委召开的会议上，县委同志的思想都抵触很大。或者在这个问题上思想“通”了，到那个问题上又回生了，如山西忻州地委依次讨论“四清”（这是华北地区对整个农村社会主义教育运动的简称）革命问题、放手发动群众问题和集中起来、基本上以县为单位打歼灭战的问题，就翻来覆去弄不大通，甚至连揭露出来的五台县原有县委常委联合在一起，受一个养病不工作的老县委书记指挥，致使派去的新县委书记很难工作，这样的类似“地下县委”的错误，也提不到原则上来放手揭露与批判；河北则是开了四十多天的会，排队还是六、三、一或七、二、一的比例，即拥护中央指示的占到六成或七成，不赞成的有一成，那中间部分中还有根本不开腔、不表示态度或态度暧昧的人们，有的甚至疯狂地声言根本反对“四清”，也拒绝到会，而地委也不敢执行党纪，予以及时处理。

反对中央指示的理由是：“为什么集中到一个县才算集中力量打歼灭战，而我们在各自的县里集中搞一个大队或一个公社就不算？这不是不相信县委吗?”相信不相信，道破了不少县委的心理状态。这里包括了完全相信基层干部能在县、社两级的工作队领导或帮助下搞好“四清”，实际上是骄傲自满、故步自封，自以为县委“最了解情况”，“越往下层越接近实际”等等错误思想的反映，是不愿意离开本县，怕艰苦，不愿意彻底蹲点，深入贫下中农，放手发动群众的精神状态的反映。拆穿了说也就是“怕左不怕右”这种右倾思想在作祟。同时，地委领导上也不去或不敢戳穿这一点，旗帜不鲜明，不知仅仅隔着这么一层障碍，就戳不到痛痒处。这样就是勉强集中起来也不见得会“过硬”。这又证明至少有相当多数的县委不经过省委、地委亲自带到外县，组成“野战兵团”，亲自指导，给以严格训练，并且彻底蹲点，打个真正的歼灭战，是领导不了“四清”这场革命运动的（城市“五反”也有类似情形）。当然，就这样一定还会有些要打败仗，要有一定的“伤亡率”和“减员”的。但是非如此就决不能打好这一仗。特别是第一、二年。

因此，我们坚决采取了两条措施。

第一，戳穿“怕左不怕右”这种精神状态。用当前阶级斗争形势及其在党内反映的严重情形，摆事实，讲道理，放手发动到会同志敞开讨论，借以肃清那种萎靡不振的精神状态，发扬革命传统精神，鼓舞斗志。这样就必须在适当时机，由地委集中讨论中的积极意见，打出反对右倾的旗帜来。我在忻州地委，向地委书记提出（由他们去讲）每个领导者都要考虑自己到底是马列主义者，还是修正主义或改良主义者？或者也可以干脆地说，你到底是愿意做无产阶级革命派，还是做反对派？还是做调和派？要准备使好些同志睡不着觉，紧张起来思考问题。把这作为第一个问题，作个纲。结果，正如预料，大家十分紧张起来，认真考虑问题，绝大多数同志思想清醒了。左派兴奋，坚定了，中间派也向左靠，“右派”也分化，或者收敛起来了。有的说那你为什么不早说呢？在山西省的地书［原文如此］会议上，除了少奇同志提出的究竟是基层领导我们多些，还是我们领导基层多些？是你们现在了解情况多些，还是十年或几年以前了解得多些？是本地干部或常在本地待久了的同志了解情况多些，还是到村、队不久，但能深入贫下中农，放手发动了群众的工作队同志了解情况多一些？许多事实证明在阶级渗透、阶级斗争、和平演变、党组织内部情况和干部问题的情况上，县委同志了解得并不是比以前多了，而是少了，甚至有的根本不了解。许多地委，也包括省委负责同志，包括华北局也决不例外！此外，我还提出你们到底打的什么旗？是红旗，是白旗（指投降倾向），还是灰旗（调和派）？你们究竟敢不敢同具有修正主义倾向的顽固派和那些坚决破坏党纪的老部下、老战友决裂？敢不敢同自己的错误思想倾向决裂？在河北石家庄开的会议上也是这样提的。地委书记听了确实有些紧张，但精神状态一变，结果一般还是感到很愉快，也大多作了检查，认为这就解决了他们思想上的若干问题。

散会后，山西是几个地委书记连夜赶回去，立即作了传达讨论，举起了反右旗帜，思想斗争展开了，矛盾迅速揭开了，几天之内，形势大变，绝大多数同志自己检查了右倾，开展了批评，揭出了大量的右倾问题以及坏人坏事。全省九十六个县中，揭出问题较大的县就有四十四个，占百分之四十五点八，其中，完全烂掉的两个，严重右倾的十七个，严重闹宗派、闹分裂的五个（包括两个有类似地下县委的县），相当右倾的二十个。全省九十六个现任县委书记中，不赞成这次革命、甚至实际上反对这场革命的十九人；妥协派十九人，共三十八人，占百分之四十。最后，许多同志都说："县委像现在这个样子，不集中由省、地委领导运动，根本不行。""要县委领导这场革命斗争，确实没有保证。""现在才懂得了少奇同志建议的意义。"

河北则揭出县委会有严重右倾问题的县三十五个，占全省总县数的百分之二十五，其中基本烂掉的五个县。干部反映："我们开了四五十天的会，这才'上了纲'，摸到了本质。""反中游思想，旗帜不鲜明。"甚至有同志说："前一段反中游思想，简直是用右倾思想反对中游思想。""不揭开右倾思想的盖子，不对右倾思想进行针锋相对的斗争，歪风邪气压不下去，革命精神上不来"，"反中游，好比是照镜子，只看得见外表；反右倾，好比是照X光，查到骨子里去了"，"这才像一个革命的样子"。

会后，我又要省委对地委会议的发展情况，由省委书记亲自掌握火候。山西是每天电话联系两次。至于提出反对右倾这个口号的方式，当然，还是按照中央规定的好。即不说是中央提出的，也不说是华北局提出的，不到不得已时甚至也不说是省委说的。可以先提出问题让大家讨论，例如，你既然相信自己是革命的，为什么又提出相信不相信的问题？又如放手发动群众的"放手"，对立面是什么？内容是什么？原因是什么？到底是什么东西束缚了自己的手脚？然后集中起来，即集中正确意见，提出"怕左不怕右"，实质上就是右倾，必须反对这种右倾。我看这样提，是不会出危险的，当然火候要注意掌握。还有用"左"的形式抵抗反右的，会后这几天也发现了苗头，需要及时注意解决。

第二，由省、地委领导和帮助县委"调兵遣将"、"挑兵选将"、"练兵练将"，即是由县委抽调和初步训练一下要带出来的工作队干部，一律按规定时间带到集中作战的县（区）里，仍按原有各县工作队编制，由省地委用较充分的时间，亲自布置，统一训练，及时检查，随后再与各级派去的工作队混编（有建制的搭配，不是彻底打乱），然后才进村。这样做，是一则改变了他们原定的由各县委自己分散训练后，即带到集中的县，就分配到点上，仓促上阵的部署。二则改变了一个县包一个公社为混编的队形。其所以要这样做，是因为这次是像个大兵团阵地式的歼灭战，不是地方部队式的作战形式了，省委、地委负责人都去蹲点，中途不可能再开大的会议对工作队干部进行教育了（当然也可能有例外的情况），因此，在"不打无准备之仗，不打无把握之仗"的原则下，搞好战前练兵练将，先吃透"双十条"的精神，借以弄清思想，鼓足斗志，十分重要。

另外，必须组织一个纯洁而又短小精悍的指挥部，指挥部下设办公室，主要管"敌情"材料，设政治部，主要管对工作队的考察和审查工作，设后勤部，主管供应、卫生等工作。同时，清查、整顿所在县的各专政机构，包括政法、邮电、交通在内。在指挥部系统工作的干部，可以"走马观花"、"下马观花"，但不算是蹲点，让他们与专心蹲点的同志作这样一个分工。对于中央或北京来的工作队的牌子在适当时机需要亮出来；即使在开头，如果贫下中农追问"你到底是哪儿来的"时，也不必回避说是"北京来的"，不必一定向群众隐瞒这一点，这样群众才敢靠拢，早一点说出实话。

至于集中以后面上的组织与工作，包括撤了点的地方，如何防止反攻倒算、打击报复等也作了布置，这里就不写了。

Z313-2

计划会议重要情况反映（五）

1964年10月12日

1. 计划干部尔虞我诈。四机部刘×说：分散主义主要在我们下边。一个突出的表现是对领导不老实：国家规定投资五百万元以上的项目要由计委审批，就把有些厂的投资硬压到四百九十多万元。

重庆市计委尹××说：为达到目的，有时甚至把情况渲染一番。如重庆地区今年农业抗旱需要水泵，先要了十台，是需要的，以后明知季节晚了用不上，还是趁机再要了二十五台。

湖南李××说：省里报的计划总是任务定的小些，东西要的多些，要求调出的少些，这是本位主义，国家计委按比例往下砍，这是主观主义。

武汉市宋×说：计划机关的风格越来越低。争项目，争投资，“相互钓鱼”，带有商人作风。

中南局李××说：一开会专注意向上要东西，风格越来越低。

山西李××说：你说统计数是假的，谁是真的？更实在的数字没有？计划作风，说真一点，是“尔虞我诈”。

2. 各地也要统帅。华北局朱××说：听说中央要由主席或少奇同志来抓整个经济，我们听了很高兴。各个省市，也必须由第一书记或者第二书记来挂帅。

3. 经济工作应当像军事工作那样。华北组同志说：经济工作可以和军队一样，把海、陆、空，各军区，各兵种都统一管起来。

4. 要把工作转到战争轨道。中南局李××说：我们的建设和工作，要转到能适应战争的轨道。

5. 计划基数是富农路线。四川杨×说：计划指标总是按原有基数来推算，不能改变。这样贫者愈贫，富者愈富，实际上是“富农路线”。

6. 计委是联合国。贵州陈××说：现在省内书记、副省长分兵把口，计委和各厅、局平行，有人说我们计委是“联合国”。

7. 开会带“打手”。云南郭×说：过去开计划会议，都是带一批打手，来了吵架。

8. 有人把条块关系比做宗主国与殖民地。西南区同志说：计划的综合平衡必须以块块为主。不能由条条分头通下去，使省、市无法综合平衡。

中南局计委何××说：“中央与地方在经济工作方面的关系，抄袭了苏联的宗主国与殖民地关系。”

9. 条块的说法不科学。化工部梁××认为，把各部称为“条条”，把地方称为“块块”，是不很准确，也不够科学的。

10. 大区是个三无机构。西南局计委韩×说：大区计委是个“三无”机构（无人、无物、无财权）。

11. 托拉斯不要都托进去。山东苏××说：现在组织的汽车托拉斯，把山东齿轮厂等四个厂“托”了去，把原来协作关系打乱了。主张有全国性的，也有区域性的；尤其是机械制造工业适合区域形式。

上海宋××说：成立托拉斯，不要把所有的专业协作厂都“托”进去。

北京市宋××说：成立托拉斯是好的，但不要把好的、大的“托”进去，把小的、坏的留给地方。

12. 电子工业和地方工业结合不起来。安徽李××说：“中央讲电子工业、氧气炼钢，和地方工作结合不起来，调动不起地方积极性。我们的方针是以农业为基础。”

13. 搬家有反映。山东苏××说：“对搬家问题，我们一个很大的矛盾没有解决。大家都要搬，到底有几个钱？我怀疑，明年四百四十亿元照拿，家还要搬，后年五百五十亿元要不要？”

14. 财政没有级。广州市梁×说：“财政体制说是三级财政，实际没有级。”

15. 县财政局长的权好大。中南李××说：广东省南海县平洲公社，花了十一万五千元，把两米宽的道路扩展为十一米，拆了七十间房子；该县财政局长批准几个公社五十万元作为建设费。

16. 机构多的要死。东北顾××说：鸡西、鹤岗市人委都有二十多个局。沈阳市有十九个各级的物资公司：大区六个，辽宁六个、沈阳七个。

东北区同志说：物资、商业部门，据说有的规定：下面没有这个机构，就不分配物资；下面没有专业公司就不分配有关商品。因此下面机构越设越多，越分越细。如物资部门，在沈阳市有大区、省、市三个局，十九个公司，辽宁省朝阳镇，在镇上有市、县、镇人民银行，农业银行六处，还有两个银行办事处。

17. 过分强调机构上下对口。陕西肖×说：省里管工业的有重工、机械、轻工、纺织等厅局，每个厅局都有七八十人，一个厅只管七八个厂子，平均十余人管一个企业。大家认为造成这种情况的原因是过分强调了上下对口，上边有什么机构，也要下边成立什么机构。

18. 中央副部长太多。浙江曹××说：“现在各部的副部长为什么那么多？有些副部长成天就是夹着一个皮包应付开会。”

19. 签字盖章实在多。工交组同志说：一个煤井设计，在图纸上签字盖章的达一千七百多人次。

20. 建工部的资本主义思想严重。建工部赖××说：建工部的分散主义和资本主义思想很严重。借口“自力更生”，自己制造设备，不务正业；借口“多种经营”，搞了很多黑工厂。

21. 城市规划要盖高楼。物资总局谢××说：城市规划，有的规定盖五层大楼，有的规定盖三层大楼，并且为拓阔马路要后退多少米。这是同勤俭建国的方针不相符合的。

22. 楼馆堂所不能单责怪下面。浙江曹××说：“对楼馆堂所的修建，不能完全责怪下面，中央有些同志态度不严肃，说建了准备检讨，这很不好，这会促成上行下效。”

23. 劳动部门有修正主义倾向。西藏同志说：西藏要降工资，劳动部却就高不就低。

四川杨×说：劳动部门有修正主义倾向。

西北区同志说：西安纺织厂工人年平均工资七百三十元，福利费就有二百八十元，相当于平均工资的三分之一以上。一九六三年，西安纺织系统厂长基金总共二百零八万元，其中用于职工福利的就有一百五十三万元，相当于吴堡、甘泉、太白、留坝等七个县的财政收入。

24. 运动员的特殊生活。体委李×说：射击比赛要用外国制造的专用枪，穿进口的专用服，比赛用的弓也要从外国进口。

体委鲍××说：有的运动员比赛前要吃补药，一剂就花四十多元，广东的一个围棋运动员，比赛时要吃燕窝精，嘴里还要含人参，每天吃五块钱的伙食还嫌少。

25. 教育工作扩大差别。教育部刘××说：消灭三个差别问题。中央所提出的劳教结合的精神，是要使教育为消灭三个差别，为向共产主义过渡做好准备，而我们在实际工作中，却是相反的，是在扩大三个差别。

26. 大量投资建退休军官住房。陕西省反映：总后勤部今年准备在陕西修建一百零六所退休军官住房，投资二百六十四万元，占地九十六亩。

西南同志说：现在又给退休人员盖房屋，将要形成“满洲城”，出现很多“遗老”。

27. 设计队伍不纯。西北区同志说：宁夏自治区设计室九十六人，地、富、反、坏、右和地富子女就占一半，这些人中，有二十多人的家属、亲戚曾被镇压和管制，有的本人就是国民党还乡团。

28. 上海少调汽车。一机部周××说：上海市今年计划安排生产凤凰牌汽车三十辆，实际布置四十七辆，国庆节前决定都调到北京使用，上海市无论如何不给，后来只送来十五辆，自己留下十五辆。

Z375 - 9

国家统计局：农业多种经营中两条道路的斗争尖锐

1965 年 2 月 22 日

近几年来，随着粮食的连续增产，农业多种经营有了发展，但是还有不少地区集体的多种经营开展比较缓慢，有的甚至下降。据全国各地 548 个生产队的调查资料，1964 年集体经济的总收入比上年增加 4.2%，除农、牧业收入比上年增加 6.3% 外，副业、渔业和运输业收入分别比上年下降 2.6%、1% 和 3.6%。集体经济的多种经营发展不快的一个主要原因是，资本主义势力的顽强抵制，两条道路的斗争相当尖锐，主要表现在以下几个方面：

一、多种经营中的单干风还没有完全刹住。据山东德州、临沂、济宁、聊城专区的调查，在有副业活动的生产队中，大约有 30% 的队副业是由社员单干的，有的单干更多，如微山县驿城公社现有 98 个队搞编织副业，其中集体经营的只有 7 个队，个人经营的却有 91 个队。广西临桂县涛江公社 34 个队中，经济作物和副业单干的就有 33 个队。有些副业单干户进行雇工剥削。如辽宁北镇县青堆子公社砖东大队三队 45 户中，就有 12 户雇工编蒲包，社员吴 × × 一户就雇 7 个人，共得剥削收入 1 200 元，成为新兴资产阶级分子。

二、有些社队干部存在着严重的右倾思想，不积极组织领导集体多种经营，有的还向资本主义让出阵地。福建上杭县樟坑大队林木资源十分丰富，有生产土纸、松脂的传统习惯，由于干部存在“三怕”（怕影响农业、怕麻烦、怕亏本）思想，不积极领导，放任社员个人经营，结果不少社员热衷于搞个人副业，不积极参加集体生产。吉林洮安县瓦房公社白搭大队有的生产队，把历史驰名的晒烟大部分让给个人种植，集体只种 1/4，在秋收季节烟、粮争劳力时，生产队还特意放假，叫社员回家割烟，而队里已熟的糜子无人管，结果被雁吃光。陕西长安县内苑公社一生产队，多年来一直是集体经营编席，去年则将 4 万余斤芦苇作价分给社员，使集体收入减少 2 000 多元。

三、有些干部带头搞副业单干，有的还利用副业进行剥削。辽宁锦西县白马石公社河南大队河西生产队，以队长为首几个干部自己割荆条和买进荆条 4 000 斤，自编筐篓，向集市出售，而不过问队里的副业。吉林怀德县平安公社六家子大队八生产队队长孙 ×，暗地加入私人副业集团，吃“好汉股”分得 200 多元。河北青县西李村大队，在大队和生产队干部的支持下，有 34 名社员在天津搞劳务，这些干部都不参加劳动，每人每天却分得“操心费” 0.30 元。

四、有些社队在多种经营中没有贯彻阶级路线，被地、富、反、坏和蜕化变质分子篡夺了领导权。贵州六枝县青冈林大队的综合加工厂，由一个富农分子担任会计，指挥生产，同另一人合伙贪污 1 000 多元。河北吴桥县佛刘公社安陵窑厂，厂长是伪警察，会计是一贯道“三才”，保管员和业务员都是汉奸，有两个党员正副书记也被拉下水。山东齐河县华店公社蒋屯大队经营的砖瓦窑厂，过去一直收入很好，但去年由于副业股长、会计、技师等主要领导岗位被地富分子篡夺，就成为这些人大肆挥霍浪费、贪污盗窃的场所，最后这个厂不得不停办。

五、有些社队不是以副养农，而是单纯赢利。吉林蛟河县前进公社民主二队，过去是组织社员采山货，去年则赚钱少，不如给林业局修路赚钱多，就放弃了采山货。河北吴桥县林庄公社小辛生产队与天津投机商勾结贩运铜器，两个月就获暴利 1 000 多元。广西有些生产队认为搞副业 1 元资金，可得 2 ~ 3 元收入，公社就安排大部分劳动力搞副业，对增产粮食不感兴趣。

六、有些社队对副业人员采取高工资、高奖励、高工分的"三高"分配办法，助长了农村阶级的两极分化。吉林安图县万宝公社金化大队一队，以刺激副业人员的"积极性"为名，除了记工分外，还在副业收入中提30%分给个人，使这些人员的收入大大高于农业劳动力的收入。副业中的管理干部报酬更高。贵州清镇县花溪区石板大队，打石板的副业人员每月一般收入15元左右，而主任收入达35元，供销人员达30元，会计25元，比一般副业人员收入高出2/3到1倍以上。群众说这些人员是"五保户"。

为了更好地发展农业多种经营，有必要加强组织领导，坚决依靠贫下中农，打击资本主义势力，积极而又稳步地把多种经营纳入社会主义的轨道。

157－3－214

附录一 要事年表

1958年

1958年1月3—4日 毛泽东在杭州主持召开有部分政治局委员和地方党委书记参加的会议。会上，毛泽东开始批评1956年的“反冒进”。

1958年1月11日 中共中央在南宁召开会议，对1956年的“反冒进”进行了严厉的批评，此后经济工作中的急躁冒进的“左”倾错误迅速发展。

1958年2月2日 《人民日报》发表社论：《我们的行动口号——反对浪费，勤俭建国!》，提出国民经济要“全面大跃进”的口号。

1958年2月18日 《人民日报》发表毛泽东起草的社论：《反浪费反保守是当前整风运动的中心任务》。

1958年2月19日 中共中央转发毛泽东提出的《工作方法六十条（草案）》。

1958年2月28日 《人民日报》发表社论：《打破旧的平衡，建立新的平衡》。

1958年3月8—26日 中共中央召开成都会议，继续批评1956年的“反冒进”，把“鼓足干劲，力争上游，多快好省”确定为党的社会主义建设总路线。

1958年4月1—6日 中共中央在汉口召开中央工作会议。会上毛泽东继续批评“反冒进”。会议还听取了河南省委关于一年实现“农业发展纲要”的规划和安徽大搞水利突击的报告。会议推进了农业方面的“大跃进”。

1958年4月2日 中共中央发出成都会议通过的《关于继续加强对残存的私营工商业、个体手工业和对小商小贩进行社会主义改造的指示》，提出了一系列严厉的限制和改造措施。

1958年4月5日 中共中央作出关于协作和平衡的几项规定，强调对各类产品要实行国家、省、地、县分级管理、分级平衡制度，在全国范围内要实行“双轨”的计划体制，还对基本建设程序作了改变，放松了对限额以上基建项目的审查。

1958年5月5—23日 中共中央召开八大二次会议。毛泽东、刘少奇都在会上作了报告。会议标志着“大跃进”真正开始。

1958年5月22日 国务院决定从1958年起在国营企业实行利润留成制度。企业留成比例以主管部为单位计算，确定后基本上5年不动。

1958年5月29日 《人民日报》发表社论：《把总路线的红旗插遍全国》。同日，国务院决定从1959年起停止发行国家经济建设公债，各省、市、自治区确有必要时可发行地方经济建设公债，年利率一般不宜超过2%，必要时也发行无息公债。

1958年6月1日 中共中央作出《关于加强协作区工作决定》，把全国划分为东北、华北、华东、华南、华中、西南、西北等7个协作区。

1958年6月2日 全国人民代表大会常务委员会第96次会议通过了《中华人民共和国农业税条例》，规定平均税率为常年产量的15.5%。同日，中共中央还作出《关于企业、事业单位和技术力量下放的规定》，要求各部门一律于6月15日以前完成全部下放企业的交接手续。

1958年6月5日 经全国人民代表大会常

务委员会批准，公布了《中华人民共和国地方经济建设公债条例》。

1958年6月10日　中共中央发出《关于成立财经、政治、外事、科学、文教小组的通知》指出，这些小组直属中央政治局和书记处，各组组长如下：财经小组为陈云；政法小组为彭真；外事小组为陈毅；科学小组为聂荣臻；文教小组为陆定一。

1958年6月29日　中共中央同意劳动部的报告，将招收新职工的权限下放到省、市、自治区。

1958年7月29日　在中共中央北戴河会议上，中央作出《关于在农村建立人民公社问题的决议》，要求全国各地尽快将小社并大社，转为人民公社。

1958年9月19日　中共中央发布《关于成立中央基本建设委员会、计划委员会、经济委员会的决定》。

1958年9月24日　中共中央、国务院发布《关于改进计划管理体制的规定》，总的指导精神是要求统一计划、分级管理、加强协作、共同负责，强调扩大地方的管理权限。

1958年10月13日　《人民日报》转载署名张春桥的文章：《破除资产阶级的法权思想》，毛泽东为此文写了编者按。

1958年10月15日　《人民日报》发表社论：《办好公共食堂》。

1958年11月2—26日　毛泽东在郑州召开有部分政治局委员和地方领导参加的会议，讨论商品经济和人民公社等问题，史称第一次郑州会议。

1958年12月10日　中共中央八届六中全会通过了《关于人民公社若干问题的决议》，指出不应当宣布人民公社立即实行全民所有制，在今后一个时期内应保留按劳分配制度，商品生产和商品交换必须有一个很大的发展。

1958年12月23日　国务院发出《关于企业流动资金问题的规定》，决定从1959年起，国营企业流动资金一律由人民银行统一管理，过去由财政拨给的自有流动资金全部转作银行贷款，统一计算利息。

1958年12月20日　中共中央、国务院发出《关于适应人民公社化的形势，改进农村财政贸易管理体制的决定》，要求农村财政贸易体制应当根据统一领导、分级管理的方针，实行机构下放、计划统一、财政包干的办法。

1959年

1959年2月6日　连接贵州与广西的黔桂铁路正式通车。

1959年2月27日　中共中央在郑州召开扩大会议（又称“第二次郑州会议”），决定纠正人民公社平均主义和权力过分集中的倾向，确定了三级所有、队为基础、等价交换、按劳分配等整顿措施，起草了《人民公社管理体制的若干规定》。

1959年3月25日—4月1日　中共中央在上海召开中央工作会议，讨论钢铁生产指标，并为召开党的八届七中全会作准备。随后，4月2日至9日，七中全会在上海举行，会议通过了1959年国民经济不切实际的高指标。

1959年6月1日　中共中央发出大力紧缩社会购买力的紧急指示。

1959年7月7日　中共中央决定正式宣布在西藏地区使用人民币。

1959年8月2日　中共中央八届八中全会在庐山举行，此后在全党展开反对“右倾机会主义”的运动，使经济上原来的“左”倾错误更加严重。

1959年8月7日　中共中央发出《中央关于反对右倾思想的指示》。同年8月14日，中共中央又转发辽宁省委《关于执行“中央关于反对右倾思想的指示”的报告》和毛泽东同志的批示。

1959年9月1日　《人民日报》发表社论：《“得不偿失”论可以休矣》。同年9月9日，《红旗》杂志也发表社论：《驳“国民经济比例关系失调”的谬论》，批判所谓右倾机会主义观点。

1959年9月20日 中央决定对民航的各项事业实行统一管理，1958年下放到地方、由地方管理的地方航线和农业航空改为以中央为主的双重领导。

1959年9月22日 西藏自治区筹委会第三次全体会议通过《关于废除封建农奴主土地所有制，实行农民土地所有制的决议》、《关于西藏地区土地制度改革的实施办法》、《关于农村阶级划分的决定》和有关牧区政策的报告。

1959年9月23日 中共中央、国务院作出《关于组织农村集市贸易的指示》，以促进人民公社多种经营的发展，以便利社员交换和调剂商品。

1959年10月15日 中央中共、国务院决定从1960年1月1日起改变若干煤矿企业的管理体制，实行以煤炭部为主的双重领导。

1959年10月25日—11月26日 第八次全国计划会议在北京召开，讨论1960年计划，制订了超出实际的高指标。同年12月30日，国家计委向中共中央提出《关于1960年国民经济计划的报告》，1960年1月30日中共中央批转，并要求各地区和各部门照此安排工作。

1959年12月10日 重庆白沙沱长江大桥建成，川黔、成渝两条铁路接轨通车。

1960年

1960年1月2日 《人民日报》发表社论：《开门红、满堂红、红到底》，提出继续跃进。

1960年1月7—17日 中共中央政治局扩大会议在上海举行。会议确定了1960年国民经济计划，并讨论了今后3年和8年的设想，提出了脱离实际的继续“跃进”计划。

1960年1月14日 国务院发出《关于加强综合财政计划工作的决定》，要求根据民主集中和“全国一盘棋”、统一计划与因地制宜相结合的原则编制综合财政计划，要求有计划地组织全国的货币流通。

1960年3月24—25日 毛泽东在天津主持召开中央工作会议。会议讨论了1960年计划、城市人民公社、农村人民公社、公共食堂、国际形势、国内社会矛盾等17个问题。

1960年3月9日 中共中央发出《关于城市人民公社问题的批示》，要求各地采取积极的态度试验和推广城市人民公社，上半年全国城市普遍试点，下半年普遍推广。

1960年3月18日 中共中央发出指示，要求普遍推行农村公共食堂。

1960年3月22日 中共中央批转《鞍山市委关于工业战线上的技术革新和技术革命运动开展情况的报告》。报告总结了大搞技术革新和技术革命的经验。毛泽东代表中央写了一个批示，提出了著名的“鞍钢宪法”。

1960年4月27日 铁道部、交通部、煤炭部提出取消计件工资制度，改为计时工资加奖励的制度。

1960年5月15日 中共中央作出关于在农村开展“三反”运动的指示，规定“三反”的内容为反贪污、反浪费、反官僚主义，以反贪污为重点。

1960年5月28日 中共中央发出《关于调运粮食的紧急指示》，指出：“近两个月来，北京、天津、上海和辽宁省调入的粮食都不够销售，库存已几乎挖空了，如果不马上突击赶运一批粮食去接济，就有脱销的危险”。

1960年6月8—18日 中共中央在上海召开政治局扩大会议。会议讨论了国际形势和“二五”计划后3年的补充计划。毛泽东发表讲话，并于18日写了著名的《十年总结》。

1960年7月5日—8月10日 中共中央在北戴河召开中央工作会议，主要讨论国际问题和国内经济调整问题。会议决定以后国民经济计划不再搞两本账，只搞一本账，不搞计划外的东西，不留缺口。

1960年7月16日 苏联政府突然照会我国政府，单方面决定撤回专家、中断合同，严重扰乱我国正在进行的建设工作，加重了我国的经济困难。

1960年8月10日　中共中央发出《关于全党动手，大办农业、大办粮食的指示》，标志着中央开始发现和重视饥馑问题。

1960年8月10日　中共中央发出《关于全党大搞对外贸易收购和出口运动的指示》，以避免当年实际出口与原计划差距较大的问题。

1960年9月30日　中共中央批转国家计委《关于一九六一年国民经济计划控制数字的报告》，该报告首次提出调整国民经济的八字方针。

1960年9月7日　中央作出关于压低农村和城市口粮标准的指示。

1960年11月3日　中共中央发出《关于农村人民公社当前问题的紧急指示信》，简称“十二条”。

1960年11月14日　中共中央发出《关于立即开展大规模采集和制造代食品运动的紧急指示》。

1960年11月15日　中央发出关于纠正“五风”问题的指示，要求各省、市、自治区必须在几个月内纠正共产风、浮夸风、命令风、干部特殊化风和生产瞎指挥风。

1960年12月3日　中共中央发出《关于保钢问题的紧急指示信》，提出能不能完成1 860万吨钢是一个政治性问题。由于集中力量保钢，1960年钢产量虽然达到1 866万吨，但比例关系更加失调。

1960年12月24日—1961年1月13日　中共中央在北京召开中央工作会议，主要讨论1961年国民经济计划，并作出《关于农村整风整社和若干政策问题的讨论纪要》。毛泽东在会议上提出要大兴调查之风。会议为召开党的八届九中全会作了准备。会前，信阳事件已经揭露出来，毛泽东则将其归结为坏人当权。

1961年

1961年1月1日　中共中央批转河南信阳地委关于“信阳事件”的报告（即《关于整风整社运动和生产救灾工作情况的报告》）。

1961年1月14—18日　中共中央八届九中全会在北京举行。会议听取并讨论了李富春《关于一九六〇年国民经济计划执行情况和一九六一年国民经济计划主要指标的报告》，批准了“八字调整方针”。会议还通过了《中央工作会议关于农村整风整社和若干政策问题的讨论纪要》，决定在全国范围内分期分批进行整风运动。会议还决定成立华北、东北、华东、中南、西南、西北6个中央局，以加强对地方经济工作的领导。会上毛泽东号召全党大兴调查研究之风。

1961年1月20日　中共中央作出《关于调整管理体制的若干暂时规定》，强调集中统一，经济管理大权应集中到中央、中央局和省（市、自治区），以克服经济困难。

1961年1月30日　二届全国人大常委会第35次会议在北京举行。会议通过决议，撤销国家建委，其业务合并到国家计委。

1961年2月12日　中共中央批转陕西省委《关于克服畏难松劲情绪的报告》和西北局的批语。

1961年3月15日　中共中央在广州召开工作会议，讨论和制定了《农村人民公社工作条例（草案）》，简称“农村工作六十条”，决定在部分地区试点。此前，毛泽东于3月10—13日在广州召开了中南、西南、华东三个地区党委负责人参加的“南三区”会议。刘少奇、周恩来在北京召开了“北三区”（东北、华北、西北）会议。两个会议主要调研农村问题。

1961年5月17日　中国人民银行、财政部联合发出通知，决定改变国营企业流动资金供应办法，确定从7月1日起改为80%由财政拨款，20%由银行贷款。

1961年5月21日—6月12日　毛泽东在北京主持召开中央工作会议。会议对《农村人民公社工作条例（草案）》进行了修改（主要是取消了公共食堂和有关供给制规定），制定了《农村人民公社工作条例（修正草案）》和《关于减少城镇人口和压缩城镇粮食销量的九条办法》。刘少奇在5月31日的会议总结讲话中提出了所谓的“三分天灾，七分人祸”。陈云在会上作了《一项关系全局的重要工作》讲话（精简城市人口）。李先念作了有关市场和供应问题的讲话。毛泽东在会上对“大跃进”作了自我批评。

1961年6月17日　中共中央《关于城乡手工业若干政策问题的规定（试行草案）》发到全国基层单位，要求调整所有制形式，主要所有制应是集体所有制，要求实行按劳分配，要统一安排产供销等，要民主办社。

1961年6月17日　中共中央《关于改进商业工作的若干规定（试行草案）》下发到基层单位，指出坚持等价交换原则，推广农产品收购合同制，国营商业、供销合作社和农村集市贸易是商品流通的三条渠道，要改进商业企业经营管理等。

1961年6月19日　中共中央发出《关于纠正平调错误、彻底退赔的规定》，下决心退赔人民公社化运动中地区之间、单位之间无偿平调农民资产。

1961年7月16日　中共中央作出《关于加强原子能工业建设若干问题的决定》，决定自力更生，组织力量，突破原子能技术。

1961年8月23日—9月16日　中共中央在庐山召开中央工作会议，会议做出《关于当前工业问题的指示》，即必须“退够”。会议还通过了《工业七十条》、《高教六十条》等。毛泽东在会上估计已经形势到了谷底，以后应该是走向好转。邓小平在会上做报告，也提出已经到底了。

1961年9月15日　中共中央发出了《关于当前工业问题的指示》，为克服工业生产建设中的混乱，从调整、管理、生产等八个方面作出规定。

1961年10月7日　中共中央发出《关于农村基本核算单位问题给各中央局、各省、市、自治区党委的指示》，要求各地进行下放基层基本核算单位到生产队的试点。

1961年11月8日　中共中央发出《关于成立国防工业办公室的决定》。国防工业办公室属于国务院直属机构，直接负责国防工业的领导和协调工作。

1961年12月20日—1962年1月10日　中共中央在北京召开中央工作会议，讨论了国际国内形势、1962年年度国民经济计划及长远计划、党的工作等问题，为扩大的中共中央工作会议（即“七千人大会”）作准备。会议还讨论了粮食供给和问题。毛泽东批转了李先念《关于财政金融的报告》。

1962年

1962年1月11日　中共中央在北京召开扩大的中央工作会议，即著名的“七千人大会”，总结了建国以来的工作经验，强调恢复和健全民主集中制，为实行调整、巩固、充实、提高的八字方针统一了认识。

1962年2月21日　刘少奇在北京中南海西楼主持召开中共中央政治局常委扩大会议，亦称“西楼会议”。会议确定了减少城市人口、制止通货膨胀、保证城市人民最低生活等措施。

1962年3月10日　中共中央、国务院作出《关于切实加强银行工作的集中统一，严格控制货币发行的决定》。

1962年4月4日　中共中央发出《关于加强统计工作的决定》，以求改变过去统计工作薄弱、不能准确及时提供充足信息的状况。

1962年4月21日　中共中央、国务院发出《关于严格控制财政管理的决定》，要求切实扭转企业大量赔钱的状况，制止侵占国家资金的错误，制止相互拖欠，严格控制财政支出，加强财政监督等。

1962年4月30日　中共中央发出《关于批准1962年国民经济调整计划的指示》。

1962年5月1日　国家经委提出物资工作实行集中统一、全面管理的意见，中共中央基本同意，要求经过试点后分期分批逐步推行。

1962年5月7—11日　刘少奇在北京主持召开中共中央工作会议（亦称“五月会议”），讨论中央财经小组提出的《关于讨论1962年调整计划的报告》，提出压缩城镇人口、精简职工、缩短工业战线。

1962年5月27日　中共中央、国务院作出关于进一步精简职工和减少城镇人口的决定，要求在1961年基础上全民所有制职工再减少1 056万~1 072万人，城市人口再减少2 000万人。

1962年7月25日—8月24日　中共中央在北戴河召开中央工作会议。毛泽东在会上批评所谓“三风”，否定“包产到户”。7月25日举行八届十中全会预备会议，毛泽东在预备会上继续批判“三风”，为十中全会定了调子。

1962年9月24日　中共中央八届十中全会在北京召开，重新提出阶级斗争问题。会议讨论通过了《关于进一步巩固人民公社集体经济，发展农业生产的决定》、《农村人民公社工作条例（草案修正案）》、《关于商业工作问题的决定》、《关于粮食问题的决定》等文件。

1962年10月6日　中共中央、国务院发出《关于当前城市工作若干问题的指示》，要求把城市工作重点转到组织工业生产和职工生活上。

1962年11月22日　中共中央、国务院发出关于发展农村副业生产的决定。

1963年

1963年2月11—28日　中共中央在北京召开中央工作会议，讨论城市“五反”、严格管理大中城市集市贸易、1963年国民经济计划、反对现代修正主义等问题。

1963年3月1日　中共中央发出《关于厉行节约和反对贪污盗窃、反对投机倒把、反对铺张浪费、反对分散主义、反对官僚主义运动的指示》，要求在全国范围内开展一次增产节约和“五反”运动。

1963年3月3日　中共中央、国务院发出关于严格管理大中城市集市贸易、坚决打击投机倒把的指示，要求对大中城市集市贸易采取加强管理、缩小范围、逐步代替、区别对待、因地制宜的方针。

1963年5月2—12日　毛泽东在杭州主持召开会议，会议由部分政治局委员和各中央局书记参加，讨论《关于目前农村工作中若干问题的决定（草案）》（又称《前十条》）。

1963年5月25日　第二届全国人大常委会第97次会议通过成立第四机械工业部的决定，第四机械工业部负责对整个无线电工业建设进行统筹规划，全面安排，以适应国防建设和国民经济建设的需要。

同日，二届全国人大常委会第97次会议批准设立国家物资总局、外文出版发行事业局、全国物价委员会和国家编制委员会，作为国务院直属事业单位。

1963年7月21日　中共中央在批转中央精简小组《关于精简任务完成情况和结束精简工作的意见的报告》，宣布这一工作基本结束。

1963年9月6—27日　中共中央在北京举行工作会议。会议讨论了农村工作、1964年国民经济计划、工业发展的方针等问题。会议确定，从本年起，再用3年时间，继续进行调整、巩固、充实、提高的工作，作为“二五”计划到“三五”计划之间的过渡阶段。

1963年9月16日—10月12日　中共中央和国务院召开第二次城市工作会议。

1963年9月28日　二届全国人大常委会第102次会议通过了国务院将兵器工业、造船工业从第三机械工业部分离出来，分别成立第五机械工业部、第六机械工业部的决定。

1963年10月8日　中共中央、国务院决定成立中国农业银行，把财政部门直接拨付的各项支农资金和由中国人民银行办理的各项农业贷款统管起来，并统一领导农村的信用合作工作。

1963年10月23日　国务院第136次全体

会议通过《发明奖励条例》和《技术改进奖励条例》。

1963年12月2日　中共中央和国务院原则批准中央科学小组、国家科学技术委员会党组《关于1963—1972年科学技术发展规划的报告》、《科学技术发展规划纲要和科学技术事业规划》。这是新中国成立以后的第二个科技发展中长期规划。

1964年

1964年1月15日　周恩来总理在访问非洲时阐明中国对外经济援助八项原则。

1964年1月16日　中共中央转发《关于动员和组织城市知识青年参加农村社会主义建设的决定（草案）》和《中央安置城市下乡青年领导小组向中央的报告》。

1964年2月5日　中共中央发出《关于传达石油工业部关于大庆石油会战情况的报告的通知》，传达石油部关于大庆石油会战情况的报告，掀起了全国工交战线学习大庆经验的运动。

1964年2月10日　《人民日报》登载了名为《大寨之路》的报道，并发表《用革命精神建设山区的好榜样》的社论，在全国农业战线上掀起了学习大寨经验的运动。

1964年4月20日　中共中央、国务院发出《关于进一步代替私商工作的指示》，要求各单位在已经取得成绩的基础上，进一步开展代替私商的工作。

1964年5月2日　中共中央发出《关于印发第三个五年计划的三个文件的通知》。这三个文件分别是《第三个五年计划的初步设想》、《第三个五年农业发展计划的初步设想》、《第三个五年农业发展计划中几个问题的说明》。

1964年5月15日—6月17日　中共中央在北京召开工作会议，讨论农业规划和农村工作、第三个五年计划、政治工作等问题。会上，毛泽东提出开展“三线建设”。

1964年6月23日　中共中央批转甘肃省委、冶金工业部党组《关于夺回白银有色金属公司的领导权的报告》。该报告和批示把企业的经营管理问题、干部的作风问题都看做是阶级斗争。

1964年8月17日　中共中央、国务院同意并批转国家经委党组《关于试办工业、交通托拉斯的意见的报告》，批准在全国试办12个托拉斯。

1964年9月18日　中共中央发出《关于农村社会主义教育运动中一些具体政策的规定（修正草案）》，规定这次运动应当以阶级斗争为纲，组织贫下中农阶级队伍“四清”，放手发动群众，开展社会主义教育运动。

1964年9月21日　全国计划会议召开，决定根据“大权独揽、小权分散”，“统一领导，分级管理”的原则改进计划管理体制。

1964年10月16日　我国成功试爆第一颗原子弹。这是我国国防和科学技术方面取得的一项重大成就。

1964年10月24日　中共中央发出《关于社会主义教育运动夺权斗争问题的指示》，并转发了天津市委关于小站地区夺权斗争的报告。

1964年11月23日　为加速导弹工业的发展，中共中央决定成立第七工业部，统一领导导弹工业的科研、设计、试制、生产和基本建设。

1964年12月15日—1965年1月14日　政治局在北京召开工作会议。会议主要讨论农村社会主义教育运动问题，毛泽东批评了前一阶段的领导方法并主持制定了“二十三条”。在会上，毛泽东还批评国家计委为独立王国。

1964年12月21日　中国政府和埃及政府签订了关于经济技术合作协定，中国决定给埃及政府1.943亿元贷款。

1965年

1965年1月19日　中共中央、国务院发出调整当前市场物价的决定，规定城镇统销粮价调到与统购价相平，适当提高煤炭的市场售价，适当调整不同档次的棉布价格，进一步降低粮油集市价格、降低生产资料价格等。

1965年2月1日　中共中央决定成立第二轻工业部，撤销中央手工业管理总局，并将原轻工业部改为第一轻工业部。

1965年2月26日　中共中央、国务院发布《关于西南三线建设体制问题的决定》。决定成立西南三线建设委员会，以加强对整个西南三线建设的领导。同年3月29日，中共中央发出《关于西南三线建设委员会组成人员的批复》，同意以李井泉为主任，程子华、阎秀峰为副主任。

1965年3月31日　全国人大常委会第5次会议决定设立基本建设委员会，原建筑材料工程部分为建筑工程部和建筑材料工程部。

1965年4月13日　中共中央、国务院发出《关于必须严格控制从资本主义国家进口的通知》。同日，中共中央还同意新技术进口小组《关于引进新技术工作几个主要问题的报告》。

1965年4月14日　中共中央原则批准《1965年工业交通工作要点》和《1965年工业交通政治工作要点》。

1965年5月11日　中共中央发布《关于在全国工业交通系统建立政治工作机关的决定》。决定规定：所有工业交通部门都要学习解放军，把思想政治工作放在第一位；同时指出："这个决定的基本原则，也适用于农业、商业和国民经济的其他部门。"

1965年5月29日　中共中央批转《1965年5月全国财贸工作会议纪要》和《1965年财贸政治工作要点》。

1965年7月27日　中共中央发出《关于认真严肃地纠正农村工作中的瞎指挥、强迫命令的指示》。

1965年8月21日　国家建委在北京召开全国搬迁工作会议，提出搬迁工作必须立足于帝国主义发动侵略战争，搬迁项目要实行大分散、小集中的原则，少数国防尖端项目要以"分散、靠山、隐蔽"的原则进行建设。

1965年9月18日—10月12日　中共中央在北京召开工作会议，讨论1966年国民经济计划和长远规划问题。批准计委提出的1966年国民经济计划纲要和"三五"计划指导思想。第三个五年计划的指导思想是"国防第一，加速三线建设，逐步改变工业布局"。

1965年10月13日—11月15日　国家经委召开全国计划会议，确定了1966年国民经济计划。同年11月21日，中共中央正式批准和下达了这个计划。

1965年11月3日　中共中央同意中国人民银行党组和中国农业银行党组的请示报告，决定全国各级中国农业银行和同级中国人民银行合并为中国人民银行一个机构，但仍保留各级中国农业银行名义。

1965年11月30日　国务院将国家计委、国家建委、财政部、物资部四部门拟定的基建计划、物资使用、工交财务管理方面的三个规定下达各地方、各部门，以便进一步贯彻执行"集中领导，分级管理"的原则。

1965年11月17—18日　中共中央政治局在北京召开扩大会议，听取余秋里关于全国计划会议汇报、谷牧关于基本建设情况汇报、赵尔陆关于国防工业情况的汇报、吴波关于财政情况的汇报。会议讨论并原则批准了1966年国民经济计划。

1965年11月28日　中国政府和朝鲜民主主义共和国签订《关于中国向朝鲜提供物资援助的协定》，中国决定给朝鲜无偿援助3.604亿元。

附录二　本卷所用部分资料书目索引

代　号	档案资料名称	编辑出版者	出版时间
150	国家计划委员会档案		
155	国家经济委员会档案		
157	国家统计局档案		
162	财政部档案		
Z44	中共中央文件汇集	中共中央办公厅机要室	
Z党1－21/1	内部参考	新华社参考消息组	
3－1/1	群众来信来访反映	中共中央办公厅	
F115	调查统计报告	国家统计局	
F117	国民经济统计报告	国家统计局	
F112	研究资料	国家统计局	
F114	国家计委文件	国家计委办公厅	
A11/10	三届全国人大第一次会议文件合订本	三届人大一次会议秘书处	1965年1月
JJS50	中国工业五十年	国家经贸委编，中国经济出版社出版	1999年
E24/1	国民经济主要比例关系资料汇编	国家统计局	1963年12月
D220－5455（11～20）	建国以来重要文献选编	中共中央文献研究室编，中央文献出版社出版	1995—1998年
JJS2006	毛泽东刘少奇周恩来朱德邓小平陈云论调查研究	中共中央文献研究室编，中央文献出版社出版	2006年